Gudrun Quenzel · Klaus Hurrelmann (Hrsg.)

Bildungsverlierer

Gudrun Quenzel
Klaus Hurrelmann (Hrsg.)

Bildungsverlierer

Neue Ungleichheiten

VS VERLAG

Bibliografische Information der Deutschen Nationalbibliothek
Die Deutsche Nationalbibliothek verzeichnet diese Publikation in der Deutschen Nationalbibliografie; detaillierte bibliografische Daten sind im Internet über <http://dnb.d-nb.de> abrufbar.

1. Auflage 2010

Lektorat: Frank Engelhardt

VS Verlag für Sozialwissenschaften ist eine Marke von Springer Fachmedien.
Springer Fachmedien ist Teil der Fachverlagsgruppe Springer Science+Business Media.
www.vs-verlag.de

Umschlaggestaltung: KünkelLopka Medienentwicklung, Heidelberg
Druck und buchbinderische Verarbeitung: Ten Brink, Meppel
Gedruckt auf säurefreiem und chlorfrei gebleichtem Papier
Printed in the Netherlands

ISBN 978-3-531-17175-3

Inhalt

Einführung

Ursachen, Mechanismen, Erklärungen

Methoden der Messung von Bildungsergebnissen

Bildungsbenachteiligte Bevölkerungsgruppen

Bildungsverläufe und kumulierte Benachteiligung

Ökonomische und wirtschaftliche Folgen von Bildungsarmut

Interventionen gegen Bildungsarmut

Einführung

Bildungsverlierer: Neue soziale Ungleichheiten in der Wissensgesellschaft

Gudrun Quenzel und Klaus Hurrelmann

1 Einleitung

Bildung ist eine zentrale individuelle und gesellschaftliche Ressource des 21. Jahrhunderts. Auf individueller Ebene ist der Bedarf an Kompetenzen zur Bewältigung komplexer Anforderungen an die Lebensführung, auf gesellschaftlicher Ebene die Nachfrage nach analytischen und kommunikativen Kompetenzen stark gestiegen. Für das Gesellschaftsmitglied wird es zur Existenz- und Wohlfahrtssicherung immer wichtiger, nicht zu den Verlierern, sondern zu den Gewinnern im Prozess der Anhäufung von Bildungskapital zu gehören. Analog dazu, wird Bildung für die führenden Ökonomien im globalen Wettbewerb zunehmend positionsentscheidend. In allen hoch entwickelten Ländern steht deswegen die Leistungsfähigkeit des Bildungssystems in der politischen Diskussion kritisch auf dem Prüfstand. Von der Effizienz dieses Teilsystems der Gesellschaft hängt mehr und mehr die Zukunft aller anderen Teilsysteme ab.

Noch wird die Diskussion hierüber in Deutschland eher verhalten geführt. Das ist schwer nachvollziehbar, denn im internationalen Vergleich entlassen die Schulen hierzulande einen relativ großen Anteil von Jugendlichen mit einer unzureichenden Grundbildung – sie produzieren, um den Begriff aufzunehmen, sehr viele „Bildungsverlierer". Eine beträchtliche Anzahl von Schülerinnen und Schülern kommt nicht mit den für gesellschaftliche und berufliche Anforderungen notwendig erachteten kognitiven und sozialen Ansprüchen zurecht. Unabhängig davon, ob man ihre angehäuften Bildungsdefizite, ihre „Bildungsarmut", über fehlende schulische Abschlüsse oder über das Erreichen gewisser Mindestkompetenzen bestimmt, ist die Gruppe der „Bildungsarmen" in Deutschland im Vergleich zu anderen OECD-Ländern ausgesprochen groß (OECD 2007a; Eurostat 2009). Fast acht Prozent eines Jahrgangs verlassen die Schule ohne Abschluss und etwa ein Zehntel erreicht beim Pisa-Lesetest nicht einmal die unterste Kompetenzstufe (siehe die Beiträge von Baumert und Maaz sowie von Lohauß, Nauenburg, Rehkämper Rockmann und Wachtendorf in diesem Band). Häufig sind diese Jugendlichen und jungen Erwachsenen auch in anderen gesellschaftlichen Kompetenzbereichen nicht leistungsstark und sind deswegen von ökonomischer, kultureller und sozialer Desintegration bedroht. Ihre schwache Performanz drückt das Leistungsniveau des gesamten Schulsystems – selbst dann, wenn die Leistungsniveaus der Gruppe der starken Schülerinnen und Schüler weiter verbessert werden könnten.

Die Schule ohne Abschluss zu verlassen oder keine Berufsausbildung abgeschlossen zu haben gehört zu den Definitionen von Bildungsarmut. Statistisch gesehen ist die Gruppe derjenigen ohne Schul- oder Berufsabschluss heute so klein wie niemals zuvor in Deutschland (siehe den Beitrag von Maaz in diesem Band). Durch die Bildungsexpansion, die wachsenden

Anforderungen an erfolgreiche berufliche Tätigkeiten, die Umstrukturierung des Arbeitsmarkts und der damit einhergehende Wegfall von Tätigkeiten für Geringqualifizierte und eine konstante, keineswegs niedrige Arbeitslosenquote haben jedoch in den letzten Jahren das Risiko der Exklusion vom Arbeitsmarkt für Geringqualifizierte so anwachsen lassen, dass die Gruppe der „Bildungsverlierer" heute so groß ist wie niemals zuvor – mit weit reichenden sozialen und ökonomischen Folgen (siehe hierzu auch den Beitrag von Dohmen in diesem Band). Abstrakter formuliert könnte man all jene als „Bildungsverlierer" bezeichnen, die ihre Fähigkeiten nicht in Bildungstitel und/oder Bildungstitel nicht in qualifikationsadäquate berufliche Postionen bzw. in entsprechende Status- und Einkommenschancen umsetzen können (siehe den Beitrag von Berger, Keim und Klärner und in diesem Band).

In diesem Beitrag nehmen wir in einem ersten Schritt eine Bestandsaufnahme über das Ausmaß der wachsenden Kluft zwischen Armen und Reichen, Hochgebildeten und Geringqualifizierten vor und gehen den Ursachen dafür nach. In einem zweiten Schritt fragen wir, was es für ein Individuum heute bedeutet, zu den „Bildungsverlierern" zu gehören. Im dritten Schritt gehen wir der Frage nach, welche Konsequenzen es für eine Gesellschaft hat, viele „Bildungsverlierer" zu haben und betrachten Deutschland im internationalen Vergleich. Der Beitrag schließt mit Überlegungen, welche Schlussfolgerungen daraus für eine erfolgreiche Bildungspolitik gezogen werden können.

2 Die soziale Ungleichheit nimmt zu

Deutschland folgt wie die anderen Wohlfahrtsstaaten dem Leitbild eines soziale Teilhaberechte gewährleistenden politischen Gemeinwesens (Kaufmann 2003: 39 ff.). Die Bundesrepublik versteht sich als einen Staat, der seine politischen Mittel vorrangig zur Gewährung der Teilhabe seiner Bürgerinnen in den Feldern Arbeit, Kultur und Soziales einsetzt und dem Grundsatz der Chancengleichheit und der sozialen Aufstiegsmöglichkeit verpflichtet ist. Vor diesem Hintergrund stellt die zunehmende ökonomische und soziale Ungleichheit in Deutschland ein politisches Problem dar, auf das zwar immer wieder und von verschiedenen Seiten hingewiesen wird, dessen Lösung jedoch weiter aussteht.

In Deutschland haben in den letzten Jahren Einkommensungleichheit und Armut stärker zugenommen als in jedem anderen OECD Land (OECD 2008b). Die Gründe hierfür liegen maßgeblich in der Entwicklung des Arbeitsmarkts. Auf der einen Seite hat seit 1995 die Spreizung der Löhne und Gehälter deutlich zugenommen, auf der anderen Seite ist auch die Zahl der Haushalte ohne jedes Erwerbseinkommen drastisch gestiegen. Vorrangig von dem erhöhten Armutsrisiko betroffen sind Geringqualifizierte und Alleinerziehende und insbesondere die in diesen Haushalten lebenden Kinder und Jugendlichen.

Gerade die steigende Kinderarmut aber hat gravierende Auswirkungen (OECD 2008c: 3). Das Wohlergehen in der Kindheit beeinflusst maßgeblich ihren Erfolg im Erwachsenenleben, d. h. ihre Verdienstaussichten, ihren Gesundheitszustand, ihre soziale Integration und ihre politische und gesellschaftliche Partizipation (siehe den Beitrag von Butterwegge in diesem Band). Als wichtiges Mittel zur Reduzierung der zunehmenden Ungleichheit und zur Senkung des Armutsrisikos gelten Bildung und Chancengleichheit (OECD 2008c: 8). Aber auch im

Bildungsbereich ist eine zunehmende Ungleichheit im Bildungserfolg und eine anhaltende Chancenungleichheit zu beobachten.

Wachsende Bildungsungleichheit

Konnte man Europa 1950 noch als Volksschülergesellschaft mit einer sehr schmalen Akademikerschicht und einem breiten Analphabetismus im Süden und Osten beschreiben, ist es zu Beginn des 21. Jahrhunderts zu einer Gesellschaft von Hochschul- und Fachschulabsolventen geworden (Kaelble 2007: 389). Gekennzeichnet war die Expansion des Bildungssystems in Europa und anderen hoch entwickelten Industrienationen vor allem durch den Ausbau der Sekundarschulen und der Zunahme der Studierendenzahlen. Im späten 19. Jahrhundert war der Sekundarschulbesuch noch das Vorrecht eines kleinen Bevölkerungsteils, in den 50er Jahren war die Hauptschule in Deutschland ähnlich wie in anderen europäischen Ländern die Regelschulform, aber das Abitur weiter einer privilegierten Minderheit vorbehalten (Kaelble 2007: 389). Inzwischen steht das Abitur großen Teilen eines Jahrgangs offen. Die Zahl der Hochschulabsolventen ist in den letzten 10 Jahren stark gestiegen und es gehört zum erklärten Bildungsziel aller hoch entwickelten Industrienationen sie noch weiter zu erhöhen (OECD 2008a; Eurostat 2009; Hahn 2005).

In Deutschland streben inzwischen über die Hälfte der Jugendlichen das Abitur an und die Hauptschule gehört nur noch bei einer Minderheit zum gewünschten Bildungsgang (Hurrelmann et al. 2006: 67). Die Folge ist eine Verschärfung der Ausbildungs- und Arbeitsmarktsituation für die Haupt- und Förderschüler. In vielen Ausbildungsberufen werden Abgänger von Realschulen oder Gymnasien bevorzugt, unabhängig davon, ob die höheren Abschlüsse für das erfolgreiche Absolvieren der Berufsausbildung tatsächlich nötig sind (siehe dazu den Beitrag von Giesecke, Ebner und Oberschachtsiek in diesem Band). Obwohl es der überwiegenden Mehrheit der Hauptschulabgängerinnen und -abgängern in den Folgejahren gelingt, sich erfolgreich auf dem Ausbildungsmarkt zu platzieren, ist ein direkter Übergang von der Schule in die Ausbildung schwierig (Reißig/Gaupp 2007: 17). Zahlreiche Zwischenschritte sind häufig erforderlich – für einen Teil der Jugendlichen verlaufen auch diese nicht zur erfolgreichen Ausbildungsplatzeinmündung.

Dieser Prozess verstärkt die „Inflation" der Bildungstitel (Brown 2006: 381; Bourdieu/Passeron 1971). Für den Einzelnen wird es immer unabdingbarer, mit möglichst hohen formalen Bildungstiteln in den Konkurrenzkampf einzutreten. Das bedeutet zum einen, dass für den Statuserhalt vermehrt in Bildung investiert werden muss, für eine Verbesserung der Statusposition muss die Bildung der Eltern sogar deutlich überschritten werden. Zum anderen droht der erworbene Bildungstitel mit der Zeit an Wert zu verlieren und muss durch die Bereitschaft zum „Lebenslangen Lernen" in seinem Wert erhalten werden. Diese Prozesse verändern das Bildungssystem und erschweren die Messung von Bildungsungleichheit mit den herkömmlichen Methoden (siehe den Beitrag von Blossfeld, Schneider und von Maurice in diesem Band).

Absehbar ist, dass sich der Abstand zwischen den Hochgebildeten und den Geringqualifizierten weiter vergrößert, denn der Anteil der Bevölkerung, der dauerhaft ohne abgeschlossene Berufsausbildung ist, bleibt seit Jahren relativ konstant, bei den Jüngeren steigt er sogar leicht an (BMAS 2008: 62). Zugespitzt könnte man sagen, dass die gesellschaftliche Gruppe der formal Niedrigqualifizierten von der gesellschaftlichen Mitte an den gesellschaftlichen Rand geschoben wurde.

Veränderungen in der geschlechts- und schichtspezifischen Chancenungleichheit

Zwar ist die Verschiebung der Schüleranteile von der Hauptschule zur Realschule und zum Gymnasium mit einer Verringerung der Chancenungleichheit zwischen den Schichten einhergegangen, die tradierten Stratifikationsmuster blieben jedoch trotz formaler Chancengleichheit stabil (Müller-Benedict 2007; Hradil 2001, 2006; Schimpl-Neimanns 2000). Junge Männer aus bildungsfernen Elternhäusern sind heute die Gruppe, die am höchsten von Bildungsarmut betroffen ist und damit potentiell zu den Verlierern in der Bildungsgesellschaft gehören (Geißler 2008: 71; Quenzel/Hurrelmann 2010). Liegt ein Migrationshintergrund vor, dann wird dieser Effekt noch einmal verstärkt (siehe den Beitrag von Ramírez-Rodrígez in diesem Band). Ausländische Jugendliche verlassen die Schule doppelt so häufig ohne Abschluss wie deutsche Jugendliche. Noch größer sind die Unterschiede bei den Ausbildungsabschlüssen. Hier sind es mehr als dreimal so viele, die ohne Ausbildung bleiben (BMBF 2009: 20; siehe dazu auch den Beitrag von Beck, Jäpel und Becker in diesem Band).

Von der Bildungsexpansion profitiert haben maßgeblich die jungen Frauen. Gehörten sie in den 60er Jahren noch zu einer stark bildungsbenachteiligten Gruppe, so stellen sie heute die Mehrheit auf den Gymnasien (Statistisches Bundesamt 2009b; Geißler 2008). Das mit den Reformen verfolgte Ziel, die sozial ungleiche Bildungsbeteiligung abzubauen, ist damit im Hinblick auf den geschlechtsspezifischen Bildungserfolg gelungen. Der große Erfolg der jungen Frauen sollte dabei nicht darüber hinwegtäuschen, dass auch hier die schichtspezifischen Selektionsmechanismen nach wie vor wirken. Zwar haben junge Frauen aus bildungsfernen Familien eine etwas höhere Chance, die Schule mit einem guten Abschluss zu verlassen, als junge Männer aus ähnlichen Elternhäusern. Ihre Chancen gegenüber jungen Frauen mit Bildungshintergrund sind dagegen deutlich geringer. Nichtsdestotrotz ist es eine unbeantwortete Forschungsfrage, warum es den jungen Frauen besser als den jungen Männern gelingt, die schichtspezifischen Reproduktionsmechanismen im Bildungsbereich zu überwinden (siehe auch die Beiträge von Diefenbach, Helbig und Quenzel in diesem Band).

Die Ursachen für die anhaltende Chancenungleichheit nach Herkunft sind vielfältig (Becker 2000: 463; Müller-Benedict 2007: 635; Bourdieu 1987: 141; siehe auch den Beitrag von Hadjar, Lupatsch und Grünewald in diesem Band). Zum einen werden Kinder aus bildungsfernen Haushalten tendenziell weniger in ihrer schulischen Leistungsmotivation gefördert und schneiden dadurch bei der Notenverteilung häufig schlechter ab (siehe auch den Beitrag von Andresen in diesem Band). Zum anderen hängt – bei gleicher Leistung – die Wahrscheinlichkeit des Gymnasialbesuchs in hohem Maße von den elterlichen Bildungsaspirationen ab. Eltern aus den unteren Bildungsschichten streben oft niedrigere Schullaufbahnen an, auch wenn für das Kind die höhere Schullaufbahn empfohlen wird. Umgekehrt beharren Eltern aus den höheren Schichten darauf, ihr Kind auf das Gymnasium zu schicken, auch wenn dies nicht der Empfehlung der Lehrer entspricht (siehe auch den Beitrag von Stocké in diesem Band).

Zudem wird die Schullaufbahnempfehlung der Lehrer von der Unterstützungsbereitschaft und dem Bildungsniveau der Eltern beeinflusst.

Gewinner und Verlierer der Bildungsexpansion

Die jungen Frauen – vor allem diejenigen, aus bildungsbürgerlichen Elternhäusern – gehören damit auf den ersten Blick zu den Gewinnern der gestiegenen Bildungsanforderungen. Trotz gleicher Qualifikationen werden Frauen auf dem Arbeitsmarkt jedoch deutlich niedriger als Männer bezahlt, sowohl innerhalb der einzelnen Berufssparten als auch im Vergleich zwischen männer- und frauendominierten Berufen (Aisenbrey/Brückner 2008; Vester/Gardemin 2001; Trappe 2006; Deutsches Jugendinstitut/Statistisches Bundesamt 2005). Auch die Folgen der Familiengründung und der damit einhergehenden familial bedingten Unterbrechungsrisiken betreffen primär den weiblichen Lebenslauf (Krüger 2001; Bender et al. 2000).

Von der Entwicklung ökonomisch profitiert haben vor allem hoch ausgebildete Männer in Führungspositionen in technischen Berufen oder in den neuen Dienstleistungsberufen (Autorengruppe Bildungsberichterstattung 2008: 208; Blossfeld et al. 2006). Sie verfügen über die intellektuellen, motivationalen, ökonomischen und zeitlichen Ressourcen, sich permanent weiterzubilden. Zudem sind sie dank der nach wie vor geschlechtsspezifisch verteilten Erziehungsarbeit örtlich deutlich flexibler als ihre weiblichen Konkurrentinnen und können ihre Kompetenzen entsprechend gut vermarkten.

Nicht alle jungen Erwachsenen mit Hochschulreife oder abgeschlossenem Studium gehören damit automatisch zu der Gruppe der „Bildungsgewinner“. Zwar sinkt das Arbeitslosigkeitsrisiko mit der Höhe des Bildungsabschlusses, unsichere Beschäftigungsverhältnisse, temporäre Arbeitslosigkeit und geringfügige Bezahlung – oft in Form von Praktika und Volontariaten – nehmen auch bei den Hochschulabsolventen stark zu (Buchholz et al. 2009). Die im Rahmen der Globalisierung stattfindende Flexibilisierung der Arbeitsmärkte und die damit einhergehende Zunahme an unsicheren Beschäftigungsverhältnissen wird maßgeblich von den Berufseinsteigern getragen und die ersten zehn bis fünfzehn Jahre des Erwerbslebens sind quer durch alle Bildungsschichten in steigendem Maße von befristeten Verträgen, temporärer Arbeitslosigkeit, Teilzeitjobs und Mehrfachjobs geprägt (Buchholz et al. 2009; Eurostat 2007; Statistisches Bundesamt 2009a). Dennoch sind die gut ausgebildeten Berufseinsteiger weit von der steigenden Perspektivlosigkeit und der Prekarisierung der Geringqualifizierten entfernt.

Ungleiche gesundheitliche Risikoverteilung

Während die Chancen für die Hochschulabsolventinnen und -absolventen hoch sind, die Berufseinmündung nach einigen Jahren erfolgreich gemeistert zu haben, sind sie für diejenigen mit einer nicht-akademischen Berufsausbildung weniger hoch. Für die Geringqualifizierten, die die Schule ohne Abschluss verlassen oder keine abgeschlossene Berufsausbildung haben, sind sie deutlich niedriger. Unter den Jugendlichen ohne Berufsabschluss ist jeder Vierte arbeitslos (Reinberg/Hummel 2007: 4). Mit der Geringqualifizierung ist jedoch nicht nur ein erhöhtes Arbeitslosigkeits- und Armutsrisiko verbunden. Zwischen Einkommen, Bildung und Gesundheit gibt es vielfältige Zusammenhänge (Lampert/Ziese 2005: 28 ff.). Zu den wichtigsten Zusammenhängen gehören, dass die unteren Bildungsschichten eher in gesundheitsschädlichen Wohnungen leben, auf ihrem Arbeitsplatz höheren Risiken ausgesetzt sind und sich gesundheitsfördernde Produkte, wie frisches Obst und Gemüse oder hochwertige Fleisch- und Milcherzeugnisse, aber auch Urlaube, seltener leisten können. Zum anderen neigen die unteren Bildungsschichten zu einem risikohaften Gesundheitsverhalten – zu verstärktem Tabakkonsum, schlechterer Ernährung und wenig Bewegung. Die Folgen sind ein subjektiv schlechter eingestufter Gesundheitszustand, verstärkte Betroffenheit von Krankheit und Beschwerden sowie ein erhöhtes vorzeitiges Sterberisiko.

3 Ursachen wachsender Bildungsungleichheiten

Steigende Bildungsaspirationen und eine prekärer werdende Situation für Geringqualifizierte sind keine deutschen Phänomene. Was man landläufig als Globalisierung bezeichnet, umfasst eine Reihe von Prozessen, die nicht unbedingt neu sind, jedoch in den letzten Jahrzehnten für viele Menschen an Brisanz gewonnen haben: Die Internationalisierung der Märkte und die Verlagerung von Produktionsorten in Niedriglohnländer, die technische Entwicklung und die mit dieser einhergehenden Automatisierung von Arbeitsprozessen und nicht zuletzt die Transnationalisierung von politischen Institutionen und Entscheidungsprozessen. Die Folgen dieser Prozesse betreffen Individuen, Ökonomien und politische Organisationsformen gleichermaßen. Eine Folge ist die gestiegene Bedeutung von Bildung auf ökonomischer, individueller und gesellschaftspolitischer Ebene.

Wachsende Anforderungen an erfolgreiche berufliche Tätigkeiten

Internationalisierung, Automatisierung und Umstrukturierung betrieblicher Arbeitsteilung bedingen einen Rückgang von Routinetätigkeiten und eine zunehmende Nachfrage nach hochqualifizierten Arbeitskräften (Autor et al. 2003). Das Ausmaß der durch die Internationalisierung, Computerisierung und Automatisierung ausgelösten Verschiebung der Beschäftigungsanforderungen lassen sich gut an den Veränderungen in der Arbeitsmarktstruktur ablesen. In einer Langzeitstudie über die Veränderungen im US Arbeitsmarkt stellten Levy und Murnane (2005) fest, dass vor allem die Zahl der Arbeitnehmer in den niedriger bezahlten Berufen abnimmt, mit Ausnahme von einfachen und in der Regel besonders gering bezahlten Dienstleistungstätigkeiten. Überproportional gesunken ist die Zahl der „Blue Collar Worker" und der einfachen Verwaltungsangestellten, d. h. im Wesentlichen die durch einen hohen Grad an Wiederholungen gekennzeichnete und daher gegenüber qualifizierten Arbeiten von Automatisierungsprozessen bedrohten Tätigkeiten (für Großbritannien vgl. Goos/Manning 2003).

Neben den Verschiebungen in der Beschäftigungsstruktur ist eine alle Berufsgruppen umfassende Steigerung des Qualifikationsniveaus zu verzeichnen (Spitz-Oener 2003: 13 ff.). Vor allem ist der Bedarf an analytischen bzw. kreativen intellektuellen Kompetenzen gestiegen (Murnane/Levy 2004), d. h. an der Fähigkeit, Probleme zu lösen, ohne auf vorgegebene, standardisierte Lösungen zurückzugreifen. Als Beispiele nennen Murnane und Levy Diagnosen für Patienten mit seltsam anmutenden Symptomen zu erstellen, eine leckere Mahlzeit mit marktfrischen Zutaten zuzubereiten, oder ein Auto zu reparieren, dessen Fehler der Computerdiagnose entgangen ist. All dies setzt die Fähigkeit zur Erkennung komplexer Muster und eine Art der Informationsverarbeitung voraus, mit denen Computer bis heute nicht programmiert werden können. Noch stärker ist die Nachfrage nach komplexen Kommunikationskompetenzen gestiegen: Gefragt ist die Managerin, die ihre Mitarbeiter motiviert, die Verkäuferin, die die Reaktion einer Kundin auf ein Kleidungsstück vorwegnimmt, der Biologielehrer, der die Zellteilung erklärt, oder der Ingenieur, der die Überlegenheit des neuen DVD-Spieler-Designs über das vorherige begründet.

Auch in Deutschland hat sich der Anteil der geringqualifizierten Beschäftigten in den letzten 30 Jahren halbiert (BMWA 2005: 23 f.). Im produzierenden Gewerbe, dem Bereich in dem Anfang der 80er Jahre noch die Hälfte aller Geringqualifizierten beschäftigt war, wirkt sich der Rückgang besonders schwerwiegend aus. Vor allem für geringqualifizierte junge Männer brechen entsprechend die Beschäftigungsperspektiven weg. Zu beobachten ist außerdem ein Trend zu Lohnsenkungen bei einfach oder gering qualifizierten Arbeitnehmern und zu höher bezahlten Arbeitsplätzen für hoch qualifizierte Kräfte (Spitz-Oener 2003: 9; Reinberg/Hummel 2007). Raum- und Hausratsreiniger/-in ist der Beruf, in dem in der Bundesrepublik inzwischen die meisten Geringqualifizierten arbeiten (BMWA 2005: 31) und der zu den besonders niedrig bezahlten Arbeiten gehört. Die Löhne im produzierenden Gewerbe waren traditionell auch für die Geringqualifizierten vergleichsweise hoch. Zu beobachten ist damit eine Feminisierung von geringqualifizierten Tätigkeiten und der umfassende Wegfall von Arbeitsmöglichkeiten für Beschäftigte ohne Berufsausbildung jenseits des Armutsrisikos.

Wachsende Anforderungen an die individuelle Lebensbewältigung

Nicht nur im beruflichen Bereich ist eine Komplexitätssteigerung zu beobachten. Auch im privaten Bereich, der Berufsvorbereitung und der Lebensplanung insgesamt ist der Bedarf an kreativen und flexiblen Problemlösungskompetenzen gestiegen. Jugendliche müssen heute deutlich mehr Entscheidungen treffen als die Generationen ihrer Eltern und Großeltern. Angefangen von der Entscheidung, welche Schulform und welche Ausbildung zur finanziellen Sicherheit und zu einer befriedigenden Berufskarriere führen, über die Wahl des Freundes- und Bekanntenkreises, des Lebensstils, der Wahl der Beziehungsform und der Freizeitgestaltung. Die Möglichkeiten der individuellen Selbstentfaltung haben sich deutlich erhöht – mit den gestiegenen Möglichkeiten, das Leben nach individuellen Zielen und Bedürfnissen zu gestalten, ist auf der anderen Seite aber auch die Wahrscheinlichkeit gestiegen, an den neuen Freiheiten zu scheitern. Die Wahlmöglichkeiten können auch als Zwang wahrgenommen werden, das eigene Leben aktiv gestalten zu müssen. Bildung ist eine Möglichkeit, dem erhöhten Bedarf an Problemlösungskompetenzen zu begegnen. Mehr noch gerät Bildungserwerb immer mehr zur Voraussetzung, ohne deren Erfüllung die Wahl- und Entfaltungsmöglichkeiten nicht wirklich erweitert werden, und der Anspruch, das eigene Leben nach individuellen Zielvorgaben gestalten zu wollen, das Gefühl des Scheiterns bei einigen Jugendlichen noch verstärkt.

Wachsende Anforderungen an die politische Integration

Auch auf politischer Ebene sind Veränderungen zu beobachten. Politische Entscheidungen werden zunehmend in internationalen Kontexten gefällt und gewinnen entsprechend an Komplexität. In einer demokratischen Gesellschaft benötigen die Bürger und Bürgerinnen jedoch zumindest ein Grundverständnis dieser Prozesse, da sie sonst die Entscheidungen ihrer gewählten Repräsentantinnen und Repräsentanten – unabhängig davon, ob sie diesen zustimmen – nicht länger rational nachvollziehen können. Bildung ist daher ein wichtiger Faktor für die Bearbeitung einer politischen Legitimationskrise: Können wichtige politische Entscheidungen und Maßnahmen nicht an die Bevölkerung vermittelt werden, so verlieren die Regierenden, sowie prinzipiell die politischen Institutionen und das politische System insgesamt ihre demokratische Legitimationsgrundlage. Bildung ist damit eine Grundlage gesellschaftlicher Teilhabe und die Chancen zur gesellschaftlichen Einflussnahme werden wesentlich über sie mitbestimmt. Darüber, wie sich die Internationalisierung und Transnationalisierung von politischen Entscheidungsprozessen langfristig auf ihre Legitimation durch die Bürgerinnen und Bürger auswirken, ist noch wenig bekannt. Deutlich zeichnet sich jedoch ab, dass neue Integrations- und Partizipationsformen entstehen müssen, um den sozialen Zusammenhalt auf Dauer zu gewährleisten.

Neue Formen des Lernen

Neben einer Erhöhung der Qualifikationsanforderungen auf dem Arbeitsmarkt führen die neuen Informationstechnologien zu einer Veränderung in der Art und Weise des Lernens, fördern einen neuen internationalen Markt für Bildung und Wissen und lösen das Lernen aus seinen traditionellen institutionellen Wurzeln. Die „Wissensgesellschaft" wird nicht nur durch die Zunahme an Experten oder technologischen Entwicklungen gekennzeichnet, sondern auch durch eine Veränderung der Strukturen und Mechanismen der Wissensgenerierung und Wissensartikulation (Guile 2006: 255) und durch eine umfassende Komplexitätssteigerung (Välimaa 2009). Auch das Lernen selbst löst sich zunehmend aus den öffentlichen Schulen und Hochschulen und verlagert sich in den informellen, außerschulischen Bereich sowie an private Bildungseinrichtungen. Dass jeder jetzt quasi überall und eigenständig lernen kann und soll, scheint auf den ersten Blick zu einem breiteren Zugang zu Wissen zu führen – etwa wenn bei Wikipedia zu Hause und auf Knopfdruck Wissen schnell, kostenfrei und für alle zur Verfügung steht, das zuvor denjenigen vorbehalten war, die in ihren Wohnzimmern umfangreiche Enzyklopädien stehen hatten oder den Weg in die Bibliothek auf sich nahmen. Auf der anderen Seite werden diese Angebote vor allem von denjenigen genutzt, die bereits ein hohes Maß an Bildungskapital besitzen (Eurostat 2009: 98). Da auch die gesellschaftlichen Erwartungen an den Einzelnen, sich Wissen schnell und selbständig anzueignen gestiegen sind, öffnet die Verschiebung zum informellen Wissenserwerb die Schere zwischen denjenigen, die sich permanent selbständig weiterbilden und denjenigen, die dies nur selten tun, weiter.

4 Bildungsarmut und Bildungsverlierer

Die steigende Nachfrage nach qualifizierten Arbeitnehmern führte auf politischer Ebene zu einer Ausweitung des Bildungssystems und auf Bevölkerungsebene zu einer steigenden Nachfrage nach Zertifikaten und Bildungstiteln. Während sich dadurch der Wettbewerb auf dem Arbeitsmarkt verschärft, geraten diejenigen ins Hintertreffen, die den wachsenden Qualifikationsanforderungen nicht nachkommen. Diese sind von dauerhafter Exklusion aus dem Arbeitsmarkt bedroht – mit Konsequenzen für die soziale Integration, die Lebenszufriedenheit, die Gesundheit und die politischen Einstellungen.

Was bedeutet es für ein Individuum heute, Bildungsverlierer zu sein?

Die wachsenden Bildungsanforderungen bedeuten für die einen, dass sie einen immer größeren Teil ihrer Jugend fernab des Arbeitsalltags in Schulen und Hochschulen verbringen und sich Bildung aneignen dürfen. Für diejenigen, die sich im schulischen Setting wohl fühlen, eröffnen sich zahlreiche Chancen auf eine erfolgreiche und befriedigende berufliche Karriere. Im Rahmen der Bildungsexpansion wächst diese Gruppe und lange Bildungszeiten sind inzwischen für Jugendliche aus allen Schichten möglich.

Für die anderen, die aus verschiedenen Gründen im schulischen Setting weniger erfolgreich sind, bedeutet es eine ebenfalls tendenziell längere Verweildauer in Bildungsinstitutionen. Diejenigen, die nach der Schule keine Lehrstelle bekommen, durchlaufen zahlreiche schulische „Warteschleifen", die sie auf das Erlernen eines Berufs zunächst einmal vorbereiten sollen. Von denjenigen, die ohne Schulabschluss abgegangen sind, wird erwartet, dass sie diesen in einem der vielfältigen, speziell dafür eingerichteten Angebote nachholen. Verweigern sie dies, wird ihnen die Verantwortung für ihre ökonomisch oft schlechte Situation selbst zugeschrieben und staatliche Unterstützungsleistungen können gestrichen werden. Obwohl aufgrund von Lehrstellenknappheit, Arbeitslosigkeit und Arbeitsmarktumstrukturierung einem Teil der Jugendlichen die dauerhaft erfolgreiche Arbeitsmarktintegration schlicht nicht gelingen kann, wird von ihnen eine hohe Motivation ebendies zu schaffen, erwartet – auch dann noch, wenn die Jugendlichen zahlreiche Misserfolgserlebnisse hinter sich haben. Bei diesen Jugendlichen sind eine sinkende Lebenszufriedenheit, ein gesundheitliches Risikoverhalten und hohe psychische Belastungen zu beobachten (Hurrelmann et al. 2006).

An Kinder und Jugendliche wird in unserer Gesellschaft die Erwartung herangetragen, einen Schulabschluss zu erwerben und einen Beruf zu ergreifen, für den in der Regel zunächst eine Ausbildung durchlaufen werden muss (Quenzel/Hurrelmann 2010: 61 ff.). Das sind die Anforderungen, denen sich Kinder und Jugendliche gegenüber sehen und zu denen sie sich verhalten müssen. In der Schule erleben die Schülerinnen und Schüler täglich, wie weit sie im Vergleich mit ihren Altersgenossen bei der Erfüllung dieser Aufgaben gekommen sind. Bei diesem Vergleich auf die Dauer schlechter abzuschneiden als die Peer-Group kann neben der permanenten Fremdstigmatisierung durch die Lehrer und Mitschüler zur Selbststigmatisierung führen und Schulangst, Anomie sowie Entfremdungsgefühle auslösen und langfristig zu starken Identitätsstörungen führen, vor allem dann, wenn die Gruppe der leistungsschwachen Schüler relativ klein ist (Solga 2005: 158 ff.). Auf der Verhaltensebene kann die permanente negative Fremd- und Selbstzuschreibung wiederum zu einem Disengagement in der Schule führen und damit zu weiteren verpassten Chancen des Kompetenzerwerbs und sich durch die internalisierte Beschreibung als leistungsdefizitär zu einem geringen Engagement bei der Ausbildungssuche führen, da antizipiert wird, dass man die erforderlichen Leistungen ohnehin nicht erbringen könne (Solga 2005: 166 ff.). Das Risiko, dass gering qualifizierte Jugendliche, aufgrund ihrer Erfahrungen in der Schule zu Selbstselektionsprozessen bei Bildungsmaßnahmen und im Arbeitsmarkt neigen, ist entsprechend hoch.

Drohende soziale Armut

In Folge der gestiegenen gesellschaftlichen Bildungserwartungen und der veränderten Arbeitsmarktstrukturen verschiebt sich die strukturelle Zusammensetzung der Gruppe der Geringqualifizierten, mit der Konsequenz, dass auch ihre sozialen Ressourcen abnehmen (Solga 2005: 184 f.). Durch die Bildungsexpansion hat die Heterogenität der Gruppe der Hochgebildeten deutlich zugenommen – auf den Gymnasien und auch an den Universitäten finden sich vermehrt Kinder aus den niedrigeren sozialen Schichten. Die Gruppe der gering Qualifizierten ist im Gegenzug deutlich homogener geworden – die Wahrscheinlichkeit, dass ihre Angehörigen überproportional aus bildungsfernen Familien stammen, hat sich erhöht. Die Folge ist eine Verringerung der Gruppenressourcen für die Arbeitsplatzsuche, d. h., das Risiko, kein soziales Netzwerk bei der Arbeitsplatzsuche mobilisieren zu können, zu wenige Informationen über die realen Anforderungen am Arbeitsmarkt zu erhalten oder keine „Fürsprecher" bei den Arbeitgebern zu haben, steigt (Solga 2005: 186). Des Weiteren führt eine Homogenisierung der Gruppe der Geringqualifizierten zu veränderten normativen Erwartungen für die eigene Berufsperspektive, zu einer zunehmenden Arbeitslosigkeit im Netzwerk und einer wachsenden Distanz zu den potentiellen zukünftigen Arbeitgebern und Arbeitskollegen. Die Gefahr der sozialen Verarmung von Geringqualifizierten ist entsprechend in den letzen Jahren stark gestiegen (siehe den Beitrag von Ditton in diesem Band).

Exklusionsempfinden

Zwar erlaubt die objektive Prekarität der Lebenslagen einer Gruppe oder eines Individuums keine Aussagen über ihr individuelles Exklusionsempfinden (Bude/Lantermann 2006: 235), die in der Schule wiederholt erlebte Positionierung am unteren Ende des Bildungssystem sowie der eigenen Peergroup legen jedoch den Schluss nahe, dass sich Jugendliche ohne Schul- oder Berufsabschluss tatsächlich zunehmend auch selbst als „Bildungsverlierer" fühlen. Darauf deutet der enge Zusammenhang zwischen der negativ oder positiv bewerteten zukünftigen Lebenslage und dem Exklusionsempfinden hin. Die Empfindung gesellschaftlicher Zugehörigkeit beruht nicht zuletzt darauf, dass man „die Erfahrungen der Gegenwart in Erwartungen für die Zukunft verlängern kann. Wer dagegen die Zukunft als Bedrohung ansieht, neigt dazu, sich im Ganzen überflüssig zu fühlen" (Bude/Lantermann 2006: 249; siehe auch den Beitrag von Ludwig-Mayerhofer und Kühn in diesem Band).

In Deutschland ist in den letzten Jahren besonders unter Jugendlichen an den Haupt- und Förderschulen eine zunehmende Verunsicherung und ein gesunkener Zukunftsoptimismus zu beobachten (Hurrelmann et al. 2006: 96 ff.). Unter diesen sind besonders die jungen Männer betroffen, denen durch den Strukturwandel viele der traditionellen Beschäftigungsmöglichkeiten wegfallen und unter denen eine zunehmende Tendenz zur Resignation auszumachen ist, die sich wiederum negativ auf die schulische Motivation niederschlägt. Die fehlende Anerkennung im schulischen Bereich führt auf der anderen Seite zu einer Aufwertung der Peerkultur, zu der Suche nach Bestätigung auf anderen Feldern und nicht zuletzt bei vielen zu einem Rückzug auf ein traditionell männliches Rollenverständnis (Quenzel/Hurrelmann 2010). Der Rückgriff auf die traditionellen Rollenbilder deutet auf eine starke Überforderung durch den gesellschaftlichen Wandel hin und zieht häufig eine Reihe negativer Konsequenzen nach sich – vom „heroischen“ Widerstand gegen die Schule, über die Neigung zum „männlichen“ Risikoverhalten bei den Freizeitbeschäftigungen bis zur erhöhten Gewaltbereitschaft und einer erhöhten Neigung zu kriminellen Handlungen. Neben vielen anderen Ursachen sind diese Verhaltensweisen auch Reaktionen auf fehlende oder als fehlend empfundene Zukunftsoptionen. Nicht alle „Bildungsverlierer“ bleiben bei anhaltender Perspektivlosigkeit ausdauernd bemüht (siehe auch den Beitrag von Barz in diesem Band).

Konsequenzen für Politik und Gesellschaft

Was bedeutet es für eine Gesellschaft, wenn ein Teil ihrer Mitglieder die herrschenden Qualifikationsanforderungen nicht mehr zu erfüllen vermag? Welche politischen, sozialen und ökonomischen Konsequenzen entstehen, wenn die Schere zwischen den höher und den niedriger Qualifizierten und damit eng verbunden zwischen Arm und Reich weiter aufgeht?

Die politischen und sozialen Folgen von gesellschaftlichen Entwicklungen sind äußerst schwer prognostizierbar. Dennoch sind aus der Literatur eine Reihe von möglichen Risiken bekannt. Eine hohe Diskrepanz zwischen kulturellen Zielen wie etwa Erfolg, Reichtum und Ansehen und fehlenden Möglichkeiten, diese Ziele mit gesellschaftlich akzeptierten Mitteln zu erreichen, kann zu einer Reihe, aus gesellschaftlicher Sicht problematischer Reaktionen führen. Zu diesen Reaktionen gehören die Anpassung der Ziele an die zur Zielerreichung verfügbaren Mittel, die Suche nach anderen – gesellschaftlich nicht akzeptierten – Methoden zur Zielerreichung und die Emanzipation sowohl von den Zielen als auch den gesellschaftlich akzeptierten Zugangswegen zu diesen und der Versuch, eine neue soziale Ordnung zu etablieren (Merton 1938: 676).

Eine resignative Anpassung der Ziele an die verfügbaren Mittel lässt sich vor allem bei einem Teil der männlichen Haupt- und Förderschüler beobachten, die von den Veränderungen auf dem Arbeitsmarkt besonders betroffen sind, weil ihnen die traditionellen Beschäftigungsmöglichkeiten zunehmend wegfallen. In den Regionen in Deutschland mit überdurchschnittlichen Arbeitslosenquoten ist der Anteil der jungen Männer, die die Hauptschule ohne einen Abschluss verlassen, besonders hoch (Diefenbach/Klein 2002: 953). Auch die verstärkende Wirkung von schulischem Misserfolg sowie von ökonomischer und sozialer Perspektivlosigkeit auf die Neigung zu deviantem Verhalten ist gut dokumentiert (Pfeiffer et al. 2007;

Mößle et al. 2006; de Haan/Vos 2003: 320; Enzmann et al. 2003: 275; von Gostomski 2003; Mansel/Hurrelmann 1998).

Von einer Emanzipation von den Zielen und den Mitteln eines gesellschaftlichen Aufstiegs nicht zuletzt durch Bildung ist in Deutschland zurzeit wenig zu spüren – brennende Autos wie in den französischen Vorstädten oder ein Zustrom etwa zu rechtsradikalen Gruppierungen findet eher vereinzelt statt. Die dominierende Verhaltensweise ist nach wie vor ein Festhalten an den Mitteln, obwohl viele Jugendliche an den Hauptschulen und insbesondere an den Förderschulen an die Möglichkeit, dass für sie ein sozialer Aufstieg – oder auch nur der Statuserhalt – durch Bildung realisierbar ist, kaum noch glauben. Über die möglichen politischen, sozialen und gesundheitlichen Konsequenzen einer zunehmenden sozialen Desintegration der Gruppe der Geringqualifizierten liegen bislang kaum Studien vor – aufgrund der Komplexität dieses Prozesses wäre ihre Aussagekraft vage. Klar ist, dass die Folgekosten des Gesundheitswesen, der Integration und der staatlichen Transferleistungen nicht nur in ökonomischer Hinsicht, sondern auch im Hinblick auf den sozialen Zusammenhalt hoch sind (siehe hierzu den Beitrag von Bacher, Hirtenlehner und Kupfer in diesem Band).

Die ökonomischen Folgen des prognostizierten Fachkräftemangels sind deutlich einfacher abzuschätzen. Aus ökonomischer Sicht gilt Bildung als zentraler Bestimmungsfaktor des langfristigen volkswirtschaftlichen Wachstums (Wößmann/Piopiunik 2009; Krueger/Lindahl 2001; Becker 2006: 293). Allein durch den im internationalen Vergleich hohen Anteil von Schülerinnen und Schülern, die die Schule ohne Basiskompetenzen verlassen, die das Grundschulniveau übersteigen, entstehen für Deutschland Folgekosten in Milliardenhöhe (siehe den Beitrag von Piopiunik und Wößmann in diesem Band). Denn zum einen erhöht Bildung das Humankapital der Arbeitskräfte und steigert dadurch die Arbeitsproduktivität. Zum anderen ermöglicht Bildung die Weitergabe und Übertragung von Wissen und erleichtert so die Implementierung neuer Technologien. Vor allem beim Zurechtkommen mit neuen Gegebenheiten und Anforderungen ist Bildung eine wichtige Ressource. Nicht zuletzt fördert Bildung die Innovationsleistung, aber auch die Bereitschaft der breiten Bevölkerung, Innovationen anzunehmen und zu implementieren.

5 Internationaler Vergleich: Wie sieht es in anderen Ländern aus?

Warum gelingt es einigen Ländern so viel besser als anderen, Chancenungleichheit abzubauen, den Anteil an Schülerinnen und Schülern ohne Schul- oder Ausbildungsabschluss und mit geringen Basiskompetenzen zu minimieren und zugleich den Anteil derjenigen mit hoher Bildung zu stärken? Warum gehört Deutschland zu den Ländern, denen diese Aufgaben relativ schlecht gelingen und die dadurch im internationalen Wettbewerb zu Bildungsverlierern werden?

Aus der Darstellung in den vorangegangenen Abschnitten ergibt sich, wie wichtig der Stellenwert der Bildungspolitik im Gesamtgefüge der Gesellschaftspolitik der hochentwickelten Länder geworden ist. Durch die internationalen Schulleistungsstudien gibt es inzwischen ein breites Spektrum an vergleichbaren Indikatoren, die den Erfolg der Bildungspolitik eines Landes messen. Schon allein dadurch entsteht ein Wettbewerbsdruck, weil es keinem hochentwickelten Land gleichgültig sein kann, welche Position es in dieser Hinsicht im internationalen Vergleich einnimmt (Weymann et al. 2007; Martens/Weymann 2007).

Wegen der angesprochenen vielfältigen Funktionen von Bildung für andere gesellschaftliche Teilbereiche wie etwa Gesundheit, Politik und Ökonomie entsteht aber mehr als nur ein symbolischer politischer Druck, weil jede Verbesserung der Bildungsqualität der Bevölkerung und damit verbunden auch jeder Abbau der Bildungsungleichheit zwischen verschiedenen sozioökonomischen Bevölkerungsgruppen mit erheblichen Gewinnen in mehreren gesellschaftlichen Lebensfeldern und Infrastruktursektoren verbunden ist. Im Zuge der Verstärkung des internationalen Wettbewerbs, auf den bereits hingewiesen wurde, spielt deswegen die Performanz eines Landes im Bildungsbereich eine zunehmend wichtige Rolle für die weitere Entwicklung des Bruttosozialproduktes und der weltweiten ökonomischen Wettbewerbsfähigkeit.

Im internationalen Vergleich schafft es das deutsche Schulsystem weder in der Begabtenförderung, noch im durchschnittlichen allgemeinen Bildungsniveau, noch im Abbau von Bildungsarmut eine führende Position einzunehmen. Auffällig hoch sind im internationalen Vergleich dagegen die Leistungsunterschiede innerhalb eines Jahrgangs und der Einfluss des sozioökonomischen Hintergrundes auf den Bildungserfolg. Auch die Absolventenzahlen an den Hochschulen sind unterdurchschnittlich (Eurostat 2009; OECD 2008a; Statistisches Bundesamt 2007).

Seit dem „Pisa-Schock" forscht man nach den Gründen für das relativ schlechte Abschneiden der Bundesrepublik im Bildungsbereich. Vieles deutet darauf hin, dass eines der Hauptprobleme darin liegt, dass sich das deutsche Bildungssystem nicht schnell genug den veränderten Anforderungen auf dem Arbeitsmarkt anpasst. Beispielsweise kann der vergleichsweise niedrige Anteil an Hochschulabsolventen zu einem großen Teil darauf zurück geführt werden, dass es der Mehrheit der OECD Staaten in den letzten 15 Jahren gelungen ist, die Zahl der Studierenden zu verdoppeln, in Deutschland jedoch nur eine geringe Steigerung verzeichnet werden kann (OECD 2008a: 87). Das an der Ständegesellschaft orientierte, auf Statuserhalt ausgelegte dreigliedrige Schulsystem scheint auf die neuen Herausforderungen nur schleppend reagieren zu können.

Die Ergebnisse der internationalen Schulvergleichsstudien machen deutlich, wie breit die Spannweite der Erfolge der Bildungssysteme in den einzelnen Ländern ist. Zwischen den Ländern bei den PISA-Untersuchungen, deren Schülerinnen und Schüler am besten abschneiden, und den Ländern am Ende der Rangordnung werden Kompetenzunterschiede gemessen, die teilweise dem Arbeitspensum von zwei Jahren intensiver schulischer Arbeit entsprechen (OECD 2007a). Die Chancen von Kindern aus bildungsfernen Elternhäusern auf gute Bildung ist in einigen Ländern um ein vielfaches höher als in anderen und die Zahl derjenigen, die ohne Schul- und Berufsabschuss verbleiben, variieren erheblich (OECD 2008a, 2001; Breen/Jonsson 2005, Hofman et al. 2004).

Unterschiedliche Bildungssysteme und ihre jeweilige gesellschaftspolitische Einbettung in die Gesamtpolitik eines Landes unterscheiden sich offensichtlich in ihren Effekten, in den Ergebnissen, die über den „Bildungsoutput" in einer international vergleichbaren Weise gemessen werden können. Will ein Land seinen Bildungsoutput verbessern, ist es also gut beraten, nach den politisch beeinflussbaren Parametern im Bildungssystem und in der gesamten Bildungspolitik zu suchen, die hierfür von Bedeutung sind.

Die internationalen Vergleichsdaten zeigen, dass die Höhe des Bruttosozialprodukts eines Landes sowie die Pro-Kopf-Investitionen eines Landes in die Bildung seiner Schülerinnen und Schüler zwar wichtige Einflussgrößen sind, jedoch nur ein kleiner Teil des Bildungserfolges eines Landes mit ihnen erklärt werden kann (OECD 2007a: 59 f.). Entscheidender scheinen die Strukturen des Bildungssystems zu sein und damit die politischen Traditionen eines Landes (Castles 1989). Diese bestimmen maßgeblich, welche Bildungswege prinzipiell möglich sind und über welche sozialen und finanziellen Ressourcen die verschiedenen Institutionen verfügen.

Die Bedeutung unterschiedlicher Traditionen von Bildungs- und Sozialpolitik

Einen interessanten Ansatz zum Vergleich verschiedener Traditionen der Gesellschafts- und Sozialpolitik liefert die vergleichende Analyse von Wohlfahrtsstaaten (Castles/Mitchell 1992; Castles 1989). Alle hochentwickelten Länder haben eine lange Tradition darin, ihren Bürgerinnen und Bürgern ein Absicherungssystem anzubieten, das vor existenziellen Risiken bei Umbrüchen im Lebenslauf und kritischen Lebensereignissen schützt. Klassische Felder einer solchen wohlfahrtsstaatlich orientierten Sozialpolitik sind die Absicherung bei Krankheit, Arbeitslosigkeit und Unfall und die Sicherung eines Basiseinkommens nach dem Austritt aus dem Erwerbsleben („Rente"). Wie diese Absicherungen organisiert sind und in welchem Ausmaß sich der Staat hierbei engagiert, das unterscheidet sich allerdings sehr stark zwischen den einzelnen Ländern.

Ein interessanter Versuch zur Typisierung unterschiedlicher Politiktraditionen wurde 1990 von Esping-Andersen vorgelegt. Seine Typologie baut auf den traditionellen Ausrichtungen von liberal-marktwirtschaftlich, konservativ-netzwerkorientierten und marxistisch-staatsorientierten Ansätzen der Sozial- und Gesellschaftspolitik auf. Auf der Basis von empirischen Daten unterscheidet er drei Idealtypen der Wohlfahrtspolitik: den liberalen Typ, der vor allem in den angelsächsischen Staaten USA, Großbritannien, Neuseeland und Australien anzufinden ist und Verteilungsprozesse von wichtigen Ressourcen möglichst über Marktmechanismen vornimmt. Im Kontrast dazu den skandinavischen Typ der Länder Norwegen, Finnland, Schweden und Dänemark, die durch eine überwiegend „sozialdemokratische" Staatssteuerung gekennzeichnet sind. Eine dritte Gruppe von Ländern wird als „konservativ" bezeichnet und umfasst die zentraleuropäischen Staaten wie Deutschland, Frankreich, Italien, Österreich und Belgien (Esping-Andersen 1990: 9 ff.).

Zwar ist die wohlfahrtsstaatliche Ausrichtung in den drei Typen nicht homogen, aber es finden sich auffällige Übereinstimmungen in wichtigen Weichenstellungen. In den skandinavischen Staaten ist die kollektive Annahme, der Staat sei für die Gewährleistung der Wohlfahrt der Bevölkerung verantwortlich, am stärksten ausgeprägt. In den angelsächsischen Ländern wird die Verantwortlichkeit des Staates darauf begrenzt, Bürgerinnen und Bürgern in Notsituationen zu helfen, in die sie ohne ihr eigenes Verschulden geraten sind. Die zentraleuropäischen Staaten gehen davon aus, die sozialen Netzwerke Familie, Verbände, Wohlfahrtsorganisationen und so weiter seien die besten Verantwortlichen für die Sicherung der Wohlfahrt für die Bürgerinnen und Bürger. Die jeweilige Aufgabenteilung zwischen Staat, Markt und zivilen Netzwerken ist also in diesen drei Typen von Wohlfahrtsstaaten recht unterschiedlich. Die Staaten unterscheiden sich danach, in welchem Ausmaß die Bürgerinnen und Bürger die Chance haben, ihre individuellen Teilhabemöglichkeiten am wirtschaftlich-beruflichen und gesellschaftlichen Leben und an den kulturellen Errungenschaften ihres Landes zu realisieren. Sie unterscheiden sich aber auch danach, wie wohlhabend sie sind und wie gleich oder ungleich diese materiellen Ressourcen zwischen den verschiedenen Gruppen der Bevölkerung verteilt sind.

Unterschiedliche bildungspolitische Traditionen

Obwohl die Typologie von Esping-Andersen (1990) das Gebiet der Bildungspolitik ausblendet und die Verteilung der Ressourcen für Bildungsprozesse nur indirekt anspricht, kann sie als Hintergrund für die Erklärung der unterschiedlichen Bildungsinvestitionen und Bildungserfolge der verschiedenen Wohlfahrtsstaaten herangezogen werden (Hega/Hokenmaier 2002). Die skandinavischen Staaten mit ihrem sehr staatsorientierten, „sozialdemokratischen" Modell der Realisierung von Wohlfahrtsstaatlichkeit erreichen im internationalen Vergleich das höchste Ausmaß von materiellem wirtschaftlichem Wohlstand für die Bevölkerung (Wilkinson/Pickett 2009; Korpi 2000). Sie haben das größte Bruttosozialprodukt aller Länder, und sie haben außerdem auch den relativ höchsten Grad von ökonomischer Gleichheit. Die angelsächsischen Länder mit ihrer mehr liberal und marktwirtschaftlich orientierten Sicherung der Wohlfahrtspolitik hingegen schneiden in beiderlei Hinsicht deutlich schlechter ab, denn sie erreichen bei weitem nicht das gleiche Ausmaß von ökonomischem Wohlstand für die Gesamtbevölkerung und sie weisen das höchste Ausmaß von Ungleichheit in der Verteilung von finanziellen und anderen materiellen Ressourcen auf. Die konservativen mitteleuropäischen Staaten, darunter auch Deutschland, liegen in dieser Hinsicht im Mittelfeld. Das spiegelt sich auch in den Ausgaben für den Bereich Bildung wider (OECD 2007a: 60): Die skandinavischen Staaten investieren in diesen Bereich deutlich mehr als die konservativen Wohlfahrtsstaaten. Aber auch die liberalen Wohlfahrtsstaaten tätigen höhere Ausgaben als die konservativen Staaten, denn während letztere vor allem in den Statuserhalt investieren, liegt der Fokus der liberalen Wohlfahrtsstaaten auf der Ermöglichung von Chancengleichheit, die vor allem als Möglichkeit für alle, Zugang zu Bildung und damit zu gesellschaftlichem Aufstieg zu haben, verstanden wird.

Die skandinavischen Länder führen im Leistungsvergleich die Rangordnung bei praktisch allen internationalen Leistungsvergleichen an, weil sie es verstehen, sowohl die begabten als auch die weniger begabten Schülerinnen und Schüler zu fördern und sozioökonomische Bildungsbarrieren abzubauen (OECD 2007a). Die angelsächsischen Länder schneiden nicht zuletzt wegen Australien und Neuseeland bei der durchschnittlichen Kompetenzvermittlung sehr gut ab, die konservativen Wohlfahrtstaaten – allen voran Deutschland – erreichen ein vergleichsweise niedriges Niveau (Allmendinger/Leibfried 2003: 19). Noch eindeutiger sind die Gruppierungen, wenn auf Bildungsungleichheit geschaut wird: In den skandinavischen Ländern ist die Kluft der Leistungen zwischen den Schülerinnen und Schülern aus den hohen und den niedrigen sozioökonomischen Positionen der Bevölkerung im Vergleich eindeutig am geringsten, in den angelsächsischen Ländern am höchsten und in den mitteleuropäischen Ländern liegt er in der Mitte – allerdings mit Ausnahme Deutschlands, das bei diesem

Kriterium mit in die unterste Gruppe rutscht. Den konservativen Wohlfahrtsstaaten gelingt im Vergleich mit den anderen Wohlfahrtsstaaten damit weder die Begabtenförderung, noch die Förderung der schwächeren Schüler, noch der Abbau von Chancenungleichheit.

6 Was kann man von anderen Ländern lernen?

Welche Faktoren sind es im Einzelnen, die den Bildungserfolg eines Landes beeinflussen? Durch die erwähnten internationalen Vergleichsstudien ist eine systematische Suche nach den verursachenden und intervenierenden Faktoren in Gang gekommen, ausgerichtet auf den *Bildungsoutcome*, also auf die erreichte Qualität der Bildungserfolge insgesamt und auf das erreichte Ausmaß von Gleichheit in Bildungserfolgen zwischen den Angehörigen unterschiedlicher sozialer Gruppen.

Deutschland als ein Wohlfahrtsstaat mit einer besonders starken Akzentuierung von solchen Transferleistungen, die den durch Erwerbsarbeit und Herkunft erworbenen Status einer Familie und ihrer Angehörigen sichert, ist in der Bildungspolitik traditionell so ausgerichtet, dass die wichtigste Rolle für die Förderung von Kompetenzen und Leistungen der Kinder und Jugendlichen den Eltern zugesprochen wird. Das führt zu dem bereits erwähnten verhältnismäßig schwachen Ausbau des vorschulischen Betreuungs- und Erziehungssystems, das in der Tradition der deutschen Wohlfahrtspolitik einschließlich der Familienpolitik bis vor kurzem geradezu als „familienfeindlich" eingeschätzt wurde.

Die primäre Verantwortung für die Erziehung eines Kindes wird in Deutschland dem Elternhaus, also der Familie, zugesprochen. Erst nach dem 6. Lebensjahr setzt in Deutschland die Pflichtschule ein, die aber traditionell auf ein enges Spektrum von fachlicher Bildung ausgerichtet ist und die Elternhäuser bei der Erziehung, also der Persönlichkeitsbildung in einem breiteren Sinne, nicht beeinflussen soll. Diese politische Tradition wurde erst in den letzten zehn Jahren allmählich aufgeweicht, indem das Angebot von Nachmittagsunterricht mit sozial- und freizeitpädagogischen Projekten in die Pflichtschulen einbezogen wurde. Im Vergleich zu den meisten hoch entwickelten Ländern ist die Verbreitung von Ganztagsschulen in Deutschland auffällig gering (OECD 2008a).

Die Dominanz der Familienpolitik

Ohnehin ist insgesamt das finanzielle Investment des Staates in das öffentliche Erziehungs- und Bildungssystem in Deutschland im internationalen Vergleich nicht sehr hoch, was am Anteil der Bildungsausgaben am Bruttosozialprodukt sowie der Ausgaben pro Schüler abgelesen werden kann (OECD 2008a: 237; OECD 2007a: 60). Letztlich ist dieser Trend durch die erwähnte Tradition der Familienorientierung der Sozialpolitik und auch der Bildungspolitik zu erklären. Für Familien wird anteilsmäßig ein sehr hoher Betrag des Bruttosozialproduktes ausgegeben, ebenso für die Absicherung von Familienmitgliedern bei Krisenfällen im Lebenslauf, die im Wesentlichen über den berufstätigen Elternteil erfolgt. Ein im Verhältnis zu den skandinavischen Ländern niedriger Anteil von Investitionen im Vorschulbereich, ein mittelgroßer Anteil von Investitionen im Schulsektor, ein vergleichsweise niedriger

Investitionsanteil im Hochschulsektor und im Unterschied dazu ein sehr hoher Investitionsanteil im Familiensektor sind typisch und charakteristisch für die Tradition der deutschen Wohlfahrtspolitik.

Diese Tradition führt zu einem nur mittelmäßig starken Ergebnis des Bildungssystems gemessen am Schulerfolg und an den erreichten Kompetenzen der Schülerinnen und Schüler. Zugespitzt lässt sich sagen, dass im Unterschied zu den sehr erfolgreichen skandinavischen Ländern der Schwerpunkt der Wohlfahrtspolitik in Deutschland auf der sozialen Absicherung eines in der Vergangenheit erworbenen sozialen Status liegt, während die Investitionen in das Bildungssystem – dessen Aufgabe per Definition darin liegt, einen künftigen Status erst noch zu erwerben – vergleichsweise gering sind. Die kritische Frage ist erlaubt, ob diese konservative Tradition des Wohlfahrtsstaates Deutschland in Zeiten des internationalen Wettbewerbes noch angemessen ist, eben weil sie rückwärtsgewandt und nicht vorwärtsgewandt ist, indem sie die im bisherigen Leben – aus welchen Gründen auch immer – erworbenen Privilegien durch Arbeitslosenversicherung, Transferleistungen, Rentenversicherung und auch Gesundheitsversicherung fortschreibt, aber Bürgerinnen und Bürger nicht darin unterstützt, in zukünftige Leistungen, Kompetenzen und damit in zukünftigen Statuserwerb zu investieren (Hega/Hokenmaier 2002; Allmendinger/Leibfried 2003).

Die skandinavischen Staaten schneiden international nicht nur bei vergleichenden Bildungsstudien, sondern auch bei Wohlbefindensstudien besser als die konservativen und die liberalen ab. Kinder- und Jugendstudien, die über Bildungskompetenzen im engeren Sinne hinausgehen und die Lebensqualität der jüngsten Generation auch in den Bereichen Gesundheit, Freizeitgestaltung, Mediennutzung, Freundschaftskontakte, Netzwerkbildung und Risikoverhalten analysieren, zeigen die skandinavischen Staaten mit ihrer spezifischen Akzentsetzung der Wohlfahrtspolitik an der Spitze. Die entsprechenden Studien von OECD (2008a,b,c) und UNESCO (2007, 2010) sprechen in dieser Hinsicht eine eindeutige Sprache. Die Ergebnisse gelten auch beim erweiterten Set von Indikatoren für Wohlbefinden und Lebensqualität für die beiden Bereiche „Quality“ und „Equity“, also für das durchschnittliche erreichte Maß von persönlicher Wohlfahrt ebenso wie für die Unterschiede dieser Wohlfahrt zwischen den Gruppen von Kindern und Jugendlichen aus unterschiedlichen sozioökonomischen Statusgruppen.

Die Verteilung der Bildungsausgaben ist entscheidend

Die bisher vorliegenden Studien machen eines deutlich: Es ist nicht vorrangig das Ausmaß an finanziellen Investitionen in das Erziehungs- und Bildungssystem eines Landes, das den Bildungserfolg bestimmt, sondern es ist die Art und Weise, wie das Geld ausgegeben wird. Dieses Ergebnis ist für Deutschland von besonderer Wichtigkeit, weil es hoffen lässt, auch mit dem traditionell eher geringen Anteil von Mitteln aus dem Bruttosozialprodukt, der für Erziehungs- und Bildungseinrichtungen (im Unterschied zu den sozialen Sicherungssystemen, wo Deutschland zu den großzügigen Ländern zählt) ausgegeben wird, ein gutes Bildungsergebnis zu erzielen.

Finnland ist in den internationalen Vergleichsstudien ein Beispiel für ein Land mit nur ziemlich moderaten Ausgaben für das Erziehungs- und Bildungssystem und dennoch überwältigendem Erfolg sowohl nach Bildungsqualität als auch nach Gleichheit der Verteilung der Bildungserfolge bei den Schülerinnen und Schülern (OECD 2007a). Das Beispiel USA zeigt zusätzlich, wie wenig alleine ein hoher Anteil von Privatinvestitionen in die Bildung der Kinder und Jugendlichen über den Erfolg entscheidet. Entscheidend kommt es darauf an, wohin die Gelder fließen und ob sie an der richtigen Stelle für die angemessenen Strukturen und Dienstleistungen ausgegeben werden, die ausschlaggebend für den Bildungserfolg der Schülerinnen und Schüler im Bildungssystem sind.

Der Einfluss des familialen Hintergrundes

Dass der Zugang zur Bildung nicht vom Geschlecht, der ethnischen Zugehörigkeit, dem Bildungshintergrund der Eltern oder den finanziellen Ressourcen der Familie abhängen darf, gehört seit Jahrzehnten zur Grundmaxime demokratischer Bildungspolitik. Der Abbau von geschlechtsspezifischen Ungleichheiten ist in fast allen OECD Ländern gelungen, in vielen Ländern sind es inzwischen die jungen Frauen, die mit einer deutlich höheren Wahrscheinlichkeit die höchsten Bildungszertifikate erwerben (Buchmann/DiPrete 2006: 521; Statistisches Bundesamt 2007: 11). Auch die Abhängigkeit des Bildungserfolgs vom sozioökonomischen Status der Eltern sowie von der ethnischen Zugehörigkeit ist in fast allen Ländern gesunken (OECD 2007a: 190). Das Ausmaß, in dem die Herstellung von Chancengerechtigkeit gelungen ist, variiert je nach ökonomischer Ausgangslage, Heterogenität der Bevölkerung und vor allem der Bildungspolitik erheblich. Deutschland gehört zu den Ländern in denen der Einfluss des sozioökonomischen Hintergrundes am größten ist (OECD 2007b).

Signifikante Einflussgrößen auf den Zusammenhang von sozioökonomischen Status und Bildungserfolg in einem Landes sind, einer Studie von Schütz, Ursprung und Wößmann (2005: 26) zufolge, der Anteil der Kinder, der vorschulische Bildungsinstitutionen besucht, die Dauer des Besuchs der vorschulischen Bildungsinstitutionen und der Zeitpunkt, zu dem die Schüler in verschiedene weiterführende Schulen aufgeteilt werden. Das heißt, je früher ein Bildungssystem die Schüler leistungsabhängig auf verschiedene Schultypen aufteilt, desto größer ist der Einfluss des familiären Hintergrundes auf den Bildungserfolg der Kinder. Zum anderen steigt der Einfluss des familiären Hintergrundes zunächst, wenn – wie in Deutschland – nur ein kleiner Anteil, der sich vorrangig aus den privilegierteren Schichten zusammensetzt, die vorschulischen Bildungseinrichtungen besucht. Erst wenn weit über die Hälfte eines Jahrganges in vorschulische Bildungseinrichtungen geht, sinkt der Einfluss des familiären Hintergrundes mit zunehmendem Anteil an Kindern in vorschulischen Einrichtungen sowie mit ihrer Verweildauer.

Entsprechend gelingt es Bildungssystemen mit ausgeprägter frühkindlicher Bildung und möglichst langer gemeinsamer Grundschulzeit die Leistungsfähigkeit ihrer Schüler unabhängig vom Bildungshintergrund der Eltern am besten zu fördern. Während auf diese Weise das schwedische oder das finnische Bildungssystem den Einfluss des familialen Hintergrundes deutlich senken können, verstärkt ihn das deutsche Bildungssystem dadurch, dass die vorschulischen Bildungseinrichtungen überproportional von Kindern aus gebildeten Elternhäusern besucht werden. Der ausgeprägte Einfluss des sozioökonomischen Status der Eltern in Deutschland hängt weiter damit zusammen, dass der elterliche Bildungshintergrund auf die schulischen Leistungen mit zunehmendem Alter der Schüler abnimmt (Spera 2005; Milgram/Toubiana 1999). Denn der Nachteil, den Kinder aus bildungsfernen Elternhäusern in der Schule haben, kann deutlich gesenkt werden, wenn ihr schulisches Umfeld einen deutlich höheren sozioökonomischen Status aufweist (OECD 2007a: 194).

Deutschland gehört zu den Ländern, die ungewöhnlich früh eine Aufteilung der Schülerinnen und Schüler nach dem erreichten Leistungsstand vornehmen und damit die künftigen Bildungswege organisatorisch trennen. Nach in der Regel vier Grundschuljahren erfolgt ein „Tracking", also ein selektives Aufteilen der Schülerschaft auf organisatorisch voneinander getrennte Schulformen mit unterschiedlichen Abschlüssen und Anschlussmöglichkeiten im Bildungssystem. Alle vorliegenden Untersuchungen bestätigen, dass hierdurch das Ziel einer möglichst geringen Ungleichheit von Bildungsergebnissen nach sozialer Herkunft nicht erreicht werden kann. Werden durch eine sehr frühe leistungsmäßige Aufteilung der Schülerschaft Schulformen etabliert, in denen sich eine homogene Gruppe von leistungsschwachen Schülerinnen und Schülern sammelt, wie es an den Sonderschulen, Förderschulen und auch den Hauptschulen in Deutschland der Fall ist (Hurrelmann et al. 2006: 66), dann sind nach den vorliegenden Untersuchungen schlechte Bildungserfolge bei diesen Schülergruppen zu erwarten, so dass die Hauptschule die Chancenungleichheit für bildungsferne Kinder verstärkt und das Gesamtniveau von Bildungsqualität statistisch absenkt (siehe die Beiträge von Bos, Müller und Stubbe sowie von Bittlingmayer, Drucks, Gerdes und Bauer in diesem Band).

Die Schlussfolgerung für die Bildungspolitik ist, die organisatorisch getrennten Bildungsgänge von Sonderschulen, Förderschulen und Hauptschulen schrittweise in andere Bildungsgänge und damit integrierte Schulsysteme einzubeziehen. Dadurch wird eine leistungsmäßig heterogene Schülerschaft unterrichtet, die sich gegenseitig stimulieren und motivieren kann (siehe die Beiträge von Bellenberg und im Brahm sowie von Geißler und Weber-Menges in diesem Band).

7 Fazit

Das Risiko für diejenigen, die die Schule ohne Abschluss verlassen oder keine abgeschlossene Berufsausbildung haben, auf Dauer von der Möglichkeit des Erwerbs des eigenen Lebensunterhalts ausgeschlossen zu werden, hat sich in den letzten Jahren drastisch erhöht. Die Ursachen hierfür liegen zum einen in der Umstrukturierung des Arbeitsmarkts, der Erhöhung der Qualifikationsanforderungen in fast allen beruflichen Tätigkeiten und dem Abbau von Arbeitsplätzen für gering Qualifizierte. Zum anderen führen die gestiegenen Bildungsaspirationen eines Großteils der jungen Männer und Frauen zu einer Inflation der Bildungstitel, weswegen Jugendliche, die einen höheren Abschluss als ihre Eltern erwerben, damit oft deutlich schlechtere Chancen als diese auf dem Arbeitsmarkt haben. Eine weitere Folge der Bildungsexpansion ist die Heterogenisierung der höheren Schulformen und in der Konsequenz die soziale Homogenisierung der Haupt- und Förderschulen. Letzteres führt durch den Wegfall ressourcenstarker Schülerinnen und Schüler zu einem weiteren Leistungsabfall in den Schulformen, zum Rückgang von für den Arbeitsmarkt mobilisierbarer Netzwerke sowie zum Wegfall beruflich erfolgreicher Rollenmodelle und trägt zu einer weiteren Stigmatisierung von Haupt- und Förderschülern im Allgemeinen und zu solchen, die den

Schulabschluss nicht schaffen, im Besonderen bei. Die psychischen und politischen Folgen dieses Prozesses sind im Moment kaum abschätzbar.

Der internationale Vergleich zeigt, dass eine größer werdende gesellschaftliche Ungleichheit und die zunehmende Ausgrenzung eines Bevölkerungsteils aus dem Arbeitsmarkt weder notwendige Folgen des Globalisierungsprozesses sind, noch zwangsweise mit der Entwicklung zur „Wissensgesellschaft" einhergehen. Bei der Chancengleichheit und dem Anteil an Bildungsarmen rangiert Deutschland im internationalen Vergleich der Wohlfahrtsstaaten im hinteren Bereich. Vor allem den skandinavischen Staaten gelingt es, soziale Ungleichheiten abzubauen und zugleich sowohl ein allgemein hohes Niveau an Bildung als auch an persönlichem Wohlbefinden zu erreichen und so Zukunftsoptimismus und Integration zu gewährleisten.

Das hat viele Gründe. Neben anderen gehören zu diesen ein auf vielfältigen individuellen Lern- und Förderbedarf zugeschnittenes Bildungswesen, dass alle so früh wie möglich einbindet, so spät wie möglich separiert und äußerst vielfältige Wege zur individuellen Weiterqualifizierung finanziert. Die individuellen und gesellschaftlichen Kosten für Bildungsarmut können auf diese Weise gering gehalten werden.

Literatur

Aisenbrey, Silke/Brückner, Hannah (2008): Occupational Aspirations and the Gender Gap in Wages. In: European Sociological Review 24. 633–649

Allmendinger, Jutta/Leibfried, Stephan (2003): Education and the Welfare State: The Four Worlds of Competence Production. In: Journal of European Social Policy 13. 63–81

Autor, David H./Levy, Frank/Murnane, Richard J. (2003): The Skill Content of recent Technological Change: An Empirical Exploration. In: The Quarterly Journal of Economics 118. 1279–1333

Autorengruppe Bildungsberichterstattung (2008): Bildung in Deutschland 2008. Ein indikatorengestützter Bericht mit einer Analyse zu Übergängen im Anschluss an den Sekundarbereich I. Verfügbar unter: http://www.bildungsbericht.de/daten2008/bb_2008.pdf

Becker, Gary S. (2006): The Age of Human Capital. In: Lauder et al. (2006): 292–307

Becker, Rolf (2000): Klassenlage und Bildungsentscheidungen. Eine empirische Anwendung der Wert-Erwartungstheorie. In: Kölner Zeitschrift für Soziologie und Sozialpsychologie 52. 450–474

Bender, Stefan/Konietzka, Dirk/Sopp, Peter (2000): Diskontinuität im Erwerbsverlauf und betrieblicher Kontext. In: Kölner Zeitschrift für Soziologie und Sozialpsychologie 52. 475–499

Berger, Peter/Kahlert, Heike (2008): Institutionalisierte Ungleichheiten. Wie das Bildungswesen Chancen blockiert. Weinheim/München: Juventa

Blossfeld, Hans-Peter/Mills, Melinda/Bernardi, Fabrizio (2006): Globalization, Uncertainty and Men's Careers: An International Comparison. Cheltenham (UK)/Northampton (MA, USA): Edward Elgar

BMAS (2008): Lebenslagen in Deutschland. Der 3. Armuts- und Reichtumsbericht der Bundesregierung. Verfügbar unter: http://www.bmas.de/portal/26742/property=pdf/dritter__armuts__und__reichtumsbericht.pdf

BMBF (2009): Berufsbildungsbericht 2009. Verfügbar unter: http://www.bmbf.de/pub/bbb_09.pdf

BMWA (2005): Stellenbesetzungsprozesse im Bereich „einfacher" Dienstleistungen. Dokumentation 550. Verfügbar unter: www.bmwa.bund.de

Bourdieu, Pierre (1987): Die feinen Unterschiede. Kritik der gesellschaftlichen Urteilskraft. Frankfurt a. M.: Suhrkamp

Bourdieu, Pierre/Passeron, Jean-Claude (1971): Die Illusion der Chancengleichheit. Untersuchungen zur Soziologie des Bildungswesens am Beispiel Frankreichs. Stuttgart: Klett

Breen, Richard/Jonsson, Jan O. (2005): Inequality of Opportunity in Comparative Perspective: Recent Research on Educational Attainment and Social Mobility. In: Annual Review of Sociology 31. 223–243

Brown, Phillip (2006): The Opportunity Trap. In: Lauder et al. (2006): 381–408

Buchholz, Sandra/Hofäcker, Dirk/Mills, Melinda/Blossfeld, Hans-Peter/Kurz, Karin/Hofmeister, Heather (2009): Life Courses in the Globalization Process: The Development of Social Inequalities in Modern Societies. In: European Sociological Review. 25. 53–71
Buchmann, Claudia/DiPrete, Thomas A. (2006): The Growing Female Advantage in College Completion. The Role of Family Background and Academic Achievement. In: American Sociological Review 71. 515–541
Bude, Heinz/Lantermann, Ernst-Dieter (2006): Soziale Exklusion und Exklusionsempfinden. In: Kölner Zeitschrift für Soziologie und Sozialpsychologie 58. 233–252
Castles, Francis G. (1989): Explaining public education expenditure in OECD nations. In: European Journal of Political Research 17. 431–448
Castles Francis/Mitchell, Deborah (1992): Identifying Welfare State Regimes: The Links Between Politics, Instruments and Outcomes. In: Governance 5. 1–26
De Haan, Willem/Vos, Jaco (2003): Widersprüchliche Gefühle. Rationalität und Emotionalität im Entscheidungsverhalten von jugendlichen Straftätern. In: Karstedt/Oberwittler (2003): 316–336
Deutsches Jugendinstitut/Statistisches Bundesamt (2005): Gender-Datenreport. 1. Datenreport zur Gleichstellung von Frauen und Männern in der Bundesrepublik Deutschland. 2. Fassung. Verfügbar unter: http://www.bmfsfj.de/Publikationen/genderreport/root.html
Diefenbach, Heike/Klein, Michael (2002): Bringing Boys back in. Soziale Ungleichheit zwischen den Geschlechtern im Bildungssystem zuungunsten von Jungen am Beispiel der Sekundarabschlüsse. In: Zeitschrift für Pädagogik 48. 938–958
Enzmann, Dirk/Brettfeld, Katrin/Wetzels, Peter (2003): Männlichkeitsnormen und die Kultur der Ehre. Empirische Prüfung eines theoretischen Modells zur Erklärung erhöhter Delinquenzraten jugendlicher Migranten. In: Karstedt/Oberwittler (2003): 264–278
Esping-Andersen, Gøsta (1990): The Three Worlds of Welfare Capitalism. London: Polity
Eurostat (2009): Youth education, lifelong learning, early school leavers – Annual data. Verfügbar unter: http://epp.eurostat.ec.europa.eu/
Eurostat (2007): Bevölkerung und soziale Bedingungen. Männer und Frauen in unfreiwillig befristeten Beschäftigungsverhältnissen. Statistik kurz gefasst 98. Brüssel: Eurostat.
Geißler, Rainer (2008): Die Metamorphose der Arbeitertochter zum Migrantensohn. Zum Wandel der Chancenstruktur im Bildungssystem nach Schicht, Geschlecht, Ethnie und deren Verknüpfungen. In: Berger/Kahlert (2008): 71–100
Goos, Maarten/Manning, Alan (2003): Lousy and Lovely Jobs. The Rising Polarization of Work in Britain. Working Paper: Centre for Economic Performance, London School of Economics and Political Science. Verfügbar unter: http://eprints.lse.ac.uk/20002/1/Lousy_and_Lovely_Jobs_the_Rising_Polarization_of_Work_in_Britain.pdf
Guile, David (2006): What is Distinctive about the Knowledge Economy? Implication for Education. In: Lauder et al. (2006): 355–370
Hahn, Karola (2005): Hochschulen auf dem internationalen Bildungsmarkt und die Positionierung Deutschlands. In: Hahn/Lanzendorf (2005): 13–34
Hahn, Karola/Lanzendorf, Ute (Hrsg.) (2005): Wegweiser Globalisierung. Kassel: Jenior
Hega, Gunther/Hokenmaier, Karl (2002): The Welfare State and Education. A Comparison of Social and Educational Policy in Advanced Industrial Societies. German Policy Studies 2. Paris: OECD
Heintz, Bettina (Hrsg.) (2001): Geschlechtersoziologie. Opladen/Wiesbaden: Westdeutscher Verlag
Hofman, Roelande/Hofman W. H. A./Gray, John M./Daly, Peter (2004): Institutional Context of Education Systems in Europe. A Cross-Country Comparison on Quality and Equity. Dordrecht: Kluwer
Hradil, Stefan (2006): Die Sozialstruktur Deutschlands im internationalen Vergleich. 2. Auflage. Wiesbaden: VS Verlag für Sozialwissenschaften
Hradil, Stefan (2001): Soziale Ungleichheit in Deutschland. 8. Auflage. Opladen: Leske+Budrich
Hurrelmann, Klaus/Albert, Mathias/TNS Infratest Sozialforschung (2006): 15. Shell Jugendstudie. Frankfurt a. M.: Fischer
Hurrelmann, Achim/Leibfried, Stephan/Martens, Kerstin/Mayer, Peter (Hrsg.) (2007): Transforming the Golden-Age Nation State. New York: Palgrave
Kaelble, Hartmut (2007): Sozialgeschichte Europas. 1945 bis zur Gegenwart. München: C. H. Beck
Karstedt, Susanne/Oberwittler, Dietrich (Hrsg.) (2003): Soziologische Kriminalität. Opladen/Wiesbaden: VS Verlag für Sozialwissenschaften
Kaufmann, Franz-Xaver (2003): Varianten des Wohlfahrtsstaats. Der deutsche Sozialstaat im internationalen Vergleich. Frankfurt a. M.: Suhrkamp
Kehm, Barbara M./Huisman, Jeroen/Stensaker, Bjørn (Hrsg.) (2009): The European Higher Education Area: Perspectives on a Moving Target. Rotterdam: Sense Publishers

Korpi, Walter (2000): Faces of Inequality: Gender, Class, and Patterns of Inequalities in Different Types of Welfare States. In: Social Politics 7. 127–191

Krueger, Alan B./Lindahl, Mikael (2001): Education for Growth: Why and for Whom? In: Journal of Economic Literature 39. 1101–1136

Krüger, Helga (2001): Ungleichheit und Lebenslauf. Wege aus den Sackgassen empirischer Traditionen. In: Heintz (2001): 512–537

Lampert, Thomas/Ziese, Thomas (2005): Armut, soziale Ungleichheit und Gesundheit. Eine Expertise des Robert Koch Instituts zum zweiten Armuts- und Reichtumsberichts der Bundesregierung. Verfügbar unter: http://www.bmas.de/portal/988/property=pdf/

Lauder, Hugh/Brown, Phil/Dillabough, Jo-Anne (Hrsg.) (2006): Education, Globalization, and Social Change. Oxford: University Press

Levy, Frank/Murnane, Richard J. (2005): How Computerized Work and Globalization Shape Human Skill Demands. Verfügbar unter: http://www7.nationalacademies.org/CFE/Educ_21st_Century_Skills_Levy_Paper.pdf

Mansel, Jürgen/Hurrelmann, Klaus (1998): Aggressives und delinquentes Verhalten Jugendlicher im Zeitvergleich. Befunde der „Dunkelfeldforschung" aus den Jahren 1988, 1990 und 1996. In: Kölner Zeitschrift für Soziologie und Sozialpsychologie 50. 78–109

Martens, Kerstin/Weymann, Ansgar (2007): The Internationalisation of Education Policy. In: Hurrelmann et al. (2007): 152–172

Martens, Kerstin/Rusconi, Alessandra/Leuze, Kathrin (Hrsg.) (2007): New Arenas of Education Governance. New York: Palgrave

Merton, Robert K. (1938): Social Structure and Anomie. In: American Sociological Review 3. 672–682

Milgram, Norman/Toubiana, Yosef (1999): Academic anxiety, academic procrastination and parental involvement in students and their parents. In: British Journal of Educational Psychology 69. 345–361

Mößle, Thomas/Kleimann, Matthias/Rehbein, Florian/Pfeiffer, Christian (2006): Mediennutzung, Schulerfolg, Jugendgewalt und die Krise der Jungen. In: Zeitschrift für Jugendkriminalrecht und Jugendhilfe 3. 295–309

Müller-Benedict, Volker (2007): Wodurch kann die soziale Ungleichheit des Schulerfolgs am stärksten verringert werden? In: Kölner Zeitschrift für Soziologie und Sozialpsychologie 59. 615–639

Murnane, Richard J./Levy, Frank (2004): The New Division of Labor. How Computers are creating the next Job Market. New Jersey: Princeton University Press

OECD (2008c): Growing Unequal? Income Distribution and Poverty in OECD Countries. Summary. Verfügbar unter: http://www.oecd.org/dataoecd/45/26/41525363.pdf

OECD (2008a): Education at a Glance. Paris: OECD

OECD (2008b): Growing Unequal? Income Distribution and Poverty in OECD Countries. Country Note Germany. Verfügbar unter: http://www.oecd.org/dataoecd/45/27/41525386.pdf

OECD (2007a): PISA 2006. Science Competencies for Tomorrow's World. Vol. 1 Paris: OECD

OECD (2007b): No more failures. Ten steps to equity in education. Verfügbar unter: http://www.oecd.org/dataoecd/38/29/39676364.pdf

OECD (2001): Lernen für das Leben. Erste Ergebnisse der internationalen Schulleistungsstudie PISA 2000. Verfügbar unter: http://www.pisa.oecd.org/dataoecd/44/31/33691612.pdf

Pfeiffer, Christian/Mößle, Thomas/Kleimann, Matthias/Rehbein, Florian (2007): Die Pisa-Verlierer – Opfer ihres Medienkonsums. Eine Analyse auf der Basis verschiedener empirischer Untersuchungen. Kriminologisches Forschungsinstitut Niedersachsen. Verfügbar unter: http://www.edr.icserver8.de/fileadmin/Mediendatenbank/studientag2009/Die_PISA-Verlierer_Opfer_ihres_Medienkonsums_KFN_Studie_15-2-08.pdf

Quenzel, Gudrun/Hurrelmann, Klaus (2010): Geschlecht und Schulerfolg. Ein soziales Stratifikationsmuster kehrt sich um. In: Kölner Zeitschrift für Soziologie und Sozialpsychologie 1. 61–92

Reinberg, Alexander/Hummel, Markus (2007): Der Trend bleibt. Geringqualifizierte sind häufiger arbeitslos. IAB Kurzbericht 18. Verfügbar unter: http://doku.iab.de/kurzber/2007/kb1807.pdf

Reißig, Birgit/Gaupp, Nora (2007): Hauptschüler. Schwierige Übergänge von der Schule in den Beruf. In: APuZ 28. 10–17

Schimpl-Neimanns, Bernhard (2000): Soziale Herkunft und Bildungsbeteiligung. Empirische Analysen zu herkunftsspezifischen Bildungsungleichheiten zwischen 1950 und 1989. In: Kölner Zeitschrift für Soziologie und Sozialpsychologie 52. 636–669

Schütz, Gabriela/Ursprung, Heinrich/Wößmann, Ludger (2005): Education Policy and Equality of Opportunity. Ifo Working Paper No. 1518

Solga, Heike (2005): Ohne Abschluss in die Bildungsgesellschaft. Die Erwerbschancen gering qualifizierter Personen aus soziologischer und ökonomischer Perspektive. Opladen/Farmington Hills: Barbara Budrich

Spera, Christopher (2005): A Review of the Relationship among Parenting Practices, Parenting Styles, and Adolescent School Achievement. In: Educational Psychology Review 17. 125–146

Spitz-Oener, Alexandra (2003): IT Capital, Job Content and Educational Attainment. ZEW Discussion Paper 03-04. Verfügbar unter: ftp://ftp.zew.de/pub/zew-docs/dp/dp0304.pdf
Statistisches Bundesamt (2009a): Statistisches Jahrbuch 2009. Internationale Übersichten. Verfügbar unter: http://www.destatis.de
Statistisches Bundesamt (2009b): Bildung und Kultur. Allgemeinbildende Schulen. Fachserie 11. Verfügbar unter: http://www.destatis.de
Statistisches Bundesamt (2007): Internationale Übersicht zur Bildungsstatistik. Ausgabe 2007. Verfügbar unter: http://destatis.de
Statistisches Bundesamt (2005): Bildung im Zahlenspiegel. Verfügbar unter: www.destatis.de
Trappe, Heike (2006): Berufliche Segregation im Kontext. Über einige Folgen geschlechtstypischer Berufsentscheidungen in Ost- und Westdeutschland. In: Kölner Zeitschrift für Soziologie und Sozialpsychologie 58. 50–78
UNESCO (2010): Country Dossiers. Verfügbar unter: http://www.ibe.unesco.org/en/access-by-country.html
UNESCO Institute for Statistics (2007): Data on National Education Systems. Verfügbar unter: http://www.uis.unesco.org/
Välimaa, Jussi (2009): The relevance of higher education to knowledge society and knowledge driven economy. Education, research and innovation. In: Kehm et al. (2009): 23–41
Vester, Michael/Gardemin, Daniel (2001): Milieu, Klasse und Geschlecht. Das Feld der Geschlechterungleichheit und die „protestantische Alltagsethik". In: Heintz (2001): 454–486
Von Gostomski, Christian B. (2003): Gewalt als Reaktion auf Anerkennungsdefizite? Eine Analyse bei männlichen deutschen, türkischen und Aussiedler-Jugendlichen mit dem IKG-Jugendpanel 2001. In: Kölner Zeitschrift für Soziologie und Sozialpsychologie 55. 253–277
Weymann, Ansgar/Martens, Kerstin/Rusconi, Alessandra/Leuze, Kathrin (2007): International Organizations, Markets and the Nation State in Education Governance. In: Martens et al. (2007): 229–241
Wilkinson Richard/Pickett Kate (2009): The Spirit Level. Why More Equal Societies Always Almost Do Better. London: Allen Lane
Wößmann, Ludger/Piopiunik, Marc (2009): Was unzureichende Bildung kostet. Eine Berechnung der Folgekosten durch entgangenes Wirtschaftswachstum. Institut für Wirtschaftsforschung der Universität München. Verfügbar unter: http://www.bertelsmann-stiftung.de/bst/de/media/xcms_bst_dms_30280_30281_2.pdf

Ursachen, Mechanismen, Erklärungen

Bildungsverlierer – eine (neue) Randgruppe?

Peter A. Berger, Sylvia Keim und Andreas Klärner

Schon Mitte der 1990er Jahre hatte Claus Offe (1994) vorgeschlagen, zur Analyse von Ungleichheiten in zeitgenössisch-kapitalistischen (Arbeits-)Gesellschaften die Unterscheidung von *Gewinnern*, *Verlierern* und *Überflüssigen* zu verwenden: Während sowohl Gewinner wie auch Verlierer „gebraucht" werden und daher am „Spiel" um Erfolg im Bildungssystem und auf Arbeits- bzw. Gütermärkten teilnehmen dürfen (und müssen), können diejenigen als „Überflüssige" bezeichnet werden, die keine nachgefragten Qualifikationen, Leistungen oder Waren anzubieten haben. Ihnen drohen dann nicht nur zeitlich begrenzte Benachteiligungen, sondern die zumindest kurzfristige, oft jedoch auch länger währende Abkopplungen von wichtigen Lebensbereichen („Teilexklusion") oder sogar eine dauerhafte „Totalexklusion" aus allen gesellschaftlichen Teilsystemen (vgl. Bude 2008; Bude/Willisch 2008; Kronauer 2010; Stichweh/Windolf 2009).

Vor diesem Hintergrund soll im Folgenden diskutiert werden, ob *Bildungsverlierer* in einer meritokratischen Gesellschaft, die sich bei der Verteilung von Bildungs- und in der Folge davon auch: Lebenschancen am Leistungsprinzip orientieren will, eine (neue) *Randgruppe* bilden. Dazu ist zunächst zu klären, was unter Bildungsverlierern zu verstehen ist, und welche Prozesse bzw. Mechanismen zur Herausbildung einer abgrenzbaren gesellschaftlichen (Problem- oder Rand-)Gruppe führen können. Weiter kann gefragt werden, welchen Umfang die Kategorie der Bildungsverlierer hat bzw. wer ihr angehört, und welche Bedeutungsgehalte in diesem Zusammenhang mit dem Begriff der „Randgruppe" verbunden werden bzw. wie eine besondere, möglicherweise langfristig „stabile" Randgruppe von „Bildungsverlierern" gesellschaftlich produziert und konstruiert wird.

Dabei ist weder der Begriff der „Bildungsverlierer", der ja, wie das Bildungssystem überhaupt, auf den „Wert" des Leistungsprinzips und damit sowohl auf die „externe" Unterscheidung zwischen Bildungsteilnehmern und -nichtteilnehmern wie auch auf „interne" Unterscheidungen zwischen Gewinnern und Verlierern verweist, noch der der „Randgruppe", bei dem es um „Anerkennung" und vor allem auch um Zugehörigkeiten, mithin um In- und Exklusion geht, wertneutral. Beide Begriffe werden – mit durchaus unterschiedlichen Absichten und in verschiedenen Arenen – als politische Kampfbegriffe benutzt, und die Ursachen dafür, dass Menschen zu Bildungsverlierern oder nach den Maßstäben einer kapitalistischen Erwerbs(arbeits)gesellschaft (vgl. Berger/Konietzka 2001) gar zu „Überflüssigen" werden können, werden in der politisch-öffentlichen Diskussion je nach Standpunkt (und manchmal auch: Parteizugehörigkeit) häufig entweder in einer (fehlenden) Motivation bzw. in (mangelnden) *individuellen* Kompetenzen oder in der *Struktur* des Bildungssystems, des Arbeitsmarktes und des Übergangs zwischen beiden gesehen.

Eng verknüpft mit dem Begriff der Bildungsverlierer, der auf den verschiedenen Stufen des Bildungssystems durchaus Unterschiedliches bezeichnen kann, ist der der *Bildungsarmut*.

Oftmals werden beide Begriffe auch synonym gebraucht, indem etwa Bildungsverlierer als „bildungsarme Personen" oder auch als Angehörige „bildungsferner Schichten" bezeichnet werden – wobei freilich nicht immer klar zwischen einem „absoluten" und einem „relativen" Verständnis von (Bildungs-)Armut unterschieden wird.

Wir möchten daher zunächst das Phänomen der Bildungsarmut diskutieren und zeigen, wer aus welchen Gründen davon betroffen ist. In einem weiteren Schritt fragen wir nach Möglichkeiten der Umsetzung von Bildungstiteln und -kompetenzen in entsprechende berufliche Positionen bzw. Einkommenschancen. In einem dritten Schritt möchten wir unseren Blick weiten, denn nicht nur im engeren Sinne „bildungsarme" Personen können als Bildungsverlierer gelten, sondern auch solche, die auf höheren Stufen des Bildungssystems „scheitern", die keinen ihren Fähigkeiten entsprechenden Abschluss erreichen können oder denen es nicht gelingt, ihr Bildungskapital in ein adäquates ökonomisches Kapital umzusetzen. Abschließend werden wir die Frage diskutieren, ob und inwieweit Bildungsverlierer als gesellschaftliche „Randgruppe" bezeichnet werden können.

1 Bildungsarmut: absolut und relativ

Ähnlich wie bei anderen Armutslagen (Einkommen, Gesundheit etc.) kann man auch im Bereich der Bildung *absolute* und *relative* Bildungsarmut unterscheiden: Als „absolute" Armut kann dann im Falle von Bildung das Nicht-Erreichen eines Mindeststandards, z. B. Alphabetisierung oder ein (minimaler) Schulabschluss, bezeichnet werden. „Relative" Armut hingegen bezieht sich auf eine „Positionierung in einem Verteilungsspektrum", wonach dann etwa „alle im unteren Quintil oder Quartil der Bildungsverteilung bildungsarm" wären (Allmendinger/Leibfried 2003: 13). Zu unterscheiden sind dabei vor allem zwei Dimensionen von Bildung: *Zertifikate*, d. h. formale, durch entsprechende Zeugnisse dokumentierte Bildungsabschlüsse, und *Kompetenzen*, also die Leistung(sfähigkeit)en von Schülerinnen und Schülern bzw. Absolventinnen und Absolventen, die nicht immer mit den zertifizierten Fähigkeiten übereinstimmen müssen.

Hinsichtlich der Zertifikate gelten nun in Deutschland in der Regel Personen *ohne* Schul- oder Ausbildungsabschluss als *absolut bildungsarm*: Im Zuge der Bildungsexpansion konnte dabei zwar die Zahl der Jugendlichen ohne Schulabschluss reduziert werden; seit Mitte der 1980er Jahre stagniert jedoch deren Anteil bei etwa 6–8 % (vgl. Abbildung 1: „ohne Hauptschulabschluss").

Überproportional vertreten sind unter den Personen ohne (Haupt-)Schulabschluss Jugendliche aus einem Elternhaus mit niedrigerem sozio-ökonomischem Status und Jugendliche mit Migrationshintergrund (Autorengruppe Bildungsberichterstattung 2008; Solga 2003, 2005; Kristen 2003): So hatten im Schuljahr 2005/2006 nur 8,4 % aller Schulabgänger eine ausländische Staatsangehörigkeit; unter den Personen, die ohne Schulabschluss von der Schule abgingen, waren sie aber mit fast 20 % überproportional vertreten (Bundesministerium für Bildung und Forschung 2008, eigene Berechnung).

Abbildung 1 Anteile der erreichten Schulabschlüsse von Abgängern aus allgemeinbildenden Schulen in den Schuljahren 1960/61 bis 2005/06

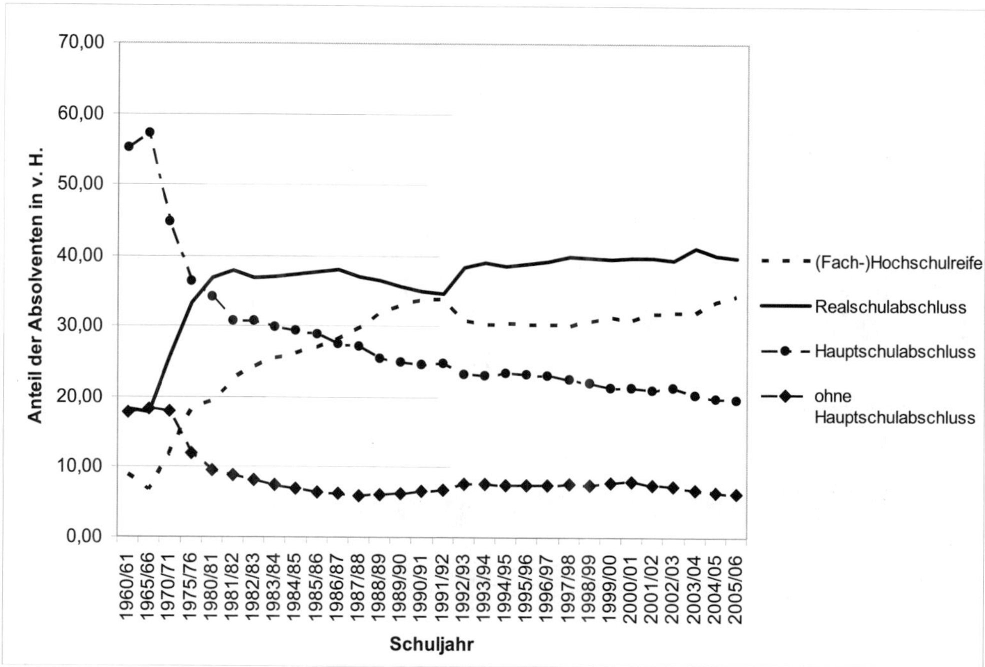

Quelle: Bundesministerium für Bildung und Forschung (2008); eigene Darstellung.

Betrachtet man absolute Bildungsarmut schließlich mit Blick auf den *Abschluss einer beruflichen oder (sekundären) schulischen Ausbildung*, haben im Jahr 2007 rund 15 % der 25–34-Jährigen keinen Abschluss der Sekundarstufe II, können also weder eine abgeschlossene Berufsausbildung noch das Abitur vorweisen (OECD 2009).

Wenn wir uns nun der *relativen Bildungsarmut* zuwenden und als Bemessungsgröße das *unterste Quartil*, also die untersten 25 % der Schulabgänger, heranziehen, wird deutlich, dass dieses Quartil im Schuljahr 2005/2006 nicht nur alle Schulabgänger ohne Schulabschluss (rund 6 % der Schulabgänger), also die „absolut" Bildungsarmen, sondern auch den größten Teil der Jugendlichen mit Hauptschulabschluss (19,5 % der Schulabgänger) umfasst (vgl. Abbildung 2).

Abbildung 2 Anteile der erreichten Schulabschlüsse von Abgängern aus allgemeinbildenden Schulen in den Schuljahren 1960/61 bis 2005/06

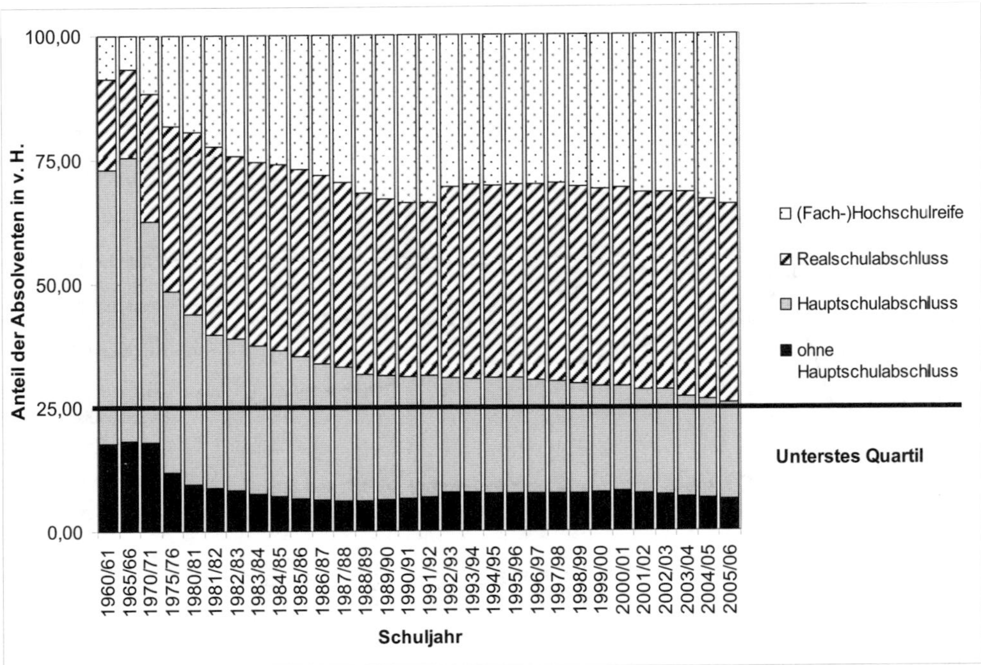

Quelle: Bundesministerium für Bildung und Forschung (2008); eigene Darstellung.

Im Unterschied zu den 1960er Jahren können also gegenwärtig auch Personen, die einen Hauptschulabschluss erreicht haben, als *relativ* bildungsarm gelten. Die deutliche Veränderung im Gewicht der Bildungsabschlüsse – während im Schuljahr 1960/61 noch 55 % aller Schulabgänger einen Hauptschulabschluss aufwiesen, sank in den folgenden Jahren der Anteil von Personen mit einem Hauptschulabschluss deutlich zu Gunsten höherer Abschlüsse –, führte somit dazu, dass mittlerweile auch das Erreichen eines Hauptschulabschlusses nicht mehr vor (relativer) Bildungsarmut schützt. Damit wird freilich auch die Rede von Bildungsverlierern als *Randgruppe* problematisch, denn nun kann „Exklusion" im Sinne absoluter Bildungsarmut nicht mehr allein am Fehlen eines (Hauptschul-)Abschlusses festgemacht werden. Vielmehr befinden sich nun mehrheitlich auch viele Jugendliche unter den (relativ) Bildungsarmen, die ja gerade wegen des Erreichens eines Hauptschulabschlusses – jedenfalls nach den Maßstäben des Bildungssystems – noch als „inkludiert" und mithin *nicht* als Angehörige einer „Randgruppe" zu bezeichnen sind.

Hinsichtlich der *Kompetenzen* scheinen die Unterschiede zwischen relativer und absoluter Bildungsarmut von geringerer Bedeutung (Allmendinger/Leibfried 2003: 14) – und über langfristige Verschiebungen ließe sich mangels geeigneter Daten hier höchstens spekulieren.[1] So gelten jene Schülerinnen und Schüler als absolut „bildungsarm", die beispielsweise in den PISA-Studien unter den fünfzehnjährigen Schülerinnen und Schülern maximal die unterste von fünf Kompetenzstufen erreichen und nach der Definition dieser Stufen kaum für einen Übergang in berufliche Bildung und ins Erwerbsleben vorbereitet sind (Deutsches PISA-Konsortium 2001: 88–97). Dies trifft auf etwa ein Viertel der 15-Jährigen zu, die damit aus der Kompetenzperspektive als gleichzeitig absolut und relativ bildungsarm gelten können (Konsortium Bildungsberichterstattung 2006: 67). Unter diesen Schülerinnen und Schülern finden sich überproportional viele mit niedrigem sozio-ökonomischen Status oder mit Migrationshintergrund (Konsortium Bildungsberichterstattung 2006).

Aber schon in der Grundschule unterscheiden sich die Kompetenzen der Schülerinnen und Schüler je nach sozialer Herkunft (Bos et al. 2007). Und auch die Wahrscheinlichkeit auf ein Gymnasium zu gehen, ist für Kinder von Eltern mit niedrigem sozio-ökonomischen Status bekanntlich deutlich geringer als für Schülerinnen und Schüler, deren Eltern einen höheren sozio-ökonomischen Status aufweisen. Unterschiede nach sozio-ökonomischem Status finden sich dabei zum einen in der Schullaufbahnempfehlung der Lehrer, zum anderen auch in den Präferenzen der Eltern – bei gleichen kognitiven Grundfähigkeiten und gleicher Lesekompetenz der Schüler (Hovestadt/Eggers 2007: 39). In der Sekundarstufe ist die Abhängigkeit des schulischen Erfolges von der sozialen Herkunft noch deutlicher ausgeprägt (Konsortium Bildungsberichterstattung 2006).

2 „Bildungsarmut" und ihre Determinanten

Zur Analyse der Ursachen von absoluter wie relativer Bildungsarmut möchten wir hier nur kurz auf die beiden häufigsten Determinanten für Bildungsungleichheiten verweisen – Details dazu finden sich in weiteren Beiträgen dieses Bandes: Bildungsarmut aufgrund der sozialen Herkunft und aufgrund eines Migrationshintergrundes. Bei der Untersuchung herkunftsbedingter Bildungsungleichheiten hat es sich eingebürgert, primäre und sekundäre Herkunftseffekte zu unterscheiden (Boudon 1974): *Primäre Effekte* bezeichnen herkunftsspezifische Unterschiede in den (Schul-)*Leistungen* von Kindern, die Ursache für Bildungsungleichheiten im späteren Lebensverlauf sein können. *Sekundäre Herkunftseffekte* hingegen treten auf, wenn es bei Kindern mit gleichen Schulleistungen, aber unterschiedlicher sozialer Herkunft zu divergierenden Bildungsentscheidungen kommt. Beide Prozesse sind eng miteinander verbunden: So beeinflussen herkunfts- oder milieuspezifische Entscheidungsprozesse bei der Wahl von Bildungsgängen für die Kinder (sekundäre Herkunftseffekte) zugleich die Möglichkeiten der Leistungsentwicklung und die Lerngelegenheiten für Kinder.

Als erste Sozialisationsinstanz, auch im Sinne des Habitus-Konzepts von Bourdieu (1987), bildet zumeist die Herkunftsfamilie den Rahmen für den Erwerb von Erfahrungen und Kenntnissen, wobei insbesondere die Kompetenzen der Eltern, aber auch andere Bestandteile ihres kulturellen Kapitals wie Besitz von Büchern, Musikinstrumenten etc., sowie ihr ökonomisches Kapital einen starken Einfluss auf die kindliche Entwicklung haben. So variiert z. B. der Umfang außerschulischer naturwissenschaftsrelevanter Aktivitäten je nach

1 Die PISA-Erhebungen gestatten derzeit nur einen Vergleich der Daten von 2000, 2003 und 2006.

sozialer Herkunft (Deutsches PISA-Konsortium 2007) genauso wie die Lesesozialisation (Bos et al. 2007) – und beide beeinflussen die Lernmotivation und die Kompetenzen im jeweiligen Bereich. Eltern können in unterschiedlichem Maße, je nach ihrer Ausstattung mit ökonomischem und kulturellem Kapital, ihren Kindern bei den Hausaufgaben helfen (oder Nachhilfeunterricht bezahlen) und ihnen ein förderliches Lernumfeld zur Verfügung stellen (eigenes Zimmer, Schreibtisch etc.). Auch die Erziehungsvorstellungen und Bildungsansprüche der Eltern variieren nach dem sozio-ökonomischen Status bzw. nach dem Bildungsniveau der Eltern. Daher können Eltern ihre Kinder in unterschiedlichem Maße motivieren und deren Ehrgeiz in Bezug auf schulische Erfolge fördern, womit das elterliche Engagement in jedem Fall die schulischen Leistungen der Kinder (mit-)beeinflusst (OECD 2004).

Im deutschen Schulsystem gelingt es dabei anscheinend nach wie vor nur in geringem Ausmaß, Ungleichheiten im Volumen und Unterschiede in der Art des familiären kulturellen Kapitals auszugleichen; vielmehr werden diese in Bildungsungleichheiten – sowohl im Sinne von Kompetenz-, wie auch im Sinne von Zertifikats- und Chancenungleichheiten – transferiert. Eine Ursache hierfür wird in der kurzen Zeit gesehen, die Kinder in Deutschland in der Schule verbringen (Mangel an Ganztagsschulen), womit in der Schule Zeit fehlt, um Ungleichheiten zu kompensieren, während gleichzeitig der hohe Zeitanteil, der auf die Familien entfällt, bestehende Unterschiede eher noch verschärft. Herkunftsbedingte Bildungsungleichheiten werden auch durch eine im internationalen Vergleich lebensgeschichtlich frühe Aufteilung der Schülerinnen und Schüler in bestimmte Schultypen verstärkt. Dabei wird häufig schon mit der Einstufung der Schüler nach Bildungsgängen das erwartete künftige Leistungspotenzial vorweggenommen, was oftmals eine selbsterfüllende Prophezeiung in Gang setzt, die dann nicht nur bei absoluter, sondern auch bei relativer Bildungsarmut zu sozialen Ausschlussprozessen führen kann: Da weder Eltern noch Lehrer der Schülerin, neuerdings jedoch meist dem Schüler, eine Laufbahn außerhalb der Hauptschule zutrauen[2], sinkt auch das eigene Selbstvertrauen – zusammen mit der Motivation. Ein eingeschränktes Lehrangebot an Hauptschulen führt dann zu geringeren Kompetenzen von Hauptschulabgängern (Solga/Dombrowski 2009), womit sich Probleme beim Arbeitsmarkteintritt verschärfen können. Die Einstufung selbst ist dabei nicht allein von Kompetenzen abhängig (primärer Herkunftseffekt), sondern auch von den Bildungsaspirationen der Eltern (sekundärer Herkunftseffekt): So schicken beispielsweise Eltern aus sog. „bildungsfernen Schichten“ ihre Kinder selbst mit guten Schulnoten seltener auf ein Gymnasium als Eltern mit höheren Bildungsabschlüssen (vgl. ebd.).

Weitere Sozialisationsinstanzen sind Mitschüler und Mitschülerinnen, die als Peer-Group wesentlich zur Motivation in der Schule beitragen können. Angesichts der frühen institutionellen Aufteilung in drei Sekundarschultypen, die mit einer sozialen Segregation einhergeht (Baumert et al. 2006), stehen jedoch im deutschen Schulsystem beispielsweise Hauptschülern nur wenige Mitschülerinnen und Mitschüler mit höheren Leistungsansprüchen und Bildungsaspirationen als Rollenmodelle zur Verfügung. Lehrer verfestigen – in vielen Fällen auch wider besseren Wissens – sekundäre Herkunftseffekte zusätzlich: So haben Kinder aus höheren sozialen Lagen in der Regel eine deutlich bessere Chance auf eine Gymnasialempfehlung als Kinder mit niedrigerer sozialer Herkunft – bei gleichen Leistungen (Hovestadt/Eggers

2 Zu Unterschieden im Bildungsmisserfolg nach Geschlecht siehe den Beitrag von Diefenbach in diesem Band.

2007; Müller-Benedict 2007). Interessanterweise ist dabei in Deutschland der Zusammenhang zwischen sozialer Herkunft und Schulerfolg regional sehr unterschiedlich: „Wie diese [Differenzen] genau zu erklären sind, ist immer noch ein offenes Forschungsfeld, da beispielsweise zumeist die notwendige Datenbasis fehlt“ (Solga/Dombrowski 2009).

Die Bildungsbenachteiligung von Migrantinnen und Migranten findet sich erst seit Mitte der 1990er Jahre verstärkt als Thema in der Bildungsforschung, und die Forschungsergebnisse sind teilweise widersprüchlich, was auch daran liegt, dass der sozialen und kulturellen Heterogenität der Migranten oftmals zu wenig Beachtung geschenkt wird bzw. wegen der mangelhaften Datenlage geschenkt werden kann (Solga/Dombrowski 2009).[3] Zum einen lässt sich ein großer Teil der Benachteiligung von Personen mit Migrationshintergrund durch den niedrigeren sozio-ökonomischen Status (der Eltern) erklären. Von Bedeutung ist aber zum anderen auch das Zuwanderungsalter: Je jünger die Migrantinnen und Migranten sind, desto besser ist die Möglichkeit zum Erwerb der deutschen Sprache – eine wesentliche Voraussetzung für eine erfolgreiche Bildungslaufbahn. Besonders Jugendliche, die erst während der Sekundarstufe einwandern, werden mit hoher Wahrscheinlichkeit in eine Hauptschule überwiesen (LDS NRW 2000: 88 f.). Schließlich scheint auch der Rechtsstatus gemäß dem (alten) deutschen Ausländerrecht die Bildungschancen von Migranten zu beeinflussen, denn Aussiedlerkinder, die einen deutschen Pass besitzen, haben einen relativen Bildungsvorsprung vor Kindern aus anderen Migrantengruppen (Söhn 2009).

Zusammenfassend lässt sich damit feststellen, dass als Bildungsverlierer jene bezeichnet werden können, die von Bildungsarmut betroffen sind – wobei sich freilich seit dem Beginn der Bildungsexpansion die Verhältnisse zwischen absoluter und relativer Bildungsarmut deutlich verschoben haben: Während nämlich noch in den 1960er Jahren das unterste Quartil der relativ Bildungsarmen im Wesentlichen aus Jugendlichen ohne (Haupt-)Schulabschluss bestand, also weitgehend auch der Vorstellung einer absoluten Bildungsarmut entsprach, ist heute mindestens ein Realschulabschluss erforderlich, um nicht in das unterste Viertel der relativ Bildungsarmen zu fallen. Zu einer Randgruppe von „Überflüssigen“ dürften Bildungsverlierer dann aber nicht mehr allein durch das „exkludierende“ Fehlen eines einfachen Schulabschlusses oder das Verfehlen von Mindeststandards werden. Denn da bei der überwiegenden Mehrheit der relativ Bildungsarmen ein „inkludierender“ Hauptschulabschluss vorhanden ist, müssen weitere Mechanismen wirksam sein, die zu einem längeren oder gar dauerhaften Ausschluss von weiterer (Aus-)Bildung und qualifizierter Erwerbsarbeit beitragen. Das lenkt den Blick auf die mit Bildungsarmut im absoluten wie im relativen Sinne regelmäßig einhergehenden Schwierigkeiten, im Erwerbssystem Fuß zu fassen.

3 Gescheiterte Übergänge: Vom Bildungssystem in das Erwerbssystem

Beim Übergang vom Bildungs- ins Erwerbssystem gilt es, zwei Schwellen zu überwinden: die erste Schwelle vom Schul- ins Berufsausbildungssystem und die zweite Schwelle von der beruflichen Ausbildung zur Position im Erwerbssystem.

3 Zu Benachteiligungen der Bildungschancen von Kindern und Jugendlichen mit Migrationshintergrund siehe auch die Beiträge von Beck, Jäpel und Becker sowie von Ramirez-Rodriguez in diesem Band.

Schwelle 1: Ohne Schulabschluss/mit Hauptschulabschluss in die Ausbildung?
Abgänger ohne Schulabschluss bleiben häufig auch ohne *Ausbildungsabschluss*. So können von den Personen ohne Schulabschluss in der Geburtskohorte 1964/1971 32 % der Männer und 47 % der Frauen bis zu ihrem 25. Lebensjahr auch keine abgeschlossene Berufsausbildung aufweisen (Solga 2005: 212 f.). Häufig nehmen Abgänger ohne Schulabschluss an ausbildungs- und berufsvorbereitenden Maßnahmen teil, die jedoch nur zum Teil in einen Ausbildungsplatz münden. Viele durchlaufen auch mehrere solcher Maßnahmen hintereinander, sodass man von einer „sich verfestigende[n] Arbeitslosigkeitsmaßnahmekarriere" (ebd.: 210) sprechen kann.

Auch Hauptschulabsolventen haben Schwierigkeiten, einen Ausbildungsabschluss zu erreichen. Unter Schulabgängern mit Hauptschulabschluss konnte im Jahr 2006 etwa die Hälfte keinen Ausbildungsplatz im dualen System erhalten oder eine schulische Ausbildung beginnen; sie wurden stattdessen ins sog. „Übergangssystem" aufgenommen.[4] Bei Schulabgängern mit mittlerem Schulabschluss oder (Fach-)Hochschulreife war dies mit 28 % bzw. 4 % deutlich seltener der Fall. Aus anderer Perspektive betrachtet bedeutet dies, dass im dualen System fast zwei Drittel, im Schulberufssystem sogar über vier Fünftel der Ausbildungsplätze mit Schulabgängerinnen und Schulabgängern mit mittleren und höheren Abschlüssen besetzt waren (Autorengruppe Bildungsberichterstattung 2008: 158). Damit büßt „das duale System eine seiner traditionell großen Stärken, Kinder aus bildungsschwächeren Gruppen durch Ausbildung beruflich zu integrieren, tendenziell ein" (ebd.). In diesem Zusammenhang kann man von einer *Entwertung des Hauptschulabschlusses* im Zuge der Bildungsexpansion sprechen: Hauptschulabsolventen stehen in Konkurrenz zur wachsenden Zahl von Absolventen mit mittleren und höheren Bildungsabschlüssen, da sie, wie wir in Abbildung 2 gesehen haben, in den jüngeren Kohorten als relativ bildungsarm gelten können.[5]

Schwelle 2: Der Übergang ins Erwerbsleben
Jugendlichen ohne Schulabschluss stehen meist „nur die so genannten Behindertenberufe sowie ein sehr kleines Segment an Ausbildungsberufen im Handwerk, in der Landwirtschaft sowie in der Hauswirtschaft im städtischen Bereich offen" (Solga 2003: 23). Gerade in diesen Bereichen sind die Beschäftigten häufig von Arbeitslosigkeit bedroht. Das Risiko, den Arbeitsplatz zu verlieren, liegt bei Jugendlichen ohne Schulabschluss deutlich höher als bei solchen mit Hauptschul- oder höheren Abschlüssen. Auch finden diese Jugendlichen zumeist nur in Kleinbetrieben mit geringer Übernahmequote oder in außerbetrieblichen Einrichtungen einen Ausbildungsplatz (Solga 2003: 22 f.). Etwa 13 % der Personen ohne Schulabschluss aus der

4 Unter dem Begriff „Übergangssystem" werden im Nationalen Bildungsbericht „(Aus-)Bildungsangebote, die unterhalb einer qualifizierten Berufsausbildung liegen bzw. zu keinem anerkannten Ausbildungsabschluss führen, sondern auf eine Verbesserung der individuellen Kompetenzen von Jugendlichen zur Aufnahme einer Ausbildung oder Beschäftigung zielen und zum Teil das Nachholen eines allgemeinbildenden Schulabschlusses ermöglichen" zusammengefasst (Konsortium Bildungsberichterstattung 2006: 79). Dazu gehören etwa das schulische Berufsgrundbildungsjahr (BGJ), die berufsvorbereitenden Bildungsmaßnahmen der Bundesagentur für Arbeit usw. (vgl. dazu auch Baethge et al. 2007; Beicht 2009).

5 Allerdings unterscheidet sich die Bedeutung der Hauptschule von Bundesland zu Bundesland deutlich – und in Bundesländern, in denen die Hauptschulen eine starke Stellung haben, kann dieser Abschluss auch attraktive Ausbildungschancen eröffnen (Trautwein et al. 2007: 8). Eine pauschale Bewertung der Hauptschule ist daher nicht sinnvoll.

Geburtskohorte 1964/1971 waren noch nie länger als sechs Monate am Stück erwerbstätig; unter den Personen mit Hauptschulabschluss und mittlerer Reife waren es nur 4 % (ebd.: 24).

Ursachen für die erschwerten Übergänge bildungsarmer Jugendlicher in das Erwerbsleben werden nun vor allem in den ökonomischen und technologischen Rationalisierungsprozessen der letzten Jahrzehnte gesehen. Hier stehen zwei Prozesse im Mittelpunkt: 1. das unter dem Stichwort „Krise der Arbeitsgesellschaft" (Matthes 1983) schon seit den 1980er Jahren diskutierte, generelle *Sinken des Erwerbsarbeitsvolumens*, und 2. *Veränderungen in Arbeitsinhalten und Qualifikationsanforderungen.*

Zu 1.: Durch eine wachsende Produktivität, technische und organisatorische Rationalisierungsprozesse sinkt das vorhandene Erwerbsarbeitsvolumen bei gleichzeitigem Wirtschaftswachstum (Wanger 2006; Kreher 2007). So finden wir zwischen 1991 und 2005 einen deutlichen und kontinuierlichen Anstieg des jährlichen BIP (von 1.534,60 Mrd. Euro auf 2.245,50 Mrd. Euro), während im gleichen Zeitraum die Zahl der Erwerbstätigen fast konstant bleibt und nur zwischen rund 38.664.000 und 38.672.000 Erwerbstätigen schwankt. Die Arbeitslosenquote hingegen hat sich nahezu verdoppelt (von 7,3 % auf 13 %), und die Arbeitsproduktivität hat sich im selben Zeitraum deutlich gesteigert (von 44.500 EUR/Jahr auf 57.899 EUR/Jahr) (Kreher 2007: 26): „Immer weniger Menschen erarbeiten also immer mehr, und dieser Trend dürfte auch in Zukunft anhalten" (Bonß 2000: 332; vgl. auch Berger/Konietzka 2001). Besondere Schwierigkeiten, unter diesen Umständen einen Ausbildungsplatz oder eine Erwerbstätigkeit zu finden, haben insbesondere bildungsarme Personen, „deren Humanvermögen marktökonomisch nicht mehr verwertbar ist" (Kreher 2007: 27) – und die genau deswegen nach der einleitend erwähnten Terminologie Offes (1994) aus der Sicht des ökonomischen Systems bzw. der Arbeitsmärkte als „überflüssig" bezeichnet werden können.

Zu 2.: Mit dem Begriff der Tertiärisierung wird eine zunehmende Verschiebung vom primären Sektor (Landwirtschaft, Bergbau) und sekundären Sektor (verarbeitendes Gewerbe) zum tertiären Sektor (Handel, Dienstleistungen, öffentlicher Dienst) beschrieben (Statistisches Bundesamt 2008: 84). Flexible und wissensbasierte Dienstleistungsarbeiten gewinnen gegenüber einfachen Tätigkeiten in der industriellen Massenproduktion, die auch ungelernte Arbeitskräfte durchführen können, an Bedeutung. Die Nachfrage nach gering qualifizierten Arbeitskräften nimmt ab (Kreher 2007), und der Wegfall von Einfacharbeitsplätzen trifft vor allem bildungsarme Personen.

Zwar gelingt es nun auch einem großen Teil der (absolut) bildungsarmen Personen, Zugang zum System der beruflichen Bildung zu erlangen: So haben beispielsweise in der Geburtskohorte 1964/71 nur 23 % der Frauen und 8 % der Männer ohne Schulabschluss nie Zugang zum beruflichen Bildungssystem gefunden (Solga 2005: 207). Auch nutzen immer mehr Personen die Chance, einen Bildungsabschluss, den sie im allgemeinbildenden Schulwesen nicht erreicht haben, nachträglich im Rahmen der beruflichen Ausbildung oder auf Abendschulen nachzuholen: „Zwischen 1996 und 2006 hat sich der Anteil der nicht im allgemeinbildenden Schulwesen erworbenen Hauptschulabschlüsse von 12,1 auf 13,5 %, der Mittleren Abschlüsse von 13,5 auf 17 % und der allgemeinen Hochschulreife von 11 auf fast 15 % erhöht" (Autorengruppe Bildungsberichterstattung 2008: 88). Aber dennoch können sie ihren schulischen Misserfolg nur schwer korrigieren: Sie können seltener als Schulabsolventen eine reguläre Ausbildung aufnehmen und sind häufig auf eine „Maßnahmenkarriere" angewiesen. Sie schließen eine Ausbildung seltener ab, und selbst wenn sie einen Berufsabschluss vorweisen, unterliegen sie einem höheren Risiko, arbeitslos zu werden (Solga 2005: 208 ff.; Autorengruppe Bildungsberichterstattung 2008: 88).

Wesentlich für unsere Frage, ob es sich bei bildungsarmen Personen, die als Bildungsverlierer bezeichnet werde können, zugleich um eine Randgruppe, um „Exkludierte" oder „Überflüssige" handelt, ist damit die Dauer(haftigkeit) des Ausschlusses. Nicht wenigen bildungsarmen Personen gelingt, wie wir gezeigt haben, nach einiger Zeit der Zugang zum Ausbildungs- und Beschäftigungssystem, sodass eben nicht per se von bildungsarmen Personen als dauerhaft exkludierter, stabiler Randgruppe gesprochen werden kann. Sowohl die individuelle Überwindung schulischen Misserfolges im Beruf, die in einer gelungenen Einbindung ins Erwerbssystem münden kann, als auch die staatlich forcierte Einbindung in berufsvorbereitende Maßnahmen, gewähren einen zumindest partiellen gesellschaftlichen Einschluss – wenngleich in diesem Fall nicht unbedingt direkt ins Erwerbssystem. Festzuhalten bleibt hier jedenfalls: Nicht alle Personen, die zunächst als bildungsarm das Schulsystem verlassen, bleiben dauerhaft bildungsarm; einigen gelingt der Abschluss einer Berufsausbildung und der Einstieg ins Erwerbssystem. Allerdings ist für bildungsarme Personen das Risiko, eine soziale „(Teil-)Inklusion" lediglich über eine „Maßnahmenkarriere" zu erlangen, oder ihre Einbindung ins Erwerbssystem immer wieder durch Phasen der Arbeitslosigkeit zu verlieren, deutlich höher als für Personen mit höherer Bildung.

4 Bildungsverlierer auf hohem Niveau?

Bislang haben wir uns mit der Gruppe derjenigen beschäftigt, die als absolut oder relativ bildungsarm gelten können. Schwierigkeiten beim Übergang vom Bildungs- ins Erwerbssystem haben aber nicht nur Personen ohne oder mit geringen formalen Schul- bzw. Bildungsabschlüssen, sondern auch Personen mit umfangreicheren Kompetenzen bzw. höheren formalen Qualifikationen. Die Umsetzung von Bildungstiteln in berufliche Position und/oder ein entsprechendes Einkommen gelingt auch jenen, die nicht von Bildungsarmut betroffen sind, nicht unbedingt – auch diese können daher als „Bildungsverlierer" gesehen werden. So ist zwar der Anteil Jugendlicher ohne beruflichen Abschluss seit den 1950er Jahren gesunken; interessant ist jedoch, dass sich unter ihnen nicht nur Personen ohne Schulabschluss, sondern auch solche mit mittleren und höheren Bildungsabschlüssen befinden (vgl. Wagner 2005). Gemeinsam haben diese ausbildungslosen Jugendlichen häufig ihre soziale Herkunft aus einem „bildungsfernen" Elternhaus mit niedrigem sozio-ökonomischen Status (Konsortium Bildungsberichterstattung 2006: 196; Solga 2003). So kommt es zu dem paradoxen Effekt, dass die Bildungsexpansion zunächst Kinder aus niedrigen Schichten „einschließt" und ihnen Zugang zu höherer Bildung ermöglicht, gleichzeitig jedoch, wie dies Bourdieu (1987) beschrieben hat, mit einer Inflation von Bildungstiteln einhergeht, die den Wert der erreichten Bildungstitel schmälert. Die vermeintlichen „Gewinner" der Bildungsexpansion können so zu Bildungsverlierern, zur „geprellten Generation" werden (ebd.; vgl. auch: Vester 2005).

Absolventen einer beruflichen Ausbildung, die im Berufsbildungssystem mit den gestiegenen Qualifikationsanforderungen aus der Arbeitswelt konfrontiert sind und diese erfolgreich erfüllen, somit in einem gewissen Sinne an Bildung „gewinnen", profitieren daher nicht unbedingt von der allgemeinen Höherqualifikation. Michael Vester (2005: 56 ff.) spricht in diesem Zusammenhang von einer „Bildungsdynamik ohne Statusgewinn“, da die verbesserten Ausbildungen und Qualifikationsprofile der Absolventen nicht dazu führten, dass diese auch an Einkommen oder Prestige gewonnen hätten. Dirk Konietzka (2007: 292) konstatiert einen „Rückgang der Bildungsrenditen“ gerade im Bereich der mittleren Abschlüsse, da sich die Berufseinstiegschancen von Absolventen einer betrieblichen Berufsausbildung zwischen Mitte der 1970er und Mitte der 1990er Jahre deutlich verschlechtert haben (ebd.: 293).

Auch bei den Hochschulabsolventen, bei denjenigen also, die weder als absolut noch als relativ bildungsarm gelten können und somit eigentlich zu den „Gewinnern“ im Bildungssystem gehören sollten, gelingt es nicht allen, ihre Bildungstitel auch in statusadäquate Positionen und Einkommen umzusetzen. Dies gilt beispielsweise für die Gruppe der *arbeitslosen Akademiker*: Zwar sind Akademiker und Akademikerinnen insgesamt deutlich seltener von Arbeitslosigkeit betroffen als Personen mit anderen Bildungsabschlüssen, aber je nach Studienfach können sich auch unter ihnen deutliche Übergangsschwierigkeiten zeigen. Probleme beim Übergang vom Studium in den Beruf haben v. a. Geistes- und Sozialwissenschaftler, Erziehungswissenschaftler, aber auch Natur- und Wirtschaftswissenschaftler; weniger schwierig scheint der Übergang in den Bereichen Rechtswissenschaften, Humanmedizin, Ingenieurwissenschaften und Mathematik/Informatik (Autorengruppe Bildungsberichterstattung 2008: 188). Im Kohortenvergleich zeigt sich zudem, dass beispielsweise der Abschlussjahrgang 2005 im Vergleich zu vorigen Abschlussjahrgängen weniger erfolgreich im Übergang in den Arbeitsmarkt war. Hochschulabsolventen dieses Jahrgangs traten seltener in eine Erwerbstätigkeit ein, waren häufiger in befristeten Positionen beschäftigt und erhielten ein geringeres Einkommen. Nach fünf Jahren konsolidiert sich jedoch die Erwerbssituation dieser Hochschulabsolventen in den meisten Fällen (Autorengruppe Bildungsberichterstattung 2008: 186 ff.).

Doch nicht nur im Bereich der Hochschulabsolventen gibt es Personen, die nach ihrer Einschätzung *unterhalb* ihres Qualifikationsniveaus eingesetzt werden; für ihre berufliche Tätigkeit überqualifizierte Personen finden sich vielmehr in allen Bildungs- und Statusgruppen. Während der Anteil der Überqualifizierten jedoch bei den Personen mit abgeschlossener Ausbildung von 1984 bis 2004 leicht abgenommen hat (von 18,4 % auf 17,2 %), hat er bei den Personen mit abgeschlossenem Hochschulstudium im selben Zeitraum von 12,1 % auf 19,8 % zugenommen (vgl. Abbildung 3). Besonders auffällig ist aber, dass unter den Hochqualifizierten die Mehrzahl „nur“ von leichten bis mittleren Qualifikationsverlusten ausgeht (Inadäquat Typ A in Abb. 3), während unter den Personen mit abgeschlossener Berufsausbildung besonders viele unter erheblichen Qualifikationsverlusten leiden (Inadäquat Typ B in Abb. 3).

Abbildung 3 Adäquanz der Beschäftigung 1984, 1995 und 2004 nach Qualifikationsniveau (in %)

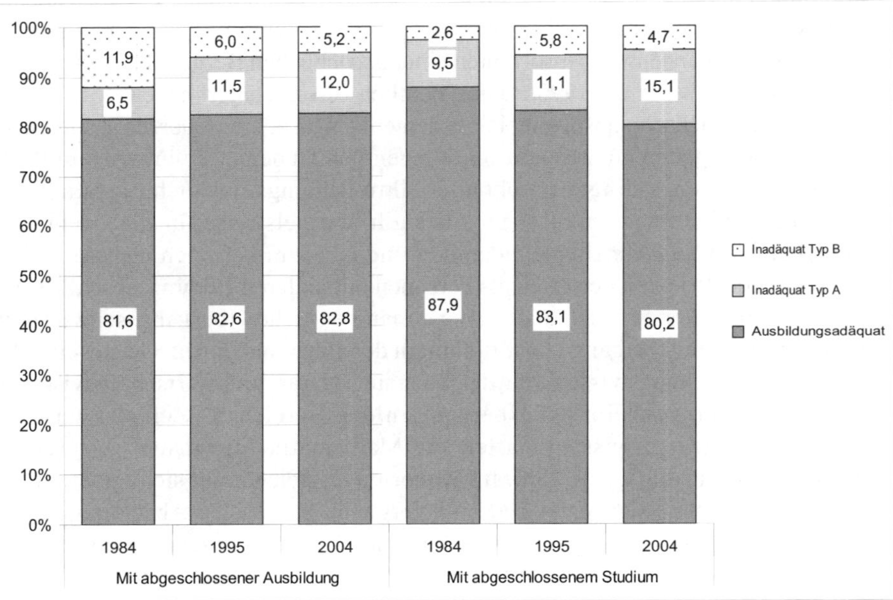

Quelle: Konsortium Bildungsberichterstattung (2006): 185 f.; eigene Darstellung (Datenquelle: SOEP).

Im Zeitverlauf und bei einer Unterscheidung nach Ost- und Westdeutschland sowie nach Geschlecht wird zudem deutlich, dass insbesondere für westdeutsche Erwerbstätige (vor allem für Männer) das Risiko, unterhalb ihres Qualifikationsniveaus beschäftigt zu werden, angestiegen ist (um etwa 8%-Punkte zwischen 1984 und 2004). Für ostdeutsche Erwerbstätige hat sich das Risiko inadäquater Beschäftigung dagegen verringert (insbesondere bei Akademikerinnen und Akademikern). „Das günstigere Bild für die neuen Länder ist jedoch wegen des dort höheren Niveaus der Arbeitslosigkeit zu relativieren. Zu berücksichtigen sind zudem Entlastungseffekte auf dem ostdeutschen Arbeitsmarkt infolge des verstärkten Wechsels von Arbeitskräften in den Ruhestand im Zuge von Abwicklungen sowie der Abwanderung von Erwerbspersonen in die alten Länder" (Konsortium Bildungsberichterstattung 2006: 185 f.). Weibliche Erwerbstätige sind für beide Qualifikationsniveaus häufiger unterwertig beschäftigt als Männer. Als Grund hierfür wird die geschlechtsspezifische Wahl von Ausbildungsberufen und Studienfächern genannt, die weniger „marktgängig" sind (Konsortium Bildungsberichterstattung 2006: 18 f.).

Damit gibt es in unserer Gesellschaft eine Vielzahl von Personen, die einerseits ihre Fähigkeiten nicht in Bildungstitel, andererseits Bildungstitel nicht in „qualifikationsadäquate" berufliche Positionen bzw. entsprechende Status- und Einkommenschancen umsetzen können – und die deshalb als „Bildungsverlierer" bezeichnet werden können. Eine „Randgruppe" bilden diese Personen, die ja in Form von „Maßnahmen" zur Erst-, Um- und Weiterqualifizierung häufig eine intensive Integration in das Bildungssystem aufweisen, freilich nicht. Vielmehr verweisen sowohl das Vorkommen von „Bildungsverlierern" auf allen Qualifikationsstufen wie auch die gerade bei Hochqualifizierten erkennbare Tendenz einer zunehmenden (qualifikations-)inadäquaten Beschäftigung (vgl. Abbildung 3) auf deutliche Mängel im Bildungs- und Erwerbssystem, das „Bildungsverlierer" systematisch und auf allen Ebenen hervorbringt.

5 „Bildungsverlierer" zwischen Exklusionsrisiko und enttäuschten Aufstiegshoffnungen

Unsere Übersicht über Ergebnisse der Bildungsforschung zeigt, dass im deutschen Bildungs- und Erwerbssystem „Bildungsverlierer" auf verschiedenen Ebenen und auch auf verschiedenen Qualifikationsstufen produziert werden. Zum einen gibt es die relativ kleine Gruppe von Personen, die bereits beim Erwerb eines Schulabschlusses bzw. an den ersten Hürden des Übergangs von der Grundschule zur weiterführenden Schule scheitern und die grundlegenden Qualifikationen („Ausbildungsreife") für eine (erfolgreiche) Teilnahme am Erwerbssystem nicht vorweisen oder nur durch mühsame Nach-, Zusatz- und Umqualifikationen erreichen können. Viele von diesen Personen, die mehrheitlich durch Migrationshintergrund und die Herkunft aus einem Elternhaus mit niedrigem sozio-ökonomischem Status gekennzeichnet sind, müssen wohl zur Kategorie der „Überflüssigen" gezählt werden, mithin zu einer Sozialkategorie, die dauerhaft von einer Teilnahme am System der Erwerbsarbeit ausgeschlossen bleibt und über keine Qualifikationen, Fähig- oder Fertigkeiten, die gesellschaftlich nachgefragt wären, verfügen kann (Bude 1998; Krafeld 2000; Solga 2006). Insofern kann diese Gruppe tatsächlich als „Randgruppe" beschrieben werden.

Der „harte" Begriff der „Exkludierten" bzw. der „Exklusion" scheint aber, worauf Heike Solga (2006: 145) zu Recht hinweist, nicht angemessen, da es im Bereich von Bildungs- und Arbeitsmarktpolitik eine Vielzahl von sozialstaatlichen Institutionen und Maßnahmen gibt, die sich um eine „Inklusion" dieser Menschen in die Gesellschaft bemühen. Nicht zuletzt die Rede von den „Maßnahmekarrieren" deutet darauf hin, dass die Betroffenen nicht dauerhaft und vollständig aus der Gesellschaft „herausfallen". Womit aber keineswegs gemeint sein kann, dass diese „Karrieren" erstrebenswert oder gar von den Betroffenen gewünscht seien und ein erfülltes, sorgenfreies und zufriedenes Leben garantierten.

Zum anderen gibt es auf einer höheren Stufe der Bildungsqualifikationen in unserer Gesellschaft eine Vielzahl von Personen, die ihre Fähigkeiten nicht in entsprechende Bildungstitel umsetzen können oder die ihre Bildungstitel nicht in berufliche Positionen umsetzen können und daher alle als Bildungsverlierer bezeichnet werden können. Diese können zwar schwerlich als „überflüssig" bezeichnet werden, jedoch können sie oftmals insofern als „(Bildungs-)Verlierer" gelten, als an der sozialen Herkunft gemessene Hoffnungen auf Statuserhalt oder gar auf Statusgewinn durch individuelle Leistungen durch strukturelle Restriktionen (Bildungskonkurrenz und Arbeitsplatzmangel) enttäuscht werden. Es handelt sich bei diesen Gruppen häufig um Bildungsverlierer „auf hohem Niveau", die zwar den Einstieg geschafft oder den Ausstieg vermieden haben, jedoch trotzdem nicht zu den „Gewinnern" der Bildungsexpansion gerechnet werden können.

Literatur

Allmendinger, Jutta/Leibfried, Stephan (2003): Bildungsarmut. In: Aus Politik und Zeitgeschichte B21-22. 12–18

Autorengruppe Bildungsberichterstattung (2008): Bildung in Deutschland 2008. Verfügbar unter: http://www.bildungsbericht.de/daten2008/bb_2008.pdf [19.03.2010]

Baethge, Martin/Solga, Heike/Wieck, Markus (2007): Berufsbildung im Umbruch – Signale eines überfälligen Aufbruchs. Berlin: Friedrich Ebert Stiftung

Baumert, Jürgen/Stanat, Petra/Watermann, Rainer (Hrsg.) (2006): Herkunftsbedingte Disparitäten im Bildungswesen: Differenzielle Bildungsprozesse und Probleme der Verteilungsgerechtigkeit. Vertiefende Analysen im Rahmen von PISA 2000. Wiesbaden: VS Verlag für Sozialwissenschaften

Beck, Ulrich (2000) (Hrsg.): Die Zukunft von Arbeit und Demokratie. Frankfurt a. M.: Suhrkamp

Becker, Rolf/Lauterbach, Wolfgang (Hrsg.) (2007): Bildung als Privileg. Erklärungen und Befunde zu den Ursachen der Bildungsungleichheit. Wiesbaden: VS Verlag für Sozialwissenschaften

Beicht, Ursula (2009): Verbesserung der Ausbildungschancen oder sinnlose Warteschleife? Zur Bedeutung und Wirksamkeit von Bildungsgängen am Übergang Schule – Berufsausbildung. In: BIBB REPORT 11. Verfügbar unter: http://www.bibb.de/dokumente/pdf/a12_bibbreport_2009_11.pdf [12.05.2010]

Berger, Peter A./Kahlert, Heike (Hrsg.) (2005): Institutionalisierte Ungleichheiten. Wie das Bildungswesen Chancen blockiert. Weinheim: Juventa

Berger, Peter A./Konietzka, Dirk (Hrsg.) (2001): Die Erwerbsgesellschaft. Neue Ungleichheiten und Unsicherheiten. Opladen: Leske + Budrich

Berger, Peter A./Vester, Michael (Hrsg.) (1998): Alte Ungleichheiten – Neue Spaltungen. Opladen: Leske + Budrich

Bonß, Wolfgang (2000): Was wird aus der Erwerbsgesellschaft? In: Beck (2000): 327–415

Bos, Wilfried/Hornberg, Sabine/Arnold, Karl-Heinz/Faust, Gabriele/Fried, Lilian/Lankes, Eva-Maria/Schwippert, Knut/Valtin, Renate (2007): IGLU 2006. Lesekompetenzen von Grundschulkindern in Deutschland im internationalen Vergleich. Münster: Waxmann

Boudon, Raymond (1974): Education, Opportunity, and Social Inequality. New York: Wiley

Bourdieu, Pierre (1987): Die feinen Unterschiede. Kritik der gesellschaftlichen Urteilskraft. Frankfurt a. M.: Suhrkamp

Bude, Heinz (2008): Die Ausgeschlossenen. Das Ende vom Traum einer gerechten Gesellschaft. München: Hanser

Bude, Heinz (1998): Die Überflüssigen als transversale Kategorie. In: Berger/Vester (1998): 363–382

Bude, Heinz/Willisch, Andreas (Hrsg.) (2008): Exklusion. Die Debatte über die „Überflüssigen". Frankfurt a. M.: Suhrkamp

Bude, Heinz/Willisch, Andreas (Hrsg.) (2006): Das Problem der Exklusion. Ausgegrenzte, Entbehrliche, Überflüssige. Hamburg: Hamburger Edition

Bundesministerium für Bildung und Forschung (2008): Portal für Grund- und Strukturdaten 2007/2008. Verfügbar unter: http://gus.his.de/ [07.05.2010]

Deutsches PISA-Konsortium (Hrsg.) (2007): PISA 2006. Die Ergebnisse der dritten internationalen Vergleichsstudie. Münster: Waxmann

Deutsches PISA-Konsortium (Hrsg.) (2001): PISA 2000. Basiskompetenzen von Schülerinnen und Schülern im internationalen Vergleich. Opladen: Leske + Budrich

Hovestadt, Gertrud/Eggers, Nicole (2007): Soziale Ungleichheit in der allgemein bildenden Schule. Ein Überblick über den Stand der empirischen Forschung unter Berücksichtigung berufsbildender Wege zur Hochschulreife und der Übergänge zur Hochschule. Rheine: Hans Böckler Stiftung. Verfügbar unter: http://www.boeckler.de/pdf/stuf_hovestadt_ungleichheit_2007.pdf [11.05.2010]

Konietzka, Dirk (2007): Berufliche Ausbildung und der Übergang in den Arbeitsmarkt. In: Becker/Lauterbach (2007): 273–302

Konsortium Bildungsberichterstattung (2006): Bildung in Deutschland. Ein indikatorengestützter Bericht mit einer Analyse zu Bildung und Migration. Bielefeld: Bertelsmann. Verfügbar unter: http://www.bildungsbericht.de/daten/gesamtbericht.pdf [13.5.2010]

Krafeld, Franz Josef (2000): Die überflüssige Jugend der Arbeitsgesellschaft. Eine Herausforderung an die Pädagogik. Opladen: Leske + Budrich

Kreher, Thomas (2007): „Heutzutage muss man kämpfen". Bewältigungsformen junger Männer angesichts entgrenzter Übergänge in Arbeit. Weinheim: Juventa

Kristen, Cornelia (2003): Ethnische Unterschiede im deutschen Schulsystem. In: Aus Politik und Zeitgeschichte B 21-22. 26–32

Kronauer, Martin (2010): Exklusion: Die Gefährdung des Sozialen im hoch entwickelten Kapitalismus. Frankfurt a. M.: Campus

(LDS NRW) Landesamt für Datenverarbeitung und Statistik Nordrhein-Westfalen (2000): Junge Menschen aus Zuwandererfamilien in Ausbildung und Beruf. Analyse des Schulbesuchs junger Menschen aus Zuwandererfamilien in Nordrhein-Westfalen – Ergebnisse aus den amtlichen Schuldaten der allgemein bildenden Schulen. Düsseldorf

Matthes, Joachim (Hrsg.) (1983): Krise der Arbeitsgesellschaft? Verhandlungen des 21. Deutschen Soziologentages in Bamberg 1982. Frankfurt a. M.: Campus

Müller-Benedict, Volker (2007): Wodurch kann die soziale Ungleichheit des Schulerfolgs am stärksten verringert werden? In: Kölner Zeitschrift für Soziologie und Sozialpsychologie 59(4). 615–639

OECD (Hrsg.) (2009): Bildung auf einen Blick 2009. OECD Indikatoren. Paris

OECD (Hrsg.) (2004): Lernen für die Welt von morgen. Erste Ergebnisse von PISA 2003. Paris. Verfügbar unter http://www.pisa.oecd.org/dataoecd/18/10/34022484.pdf [11.05.2010]

Offe, Claus (1994): Moderne „Barbarei". Der Naturzustand im Kleinformat? In: Journal für Sozialforschung 34(3). 229–247

Söhn, Janina (2009): Nicht alle sind gleich. Der Rechtsstatus beeinflusst Bildungschancen von Migranten. WZB-Mitteilungen 126. Verfügbar unter: http://www.wzb.eu/publikation/pdf/wm126/14-17.pdf [19.02.2010]

Solga, Heike (2006): Ausbildungslose und die Radikalisierung ihrer sozialen Ausgrenzung. In: Bude/Willisch (2006): 121–146

Solga, Heike (2005): Ohne Abschluss in die Bildungsgesellschaft. Die Erwerbschancen gering qualifizierter Personen aus soziologischer und ökonomischer Perspektive. Opladen: Verlag Barbara Budrich

Solga, Heike (2003): Das Paradox der integrierten Ausgrenzung von gering qualifizierten Jugendlichen. In: Aus Politik und Zeitgeschichte B 21-22. 19–25

Solga, Heike/Dombrowski, Rosine (2009): Soziale Ungleichheiten in schulischer und außerschulischer Bildung. Stand der Forschung und Forschungsbedarf. Düsseldorf: Hans-Böckler-Stiftung. Verfügbar unter: http://www.boeckler.de/pdf/p_arbp_171.pdf [11.05.2010]

Statistisches Bundesamt (2008): Datenreport 2008. Ein Sozialbericht für die Bundesrepublik Deutschland. Verfügbar unter: http://www.destatis.de/jetspeed/portal/cms/Sites/destatis/Internet/DE/Content/Publikationen/Querschnittsveroeffentlichungen/Datenreport/Downloads/Datenreport2008,property=file.pdf [17.03.2010]

Stichweh, Rudolf/Windolf, Paul (2009): Inklusion und Exklusion. Analysen zur Sozialstruktur und sozialen Ungleichheit. Wiesbaden: VS Verlag für Sozialwissenschaften

Trautwein, Ulrich/Baumert, Jürgen/Maaz, Kai (2007): Hauptschulen = Problemschulen? In: Aus Politik und Zeitgeschichte B 28. 3–9

Vester, Michael (2005): Die selektive Bildungsexpansion. Die ständische Regulierung der Bildungschancen in Deutschland. In: Berger/Kahlert (2005): 39–70

Wagner, Sandra J. (2005): Jugendliche ohne Berufsausbildung. Eine Längsschnittstudie zum Einfluss von Schule, Herkunft und Geschlecht auf ihre Bildungschancen. Aachen: Shaker

Wanger, Susanne (2006): Erwerbstätigkeit, Arbeitszeit und Arbeitsvolumen nach Geschlecht und Altersgruppen – Ergebnisse der IAB-Arbeitszeitrechnung nach Geschlecht und Alter für die Jahre 1991–2004. In: IAB Forschungsbericht 2. Verfügbar unter: http://www.econstor.eu/bitstream/10419/26681/1/511545924.PDF [17.03.2010]

Selektion und Exklusion im Bildungssystem

Hartmut Ditton

1 Selektion, Exklusion und Bildung

Obwohl der Begriff Exklusion erst in der jüngeren Vergangenheit eine so herausgehobene Aufmerksamkeit erfährt, hat er eine längere Tradition. Bezüglich der Begriffsgenese können unterschiedliche Wurzeln benannt werden (Bude 2004). Eine Gemeinsamkeit findet sich jedoch darin, dass mit dem Exklusionsbegriff auf Brüche in der gesamtgesellschaftlichen Identität bzw. Solidarität hingewiesen wird. Bestimmte Bevölkerungsgruppen scheinen aus den üblichen Klassifikationsrastern einer Gesellschaft herauszufallen, sei dies nun durch besondere innerkulturelle Auffälligkeiten oder durch die Einwanderung aus einem anderen Kulturkreis. Als exkludiert wahrgenommene Gruppen sorgen in einer Gesellschaft für Irritationen, da sie mit Blick auf die als leitend angesehene gesellschaftliche Kultur (extrem) als weit von ihr entfernt oder ihr gar konträr gegenüberstehend empfunden werden. Es handelt sich also um Gruppen von Personen, die nicht nur am Rand des gesellschaftlichen Systems stehen oder in der Hierarchie sehr weit unten, vielmehr scheinen sie gar außerhalb seiner Grenzen platziert zu sein. Als exkludiert wahrgenommene Gruppen erregen auch deshalb Unbehagen, weil sie für die Gesellschaft als schwer bis unmöglich erreichbar gelten, wie z. B. Obdachlose, die weder mit gängigen Erhebungsverfahren erfasst noch einigermaßen dauerhaft an einem bestimmten Ort im System ausreichend zuverlässig lokalisiert werden können.

Nicht nur im gesellschaftlichen Leben, auch in der Wissenschaft und Forschung sorgen die mit Exklusion gemeinten Erscheinungen für neue Herausforderungen. Besonders berührt dies die Ungleichheits- und Armutsforschung. In der Ungleichheitsforschung werden die Debatten, die zumindest im deutschsprachigen Raum sehr ausgeprägt sind, ob denn nun von einer zunehmenden Individualisierung und Pluralisierung der Lebenslagen, Lebensstile, Lebensentwürfe oder Milieus auszugehen ist, oder die klassischen sozialen Ungleichheiten im Wesentlichen doch stabil geblieben sind, noch weiter verkompliziert (Geißler 2002). Inzwischen scheint es soziale Gruppen zu geben, die weder nach Klassen- oder Schicht- noch nach Milieumerkmalen in das soziale Gefüge einzuordnen sind, sondern stattdessen einen Platz als Aussortierte und/oder Überflüssige einnehmen (Bude/Willisch 2006). Exklusion deutet auf Gruppen von Menschen hin, die nicht (mehr) an der Gemeinschaft teilhaben können oder dies nicht (mehr) wollen, die durch eine Trennlinie vom Rest der Gesellschaft abgesondert sind. Damit wird auch das Konzept von Armut auf eine besondere Probe gestellt. Vergleichbar wie der sog. Lebenslagenansatz weist Exklusion im Kontext von Armut darauf hin, dass Lebenschancen nicht nur nach materiellen Aspekten differieren, sondern auch hinsichtlich der Ausgeschlossenheit von Berechtigungen, der Machtlosigkeit, Perspektivlosigkeit und Ausgrenzung im sozialen wie räumlichen Kontext.

Die zunehmend hohe Aufmerksamkeit für Exklusionserscheinungen ist sicherlich kein Zufall, sondern steht in Zusammenhang mit den Ambivalenzen hochentwickelter moderner

Gesellschaften. Sie zeichnen sich dadurch aus, dass der lebensnotwendige Zugang zu Wissen prinzipiell für jeden offen ist und damit im Grunde alle die Chance haben, Wissen zu erwerben, unabhängig von Abstammung oder Herkunft. Damit scheint eine größtmögliche Offenheit der individuellen Lebensläufe gewährleistet zu sein und jeder gilt als seines eigenen Glückes Schmied. Mit den steigenden Ansprüchen an das Wissen und der zunehmenden Differenzierung der im Lebenslauf wählbaren Wege steigen aber nicht nur die Optionen, vielmehr nehmen auch die Risiken zu, sich nicht entscheiden zu können, Optionen zu versäumen oder die falschen Entscheidungen zu treffen. Offensichtlich können nicht alle mit den sich ständig verändernden Anforderungen angemessen Schritt halten und nicht alle entwickeln die notwendigen Kompetenzen zum Umgang mit Komplexität und Ambiguität.

Phänomene der sog. Exklusion gehen häufig damit einher, dass in einer Gesellschaft unterschiedliche Zonen und Räume entstehen, was zu augenfälligen Polarisierungen und Ghettobildungen führen kann. Beispiele dafür sind Slums in bzw. am Rande der Städte, aber auch von der allgemeinen Entwicklung abgehängte Regionen, in denen es weder Arbeitsplätze noch ein Handy-Netz oder einen Internetzugang gibt. Wer die Möglichkeit hat, wandert von dort ab, mit der Folge, dass Stadtteile und Landstriche veröden, weil niemand mehr bereit ist, dort zu investieren, und auf der anderen Seite wegen der marodierenden Infrastruktur auch niemand mehr dort leben möchte. Exklusion (und Inklusion) beziehen sich damit auch auf Relationen, weil sie nicht nur Zugehörigkeiten definieren, sondern auch entscheidend dafür sind, wo man wohnt und lebt, zu wem man Beziehungen hat, wer erreichbar ist und wer nicht. Überdies haben Exklusion und Inklusion auch eine zeitliche Dimension, da man zum einen temporär ausgeschlossen sein kann und zum anderen auch dauerhaft. Schließlich kann der Grund für Exklusion darin liegen, dass man irgendwann aus dem System herausgefallen ist oder schon den Einstieg erst gar nicht geschafft hat.

Missverständlich ist der Exklusionsbegriff insofern, als es kaum möglich ist, aus einer Gesellschaft insgesamt und von allem vollständig ausgeschlossen zu sein (Nassehi 2007). In der Regel bedeutet der Ausschluss aus einem Segment zugleich den Einschluss in ein anderes. Problemlagen ergeben sich aber dann, wenn Personengruppen wenig oder nicht an begehrten und lebenswichtigen Gütern partizipieren (Bildung, Beruf, Einkommen, Einfluss, Macht, Prestige, Kontakte), aus Teilsystemen herausfallen und sich wegen der Abhängigkeiten zwischen den Teilsystemen Kumulationen von (partiellen) Ausschlüssen ergeben. Aus einem Bereich herauszufallen, produziert eben auch oft zumindest das Risiko des Ausschlusses aus anderen Bereichen. Dennoch ist Exklusion in einer sozial und funktional differenzierten Gesellschaft nichts Ungewöhnliches. Ganz im Gegenteil ist es ab einem gewissen Grad der Differenzierung einer Gesellschaft gar nicht mehr möglich, überall Mitglied zu sein und allen Systemen oder Verkehrskreisen anzugehören. Exklusion hat in diesem Zusammenhang auch keineswegs eine ausschließlich negative Konnotation, sondern korrespondiert mit gesellschaftlichen Erfordernissen, die gleichermaßen zum Wohle der Gemeinschaft wie auch der einzelnen Person gedacht sind. Schüler werden nicht deshalb an eine Förderschule überwiesen, um sie „auszusondern", sondern mit dem Argument, dass dadurch eine gezieltere Förderung entsprechend ihren besonderen Lernbedürfnissen möglich wird, die im schulischen Regelsystem nicht gewährleistet werden könnte. Auf der anderen Seite soll damit das schulische Regelsystem von Anforderungen entlastet werden, für die es nicht ausreichend geeignet erscheint und die es an der Erfüllung seiner Aufgaben behindern würde. Offensichtlich ist Exklusion damit auch eine Frage der Definition der Funktionen von Systemen.

Bei der Frage nach Exklusion hat Bildung eine ganz entscheidende Bedeutung. In der Regel geht niedrige Bildung mit ansteigenden Exklusionsrisiken einher. Dabei wird an den Übergangsstellen im Bildungssystem bzw. im Verlauf von Bildungsgängen selbst schon exkludiert, wobei sich auch hier wiederum zwei Komponenten finden: einerseits eine Selektion durch die Institutionen nach deren Auswahlkriterien und andererseits eine Selbstselektion der Individuen abhängig von deren Präferenzen und ihrer Einschätzung der Aussicht auf Erfolg bei der Wahl einer der Optionen (s. unten). In den meisten Fällen sind die unterschiedlichen Laufbahnen, die an den Übergangstellen gewählt werden können, nicht nur voneinander verschieden, sondern auch von unterschiedlicher Wertigkeit im Hinblick auf die erreichbaren Abschlüsse bzw. Bildungszertifikate. In Deutschland beginnt die Selektion für bestimmte Bildungslaufbahnen – im Gegensatz zu den meisten anderen Bildungssystemen weltweit – schon zu einem frühen Zeitpunkt in der Bildungsbiographie. Damit eine solche Zuteilung angemessen und als gesellschaftlich akzeptabel erscheint, müssen zumindest zwei Anforderungen erfüllt sein: die Zugänge zu Bildungslaufbahnen müssen für alle möglich und die Zugangschancen müssen chancengerecht verteilt sein. Außerdem sollen die Entscheidungen keine Festlegung bezüglich der Optionen beinhalten, die in der weiteren Bildungskarriere noch möglich sind. Diese Grundprinzipien der Gewährleistung von Chancengleichheit und offener, durchlässiger sowie anschlussfähiger Bildungswege waren auch die zentralen Grundpfeiler der Empfehlungen zur weiteren Entwicklung des Bildungswesens durch den deutschen Bildungsrat in den 1970er Jahren (Deutscher Bildungsrat 1970).

Für die Regelung von Übergängen ist besonders bedeutsam, welche Kriterien in den Auswahlverfahren herangezogen und welche Standards zu Grunde gelegt werden. Jedenfalls sollte die Selektion für Bildungslaufbahnen nicht dazu führen, dass sich mit der Wahl einer Option die Risiken der Exklusion im weiteren Lebenslauf potenzieren oder bestimmte Bevölkerungsgruppen systematisch benachteiligt werden. Da im Zuge der Entwicklung zur sog. Wissensgesellschaft die Anforderungen an Bildung und Qualifikation steigen, werden als niedrig angesehene Bildungszertifikate zunehmend entwertet. Von daher sind Verteilungs- resp. Selektionssysteme und ihre Kriterien alles andere als unproblematisch. Vom Anspruch her soll in meritokratischen Systemen die Verteilung von wertvollen Gütern nach Verdiensten resp. der bislang erbrachten Leistung erfolgen. Empirisch lässt sich jedoch leicht zeigen, dass daneben regelmäßig auch weitere Faktoren von Bedeutung sind, vor allem auch die soziale Herkunft. Diesbezüglich hat bereits Boudon (1974) im Hinblick auf die Wahl von unterschiedlich anspruchsvollen Bildungslaufbahnen zwischen *primären* und *sekundären* Einflussfaktoren unterschieden. Als primäre Faktoren werden Leistungsaspekte bezeichnet und damit all das, was für den Erfolg in einer Laufbahn relevant ist und für die Selektion daher auch gerechtfertigt erscheint oder zumindest prinzipiell als Selektionskriterium gerechtfertigt werden kann. Die sekundäre Komponente beinhaltet alle darüber hinausgehenden Faktoren. Die Wirksamkeit der sekundären Faktoren ist auf eine sozialspezifisch unterschiedliche Kosten-Nutzen-Bilanz bei der Wahl einer Bildungslaufbahn zurückzuführen (Maaz et al. 2006). Einen anspruchsvolleren Bildungsweg zu wählen, bedeutet je nach sozialer Position etwas Unterschiedliches: Je höher die soziale Position und je größer das verfügbare Kapital ist, umso höher dürfen die Kosten sein, die bei der Wahl einer Laufbahn entstehen, und um so eher können auch riskante Entscheidungen getroffen werden (Bourdieu 1987).

Im Folgenden geht es darum, zunächst auf der Basis empirischer Daten die Exklusionsrisiken zu sichten. Worin bestehen gegenwärtig die größten Risiken, wer ist vorrangig betroffen und welche Beziehungen bestehen mit dem erreichten Bildungsniveau? Danach werden die wichtigsten Etappen des Bildungsverlaufs mit Blick auf die damit verbundenen Selektionsprozesse an den Übergangspassagen im deutschen Bildungssystem in den Blick genommen. Besonders wird dabei auf den Übergang in die weiterführenden Schulen nach der Primarstufe eingegangen.

2 Exklusionsrisiken

Exklusionsrisiken betreffen nicht alle Mitglieder einer Gesellschaft in gleichem Maße. In Befragungen geben ca. 10 % der Bevölkerung an, dass sie sich ausgegrenzt fühlen. Dies betrifft in besonderem Maße Langzeitarbeitslose und Personen, die von Armut betroffen sind bzw. mit niedrigem Einkommen leben müssen (Böhnke 2005). Im Hinblick auf die Lebensperspektiven steht Exklusion also vor allem in Verbindung mit der Verfügung über ein ausreichendes Einkommen und der Positionierung auf dem Arbeitsmarkt. Außer kranken Menschen und Menschen in hohem Alter sind es vorrangig Personen mit niedrigem Bildungsniveau und fehlendem Berufsabschluss, die sich von Ausgrenzung betroffen sehen.

Auch wenn *Armut* nicht nur eine materielle Seite hat, ist für das Leben in einer kapitalistischen Gesellschaft Einkommensarmut der wohl zentralste Aspekt. Für Deutschland kann, vergleichbar wie für die meisten anderen Industrienationen auch, von einem Anstieg der Einkommensarmut von den 1980er Jahren bis heute ausgegangen werden. Inzwischen lebt in Deutschland in etwa jeder achte Haushalt in relativer Armut, dabei ist die Quote im Osten höher als im Westen (Statistisches Bundesamt 2008: 166 f.). Interessant ist die Betrachtung der zeitlichen Veränderungen zwischen 2001 bis 2006 differenziert nach dem erreichten Bildungsstatus. Für Personen mit einem Fachhochschul- oder Universitätsabschluss ist die Quote vergleichsweise wenig von 4,1 auf 4,7 % angestiegen, bei Personen ohne Abschluss bzw. mit Hauptschulabschluss dagegen von 20,6 auf 26,3 %. Die Armutsquote unter den Hauptschulabsolventen ist schon doppelt so hoch wie für Personen mit mittlerem Abschluss. Von Armut sind besonders Familien mit Kindern betroffen. Für viele Kinder ist dabei die familiale Lebenssituation durch ungünstige Bedingungen in mehrfacher Hinsicht gekennzeichnet. Im Jahr 2006 lebte in Deutschland etwa jedes zehnte Kind unter 18 Jahren in einer Familie, in der kein Elternteil erwerbstätig war. In Familien, in denen niemand einen Abschluss des Sekundarbereichs II erworben hatte, wuchsen 13 % der Kinder auf. Bei ca. einem Viertel der Kinder lag das Einkommen der Familie unter der Armutsgefährdungsgrenze. Von mindestens einer dieser Risikolagen waren 28 % der Kinder betroffen (Autorengruppe Bildungsberichterstattung 2008: 26) Auch wenn Armut nicht in allen Fällen dauerhaft ist, sondern auch als temporäres Phänomen auftreten kann, ist es doch um so schwieriger aus Armut wieder auszubrechen, je ungünstiger sich die Lebenskonstellation auf Grund der Kumulation mehrerer ungünstiger Faktoren darstellt.

Analysen zur Entwicklung der *Einkommensungleichheit* führen für Deutschland zu dem Ergebnis, dass die ärmsten 20 % der Bevölkerung (das unterste Quintil) langjährig nur über ca. 10 % des monatlichen Gesamteinkommens verfügen (Statistisches Bundesamt 2008: 163 ff.). Seit 2000 ist dieser ohnehin geringe Einkommensanteil noch weiter zurückgegangen und lag im Jahr 2006 nur noch bei 9,3 %. Das oberste Quintil hatte im Vergleich dazu langjährig etwa 35 % des monatlichen Gesamteinkommens zur Verfügung, seit Beginn der 2000er Jahre ergibt sich für diese Gruppe ein Anstieg auf 36,8 %. Die Einkommensungleichheit der Haushalte hat sich somit über die Zeit deutlich erhöht, die Schere zwischen arm und reich ist zunehmend größer geworden. Inzwischen liegt das Ausmaß der Einkommensungleichheit in Deutschland auf einem der höchsten Niveaus der vergangenen Jahrzehnte. Sowohl der Anstieg von Einkommensarmut als auch die Zunahme der Einkommensungleichheit sind im internationalen Vergleich stärker ausgeprägt als in den meisten der anderen OECD-Ländern (OECD 2008).

Bedeutsam für ein funktionierendes gesellschaftliches System sind nicht nur die Verteilungen der Güter, Privilegien und sozialen Positionen, sondern auch die *Chancen, seine Position über die Zeit und relativ zur Herkunftsposition zu verändern*. Diesbezüglich lässt sich für Deutschland eine durchaus beträchtliche Mobilität (z. B. bzgl. des Erreichens beruflicher Positionen) nachweisen und Zeitvergleiche sprechen durchaus dafür, dass sich die Chancengleichheit über die Zeit eher vergrößert als verkleinert hat (Statistisches Bundesamt 2008)[1]. Andererseits finden sich jedoch auch Hinweise auf Schließungsprozesse, jedenfalls dann, wenn das oberste und unterste Ende der sozialen Hierarchie betrachtet wird. Eher unwahrscheinlich sind Aufstiege von „ganz unten" und Abstiege von „ganz oben". Insbesondere das Risiko, im untersten Quintil der sozialen Hierarchie zu verbleiben, ist sehr hoch und hat über die Jahre hinweg zugenommen. Zusammen betrachtet deutet sich so eine größere Offenheit und in Teilen nicht geringe soziale Mobilität in der Mitte und eine in der Tendenz wohl auch größere Chancengleichheit ab. Dem stehen eine Verfestigung der Strukturen und eine eher abnehmende Mobilität sowohl am unteren als auch am oberen Rand der Gesellschaft gegenüber. Die Chancen, von den Rändern wegzuwandern oder neu zur Elite aufzusteigen (Hartmann 2002), sind eher gering.

Betrachtet man die Datenlage zu den Entwicklungen bezüglich Armut, Einkommen und Mobilität im Zusammenhang, dann sprechen die Befunde am ehesten dafür, dass die gesellschaftliche Entwicklung was die Extremlagen betrifft, immer weiter auseinander läuft. In diesem Prozess kommt den Chancen auf Erwerbstätigkeit und den Entwicklungen auf dem Arbeitsmarkt eine herausragende Bedeutung zu. Die sicherlich auffälligste Entwicklung ist hierbei das kontinuierliche Schrumpfen des primären Sektors über die letzten eineinhalb Jahrhunderte: im Jahr 2006 waren nur noch etwa 2 % aller Erwerbstätigen in diesem Sektor tätig, im sekundären Sektor arbeiteten ca. ein Viertel (25,5 %) und im tertiären Sektor waren 72,3 % der Erwerbstätigen beschäftigt (Statistisches Bundesamt 2008: 115). Damit ergibt sich nicht nur eine sehr erhebliche Verschiebung der Strukturen von Erwerbstätigkeit, vielmehr steht dahinter auch die Frage, welche Erwerbsformen und wie viele Erwerbstätige überhaupt noch benötigt werden. Durch Prozesse der Automatisierung und stetigen Globalisierung sind die Entwicklungen kaum mehr auch nur noch einigermaßen treffsicher vorhersehbar. Konstant

1 Dabei bestehen allerdings Differenzen nach Region – Ost/West – und Geschlecht.

auf einem hohen Niveau ist in Deutschland jedenfalls die Arbeitslosenquote, die zwischen 8,4 % im Jahr 2000 und 10,2 % in 2006 variiert. Insgesamt zeichnet sich eine Segmentierung des Arbeitsmarktes in attraktive Berufe auf der einen und niederwertige, temporäre und unsichere Tätigkeiten auf der anderen Seite ab. Zwar ist die Quote der Arbeitslosen bei den Personen unter 25 Jahren geringer als im Durchschnitt, der Übergang in das Erwerbsleben zieht sich jedoch über eine lange Phase hin und ist für einen erheblichen Teil der Jugendlichen mit gravierenden Zugangsschwierigkeiten verbunden. Besonders betroffen von Arbeitslosigkeit sind Personen mit geringer Qualifikation bzw. niedrigem Bildungsabschluss. Unter den 25- bis 54-Jährigen erreichen die Personen ohne berufliche Qualifikation Erwerbsquoten von unter 80 %. Für Personen mit einer Anlernausbildung oder einem Berufsvorbereitungsjahr resultiert eine etwas höhere Quote von 86,7 %. Am höchsten ist mit 94 % die Erwerbsquote für Personen, die über einen Hochschulabschluss verfügen (Statistisches Bundesamt 2008: 114). Insgesamt ist die Erwerbslosenquote für Personen, die über keine anerkannte abgeschlossene Berufsausbildung verfügten, drei bis dreieinhalb mal größer als für Personen mit tertiären Abschlüssen. Diese Beziehung findet sich sowohl für Frauen als auch Männer.

3 Selektion und Exklusionsrisiken im Bildungsverlauf

Exklusionsrisiken ergeben sich verteilt über den gesamten Verlauf der Bildungs- und Berufsbiographie, vorrangig aber doch an den kritischen Gelenkstellen. Vor allem dem Übergang von der Schule in die Erwerbstätigkeit – direkt oder über eine Hochschulbildung – kommt eine besondere Bedeutung zu. Für den Hochschulzugang sei hier nur angemerkt, dass sich auch an dieser Schwelle sozial selektive Muster finden und der Einstieg im deutschen Bildungssystem alles andere als einfach oder gut überschaubar ist (Maaz 2006). Selektion und Exklusion entstehen zum einen durch die begrenzten Kapazitäten der Hochschulen und den Numerus Clausus in der Mehrzahl der Studienfächer. Nicht zu vernachlässigen sind allerdings auch die unkoordinierten Regelungen der Zulassungsverfahren, die hochschulspezifisch variieren, noch nicht einmal zeitlich abgestimmt sind und so für ausgeprägte Such- und Wanderungsprozesse (im wahrsten Sinne des Wortes) vor der Aufnahme eines Studiums führen. Nicht verwunderlich, aber bemerkenswert ist daher, dass zum Beginn und während des Studiums zahlreiche Wechsel und Abbrüche zu konstatieren sind. Im Sinne der Offenheit von Bildungswegen ist eine demgegenüber positiv zu vermerkende Entwicklung die zunehmende Öffnung der Hochschulen für Absolventen beruflicher Ausbildungswege. Die Studienanfänger an den Universitäten haben zwar auch heute noch zum weitaus größten Teil den klassischen Weg über das Gymnasium genommen, an den Fachhochschulen kommen jedoch ca. 40 % der Studienanfänger über eine Berufsausbildung bzw. über berufliche Schulen zu einem Studienplatz (Autorengruppe Bildungsberichterstattung 2008: 176).

Weitaus ungünstiger als für Schulabgänger mit einer Hochschulzugangsberechtigung stellt sich die Situation für Absolventen mit niedrigerem oder fehlendem schulischen Abschluss dar (Autorengruppe Bildungsberichterstattung 2008). Von den Jugendlichen ohne Hauptschulabschluss gelang im Jahr 2006 nur etwa einem Fünftel der Sprung auf einen Ausbildungsplatz im dualen System, vier Fünftel mussten eine Qualifizierungsmöglichkeit im Übergangssystem wahrnehmen. Nicht ganz so ungünstig sind die Chancen auf einen

Ausbildungsplatz im dualen System für die Absolventen mit Hauptschulabschluss. Von ihnen erreichen ca. 40 % den Zugang und ca. 8 % besuchen das Schulberufssystem; gut zur Hälfte münden aber auch sie zunächst in das Übergangssystem ein. Selbst für Absolventen mit mittlerem Schulabschluss ist der Übergang in die Erwerbstätigkeit vergleichsweise schwierig. Über ein Viertel besucht nach der Schule eine Qualifizierungsmaßnahme im Übergangssystem, ca. 50 % münden ins duale System ein und das restliche Viertel absolviert eine Ausbildung im Schulberufssystem. Die günstigste Perspektive ergibt sich für Absolventen mit Hoch- oder Fachhochschulreife, die eine Berufsausbildung unterhalb der Hochschulebene anstreben. Sie verteilen sich auf duale Ausbildung (zwei Drittel) und Schulberufssystem (ein Drittel). In der Gruppe der Absolventen mit den höchsten Übergangsrisiken finden sich überzufällig häufig männliche Absolventen und solche mit Migrationshintergrund. Zudem sind die Übergangsprobleme in Großstädten resp. Ballungsgebieten erheblicher.

Von den beruflichen Ausbildungssystemen her betrachtet sieht es damit gegenwärtig so aus, dass annähernd zwei Drittel der Plätze im Schulberufssystem und über vier Fünftel der Ausbildungsstellen im Schulberufssystem mit Absolventinnen und Absolventen mit mittlerem oder höherem Schulabschluss besetzt werden. Schülerinnen und Schülern mit und vor allem Schüler ohne Hauptschulabschluss finden sich zu einem großen Teil im Übergangssystem wieder. Von daher zeichnet sich ab, „dass das duale System eine seiner traditionell großen Stärken, Kinder aus den bildungsschwächeren Gruppen durch Ausbildung beruflich zu integrieren, tendenziell einbüßt“ (Autorengruppe Bildungsberichterstattung 2008: 158).

Analysen der Übergangsprozesse in die Erwerbstätigkeit verweisen damit auf eine gute Position der Absolventen mit Hochschulzugangsberechtigung und bereits deutlich weniger gute Chancen bei einem mittleren Abschluss. Eine ernüchternde Bilanz ergibt sich für Absolventen mit einem Hauptschul- oder fehlenden Abschluss. Bei einem erheblichen Anteil dieser Jugendlichen ist der Übergang in eine gesicherte Erwerbstätigkeit auch nach längerer Zeit nicht erfolgreich gelungen. Die Übergangszeiten sind inzwischen zwar insgesamt lange geworden, dennoch verzögert sich der Eintritt in Beschäftigung gerade für die gering Qualifizierten ganz erheblich, oft sogar über das 20. Lebensjahr hinaus. Von dieser Gruppe sind selbst zweieinhalb Jahre nach Schulende etwa zwei Fünftel ohne qualifizierende Ausbildung, ca. 6 % befinden sich noch immer im Übergangssystem und ein Viertel in unqualifizierter Arbeit bzw. ist arbeits- oder erwerbslos (Autorengruppe Bildungsberichterstattung 2008: 168).

Dass inzwischen hauptsächlich noch Absolventen des schulischen Systems mit einem hohen Abschluss gute Perspektiven für einen raschen Einstieg in die Erwerbstätigkeit haben, ist auf die kontinuierlich steigenden Erwartungen an die für die überwiegende Zahl der beruflichen Tätigkeiten vorausgesetzten Kompetenzen zurückzuführen. Kinder und Jugendliche, die den Anforderungen weniger gut entsprechen können, oft weil sie von einer ungünstigen Startposition aus ins Rennen gehen, laufen zunehmend Gefahr immer weiter abgehängt zu werden und als „Kellerkinder“ der Bildungsexpansion (Klemm 1991) bzw. Verlierer in der Konkurrenz um Zukunftschancen außen vor zu bleiben. Überwiegend von diesen Risiken betroffen sind Kinder aus Familien mit niedrigem sozialem Status oder Migrationshintergrund bzw. Kinder aus den sog. bildungsferneren Milieus. In diesem Zusammenhang spielt die im internationalen Vergleich frühe und sehr weitgehende Differenzierung des deutschen Bildungssystems mit eine Rolle. Die übliche Kennzeichnung als *dreigliedriges System* (Hauptschule, Realschule, Gymnasium) ist dabei höchst irreführend, weil mit dieser Bezeichnung die Förderschulen als vierte Säule des Systems ignoriert werden. Immerhin beträgt der Anteil der Förderschüler ca. 5 %, wobei sich über die Zeit eher ein Anstieg als ein Rückgang dieser Quote abzeichnet. Im Regelsystem integriert unterrichtet werden von diesen Schülern gegenwärtig etwa 12 %, die anderen besuchen spezielle Schulen. Sie bleiben damit üblicherweise dauerhaft von den sog. „Normal- oder Regelschülern" separiert. Neben den Förderschulen hat sich in den letzten Jahrzehnten zudem eine immer breiter werdende Palette von weiteren, meistens integrierten bzw. teilintegrierten Schulformen entwickelt, wobei zwischen den Bundesländern die unterschiedlichsten Varianten und Kombinationen von Schulformen bestehen. In einzelnen Ländern existiert derzeit ein sechsgliedriges Schulsystem mit Förderschulen, Hauptschulen, Realschulen, Gymnasien und daneben bestehenden integrierten (Gesamtschulen) und teilintegrierten Angeboten. Eine einheitliche Struktur findet sich nur in Form der Grundschule auf der Primarstufe, aber auch deren Dauer differiert (üblicherweise 4 Jahre, Berlin und Brandenburg: 6 Jahre) und es zeichnet sich in aktuellen Reformdiskussionen ab, dass die Länder künftig auch hier noch unterschiedliche Wege gehen könnten (Beibehaltung von 4 Jahren, Verlängerung auf 6 Jahre, teils Verlängerung auf 5 Jahre).

Angesichts der feinen Differenzierung unterschiedlicher schulischer Wege in Deutschland wäre zu erwarten, dass damit den individuellen Befähigungen und Bedürfnissen der Schüler gut entsprochen werden könnte. Dem steht jedoch die Tatsache gegenüber, dass während der Schulzeit zwar schon im Verlauf der Primarstufe, dann aber vor allem beim Durchlaufen der Sekundarstufe Verzögerungen durch Klassenwiederholungen entstehen, die sich über die gesamte Schuldauer zu erstaunlich hohen Quoten summieren. Brüche in der schulischen Biographie entstehen außerdem durch Schulformwechsel. Diese sind zwar eher die Ausnahme als die Regel, sofern sie erfolgen, beziehen sie sich jedoch überwiegend auf Wechsel von einer höheren zu einer niedrigeren Schulform (Autorengruppe Bildungsberichterstattung 2008; Konsortium Bildungsberichterstattung 2006). Beide Aspekte, die Klassenwiederholungen und die Schulformwechsel, können als Zeichen dafür gewertet werden, dass Zuteilungen zu Bildungsgängen, die auf Dauer angelegt sind, besondere Schwierigkeiten provozieren. Angesichts des hohen Stellenwerts, der im deutschen System dem Übergang von der Primar- in die Sekundarstufe zukommt, wird darauf nachfolgend vertieft eingegangen.

4 Der Übergang nach der Grundschule als frühe Selektionsschwelle

Eine Entscheidung über die angemessene Schulform nach der Grundschule zu fällen ist alles andere als einfach. Welche Kriterien für den Übergang gelten sollen, ist nur ungenau in einer Vereinbarung der Ständigen Konferenz der Kultusminister in Deutschland geregelt (Sekretariat der Ständigen Konferenz der Kultusminister der Länder in der BRD 2003). Von daher ist es nicht verwunderlich, dass die konkreten Übergangsverfahren in den Ländern unterschiedlich ausgestaltet sind. Von zentraler Bedeutung ist jedoch jeweils die Frage, wieweit Chancengleichheit gewährleistet ist, wieweit der Übergang leistungsgerecht erfolgt und wie stark die soziale Herkunft die Chancen des Übergangs in die höheren Schulformen beeinflusst. Nachfolgend werden dazu zusammenfassend die wichtigsten Ergebnisse einer Längsschnittuntersuchung mit zwei Erhebungswellen zu Entwicklungsverläufen in der Grundschule und zum Übergang an die weiterführenden Schulen vorgestellt. Die erste Erhebungswelle bezieht sich auf 27 Grundschulen mit ca. 700 Schülern in Bayern (Ditton 2007a). Untersucht wurden hier die Entwicklungsverläufe im letzen Schuljahr der Grundschulphase. An der zweiten Erhebung waren 42 Grundschulen mit ca. 900 Schülern in Bayern sowie 35 Grundschulen mit ca. 600 Schülern in Sachsen beteiligt (Ditton/Krüsken 2009a). Der Untersuchungszeitraum der zweiten Erhebung erstreckt sich vom Ende der zweiten bis zum Ende der vierten Jahrgangsstufe.

In beiden Erhebungen wurden im Längsschnitt jeweils zum Schuljahresende neben den Anmeldungen an den weiterführenden Schulen auch die Bildungsaspirationen der Eltern und die zu erwartenden bzw. tatsächlichen Übertrittsempfehlungen der Lehrkräfte erhoben (Ditton/Krüsken 2006; Ditton et al. 2005). Die Ergebnisse zeigen eine erhebliche Diskrepanz zwischen den Schulformwünschen der Eltern für ihr Kind und den Empfehlungen zur Laufbahnwahl durch die Lehrkräfte. In vielen Fällen bleiben die Empfehlungen der Lehrkräfte hinter den Erwartungen der Eltern zurück. Zu einem wesentlichen Teil ist dies darauf zurück zu führen, dass weit mehr Schüler eine Empfehlung für die Hauptschule erhalten als Eltern das wünschen. Im Verlauf der Grundschulphase zeigt sich insgesamt zwar eine gewisse Annäherung von Aspirationen und Empfehlungen, bezogen auf die zukünftigen Hauptschullaufbahnen bleiben die Vorstellungen jedoch sehr unterschiedlich. Die letztendlich resultierende Schülerzuteilung zu den Schulformen kovariiert deutlich mit der sozialen Herkunft der Schüler, wobei Kinder aus oberen Schichten überzufällig häufig an Gymnasien und Kinder aus unteren Schichten an Hauptschulen angemeldet werden. Im Vergleich der *Bildungsaspirationen* der Eltern mit den Schulform*empfehlungen der Lehrkräfte* zeigt sich, dass sich die Lehrkräfte deutlich stärker an den Leistungen der Kinder orientieren, wohingegen für die Bildungsaspirationen der Eltern Merkmale der sozialen Herkunft eine fast gleich große Bedeutung für die präferierte Schulform haben wie die schulischen Leistungen. Von daher ist es sinnvoll, bei Analysen zu den Schulübertritten zwischen den Übertrittsempfehlungen der Lehrkräfte und den Bildungsaspirationen sowie den Schulanmeldungen durch die Eltern zu unterscheiden.

Über den Verlauf der Grundschulzeit betrachtet lässt sich zeigen, dass die Erteilung der Übertrittsempfehlungen durch die Lehrkräfte für einen Großteil der Schüler auf der Basis der schulischen Leistungen erfolgt und insofern nachvollziehbar ist (Ditton/Krüsken 2009a). Dies trifft für die Schüler zu, deren Leistungsniveau bzw. Leistungsentwicklung eine eindeutige Zuordnung zu einer Schulform erlaubt. Anders verhält es sich bei der Zuweisung von Schülern, deren Leistungen bzw. Leistungsverläufe unklar sind. Da auch für diese Schüler eine Schulformempfehlung abgegeben werden muss, greifen Lehrkräfte hier auf weitere Kriterien zurück, um zu einer Entscheidung zu kommen. Als wichtige Faktoren erweisen sich wahrgenommene Eigenschaften bzw. Persönlichkeitsmerkmale der Schüler (Motivation, Interesse, Schüchternheit) und vor allem Einschätzungen zur Begabung der Schüler (s. unten). Ebenso lassen sich in den von den Leistungen her nicht eindeutigen Fällen Anpassungen der im Übertrittszeugnis gegebenen Noten nachweisen. Diese erst zum Übertrittszeitpunkt erfolgenden „Adjustierungen“ der Noten – teils nach oben und teils nach unten – sind von der Entwicklung der Schülerleistungen her nicht nachvollziehbar und können am ehesten als Rechtfertigung der dann erteilten Laufbahnempfehlung angesehen werden. Dies betrifft die Entscheidungen, ob eine Realschul- bzw. Gymnasialempfehlung noch erteilt wird oder eben nicht. Überdies haben in den unklaren Fällen auch Überzeugungen der Lehrkräfte einen Einfluss auf ihr Entscheidungsverhalten. U. a. spielt eine Rolle, ob eine hohe Übertrittsquote an die höheren Schulformen als persönlicher Erfolg gewertet wird und ob Lehrkräfte den schulischen Erfolg als stark oder weniger stark von der familialen Unterstützung abhängig sehen. In den Übertrittsempfehlungen kommen also durchaus auch Faktoren zum Tragen, die nicht auf Leistungsstandards bezogen sind, sondern subjektive Einschätzungen zu Merkmalen sowie Erfolgswahrscheinlichkeiten der Schüler und daneben noch persönliche Überzeugungen der Lehrkräfte beinhalten. Ein sozialer Bias, der sich als Benachteiligung oder Bevorzugung bestimmter Gruppen äußern würde, spielt zur Erklärung der *unerwarteten* Empfehlungsverläufe allerdings nur eine geringe Rolle. Soziale Selektivität in den Empfehlungen der Lehrkräfte manifestiert sich stärker vermittelt über die schulischen Leistungen und darüber hinaus gehende sekundäre Herkunftseffekte betreffen in erster Linie die bereits früh feststehenden *stabilen* Laufbahnempfehlungen.

Für die Übertrittsempfehlungen der Lehrkräfte sind die von den Schülern in der Grundschulzeit erbrachten *schulischen Leistungen* der entscheidende Faktor. Von daher ist es wichtig, auch die Leistungsentwicklung über die Grundschulzeit näher zu betrachten. Hierbei zeigen sich in den Testleistungen sowohl in Deutsch (Leseverständnis, Rechtschreibung) als auch in Mathematik enorme Leistungszuwächse. Zudem finden sich für Leseverständnis und Mathematik deutliche Reduzierungen der Leistungsstreuung über die Zeit. In beiden Domänen kommt es durch einen bedeutsam *größeren* Leistungszugewinn der Schüler mit *schwächeren Eingangsleistungen* zu einem bemerkenswerten Abbau des ursprünglichen Leistungsgefälles (Ditton/Krüsken 2009b). Das führt jedoch nicht dazu, dass die Leistungsunterschiede völlig ausgeglichen werden. Die Schüler der anfangs unteren Leistungsgruppe erzielen im Lesen am Ende der Grundschulzeit trotz ihres größeren Lernfortschrittes gerade das Leistungsniveau, das die mittlere Leistungsgruppe schon ein Schuljahr zuvor erreicht hatte und ihre Leistungen liegen immer noch unter dem Eingangsniveau der leistungsstärksten Gruppe. In Mathematik sieht es ganz ähnlich aus. Durchgängig stehen die schulischen Leistungen in einem engen Zusammenhang mit Merkmalen der sozialen Herkunft. Entgegen dem allgemeinen Trend einer Angleichung der Schülerleistungen reduzieren sich die Herkunftseffekte im Zeitverlauf auch nicht, sondern nehmen bei gleichen Eingangsleistungen über die Zeit sogar noch etwas zu. Unter Kontrolle der Eingangsleistungen lassen sich durch Merkmale der sozialen Herkunft zwischen 2 und 5 % der schulischen Leistungen am Ende der Grundschulzeit erklären. Ein größerer Leistungszuwachs ist in allen Testbereichen für Schüler aus Familien mit höherem Bildungsstatus (Schulabschluss) festzustellen. Im Rechtschreiben kommt ein größerer Leistungszuwachs der Mädchen hinzu, in der Mathematik und im Lesen ein geringerer Leistungszuwachs der Nicht-Muttersprachler. Zusammenfassend bedeutet das aber vor allem, dass es zu keinem Leistungsausgleich im Vergleich der sozialen Gruppen kommt, eher ist das Gegenteil der Fall (Krüsken 2007). Der auf den ersten Blick widersprüchlich anmutende Befund, dass einerseits Leistungsunterschiede reduziert werden, das soziale Gefälle der Leistungen jedoch sogar etwas zunimmt, kommt dadurch zu Stande, dass *innerhalb* der Leistungsgruppen die Schüler aus den statushöheren Gruppen jeweils einen größeren Leistungszuwachs erzielen (Ditton/Krüsken 2009b).

Die Grundschulzeit kann damit als eine schulische Phase gekennzeichnet werden, die mit enormen Lernfortschritten und einer beachtlichen Reduzierung der Leistungsstreuung einhergeht. Ursprünglich bestehende Leistungsunterschiede werden von der zweiten zur vierten Jahrgangsstufe substantiell reduziert. Diese Befunde scheinen auf den ersten Blick der verbreiteten Darstellung, dass es in der Grundschulzeit zu einer Stabilisierung interindividueller Unterschiede kommt (Weinert/Helmke 1997), zu widersprechen. Dies ist jedoch nicht zwangsläufig der Fall. Auch in unseren Daten verweisen die Korrelationen auf eine vergleichsweise hohe Stabilität von Leistungsrangreihen über die Zeit. Die *Rangunterschiede* sowohl zwischen Schülern als auch zwischen Schulklassen (Ditton 2010a) bleiben in der Grundstruktur erhalten. Die bestehenden *Leistungsabstände* sind dabei jedoch sehr viel kleiner geworden als sie ursprünglich waren. In den Leistungen gesteigert haben sich insbesondere die schwächeren Schüler und besonders deutlich aufgeholt haben die anfangs leistungsschwachen Schulklassen. Daher ist die Leistungsstreuung zum Übertrittszeitpunkt vor allem da sehr viel geringer, wo anfangs große Unterschiede bestanden hatten. An den *relativen* Leistungspostionen hat sich allerdings dennoch recht wenig geändert.

Für den weiteren Schulbesuch nach der Grundschule sind nicht erzielte Testleistungen ausschlaggebend, sondern die *Noten* zum Zeitpunkt des Übergangs. Nach unseren Ergebnissen bestehen signifikante Effekte der sozialen Herkunft auf die Noten auch unter Kontrolle der getesteten Leistungen hinaus. Diese Effekte sind allerdings nicht sehr groß, der Zugewinn an Varianzaufklärung fällt in praktisch allen untersuchten Domänen gering aus. Insgesamt ergeben sich damit unter Kontrolle der schulischen Leistungen zwar signifikante, aber keine starken *sekundäre* Effekte auf die Benotung (Stahl 2007). Zumindest zu einem gewissen Teil spielen aber bei der Benotung und auch bei den auf die Noten bezogenen Übertrittsempfehlungen außer den tatsächlichen Leistungen auch Erwartungseffekte eine Rolle, die sich nachteilig für Kinder aus Familien mit niedrigem sozialem Status auswirken. Von Bedeutung dürften hier Einschätzungen der Lehrkräfte zu den über die Leistungen hinaus notwendigen Voraussetzungen für den Besuch einer höheren Schule sowie die höheren Bildungsaspirationen der Eltern aus den bildungsnäheren Milieus sein. Zudem kommt aber auch zum Tragen, dass Kindern aus Familien mit einem höheren sozialen Status eine höhere schulische Begabung sowie eine höhere Intelligenz und Kreativität attestiert werden. Schließlich wird bei den Gymnasialempfehlungen für Kinder aus Familien mit einem höheren sozialen Status auch häufiger ein positiv bewertetes Sozialverhalten als Begründung für die Erteilung dieser Empfehlung angegeben (Stahl 2009).

Eine überraschend hohe Stabilität zeigt sich nicht nur für die Rangreihen der schulischen Leistungen, sondern auch hinsichtlich der zu erwartenden schulischen Wege nach der Primarstufe (Ditton/Krüsken 2009a). Für mehr als die Hälfte der Schüler (58 %) bleibt die Empfehlungsabsicht der Lehrkräfte vom Ende der zweiten bis zur endgültigen Erteilung der Empfehlung am Ende der vierten Jahrgangsstufe *ohne* zwischenzeitliche Veränderungen stabil. Bezogen auf die Bildungsaspirationen der Eltern finden sich in 59,8 Prozent der Fälle keine Veränderungen in diesem Zeitraum. Bei den Schulanmeldungen folgen die Eltern zum weitaus größten Teil den Übertrittsempfehlungen der Lehrkräfte (82 %), Abweichungen nach oben bzw. unten haben einen in etwa gleich hohen Anteil (ca. 9 %). Nach Schulart differenziert stehen ca. 60 Prozent der künftigen Hauptschüler und Gymnasiasten sowie ca. 50 Prozent der künftigen Realschüler schon am Ende der zweiten Jahrgansstufe und somit zwei Jahre vor dem Übertrittstermin fest. Ein Vergleich der Bildungsaspirationen der Eltern mit den Empfehlungen der Lehrkräfte bzw. den tatsächlichen Schulanmeldungen zeigt, dass ein erheblicher Teil der Eltern deutliche Abstriche machen muss. In allererster Linie betrifft das die Hoffnungen auf eine Realschullaufbahn, die 21 Prozent der Eltern für ihr Kind nicht wie gewünscht realisieren können. Annähernd drei Viertel der an einer Hauptschule angemeldeten Schüler kommen aus Familien, die sich den Besuch der Realschule gewünscht haben. Ein umgekehrter Fall ist nur an der Schnittstelle zwischen Realschule und Gymnasium zu beobachten: Etwa 9 Prozent der Eltern, die ursprünglich eine Realschullaufbahn gewünscht hatten, folgen letztlich der Empfehlung der Lehrkraft und melden ihr Kind an einem Gymnasium an (Ditton/Krüsken i. E.). Anmeldungen an einer höheren Schulform als der empfohlenen nehmen zum weitaus größeren Teil Eltern der oberen sozialen Schichten vor. Der umgekehrte Fall, dass Eltern mit der Schulanmeldung hinter der Empfehlung der Lehrkraft zurück bleiben, ist dagegen weit eher für Eltern der unteren Schichten charakteristisch. Besonders bemerkenswert ist in diesem Zusammenhang der hohe Anteil an *Selbstselektion bei Familien mit einem niedrigen Bildungsstatus*. Eltern, die höchstens über einen Hauptschulabschluss verfügen, verzichten in ca. 30 % der Fälle auf die Anmeldung an einem Gymnasium, selbst wenn das Kind von der Lehrkraft eine Empfehlung für das Gymnasium bekommen hat. Hierbei sind die (niedrigen) Bildungsaspirationen der Eltern und ihre Zweifel am schulischen Erfolg bei der Wahl einer Gymnasiallaufbahn die wichtigsten Erklärungsfaktoren.

Im Überblick betrachtet ergeben sich bezüglich der Schulformwahl die jeweils auffälligsten Diskrepanzen zwischen den statushöchsten und statusniedrigsten Gruppen (Dienstklassen vs. Arbeiterschaft). Auch unter Kontrolle der Leistungen und Noten haben Familien der statushöchsten Gruppe eine weitaus höhere Chance, für den gewünschten Besuch der Realschule oder des Gymnasiums auch die entsprechende Empfehlung von der Lehrkraft zu erhalten und ihr Kind dort auch anzumelden. Die mit Blick auf die Diskrepanz zwischen Bildungsaspirationen und Übertrittsempfehlungen notwendige „Umlenkung“ von Kindern aus Familien mit Realschulwunsch auf die Hauptschule trifft bei gleichen Leistungen eher die Familien der Arbeiterschaft als die der mittleren Statusgruppen oder gar der Dienstklassen. Auch bei gleichen schulischen Leistungen und Noten gelingt es damit Angehörigen der oberen Schicht im Verlauf der Grundschulzeit signifikant besser, ihre Realschul- und Gymnasialaspirationen in Schulanmeldungen umzusetzen, als Familien der Arbeiterschicht. Bezüglich der Realschulaspirationen trifft dies auch für Familien der mittleren Schicht im Vergleich zur Arbeiterschicht zu.

Unbestritten haben auf die Wahl der Schullaufbahn nach der Grundschule, wie auf die Wahl von Bildungslaufbahnen allgemein, neben Leistungsaspekten auch andere Faktoren einen nicht zu vernachlässigenden Einfluss. Inzwischen liegen mehrere Analysen vor, mit denen versucht wird, die Anteile der Leistungs- bzw. primären und der darüber hinausgehenden weiteren bzw. sekundären Effekte abzuschätzen (vgl. Stocké 2007). Die Ergebnisse dieser Studien sind bislang uneinheitlich und auch oft nicht vergleichbar, weil unterschiedliche Datensätze, Variablen und Berechnungsansätze verwendet werden. Zudem werden auch unterschiedliche Übergangszeitpunkte in den Blick genommen (Übergänge in weiterführende Schulen, in die gymnasiale Oberstufe, in die Hochschulen). Für den Übergang von der Primar- in die Sekundarstufe hat Müller-Benedict eine Analyse auf der Basis von Daten aus PISA 2000 vorgelegt, bei denen entsprechend der Schulformzugehörigkeit der 15-Jährigen auf den Übergang nach der Grundschule zurückgeschlossen wurde (Müller-Benedict 2007). Verwendet wurde dabei ein Simulationsverfahren, bei dem zum einen die primären und zum andern die sekundären Effekte rechnerisch neutralisiert wurden. Die Ergebnisse aus dieser Simulation legen den Schluss nahe, dass die sekundären Effekte auf die Schulformanmeldung im Vergleich zu den primären bedeutsamer sind. Eine Ausschaltung der sekundären Effekte würde einen deutlich größeren Anstieg der Gymnasialquote in der Unterschicht bewirken als eine Ausschaltung der primären Effekte. Analysen unserer Daten aus KOALA-S, die für Bayern und Sachsen getrennt gerechnet wurden und bei denen nach den Übertrittsempfehlungen der Lehrkräfte und den Schulanmeldungen durch die Eltern unterschieden wurde, führen demgegenüber zu einer anderen und differenzierteren Einschätzung (Ditton 2010b). Zwar würde mit einem Berechnungsverfahren wie es Müller-Benedict angewendet hat, auch unsere Daten zu der Einschätzung führen, dass die sekundären Effekte bei den Gymnasialanmeldungen überwiegen. Dies trifft jedoch schon nicht mehr zu, wenn mit einer elaborierteren Vorgehensweise (Buis 2008) die in unseren Daten verfügbaren Leistungsinformationen besser ausgeschöpft[2] und über mehrere Meßzeitpunkte berücksichtigt werden. Schon dann überwiegen die primären Effekte. Noch weiter verschiebt sich das Bild zugunsten der Anteile der primären Effekte, wenn nicht nur die Testleistungen der Schüler, sondern auch die Noten bzw. die Erfolgserwartungen der Eltern als valide oder wenigstens partiell valide Leistungsinformationen mit in der Berechnung berücksichtigt werden. Damit stellt sich die nicht einfach zu beantwortende Frage, *welche Leistungsaspekte* für den Schulübergang legitimerweise heranzuziehen sind. Sofern auch Faktoren wie z. B. Ausdrucksfähigkeit, Anstrengungsbereitschaft, Konzentrationsfähigkeit, Durchhaltevermögen usw. für die Schulformentscheidung eine Rolle spielen sollen, wie es die oben genannten Empfehlungen der KMK nahe legen, führen Analysen, in denen nur die Testleistungen von Schülern berücksichtigt werden, zu einer Unterschätzung der primären bzw. Überschätzung der sekundären Faktoren. Deutlich wird damit auch, dass die Unterscheidung beider Effekte weit weniger eindeutig ist, als es auf den ersten Blick erscheint (Ditton 2007b). Insofern stellen sich in der Forschung zu Bildungsverläufen nach wie vor erhebliche Herausforderungen. Das betrifft in erster Linie die Notwendigkeit, das komplexe Zusammenwirken der zahlreichen Faktoren, die Bildungslaufbahnen beeinflussen, ausreichend differenziert abzubilden. Einige Aspekte dazu sollen im folgenden Abschnitt noch abschließend aufgegriffen werden.

Bei Bildungsentscheidungen sind sozialspezifische Kosten-Nutzen-Bilanzen und das Bemühen um den Erhalt des sozialen Status wichtige Faktoren (Baumert et al. 2009). Studien zu den spezifischen Vermittlungsmechanismen im Einzelnen sind jedoch noch selten. Mit Sicherheit hat die *Kulturelle Praxis* in der Familie Wirkungen auf die Leistungsentwicklung und die Laufbahnwahl (Baumert et al. 2003; Watermann/Baumert 2006). Eine anregungsreiche Kultur in der Herkunftsfamilie kann als begünstigender Faktor für schulischen Erfolg gewertet werden. Das wiederum kann in Beziehung zu den veränderten Anforderungen an das schulische Lernen gesehen werden. Dem Erlernen einer oder mehrerer Fremdsprachen kommt eine steigende Bedeutung zu und ebenso werden im Rahmen einer neuen Lernkultur höhere Erwartungen an eigenständiges Lernen gestellt. Ebenso werden inzwischen mündliche Leistungen höher gewichtet und „Präsentationen“ der Schüler vor der Klasse gehören zum schulischen Alltag, besonders auch an den Gymnasien. Dazu, wieweit diese

2 Als kontinuierliche Variablen statt zusammengefasst zu Leistungsgruppen, wie es bei Müller-Benedict der Fall ist.

Entwicklungen zu einer weiteren Privilegierung der bildungsnäheren Schichten beitragen, ist bisher nichts bekannt. Erste Analysen der Daten aus KOALA-S zeigen, dass im Kontext der klassisch als bedeutsam angesehenen Faktoren des Rational-Choice-Modells (Kosten, Nutzen und Erfolgserwartung) auch der Risikobereitschaft (bzw. Risikofähigkeit) einer Familie Bedeutung für die Wahl der Schulform zukommt. Dies steht in Beziehung damit, ob sich Eltern in der Lage sehen, das Kind im Fall der Wahl einer Gymnasiallaufbahn ggf. unterstützen zu können. Hochbedeutsame Differenzen zwischen den Statusgruppen zeigen sich hierbei vor allem bezüglich des Fremdsprachenlernens und bezogen auf schulische Leistungsanforderungen (z. B. die genannten „Präsentationen“). Nach unseren bisherigen Analysen sind diese Mediatoren geeignet, die Effekte der sozialen Herkunft auf die Schulformwahl zum Teil zu erklären. Vollständig verschwinden unter Berücksichtigung dieser Mediatoren die Herkunftseffekte allerdings nicht. Womöglich gibt es daher durchaus eine Art Selbstverständlichkeit von Bildungsentscheidungen, besonders in den oberen sozialen Schichten (Meulemann 1985; Wiese 1982).

Bei der Wahl von Bildungslaufbahnen sind zudem *motivationale und affektive Merkmale* bedeutsam. Diese stehen in einem vergleichsweise engen Bezug zur Leistungsentwicklung und leisten einen gewissen eigenständigen Beitrag zur Erklärung sozialspezifischer Bildungschancen (Kaufmann 2007). Eine Schlüsselrolle kommt hierbei dem Fähigkeitsselbstkonzept zu. Zudem sind aber auch die Lernfreude, Anstrengung, Leistungsmotivation und schulische Einstellungen relevante Faktoren. Die genannten Merkmale variieren zwischen Kindern unterschiedlicher sozialer Herkunft und haben Vorhersagekraft für die Entwicklung der schulischen Leistungen in der Grundschulzeit. Ein wichtiger Befund besteht darüber hinaus darin, dass die schulischen Leistungsrückmeldungen (Noten) und darüber hinaus auch die Übertrittsempfehlungen am Ende der Grundschulzeit einen Einfluss auf die Entwicklung der motivationalen und affektiven Merkmale haben. Gute Noten und Empfehlungen für die höheren Schulformen wirken sich förderlich auf die Entwicklung motivationaler Merkmale aus, Misserfolgserfahrungen haben dagegen eine ungünstige motivationale Entwicklung zur Folge. Besonders für Kinder mit einer Hauptschulempfehlung finden sich deutlich negative Wirkungen auf die Lernfreude, das Fähigkeitsselbstkonzept und die Anstrengung (Kaufmann 2008).

Oben wurde bereits auf den besonderen Stellenwert der über die Grundschulzeit weitgehend stabil bleibenden Leistungsrangreihen hingewiesen. Natürlich besteht aber ein ausgeprägtes Leistungsgefälle bereits beim Schuleintritt (Moser et al. 2005). Von daher werden gegenwärtig besonders hohe Erwartungen an sozial ausgleichende Wirkungen durch eine frühe Förderung im Kindergartenalter gestellt. Diesbezüglich bestenfalls bedingt ermutigend (Niklas et al. 2010) bis ernüchternd (Weinert et al. 2010) fallen die Ergebnisse von Studien zur Entwicklung von Lernvoraussetzungen und Kompetenzen von Vorschulkindern aus, die einen Kindergarten besucht haben. Die sozialen Unterschiede scheinen sich auch in der Zeit des Kindergartenbesuchs eher weiter zu vergrößern oder bestenfalls nur sehr wenig zu reduzieren. Hinzu kommt außerdem noch, dass schon die Nutzung des Kindergartenangebots sozialspezifisch variiert und Kinder, bei denen man erwarten würde, dass sie von einer gezielten Förderung besonders profitieren könnten, die geringeren Besuchsquoten aufweisen (Kinder aus Familien ohne Schulabschluss; beide Eltern nicht erwerbstätig; zugezogene Ausländer) (Autorengruppe Bildungsberichterstattung 2008).

5 Diskussion und Ausblick

Selektion und Exklusion sind in sozial und funktional differenzierten Gesellschaften eine Normalität. Niemand kann zur gleichen Zeit allen sozialen Gruppen oder Systemen angehören. Auswahlverfahren für schulische und berufliche Laufbahnen bzw. Positionen sollen im System sicher stellen, dass die richtigen Personen an die richtigen Stellen kommen. Dahinter steht die Idee, dass über funktionsangemessene Zuweisungsverfahren das Wohl des Einzelnen wie auch der Gemeinschaft am besten gewährleistet werden kann. In demokratischen Gesellschaften wird als Bedingung eines funktionierenden Zuweisungssystems vorausgesetzt, dass der Zugang zu Positionen für alle offen ist, es bei den Auswahlen sachangemessen und gerecht zugeht und niemand von lebenswichtigen Bereichen vorschnell und/oder unzulässig ausgeschlossen wird. Zu Exklusion in einem engeren Sinn, in dem der Begriff überwiegend verwendet wird, kommt es dann, wenn Personen längerfristig oder dauerhaft einen als unzulänglich gewerteten Zugang zu lebenswichtigen Gütern haben und ihre Chancen, am gesellschaftlichen Leben teilzuhaben, als unzureichend gelten können. In der eigenen Wahrnehmung als ausgeschlossen erleben sich Menschen, die (langfristig) arbeitslos sind und/oder in Armut bzw. mit geringem Einkommen in unserer Wohlstandsgesellschaft leben. Prekäre Lebenssituationen entstehen in einer Wissensgesellschaft bei steigenden Qualifikationsanforderungen in erster Linie durch niedrige Bildung. Exklusionsgefährdet sind also vor allem Menschen, die in ihrer Bildungslaufbahn entweder gar keinen oder nur einen niedrigen Bildungsabschluss erworben haben. Für diese Personengruppe sind die beruflichen Möglichkeiten und die Chancen, ein als befriedigend empfundenes Leben durch eigene Erwerbstätigkeit bestreiten zu können, erheblich reduziert. Auf der anderen Seite stehen die Gewinner der Modernisierung, Globalisierung und Bildungsexpansion, die mit den raschen Entwicklungen mithalten können und von ihnen profitieren. Der Eindruck, dass unsere Gesellschaft, wie die meisten anderen Technologie- oder Wissensgesellschaften auch, sich immer mehr in Gewinner und Verlierer spaltet, lässt sich mit Daten zur Entwicklung von Armut und Einkommensungleichheit bestätigen. Womöglich würde diese Entwicklung nicht ganz so viel Aufmerksamkeit erregen, wenn nicht auch noch ausreichend belegt wäre, dass trotz aller Mobilität, die es auch in unserer Gesellschaft gibt, die Chancen oben oder unten zu landen, in starkem Maße von der sozialen Herkunft abhängig sind.

Hinsichtlich der hohen Bedeutung von Bildung für Inklusionschancen und Exklusionsrisiken stellt sich die entscheidende Frage, ob die Chancen auf den Erwerb eines ausreichenden Bildungstitels eher eine Frage von Leistung oder von (institutioneller) Diskriminierung sind. Es geht dabei um die Frage, wie Exklusionsrisiken am ehesten abgebaut oder zumindest reduziert werden können. Gelingt das eher über den Abbau von Barrieren im Bildungssystem oder über den Ausgleich vorhandener Unterschiede in erbrachten Leistungen? Eine Antwort darauf zu geben ist nicht einfach. Unsere oben genannten eigenen Analysen zur Wahl des Schulwegs nach der Grundschule, der für den weiteren Bildungsverlauf eine besondere Bedeutung zukommt, geben wenig Anlass, diskriminierenden Elementen die teils behauptete überragende Bedeutung zuzuschreiben. Besonders die doch ungewöhnlich intensive Kritik an der angeblich so ungenügenden diagnostischen und prognostischen Urteilsfähigkeit der Lehrkräfte erscheint nach unseren Daten überzogen zu sein bzw. überinterpretiert zu werden. Sekundäre Effekte auf Schulnoten und Laufbahnempfehlungen der Lehrkräfte sind nachweisbar und sollten in ihrer Bedeutung und hinsichtlich kumulativer Wirkungen auch keineswegs unterschätzt werden. In einer Gesamtbilanz können diese Effekte kaum als das entscheidende Glied in der Kette der Reproduktion von Bildungsungleichheit angesehen werden. Unseren Ergebnissen zu folge sind es in erster Linie die schulischen Leistungen, die über Bildungswege entscheiden. Diesbezüglich trägt die Grundschule in einem nicht geringen Maße dazu bei, das Leistungsgefälle über die Zeit zu reduzieren, ohne es völlig aufzuheben oder die sozialen Differenzen zu beseitigen. Die sozialen Unterschiede nehmen in der Grundschulzeit im Gegenteil sogar etwas zu, wenn auch nur geringfügig. Ein völliger Ausgleich der Leistungsunterschiede würde auch der Logik des differenzierten schulischen Systems widersprechen, da die anschließende Einteilung in unterschiedliche Laufbahnen obsolet würde. Überhaupt besteht der Anspruch unseres schulischen Systems gar nicht explizit im Abbau von Differenz, sondern in der bestmöglichen Förderung jedes einzelnen Schülers, also sowohl der leistungsschwächeren als auch der leistungsstärkeren. Vom Anspruch des Systems her wird Differenz somit eher konserviert als beseitigt.

Nun besteht allerdings inzwischen weitgehend Konsens, dass die (soziale) Selektivität des deutschen Bildungssystems einer modernen und demokratischen Gesellschaft unwürdig ist und reduziert werden sollte[3]. Trotz der allgegenwärtigen bildungspolitischen Rhetorik ist allerdings weitgehend unklar, was damit genauer gemeint ist. Wie stark die soziale Selektivität reduziert werden soll oder müsste, bleibt ebenso unbestimmt wie die Mittel und Wege, die man gehen will. Auch die dahinter stehenden Argumentationsmuster sind höchst unterschiedlich, lassen sich aber auf zwei Grundpositionen, die seit der Bildungsdiskussion der 1960er Jahre bekannt sind, zurückführen. Weniger im Vordergrund steht gegenwärtig der Rekurs auf *Bildung als Bürgerrecht*. Damit würde unabhängig von Verwertungsperspektiven oder Nützlichkeitserwägungen ein Anspruch auf bestmögliche Bildung für jeden einzelnen Bürger proklamiert und eine aktive Bildungspolitik eingefordert (Dahrendorf 1965). Eher stehen derzeit ökonomisch motivierte Überlegungen im Mittelpunkt (vgl. schon Edding 1963, 1965; Picht 1964): Bildungsarmut ist teuer und wenn Potentiale nicht ausgeschöpft werden ist das gerade in Zeiten niedrig bleibender Geburtenraten verhängnisvoll. Hinzu kommt noch, dass sich im jetzigen System die installierten Auffang- und Übergangsmaßnahmen für gescheiterte oder vom Scheitern bedrohte Bildungskarrieren als personal-, zeit- und kostenintensiv sowie nur begrenzt wirksam erweisen.

Das deutsche Bildungssystem stellt sich im Hinblick auf die Bildungsverläufe von der vorschulischen Phase bis zum Eintritt in die Erwerbstätigkeit bzw. in die Hochschulen als ein recht eigentümliches System dar, das durch häufige Selektionen und eine immer feiner werdende Differenzierung der Bildungswege gekennzeichnet ist. Damit erhöht sich die Gefahr, dass an den zahlreichen Verzweigungen und angesichts der vielfältigen Optionen die

3 „Bildung ist die wichtigste Voraussetzung für Chancengerechtigkeit und sozialen Aufstieg. Wir brauchen eine Gesellschaft, in der niemand ausgeschlossen wird; eine Gesellschaft mit vielen Treppen und offenen Türen. … Und deshalb dürfen wir uns nicht damit abfinden, dass die Zugangschancen zu guter Bildung in unserem Land ungleich verteilt sind und dass die schulische Entwicklung eines Kindes immer noch maßgeblich – und in jüngster Zeit sogar mit steigender Tendenz – von seiner Herkunft und dem Geldbeutel der Eltern bestimmt wird. Von allen Ungleichheiten in unserem Land ist das vielleicht sogar die ungerechteste. Sie ist beschämend für Deutschland“. [„Ungleichheit: Wieviel brauchen wir? Wieviel vertragen wir?“. Eröffnungsansprache von Bundespräsident Horst Köhler zum 47. Deutschen Historikertag am 30. September 2008 in Dresden.]

Zahl der Fehlentscheidungen vergrößert und die erzeugten Frustrationen potenziert werden. Bei der Vielfalt der Übergänge können vermehrt Brüche in Bildungsbiographien entstehen, die in einem System, das weniger verzweigt und – vor allem auch im Vergleich der Länder – weniger unüberschaubar ist, vermutlich besser vermieden werden könnten. Möglicherweise bietet die bunte Vielfalt der bundesdeutschen Bildungslandschaft sogar für diejenigen, die in der Lage sind, hier noch den Überblick zu behalten, ein gutes Betätigungsfeld und genügend Optionen, zunächst verpasste Chancen doch noch zu wahren. Dies sind jedoch gerade nicht diejenigen, die schon mit schlechten Karten in den regen Bildungswettbewerb eingestiegen sind (Hillmert/Jacob 2005).

Die als ernüchternd zu wertenden Ergebnisse der internationalen Schulvergleichsstudien haben in Deutschland eine sog. *empirische Wende* und Aufwertung der Bildungsforschung bewirkt, zumindest partiell. So begrüßenswert das ist, darf man doch nicht übersehen, dass auch eine noch so gut fundierte Forschung keine zwingenden Anweisungen für politisches Handeln impliziert. Dies setzt vielmehr eine Verständigung über bildungspolitische Ziele voraus. Kritisch erscheint diesbezüglich, dass ein gesellschaftlicher Konsens in bildungspolitischen Fragen auch heute kaum gegeben ist. Beispiele dafür finden sich in den aktuellen Bildungsdiskussionen in den Ländern sowie in den (notorisch schwierigen) Kooperationen zwischen Bund und Ländern zur Genüge. Teils stoßen aber auch über Parteigrenzen hinweg beschlossene Bildungsreformen auf den Widerstand eines streitbaren Bildungsbürgertums bzw. einflussreicher Verbände. Dies ist insofern nicht verwunderlich, als es bei bildungspolitischen Fragen zum einen um die Zukunftschancen von Kindern geht und zum andern um den Erhalt bzw. Verlust von Privilegien. Am strittigsten sind dabei in der langen Tradition der Debatten über das deutsche Bildungswesen jeweils die Themen, die Aspekte der Selektion und Inklusion bzw. Exklusion berühren. In einer hoch stratifizierten und zunehmend ungleicher werdenden Gesellschaft sind die Voraussetzungen, einen Konsens zu finden, nicht besonders günstig. Weder ist zu erwarten, dass sich das Bildungswesen konträr zu gesellschaftlichen Trends entwickeln wird, noch sollte man darauf hoffen, durch Reformen im Bildungsbereich die Gesellschaft gleicher machen zu können (Jencks et al. 1979; Jencks et al. 1973). Insofern wird man sich, wenn die (soziale) Selektivität unseres Bildungswesens und die Exklusionsrisiken in unserer Gesellschaft reduziert werden sollen, schon einig werden müssen, was die zukünftige Richtung unserer Gesellschaft im Ganzen eigentlich sein soll.

Literatur

Aufenanger, Stefan/Hamburger, Franz/Ludwig, Luise/Tippelt, Rudolf (Hrsg.) (2010): Bildung in der Demokratie. Opladen: Barbara Budrich

Autorengruppe Bildungsberichterstattung (2008): Bildung in Deutschland 2008. Ein indikatorengestützter Bericht mit einer Analyse zu Übergängen im Anschluss an den Sekundarbereich I. Bielefeld: Bertelsmann

Baumert, Jürgen/Maaz, Kai/Trautwein, Ulrich (Hrsg.) (2009): Bildungsentscheidungen. Sonderheft 12-2009 der Zeitschrift für Erziehungswissenschaft. Wiesbaden: VS Verlag für Sozialwissenschaften

Baumert, Jürgen/Stanat, Petra/Watermann, Rainer (Hrsg.) (2006): Herkunftsbedingte Disparitäten im Bildungswesen: Differenzielle Bildungsprozesse und Probleme der Verteilungsgerechtigkeit. Vertiefende Analysen im Rahmen von PISA 2000. Wiesbaden: VS Verlag für Sozialwissenschaften

Baumert, Jürgen/Watermann, Rainer/Schümer, Gundel (2003): Disparitäten der Bildungsbeteiligung und des Kompetenzerwerbs. Ein institutionelles und individuelles Mediationsmodell. In: Zeitschrift für Erziehungswissenschaft 6 (1). 46–72

Berger, Peter A./Kahlert, Heike (Hrsg.) (2005): Institutionalisierte Ungleichheiten – Wie das Bildungswesen Chancen blockiert. Weinheim/München: Juventa Verlag

Böhnke, Petra (2005): Mittendrin und trotzdem draußen? In: WZB-Mitteilungen 110. 34–37

Boudon, Raymond (1974): Education, Opportunity, and Social Inequality. New York: Wiley & Sons

Bourdieu, Pierre (1987): Die feinen Unterschiede. Kritik der gesellschaftlichen Urteilskraft. Frankfurt: Suhrkamp

Bude, Heinz (2004): Das Phänomen der Exklusion. Der Widerstreit zwischen gesellschaftlicher Erfahrung und soziologischer Rekonstruktion. In: Mittelweg 36 (4). 3–15

Bude, Heinz/Willisch, Andreas (Hrsg.) (2007): Exklusion. Die Debatte über die „Überflüssigen". Frankfurt: Suhrkamp

Bude, Heinz/Willisch, Andreas (Hrsg.) (2006): Das Problem der Exklusion: Ausgegrenzte, Entbehrliche, Überflüssige. Hamburg: Hamburger Edition

Buis, Maarten L. (2008): LDECOMP: Stata module decomposing effects in logistic regression into direct and indirect effects. In: The Stata Journal 9. 1–16

Dahrendorf, Ralf (1965): Bildung ist Bürgerrecht. Plädoyer für eine aktive Bildungspolitik. Osnabrück: Bramsche

Deutscher Bildungsrat (1970): Strukturplan für das Bildungswesen. (Empfehlungen der Bildungskommission). Bonn: Bundesdruckerei

Ditton, Hartmut (2010a): Differentielle Leistungsentwicklung in der zweiten Hälfte der Grundschulzeit. In: Zeitschrift für Grundschulforschung 3 (1). 83–98

Ditton, Hartmut (2010b): Schullaufbahnen und soziale Herkunft – eine Frage von Leistung oder Diskriminierung? In: Aufenanger et al. (2010): 79–99

Ditton, Hartmut (2007a): Einleitung: Übergänge im Bildungswesen – Ergebnis rationaler Wahlen? In: Ditton (2007): 9–23

Ditton, Hartmut (Hrsg.) (2007b): Kompetenzaufbau und Laufbahnen im Schulsystem. Eine Längsschnittuntersuchung an Grundschulen. Münster: Waxmann

Ditton, Hartmut/Krüsken, Jan (i. E.): Effekte der sozialen Herkunft auf die Schulformwahl beim Übergang von der Primar- in die Sekundarstufe. In: Neuenschwander/Grunder (i. E.)

Ditton, Hartmut/Krüsken, Jan (2009a): Bildungslaufbahnen im differenzierten Schulsystem. Entwicklungsverläufe von Bildungsaspirationen und Laufbahnempfehlungen in der Grundschulzeit. In: Baumert et al. (2009): 74–102

Ditton, Hartmut/Krüsken, Jan (2009b): Denn wer hat, dem wird gegeben werden? Eine Längsschnittstudie zur Entwicklung schulischer Leistungen und den Effekten der sozialen Herkunft in der Grundschulzeit. In: Journal für Bildungswissenschaft 1 (1). 33–61

Ditton, Hartmut/Krüsken, Jan (2006): Der Übergang von der Grundschule in die Sekundarstufe. In: Zeitschrift für Erziehungswissenschaft 9 (3). 348–372

Ditton, Hartmut/Krüsken, Jan/Schauenberg, Magdalena (2005): Bildungsungleichheit – der Beitrag von Familie und Schule. In: Zeitschrift für Erziehungswissenschaft 8 (2). 285–304

Edding, Friedrich (1965): Bildung und Politik. Pfullingen: Neske

Edding, Friedrich (1963): Ökonomie des Bildungswesens. Lehren und Lernen als Haushalt und als Investition. Freiburger Studien zur Politik und Soziologie. Freiburg: Rombach

Geißler, Rainer (2002): Die Sozialstruktur Deutschlands. Bonn: Bundeszentrale für politische Bildung

Hartmann, Michael (2002): Der Mythos von den Leistungseliten. Spitzenkarrieren und soziale Herkunft in Wirtschaft, Politik, Justiz und Wissenschaft. Frankfurt: Campus

Hillmert, Steffen/Jacob, Marita (2005): Zweite Chance im Schulsystem? Zur sozialen Selektivität bei ‚späteren' Bildungsentscheidungen. In: Berger/Kahlert (2005): 155–176

Jencks, Christopher/Bartlett, Susan/Corcoran, Mary/Crouse, James/Eaglesfiled, David/Jackson, Gregory/McClelland, Kent/Mueser, Peter/Olneck, Michael/Schwartz, Joseph/Ward, Sherry/Williams, Jill (1979): Who gets ahead? The Determinants of Economic Success in America. New York: Basic Books

Jencks, Christoph/Smith, Marshall/Acland, Henry/Bane, Mary Jo/Cohen, David/Gintis, Herbert/Heyns, Barbara/Michelson, Stephan (1973): Chancengleichheit. Hamburg: Rowohlt

Kaufmann, Andrea (2008): Die Rolle motivationaler Schülermerkmale bei der Entstehung sozialer Disparitäten des Schulerfolgs. Eine Längsschnittuntersuchung an Grundschulen in Bayern und Sachsen. Berlin: Mensch und Buch

Kaufmann, Andrea (2007): Merkmale und Einstellungen von Schülern. In: Ditton (2007): 117–143

Klemm, Klaus (1991): Jugendliche ohne Ausbildung. Die ‚Kellerkinder' der Bildungsexpansion. In: Zeitschrift für Pädagogik 37. 887–898

Konsortium Bildungsberichterstattung (2006): Bildung in Deutschland. Ein indikatorengestützter Bericht mit einer Analyse zu Bildung und Migration. Bielefeld: Bertelsmann

Krüsken, Jan (2007): Entwicklung von Schülerleistungen und Zensuren in der Grundschule. In: Ditton (2007): 41–61

Maaz, Kai (2006): Soziale Herkunft und Hochschulzugang: Effekte institutioneller Öffnung im Bildungssystem. Wiesbaden: VS Verlag für Sozialwissenschaften

Maaz, Kai/Hausen, Cornelia/McElvany, Nele/Baumert, Jürgen (2006): Stichwort: Übergänge im Bildungssystem. Theoretische Konzepte und ihre Anwendung in der empirischen Forschung beim Übergang in die Sekundarstufe. In: Zeitschrift für Erziehungswissenschaft 9 (3). 299–328

Meulemann, Heiner (1985): Bildung und Lebensplanung. Die Sozialbeziehung zwischen Elternhaus und Schule. Frankfurt: Campus

Moser, Urs/Stamm, Margrit/Hollenweger, Judith (2005): Für die Schule bereit? Lesen, Wortschatz, Mathematik und soziale Kompetenzen beim Schuleintritt. Aarau: Sauerländer

Müller-Benedict, Volker (2007): Wodurch kann die soziale Ungleichheit des Schulerfolgs am stärksten verringert werden? In: Kölner Zeitschrift für Soziologie und Sozialpsychologie 59 (4). 615–639

Nassehi, Armin (2007): Exklusion als soziologischer oder sozialpolitischer Begriff?. In: Bude/Willisch (2007): 18–25

Niklas, Frank/Schmiedeler, Sandra/Schneider, Wolfgang (2010): Heterogenität in den Lernvoraussetzungen von Vorschulkindern. In: Zeitschrift für Grundschulforschung 3 (1). 18–31

OECD (2008): Growing Unequal? Income Distribution and Poverty in OECD Countries. Paris: OECD

Picht, Georg (1964): Die deutsche Bildungskatastrophe. Analyse und Dokumentation. Freiburg: Walter

Sekretariat der Ständigen Konferenz der Kultusminister der Länder in der BRD (2003): Übergang von der Grundschule in Schulen des Sekundarbereichs I. Bonn: KMK

Stahl, Nicola (2009): Der institutionelle Beitrag zur Entstehung primärer und sekundärer Herkunftseffekte. Eine Untersuchung an bayerischen Grundschulen. Berlin: Mensch und Buch

Stahl, Nicola (2007): Schülerwahrnehmung und -beurteilung durch Lehrkräfte. In: Ditton (2007): 171–198

Statistisches Bundesamt (Hrsg.) (2008): Datenreport 2008. Bonn: Bundeszentrale für politische Bildung

Stocké, Volker (2007): Strength, Sources, and Temporal Development of Primary Effects of Families' Social Status on Secondary School Choice. Verfügbar unter: http://www.sfB504.uni-mannheim.de/publications/dp07-60.pdf

Watermann, Rainer/Baumert, Jürgen (2006): Entwicklung eines Strukturmodells zum Zusammenhang zwischen sozialer Herkunft und fachlichen und überfachlichen Kompetenzen: Befunde national und international vergleichender Analysen. In: Baumert et al. (2006): 61–94

Weinert, Franz E./Helmke, Andras (Hrsg.) (1997): Entwicklung im Grundschulalter. Weinheim: Psychologie Verlags Union

Weinert, Sabine/Ebert, Susanne/Dubowy, Minja (2010): Kompetenzen und soziale Disparitäten im Vorschulalter. In: Zeitschrift für Grundschulforschung 3 (1). 32–45

Wiese, Wilhelm (1982): Elternstatus, Lehrerempfehlung und Schullaufbahn. Eine empirische Analyse des Einflusses des Grundschullehrers auf die Bildungslaufbahn des Schülers. In: Zeitschrift für Soziologie 11. 49–63

Der Beitrag der Theorie rationaler Entscheidung zur Erklärung von Bildungsungleichheit

Volker Stocké

Zusammenfassung

Die Theorie rationaler Bildungsentscheidungen nimmt derzeit in der Bildungsforschung einen sehr prominenten Platz ein. Der vorliegende Beitrag geht daher der Frage nach der theoretischen und empirischen Angemessenheit unterschiedlicher Varianten dieser Theorie zur Erklärung von Bildungsentscheidungen und Disparitäten in den Bildungschancen nach der sozialen Herkunft nach. Es werden die Humankapitaltheorie, die Theorie des geplanten Verhaltens und die soziologische Rational-Choice Theorie unterschieden. Diese Ansätze gehen übereinstimmend davon aus, dass Ungleichheit im Bildungserwerb das Resultat instrumentell rationaler Entscheidungen unter der Bedingung beschränkender Randbedingungen ist. Abgesehen von diesem Konsens unterscheiden sich die Theorievarianten in der theoretischen Bestimmtheit der als relevant angesehen Erklärungsfaktoren und dem angenommenen Rationalitätsgrad der Akteure. Die soziologische Rational-Choice Theorie kann derzeit empirisch als am besten überprüft angesehen werden. Die Ergebnisse zeigen, dass die Theorie wichtige Aspekte von Bildungsentscheidungen erfasst und einen relevanten Teil der Herkunftseffekte zu erklären vermag. Die empirische Evidenz erbringt aber auch Hinweise darauf, dass die Theorie nicht zu einer vollständigen Erklärung von Disparitäten im Bildungserwerb in der Lage ist.

1 Einführung

Im Rahmen der seit den 60er Jahren stattfindenden Bildungsexpansion hat sich die Bildungspartizipation weiter Kreise der Bevölkerung stark erhöht. Die hiermit verbundene Hoffnung auf eine Angleichung der Bildungschancen benachteiligter Gruppen hat sich aber nur teilweise erfüllt. Die ehemals bestehenden Disparitäten nach der Konfession und Urbanität des Wohnortes haben sich in starkem Maß angeglichen. Das Geschlecht der Lernenden spielt weiterhin eine bedeutsame Rolle, wobei sich die Nachteile von Mädchen im allgemeinschulischen Bildungssystem inzwischen zuungunsten der Jungen umgekehrt haben (Stanat/Bergann 2009). Vor allem aber der Sozialstatus der Herkunftsfamilie ist weiterhin von großer Bedeutung für die Bildungschancen. Neuere Studien haben zwar für jüngere Kohorten eine gewisse Abschwächung der Effekte der Klassenherkunft auf die Chancen eines Erwerbs mittlerer Schulabschlüsse gezeigt, die Klassenunterschiede beim Erwerb einer Hochschulzugangsberechtigung und die Effekte der Bildungsherkunft generell sind jedoch weitgehend unverändert geblieben (Müller/Haun 1994; Schimpl-Neimanns 2000).

Bildung wirkt sich vorteilhaft auf die Lebenschancen von Menschen in unterschiedlichen Bereichen aus. So erreichen Menschen mit anspruchsvolleren Bildungszertifikaten ein höheres Einkommen (Boockmann/Steiner 2006) und sind durch ein geringeres Arbeitslosigkeitsrisiko bedroht (Kettunen 1997). Auch außerhalb des Arbeitsmarktes lassen sich substanzielle Bildungsrenditen feststellen. So ist eine höhere Bildung mit einer besseren

Gesundheit (Sander 1998), einem geringeren Kriminalitätsrisiko (Lochner/Moretti 2004), mehr Lebensglück (Hartog/Oosterbeek 1998) und mit einer besseren Interessensrepräsentation im politischen Prozess (Milligan et al. 2004) verbunden. Nicht nur Bildungszertifikate, sondern auch erworbene Kompetenzen zahlen sich auf dem Arbeitsmarkt aus (Kerckhoff et al. 2001) und wirken sich positiv auf nicht ökonomische Renditedimensionen (Auld/Sidhu 2005) aus. Nachteile im Bildungserwerb sind somit gleichbedeutend mit einer unvorteilhafteren Ausstattung mit wichtigen Ressourcen und einer geringeren Lebensqualität.

Hinsichtlich der Entstehungsmechanismen von Bildungsungleichheit lassen sich primäre und sekundäre Effekte unterscheiden (Boudon 1974). Primäre Effekte sind jene Einflüsse der sozialen Herkunft auf den Bildungserfolg, die durch die Wirksamkeit differenzierter Schulleistungen vermittelt sind. Bei sekundären Effekten handelt es sich dagegen um jene Einflüsse der Herkunftsfamilie, die durch differenzielles Entscheidungsverhalten bei gleichen Schulleistungen bewirkt werden. Eine Reihe unterschiedlicher theoretischer Ansätze beansprucht die Erklärung der beiden Arten von Effekten. Bei der Erklärung primärer Effekte stehen theoretische Ansätze im Mittelpunkt, die den Lernfortschritt als, durch die Ausstattung mit ökonomischem, sozialem, kulturellem und humanem Kapital bedingt, ansehen. Gleichzeitig wird in Familien mit unterschiedlichem Sozialstatus von einer differenziellen Ausstattung mit diesen Kapitalien ausgegangen (Bourdieu 1977; Coleman 1988; De Graaf 1986). Bei der Erklärung sekundärer Effekte dominieren hingegen theoretische Ansätze, die ungleiche Bildungsbeteiligung als das Resultat instrumentell rationalen Entscheidungshandelns unter der Bedingung von Knappheit ansehen. Es lassen sich drei wichtige Varianten dieses theoretischen Paradigmas unterscheiden: (a) die ökonomische Humankapitaltheorie, (b) die psychologische Werterwartungstheorie und (c) die soziologische Rational-Choice Theorie.

Im vorliegenden Beitrag sollen in einem *ersten* Schritt die unterschiedlichen Varianten der Theorie rationaler Bildungsentscheidungen und deren Vorhersagen über die Determinanten von Bildungsentscheidungen dargestellt werden. Hierbei soll insbesondere der Frage Aufmerksamkeit geschenkt werden, durch welche Mechanismen sich die Herkunftsfamilie auf den Bildungserwerb auswirkt. Im *zweiten* Teil wird Evidenz dafür vorgestellt, welcher Anteil der insgesamt vorliegenden Bildungsungleichheit auf die von den Schulleistungen unabhängigen Selektionen der Akteure und damit potenziell auf rationale Bildungsentscheidungen zurückgeführt werden kann. Im *dritten* Abschnitt soll dann die empirische Evidenz dafür vorgestellt werden, dass der Erklärungsanspruch der Theorie angemessen ist. Hierbei werden Studien über die Selektion zwischen verschiedenen Sekundarschulformen in gegliederten Bildungssystemen, Untersuchungen über die Entscheidung über die unterschiedlich lange Fortsetzung von Schulkarrieren in integrierten Schulsystemen sowie Analysen über den Übergang zu tertiären Bildungsoptionen einbezogen.

2 Theorien rationaler Bildungsentscheidungen

Es lassen sich drei Versionen der Theorie rationaler Bildungsentscheidungen unterscheiden. Hierbei handelt es sich um die Humankapitaltheorie, die Theorie des geplanten Verhaltens und die Rational-Choice Theorie. Diese Ansätze gehen übereinstimmend davon aus, dass

Bildungsentscheidungen und Bildungsungleichheit als das Resultat instrumentell rationaler Entscheidungen zwischen Bildungskarrieren erklärt werden können.

2.1 Humankapitaltheorie

Die Humankapitaltheorie stammt aus der Ökonomie und geht davon aus, dass Bildungserwerb als Investitionsentscheidung angesehen und durch die hierbei realisierten Konsequenzen erklärt werden kann (Becker 1964; Schultz 1961). Bildungserwerb ist mit finanziellen Kosten verbunden, die sich in direkte Ausgaben und Opportunitätskosten unterteilen lassen. Direkte Kosten ergeben sich aus etwaigen Schulgebühren, dem Erwerb der notwendigen Bücher und Schulmaterialien sowie anderen für den Schulbesuch notwendigen Ausgaben. Dagegen gehen die Opportunitätskosten auf den durch die während der Bildungszeit notwendige Arbeitsmarkabstinenz realisierten Einkommensverlust zurück. Die durch Bildungsinvestitionen entstehenden Kosten steigen wegen der mit höherer Berufserfahrung steigenden Löhnen überproportional mit zunehmender Länge der Bildungsgänge. Hinsichtlich des Wertes von Bildung wird angenommen, dass der Besuch von Bildungsinstitutionen zum Erwerb von Wissen und Fähigkeiten führt, die zu einer erhöhten Produktivität im Berufsleben führen. Arbeitnehmer mit einer besseren Ausstattung mit produktivem Humankapital werden höher entlohnt. Bei der Abwägung zwischen dem durch die Bildungspartizipation bewirkten Einkommenszuwachs und den hierdurch zunehmenden Kosten, wird von einer Lebenszeitperspektive ausgegangen: Es wird der durch ein Jahr längeren Verbleib im Bildungssystem erzielte und diskontierte Einkommensgewinn über die Lebensarbeitszeit mit den hierdurch entstehenden Kosten verglichen. Die Akteure verbleiben solange im Bildungssystem, bis dieser Vergleich zuungunsten weiterer Bildungsinvestitionen ausfällt (Helberger/Palamidis 1992).

2.2 Die Theorie des geplanten Verhaltens

Bei der Theorie des geplanten Verhaltens von Ajzen (1991) handelt es sich um eine Weiterentwicklung der Theorie des überlegten Verhaltens (Fishbein/Ajzen 1975). In Übereinstimmung mit der Humankapitaltheorie werden die Akteure als instrumentell rational und zukunftsorientiert beschrieben. Es wird angenommen, dass Menschen über Verhaltensintentionen verfügen, in denen sich die relative Bereitschaft zur Durchführung verfügbarer Handlungsoptionen ausdrückt. Die Verhaltensintention ergibt sich aus drei Bestimmungsfaktoren: die Einstellung der Akteure zum betreffenden Verhalten, den bei relevanten Bezugspersonen wahrgenommenen normativen Erwartungen und aus der von den Akteuren gefühlten Handlungskontrolle.

Die Einstellung gegenüber dem Verhalten (A) richtet sich danach, wie wahrscheinlich bestimmte Konsequenzen bei der Durchführung der jeweiligen Handlungsoption erwartet (b_i) und wie stark positiv oder negativ diese Konsequenzen bewertet werden (e_i). Die Verhaltenseinstellung hinsichtlich einer bestimmten Art von Handlungsergebnissen ergibt sich aus der multiplikativen Verknüpfung der Konsequenzenerwartung und Konsequenzenbewertung. Die verschiedenen Wert-/Erwartungskomponenten werden zu einer Gesamteinstellung gegenüber dem bewerteten Verhalten aufsummiert (vgl. Formel 1). Die Intention zur Handlungsdurchführung ist umso stärker, wenn die Akteure über eine positivere Verhaltenseinstellung verfügen (Ajzen 1991).

Formel 1 $A = \sum b_i ei$

In der subjektiven Norm (SN) drückt sich aus, wie stark der wahrgenommene soziale Druck die Durchführung oder Unterlassung einer bestimmten Handlung begünstigt. Diese ergibt sich einerseits aus der Stärke mit der bei einer bestimmten Gruppe von Bezugspersonen i eine bestimmte Handlung normativ erwartet (n_i) wird. Und ist andererseits das Resultat der Motivation der Akteure zur Befolgung der wahrgenommenen Handlungsanforderungen (m_i). Die insgesamt für die Handlungsintention relevante subjektive Norm bestimmt sich ebenfalls als Summe von Wert-/Erwartungsprodukten für jede der bedeutsamen Bezugsgruppen: Die jeweils wahrgenommenen normativen Erwartungen werden mit der Stärke zur Konformität mit diesen Anforderungen gewichtet (vgl. Formel 2).

Formel 2 $SN = \sum n_i mi$

Akteure sehen sich in unterschiedlichem Ausmaß zur erfolgreichen Durchführung unterschiedlicher Handlungsoptionen in der Lage. Auf Grundlage dieser Überzeugungen ergibt sich die wahrgenommene Verhaltenskontrolle (PCB). Unterschiedliche Faktoren erleichtern oder erschweren die Durchführung von Verhaltensweisen. Für den Schwierigkeitsgrad eines Verhaltens sind die Verfügbarkeit von Fähigkeiten, die Ausstattung mit Ressourcen und die Existenz hinderlicher bzw. förderlicher situationaler Randbedingungen von Bedeutung. Die Akteure haben einerseits eine Vorstellung davon, in welchem Umfang sie einen bestimmten Faktor i kontrollieren (c_i) und andererseits wie stark sich dieser auf die erfolgreiche Durchführung des betreffenden Verhaltens auswirkt (p_i). Die insgesamt wahrgenommene Kontrolle über ein Verhalten ergibt sich aus der Summe der mit der Kontrollüberzeugung gewichteten Bedeutsamkeit der erfolgsrelevanten Faktoren (vgl. Formel 3).

Formel 3 $PBC = \sum c_i pi$

Die Akteure entscheiden sich umso wahrscheinlicher für eine bestimmte Handlungsoption, wenn für diese eine stärkere Verhaltensintention vorliegt.

2.3 Soziologische Rational-Choice Theorie

Die soziologische Rational-Choice Theorie geht davon aus, dass sich die zusammenfassende Bewertung unterschiedlicher Bildungsgänge D_i durch den subjektiv erwarteten Nutzen SEU (D_i) ausdrücken lässt (Erikson/Jonsson 1996b; für ähnliche Versionen der RCT vgl. Breen/Goldthorpe 1997; sowie Esser 1999: 265 ff.). Dieser Erwartungsnutzen ergibt sich auf der Grundlage unterschiedlicher Bildungsrenditen $U_{ij.}$ Dabei bewerten die Akteure die Konsequenzen der möglichen Bildungskarrieren D_i vor dem Hintergrund ihrer Zielsetzungen j.

Bei den im Rahmen der Theorie als relevant angesehenen Zielsetzungen handelt es sich um Arbeitsmarktrenditen, wie ein hohes Einkommen (Wilson 2001), Arbeitsplatzsicherheit (Lauer 2005) und einen angesehenen Beruf (Mani/Mullin 2004). Eine weitere nicht-ökonomische Zielsetzung besteht im intergenerationalen Statuserhalt. Konsistent mit den Annahmen der Prospect Theory (Kahneman/Tversky 1979), definiert der soziale Status der Familie den Referenzpunkt dafür, ob der bei unterschiedlichen Bildungskarrieren erwartete Status der Kinder als Auf- oder Abstieg in der Generationenfolge angesehen wird. Es wird angenommen, dass Familien unabhängig von ihrer Statuslage in einem starken Ausmaß zur Vermeidung von intergenerationaler Abwärtsmobilität motiviert sind. Die Chance einer Aufwärtsmobilität trägt dagegen relativ wenig zur Motivation zu Investitionen in Bildung bei. Die Berücksichtigung des Statuserhaltmotivs erfordert, dass die Familien eine Vorstellung davon haben, wie wahrscheinlich die Kinder mit bestimmten Bildungsabschlüssen mindestens die elterliche Statusposition erreichen. Die Grundlage hierfür sind Alltagstheorien über den Statuszuweisungsprozess und damit für das Funktionieren des Arbeitsmarktes. Die Eignung der unterschiedlichen Bildungsoptionen zum Statuserhalt begründet die Zuschreibung jeweils spezifischer Nutzenbewertungen zu diesen Optionen.

Eine zweite Determinante, des den Bildungsoptionen zugeschriebenen Erwartungsnutzens, ist die subjektive Erwartung p_i, dass die Kinder den jeweiligen Bildungsweg D_i erfolgreich zu absolvieren im Stande sind, sodass der Gesamtnutzen U_{ij} realisiert werden kann. Diese Erfolgserwartung resultiert aus dem aktuellen Niveau der Schulleistungen der Lernenden und ist auch von weiteren Faktoren abhängig. Zu diesen Faktoren gehören beispielsweise die Fähigkeit der Eltern zur Lernunterstützung, die Lernmotivation der Kinder und die Konkurrenz um Ressourcen durch Geschwister. Im deutschen Bildungssystem kommt der Bildungsempfehlung der Grundschule eine besondere Bedeutung zu. Die Familien ziehen diese Prognose des Lehrpersonals über die von den Kindern erfolgreich absolvierbaren Bildungsgänge als besonders aussagekräftige Informationen über deren Erfolgsaussichten heran.

Die dritte Determinante des Erwartungsnutzens SEU (D_i) sind die bei Absolvierung eines Bildungsgangs D_i erwarteten Kosten C_{ik}. Bei diesen Kosten handelt es sich um direkte Ausgaben, etwa für Schulbücher, Unterrichtsmaterialien oder etwaige Schulgebühren, vor allem aber um die während der Ausbildungszeit durch den Verzicht auf Arbeitsmarkteinkommen entstehenden Opportunitätskosten. Mit der Selektion bestimmter Bildungsoptionen gehen auch nicht-finanzielle Belastungen, wie der mit dem Pendeln zur Bildungsinstitution verbundene Aufwand sowie eine mögliche Entfremdung von Familie und Freunden einher, falls die gewählte Bildungslaufbahn nicht dem, bei diesen Bezugspersonen vorherrschenden Standard entspricht. Bei den Kosten C_{ik} handelt es sich um die Summe der subjektiven Bewertungen der objektiv mit den verfügbaren Bildungsoptionen verbundenen Belastungen.

Die Theorie geht davon aus, dass sich die Gesamtbewertung jeder Bildungsoption durch die folgende Formel beschreiben lässt:

Formel 4

$$SEU\,(D_i) = p_i \cdot U_{ij} - C_{ik}$$

Während die Summe der Nutzenwerte U_{ij} multiplikativ mit der subjektiven Erwartung eines erfolgreichen Absolvierens des Bildungsgangs D_i verknüpft wird, werden die Kosten für das Absolvieren des Bildungsgangs mit Sicherheit erwartet. Letztere gehen daher rein additiv in die Gesamtbewertung ein. Die Akteure wählen jene Bildungsoption mit dem höchsten Erwartungsnutzenwert SEU (D_i).

2.4 Erklärung ungleicher Bildungsbeteiligung

Ausgangspunkt der Humankapitaltheorie ist die Abwägung zwischen ökonomischen Kosten und dem realisierten Zuwachs an Arbeitsmarkteinkommen. In der ursprünglichen Version der Theorie wird davon ausgegangen, dass für Bildungsinvestitionen eventuell fehlende finanzielle Mittel am Kapitalmarkt beschafft werden. Unter der Bedingung real existierender und imperfekter Kapitalmärkte sind Bildungstitel jedoch nicht verpfändbar und somit deren Finanzierung durch Kredite schwer möglich. Daher sagen neuere Ansätze bei finanzieller Knappheit eine geringere Neigung zu Bildungsinvestitionen vorher. Die Bildungsabstinenz von Familien mit weniger vorteilhafter Klassenlage sollte nach dieser Theorie auf deren schlechtere Ausstattung mit finanziellen Ressourcen und damit auf größere Belastungen durch die objektiv gleichen Bildungsausgaben zurückführbar sein.

In der Theorie des geplanten Verhaltens werden finanzielle Konsequenzen von Bildungsinvestitionen ebenfalls als für die Akteure relevant angesehen und tragen zur Erklärung von Einflüssen der Klassenherkunft bei. Es werden jedoch zwei weitere theoretische Faktoren als in dieser Hinsicht bedeutsam angesehen. Hierbei handelt es sich erstens um Unterschiede in der von den Lernenden im sozialen Kontext subjektiv wahrgenommenen normativen Anforderungen an ihre Bildungskarriere. Besonders einflussreich sind Familienmitglieder sowie die Gruppe der Gleichaltrigen. Die soziale Herkunft wirkt sich vermittelt über das Homophilie-Prinzip, also die Neigung zur Auswahl von Freunden mit den der Zielperson ähnlichen Merkmalen, auf die soziale Zusammensetzung der Bezugsgruppe der Gleichaltrigen aus (Betts/Morell 1999; Sewell et al. 1969). Demnach sehen sich Lernende oft mit konsistenten Erwartungen der sozialen Umwelt an ihre Bildungskarriere konfrontiert, die somit durch ihre eigene soziale Lage geprägt sind. Die Theorie geht zweitens davon aus, dass die von den Lernenden wahrgenommene Verhaltenskontrolle hinsichtlich des Bildungserwerbs ebenfalls durch die soziale Herkunft geformt ist. Demnach wirkt sich die durchschnittlich schwächere Schulleistung von Schülern mit wenig vorteilhafter sozialer Herkunft negativ auf das Selbstvertrauen zur erfolgreichen Absolvierung anspruchsvoller Bildungsgänge aus.

Die Rational-Choice Theorie geht ebenfalls davon aus, dass die gleichen finanziellen Kosten des Bildungserwerbs in unterschiedlichen sozialen Klassen als verschieden belastend bewertet werden. Auch die sozial differenzierten Schulleistungen der Lernenden werden im Rahmen der Theorie als für die Erklärung ungleicher Bildungschancen bedeutsam angesehen: Diese Leistungsunterschiede sind eine wichtige Grundlage für die Einschätzung der Erfolgsaussichten auf anspruchsvolle Bildungszertifikate (Becker/Hecken 2007). Die schulische Leistungsfähigkeit beinhaltet aber nur eine unter mehreren Komponenten der Erfolgserwartung. Lernende gehen auch dann von besseren Erfolgschancen aus, wenn Eltern oder andere Personen zu Lernunterstützung fähig und motiviert sind. Die Verfügbarkeit finanzieller Ressourcen spielt in dieser Hinsicht ebenfalls eine Rolle, da diese die Bereitstellung bezahlten Zusatzunterrichtes, etwa in der Form von Nachhilfeunterricht oder Repetitorien, erleichtert (Schneider 2005).

Im Rahmen der Rational-Choice Theorie wird das Motiv zum Statuserhalt als zentraler Erklärungsfaktor der nach der sozialen Herkunft ungleichen Neigung zur Bildungspartizipation angesehen (Breen/Goldthorpe 1997; Esser 1999: 265 ff.; Erikson/Jonsson 1996b). Obwohl Lernende unabhängig von ihrer sozialen Herkunft gleichermaßen zur Vermeidung eines Statusabstiegs im Vergleich zur Elterngeneration motiviert sind, werden hierfür je nach Klassenlage unterschiedliche Bildungstitel als notwendig erachtet. In der Arbeiterklasse werden schon wenig anspruchsvolle Bildungszertifikate hierfür als geeignet angesehen und die auf dieser Basis zugeschriebene Nutzenwahrnehmung nimmt bei höheren Bildungsabschlüssen nur in relativ geringem Ausmaß zu (Stocké 2007b). Personen mit gehobener Klassenherkunft wissen dagegen, dass die Befriedigung ihres Motivs zum Statuserhalt den Erwerb anspruchsvoller Bildungszertifikate erfordert: Zertifikate der Grundbildung werden als zum Statuserhalt vollständig ungeeignet angesehen und die Attraktivität von Zertifikaten nimmt erst im Bereich höherer Bildungszertifikate in starkem Ausmaß zu. Da sich die Motivation zur Entscheidung für anspruchsvollere Abschlüsse nicht am absoluten, sondern am relativen Niveau der Nutzenbewertungen von Bildungsgängen bemisst, bewirkt das Statuserhaltsmotiv eine mit der sozialen Herkunft steigende Neigung zur Bildungspartizipation.

3 Relative Bedeutung primärer und sekundärer Effekt

Nach dem Selbstverständnis meritokratischer Bildungssysteme erhalten Schüler nach ihrem schulischen Leistungsstand und ihrem darauf beruhenden Entwicklungspotential die Gelegenheit zu unterschiedlich anspruchsvollen Bildungskarrieren und die Chance zum Erwerb entsprechender Bildungszertifikate. Die Theorie rationaler Bildungsentscheidungen beansprucht vor allem die Erklärung von Bildungsentscheidungen, die von diesem Prinzip abweichen. Die Theorie hat daraus resultierend umso mehr Erklärungspotential, wenn Disparitäten in der Bildungsbeteiligung auf das Entscheidungsverhalten der Akteure und nicht einfach auf Unterschiede in den Schulleistungen der Kinder zurückgeführt werden können. In dieser Hinsicht ist die eingangs vorgestellte Unterscheidung zwischen primären und sekundären Effekten des Herkunftsstatus von Bedeutung: Das Erklärungspotential der Theorie steigt mit der Bedeutung sekundärer Effekte an und nimmt mit der Bedeutsamkeit primärer Effekte ab. Starke primäre Effekte sind dann zu erwarten, wenn die Schulleistungen der Kinder in starkem Maße durch deren soziale Herkunft geprägt sind *und* das Bildungssystem mehr durch Meritokratie geprägt ist, was bedeutet, dass die Schullaufbahn vor allem durch schulische Leistung bedingt ist. Dagegen sind bedeutsame sekundäre Effekte dann erwartbar, wenn Klassenunterschiede in der Bildungsmotivation weniger mit der Differenzierung der Schulleistungen in Einklang stehen und die institutionellen Rahmenbedingungen des Bildungssystems einen starken Einfluss der Lernenden sowie deren Familien zulassen.

Untersuchungen haben gezeigt, dass kognitive Fähigkeiten schon bei Eintritt in die Grundschule in starkem Ausmaß durch die soziale Herkunft geprägt sind (Durham et al. 2007). Aktuelle Forschungsergebnisse belegen, dass am Ende der Grundschulzeit in den Bundesländern Bayern und Sachsen, je nach Unterrichtsfach, zwischen 5 und 11 Prozent der Schülerleistungen durch den Bildungs- und Berufsstatus der Herkunftsfamilie erklärt werden können (Ditton/Krüsken 2009). Beide Dimensionen des elterlichen Status wirken sich substanziell auf die nach der Grundschule gewählten weiterführenden Schulformen aus (Ditton 2007b). Da sich diese Effekte auch nach Kontrolle der Schulleistungen als signifikant erweisen, muss von der Wirksamkeit sekundärer Effekte der sozialen Herkunft ausgegangen werden (Becker 2009; Müller-Benedict 2007). Sekundäre Effekte von substanzieller Stärke lassen sich auch beim Übergang auf tertiäre Bildungsoptionen feststellen (Tolsma et al. 2010).

Einige Untersuchungsergebnisse erlauben eine Abschätzung des relativen Anteils jener Herkunftseffekte, die auf primäre und sekundäre Effekte zurückgeführt werden müssen. So wurde mit einer Stichprobe aus dem Bundesland Rheinland-Pfalz analysiert, in welchem Umfang die beim Übergang von der Grundschule in weiterführende Schulformen beobachtete Ungleichheit nach der Bildung und Klassenlage der Väter und Mütter durch die Schulleistungen der Kinder erklärt werden kann (Stocké 2007c). Dabei hat sich gezeigt, dass die Disparitäten in den Schulleistungen der Kinder in Deutsch, Mathematik und Sachkunde insgesamt 47 Prozent des kumulativen Effektes der elterlichen Klassenlage und 29 Prozent der Einflüsse der Bildungsherkunft erklären. Dieses Ergebnis, wonach der größere Teil der Ungleichheit auf das Entscheidungsverhalten der Familien bei gleichen Schulleistungen zurückzuführen ist, wurde allerdings in einem Bundesland mit vollständiger elterlicher Entscheidungsfreiheit beobachtet. Es handelt sich somit möglicherweise um eine obere Grenze des Erklärungspotentials der Theorie rationaler Bildungsentscheidungen.

Eine andere Untersuchung mit Daten aus den Bundesländern Bayern und Hessen hat ebenfalls den Anteil primärer und sekundärer Effekte analysiert (Relikowski et al. 2009). Es wurden ebenfalls die Zensuren in den Fächern Deutsch, Mathematik und Sachkunde als Leistungsindikatoren und in diesem Fall des höchsten elterlichen Bildungs- und Klassenstatus als Herkunftsmaße herangezogen. Es wurde unter Verwendung der kontrafaktischen Zerlegungsmethode von Erikson et al. (2005) festgestellt, dass 40 Prozent der Ungleichheit in den gewählten Sekundarschulformen nach der Klassenherkunft und 43 Prozent jener nach dem elterlichen Bildungsstatus auf Diskrepanzen in den Schulleistungen zurückgeführt werden können. Zu ähnlichen Schlussfolgerungen kommt eine Studie mit einer landesweiten Stichprobe für Deutschland (Neugebauer 2010). Die Ungleichheit beim Übergang auf das Gymnasium nach der höchsten elterlichen Bildung lässt sich zu 41 Prozent auf die Deutsch- und Mathematikzensuren der Kinder zurückführen. Im Gegensatz zu den bisher referierten Studien finden sich auch Belege, dass der ungleiche Bildungszugang stärker auf primäre Effekte zurückgeführt werden muss (Neugebauer et al. i. E.). In der Untersuchung mit IGLU-E Daten ergibt sich, dass 56 Prozent der Effekte des elterlichen Bildungsstatus und 58 Prozent des Einflusses der Klassenlage durch Unterschiede in den Schulleistungen erklärt werden können.

Trotz der teilweise widersprüchlichen Befundlage ist ein substanzieller, wenn nicht sogar der größere Teil der Herkunftseffekte beim Übergang in die Sekundarstufe, auf das ungleiche Entscheidungsverhalten der Familien zurückzuführen. Für die Entscheidung zugunsten der Aufnahme einer tertiären Bildungsoption liegen Belege dafür vor, dass hier sogar zwischen 80 und 90 Prozent der Herkunftseffekte auf sozial selektives Entscheidungsverhalten zurückgehen (Neugebauer et al. 2010; Schindler/Reimer i. E.). Lassen sich diese Nachteile im Bildungszugang durch die Theorien rationaler Bildungsentscheidungen erklären?

4 Empirische Bewertung der Theorie rationaler Bildungsentscheidungen

Bildungsergebnisse sind das kumulative Resultat der Kompetenzentwicklung sowie der Gesamtheit der im Verlauf einer Bildungskarriere getroffenen Bildungsentscheidungen. Insbesondere der Übergang von der Primarstufe und die Entscheidung über die Aufnahme eines Studiums sind in dieser Hinsicht von besonderer Bedeutung. Obwohl die Theorie rationaler Bildungsentscheidungen derzeit als dominantes theoretisches Paradigma in der Bildungsforschung angesehen werden muss, liegt bisher kein Überblick über den empirischen Bewährungsgrad der Theorie vor (als Ausnahme für deutsche Studien vgl. Maaz et al. 2006). In den folgenden Abschnitten werden daher Belege dafür vorgestellt, dass die unterschiedlichen Versionen der Theorie rationaler Bildungsentscheidungen an diesen beiden zentralen Übergängen im Schulsystem zur Erklärung von Bildungsentscheidungen in der Lage sind.

4.1 Bedeutung von Bildungsrenditen

Aus der theoretischen Perspektive der Humankapitaltheorie wird von perfekt informierten Akteuren ausgegangen, sodass objektive Unterschiede in den aus der Wahl unterschiedlicher Bildungsgänge resultierenden finanziellen Belastungen, direkt als Indikatoren für deren Kosten und Nutzen angesehen werden können. Entsprechende Zusammenhänge wurden in einer Vielzahl von Studien untersucht. So werden die in den Familien pro Kopf verfügbaren finanziellen Ressourcen als Bestimmungsfaktoren für die Kosten von Bildung aufgefasst. Es hat sich gezeigt, dass sich das Familieneinkommen positiv auf die Länge der von Lernenden im Schulsystem verbrachten Zeit auswirkt (Conley 2001) und die Wahrscheinlichkeit der Aufnahme einer tertiären Bildungsoption erhöht (Light/Strayer 2000). Die differenzielle Verfügbarkeit ökonomischer Ressourcen hat vor allem in Zeiten hoher Arbeitslosigkeit einen starken negativen Effekt auf die Bildungsbeteiligung: Gut verdienende Familien können zumindest zeitweise einen durch Arbeitslosigkeit bedingten Ausfall ihres Einkommens besser verkraften. Ein höheres Arbeitslosigkeitsrisiko verstärkt somit die Bedeutung der Ausstattung mit ökonomischen Ressourcen für die Bildungsbeteiligung (Hansen 2007).

Das bei einer Bildungsbeteiligung antizipierte Ausmaß an Belastungen wird nicht nur durch die verfügbaren Ressourcen bestimmt. Diese Kosten variieren auch mit der Anzahl, der diese Ressourcen in Anspruch nehmenden Personen. Geschwister müssen in dieser Hinsicht als besonders wichtiger Faktor angesehen werden, da sich deren Anzahl negativ auf die für eine Bildungsbeteiligung pro Kopf im Haushalt verfügbaren Finanz- und Zeitressourcen auswirken. Entsprechend hat sich auch mit Daten aus Spanien gezeigt, dass Lernende mit einer größeren Anzahl jüngerer und älterer Geschwister eher ihre Schulkarriere nach der Primarschule abbrechen (Peraita/Pastor 2000). Die gleichzeitig untersuchten Effekte der Klassenherkunft auf die Abbruchrate lassen sich jedoch nicht durch die Geschwisterzahl erklären.

Es wurde auch untersucht, ob Personengruppen, die wegen einer potentiellen Fortsetzung ihres Schulbesuchs auf mehr Arbeitsmarkteinkommen verzichten müssten, eher zur Bildungsabstinenz neigen, verglichen mit denjenigen mit geringeren Opportunitätskosten. In einer spanischen Studie hat sich gezeigt, dass sich die regionale Jugendarbeitslosigkeitsrate positiv auf die Neigung einer Fortsetzung der Bildungslaufbahn nach der Sekundarstufe auswirkt (Beneito et al. 2001). Allerdings konnten keine Zusammenhänge zwischen den Opportunitätskosten einer Bildungspartizipation und der Aufnahme eines Hochschulstudiums festgestellt werden.

Nach der Humankapitaltheorie wird erwartet, dass Akteure mit höheren Arbeitsmarktrenditen eine stärkere Neigung zur Bildungspartizipation aufweisen. Diese Annahme wird durch eine Reihe von Studien bestätigt. So wurden beispielsweise in einer US-Amerikanischen Untersuchung die Einkommensunterschiede einer Stichprobe von Erwachsenen mit und ohne High-School Abschluss als Indikator für die Renditen dieses Abschlusses herangezogen (Wilson et al. 2005). Diese Renditen unterscheiden sich nach einer Reihe von Merkmalen dieser Personen, wie beispielsweise dem Geschlecht, der Rasse und der sozialen Zusammensetzung der Nachbarschaft des Wohnortes. Es werden für jede Kombination der für die Renditenunterschiede relevanten Charakteristika, Schätzwerte für den Einkommenszuwachs durch einen High-School Abschluss berechnet. Diese Schätzwerte werden dann Personen einer jüngeren Kohorte mit den gleichen Merkmalsdimensionen zugeschrieben und als Indikator für deren Bildungsanreize herangezogen. Es zeigt sich, dass Akteure dann eher ihre Bildungskarriere abbrechen, wenn ein Abschluss in geringerem Maße durch einen Einkommensanstieg honoriert würde. In anderen Untersuchungen hat sich herausgestellt, dass die gleichen Bildungs- und Ausbildungsabschlüsse von Personen mit weniger vorteilhafter sozialer Herkunft mit einem geringeren Verdienst entlohnt werden (Kerckhoff et al. 2001). Nach der Humankapitaltheorie antizipieren die Akteure diese Unterschiede und nehmen je nach Status der Herkunftsfamilie unterschiedliche Anreize zum Bildungserwerb wahr.

4.2 Rationale Bildungsentscheidungen und Sekundarschulwahl

Die Theorie rationaler Bildungsentscheidungen wurde in stratifizierten Schulsystemen auf die Entscheidung zwischen unterschiedlichen Bildungsgängen im Sekundarschulbereich und in integrierten Schulsystemen auf die Entscheidung über die Länge des Schulbesuchs angewendet.

4.2.1 Theorie geplanten Verhaltens und Sekundarschulwahl

In der Theorie des geplanten Verhaltens ergeben sich die Bildungsintentionen aus der Einstellung der Lernenden zu Bildung, aus der bei bedeutsamen Bezugspersonen wahrgenommenen Bildungserwartungen und aus dem Vertrauen in die eigenen Fähigkeiten zur erfolgreichen Realisierung der betreffenden Bildungsoption. Diese Vorhersagen wurden in einer Untersuchung mit Hauptschülern im Bundesland Niedersachsen überprüft (Schuchart 2009). Gegenstand der Studie ist die Erklärung der Absicht, nach der neunten Klassenstufe die Schule mit dem Ziel des Erwerbs der mittleren Reife noch ein weiteres Jahr zu besuchen. Die Verhaltenseinstellung wurde dadurch gemessen, wie klug die Hauptschüler das Absolvieren einer mittleren Reife fanden. Die subjektive Norm durch die von den Lernenden bei wichtigen Personen wahrgenommene Erwartung einer mittleren Reife und die Verhaltenskontrolle wurde durch die eingeschätzte Schwierigkeit einer mittleren Reife operationalisiert. Die der

Einstellung zugrunde liegenden konkreten Bewertungen und Erwartungen wurden durch 11 Konsequenzen der Bildungsinvestition (z. B. „Einen guten Job bekommen“), die subjektive Norm durch die Ansprüche von acht Bezugsgruppen (z. B. „Beste Freunde“) und die Verhaltenskontrolle durch 12 verschiedene Schwierigkeiten beim Bildungserwerb (z. B. „Schule ist zu anstrengend“) operationalisiert. Die Werterwartungsprodukte zeigen jeweils einen starken Zusammenhang mit den direkt gemessenen Konstrukten. Das Hauptergebnis aber ist, dass alle drei Parameter, bei gleichzeitiger Kontrolle der Schulzensuren, einen eigenständigen Einfluss auf die Absicht eines weiteren Schulbesuchs ausüben. Dabei erweist sich der Effekt der Verhaltenseinstellung als stärker als der der beiden anderen theoretischen Parameter.

Eine weitere Studie aus den Vereinigten Staaten hat die Bestimmungsfaktoren des Schulabbruchs vor Beendigung der High-School mit einer Stichprobe farbiger Schüler untersucht (Davis et al. 2002). Die im Rahmen der Theorie des geplanten Verhaltens angenommenen Faktoren wurden drei Jahre vor der Beendigung der High-School erfasst und überprüft, ob diese die zum gleichen Zeitpunkt geäußerte Absicht eines weiteren Schulbesuchs und letztendlich die Frage, ob ein Abschluss realisiert wurde, erklärt. Die theoretischen Konstrukte wurden in einer sehr ähnlichen Art und Weise wie in der zuvor vorgestellten Studie umgesetzt. Auch in der aktuellen Studie erklären kurz- und langfristige Konsequenzenerwartungen und deren Bewertung die Verhaltenseinstellung; die subjektive Norm lässt sich auf die Erwartungen von Eltern, Lehrern und Freunden zurückführen und die Verhaltenskontrolle auf erwartete Lernprobleme und ablenkende Lebensumstände. Alle drei Faktoren haben substanzielle Effekte auf die Verhaltensintentionen und auf die Wahrscheinlichkeit eines Bildungsabschlusses. Auch in dieser Studie kommt der Einstellung zu einem weiteren Schulbesuch die stärkste Erklärungskraft zu. Vergleichbare Ergebnisse hat auch eine Untersuchung von Davis und Kollegen (2003) erbracht.

4.2.2 Rational-Choice Erklärungen der Sekundarschulwahl

Das Motiv des intergenerationalen Statuserhalts wird in der soziologischen Rational-Choice Theorie als zentrale Determinante von Bildungsentscheidungen und als wichtigste Ursache für die Erklärung sekundärer Effekte der sozialen Herkunft angesehen. Die Frage ob diese theoretische Annahme empirisch angemessen ist, wurde in einer Reihe empirischer Untersuchungen geprüft. Eine Studie betrachtet die verschiedenen nach der neunten Klassenstufe im dänischen Schulsystem vorliegenden Verzweigungspunkte (Davies et al. 2002). An jedem dieser Verzweigungspunkte können Lernende entweder das Schulsystem verlassen oder ihre Bildungskarriere fortsetzen. Es wird die Hypothese untersucht, dass bei Wirksamkeit des Statuserhaltsmotivs immer dann eine hohe Wahrscheinlichkeit eines Verbleibs im Schulsystem vorliegt, wenn an der jeweiligen Verzweigung das elterliche Bildungsniveau noch nicht erreicht worden ist. Nachdem dies dann aber realisiert worden ist, wird eine substanzielle Reduktion der Neigung zur Fortsetzung der Bildungskarriere am folgenden Entscheidungspunkt erwartet. Zusammenfassend werden an spezifischen Punkten der Bildungskarriere Knicke in der Wahrscheinlichkeit einer weiteren Bildungsbeteiligung erwartet, die mit zunehmendem Bildungsstatus der Eltern an späteren Stellen des Bildungssystems auftreten sollten. Die empirischen Ergebnisse bestätigen diese Vorhersage nur für 5 der 17 durchgeführten Tests.

Eine andere Studie greift auf Daten aus den Niederlanden zurück und prüft, ob der Schulformwechsel von Sekundarschülern dadurch erklärt werden kann, ob die Schüler bei erfolgreichem Abschluss der besuchten Schulform mindestens das elterliche Bildungsniveau erreicht haben würden (Tieben 2009). Die Analysen zeigen, dass ein Wechsel auf eine anspruchsvollere Schulform dann wahrscheinlicher ist, wenn der Abschluss der ursprünglich besuchten Bildungsinstitution unter dem elterlichen Bildungsniveau zurückgeblieben wäre. Allerdings konnte nicht bestätigt werden, dass ein Wechsel auf eine weniger anspruchsvolle Schulform dann weniger wahrscheinlich wird, wenn dieser zu einem intergenerationalen Statusverlust führen würde. Die Analyseergebnisse zeigen auch, dass die Nachteile unterer Klassen hinsichtlich eines Aufstiegs im Bildungssystem durch die Diskrepanz zwischen dem Bildungsniveau der Eltern und den an der ursprünglichen Schulform der Kinder erwerbbaren Bildungstiteln erklärt werden kann. Die nur teilweise Bestätigung der Vorhersagen kann darauf zurückgeführt werden, dass ein Wechsel auf anspruchsvollere Schulformen in starkem Maße von der Initiative der Familien abhängt, während Abstiege durch institutionelle Vorgaben geregelt sind.

Die bisher vorgestellten Studien haben analysiert, ob sich eine negative Diskrepanz zwischen der Bildungsherkunft von Lernenden und den in den Bildungsoptionen erwartbaren Zertifikaten auf die gewählte Bildungsoption auswirkt. An dieser Vorgehensweise kann kritisiert werden, dass nach der Statuserhaltshypothese die Familien nicht die Reproduktion des elterlichen Bildungsniveaus anstreben, sondern ein Unterschreiten des Berufsstatus verhindern wollen. Die beiden Zielsetzungen führen zu unterschiedlichen Schlussfolgerungen, da wegen der Bildungsexpansion das elterliche Bildungsniveau in der Generation der Kinder nicht mehr zur Reproduktion des elterlichen Berufsstatus hinreichend sein muss.

Dieser Einwand wurde in einer Untersuchung mit Daten aus England und Wales berücksichtigt. Hier wurde in einem ersten Schritt eine bereits auf dem Arbeitsmarkt etablierte Stichprobe herangezogen und analysiert, mit welcher Wahrscheinlichkeit verschiedene Bildungsabschlüsse zu einer bestimmten Klassenlage führen (Breen/Yaish 2006). Die resultierenden konditionalen Statuserwerbswahrscheinlichkeiten wurden als Indikator dafür herangezogen, wie sicher Jugendliche einer jüngeren Kohorte bei Erwerb unterschiedlicher Bildungszertifikate von einem Statuserhalt ausgehen können. Es wurden drei Hypothesen darüber geprüft, wie wahrscheinlich Jugendliche mit bestimmter sozialer Herkunft nach der Pflichtschulzeit weiter im Bildungssystem verbleiben. Da jedoch nur eine dieser drei Hypothesen voll bestätigt werden konnte, bietet die Untersuchung nur wenig Evidenz für die Wirkung des Statuserhaltsmotivs. Der von den Autoren der Studie selbst angeführte Grund für das negative Untersuchungsergebnis könnte sein, dass die objektive Realität der Statusreproduktion nicht mit den subjektiven Wahrnehmungen der Akteure übereinstimmen muss.

Daher haben Forscher aus den Niederlanden durch die Befragung von Schülern im dritten Jahr der Sekundarschule gemessen, wie wichtig diese einen intergenerationalen Statuserhalt ansehen (van de Werfhorst/Hofstede 2007). Es hat sich gezeigt, dass die Schüler über umso anspruchsvollere Bildungsaspirationen verfügen, je wichtiger sie einen Statuserhalt einschätzen. Ob die Schüler dann aber die Schule fortgesetzt oder beendet haben, hat sich als von der eingeschätzten Wichtigkeit eines Statuserhalts unabhängig erwiesen. Dabei muss allerdings angemerkt werden, dass eigentlich nicht die eingeschätzte Wichtigkeit eines Statuserhalts relevant ist, sondern die nach der Herkunft der Familien unterschiedliche Eignung der betreffenden Bildungsgänge zur Vermeidung eines Abstiegs über die Generationenfolge.

Entsprechend hat eine Untersuchung in Rheinland-Pfalz die Einschätzung von Grundschuleltern darüber erfasst, wie wahrscheinlich ihre Kinder bei Realisierung eines Hauptschulabschlusses, der mittleren Reife und dem Abitur einen mindestens so angesehenen Beruf wie sie selbst erlangen können (Stocké 2007b). Es zeigt sich, dass diese subjektive Wahrscheinlichkeit mit dem Niveau der Abschlüsse zunimmt und mit der Klassenlage der Familien abnimmt. Gleichzeitig lässt sich feststellen, dass sich der so gemessene Nutzen aus Statuserhalt am stärksten in der Dienstklasse und am wenigsten in der Arbeiterklasse zwischen den Abschlüssen unterscheidet. Demnach ist die auf dem Statuserhaltsmotiv basierende Motivation zum Bildungserwerb stark durch die Klassenlage bestimmt. Die Untersuchung hat auch festgestellt, dass sich das Motiv zum intergenerationalen Statuserhalt signifikant auf die am Ende der Grundschulzeit gewählten Sekundarschulzweige auswirkt. Durch die statistische Kontrolle des Statuserhaltsmotivs werden die Effekte der Klassenposition beider Eltern substanziell reduziert, üben aber weiterhin einen signifikanten direkten Effekt auf die Bildungsentscheidungen aus.

In der Humankapitaltheorie wird von einer Übereinstimmung der subjektiven Wahrnehmungen der Akteure und der objektiven Realität ausgegangen. Eine wichtige Frage ist, ob diese Annahme zutrifft und ob eventuelle Abweichungen zwischen diesen beiden Realitäten durch die soziale Herkunft beeinflusst werden. Eine Studie mit Schülern im letzten Pflichtschuljahr in Großbritannien ist dieser Frage nachgegangen (Sullivan 2006). Diese Einschätzungen wurden vor den Abschlussprüfungen dieser Bildungsetappe erhoben und mit den tatsächlich realisierten Prüfungsergebnissen verglichen. Es zeigt sich, dass die Jugendlichen im Durchschnitt ihre Leistungsfähigkeit überschätzen. Die Stärke dieser verzerrten Selbstwahrnehmung unterscheidet sich allerdings nach der Bildung und Klassenlage der Herkunftsfamilie: Schüler mit vorteilhafter sozialer Herkunft weisen eine stärkere Überschätzung ihrer eigenen schulischen Leistungsfähigkeit auf. Da die Selbstwahrnehmung der eigenen Fähigkeiten eine wichtige Grundlage für die Erwartung eines erfolgreichen Abschlusses weiterführender Bildungsgänge darstellt, kann in den festgestellten Klassenunterschieden eine Ursache der sozialen Disparitäten in der Bildungsbeteiligung gesehen werden.

Eine Studie mit Daten aus den Niederlanden hat die Determinanten der Erwartungen eines erfolgreichen Abschlusses einer höheren Bildungslaufbahn analysiert und geprüft, ob sich diese Erfolgserwartungen auf die Wahrscheinlichkeit einer Fortsetzung der Schulkarriere nach der Sekundarstufe I auswirken (Need/de Jong 2000). Es kann angenommen werden, dass die Schulleistungen für die Jugendlichen eine wichtige Information für ihre Erfolgsaussichten bei einer zukünftigen Bildungspartizipation darstellen. Entsprechend wirkt sich auch der Notendurchschnitt substanziell auf die subjektiven Erfolgserwartungen aus. Dagegen lassen sich keine Effekte dieser Erfolgserwartungen auf die Entscheidung über eine Fortführung der Bildungslaufbahn feststellen, wenn gleichzeitig der signifikante Effekt der Zensuren kontrolliert wird. Demnach scheint der Effekt der Schulleistungen auf die Bildungsbeteiligung nicht durch die von den Lernenden eingeschätzten Erfolgsaussichten vermittelt zu sein.

In einer Sekundäranalyse mit Daten aus den Bundesländern Baden-Württemberg, Berlin, Niedersachsen und Nordrhein-Westfalen wurden die Rational-Choice Theorien von Esser und

Erikson und Jonsson einem empirischen Test unterzogen (Becker 2000). Es wird überprüft, ob die theoretisch angenommenen Faktoren die Intention zum Besuch eines Gymnasiums vorhersagen. Der erwartete Nutzen eines Abiturs wird daran gemessen, ob die Eltern diesen Abschluss für den beruflichen Werdegang ihres Kindes als bedeutsam ansehen. Die Wichtigkeit eines Statuserhalts, wird durch das Bestreben der Eltern operationalisiert, dass das Kind mindestens den gleichen Schulabschluss wie sie selbst erreicht. Die Wahrscheinlichkeit eines Statusverlusts wird behelfsweise dadurch gemessen, dass für das Kind ein niedrigerer Schulabschluss gewünscht wird als derjenige der Eltern. Als Proxy-Indikator für die Kosten eines Abiturs wird die Anzahl der die Schule besuchenden Kinder in der Familie herangezogen. Die subjektiv eingeschätzte Erfolgswahrscheinlichkeit wird über die Schulleistungen abgebildet. Abgesehen vom Arbeitsmarktnutzen, erweisen sich alle Indikatoren in einer erwartbaren Weise als durch den elterlichen Berufsstatus differenziert. Das Hauptergebnis der Studie ist aber, dass sich trotz der wenig optimalen Operationalisierung der theoretischen Parameter die Kosten, Nutzen und Erfolgserwartungen der Eltern gleichzeitig auf die Wahrscheinlichkeit auswirken, dass die Eltern eine Gymnasiallaufbahn für ihre Kinder anstreben.

Die Untersuchung wurde in einem zweiten Schritt um frühere Messzeitpunkte (1967 und 1871) erweitert, sodass eine Einschätzung der erzielten Ergebnisse über die Zeit einschätzbar wird (Becker 2003). Nach den Ergebnissen der Studie lassen sich erstens die mit den Daten aus 1982 realisierten Ergebnisse bestätigen: alle im Rahmen der Rational-Choice Theorie vorhergesagten Faktoren haben einen eigenständigen Effekt auf die Untersuchungsergebnisse. Das zweite wichtige Ergebnis ist die veränderte relative Wichtigkeit der Erklärungsfaktoren. Während der Effekt der Kosten für eine Bildungsbeteiligung über die Zeit stark zurückgeht, nimmt die der Arbeitsmarktrenditen und vor allem die Bedeutung des Statuserhaltsmotivs deutlich zu. Der zunehmende Wohlstand führt demnach dazu, dass weniger ökonomische Knappheit und mehr eine Orientierung an der mit einem möglichen sozialen Abstieg verbundenen Verlust an sozialer Anerkennung das Bildungsverhalten bestimmt.

In einer Dänischen Studie mit PISA-Daten wurde die Bedeutung finanzieller und sozialer Nutzenterme für die Entscheidung über den Verbleib im Bildungssystem untersucht (Jæger 2007). Es wurde erfasst, welche Bedeutung die Schüler einem hohen Einkommen und den Bildungsentscheidungen der Freunde zumessen. Je wichtiger die beiden Ziele bewertet werden, desto eher haben sich die Jugendlichen dann später für eine Fortsetzung ihrer Bildungskarriere entschieden. Dieser Effekt hat sich unter Kontrolle der durch standardisierte Tests erfassten Leseleistung gezeigt. Der sozioökonomische Status des Elternhauses wirkt sich in dieser Studie ebenfalls auch nach der Kontrolle der Nutzenterme noch substanziell auf die Bildungsentscheidungen aus.

In einer Studie mit einer Stichprobe aus Tel Aviv (Israel) wurden die Determinanten der Entscheidung zwischen „harten" (Physik, Chemie, Informatik und Biologie) und „weichen" (Sozialwissenschaften, Ökonomie, Literatur und Kommunikation) Fächern in der Sekundarstufe (Schüler 12 Jahre alt) untersucht (Gabay-Egozi et al. 2009). Diese Entscheidung ist daher für die weitere Bildungslaufbahn von besonderer Bedeutung, da diese die Wahrscheinlichkeit eines Universitätseintrittes stark vorstrukturiert. In der Studie wurde die Wichtigkeit des Statuserhalts durch sechs Items, die sich auf den Erhalt des beruflichen Status, das Bildungs- und Einkommensniveau sowie die Klassenposition der Eltern beziehen, operationalisiert. Außerdem wurde die Nützlichkeit der Fächer hinsichtlich der Chancen bewertet, ein Universitätsstudium aufnehmen zu können. Des Weiteren haben die Jugendlichen angegeben, wie wahrscheinlich sie bei Wahl der jeweiligen Fächer schlechte Schulleistungen erwarten. Die Ergebnisse zeigen, dass sich die Nützlichkeitsbewertung der Fachgruppen sowie das Risiko schlechter Noten substanziell auf die Entscheidung zwischen „harten“ und „weichen“ Fächern auswirken. Das Statuserhaltsmotiv hat sich in der hier gewählten Operationalisierung dagegen als irrelevant erwiesen.

In einer Untersuchung mit Daten des Forschungsprojekts KOALA-S und somit für den institutionellen Kontext des bayerischen Schulsystems, wurde eine intensive Überprüfung der Vorhersagen der Rational-Choice Theorie durchgeführt (Schauenberg 2007). Es wurde geprüft, ob die elterlichen Aspirationen für eine in der Sekundarstufe weiterführende Schulform durch die, bei der Selektion des betreffenden Bildungswegs erwarteten Kosten, Nutzen und Erfolgserwartungen erklärt werden können. Bei Kontrolle der Zensuren in der vierten Klassenstufe wirken sich das Statuserhaltsmotiv und die Erfolgserwartungen signifikant auf die Bildungsentscheidungen aus. Die Nutzenerwartung und die finanziellen Kosten erweisen sich dagegen als irrelevant. Während die elterliche Bildung bei Kontrolle der Schulleistungen und der Rational-Choice Faktoren keinen Effekt mehr auf die Schullaufbahnentscheidungen ausübt, bleibt ein Effekt des beruflichen Status der Eltern bestehen. Ein weiteres wichtiges Ergebnis ist, dass die Erklärungskraft der Rational-Choice Theorie in starkem Umfang reduziert wird, wenn die von den Grundschulen ausgesprochene Bildungsempfehlung in die Analysen einbezogen wird (Schauenberg 2007: 164). Dies lässt sich auf die in Bayern hohe Verbindlichkeit dieser Empfehlung zurückführen: Nur 15 Prozent der Eltern haben sich erfolgreich gegen die Entscheidung der Grundschulen durchgesetzt. Insofern kann festgestellt werden, dass in Schulsystemen wie dem bayerischen die Erklärungskraft der Rational-Choice Theorie in starkem Ausmaß durch institutionell vorgegebene Bildungsentscheidungen eingeschränkt ist.

Eine Studie mit Daten aus dem Bundesland Rheinland-Pfalz hat die Determinanten der Entscheidung zwischen den Bildungsgängen des dreigliedrigen Schulsystems untersucht (Stocké 2007a). Es wurden die bei Durchlaufen der drei Bildungsgänge antizipierten finanziellen Kosten, die subjektive Wahrscheinlichkeit die betreffenden Abschlüsse realisieren zu können und die Einschätzung, ob die Abschlüsse zum Erhalt des elterlichen Berufsprestiges in der Lage sind, einbezogen. Es wurden im ersten Schritt die Bestimmungsfaktoren der theoretischen Parameter analysiert. Dabei haben sich die wahrgenommenen Kosten, Nutzen und Erfolgserwartungen substanziell nach der Klassenherkunft unterschieden: Die gehobenen Klassen nehmen weniger Kosten, mehr Nutzen und höhere Erfolgswahrscheinlichkeiten bei der Realisierung anspruchsvoller Bildungstitel wahr. Die Klassenunterschiede in den erwarteten Kosten lassen sich auf signifikante Unterschiede im Einkommen und der Kinderzahl zurückführen. Jene in der Erfolgserwartung gehen auf die Schulzensuren der Kinder sowie die Bildungsempfehlung der Grundschulen zurück. Bei gleichzeitiger Kontrolle der Klassenposition der Mütter und Väter haben sich signifikante Effekte der Erfolgserwartung und des Statuserhaltsmotivs gezeigt. Die bewerteten Kosten haben sich als für die Bildungsentscheidungen völlig irrelevant erwiesen. Durch die Berücksichtigung der im Rahmen der Rational-Choice Theorie vorhergesagten Faktoren lassen sich die direkten Herkunftseffekte auf die Übergangsentscheidungen substanziell reduzieren, bleiben aber auch in dieser Studie weiterhin statistisch signifikant.

In einer Anschlussstudie mit der gleichen Datengrundlage wie die der zuvor dargestellten Untersuchung wurden zusätzlich zu den finanziellen Belastungen auch die für einen Besuch der unterschiedlichen Schulformen notwendigen Kosten für das Pendeln zur Schule sowie der bei Wahl einer Schulform erwartbare Verlust an Freunden einbezogen (Stocké 2008). Außerdem wurde überprüft, ob das bei Realisierung der Schulabschlüsse erwartete Arbeitseinkommen, das Berufsprestige und das Arbeitslosigkeitsrisiko einen Einfluss auf die Bildungsentscheidungen haben. Bei Kontrolle der kognitiven Fähigkeiten der Schüler haben sich, abgesehen von der Reduktion des Arbeitslosigkeitsrisikos, alle untersuchten Faktoren als signifikante Determinanten der Schulwahl erwiesen. Allerdings bleiben auch bei dieser sehr umfassenden Umsetzung der im Rahmen der Rational-Choice Theorie angenommenen Erklärungsfaktoren weiterhin direkte Effekte der elterlichen Klassenposition bestehen.

4.3 Rationale Entscheidungen und Hochschulzugang

Im Bereich des Hochschulzugangs lassen sich massive Einflüsse der sozialen Herkunft feststellen, auch wenn die Jugendlichen beim Erwerb der Hochschulzugangsberechtigung vergleichbare Schulleistungen gezeigt haben (Mayer et al. 2007; Müller/Pollak 2004). Insgesamt sind nur wenige empirische Überprüfungen der Theorie rationaler Bildungsentscheidungen für diese Bildungsetappe verfügbar. Es handelt sich hierbei um die folgenden Untersuchungen:

4.3.1 Theorie geplanten Verhaltens und die Aufnahme einer tertiären Bildungsoption

In einer Untersuchung mit TOSCA-Daten wurde eine Stichprobe des Abschlussjahrgangs beruflicher und allgemeinbildender Gymnasien in Baden-Württemberg untersucht (Watermann/Maaz 2006). Gegenstand der Analyse waren die Studienintentionen der Schüler, die sich in allgemeinbildenden Gymnasien als signifikant nach dem Bildungs- und Berufsstatus (ISEI) der Eltern differenziert erwiesen haben. In den beruflichen Gymnasien werden die Studienabsichten der Jugendlichen dagegen nicht durch ihren Herkunftsstatus beeinflusst. Die Einstellung zum Studium wurde mithilfe von 20 Werte- und Erwartungsitems erfasst, die wünschenswerte Konsequenzen eines Hochschulstudiums abbilden (z. B. günstige Beschäftigungsaussichten, Fähigkeit zur Interessenverwirklichung). Die subjektive Norm bezieht sich auf die besten Freunde, die Eltern, Lehrer sowie andere wichtige Bezugspersonen. Zur Operationalisierung der Verhaltenskontrolle haben die Jugendlichen angegeben, ob ein Studium eine Aufgabe ist, die sie eigentlich überfordert und inwieweit ein Studium eine Aufgabe ist, bei der sie nicht erfolgreich sein können. Alle drei Erklärungskomponenten haben gleichzeitig signifikante Effekte auf die Studienintentionen von Schülern beider Gymnasialformen. Am stärksten lassen sich die Schüler jeweils durch das Selbstvertrauen in die eigenen Fähigkeiten zu einem erfolgreichen Studienabschluss leiten. Der anfänglich zumindest in allgemeinbildenden Gymnasien bestehende Effekt der elterlichen Bildung wird bei Kontrolle der Wert- und Erwartungskomponenten vollständig erklärt. Der direkte Einfluss des beruflichen Herkunftsstatus bleibt dagegen bestehen.

4.3.2 Rational-Choice Erklärungen der Studienentscheidung

Ebenfalls mit Daten der TOSCA-Studie wurde die Erklärungskraft der Rational-Choice Theorie von Maaz (2006) überprüft. In dieser Studie wurde die Einschätzung der Berufsaussichten ohne Studium als Indikator für die Höhe des möglichen Statusverlustes verwendet. Als Proxy-Variable für die Wahrscheinlichkeit des Eintritts eines Statusverlustes wurden die Angaben auf die Frage herangezogen, ob die Schüler mit einer Berufsausbildung an die gleichen Arbeitsmarktchancen wie mit einem Studium glauben. Als Indikator für die Erwartung eines erfolgreichen Abschlusses eines Studiums wurde die Selbsteinschätzung der eigenen Schulleistungen benutzt. Die Kosten eines Studiums wurden dadurch umgesetzt, ob mindestens eines der Elternteile über einen Hochschulabschluss verfügt (Maaz 2006: 118 f.). Die Analyseergebnisse haben gezeigt, dass sich alle untersuchten Komponenten der Rational-Choice Theorie, bei gleichzeitiger Kontrolle der Abiturnote, auf die Intentionen zum Besuch einer Hochschule auswirken (Maaz 2006: 187).

In einer Studie aus den Niederlanden wurden die Determinanten und Konsequenzen der Erwartungen eines erfolgreichen Abschlusses unterschiedlicher post-sekundärer Ausbildungsoptionen untersucht (Tolsma et al. 2010). Ebenfalls in die Untersuchung einbezogen wurden objektive Indikatoren für die bei der Ausbildung anfallenden Kosten: In welchem Umfang die Eltern die Ausbildung finanziell unterstützen und ob die Lernenden zuhause wohnen. Die Optionen umfassten berufsbezogene oder universitäre Ausbildungen entweder im naturwissenschaftlich-technischen Bereich oder anderen Ausbildungsinhalten. Die subjektiven Erfolgsaussichten wurden im ersten Jahr des von den Lernenden jeweils gewählten Bildungsgangs erfasst. Es zeigt sich, dass die Erfolgsaussichten einer berufsbezogenen Ausbildung höher liegen als die einer universitären Laufbahn und, dass sich die Schulleistungen in der Sekundarstufe positiv auf die Erfolgserwartung auswirken. Vor allem aber sind die Erfolgswahrscheinlichkeiten in starkem Maße durch die soziale Herkunft differenziert: Lernende aus Familien mit einer besseren Ausstattung mit finanziellen Mitteln und solche mit höher gebildeten Eltern gehen von besseren Erfolgsaussichten auf einen erfolgreichen Abschluss aller Ausbildungsoptionen aus. Die Entscheidung zugunsten eines Universitätsstudiums außerhalb des technisch-mathematischen Bereiches ist dann eher wahrscheinlich, wenn die Familien über einen höheren Bildungsstatus und mehr Einkommen verfügen. Dieser Effekt bleibt auch bestehen, nachdem die Schulleistungen und die Kosten eines Studiums kontrolliert wurden. Die Erwartung eines erfolgreichen Abschlusses der Bildungsgänge hat einen substanziellen Einfluss auf das Entscheidungsverhalten, der über den der akademischen Fähigkeiten hinausgeht. Nach Kontrolle der primären Effekte wird der Effekt der sozialen Herkunft bei Einbezug der Indikatoren für die Kosten sowie die der Erfolgserwartungen deutlich reduziert. Allerdings bleiben auch dann noch direkte Herkunftseffekte unerklärt.

Es kann angenommen werden, dass bei der Entscheidung über ein Hochschulstudium die erwarteten Kosten und die wahrgenommenen Chancen ein Studium erfolgreich abschließen zu können, von den Akteuren in besonderem Maße berücksichtigt werden. Das deutsche Hochschulsystem bietet außerdem an den Fachhochschulen mit im Vergleich zu einem klassischen Universitätsstudium kürzere, damit weniger kostspielige und akademisch weniger anspruchsvolle Studiengänge an. Entsprechend hat sich mit Daten sächsischer Abiturienten beim Übergang auf die Universitäten eine im Vergleich mit der Aufnahme eines

Fachhochschulstudium stärkere soziale Selektivität gezeigt (Becker/Hecken 2008, 2009). Die Kosten und Risiken eines Hochschulstudiums haben sich als zentrale Determinanten der Entscheidung über die Aufnahme eines Studiums und insbesondere eines Universitätsstudiums erwiesen. Auch Arbeitsmarktrenditen und das Statuserhaltsmotiv erwiesen sich als bedeutsame Prädiktoren der Bildungsentscheidung. Auch hier lassen sich aber, trotz Kontrolle primärer Effekte der sozialen Herkunft, die Vorteile privilegierter Klassenherkunft nicht vollständig erklären.

5 Zusammenfassung und Diskussion

Der vorliegende Beitrag geht der Frage nach der theoretischen und empirischen Angemessenheit unterschiedlicher Varianten der Theorie rationaler Bildungsentscheidungen zur Erklärung von Bildungsentscheidungen und Bildungsungleichheiten nach. Es werden die Humankapitaltheorie, die Theorie des geplanten Verhaltens und die soziologische Rational-Choice Theorie in die Betrachtung einbezogen. Diese Theorievarianten stimmen darin überein, dass Disparitäten im Bildungserwerb die unintendierte Folge individuell getroffener und instrumentell rationaler Entscheidungen ist. Die Theorievarianten unterscheiden sich allerdings beträchtlich in dem den Akteuren jeweils zugeschriebenen Grad an Rationalität. So geht die Humankapitaltheorie von perfekt informierten und ihren Nutzen über die gesamte Lebensspanne maximierenden Entscheidern aus (Schultz 1961). Dagegen wird in der Theorie des geplanten Verhaltens nur angenommen, dass die Akteure zwischen positiven und negativen Konsequenzenerwartungen der Bildungsbeteiligung abwägen, wobei sie gleichzeitig ihre Einschätzung von den Bildungserfolg fördernder und hemmender Randbedingungen einbeziehen (Ajzen 1991). Da weder vollständige Information noch perfekte Rationalität angenommen werden, werden alle Eintrittserwartungen und Konsequenzenbewertungen strikt subjektiv konzipiert. Es werden keine Annahmen über das Ausmaß und die Richtung herkunftsbasierter Abweichungen zwischen subjektiven Überzeugungen und objektiver Realität gemacht. In der soziologischen Rational-Choice Theorie werden ebenfalls keine perfekt rationalen und informierten Akteure angenommen, sodass auch hier die subjektiven Wahrnehmungen als bedeutsam angesehen werden. Allerdings werden systematische Wahrnehmungsverzerrungen nach der sozialen Herkunft ausgeschlossen (Erikson/Jonsson 1996b).

Ein weiterer Unterschied ist, dass in der Humankapitaltheorie ausschließlich finanzielle Konsequenzen des Bildungserwerbs berücksichtigt werden. In der Theorie des geplanten Verhaltens werden dagegen keinerlei Vorannahmen über die von den Akteuren verwendeten Bewertungsdimensionen gemacht, sondern vielmehr in explorativen Untersuchungen empirisch ermittelt. Im Hinblick auf die theoretische Bestimmtheit der Akteursziele nimmt die soziologische Rational-Choice Theorie eine Mittelposition ein: Es werden auch nicht-finanzielle Motive berücksichtigt, die Theorie geht aber von relativ klar definierten Zielsetzungen der Akteure aus. Bei einer Abwägung zwischen dem mit dem Prinzip der abnehmenden Abstraktion (Lindenberg 1991) verbundenen Ziel der theoretischen Sparsamkeit einerseits, und dem Ziel der empirischen Angemessenheit andererseits, kann die soziologische Rational-Choice Theorie möglicherweise als die angemessenste Theorievariante gelten.

Für die unterschiedlichen Varianten der Theorie rationaler Bildungsentscheidungen liegt unterschiedlich umfängliche empirische Evidenz vor. Die Theorie des geplanten Verhaltens wurde in vielen Anwendungsbereichen einer großen Anzahl empirischer Überprüfungen unterzogen (für eine Metaanalyse vgl. Armitage/Conner 2001). Im Bereich der Bildungsforschung ist die Anzahl der Untersuchungen jedoch beschränkt. Die Erkenntnisse über die Erklärungskraft der Theorie für Disparitäten im Bildungserwerb sind sehr beschränkt (siehe den Überblick in Abschnitt 3 oben). Für die Theorie rationaler Bildungsentscheidungen liegt das größte Ausmaß an empirischer Evidenz vor. Die Ergebnisse erbringen ein großes Ausmaß bestätigender Evidenz. Es muss allerdings auch konstatiert werden, dass die Theorie nicht zu einer vollständigen Erklärung von Herkunftsdisparitäten im Bildungserwerb in der Lage ist: Auch wenn die theoretisch vorhergesagten Determinanten vollständig und angemessen operationalisiert werden, lassen sich weiterhin direkte Effekte der sozialen Herkunft auf die Bildungsentscheidungen feststellen. Demnach liegt die Vermutung nahe, dass die Theorie wichtige und nach der sozialen Herkunft differenzierte Determinanten der Bildungsentscheidungen vernachlässigt. Die wenigen empirischen Anwendungen der Theorie des geplanten Verhaltens bieten Anhaltspunkte dafür, dass zusätzlich zu den Bewertungen und Erwartungen von Konsequenzen auch die über die subjektive Norm vermittelten Ansprüche der Bezugsumgebung von Bedeutung sind (Davis et al. 2002, 2003; Schuchart 2009; Watermann/Maaz 2006). Das Modell der Frameselektion (Esser 2001; Kroneberg 2007; Kroneberg et al. 2006) bietet eine systematische Möglichkeit zur Integration dieser bereits in der einflussreichen Wisconsin-Schule der Bildungsforschung als wichtig erachteten Bezugsgruppeneffekte (Singer 1981; Sewell et al. 1969).

Literatur

Ajzen, Icek (1991): The Theory of Planned Behavior. In: Organizational Behavior and Human Decision Processes 50. 179–211

Armitage, Christopher J./Conner, Mark (2001): Efficacy of the Theory of Planned Behaviour: A Meta-Analytic Review. In: British Journal of Social Psychology 40. 471–499

Auld, M. Christopher/Sidhu, Nirmal (2005): Schooling, Cognitive Ability and Health. In: Health Economics 14. 1019–1034

Becker, Gary S. (1964): Human Capital. A Theoretical and Empirical Analysis with Special Reference to Education. New York: Columbia University

Becker, Rolf (2009): Wie können „bildungsferne" Gruppen für ein Hochschulstudium gewonnen werden? Eine empirische Simulation mit Implikationen für die Steuerung des Bildungswesens. In: Kölner Zeitschrift für Soziologie und Sozialpsychologie 61. 563–593

Becker, Rolf (2003): Educational Expansion and Persistent Inequalities of Education. Utilizing Subjective Expected Utility Theory to Explain Increasing Participation Rates in Upper Secondary School in the Federal Republic of Germany. In: European Sociological Review 19. 1–24

Becker, Rolf (2000): Klassenlage und Bildungsentscheidungen. Eine empirische Anwendung der Wert-Erwartungstheorie. In: Kölner Zeitschrift für Soziologie und Sozialpsychologie 52. 450–474

Becker, Rolf/Hecken, Anna E. (2009): Why Are Working-Class Children Diverted from Universities? – An Empirical Assessment of the Diversion Thesis. In: European Sociological Review 25. 233–250

Becker, Rolf/Hecken, Anna E. (2008): Warum werden Arbeiterkinder vom Studium an Universitäten abgelenkt? Eine empirische Überprüfung der „Ablenkungshypothese" von Müller und Pollak (2007) und ihrer Erweiterung durch Hillmert und Jacob (2003). In: Kölner Zeitschrift für Soziologie und Sozialpsychologie 60. 3–29

Becker, Rolf/Hecken, Anna E. (2007): Studium oder Berufsausbildung? Eine empirische Überprüfung der Modelle zur Erklärung von Bildungsentscheidungen von Esser (1999) sowie von Breen und Goldthorpe (1997). In: Zeitschrift für Soziologie 36. 100–117

Becker, Rolf/Lauterbach, Wolfgang (Hrsg.) (2004): Bildung als Privileg? Erklärungen und Befunde zu den Ursachen der Bildungsungleichheit. Wiesbaden: VS Verlag für Sozialwissenschaften
Beneito, Pilar/Ferri, Javier/Moltó, María Luisa/Uriel, Ezequiel (2001): Determinants of the Demand for Education in Spain. In: Applied Economics 33. 1541–1551
Betts, Julian R./Morell, Darlene (1999): The Determinants of Undergraduate Grade Point Average. The Relative Importance of Family Background, High School Resources, and Peer Group Effects. In: The Journal of Human Resources 34. 268–293
Blake, Judith (1985): Number of Siblings and Educational Mobility. In: American Sociological Review 50. 84–94
Boockmann, Bernhard/Steiner, Viktor (2006): Cohort Effects and the Returns to Education in West Germany. In: Applied Economics 38. 1135–1152
Boudon, Raymond (1974): Education, Opportunity, and Social Inequality. Changing Prospects in Western Society. New York: Wiley
Bourdieu, Pierre (1977): Cultural Reproduction and Social Reproduction. In: Karabel/Halsey (1977): 487–511
Breen, Richard/Goldthorpe, John H. (1997): Explaining Educational Differentials. Towards a Formal Rational Action Theory. In: Rationality and Society 9. 275–305
Breen, Richard/Yaish, Meir (2006): Testing the Breen-Goldthorpe Model of Educational Decision Making. In: Morgan et al. (2006): 232–258
Cherkaoui, Mohamed/Hamilton, Peter (Hrsg.) (2009): Raymond Boudon a life in Sociology. Essay in Honour of Raymond Boudon. Volume Three. Oxford, UK: Bardwell
Coleman, James S. (1988): Social Capital in the Creation of Human Capital. In: American Journal of Sociology 94. 95–120
Conley, Dalton (2001): Capital for College: Parental Assets and Postsecondary Schooling. In: Sociology of Education 74. 59–72
Davis, Larry E./Ajzen, Icek/Saunders, Jeanne/Williams, Trina (2002): The Decision of African American Students to Complete High School: An Application of the Theory of Planned Behavior. In: Journal of Educational Psychology 94. 810–819
Davis, Larry E./Saunders, Jeanne/Johnson, Sharon/Miller-Cribbs, Julie/Williams, Trina/Wexler, Sandra (2003): Predicting Positive Academic Intention Among African American Males and Females. In: Journal of Applied Social Psychology 33. 2306–2326
Davies, Richard/Heinesen, Eskil/Holm, Anders (2002): The Relative Risk Aversion Hypothesis of Educational Choice. In: Journal of Population Economics 15. 683–713
de Graaf, Paul M. (1986): The Impact of Financial and Cultural Resources on Educational Attainment in the Netherlands. In: Sociology of Education 59. 237–246
Ditton, Hartmut (Hrsg.) (2007a): Kompetenzaufbau und Laufbahnen im Schulsystem. Ergebnisse einer Längsschnittsuntersuchung an Grundschulen. Münster: Waxmann
Ditton, Hartmut (2007b): Schulübertritte, Geschlecht und soziale Herkunft. In: Ditton (2007a): 63–87
Ditton, Hartmut/Krüsken, Jan (2009): Denn wer hat, dem wird gegeben werden? Eine Längsschnittsstudie zur Entwicklung schulischer Leistungen und den Effekten der sozialen Herkunft in der Grundschulzeit. In: Journal for Educational Research Online 1. 33–61
Durham, Rachel E./Farkas, George/Scheffner Hammer, Carol/Tomblin, J. B./Catts, Hugh W. (2007): Kindergarten Oral Language Skill: A Key Variable in the Intergenerational Transmission of Socioeconomic Status. In: Research in Social Stratification and Mobility 25. 294–305
Erikson, Robert/Jonsson, Jan O. (Hrsg.) (1996a): Can Education Be Equalized? The Swedish Case in Comparative Perspective. Oxford: Westview
Erikson, Robert/Jonsson, Jan O. (1996b): Explaining Class Inequality in Education: The Swedish Case. In: Erikson/Jonsson (1996a): 1–63
Erikson, Robert/Goldthorpe, John H./Jackson, Michelle/Yaish, Meir/Cox, D. R. (2005): On Class Differentials in Educational Attainment. In: Proceedings of the National Academy of Sciences 102. 9730–9733
Esser, Hartmut (1999): Soziologie. Spezielle Grundlagen. Band 1: Situationslogik und Handeln. Frankfurt a. M.: Campus
Esser, Hartmut (2001). Soziologie. Spezielle Grundlagen. Band 6: Sinn und Kultur. Frankfurt a. M.: Campus
Esser, Hartmut/Troitsch, Klaus G. (Hrsg.) (1991): Modellierung sozialer Prozesse. Bonn: Informationszentrum Sozialwissenschaften
Fishbein, Martin/Ajzen, Icek (1975): Belief, Attitude, Intention, and Behavior: An Introduction to Theory and Research. Reading, M. A.: Addison-Wessley
Gabay-Egozi, Limor/Shavit, Yossi/Yaish, Meir (2009): Curricular Choice: A Test of a Rational Choice Model of Education. In: European Sociological Review. Verfügbar unter: http://soc.haifa.ac.il/~yaish/papers/Gabay-ShavitYaish.pdf

Hansen, Marianne N. (2007): Rational Action Theory and Educational Attainment. Changes in the Impact of Economic Resources. In: European Sociological Review Advance Access 24 (1). 1–17

Hartog, Joop/Oosterbeek, Hessel (1998): Health, Wealth and Happiness: Why Pursue a Higher Education? In: Economics of Education Review 17. 245–256

Helberger, Christof/Palamidis, Helene (1992): Die Nachfrage nach Bildung. Theorien und empirische Ergebnisse. Berlin: Duncker und Humblot

Jackson, Michelle (Hrsg.) (i. E.): Determined to Fail? Performance, Choice and Education.

Jæger, Meier Mads (2007): Economic and Social Returns to Educational Choices: Extending the Utility Function. In: Rationality and Society 19. 451–483

Karabel, Jerome/Halsey, Albert Henry (Hrsg.) (1977): Power and Ideology in Education. New York: Oxford University

Kahneman, Daniel/Tversky, Amos (1979): Prospect Theory: An Analysis of Decision under Risk. In: Econometrica 47. 263–291

Kerckhoff, Alan C./Raudenbush, Stephen W./Glennie, Elizabeth (2001): Education, Cognitive Skill, and Labor Force Outcomes. In: Sociology of Education 74. 1–24

Kettunen, Juha (1997): Education and Unemployment Duration. In: Economics of Education Review 16. 163–170

Kroneberg, Clemens (2007): Wertrationalität und das Modell der Frame-Selektion. In: Kölner Zeitschrift für Soziologie und Sozialpsychologie 59. 215–239

Kroneberg, Clemens/Stocké, Volker/Yaish, Meir (2006): Norms or Rationality? The Rescue of Jews, Electoral Participation, and Educational Decisions. Working-Paper No. 06-09: Sonderforschungsbereich 504. Universität Mannheim

Lauer, Charlotte (2005). Education and Labour Market Outcomes. A French-German Comparison. Heidelberg: Physica

Light, Audrey/Strayer, Wayne (2000): Determinants of College Completion: School Quality or Student Ability? In: The Journal of Human Resources 35. 299–332

Lindenberg, Siegwart (1991): Die Methode der abnehmenden Abstraktion: Theoriegesteuerte Analyse und empirischer Gehalt. In: Esser/Troitsch (1991): 29–78

Lochner, Lance/Moretti, Enrico (2004): The Effect of Education on Crime: Evidence from Prison Inmates, Arrests, and Self-Reports. In: The American Economic Review 94. 155–189

Maaz, Kai (2006): Soziale Herkunft und Hochschulzugang. Effekte institutioneller Öffnung im Bildungssystem. Wiesbaden: VS Verlag für Sozialwissenschaften

Maaz, Kai/Hausen, Cornelia/McElvany, Nele/Baumert, Jürgen (2006): Stichwort: Übergänge im Bildungssystem. Theoretische Konzepte und ihre Anwendung in der empirischen Forschung beim Übergang in die Sekundarstufe. In: Zeitschrift für Erziehungswissenschaft 9. 299–327

Mani, Anandi/Mullin, Charles H. (2004): Choosing the Right Pond: Social Approval and Occupational Choice. In: Journal of Labor Economics 22. 835–861

Mayer, Karl Ulrich/Müller, Walter/Pollak, Reinhard (2007): Germany: Institutional Change and Inequalities of Access in Higher Education. In: Shavit et al. (2007): 240–265

Milligan, Kevin/Moretti, Enrico/Oreopoulos, Philip (2004): Does Education Improve Citizenship? Evidence from the United States and the United Kingdom. In: Journal of Public Economics 88. 1667–1695

Morgan, Stephen L./Grusky, David B./Fields, Gary S. (Hrsg.) (2006): Mobility and Inequality. Frontiers of Research in Sociology and Economics. Stanford: Stanford University

Müller, Walter/Haun, Dietmar (1994): Bildungsungleichheit im sozialen Wandel. In: Kölner Zeitschrift für Soziologie und Sozialpsychologie 46. 1–42

Müller, Walter/Pollak, Reinhard (2004): Weshalb gibt es so wenige Arbeiterkinder in Deutschlands Universitäten. In: Becker/Lauterbach (2004): 311–352

Müller-Benedict, Volker (2007): Wodurch kann die soziale Ungleichheit des Schulerfolgs am stärksten verringert werden? In: Kölner Zeitschrift für Soziologie und Sozialpsychologie 59. 615–639

Need, Ariana/de Jong, Uulkje (2000): Educational Differentials in the Netherlands. In: Rationality and Society 13. 71–98

Neugebauer, Martin (2010): Bildungsungleichheit und Grundschulempfehlung beim Übergang auf das Gymnasium: Eine Dekomposition primärer und sekundärer Herkunftseffekte. In: Zeitschrift für Soziologie 39. 202–214

Neugebauer, Martin/Reimer, David/Schindler, Steffen/Stocké, Volker (i. E.): Relative Strength of Primary and Secondary Effects at the Transitions to Secondary School and Tertiary Education in Germany. In: Jackson (i. E.)

Peraita, Carlos/Pastor, Margarita (2000): The Primary School Dropout in Spain: The Influence of Family Background and Labor Market Conditions. In: Education Economics 8. 157–168

Relikowski, Ilona/Schneider, Thorsten/Blossfeld, Hans-Peter (2009): Primary and Secondary Effects of Social Origin in Migrant and Native Families at the Transition to the Tracks German School System. In: Cherkaoui/ Hamilton (2009): 149–170
Rosenberg, Morris/Turner, Ralph H. (Hrsg.) (1981): Sociological Perspectives. New York: Basic Books
Sander, William (1998): The Effects of Schooling and Cognitive Ability on Smoking and Marijuana Use by Young Adults. In: Economics of Education Review 17. 317–324
Schauenberg, Magdalena (2007): Übertrittsentscheidungen nach der Grundschule. Empirische Analysen zu familialen Lebensbedingungen und Rational-Choice. München: Herbert Utz
Schimpl-Neimanns, Bernd (2000): Empirische Analysen zu herkunftsspezifischen Bildungsungleichheiten zwischen 1950 und 1989. In: Kölner Zeitschrift für Soziologie und Sozialpsychologie 4. 636–669
Schindler, Steffen/Reimer, David (i. E.): Primäre und sekundäre Effekte der sozialen Herkunft beim Übergang in die Hochschulbildung. In: Kölner Zeitschrift für Soziologie und Sozialpsychologie
Schneider, Thorsten (2005): Nachhilfe als Strategie zur Verwirklichung von Bildungszielen. Eine empirische Untersuchung mit Daten des Sozio-Ökonomischen Panels (SOEP). In: Zeitschrift für Pädagogik 51. 363–379
Schuchart, Claudia (2009): Warum interessieren sich Hauptschülerinnen und Hauptschüler für einen Realschulabschluss? Eine Analyse individueller Überzeugungen unter besonderer Beachtung geschlechtsspezifischer Differenzen. In: Zeitschrift für Erziehungswissenschaft 12. 373–395
Schultz, Theodore W. (1961): Investment in Human Capital. In: The American Economic Review 51. 1–17
Shavit, Yossi/Arum, Richard/Gamoran, Adam/Menahem, Gila (Hrsg.) (2007): Stratification in Higher Education. A Comparative Study. Stanford: Stanford University
Sewell, William H./Haller, Archibald O./Portes, Alejandro (1969): The Educational and Early Occupational Attainment Process. In: American Sociological Review 34. 89–92
Singer, Eleanor (1981): Reference Groups and Social Evaluations. In: Rosenberg/Turner (1981): 66–93
Stanat, Petra/Bergann, Susanne (2009): Geschlechtsbezogene Disparitäten in der Bildung. In: Tippelt/Schmidt (2009): 513–528
Stocké, Volker (2008): Educational Decisions as Rational Choice? Testing the Erikson-Jonsson Model. Sonderforschungsbereich 504. Universität Mannheim
Stocké, Volker (2007a): Explaining Educational Decision and Effects of Families' Social Class Position: An Empirical Test of the Breen-Goldthorpe Model of Educational Attainment. In: European Sociological Review 23. 505–519
Stocké, Volker (2007b): The Motive for Status Maintenance and Inequality in Educational Decisions. Which of the Parents Defines the References Point? Working Paper No. 07-20: Sonderforschungsbereich 504. Universität Mannheim
Stocké, Volker (2007c): Strength, Sources, and Temporal Development of Primary Effects of Families' Social Status on Secondary School Choice. Working-Paper No. 07-70: Sonderforschungsbereich 504. Universität Mannheim
Sullivan, Alice (2006): Students as Rational Decision-Makers: the Question of Beliefs and Attitudes. In: London Review of Education 4. 271–290
Tieben, Nicole (2009): Parental Resources and Relative Risk Aversion in Intra-Secondary Transitions: A Trend Analysis of Non-Standard Educational Decision Situations in the Netherlands. In: European Sociological Review 23. 1–12
Tippelt, Rudolf/Schmidt, Bernhard (Hrsg.) (2009): Handbuch Bildungsforschung. Wiesbaden: VS Verlag für Sozialwissenschaften
Tolsma, Jochem/Need, Ariana/de Jong, Uulkje (2010): Explaining Participation Differentials in Dutch Higher Education: The Impact of Subjective Success Probabilities on Level Choice and Field Choice. In: European Sociological Review 26. 235–252
van de Werfhorst, Hermann G./Hofstede, Saskia (2007): Cultural Capital or Relative Risk Aversion? Two Mechanisms for Educational Inequality Compared. In: The British Journal of Sociology 58. 391–415
Watermann, Rainer/Maaz, Kai (2006): Effekte der Öffnung von Wegen zur Hochschulreife auf die Studienintention am Ende der gymnasialen Oberstufe. In: Zeitschrift für Erziehungswissenschaft 9. 219–239
Wilson, Kathryn (2001): The Determinants of Educational Attainment: Modeling and Estimating the Human Capital Model and Education Production Functions. In: Southern Economic Journal 67. 518–551
Wilson, Kathryn/Wolfe, Barbara/Haveman, Robert (2005): The Role of Expectations in Adolescent Schooling Choices: Do Youths Respond to Economic Incentives? In: Economic Inquiry 43. 467–492

Kulturelle Bildungsarmut und Wertewandel

Heiner Barz, Dajana Baum, Meral Cerci, Nina Göddertz und Tabea Raidt

1 Einleitung

Ungleichheiten in den Bildungschancen sind durch die seit einem guten Jahrzehnt in erneuter Blüte stehende bildungssoziologische Forschung vielfach dokumentiert. Konnte das Datenmaterial zu den strukturellen Bildungsbenachteiligungen in den 60er Jahren gut zur Formel von der „katholischen Arbeitertochter vom Lande" verdichtet werden, so hat sich die neuere Diskussion verstärkt dem „muslimischen männlichen Jugendlichen aus der Trabantenstadt" zugewandt. Der vorliegende Beitrag will weniger eine Deskription faktisch gegebener Ungleichheiten in den Bildungschancen liefern als vielmehr vor dem Hintergrund der Wertewandelforschung Hypothesen zu den Gründen für das Scheitern von Bildungskarrieren diskutieren. Dabei wird vor allem der Frage nachgegangen, inwiefern basale Wertorientierungen in bestimmten Milieus sich fördernd oder hemmend auf Bildungsverläufe auswirken können. In diesem Sinne werden zunächst zwei Ansätze der neueren Soziologie skizziert: Die Wertewandelthese, wie sie von Ronald Inglehart vor ca. 40 Jahren in die sozialwissenschaftliche Kultursoziologie eingebracht und seither mannigfach modifiziert und weiter entwickelt wurde. Sowie die Lebensstilforschung mit ihren Milieutypologien, wobei insbesondere das in der BRD von Sinus-Sociovision entwickelte Modell mit seiner reichen empirischen Basis auch im Blick auf Bildungsorientierungen und Bildungsverhalten einen wichtigen Bezugspunkt darstellt. Nachdem inzwischen auch ein Milieu-Modell für die deutsche Migrantenpopulation entwickelt wurde, kann diese in einem dritten Schritt darauf hin befragt werden, inwieweit sich die Lebensstile und Lebenseinstellungen in bestimmten Migranten-Milieus fördernd oder hemmend auf Bildungsaspirationen und Bildungskarrieren auswirken. Schließlich wird viertens die in den letzten Jahren gleichsam unter umgekehrtem Vorzeichen wiederentdeckte Gender-Perspektive auf schulisches Lernen bzw. Scheitern daraufhin überprüft, ob sich auch im Bereich der Wertorientierungen geschlechterspezifische Signaturen und unterschiedliche Entwicklungsverläufe rekonstruieren lassen. Insbesondere der Rückgriff auf traditionelle Männlichkeitsbilder ist auf seine selbstzerstörerischen oder subversiven Potentiale zu befragen, wenn er denn zurecht als Mitursache für problematische Bildungsverläufe zu identifizieren ist.

2 Wertorientierung als Erfolgsindikator?

Das Bildungssystem ist durch den Nachweis unterschiedlicher Zugangschancen zu höheren Bildungsabschlüssen herausgefordert. Ergänzend zur unbestreitbaren Realität systembedingter Barrieren (z. B. frühe Selektion im dreigliedrigen Schulsystem, fehlende Sprachförderung, zu wenig Ganztagsangebote, Feminisierung des Lehrerberufs) soll hier die Frage gestellt werden, ob auch in den subjektiven Alltagsorientierungen verankerte Gründe für die unterschiedliche Nutzung der Möglichkeiten des Bildungssystems Relevanz beanspruchen können. Welche Rolle spielen die Einstellungen der jungen Menschen für den Erfolg in Bildung und Beruf? Können unterschiedliche Bildungsverläufe mit Hilfe bestimmter Einstellungsmuster erklärt werden? Kann beispielsweise der geringere Erfolg der männlichen Schüler im allgemein bildenden Bildungssystem eventuell mit deren Einstellung zu Leistung erklärt werden?

Einen Schlüssel zur Beantwortung einer solchen Frage bietet die Wertewandelforschung, die seit Jahrzehnten die Einstellungen junger Menschen erhebt. Sie untersucht die Veränderungen der Einstellungen und Wertvorstellungen und prüft inwieweit diese einem Trend und einer darstellbaren Struktur unterliegen (Oesterdiekhoff/Jegelka 2001: 7). Soziokulturelle Werte sind für Kultur, Gesellschaft und Individuum in mehrfacher Hinsicht von größter Bedeutung insofern sie Orientierung für das Handeln von Personen und sozialer Gebilde bieten (Hillmann 2001: 15). Werte bilden die Grundlage für die Umsetzung sozialer Normen, die wiederum eine wesentliche Rolle im Zusammenleben der Menschen spielen.

Der Wandel des Wertewandels

Während in den Sozialwissenschaften, den Medien, der öffentlichen Meinung und der Selbstinterpretation moderner Gesellschaften lange Zeit die Auffassung dominierte, der ursprüngliche Wertewandel hin zu Autonomie setze sich ungebrochen fort, zeigen neuere Daten eine veränderte Tendenz. „Der Wertewandel hat sich gewandelt. Das Pendel ist zurückgeschlagen. Viele Menschen streben nicht länger nach individueller Autonomie und Selbstverwirklichung, sie kosten ihre Freiheitsgrade nicht länger aus, sie sind vielmehr auf der Suche nach Sicherheit, Ordnung und Gemeinschaft“ (Hradil 2002: 409). Die neuere Forschung bezieht sich bei der Suche nach Gründen für den Wandel des Wertewandels auf die Sozialisations- sowie auf die Mangelhypothese Ingleharts (ebd.: 417). Dabei können die Ursachen des neuen Wandels vor allem mit den schwieriger werdenden ökonomischen Rahmenbedingungen wie dem enger werdenden Arbeitsmarkt erklärt werden. Gerade die junge Generation zieht aus veränderten Rahmenbedingungen jedoch weniger auf die Gesellschaft bezogene Konsequenzen, wie noch in den 1960er und 1970er Jahren zu beobachten: „Sie wollen *für sich* wirtschaftliche Sicherheit, Gemeinschaft, stabile Ordnungen, einfache Lösungen, sozusagen ‚Ruhe an der Front‘“ (ebd.: 418, Hervorhebung im Original).

Diese Veränderung wirkt sich in drei Bereichen aus. Erstens als Wunsch nach mehr Gemeinschaft, Partnerschaft und Familie. Zweitens als Bedürfnis nach Sicherheit, das jedoch nicht mehr vorrangig auf die Abwesenheit von Krieg und Terror, sondern vielmehr auf die Arbeitsplatzsicherheit bezogen ist. Drittens schließlich als Bedeutungszuwachs sogenannter materialistischer Werthaltungen mit Betonung von Pflicht- und Anpassungswerten. Auch diese sind jedoch stark selbstbezogen und nutzenorientiert. Solche Beobachtungen ergeben sich hauptsächlich aus Jugendstudien, die unter anderem die Wertorientierungen und Einstellungen junger Menschen erheben. Zwar sind Duktus und Fokus dieser Studien oft unterschiedlich, die Ergebnisse bezüglich des Wertewandels bei Jugendlichen jedoch sind vergleichbar: Indikatoren für die Veränderungen finden sich im neuen Anstieg des Anteils der Materialisten und der entsprechenden Abnahme des Anteils der Postmaterialisten (ALLBUS: Klein 2007), in der stark wachsenden Bedeutung der Wertorientierung Fleiß/Ehrgeiz (Speyerer Werteforschung: Klages 2002), im Bedeutungsverlust von Selbstverwirklichungswerten und dem Bedeutungszuwachs von Sicherheit und Geborgenheit (Allensbach-Studie: Institut für Demoskopie Allensbach 2002; Noelle-Neumann/Petersen 2001) sowie im Bedeutungszuwachs von Gemeinschafts- und Sicherheitswerten (Shell-Studie: Gensicke 2006).

Die Shell Jugendstudie beispielsweise stellt eine Wiederaufwertung der Sekundärtugenden fest, so werden beispielsweise Leistung und Sicherheit deutlich höher eingeschätzt als von der Jugend der 80er Jahre (Gensicke 2006: 175). Einen deutlichen Aufschwung erlebt die Wertorientierung „Fleiß und Ehrgeiz". Die Aufwertung von Sekundärtugenden wird mit einem gesteigerten Bedürfnis nach dem „Geregelten, Geordneten und Begrenzten" in einer „unübersichtlicher gewordenen Welt" (ebd.: 176) erklärt. Doch die Sekundärtugenden erleben keinen Aufschwung als Wert ‚an sich', sondern in einer instrumentalisierten Form: „Werte werden vor allem danach beurteilt, ob sie für das eigene Leben nützlich und sinnvoll sind" (Albert et al. 2006: 445). Insgesamt haben sich die Jugendlichen in ihren Werthaltungen weiter der Gesamtbevölkerung angenähert, lediglich bei der Bewertung der Wertgruppe „Materialismus und Hedonismus" – in Form von Freude an Konsum und Erlebnis – finden sich bei den Jugendlichen höhere Zustimmungen (Gensicke 2006: 179). Neben dem Aufschwung der Sekundärtugenden erfährt auch der Wertbereich Familie, Freunde, Partnerschaft eine Aufwertung.

Abbildung 1 Wertewandel bei Jugendlichen

Wertewandel bei den deutschen 16- bis 29-Jährigen zwischen 1992 und 2003 (in Prozent der Befragten, die die jeweilige Wertedimension stark anstreben)*

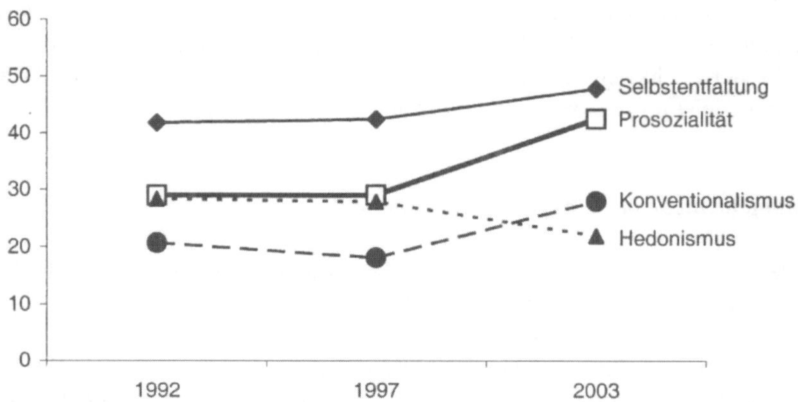

Quelle: DJI-Jugendsurvey (Gille et al. 2006: 165); grafisch überarbeitet.

Auch der DJI-Jugendsurvey (Gille et al. 2006) zeigt entlang der drei Erhebungszeitpunkte (1992, 1997 und 2003) einen deutlichen Anstieg der Wertdimensionen Konventionalismus und Prosozialität (Gille et al. 2006: 165; vgl. Abb. 1). Die Wertdimension Hedonismus nimmt ebenso deutlich ab, während die Wertdimension Selbstentfaltung leicht ansteigt. Der Typ der Wertekoexistenz gewinnt, der Typ des Werteminimalismus verliert an Bedeutung (ebd.: 164 ff.). Mit zunehmendem Alter und mit zunehmender Bildung nimmt die Orientierung Hedonismus ab und die Leistungsorientierung steigt (z. B. Pflichtbewusstsein, Verantwortungsübernahme, Ehrgeiz; ebd.: 149). Insgesamt zeigen die Daten eine Aufwertung der Werte an sich: die Jugendlichen empfinden sehr viel mehr Dinge als wichtig als in früheren Jahrzehnten. „Der Wertewandel hat sich gewandelt: Die Jugendstudien der 90er Jahre zeigen, dass die heutige Suche nach Sicherheit, Ordnung und Gemeinschaft insbesondere von der jüngeren Generation getragen wird. Während das Streben nach Selbstverwirklichung und Individualisierung der 70er, 80er und frühen 90er Jahre seinen Ausgangspunkt in einem Mangel an Freiheitsgraden hatte, der bis in die 60er Jahre hinein herrschte“ (ebd.: 163).

Die Hauptergebnisse der Studien zum Wandel des Wertewandels lassen sich wie folgt zusammenfassen (vgl. Raidt 2010: 43 f.):

- Ehemals ‚traditionelle‘/‚konventionelle‘ Werte/‚Sekundärtugenden‘ nehmen wieder an Bedeutung zu, in herausragender Weise die Leistungs- und Anpassungsbereitschaft (gleichzeitig bleiben Selbstentfaltungswerte wichtig).
- Darüber hinaus gibt es immer weniger festgelegte Wertmuster. Beherrschend ist vielmehr die Relativität der Werte, ihre Anpassung an verschiedene Zusammenhänge und Gegebenheiten. Die Stichworte dieser Entwicklung lauten Wertepluralismus (Welker 1999; Suchanek 1999), Individualisierung von Lebensstilen und Wertecollagen (Beck/Beck-Gernsheim 1994).
- Werte sind nicht mehr selbstverständlich, sondern zielgerichtet, es herrscht eine zweckrationale Verwendung von Werten vor, die zudem auf das Selbst, weniger auf die Gesellschaft gerichtet sind. Leistung gilt nicht mehr grundsätzlich als Wert, sondern weil/wenn damit Belohnung verbunden wird. Dies ist ein deutlicher Bedeutungswandel des Leistungsbegriffs: Verstärkt in der jungen Generation ist eine Abkehr von der ‚Leistungspflicht‘ der Nachkriegsjahrzehnte zu beobachten. An ihre Stelle tritt eine Art individualisierter ‚Leistungshedonismus‘ (vgl. Barz et al. 2001: 74).

Gruppenunterschiede beim Wertewandel

Sowohl der ursprüngliche als auch der neue Wertewandel lassen sich hauptsächlich als Kohorteneffekt ausmachen, vor allem die jüngeren Generationen weisen ein neues Werteschema auf (Inglehart 1983: 82 ff.; Klein 2007: 7 ff.).

In einem weiteren Schritt soll nun der Frage nachgegangen werden, ob es Unterschiede in den Werthaltungen junger Männer und junger Frauen gibt, die deren unterschiedlichen Erfolg im allgemein bildenden Schulsystem erklären können. Ebenso lässt sich fragen, ob Jugendliche mit Migrationshintergrund eventuell unterscheidbare Einstellungen haben, die sich negativ auf deren Bildungserfolg auswirken. Folgt man den Daten der jüngsten Bildungsberichte, so könnte man spekulieren, dass bei Jungen als „Bildungsverlierern" beispielsweise eine im Vergleich zu Mädchen geringere Bedeutung von Leistungs- und Anpassungsbereitschaft zu finden sein müßte. Die Daten der Werteforschung, die zu diesen Themen von uns einer Sekundäranalyse unterzogen wurden,[1] ergeben indessen kein eindeutiges Bild.

Bezüglich ihrer allgemeinen Arbeitshaltung und Leistungsorientierung unterscheiden sich junge Frauen und Männer zunächst kaum, sie geben in ähnlichem Maße an, dass ihnen Fleiß, Ehrgeiz und Pflichtbewusstsein wichtig sind. Insgesamt attestiert die Jugendforschung dem weiblichen Teil der Jugend „mehr Wertebewusstsein", weil die Zustimmungsquoten bei den allermeisten wertebezogenen Items höher liegen als bei Jungen. Im Blick auf einige wenige Motive sind die Zustimmungswerte der männlichen Jugend indessen stärker. Junge Männer finden es wichtiger als junge Frauen, viel Geld zu verdienen (a)[2], ein hohes Einkommen anzustreben (b). Junge Männer treten lieber mit anderen in Wettstreit als Frauen (c) und setzen sich eher als junge Frauen mit Härte gegen andere durch (d). Junge Männer finden es wichtiger als junge Frauen, Macht und Einfluss zu haben (e) und finden eher, dass der Beruf das Wichtigste ist (f). Nicht zuletzt sind jungen Männern Noten und Zeugnisse häufiger das Wichtigste als jungen Frauen (g). Diesen Komplex, in dem die männliche Jugend durchgehend höhere Zustimmungswerte aufweist als die weibliche, könnte man als Durchsetzungswillen beschreiben.

Junge Frauen haben demgegenüber eine stärker ausgeprägte „soziale Ader". Junge Frauen finden es wichtiger als junge Männer, anderen zu helfen (h)[3] oder Rücksicht auf andere zu nehmen (i). Junge Frauen finden Kunst und Kultur wichtiger (j), ebenso wie die Aussicht auf Kinder und Haushalt (k). Statt einer Angleichung der Geschlechter in Bezug auf diese Themen ist vielmehr sogar eine Verstärkung der Unterschiede zu beobachten. „Typische Werteunterschiede der Geschlechter haben sich sogar verstärkt, weil weibliche Jugendliche ihre Durchsetzungsfähigkeit inzwischen nicht mehr so deutlich betonen" (Gensicke 2006: 183).

Dazu passt der Befund, dass sich auch in den Zuordnungen der Shell-Wertetypologie geschlechtsspezifische Unterschiede ergeben: Während der Typus „Unauffällige" nur ein leicht weibliches Übergewicht (26 % vs. 24 %) hat und der Typus „Macher" nur ein leicht männliches (28 % vs. 27 %), sind bei den Idealisten die Mädchen deutlich in der Überzahl (30 % vs. 21 %) und bei den Materialisten eindeutig die Jungen (27 % vs. 17 %; Gensicke 2006: 194).

3 Wertorientierungen und Bildungsaspirationen in den sozialen Milieus

Die PISA-Studie konstatiert, dass trotz Bildungsexpansion der Schulerfolg von Kindern in Deutschland besonders eng mit dem Sozialstatus ihrer Eltern bzw. deren formalen Bildungsstand verknüpft ist – so eng, wie in keinem anderen der beteiligten OECD-Staaten

1 Verarbeitete Datensätze: Deutsches Jugendinstitut DJI, 3. Jugendsurvey 2003, Befragung der 12- bis 15-Jährigen und Befragung der 16- bis 29-Jährigen, vgl. DJI 2003; Shell: 15. Shell Jugendstudie, vgl. Shell 2006; berechnet wurde jeweils die Varianz mit dem Koeffizienten Eta, dargestellt werden nur Varianzen mit einer Signifikanz auf dem 0.001-Niveau.

2 Varianzen: (a) DJI 2003, 12–15-Jährige: Eta 0,152; (b) DJI 2003, 16–29-Jährige: Eta 0,117; Shell 2006: Eta 0,190; Shell 2006: Eta 0,145; (c) Shell 2006: Eta 0,212; (d) Shell 2006: Eta 0,112; (e) Shell 2006: Eta 0,121; (f) DJI 2003, 16–29-Jährige: Eta 0,160; (g) DJI 2003, 12–15-Jährige: Eta 0,102.

3 Varianzen: (h) DJI 2003, 12–15-Jährige: Eta 0,163; Shell 2006: Eta 0,115; (i) DJI 2003, 12–15-Jährige: Eta 0,144; (j) DJI 2003, 16–29-Jährige: Eta 0,160; (k) DJI 2003, 16–29-Jährige: Eta 0,162.

(vgl. Artelt et al. 2001). Dies hat dem deutschen Bildungssystem den Vorwurf eingetragen, soziale Ungleichheit nicht nur *nicht* abzubauen, sondern sie sogar zu erzeugen (vgl. Allmendinger/Nikolai 2006: 35). Doch kann primär die schulische Sozialisation die bildungsspezifische Differenzierung der verschiedenen Milieus abbauen? Handelt es sich in erster Linie um ein institutionelles Problem des dreigliedrigen Schulsystems, welches durch frühe Selektion das Problem noch verstärkt? Gerhard Schulze hat diese Frage in seinem soziologischen Klassiker „Die Erlebnisgesellschaft" verneint. Bildung sei „eingebettet in einen ästhetisch homogenen Lebenszusammenhang, der schon vor der Schule im Elternhaus vorhanden ist, neben der Schule durch die Gleichaltrigen verstärkt wird und sich nach der Schule fortsetzt" (Schulze 2005: 191). Die Anhebung des Bildungsniveaus scheint vor allem mit der Bedeutung verknüpft, die Bildung in den Elternhäusern bzw. den Milieus zugemessen wird, in denen Kinder aufwachsen und an denen sie sich orientieren. Ganz ähnlich hatte schon Pierre Bourdieu in seinen Analysen der Funktion und der Möglichkeiten des Bildungssystems argumentiert: Die in Elternhaus und Milieus erworbenen Codes, Verhaltens- und Einstellungsmuster setzen sich im Lebensverlauf deutlich stärker durch als die reinen Bildungstitel, deren Wirkung im Vergleich zum milieuspezifischen Habitus eher an der Oberfläche bleibt (vgl. schon Bourdieu/Passeron 1971; Bourdieu 1984).

Im Anschluß an Bourdieus Untersuchungen zur Verknüpfung von Klassenlage, Lebensstil und Alltagsästhetik hat sich eine auch für die Differenzierung von Bildungsaspirationen relevante Forschung zu sozialen Milieus in Deutschland herausgebildet. Die Milieu- und Lebensstilstudien lassen sich auch als Wertewandelporträts lesen, insofern die zugrunde liegende soziokulturelle Landkarte neben der Dimension der Sozialschicht die Dimension des Wertewandels als zweite Differenzierungsebene beinhaltet. Moderne, sowohl vom Lebensalter der Milieuanghörigen her als auch hinsichtlich der Entstehungszeit „jüngere Milieus" verkörpern fortgeschrittenere Einstellungen auf der Wertewandelachse. Dabei werden „soziale Milieus" als Gruppen Gleichgesinnter definiert, „die jeweils ähnliche Werthaltungen, Prinzipien der Lebensgestaltung, Beziehungen zu Mitmenschen und Mentalitäten aufweisen" (Hradil 2006: 4). Während Schichtkonzepte objektive Kriterien wie Beruf, Einkommen und Bildungsabschluss betonen, rücken Milieumodelle auch „subjektive" Faktoren in den Fokus. Eines der bekanntesten Milieumodelle ist das Ende der 1970er Jahre von Jörg Ueltzhöffer und Berthold Flaig entwickelte Modell der sozialen Milieus, welches unter dem Namen „SINUS-Milieumodell" bekannt wurde (Flaig et al. 1999: 51 ff.). Die SINUS-Milieus wurden kontinuierlich weiterentwickelt und den gesellschaftlichen Veränderungen angepasst. Gegenwärtig werden zehn soziale Milieus anhand relevanter Lebensbereiche wie Arbeit, Freizeit, Partnerschaft, Konsum oder Alltagsästhetik unterschieden. Im Rahmen der an den Universitäten Düsseldorf und München durchgeführten Untersuchung „Soziale und regionale Differenzierung von Weiterbildungsverhalten und -interessen" (2001–2003) wurden diese Charakteristika um den Milieubaustein „Bildung/Weiterbildung" ergänzt (vgl. Barz/Tippelt 2004). Die folgenden Ausführungen basieren auf einer Sekundäranalyse der Befunde dieser Studie, ergänzt um Ergebnisse neuerer Erhebungen wie der Untersuchung zu Erziehungsstilen (Liebenwein 2008) und der im Auftrag der Konrad-Adenauer-Stiftung erstellten Studie „Eltern unter Druck" (Merkle/Wippermann 2008).

Am Beispiel des Milieus der Konsum-Materialisten, also einem Milieu, das in Bezug auf Bildungschancen mit größeren Risiken behaftet ist, soll exemplarisch die tiefwurzelnde

Einbettung von Einstellungen und Verhaltensmustern zu Bildungsfragen in die allgemein handlungsleitenden Alltagsorientierungen deutlich gemacht werden. Allzu großer Bildungsoptimismus dergestalt, dass durch bessere Zugangschancen und Fördermaßnahmen allein ein verbesserter Bildungserfolg und damit verbesserte Lebensperspektiven ermöglicht werden könnten, wird damit gewiss relativiert. Andererseits werden aber erst durch detaillierte Analysen der subjektiven Realitäten der Bildungsadressaten und ihres sozialen Umfelds Ansatzpunkte für nachhaltige Bildungsprogramme freigelegt.

Bei den Konsum-Materialisten ist die soziale Lage oft prekär. Viele Familien sind geprägt durch Arbeitslosigkeit, Krankheit, zerbrochene familiäre Strukturen. Vorherrschend sind Volks- und Hauptschulabschlüsse, untere bis mittlere Einkommensverhältnisse, Tätigkeiten als Arbeiter und Angelernte. Mit der Institution Schule verbinden viele Konsum-Materialisten zwiespältige Gefühle. Zum einen ist die Schulzeit positiv besetzt, weil man viel Freizeit hatte, Freunde getroffen hat usw. Andererseits ist das Lernen selbst mit negativen Konnotationen verbunden. Aus der Retrospektive wird die eigene fehlende Disziplin beklagt, der Mangel an Fördermöglichkeiten durch das Elternhaus, aber auch durch die Lehrer: „Also Schule war cool, ich hab's zwar irgendwo gehasst damals, aber wenn ich jetzt dran zurück denk': war schon cool. Ich habe nur das Lernen gehasst" (MAT, w, 25). Besonders auffällig ist die Distanz zum Lehrpersonal, von welchem man sich entweder nicht akzeptiert fühlte („die haben sich nicht für einen persönlich interessiert", MAT, m, 32), welches man als der eigenen Lebenswelt fern stehend ablehnte oder für das man bestenfalls aus der Ferne schwärmte: „Die haben wir immer bewundert, wie die in ihren Lehrerzimmer waren; das waren ganz andere Leute, die waren immer so oben" (MAT, w, 28). Dementsprechend orientiert sich das Bildungsverständnis von Konsum-Materialisten an äußeren Merkmalen. Als gebildet gilt derjenige, der das Bildungssystem erfolgreich durchlaufen hat, der „es gepackt hat". Abgegrenzt von diesem Bildungsbegriff werden Alltagskompetenzen, emotionale Intelligenz sowie Lebenserfahrung – Eigenschaften und Fähigkeiten, die positiv bewertet, aber nicht unter dem Stichwort „gebildete Persönlichkeit" subsumiert werden: „Mir ist lieber, jemand kann mir konkrete Tipps zu konkreten Lebenssituationen geben und weiß damit umzugehen, als jemand, der mir irgendwelche Sonaten da von Bach aufzählen kann" (MAT, m, 26). Bildung wird damit auf „höhere" Bildung, auf ein Hochkulturschema reduziert, welches für den Milieualltag irrelevant ist und lediglich gebraucht wird, um gewisse Bildungsabschlüsse zu erlangen und damit den Sozialstatus zu verbessern. Als Vorbild hingegen fungieren Menschen, „die ein breites Wissen haben, aber kein eingepauktes, sondern ein erlebtes Wissen, und die das auch rüberbringen" (MAT, m, 26).

Häufig berichten Milieuangehörige über Ausgrenzungserfahrungen von Seiten der Mitschüler. Sehr früh entsteht der Eindruck einer zweigeteilten Gesellschaft: „Mit einigen Schülern bin ich gar nicht zurecht gekommen, weil die höher gestellt waren auch. Ich hab' scho' meine Freundinnen gehabt, zwei, drei, die wo halt zu mir gepasst haben" (MAT, w, 28). Man selber steht auf der Verliererseite. Vorherrschend ist das Gefühl, Chancen nicht bekommen oder verpasst zu haben, verbunden mit der fatalistischen Grundeinstellung, an der eigenen Situation selbst nichts ändern zu können: „Ja, nur bei mir seh' ich schon mehr oder weniger bald den Zug abgefahren" (MAT, w, 44). Dieser Fatalismus wird auf die eigenen Kinder übertragen. Obwohl erkannt wird, dass diese ähnliche Probleme in der Schule haben, werden kaum Anstrengungen unternommen, der Situation entgegenzusteuern, den Kindern eine bessere Ausgangslage zu verschaffen. Die als Kampf erlebte eigene Schulzeit perpetuiert sich im Schulalltag der Kinder. Die Eltern fühlen sich in ihren eigenen negativen Erfahrungen bestätigt und schreiben die Verantwortung für das Scheitern ihrer Kinder den Lehrern sowie den institutionellen Strukturen zu (vgl. Merkle/Wippermann 2008: 179). Der Schule, die die Kinder besuchen, wird dabei oft nur oberflächliches Interesse entgegengebracht. Die Eltern bringen sich selbst kaum ein („Ich kenn' ihre Schule schon, ja, das ist halt 'ne ganz normale Schule. Ich fahre da morgens auf dem Weg zur Arbeit immer dran vorbei." Merkle/Wippermann 2008: 179). Lehrer und Schule werden in erster Linie nicht als unterstützende Partner in der Erziehungsarbeit erlebt, sondern als potentielle Gegner, die die Schwächen der Kinder offenbaren und die Familie dadurch stigmatisieren. Dennoch wird die Bedeutung von guten Noten und entsprechenden Schulabschlüssen betont. Zu präsent ist die Erfahrung, dass sich ohne erfolgreich durchlaufene Bildungskarriere die Chancen auf dem Arbeitsmarkt drastisch vermindern. Im Vordergrund steht dabei die Option, viel Geld zu verdienen, um sich etwas leisten zu können, nicht jedoch berufliche Erfüllung. Vielfach äußern die Eltern den Wunsch, ihr Kind möge das Gymnasium besuchen und Abitur machen, sehen sich aber gleichzeitig auf Grund ihrer ökonomischen und psychisch-sozialen Disposition außer Stande, mit den Kindern den schulischen Stoff nachzubereiten oder Nachhilfestunden zu finanzieren. Mit der Konsequenz, dass die Kinder dieses Milieus überdurchschnittlich oft Haupt- und Förderschulen besuchen. Die Verantwortung für eine erfolgreiche Bildungskarriere der Kinder wird in Gänze an die Schulen delegiert und ihnen zugleich – da ihnen tief verankertes Misstrauen entgegengebracht wird – die Schuld für das potentielle oder tatsächliche Scheitern der Kinder zugeschrieben.

4 Wertorientierungen und Bildungsaspirationen in den Milieus der Menschen mit Migrationshintergrund

Der Anteil der Kinder und Jugendlichen mit Migrationshintergrund an den Schulen in Deutschland wächst. Schon heute haben bundesweit 34 % der unter 5-Jährigen einen Migrationshintergrund (Statistisches Bundesamt 2010: 33). International vergleichende Studien wie PISA (Programme for International Student Assessment) oder IGLU (Internationale Grundschul-Lese-Untersuchung) haben mittlerweile hinreichend empirisch belegt, dass Kinder und Jugendliche mit Migrationshintergrund in Deutschland nicht die gleichen Bildungschancen wie Einheimische vorfinden. In den letzten 30 Jahren sind zwar deutliche Verbesserungen in Bezug auf die erreichten Schul- und Ausbildungsabschlüsse von Migranten zu verzeichnen. Dennoch sind die Unterschiede in den erreichten Bildungsabschlüssen zwischen Personen mit und ohne Migrationshintergrund kaum geringer geworden. Zudem zeigen sich erhebliche Leistungsdisparitäten (Konsortium Bildungsberichterstattung 2006: 137 ff.). Die Eckpfeiler der Benachteiligung lassen sich wie folgt zusammenfassen (vgl. Konsortium Bildungsberichterstattung 2006; Diefenbach 2010; Bundesinstitut für Berufsbildung 2007; Boston Consulting Group 2009)[4]:

4 Die verfügbaren Forschungsergebnisse weisen begriffliche Unschärfen auf. Teilweise stützen sich die Ergebnisse auf die deutsche Schulstatistik, die in der Vergangenheit nur die Staatsangehörigkeit (Ausländerkonzept) erfasst hat, während im Mikrozensus 2005 erstmals ein erweitertes Migrationskonzept eingeführt wurde, das

- Ausländische Kinder erfahren gegenüber deutschen Kindern weniger vorschulische Betreuung.
- Ausländische Kinder werden deutlich häufiger als deutsche Kinder von der Einschulung zurückgestellt.
- Ausländische Kinder sind an Hauptschulen überrepräsentiert, an Realschulen und besonders an Gymnasien unterrepräsentiert.
- Ausländische Kinder besuchen doppelt so häufig Sonderschulen mit dem Förderschwerpunkt Lernen wie Kinder aus deutschen Familien.
- Ausländische Jugendliche bleiben deutlich häufiger als deutsche Jugendliche ohne Hauptschulabschluss.
- Jugendliche mit Migrationshintergrund bleiben deutlich häufiger ohne Berufsausbildung und schließen seltener ein Hochschulstudium oder eine Meisterschule ab.
- Selbst bei gleicher schulischer Leistung haben Bewerberinnen und Bewerber mit Migrationshintergrund deutlich schlechtere Chancen auf dem Ausbildungsmarkt.

Bei der Suche nach den Ursachen für diese Bildungsungleichheit lassen sich zwei Hauptfaktoren identifizieren (Geißler/Weber-Menges 2010: 6)

- schichtspezifische Ursachen und
- migrationsspezifische Ursachen

Die schichtspezifische Argumentation geht davon aus, dass die deutsche Gesellschaft tendenziell durch Migranten unterschichtet ist, d. h. Migranten stammen häufiger als Menschen ohne Migrationshintergrund aus statusniedrigeren Familien. Dabei kann man davon ausgehen, dass die Kinder und Jugendlichen mit Migrationshintergrund aus Familien mit niedrigerem sozioökonomischem Status mit ähnlichen Schwierigkeiten zu kämpfen haben wie Kinder und Jugendliche aus Familien mit niederem sozioökonomischem Status ohne Migrationshintergrund. Der migrationsspezifische Argumentationsstrang weist auf in der Migration per se liegende Ursachen hin wie z. B. andere Unterrichts- bzw. Familiensprache, Erfahrungen mit einem anderen Bildungssystem und Unterschiede in der Wertorientierung.

In diesem Abschnitt soll den migrationsspezifschen Ursachen für die Bildungsbenachteiligung nachgegangen werden, indem untersucht wird, inwieweit sich in den grundlegenden Wertorientierungen der Menschen mit Migrationshintergrund fördernde oder hemmende Faktoren für die Bildungsverläufe identifizieren lassen. Die empirische Basis für diese Analyse liefert die repräsentative Studie „Lebenswelten von Menschen mit Migrationshintergrund", die das Heidelberger Institut Sinus Sociovision im Jahr 2008 durchgeführt hat (Wippermann/Flaig 2008).

---

auch Aussiedler und Eingebürgerte berücksichtigt. Zur Personengruppe der Menschen mit Migrationshintergrund werden demnach Ausländer, selbst Zugewanderte und Personen mit mindestens einem ausländischen, zugewanderten oder eingebürgerten Elternteil gezählt (vgl. Seifert 2010: 3).

Menschen mit Migrationshintergrund und Bildungsaspirationen

Als mögliche migrationsspezifische Barriere könnte die mangelnde Bildungsaspiration der Migranten vermutet werden. Die PISA-Studie 2003 (OECD 2006; Konsortium Bildungsberichterstattung 2006) hat gezeigt, dass Kinder und Jugendliche mit Migrationshintergrund – trotz eher schlechterer Leistungen – in gleichem Maße von ihrer Mathematikbegabung überzeugt sind wie ihre Mitschüler ohne Migrationshintergrund, teilweise sogar noch stärker. Zudem glauben sie stärker daran, ihre Bildungs- und Berufschancen über gute Mathematikleistungen verbessern zu können. Insgesamt waren die befragten Migranten im Vergleich zu ihren Mitschülern besonders motiviert und der Schule gegenüber aufgeschlossen. Auch eine Studie des Bundesinstituts für berufliche Bildung BIBB (Eberhard et al. 2006) konstatiert in einer Befragung von Jugendlichen und jungen Erwachsenen die im Vergleich hohe Karriere- und Erfolgsorientierung der Migranten. Die überwiegende Mehrheit der türkischstämmigen Befragten (84 %) und Russlanddeutschen (73 %) gibt an, dass „Karriere machen" wichtig sei. Bei den Jugendlichen und jungen Erwachsenen ohne Migrationshintergrund ist der Anteil mit 67 % deutlich niedriger. Der Anteil derjenigen, die sich beruflich selbständig machen wollen, ist bei den Migranten mit 56 % (Türkischstämmige) und 47 % (Russlanddeutsche) ebenfalls deutlich höher als bei den jungen Erwachsenen ohne Migrationshintergrund (32 %). Dagegen ist die allgemeine Bildungsbereitschaft bei allen Gruppen auf einem ähnlich hohen Niveau (98 % Personen ohne Migrationshintergrund, jeweils 96 % Türkischstämmige und Russlanddeutsche).

Eine mögliche Erklärung für die hohe Bildungsaspiration und Erfolgsorientierung von Menschen mit Migrationshintergrund liegt in dem Traum von einem besseren Leben als Motiv für die Migration. Die Tatsache, dass es der Elterngeneration oft nicht gelingt, ihre Träume zu verwirklichen, führt dazu, dass die hohen Aspirationen der Migranten auf ihre Kinder übertragen werden (vgl. Roth et al. 2010: 179 ff.).

Die Milieus der Menschen mit Migrationshintergrund

Menschen mit Migrationshintergrund sind keine homogene Masse von in Deutschland lebenden Personen, vielmehr unterscheiden sie sich in ihrer Herkunft, sozialen Lage und ihrer Wertorientierung. Aufgrund der ethnischen Vielfalt der Zielgruppe ist der Wunsch erklärbar, die Befunde und die Migranten selbst nach ihrer Herkunftskultur zu segmentieren. Die Migrationsforschung wurde viele Jahre von einem ethnisch orientierten Defizitdiskurs bestimmt. Dieser Ansatz geht von beschädigten Sozialisationsverläufen und daraus erwachsenden Defiziten aus. Individuelle Entwicklungen und Krisen der Migranten werden zum Zweck eines besseren „Verstehens" auf den kulturellen Kontext der „Herkunftsgesellschaft" zurückgeführt (Yildiz 2009).

Die Forschergruppe um Sinus Sociovision ist im Jahr 2006 einen Schritt weiter gegangen, indem sie – zunächst im Rahmen einer qualitativen Studie – die alltägliche Lebenswelt der Befragten ethnienübergreifend und mehrdimensional nach Werten, Lebensstilen und sozialer Lage kartografierte. Darüber hinaus setzen sich die Forscher vom vorherrschenden Defizitansatz der Migrationsforschung ab, indem die Studie einem Ressourcenansatz, der kulturelle

Vielfalt als Bereicherung und Chance für Deutschland definiert, folgt (Cerci 2008a: 21; Cerci 2008b: 61).

Insgesamt acht Migranten-Milieus mit jeweils ganz unterschiedlichen Lebensauffassungen und Lebensweisen konnten identifiziert werden. Die Position der Migranten-Milieus in der deutschen Gesellschaft nach sozialer Lage und Grundorientierung veranschaulicht Abbildung 2: Je höher ein Milieu in dieser Grafik angesiedelt ist, desto gehobener sind Bildung, Einkommen und Berufsgruppe; je weiter rechts es positioniert ist, desto moderner ist die Grundorientierung.

Abbildung 2 Die Milieus der Menschen mit Migrationshintergrund in Deutschland 2008

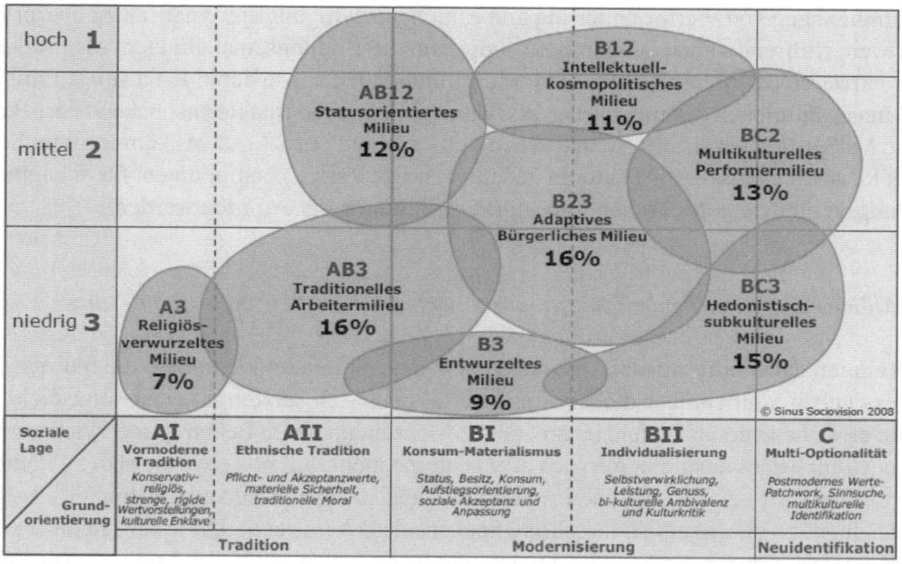

Quelle: Sinus Sociovision – Wippermann/Flaig 2008

Die Migranten-Milieus unterscheiden sich vor allem durch ihre Wertvorstellungen, Lebensstile und ästhetischen Vorlieben. Dabei finden sich gemeinsame lebensweltliche Muster bei Migranten aus unterschiedlichen Herkunftskulturen. Faktoren wie ethnische Zugehörigkeit, Religion und Zuwanderungsgeschichte beeinflussen die Alltagskultur, sind letzten Endes aber nicht milieuprägend und identitätsstiftend.

Es zeigt sich eine Pluralität von Lebensauffassungen und Lebensweisen, die nicht auf die Ethnie zurückzuführen ist, sondern auf die Sozialisation und Wertorientierung im Kontext der eigenen Zuwanderungsgeschichte bzw. der der Eltern und des Alltags der Menschen in Deutschland, dem erlebten Wertewandel hier und der eigenen kulturellen Identität und Verortung in diesem Spannungsfeld.

Bildungseinstellungen in den Milieus der Menschen mit Migrationshintergrund

Im Rahmen dieser Analyse werden die vorliegenden Erkenntnisse aus der Migranten-Milieuforschung zur basalen Wertorientierung der Milieus, den Lebensstilen und der sozialen Lage (vgl. Abbildung 3) im Hinblick auf Bildungseinstellungen ausgewertet. Einschränkend ist anzumerken, dass in der zugrunde liegenden Migranten-Milieustudie nicht explizit Bildungseinstellungen und -aspirationen erhoben wurden. Darüber hinaus wurden im Rahmen der Studie die Leistungsorientierung und das Interesse an privater und beruflicher Weiterbildung erfasst. Da aus der Betrachtung dieser beiden Faktoren auch Hinweise auf die Bildungseinstellungen zu gewinnen sind, wird im Folgenden auch auf die Leistungsorientierung und das Weiterbildungsinteresse eingegangen. Um über diese ersten Erkenntnisse hinaus den Zusammenhang von Wertorientierung und Bildungsbeteiligung systematisch zu überprüfen, sind weiterführende Forschungen notwendig, die die Bildungseinstellungen, -aspirationen, und -barrieren der Menschen mit Migrationshintergrund sowie deren Erfahrungen mit den Bildungsinstitutionen differenziert erfassen und auch Genderaspekte ausreichend berücksichtigen. Mit Hilfe solch eines systematischen und ganzheitlichen Ansatzes könnten – im Sinne eines Ressourcenansatzes – Faktoren und notwendige Rahmenbedingungen für erfolgreiche Bildungsverläufe von Menschen mit Migrationshintergrund ermittelt werden.

Die Milieus der Menschen mit Migrationshintergrund und Leistungsorientierung

Im Rahmen der Studie wurden fünf Items zum Thema Leistung erhoben, die indirekt Aufschluss geben können über die Bildungsaspirationen: Ich setze mir selbst hohe Ziele, die ich zu erreichen versuche / Ich gehöre zu den Menschen, die im Leben immer wieder gerne etwas völlig Neues ausprobieren / Ich arbeite gerne mehr, um mir etwas leisten zu können / Was die Zukunft betrifft vertraue ich voll und ganz auf meine Leistungsfähigkeit / Es fällt mir leicht, mich gleichzeitig auf mehrere Sachen zu konzentrieren. Diese fünf Items wurden zur Kategorie Leistungsethos zusammengefasst. Insgesamt 68 % der Migranten stimmen dieser Kategorie zu. Eine besonders hohe Leistungsorientierung zeigt sich in den Milieus mit mittlerer bis hoher sozialer Lage. In den Milieus mit niedriger sozialer Lage und traditionellerer Grundorientierung ist das Leistungsethos im Vergleich geringer ausgeprägt. Die Differenzierung nach Geschlecht zeigt keine relevanten Unterschiede. Insgesamt ist die Leistungsorientierung bei den Menschen mit Migrationshintergrund auf einem hohen Niveau. „In der Migranten-Population deutlich stärker ausgeprägt als in der autochthonen deutschen Gesellschaft ist die Bereitschaft zur Leistung und der Wille zum gesellschaftlichen Aufstieg“ (Wippermann/Flaig 2009: 11).[5]

5 Die mittlere Zustimmung (Top 2 Boxes einer 4er-Skala) zu diesen Items in der Gesamtbevölkerung, gemessen auf Basis einer 2.000er-Stichprobe, lag im Jahr 2008 (in dem auch die Migranten-Untersuchung stattgefunden hat) bei 64 %. Der Mittelwertsunterschied zwischen 68 % bei Menschen mit Migrationshintergrund und 64 % bei der Gesamtbevölkerung ist zwar statistisch nicht signifikant, allerdings können wir davon ausgehen, dass der Wert für Nicht-Migranten etwas niedriger liegt, weil in einer bevölkerungsrepräsentativen Stichprobe (ab 14 Jahre) immer auch ein Anteil von Menschen mit Migrationshintergrund enthalten ist. Quelle: Auskunft von Bodo Flaig am 19.5.2010, Sinus-Trendforschung, Heidelberg 2008.

Abbildung 3 Kurzcharakteristika der Milieus der Menschen mit Migrationshintergrund

<table>
<tr><th colspan="2">Traditionsverwurzelte Migranten-Milieus</th><th colspan="2">Prekäre Migranten-Milieus</th></tr>
<tr><th>Religiös-verwurzeltes Milieu (7 %)</th><th>Traditionelles Arbeitermilieu (16 %)</th><th>Entwurzeltes Milieu (9 %)</th><th>Hedonistisch-subkulturelles Milieu (15 %)</th></tr>
<tr>
<td>• Relevante Werte:
• Bewahren der kulturellen Identität
• Zusammenhalt in der Familie
• Heile Welt im Privaten
• Religiöse Pflichten
• Strikte Moral, eiserne Selbstdisziplin
• Recht und Ordnung, Ehre, Respekt
• Sauberkeit, Reinheit
• Sparsamkeit, Bescheidenheit
• Wohltätigkeit, Menschlichkeit
• Mittlere Altersgruppen und Ältere.
• Überwiegend verheiratet; höchster Anteil an 4- und mehr Personenhaushalten; kinderreichstes Milieu.
• Niedriges Bildungsniveau: Grundschule, Hauptschule/Pflichtschule; höchster Anteil ohne Schul- und Ausbildungsabschluss im Milieuvergleich.
• Hoher Anteil von Nicht-Berufstätigen und Arbeitslosen; durchschnittlicher Rentneranteil; höchster Anteil ungelernter und angelernter Arbeiter(innen).
• Niedriges Einkommensniveau.</td>
<td>• Relevante Werte:
• Befriedigender Lebensstandard
• Harmonie im Privaten
• Vorsorge, Absicherung im Alter
• Traditionelles Arbeitsethos
• Traditionelle Familienwerte, Kinder
• Soziale Gerechtigkeit und Teilhabe
• Ordnung und Disziplin
• Einfachheit, Sparsamkeit
• Älteste Gruppe im Milieuvergleich: Mehrheitlich 50 Jahre und älter.
• Überwiegend verheiratet; meist 2-Personen-Haushalte (ohne Kinder).
• Niedriges Bildungsniveau: Hauptschule/Pflichtschule oder auch nur Grundschule.
• Hoher Anteil von Rentnern und von Nicht-Berufstätigen, viele Minijobber und geringfügig Beschäftigte, un- und angelernte Arbeiter(innen) sowie Facharbeiter(innen).
• Niedriges Einkommensniveau.</td>
<td>• Relevante Werte:
• Festes Einkommen, Unterkunft
• Gesundheit
• Geld, Reichtum, Luxus
• Geselligkeit, Spaß und Unterhaltung
• Traditionelle Familienwerte
• Heimat, Verwurzelung
• Macht, Stärke, Ehre
• Ansehen, Prestige
• Problemfreiheit, Freizeit
• Konsumwerte
• Altersschwerpunkt zwischen 20 und 50 Jahren.
• Hoher Anteil Alleinlebender; dennoch häufig Kinder unter 14 Jahren im Haushalt.
• Niedriges Bildungsniveau: Haupt-/Pflichtschule oder gar kein Schulabschluss.
• Höchster Anteil von Arbeitslosen im Milieuvergleich; viele Teilzeitkräfte, Minijobber, geringfügig Beschäftigte, un- und angelernte Arbeiter(innen) sowie einfache Angestellte.
• Niedrigstes Einkommensniveau im Milieuvergleich.</td>
<td>• Relevante Werte:
• Fun & Action
• Stimulation, Thrill, Risiko
• Freizeit, „Feiern“, Party
• Konsum (Auto, Kleidung, Multimedia)
• Reichtum, Luxus
• Soziale Anerkennung, Erfolg, Gemeinschaft in Szenen/Gangs
• Provozierende Sub-/Gegenkultur
• Freiheit, Ungebundenheit
• Heimat, Identität, Sinn
• Altersschwerpunkt unter 30 Jahren.
• Viele sind ledig und leben noch bei ihren Eltern; 3- und mehr Personenhaushalte sind überrepräsentiert.
• Niedriges Bildungsniveau: überwiegend Hauptschule bzw. Pflichtschule; Schüler(innen) meist Haupt- oder Realschule.
• Viele noch in der Ausbildung; bei den Berufstätigen überwiegend einfache Angestellte sowie un- und angelernte Arbeiter(innen).
• Häufig (noch) kein eigenes Einkommen; leicht unter durchschnittliche Haushaltseinkommen.</td>
</tr>
</table>

Bürgerliche Migranten-Milieus		Ambitionierte Migranten-Milieus	
Adaptives Bürgerliches Milieu (16 %)	**Statusorientiertes Milieu (12 %)**	**Multikulturelles Performermilieu (13 %)**	**Intellektuell-kosmopolitisches Milieu (11 %)**
• Relevante Werte: ◦ Geordnete Verhältnisse, finanzielle Absicherung ◦ Lebensqualität, Komfort, gemütliches Zuhause ◦ Harmonische Familie ◦ Optimismus und Zufriedenheit ◦ Soziale Integration ◦ Leistungs- und Anpassungsbereitschaft ◦ Erfolg, Aufstieg, Etablierung ◦ Pragmatismus, Sparsamkeit • Mittlere Altersgruppen zwischen 30 und 60 Jahren. • Überwiegend verheiratet mit Kindern; 3-Personen-Haushalte sind überrepräsentiert. • Mittleres Bildungsniveau: meist Haupt- oder Realschule. • Überwiegend Voll-Berufstätige; mittlere und qualifizierte Angestellte sowie Facharbeiter(innen) sind überrepräsentiert. • Mittlere Einkommensklassen, überdurchschnittlicher Doppelverdieneranteil.	• Relevante Werte: ◦ Zielstrebigkeit, Leistung, Erfolg, Karriere, Aufstieg ◦ Materieller Wohlstand, Geld ◦ Soziale Anerkennung, Prestige ◦ Bildung und Wissen ◦ Geborgenheit, Sicherheit, Akzeptanz ◦ Anpassung, Pflichterfüllung ◦ Attraktives Aussehen, schöne Wohnung, Statussymbole ◦ Optimismus, Flexibilität, Dynamik • Altersschwerpunkt zwischen 20 und 50 Jahren. • Überwiegend verheiratet mit Kindern; 4-Personen-Haushalte sind überrepräsentiert. • Gehobenes Bildungsniveau: mittlere und höhere Abschlüsse sind deutlich überrepräsentiert; häufig qualifizierte Berufsausbildung oder Studium. • Höchster Anteil Voll-Berufstätiger; hoher Anteil Selbständiger, qualifizierter und leitender Angestellte. • Gehobene Einkommensklassen: viele Doppelverdiener.	• Relevante Werte: ◦ Freiheit, Mobilität, Internationalität ◦ Karriere, Spitzenleistungen ◦ Intensives Leben, Selbstverwirklichung ◦ Offenheit, Vielfalt, Multioptionalität ◦ Materielle Sicherheit, Status, Geld ◦ Unterhaltung , Genuss, Konsum ◦ Soziale Akzeptanz, Integration ◦ Fitness, Sportlichkeit ◦ Unabhängigkeit, Liberalität ◦ Technischer Fortschritt • Altersschwerpunkt bis 30 Jahre. • 1- und 3-Personen-Haushalte sind überrepräsentiert; viele sind ledig bzw. leben noch bei den Eltern. • Gehobenes Bildungsniveau: mittlere und höhere Abschlüsse sind deutlich überrepräsentiert. • Viele Voll-Berufstätige sowie Personen in Ausbildung; mittlere Angestellte, kleinere Selbstständige und auch Facharbeiter(innen) sind überrepräsentiert. • Mittlere Einkommensklassen; viele sind noch am Anfang ihrer Karriere.	• Relevante Werte: ◦ Bildung, Wissen, Kultur ◦ Internationalität, Weltoffenheit ◦ Entfaltung der Persönlichkeit, Kreativität ◦ Emanzipation, Aufklärung ◦ Toleranz, Friedlichkeit ◦ Solidarität, Chancengleichheit, Gerechtigkeit, ◦ Soziale Verantwortung, intakte Umwelt ◦ Leistung, Flexibilität ◦ Selbstbewusstsein, Erfolgsoptimismus • Altersschwerpunkt zwischen 20 und 50 Jahren. • Singles und Alleinerziehende sind überrepräsentiert; meist 1- bis 2-Personenhaushalte. • Höchstes Bildungsniveau im Milieuvergleich: überwiegend Abitur/Hochschulreife; viele Akademiker(innen). • Teilzeit-Beschäftigte, Studierende, Selbstständige und Freiberufler sind überrepräsentiert; ansonsten mittlere, qualifizierte und leitende Angestellte; häufig öffentlicher Dienst. • Gehobene Einkommensklassen.

Abbildung 4 Zustimmung zur Wertdimension Leistungsethos

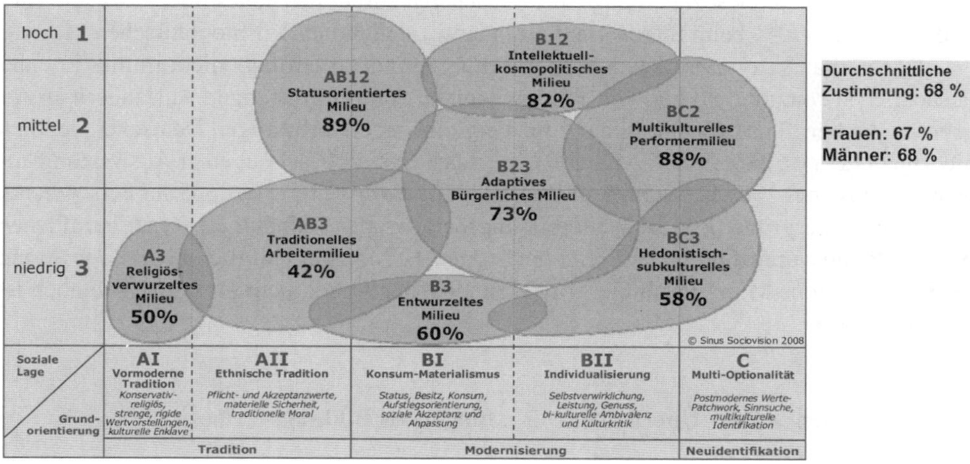

Abbildung 5 Interesse Weiterbildung (beruflich und privat)*

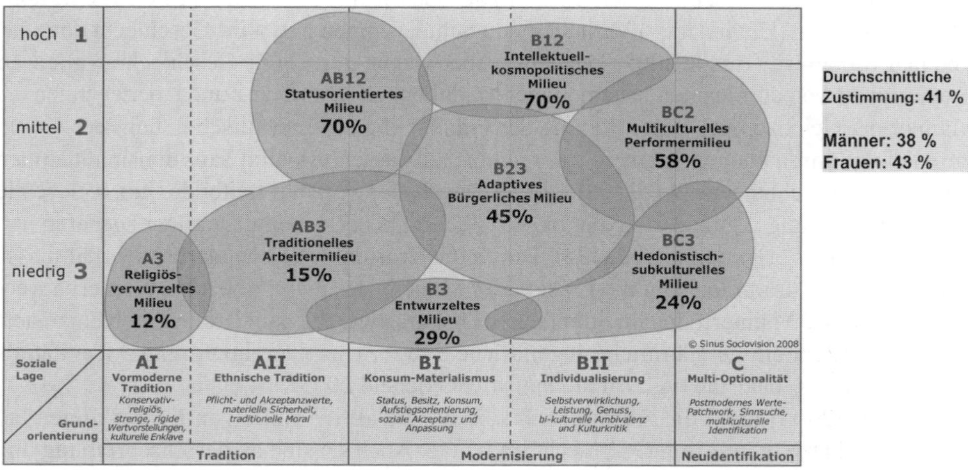

* mache ich in der Freizeit besonders gern/gern

Die Milieus der Menschen mit Migrationshintergrund und Weiterbildungsinteressen

Ein weiterer Indikator der Studie für Bildungsaspirationen ist das Interesse für Weiterbildung (beruflich und privat). Insgesamt geben 41 % der Migranten an, dass sie in ihrer Freizeit Weiterbildungsangebote gern bzw. sehr gern nutzen. Bei den Frauen liegt der Anteil mit 43 % tendenziell höher als bei den Männern (38 %). Auch eine Betrachtung nach Milieus zeigt ein differenziertes Bild. In den Milieus mit niedriger sozialer Lage und traditioneller

Grundorientierung ist das Interesse eher gering (12 % bzw. 15 %), während in den Milieus der mittleren oder höheren sozialen Lage die Menschen mehrheitlich hohes Interesse für Weiterbildung zeigen (70 % beim Statusorientierten bzw. Intellektuell-Kosmopolitischen Milieu).

Das vorhandene Interesse an Weiterbildung mündet allerdings nicht immer in einer tatsächlichen Nutzung. So liegt die Teilnahmequote von erwerbstätigen Ausländern an Angeboten der beruflichen Weiterbildung im Vergleich zu erwerbstätigen Deutschen deutlich niedriger (18 % vs. 28 %, BSW-AES 2007, vgl. auch Barz 2007). Laut einer Auswertung aus dem Mikrozensus 2008 für Nordrhein-Westfalen für die erweiterte Gruppe der Personen mit Migrationshintergrund liegt die Weiterbildungsbeteiligung (Teilnahme an einer beruflichen Weiterbildungsveranstaltung während der letzten 12 Monate) lediglich bei 8 %, während bei Personen ohne Migrationshintergrund mit 19 % der Anteil mehr als doppelt so hoch ist. (Seifert 2010: 8)

6 „Mädchen auf der Überholspur" – „Jungen als Bildungsverlierer"?

Geschlecht wird im Folgenden mit West und Zimmermann (1987) als ein aktives Her- und Darstellen im Alltag, als „doing gender" verstanden. Dabei gerät der Einfluss von Medien und Peer-Groups im Hinblick auf den Sozialisationsprozess im Spannungsfeld der Konstruktion von Männlichkeiten verstärkt in den Blick.[6] In der adoleszenten Peer-Group, welche eine hohe Relevanz für das (Unterrichts-) Verhalten von Schüler_innen hat, wird Geschlecht definiert und neu verhandelt (Budde 2005: 35); häufig überwiegen dort rigide Geschlechterrollen. Inszenierungen von dominanter, hegemonialer Männlichkeit (Dominanz und Überlegenheit der Männer bei gleichzeitiger Unterordnung der Frauen), die außerschulisch in der Peer-Group zum Erfolg führen können, können in der Schule zu Ausschluss- und Sanktionsmaßnahmen führen (Voigt-Kehlenbeck 2005: 105). Cornelißen (2004) weist auf Leitbilder hin, welche die Jungen in Richtung „Coolness", „Toughness", Technikbeherrschung, Dominanzgebaren und Selbstgewissheit orientieren (ebd: 134). Durch die Erosion des Normalarbeitsverhältnisses und in diesem Zusammenhang die Erosion des Modells des männlichen Familienernährers, werden tradierte Männerrollen im öffentlichen Diskurs zwar thematisiert und problematisiert, dennoch streben einige männliche Jugendliche Stärke, Unabhängigkeit und Aktivität als ein „männliches Ideal" an (vgl. Budde/Faulstich-Wieland 2005).

Budde (2006) lenkt die Aufmerksamkeit auf die aktive Rolle von Lehrer_innen bei der Her- und Darstellung von Geschlecht im Alltag: Auch sie sind an der Zuschreibung und Herstellung von Geschlechterrollen beteiligt (ebd: 45). So sind Jungen häufiger von negativen Sanktionen und Disziplinierungen im Unterricht betroffen als Mädchen (BMBF 2008b: 5). Zeigen Jungen besonders gute schulische Leistungen, werden sie vielfach als „genial", Mädchen hingegen als „fleißig" wahrgenommen (ebd.: 31). Kommen geschlechtsspezifische Zuschreibungen von Kompetenzen in bestimmten Fächern hinzu – z. B. Jungen können keine Sprachen, Mädchen können kein Mathe – kann sich das negativ auf das Selbstkonzept und die Unterrichtsbeteiligung von Schüler_innen auswirken.

6 Zur Differenzierung von Männlichkeiten siehe: Raewyn Connell (1999): Der gemachte Mann. Konstruktion und Krise von Männlichkeiten. Opladen.

Konstruktion hegemonialer Männlichkeit als Grund für Bildungsmisserfolge?

Zu prüfen wäre, inwiefern der Rückgriff einiger Jungen auf tradierte Männerrollen einen Anhaltspunkt für die Erklärung reduzierter Bildungserfolge darstellen kann. Immerhin sind z. B. Coolness und Dominanz in Bezug auf Arbeitsdisziplin, fachliches Interesse und die Anerkennung von Lehrkräften als Expert_innen eher hinderlich. Bei der Inszenierung von Männlichkeit geht es primär um die Abgrenzung von allem Weiblichen, bzw. weiblich Konnotiertem (Flaake 2006: 31). Guten Schulleistungen z. B. haftet in den Augen vieler Jugendlicher etwas Weibliches an, sodass es für einige Jungen „uncool" ist, in der Schule gute Leistungen zu erbringen. Die Angst davor ein „Streber" zu sein, wirkt normierend nach unten, Stamm (2008) nennt dieses Verhalten „underachievment" (ebd: 106) und meint damit, dass einigen Jungen bewusst unter ihren intellektuell möglichen Leistungen bleiben. Finsterwald und Ziegler (2002) machen auf die starke Performanzorientierung einiger Jungen aufmerksam. Demzufolge sehen manche Jungen ihre Beiträge im Unterricht unter dem Druck, sowohl den Mitschüler_innen bzw. der Peer-Group als auch der_dem Lehrer_in zu gefallen; hier gerät das Spannungsfeld der Selbstdarstellung zwischen der Präsentation des eigenen Wissens und dem Kaschieren von Wissensdefiziten verstärkt in den Blick. Phoenix (2008) hat anhand von Studien an Londoner Schulen herausgearbeitet, dass Jungen sich häufiger in einer „coolen Pose" darstellen als Mädchen.

Es ist eine bereits öfter bestätigte Beobachtung in der Schulforschung, das die Bewertung der Schule aus Sicht von männlichen Probanden regelmäßig negativer ausfällt als aus Sicht von Frauen (vgl. schon Strzelewicz et al. 1966: 119). Wenn beispielsweise danach gefragt wird, wie gut die Schule ihre Aufgaben bewältigt, dann zeigt sich generell eine deutlich kritischere Haltung beim männlichen Geschlecht (vgl. Kanders et al. 1997: 3 ff.). Sowohl bei Lehrern als auch bei Schülern tendieren die männlichen Befragten zu einer skeptischeren Haltung in Bezug auf die Brauchbarkeit der schulischen Lerninhalte im späteren Leben (a. a. O.: 12 f.). Mädchen haben zwar die besseren Noten – aber auch die höheren Werte in Sachen berichtetem Schulstreß und eingestandener Schulangst (a. a. O.: 41 ff.)

Faulstich-Wieland, Weber und Willems (2004) zeigen anhand empirischer Studien zur sozialen Konstruktion von Geschlecht in der schulischen Interaktion auf, dass für viele Jungen dominante, hegemoniale Männlichkeit als Ressource ein erfolgreiches, weil profitables Konzept ist, welches sie allerdings nicht ständig einsetzen (ebd.: 224). So entsteht Männlichkeit nicht permanent, sondern kann in bestimmten Situationen, in denen andere Anforderungen an Schüler_innen bestehen, an Bedeutung verlieren (Budde/Faulstich-Wieland 2005: 51).

Budde/Mammes (2009b) gehen davon aus, dass hegemoniale Männlichkeiten milieuspezifisch aufgefächert sind: In den sogenannten Unterschichten sind sie eng gebunden an den Körper und Attribute wie z. B. Gewalt, Dominanz, Stärke, Opposition; in höheren sozialen Schichten werden unter hegemonialen Männlichkeiten eher der Manager oder der Intellektuelle verstanden. Gerade männlichen Schülern aus der sogenannten Unterschicht stehen neben ihrem Körper selten weitere Ressourcen zur Verfügung, um Männlichkeiten zu gestalten (ebd.). Doch auch hier gilt: Nicht alle Jungen und jungen Männer begeistern sich für tradierte hegemoniale Männlichkeiten, einige stehen diesen vielmehr kritisch und distanziert gegenüber (Budde/Mammes 2009b: 20). Eine weitergehende kritische Position (Leiprecht/Lutz 2005: 220) kritisiert die Reduzierung von Bildungsmisserfolg auf die Zugehörigkeit zu einer entlang vorherrschender, bipolarer und hierarchischer Differenzlinien wie Geschlecht, sexuelle Orientierung, Klasse, gesellschaftlich konstruierten Gruppe (vgl. Koch-Priewe et al. 2009: 13). Übersehen würde dabei, dass die Unterschiede innerhalb der Gruppe der Jungen und innerhalb der Gruppe der Mädchen größer sind, als die Unterschiede zwischen „den" Jungen und „den" Mädchen (Busche/Cremers 2009: 20). Folgerichtig wird für eine differenziertere Sicht auf Bildungschancen optiert, die sich von einer Versämtlichung[7] wie „die" Jungen oder „die" Mädchen verabschiedet, um den Lebensrealitäten von Kindern und Jugendlichen gerecht werden zu können. Eine intersektionale Perspektive, d. h. eine verschränkte Analyse von z. B. Geschlecht, Migration bzw. Ethnizität und Klasse, kann hilfreich sein, um die spezifischen Gründe zu analysieren (Herwartz-Emden 2008; Weber 2003). Bislang hat diese Sicht eher selten Einzug in die erziehungswissenschaftliche Forschung gehalten; obgleich der Stand der Forschung hinsichtlich Bildung und Migration bedeutend ist, werden die wenigsten Studien nach Geschlecht bzw. Klasse/Schicht ausgewertet (BMBF 2008b: 46). Aus dieser Perspektive greift der mediale Diskurs und in Teilen auch die wissenschaftliche Debatte mit der Feminisierungsthese und der Forderung nach mehr männlichem Personal in KiTas und Grundschulen zu kurz und wird der Komplexität des Phänomens nicht gerecht. (vgl. Bundesjugendkuratorium 2009: 24; Helbig 2010: 107)

7 Was hätte Michel Foucault zu PISA gesagt? Ausblick zur radikalen Schulkritik

Die Befundlage zu den sogenannten Bildungsverlierern ist alles andere als eindeutig. Einerseits finden sich starke Hinweise, die auf inzwischen vergleichsweise problematischere Bildungsverläufe bei Jungen im Unterschied zu Mädchen und bei Migranten im Unterschied zu Nicht-Migranten hindeuten. Auch bleiben die seit langem bekannten Unterschiede nach sozialer Herkunft zweifellos bestehen. Strittig ist, ob die soziale Statusgruppe, gemessen z. B. am Bildungs- und Einkommensniveau des Elternhauses, letztlich die dominantere Determinante des Bildungserfolgs ist – und der Migrationsstatus eventuell nur deshalb scheinbar Bildungsmisserfolge erklärt, weil der größte Teil der Migranten eher unteren sozialen Schichten angehört. Strittig ist ebenfalls, inwiefern die seit knapp 10 Jahren verstärkt thematisierte These von den Jungen als Bildungsverlierern Gültigkeit beanspruchen kann. Ein Einwand gründet sich auf die Restbestände der Bildungsbereiche, in denen Leistungsvergleichsstudien zuletzt noch ein besseres Abschneiden von Jungen feststellten. Freilich gibt es hier in Extrapolation der Trends der letzten Jahrzehnte gute Gründe, das Überholen der Mädchen auch in mathematischen und naturwissenschaftlich-technischen Fächern nur noch für eine Frage der Zeit zu halten (vgl. Quenzel/Hurrelmann 2010). Ein zweiter Einwand erklärt das schulische Überholmanöver des weiblichen Geschlechts gleichsam zum Pyrrhussieg, weil im Berufsleben und in gesellschaftlichen Führungspositionen die Männervorherrschaft noch immer nicht gebrochen sei und weil sich die Bildungsniveaus an der zweiten Schwelle[8] durchaus

7 Der Begriff der Versämtlichung geht auf Hedwig Dohm (1874) zurück, sie meinte damit die Vereinheitlichung von Frauen zu einer vermeintlich homogenen Gruppe.

8 Als erste Schwelle wird der Übergang Schule-Ausbildung bzw. Schule-Studium bezeichnet, als zweite Schwelle der Übergang von Ausbildung oder Studium in den Beruf.

wieder deutlich annähern. Während z. B. deutlich mehr Mädchen als Jungen die allgemeine Hochschulreife im typischen Abschlussalter erwerben (36,3 % vs. 28,0 %) und andererseits mehr Jungen als Mädchen die Schule ohne Abschluss verlassen (8,7 % vs. 5,3 %; Autorengruppe Bildungsberichterstattung 2008: 274, Zahlen für deutsche Jugendliche), gleichen sich diese Unterschiede in späteren Jahren weitgehend wieder aus. So sind etwa in der Gruppe der 22-Jährigen nur noch 2,7 % der Männer und 2,1 % der Frauen ohne Schulabschluss, was auf den gleichzeitigen Erwerb bestimmter Schulabschlüsse mit einer erfolgreich abgeschlossenen Ausbildung zurück zu führen ist (Solga/Dombrowski 2009: 32). Die jungen Männern nutzen offenbar ihre Chancen besser – wenngleich oft später. So erreichen zwar mehr Frauen auf direktem Weg eine Hochschulzugangsberechtigung, insbesondere die allgemeine Hochschulreife, doch nutzen die jungen Männer stärker das berufliche Bildungssystem[9] und erreichen dadurch ebenso häufig eine Hochschulzugangsberechtigung wie junge Frauen (Landesinstitut für Schulentwicklung/Statistisches Landesamt 2007: 159). Auch der Bundesbildungsbericht resümiert: „Diese klare Erfolgsgeschichte der Mädchen und Frauen innerhalb des Bildungssystems bricht im Verlauf der Berufstätigkeit teilweise ab“ (Autorengruppe Bildungsberichterstattung 2008: 212).

Unterfüttern lässt sich die Bestreitung der These von den Mädchen als Bildungsgewinnern schließlich auch mit den oben referierten Befunden der Wertewandelforschung. Ein fast paradoxaler Befund liegt in den von männlichen Jugendlichen deutlich stärker betonten Erfolgs- und Durchsetzungsdimensionen – obwohl zumindest die Evaluation der schulischen Performance Erfolg und Durchsetzung eher auf Seiten der Mädchen verortet.

Dasselbe paradoxe Muster findet sich, wenn man Befunde zur realen schulischen Leistung und Einstellungen zu Leistung, Erfolg und beruflicher Selbständigkeit zwischen Migranten und Nicht-Migranten kreuztabelliert: Trotz z. T. dramatisch schlechterer Schulerfolge auf Seiten der Migranten, zeigen Einstellungsmessungen eine im Vergleich zu Nicht-Migranten sogar erhöhte Leistungsorientierung und eine größere Nähe zu Werten, die man als „Entrepreneurship“ bezeichnen könnte.

Wie lassen sich derartige Diskrepanzen erklären? Man könnte in einem ersten Versuch die Gültigkeit der Datenerhebung in Zweifel ziehen. Es gibt sicher denkbare Gründe, die eine erhöhte Neigung z. B. bei Migranten zu den gut dokumentierten Effekten der sozialen Erwünschtheit (Social-Desirability-Response-Set) und der Ja-Sage-Tendenz (Akquieszenz) annehmen lassen. Für die ähnlich gelagerten Antwortunterschiede bei Männern und Frauen indessen wird man diesem Ansatz aber nicht unbedingt große Überzeugungskraft beimessen können.

Eine zweite, die Gültigkeit der Befunde zunächst nicht in Zweifel ziehende Überlegung wäre, ob es eventuell tatsächlich eine Leistungs- und Erfolgskompetenz gibt, die unabhängig von schulischen Leistungsbilanzen und Bildungsabschlüssen über lebenspraktische und berufliche Erfolge entscheidet. Dieser Denkansatz soll im Folgenden gleichsam als Gedankenexperiment angedeutet werden. Dabei wird zentral auf Beobachtungen und Theoreme der sogenannten radikalen Schulkritik zurückgegriffen.

9 Zur ungleichen Chancenverteilung zwischen jungen Frauen und Männern im beruflichen Bildungssystem vgl. Ostendorf 2009: 17 ff.

Im Unterschied zu Ansätzen, in denen der Siegeszug der Schulpflicht und der stetigen Verlängerung von Bildungsphasen im Lebenslauf als Sieg der Mündigkeit über die Abhängigkeit, als Sieg der Aufklärung über Tradition und Ideologie, kurz als Befreiungsgeschichte gedeutet wird, stellt die radikale Schulkritik die „Heilsgeschichte der Schule“ in Frage. Bereits an der Wende zum 20. Jahrhundert wurde der Schule ins Stammbuch geschrieben:

> „Der Kenntnisdrang, die Selbstthätigkeit und die Beobachtungsgabe, die die Kinder dorthin mitbringen, sind nach Schluss der Schulzeit in der Regel verschwunden, ohne sich in Kenntnisse oder Interessen umgesetzt zu haben. Das ist das Resultat, wenn die Kinder ungefähr vom sechsten bis zum achtzehnten Jahre ihr Leben auf Schulbänken damit zugebracht haben, Stunde für Stunde, Monat für Monat, Semester für Semester Kenntnisse zuerst in Theelöffel-, dann in Dessertlöffel- und schließlich in Esslöffelportionen einzunehmen, Mixturen, die der Lehrer oft aus Darstellungen aus vierter oder fünfter Hand zusammengebraut hat“ (Key 1992: 144).

Wichtige Argumente der radikalen Schulkritiker sind dabei bis heute z. B.

- Schule ist dysfunktional, insofern sie die von ihr verfolgten Ziele tendenziell konterkariert: Sie fördert nicht Wissensdrang, Neugier und Kreativität – statt dessen erwartet und belohnt sie Auswendiglernen und Nachplappern. Sie fördert nicht Mündigkeit und Autonomie – sondern Anpassungs- und Unterordnungsbereitschaft.
- Schule als Erfahrungsverhinderung und Mediatisierung trägt zur Weltfremdheit und zum Verlust der Unmittelbarkeit bei, sie übergeht die Sinnlichkeit und übt die Körperlosigkeit ein (Horst Rumpf).
- Schule als irrelevante Veranstaltung: Wenn junge Menschen nach Abschluss ihrer Schulkarriere etwas wissen und etwas können, dann nicht dank der Schule – sondern trotz der Schule.
- Schule als Repressionsinstanz ist Teil eines von den Menschen nicht begriffenen, sie aber einverleibenden Machtapparats, der nicht nur über sichtbare, d. h. äußerliche Instrumentarien verfügt, sondern über ideelle Mechanismen, die Denken, Fühlen und Handeln der Menschen subtil steuern. Schule ist insofern ein Dispositiv der Macht und eine tragende Säule der Gouvernementalität – ein Wort, mit dem im Anschluss an Michel Foucault die Verschmelzung von Regierung (Gouvernement) und Denkweise (Mentalité) bezeichnet wird.
- Schule dient über den „heimlichen Lehrplan“ als Einübung in die Rituale und Regeln der modernen Gesellschaft, sie vermittelt durch ihre Strukturen und Abläufe die für das Funktionieren der Gesellschaftsordnung notwendigen Werte und Normen. Wichtige Kennzeichen des Schullebens sind in dieser Perspektive permanente Verzögerungen, Versagungen und Unterbrechungen: „Was man lernen muß, um in der Schule überleben zu können, ist – neben der Fähigkeit, geduldig auf die Erfüllung seiner Wünsche zu warten – die Fähigkeit, auf seine Wünsche ganz zu verzichten“ (Jackson 2006: 133).
- Der Schulbetrieb erfordert – nicht etwa über boshafte Pädagogen vermittelt, sondern schlicht durch die Erfordernisse der Aufrechterhaltung der Institution – geduldiges sich Fügen, und dieses letztlich in einem solchen Übermaß, dass daraus oft Resignation wird: „Wir wissen inzwischen zur Genüge, dass viele Seiten des Schullebens den

> Schülern Geduld, wenn nicht gar Resignation abverlangen. In der Schule leben zu lernen heißt, eigene Wünsche dem Lehrerwillen und dem Klassenganzen unterzuordnen. Ein Schüler lernt, in die Regeln, Regelungen und Rituale, die ihn umgeben, ruhig einzuwilligen. Er lernt, die kleinen Versagungen des Alltags hinzunehmen und die höherenorts beschlossenen Verfahrensweisen zu akzeptieren, auch wenn ihre Logik unerklärt und ihr Sinn unklar bleiben. Gleich den Insassen anderer Zwangsorganisationen lernt er, mit den Achseln zu zucken und zu sagen: ‚So ist nun mal das Leben'" (Jackson 2006: 138). Schule verlangt tendenziell ähnliche Anpassungsleistungen wie sie für totale Institutionen (Klöster, Gefängnisse, Kasernen, psychiatrische Anstalten) typisch sind: „Es geht lediglich darum festzustellen, dass sich in der Schule, wie im Gefängnis auch, gute Führung auszahlt" (Jackson 2006: 137).

In Deutschland haben sich schulkritische Strömungen immer wieder gesellschaftliche Anerkennung verschaffen können. Schon die großen Entwürfe der Kulturkritik vom Ende des 19. Jahrhunderts bzw. der Reformpädagogik in den ersten Jahrzehnten des 20. Jahrhunderts setzten häufig als Ausgangspunkt eine radikale Kritik der bestehenden Schule. Ob man die geistigen Väter wie etwa Nietzsche oder die Schulgründer wie Rudolf Steiner, Peter Petersen oder Georg Kerschensteiner nimmt – der Impuls zur Neugestaltung der Bildungsanstalten basiert immer auf einer fundamentalen Kritik der bestehenden. In den 60er und 70er Jahren des 20. Jahrhunderts erfuhren reformpädagogische Ideen eine Renaissance. Alexander Sutherland Neills Summerhill wurde zum Wallfahrtsort und seine Bücher zu Weltbestsellern. Der in Lateinamerika lehrende kroatische Jesuitenpater Ivan Illich propagierte die Entschulung der Gesellschaft und prominente bundesdeutsche Pädagogen wie Hartmut von Hentig schlossen sich an:

> „Nur wenn wir das Schulwesen als das zentrale mythenbildende Ritual der Industriegesellschaft begreifen, können wir erklären, warum ein so tiefes Bedürfnis danach besteht, warum ein komplexer Mythos es umgibt und auf welche unlösliche Weise die Schulbildung mit dem Selbstverständnis des zeitgenössischen Menschen verknüpft ist" (Illich 1980: 11).

Illich war überzeugt, dass man Bildung im Rahmen der Familie, der Berufsarbeit oder gemeinnütziger Betätigung oder auch in Bibliotheken neuen Stils oder anderen Institutionen erfolgreicher erwerben könne als in der Schule. (a. a. O.: 20) Und er forderte eine Verkürzung des verpflichtenden Schulbesuchs auf zwei Monate jährlich – aber auf Dauer von 20 oder 30 Lebensjahren erstreckt (Illich 1980: 33, ähnlich 133). Für Illich und seine Anhänger jedenfalls – und er hatte in den 70er Jahren weltweit und insbesondere auch in Deutschland eine große Jüngerschaft – war klar, dass Schulen nicht helfen, gesellschaftliche Probleme zu lösen. Im Gegenteil: Schulen selbst und den gleichsam mythischen Glauben an ihre Leistungsfähigkeit sah er als Ursache vieler Übel an:

> „Die Schule wird heute mit Bildung identifiziert, wie einst die Kirche mit Religion" (Illich 1980: 13).

Ein weiterer Strang der radikalen Schulkritiker kann um den Begriff des „heimlichen Lehrplans“ gruppiert werden, wo man sich vor allem mit den sozialen Normen und Werten beschäftigte, die in der Schule nolens volens eingeübt werden. Schließlich bezieht eine letzte Richtung radikaler Schulkritik ihre Argumente vorwiegend aus Frankreich. Mit dem Namen Pierre Bourdieu ist die Relativierung der Möglichkeiten verbunden, über das Bildungswesen gesellschaftliche Reformen und Chancengleichheit zu realisieren, insofern er nachzuweisen bemüht war, dass die eigentlich relevanten Persönlichkeitsprägungen durch den klassenspezifischen Habitus bereits im Elternhaus erfolgen – demgegenüber die schulischen Fingerübungen und Aufstiegshoffungen letztlich machtlos sind. Mit Michel Foucaults Analysen der Innenausstattung der Machtmechanismen schließlich werden in den letzten Jahren nicht nur vermeintlich problematische Entwicklungen einer „Ökonomisierung der Bildung“ kritisiert, sondern die Veränderungen in den Funktionsmechnismen der Schule rekonstruiert (vgl. Balzer 2008). Diese Rekonstruktionen des Paradigmenwechsels, von den stärker auf Disziplinarmethodik basierenden zu den eher auf Regulierungsmethodik gründenden „Technologien des Schulraums“, bestreiten schließlich selbst und umso entschiedener für reformpädagogische Anstrengungen, dass diese zu Autonomie, Subjektivität und Individualität führen. Vielmehr gelten in dieser Perspektive gerade die auf Selbstregulierung der Schülerinnen und Schüler setzenden Ansätze als Vollendung und Perfektionierung der nicht überschreitbaren, nur beschreibbaren Machtkonfigurationen. Die in derartigen Theorieperspektiven anklingenden Parallelen und Differenzen zu dem von der Kritischen Theorie propagierten Verblendungszusammenhang können hier nur angesprochen werden. Der generell „auf's Ganze“ gehende Ansatz müsste in künftigen Untersuchungen mindestens heuristisch ausdifferenziert und auf unterschiedliche Schülerpopulationen bezogen werden.

Es ist überhaupt eine gewisse Eigentümlichkeit in den bildungskritischen Diskursen festzustellen: Obgleich schulkritische Ansätze in bestimmten intellektuellen Zirkeln durchaus größeren Einfluss erlangen konnten, bleiben sie im Zuge der seit Ende der 90er Jahre neu entflammten Bildungsreformdebatten doch eher peripher. Von den Fachgesellschaften der Lehrer und Bildungsforscher über die GEW und die im Bildungsstreik 2009 aktiven Studenten bis zum Bildungsgipfel auf Einladung der Bundeskanzlerin Merkel herrscht eine seltsame Einmütigkeit im Ruf nach mehr, nach besserer, nach leichter zugänglicher Bildung für alle. Wobei Bildung eben automatisch mit Schule, Hochschule, Volkshochschule – also jedenfalls mit traditionell organisierten Settings formalisierter Lehr-Lern-Angebote gleichgesetzt wird.

Wenn aus Sicht der radikalen Schulkritik mehr Schule nicht unbedingt bessere Berufschancen und ein besseres Leben bedeutet, dann könnte sich die Bildungsverweigerung von Migranten und insbesondere auch von Jungen demgegenüber vielleicht sogar als emanzipatorischer Akt interpretieren lassen. Dann wäre das fehlende Engagement in der Erfüllung fachlicher Leistungsanforderungen und anpassungsbezogener Verhaltenserwartungen eventuell nicht mehr in erster Linie ein Fall für präventive und interventive Konzepte. Dann wäre das mangelnde schulische Commitment der jungen Männer und der Migranten vielleicht als Widerstandsressource neu zu dechiffrieren.

Abbildung 6 Die Migrantenmilieus in Deutschland 2007 „Wendekreis der Gleichstellung“

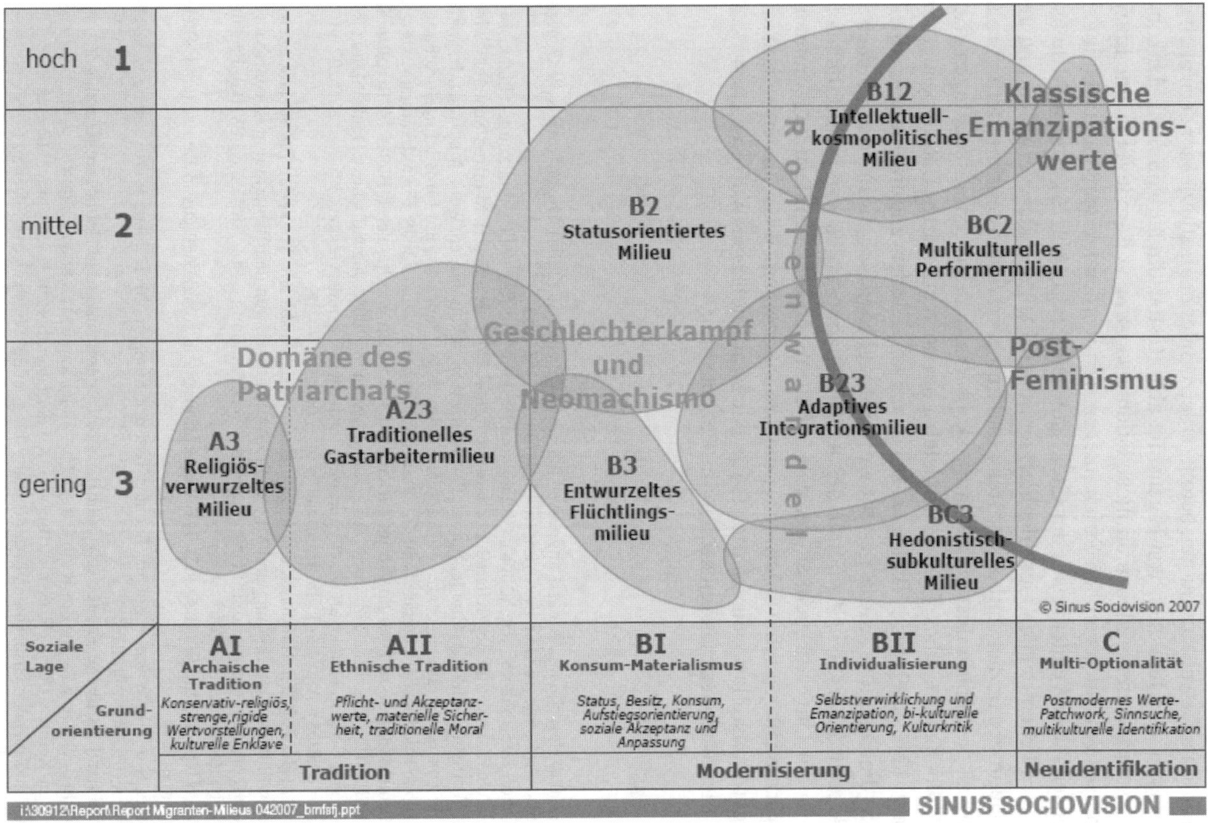

Quelle: BMFSFJ 2007

Man muß nicht einem überkommenen und überholten Machismo das Wort reden, wenn man hier nicht nur Risikopotentiale identifiziert – wie etwa zurecht von den Forschern des KFN immer wieder als Erklärungselement für erhöhte innerfamiliäre Gewaltbereitschaften und ebenso erhöhte Gewalttäterquoten betont (zuletzt Baier et al. 2009) – sondern auch eventuell darin konservierte Residuen von Eigensinn, also Restbeständen von Stolz, Unkonventionalität und Selbstvertrauen. Die männliche Bildungsabstinenz ist jedenfalls eine Entwicklung, die durchaus einmal gegen den Strich interpretiert werden könnte. Vielleicht finden sich ja auch jenseits des Wendekreises der Gleichstellung[10] (vgl. Abb. 6), d. h. in Milieus mit modernen, posthegemonialen Geschlechteridentitäten Elemente der Verweigerung gegenüber den Zumutungen immer stärker sinnfreier und immer stärker komprimierter Lehrpläne. Und vielleicht ist die Schulunlust und Bildungsskepsis trotz bester Voraussetzungen ja auch kein ausschließlich männliches Thema. Obgleich – um noch ein letztes Datum zu nennen – unter den knapp 10 % der 3- bis 17-Jährigen, bei denen laut Kinder- und Jugendgesundheitssurvey (KiGGS) die Diagnose ADHS gestellt wurde, 4 mal so viele Jungen wie Mädchen sind (vgl. Schlack et al. 2007). Die Zunahme der ADHS-Diagnosen könnte jedenfalls auch als ein Symptom der Unverträglichkeit der den Schülerinnen und Schülern zugemuteten Verhaltenserwartungen gelesen werden – aber die Zeiten scheinen vorbei, in denen man angesichts derartiger Konstellationen fröhlich „Aus der Krankheit eine Waffe machen" skandieren konnte. Heute gibt es massenhaft Ritalin-Rezepte.

Literatur

Albert, Mathias/Hurrelmann, Klaus/Langness, Anja/Quenzel, Gudrun (2006): Die pragmatische Generation unter Druck. Probleme und Perspektiven. In: Shell (2006): 443–453

Allmendinger, Jutta/Nikolai, Rita (2006): Bildung und Herkunft In: Aus Politik und Zeitgeschichte 44-45. 32–38

Artelt, Cordula/Baumert, Jürgen/Klieme, Eckhard/Neubrand, Michael/Prenzel, Manfred/Schiefele, Ulrich/Schneider, Wolfgang/Schümer, Gundel/Stanat, Petra/Tillmann, Klaus-Jürgen/Weiß, Manfred (Hrsg.) (2001): Pisa 2000. Zusammenfassung zentraler Befunde. Berlin: Max-Planck-Institut für Bildungsforschung

Autorengruppe Bildungsberichterstattung (2008): Bildung in Deutschland 2008. Ein indikatorengestützter Bericht mit einer Analyse zu Übergängen im Anschluss an den Sekundarbereich I. Bielefeld: Bertelsmann

Baier, Dirk/Pfeiffer, Christian/Simonson, Julia/Rabold, Susann (2009): Jugendliche in Deutschland als Opfer und Täter von Gewalt. Hannover: Verfügbar unter: http://www.kfn.de/versions/kfn/assets/fb107.pdf

Balzer, Nicole (2008): Pädagogik. In: Kammler et al. (2008): 406–416

Barz, Heiner (Hrsg.) (i. E.): Handbuch Bildungsfinanzierung. Wiesbaden: VS Verlag für Sozialwissenschaften

Barz, Heiner (2007): Weiterbildung und Migration. Bildungsbarrieren und Weiterbildungsbedarf von Menschen mit Migrationshintergrund. In: Grundlagen der Weiterbildung – Praxishilfen (GdW-Ph). Ergänzungslieferung Nr. 69/September 2007

Barz, Heiner/Tippelt, Rudolf (Hrsg.) (2004): Weiterbildung und soziale Milieus in Deutschland. Bielefeld: Bertelsmann

Barz, Heiner/Kampik, Wilhelm/Singer, Thomas/Teubner, Stephan (2001): Neue Werte – neue Wünsche. Düsseldorf/Berlin: Metropolitan

Baumgart, Franzjörg/Lange, Ute (Hrsg.) (2006): Theorien der Schule. Bad Heilbrunn: Klinkhardt

Beck, Ulrich/Beck-Gernsheim, Elisabeth (Hrsg.) (1994): Riskante Freiheiten. Frankfurt a. M.: Edition Suhrkamp

Becker, Birgit/Reimer, David (Hrsg.) (2010): Vom Kindergarten bis zur Hochschule. Die Generierung von ethnischen und sozialen Disparitäten in der Bildungsbiographie. Wiesbaden: VS Verlag für Sozialwissenschaften

10 In fünf der acht Milieus dominieren tradierte Rollenvorstellungen und Gleichstellung wird eher skeptisch betrachtet.

Bildung und Begabung e. V. (Hrsg.) (2002): Hoch begabte Mädchen und Frauen. Begabtenentwicklung und Geschlechterunterschiede. Tagungsbericht. Bad Honnef: K. H. Bock
Bourdieu, Pierre (1984): Die feinen Unterschiede. Kritik der gesellschaftlichen Urteilskraft. Frankfurt a. M.: Suhrkamp
Bourdieu, Pierre/Passeron, Jean-Claude (1971): Die Illusion der Chancengleichheit. Stuttgart: Klett-Cotta
Boston Consulting Group (2009): Standortfaktor Bildungsintegration. München
Budde, Jürgen (2006): Wie Lehrkräfte Geschlecht (mit)machen – doing gender als schulischer Aushandlungsprozess. In: Jösting/Seemann (2006): 45–60
Budde, Jürgen (2005): Männlichkeit und gymnasialer Alltag. Doing Gender im heutigen Bildungssystem. Bielefeld: Transcript
Budde, Jürgen/Mammes, Ingelore (Hrsg.) (2009a): Jungenforschung empirisch. Zwischen Schule, männlichem Habitus und Peerkultur. Wiesbaden: VS Verlag für Sozialwissenschaften
Budde, Jürgen/Mammes, Ingelore (2009b): Positionen und Perspektiven von Jungenforschung. In: Budde/Mammes (2009a): 15–24
Budde, Jürgen/Faulstich-Wieland, Hannelore (2005): Jungen zwischen Männlichkeit und Schule. In: King/Flaake (2005): 37–53
Bundesinstitut für Berufsbildung BIBB (2007): Integration und berufliche Ausbildung. Verfügbar unter: http://www.bibb.de/dokumente/pdf/a24_integration-und-berufliche-ausbildung.pdf
Bundesjugendkuratorium (BJK) (2009): Schlaue Mädchen – Dumme Jungen? Gegen Verkürzungen im aktuellen Geschlechterdiskurs. Stellungnahme des Bundesjugendkuratoriums. Verfügbar unter: www.bundesjugendkuratorium.de/.../bjk_2009_4_stellungnahme_gender.pdf
Bundesministerium für Bildung und Forschung (Hrsg.) (2008a): Weiterbildung in Deutschland – Eckdaten zum BSW-AES 2007. Berlin: BMBF
Bundesministerium für Bildung und Forschung (BMBF) (Hrsg.) (2008b): Bildungs(miss)erfolge von Jungen und Berufswahlverhalten bei Jungen/männlichen Jugendlichen. Bonn/Berlin: BMBF
Bundesministerium für Familie, Senioren, Frauen und Jugend (2007): Wendekreis der Gleichstellung. Grafik des Sinus-Instituts. Verfügbar unter: http://www.bmfsfj.de/BMFSFJ/gleichstellung,did=103280.html
Busche, Mart/Cremers, Michael (2009): Jungenarbeit und Intersektionalität. In: Pech (2009): 13–30
Cerci, Meral (2008a): Milieus und Lebenswelten von Migrantinnen und Migranten in Deutschland – Daten und Fakten. In: Forum der Kulturen Stuttgart et al. (2008): 21–23
Cerci, Meral (2008b): Kulturelle Vielfalt: erforschen, erleben, verstehen". In: Kulturpolitische Mitteilungen, 4: 61–64
Connell, Raewyn (1999): Der gemachte Mann. Konstruktion und Krise von Männlichkeiten. Opladen: VS
Cornelißen, Waltraud (2004): Bildung und Geschlechterordnung in Deutschland. Einige Anmerkungen zur Debatte um die Benachteiligung von Jungen in der Schule. In: Zeitschrift für Frauenforschung & Geschlechterstudien 22 (1). 128–136
Deutsches Jugendinstitut (DJI) (2003): 3. Jugendsurvey 2003. Befragung der 12- bis 15-Jährigen und Befragung der 16- bis 29-Jährigen. Verfügbar unter: http://db.dji.de/surveys/
Diefenbach, Heike (2010): Kinder und Jugendliche aus Migrantenfamilien im deutschen Bildungssystem. Erklärungen und empirische Befunde. 3. Auflage. Wiesbaden: VS Verlag für Sozialwissenschaften
Eberhard, Verena/Heim, Karin/Ulrich, Joachim (2006): Jugendliche mit Migrationshintergrund: Wie verhalten sie sich auf einem stark angespannten Ausbildungsmarkt, und welche Chancen haben sie? In: Bundesinstitut für Berufsbildung BIBB/Universität Bonn. Vortrag am 29. November 2006
Faulstich-Wieland, Hannelore/Weber, Martina/Willems, Katharina (2004): Doing Gender im heutigen Schulalltag. Empirische Studien zur sozialen Konstruktion von Geschlecht in schulischen Interaktionen. Weinheim/München: Juventa
Finsterwald, Monika/Ziegler, Albert (2002): Geschlechterunterschiede in der Motivation. In: Bildung und Begabung e. V. (2002): 67–84
Flaake, Karin (2006): Geschlechterverhältnisse – Adoleszenz – Schule. Männlichkeits- und Weiblichkeitsinszenierungen als Rahmenbedingungen für pädagogische Praxis. Benachteiligte Jungen und privilegierte Mädchen? Tendenzen aktueller Debatten. In: Jösting/Seemann (2006): 27–44
Flaig, Berthold/Meyer, Thomas/Ueltzhöffer, Jörg (1999): Alltagsästhethik und Politische Kultur. Bonn: Dietz
Forum der Kulturen Stuttgart e. V. in Zusammenarbeit mit dem Amt für Kultur und Freizeit der Stadt Nürnberg (Hrsg.) (2008): Dokumentation des 2. Bundesfachkongresses Interkultur. Kulturelle Vielfalt und Teilhabe. Stuttgart
Geißler, Rainer/Weber-Menges, Sonja (2010) (i. E.): Bildungsungleichheit – Eine deutsche Altlast. Die bildungssoziologische Perspektive. In: Barz (i. E)
Gensicke, Thomas (2006): Zeitgeist und Wertorientierungen. In: Shell Deutsche Holding (2006): 169–202

Gille, Martina/Sardei-Biermann, Sabine/Gaiser, Wofgang/de Rijke, Johann (2006): Jugendliche und junge Erwachsene in Deutschland. Lebensverhältnisse, Werte und gesellschaftliche Beteiligung 12- bis 29-Jähriger. Schriften des Deutschen Jugendinstituts: Jugendsurvey 3. Wiesbaden: VS Verlag für Sozialwissenschaften

Helbig, Marcel (2010): Sind Lehrerinnen für den geringeren Schulerfolg von Jungen verantwortlich? In: Kölner Zeitschrift für Soziologie und Sozialpsychologie 62(1). 93–111

Herwartz-Emden, Leonie (2008): Interkulturelle und geschlechtergerechte Pädagogik für Kinder im Alter von 6 bis 16 Jahren. Expertise für die Enquêtekommission des Landtages von Nordrhein-Westfalen: „Chancen für Kinder" Rahmenbedingungen und Steuerungsmöglichkeiten für ein optimales Betreuungs- und Bildungsangebot in Nordrhein-Westfalen. Düsseldorf. Verfügbar unter: http://www.landtag.nrw.de/portal/WWW/GB_I/I.1/EK/14_EK2/Gutachten/ExpertiseHerwartz-Emden.pdf

Hillmann, Karl-Heinz (2001): Zur Wertewandelforschung: Einführung, Übersicht und Ausblick. In: Oesterdiekhoff/Jegelka (2001): 15–39

Hradil, Stefan (2006): Soziale Milieus – eine praxisorientierte Forschungsperspektive. In: Aus Politik und Zeitgeschichte 44-45. 3–9

Hradil, Stefan (2002): Der Wandel des Wertewandels. Die neue Suche nach Sicherheit, Ordnung und Gemeinschaft in einer individualisierten Gesellschaft. In: Gesellschaft – Wirtschaft – Politik 4. 409–420

Illich, Ivan (1980): Schulen helfen nicht. Über das mythenbildende Ritual der Industriegesellschaft. (Originalausgabe: 1970). Reinbek bei Hamburg: Rowohlt

Inglehart, Ronald (1983): The Persistence of Materialist and Postmaterialist Value Orientations. Comments on Van Deth's Analysis. In: European Journal of Political Research 11. 81–91

Institut für Demoskopie Allensbach (2002): Zeitenwende. Internationale Wertestudie 2001/2002. Ein Überblick über die wichtigsten Ergebnisse. Allensbach: Institut für Demoskopie

Jackson, Philip Wesley (2006): Der heimliche Lehrplan – Einübung in eine bürokratische Gesellschaft. In: Baumgart/Lange (2006): 131–140

Jösting, Sabine/Seemann, Malwine (Hrsg.) (2006): Gender und Schule. Geschlechterverhältnisse in Theorie und schulischer Praxis. Oldenburg: BIS

Kammler, Clemens/Parr, Rolf/Schneider, Ulrich Johannes (Hrsg.) (2008): Foucault-Handbuch. Leben – Werk – Wirkung. Stuttgart: Metzler

Kanders, Michael/Rösner, Ernst/Rolff, Hans-Günter (1997): Das Bild der Schule aus der Sicht von Schülern und Lehrern. Bonn: IFS

Key, Ellen (1992): Das Jahrhundert des Kindes. Weinheim: Beltz (Nachdruck der Originalausgabe von 1902; schwedische Originalausgabe 1900)

King, Vera/Flaake, Karin (Hrsg.) (2005): Männliche Adoleszenz. Sozialisation und Bildungsprozesse zwischen Kindheit und Erwachsensein. Frankfurt a. M.: Campus

Klages, Helmut (2002): Der blockierte Mensch. Zukunftsaufgaben gesellschaftlicher und organisatorischer Gestaltung. Frankfurt a. M.: Campus

Klein, Markus (2007): Der Wandel des Wertewandels. Die Entwicklung von Materialismus und Postmaterialismus in Westdeutschland zwischen 1980 und 2006. Unveröffentlichter Beitrag zum 23. Hamburger Symposion zur Methodologie der Sozialpsychologie, Schwerpunktthema Sozialpsychologie und Werte. Hamburg

Koch-Priewe, Barbara/Niederbacher, Arne/Textor, Annette/Zimmermann, Peter (2009): Jungen – Sorgenkinder oder Sieger? Ergebnisse einer quantitativen Studie und ihre pädagogischen Implikationen. Wiesbaden: VS

Konsortium Bildungsberichterstattung (Hrsg.) (2006): Bildung in Deutschland. Ein indikatorengestützter Bericht mit einer Analyse zu Bildung und Migration. Bielefeld: Bertelsmann

Krohne, Julia A./Meier, Ulrich/Tilmann, Klaus-Jürgen (2004): Sitzenbleiben, Geschlecht und Migration – Klassenwiederholungen im Spiegel der PISA-Daten. In: Zeitschrift für Pädagogik 50(3). 373–391

Landesinstitut für Schulentwicklung/Statistisches Landesamt (2007): Bildungsberichterstattung 2007. Bildung in Baden-Württemberg. Stuttgart: Kurz+Co

Leiprecht, Rudolf/Kerber, Anne (Hrsg.) (2005): Schule in der Einwanderungsgesellschaft. Ein Handbuch. Schwalbach/Ts.: Wochenschau

Leiprecht, Rudolf/Lutz, Helma (2005): Intersektionalität im Klassenzimmer: Ethnizität, Klasse, Geschlecht. In: Leiprecht/Kerber (2005): 218–234

Liebenwein, Sylva (2008): Erziehung und soziale Milieus. Elterliche Erziehungsstile in milieuspezifischer Differenzierung. Wiesbaden: VS Verlag für Sozialwissenschaften

Merkle, Tanja/Wippermann, Carsten (2008): Eltern unter Druck. Selbstverständnisse, Befindlichkeiten und Bedürfnisse von Eltern in verschiedenen Lebenswelten. Stuttgart: Lucius & Lucius

Noelle-Neumann, Elisabeth/Petersen, Thomas (2001): Zeitenwende. Der Wertewandel 30 Jahre später. In: Aus Politik und Zeitgeschichte 29. 15–22

OECD (2006): Where immigrant students succeed – A comparative review of performance and engagement in PISA 2003. Paris: OECD
Oesterdiekhoff, Georg W./Jegelka, Norbert (Hrsg.) (2001): Werte und Wertewandel in westlichen Gesellschaften. Resultate und Perspektiven der Sozialwissenschaften. Opladen: Leske+Budrich
Ostendorf, Helga (2009): Institutionalisierte Sackgassen für Mädchen. In: Aus Politik und Zeitgeschichte. 45. 17–25
Pech, Detlef (Hrsg.) (2009): Jungen und Jungenarbeit. Hohengehren: Schneider
Phoenix, Ann (2008): Racialised young masculinities: Doing intersectionality at school. In: Seemann (2008): 19–39
Quenzel, Gudrun/Hurrelmann, Klaus (2010): Geschlecht und Schulerfolg: Ein soziales Stratifikationsmuster kehrt sich um. In: Kölner Zeitschrift für Soziologie und Sozialpsychologie 1. 61–92
Raidt, Tabea (2010): Bildungsreformen nach PISA. Paradigmenwechsel und Wertewandel. Hamburg: Tredition
Rose, Lotte/Schmauch, Ulrike (Hrsg.) (2005): Jungen – die neuen Verlierer? Auf den Spuren eines öffentlichen Stimmungswechsels. Königstein/Taunus: Helmer
Roth, Tobias/Salikutluk, Zerrin/Kogan, Irena (2010): Auf die „richtigen" Kontakte kommt es an! Soziale Ressourcen und Bildungsaspirationen der Mütter von Haupt-, Real-, und Gesamtschülern in Deutschland. In: Vom Kindergarten bis zur Hochschule. Die Generierung von ethnischen und sozialen Disparitäten in der Bildungsbiographie. In: Becker/Reimer (2010): 179–212
Schlack, Robert/Hölling, Heike/Kurth, Bärbel-Maria/Huss, M. (2007): Die Prävalenz der Aufmerksamkeitsdefizit-/Hyperaktivitätsstörung (ADHS) bei Kindern und Jugendlichen in Deutschland. Erste Ergebnisse aus dem Kinder- und Jugendgesundheitssurvey (KiGGS) In: Bundesgesundheitsblatt – Gesundheitsforschung – Gesundheitsschutz 50 (5-6). 827–835
Schulze, Gerhard (2005): Die Erlebnisgesellschaft. Kultursoziologie der Gegenwart. Frankfurt a. M./New York: Campus
Seemann, Malwine (Hrsg.) (2008): Ethnische Diversitäten, Gender und Schule. Oldenburg: BIS
Seifert, Wolfgang (2010): Der Mikrozensus als Basis für ein Integrationsmonitoring im Bereich Arbeitsmarkt. Ansatzpunkte und empirische Grunddaten. In: Statistische Analysen und Studien NRW 65. 3–15
Shell Deutschland Holding (Hrsg.) (2006): Jugend 2006. Eine pragmatische Generation unter Druck. Frankfurt a. M.: Fischer
Solga, Heike/Dombrowski, Rosine (2009): Soziale Ungleichheiten in schulischer und außerschulischer Bildung. Stand der Forschung und Forschungsbedarf. Düsseldorf. Verfügbar unter: http://www.boeckler.de/pdf/p_arbp_171.pdf
Stamm, Margrit (2008). Underachievement von Jungen: Perspektiven eines internationalen Diskurses. In: Zeitschrift für Erziehungswissenschaft 11(1). 106–124
Statistisches Bundesamt (2010): Bevölkerung und Erwerbstätigkeit. Bevölkerung mit Migrationshintergrund. Ergebnisse des Mikrozensus 2008. Wiesbaden: Statistisches Bundesamt
Strzelewicz, Willy/Raapke, Hans-Dietrich/Schulenberg, Wolfgang (1966): Bildung und gesellschaftliches Bewusstsein. Stuttgart: Enke
Suchanek, Andreas (1999): Wertepluralismus aus ökonomischer Sicht. In: Universität Heidelberg (1999)
Universität Heidelberg (Hrsg.) (1999): Wertepluralismus. Sammelband der Vorträge des Studium Generale der Ruprecht-Karls-Universität Heidelberg. Heidelberg: Universitätsverlag C. Winter
Voigt-Kehlenbeck, Corinna (2005): Inszenierung qua Geschlecht. Ein Perspektivwechsel und seine Folgen, oder: Geschlecht als Bewältigungsanforderung im Zeitalter der Entdramatisierung der Gegensätze. In: Rose/Schmauch (2005): 93–113
Weber, Martina (2003): Heterogenität im Schulalltag. Konstruktionen ethnischer und geschlechtlicher Unterschiede. Opladen: Leske + Budrich
Welker, Michael (1999): Was ist Pluralismus? In: Wertepluralismus. 9–23
West, Candace/Zimmermann, Don H. (1987): Doing Gender. In: Gender & Society 2(1). 125–151
Wippermann, Carsten/Flaig, Bodo (2008): Migranten-Milieus. Lebenswelten und Werte von Menschen mit Migrationshintergrund in Deutschland. Sozialwissenschaftliche Repräsentativuntersuchung von Sinus Sociovison. Heidelberg
Wippermann, Carsten/Flaig, Bodo (2009): Lebenswelten von Migrantinnen und Migranten. In: Aus Politik und Zeitgeschichte 5. 3–11
Yildiz, Erol (2009): Migranten-Milieus. Ein Kompass für die Stadtgesellschaft. Verfügbar unter: http://www.vhw.de/publikationen/vhw-studie-migranten-milieus

Das Konzept der Entwicklungsaufgaben zur Erklärung von Bildungsmisserfolg

Gudrun Quenzel

1 Einleitung

Obwohl sich im Rahmen der Bildungsexpansion, die Chancen für Kinder aus nicht akademischen Elternhäusern auf höhere Bildung deutlich erhöht haben, neigen die untersten und die obersten Schichten zur Statusreproduktion. Insbesondere die Risiken im untersten Quintil der sozialen Hierarchie zu verbleiben sind sehr hoch und haben in den letzten Jahren zugenommen (siehe den Beitrag von Ditton in diesem Band). Diejenigen, die die Hauptschule ohne Abschluss verlassen, kommen beinahe durchgängig aus bildungsfernen Milieus. Doppelt benachteiligt sind junge Männer mit niedrigem sozioökonomischem Status, dreifach benachteiligt sind junge Männer mit niedrigem sozioökonomischem Status und Migrationshintergrund (Geißler 2008). Die Ursachen, warum den jungen Frauen aus bildungsfernen Elternhäusern der Bildungsaufstieg inzwischen offenbar leichter fällt als den jungen Männern, sind noch weitgehend unerforscht. Vieles deutet darauf hin, dass Erklärungen, die sich auf das Setting Schule konzentrieren und außerschulische Zusammenhänge ausblenden, unzureichend sind.

Schulischer Misserfolg ist in der Regel kein isoliertes Phänomen, sondern geht mit einer Reihe anderer Merkmale einher. Geringe Schulleistungen korrelieren u. a. mit einer negativen Einstellung der Peers zur Schule, geringen schulischen Unterstützungsressourcen der Eltern, hohem Medienkonsum, gesundheitlichem Risikoverhalten, geringem sozialem Engagement, niedrigem politischen Interesse und einem erhöhten Kriminalitätsrisiko (Pfeiffer et al. 2007; Hurrelmann et al. 2006; Mansel/Hurrelmann 1998). Auch familiäre Probleme oder Probleme im Freundeskreis können sich negativ auf das schulische Engagement auswirken (Flook/Fuligni 2008: 784). Unklar ist jedoch, in welcher Richtung hier Ursachen und Wirkungen liegen.

Mit den schulischen Institutionen allein können Schulentfremdung, geringe Leistungsmotivation und schulischer Misserfolg offenbar nicht umfassend erklärt werden. Der vorliegende Beitrag prüft, ob das von Havighurst (1953/1973) entwickelte Konzept der psychosozialen Entwicklungsaufgaben als Erklärungsmodell für den geringeren Schulerfolg von Jungen aus bildungsfernen Schichten gewinnbringend herangezogen werden kann. Konkret wird die These entwickelt, dass – entgegen der Annahme von Havighurst, dass sich die erfolgreiche Lösung der einen Aufgabe positiv auf die Lösung von anderen Aufgaben auswirkt – es zu einem konfligierenden Verhältnis von Entwicklungsaufgaben kommen kann und die Lösung der einen, die Lösung von anderen Entwicklungsaufgaben behindert. Für Jungen aus bildungsfernen Schichten scheint es bei den Entwicklungsaufgaben „Ablösung vom Elternhaus und von anderen Erwachsenen", „Aufbau von Peerbeziehungen", „Entwicklung einer Geschlechtsidentität“ und „ökonomische Selbständigkeit/Berufstätigkeit“ zu Wechselwirkungen zu kommen, die die Bewältigung der Entwicklungsaufgabe „schulische Qualifikation“ erschweren.

2 Sozialisation und Entwicklungsaufgaben

Sozialisation bezeichnet einen durch die Gesellschaft vermittelten Prozess der Persönlichkeitsentwicklung, in dessen Verlauf das heranwachsende Kind über Interaktion, zunächst mit seinen Eltern und Geschwistern, später vermehrt auch mit anderen Akteuren, kulturelle Werte und Normen als Handlungsorientierungen aufnimmt und inkorporiert (Hurrelmann 2006: 11 ff.). Dieser Prozess erfolgt nicht passiv, sondern als selbsttätige und selbstorganisierte Auseinandersetzung mit der ihrerseits sozial und kulturell geprägten Umwelt. Das in diesem Prozess angeeignete Handlungswissen befähigt das Individuum, seine Persönlichkeit und seine soziale Umwelt zu verstehen und sich in diese als handelndes Subjekt einzubringen und sie mitzugestalten. Der Sozialisationsprozess ist kulturspezifisch, der gesellschaftliche Wertekanon, der Sinngebungsprozess, die daraus abgeleiteten Normen und auch die expliziten Kulturtechniken und Wissensbestände werden weitergegeben und zugleich durch die produktive Auseinandersetzung und ständige Aushandlung weiterentwickelt. Da in unserer Gesellschaft sowohl Geschlecht als auch Schicht dominante kulturelle Zuordnungs- und Unterscheidungsmerkmale bilden, sind Sozialisationsprozesse stark geschlechts- und schichtspezifisch geprägt.

In Anlehnung an Berger und Luckmann (1980) kann davon ausgegangen werden, dass die primäre, in der Familie stattfindende Sozialisation den Umgang mit Schule bereits vor dem Schuleintritt maßgeblich geprägt hat und dass alle später in der Schule gemachten Erfahrungen von den Schülerinnen und Schülern vor dem Hintergrund ihrer primären Sozialisationserfahrungen interpretiert werden. Für den schulischen Alltag bedeutet dies, dass ein und dasselbe Verhalten eines Lehrers von den Schülerinnen und Schülern entsprechend ihrer geschlechtlichen Zugehörigkeit und ihres familalen Hintergrunds unterschiedlich wahrgenommen werden und auch die Verhaltensreaktionen entsprechend unterschiedlich ausfallen können. Das umfasst die Form der didaktischen Vermittlung des Lehrstoffs, die Wahl der Inhalte und Beispiele sowie Verhaltensmaßregelungen aller Art. Beispielsweise kann es einer Schülerin aus der Mittelschicht vor ihren Mitschülerinnen peinlich sein, vom Lehrer für nicht gemachte Hausaufgaben gerügt zu werden. Für einen Jungen mit niedrigem sozioökonomischem Status kann dieselbe Ermahnung als Machterprobung genutzt werden. Die Reaktionen auf das „gleiche“ Lehrerverhalten könnten dementsprechend sehr unterschiedlich ausfallen. Das Mittelschichtsmädchen könnte durch einsichtsvolles Nicken versuchen, die Situation so kurz wie möglich zu gestalten. Der Junge könnte durch provozierende Bemerkungen einen „Schlagabtausch“ herbeiführen und mit diesem demonstrieren, dass er gegenüber dem Lehrer nicht einfach „klein bei“ gibt. Beide Schüler verfolgen mit ihren Verhaltensweisen ein bestimmtes Ziel und für beide Schüler spielen die antizipierten Erwartungen der Peers eine große Rolle.

Entwicklungsaufgaben – ein Set normativer sozialer Erwartungen

> „A developmental task is a task which arises at or about a certain period in the life of the individual, successful achievement of which leads to his happiness and to success with later tasks, while failure leads to unhappiness in the individual, disapproval by the society and difficulty with later tasks" (Havighurst 1973: 2).

Das von Havighurst 1946 erstmals veröffentlichte und in den 1970er Jahren überarbeitete Konzept der psychosozialen Entwicklungsaufgaben beschreibt für die verschiedenen Altersphasen konstitutive gesellschaftliche Erwartungen, die an Individuen der verschiedenen Altersgruppen herangetragen werden und/oder von diesen selbst – sei es durch die Übernahme von Normen in das Selbst, aufgrund der biologischen Entwicklung oder aus individuellem Bestreben – als Ziele gesetzt werden. Das Konzept nimmt damit Bezug auf „gesellschaftliche Normen und Rollenvorschriften, im Sinne von konsensuellen Urteilen über Indikatoren angemessener Entwicklung und anzustrebender Veränderungen, die Verhalten und persönliche Zielsetzungen in verschiedenen Lebensbereichen regulieren" (Wahl et al. 2008: 14). Durch die Vorgabe altersangemessener Zielbereiche strukturieren die Entwicklungsaufgaben als soziale Erwartungen den Lebenslauf und bestimmen die Richtung individueller Entwicklungsverläufe mit (Freund 2004).

Eine zentrale Annahme, die den Entwicklungsaufgaben zugrunde liegt, ist demzufolge, dass es auch in den heutigen, stark individualisierten Gesellschaften soziale Erwartungen gibt, die an alle Individuen herangetragen werden und die in der Regel von diesen als bedeutende Lebens(phasen)ziele übernommen werden. Das entscheidende Moment dieser an sie herangetragenen Aufgaben ist, dass sie kulturell so tief verankert sind, dass sich die Individuen zu diesen verhalten müssen. D. h., die in der Gesellschaft lebenden Individuen entsprechen entweder den an sie gestellten Erwartungen oder finden für sich einen Weg damit umzugehen, dass sie ihnen nicht entsprechen. Der zweite Weg ist in der Regel deutlich anspruchsvoller, er setzt eine Reformulierung und Zurückweisung der herrschenden gesellschaftlichen Erwartungen voraus. Dass die Erfüllung von gesellschaftlichen Erwartungen soziale Anerkennung mit sich bringt, liegt auf der Hand, ob sie tatsächlich zu mehr Lebensglück führt, bleibt eine offene Forschungsfrage.

Entwicklungsaufgaben können damit als altersbezogene Erwartungen in einer bestimmten Gesellschaft zu einem bestimmten historischen Zeitpunkt, die von einem Großteil der Mitglieder einer Gesellschaft geteilt werden, verstanden werden. Sie werden aber nicht von jedem Mitglied einer Gesellschaft geteilt und nicht notwendigerweise auf die eigene Person angewandt. Individuen können daher durchaus von der sozialen Erwartung abweichende Zielvorstellungen haben. Folgt die Mehrheit abweichenden Zielvorstellungen, verändert das umgekehrt die sozialen altersbezogenen Erwartungen (Freund 2003: 233 ff.).

Interkorrelation von Entwicklungsaufgaben

Für ein umfassendes Verständnis von Entwicklungsregulation von Kindern und Jugendlichen ist ein Verständnis der wechselseitigen Abhängigkeit der Entwicklungsaufgaben unabdingbar (Seiffge-Krenke/Gelhaar 2006: 27). Interkorrelationen der Entwicklungsaufgaben finden sowohl in diachroner als auch in synchroner Perspektive statt. Wie, warum und in welche Richtung sich die Bewältigungsformen der verschiedenen Aufgaben beeinflussen, ist weitgehend ungeklärt. Havighurst ging davon aus, dass die erfolgreiche Lösung einer Entwicklungsaufgabe die Basis für die erfolgreiche Lösung der anderen ist (Havighurst 1953: 3) und Probleme in bestimmten Bereichen oft auf Probleme in anderen Bereichen zurückzuführen sind. Coleman (1989: 43 ff.) konnte in einer repräsentativen Jugendstudie belegen, dass allein der Stress und die zeitlichen und psychischen Belastungen, die bei der Bewältigung der verschiedenen Entwicklungsaufgaben entstehen, Ursachen dafür sind, dass diese in der Regel von den Jugendlichen nacheinander angegangen werden. Probleme bei der Lösung von Entwicklungsaufgaben können Coleman zufolge insbesondere bei denjenigen Jugendlichen beobachtet werden, die aus verschiedenen Gründen mehrere Entwicklungsaufgaben zeitgleich intensiv bearbeiteten. Seiffge-Krenke und Gelhaar (2006: 28) stellten weitere Zusammenhänge zwischen dem realisierten Entwicklungsstand und der intendierten zukünftigen Entwicklungsnorm fest.

Vier Cluster von Entwicklungsaufgaben

Entwicklungsaufgaben sind in Havighursts Konzept keine zeitunabhängigen und universalen Aufgaben, die Individuen bearbeiten müssen, auch haben sie für die einzelnen Individuen oft unterschiedliche Bedeutungen und Dringlichkeiten (Trautmann 2004b: 24). Havighurst formulierte auf der Basis von empirischen Studien für die USA der 40er Jahre ein relativ grobes Raster von Entwicklungsaufgaben, die je nach Studienzweck präzisiert werden können. Bei den Entwicklungsaufgaben handelt es sich demzufolge auch in der Havighurst'schen Konzeption nicht um einen festen Kanon, sondern die Festlegung der Anzahl und die Detailliertheit der Aufgabe sind zeit-, kultur- und beobachterabhängig (Trautmann 2004b: 24 ff.).

In allen hoch entwickelten Gesellschaften lässt sich beobachten, dass sich die Vielfalt der Übergänge vom Jugend- ins Erwachsenenleben weiter erhöht, entsprechend haben sich sowohl die Aufgabenprofile als auch die vorgesehenen Zeitspannen für die Bewältigung der von Havighurst der Adoleszenz und dem frühen Erwachsenenalter zugeschriebenen Aufgaben verschoben. Um der Heterogenisierung der Lebensentwürfe von Jugendlichen und jungen Erwachsenen Rechnung zu tragen, hat Hurrelmann (2007: 27) die von Havighurst identifizierten Entwicklungsaufgaben aktualisiert und in Cluster gruppiert:

1. Entwicklungsaufgabe „Qualifikation“: Hier geht es um die Entfaltung einer intellektuellen und sozialen Kompetenz, um selbstverantwortlich schulischen und anschließenden beruflichen Anforderungen nachzukommen, mit dem Ziel, eine berufliche Erwerbsarbeit aufzunehmen und dadurch die eigene ökonomische Basis für die selbständige Existenz als Erwachsener zu sichern. Aus gesellschaftlicher Sicht handelt es sich hierbei um die Übernahme einer Mitgliedschaftsrolle in der Leistungsgesellschaft und die Vorbereitung auf die Übernahme der Verantwortung für ihre „ökonomische Reproduktion“.
2. Entwicklungsaufgabe „Ablösung und Bindung“: Hier geht es um das Akzeptieren der veränderten körperlichen Erscheinung, die soziale und emotionale Ablösung von den

Eltern, den Aufbau einer Geschlechtsidentität und von Bindungen zu Gleichaltrigen des eigenen und des anderen Geschlechts sowie um den Aufbau einer heterosexuellen (oder auch homosexuellen) Partnerbeziehung, welche potentiell die Basis für eine Familienplanung und die Geburt und Erziehung eigener Kinder bilden kann. Aus gesellschaftlicher Perspektive handelt es sich bei dieser Aufgabe um die Übernahme von Verantwortung für die Sicherung sozialer Bindungen und der „biologischen Reproduktion" der Gesellschaft.
3. Entwicklungsaufgabe „Regeneration": Hier geht es um selbständige Handlungsmuster für die Nutzung des Konsumwarenmarkts einschließlich der Medien, um die Fähigkeit zum Umgang mit Geld, mit dem Ziel, einen eigenen Lebensstil und einen kontrollierten und bedürfnisorientierten Umgang mit den „Freizeit"-Angeboten zu entwickeln. Aus gesellschaftlicher Sicht geht es um die Partizipation an der Konsumwirtschaft und die Regeneration der Arbeitskraft.
4. Entwicklungsaufgabe „Partizipation": Hier geht es um den Aufbau einer autonomen Werte- und Normenorientierung und eines ethischen und politischen Bewusstseins, das mit dem eigenen Verhalten und Handeln in Übereinstimmung steht. Für die Gesellschaft geht es hier um die verantwortliche Übernahme von Partizipationsrollen als Bürger im kulturellen und politischen Raum und damit um die Sicherstellung der Einbindung des Individuums in den kulturellen und politischen Reproduktionsprozess einer demokratischen Gesellschaft.

Gestiegene Anforderungen bei der Bewältigung von Entwicklungsaufgaben

Bedingt durch den ökonomischen Wandel von der industriell-produzierenden zur Dienstleistungs- und Wissensgesellschaft, die internationale Verflechtung ökonomischer und politischer Strukturen, die rasante Entwicklung im Konsum- und Freizeitmarkt und die Öffnung von Werte- und Normsystemen und privaten Lebensentwürfen ist die Bewältigung der Entwicklungsaufgaben für viele Jugendliche zu einer sehr starken Herausforderung geworden. Viele Jugendliche fühlen sich von der gestiegenen Optionsvielfalt und den erhöhten beruflichen Anforderungen überfordert und neigen zu Zukunftsängsten. Das gilt vor allem dann, wenn die faktischen Einflussmöglichkeiten auf die Gestaltung der Entwicklungsbedingungen schwinden. So steigt nach den Angaben der Shell Jugendstudie in den letzten Jahren vor allem bei Jugendlichen in Hauptschulen die Angst vor der persönlichen Zukunft, weil sie die vermeintlich gestiegenen Wahlfreiheiten realistisch weniger als Chancen denn als Risiken wahrnehmen (Hurrelmann et al. 2006: 100, 247).

In den letzten 20 bis 30 Jahren scheinen sich zudem die Erfolgschancen der beiden Geschlechter, die vier oben beschriebenen Cluster von Entwicklungsaufgaben der Lebensphase Jugend zu bewältigen, zugunsten der jungen Frauen und zuungunsten der jungen Männer verschoben zu haben. Junge Frauen erwerben die höheren und besseren Schulabschlüsse, verlassen die Schule seltener ohne Abschluss und verbleiben seltener ohne abgeschlossene Ausbildung. Sie haben häufiger ein gutes Verhältnis zu ihren Eltern, ziehen trotzdem früher von zu Hause aus, bekommen von ihren Peers mehr Anerkennung für ihre schulischen und außerschulischen Erfolge, weisen ein kreativeres und flexibleres Freizeitverhalten auf und verbringen deutlich weniger Zeit vor dem Fernseher und dem Computer. Sie sind toleranter, engagieren sich in ihrer Freizeit öfter für ihre Mitmenschen und neigen zu Werteorientierungen, die sich förderlich auf ihre schulische Leistungsbereitschaft auswirken (Quenzel/ Hurrelmann 2010; Hurrelmann et al. 2006).

Das bedeutet nicht, dass alle jungen Männer Schwierigkeiten bei der Bewältigung zentraler Entwicklungsaufgaben haben; aber es bedeutet, dass sich offenbar die gesellschaftlichen Rahmenbedingungen bei der Bewältigung von Entwicklungsaufgaben zuungunsten der jungen Männer verschoben haben. Die Ursachen dieser Entwicklung sind noch kaum erforscht. Vieles deutet darauf hin, dass die Herausbildung einer männlichen Geschlechtsidentität eine Schlüsselposition einnimmt. Durch die Frauen- und Emanzipationsbewegungen hat sich in den letzten Jahrzehnten das Rollenspektrum für Frauen deutlich erweitert; das männliche Rollenspektrum hat sich ebenfalls erweitert, jedoch nicht in gleichem Umfang. Insbesondere für junge Männer aus bildungsfernen Schichten sind die Anforderungen an die erfolgreiche Berufseinmündung komplexer geworden und diese Erhöhung der Anforderungen wirkt sich erschwerend auf die Bewältigung der anderen Entwicklungsaufgaben aus. Denn durch den Umstrukturierungsprozess auf dem Arbeitsmarkt fallen vor allem Beschäftigungsmöglichkeiten in den klassischen, produzierenden „Hauptschülerberufen“ weg und die Verschiebung hin zu Dienstleistungsberufen kommt eher den „weiblichen“ Berufsvorstellungen entgegen (Dumais 2002: 53). Denn obwohl es keine formalen geschlechtsspezifischen Einschränkungen hinsichtlich der Berufswahl mehr gibt, bleibt sie stark geschlechtsspezifisch geprägt (Warrington/Younger 2000: 498; Jacobs 1999).

3 Konflikte bei der Bewältigung von Entwicklungsaufgaben

Folgt man Havighursts Annahme (1973: 36 ff.), dass sich die Bewältigung einer Aufgabe positiv auf die Bewältigung von anderen Aufgaben auswirkt, während Probleme bei der Bewältigung einer Aufgabe häufig auf Probleme bei der Bewältigung anderer Aufgaben zurückgeführt werden können, dann müssten Probleme in der Schule zumindest teilweise auf Probleme bei der emotionalen Ablösung von den Eltern, dem Aufbau von Freundschaften mit Gleichaltrigen, dem Freizeitverhalten oder der Herausbildung eines konsistenten Normen- und Wertesystems etc. zurückzuführen sein. Dies ist in der Tat der Fall (Quenzel/ Hurrelmann 2010). Bei einem Teil der Jugendlichen scheint es jedoch auch zu Konflikten zwischen den Entwicklungsaufgaben zu kommen, d. h. die Bewältigung der einen Aufgabe behindert die erfolgreiche Bewältigung anderer.

Die Sichtung vorliegender empirischer Studien zur Erklärung von Schulerfolg und Schulmisserfolg weisen besonders auf Interkorrelationen zwischen den Entwicklungsaufgaben „schulische Qualifikation“ und der „Ablösung vom Elternhaus und von anderen Erwachsenen“, dem „Aufbau von Peerbeziehungen“, der „Entwicklung einer Geschlechtsidentität“ und der „ökonomischen Selbständigkeit bzw. Berufstätigkeit“ hin. Die Ergebnisse der einschlägigsten Studien sollen im Folgenden zusammengetragen werden und in ein erklärendes Modell über die Wechselwirkung von Entwicklungsaufgaben und ihr Potential zur Erklärung, warum junge Männer aus bildungsfernen Schichten ein erhöhtes Bildungsarmutsrisiko tragen, integriert werden.

Schulische Qualifikation und ökonomische Selbständigkeit

Die wahrgenommenen beruflichen Perspektiven scheinen für den schulischen Erfolg junger Männer eine bedeutende Rolle zu spielen. Erst wenn jemand für seinen eigenen Lebensunterhalt sorgen kann, ist die zentrale Entwicklungsaufgabe im jungen Erwachsenenalter, die ökonomische Selbständigkeit bzw. die Aufnahme einer Berufstätigkeit, erreicht. Die Berufstätigkeit ist heute auch die Grundlage geworden, um eine Familie gründen und einen selbständigen Lebensstil pflegen zu können und die Höhe des Einkommens ist zu einem Kernindikator des „Lebenserfolgs“ avanciert (Fend 2009: 161). Der erfolgreiche Berufseinstieg gehört für die Jugendlichen neben „guten Freunden“ und „einer Familie“ zu den wichtigsten Zielen und ist zugleich die Entwicklungsaufgabe, die die größte Verunsicherung auslöst (Hurrelmann et al. 2006: 49 ff.).

Die Ansprüche bei der Bewältigung der Entwicklungsaufgaben „schulische Qualifikation“ und „ökonomische Selbständigkeit/Berufstätigkeit“ sind vor allem für junge Männer aus bildungsfernen Schichten deutlich gestiegen. Durch die gestiegenen Erwerbslosigkeitsrisiken für niedrig Qualifizierte und den Abbau von Ausbildungs- und Arbeitsplätzen im produzierenden Gewerbe ist die Berufseinmündung für Schülerinnen und Schüler mit Hauptschulabschluss deutlich schwieriger geworden (siehe den Beitrag von Giesecke, Ebner und Oberschachtsiek in diesem Band). Obwohl viele einen höheren Schulabschluss als ihre Eltern erwerben, sind ihre beruflichen Aussichten schlechter als zu den Zeiten, als ihre Eltern zur Schule gingen. Eine klare und aussichtsreiche berufliche Perspektive stellt jedoch einen nicht zu unterschätzenden Faktor in der Bildungsmotivation dar. Unsicherheiten über den Wert von schulischen Investitionen für die berufliche Zukunft führen vor allem bei den bildungsferneren Gruppen dazu, auf Investitionen im Bildungsbereich zu verzichten (Becker 2000: 463; Müller-Benedict 2007: 635). Entsprechend sind die schulformspezifischen Zukunftsperspektiven ein wichtiger Erklärungsfaktor für die schulische Motivation. Gerade bei männlichen Hauptschülern in Regionen mit hoher Arbeitslosigkeit kann die Tendenz beobachtet werden, die beruflichen Ziele an die antizipierte Chancenlosigkeit anzupassen und entsprechend wenig Motivation zu haben, in den eigenen Schulerfolg zu investieren (Diefenbach/Klein 2002: 938). Denn in den für den regionalen Arbeitsmarkt ausbildenden Hauptschulen hängt der berufliche Erfolg stärker von der örtlichen Arbeitslosenquote und der Struktur des Arbeitsmarkts ab als von den erbrachten Schulleistungen. Auch wenn von den Jugendlichen die intellektuelle und soziale Kompetenz erfolgreich entwickelt wird und sie das Ziel einer beruflichen Erwerbsarbeit nachdrücklich verfolgen, hängt es in hohem Maße von äußeren Strukturen ab, ob sie diese Aufgabe tatsächlich bewältigen können.

Dass sich die antizipierte berufliche Chancenlosigkeit insbesondere bei den jungen Männern negativ auf die schulische Motivation niederschlägt, hat vor allem zwei Ursachen. Zum einen sind die traditionellen, produzierenden „Männerberufe“ besonders von der Arbeitsmarktumstrukturierung betroffen (BMWA 2005: 23 f.; Buchholz et al. 2009; Spitz-Oener 2003: 13 ff.). Dadurch entsteht bei vielen jungen Männern auf den niedrigeren Schulformen der Eindruck, dass für sie kaum noch eine Berufsperspektive besteht. Zum anderen sind junge Männer stärker auf ihre zukünftige Berufslaufbahn fokussiert, während die jungen Frauen eine breitere Palette von Zielen verfolgen, darunter auch Ehe und Familie. Eine nicht erfolgreiche Berufseinmündung oder bereits die Antizipation des Misserfolgs hat deswegen für junge Männer stärkere psychologische Konsequenzen (Greene/DeBacker 2004: 115). In den Begrifflichkeiten der Entwicklungsaufgaben heißt das, dass die Antizipation der Bewältigung der Entwicklungsaufgabe „ökonomische Selbständigkeit/Berufstätigkeit“ den Erfolg in der Bewältigung der Entwicklungsaufgabe „schulische Qualifikation“ im Jugendalter maßgeblich beeinflusst.

Schule, Peers und Männlichkeit

Eine weitere wichtige Entwicklungsaufgabe in der Adoleszenz ist nach Havighurst (1973: 49) die Übernahme einer männlichen oder weiblichen Geschlechtsrolle. Statt Übernahme sollte man besser von einer interaktiven Aushandlung von Geschlechtsrollen und Geschlechtsidentitäten sprechen – von „Doing Gender“. Folgt man Havighurst (1973: 50), dann fiel die Entwicklung einer eigenen Geschlechtsidentität in den 70er Jahren den Jungen und jungen Männern einfacher als den Mädchen und jungen Frauen. Viele junge Frauen fanden zu dieser Zeit die traditionelle Frauenrolle als Ehefrau und Mutter und die damit einhergehende ökonomische Abhängigkeit von ihren Ehemännern zunehmend unattraktiv und strebten nach Freiheit von den alten Zwängen, nach ökonomischer Unabhängigkeit und einer eigenen beruflichen Karriere. Die jungen Männer konnten sich dagegen vergleichsweise ungebrochen an den Männerrollen ihrer Väter orientieren. Heute scheint sich das Verhältnis umgedreht zu haben. Vieles deutet darauf hin, dass es heute eher junge Männer sind, die Probleme bei der Entwicklung einer positiven Geschlechtsidentität haben, während das deutlich erweiterte Rollenspektrum der Frauen, diesen einen produktiven Raum zur Entwicklung einer eigenen Geschlechterrollenidentität bietet.

Das Klassenzimmer und die anderen schulischen Räumlichkeiten sind für Jugendliche zentrale Orte an denen Geschlechterrollen interaktiv ausgehandelt werden. Die Schulklasse stellt aus diesem Grund eine bedeutende Sozialisationsinstanz dar und das Schulklassenklima ist maßgeblicher Einflussfaktor der individuellen Leistungen, aber auch der geschlechtsspezifischen Unterschiede im Kompetenzerwerb (Dresel et al. 2006: 59). Bei jungen Männern aus den mittleren Schichten erfolgen Verhandlungen von Männlichkeit in der Schule unter anderem über die Selbst- und Fremdzuschreibung von „natürlicher Intelligenz“ und einer lässigen, beinahe verachtenden Haltung gegenüber schulischen Anforderungen (Bishop et al. 2004: 247). Sie konstituiert sich weiter über eine Abgrenzung gegenüber Schülern, die für ihre Erfolge hart arbeiten. Diese gelten bei den anderen Schülern und Schülerinnen als weniger männlich und bilden zusammen mit den Mädchen ein weiblich konnotiertes Gegenüber im Prozess der Aushandlung der Geschlechterrollen. Es sind somit nicht die schulischen Erfolge an sich, die als unmännlich gelten, sondern die Bereitschaft, sich für diese Leistungen zu disziplinieren und hart zu arbeiten. Akademische Brillanz und Männlichkeit stehen sich nicht im Weg, solange die Leistungen scheinbar mühelos erreicht werden. Hart arbeitende Schüler gelten als weniger intelligent und werden als „Streber“ auch in ihrer Männlichkeit abgewertet. Epstein (1998) beobachtet zudem in den höheren Bildungseinrichtungen einen diskursiven Umschwung, und zwar vor allem in den Abschlussklassen. Hier verschiebt sich das Rollenbild, so dass schulischer Ehrgeiz zu einer anerkannten Form von männlichem

Verhalten wird, auch wenn es weiterhin wichtig bleibt, den Eindruck zu erwecken, möglichst wenig für die schulischen Leistungen zu tun.

Der Mechanismus des Herunterspielens von schulischem Fleiß ist bei Schülern mit niedrigem sozioökonomischem Status ausgeprägter als bei Schülern mit mittlerem oder hohem sozioökonomischem Status. Eine Reihe empirischer Studien belegen insbesondere einen Zusammenhang zwischen einer an traditionellen Arbeiteridealen orientierten, schichtspezifischen männlichen Identitätsbildung und dem Risiko der Schulentfremdung (siehe auch den Beitrag von Hadjar, Lupatsch und Grünewald in diesem Band). Diese – bereits von Paul Willis beschriebene – bei männlichen Schülern aus den Arbeiterschichten anzutreffende Haltung des Widerstandes gegen eine als „weiblich" empfundene Schulkultur hat ihre Wurzeln bereits im 18. Jahrhundert (Cohen 1998) und ist in verschiedenen Ausprägungen bis heute eine dominante Ursache für das Zusammenspiel von männlicher Peerkultur und geringer Leistungsmotivation. Die Abgrenzung einer als weiblich wahrgenommenen Schulkultur kann dabei soweit gehen, dass eine umfassende Anti-Schul-Haltung mit Männlichkeit gleichgesetzt wird (Jackson 1998: 89; Entwisle et al. 2007). Alle Tätigkeiten, die etwas mit Schule zu tun haben, gelten unter diesen entsprechend als für Männer unangemessene Aktivitäten, mit der Folge, dass beispielsweise die aktive Teilnahme am Unterricht mit abwertenden „feminisierenden" Bemerkungen der Peers einhergeht (Epstein 1998: 100).

Die negative Einstellung der Peers zur Schule, den Lehrern und dem eigenen schulischen Erfolg haben vor allem dann einen signifikanten Einfluss auf die schulische Leistungsmotivation, wenn die Schulerfolgserlebnisse der Schüler eher selten sind (Drucks et al. 2010). Die bei Kindern aus den bildungsfernen Schichten häufig vergleichsweise niedrig ausgeprägte schulische Selbstwirksamkeitserwartung wirkt sich negativ auf den schulischen Erfolg aus – die fehlenden Erfolgserlebnisse wirken sich dann wiederum negativ auf die schulische Selbstwirksamkeitserwartung aus (Marsh et al. 2005: 412; Aunola et al. 2002: 359). Um ein stabiles Selbstbewusstsein aufzubauen, müssen Schüler mit vergleichsweise geringem schulischen Erfolg Anerkennung außerhalb der Schule suchen oder in Abgrenzung zu dieser. Dieser Mechanismus wirkt bei Schülern stärker als bei Schülerinnen, unter jungen Frauen ist schulische Leistung und Leistungsbereitschaft deutlich anerkannter als unter jungen Männern (Kiuru et al. 2009: 73).

Männlichkeit und die Abgrenzung von Erwachsenen

Der Überhang von weiblichen Lehrkräften in den Grundschulen könnte ein weiterer Grund dafür sein, dass viele Jungen eine weniger positive Identifikation mit dem schulischen Lernen entwickeln als Mädchen (Diefenbach/Klein 2002: 953; Gold 1982: 498; Kelly 2008). Bei den Jungen aus den bildungsfernen Schichten kommt hinzu, dass die Lehrerinnen und Lehrer in der Regel aus der Mittelschicht stammen – ein Umstand der ihre Akzeptanz als Rollenmodelle weiter senken könnte. Jungen aus den bildungsfernen Schichten wird damit eine positive Identifikation mit dem schulischen Lernen doppelt erschwert. Die geringe Identifikation kann wiederum zu einem größeren Bedürfnis der Abgrenzung gegenüber der Institution Schule allgemein und dem Lehrpersonal im Besonderen führen. Auch die Entwicklungsaufgabe „Ablösung vom Elternhaus und von anderen Erwachsenen" steht für die jungen Männer aus bildungsfernen Schichten damit stärker in einem konflikthaften Verhältnis zur „schulischen Qualifikation“ als für die jungen Frauen und jungen Männer aus den mittleren und höheren Schichten.

Kessels et al. (2008) konnten in einem Experiment die Annahme verifizieren, dass bei Jugendlichen positive Leistungsrückmeldungen unter bestimmten Umständen als Identitätsbedrohung wahrgenommen werden und keinen günstigen Effekt auf die Interessenentwicklung und das Leistungsverhalten haben, denn Jugendliche benutzen schulisches Desengagement auch zur Entwicklung und Demonstration ihrer Identität. Positive schulische Leistungsrückmeldungen können vor allem zwei Identitätsaspekte nachhaltig bedrohen: das Bestreben von Jugendlichen, sich als möglichst unabhängig von erwachsenen Bezugspersonen zu erleben und selbst als erwachsen wahrgenommen zu werden und die geschlechtsbezogene Identität (Kessels et al. 2008: 23). Vielfach ist es dabei weniger die Bescheinigung einer sehr guten Leistung, die diesen Konflikt auslöst, sondern der Eindruck einer engen, positiven Beziehung zur Lehrkraft (Kessels et al. 2008: 30). Dagegen haben Unterrichtsstörungen einen positiven Effekt auf die Entwicklung des Selbstkonzepts und die soziale Anerkennung, insbesondere bei jungen Männern. Besonders Schüler mit einem vergleichsweise niedrigen Selbstkonzept – die wiederum überproportional häufig aus den unteren Schichten stammen – profitieren deswegen von Problemverhalten (Trautwein et al. 2004: 24).

Entwicklungsaufgaben im Konflikt

In dieser zugespitzten Form der interaktiven Aushandlung von Geschlechtsidentität im Klassenzimmer verschmelzen die Entwicklungsaufgaben „Aufbau von Peerbeziehungen“, „Entwicklung einer Geschlechtsidentität“ und „Abgrenzung gegen Erwachsene“ offenbar für einen Teil der Schüler: Sie werden dann von ihren Peers anerkannt, wenn sie sich nicht gegen die im Klassenzimmer aktiv hergestellten „herrschenden“ Vorstellungen von Männlichkeit stellen. Der leichteste Weg, die Entwicklungsaufgaben „Aufbau von Peerbeziehungen“ und „Entwicklung einer Geschlechtsidentität“ und zum Teil auch die „Abgrenzung gegen Erwachsene“ zu bewältigen, scheint die Vernachlässigung der „schulischen Qualifikation“ zu sein.

Gerade die unterprivilegierten Jugendlichen stehen hier jedoch einer besonderen Herausforderung gegenüber. Zum einen bekommen gerade leistungsschwache Schüler innerhalb der Peerkultur überproportional häufig dafür Anerkennung, dass ihnen die Schule wenig bedeutet. Zum anderen wird ihnen diese Anerkennung der (selben) Peer-Group im jungen Erwachsenenalter entzogen, wenn sie keine Arbeit haben, die ihnen die finanzielle Selbständigkeit ermöglicht. Wie Keller (2007: 181) zeigen konnte, gehören sie dann zu den „Hängengebliebenen“, da sie im Unterschied zu ihren Freunden und Freundinnen den Absprung aus der Clique und der Gegend, aus der sie kommen, nicht geschafft haben.

4 Fazit: Schlechte Start- und schwierige Verlaufsbedingungen

Die entscheidende Weichenstellung, wie die zukünftige Schulkarriere verlaufen wird, erfolgt in der ersten Grundschulklasse (Feinstein/Bynner 2004: 1336). Erhalten Kinder aus unterprivilegierten Schichten keine zusätzliche fachliche und emotionale Förderung vom Lehrpersonal, dann können sie die bereits beim Eintritt in die Grundschule vorhandenen Leistungsunterschiede alleine nur schwer abbauen und zeigen deswegen am Ende der Grundschule vielfach deutlich geringere Leistungen als ihre von zu Hause aus privilegierteren Mitschüler (Hamre/Pianta 2005: 961 ff.). Die Folge ist eine überproportional häufigere Empfehlung für die Haupt- oder Förderschulen von Kindern aus bildungsfernen Familien. Haupt- und Förderschulen haben jedoch die sozial homogenste Schülerschaft (Solga/Wagner 2004: 187 ff.). Den Haupt- und Förderschülern fehlt damit nicht nur ein leistungsanregendes Unterrichtsklima, sie treffen auf diese Weise auch auf Peers mit ähnlichem Bildungshintergrund und ähnlichen, von Misserfolg geprägten, Schulerfahrungen.

Mit diesem Erfahrungshintergrund treten Haupt- und Förderschüler in die Adoleszenz ein – also in eine Lebensphase, in der die sozialen Beziehungen und die interaktive Aushandlung einer autonomen Persönlichkeit im Vordergrund stehen (Havighurst 1973: 43; Hauser/Greene 1991: 378). Im Vergleich zum Gymnasium ist die Peerkultur in den Hauptschulen stärker durch eine eher geringe Anerkennung schulischer Erfolge und insbesondere von schulischer Leistungsbereitschaft geprägt. Im Zusammenhang mit der Aushandlung von Männlichkeit besteht die Tendenz, schulische Leistungsbereitschaft als „weiblich" konnotiert wahrzunehmen, während männliche „Coolness" mit einer herablassenden Haltung gegenüber Lehrern, Noten und der Schule insgesamt gleichgesetzt wird. Vielfach scheint die Bewältigung der Entwicklungsaufgaben „Aufbau von Peerbeziehungen" sowie die „Ablösung vom Elternhaus und von anderen Erwachsenen" im Vordergrund zu stehen, während die „schulische Qualifikation" in dieser Zeitspanne in den Hintergrund tritt. Diese Priorisierung von Aufgaben wird durch die Antizipation von geringem Erfolg bei der „ökonomischen Selbständigkeit/Berufstätigkeit" verstärkt. Das Ergebnis sind sinkende Schulleistungen, die wiederum zu einer Aufwertung der Peergruppe, der Suche nach außerschulischer Anerkennung und in der Folge zu einer weiteren Verstärkung der Schulentfremdung führen können.

Um der erhöhten Wahrscheinlichkeit von jungen Männern aus den unteren Bildungsschichten, ein schulleistungshemmendes Abgrenzungsverhältnis zum schulischen Lernen, der Institution Schule und dem Lehrpersonal zu entwickeln, entgegenzuwirken, müssten im frühen Grundschulalter effektive Maßnahmen ergriffen werden. Fachliche und emotionale Unterstützung von Risikoschülern in der ersten Klasse führen nach einer Studie von Hamre und Pianta (2005: 961 ff.) dazu, dass diese Schüler im späteren Schulverlauf kein höheres Risiko hatten als „normale" Schüler, im späteren Schulverlauf schulische Probleme zu bekommen. Risikoschüler, die in Klassen unterrichtet wurden, in denen sie keine zusätzliche fachliche und emotionale Unterstützung erhielten, fielen dagegen häufiger bis zum Ende der Grundschulzeit in ihren Leistungen deutlich hinter ihren Klassenkameraden zurück und entwickelten im Jugendalter häufiger konfliktreiche Verhältnisse zu ihren Klassenlehrern. Die Gruppe der Risikoschüler umfasst bei Hamre und Pianta sowohl Schüler, die im Kindergarten problematisches Verhalten zeigten und solche, die aus bildungsfernen Elternhäusern stammten. Um diesen Schülern die gleichen Chancen zu ermöglichen, die Schule erfolgreich abzuschließen, wie ihren Mitschülern ohne Bildungsrisiko, benötigen sie demzufolge zu Beginn ihrer Schullaufbahn zusätzliche Unterstützung.

Jungen aus bildungsfernen Elternhäusern, die aufgrund der vergleichsweise geringen elterlichen Ressourcen in der Bildungsunterstützung auf die Förderung durch die Lehrkräfte besonders angewiesen sind, wird diese zusätzliche Unterstützung in der Regel vor allem aus zwei Gründen nicht gewährt. Zum einen verhindert das institutionelle Setting, in dem der Unterricht bereits in der Grundschule in großen Klassen stattfindet, auf den Vormittag beschränkt ist und das Lehrpersonal ausschließlich für die fachliche Vermittlung von Wissen zuständig ist, dass abweichende emotionale und fachliche Bedürfnisse erkannt und ihnen adäquat begegnet wird. Zum anderen führen die habituellen Differenzen zwischen den meist aus der Mittelschicht stammenden Lehrerinnen und Lehrern und den aus bildungsfernen Elternhäusern stammenden Schülern zu einer Reihe von Irritationen und Missverständnissen, bis hin zu Antipathien. Die Vorstellung der Lehrerinnen und Lehrer, wie sich Schüler zu verhalten haben, weicht besonders deutlich vom aktuellen Verhalten vieler Jungen aus den unteren Schichten ab (siehe auch den Beitrag von Diefenbach in diesem Band). Viele Lehrer empfinden Jungen aus bildungsfernen Schichten als fordernd, unruhig, im Unterricht schwierig und unwillig den Regeln im Klassenzimmer zu folgen (Childs/McKay 2001: 304).

Die formale Gleichbehandlung der Schülerinnen und Schüler reproduziert auf diese Weise die schichtspezifische Chancenungleichheit und führt dazu, dass gerade für viele junge Männer aus den unteren sozialen Schichten die Bewältigung der psychosozialen Entwicklungsaufgaben der Lebensphase Jugend zu einer unverhältnismäßigen Herausforderung wird, an der nicht wenige auch scheitern. Um die Chancengleichheit zu erhöhen, müsste die Institution Schule speziell den unterprivilegierten Schülern Unterstützung bei der Bewältigung *aller* Entwicklungsaufgaben der Kindheits- und Jugendphase anbieten.

Literatur

Aunola, Kaisa/Leskinen, Esko/Onatsu-Arvilommi, Tiina/Nurmi, Jari-Erik (2002): Three methods for studying developmental change. A case of reading skills and self-concept. In: British Journal of Educational Psychology 72. 343–364

Becker, Rolf (2000): Klassenlage und Bildungsentscheidungen. Eine empirische Anwendung der Wert-Erwartungstheorie. In: Kölner Zeitschrift für Soziologie und Sozialpsychologie 52(3). 450–474

Becker, Rolf/Lauterbach, Wolfgang (Hrsg.) (2004): Bildung als Privileg. Erklärungen und Befunde zu den Ursachen der Bildungsungleichheit. 2. aktuelle Auflage. Wiesbaden: VS Verlag für Sozialwissenschaften

Berger, Peter/Kahlert, Heike (Hrsg.) (2008): Institutionalisierte Ungleichheiten. Wie das Bildungswesen Chancen blockiert. Weinheim/München: Juventa

Berger, Peter/Luckmann, Thomas (1980): Die gesellschaftliche Konstruktion der Wirklichkeit. Eine Theorie der Wissenssoziologie. Frankfurt a. M.: Fischer

Bishop, John H./Bishop, Matthew/Bishop, Michael/Gelbwasser, Lara/Green, Shanna/Peterson, Erica/Rubinsztaj, Anna/Zuckerman, Andrew (2004): Why We Harass Nerds and Freaks. A Formal Theory of Student Culture and Norms. In: Journal of School Health 74(7). 235–251

BMWA (2005): Stellenbesetzungsprozesse im Bereich „einfacher" Dienstleistungen. Dokumentation 550. Verfügbar unter: www.bmwa.bund.de

Buchholz, Sandra/Hofäcker, Dirk/Mills, Melinda/Blossfeld, Hans-Peter/Kurz, Karin/Hofmeister, Heather (2009): Life Courses in the Globalization Process. The Development of Social Inequalities in Modern Societies. In: European Sociological Review 25. 53–71

Childs, Garry/McKay, Michael (2001): Boys starting school disadvantaged. Implications form teacher's ratings of behaviour and achievement in the first two years. In: British Journal of Educational Psychology 71. 303–314

Cohen, Michèle (1998): A habit of healthy idleness. Boys' underachievement in historical perspective In: Epstein et al. (1998): 19–34
Coleman, John C. (1989): The focal theory of adolescence. In: Hurrelmann/Engel (1989): 43–56
Diefenbach, Heike/Klein, Michael (2002): Bringing Boys back in. Soziale Ungleichheit zwischen den Geschlechtern im Bildungssystem zuungunsten von Jungen am Beispiel der Sekundarabschlüsse. In: Zeitschrift für Pädagogik 48(6). 938–958
Dresel, Markus/Stöger, Heidrun/Ziegler, Albert (2006): Klassen- und Schulunterschiede im Ausmaß von Geschlechterdiskrepanzen bei Leistungsbewertungen und Leistungsaspirationen. Ergebnisse einer Mehrebenenanalyse. In: Psychologie in Erziehung und Unterricht 53. 44–61
Drucks, Stephan/Osipov, Igor/Quenzel, Gudrun (2010): Anerkennungserfahrungen als Motivation zu lebenslangem Lernen. Einflüsse von Lehrern, Eltern und Peers auf die Lernmotivation Jugendlicher. Diskurs Kindheits- und Jugendforschung (i. E.)
Dumais, Susan A. (2002): Cultural Capital, Gender, and School Success. The Role of Habitus. In: Sociology of Education 75. 44–68
Entwisle, Doris/Alexander, Karl/Olson, Linda (2007): Early Schooling. The Handicap of Being Poor and Male. In: Sociology of Education 80. 114–138
Epstein, Debbie (1998): Real boys don't work: Underachievement, masculinity and the harassment of sissies. In: Epstein et al. (1998): 96–108
Epstein, Debbie/Elwood, Jannette/Hey, Valerie/Maw, Janet (Hrsg.) (1998): Failing boys? Issues in gender and achievement. Buckingham: Open University Press
Feinstein, Leo/Bynner, John (2004): The Importance of Cognitive Development in Middle Childhood for Adulthood Socioeconomic Status, Mental Health, and Problem Behavior. In: Child Development 75(5). 1329–1339
Fend, Helmut (2009). Arm und reich im frühen Erwachsenenalter. Wege zu Einkommen und Auskommen. In: Fend et al. (2009): 161–192
Fend, Helmut/Berger, Fred/Grob, Urs (Hrsg.) (2009): Lebensverläufe, Lebensbewältigung, Lebensglück. Ergebnisse der LifE-Studie. Wiesbaden: VS Verlag für Sozialwissenschaften
Flook, Lisa/Fuligni, Andrew J. (2008): Family and School Spillover in Adolescents' Daily Lives. In: Child Development 79 (3). 776–787
Freund, Alexandra M. (2004): Entwicklungsaufgaben. In: Kruse/Martin (2004): 488–511
Freund, Alexandra M. (2003): Die Rolle von Zielen für die Entwicklung. In: Psychologische Rundschau 54(4). 233–242
Geißler, Rainer (2008): Die Metamorphose der Arbeitertochter zum Migrantensohn. Zum Wandel der Chancenstruktur im Bildungssystem nach Schicht, Geschlecht, Ethnie und deren Verknüpfungen. In: Berger/Kahlert (2008): 71–100
Gold, Dolores (1982): Male Teacher Effects on Young Children. A Theoretical and Empirical Consideration. In: Sex Roles 8(5). 493–513
Greene, Barbara A./DeBacker, Teresa K. (2004): Gender and Orientations Toward the Future. Links to Motivation. In: Educational Psychology Review 16(2). 91–120
Greenspan, Stanley I./Pollock, George H. (Hrsg.) (1991): The course of life. Volume IV. Adolescence. Madison: International University Press
Hamre, Bridget/Pianta, Robert (2005): Can Instructional and Emotional Support in the First-Grade Classroom Make a Difference for Children at Risk of School Failure? In: Child Development 76(5). 949–967
Hauser, Stuart T./Greene, Wendy M. (1991): Passages from late adolescence to early adulthood. In: Greenspan/Pollock (1991): 377–405
Havighurst, Robert (1973): Developmental Tasks and Education. 3rd edition. New York: David McKay
Havighurst, Robert (1953): Human Development and Education. New York: David McKay
Hurrelmann, Klaus (2007): Lebensphase Jugend. 9. Auflage. Weinheim: Juventa
Hurrelmann, Klaus (2006): Einführung in die Sozialisationstheorie. 9. Auflage. Weinheim/Basel: Beltz
Hurrelmann, Klaus/Albert, Mathias/TNS Infratest Sozialforschung (2006): 15. Shell Jugendstudie. Frankfurt a. M.: Fischer
Hurrelmann, Klaus/Engel, Uwe (Hrsg.) (1989): The social world of adolescents. Berlin: De Gruyter
Jackson, David (1998): Breaking out of the binary trap. Boys' underachievement, schooling and gender relations. In: Epstein et al. (1998): 77–95
Jacobs, Jerry A. (1999): Gender and the stratification of colleges. In: Journal of Higher Education 70. 161–187
Keller, Carsten (2007): Selektive Effekte des Wohnquartiers. Sozialisation in räumlicher Segregation. In: Zeitschrift für Soziologie der Erziehung und Sozialisation 27(2). 181–196
Kelly, Sean (2008): What Types of Students' Effort are Rewarded with High Marks? In: Sociology of Education 81. 32–52

Kessels, Ursula/Warner, Lisa M./Holle, Julia/Hannover, Bettina (2008): Identitätsbedrohung durch positives schulisches Leistungsfeedback. Die Erledigung von Entwicklungsaufgaben im Konflikt mit schulischem Engagement. In: Zeitschrift für Entwicklungspsychologie und Pädagogische Psychologie 40(1). 22–31

Kiuru, Noona/Nurmi, Jari-Erik/Aunola, Kaisa/Salmela-Aro, Katariina (2009): Peer group homogeneity in adolescents' school adjustment varies according to peer group type and gender. In: International Journal of Behavioral Development 33(1). 65–76

Kruse, Andreas/Martin, Mike (Hrsg.) (2004): Enzyklopädie der Gerontologie. Bern: Huber

Mansel, Jürgen/Hurrelmann, Klaus (1998): Aggressives und delinquentes Verhalten Jugendlicher im Zeitvergleich. Befunde der „Dunkelfeldforschung" aus den Jahren 1988, 1990 und 1996. In: Kölner Zeitschrift für Soziologie und Sozialpsychologie 50. 78–109

Marsh, Herbert W./Trautwein, Ulrich/Lüdtke, Oliver/Köller, Olaf/Baumert, Jürgen (2005): Academic Self-Concept, Interest, Grades, and Standardized Test Scores. Reciprocal Effects Models of Causal Ordering. In: Child Development 76(2). 397–416

Müller-Benedict, Volker (2007): Wodurch kann die soziale Ungleichheit des Schulerfolgs am stärksten verringert werden? In: Kölner Zeitschrift für Soziologie und Sozialpsychologie 59(4). 615–639

Pfeiffer, Christian/Mößle, Thomas/Kleimann, Matthias/Rehbein, Florian (2007): Die Pisa-Verlierer – Opfer ihres Medienkonsums. Eine Analyse auf der Basis verschiedener empirischer Untersuchungen. Kriminologisches Forschungsinstitut Niedersachsen. Verfügbar unter: www.kfn.de/Aktuelles/Neuveroeffentlichung.htm

Quenzel, Gudrun/Hurrelmann, Klaus (2010): Geschlecht und Schulerfolg: Ein soziales Stratifikationsmuster kehrt sich um. In: Kölner Zeitschrift für Soziologie und Sozialpsychologie 1. 61–92

Seiffge-Krenke, Inge/Gelhaar, Tim (2006): Entwicklungsregulation im jungen Erwachsenenalter. Zwischen Partnerschaft, Berufseinstieg und der Gründung eines eigenen Haushalts. In: Zeitschrift für Entwicklungspsychologie und Pädagogische Psychologie 38(1). 18–31

Solga, Heike/Wagner, Sandra (2004): Die Zurückgelassenen – die soziale Verarmung der Lernumwelt von Hauptschülerinnen und Hauptschülern. In: Becker/Lauterbach (2004): 187–216

Spitz-Oener, Alexandra (2003): IT Capital, Job Content and Educational Attainment. ZEW Discussion Paper 03-04. Verfügbar unter: ftp://ftp.zew.de/pub/zew-docs/dp/dp0304.pdf

Statistisches Bundesamt (2009): Bildung und Kultur. Allgemeinbildende Schulen. Fachserie 11, Reihe 1. Wiesbaden: Statistisches Bundesamt

Trautmann, Matthias (Hrsg.) (2004a): Entwicklungsaufgaben im Bildungsgang. Wiesbaden: VS Verlag für Sozialwissenschaften

Trautmann, Matthias (2004b): Entwicklungsaufgaben bei Havighurst. In: Trautmann (2004a): 19–40

Trautwein, Ulrich/Köller, Olaf/Baumert, Jürgen (2004): Des einen Freud', der anderen Leid? Der Beitrag schulischen Problemverhaltens zur Selbstkonzeptentwicklung. In: Zeitschrift für Pädagogische Psychologie 18(1). 15–19

Wahl, Hans-Werner/Diehl, Manfred/Kruse, Andreas/Lang, Frieder R./Martin, Mike (2008): Psychologische Alternsforschung. Beiträge und Perspektiven. In: Psychologische Rundschau 59(1). 2–23

Warrington, Molly/Younger, Mike (2000): The other side of the gender gap. In: Gender and Education 12. 493–508

Bildungsarmut, Exklusion und die Rolle von sozialer Verarmung und *Social Illiteracy*

Wolfgang Ludwig-Mayerhofer und Susanne Kühn

Dass Bildungsarmut mit hohen Risiken von Arbeitslosigkeit und Exklusion verknüpft ist, ist heute unbestritten (Sparkes/Glennerster 2002). Dieser Konsens über die Folgen von Bildungsarmut verdeckt freilich, dass sowohl die genaue Bedeutung von Exklusion als auch die Mechanismen, die Bildungsarmut mit Exklusion verknüpfen, häufig im Unklaren belassen werden (in diesem Sinne auch kritisch Solga 2006). Ziel unseres Beitrags ist, hier mehr konzeptuelle Klarheit zu verschaffen, indem wir Begriffe ausführlich diskutieren und Mechanismen zu explizieren versuchen. Bei diesem Versuch blicken wir in zwei Richtungen. Beginnt der Blick bei der Bildungsarmut, so fragen wir, wie diese zu Arbeitslosigkeit und Exklusion führt. Hier geht es also um die Exklusionsrisiken bildungsarmer Personen, oder anders formuliert: um Exklusion als Auswirkung von Bildungsarmut. Umgekehrt können wir aber auch bei Exklusion beginnen und fragen, ob und wie diese Bildungsarmut verursacht. Hier wird Exklusion als ein Phänomen betrachtet, das Bildungsarmut zur Folge haben kann.

Als erstes ist es erforderlich, den Begriff „Exklusion" näher zu umreißen und ihn auch, zumindest tentativ, zu operationalisieren. Genauer gesagt können und müssen wir zwischen zwei Exklusionsbegriffen unterscheiden: Der erste bezieht sich auf eine spezifische historische Konstellation auf der gesellschaftlichen Makro-Ebene, „einen Funktionswandel der Wirtschaft, einen Strukturwandel der Solidarität und einen Paradigmenwechsel der Gerechtigkeit sowie … den Zusammenhang zwischen ihnen" (Münch 2010: 21). Weiterhin kann man, und dies wäre ein zweiter Exklusionsbegriff, fragen, von welchen Ressourcen oder Teilhabechancen Menschen konkret exkludiert sind; wir werden hier vor allem Sozialbeziehungen in der Familie, im sozialen Nahraum und in der Schule thematisieren, einen Bereich, der für die empirische Analyse von Bildungsarmut besonders wichtig ist. Auf beide Möglichkeiten, Exklusion zu konzeptualisieren, gehen wir näher im ersten Abschnitt ein.

Vor diesem Hintergrund rekapitulieren wir im darauf folgenden Abschnitt den Zusammenhang Bildungsarmut – Arbeitslosigkeit – Exklusion. Da die grundlegenden Sachverhalte bekannt sind, können wir uns hier etwas kürzer fassen. Ein weiterer Abschnitt hat dann Exklusion als mögliche Ursache von Bildungsarmut zum Gegenstand, untersucht also die umgekehrte Wirkungskette. Wir betrachten hier Exklusion auf der Ebene von Sozialbeziehungen und ziehen dazu zunächst den Begriff des Sozialkapitals heran. In diesem Zusammenhang gehen wir auch auf einen Begriff ein, der in jüngerer Zeit zunehmend diskutiert wird: *Social (Il-)Literacy* oder soziale (Il-)Literalität. Noch mehr als in den übrigen Teilen unseres Beitrags wird sich unsere Argumentation hier auf der konzeptuellen Ebene bewegen, da es sich bislang eher um einen begrifflichen Versuchsballon als einen festen, abgesicherten Pfeiler im Gebäude der Sozialwissenschaften handelt.

Damit ist umrissen, wovon dieser Beitrag handelt. Einige klärende Sätze sind aber vorab vonnöten zur Frage: Wer sind die Individuen, die Gegenstand unserer Ausführungen sind? In Anlehnung an Allmendinger (1999) können wir sie als Bildungsarme bezeichnen. Eine präzise Definition dieses Begriffs ist jedoch nicht ganz einfach. Selbst bei Rekurs auf einen absoluten Armutsbegriff – mit Allmendinger kann man hier einen Bildungsabschluss als die ‚Minimalausstattung' begreifen, deren Unterschreiten Bildungsarmut darstellt – bliebe zu klären, ob das Fehlen eines allgemeinschulischen oder eines beruflichen Bildungsabschlusses als Bildungsarmut bezeichnet werden soll oder gar erst das Fehlen beider. Oder sollte man, je nachdem, welcher Abschluss fehlt, oder ob es an beiden gebricht, von unterschiedlichen Graden der Bildungsarmut sprechen? Gleichzeitig deuten manche Befunde darauf hin, dass Personen mit Hauptschulabschluss kaum mehr Chancen haben also solche ohne jeglichen Schulabschluss; dies gilt laut Giesecke, Ebner und Oberschachtsiek (in diesem Band) bei Personen ohne beruflichen Abschluss für das Risiko der Erwerbslosigkeit oder nach den Ergebnissen von Hacket et al. (2001) für die Arbeitslosigkeitsrisiken im Anschluss an eine Ausbildung. Ja, es gibt sogar Befunde, die darauf hindeuten, dass zumindest in einigen Hinsichten „die in den älteren Kohorten vergleichsweise ausgeprägten Unterschiede zwischen *Hauptschülern ohne Berufsausbildung* und Hauptschülern mit einer abgeschlossenen Berufsausbildung in der jüngsten [der untersuchten] Kohorte[n] verschwinden" (Steinmann 2000: 213), dass also die „Bildungsrenditen der Hauptschüler ohne Berufsausbildung und mit Lehre sich kaum noch (unterscheiden)" (ebd.). Zwar betrifft dieses Verwischen von Grenzen nur Teilaspekte von Erwerbschancen, in der Summe erfahren Personen ohne Abschluss (sei er allgemeinschulischer, sei er beruflicher Art) deutliche Benachteiligungen gegenüber solchen mit Abschlüssen (Solga 2005; siehe auch Hacket et al. 2001: 123). Dennoch scheint es gerechtfertigt, nicht nur von Bildungsarmen oder auch Ausbildungslosen (und damit einer klaren Trennung von Personen mit und ohne Abschlüssen), sondern auch von *gering Qualifizierten* zu sprechen, um darauf aufmerksam zu machen, dass Nachteile hinsichtlich gesellschaftlicher Teilhabe sich am unteren Ende der Bildungshierarchie massiv verstärken, ohne dass durchgängig eine klare Grenze zwischen Personen mit und ohne Ausbildung anzunehmen ist.

1 Exklusion

Spricht man von Exklusion, so verweist man darauf, „dass es eine gesellschaftliche Spaltung gibt, die nicht mehr einer Logik der wechselseitigen, aber ungleichen Abhängigkeit folgt, sondern einer Logik von Teilhabe (an Wohlstand, Beschäftigung, Bürgerstatus) und Ausschluss; dass sich dieses spezifische Ungleichheitsverhältnis in den Problemen von Armut, Arbeitslosigkeit und Migration manifestiert; und dass es gerade die zuletzt genannten Probleme sind, die gegenwärtig das Bild von sozialer Ungleichheit bestimmen" (Kronauer 2002: 39 f.). Kronauer stellt damit auf eine analytische Beschreibung von Gegenwartsgesellschaften auf der Makro-Ebene ab: Es geht um gesellschaftliche Verhältnisse, die durch eine spezifische Ungleichheitsordnung charakterisiert sind, eine Ordnung, in der „bestimmte Personen an den Rand der Gesellschaft gedrängt und durch ihre Armut bzw. wegen unzureichender Grundfertigkeiten oder fehlender Angebote für lebenslanges Lernen oder aber infolge von Diskriminierung an der vollwertigen Teilhabe gehindert werden“ (Europäische Kommission 2004: 12).

Wenn die Ungleichheitsforschung somit die Spaltung der Gesellschaft in einen Inklusionsbereich und einen Exklusionsbereich – den „Rand der Gesellschaft“ mit eingeschränkten Teilhabemöglichkeiten – hervorhebt (siehe auch Bude 2008: 249), so geht dies auf einen doppelten Bruch in der Entwicklung der europäischen Nachkriegsgesellschaften zurück (Donzelot 1996; Kronauer 2002; Ludwig-Mayerhofer 2009). Der *erste* Bruch bezieht sich auf den Arbeitsmarkt: Nach einer anhaltenden Entwicklung vor allem seit Mitte der 1950er Jahre hin zu einer Gesellschaft, in der immer mehr erwachsene Gesellschaftsmitglieder (freilich dominant jene männlichen Geschlechts) in sichere und bescheidenen Wohlstand ermöglichende Erwerbsarbeit inkludiert wurden, hat sich im Gefolge der seit Ende der 1970er Jahre deutlich ansteigenden Arbeitslosigkeit dieser Trend deutlich abgeschwächt, ja teilweise umgekehrt. Die Rede von Exklusion verweist darauf, dass sich Arbeitsmarktchancen *polarisieren*: Bestimmte Gruppen, namentlich gering Qualifizierte, finden kaum mehr Anbindung an den, geschweige denn vollständigen Einschluss in den Arbeitsmarkt und erscheinen so als strukturelle Verlierer, deren Teilhabechancen dauerhaft eingeschränkt sind (Münch 2010: 236 ff.). Der *zweite* Bruch besteht darin, dass sich in der Folge auch die (nationalen) Sozialpolitiken transformieren. Denn immer mehr Arbeitslose sind zusätzlich zu den Leistungen der Arbeitslosenversicherung, und immer häufiger sogar an deren Stelle, auf jene ‚minderwertigen‘ Leistungen der Sozialhilfe oder der Grundsicherung angewiesen, die man früher den Arbeitsunfähigen vorbehalten hatte. Auch in diesem Sinne findet also ein Ausschluss statt, ein Ausschluss aus solchen Systemen sozialer Sicherung, die nicht nur den Lebensstandard leidlich aufrecht zu erhalten gestatten, sondern die qua Sozialversicherung symbolisiert hatten, dass die Betroffenen diese Sicherung auch (im doppelten Wortsinn) *verdient* hatten.

Was bedeutet aber eine durch Exklusion gekennzeichnete Ungleichheitsordnung gegenwärtiger Gesellschaften? Auf der allgemeinsten Ebene sind dies, so wird häufig formuliert, Gesellschaften, in denen die Frage des „Oben“ und „Unten“, also der Schichtungshierarchie, an Bedeutung verloren hat, in der es vielmehr auf das „Drinnen“ vs. „Draußen“ ankommt, auf die Frage des „Dazugehörens“ (so nachdrücklich Touraine 1991). Man kann also von einer Diskontinuität sprechen (Leisering 2000), einem Bruch, einem Riss, einer Schwelle zwischen der Mehrheitsgesellschaft und den von Exklusion betroffenen Individuen. Wie hat man sich aber diesen Bruch genauer vorzustellen? Hier lassen sich drei Varianten unterscheiden, die kurz umrissen seien.[1]

1 Verschwiegen sei nicht, dass der Exklusionsbegriff auch vielfältige Kritik auf sich gezogen hat. So wird argumentiert, der Blick auf die Exkludierten, die am Rand der Gesellschaft Stehenden, gehe von einem dichotomen und damit zu einfachen Gesellschaftsbild aus. Für Castel richtet sich die Exklusionsdebatte auf die „sichtbarsten Folgen der ‚Krise‘, obwohl man es mit einem allgemeinen Prozess der Destabilisierung der Erwerbsarbeit zu tun“ hat (Castel 2008: 79); daher hält er es für angemessener, „von Prekarisierung, Verwundbarkeit, Marginalisierung zu sprechen, doch nicht von Exklusion“ (ebd.: 83). Allerdings lassen sich auch Tendenzen feststellen, dass in der aktuellen Forschung die „Zone der Prekarität“ so weit gezogen wird, ihre Gefährdungen so drastisch ausgemalt werden, dass die Menschen, die ganz am Rande stehen, manchmal aus den Augen verloren werden. Ohne Zweifel hat Castel auch recht, dass der Exklusionsbegriff wegen der „Heterogenität seiner Verwendungsweisen“ problematisch ist: „Mit ihm wird eine große Bandbreite verschiedener Situationen bezeichnet, wobei das Besondere der jeweiligen Situation verwischt wird“ (Castel 2008: 69). Auch die Tatsache, dass Exklusion nicht selten eher locker-assoziierend umschrieben denn sozialwissenschaftlich klar gefasst wird – so etwa, wenn man lesen kann, dass sich „die gesellschaftliche

Eine erste Variante betrachtet den Bruch als eine sehr radikale Trennlinie zwischen „Drinnen“ und „Draußen“. Dieser Sichtweise zufolge erzeugt oder definiert Exklusion Gruppen, die man gar nicht mehr in den für die inkludierten Gesellschaftsmitglieder üblichen Kategorien beschreiben kann. Zygmunt Bauman hat dies besonders drastisch formuliert: Der Exklusionsbereich ist einer Müllhalde vergleichbar, denn die Kategorie der Überflüssigen „bewegt sich im gleichen semantischen Umfeld wie ‚Ausschussware‘, ‚fehlerhaftes Exemplar‘, ‚Müll‘ – wie Abfall. Die Arbeitslosen – die ‚industrielle Reservearmee‘ – sollten noch ins aktive Erwerbsleben zurückgeholt werden. Der Bestimmungsort von Abfall ist die Abfallecke im Hinterhof, die Müllhalde“ (Bauman 2005: 20 f.). Aber auch Luhmann greift zu kaum weniger plastischen Worten; so kann man sich den Exklusionsbereich etwa als Großstadtdschungel – „eine in der Selbst- und Fremdwahrnehmung aufs Körperliche reduzierte Existenz, die den nächsten Tag zu erreichen sucht. Um zu überleben, braucht man Fähigkeiten zur Gefahrenwahrnehmung und zur Beschaffung des Nötigsten“ (Luhmann 1996: 227 f.) – oder einfach als Elend – „Analphabetentum und medizinische wie ernährungsmäßige Unterversorgung“ (Luhmann 1997: 630) – vorstellen. Allgemein ist vor allem bei systemtheoretischen Autoren eine Tendenz zu konstatieren, Exklusion als radikale und vollständige Abspaltung der Betroffenen von der Gesellschaft, genauer: als kumulierte oder Total-Exklusion aus sämtlichen gesellschaftlichen Teilsystemen zu konzipieren; die Exkludierten leben in systemtheoretischer Konzeption gleichsam in „schwarzen Löchern“, aus denen „so gut wie nie etwas … heraus“ findet (Stichweh 2005: 59).

Am anderen Pol, dies ist die zweite Variante, kann man Konzeptionen einordnen, die vor allem in Frankreich vertreten werden und die man als Vorstellungen von Gesellschaft als einem konkreten und eine nationale Einheit konstituierenden Zusammenhang gesellschaftlich anerkannter Positionen und der damit verbundenen Rechte und Pflichten rekonstruieren kann. Vor diesem Hintergrund wird Exklusion dann als Bruch des „sozialen Bandes“ *(lien social)*, des gesellschaftlichen Zusammenhalts gedacht. Die Gesellschaft kann in diesem Kontext ökonomisch bzw. produktionistisch (Touraine 1991), also als „Arbeitsgesellschaft“ der Nützlichen, oder sozialstaatlich-solidarisch (Béland/Hansen 2000), als Gemeinschaft der sich gegenseitig Unterstützenden, in beiden Fällen jedenfalls als Gesellschaft der wechselseitig voneinander Abhängigen gedacht werden. In der arbeitsgesellschaftlichen Konzeption wird das soziale Band bereits durch Arbeitslosigkeit, zumindest Langzeit- oder immer wiederkehrende Arbeitslosigkeit, zerrissen, weil die Betroffenen keinen anerkannten Ort im Gefüge sozialer Positionen haben. In der Sicht, die vor allem den sozialstaatlichen Zusammenhang betont, wird das soziale Band nicht nur dadurch gefährdet, dass viele Arbeitslose aus der an den vorherigen Status anknüpfenden (und insoweit auch arbeitsgesellschaftlich konstruierten) Arbeitslosenversicherung herausfallen; auch die Tatsache, dass die Langzeitarbeitslosen auf lange Sicht einseitig auf Leistungen angewiesen sind und damit die reziproke Verpflichtung, einen Beitrag zum gesellschaftlichen Solidaritätszusammenhang zu leisten, nicht mehr erfüllen können, ist Teil dieser Gefährdung (Merrien 1996: 420). Die Arbeitslosen oder andere „Exkludierte“ werden so auf den Status des frühneuzeitlichen, noch nicht in umfassende

---

Teilhabe auf ein Mitlaufen ohne Ziel und ein Dasein ohne Ort reduziert“ habe (Bude/Willisch 2006b: 8) – könnte gegen den Exklusions-Begriff einnehmen. Die Konsequenz aus diesen Problemen ist jedoch nicht ein Verzicht auf den Begriff, sondern seine Präzisierung (vgl. auch Ludwig-Mayerhofer 2009).

soziale Sicherung eingeschlossenen Armen zurückgeworfen (Procacci 1996: 415). In beiden Konzeptionen beschreibt Exklusion vor allem einen gesellschaftlichen Zustand; es ist die gesellschaftliche Anerkennungsordnung, die durch Exklusion bedroht ist, es handelt sich um eine Krise des ‚gesellschaftlichen Ganzen'. Die soziale Lage, die konkreten Teilhabechancen (oder ihr Fehlen) von Individuen spielen in diesen Konzepten eine untergeordnete Rolle.

Am häufigsten wird aber wohl eine dritte, mittlere Variante vertreten, die, ohne Baumans oder Luhmanns dramatisierenden, eine Totalexklusion unterstellenden Blick zu teilen, genau jene Lebensbedingungen der Exkludierten ins Auge fasst, die für die Vertreter der zweiten Position nachrangig, quasi nur akzidentell sind. Die Gesellschaft wird hier als ein Kontinuum von Lebensbedingungen gesehen, in dem Langzeitarbeitslose oder Menschen in anderen Risikolagen – meist nicht auf einen Schlag, sondern in einem schleichenden Prozess – an den Rand getrieben werden (Paugam 1996b). Der Vorstellung des Kontinuums der gesellschaftlichen Lagen entspricht also der eines zeitlichen Verlaufs, einer Entwicklung oder – um ein häufig gebrauchtes Schlagwort heranzuziehen – einer Dynamik der Exklusion, in der sich die Lebenslage der Betroffenen kumulativ immer mehr verschlechtert, bis eine Schwelle überschritten ist (so deutet schon der Titel des Buches von Room 1995 an), jenseits derer ein Zurück in die gesellschaftliche Normalität nur mehr schwer möglich ist. Diese Kumulation beeinträchtigender Faktoren zeigt sich zunächst in den Lebensbedingungen: den geringen Einkommen, den schlechten Wohnungen, dem reduzierten Konsum, der eingeschränkten Teilhabe an kulturellen Aktivitäten. Fast immer wird eine weitere Dimension hinzugefügt: die Einschränkung, wenn nicht gar Auflösung sozialer Nahbeziehungen – wenn man so will, ebenfalls ein Bruch des gesellschaftlichen Bandes, welches hier aber konkret als Interaktions-, Austausch- und Kommunikationsbeziehung zwischen Individuen gedacht wird (Paugam/Russell 2000; kritisch Gallie et al. 2003). Zu sozialer Isolation hinzu kommen schließlich Beschädigungen des Selbstbildes, die reduzierten Hoffnungen, die Perspektivlosigkeit, das Gefühl, nicht gebraucht zu werden (Hark 2005), die Wahrnehmung verringerter Teilhabechancen (Böhnke 2006) (vgl. zusammenfassend Kronauer 2002, vor allem Kap. IV.).

Quer zu den drei skizzierten Versuchen, eine durch Exklusion charakterisierte Gesellschaftsordnung zu fassen, liegt ein weiteres Phänomen, das ebenfalls häufig in einen Zusammenhang mit Exklusion gebracht wird, nämlich *räumliche Segregation.* Schon die ersten (aus Frankreich stammenden) Ansätze, den Exklusionsbegriff ins Spiel zu bringen, griffen unter anderem das Phänomen der Sub-Proletarier in den *bidonvilles* (Barackensiedlungen) auf und wiesen damit auf die räumliche Konzentration von Armut hin (vgl. Klanfer 1969 [1965]: 69 ff.) – eine Konzentration, die sich (wenn auch unter modifizierten Bedingungen und im Anschluss an eine Wohnungspolitik, die ‚Problemgruppen' vor allem in den Pariser Vororten, den *banlieues* ansiedelte) bis heute erhalten hat. Niedriger Lebensstandard, fehlende öffentliche Einrichtungen, schlechte Schulabschlüsse, ein Arbeitsmarkt, der allenfalls schlecht bezahlte Gelegenheitsarbeit bietet, und schließlich die öffentliche Stigmatisierung der betreffenden Viertel und ihrer Bewohner rauben vor allem den Jugendlichen, häufig mit Migrationshintergrund, jegliche Perspektive und jegliche Hoffnung (Dubet 1987). In ganz ähnlicher Weise – allerdings unter Verwendung eines anderen Begriffs, nämlich *underclass* – hat Wilson für die USA den Zusammenhang von städtischer Segregation, Arbeitslosigkeit und Armut analysiert (Wilson 1987, 1991; siehe auch Kronauer 1997). Auch die deutsche Stadtsoziologie hat solche Erscheinungen thematisiert, auch wenn diese in Deutschland noch nicht die drastischen Formen annehmen wie in Frankreich und den USA (Dangschat 1997; Häußermann et al. 2004; Keller 2005 oder Häußermann/Kronauer 2009). Auch hier lassen sich Bezüge zu Bildung herstellen, auf die wir nachfolgend zurückkommen.

2 Bildungsarmut – Exklusion, oder: warum gering Qualifizierte heute exkludiert sind

Bereits in den 1980er Jahren konnte für den deutschen Arbeitsmarkt empirisch belegt werden, dass die Erwerbschancen sehr stark von formellen Abschlüssen im Ausbildungssystem abhängen und eine erfolgreich abgeschlossene Ausbildung eine zentrale Voraussetzung für den Eintritt in den sogenannten primären Arbeitsmarkt darstellt (vgl. Blossfeld/Mayer 1988). Die berufliche Erstausbildung determiniert auf dem stark durch berufsfachliche Kriterien strukturierten Arbeitsmarkt aber nicht nur den Übergang in das Beschäftigungssystem, sondern ist auch für die Erwerbschancen im weiteren Erwerbsverlauf entscheidend. Konietzka verdeutlicht, dass individuelle Arbeitsmarktchancen in der Bundesrepublik stark vom erfolgreichen Durchlaufen einer vorangegangenen beruflichen Ausbildungsphase abhängig sind und „soziale Schließungsprozesse an formellen beruflichen Ausbildungsabschlüssen orientiert [sind]" (Konietzka 2008: 277). Die Reproduktion sozialer Ungleichheit beginnt somit nicht erst beim Zugang zum Arbeitsmarkt, sondern bereits eine Stufe zuvor, nämlich bei den Mechanismen des Ausbildungszugangs (ebd).

Allerdings waren die Chancen gering Qualifizierter oder Bildungsarmer auf Arbeitsmarktteilhabe nicht immer so schlecht wie heute. Das hat paradoxerweise damit zu tun, dass Bildungsarmut früher wesentlich weiter verbreitet, damit aber auch ‚normal' und in gewisser Weise gesellschaftlich akzeptiert war. In den vor dem zweiten Weltkrieg geborenen Jahrgängen hatten etwa 20 Prozent der Männer und 50 Prozent der Frauen *keinen* beruflichen Ausbildungsabschluss. Und noch im Jahr 1965 verließen etwa 20 Prozent der Schüler die allgemeinbildende Schule ohne Abschluss (Göggel 2007; vergleichbare Zahlen in Konsortium Bildungsberichterstattung 2006, Tab. B3-2A; siehe auch Solga 2006: 122 f.; Steinmann 2000: 127 oder Dietrich et al. 2009: 323 f.). Die Bildungsexpansion hat nun die Anteile ausbildungsloser Personen drastisch gesenkt: Ohne schulischen Abschluss bleiben heute acht Prozent der Schulabgänger, ohne beruflichen Bildungsabschluss zehn Prozent der Männer und nur wenig mehr unter den Frauen.

Damit hat sich aber die Bedeutung des Ohne-Abschluss-Bleibens gewandelt: Noch bis zur Mitte des 20. Jahrhunderts war dieses (sicher nicht nur, aber auch) Ausdruck der Tatsache, dass man auch ohne Bildung in der Erwachsenengesellschaft jemand werden konnte – wenn man es auch nicht weit brachte, nämlich zu kaum mehr als einer Tätigkeit als angelernter Arbeiter (im Fall der Männer) bzw. zum Status einer Ehe- und Hausfrau (dies die Option vieler Frauen). Aber: Der Arbeits- und der Heiratsmarkt waren hierauf eingestellt; un- und angelernte Arbeiter standen zwar in der gesellschaftlichen Hierarchie weit unten, hatten aber im Wirtschaftsaufschwung nach dem 2. Weltkrieg zunächst keine Probleme, Arbeit zu finden (im Gegenteil: die Anwerbung von „Gastarbeitern" ab dem Ende der 1950er Jahre verdeutlicht das Ausmaß, in dem zu dieser Zeit einfache manuelle Arbeit nachgefragt wurde).

Und bei Frauen zählte die Vorbereitung auf eine Erwerbstätigkeit ohnehin weniger, wurde ihr gesellschaftlicher Ort doch in der Familie gesehen.

Doch in den letzten Dekaden des 20. Jahrhunderts ging (Aus-)Bildungslosigkeit als zwar nicht angesehene, aber akzeptable Option immer mehr verloren (vgl. Solga 2005; Hillmert 2009). Diese Entwicklung wurde sicherlich durch die gesellschaftlichen Diskurse über die „Bildungskatastrophe" in den 1960er Jahren gefördert, ebenso durch die Bildungspolitiker, die in der Folge das Bildungssystem ausbauten. Die Bildungsexpansion begann aber schon vorher, ab den 1950er Jahren, bei Eltern, die ihre Kinder zunehmend auf höhere Schulen schickten und dann bei den Jugendlichen selbst, für die eine Ausbildung immer selbstverständlicher wurde (Klemm 2000). Wie immer man die Einzelstücke des Puzzles zusammensetzen mag, *im Ergebnis* kann man annehmen, dass sich in den letzten Jahrzehnten ein gesellschaftliches Deutungsmuster herausbildete, das zum Teil wohl schon Voraussetzung, auf jeden Fall aber Folge der Bildungsexpansion war: Allgemeinschulische und berufliche Bildung sind zunehmend nicht nur essentielle Bedingung dafür, an der Erwerbsgesellschaft zu partizipieren, sondern schon dafür, überhaupt als Gesellschaftsmitglied ernst genommen zu werden. Nicht nur ist also beispielsweise (auch und gerade) Hauptschülern heute fast ausnahmslos klar, dass sie am Arbeitsmarkt wenig Chancen besitzen, wenn sie direkt von der Schule als Ungelernte in den Arbeitsmarkt münden, denn sie streben durchgängig eine Ausbildung oder eine weitere, höhere schulische Bildung an (Gaupp et al. 2004). Sondern man kann sich – eine Ausnahme stellen vermutlich kleine Milieus von Jugendlichen dar, die schon zu den „Bildungsverlierern" zählen, die in der Schule also abgehängt wurden – kaum mehr als jemand präsentieren, der sich aus einem Bildungsabschluss nicht viel macht; wer keinen Abschluss hat, steht auf jeden Fall unter (kaum mehr bewältigbarem) Erklärungszwang und muss befürchten, durch Andere abgewertet zu werden, denn er oder sie kann nicht erwarten, dass Ausbildungslosigkeit als eine mögliche Lebensoption ernst genommen wird.

Kann man aber sagen, dass Bildungsarme heute exkludiert sind? Unser Überblick über unterschiedliche Konzepte von Exklusion zeigt, dass eine genaue Antwort auch davon abhängen wird, wie der Begriff definiert, oder auch: welcher Aspekt, welche Dimension von Exklusion in den Blick genommen wird. Vor dem Hintergrund von Vorstellungen einer Totalexklusion, wie sie etwa die Systemtheorie formuliert, wird man mit Blick auf die Lebensbedingungen in Deutschland zu Recht konstatieren, dass (auch) Bildungsarme nicht exkludiert sind im Sinne eines vollständigen, „kumulativen" Ausschlusses von der Teilhabe an sämtlichen gesellschaftlichen Bereichen (Solga 2006: 145). Doch bei Verwendung anderer Konzepte wird man durchaus von Exklusion, zumindest Exklusionstendenzen sprechen.

Auf der *Makro-Ebene* ist zu konstatieren, dass Bildungsarme oder gering Qualifizierte von den Entwicklungen im Bereich der Erwerbsarbeit besonders betroffen sind: Der kontinuierliche Anstieg wissensbasierter Dienstleistungen und die technische Entwicklung lassen immer weniger einfache manuelle Tätigkeiten übrig, die obendrein angesichts geringer Transportkosten zunehmend in Billiglohnländer verlagert werden. Zwar benötigen gerade die globalen Metropolen auch billige Arbeitskräfte, etwa im Bereich des Hotel- und Gaststättengewerbes (Sassen 1991), in der Summe aber scheinen gerade in Deutschland die Chancen der gering Qualifizierten immer mehr zurückzugehen, und dies, obwohl ihre Zahl selbst abnimmt. Und wie Solga (2005, 2006, 2009) immer wieder herausgearbeitet hat, sind die Wurzeln der Schwierigkeiten gering Qualifizierter keineswegs nur in ökonomischen Entwicklungen zu suchen; sie werden auch durch gesellschaftliche Wahrnehmungsmuster bestimmt, die Jugendliche am unteren Ende der Bildungshierarchie immer mehr als leistungsschwache und nicht ausreichend motivierte Individuen stigmatisieren. In der Summe ergeben sich jedenfalls deutliche Exklusionsmuster am Arbeitsmarkt. Wir umreißen sie in zwei Punkten:

Erstens: Dass sich der Zusammenhang zwischen Bildungsarmut und Arbeitsmarktchancen in den letzten Dekaden verschärft hat, wird besonders bei der Betrachtung der Arbeitslosigkeit deutlich: So ist die Arbeitslosenquote der gering qualifizierten Personen nicht nur angestiegen, sondern hat im Verhältnis zu (höher) Qualifizierten auch stärker zugenommen. Gering Qualifizierte hatten „in den 1970er Jahren ein doppelt so hohes Arbeitslosigkeitsrisiko, heute ist es 3–4 mal so hoch" (Solga: 2009: 395). In dem Zeitraum von 1990 bis 1997 stieg die Arbeitslosenquote gering qualifizierter Personen in Westdeutschland von 13 auf 24 Prozent, in Ostdeutschland war zwischen 1991 und 1997 sogar ein Zuwachs von 33 auf 54 Prozent zu verzeichnen (Solga 2005: 113). Im Jahr 2005 waren in Westdeutschland fast 24 Prozent der gering qualifizierten Personen (Personen ohne beruflichen Abschluss) von Arbeitslosigkeit betroffen, in Ostdeutschland 41,5 Prozent. Bei Erwerbspersonen mit beruflichem Abschluss waren dies nur gut 7 bzw. 17,5 Prozent (Reinberg/Hummel 2007). Dabei scheinen sich die Probleme gering Qualifizierter in besonders schwierigen Arbeitslosigkeitslagen noch zu verschärfen. So hatten unter den Jugendlichen (18- bis 24-Jährigen), die 2005 das neu geschaffene ALG II bezogen, 44 Prozent keinen beruflichen Abschluss (und waren auch nicht in Ausbildung) (Achatz et al. 2009: 211). Auch die Chancen, aus dem ALG-II-Bezug wieder herauszukommen, sind für Jugendliche ohne beruflichen Abschluss deutlich geringer (Schels 2009).

Zweitens: Neben dem deutlich erhöhten Risiko von Arbeitslosigkeit betroffen zu sein, stehen Personen ohne Ausbildungsabschluss auch vor dem Problem der unsicheren und prekären Beschäftigung. So stellte Schreyer schon 2000 fest, dass gering Qualifizierte hiervon besonders stark betroffen sind: In Westdeutschland arbeitete bei einem Durchschnitt von 10 Prozent unsicher Beschäftigter unter den gering Qualifizierten jede/r Fünfte unsicher, größtenteils aufgrund von Befristung oder Geringfügigkeit der Beschäftigung. In Ostdeutschland betrug der Anteil unsicher, vor allem befristet Beschäftigter unter den (dort allerdings relativ wenigen) gering Qualifizierten sogar fast ein Drittel (Schreyer 2000: 3). So wird insgesamt den gering Qualifizierten der formale Zugang zu den begehrten Positionen des ersten Arbeitsmarktes erschwert oder sogar verweigert.

Wenn wir nun die Ebene des *Ausschlusses von sozialen Beziehungen* – als konkrete Form der Exklusion – betrachten, so scheinen keine Forschungsergebnisse zu existieren, die speziell gering Qualifizierte betreffen. Wir betrachten also Ergebnisse, die aus der Forschung zu Arbeitslosigkeit allgemein – von der, wie gezeigt, gering Qualifizierte besonders betroffen sind – vorliegen. Die breit angelegte Studie von Gallie und Paugam (2000) bestätigte zwar die ursprüngliche Annahme nicht, dass die sozialen Kontakte Arbeitsloser insgesamt zurückgehen würden. Was sich jedoch zeigt, ist die Tatsache, dass Arbeitslose sich tendenziell aus dem *öffentlichen sozialen Raum zurückziehen*, wie Tabelle 1 (die vergleichbare Daten auch für instabile Beschäftigungsformen ausweist) anhand der Mitgliedschaft in Vereinen, Klubs u.ä. belegt. Dies ist in den südeuropäischen Ländern weniger bedeutsam, in denen das soziale Leben ohnehin mehr auf informellen familialen und nachbarschaftlichen Netzwerken aufbaut. Hingegen ist in der Bundesrepublik, einem der Länder mit der höchsten

Dichte von Vereinen, das weitgehende Fehlen entsprechender Kontakte bei Arbeitslosigkeit besonders deutlich. Insgesamt zeigt sich hier (wie in vergleichbaren anderen Ländern) bei Arbeitslosigkeit ein Rückzug in private, vor allem familiale Netzwerke, teilweise auch eine Konzentration sozialer Beziehungen auf Personen in ähnlicher Lebenslage, nicht zuletzt auf Arbeitslose. Sozialer Ausschluss bedeutet hier also tendenziell eine Einengung sozialer Kontakte, die auch den Wiedereintritt in eine Beschäftigung erschweren dürfte (vgl. auch Kronauer 2002: 168 ff.).

Tabelle 1 Mitgliedschaft in Vereinen, Klubs usw. in Abhängigkeit vom Erwerbsstatus (Prozent)

	Stabile Beschäftigung	Unsichere Beschäftigung	Prekäre Beschäftigung	Arbeitslos < 1 Jahr	Arbeitslos > 1 Jahr
Belgien	38	32	31	33	19
Dänemark	62	58	56	43	48
Deutschland	***57***	***46***	***37***	***27***	***29***
Frankreich	50	52	40	44	33
Niederlande	51	51	42	46	39
Italien	22	16	14	13	12
Spanien	35	31	27	23	22
UK	49	52	49	44	33

Unsichere Beschäftigung: Unzufrieden mit Tätigkeit, Dauer der Beschäftigung > 1 Jahr
Prekäre Beschäftigung: Unzufrieden mit Tätigkeit, Dauer der Beschäftigung < 1 Jahr
Quelle: Paugam/Russell 2000: 259

3 Exklusion – Bildungsarmut, oder: zur Rolle von fehlendem Sozialkapital und Social (Il-)Literacy

Wir wenden uns nun der Frage zu, ob Exklusion ihrerseits zu Bildungsarmut führt. Wir wollen an dieser Stelle *nicht* auf die Makro-Ebene eingehen, also auf die Frage, ob die gegenwärtige von Exklusion geprägte Gesellschaftsordnung als solche auch Bildungsarmut hervorbringt; man wird hier zumindest von widersprüchlichen oder ambivalenten Entwicklungen sprechen können (dazu auch Solga 2006: 145).[2] Wir wollen uns vielmehr im Sinne des zweiten her-

2 Man kann einerseits konstatieren, dass spätestens seit dem „PISA-Schock" auch die Jugendlichen am unteren Ende des Kompetenzspektrums, also die „Kompetenz-Armen" (Allmendinger/Leibfried 2003) in den Blick geraten sind. Allerdings kommen zumindest teilweise in den Diskussionen darüber, wie Abhilfe zu schaffen sei, wieder alte, schwer miteinander kompatible Positionen zum Tragen, die Entwicklungen blockieren. Mittelschicht-Eltern, die gegen längere gemeinsame Bildung der eigenen Kinder mit solchen, die weniger gute Voraussetzungen mitbringen, protestieren, kommen hinzu (siehe dazu die Hamburger Elterninitiative 2009 gegen die Primarschule, in die alle Kinder bis zur 6. Klasse gehen sollten). Aber: Zumindest kann man

ausgearbeiteten Exklusionsbegriffs auf konkrete Lebensbedingungen beziehen, die durch Exklusion geprägt sind. Hier sind zwei Betrachtungsweisen möglich: In *inter*generationaler Perspektive kann man fragen, ob elterliche Exklusion die Bildungschancen von Kindern beeinträchtigt. Nun gibt es zwar einige Untersuchungen, die den Einfluss elterlicher Arbeitslosigkeit (Becker/Nietfeld 1999) bzw. Armut (Lauterbach/Lange 1998; Hacket et al. 2001; Duncan et al. 1998) auf die Bildungserfolge von Kindern aufzeigen, ein Bezug auf Exklusion lässt sich jedoch in der Forschung nicht finden. Daher fragen wir in *intra*generationaler Betrachtung nach den Lebensbedingungen der Kinder selbst und knüpfen wieder an das Thema eingeschränkter Sozialbeziehungen an. Zwar fehlt auch hier Forschung, die sich explizit auf ein Exklusionskonzept beruft; unter dem Begriff *Sozialkapital*[3] werden jedoch entsprechende Zusammenhänge schon länger diskutiert. Wir fragen also zunächst nach dem Einfluss von Sozialkapital bzw. dessen Fehlen auf Bildungsarmut (ohne damit die Annahme zu verbinden, die Genese von Bildungsarmut sei *ausschließlich* oder auch nur weitestgehend auf unzulängliches Sozialkapital zurückzuführen, dazu Allmendinger et al. 2007: 504–508). Im Anschluss diskutieren wir das Konzept der Social Literacy. Dieses in einigen angelsächsischen Ländern gängige Konzept soll Jugendlichen helfen, ihre soziale Benachteiligung zu verringern oder zu überwinden; wir wollen seine Tragfähigkeit auch mit Blick auf die deutsche Situation prüfen.

3.1 Bildungsarmut und Sozialkapital

Wieder ist mit begrifflichen Klärungen zu beginnen. Aus der Vielfalt der Definitionen von Sozialkapital (Haug 1997) kontrastieren wir zunächst idealtypisch zwei Blickweisen (vgl. Portes 1998). Sozialkapital kann einmal als Ressource von *Individuen* betrachtet werden, als „die Gesamtheit der aktuellen und potentiellen Ressourcen, die mit dem Besitz eines dauerhaften Netzes von mehr oder weniger institutionalisierten *Beziehungen* gegenseitigen Kennens oder Anerkennens verbunden sind; oder, anders ausgedrückt, es handelt sich dabei um Ressourcen, die auf der *Zugehörigkeit zu einer Gruppe* beruhen“ (Bourdieu 1983: 190 f.). Allmendinger, Ebner und Nikolai weisen unter Rückgriff auf Bourdieu sowie Coleman darauf hin, dass solches Sozialkapital aus mindestens drei Elementen besteht: aus „dauerhaften sozialen Beziehungen einer Person“, aus den „ökonomischen, kulturellen oder symbolischen Ressourcen, welche die Mitglieder des jeweiligen Netzwerkes haben“, und schließlich aus der Nutzung des genannten Kapitals, da „letztlich entscheidend ist, welche Ressourcen ein Individuum aus diesen Beziehungen ziehen, mobilisieren und somit für sich nutzbar machen kann“ (Allmendinger et al. 2007: 489). Solchen Definitionen können andere gegenüber gestellt werden, die Sozialkapital eher als Eigenschaft von *Kollektiven* betrachten: „Social capital here refers to features of social organization, such as trust, norms, and networks, that can improve the efficiency of society by facilitating coordinated actions“ (Putnam 1993: 167).

nicht mehr sagen, dass das Thema Bildungsarmut aus dem öffentlichen Diskurs exkludiert ist (am ehesten schweigen dazu noch jene, die im Bildungssystem bereits die besten Ausgangschancen erlangt haben, die Studierenden).

3 Alternativ könnten wir den Begriff der sozialen Netzwerke verwenden. Im Kontext des Themas Bildung hat sich allerdings der Begriff des Sozialkapitals durchgesetzt. Sehr breit zu Sozialkapital informiert der Band von Franzen/Freitag 2007.

Sozialkapital wird hier als ein öffentliches Gut konzipiert (Coleman 1988: 116 ff.). Wir beziehen uns hier vor allem auf den ersten Aspekt von Sozialkapital, also die Ressourcen von Individuen, suchen diese aber im Anschluss an jene Autoren, die städtische Segregation als wichtiges Exklusionsphänomen hervorheben, auch im nachbarschaftlichen Kontext.

Betrachten wir aber zunächst die engsten Nahbeziehungen, die Familie. Dass die Ressourcen der Herkunftsfamilie für die Bildungschancen von Kindern von Bedeutung sind, hat die Bildungsforschung immer wieder hervorgehoben; weniger klar ist, welche Effekte im Einzelnen wirksam werden. Die Theorie des Sozialkapitals betont unter anderem die Zeit, die Eltern oder andere wichtige Bezugspersonen mit Kindern verbringen, denn diese Zeit ist wichtig, damit Eltern ihr Wissen mit den Kindern teilen. Auch die Bildungsaspirationen der Eltern können hier von Bedeutung sein. Ob tatsächlich die Familienzusammensetzung – allein Erziehende vs. Zwei-Eltern-Familien – von Bedeutung ist, ist freilich umstritten; wichtiger könnte sein, *was* die Eltern mit ihren Kindern machen (Cheung/Andersen 2003: 428). Jedenfalls finden wir hier eine erste Quelle der Transmission von Humankapital durch Sozialkapital (Coleman 1988: 111–113).

Auch außerhalb der eigenen Familie, wenn auch häufig vermittelt durch diese, erfahren Kinder von Anderen vielfältige Anregungen. Die Beteiligung von Kindern an außerschulischen Aktivitäten ist ein wichtiges Feld, in dem Kinder einerseits Erfahrungen machen und Fähigkeiten erwerben, andererseits sich auch in sozialen Kontakten bewähren können. Es ist daher kein Wunder, dass die Anzahl der Freunde, die Kinder haben, aber auch die Zahl der Freunde der Eltern mit besserem Schulerfolg verknüpft ist. Zeigen lässt sich in diesem Kontext, dass das Freizeitverhalten mit der sozialen Schicht zusammenhängt. Kinder werden dadurch kontaktfreudiger und selbstbewusster und werden an Lernkontexte außerhalb der Schule herangeführt, die den Bildungserfolg positiv beeinflussen.

Wichtig ist schließlich die Verknüpfung von Schule mit außerschulischem Sozialkapital. Die schulische Einbindung der Eltern hat sich immer wieder bei der Erklärung des Schulerfolgs als bedeutsam erwiesen. Umgekehrt zerreißen häufige Schulwechsel bestehende Freundschaftsnetze, und auch die Eltern müssen den Kontakt zur Schule wieder neu etablieren und aufbauen. Daher ist es nicht überraschend, wenn sich häufige Schulwechsel negativ auf die Bildungsverläufe auswirken (vgl. zu den letzten beiden Absätzen Allmendinger et al. 2007: 501 f.).

Als Zwischenfazit halten wir fest: Das Ausmaß an Sozialkapital, über das Jugendliche verfügen, aber auch dessen Art, ist eine wichtige Einflussgröße für schulischen Erfolg. Insofern muss man ohne Zweifel Exklusion im hier definierten Sinne – also Ausschluss von Sozialbeziehungen – eine wichtige Rolle bei der Verursachung von Bildungsarmut und Niedrigqualifikation zuschreiben.

Fehlendes oder eingeschränktes Sozialkapital ist nun freilich nicht einfach ein Ergebnis von Exklusion im allgemeinen Sinn oder auch der sozialen Herkunft. Vor allem Heike Solga hat immer wieder die große Rolle des *Bildungssystems* für das Sozialkapital hervorgehoben (siehe insbesondere Solga 2006: 135 ff.). Namentlich die soziale Verarmung von Haupt- und Sonderschülern, d. h. der Ausschluss von Beziehungen zu einer *heterogenen* Gruppe von Jugendlichen, lässt sich hierauf zurückführen. Denn da nur noch ein kleiner Teil der Jugendlichen – etwa 20 Prozent von ihnen – die Hauptschule besucht, ist diese Schulform inzwischen von großer sozialer Homogenität geprägt: Es treffen sich hier vorrangig Kinder aus benachteiligten Lagen, Kinder, deren Eltern selbst über geringe Bildungsressourcen verfügen, nicht zuletzt Kinder aus Migrationsfamilien. Damit ist die soziale Isolation der Hauptschüler, ihre Distanz zu Kindern mit besseren Voraussetzungen für erfolgreiches Lernen, gewachsen; die Hauptschüler werden durch die institutionelle Barriere der unterschiedlichen Schulformen von anderen Jugendlichen getrennt und haben so „weniger Gelegenheit, sich die gesellschaftlich erwünschten und vorausgesetzten Sozialkompetenzen anzueignen" (ebd.: 135). Der Wechsel in die Hauptschule bedeutet oft eine frühe Ausgrenzungserfahrung, da sie aufgrund der Wahrnehmung der Hauptschule als „Restschule" als Schulversager stigmatisiert werden und sich auch selbst so wahrnehmen. Der für die Kompetenzentwicklung ungünstige Lernkontext tut dann das seine dazu, diese Stigmatisierung scheinbar zu rechtfertigen. Selbstbewusstsein, Lernmotivation und Akzeptanz gesellschaftlicher Normen werden durch diese Stigmatisierung erheblich beeinträchtigt. Dass der Verweis auf eine Sonderschule (heute oft als Förderschule euphemisiert) ähnliche Folgen hat, dürfte auf der Hand liegen. Wie Solga zeigt, sind ausländische Schüler an Sonderschulen (vor allem solche für Lernbehinderung) besonders überproportional vertreten; es scheint, als würde „im deutschen Schulsystem Andersspachlichkeit in eine ‚Lernbehinderung' umdefiniert und damit die Wahrnehmung von Bildungschancen in den höheren Bildungsinstitutionen blockiert" (ebd: 138). Man kann also sagen, dass das Schulsystem selbst Jugendliche von Sozialkontakten und Lernchancen exkludiert.

Gehen wir in diesem Abschnitt abschließend noch auf den räumlichen Kontext ein und fragen, wie sich Nachbarschaften und Stadtviertel, in denen sich Armut, Langzeitarbeitslosigkeit und Ausschluss von sozialer Teilhabe konzentrieren, auf Bildungschancen auswirken. Zu nennen ist hier als erstes die Gefahr der schulischen Segregation: Schulen in ärmeren Vierteln sind tendenziell schlechter ausgestattet, vor allem aber sind Schüler aus ähnlichen – ungünstigen – sozialen Lagen unter sich, zumal Eltern, die es sich leisten können, ihre Kinder häufig an Schulen in anderen Stadtteilen anmelden. Homogenität der Schülerschaft hat aber vermutlich nachteilige Effekte: Es fehlen mögliche Vorbilder, es fehlen die besseren Schüler, die den schwächeren helfen. Aber auch andere Einflüsse sind wahrscheinlich. So könnte die Erfahrung, dass viele Personen im sozialen Nahraum schlechte Arbeitsmarktchancen haben, die Motivation zu eigenen Bildungsanstrengungen verringern: Wozu lernen, wenn Arbeitsplätze doch selten sind (Barry 2002: 20)?

Exklusionstendenzen während der Bildungsphase setzen sich dann im System der beruflichen Bildung und am Arbeitsmarkt fort. Denn den Jugendlichen, die die Haupt- oder gar die Förderschule verlassen, fehlen wichtige Erfahrungen, Netzwerke und Sozialkompetenzen, die bei der Suche nach einem Ausbildungs- oder Arbeitsplatz hilfreich sind; die Folge ist, „dass Nicht-Bewerbungen von gering qualifizierten Personen zugenommen haben" (Solga 2006: 130). Verstärkt wird dies durch eine durch immer mehr Abwertung charakterisierte, in Diskreditierung mündende Wahrnehmung der gering Qualifizierten: Sie werden von ihrer Umwelt und von Arbeitgebern als Versager oder Unwillige stigmatisiert; es werden ihnen nicht nur mangelnde Fähigkeiten (etwa fehlende „Ausbildungsreife"), sondern auch eine instabile Persönlichkeit, mangelnde Arbeitsmotivation und geringes Durchhaltevermögen zugeschrieben. Dies wiederum kann zu weiterer Selbst-Stigmatisierung führen: Erfahrungen der Diskreditierung oder auch schon des Misserfolgs lassen sich als „Abkühlungsprozesse" beschreiben, in denen schließlich die (negativen) Zuschreibungen und Erwartungen der Umwelt internalisiert werden und das Selbstbild, die Identität von gering

Qualifizierten nachhaltig beschädigen. Dies kann schließlich in den vollständigen Rückzug münden, wenn die Betroffenen weiteren Erfahrungen der Ablehnung und der Erniedrigung entgehen wollen (Solga 2006: 131). So bedingen sich letztlich ungünstige, durch Exklusion von Sozialbeziehungen gekennzeichnete Ausgangsbedingungen, Bildungsarmut und weitere soziale Exklusion gegenseitig.

3.2 Social Literacy

Wir haben eben ausführlich beschrieben, wie Lebensverläufe von Jugendlichen, die in Bildungsarmut münden, gekennzeichnet sind durch fehlendes Sozialkapital, durch einen Mangel an Möglichkeiten des Lernens von Personen mit besseren Bildungsressourcen, und durch fehlende Chancen, für gesellschaftliche Anerkennung und Arbeitsmarkterfolg wichtige Sozialkompetenzen zu erwerben. Ist es sinnvoll, diesen Mangel als Ausdruck oder Ergebnis von *Social Illiteracy* zu verstehen und Schulen die Aufgabe zuzuweisen, das Fehlen „sozialer Literalität" zu beheben, also *Social Literacy* zu unterrichten, wie dies im angelsächsischen Sprachraum diskutiert wird und teilweise curricular verankert ist?

Einmal mehr ist zu konstatieren, dass wir es mit einem unklaren Begriff zu tun haben;[4] von allen hier vorgestellten Konzepten ist er am diffusesten. Zunächst: Wie wörtlich ist der Begriff der *Literacy* oder Literalität in diesem Kontext zu verstehen? Nach einer verbreiteten Definition kann man Literalität als „die Beherrschung von Fertigkeiten zur Aufnahme und Weiterverarbeitung *symbolisch verschlüsselter Informationen* [unsere Hervorhebung, WLM/SK], um in der Gesellschaft zurechtzukommen" auffassen (OECD/Statistics Canada 1995: 14, zitiert nach Husfeldt 2001: 63). Der Begriff *Literacy* wird heute allerdings häufig in einem breiteren Sinne gebraucht. Dies legt der Blick in verwandte Gebiete nahe. So ist der Ansatz der *Health Literacy* nach Hurrelmann mit dem Ziel verbunden, die gesundheitliche Aufklärung und damit verknüpft die Herstellung von Gesundheitskompetenz und gesundheitlicher Mündigkeit zu etablieren. *Health Literacy* wird von ihm dezidiert als Gesundheits*kompetenz* verstanden, die mehr als nur „Gesundheitsalphabetisierung" umfasst, nämlich kognitive *und* soziale Fertigkeiten (Hurrelmann 2006: 232).

Ähnlich kann man nun auch mit Blick auf *Social Literacy* konstatieren, dass hier wissensbezogene Elemente verknüpft mit Persönlichkeitseigenschaften und Komponenten von Verhalten oder Handeln gesehen werden. Ebenso ist festzustellen, dass oftmals hochgradig normative Begriffe in gleichzeitig höchst unklarer Art und Weise gebraucht werden. Wenn es in einer englischen Denkschrift zu einem Curriculum für *Social Education* heißt, das Bildungssystem habe die Pflicht „to educate the individual to be able to think and act for themselves with an acceptable set of personal qualities which also meet the wider social demands of adult life" (zitiert nach Arthur et al. 2000: 4), so bleibt es der Phantasie der Leser überlassen, welche persönlichen Eigenschaften „akzeptabel" sind und welchen „Er-

4 Auf jeden Fall ist die hier verhandelte *Social Literacy* zu unterscheiden von der Bedeutung, die sie in Havelocks Studien zur Entstehung von Literalität hat (Havelock 1976); dort wird mit *Social Literacy* Literalität als verbreitete gesellschaftliche Praxis der schriftlichen Kommunikation bezeichnet, im Unterschied zu *Craft Literacy*, die nur einer kleinen Gruppe von Eingeweihten zugänglich ist.

fordernissen des Erwachsenenlebens“ diese Eigenschaften eigentlich entsprechen sollen. In der gleichen Schrift wird das Ziel formuliert „to strengthen the bond between the individual and community“ (zitiert nach Arthur et al. 2000: 72) – auch dies eine Formulierung, die mit höchst heterogenen Vorstellungen und Inhalten gefüllt werden kann.

Unternehmen wir also einen Versuch, einige Varianten oder auch Facetten von Social Literacy herauszuarbeiten. Wir beziehen uns auf eine gleichermaßen Überblick gebende wie programmatische Publikation, „Social Literacy, Citizenship Education and the National Curriculum“ von Arthur, Davison und Stow (2000). Dort findet sich beispielsweise immer wieder die Fähigkeit genannt, sich in soziale Zusammenhänge einzufügen, Verantwortung zu übernehmen, sich für andere oder auch im öffentlichen Leben zu engagieren (Arthur et al. 2000: 4, 23, 56). Bei nicht wenigen Autoren werden solche Verhaltensweisen in den Kontext kommunitaristischer Gesellschaftskonzepte gestellt, die Leitbilder einer *Good Society* artikulieren, einer Gesellschaft, die allen Mitgliedern Teilhabechancen ermöglichen soll und dies vor allem durch die Erziehung der Jugendlichen zu verantwortungsbereiten, sich in die Gemeinschaft einfügenden Gesellschaftsmitgliedern zu erreichen sucht. Aber auch Autoren, die solche Konzepte nicht teilen, halten *Community Service*, gemeinnütziges Arbeiten also, hoch (Arthur et al. 2000: 63 ff.).

Stellt man solche Forderungen ins Zentrum, so wird aus Erziehung zu sozialer Literalität leicht ein *Blaming the Victim*: Den „unteren Klassen“ Rücksichtslosigkeit und Zügellosigkeit vorzuwerfen, gehörte schon immer zu den Stereotypen der besser Gestellten. Angesichts der realen Ohnmachtserfahrungen, die speziell viele Jugendliche mit Migrationshintergrund, allgemeiner gesprochen Jugendliche, die wenig schulbezogene Unterstützung von ihren Eltern erfahren, in der Schule machen, scheint daher eine zweite Facette von *Social Literacy* wichtiger, nämlich Selbstwert und Selbstvertrauen (Arthur et al. 2000: 4, 50, 54, 56). Denn nur Jugendliche, die Vertrauen zu sich selbst und zu ihren Fähigkeiten haben, können, so wird argumentiert, zunächst in Schule und Ausbildung und später in der Erwachsenengesellschaft ihre Interessen behaupten und durchsetzen; nur auf dieser Grundlage sei ein *empowerment* von Jugendlichen möglich. Mit Blick auf die Stigmatisierung, die Hauptschüler oftmals erfahren, liegt hier sicher ein bedeutsamer Aspekt – wobei offen bleibt, wie dies praktisch unter gegenwärtigen Bedingungen erreicht werden soll.

Von sozialer *Literalität* im eigentlichen Sinn kann man allerdings erst sprechen, wenn zu Persönlichkeitseigenschaften, Fertigkeiten oder Kompetenzen eine Wissenskomponente hinzukommt. Hier grenzen sich Vertreter der *Social Literacy* zu Recht von Vorstellungen ab, die diese auf die Vermittlung abstrakten Wissens beschränken wie etwa der Grundzüge des politischen Systems. Solche Wissensvermittlung fördert allenfalls *„passive citizenship“* (Arthur et al. 2000: 27, 37); Jugendliche werden zwar befähigt, gemäß den gesellschaftlichen Spielregeln ‚mitzumachen‘, doch können etablierte gesellschaftliche Institutionen und Praktiken auch unterdrückend wirken und zu Konformität und Passivität führen (ebd.: 3). Gefordert wird vielmehr *„critical citizenship“* (ebd.: 27), die Individuen in die Lage versetzt, auch Alternativen zu bestehenden Praktiken zu entwickeln und durchzusetzen. Hierzu ist es nötig, dass Jugendliche gesellschaftliche Diskurse zu verstehen, zu durchschauen und kritisch zu würdigen, und die in gesellschaftliche Institutionen und Diskurse eingelassenen Werte und Annahmen zu verstehen lernen: „The values and beliefs embedded in communities, in facets of society, in the very aspects of citizenship about which pupils are being informed, need to be made visible, need to be reflected and debated“ (Arthur et al. 2000: 37).

Hier wird nun das in der Diskussion oft implizit unterstellte Bild einer im Grunde harmonischen und homogenen Gesellschaft überwunden, einer Gesellschaft, die nur durch disruptive Elemente gestört wird, die man mittels „sozialer Erziehung“ zu kooperativen Gesellschaftsmitgliedern bilden müsse. Gesehen wird nun, dass in einer heterogenen, pluralistischen Gesellschaft „problems of knowledge and meaning are exacerbated by a multiplicity of groups holding different perspectives of the world and of knowledge“ (ebd.: 25). Diese Gruppen sind aber nicht nur verschieden, sondern haben auch unterschiedlichen sozialen Wert und unterschiedliche Macht: Die Fähigkeiten, Verhaltensweisen und Werte, die in der Schule gleichzeitig vorausgesetzt und gelehrt werden, sind die der privilegierten Mittel- und Oberschichten, wie nicht zuletzt Bourdieu/Passeron (1971) herausgearbeitet haben. Damit sind, wie Hillmert die Analysen Bourdieus zusammenfasst, die Kinder aus unteren Sozialschichten von vornherein benachteiligt: „Während Kinder aus gehobenen Verhältnissen bereits beim Eintritt ins Bildungssystem mit den dortigen Bildungsgütern und akzeptierten (‚legitimen‘) Verhaltensweisen im Prinzip vertraut sind und sie selbstverständlich erleben, erfahren Kinder aus unteren sozialen Schichten den Wechsel der jeweils geltenden kulturellen Verhaltensweisen in ihrer Umgebung als dramatischen Einschnitt“ (Hillmert 2009: 93). Die unterschiedlichen Verhaltensweisen von Kindern stoßen gleichzeitig auf „selektive Wahrnehmungen und Bewertungsschemata der Lehrer“ (ebd.). Diese Bewertungsschemata spielen im deutschen Schulsystem auch eine wesentliche Rolle bei der Weichenstellung nach der Grundschule; bekanntlich müssen Kinder aus den unteren Schichten wesentlich bessere Leistungen, als solche aus den Mittelschichten, zeigen, um eine Empfehlung für den Besuch einer höheren Schule zu erhalten.

Schon mit Blick auf das deutsche Schulsystem stellt sich daher die Frage der *Social Literacy* anders. Es ist ohne Zweifel richtig, dass der eingeengte Erfahrungsraum Hauptschule (oder gar Förderschule) dazu beiträgt, dass die Jugendlichen „sozial illiterat“ werden. Der wichtigste Ansatz, um den Jugendlichen den Erwerb breiterer *Social Literacy* zu ermöglichen, bestünde aber konsequenterweise darin, die Segregation des Schulsystems aufzuheben oder zumindest drastisch zu lockern. Dies könnte Schülern ermöglichen, soziale Erfahrungen nicht nur in ihren Herkunftsmilieus zu machen, sondern möglichst lange, bis in die Adoleszenz hinein, von heterogenen Anderen zu lernen. Dabei muss man sich keinen Illusionen hingeben: Die Sozialmilieus sind außerhalb der Schule relativ stark abgeschottet, so dass Lernen von Anderen auch weiterhin weitgehend auf die Schule beschränkt wäre. Und innerhalb der Schule kann die Konfrontation von Kindern mit schlechten Bildungsvoraussetzungen mit solchen Kindern, die sich leicht tun, die sich den Stoff „wie selbstverständlich“ aneignen, auch zu Gefühlen des Versagens und der Unterlegenheit führen. *Hier* wäre dann aber die Stelle, an der es zu einer Aufgabe der Schule wird, *Social Literacy* zu fördern. Sie müsste die im Vergleich zur heutigen Situation nicht geringeren, aber andersartigen Spannungen einer heterogenen Schülerschaft thematisieren und soziale Erfahrungen auch in den Klassenzimmern zum Gegenstand des Lernens machen. Freilich müssten die Lehrer und die Verantwortlichen in den Schulen zunächst selbst mit der anderen Zusammensetzung der Schülerschaft umzugehen lernen. Angesichts der eher homogenen Rekrutierung der Lehrerschaft wäre freilich auch das eine nach heutigem Stand kaum bewältigbare Herausforderung für die Schulen. Anders gesagt: „Sozial illiterat" sind nicht nur die Schüler, und erst recht nicht nur die Schüler aus den unteren Schichten; „sozial illiterat" im Sinne einer geringen Kompetenz im *fördernden* Umgang mit einer heterogenen Schülerschaft sind auch und vielleicht in erster Linie die Schulen selbst und ihr Personal.

4 Fazit

„Das Schicksal der ‚Ausgeschlossenen' entscheidet sich im Wesentlichen, *bevor* sie abgleiten. Wenn in einem früheren Stadium nichts getan wird, droht ‚der Kampf gegen den Ausschluss' zum sozialen Rettungsdienst zu werden, das heißt, er interveniert Fall für Fall, um die Risse im sozialen Gewebe zu reparieren" (Castel 2008: 75). So mahnt Robert Castel, einer der Kritiker des Exklusionskonzepts. Mit dieser Mahnung zielt er allerdings nicht auf frühkindliche Interventionen. Früh einzugreifen heißt für Castel vielmehr, „bei den Faktoren der Deregulierung der Arbeitsgesellschaft, im Zentrum der Prozesse der Produktion und der Verteilung der sozialen Reichtümer" anzusetzen (ebd.: 86). Nun haben solche grundsätzlichen, auf sehr allgemeiner Ebene ansetzenden Forderungen auch etwas Wohlfeiles, weil sie schnell artikuliert sind, gleichzeitig aber keine Handlungsanleitung geben. Dennoch sollte auch mit Blick auf Bildungsarmut Castels Mahnung bedacht werden. Denn gerade hier sind derzeit im bildungspolitischen Diskurs Argumente en vogue, dass der beste Zeitpunkt, menschliches „Humankapital" zu fördern, in der Kindheit liegt; Forderungen nach obligatorischem Kindergartenbesuch spätestens ab dem 4. Lebensjahr liegen auf dieser Linie.

Nun kann kein Zweifel bestehen, dass für viele Kinder, nicht zuletzt solche mit Migrationshintergrund, frühzeitige institutionelle Erziehung den intendierten Effekt haben kann, auf die Familie und die Herkunftsgruppe beschränkte Kontakte aufzubrechen und eine Öffnung restringierter Milieus zu ermöglichen; anders gesagt: Es geht darum, den Erwerb von Sozialkapital in die Wege zu leiten, die Einschränkung auf eine segregierte, ja von der Mehrheitsgesellschaft exkludierte Lebenswelt zu überwinden. Aber mit Sicherheit werden diese und andere auf Förderung „bildungsschwacher" Kinder oder Jugendliche zielenden Maßnahmen nicht ausreichen, Bildungsarmut und die Exklusion Bildungsarmer zu beseitigen oder auch nur deutlich zu verringern. Denn es wäre verkürzt, nur auf „Defizite" von Individuen zu blicken und diese zu kompensieren zu versuchen (zumal solche Versuche auch kontraproduktiv sein können, wenn etwa die zertifizierte Teilnahme an besonderen Unterstützungsmaßnahmen, etwa im gegenwärtigen „Übergangssystem" der beruflichen Bildung, von Firmen möglicherweise als Signal geringer Leistungsfähigkeit interpretiert wird); solche Ansätze blicken immer nur auf die Ausgegrenzten und fordern sie auf, ihre Benachteiligung doch bitte selbst zu überwinden (wenn sie dabei auch Unterstützung angeboten bekommen). Ausgrenzung abzubauen ist aber ein Prozess, der vor allem bei den Ausgrenzenden selbst beginnen müsste. In einer Zeit, in der Bildung und Bildungszertifikate wichtiger sind denn je, sind Ansätze dazu freilich kaum zu erwarten.

Literatur

Achatz, Juliane/Dornette, Johanna/Popp, Sandra/Promberger, Markus/Rauch, Angela/Schels, Brigitte/Wenzel, Ulrich/Wenzig, Claudia/Wübbeke, Christina (2009): Lebenszusammenhänge erwerbsfähiger Hilfebedürftiger im Kontext der Grundsicherungsreform. In: Möller/Walwei (2009): 203–235
Allmendinger, Jutta (1999): Bildungsarmut: Zur Verschränkung von Bildungs- und Sozialpolitik. In: Soziale Welt 50. 35–50
Allmendinger, Jutta/Leibfried, Stephan (2003): Education and the Welfare State: The Four Worlds of Competence Production. In: European Journal of Social Policy 13. 63–81
Allmendinger, Jutta/Ludwig-Mayerhofer, Wolfgang (Hrsg.) (2000): Soziologie des Sozialstaats. Gesellschaftliche Grundlagen, historische Zusammenhänge und aktuelle Entwicklungstendenzen. Weinheim/München: Juventa
Allmendinger, Jutta/Ebner, Christian/Nikolai, Rita (2007): Soziale Beziehungen und Bildungserwerb. In: Franzen/Freitag (2007): 487–513
Arthur, James/Davison, Jon/Stow, William (2000): Social Literacy, Citizenship Education and the National Curriculum. London/New York: Routledge/Falmer
Barlösius, Eva/Ludwig-Mayerhofer, Wolfgang (Hrsg.) (2001): Die Armut der Gesellschaft. Opladen: Leske+Budrich
Barry, Brian (2002): Social Exclusion, Social Isolation, and the Distribution of Income. In: Hills et al. (2002): 13–29
Bauman, Zygmunt (2005): Verworfenes Leben. Die Ausgegrenzten der Moderne. Hamburg: Hamburger Edition
Becker, Rolf (Hrsg.) (2009): Lehrbuch der Bildungssoziologie. Wiesbaden: VS Verlag für Sozialwissenschaften
Becker, Rolf/Lauterbach, Wolfgang (Hrsg.) (2008): Bildung als Privileg, Erklärungen und Befunde zu den Ursachen der Bildungsungleichheit. 3. Auflage. Wiesbaden: VS Verlag für Sozialwissenschaften
Becker, Rolf/Nietfeld, Markus (1999): Arbeitslosigkeit und Bildungschancen von Kindern im Transformationsprozess. Eine empirische Studie über die Auswirkungen sozio-ökonomischer Deprivation auf intergenerationale Bildungsvererbung. In: Kölner Zeitschrift für Soziologie und Sozialpsychologie 51. 55–79
Béland, Daniel/Hansen, R. (2000): Reforming the French Welfare State: Solidarity, Social Exclusion and the Three Crises of Citizenship. In: West European Politics 23. 47–64
Blossfeld, Hans-Peter/Mayer, Karl Ulrich (1988): Arbeitsmarktsegmentation in der Bundesrepublik. Eine empirische Überprüfung von Segmentationstheorien aus der Perspektive des Lebenslaufs. In: Kölner Zeitschrift für Soziologie und Sozialpsychologie 40. 262–283
Böhnke, Petra (2006): Am Rande der Gesellschaft – Risiken sozialer Ausgrenzung. Opladen: Barbara Budrich
Bourdieu, Pierre (1983): Ökonomisches Kapital, kulturelles Kapital, soziales Kapital. In: Kreckel (1983): 183–198
Bourdieu, Pierre/Passeron, Jean-Claude (1971): Die Illusion der Chancengleichheit. Stuttgart: Klett
Bude, Heinz (2008): Die Ausgeschlossenen. Das Ende vom Traum einer gerechten Gesellschaft. München: Hanser
Bude, Heinz/Willisch, Andreas (Hrsg.) (2008): Exklusion. Die Debatte über die „Überflüssigen". Frankfurt a. M.: Suhrkamp
Bude, Heinz/Willisch, Andreas (Hrsg.) (2006a): Das Problem der Exklusion. Ausgegrenzte, Entbehrliche, Überflüssige. Hamburg: Hamburger Edition
Bude, Heinz/Willisch, Andreas (2006b): Das Problem der Exklusion. In: Bude/Willisch (2006a): 7–23
Büchel, Felix/Diewald, Martin/Krause, Peter/Mertens, Antje/Solga, Heike (Hrsg.) (2000): Zwischen drinnen und draußen. Arbeitsmarktchancen und soziale Ausgrenzungen in Deutschland. Opladen: Leske+Budrich
Castel, Robert (2008): Die Fallstricke des Exklusionsbegriffs. In: Bude/Willisch (2008): 69–86
Cheung, Sin Yi/Andersen, Robert (2003): Time to Read: Family Resources and Educational Outcomes in Britain. In: Journal of Comparative Family Studies 34. 412–434
Coleman, James S. (1988): Social Capital in the Creation of Human Capital. In: American Journal of Sociology 94. 95–120
Dangschat, Jens (1997): Modernisierte Stadt – Gespaltene Gesellschaft. Ursachen von Armut und sozialer Ausgrenzung. Opladen: Leske+Budrich
Dietrich, Hans/Dressel, Kathrin/Janik, Florian/Ludwig-Mayerhofer, Wolfgang (2009): Ausbildung im dualen System und Maßnahmen der Berufsvorbereitung. In: Möller/Walwei (2009): 317–357
Donzelot, Jacques (1996): Les transformations de l'intervention sociale face à l'exclusion. In: Paugam (1996a): 88–100
Dubet, François (1987): La galère: Jeunes en survie. Paris: Fayard
Duncan, Greg J./Yeung, W. Jean/Brooks-Gunn, Jeanne/Smith, Judith R. (1998): The Effects of Childhood Poverty on the Life Chances of Children. In: American Sociological Review 63. 406–423
Europäische Kommission (2004): Gemeinsamer Bericht über die soziale Eingliederung. Brüssel: Generaldirektion Beschäftigung und Soziales

Franzen, Axel/Freitag, Markus (Hrsg.) (2007): Sozialkapital. Grundlagen und Anwendungen. Kölner Zeitschrift für Soziologie und Sozialpsychologie. Sonderheft 47. Wiesbaden: VS Verlag für Sozialwissenschaften
Gallie, Duncan/Paugam, Serge (Hrsg.) (2000): Welfare Regimes and the Experience of Unemployment in Europe. Oxford: Oxford University Press
Gallie, Duncan/Paugam, Serge/Jacobs, Sheila (2003): Unemployment, Poverty and Social Isolation: Is there a Vicious Cylce of Social Exclusion? In: European Societies 5. 1–32
Gaupp, Nora/Hofmann-Lun, Irene/Lex, Tilly/Mittag, Hartmut/Reissig, Birgit (2004): Schule – und dann? Erste Ergebnisse einer bundesweiten Erhebung von Hauptschülerinnen und Hauptschülern in Abschlussklassen. München/Halle: DJI
Göggel, Kathrin (2007): Sinkende Bildungsrenditen durch Bildungsreformen? Evidenz aus Mikrozensus und SOEP. SOEP papers on Multidisciplinary Panel Data Research 11/2007. Berlin: DIW
Hacket, Anne/Preißler, Josef/Ludwig-Mayerhofer, Wolfgang (2001): Am unteren Ende der Bildungsgesellschaft. In: Barlösius/Ludwig-Mayerhofer (2001): 97–130
Hark, Sabie (2005): Überflüssig. Deutungsbegriff für neue gesellschaftliche Gefährdungen? In: Transit 29. 125–141
Haug, Sonja (1997): Soziales Kapital. Ein kritischer Überblick über den aktuellen Forschungsstand. MZES Arbeitspapiere Arbeitsbereich II/15. Mannheim: MZES
Häußermann, Hartmut/Kronauer, Martin (2009): Räumliche Segregation und innerstädtisches Ghetto. In: Stichweh/Windolf (2009): 157–173
Häußermann, Hartmut/Kronauer, Martin/Siebel, Wolfgang (Hrsg.) (2004): An den Rändern der Städte. Frankfurt a. M.: Suhrkamp
Havelock, Eric A. (1976): Origins of Western Literacy. Toronto: The Ontario Institute for Studies in Education
Hillmert, Steffen (2009): Soziale Inklusion und Exklusion: die Rolle von Bildung. In: Stichweh/Windolf (2009): Wiesbaden: 85–100
Hills, John/Le Grand, Julian/Piachaud, David (Hrsg.) (2002): Understanding Social Exclusion. Oxford: Oxford University Press
Hurrelmann, Klaus (2006): Gesundheitssoziologie, Eine Einführung in sozialwissenschaftliche Theorien von Krankheitsprävention und Gesundheitsförderung. Weinheim/München: Juventa
Husfeldt, Vera (2001): Literalität, Bildung und Beschäftigung. Berlin: Waxmann
Keller, Carsten (2005): Leben im Plattenbau. Zur Dynamik sozialer Ausgrenzung. Frankfurt/New York: Campus
Klanfer, Jules (1969): Die soziale Ausschließung: Armut in reichen Ländern. Wien/Frankfurt/Zürich: Europa Verlag (französische Erstveröffentlichung 1965: L'exclusion sociale. Étude de la marginalité dans les sociétés occidentales, Paris: Science et Service (Bureau de recherches sociales))
Klemm, Klaus (2000): Bildung. In: Allmendinger/Ludwig-Mayerhofer (2000): 145–165
Konietzka, Dirk (2008): Berufliche Ausbildung und der Übergang in den Arbeitsmarkt. In: Becker/Lauterbach (2008): 277–306
Konsortium Bildungsberichterstattung (2006): Bildung in Deutschland. Ein indikatorengestützter Bericht mit einer Analyse zu Bildung und Migration. Bielefeld: W. Bertelsmann
Kreckel, Reinhard (Hrsg.) (1983): Soziale Ungleichheiten. Soziale Welt. Sonderband 2. Göttingen: Schwartz
Kronauer, Martin (2002): Exklusion. Die Gefährdung des Sozialen im hoch entwickelten Kapitalismus. Frankfurt/New York: Campus
Kronauer, Martin (1997): „Soziale Ausgrenzung“ und „Underclass“: Über neue Formen der gesellschaftlichen Spaltung. In: Leviathan 25. 28–49
Lauterbach, Wolfgang/Lange, Andreas (1998): Aufwachsen in materieller Armut und sorgenbelastendem Familienklima. Konsequenzen für den Schulerfolg von Kindern am Beispiel des Übergangs in die Sekundarstufe I. In: Mansel/Neubauer (1998): 106–128
Leisering, Lutz (2000): „Exklusion“ – Elemente einer soziologischen Rekonstruktion. In: Büchel et al. (2000): 11–22
Ludwig-Mayerhofer, Wolfgang (2009): Exklusion als soziologisches Konzept. In: Sozialer Sinn 10 (i. E.).
Luhmann, Niklas (1997): Die Gesellschaft der Gesellschaft. Frankfurt a. M.: Suhrkamp
Luhmann, Niklas (1996): Jenseits von Barbarei. In: Miller/Soeffner (1996): 219–230
Mansel, Jürgen/Neubauer, Georg (Hrsg.) (1998): Armut und soziale Ungleichheit bei Kindern. Opladen: Leske+Budrich
Merrien, François-Xavier (1996): État-providence et lutte contre l'exclusion. In: Paugam (1996a): 417–427
Miller, Max/Soeffner, Hans-Georg (Hrsg.) (1996): Modernität und Barbarei. Soziologische Zeitdiagnose am Ende des 20. Jahrhunderts. Frankfurt a. M.: Suhrkamp
Möller, Joachim/Walwei, Ulrich (Hrsg.) (2009): Handbuch Arbeitsmarkt 2009. Bielefeld: W. Bertelsmann
Münch, Richard (2010): Das Regime des liberalen Kapitalismus. Inklusion und Exklusion im neuen Wohlfahrtsstaat. Frankfurt/New York: Campus
Paugam, Serge (Hrsg.) (1996a): L'exclusion. L'état des savoirs. Paris: Éditions la Découverte

Paugam, Serge (1996b): Conclusion: Les sciences sociales face à l'exclusion. In: Paugam (1996a): 565–577
Paugam, Serge/Russell, Helen (2000): The Effects of Employment Precarity and Unemployment on Social Isolation. In: Gallie/Paugam (2000): 243–264
Portes, Alejandro (1998): Social Capital: Its Origins and Applications in Modern Sociology. In: Annual Review of Sociology 24. 1–24
Procacci, Giovanna (1996): La naissance d'une rationalité moderne de la pauvreté. In: Paugam (1996a): 405–416
Putnam, Robert D. (1993): Making Democracy Work. Civic Tradtitions in Modern Italy. Princeton: Princeton University Press
Reinberg, Alexander/Hummel, Markus (2007): Der Trend bleibt – Geringqualifizierte sind häufiger arbeitslos (IAB Kurzbericht 18/2007). Nürnberg: Institut für Arbeitsmarkt- und Berufsforschung
Room, Graham (Hrsg.) (1995): Beyond the Threshold: The Measurement and Analysis of Social Exclusion. Bristol: Policy Press
Sassen, Saskia (1991): The Global City. New York/London/Tokyo/Princeton: Princeton University Press
Schels, Brigitte (2009): Job Entry and the Ways out of Benefit Receipt of Young Adults in Germany (IAB Discussion Paper 16/2009). Nürnberg: Institut für Arbeitsmarkt- und Berufsforschung
Schreyer, Franziska (2000): „Unsichere" Beschäftigung trifft vor allem die Niedrigqualifizierten (IAB-Kurzbericht 15/2000). Nürnberg: Institut für Arbeitsmarkt- und Berufsforschung
Solga, Heike (2009): Bildungsarmut und Ausbildungslosigkeit in der Bildungs- und Wissensgesellschaft. In: Becker (2009): 395–432
Solga, Heike (2006): Ausbildungslose und die Radikalisierung ihrer sozialen Ausgrenzung. In: Bude/Willisch (2006a): 121–146
Solga, Heike (2005): Ohne Abschluss in die Bildungsgesellschaft. Die Erwerbschancen gering qualifizierter Personen aus soziologischer und ökonomischer Perspektive. Opladen: Barbara Budrich
Sparkes, Jo/Glennerster, Howard (2002): Preventing Social Exclusion: Education's Contribution. In: Hills et al. (2002): 178–201
Steinmann, Susanne (2000): Bildung, Ausbildung und Arbeitsmarktchancen in Deutschland: Eine Studie zum Wandel der Übergänge von der Schule in das Erwerbsleben. Opladen: Leske+Budrich
Stichweh, Rudolf (2005): Inklusion und Exklusion. Studien zur Gesellschaftstheorie. Bielefeld: transcript
Stichweh, Rudolf/Windolf, Paul (Hrsg.) (2009): Inklusion und Exklusion: Analysen zur Sozialstruktur und sozialen Ungleichheit. Wiesbaden: VS Verlag für Sozialwissenschaften
Touraine, Alain (1991): Face à l'exclusion. In: Esprit. 7–13
Wilson, William J. (1991): Studying Inner-City Social Dislocations: The Challenge of Public Agenda Research (1990 Presidential Address). In: American Sociological Review 56. 1–14
Wilson, William J. (1987): The Truly Disadvantaged: The Inner City, the Underclass, and Public Policy. Chicago: University of Chicago Press

Methoden der Messung von Bildungsergebnissen

Bildungsungleichheit und Bildungsarmut – Der Beitrag von *Large-Scale-Assessments*

Jürgen Baumert und Kai Maaz

1 Ungleichheit der Bildungsbeteiligung und Bildungsarmut: Entwicklungstrends

Ungleichheit der Bildungsbeteiligung ist seit Jahrzehnten ein Standardthema der Stratifikationsforschung und der Bildungssoziologie. Im Vergleich dazu ist *Bildungsarmut* ein relativ neues theoretisches und politisch-normatives Konzept. Es wurde von Allmendinger (1999) vorgeschlagen, um analog zur angelsächsischen Tradition auch in Deutschland zu einer integrierten Betrachtung von Sozial- und Bildungspolitik zu kommen (vgl. auch Allmendinger/Leibfried 2002, 2003). Herkunftsbedingte Ungleichheiten der Bildungsbeteiligung sind in Deutschland mit seinem differenzierten Sekundarschulsystem relativ ausgeprägt und besonders früh sichtbar. In der Sozialstrukturforschung besteht weitgehend Einigkeit darüber, dass soziale (und ethnische) Disparitäten vor allem an den institutionalisierten Übergängen, den Gelenkstellen von Bildungskarrieren, entstehen (Baumert/Schümer 2001, 2002; Baumert et al. 2003; R. Becker 2009b; Becker/Lauterbach 2008; Breen/Goldthorpe 1997; Breen/Jonsson 2000; Erikson 2007; Erikson/Jonsson 1996b; Maaz 2006; Maaz et al. 2009; Mare 1980; Müller et al. 2009; Shavit/Blossfeld 1993). Die intergenerationelle Vererbung von Ungleichheit vollzieht sich danach als Folge von Bildungsentscheidungen und ihrer kumulativen Selektionswirkung. In diesem Zusammenhang beschäftigt die Bildungssoziologie seit mehr als 20 Jahren die Frage, ob infolge der weltweiten Bildungsexpansion des vergangenen Jahrhunderts und der damit in der Regel verbundenen Ausdifferenzierung von Bildungsoptionen die soziale Selektivität der Übergangsmechanismen stabil geblieben oder aber zurückgegangen sei. In den 1990er-Jahren war die Antwort auf diese Frage umstritten. Eine Reihe von Arbeiten berichtete für Deutschland wie auch für andere Länder eine andauernde Stabilität sozialer Disparitäten (Blossfeld 1993; Blossfeld/Shavit 1993; Meulemann 1992; Mayer et al. 1991; Shavit/Blossfeld 1993). Nachfolgende Analysen kamen für Deutschland zu dem Ergebnis, dass sich die sozialen Disparitäten der Bildungsbeteiligung zumindest bis zum Erwerb der Hochschulzugangsberechtigung vermindert hätten (Müller/Haun 1994; Henz/Maas 1995; Schimpl-Neimanns 2000; Müller/Pollack 2004). Diese Befunde wurden mittlerweile durch jüngere Arbeiten aus dem Mannheimer Mobilitätsprojekt erhärtet (Klein et al. 2009; Müller et al. 2009; Reimer/Pollak i. E.). Sie korrespondieren auch mit Ergebnissen aus anderen europäischen Ländern (Breen et al. 2009, 2010; Erikson/Rudolphi 2010). Für postsekundäre Entscheidungen – insbesondere für den Zugang zum Hochschulstudium – ist die Befundlage weniger eindeutig. Neuere Ergebnisse sprechen eher für eine in jüngster Zeit zunehmende soziale Benachteiligung (Müller/Pollak 2004; Müller et al. 2009; Reimer/Pollak 2005). Insgesamt sind die vorliegenden Beiträge zur langfristigen Entwicklung der sozialen Ungleichheit der Bildungsbeteiligung beeindruckende Leistungen kumulativer Forschung, die allein durch die Herstellung einer verlässlichen Datenbasis in hohem Maße herausgefordert war. Zugleich zeigen die Ergebnisse aber auch die Grenzen dieser auf Sekundäranalysen beruhenden Arbeiten. Sie bieten eine mittlerweile relativ detaillierte Deskription der Veränderung von Ungleichheitsmustern, gestatten jedoch nicht die Rekonstruktion der die soziale Ungleichheit erzeugenden Mechanismen, geschweige denn die Analyse ihrer möglichen Veränderungen (Reimer/Pollak i. E.). Selbst die zentrale Frage nach dem relativen Einfluss von primären – also über Leistung vermittelten – und sekundären – von Leistung unabhängigen – Herkunftseffekten (Boudon 1974) ist mit den für die Analyse von sozialen Disparitäten der Bildungsbeteiligung üblicherweise benutzten Daten (Mikrozensus, ALLBUS, SOEP, HIS) nicht oder nicht zufriedenstellend zu beantworten.

Das Konzept der Bildungsarmut nimmt nicht die Verteilung von Bildung insgesamt in den Blick, sondern konzentriert die Aufmerksamkeit auf prekäre soziale Lagen, in denen aufgrund eines Mangels an Bildung die gesellschaftliche Teilhabe in zentralen Bereichen gefährdet ist. Im Unterschied zum Konzept der Bildungsbeteiligung, bei dem, sobald die Ebene der Deskription verlassen wird, der normative Bezugsrahmen in der Regel nicht expliziert wird (R. Becker 2009b), ist die normative Referenz im Konzept der Bildungsarmut relativ klar. Bildungsarmut thematisiert den Übergang zur gesellschaftlichen Exklusion. In ihrem Vorschlag, Bildungsarmut als Integrationspunkt von Sozial- und Bildungspolitik zu betrachten, unterscheidet Allmendinger (1999) zwei Armutstypen – Zertifikats- und Kompetenzarmut – und zwei Messmodelle – absolute und relative Bildungsarmut. Absolute Zertifikatsarmut wird als Nichterreichen eines Mindestabschlusses definiert. Relative Armut liegt dann vor, wenn ein Abschluss unter dem von der Mehrheit der Altersgruppe erreichten modalen Abschlussniveau bleibt. Analog bedeutet absolute Kompetenzarmut funktionale Illiteralität, während relative Kompetenzarmut mit der Zugehörigkeit zum unteren Quintil oder Quartil der Verteilung von Basisqualifikationen gleichgesetzt wird (vgl. Solga 2009). Wendet man die vorgeschlagene Definition von Zertifikatsarmut auf die Entwicklung des allgemeinen Schulsystems in Deutschland an, zeigt sich eine beeindruckende Erfolgsgeschichte: Der Anteil der Schulabgänger ohne Hauptschulabschluss sank seit 1970 von 17,2 Prozent der 15- bis 17-Jährigen auf 7,9 Prozent im Jahre 2006 – obwohl wir aus einer historisch vergleichenden Untersuchung wissen, dass im gleichen Zeitraum die durchschnittlichen Schulleistungen trotz steigender Intelligenz gesunken sind (Becker et al. 2006). Ähnliches gilt für die relative Zertifikatsarmut, wenn man den allgemeinbildenden Schulabschluss zugrunde legt. Der Anteil der Abgänger mit Hauptschulabschluss – in den Kohorten der 45- bis 50-Jährigen unterschritt diese Gruppe im Jahr 2006 das modale Qualifikationsniveau des mittleren Abschlusses – sank von 43 Prozent im Jahr 1970 auf 24 Prozent im Jahr 2008 (Autorengruppe Bildungsberichterstattung 2010). Über die Entwicklung von Kompetenzarmut lässt sich mit den bis 2000 verfügbaren Daten nur spekulieren.

Die Analyse der Bildungsbeteiligung stößt offensichtlich an eine deutliche, durch die Datenlage diktierte Grenze, wenn es um die Rekonstruktion der Mechanismen geht, die für die Genese und Reproduktion sozialer und ethnischer Ungleichheiten verantwortlich sind. Für die Analyse von Bildungsarmut sind die Datengrenzen noch enger gezogen. Hier fehlte es – zumindest bis zum Jahr 2000 – offensichtlich bereits an einer empirisch belastbaren Grundlage für eine soziologisch gehaltvolle Beschreibung von Armutsmustern. Welchen

Beitrag haben in dieser Situation *Large-Scale Assessments* (LSA) geleistet und wo liegen ihr Potenzial und ihre Grenzen?

2 Was sind Large-Scale Assessments?

Um diese Frage zu präzisieren und eine erste Antwort zu versuchen, ist eine Klärung notwendig, was unter LSA verstanden werden soll. Im Folgenden subsumieren wir unter *Large-Scale Assessments* Untersuchungen, die *domänenspezifische* kognitive Leistungen – in der Regel Basiskompetenzen, die für die gesellschaftliche Teilhabe als notwendig erachtet werden – nach gültigen psychometrischen Standards erfassen und deren Stichproben für ausgewählte Alterskohorten *größerer* Gebietseinheiten repräsentativ sind und gleichzeitig ausreichende Testpower bieten, um Befunde praktischer Bedeutung zufallskritisch absichern zu können. Ein Qualitätssprung im Design und der Instrumentierung derartiger Studien wurde in den 1990er-Jahren mit den internationalen Vergleichsstudien der *International Association for the Evaluation of Educational Achievement* (IEA) zum Leseverständnis *(Reading Literacy)* und zur mathematisch-naturwissenschaftlichen Kompetenz (*Third International Mathematics and Science Study [TIMSS]*) erreicht (Lehmann et al. 1995; Baumert et al. 1997; Baumert et al. 2000a, 2000b). Mit der ersten PISA-Untersuchung (*Programme for International Student Assessment*) der OECD im Jahre 2000 waren die Standards etabliert (OECD 1999, 2000; Baumert et al. 2001). Dazu gehörten theoretisch begründete, domänenspezifische Testkonzepte und eine auf der Item-Response-Theorie beruhende Testskalierung, die nicht nur eine Gradierung von Fähigkeiten, sondern auch eine inhaltliche Verankerung der Metrik erlaubte, durch die Fähigkeitsniveaus anhand kognitiver Operationen inhaltlich beschrieben werden konnten. Dies war die Voraussetzung für den Entwurf theoretisch und interpretativ begründeter Kompetenzstufenmodelle. Dieser alles andere als triviale Prozess eröffnete überhaupt erst die Möglichkeit, über Bildungsarmut im Sinne von Kompetenzarmut fundiert zu reden.

Mit PISA gelang zum ersten Mal innerhalb von internationalen Leistungsvergleichen auch die Abstimmung über eine einheitliche und theoretisch begründete Erfassung von Merkmalen der sozialen und ethnischen Herkunft. Als Indikatoren für die Verfügung über ökonomisches, soziales und kulturelles Kapital werden in PISA folgende Merkmale erhoben:

- Der *International Social-Economic Index* (ISEI) von Ganzeboom und Treiman, der auf der Berufsklassifikation des internationalen Arbeitsamtes beruht, steht für den sozioökonomischen Status (Ganzeboom et al. 1992).
- Das Berufsprestige wird mit dem *Standard Index of Occupational Prestige Scale* (SIOPS) (Ganzeboom/Treiman 1996; auch Treiman 1977) erfasst und misst die gesellschaftliche Anerkennung von Berufen.
- In Deutschland ist auch durch eine zusätzliche Elternbefragung die Konstruktion der EGP-Klassen möglich (Erikson et al. 1979; Erikson/Goldthorpe 1992).
- Der Bildungsstatus der Eltern wird auf der Grundlage der ISCED-Klassifikation (OECD 1999) bzw. der CASMIN-Definition (Erikson 1992; Lüttinger/König 1988) erfasst.
- Reliable Skalen stehen für die im Haushalt verfügbaren Wohlstandsgüter (ökonomische Ressourcen), die sozialen Kommunikations- und Kontrollprozesse (soziale Ressourcen)

und für kulturelle Aktivitäten der Familie (kulturelle Ressourcen) zur Verfügung (Bourdieu 1982, 1983; Coleman 1987, 1988, 1990; zusammenfassend Baumert/Maaz 2006).
- Merkmale der ethnischen Herkunft werden durch das Herkunftsland beider Elternteile – zukünftig auch der Großeltern –, den Zuwanderungszeitpunkt der Familie, das Geburtsland und das Geburtsdatum des Kindes sowie die Verkehrssprache im Haushalt erfasst.

Die Stichproben sind in Deutschland für 15-Jährige und Neuntklässler national und in den länderspezifischen Ergänzungsstudien auch auf Länderebene repräsentativ. Die Ausschöpfungsquote der Stichproben liegt im Leistungsteil über 90 Prozent, im Fragebogenteil bei über 85 Prozent. Ein umfangreiches Hintergrundmodell erlaubt eine zuverlässige Schätzung fehlender Daten, sodass die PISA-Datensätze, vor allem die länderspezifischen Erweiterungen mit einer Gesamtstichprobengröße von über 40.000 Personen, als Referenzstichproben gelten können.

Mittlerweile gelten die PISA-Standards auch für die meisten anderen vergleichbaren *Large-Scale Assessments*. Die wichtigsten in Deutschland sind: *Die Internationale Grundschulleseuntersuchung* (IGLU) und die *Trends in Mathematics and Science Study* (TIMSS) der IEA für die Grundschule (Bos et al. 2003; Bos et al. 2008), die *Untersuchungen zu den Bildungsstandards der Länder der Bundesrepublik* (Bista) (Köller 2010), die flächendeckende und längsschnittlich angelegte *Lernausgangsuntersuchung* (LAU) (Lehmann et al. 1997; Lehmann et al. 2001, 2002) sowie deren Replikation *Kompetenzen und Einstellungen von Schülerinnen und Schülern* (KESS) in Hamburg (Bos et al. 2007c), die Grundschullängsschnitte *Erhebungen zum Lese- und Mathematikverständnis* (ELEMENT) für Berlin (Lehmann/Lenkeit 2008), *Kompetenzaufbau und Laufbahnen im Schulsystem* (KOALA) für Bayern und Sachsen (Ditton 2007a), *Bildungsprozesse, Kompetenzentwicklung und Selektionsentscheidungen im Vor- und Grundschulalter* (BiKS) für Bayern und Hessen (Kleine et al. 2009; Paulus/Blossfeld 2007) und die an TIMSS-2007 angelagerte, für Deutschland repräsentative Grundschulübergangsstudie des Max-Planck-Instituts für Bildungsforschung *Der Übergang von der Grundschule in die weiterführende Schule – Leistungsgerechtigkeit und regionale, soziale und ethnisch-kulturelle Disparitäten* (ÜBERGANG) (Maaz et al. 2010). LSA-Studien, die den Übergang in die berufliche Erstausbildung und die Hochschule abdecken, sind die Langzeitstudie *Bildungsverläufe und psychosoziale Entwicklung im Jugend- und jungen Erwachsenenalter* (BIJU) (Baumert et al. 2000c) und die beiden Längsschnittstudien *Transformation des Sekundarschulsystems und akademische Karrieren* (TOSCA) und TOSCA-Repeat in Baden-Württemberg (Köller et al. 2004; Trautwein et al. 2010). Was ist mit diesen Studien gewonnen und wo liegen ihre Grenzen? Im Folgenden soll dies zunächst für das Konzept der Bildungsarmut, dann für die Frage nach der Entstehung sozialer Disparitäten der Bildungsbeteiligung gezeigt werden.

3 Risikogruppen und Bildungsarmut

Mit der Definition von Kompetenzstufen *(proficiency levels)* und deren inhaltlicher Beschreibung auf der Ebene domänenspezifischer kognitiver Operationen hat PISA-2000 den entscheidenden Schritt getan, um Risikogruppen identifizieren zu können. Die Autoren, die den Begriff der Risikogruppe einführten, argumentieren sehr vorsichtig (Artelt et al. 2001; Baumert/Schümer 2001). Im Fall der Lesekompetenz sprechen sie bei den 15-Jährigen von der Zugehörigkeit zu einer Risikogruppe, wenn die unterste Kompetenzstufe I nicht erreicht wird (Artelt et al. 2001), und von einem potenziellen Risiko, wenn die Kompetenzstufe I nicht überschritten wird (Baumert/Schümer 2001). Grund für diese Zurückhaltung war der Mangel an Informationen über die prädiktive Validität des PISA-Lesetests. Das *Literacy*-Konzept der OECD (1999) geht zwar theoretisch davon aus, dass Lesekompetenz eine zentrale Basisqualifikation für alle Formen gesellschaftlicher Teilhabe sei, belastbare Belege fehlten aber zum damaligen Zeitpunkt, auch wenn Raudenbush und Kasim (1998) auf der Basis des *International Adult Literacy Survey* (IALS) gezeigt hatten, dass das im Erwachsenenalter erreichte Niveau der Literalität mit Einkommen und Beschäftigungssicherheit kovariierte. Mittlerweile liegen durch die an PISA angekoppelte kanadische Längsschnittstudie *Youth In Transition Survey* (YITS) Belege für die prognostische Validität des PISA-Lesetests vor, die es rechtfertigen, bei Personen, die im Lesen Kompetenzstufe I nicht überschreiten, im Hinblick auf den weiteren Verlauf ihrer Ausbildungskarriere von einer Risikogruppe zu sprechen (Bussière et al. 2010; Hanushek/Wößmann 2008; OECD 2010).

Für Mathematik fiel die Entscheidung leichter, da ein Abgleich zwischen PISA und den von den Industrie- und Handelskammern bei der Vergabe von Ausbildungsplätzen benutzten Mathematiktests möglich war. Hier zeigte sich, dass Schulabsolventen, die in Mathematik das Kompetenzniveau I bei PISA nicht überschritten, praktisch keine Chance hatten, die Aufgaben der Einstellungstests zu bewältigen. Deshalb wurden diese Personen in PISA-2000 von Anfang an als Risikogruppe klassifiziert (Klieme et al. 2001). Allmendinger und Leibfried (2002, 2003) sprechen beim Unterschreiten der Kompetenzstufe I im PISA-Lesetest von absoluter und bei Zugehörigkeit zu den unteren 10 Prozent der Kompetenzverteilung von relativer Bildungsarmut. In den internationalen Vergleichsstudien hat es sich mittlerweile durchgesetzt, von einem Entwicklungsrisiko zu sprechen, wenn die unterste Kompetenzstufe nicht überschritten wird (Bos et al. 2003, 2008; Blum et al. 2004; Schaffner et al. 2004; Drechsel/Artelt 2007).

Im Jahr 2000 betrug die Gruppe der 15-Jährigen, die im Lesen die Kompetenzstufe I nicht überschritt, in Deutschland 20,5 Prozent. Dies bedeutete, dass bei einem Fünftel der Alterskohorte mit Schwierigkeiten beim Übergang in die berufliche Erstausbildung und aller Wahrscheinlichkeit nach auch mit Problemen an der zweiten Schwelle beim Eintritt in den Arbeitsmarkt zu rechnen war. Damit ist konsistent, dass im Jahr 2006 17 Prozent der 20- bis unter 30-Jährigen in Deutschland noch ohne abgeschlossene Berufsausbildung waren und auch an keiner Bildungsmaßnahme teilnahmen (Autorengruppe Bildungsberichterstattung 2008). Diese Problemlage teilt Deutschland mit anderen, ökonomisch vergleichbaren Ländern, wie Tabelle 1 zeigt. Gleichwohl gibt es in der Verteilung von Kompetenzarmut erhebliche Schwankungen. Als *Benchmark* könnte Schweden dienen, das bei ähnlicher Zuwanderungsstruktur die Risikogruppe im Jahre 2000 bei 12,6 Prozent halten konnte. Bis zum Jahre 2006 hat sich das internationale Grundmuster nur marginal verändert, auch wenn sich für Deutschland eine merkliche Verbesserung abzeichnet (vgl. Tab. 1).

Tabelle 1 Anteil der Schülerinnen und Schüler, an der Gruppe der 15-Jährigen, die die Kompetenzstufe I im Lesen nicht überschreiten (Angaben in Prozent)

Staat	PISA 2000[a]	PISA 2006[b]
	15-Jährige, die im Lesen Kompetenzstufe I nicht überschreiten (in %)	15-Jährige, die im Lesen Kompetenzstufe I nicht überschreiten (in %)
Belgien	18,8	19,4
Dänemark	18,0	16,0
Deutschland	22,5	20,0
Finnland	6,9	4,8
Frankreich	15,2	21,7
Norwegen	17,5	22,4
Österreich	14,7	21,5
Schweden	12,6	15,3
Schweiz	20,4	16,4
Vereinigte Staaten	18,0	-

Quelle: [a] Baumert/Schümer (2001): 400; [b] Drechsel/Artelt (2007): 233

Von soziologischem Interesse ist sowohl die Zusammensetzung der Risikogruppe als auch die Verteilung des Risikos, von Bildungsarmut betroffen zu sein. Im Fall der Lesekompetenz gehören in Deutschland zur Risikogruppe überwiegend Schülerinnen und Schüler aus Haupt- und Sonderschulen sowie Jugendliche aus unteren Sozialschichten. Tabelle 2 zeigt für die Jahre 2000 und 2006 die Zusammensetzung dieser Gruppe. Die Befunde zeigen, dass sich in Deutschland die Sozialschichtabhängigkeit der Kompetenzarmut in der beobachteten 6-Jahres-Spanne verringert hat.

Tabelle 2 Prozentuale Anteile von Schülerinnen und Schülern, deren Lesekompetenz auf Kompetenzstufe I oder darunter liegt, differenziert nach EGP-Klassen (Bezugsperson) zwischen PISA 2000 und 2006

EGP-Klassen	PISA 2000		PISA 2006		Differenz 2006–2000
	%	(*SE*)	%	(*SE*)	%
Obere Dienstklasse (I)	9,0	(0,6)	9,5	(1,2)	0,5
Untere Dienstklasse (II)	9,9	(0,6)	10,9	(1,4)	1,0
Routinedienstleistungen Handel und Verwaltung (III)	26,1	(1,3)	21,0	(3,1)	−5,1
Selbstständige (IV)	20,1	(1,0)	22,8	(2,3)	2,6
Facharbeiter und Arbeiter mit Leitungsfunktion (V, VI)	29,0	(0,9)	26,9	(2,3)	−2,1
Un- und angelernte Arbeiter, Landarbeiter (VII)	38,6	(0,9)	28,2	(1,9)	−10,4

Quelle: Ehmke/Baumert (2007): 326

Für unzureichende Lesekompetenz im Alter von 15 Jahren sind in allen OECD-Staaten multiple, additiv wirkende Umstände verantwortlich. Die wichtigsten Risikofaktoren sind: Zugehörigkeit der Familie zur unteren Sozialschicht, Eltern, die über keinen Abschluss der Sekundarstufe II verfügen, Herkunft aus einer Zuwandererfamilie sowie männliches Geschlecht. Tabelle 3 fasst die Ergebnisse einer binären logistischen Regression der Zugehörigkeit zur Gruppe der schwachen Leser auf zentrale Risikofaktoren im Vergleich ausgewählter OECD-Staaten zusammen. Die *Odds Ratios* zeigen für alle ausgewählten Länder die kumulative Wirkung der Risikofaktoren, aber auch unterschiedliche Vorhersagekonfigurationen. In Deutschland sind Jugendliche, deren Eltern über keine abgeschlossene Berufsausbildung verfügen und die aus Zuwandererfamilien stammen, in besonderem Maße vom Risiko der Kompetenzarmut betroffen.

Tabelle 3 Relatives Risiko der Zugehörigkeit zur Gruppe der 15-Jährigen, die im Lesen Kompetenzstufe I nicht überschreiten, in Abhängigkeit von Sozialschicht, Bildungsniveau und Migrationshintergrund der Familie und Geschlecht der 15-Jährigen (Verhältnisse des relativen Risikos *[odds ratios]*)

Staat	Risikofaktoren (odds ratios)					
	Stellung der Familie im unteren Viertel der Sozialstruktur	Höchster Bildungsabschluss der Familie, maximal Sekundarstufe I (ohne formale Berufsausbildung)		Familie mit Migrationshintergrund (mindestens ein Elternteil im Ausland geboren)	Geschlecht männlich	Pseudo-R^2 (Nagelkerke) für Modell I
		Modell I: Vergleichsgruppe Sekundarstufe II	Modell II: Vergleichsgruppe Tertiäre Bildung			
Belgien	2,73	2,13	1,72	3,20	1,95	.11
Dänemark	1,44	2,47	6,03	2,27	2,22	.16
Deutschland	2,45	2,52	4,02	2,62	1,69	.18
Finnland	1,79	1,46	2,72	-	3,62	.10
Frankreich	2,19	1,66	1,57	1,73	2,02	.09
Norwegen	2,13	1,50	1,65	1,55	2,59	.09
Österreich	2,61	1,52	2,90	2,65	1,97	.15
Schweden	2,30	1,68	1,48	1,68	2,44	.09
Schweiz	2,70	2,31	2,58	2,43	1,90	.20
Vereinigte Staaten	2,29	1,27	2,34	1,67	2,13	.12

Quelle: Baumert/Schümer (2001): 400

4 Soziale Herkunft und Kompetenzerwerb – Schätzung primärer Herkunftseffekte

Mit PISA-2000 war es zum ersten Mal möglich, auf der Grundlage der für die Alterskohorte der 15-Jährigen repräsentativen Stichprobe den Zusammenhang zwischen Merkmalen der sozialen Herkunft und den bis zum Ende der Pflichtschulzeit erworbenen Basiskompetenzen zuverlässig für Deutschland insgesamt und darüber hinaus auch im internationalen Vergleich zu schätzen. Es war eine der Überraschungen, die keiner zu prognostizieren gewagt hätte, dass in Deutschland die Kopplung von sozialer Herkunft und Kompetenzerwerb so eng wie in keinem anderen OECD-Staat war. Ein Vergleich der sozialen Gradienten der Lesekompetenz machte deutlich, dass die größten Leistungsdifferenzen im unteren Bereich der Sozialstruktur auftraten (vgl. Abb. 1). Damit verband sich in Deutschland ein nur mittelmäßiges Leistungsniveau mit einem steilen sozialschichtabhängigen Kompetenzgefälle. Mit den in Abbildung 1 wiedergegebenen sozialen Gradienten wurde für Deutschland die erste verlässliche Schätzung primärer Effekte der sozialen Herkunft vorgelegt (Boudon 1974; Baumert/Schümer 2001). Der soziale Gradient der Lesekompetenz vermittelt vier Informationen:

1. Das Niveau des Gradienten – bestimmt durch den Ordinatenabschnitt – gibt Auskunft über das mittlere Leistungsniveau eines Landes, das erwartet werden kann, wenn die soziale Herkunft der Jugendlichen der mittleren Sozialschicht in Deutschland entspricht.
2. Die Steigung des Gradienten bildet die Veränderungsrate ab, mit der die Lesekompetenz der Änderung der Sozialschicht um eine Standardabweichung folgt. Die Steigung ist ein Maß für die Ungleichheit in der Lesekompetenz, die auf die soziale Herkunft zurückgeführt werden kann.
3. An der Länge des Gradienten ist die Spannweite der sozialen Unterschiede zwischen dem 5. und 95. Perzentil der Verteilung des ISEI ablesbar. Sie gibt einen ungefähren Eindruck von der Heterogenität der Sozialstruktur eines Landes.
4. Die Genauigkeit der Vorhersage wird durch den multiplen Determinationskoeffizienten (R^2) angegeben. Dieser besagt, wie viel Prozent der Variabilität der Leseleistung allein durch die soziale Herkunft (hier der sozioökonomische Status) erklärt wird. In PISA 2000 lag das R^2 für Deutschland bei 15,8 Prozent.

Abbildung 1 gibt den sozialen Gradienten für ausgewählte PISA-Teilnehmerstaaten wieder, die in ihrer Sozialstruktur weitgehend vergleichbar sind. Die Unterschiede werden deutlich, wenn man die beiden am Rande liegenden Gradienten für Finnland und Deutschland vergleicht. In Finnland liegt das mittlere Leistungsniveau von 15-Jährigen bei einer mit Deutschland vergleichbaren Sozialstruktur bei 545 Punkten; dies entspricht dem oberen Bereich der dritten Kompetenzstufe. Gleichzeitig beträgt die Steigung des Gradienten knapp 20 Punkte; bei Veränderung der Sozialschicht um eine Standardabweichung steigt oder sinkt die Lesekompetenz um 20 Punkte – also um etwas mehr als eine viertel Kompetenzstufe. In Deutschland liegt das mittlere Leistungsniveau bei lediglich 484 Punkten und damit fast eine Kompetenzstufe hinter den 15-Jährigen in Finnland. Gleichzeitig hat der soziale Gradient in Deutschland die stärkste Steigung. Verändert sich die Sozialschichtzugehörigkeit in Deutschland um eine Standardabweichung, folgt die Lesekompetenz mit knapp 45 Punkten – das ist mehr als der doppelte Wert, der für Finnland nachgewiesen wurde. Zieht man die übrigen Länder mit in die Betrachtung ein, ist zu erkennen, dass es neben Deutschland auch andere Länder gibt, die ebenfalls steile soziale Gradienten aufweisen (z. B. die Niederlande), allerdings auf insgesamt etwas höherem Niveau. Selbst für die Vereinigten Staaten ergibt sich ein Gradient, der auf höherem Niveau flacher verläuft als dies in Deutschland der Fall ist. Der Abbildung ist weiterhin zu entnehmen, dass die sozialen Gradienten im oberen Bereich der Sozialstruktur deutlich konvergieren. Die Unterschiede in der Lesekompetenz zwischen den Staaten verringern sich, wenn man Jugendliche mit privilegierter Herkunft vergleicht, während sich die Schere im unteren sozialen Bereich öffnet.

Abbildung 1 Soziale Gradienten der Lesekompetenz für ausgewählte Staaten

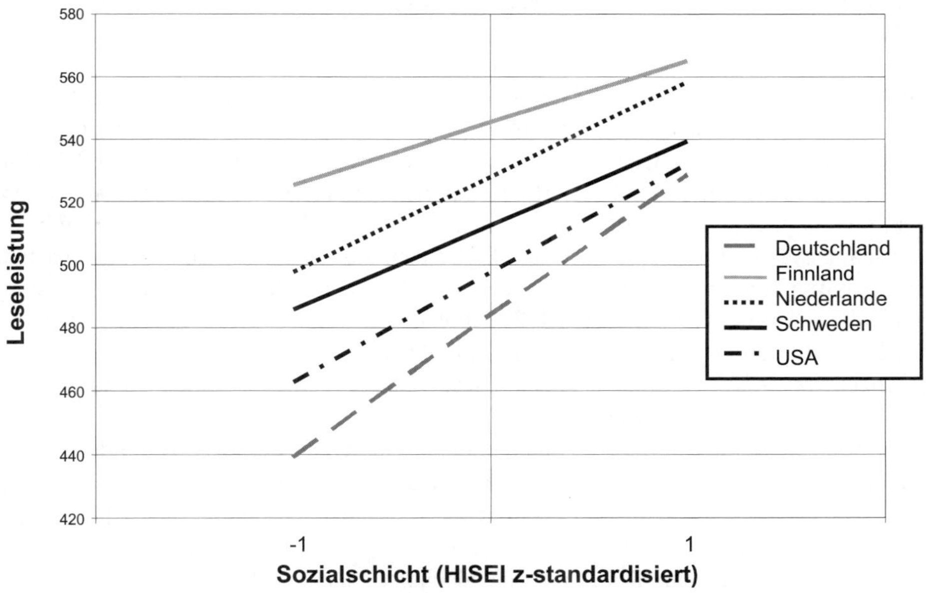

Quelle: Baumert/Schümer (2001): 388

Ergänzte man den internationalen Sozialschichtindex (ISEI) oder die Klassenzugehörigkeit (EGP-Klassen) um prozessnähere Herkunftsmerkmale, die die Verfügung über ökonomisches, soziales und kulturelles Kapital anzeigen, ließen sich im Jahr 2000 in Deutschland 25 Prozent der Varianz der Lesekompetenz von 15-Jährigen auf Herkunftsmerkmale zurückführen (Watermann/Baumert 2006).

Zwischen 2000 und 2006 hat sich der Zusammenhang zwischen sozialer Herkunft und Kompetenzerwerb in Deutschland aufgrund verbesserter Ergebnisse im unteren Leistungsbereich gelockert. Die Korrelation zwischen dem höchsten Sozialschichtindex der Familie (HISEI) und der Lesekompetenz von 15-Jährigen betrug im Jahr 2000 noch r = 0.39; im Jahr 2006 war sie auf r = 0.33 gesunken. Diese Veränderung ist besonders bemerkenswert, wenn man Vergleichsdaten aus dem Grundschulbereich heranzieht. Nach den IGLU-Ergebnissen lagen die entsprechenden Korrelationen für die Lesekompetenz von Viertklässlern in Deutschland im Jahr 2001 bei r = 0.31 und im Jahr 2006 bei r = 0.32 (Schwippert et al. 2003; Bos et al. 2007b). Offenbar haben sich die am Ende der Sekundarstufe I nachweisbaren sozialen Disparitäten der Lesekompetenz in einem Zeitraum von sechs Jahren dem Muster der Grundschule angeglichen. Danach scheinen die primären Effekte der sozialen Herkunft – jedenfalls was die Lesekompetenz betrifft – nach dem Übergang auf weiterführende Schulen kaum zuzunehmen[1]. Diese Befunde eröffnen im Vergleich zu den bekannten Analysen zu sozialen Disparitäten der Bildungsbeteiligung eine völlig neue institutionelle Perspektive (vgl. Köller/Baumert 2008; M. Becker 2009).

5 Soziale Disparitäten der Bildungsbeteiligung – primäre und sekundäre Herkunftseffekte

Sobald curricular valide Leistungsdaten und theoretisch begründete Indikatoren für Merkmale der sozialen Herkunft verfügbar sind, liegt es nahe, die von Boudon (1974) vorgeschlagene Differenzierung zwischen primären, das heißt über Leistung vermittelten, und direkten sekundären Einflüssen der sozialen Herkunft auf die Bildungsbeteiligung auch empirisch zu prüfen. Lehmann et al. (1997) waren die ersten, die anhand der LSA-Daten der Hamburger Lernausgangslagen-Untersuchung (LAU) die Entstehung sekundärer sozialer Disparitäten beim Übergang von der Grundschule in die weiterführenden Schulen tatsächlich nachgewiesen haben. Auf der Grundlage der PISA-2000-Daten versuchten Baumert und Schümer (2001, 2002) die Größe der sekundären sozialen Disparitäten der Bildungsbeteiligung als Differenzen von *Odds Ratios* zu schätzen. Diese Schätzungen konnten jedoch nur Approximationen sein, da die als Kovariate verwendeten, simultan erhobenen Leistungsdaten selbst durch Schulformeffekte beeinflusst sein konnten. Ein Vergleich der PISA-Befunde von 2000 und 2006 gibt Hinweise darauf, dass die sozialen Disparitäten der Bildungsbeteiligung insgesamt zurückgegangen und davon sowohl primäre als auch sekundäre Sozialschichteffekte betroffen sind (vgl. Tab. 4).

Mittlerweile liegen eine Reihe von Grundschulstudien vor, die alle konsistent für den Übergang in die weiterführenden Schulen sekundäre Herkunftseinflüsse belegen (Ditton et al. 2005; Ditton/Krüsken 2006; Ditton 2007b, 2010; Arnold et al. 2007; Bos et al. 2004b; Stocké 2007a; Kleine et al. 2009; Maaz/Nagy 2009; Baumert et al. 2010). Analoge Belege für eine Verstärkung der sozialen Disparitäten der Bildungsbeteiligung durch sekundäre Herkunftseffekte liegen auch für den Übergang von der Sekundarstufe I in die Sekundarstufe II und den Hochschulzugang vor (Schnabel/Schwippert 2000; Schnabel/Gruehn 2000; Becker/Hecken 2007, 2008, 2009a, 2009b; Maaz 2006; Watermann/Maaz 2010).

1 Dieser Befund stabiler Zusammenhänge von Sozialschicht und Kompetenzerwerb von der Grundschule bis zum Ende der Sekundarstufe I ist konsistent mit den Befunden von Längsschnittstudien, die für die Lesekompetenz keine divergierende Leistungsentwicklung zwischen den verschiedenen Schulformen feststellen konnten (M. Becker 2009).

Tabelle 4 Relative Chancen (Odds Ratio) des Gymnasialbesuchs in Abhängigkeit von der Sozialschichtzugehörigkeit (Referenzgruppe Facharbeiter)

EGP-Klassen	Pisa 2000			PISA 2006		
	Modell I	Modell II	Modell III	Modell I	Modell II	Modell III
	OR	*OR*	*OR*	*OR*	*OR*	*OR*
Obere Dienstklasse (I)	4,2	3,3	2,8	2,7	2,5	2,2
Untere Dienstklasse (II)	3,3	2,7	2,2	2,1	2,1	1,9
Routinedienstleistungen Handel und Verwaltung (III)	1,8	1,8	1,7	1,6	1,4	1,3
Selbstständige (IV)	1,8	1,7	1,6	ns	ns	ns
Facharbeiter und Arbeiter mit Leitungsfunktion (V, VI)	Referenzgruppe = 1			Referenzgruppe = 1		
Un- und angelernte Arbeiter, Landarbeiter (VIII)	ns	ns	ns	0,7	0,8	0,8

Quelle: Ehmke/Baumert (2007): 330

Dass an den Übergangsschwellen von Bildungskarrieren soziale Disparitäten durch sekundäre soziale Herkunftseffekte verstärkt werden, ist mittlerweile unumstritten. Nicht befriedigend geklärt ist jedoch die Relation von primären und sekundären Herkunftseffekten. Erikson, Goldthorpe, Jackson, Yaish und Cox (2005) schlugen vor, den gesamten Einfluss der sozialen Herkunft auf Bildungsentscheidungen in primäre und sekundäre Komponenten zu zerlegen, indem durch kontrafaktische Analysen die Leistungsverteilung einer sozialen Gruppe mit der Verteilung der Übergangswahrscheinlichkeiten einer Vergleichsgruppe kombiniert wird. Dadurch können wechselweise Leistungs- und Übergangswahrscheinlichkeiten kontrolliert werden. Auf der Basis von Daten der britischen *Youth Cohort Study* (YCS) aus dem Jahre 2002 kamen sie zu dem Ergebnis, dass der Einfluss der sozialen Klassenzugehörigkeit auf die Entscheidung, nach Erfüllung der Vollzeitschulpflicht den Schulbesuch mit der Einschreibung in *A-Level*-Kurse fortzusetzen, – je nach Vergleichsgruppe – zu 75 bis 78 Prozent über Leistung vermittelt sei. Die sekundäre Herkunftskomponente machte dementsprechend zwischen 22 und 25 Prozent aus. In einer Replikation und Erweiterung dieser Untersuchung gelangten Jackson, Erikson, Goldthorpe und Yaish (2007) zu Schätzungen, nach denen je nach Kohorte und Schätzverfahren zwischen 25 und 50 Prozent der sozialen Disparitäten der Bildungsbeteiligung auf sekundäre Effekte zurückzuführen seien. Erikson und Rudolphi (2010) berichten für Schweden, dass die sozialen Disparitäten – und zwar sowohl primäre als auch sekundäre in ähnlichem Ausmaß – beim Übergang von der Pflichtschule in den akademischen Bildungsgang der Sekundarstufe II langfristig zurückgegangen seien. Die sekundären Effekte der sozialen Herkunft waren um das Jahr 2000 für etwa ein Drittel der sozialen Unterschiede verantwortlich. Die Autoren halten dementsprechend die Verminderung der primären Herkunftseffekte für vordringlich.

Für Deutschland liegen drei Untersuchungen vor, von denen zwei LSA-Studien nach unserer Definition sind[2]. Stocké (2007b) nutzte die Daten des „Mannheimer Bildungspanels" *(Mannheim Educational Panel [MEPS])*, um die relative Bedeutung primärer und sekundärer Effekte des Bildungsstatus der Mutter auf die Übergangsentscheidung an der Schwelle zwischen Grund- und Sekundarschule abzuschätzen. (Das Mannheimer Panel würde man aufgrund der Testinstrumentierung und der Ausschöpfungsquote der Stichprobe (45 %) nicht als LSA bezeichnen.) Stocké verwendete die Abweichungen zwischen den gymnasialen Übergangswahrscheinlichkeiten von drei Statusgruppen als eher exploratives Disparitätsmaß. Er konnte damit zeigen, dass primäre und sekundäre Effekte in ähnlicher Stärke an der Übergangsentscheidung beteiligt waren. In einer neuen Arbeit wendete Ditton (2010) das von Erikson et al. (2005) vorgeschlagene und von Buis (2008) generalisierte Substitutionsverfahren an, um zu einer Zerlegung des Herkunftseffektes zu kommen. Basis seiner Analysen war die in Bayern und Sachsen durchgeführte Grundschul-Längsschnittstudie „Kompetenzaufbau und Laufbahn im Schulsystem" (KOALA). Ditton konnte für Bayern zeigen, dass unter Kontrolle von Testleistungen und Noten je nach Gruppenvergleich zwischen 72 und 86 Prozent des Herkunftseffektes leistungsvermittelt waren. Auch in Sachsen überwog der primäre Effekt, auf den zwei Drittel der herkunftsbedingten Einflüsse auf die Übergangsentscheidung zurückzuführen waren. Beide Untersuchungen liefern wichtige Informationen über die Größenrelation von primären und sekundären Herkunftseffekten und deren mögliche regionale Variabilität. Begrenzungen dieser Befunde liegen in der Nichtberücksichtigung indirekter sekundärer Herkunftseffekte, die über einen zeitlich gestaffelten Prozess der Leistungs- und Eignungsbeurteilung von Lehrkräften vermittelt werden.

Der dritte deutsche Beitrag wurde von Maaz und Nagy (2009) vorgelegt. Die Analysen dieser Autoren basieren auf der Übergangsstudie des Max-Planck-Instituts für Bildungsforschung in Berlin[3], die sich zwei LSA-Untersuchungen simultan zunutze machte. Die Übergangsstudie war sowohl an die TIMSS-2007 (Bos et al. 2008) als auch an die Pilotuntersuchung zur Normierung der Bildungsstandards im Fach Deutsch für die Grundschule (Köller et al. 2010) angedockt und als Längsschnittuntersuchung, die ein halbes Jahr vor der Übergangsentscheidung begann und nach vollzogenem Übergang fortgeführt wurde, konzipiert (Maaz et al. 2010; Watermann et al. 2010). Dadurch verfügt die Untersuchung über eine für Deutschland repräsentative und ausreichend große Stichprobe von Viertklässlern und curricular valide Leistungstests in den Kernfächern Deutsch, Mathematik und Sachkunde; gleichzeitig ist sie in der Lage, die Chronologie der Leistungs- und Eignungsbeurteilung durch Lehrkräfte abzubilden. Maaz und Nagy (2009) schlagen, um den Einfluss der sozialen Herkunft auf die Übergangsentscheidung in primäre (indirekte) und sekundäre (direkte

2 Die Längsschnittuntersuchung „Bildungsprozesse, Kompetenzentwicklung und Selektionsentscheidungen im Vor- und Grundschulalter" (BiKS) ist ebenfalls eine LSA-Studie, zu deren Anliegen die Rekonstruktion des Übergangs von der Grundschule in die weiterführenden Schulen gehört (Kleine et al. 2009). Übergangsergebnisse liegen bislang aber noch nicht vor.

3 Die Übergangsstudie des Max-Planck-Instituts für Bildungsforschung wurde in Kooperation mit dem Institut für Schulentwicklungsforschung in Dortmund (W. Bos), dem Institut für Qualitätsentwicklung im Bildungswesen in Berlin (O. Köller) und der Universität Göttingen (R. Watermann) durchgeführt.

und indirekte) Effekte zu zerlegen, ein pfadanalytisches Vorgehen vor, mit dem sie auch bei Verwendung von kategorialen und kontinuierlichen Prädiktoren indirekte und direkte Herkunftseffekte trennen und quantifizieren können. In ihren Analysen konnten sie zeigen, dass in der chronologischen Abfolge von Leistungsbeurteilung (Notenvergabe), Laufbahnbeurteilung (Erteilung der Übergangsempfehlung) und Übergangsentscheidung das Gewicht der sekundären Effekte im Vergleich zu den primären Einflüssen systematisch zunimmt (vgl. Abb. 2). Bei der Notenvergabe überwogen noch primäre Herkunftseffekte, bei der Erteilung der Übergangsempfehlung waren primäre und sekundäre Effekte ausbalanciert und bei der Übergangsentscheidung dominierten schließlich sekundäre Herkunftseffekte. Mit ihrem relativ sparsamen Modell können Maaz und Nagy 74 Prozent der Varianz einer als latent kontinuierlich konzipierten dichotomen Übergangsvariable erklären (McKelvey/Zavoina 1975; Long 1997).

Abbildung 2 Strukturmodell zur Zerlegung der Herkunftseffekte und Anteile primärer und sekundärer Herkunftseffekte an den absoluten Herkunftseffekten

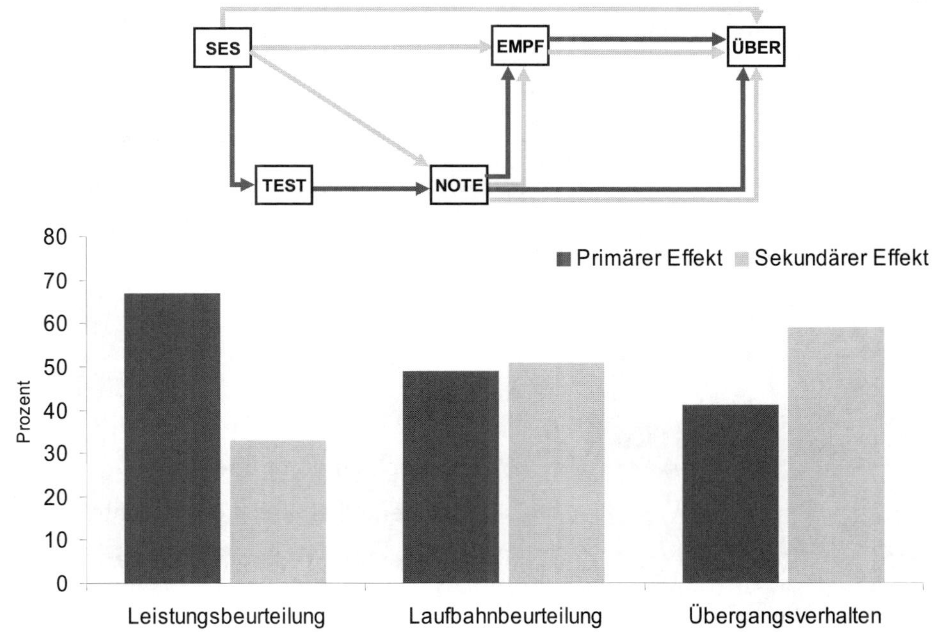

Quelle: Maaz/Nagy (2009): 173

Unter Nutzung desselben Datensatzes haben Baumert et al. (2010) die erklärte Varianz der wiederum als latent kontinuierlich konzipierten Übergangsentscheidung in drei additive Komponenten zerlegt: eine Sozialschichtkomponente, die den Einfluss der sozialen Herkunft *insgesamt* abbildet, eine inkrementelle Testleistungskomponente, die von der Sozialschicht unabhängig ist, und eine spezifische, sowohl von der Sozialschicht als auch von der Testleistung unabhängige Lehrerurteilskomponente (Mitarbeit im Unterricht, Selbstständigkeit im Arbeiten, Anstrengungsbereitschaft etc.). Alle drei Komponenten – Testleistung der Schülerinnen und Schüler, Leistungs- und Eignungsurteile der Lehrkräfte und Merkmale der sozialen Herkunft – erwiesen sich für die Vorhersage der Übergangsentscheidung als wichtig (vgl. Abb. 3). Von herausragender Bedeutung waren jedoch die objektivierbaren Schülerleistungen und die Leistungs- und Eignungsurteile der Lehrkräfte an Grundschulen. Auf diese beiden Komponenten entfielen auch nach Kontrolle von Merkmalen der sozialen Herkunft insgesamt 72 Prozent der erklärten Varianz der Übergangsentscheidung, 28 Prozent der Varianz wurden durch die soziale Herkunft gebunden. Diese 28 Prozent wiederum ließen sich nach den Befunden von Maaz und Nagy (2009) zu 41 Prozent auf primäre und 59 Prozent auf sekundäre Herkunftseffekte zurückführen. In ihren Analysen konnten sie weiterhin zeigen, dass 73 Prozent des Herkunftseffektes, der beim Übergang sichtbar wird, bereits vorher entstanden sind. Lediglich 27 Prozent können als inkrementelle Herkunftseffekte bezeichnet werden, die auf das direkte Übergangsverhalten zurückzuführen sind.

Abbildung 3 Zerlegung der erklärten Varianz in Sozialschicht, Test- und Urteilskomponenten

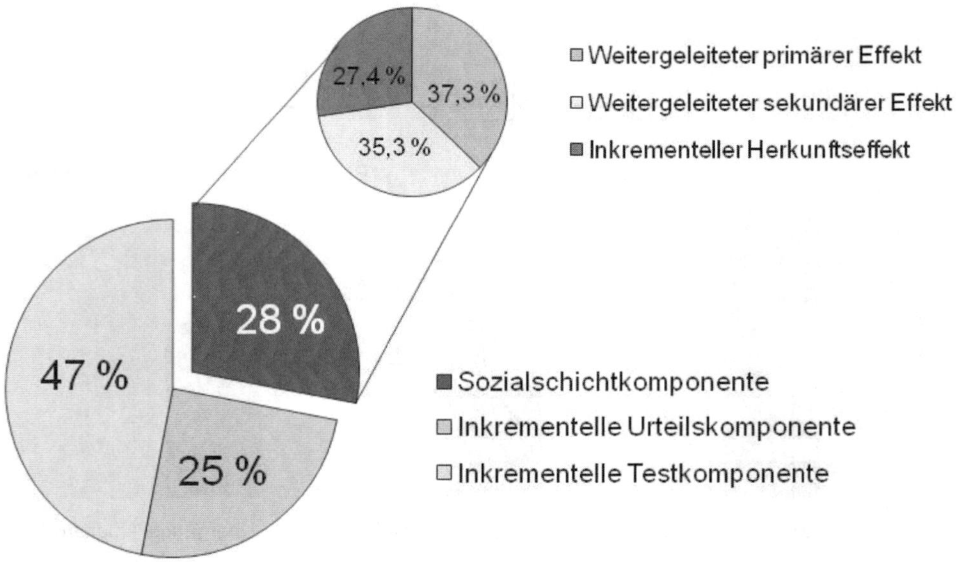

Quelle: Maaz/Nagy (2009) : 173; Baumert et al. (2010) : 387

Wenn man sich daran erinnert, dass Boudon seine theoretischen Analysen schon 1974 veröffentlichte, ist es bemerkenswert, dass erst in den letzten fünf Jahren mit den übergangsnahen LSAs eine ernsthafte empirische Überprüfung seiner Annahmen möglich wurde.

6 Genese sozialer Disparitäten der Bildungsbeteiligung – Rekonstruktion von Entscheidungsmechanismen

Im Anschluss an die grundlegende Arbeit von Boudon (1974) werden in der Soziologie soziale Ungleichheiten in der Bildungsbeteiligung in der Regel als Aggregation individueller Entscheidungen verstanden, die in Familien über die Bildungslaufbahn von Kindern oder von Jugendlichen und jungen Erwachsenen selbst getroffen werden (Becker 2000; Breen/Goldthorpe 1997; Erikson/Jonsson 1996b; Esser 1999; Stocké 2007a). Dementsprechend hat die Ungleichheitsforschung, sofern sie diesem Gedanken folgt, ein besonderes Interesse daran, die Logik dieser Entscheidungsprozesse zu rekonstruieren und zu erklären, wie durch sie soziale Ungleichheit vererbt wird. Ein zumindest in Deutschland weit akzeptiertes Erklärungsmodell ist das von Esser (1999) vorgeschlagene subjektive Wert-Erwartungsmodell, das eine Verbindung der von Erikson und Jonsson (1996b) und Breen und Goldthorpe (1997) eingeführten *Rational-Choice*-Modelle ist. Im Zentrum des Modells stehen die subjektiven Einschätzungen des Nutzens – insbesondere der Bedeutung des Bildungsabschlusses für den Erhalt des sozialen Status –, der Kosten und der Erfolgswahrscheinlichkeit bei der Wahl einer Bildungslaufbahn. Diese Faktoren wägen die Handelnden gegeneinander ab, um zu einer Entscheidung zu gelangen. Wenn sich Nutzen, Kosten und Erfolgswahrscheinlichkeiten oder einzelne dieser Faktoren schichtenspezifisch verteilen, ergeben sich nach der Theorie unterschiedliche Kalküle, die soziale Disparitäten der Bildungsentscheidungen vollständig mediieren sollten. Nach Esser (1999) sind für die Erklärung sozialer Unterschiede der Bildungsbeteiligung das Motiv des Statuserhalts und die subjektive Erfolgswahrscheinlichkeit bereits ausreichend.

Dieses Modell hat sich bei der Reanalyse vorhandener Datensätze trotz datenbedingt unbefriedigender Modellspezifikation relativ gut bewährt (Becker 2000, 2003; Becker/Hecken 2007, 2008). Hinsichtlich der Spezifikationsmängel versprechen neuere LSA-Studien Abhilfe, die konzipiert wurden, um die Erklärungskraft von Wert-Erwartungsmodellen für Übergangsentscheidungen zu überprüfen. Die drei einschlägigen Übergangsstudien, aus denen publizierte Ergebnisse vorliegen, sind die bereits vorgestellten Grundschuluntersuchungen KOALA, MEPS und ÜBERGANG. Die Befunde zur Bewährung des Wert-Erwartungsmodells sind gemischt – sowohl im Hinblick auf die Bedeutung der Wertkomponenten (Stocké 2007a, 2008) als auch im Hinblick auf die Erklärung sozialer Disparitäten der Bildungsbeteiligung (Baumert et al. 2010; Ditton 2007b; Stocké 2007b; vgl. auch Maaz 2006; Stubbe 2009; Watermann/Maaz 2006). Erst wenn das Wert-Erwartungsmodell durch die Berücksichtigung sozialer Normen (Verhalten signifikanter Anderer) und institutioneller Opportunitäten und Restriktionen (Noten und Übergangsempfehlungen) erweitert wurde, konnten soziale Unterschiede der Bildungsintention und Bildungsbeteiligung zufriedenstellend erklärt werden.

Auch in der Übergangsstudie des Max-Planck-Instituts hat sich ein *Rational-Choice*-Modell, nämlich das an die Übergangsthematik angepasste erweiterte Wert-Erwartungsmodell von Wigfield und Eccles (2000) bewährt. Jonkmann, Maaz, McElvany und Baumert (2010) konnten zeigen, dass dieses Modell ausgezeichnet zwischen vier durch die Grundschulempfehlung und die Elternwahl gebildeten Entscheidungstypen differenziert. Allerdings wurde der Einfluss der sozialen Referenznorm und der Leistungsinformation, die Eltern durch die Schulnoten erhalten, erwartungswidrig nicht vollständig über die Wert- und Erwartungskomponenten vermittelt. Die soziale Referenznorm und das in den Noten zum Ausdruck kommende Lehrerurteil hatten in allen Vorhersagemodellen, die Jonkmann et al. (2010) schätzten, nicht nur über die Wert- und Erwartungskomponenten hinausgehende Erklärungskraft, sondern sie waren die wichtigsten Prädiktoren für das Entscheidungsverhalten der Eltern überhaupt.

Auch in den an Jonkmann et al. (2010) anschließenden Analysen von Baumert et al. (2010) wurden die Einflüsse der sozialen Herkunft auf die Übergangsentscheidung erst durch die Kombination der Wert-Erwartungskomponenten mit den sozialen und institutionellen Faktoren vollständig mediiert. Alle drei Aspekte – Wert-Erwartungserwägungen, soziale Normen und institutionelle Vorstrukturierungen der Übergangsentscheidung – hatten eine eigenständige regulative Bedeutung für das Übergangsverhalten, wobei der inkrementelle Beitrag der sozialen und institutionellen Faktoren das größte Gewicht hatte. Das Zusammenwirken dieser unterschiedlichen Entscheidungsmechanismen ist bislang ungeklärt. Möglicherweise hat man mit Mischverteilungen zu rechnen: Je nach situativen Bedingungen greifen unterschiedliche Entscheidungslogiken. Weitere Klärung ist von den jüngsten, auf Übergangsprozesse fokussierten LSA-Studien zu erwarten.

7 Zusammenfassung

Vergleicht man die ersten deskriptiven Analysen zu sozialen Disparitäten der Bildungsbeteiligung, die überwiegend auf der Grundlage amtlicher Statistik und des Mikrozensus durchgeführt wurden, mit dem Analysepotenzial neuer LSA-Studien, ist der qualitative Entwicklungssprung unübersehbar. Das gilt nicht nur für die Eröffnung neuer Perspektiven, wie die der Identifikation und Untersuchung von Risikogruppen oder der Analyse von Zusammenhängen zwischen Herkunftsmerkmalen und Prozessen des Kompetenzerwerbs, sondern auch und gerade für traditionelle Kernfragestellungen der Bildungssoziologie, wie die nach der Genese sozialer Disparitäten der Bildungsbeteiligung. LSAs erweisen sich dann als besonders ergiebig, wenn sie systematisch mit Zusatzstudien kombiniert werden, die auf die Beantwortung spezifischer Fragestellungen zugeschnitten sind. Dass eine solche Strategie möglich ist, ohne die *Monitoring*-Funktionen von LSAs zu gefährden, ist im Rahmen der internationalen Vergleichsstudien mehrfach gezeigt worden.

Literatur

Allmendinger, Jutta (1999): Bildungsarmut. Zur Verschränkung von Bildungs- und Sozialpolitik. In: Soziale Welt 50. 35–50

Allmendinger, Jutta/Leibfried, Stephan (2003): Bildungsarmut. In: Aus Politik und Zeitgeschichte 21-22. 12–18

Allmendinger, Jutta/Leibfried, Stephan (2002): Bildungsarmut im Sozialstaat. In: Burkart/Wolf (2002): 287–315

Arnold, Karl-Heinz/Bos, Wilfried/Richert, Peggy/Stubbe, Tobias C. (2007): Schullaufbahnpräferenzen am Ende der vierten Klassenstufe. In: Bos et al. (2007a): 271–297

Artelt, Cordula/Stanat, Petra/Schneider, Wolfgang/Schiefele, Ulrich (2001): Lesekompetenz: Testkonzeption und Ergebnisse. In: Baumert et al. (2001): 69–137

Aufenanger, Stefan/Hamburger, Franz/Ludwig, Luise/Tippelt, Rudolf (Hrsg.) (2010): Bildung in der Demokratie. Opladen: Barbara Budrich

Autorengruppe Bildungsberichterstattung (2010): Bildung in Deutschland 2010. Ein indikatorengestützter Bericht mit einer Analyse zu Perspektiven des Bildungswesens im demografischen Wandel. Bielefeld: W. Bertelsmann

Autorengruppe Bildungsberichterstattung (2008): Bildung in Deutschland 2008. Ein indikatorengestützter Bericht mit einer Analyse zu Übergängen im Anschluss an den Sekundarbereich I. Bielefeld: W. Bertelsmann

Baumert, Jürgen/Artelt, Cordula/Klieme, Eckhard/Neubrand, Michael/Prenzel, Manfred/Schiefele, Ulrich/Schneider, Wolfgang/Tillmann, Klaus-Jürgen/Weiß, Manfred (Hrsg.) (2002): PISA 2000: Die Länder der Bundesrepublik Deutschland im Vergleich. Opladen: Leske + Budrich

Baumert, Jürgen/Bos, Wilfried/Lehmann, Rainer (Hrsg.) (2000a): TIMSS/III. Dritte Internationale Mathematik- und Naturwissenschaftsstudie – Mathematische und naturwissenschaftliche Bildung am Ende der Schullaufbahn: Bd. 1. Mathematische und naturwissenschaftliche Grundbildung am Ende der Pflichtschulzeit. Opladen: Leske + Budrich

Baumert, Jürgen/Bos, Wilfried/Lehmann, Rainer (Hrsg.) (2000b): TIMSS/III. Dritte Internationale Mathematik- und Naturwissenschaftsstudie – Mathematische und naturwissenschaftliche Bildung am Ende der Schullaufbahn: Bd. 2. Mathematische und physikalische Kompetenzen am Ende der gymnasialen Oberstufe. Opladen: Leske + Budrich

Baumert, Jürgen/Klieme, Eckhard/Neubrand, Michael/Prenzel, Manfred/Schiefele, Ulrich/Schneider, Wolfgang/Stanat, Petra/Tillmann, Klaus-Jürgen/Weiß, Manfred (Hrsg.) (2001): PISA 2000: Basiskompetenzen von Schülerinnen und Schülern im internationalen Vergleich. Opladen: Leske + Budrich

Baumert, Jürgen/Köller, Olaf/Schnabel, Kai (2000c): Schulformen als differentielle Entwicklungsmilieus – eine ungehörige Fragestellung? In: Gewerkschaft Erziehung und Wissenschaft GEW (2000): 28–68

Baumert, Jürgen/Lehmann, Rainer/Lehrke, Manfred/Schmitz, Bernd/Clausen, Marten (1997): TIMSS – Mathematisch-naturwissenschaftlicher Unterricht im internationalen Vergleich. Deskriptive Befunde. Opladen: Leske + Budrich

Baumert, Jürgen/Maaz, Kai (2006): Das theoretische und methodische Konzept von PISA zur Erfassung sozialer und kultureller Ressourcen der Herkunftsfamilie: Internationale und nationale Rahmenkonzeption. In: Baumert et al. (2006): 11–29

Baumert, Jürgen/Schümer, Gundel (2002): Familiäre Lebensverhältnisse, Bildungsbeteiligung und Kompetenzerwerb im nationalen Vergleich. In: Baumert et al. (2002): 159–202

Baumert, Jürgen/Schümer, Gundel (2001): Familiäre Lebensverhältnisse, Bildungsbeteiligung und Kompetenzerwerb. In: Baumert et al. (2001): 323–407

Baumert, Jürgen/Maaz, Kai/Jonkmann, Kathrin (2010): Der Übergang von der Grundschule in die weiterführende Schule als Forschungsgegenstand: Robuste Befunde, die Bewährung von Wert-Erwartungs-Modellen und offene Fragen. In: Maaz et al. (2010): 387–400

Baumert, Jürgen/Maaz, Kai/Trautwein, Ulrich (Hrsg.) (2009): Bildungsentscheidungen. Wiesbaden: VS Verlag für Sozialwissenschaften (Zeitschrift für Erziehungswissenschaft, Sonderheft Nr. 12)

Baumert, Jürgen/Stanat, Petra/Watermann, Rainer (Hrsg.) (2006): Herkunftsbedingte Disparitäten im Bildungswesen: Differenzielle Bildungsprozesse und Probleme der Verteilungsgerechtigkeit. Vertiefende Analysen im Rahmen von PISA 2000. Wiesbaden: VS Verlag für Sozialwissenschaften

Baumert, Jürgen/Watermann, Rainer/Schümer, Gundel (2003): Disparitäten der Bildungsbeteiligung und des Kompetenzerwerbs: Ein institutionelles und individuelles Mediationsmodell. In: Zeitschrift für Erziehungswissenschaft 6. 46–71

Becker, Michael (2009): Kognitive Leistungsentwicklung in differenziellen Lernumwelten: Effekte des gegliederten Sekundarschulsystems in Deutschland [Cognitive development in differential learning environments: Effects of the tracked secondary school system in Germany]. Berlin: Max-Planck-Institut für Bildungsforschung

Becker, Michael/Trautwein, Ulrich/Lüdtke, Oliver/Cortina, Kai S./Baumert, Jürgen (2006): Bildungsexpansion und kognitive Mobilisierung. In: Hadjar/Becker (2006): 27–61

Becker, Rolf (Hrsg.) (2009a): Lehrbuch der Bildungssoziologie: Fragestellungen, Theorien und empirische Befunde. Wiesbaden: VS Verlag für Sozialwissenschaften

Becker, Rolf (2009b): Entstehung und Reproduktion von Bildungsungleichheiten. In: Becker (2009a): 85–129

Becker, Rolf (2003): Educational Expansion and Persistent Inequalities of Education: Utilizing the Subjective Expected Utility Theory to Explain the Increasing Participation Rates in Upper Secondary School in the Federal Republic of Germany. In: European Sociological Review 19. 1. 1–24

Becker, Rolf (2000): Klassenlage und Bildungsentscheidungen. Eine empirische Anwendung der Wert-Erwartungstheorie. In: Kölner Zeitschrift für Soziologie und Sozialpsychologie 52. 3. 450–474

Becker, Rolf/Hecken, Anna E. (2009a): Higher Education or Vocational Training? An Empirical Test of the Rational Action Model of Educational Choices Suggested by Breen and Goldthorpe (1997) and Esser (1999). In: Acta Sociologica 52. 1. 25–45

Becker, Rolf/Hecken, Anna E. (2009b): Why are working-class children diverted from universities? In: European Sociological Review 25. 2. 233–250

Becker, Rolf/Hecken, Anna E. (2008): Warum werden Arbeiterkinder vom Studium an Universitäten abgelenkt? Eine empirische Überprüfung der „Ablenkungsthese" von Müller und Pollak (2007) und ihrer Erweiterung durch Hillmert und Jacob (2003). In: Kölner Zeitschrift für Soziologie und Sozialpsychologie 60. 1. 3–29
Becker, Rolf/Hecken, Anna E. (2007): Studium oder Berufsausbildung? Eine empirische Überprüfung der Modelle zur Erklärung von Bildungsentscheidungen von Esser sowie von Breen und Goldthorpe. In: Zeitschrift für Soziologie 36. 2. 100–117
Becker, Rolf/Lauterbach, Wolfgang (Hrsg.) (2008): Bildung als Privileg. Erklärungen und Befunde zu den Ursachen der Bildungsungleichheit. 3. Aufl. Wiesbaden: VS Verlag für Sozialwissenschaften
Blossfeld, Hans-Peter (1993): Changes in educational opportunities in the Federal Republic of Germany: A longitudinal study of cohorts born between 1916 and 1965. In: Shavit/Blossfeld (1993): 51–74
Blossfeld, Hans-Peter/Shavit, Yossi (1993): Dauerhafte Ungleichheiten. Zur Veränderung des Einflusses der sozialen Herkunft auf die Bildungschancen in dreizehn industrialisierten Ländern. In: Zeitschrift für Pädagogik 30. 1. 25–52
Blum, Werner/Neubrand, Michael/Ehmke, Timo/Senkbeil, Martin/Jordan, Alexander/Ulfig, Frauke/Carstensen, Claus H. (2004): Mathematische Kompetenz. In: Prenzel et al. (2004): 47–92
Bos, Wilfried/Bonsen, Martin/Baumert, Jürgen/Prenzel, Manfred/Selter, Christoph/Walther, Gerd (2008): TIMSS 2007. Mathematische und naturwissenschaftliche Kompetenzen von Grundschulkindern in Deutschland im internationalen Vergleich. Münster: Waxmann
Bos, Wilfried/Gröhlich, Carola/Pietsch, Markus (Hrsg.) (2007c): KESS 4 – Lehr- und Lernbedingungen in Hamburger Grundschulen. Bd. 2. Münster: Waxmann
Bos, Wilfried/Hornberg, Sabine/Arnold, Karl-Heinz/Faust, Gabriele/Fried, Lilian/Lankes, Eva-Maria/Schwippert, Knut/Valtin, Renate (Hrsg.) (2007a): IGLU 2006. Lesekompetenzen von Grundschulkindern in Deutschland im internationalen Vergleich. Münster: Waxmann
Bos, Wilfried/Klieme, Eckhard/Köller, Olaf (Hrsg.) (2010): Schulische Lerngelegenheiten und Kompetenzentwicklung. Münster: Waxmann
Bos, Wilfried/Lankes, Eva-Maria/Prenzel, Manfred/Schwippert, Knut/Valtin, Renate/Walther, Gerd (Hrsg.) (2004a): IGLU. Einige Länder der Bundesrepublik Deutschland im nationalen und internationalen Vergleich. Münster: Waxmann
Bos, Wilfried/Lankes, Eva-Maria/Prenzel, Manfred/Schwippert, Knut/Walther, Gerd/Valtin, Renate (2003): Erste Ergebnisse aus IGLU – Schülerleistungen am Ende der vierten Jahrgangsstufe im internationalen Vergleich. Münster: Waxmann
Bos, Wilfried/Schwippert, Knut/Stubbe, Tobias C. (2007b): Die Koppelung von sozialer Herkunft und Schülerleistung im internationalen Vergleich. In: Bos et al. (2007a): 225–247
Bos, Wilfried/Voss, Andreas/Lankes, Eva-Maria/Schwippert, Knut/Thiel, Oliver/Valtin, Renate (2004b): Schullaufbahnempfehlungen von Lehrkräften am Ende der vierten Jahrgangsstufe. In: Bos et al. (2004a): 165–227
Boudon, Raymond (1974): Education, opportunity, and social inequality: Changing prospects in Western society. New York: Wiley
Bourdieu, Pierre (1983): Ökonomisches Kapital, kulturelles Kapital, soziales Kapital. In: Kreckel (1983): 183–198
Bourdieu, Pierre (1982): Die feinen Unterschiede. Kritik der gesellschaftlichen Urteilskraft. Frankfurt a. M.: Suhrkamp
Breen, Richard (Hrsg.) (2004): Social Mobility in Europe. Oxford: Oxford University
Breen, Richard/Goldthorpe, John H. (1997): Explaining educational differentials: Towards a formal rational action theory. In: Rationality and Society 9. 3. 275–305
Breen, Richard/Jonsson, Jan O. (2000): A Multinomial Transition Model for Analyzing Educational Careers In: American Sociological Review 65. 5. 754–72
Breen, Richard/Luijkx, Ruud/Müller, Walter/Pollak, Reinhard (2010): Long-term Trends in Educational Inequality on Europe: Class Inequalities and Gender Differences. In: European Sociological Review 26. 31–48
Breen, Richard/Luijkx, Ruud/Müller, Walter/Pollak, Reinhard (2009): Nonpersistent Inequality in Educational Attainment: Evidence from eight European Countries. In: American Journal of Sociology 114. 5. 1475–1521
Buis, Maarten L. (2008): LDECOMP: Stata module decomposing effects in logistic regresion into direct and indirect effects. In: The Stata Journal 9. 1–16
Burkart, Günter/Wolf, Jürgen (Hrsg.) (2002): Lebenszeiten: Erkundungen zur Soziologie der Generationen. Opladen: Leske + Budrich
Bussière, Patrick/Hébert, Roland/Knighton, Tamara (2010): Educational outcomes at age 21 associated with reading ability at age 15. In: School Libraries in Canada 28. 98–98
Coleman, James S. (1990): Foundations of social theory. Cambridge, Mass.: Belknap
Coleman, James S. (1988): Social capital in the creation of human capital. In: American Journal of Sociology 94. Supplement. 95–120

Coleman, James S. (1987): Families and schools. In: Educational Researcher 16. 1. 32–38
Ditton, Hartmut (2010): Schullaufbahnen und soziale Herkunft – eine Frage von Leistung oder Diskriminierung? In: Aufenanger et al. (2010): 79–99
Ditton, Hartmut (Hrsg.) (2007a): Kompetenzaufbau und Laufbahnen im Schulsystem. Ergebnisse einer Längsschnittuntersuchung an Grundschulen. Münster: Waxmann
Ditton, Hartmut (2007b): Schulübertritte, Geschlecht und soziale Herkunft. In: Ditton (2007a): 53–87
Ditton, Hartmut/Krüsken, Jan (2006): Der Übergang von der Grundschule in die Sekundarstufe. In: Zeitschrift für Erziehungswissenschaft 9. 3. 348–372
Ditton, Hartmut/Krüsken, Jan/Schauenberg, Magdalena (2005): Bildungsungleichheit – der Beitrag von Familie und Schule. In: Zeitschrift für Erziehungswissenschaft 8. 2. 285–304
Drechsel, Barbara/Artelt, Cordula (2007): Lesekompetenz. In: Prenzel et al. (2007): 225–247
Ehmke, Timo/Baumert, Jürgen (2007): Soziale Herkunft und Kompetenzerwerb: Vergleiche zwischen PISA 2000, 2003 und 2006. In: Prenzel et al. (2007): 309–335
Erikson, Robert (2007): Social selection in Stockholm schools: primary and secondary effects on the transition to upper secondary education. In: Scherer et al. (2007): 58–77
Erikson, Robert (1992): The CASMIN Project and the American Dream. In: European Sociological Review 8. 283–305
Erikson, Robert/Goldthorpe, John H. (1992): The constant flux: A study of class mobility in industrial societies. Oxford: Clarendon Press
Erikson, Robert/Goldthorpe, John H./Jackson, Michelle/Yaish, Meir/Cox, D. R. (2005): On Class Differentials in Educational Attainment. In: Proceedings of the National Academy of Sciences 102. 27. 9730–9733
Erikson, Robert/Goldthorpe, John H./Portocarero, Lucienne (1979): Intergenerational class mobility in three Western European societies: England, France and Sweden. In: British Journal of Sociology 30. 4. 415–441
Erikson, Robert/Jonsson, Jan O. (Hrsg.) (1996a): Can education be equalized? The Swedish case in comparative perspective. Boulder: Westview
Erikson, Robert/Jonsson, Jan O. (1996b): Explaining class inequality in education: The Swedish test case. In: Erikson/Jonsson (1996a): 1–63
Erikson, Robert/Rudolphi, Frida (2010): Change in social selection to upper secondary school – primary and secondary effects in Sweden. In: European Sociological Review 26. 291–305
Esser, Hartmut (1999): Soziologie. Spezielle Grundlagen: Band 1. Situationslogik und Handeln. Frankfurt a. M.: Campus
Ganzeboom, Harry B. G./DeGraaf, Paul M./Treiman, Donald J./DeLeeuw, Jan (1992): A standard international socio-economic Index of occupational status. In: Social Science Research 21. 1–56
Ganzeboom, Harry B. G./Treiman, Donald J. (1996): Internationally comparable measures of occupational status for the 1988 International Standard Classification of Occupation. In: Social Science Research 25. 201–239
Gewerkschaft Erziehung und Wissenschaft GEW (Hrsg.) (2000): Messung sozialer Motivation. Eine Kontroverse. Schriftenreihe des Bildungs- und Förderungswerk der GEW. Band 14. Frankfurt a. M.: Bildungs- und Förderungswerk der GEW
Hadjar, Andreas/Becker, Rolf (Hrsg.) (2006): Die Bildungsexpansion. Erwartete und unerwartete Folgen. Wiesbaden: VS Verlag für Sozialwissenschaften
Hanushek, Eric A./Wößmann, Ludger (2008): The Role of Cognitive Skills in Economic Development. In: Journal of Economic Literature 46. 3. 607–668
Henz, Ursula/Maas, Ineke (1995): Chancengleichheit durch Bildungsexpansion? In: Kölner Zeitschrift für Soziologie und Sozialpsychologie 47. 605–633
Jackson, Michelle/Erikson, Robert/Goldthorpe, John H./Yaish, Meir (2007): Primary and secondary effects in class differentials in educational attainment: The transition to A-level courses in England and Wales. In: Acta Sociologica 50. 3. 211–229
Jonkmann, Kathrin/Maaz, Kai/McElvany, Nele/Baumert, Jürgen (2010): Übergangsquoten und Zusammenhänge zu familiärem Hintergrund und schulischen Leistungen: Deskriptive Befunde. In: Maaz et al. (2010): 253–282
Klein, Markus/Schindler, Steffen/Pollak, Reinhard/Müller, Walter (2009): Soziale Disparitäten in der Sekundarstufe und ihre langfristige Entwicklung. In: Baumert et al. (2009): 47–73
Kleine, Lydia/Paulus, Wiebke/Blossfeld, Hans-Peter (2009): Die Formation elterlicher Bildungsentscheidungen beim Übergang von der Grundschule in die Sekundarstufe I. In: Baumert et al. (2009): 103–125
Klieme, Eckhard/Neubrand, Michael/Lüdtke, Oliver (2001): Mathematische Grundbildung: Testkonzeption und Ergebnisse. In: Baumert et al. (2001): 139–190
Köller, Olaf/Baumert, Jürgen (2008): Entwicklung schulischer Leistungen. In: Oerter/Montada (2008): 735–768
Köller, Olaf/Knigge, Michel/Tesch, Bernd (Hrsg.) (2010): Sprachliche Kompetenzen im Ländervergleich. Münster: Waxmann

Köller, Olaf/Watermann, Rainer/Trautwein, Ulrich/Lüdtke, Oliver (Hrsg.) (2004): Wege zur Hochschulreife in Baden-Württemberg: TOSCA – Eine Untersuchung an allgemein bildenden und beruflichen Gymnasien. Opladen: Leske + Budrich

Kreckel, Reinhard (Hrsg.) (1983): Soziale Ungleichheiten. Göttingen: Schwartz (Soziale Welt. Sonderband 2)

Lehmann, Rainer H./Lenkeit, Jenny (2008): Element. Erhebung zum Lese- und Mathematikverständnis. Entwicklung in den Jahrgangsstufen 4 bis 6 in Berlin: Abschlussbericht über die Untersuchungen 2003, 2004 und 2005 an Berliner Grundschulen und grundständigen Gymnasien. Berlin: Humboldt Universität zu Berlin

Lehmann, Rainer H./Peek, Rainer/Gänsfuß, Rüdiger (1997): Aspekte der Lernausgangslage von Schülerinnen und Schülern der fünften Klassen an Hamburger Schulen. Hamburg: Behörde für Schule, Jugend und Berufsbildung, Amt für Schule

Lehmann, Rainer H./Peek, Rainer/Gänsfuß, Rüdiger/Husfeldt, Vera (2002): LAU 9. Aspekte der Lernausgangslage und der Lernentwicklung – Klassenstufe 9 – Ergebnisse. Hamburg: Behörde für Schule, Jugend und Berufsbildung, Amt für Schule

Lehmann, Rainer H./Peek, Rainer/Gänsfuß, Rüdiger/Husfeldt, Vera (2001): Aspekte der Lernausgangslage und der Lernentwicklung – Klassenstufe 9 – Ergebnisse einer längsschnittlichen Untersuchung in Hamburg. Hamburg: Behörde für Schule, Jugend und Berufsbildung, Amt für Schule

Lehmann, Rainer H./Peek, Rainer/Pieper, Iris/Stritzky, Regine (1995): Leseverständnisse und Lesegewohnheiten deutscher Schüler und Schülerinnen. Weinheim: Beltz

Long, Scott J. (1997): Regression Models for Categorical and Limited Dependent Variables. Thousand Oaks: Sage Publications

Lüttinger, Paul/König, Wolfgang (1988): Die Entwicklung einer international vergleichbaren Klassifikation für Bildungssysteme. In: ZUMA-Nachrichten 22. 1–14

Maaz, Kai (2006): Soziale Herkunft und Hochschulzugang. Effekte institutioneller Öffnung im Bildungssystem. Wiesbaden: VS Verlag für Sozialwissenschaften

Maaz, Kai/Baumert, Jürgen/Gresch, Cornelia/McElvany, Nele (Hrsg.) (2010): Der Übergang von der Grundschule in die weiterführende Schule. Leistungsgerechtigkeit und regionale, soziale und ethnisch-kulturelle Disparitäten. Berlin/Bonn: BMBF

Maaz, Kai/Baumert, Jürgen/Trautwein, Ulrich (2009): Genese sozialer Ungleichheit im institutionellen Kontext der Schule: Wo entsteht und vergrößert sich soziale Ungleichheit? In: Baumert et al. (2009): 11–46

Maaz, Kai/Nagy, Gabriel (2009): Der Übergang von der Grundschule in die weiterführenden Schulen des Sekundarschulsystems: Definition, Spezifikation und Quantifizierung primärer und sekundärer Herkunftseffekte. In: Baumert et al. (2009): 153–182

Mare, Robert D. (1980): Social background and school continuation decisions. In: Journal of the American Statistical Association 75. 295–305

Mayer, Karl Ulrich/Henz, Ursula/Maas, Ineke (1991): Social mobility between generations and across the working life: biographical contingency, time dependency and cohort differentiation – results from the German life history study. Berlin: MPIB

McKelvey, Richard D./Zavoina, William (1975): A Statistical Model for the Analysis of Ordinal Level Dependent Variables. In: Journal of Mathematical Sociology 4. 103–120

Meulemann, Heiner (1992): Expansion ohne Folgen? Bildungschancen und sozialer Wandel in der Bundesrepublik. In: Entwicklungstendenzen der Sozialstruktur 4. 123–157

Müller, Walter/Haun, Dietmar (1994): Bildungsungleichheit im sozialen Wandel. In: Kölner Zeitschrift für Soziologie und Sozialpsychologie 46. 1. 1–42

Müller, Walter/Pollak, Reinhard (2004): Social Mobility in West Germany: The Long Arms of History Discovered? In: Breen (2004): 77–113

Müller, Walter/Pollak, Reinhard/Reimer, David/Schindler, Steffen (2009): Hochschulbildung und soziale Ungleichheit. In: Becker, R. (2009a): 281–329

OECD (2010): Pathways to Success. How knowledge and skills at age 15 shape future lives in Canada. Paris: Organisation for Economic Co-Operation and Development

OECD (2000): PISA 2000 Technical Report. Paris: Organisation for Economic Co-Operation and Development

OECD (1999): Measuring student knowledge and skills. A framework for assesssment. Paris: Organisation for Economic Co-Operation and Development

Oerter, Rolf/Montada, Leo (Hrsg.) (2008): Entwicklungspsychologie. Weinheim: Beltz/PVU

Paulus, Wiebke/Blossfeld, Hans-Peter (2007): Schichtspezifische Präferenzen oder sozioökonomisches Entscheidungskalkül? Zur Rolle elterlicher Bildungsaspirationen im Entscheidungsprozess beim Übergang von der Grundschule in die Sekundarstufe. In: Zeitschrift für Pädagogik 53. 4. 491–508

Prenzel, Manfred/Artelt, Cordula/Baumert, Jürgen/Blum, Werner/Hammann, Marcus/Klieme, Eckhard/Pekrun, Reinhard (Hrsg.) (2007): PISA 2006: Die Ergebnisse der dritten internationalen Vergleichsstudie. Münster: Waxmann

Prenzel, Manfred/Baumert, Jürgen/Blum, Werner/Lehmann, Rainer/Leutner, Detlev/Neubrand, Michael/Pekrun, Reinhard/Rolff, Hans-Günter/Rost, Jürgen/Schiefele, Ulrich (Hrsg.) (2004): PISA 2003. Der Bildungsstand der Jugendlichen in Deutschland – Ergebnisse des zweiten internationalen Vergleichs. Münster: Waxmann

Raudenbush, Stephen W./Kasim, Rafa M. (1998): Cognitive skill and economic inequality: Findings from the National Adult Literacy Survey. In: Harvard Educational Review 68. 1. 33–79

Reimer, David/Pollak, Reinhard (i. E.): Educational Expansion and Its Consequences for Vertical and Horizontal Inequalities in Access to Higher Education in West Germany. In: European Sociological Review

Reimer, David/Pollak, Reinhard (2005): The impact of social origin on the transition to tertiary education in West Germany 1983 and 1999. Mannheim: Mannheimer Zentrum für Europäische Sozialforschung

Schaffner, Ellen/Schiefele, Ulrich/Drechsel, Barbara/Artelt, Cordula (2004): Lesekompetenz. In: Prenzel et al. (2004): 93–110

Scherer, Stefani/Pollak, Reinhard/Otte, Gunnar/Gangl, Markus (Hrsg.) (2007): From origin to destination. Trends and mechanisms in social stratification research. Frankfurt a. M.: Campus

Shavit, Yossi/Blossfeld, Hans-Peter (Hrsg.) (1993): Persistent inequality. Changing educational attainment in thirteen countries. Boulder: Westview

Schimpl-Neimanns, Bernhard (2000): Soziale Herkunft und Bildungsbeteiligung: Empirische Analysen zu herkunftsspezifischen Bildungsungleichheiten zwischen 1950 und 1989. In: Kölner Zeitschrift für Soziologie und Sozialpsychologie 52. 636–669

Schnabel, Kai U./Gruehn, Sabine (2000): Studienfachwünsche und Berufsorientierungen in der gymnasialen Oberstufe. In: Baumert et al. (2000b): 405–443

Schnabel, Kai U./Schwippert, Knut (2000): Einflüsse sozialer und ethnischer Herkunft beim Übergang in die Sekundarstufe II und den Beruf. In: Baumert et al. (2000a): 261–300

Schwippert, Knut/Bos, Wilfried/Lankes, Eva-Maria (2003): Heterogenität und Chancengleichheit am Ende der vierten Jahrgangsstufe im internationalen Vergleich. In: Bos et al. (2003): 265–302

Solga, Heike (2009): Bildungsarmut und Ausbildungslosigkeit in der Bildungs- und Wissensgesellschaft. In: Becker, R. (2009a): 395–432

Stocké, Volker (2008): Educational Decisions as Rational Choice? Testing the Erikson-Jonsson Model. Mannheim: Universität Mannheim (Sonderforschungsbereich 504)

Stocké, Volker (2007a): Explaining Educational Decision and Effects of Families' Social Class Position: An Empirical Test of the Breen-Goldthorpe Model of Educational Attainment. In: European Sociological Review 23. 505–519

Stocké, Volker (2007b): Strength, Sources, and Temporal Development of Primary Effects of Families' Social Status on Secondary School Choice. Mannheim: Universität Mannheim (SFB 504. Nr. 07-60)

Stubbe, Tobias C. (2009): Bildungsentscheidungen und sekundäre Herkunftseffekte. Soziale Disparitäten bei Hamburger Schülerinnen und Schülern der Sekundarstufe I. Münster: Waxmann

Trautwein, Ulrich/Neumann, Marko/Nagy, Gabriel/Lüdtke, Oliver/Maaz, Kai (Hrsg.) (2010): Schulleistungen von Abiturienten. Die neu geordnete gymnasiale Oberstufe auf dem Prüfstand. Wiesbaden: VS Verlag für Sozialwissenschaften

Treiman, Donald J. (1977): Occupational prestige in comparative perspective. New York: Academic Press

Watermann, Rainer/Baumert, Jürgen (2006): Entwicklung eines Strukturmodells zum Zusammenhang zwischen sozialer Herkunft und fachlicher und überfachlicher Kompetenzen: Befunde nationaler und international vergleichender Analysen. In: Baumertet al. (2006): 61–94

Watermann, Rainer/Klingebiel, Franz/Kurtz, Tanja (2010): Die motivationale Bewältigung des Grundschulübergangs aus Schüler- und Elternsicht. In: Maaz et al. (2010): 355–388

Watermann, Rainer/Maaz, Kai (2010): Soziale Herkunft und Hochschulzugang – eine Überprüfung der Theorie des geplanten Verhaltens. In: Bos et al. (2010): 281–299

Watermann, Rainer/Maaz, Kai (2006): Effekte der Öffnung von Wegen zur Hochschulreife auf die Studienintention am Ende der gymnasialen Oberstufe. In: Zeitschrift für Erziehungswissenschaft 9. 219–239

Wigfield, Allan/Eccles, Jacquelynne S. (2000): Expectancy-value theory of achievement motivation. In: Contemporary Educational Psychology 25. 68–81

Daten der amtlichen Statistik zur Bildungsarmut

Peter Lohauß, Ricarda Nauenburg, Klaus Rehkämper, Ulrike Rockmann und Thomas Wachtendorf

1 Einleitung

Unter Bildungsarmut wird einerseits der individuelle Mangel an formalen Bildungsabschlüssen und andererseits an individuellen Bildungskompetenzen verstanden (Allmendinger/Leibfried 2003). Hinter dem Begriff verbirgt sich ein komplexes Beziehungsgeflecht von individuellen wie auch gesellschaftlichen Ursachen und Konsequenzen. So ist materielle Armut oft die Folge von geringer Bildung wie aber auch materielle Armut zu schlechteren Bildungschancen führen kann.

Zur Analyse muss ähnlich wie beim Einkommen ein Niveau definiert werden, ab wann eine geringe Bildung als Bildungsarmut bezeichnet werden soll. Für das materielle Armutsrisiko wurde international ein Einkommen, welches geringer als 60 % des jeweiligen mittleren nationalen Äquivalenzeinkommens ist, festgelegt (Statistisches Bundesamt 2006: 11).

Die Definition von Bildungsarmut ist ungleich schwieriger und läuft schnell Gefahr, einem einzelnen Individuum gegenüber ungerecht zu sein – denn zweifellos können Menschen auch ohne formale Zertifikate gebildet sein. Möchte man sich trotzdem der offensichtlichen Tatsache analytisch nähern, dass es Menschen gibt, deren Bildungsstand die vollumfängliche gesellschaftliche Teilhabe eher unwahrscheinlich erscheinen lässt und die möglichen Ursachen ergründen, so sind Festlegungen zu treffen.

Bildungsarmut kann z. B. durch fehlende individuelle Fähigkeiten und Fertigkeiten operationalisiert werden. So werden die Jugendlichen, die beim PISA-Test nur Leistungen unterhalb der Kompetenzstufe I erbringen – eine Leistung, die beim Lesen dem funktionalen Analphabetismus entspricht –, als bildungsarm bezeichnet. Diese und andere internationale Studien erfassen die Schüler/innen mit ihrem familiären und sozialen Umfeld zu einem bestimmten Zeitpunkt im Bildungsprozess. Somit können hier Zusammenhänge und im Speziellen die Risikolagen zwischen dem Umfeld der Schüler/innen und ihren Leistungen identifiziert werden. Darüber hinaus ist aber auch die spätere Entwicklung der Jugendlichen und jungen Erwachsenen von Interesse, so hinsichtlich der Frage, ob die während des Schulbesuchs aufgetretene Bildungsarmut zu einer lebenslangen Bildungsarmut führt. Dies gilt auch vor dem Hintergrund der immer wieder betonten Bedeutung des lebenslangen Lernens.

Eine direkte Erhebung von Fähigkeiten und Fertigkeiten unter Berücksichtigung der gesamten Bevölkerung bzw. einer tief regional auswertbaren repräsentativen Stichprobe im Längsschnitt ist aus vielfältigen Gründen nicht möglich. Daher ist es sinnvoll, bei der Operationalisierung des Begriffs Bildungsarmut auch auf das Vorhandensein bestimmter Abschlusszertifikate zurückzugreifen. Es wird unterstellt, dass die für das Nichtvorliegen von Bildungsarmut als notwendig erachteten Fertigkeiten und Fähigkeiten i. d. R. vorhanden sein müssen, wenn diese Zertifikate erworben wurden. Hinsichtlich der formalen Abschlüsse wird in Deutschland von relativer Bildungsarmut gesprochen, wenn kein Berufsabschluss (ISCED[1] 3B, 3C) oder kein Abschluss im Sekundarbereich II (ISCED 3A) erreicht wurde. Bei fehlenden Hauptschul- oder mittleren Schulabschlüssen (ISCED 2A) liegt absolute Bildungsarmut vor (Allmendinger/Leibfried 2003: 13).

Bildungsarmut ist ein individuelles Phänomen, sie wird jedoch gemäß dem gesetzlichen Auftrag der amtlichen Statistik nicht individuell, d. h. für jede Schülerin oder jeden Schüler einzeln, sondern für den Teil einer bestimmten Gruppe mit bestimmten Merkmalen festgestellt. Zudem kann die amtliche Statistik nur einen Aspekt von Bildungsarmut erfassen – die relative und absolute Bildungsarmut anhand von erworbenen oder nicht erworbenen Zertifikaten – weitere Leistungsdaten liegen nicht vor. Darüber hinaus können jedoch die in wissenschaftlichen Untersuchungen identifizierten Bildungsrisiken, die aus dem sozialen und familiären Umfeld erwachsen, aufgezeigt und damit Risikogruppen identifiziert werden.

In den Unterabschnitten des Beitrags wird erörtert, welche Daten mit Bezug zum Thema Bildungsarmut aus Datenquellen der amtlichen Statistik[2] erschließbar und welche Regionalisierungsmöglichkeiten gegeben sind, wie die Daten qualitativ eingeschätzt werden und welche Interpretationsmöglichkeiten sich ergeben. Informationen über den Besuch von Kindertageseinrichtungen, die erreichten schulischen Abschlüsse oder Abgänge ohne Abschluss sind in Deutschland über die amtliche Kinder- und Jugendhilfe- sowie die Schul- und Berufsschulstatistik verfügbar; nachgeholte Abschlüsse über den Zweiten Bildungsweg und Schulfremdenprüfungen werden ebenfalls erfasst. Berufs- und Studienabschlüsse sowie der Abbruch der Ausbildung werden über die Berufsbildungs- und Hochschulstatistik dokumentiert. Diese Datenerhebungen sind an den Besuch der jeweiligen Institution gebunden. Der Bildungsstand der gesamten Bevölkerung, operationalisiert durch den höchsten erreichten Schul- und Berufsabschluss, ist über den Mikrozensus verfügbar. Diese repräsentative Erhebung liefert auch Daten zur familiären und sozialen Situation.

Die Daten der amtlichen Statistik bilden einen wesentlichen Eckpfeiler für die Bildungsberichterstattung. Sie bieten den Vorteil, deutschlandweit nach einem einheitlichen Verfahren erhoben zu werden und weisen somit überwiegend Vergleichbarkeit auf; sie sind zudem über lange Erhebungszeiträume verfügbar. Nachteilig ist die träge Anpassung an aktuelle Anforderungen aufgrund der erforderlichen Gesetzgebungsverfahren – hier gibt es in Europa durchaus flexiblere Lösungen, ohne den notwendigen Datenschutz zu vernachlässigen.

Für wissenschaftliche Analysezwecke ist es ebenfalls nachteilig, dass die Daten aus unterschiedlichen Erhebungen auf Individualdatenebene nicht im Sinne von Bildungsbiographien miteinander in Verbindung gebracht werden können. So ist z. B. die Anzahl der Kinder mit Migrationshintergrund in den Kindertagesstätten bekannt, die zu Hause überwiegend

1 Der Standard ISCED (International Standard Classification of Education) wurde von der UNESCO zur Klassifizierung von Bildungsabschlüssen entwickelt. Die Abschlüsse, die mit dem Buchstaben A gekennzeichnet sind, sind allgemeinbildende Abschlüsse, die mit B gekennzeichneten berufsbildende (http://www.uis.unesco.org/ev.php?ID=3813_201&ID2=DO_TOPIC). Der Abschluss 3A entspricht dem Erreichen der allgemeinen oder fachgebundenen Hochschulreife bzw. Fachhochschulreife.

2 Unter amtlicher Statistik werden die Daten verstanden, die durch die Statistischen Ämter des Bundes und der Länder erhoben bzw. zur Verfügung gestellt werden. Nicht gemeint sind Geschäftsstatistiken der Bildungsministerien, die KMK-Statistiken, die Statistiken der Einschulungsuntersuchungen und die Statistiken der Bundesagentur für Arbeit.

nicht die deutsche Sprache sprechen. Ob dies allerdings dieselben sind, die bei der Einschulungsuntersuchung als Kinder nichtdeutscher Herkunftssprache klassifiziert und später bei den Schulen mit nichtdeutscher Herkunftssprache eingestuft werden, bleibt unklar. Damit ist auch die Rekonstruktion von individuellen Bildungsbiographien – wie jetzt im Projekt Nationales Bildungspanel verfolgt – aus den Daten der amtlichen Statistik nicht möglich; es können vielfach nur Aussagen auf Aggregatdatenebene getroffen werden.

2 Vor der Einschulung – die Kinder- und Jugendhilfestatistik

Die Auffassung, dass der Besuch von Kindertageseinrichtungen ein sinnvolles Element einer Bildungsbiographie ist, hat sich inzwischen weitgehend durchgesetzt (u. a. DJI 2010; PISA Konsortium Deutschland 2005). In der Kinder- und Jugendhilfestatistik (KJH) werden seit 2006 Einzeldaten über die betreuten Kinder nach Geschlecht, Alter, Betreuungszeiten, Migrationshintergrund[3] und Schulbesuch (bei Kindern, die älter als fünf Jahre sind) in mit öffentlichen Mitteln geförderten Einrichtungen wie auch in der Tagespflege erfasst. Die formale Qualifikation und das Aufgabenspektrum der Mitarbeiterinnen und Mitarbeiter werden ebenso erhoben wie Informationen über die Gruppen (Größen, Alterszusammensetzung, Integration von Behinderten). Die Daten liegen regional tief gegliedert vor, d. h. Aussagen auf Gemeindeebene sind grundsätzlich möglich.

In Verbindung mit den Einrichtungen werden mit länderspezifisch unterschiedlichen Instrumenten die Sprachstandserhebungen[4] durchgeführt, die jedoch nicht zum Erhebungsumfang der amtlichen Statistik gehören und somit auch nicht mit den Daten der KJH-Statistik in Verbindung gebracht werden können. D. h., die KJH-Statistik liefert nur Daten zur Wahrnehmung der Angebote in Abhängigkeit von den erhobenen soziodemographischen Merkmalen der Kinder und Eltern.

Bei einer Analyse sind nicht nur die absoluten Zahlen der wahrgenommenen Angebote, sondern auch Anteilswerte von Interesse, so zum Beispiel der Anteil von Kindern unter drei Jahren, die eine Kindertagesstätte besuchen, an allen Kindern unter drei Jahren in der betrachteten Region (Tab. 1). Folglich wird zur Berechnung die Bevölkerungsstatistik benötigt. Bei der Nutzung mehrerer Datenquellen tritt ein Problem zu Tage, welches in der amtlichen Statistik häufiger anzutreffen ist. Die Daten der Kinder- und Jugendhilfestatistik werden zum Stichtag 15.3. eines Jahres erhoben. Die Berechnungen zur Durchschnittsbevölkerung liegen jeweils zum 31.12. bzw. 30.6. eines Jahres vor.

---

3 Erhoben wird der Migrationshintergrund der Eltern, d. h. ob sie im Ausland geboren sind und welche Sprache zu Hause überwiegend gesprochen wird.

4 Überblick: http://www.bildungsserver.de/zeigen.html?seite=2308, 5.2.2010

Tabelle 1 Bildungsbeteiligung von Kindern unter 3 Jahren in Deutschland zum 15.3.2009

Bundesland	Kinder im Alter von unter drei Jahren insgesamt	Bildungsbeteiligung				
			Davon			
			Tageseinrichtungen		Tagespflege	
	Anzahl	Insgesamt	Anzahl	% von Insgesamt	Anzahl	% von Insgesamt
Deutschland, davon	2.048.350	417.190	356.274	17,4	60.916	3,0
Westdeutschland	1.657.962	241.852	198.198	12,0	43.654	2,6
Ostdeutschland*	390.388	175.338	158.076	40,5	17.262	4,4

Quelle: Statistische Ämter des Bundes und der Länder, Kinder- und Jugendhilfestatistik, Bevölkerungsstatistik, *inkl. Berlin

D. h., bei der Berechnung der Quote gibt es unweigerlich Unschärfen hinsichtlich der Größe der herangezogenen Population. Genutzt wird hier die Einwohnerzahl vom 31.12. Folglich fehlen die Kinder, die im Zeitraum vom 1.1. bis 15.3. geboren werden, und es sind die Kinder zu viel enthalten, die in diesem Zeitraum 4 Jahre alt werden.

Eine ebenfalls interessante Frage betrifft die Beteiligung von Kindern mit Migrationshintergrund (MHG) an dem vorschulischen Bildungsangebot. Die Berechnung des Anteils von Kindern mit und ohne MHG in den jeweiligen Kindertageseinrichtungen kann anhand der Daten der KJH-Statistik realisiert werden. Die Frage nach dem Anteil der Kinder mit MHG an allen Kindern mit MHG ist tief regional gegliedert ungleich schwieriger zu beantworten.

Zur Bestimmung der Population kann der Mikrozensus herangezogen werden, der seit 2005 das Merkmal Migrationshintergrund ausweist (vgl. Abschnitt 7). Allerdings stimmt die Definition mit der aus der KJH-Statistik nicht vollständig überein (Kuhl et al. 2009: 35 ff.). Da es sich beim Mikrozensus auch nur um eine 1%-Stichprobe handelt, lassen sich die Daten nicht beliebig tief regionalisieren. Für Deutschland insgesamt können Aussagen zur Anzahl der Kinder mit Migrationshintergrund für einzelne Jahrgänge gemacht werden, aber schon auf Länderebene und in jedem Fall für Kreise sind aufgrund zu geringer Besetzungszahlen keine Angaben möglich.

Eine tief regionalisierte Auswertung kann jedoch u. U. durch die Nutzung des lokalen Einwohnerregisters realisiert werden. Diese Totalerhebung weist Merkmale auf, die, wenn sie gepflegt wurden, eine dem Mikrozensus ähnliche Klassifikation in Personen mit und ohne Migrationshintergrund ermöglichen. In Ländern wie Berlin, wo sowohl Mikrozensus als auch Einwohnerregister als Quelle verfügbar sind, ergeben sich für den Anteil von Migranten an der Bevölkerung Abweichungen von 26,1 %[5] zu 24,0 %[6] (Bömermann/Rehkämper/Rockmann 2008: 20 ff.). Diese werden im Hinblick auf das Analyseziel als tolerabel angesehen. Verwendet man die Einwohnerregisterdaten, so ergibt sich, dass der Migrantenanteil in der

5 Einwohnerregister 31.12.2008
6 Mikrozensus 2008

Bevölkerung der 3- bis unter 6-Jährigen bei 45 % liegt, der Beteiligungsanteil in Kindertageseinrichtungen jedoch nur bei 30 %[7], was ein klares Indiz für eine unterproportionale Beteiligung ist.

3 In der Schule – Statistiken der allgemeinbildenden Schulen

Auf die Frage, ob und welche allgemeinbildenden Schulabschlüsse erworben werden, kann die amtliche Statistik aus zwei Datenquellen Auskunft geben – aus der Schulstatistik und aus dem Mikrozensus (Abschnitt 7).

Die Schulstatistik enthält – grob gesprochen – viel Wissenswertes über die Gruppe der Schülerinnen und Schüler, Klassen, Lehrerinnen und Lehrer sowie Schulen. In derzeit acht Bundesländern werden auch Informationen über die im Elternhaus gesprochene Sprache erhoben (Deutsch oder Nicht-Deutsch). Aufgrund der Länderhoheit kann jedes Land über die Erhebungsinhalte bestimmen, wobei ein einheitlicher Minimaldatensatz für die amtliche Statistik durch die Kultusministerkonferenz (KMK) festgelegt wurde.

2003 hatte sich die Kultusministerkonferenz auf einen so genannten Kerndatensatz (KDS) verständigt, der in allen Bundesländern bis 2009 eingeführt sein und insbesondere mehr soziodemographische Daten als bisher flächendeckend bereitstellen sollte.

Merkmale des Kerndatensatzes[8] „Schüler" sind z. B. der erreichte Bildungsstand nach ISCED, das Bildungsziel, die aktuelle Jahrgangsstufe, das Geschlecht, Jahr der Einschulung, Geburtsland (Staat), Jahr des Zuzugs nach Deutschland, im Vorjahr besuchte Schulart, überwiegend zu Hause gesprochene Verkehrssprache etc. Die Umsetzung ist jedoch bisher in unterschiedlichem Umfang erfolgt. 14 Bundesländer haben den Datensatz für die Schule und die Lehrkräfte umgesetzt, acht den Datensatz für Schülerinnen und Schüler und sieben den für Abgängerinnen und Abgänger.

Auch für die Schulstatistik wird die Bevölkerungsstatistik zur Berechnung von Anteilen benötigt. So lassen sich mit ihrer Hilfe Zeitreihen erstellen, die den Anteil der Absolventinnen und Absolventen nach Abschlussart (und Schularten) relativ zur Wohnbevölkerung unter Berücksichtigung der demographischen Schwankungen der Kohorten im jeweils typischen Abschlussalter angeben.

Der Übergang von der Grundschule in eine weiterführende Schule ist bildungsbiographisch die erste große Entscheidung. In den Grundschulen werden mit unterschiedlicher Verbindlichkeit Empfehlungen für den weiterführenden Bildungsgang gegeben. Anhand der Datenerfassung in den aufnehmenden Schulen kann verfolgt werden, ob diesen Empfehlungen gefolgt wurde. Diese Daten stehen nur in einzelnen Bundesländern zur Verfügung. Aufgrund der fehlenden Möglichkeiten, die Schülerdaten über mehrere Jahre zu verknüpfen, kann jedoch nicht geprüft werden, zu welchem Ergebnis eine von der Bildungsempfehlung abweichende Bildungsgangswahl geführt hat.

---

7 Kinder- und Jugendhilfestatistik Stichtag 15.3.2009

8 http://www.kmk.org/no_cache/statistik/schule/statistische-veroeffentlichungen/faqs-frequently-asked-questions-zum-kerndatensatz-und-zur-datengewinnungsstrategie.html?sword_list%5B0%5D=kerndatensatz

Ergänzend zeigt die Auswertung des Mikrozensus, dass für Kinder, deren Eltern nicht erwerbstätig oder relativ bildungsarm sind, die Wahrscheinlichkeit ein Gymnasium bzw. die gymnasiale Oberstufe zu besuchen, deutlich geringer ausfällt als bei anderen Kindern (Abb. 1).

Abbildung 1 Bevölkerung im Alter von 12 bis unter 20 Jahren nach Risikolagen und Besuch des Gymnasiums bzw. 16–19 Jahre und Besuch der gymnasialen Oberstufe in den letzten 12 Monaten in Deutschland in % (2008)

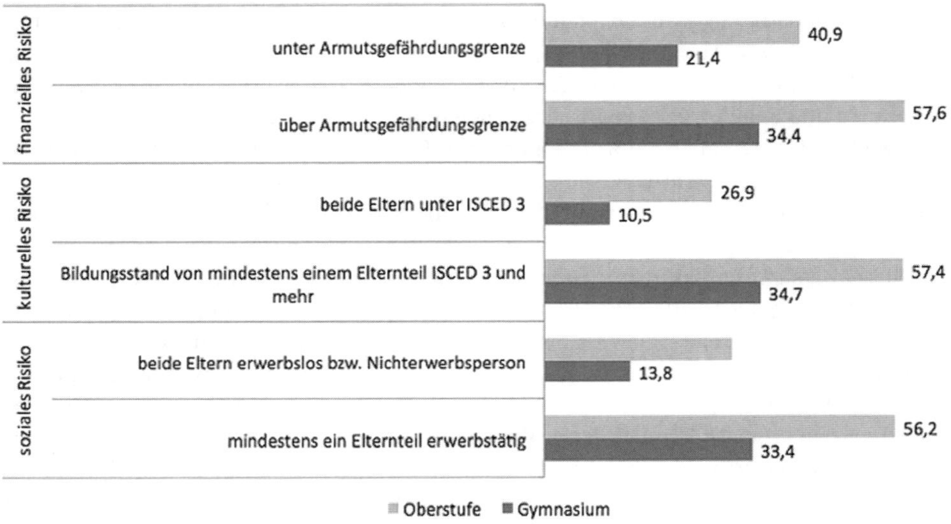

Quelle: Statistische Ämter des Bundes und der Länder, Mikrozensus, eigene Berechnungen, fehlender Wert: Prozentangabe mit Unsicherheit behaftet aufgrund des stichprobenbedingten Fehlers

Lesebeispiel Kulturelles Risiko: Sind beide Eltern relativ bildungsarm (höchster Abschluss unter ISCED 3), dann liegt die Wahrscheinlichkeit, dass das Kind das Gymnasium besucht, bei einem Drittel verglichen mit fast zwei Dritteln bei Kindern, die nicht von dem Risiko betroffen sind.

Im Hinblick auf das Thema Bildungsarmut interessiert der erreichte allgemeinbildende Schulabschluss[9]: Der Anteil der Schulabgängerinnen und -abgänger ohne Hauptschulabschluss lässt sich regionalisiert nach unterschiedlichen Merkmalen auswerten, so z. B. nach Staatsangehörigkeit, nach Geschlecht, nach der Schulart und in einigen Ländern nach nichtdeutscher Herkunftssprache. 2008 haben bundesweit rund 65.000 Schülerinnen und Schüler die Schule ohne Hauptschulabschluss verlassen – sind also absolut bildungsarm, wenn nicht noch im späteren Lebenslauf Abschlüsse nachgeholt werden (Tab. 2). Auf junge Männer trifft dies häufiger zu als auf junge Frauen; auf Ausländer mehr (15,0 %) als auf deutsche Schülerinnen und Schüler (6,2 %).

Der am häufigsten erreichte Schulabschluss ist mit 40,2 % der Realschulabschluss. Zusammen mit den 22,6 % Schülerinnen und Schülern, die die Schule mit einem Hauptschulab-

9 Die berufliche Ausbildung wird an einer anderen Stelle behandelt – vgl. Absatz 4.

schluss verlassen, besitzen also 62,8 % der Absolventen einen Abschluss im Bereich ISCED 2. Sollten diese Schülerinnen und Schüler keine Berufsausbildung abschließen, so sind sie als relativ bildungsarm anzusehen.

Tabelle 2 Absolventen/Abgänger (Deutsche, Ausländer) des Abgangsjahres nach Abschlussarten sowie Anteile an Abschlussarten insgesamt, einschl. Externe, Deutschland in % (2008)

Abschlussart	Absolventen/Abgänger			Davon					
				Deutsche			Ausländer*		
	insgesamt	männlich	weiblich	zusammen	männlich	weiblich	zusammen	männlich	weiblich
Ohne Hauptschulabschluss	7,0	8,5	5,5	6,2	7,5	4,8	15,0	17,7	12,1
Mit Hauptschulabschluss	22,6	25,6	19,6	20,8	23,9	17,7	40,2	42,2	38,1
Mit Realschulabschluss	40,2	39,6	40,7	41,0	40,7	41,3	32,6	29,8	35,6
Mit Fachhochschulreife	1,5	1,4	1,7	1,5	1,4	1,6	1,6	1,3	1,8
Mit allgemeiner Hochschulreife	28,7	24,9	32,6	30,5	26,5	34,6	10,7	9,0	12,4
Insgesamt	100	100	100	100	100	100	100	100	100

Quelle: Statistische Ämter des Bundes und der Länder, Fachserie 11, Reihe 1, Tab. 6.4, eigene Bearbeitung, *Daten teilweise geschätzt.

Beim Vergleich über mehrere Abschlussjahre werden die für den Abschluss typischen Jahrgänge der Bevölkerung herangezogen, um demographische Schwankungen der einzelnen Jahrgänge auszugleichen. Bei Abgängerinnen und Abgängern ohne Abschluss oder mit Hauptschulabschluss ist das typische Alter 15 und 16 Jahre, für den mittleren Schulabschluss 16 bis 17 Jahre und für die allgemeine Hochschulreife 18 bis 20 Jahre. Bei dieser Form der Berechnung lässt sich feststellen, dass 7,5 % der 15- bis 16-jährigen Jugendlichen ohne Schulabschluss sind. 24,4 % der 16- bis 17-Jährigen haben einen Hauptschulabschluss, 40,5 % einen Mittleren Schulabschluss.

4 In der Ausbildung – Statistiken der beruflichen Schulen

Der institutionell vorgegebene formale Bildungsweg nach Abschluss des Sekundarbereichs I besteht entweder im Übergang in die Oberstufe einer allgemeinbildenden Schule oder dem Eintritt in eine Duale Berufsausbildung oder in das Schulberufssystem. Die berufliche Bildung wird im Wesentlichen in zwei Statistiken dokumentiert. In der „Berufsbildungsstatistik" sind diejenigen Personen erfasst, die eine Ausbildung nach dem Berufsbildungsgesetz (BBiG) absolvieren. Die „Statistik der beruflichen Schulen und der Ausbildungsstätten des

Gesundheitswesens“ dokumentiert die vollzeitschulischen Ausbildungen im Rahmen des Schulberufssystems[10], die insbesondere in pflegerischen Berufen oder auch im Falle der Sozialpädagogik üblich sind.

Erhoben werden Informationen zu den Schulen und Bildungsgängen auf der einen Seite und den Schülerinnen und Schülern auf der anderen. Neben allgemeinen Angaben zur Person wie Geschlecht, Staatsangehörigkeit, Herkunftssprache und Alter werden auch die schulische Vorbildung und das Abschlussziel erfasst. Hinsichtlich der Ausbildungsangebote wird nach den Kategorien Berufsvorbereitung, Berufsgrundbildung und Berufsbildung ebenso wie nach Fachrichtung und Fächergruppen differenziert, wobei die beiden erstgenannten zum Übergangssystem gehören (Abschnitt 5). Diese Angebote werden u. a. dann besucht, wenn noch keine Berufsreife erlangt wurde und entsprechende Schulabschlüsse nachgeholt werden müssen. Die Ergebnisse der beruflichen Ausbildung werden im Hinblick auf den Erfolg beim beruflichen Abschluss und ggf. nachgeholten allgemeinbildenden Schulabschluss erfasst.

Eine Besonderheit stellen hier die beruflichen Gymnasien dar, an denen ausschließlich allgemeinbildende Abschlüsse erworben werden können, die jedoch auf ein Berufsfeld bezogen sind, so dass eventuelle spätere Ausbildungszeiten in diesem Bereich verkürzt werden können. Die erhobenen Daten werden nach der Umstellung der Statistik 2007 in absehbarer Zeit flächendeckend als Individualdaten vorliegen.

Jugendliche, die ohne einen Abschluss von der Schule abgegangen sind, haben kaum Chancen, einen Ausbildungsplatz zu finden und damit das Risiko, dauerhaft absolut bildungsarm zu bleiben (Tab. 3), wenn es ihnen nicht gelingt, im Übergangssystem die benötigten Qualifikationen nachzuholen (Abschnitt 5). Nur rund 19.000 – das sind 3,2 % – finden eine Lehrstelle. Aber auch für die Schülerinnen und Schüler mit Hauptschulabschluss sind die Chancen je nach Ausbildungsbereich als nicht allzu gut zu bewerten.

Dies gilt umso mehr im Schulberufssystem, wo viele Ausbildungsbereiche einen mittleren Schulabschluss voraussetzen. So haben beispielsweise die Neuzugänge an den Schulen des Gesundheitswesens 2008 nur zu 10 % einen Hauptschulabschluss.

In Deutschland haben 2007/08 von den Absolventinnen und Absolventen einer Dualen Ausbildung 9 % im Rahmen der Ausbildung einen Schulabschluss nachgeholt. Darunter waren rund 12.000 (2,7 %), die den Hauptschulabschluss erreichten, somit also den Status der absoluten und relativen Bildungsarmut verlassen haben.

Rund 20 % aller Personen, die die Duale Ausbildung beenden, erreichen den angestrebten Berufsabschluss nicht. All diese Abgängerinnen und Abgänger holten auch keinen Schulabschluss nach und haben somit an ihrem Bildungsstatus nichts verändert. D. h. hatten sie beim Einstieg in die Ausbildung keine Hochschulreife oder einen anderen Berufsabschluss, bleiben sie weiterhin zumindest relativ bildungsarm.

10 In dieser Statistik werden auch Personen in Dualer Ausbildung nachgewiesen, wenn sie diese nicht im Betrieb sondern in Vollzeitform an Schulen – im Schulberufssystem – aufgenommen haben. Die Anerkennung dieser Ausbildungsmöglichkeit nach BBIG/HWO § 43 als gleichwertig läuft ggf. 2011 aus.

Tabelle 3 Neu abgeschlossene Ausbildungsverträge im Dualen System nach schulischer Vorbildung in Deutschland (2008)

Ausbildungsbereich	insgesamt	Anteil der neuabgeschlossenen Verträge in % nach schulischer Vorbildung				
		ohne Hauptschulabschluss	Hauptschulabschluss	Realschul- oder vergleichbarer Abschluss	Hochschul-/ Fachhochschulreife	im Ausland erworbener Abschluss, der nicht zuordenbar ist[1)]
Insgesamt, davon in	607.567	3,2	30,4	39,6	19,1	7,7
Industrie und Handel	365.211	1,8	21,8	39,4	24,5	12,6
Handwerk	166.940	5,5	53,4	34,8	6,1	0,1
Landwirtschaft	16.132	11,9	42,1	34,9	10,4	0,7
Öffentlicher Dienst	12.639	0,3	4,9	55,6	39,1	0,2
Freie Berufe	42.512	0,5	15,8	59,3	22,6	1,8
Hauswirtschaft	4.133	35,6	47,3	14,2	1,2	1,6

Quelle: Statistische Ämter des Bundes und der Länder Berufsbildungsstatistik, 1) ggf. mit fehlenden Angaben, Fachserie 11, Reihe 3, eigene Berechnungen

5 Ohne Ausbildungsplatz – Statistiken zum Übergangssystem

Gelingt der Eintritt in eine Duale Berufsausbildung oder in das Schulberufssystem nicht, so wechseln viele in das so genannte Übergangssystem. In den letzten Jahrzehnten wurde ein wachsender Bereich von Ausbildungsgängen neben den regulären Bildungsgängen geschaffen, in denen keine abgeschlossene Berufsausbildung und kein allgemeinbildender Abschluss des Sekundarbereichs II vermittelt werden.

Hier finden sich Jugendliche ein, die noch keinen Abschluss des Sekundarbereichs I geschafft haben, aber auch solche, die die Voraussetzungen erfüllen, jedoch keinen Platz in den begrenzten Angeboten der Dualen Ausbildung gefunden haben. Im Rahmen dieser Angebote erhalten sie eine Ausbildung und können auch einen Abschluss im Sekundarbereich I nachholen. Auch bei erfolgreicher Teilnahme liegt aber am Ende der Ausbildungsphase immer noch relative Bildungsarmut vor.

Die Anstrengungen der Länder, Jugendliche am Rand des regulären Ausbildungssystems dennoch auf einen beruflichen Bildungsabschluss vorzubereiten, dürften der wesentliche Grund zur Schaffung solcher Ausbildungsgänge gewesen sein, die unter dem Begriff Übergangssystem zusammengefasst werden. Ob nach Durchlaufen dieser Angebote tatsächlich ein Übergang in eine Ausbildung mit Abschluss Sekundarstufe II erfolgt und ob diese erfolgreich durchlaufen wird, bleibt freilich offen.

Der Umfang des Übergangssystems ist ein Indikator dafür, in welchem Ausmaß das reguläre Bildungssystem unzureichend ist und wie viele junge Menschen von zertifikatsbezogener Bildungsarmut bedroht sind. Zum Übergangssystem rechnen folgende schulische Bildungsgänge: Praktikum vor der Erzieherausbildung, Berufsvorbereitungsjahr (BVJ), Berufsgrundbildungsjahr (BGJ), Berufsfachschulen ohne Berufsausbildungs- bzw. allgemeinbildenden Abschluss, Berufsschüler ohne Ausbildungsvertrag, Berufseinstiegsklassen. Hinzu kommen die Jugendlichen in den Berufsvorbereitenden Maßnahmen der Bundesagentur für Arbeit sowie in Betrieblichen Einstiegsqualifizierungen (Abb. 2).

Abbildung 2 Neuzugänge in das Übergangssystem 2000, 2005 und 2008 in Deutschland in Tausend

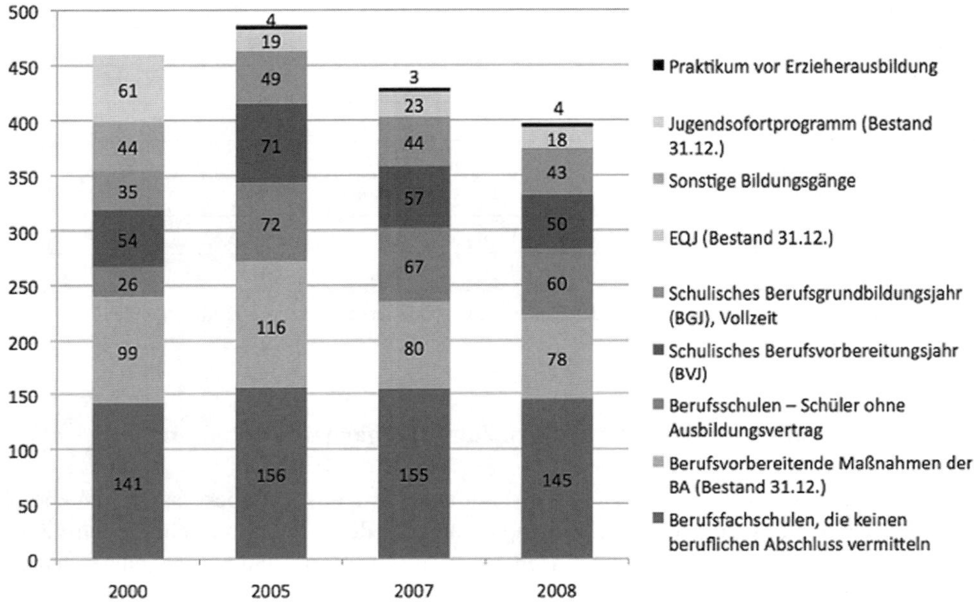

Quelle: Statistische Ämter des Bundes und der Länder, Schätzungen auf Basis der Schulstatistik; Bundesagentur für Arbeit, eigene Berechnungen; Weishaupt et al. 2010, Abb. E1-2

Das Übergangssystem wird nicht einheitlich statistisch erfasst. Zum einen werden Angaben über berufsvorbereitende Maßnahmen und Einstiegsqualifizierungen durch die Bundesagentur für Arbeit bereitgestellt. Die schulischen Bildungsgänge dagegen sind in der Statistik der allgemeinbildenden und beruflichen Schulen nachgewiesen (Abschnitt 4). Da diese aber je nach Land unterschiedlich nach Schularten geführt werden und die Einstufung der Bildungsgänge durch die Länder nicht einheitlich gehandhabt wird, lässt sich hier ohne zusätzliche Vereinheitlichung und Anpassung kein statistisches Gesamtbild erstellen (Fest et al. 2010). Eine Übersicht zum Übergangssystem wurde für den Bericht „Bildung in Deutschland" erstellt und veröffentlicht (Klieme et al. 2008).

Der Umfang der Neuzugänge in das Übergangssystem hat seit Mitte der neunziger Jahre beträchtlich zugenommen. Neben den anderen beiden Bereichen – Duales System und Schulberufssystem – machte 2005 das Übergangssystem 40 % der beruflichen Bildung insgesamt

aus. Insbesondere die arbeitsmarktnahen Maßnahmen weisen von Jahr zu Jahr starke Sprünge auf. 2008 ist der Anteil deutschlandweit auf 34 % mit regionalen Schwankungen zwischen 13 % bis 47 % zurückgegangen (Weishaupt et al. 2010: Abb. E1-1).
2006/07 haben 24 % der Neuzugänge ins Übergangssystem (112.575) keinen allgemeinbildenden Schulabschluss, 40 % einen Hauptschulabschluss bzw. 34 % einen Realschulabschluss und sogar 1 % eine Hochschulreife (Kuhl et al. 2009: 149/249).

Im Übergangssystem erfolgen keine übergreifenden Kompetenzmessungen, so dass auch keine Angaben über die Effektivität der mit hohem Mitteleinsatz durchgeführten Maßnahmen verfügbar sind. Nach einer Studie des BIBB (Beicht et al. 2008) erreicht ein Drittel der Teilnehmer des Übergangssystems eine betriebliche Berufsausbildung, weitere 20 % nehmen einen sonstigen allgemeinbildenden oder beruflichen Bildungsgang auf, aber für rund ein Fünftel schließt sich ein Bildungsgang des Übergangssystems unmittelbar an den anderen an. Ein weiteres Fünftel jobbt oder ist arbeitslos oder wartet auf Weiterbildungsmöglichkeiten u. ä.

6 Im Erwerbsleben – Statistiken im Erwerbssystem

Nach der Phase der Berufsausbildung folgt in der Regel der Übergang in das Erwerbssystem. Statistische Nachweise zur Bildungsarmut von Erwerbstätigen liefern die Statistik der Verdienste und Arbeitskosten[11] sowie die Beschäftigungsstatistik der Bundesagentur für Arbeit.

2008 betrug der Anteil der sozialversicherungspflichtig Beschäftigten im Arbeitsmarkt, die die Volks-, Haupt-, Realschule besucht hatten und ohne Berufsausbildung waren, 13,4 % der Männer und 12,6 % der Frauen. Weitere 1,9 % der Männer und 4,2 % der Frauen hatten zwar Abitur, aber keine anschließende Berufsausbildung. Insgesamt waren 4,2 Millionen oder 15,2 % der sozialversicherungspflichtig Beschäftigten ohne Berufsausbildung. Seit 1999 schrumpfte die Zahl derjenigen ohne Berufsausbildung mit höchstens Abschluss der Sekundarstufe I um rund ein Viertel und selbst die Zahl derjenigen mit anschließender Berufsausbildung nahm um rund 10 Prozentpunkte ab. Für Beschäftigte mit höheren Bildungsabschlüssen waren dagegen Zuwachsraten zu verzeichnen, wobei die Frauen die Männer sehr deutlich übertrafen (Tab. 4).

11 Statistisches Bundesamt, Fachserie 16, Heft 1, Verdienste und Arbeitskosten Verdienststrukturerhebung, Tabelle 5, Bruttomonatsverdienste nach dem Ausbildungsstand.

Tabelle 4 Sozialversicherungspflichtig Beschäftigte nach Ausbildung und Geschlecht in Deutschland

Ausbildung	Geschlecht	Sozialversicherungspflichtig Beschäftigte				
		31. Dez 2000	31. Dez 2005	31.12.2008 [1]	1999=100	in % von insgesamt
Volks-, Haupt-, Realschule ohne Berufsausbildung	Männer	2.575.038	2.076.999	2.018.564	78	13,4
	Frauen	2.088.403	1.668.539	1.590.517	75	12,6
Volks-, Haupt-, Realschule mit Berufsausbildung	Männer	8.989.381	7.851.601	7.959.433	87	53,0
	Frauen	7.277.536	6.766.089	6.794.999	93	53,9
Abitur ohne Berufsausbildung	Männer	252.923	253.042	287.712	121	1,9
	Frauen	250.931	247.136	283.764	120	4,2
Abitur mit Berufsausbildung	Männer	496.575	533.236	589.859	125	3,9
	Frauen	564.594	648.790	725.020	135	5,8
Fachhochschulabschluss	Männer	626.284	626.578	681.354	110	4,5
	Frauen	280.009	316.209	367.968	135	2,9
Hochschulabschluss	Männer	965.358	996.538	1.076.695	114	7,2
	Frauen	531.377	600.346	709.251	140	5,6
Ausbildung unbekannt	Männer	1.632.662	1.911.292	2.409.457	159	16,0
	Frauen	1.445.473	1.707.133	2.136.205	163	16,9

Quelle: © Statistik der Bundesagentur für Arbeit

[1] Bis zum Ablauf von drei Jahren nach Auswertungsstichtag bzw. -zeitraum haben Ergebnisse aus der Beschäftigungsstatistik den Status „vorläufig“.

Einen Eindruck über die Qualifikationsanforderungen der Arbeitsplätze gibt die Aufgliederung der Verdienst- und Arbeitskostenstatistik nach Leistungsgruppen[12]. Einschlägig sind hier die

- Leistungsgruppe 4 „Angelernte Arbeitnehmer“ = Arbeitnehmer/-innen mit überwiegend einfachen Tätigkeiten, für deren Ausführung keine berufliche Ausbildung, aber insbesondere Kenntnisse und Fertigkeiten für spezielle, branchengebundene Aufgaben

12 Statistisches Bundesamt, Fachserie 16 „Verdienste und Arbeitskosten“, Reihe 2.1 (vierteljährlich) und Reihe 2.3 (jährlich), Tabelle 2.1. „Durchschnittliche Verdienste und Arbeitszeiten nach Beschäftigungsart und Leistungsgruppen“ im Jahr 2008

erforderlich sind. Die erforderlichen Kenntnisse und Fertigkeiten werden in der Regel durch eine Anlernzeit von bis zu zwei Jahren erworben.

- Leistungsgruppe 5 „Ungelernte Arbeitnehmer" = Arbeitnehmer/-innen mit einfachen, schematischen Tätigkeiten oder isolierten Arbeitsvorgängen, für deren Ausübung keine berufliche Ausbildung erforderlich ist. Das erforderliche Wissen und die notwendigen Fertigkeiten können durch Anlernen von bis zu drei Monaten vermittelt werden.

Diese Aufgliederung bezieht sich auf den ausgeübten, nicht auf den erlernten Beruf. So können durchaus Personen mit abgeschlossener Berufsausbildung als un- oder angelernte Arbeiter oder Angestellte beschäftigt sein. In den Leistungsgruppen für ungelernte und angelernte Arbeitnehmer waren nach der Statistik der Verdienste im Jahr 2008 fast genau ein Viertel aller Arbeitnehmer im Produzierenden Gewerbe und im Dienstleistungsbereich beschäftigt, während lediglich etwa 13 % der Beschäftigten ohne Berufsausbildung oder Abitur waren.

Die Qualifikationsstruktur der Beschäftigten ist demnach deutlich höher als die Zahl der angebotenen Arbeitsplätze. Das bedeutet auch, dass eine erhebliche Anzahl von beruflich Ausgebildeten keinen entsprechenden Arbeitsplatz findet. Besonders betroffen sind Frauen: Etwa ein Drittel aller teilzeitarbeitenden Frauen im Dienstleistungsbereich sind als un- und angelernte Arbeitskräfte beschäftigt – mit der entsprechend niedrigeren Entlohnung. Der wachsende Sektor der Geringfügig Beschäftigten ist hierbei noch gar nicht berücksichtigt, weil sich bei ihm eine Erfassung nach (höheren) Leistungsgruppen erübrigt. Dies verweist nachdrücklich darauf, dass eine Hebung des Qualifikationsniveaus der Beschäftigten allenfalls individuell, nicht aber für die Gruppe der Un- und Angelernten zu einer Verbesserung der Einkommenslage führen kann.

Gelingt der Übergang in das Erwerbsleben nicht oder nicht sofort, dann befinden sich die jungen Menschen entweder in Erwerbslosigkeit oder sind Nichterwerbspersonen. Hierüber kann auf Grundlage des Mikrozensus berichtet werden. Die Internationalen Bildungsindikatoren im Ländervergleich (Statistisches Bundesamt 2009) messen im Indikator C3 den Anteil junger Menschen, die sich nicht in Ausbildung und nicht im Arbeitmarkt befinden bzw. arbeitslos sind, nach Altersgruppen und Bildungsstand.

2007 befinden sich in Deutschland 6,3 % der jungen Menschen bis zum Alter von 29 Jahren nicht in der Ausbildung aber auch nicht im Erwerbsleben. Das war ein geringfügig höherer Anteil als im Durchschnitt der OECD-Länder. Den größten Anteil daran hatten diejenigen, die auch im Alter von 25 bis 29 Jahren noch keinen Abschluss des Sekundarbereichs II aufzuweisen hatten (Tab. 5).

Tabelle 5 Anteil junger Menschen, die sich nicht in Ausbildung befinden und erwerbslos sind, nach Altersgruppen und Bildungsstand in % (2007)

	Primar- und Sekundarbereich I			Sekundarbereich II und postsekundarer nichttertiärer Bereich			Tertiär-bereich		Alle Bildungsbereiche zusammen			
Im Alter von … bis	15–19	20–24	25–29	15–19	20–24	25–29	20–24	25–29	15–19	20–24	25–29	15–29
Deutschland	2,2	12,2	18,6	7,1	6,6	7,6	4,9	3,5	2,5	8,1	8,5	6,3
OECD-Durchschnitt	3,2	14,1	13,9	6,6	6,1	5,9	6,3	5,7	3,3	7,3	6,2	5,4

Quelle: Statistische Ämter des Bundes und der Länder, Mikrozensus 2007

Von ihnen waren 18,6 % weder in Ausbildung noch im Arbeitsmarkt. Das verweist darauf, dass das Risiko, nicht in den Arbeitsmarkt integriert zu werden, für die absolut bzw. relativ Bildungsarmen erheblich höher liegt, als für die besser Ausgebildeten. Allerdings zeigt dieser Indikator ebenfalls, dass auch ein tertiärer Abschluss keine Garantie für einen Arbeitsplatz gibt, denn 3,5 % der jungen Menschen sind trotz eines solchen Abschlusses noch erwerbslos.

7 Informationen aus einer Datenquelle – der Mikrozensus

Die Mikrozensuserhebung der amtlichen Statistik ist die umfangreichste repräsentative Haushaltsbefragung in Deutschland. Jährlich ein Prozent der Bevölkerung beantwortet mit Auskunftspflicht einen umfangreichen Fragenkatalog zu seiner sozialen und wirtschaftlichen Situation und der Teilnahme am Erwerbsleben. Zusätzlich gibt es jährlich wechselnde Themenkomplexe z. B. zur Gesundheit, Krankenversicherung, Wohnsituation oder zum Pendlerverhalten.

Die gegenwärtige Bildungsberichterstattung auf Bundes- und Länderebene (Avenarius et al. 2006; Klieme et al. 2008; Kuhl et al. 2009; Weishaupt et al. 2010) beruht zu großen Teilen auf Daten des Mikrozensus. Insbesondere zum Thema Bildungsstand der Bevölkerung gibt es keine bessere repräsentative Datenquelle[13]. So finden sich auf Basis des Mikrozensus in „Bildung in Deutschland“ z. B. Angaben zur Gesamtbevölkerung nach allgemeiner Schulbildung, Altersgruppe, Geschlecht sowie Migrationshintergrund oder regionalisiert zur Bevölkerung im Alter von 25 bis unter 65 Jahren nach allgemeiner Schulbildung und Ländern (Klieme et al. 2008).

13 Aufgrund des Stichprobencharakters ist der fachlichen und regionalen Tiefe von Auswertungen aus dem Mikrozensus eine Grenze gesetzt, die gewöhnlich bei hochgerechnet mindestens 5000 Fällen festgelegt wird, auf denen ein Ergebnis beruhen muss.

Abbildung 3 Höchster Bildungsabschluss der Bevölkerung Deutschlands im Alter von 25 bis unter 65 Jahren nach ISCED-Kategorien in % (2008)

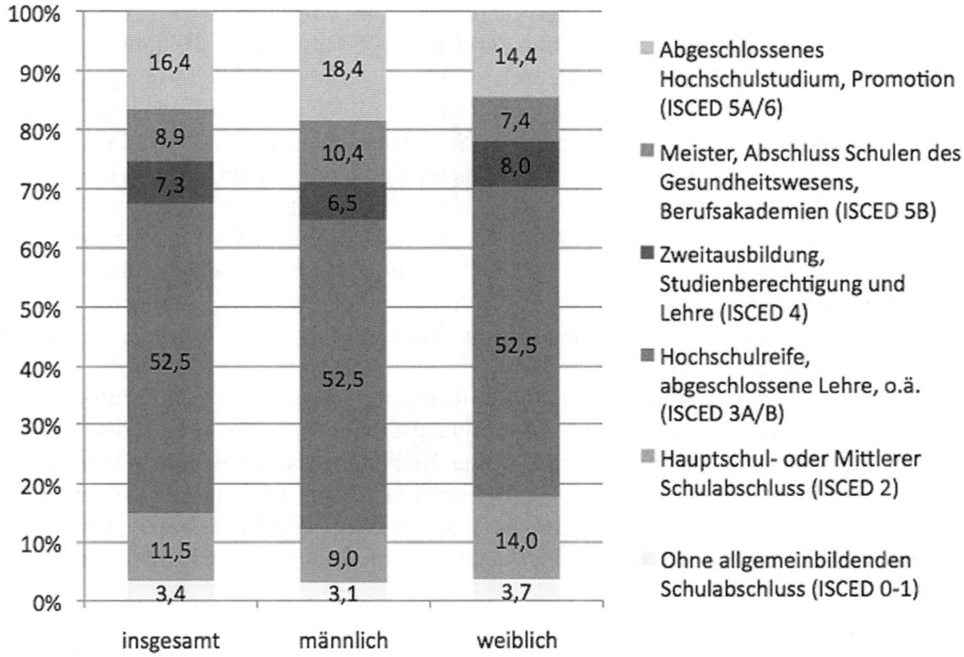

Quelle: Statistische Ämter des Bundes und der Länder, Mikrozensus 2008

Die jährliche Veröffentlichung der Internationalen Bildungsindikatoren im Ländervergleich von den Statistischen Ämtern des Bundes und der Länder enthält Angaben zum Bildungsstand der Erwachsenenbevölkerung nach Ländern und Geschlecht. Dort werden auch regionalisierte Informationen zur Bevölkerung mit einem Abschluss des Sekundarbereichs II u. a. nach Geschlecht und Altersgruppen differenziert dargestellt.

Letzteres ist von besonderem Interesse, da man ja nicht sagen kann, dass bis zu einem bestimmten Lebensalter alle möglichen Abschlüsse erreicht sein müssen. Im Alter von 15 Jahren wurde die Hochschulreife i. d. R. noch nicht erworben, man kann dies aber auch noch mit 30 Jahren nachholen und anschließend ein Hochschulstudium erfolgreich abschließen. Daher ist die Relativierung der Daten an bestimmten Alterskohorten von großer Bedeutung. Der Mikrozensus kann auch Angaben zur Wahrscheinlichkeit z. B. des Erreichens einer Hochschulzugangsberechtigung beim Vorliegen von verschiedenen Faktoren – z. B. Staatsangehörigkeit, Ausbildung und Beruf der Eltern – bereitstellen (Abschnitt 3).

Relevant für das Thema Bildungsarmut sind der allgemeine Schulabschluss und der berufliche Abschluss. Beide Informationen sind aus einer Datenquelle verfügbar. Es können individuell die weiteren im Mikrozensus erhobenen soziodemographischen Merkmale zugeordnet werden, die in den schul- und berufsschulstatistischen Daten nicht vorhanden sind. Absolute zertifikatsgebundene Bildungsarmut kann im Mikrozensus am fehlenden allgemeinbildenden Schulabschluss der Sekundarstufe I und am fehlenden Berufsabschluss festgemacht werden[14].

2008 hatten 3,4 % der deutschen Bevölkerung im Alter von 25 bis unter 65 Jahren keinen Hauptschul- oder Mittleren Schulabschluss (ISCED 2A). Von relativer Bildungsarmut sind 14,9 % betroffen (Abb. 3). Der Anteil der relativ Bildungsarmen ist in den Altersgruppen der 25- bis 34-, 35- bis 44- und 45- bis 54-Jährigen mit rund 15 % konstant und liegt lediglich bei den 55- bis 64-Jährigen mit 19 % darüber (Statistisches Bundesamt 2009: Tab. A1-2).

Des Weiteren ist es möglich, den Zusammenhang zwischen dem erreichten allgemeinbildenden Schulabschluss und dem beruflichen Ausbildungs- oder Hochschulabschluss zu analysieren (z. B. Kuhl et al. 2009: Tab. B3-7). So ist die Prognose für Personen ohne Schulabschluss äußerst schlecht: 2008 hatten 92,2 % der Personen ohne allgemeinbildenden Schulabschluss auch keinen beruflichen Abschluss und gelten damit als absolut bildungsarm. Das geht konform mit den Befunden, dass Schulentlassene ohne Abschluss kaum eine Ausbildungsstelle bekommen (Abschnitt 4).

7,9 % der Bevölkerung ohne Schulabschluss konnte trotzdem einen beruflichen Abschluss erwerben und war damit nicht mehr bildungsarm (Tab. 6). Diese Personen gehörten zu der kleinen Gruppe, die ohne Abschluss eine Ausbildungsstelle bekommen und die Ausbildung erfolgreich abschließen konnte (Abschnitt 4). Relativ bildungsarm ist ein Viertel der Hauptschulabsolventinnen und -absolventen geblieben – sie haben keinen beruflichen Abschluss erreicht, da sie entweder keine Ausbildungsstelle bekommen haben oder die Ausbildung nicht erfolgreich beendeten.

Tabelle 6 Höchster beruflicher Ausbildungs- oder Hochschul-/Fachhochschulabschluss innerhalb der höchsten allgemeinen Schulabschlüsse der Bevölkerung Deutschlands von 25 bis unter 65 Jahren in % (2008)

Abschlussart beruflich – Abschlussart schulisch	ohne beruflichen Abschluss	Lehrausbildung	Fachschulabschluss	Hochschul- und Fachhochschulabschluss
ohne allg. Schulabschluss	92,2	7,4	0,4	0,1*
Haupt-(Volks)schulabschluss	25,7	69,3	4,9	0,0
Realschul-/Mittlerer Schulabschluss	10,0	78,9	11,1	0,0
Polytechnische Oberschule	4,1	78,1	17,8	0,0
Hochschulreife, Fachhochschulreife	9,8	24,5	9,8	55,8

Quelle: Statistische Ämter des Bundes und der Länder, Mikrozensus 2008,

* Prozentangabe mit Unsicherheit behaftet aufgrund des stichprobenbedingten Fehlers

14 Seit 2008 erhebt der Mikrozensus auch die Kategorie „Abschluss nach höchstens sieben Jahren Schulbesuch", um u. a. bei der Bevölkerung mit Zuwanderungsgeschichte den im Ausland teilweise normalen Fristen des Besuchs der allgemeinbildenden Schule gerecht zu werden. Beim beruflichen Abschluss wird neben zertifikatsbezogenen Abschlüssen auch erfasst, ob das Übergangssystem durchlaufen wurde (z. B. mit den Kategorien Berufsvorbereitungsjahr, Berufsqualifizierender Abschluss). Beim Hochschulabschluss wird seit 2010 unterteilt, ob es sich um einen Bachelor-, Master- oder sonstigen Abschluss handelt.

Gegenwärtig werden im Mikrozensus folgende weitere Merkmale zur schulischen und beruflichen Ausbildung erfasst, die bei einer umfassenden Analyse von Bildungsarmut hinzugezogen werden können:

Hinsichtlich der Art der gegenwärtig oder in den letzten 12 Monaten besuchten Bildungsinstitution werden Angaben von der Grundschule über das Gymnasium (Abschnitt 3 zum Übergang ins Gymnasium), die Förderschule, das Berufsvorbereitungsjahr, das Berufsgrundbildungsjahr oder auch die Hochschule bis zum Promotionsstudium erfasst. Es ist damit prinzipiell auch aus dem Mikrozensus möglich, quantitative Vergleiche zwischen Dualem System, Übergangssystem und der vollschulischen Berufsausbildung vorzunehmen, wenn auch aufgrund der geringen Stichprobengröße nicht tief regionalisiert.

Beim Besuch einer allgemeinbildenden Schule wird die Klassenstufe in drei Kategorien (Klassenstufen 1–4, 5–10, 11–13) erhoben. Damit kann z. B. untersucht werden, an welcher Schulform die Sekundarstufe II durchlaufen wird.

Im Mikrozensus wird ebenfalls erfragt, ob im vergangenen Jahr berufliche oder private Weiterbildungsveranstaltungen besucht wurden und zu welchen Themen. Hier wären Analysen möglich, in welchem Maße sich Personen mit verschiedenen Bildungsabschlüssen bzw. bildungsarme Personen weiterbilden.

Da der Mikrozensus seit 1957 erhoben wird (in den neuen Bundesländern und Berlin Ost seit 1991), bietet er sich für Zeitvergleiche zur Bildungsarmut an. Mit dem Übergang zu einer über das Jahr verteilten Berichtswoche seit dem Erhebungsjahr 2005, im Gegensatz zu einer festen Berichtswoche im Frühjahr in den vorhergehenden Jahren, muss die Interpretation von Zeitreihen vorsichtig erfolgen. Die Erhebungsumstellung ging zudem mit einer Änderung der Fragestellungen zu den Bildungsabschlüssen einher. Auch in den letzten fünf Jahren wurden die Fragen zur Ausbildung immer wieder neuen Gegebenheiten angepasst.

Mit Hilfe des Mikrozensus können aus den soziodemographischen Merkmalen Bildungsrisiken identifiziert werden. Die Form der Haushaltserhebung macht es möglich, verschiedene Risikofaktoren für Kinder zu quantifizieren, solange diese noch mit ihren Eltern in einem Haushalt leben, so beispielweise für die Wahrscheinlichkeit des Besuchs eines Gymnasiums in Abhängigkeit vom Bildungsstand der Eltern (Abb. 1). Des Weiteren sind hier zu nennen der Migrationshintergrund, materielle Armutsgefährdung, Abhängigkeit von Transfereinkommen und Beteiligung der Eltern am Erwerbsleben (Weishaupt et al. 2010: Kapitel A3).

Danach waren 2008 12,5 % der Bevölkerung mit Migrationshintergrund in Deutschland als absolut bildungsarm einzustufen, weitere 22,9 % als relativ bildungsarm – im Gegensatz dazu waren in der Bevölkerung ohne Migrationshintergrund 8,8 % (relativ) bzw. 1,3 % (absolut) bildungsarm (Tab. 7).

Tabelle 7 Höchster Bildungsabschluss der Bevölkerung Deutschlands mit und ohne Migrationshintergrund von 25 bis unter 65 Jahren nach ISCED-Kategorien in % (2008)

ISCED – Bevölkerung	ISCED 0-1	ISCED 2	ISCED 3-4	ISCED 5-6	ISCED 0-6
Insgesamt	3,4	11,5	59,8	25,3	100,0
ohne Migrationshintergrund	1,3	8,8	63,1	26,8	100,0
mit Migrationshintergrund	12,5	22,9	45,5	19,1	100,0

Quelle: Statistische Ämter des Bundes und der Länder, Mikrozensus 2008

Bildungsarmen Personen ist eine Beteiligung am Erwerbsleben erschwert beziehungsweise gar nicht möglich. Bei absoluter Bildungsarmut lag 2008 nur zu 45 % eine Erwerbstätigkeit vor (Abb. 4). Der Anteil der Erwerbstätigen stieg mit höheren Bildungsabschlüssen bis auf 85,8 % bei den (Fach-)Hochschulabsolventen. Von Erwerbslosigkeit waren 12,9 % der absolut Bildungsarmen betroffen. Der Erwerbslosenanteil verminderte sich stetig mit höheren Bildungsabschlüssen auf 2,9 % bei Personen mit (Fach-)Hochschulabschluss, was jedoch nicht bedeutet, dass diese ausbildungsadäquat beschäftigt waren (Abschnitt 6).

Abbildung 4 Höchster Bildungsabschluss der Bevölkerung Deutschlands von 25 bis unter 65 Jahren nach ISCED-Kategorien und Erwerbsstatus in % (2008)

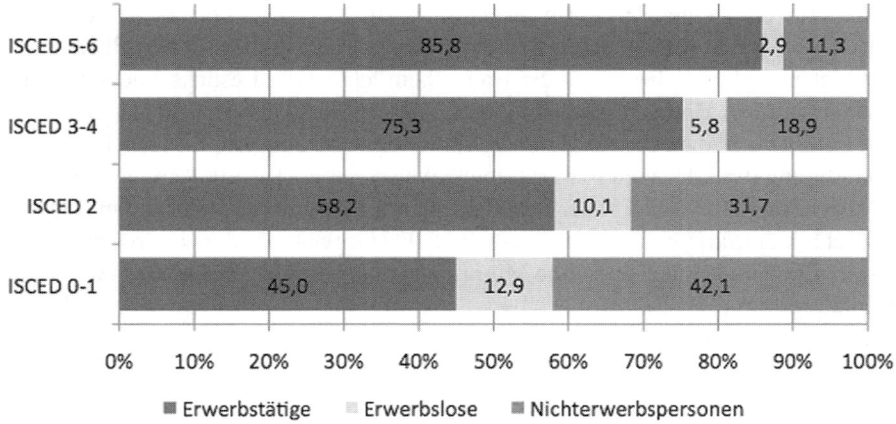

Quelle: Statistische Ämter des Bundes und der Länder, Mikrozensus 2008

Die Beteiligung am Erwerbsleben ist entscheidend für die Quelle des hauptsächlichen Lebensunterhalts. Ein Viertel der absolut Bildungsarmen bestritt 2008 seinen Lebensunterhalt hauptsächlich aus Erwerbstätigkeit, etwas mehr als ein Fünftel lebte überwiegend von der Unterstützung durch Verwandte oder Lebenspartner (Abb. 5). 16,7 % bezogen Leistungen nach SGB II („Hartz IV") sowie 1,3 % Arbeitslosengeld I. Die Möglichkeiten einer materiell unabhängigen Lebensführung steigen mit dem Bildungsniveau. Hoch- und Fachhochschulabsolventen können zu 67,7 % ihren Lebensunterhalt hauptsächlich aus der eigenen Erwerbstätigkeit finanzieren.

Abbildung 5 Höchster Bildungsabschluss der Bevölkerung Deutschlands ab 18 Jahren nach ISCED-Kategorien und Haupteinkommensquellen in % (2008)

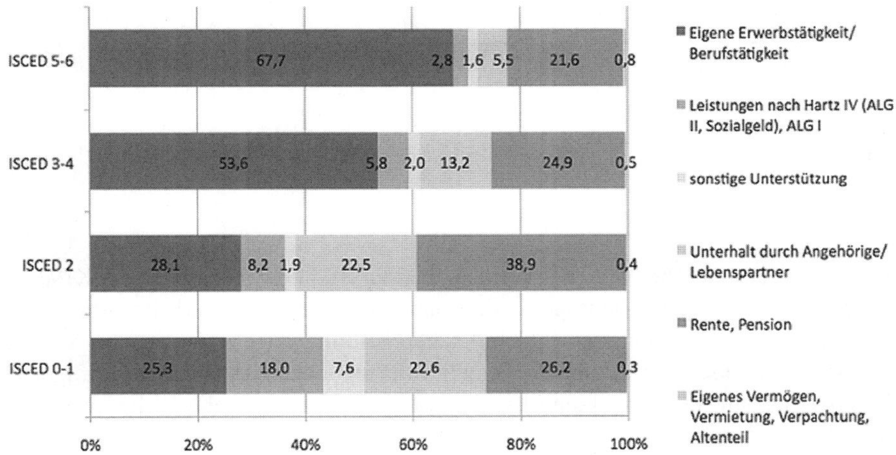

Quelle: Statistische Ämter des Bundes und der Länder, Mikrozensus 2008, sonstige Unterstützung = Laufende Hilfe zum Lebensunterhalt, Grundsicherung, Hilfe in besonderen Lebenslagen, Elterngeld, sonstige Unterstützungen; Elterngeld: ISCED 0-1, 2 = 0,3 %, ISCED 3-4 = 0,6 %, ISCED 5-6 = 0,7 %.

Die unterdurchschnittliche Erwerbsbeteiligung oder das Erzielen nicht ausreichender Einkommen auf dem Arbeitsmarkt, weil z. B. nur schlecht entlohnte gering qualifizierte Tätigkeiten ausgeübt werden können, erhöhen auch die Wahrscheinlichkeit für Bildungsarme, mit ihrem Haushaltseinkommen unter die Armutsrisikoschwelle zu fallen. Dies betraf 2008 ein Drittel (33,6 %) der absolut, aber auch noch ein Fünftel (21,4 %) der relativ Bildungsarmen. Konnte hingegen eine Qualifikation auf dem Niveau ISCED 3-4 oder 5-6 erreicht werden, liegt der Anteil der von Armut Betroffenen bei 12,2 % bzw. 5,3 %[15].

Eine Auswertung zur Bildungshomogamie bei Ehe- oder Lebenspartnerinnen und -partnern zeigt, dass in 8,3 % der Partnerschaften von Personen ab 25 Jahren beide Partner relativ bildungsarm sind (vgl. Abb. 1, Tab. 8). In fast einem Sechstel der Partnerschaften ist ein Partner bildungsarm, der andere hatte einen mittleren Abschluss oder seltener ein

15 Quelle: Mikrozensus 2008; Bevölkerung Deutschlands ab 15 Jahren nach ISCED-Kategorien und Armutsrisiko (gemessen am Bundesmedian) 2008

abgeschlossenes Hochschulstudium. Demnach sind große Unterschiede im Bildungsniveau in Partnerschaften eher selten anzutreffen.

Tabelle 8 Kombinationen von Bildungsabschlüssen bei Ehe-/Lebenspartnerinnen und -partnern in der Bevölkerung Deutschlands ab 25 Jahren nach ISCED-Kategorien in Deutschland in % (2008)

Bildungsstand	ISCED 0-2	ISCED 3-4	ISCED 5-6
ISCED 0-2	8,3		
ISCED 3-4	15,3	39,7	
ISCED 5-6	2,9	21,2	12,6

Quelle: Statistische Ämter des Bundes und der Länder, Mikrozensus 2008

8 Ausblick

Die Daten aus der amtlichen Statistik können zu allen Bildungsphasen von der Kindertagesstätte bis zur Weiterbildung beitragen. Die Daten aus der Kinder- und Jugendhilfestatistik geben Auskunft zur Nutzung der vorschulischen Bildungsangebote und zum Migrationshintergrund der Kinder. Die Schulstatistik stellt Informationen zur Nutzung der allgemeinbildenden Angebote und den erreichten Abschlüssen zur Verfügung. Solange der Kerndatensatz für die Schülerinnen und Schüler nicht realisiert ist, fehlen jedoch flächendeckend wichtige soziodemographische Merkmale, die Auskunft zu möglichen Bildungsrisiken geben.

Mit dem Verlassen der allgemeinbildenden Schule wird es aufgrund der vielfältigen Ausbildungsmöglichkeiten und zeitlich verzögerten Wahrnehmung der Angebote immer schwieriger den Bildungsweg zu verfolgen. Es sind zwar völlig unproblematisch Aussagen zu den in den jeweiligen Institutionen erreichten Abschlüssen möglich, zu den individuellen Verläufen bzw. Schwierigkeiten bei den Übergängen jedoch aufgrund der fehlenden soziodemographischen Merkmale kaum. Der Mikrozensus kann hier teilweise Abhilfe schaffen, zumal auch Aussagen zu den Zusammenhängen von Bildungsarmut, Erwerbstätigkeit und Bildungsrisiken für die Familie möglich sind. Der Mikrozensus ist jedoch kein Ersatz für die bisher fehlende integrierte Bildungs- und Ausbildungsstatistik, die insbesondere auch auf die kritischen Übergangsphasen zwischen Bildungsinstitutionen fokussieren und tief regionalisierbar sein sollte. Letztlich bleibt aber der Zielkonflikt zwischen dem wünschenswerten detaillierten Wissen über Bildungsbiographien und dem ebenfalls wünschenswerten Datenschutz bestehen, so dass amtliche Statistik als „Massenerhebung“ immer nur Basisinformationen bereitstellen kann, auf denen dann wissenschaftliche Erhebungen, die zu den Ursachen vorzudringen versuchen, aufbauen können.

Literatur

Allmendinger, Jutta/Leibfried, Stefan (2003): Bildungsarmut. In: Aus Politik und Zeitgeschichte B21-22/2003. 12–18

Autorengruppe Bildungsberichterstattung (2010): Indikatorenentwicklung für den nationalen Bildungsbericht „Bildung in Deutschland". Grundlagen, Ergebnisse, Perspektiven. BMBF, Reihe Bildungsforschung. Berlin/ Bonn: BMBF

Avenarius, Hermann/Baethge, Martin/Döbert, Hans/Hetmeier, Hans-Werner/Klieme, Eckhard/Meister-Scheufelen, Gisela/Rauschenbach, Thomas/Wolter, Andrä (Konsortium Bildungsberichterstattung) (2006): Bildung in Deutschland 2006. Ein indikatorengestützter Bericht mit einer Analyse zu Bildung und Migration. Bielefeld: Bertelsmann

Beicht, Ursula/Friedrich, Michael/Ulrich, Joachim G. (2008): Ausbildungschancen und Verbleib von Schulabsolventen in Zeiten eines angespannten Lehrstellenmarktes. Berichte zur beruflichen Bildung. Bonn: Bundesinstitut für Berufsbildung

Bömermann, Hartmut/Rehkämper, Klaus/Rockmann, Ulrike (2008): Neue Daten zur Bevölkerung mit Migrationshintergrund in Berlin zum Stand 31.12.2007 In: Zeitschrift für amtliche Statistik Berlin Brandenburg 3. 20–28

DJI (2010): Datenbank Kita. Verfügbar unter: http://www.dji.de/cgi-bin/projekte/output.php?projekt=200

Fest, Manfred/Freitag, Hans-Werner/Fritzsch, Birgit/Skripski, Barbara (2010.): Zuordnung der beruflichen Bildungsgänge nach der ISCED auf Länderebene. Anschlussfähigkeit an die nationale und internationale Bildungsberichterstattung. In: Autorengruppe Bildungsberichterstattung (2010): 95–108

Klieme, Eckhard/Döbert, Hans/Baethge, Martin/Füssel, Hans-Peter/Hetmeier, Hans-Werner/Rauschenbach, Thomas/Rockmann, Ulrike/Wolter, Andrä (Autorengruppe Bildungsberichterstattung) (2008): Bildung in Deutschland 2008. Ein indikatorengeschützter Bericht mit einer Analyse zu Übergängen im Anschluss an den Sekundarbereich I. Bielefeld: Bertelsmann

Kuhl, Poldi/Pant, Hans-Anand/Rehkämper, Klaus/Rockmann, Ulrike/Wendt, Wolfgang (2009): Bildung in Berlin-Brandenburg 2008. Ein indikatorengestützter Bericht zur Bildung im Lebenslauf. Verfügbar unter: http://www.berlin.de/imperia/md/content/sen-bildung/bildungsstatistik/bildungsbericht_handout.pdf?start&ts=1270027666&file=bildungsbericht_handout.pdf

PISA Konsortium Deutschland (Hrsg.) (2005): PISA 2003. Der zweite Vergleich der Länder in Deutschland. Was wissen und können Jugendliche? Münster: Waxmann

Statistisches Bundesamt (2006): Armut und Lebensbedingungen. Ergebnisse aus Leben in Europa für Deutschland 2005. Wiesbaden: Statistisches Bundesamt

Statistisches Bundesamt (2009): Internationale Bildungsindikatoren im Ländervergleich 2009. Wiesbaden: Statistisches Bundesamt

Weishaupt, Horst/Döbert, Hans/Baethge, Martin/Füssel, Hans-Peter/Hetmeier, Hans-Werner/Rauschenbach, Thomas/Rockmann, Ulrike/Wolter, Andrä (2010): Bildung in Deutschland 2010

Längsschnittdaten zur Beschreibung und Erklärung von Bildungsverläufen

Hans-Peter Blossfeld, Thorsten Schneider und Jutta von Maurice

1 Zur Bedeutung von Bildung in modernen Gesellschaften

Bildungsinstitutionen sollen jungen Menschen sowohl Wissen, Fertigkeiten und Kompetenzen als auch Einstellungen, Werte und Normen vermitteln. Gleichzeitig werden im Bildungssystem die Leistungen der Schülerinnen und Schüler bewertet. Diese Beurteilungen werden in Form von Noten, Zeugnissen und Abschlüssen festgehalten. Von ihnen können die Zugangsmöglichkeiten zu bestimmten Bildungsgängen wie z. B. der Übergang in das Gymnasium oder die Aufnahme einer Ausbildung abhängen und sie haben in weiten Teilen der Arbeitswelt eine große Bedeutung für die berufliche Platzierung. Schulen und Ausbildungsinstitutionen tragen somit dazu bei, die Chancen der Individuen im späteren Lebenslauf zu verbessern oder einzuschränken. Bereits vor über 50 Jahren konstatierte Schelsky (1957: 17), dass die Schule zur „ersten und damit entscheidenden, zentralen sozialen Dirigierungsstelle für die zukünftige soziale Sicherheit, für den zukünftigen sozialen Rang und für das Ausmaß zukünftiger Konsummöglichkeiten" geworden sei.

In modernen Informations- und Dienstleistungsökonomien endet das Lernen allerdings nicht mit dem Verlassen des allgemeinen und beruflichen Bildungssystems. Die Menschen sind dort vielmehr gezwungen, sich während ihres ganzen Lebens kontinuierlich neues Wissen und neue Kompetenzen anzueignen. Der technologische und organisatorische Wandel in der Wirtschaft führt nicht nur zu einem kontinuierlichen Abbau von Arbeitsplätzen in den Routinetätigkeiten, er hat auch zu einem raschen Anstieg von Dienstleistungstätigkeiten und hochqualifizierten Positionen beigetragen, die heute komplexe soziale und kommunikative Kompetenzen erfordern. Dieses Upgrading der Berufsstruktur steigert die Nachfrage nach hochqualifizierten Arbeitskräften und erhöht den Wert von Bildung und Ausbildung am Arbeitsmarkt und in der Gesellschaft. Die Globalisierung führt darüber hinaus zu einer starken Beschleunigung des sozialen und ökonomischen Wandels in modernen Gesellschaften und erfordert von allen zunehmend mehr Flexibilität und Anpassungsfähigkeit im beruflichen, im gesellschaftlichen und im privaten Umfeld. Die Fähigkeit, sich neue Kenntnisse anzueignen und sich neuen Aufgaben zu stellen, ist deswegen auch zu einer wichtigen Voraussetzung dafür geworden, Arbeitsplätze zu finden und als verantwortungsbewusster Bürger zu agieren. Es stellt sich somit die Frage, wie die Bildungs- und Ausbildungsprozesse im Kindes- und Jugendalter mit der Fähigkeit und Bereitschaft zusammenhängen, sich neue Kompetenzen im Lebenslauf anzueignen. Deutschland ist zudem durch einen grundlegenden demografischen Wandel gekennzeichnet. Zentrale Veränderungen sind zum Beispiel der Rückgang der Geburtenrate und damit das Sinken der Schülerzahlen, die Zunahme des Bevölkerungsanteils mit einem hohen Lebensalter aufgrund der steigenden Lebenserwartung und der zunehmende

Anteil von Personen mit Migrationshintergrund. Diese demografischen Veränderungen stellen neue Anforderungen an die Bildungsinstitutionen und die Organisation von Bildung im Lebenslauf.

International vergleichende Schulleistungsstudien wie TIMSS, PISA und IGLU (PIRLS) haben wichtige Erkenntnisse zu Querschnittsverteilungen von Kompetenzen in der Schülerschaft der Bundesrepublik Deutschland im Vergleich zu anderen Ländern geliefert und aufgezeigt, wie z. B. Kompetenzen mit der sozialen Herkunft und weiteren sozialen Merkmalen in verschiedenen Ländern variieren (vgl. auch den Beitrag von Baumert und Maaz zu internationalen Schulleistungsstandserhebungen in diesem Band). So wertvoll die Resultate dieser Querschnittstudien sind, lassen sie sich, bildlich gesprochen, doch nur mit Fotografien vergleichen, die einen gegebenen Zustand zu einem bestimmten Zeitpunkt dokumentieren. Um in diesem Bild zu bleiben, ist die Etablierung einer Bildungspanelstudie notwendig, die die Bildungsverläufe von Individuen wie in einem Film dokumentiert. Nur so lässt sich nachvollziehen, wie sich Kompetenzen im Lebenslauf entfalten, wie Kompetenzen Entscheidungsprozesse an verschiedenen kritischen Übergängen der Bildungskarriere beeinflussen (und umgekehrt), wie und in welchem Umfang sie von der Familie, der Gleichaltrigengruppe und der Gestaltung von Lehr- und Lernprozessen in Kindergarten, Schule, Hochschule und Berufsausbildung sowie Weiterbildung beeinflusst werden. Bisher ungeklärt ist auch, welche Kompetenzen für das Erreichen von Bildungsabschlüssen, welche für lebenslanges Lernen und welche für ein erfolgreiches individuelles und gesellschaftliches Leben maßgeblich sind. Um diese und weitere Fragen zu Bildungsprozessen im Lebenslauf zu beantworten, wird in Deutschland zukünftig eine Bildungspanelstudie durchgeführt, die im Englischen als National Educational Panel Study (NEPS) bezeichnet wird. Mit NEPS sollen zentrale Bildungsprozesse über die gesamte Lebensspanne beschrieben und analysiert werden. Dazu gehört auch, dass Kompetenzentwicklungen nicht nur im Kindergarten oder im allgemeinbildenden Schulsystem, sondern auch in der beruflichen Ausbildung, im Studium und nach Verlassen des Bildungssystems abgebildet werden.

2 Überblick über bisherige Längsschnittstudien im Bildungsbereich

In Deutschland sind bisher einige Längsschnittstudien mit bildungswissenschaftlichem Bezug durchgeführt worden, die über querschnittlich angelegte Studien hinausgehen und Erkenntnisse zum Kompetenzerwerb und zur Formation von Bildungsentscheidungen liefern. Diese Längsschnittstudien lassen sich in vier Bereiche untergliedern, wobei eine trennscharfe Zuordnung nicht in allen Fällen möglich ist. Bei den Bereichen handelt es sich um (1) Entwicklungen in früher Kindheit, (2) Kompetenzentwicklungen in der Schule und Übergänge von der Primar- in die Sekundarstufe, (3) Übergänge von der Sekundarstufe in die berufliche Ausbildung oder in die Hochschule und (4) lebensverlaufsorientierte Erhebungen mit den Schwerpunkten Bildung, Beruf und Familie (vgl. Tabelle 1).

Tabelle 1 In Deutschland durchgeführte Längsschnittstudien mit bildungsrelevantem Analysepotential

Bereich	Titel der Studie	Lebensalter bzw. Klassenstufe	Themen	Region	Jahr der ersten Erhebung	Jahr der letzten Erhebung
Vom Kindergarten in die Grundschule	LOGIK – Longitudinalstudie zur Genese individueller Kompetenzen	4–13, 17, 23 Jahre (12 Wellen)	• Entwicklung kognitiver Kompetenzen (Lesen, Rechtschreibung, Mathematik, Naturwissenschaften) und Persönlichkeitseigenschaften	München	1984	2003
	DJI (Deutsches Jugend Institut)-Kinderpanel	Kinder im Kindergarten (5–6 Jahre) und in der Schule (8–9 Jahre); (3 Wellen)	• psychologische Entwicklung von Kindern • Risikofaktoren für die Kompetenzentwicklung	Deutschland	2002	2005
	BiKS – Bildungsprozesse, Kompetenzentwicklungen und Selektionsentscheidungen im Vor- und Grundschulalter	Kohorte 1: 3–8 Jahre	• Übergang vom Kindergarten in die Grundschule • Kompetenzentwicklung, Bildungsentscheidungen und Kontexteffekte • Schwerpunkte: kognitive und sprachliche Fähigkeiten und Fertigkeiten; Selbstregulation	Bayern, Hessen	2005	Offen
Grundschule und Sekundarstufe	SCHOLASTIK – Schulorganisierte Lernangebote und die Sozialisation von Talenten, Interessen und Kompetenzen	Grundschulklassen 1, 2, 3, 4	• Entwicklungen in der Grundschule • Domänen: Mathematik, Deutsch	München	1988	1991
	BIJU – Bildungsverläufe und psychosoziale Entwicklung im Jugend- und jungen Erwachsenenalter	Kohorte I: Klassen 7, 10, 12 (13) Berufsausbildung/Studium/Beruf Kohorte II: Klassen 10, 12, Berufsausbildung/Beruf/Studium	• Kompetenzentwicklung (Mathematik, Englisch als Fremdsprache, Naturwissenschaften) • Psycho-soziale Veränderungen in der Adoleszenz • Übergänge in berufliche und akademische Ausbildung	Mecklenburg-Vorpommern, Sachsen-Anhalt, Nordrhein-Westfalen, Berlin,	1991 bzw. 1993	2001 bzw. 1998
	TIMSS II – Third International Mathematics and Science Study	Klassen 7, 8	• Leistungen in Mathematik und Naturwissenschaften • Fachinteresse • Unterrichtsgestaltung	Deutschland	1994	1995
	Schrift – Spracherwerb (Hanke)	Klassen 1, 2 (zum Teil Klasse 4)	• Entwicklung orthographischer Fertigkeiten • Pädagogische Orientierung von Lehrkräften	Köln	1994	1998
	LAU – Hamburger Lernausgangslagenuntersuchung	Klassen 5, 7, 9, 11, 13 (Vollerhebung)	• Übergang von der Grundschule in die Sekundarstufe I (retrospektiv) • Schulische Leistungen (Lesen, Schreiben, Mathematik) und Problemlösekompetenzen	Hamburg	Schuljahr 1996/1997	Schuljahr 2004/2005
	Hannoversche Grundschulstudie	Klassen 2, 3, 4	• Kompetenzentwicklung (Mathematik, Rechtschreibung, Textverständnis) • Persönlichkeitseigenschaften	Hannover	2000	2003

Bereich	Titel der Studie	Lebensalter bzw. Klassenstufe	Themen	Region	Jahr der ersten Erhebung	Jahr der letzten Erhebung
Grundschule und Sekundarstufe	KILIA – Kooperationsprojekt Identitäts- und Leistungsentwicklung im Anfangsunterricht	Grundschulklassen 1, 2, 3, 4	• Lehrerstudie: Bedeutung von Lehrern zu Beginn der Schulzeit • Schülerstudie: Klima in der Klasse und Persönlichkeitsentwicklung	Nürnberg	2000	2005
	BeLesen – Berliner Längsschnittstudie zur Lesekompetenzentwicklung von Grundschulkindern	Klassen 1, 2, 3, 4	• Kompetenzentwicklung (Lesen und Schreiben, besonders von Kindern mit Migrationshintergrund)	Berlin	2002	2006
	PALMA – Projekt zur Analyse der Leistungsentwicklung in Mathematik	Klassen 5, 6, 7, 8, 9 und 10	• Leistungen in Mathematik im allgemeinbildenden Schulsystem der Sekundarstufe I	Bayern	2002	2007
	PISA-I – Plus	Klassen 9 und 10 (Realschul- und gymnasialer Bildungsgang)	• Kompetenzen in Mathematik und Naturwissenschaften	Deutschland	2003	2004
	ELEMENT – Erhebung zum Lese- und Mathematikverständnis	Klassen 4, 5, 6 einer Grundschule oder eines Gymnasiums	• Verbleib in Grundschule oder (vorzeitiger) Übergang in ein Gymnasium • Kompetenzen in Deutsch und Mathematik	Berlin	2003	2005
	MEPS – Mannheimer Bildungspanel	Klassen 3, 4, 5, 6, 7, 8	• Bildungsentscheidungen und Kompetenzentwicklung (sprachliche und mathematische Kompetenzen, schlussfolgerndes Denken)	Rheinland-Pfalz	2003	2008
	KESS – Kompetenzen und Einstellungen von Schülerinnen und Schülern	Klassen 4, 7, 8 (Vollerhebung)	• Übergang von Grundschule in Sekundarstufe I • Kompetenzen in Deutsch, Mathematik, Naturwissenschaften und Englisch • Einstellungen von Schülern, Lehrern und Eltern	Hamburg	2003	Offen
	Koala-S – Kompetenzaufbau und Laufbahnen im Schulsystem	Klassen 2, 3, 4	• Kompetenzentwicklung (Lese- und Schreibfähigkeit, Rechtschreibung, Mathematik, kognitive Fähigkeiten) und Bildungsentscheidungen der Grundschule	Bayern, Sachsen	2005	2007
	PERLE (Persönlichkeits- und Leistungsentwicklung von Grundschulkindern)	Klassen 1, 2, 3, 4	• Kompetenzentwicklung (Mathematik, Schriftspracherwerb, Kreativität) • Motivation, Selbstkonzept, Interesse, Persönlichkeitseigenschaften	Sachsen, Berlin, Thüringen, Brandenburg	2006	2010
	BiKS – Bildungsprozesse, Kompetenzentwicklungen und Selektionsentscheidungen im Vor- und Grundschulalter	Kohorte 2: Klassen 3, 4, 5, 6, 7 (8–12 Jahre)	• Übergang von Grundschule in die Sekundarstufe I • Kompetenzentwicklung, Bildungsentscheidungen und Kontexteffekte • Schwerpunkte: mathematische und sprachliche Fähigkeiten und Fertigkeiten	Bayern, Hessen	2006	Offen

Bereich	Titel der Studie	Lebensalter bzw. Klassenstufe	Themen	Region	Jahr der ersten Erhebung	Jahr der letzten Erhebung
Von der Schule in die Berufsausbildung, Hochschule und den Arbeitsmarkt	HIS-Studienberechtigten-panel	Abschlusskohorten der Jahrgänge 1976, '78, '80, '83, '86, '90, '92, '94, '96, '99, 2002, '04, '05, '06 (bis zu 4 Wellen)	• Übergänge in die berufliche Ausbildung oder in eine Hochschule • Wahl des Studienfachs oder des Ausbildungsberufs	Deutschland	1976	Offen
	HIS-Absolventenbefragung	Kohorte von Hochschulabsolventen 1989, 1993, 1997, 2001, 2005 (bis zu 3 Wellen, 1, 5 und 10 Jahre nach dem ersten qualifizierenden Studienabschluss)	• Übergang von der Hochschule in den Arbeitsmarkt • Erwerbstätigkeit, Arbeitslosigkeit, Weiterbildung	Deutschland	1989	Offen
	ULME – Untersuchungen der Leistungen, Motivation und Einstellungen zu Beginn der beruflichen Ausbildung	Schüler am Anfang und am Ende der Berufsausbildung	• Kompetenzentwicklung während der Berufsschulzeit • Domänen: Textverständnis, Englisch, berufliche Fähigkeiten	Hamburg	2002	2005
	TOSCA-2002 and TOSCA-Repeat – Transformation des Sekundarschulsystems und akademische Karrieren	Abschlussjahrgang der allgemein bildenden und beruflichen Gymnasien (3 Wellen)	• Kenntnisse in Mathematik und Englisch, kognitive Grundfähigkeiten, Persönlichkeitseigenschaften, Selbstbilder, Lebensziele und berufliche Interessen • Übergang in berufliche Bildung oder an Hochschulen • Übergänge von der beruflichen Bildung in den Arbeitsmarkt	Baden-Württemberg	2002 und 2006	Offen
	DJI-Übergangspanel	Letztes Jahr in Hauptschulen (bzw. Hauptschulbildungsgängen an Gesamt- oder Sekundarschulen)	• Übergänge in berufliches Ausbildungssystem und in den Arbeitsmarkt für Geringqualifizierte	Deutschland	2004	2009
	TOSCA 10	Schüler der Klasse 10 (Realschule oder Gymnasium)	• Übergänge in die berufliche Ausbildung und in die gymnasiale Oberstufe • Kompetenzentwicklung	Baden-Württemberg	2007	Offen
Bildung, Beruf und Familie	GLHS – Deutsche Lebensverlaufsstudie	Retrospektive Längsschnitterhebung ausgewählter Geburtskohorten (mit Panelbefragungen bei jüngeren Kohorten)	• Bildungsverläufe, Arbeitsmarkteinstiege und -verläufe, Familiengründungsprozesse etc.	Deutschland	1983	2003
	SOEP – Sozio-oekonomisches Panel	Personen- und Haushaltsbefragung, jährliche Erhebungen	• Mehrthemenbefragung • Einkommen, Erwerbsbeteiligung, Wohnen, Lebenszufriedenheit, Bildungsbeteiligung, Haushaltsstrukturen etc.	Deutschland	1984	Offen
	Kölner Lebenslaufprojekt ehemaliger Gymnasiasten zwischen dem 16. und 43. Lebensjahr	Schüler der Klasse 10 im Gymnasium (3 Wellen)	• Sozialstrukturelle Determinanten schulischer Leistungen • Aufnahme Studium bzw. berufliche Ausbildung • Erwerbsverläufe, Partnerschafts- und Familienbiographie	Nordrhein-Westfalen	Schuljahr 1969/1970	1997

Zur ersten Gruppe, den Längsschnittstudien mit Schwerpunkt früher Kindheit, gehören sowohl nationale (DJI Kinderpanel: Betz et al. 2006) als auch regionale Erhebungen (BiKS Längsschnitt I: von Maurice et al. 2007; LOGIK: Weinert/Schneider 1999). Sie beschäftigen sich insbesondere mit der Kompetenz- und Persönlichkeitsentwicklung von Kindern und mit dem Übergang vom Kindergarten in die Grundschule.

Die Mehrheit der bisher durchgeführten Längsschnittstudien fokussiert den schulischen Bereich. Bei der zweiten Gruppe von Längsschnittstudien mit bildungsrelevanten Fragestellungen lassen sich weitere Differenzierungen erkennen: Einige Studien erfassen die Kompetenzentwicklung innerhalb einer Bildungsstufe (SCHOLASTIK: Weinert/Helmke 1997; BeLesen: Merkens et al. 2006; Hannoversche Grundschulstudie: Tiedemann/Billmann-Mahecha 2007; PALMA in der Sekundarstufe I: Pekrun et al. 2007), andere konzentrieren sich stärker auf Übergänge zwischen Primar- und Sekundarstufe (BiKS Längsschnitt II: von Maurice et al. 2007; KESS: Bos et al. 2010; Koala-S: Ditton 2007; ELEMENT: Lehmann/Nikolova 2005). Wie in Tabelle 1 zu sehen ist, sind diese Studien überwiegend regional auf einzelne Städte oder Bundesländer begrenzt. Als bundesweite Studien im Schulsystem mit längsschnittlichen Ansätzen sind TIMSS II und PISA-I-Plus zu nennen. Bei TIMSS II wurden Schüler der siebten Klasse 1994 erstmals und ein Jahr später erneut getestet (Köller et al. 2001). Im Zuge von PISA 2003 wurden Neuntklässler, die sich entweder in einem Realschul- oder gymnasialen Bildungsgang befanden, ein Jahr später erneut getestet (PISA-I-Plus), um die individuellen Leistungsveränderungen von Schülerinnen und Schülern in den Fächern Mathematik und Naturwissenschaften in diesem Zeitraum zu beschreiben und zentrale Einflussfaktoren hierfür herauszuarbeiten (Deutsches PISA-Konsortium 2006).

In der dritten Gruppe, den Übergängen von der Sekundarstufe in die berufliche Ausbildung oder in die Hochschule, hat das Hochschulinformationssystem in Hannover (HIS GmbH) mehrere bundesweite Panelstudien durchgeführt. Das HIS erfasst in regelmäßigen Abiturienten-Erhebungen die Übergänge in die berufliche Ausbildung und die Aufnahme eines Studiums durch wiederholte Befragungen ein- und derselben Personen bis zu dreieinhalb Jahre nach Verlassen der Schule. Darüber hinaus werden im HIS-Absolventen-Panel die Übergänge von Akademikerinnen und Akademikern in den Arbeitsmarkt abgebildet. Bei den HIS-Studien handelt es sich bisher um reine Befragungen und somit liegen keine Ergebnisse aus Kompetenztests vor. Eine Studie zu Personen mit keinen oder nur geringen formalen Qualifikationen ist das DJI-Übergangspanel. Hier werden die Einstiege von „benachteiligten" Schülern von der Abschlussklasse in das berufliche Bildungssystem und den Arbeitsmarkt verfolgt (Gaupp et al. 2008). Auch hier werden keine Kompetenzen von Schülerinnen und Schülern getestet. Eine Studie mit Kompetenztestungen vor, am Anfang und am Ende der Berufsausbildung ist die Hamburger Untersuchung ULME (Lehmann/Seeber 2007). Diese im berufsbildenden Bereich der Sekundarstufe II angesiedelte Studie ist die Fortsetzung der im allgemeinbildenden Schulbereich gestarteten Studie LAU (Lehmann et al. 1997).

Die vierte Gruppe von Längsschnittstudien unterscheidet sich von den anderen aufgrund ihres Bezuges auf Lebensverläufe. Das Kölner Lebenslaufprojekt untersucht die Bildungs- und Berufsverläufe sowie die Erwerbs- und Partnerschaftsbiographien ehemaliger Gymnasiasten über einen Zeitraum von 28 Jahren (Meulemann et al. 2001). Die Deutsche Lebensverlaufsstudie (German Life History Study – GLHS) ist ein klassisches Beispiel für Retrospektiverhebungen in den Sozialwissenschaften (Mayer 2008). Für nach inhaltlichen

Gesichtspunkten ausgewählte Geburtsjahrgänge werden rückblickend die Bildungs-, Erwerbs- und Familienbiographien detailliert erhoben. Seit Anfang der 1980er Jahre werden die Lebensverläufe von in Westdeutschland lebenden Personen erfragt. Seit der Wiedervereinigung werden auch ausgewählte Geburtskohorten in Ostdeutschland berücksichtigt, um die Lebensverläufe vor, während und nach der Wiedervereinigung beschreiben und analysieren zu können. Abschließend ist das Sozio-ökonomische Panel (SOEP) zu nennen. Hierbei handelt es sich um eine jährliche Befragung von Haushalten und Personen seit 1984. Zur Wahrung der Repräsentativität wurden später neuere Stichproben gezogen (z. B. im Jahr 1990 in Ostdeutschland, Mitte der 1990er Jahre für neue Zuwanderer). Im SOEP werden einige Daten retrospektiv erhoben, der Schwerpunkt liegt aber auf der prospektiven Erhebung von Einkommen, Erwerbsbeteiligung, Bildungsbeteiligung, Haushalts- und Familienstrukturen und Lebenszufriedenheit. In den letzten Jahren wurde das Frageprogramm erweitert, so dass für spezifische Altersgruppen zusätzliche bildungsrelevante Informationen erhoben werden (vgl. ausführlich Lohmann et al. 2009). Hier sind insbesondere Fragebögen für Mütter mit Neugeborenen, mit Kindern im Alter von 2–3 und 4–5 Jahren sowie der sog. Jugendfragebogen, der sich an 17-Jährige richtet, zu nennen. Mit den Angaben der Mütter werden Alltagsfertigkeiten (angepasste Vineland-Skala), Sozialverhalten (SDQ) und die Persönlichkeit des Kindes (Big Five) erfasst. Im Jugendfragebogen werden zum Beispiel bisherige Schulereignisse retrospektiv, aktuelle Schulleistungen sowie berufliche (Ausbildungs-)Ziele erfasst. Zudem nehmen die 17-Jährigen an kognitiven Tests zur Bestimmung der fluiden Intelligenz teil. Im Erwachsenenbereich wurden bisher „zwei ultrakurze Tests zur Erfassung von Indikatoren der Wahrnehmungsgeschwindigkeit (‚speed‘) und der Wortflüssigkeit (‚word fluency‘)“ (Lohmann et al. 2009: 266; Uhlig et al. 2009) eingesetzt. Im Unterschied zu den internationalen Vergleichsstudien, wie etwa der PISA-Studie, werden im SOEP keine domänenspezifischen funktional-bildungsbezogenen Basiskompetenzen, wie z. B. Lesekompetenz, mathematische und naturwissenschaftliche Kompetenzen gemessen, sondern grundlegende kognitive Fähigkeiten und Fertigkeiten (vgl. Lang 2005; Weinert et al. 2007).

Andere europäische und nordamerikanische Länder verfügen über mehr Erfahrungen und eine längere Tradition in der Durchführung von großangelegten Bildungspanelstudien, bei denen auch regelmäßig Kompetenzen, Fähigkeiten und/oder Intelligenz gemessen werden. Kristen, Römmer, Müller und Kalter (2005) liefern einen umfassenden Überblick zur Situation in Kanada, Frankreich, den Niederlanden, Schweden, Großbritannien und den USA. In diesen Ländern werden verschiedene Strategien verfolgt, um Längsschnittinformationen zu gewinnen. Bei diesen Studien handelt es sich i. d. R. entweder um langfristig angelegte Kohortenstudien oder um zahlreiche, kurzlaufende Panels, die sich auf zentrale Abschnitte im Bildungssystem beziehen.

In Großbritannien werden seit über 50 Jahren in größeren Abständen neue Geburtskohortenstudien aufgelegt. 1958 startete als erste Studie die „National Child Development Study“ (NCDS). 1970 folgte die „British Cohort Study“ (BSC70) und im Jahr 2000/2001 die „Millenium Cohort Study“ (MCS). Während der Abstand der Messzeitpunkte in der 1958 angelaufenen NCDS zwischen 4 und 10 Jahren schwankt, sind die Erhebungsintervalle der MCS deutlich kürzer. Dies ermöglicht eine erheblich detailliertere Beschreibung von Entwicklungs- und Bildungsprozessen. In England und in Wales haben sich mit der Youth Cohort Study (YCS) kurz laufende Panelstudien zum Übergang von der Schule in den

Arbeitsmarkt etabliert. Seit 1985 werden fast jedes Jahr neue Startkohorten gezogen. Die Studienteilnehmer werden in der Regel am Ende der Schulpflicht, im Alter von 16 Jahren, sowie erneut im Alter von 17 und 18 Jahren interviewt. Zwischen den Startkohorten gibt es leichte Variationen bezüglich der Anzahl der Erhebungen und den Abständen zwischen den Wellen. Die Teilnehmer werden zu ihren Bildungsverläufen, Noten, Arbeitsmarkterfahrungen und ihren Zukunftsplänen ausführlich befragt.

In Kanada und in der Schweiz werden ebenfalls Studien zu den weiteren Bildungswegen und Arbeitsmarkteinstiegsprozessen nach Vollendung der Vollzeitschulpflicht durchgeführt. Dabei handelt es sich um den kanadischen „Youth in Transition Survey" (YITS: Statistics Canada & OECD 2000)[1] und die schweizerische „Transitions from Education to Employment Longitudinal Study" (TREE: Meyer 2005). Beide Studien basieren auf den jeweiligen landesspezifischen PISA-Stichproben aus dem Jahr 2000 und verfügen somit über hochwertige Ausgangsmessungen im Kompetenzbereich. Bisher haben aber keine erneuten Kompetenztestungen stattgefunden, so dass zwar detaillierte Informationen zu Bildungsverläufen vorliegen, Kompetenzentwicklungen aber unbeobachtet bleiben.

In den Vereinigten Staaten wurden zahlreiche, auch im Design variierende Längsschnittstudien im Bildungsbereich durchgeführt. „Anfang der siebziger Jahre wurde (...) das National Longitudinal Studies Program ins Leben gerufen. Die generelle Zielsetzung dieses Programms liegt darin, die schulische, berufliche und persönliche Entwicklung von Individuen zu unterschiedlichen Zeitpunkten in ihrem Lebensverlauf zu untersuchen und dabei die Einflüsse persönlicher, familialer, sozialer, institutioneller und kultureller Faktoren zu berücksichtigen" (Kristen et al. 2005: 27; National Center for Education Statistics 2003a, 2003b).

Mehrere Kohortenstudien starten in der High School, in der 10. oder 12. Jahrgangsstufe, und haben vier bis fünf Messzeitpunkte. Der Fokus liegt auf den Übergängen in weiterführende Bildungsinstitutionen bzw. auf (direkte) Eintritte in den Arbeitsmarkt. Hierzu gehören z. B. die „National Longitudinal Study of the High School Class of 1972" (NLS-72), die „National Educational Longitudinal Study of 1988" (NELS-88), die „Educational Longitudinal Study of 2002" (ELS) und die „High School and Beyond" (HS&B). Einige Studien starten erst im Tertiärbereich wie z. B. die „Beginning Postsecondary Students Longitudinal Study" (BPS) und „Baccalaurete & Beyond" (B&B). Ergänzt werden diese im höheren Bildungswesen angesiedelten Studien seit gut zehn Jahren durch Kohortenstudien, die sich mit der Entwicklung im frühkindlichen Alter befassen. Unter dem Titel „Early Childhood Longitudinal Study" (ECLS) ist sowohl eine Neugeborenen-Kohorte als auch eine weitere Kohorte zu Kindern in vorschulischer Betreuung („Kindergarten") gestartet.

Die Situation in den Vereinigten Staaten lässt sich als Kohorten-Sequenz-Design beschreiben. Mehrere kurzlaufende Panels, die zu unterschiedlichen Punkten im Bildungsverlauf starten, werden in regelmäßigen Abständen neu aufgelegt. Damit lassen sich zum einen historische Veränderungen und ansatzweise auch Bildungsverläufe und Entwicklungen von der Geburt bis zum Alter von 30 Jahren nachzeichnen. Insbesondere für den unteren Sekundarbereich fehlen aber noch Längsschnittdaten.

---

1 Zusätzlich zur Stichprobe der 15-Jährigen verfügt der YITS über eine zweite Stichprobe von Jugendlichen, die im Jahr 2000 zwischen 18 und 20 Jahren alt waren. Zu diesen Jugendlichen liegen keine Ergebnisse aus Kompetenztests vor.

Die Übersicht der in Deutschland durchgeführten bestehenden Längsschnittstudien zeigt, dass lediglich eine bundesweite Panelstudie existiert, nämlich das SOEP. Diese Studie enthält aber keine detaillierten Daten zu außerfamilialen Bildungskontexten und auch keine Angaben, die die Analyse domänenspezifischer Kompetenzenentwicklungen zuließen. Die vorhandenen Studien, die sich auf die Messung von Kompetenzen und ihre Veränderbarkeit im Zeitverlauf konzentrieren, unterliegen einigen Restriktionen. Entweder beschränken sie sich auf bestimmte Regionen innerhalb Deutschlands oder sie konzentrieren sich in erster Linie auf eine Bildungsstufe oder auf einen bestimmten Übergang im Bildungssystem. Damit lässt sich nicht erklären, wie sich Kompetenzen über die Lebensspanne entwickeln, wie diese Kompetenzen mit Bildungsentscheidungen an verschiedenen kritischen Übergängen interagieren und wie Kompetenzen von der Familie sowie der Ausgestaltung von Lehr- und Lernprozessen in Kindergarten, Schule, Berufsausbildung und Hochschule beeinflusst werden. Darüber hinaus geben uns diese Studien keinen Aufschluss darüber, wie Kompetenzen mit dem Erwerb von Bildungsqualifikationen zusammenhängen und welche Kompetenzen für Arbeitsmarkterfolg sowie für ein erfolgreiches privates Leben und soziale Teilhabe verantwortlich sind. Weiterhin besteht in Deutschland damit ein großer Bedarf an hochwertigen längsschnittlichen Bildungsdaten.

3 Notwendigkeit, Grundzüge und Analysepotential des Nationalen Bildungspanels

Um mehr über den Bildungserwerb und seine Folgen für individuelle Lebensverläufe zu erfahren, um zentrale Bildungsprozesse und -verläufe über die gesamte Lebensspanne zu beschreiben und zu analysieren, hat das Bundesministerium für Bildung und Forschung (BMBF) den Aufbau eines für die Bundesrepublik Deutschland repräsentativen, die Lebensspanne umfassenden Bildungspanels initiiert und dessen Finanzierung übernommen.

3.1 Säulen und Etappen des Nationalen Bildungspanels

Im Nationalen Bildungspanel bilden die Forschungsparadigmen und -ergebnisse der soziologischen Lebenslaufforschung und der Psychologie der Lebensspanne die zentralen theoretischen Grundlagen, um kumulative Prozesse in Bildungsverläufen, in denen sich spätere Zustände erst aus einer Vielzahl vorausgehender Entscheidungen und genutzter Lerngelegenheiten ergeben, zu erklären und zu verstehen (Baltes et al. 1999; Diewald/Mayer 2008; Elder et al. 2004). Darüber hinaus werden im Nationalen Bildungspanel acht Bildungsetappen unterschieden, deren Integration durch die theoretische Konzentration auf fünf miteinander verbundenen *Dimensionen* erreicht wird. Bei diesen Dimensionen, die im Folgenden als ‚Säulen' bezeichnet werden, handelt es sich um die Entwicklung von Kompetenzen im Lebenslauf, um Bildungsprozesse in lebenslaufspezifischen Lernumwelten, um soziale Ungleichheit und Bildungsentscheidungen, um Bildungsprozesse von Personen mit Migrationshintergrund und um Renditen von Bildung. Diese fünf, komplex miteinander verwobenen Säulen (vgl. Abbildung 1) stellen die zentralen Stützpfeiler der Nationalen Bildungspanelstudie dar.

Abbildung 1 Beziehungsgefüge zwischen den Grunddimensionen des Nationalen Bildungspanels

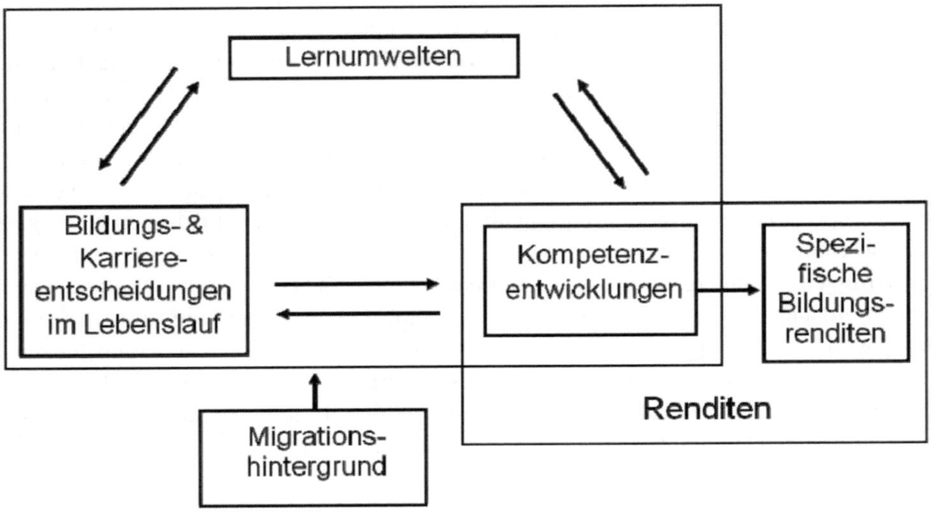

Aufgabe der *Säule zur Kompetenzentwicklung im Lebenslauf* ist es, Modelle zur strukturellen Ausdifferenzierung und zu den Entwicklungsniveaus von Kompetenzen über den gesamten Lebenslauf zu erarbeiten. Im Zentrum steht die Erfassung und Analyse der Entwicklung von fachspezifischen und überfachlichen Kompetenzen. Das Bildungspanel wird längsschnittliche Messungen der Lesekompetenz, der Hörkompetenz, der mathematischen und naturwissenschaftlichen Kompetenz durchführen. Eine Hauptaufgabe der Kompetenzsäule liegt in der Entwicklung von Testinstrumenten, die die Messung der genannten Kompetenzbereiche im Lebenslauf ermöglichen. Darüber hinaus werden die Fähigkeiten zur Selbstregulation und die sozialen Kompetenzen berücksichtigt. Im Rahmen der Kompetenzdiagnostik ist dabei die Weiterentwicklung von computer- und internetbasierten Erhebungsmöglichkeiten eine wichtige Aufgabe im Rahmen des Bildungspanels, um die Effizienz längsschnittlicher Testungen an repräsentativen Stichproben zu optimieren. Effizienz bezieht sich hier sowohl auf Aspekte der Kostenreduktion und Zeitersparnis als auch auf die Möglichkeit, mithilfe von technologiebasierten adaptiven Tests präzisere Parameter schätzen zu können.

Die *Säule zu Bildungsprozessen in lebenslaufspezifischen Lernumwelten* konzentriert sich auf die theoretischen Grundlagen und die empirische Umsetzung der Erhebung von Merkmalen der Lerngelegenheiten in den relevanten Lernumwelten, die sich auf Kompetenzerwerb und Bildungsprozesse auswirken können. Lernumwelten werden in Anlehnung an Fend (2006) als Anbieter von Lerngelegenheiten konzeptualisiert, die von den Lernenden zum Erwerb von Fähigkeiten und Kompetenzen genutzt werden können. Die Lernumwelten werden im Bildungspanel in drei Bereiche unterteilt: formale (z. B. Schule, Ausbildungsplatz, Hochschule), non-formale (z. B. Angebote der Kinder- und Jugendhilfe, von Vereinen und religiösen Gemeinschaften) und informelle (z. B. Familie, Peers, Medien) Lernumwelten. Die

Betonung von Bildungsprozessen und Kompetenzentwicklungen im Lebenslauf verlangt nach einer Perspektive, mit der sowohl die innerhalb einer Lernumwelt stattfindenden Prozesse als auch diachrone (längsschnittlich) und synchrone (zeitgleiche) Übergänge zwischen verschiedenen Lernumwelten berücksichtigt werden.

Die *Säule zu sozialer Ungleichheit und Bildungsentscheidungen im Lebenslauf* richtet den Blick auf das Ausmaß und die Ursachen von nach sozialstrukturellen Gruppen variierenden Bildungsentscheidungen wie beispielsweise die Schulwahl bei der Einschulung, die Wahl einer weiterführenden Schule, die berufliche Fachwahl, Studienfachwahl, Fortführung der Bildungskarriere oder Teilnahme an beruflicher Weiterbildung. Schichtspezifische Unterschiede in den Bildungsentscheidungen lassen sich selbst dann beobachten, wenn vergleichbare Leistungen (z. B. Noten, Kompetenzen, Zertifikate) vorliegen. Deshalb ist zu klären, welche Bedeutung schichtspezifische Bildungsaspirationen, Motivationen, Erfolgserwartungen und Bewertungen von Kosten haben. Ein weiterer Schwerpunkt wird auf der geschlechtsspezifischen Genese der Fächerwahl im Bildungsverlauf (berufliche Ausbildung, Studienfachwahl) liegen.

Die Säule zu den mit der ethnischen Herkunft bzw. der Migrationsbiografie verbundenen Besonderheiten und Kontextualisierungen (insbesondere die Familiensprache, Beziehungen zum Herkunftsland, Einbettung in ethnische Gemeinden und Netzwerke, religiöse Orientierung) können über die sozial ungleichen Mechanismen hinaus zusätzlichen Einfluss auf Kompetenzerwerb und Bildungsentscheidungen haben. Deshalb gibt es im Nationalen Bildungspanel eine eigene *Säule zum Bildungserwerb von Personen mit Migrationshintergrund im Lebenslauf*, die sich auf die Erfassung bildungsrelevanter migrationsspezifischer Merkmale konzentriert. Ein Schwerpunkt der Migrationssäule wird die Erfassung der Kenntnisse und Kompetenzen der Schülerinnen und Schüler in der Sprache des Herkunftslandes der Eltern sein, weil Merkmale des Erst- und Zweitspracherwerbs für den Bildungs- und Arbeitsmarkterfolg zentrale Erklärungsdimensionen darstellen.

Die *Säule zu den Bildungsrenditen im Lebenslauf* betrachtet Bildungserträge nicht nur anhand qualifikationsspezifischer Löhne und Arbeitsmarktchancen. Zu den Bildungsrenditen im weiteren Sinne werden u. a. die politische Partizipation, das soziale Engagement, die physische und psychische Gesundheit, die Chancen bei der Partnersuche und Familiengründung sowie das subjektive Wohlbefinden gezählt. Diese Erträge lassen sich teilweise bereits weit vor dem Arbeitsmarkteintritt erfassen (wie z. B. die physische und mentale Gesundheit und das soziale Engagement von Schülerinnen und Schülern) und können daher ebenfalls in ihrer lebenslaufbezogenen Entwicklung dokumentiert und analysiert werden.

Im Rahmen des Bildungspanels werden die Bildungsverläufe in die folgenden acht Abschnitte, die sogenannten *Bildungsetappen*, untergliedert: Etappe 1: Neugeborene und Eintritt in frühkindliche Betreuungseinrichtungen, Etappe 2: Kindergarten und Einschulung, Etappe 3: Grundschule und Übertritt in eine Schulart der Sekundarstufe I, Etappe 4: Wege durch die Sekundarstufe I und Übergänge in die Sekundarstufe II, Etappe 5: gymnasiale Oberstufe und Übergänge in (Fach-)Hochschule, Ausbildung oder Arbeitsmarkt, Etappe 6: Aufnahme einer beruflichen Ausbildung und der spätere Arbeitsmarkteintritt, Etappe 7: (Fach-)Hochschulstudium und Übergänge in den Arbeitsmarkt und Etappe 8: allgemeine und berufliche Weiterbildung. Wie bereits vorangehend erläutert, dienen die Säulen der theoretischen und methodischen Integration der einzelnen Etappen in ein lebenslauf- bzw.

bildungsverlaufbezogenes Gesamtkonzept. Somit werden nicht separate Untersuchungen zu einzelnen Abschnitten und Übergängen im Bildungssystem wie z. B. zur Einschulung oder zum Übergang in den Arbeitsmarkt durchgeführt, sondern durch die einheitliche Rahmenkonzeption wird Anschlussfähigkeit im Längsschnitt gewährleistet.

Die Säulen und Etappen bilden die *inhaltliche Rahmenkonzeption* des Nationalen Bildungspanels (siehe Abbildung 2). Hinzu kommt der Leitungs- und Koordinationsbereich sowie der Methodenbereich, der sich von der Stichprobenziehung über Gewichtung und Imputation bis hin zur nutzerfreundlichen Bereitstellung der erhobenen Daten kümmert.

Abbildung 2 Inhaltliche Rahmenkonzeption des NEPS

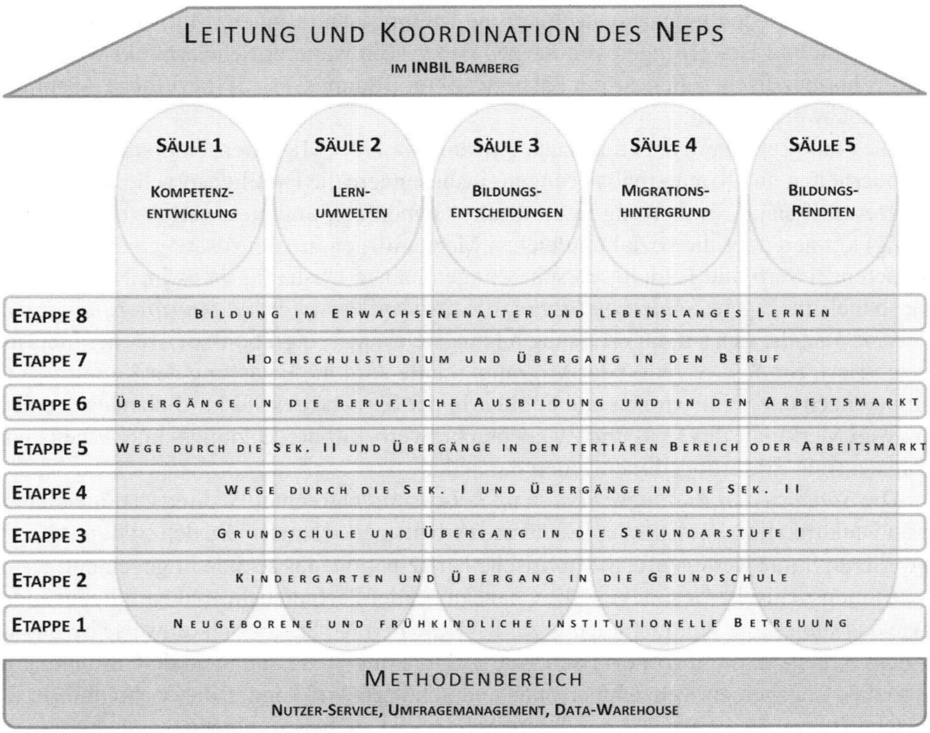

3.2 *Forschungsfragen des Nationalen Bildungspanels*

Die Konzeption des Nationalen Bildungspanels ermöglicht in der dargestellten Anlage mittel- und langfristig einen Beitrag zur Beantwortung u. a. folgender Fragestellungen:

- Was sind die in den einzelnen Bildungsetappen entscheidenden Determinanten für den Kompetenzerwerb und für Bildungsentscheidungen?

- Welche Bedeutung haben Bildungsinstitutionen, non-formale und informelle Lernumwelten (z. B. Familie, Peers, Jugendhilfe, Kultureinrichtungen, neue Medien) für den Kompetenzerwerb und die Bildungsentscheidungen?
- Wie hängt der Kompetenzerwerb mit lebensweltlichen und ökonomischen Rahmenbedingungen zusammen (z. B. sozioökonomischen Lebenslagen, regionalen Kontexten, Migrationshintergrund, geschlechtsspezifischen Merkmalen und kulturellen Traditionen)?
- Wie gestaltet sich der Zusammenhang von formalem, non-formalem und informellem Lernen sowie kognitiver, sozialer und beruflicher Kompetenzentwicklung im Lebenslauf über Institutionengrenzen und Altersstufen hinweg?
- In welchem Verhältnis stehen erworbenes Wissen, ausgebildete Fertigkeiten und Kompetenzen zu erworbenen Bildungszertifikaten?
- Welche Kompetenzen sind für den Erfolg in der Ausbildung und am Arbeitsmarkt von besonderer Bedeutung? Sind die in der Kompetenzmessung internationaler Schulleistungsstudien dominierenden Kompetenzen des Lesens, der Mathematik und der Problemlösefähigkeit tatsächlich die Kompetenzen, die in hohem Maße den Ausbildungs- und Berufserfolg bestimmen? Inwieweit und wie schnell gehen einmal erworbene Kompetenzen nach dem Verlassen der allgemeinbildenden Schule wieder verloren?
- Welche Rolle spielen fächerübergreifende „Meta-Kompetenzen" wie die Fähigkeit, das eigene Lernen zu regulieren oder soziale Kompetenzen für den Erfolg im Beruf und Arbeitsmarkt und welchen Stellenwert haben motivationale Faktoren hierbei?
- Welche ökonomischen, sozialen und gesundheitlichen Erträge haben Bildungsprozesse bzw. erworbene Kompetenzen?
- Welche Chancen und Barrieren bestehen für Weiterbildung und Lernprozesse im späten Erwerbsalter?

3.3 Methodische Anlage des Nationalen Bildungspanels

Die methodische Anlage des Nationalen Bildungspanels lässt sich als *Multi-Kohorten-Sequenz-Design* beschreiben. Um mit Hilfe des Panels möglichst rasch relevante Ergebnisse zu erzielen, werden im Herbst 2010 vier Startkohorten gezogen, die sich auf Personen in einem bestimmten Abschnitt im Bildungssystem oder in einem bestimmten Alter beziehen. Die Stichprobenziehungen orientieren sich sowohl an den Übergängen im Bildungssystem als auch an den Übergängen zwischen Bildungssystem und Arbeitsmarkt. Die zentralen Übergänge sind der Eintritt in die Grundschule, der Übergang in das gegliederte Schulsystem, der Übergang in die berufliche Ausbildung, die Aufnahme eines Studiums und die Arbeitsmarkteintritte von Absolventinnen und Absolventen der beruflichen Ausbildung und der Hochschulen. Eine Ausnahme ist die fünfte Startkohorte für den Bereich Weiterbildung im Erwachsenenalter, für die unabhängig von der aktuellen Bildungs- oder Arbeitsmarktbeteiligung bereits im Jahr 2009 eine Stichprobe von 23- bis 64-Jährigen befragt wurde. Außerdem wird mit dem Aufbau einer Kohorte Neugeborener begonnen, um frühkindliche Entwicklungen und den Eintritt in frühkindliche Betreuungsinstitutionen (Krippe, Kindergarten etc.) zu dokumentieren und zu analysieren. Hier werden die ersten Haupterhebungen im Jahr 2012 stattfinden.

Abbildung 3 Multi-Kohorten-Sequenz-Design

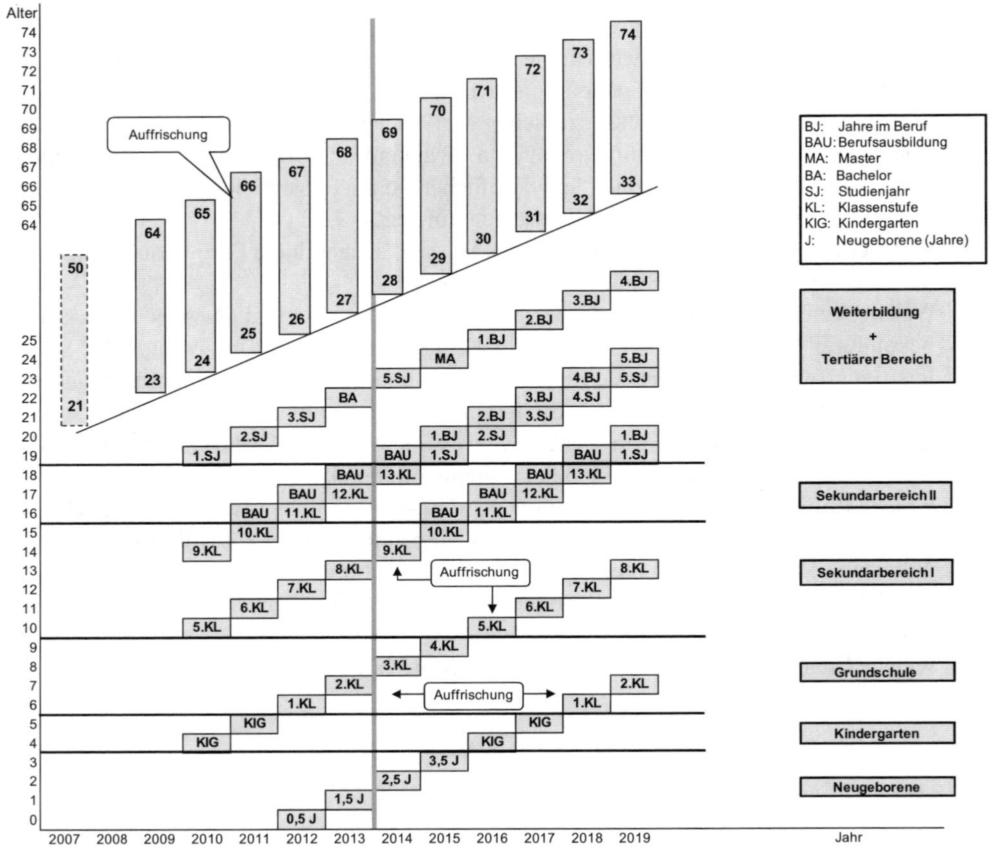

Die *repräsentativen Ausgangsstichproben* bestehen damit aus Neugeborenen, 4-jährigen Kindergartenkindern, Fünftklässlern, Neuntklässlern, Studienanfängern und 23- bis 64-Jährigen. Zur Erfassung der strukturellen und kompositorischen Merkmale institutioneller Lernumwelten werden im Bereich des Kindergartens, der Schule und der (Fach-)Hochschule Clusterstichproben gezogen, d. h. es werden beispielsweise möglichst alle Schülerinnen und Schüler einer Klasse als Panelteilnehmer gewonnen. Dieses Vorgehen hat zusätzlich zur Ermöglichung von Datenanalysen auf Mehrebenenniveau den Vorteil, die Erhebungskosten bei der Durchführung von Kompetenztests und Befragungen erheblich zu reduzieren. Bei den Neugeborenen und in den Bereichen der beruflichen Ausbildung und Weiterbildung im Erwachsenenalter lassen sich institutionenbasierte Stichproben gar nicht oder nicht mit einem akzeptablen Aufwand realisieren, sodass hier Individualstichproben der Vorzug gegeben wird bzw. alle Schülerinnen und Schüler der Clusterstichproben nach ihrem Übergang vom allgemeinbildenden Schulsystem in das berufliche Ausbildungssystem individuell verfolgt werden.

Alle Panelteilnehmerinnen und Panelteilnehmer werden über einen längeren Zeitraum regelmäßig befragt. Schülerinnen und Schüler sowie Studierende werden in den Institutionen schriftlich, Jugendliche in beruflicher Ausbildung und Erwachsene telefonisch als auch persönlich befragt. Bei Studierenden wird es zum Teil auch webbasierte Interviews geben. In festgelegten Abständen finden zudem differenzierte Kompetenzerhebungen statt. In der ersten Förderphase, die bis 2013 dauert, werden bei den Personen der genannten sechs Startkohorten mindestens jährliche Erhebungen durchgeführt. Bis zum Ausscheiden der Untersuchungspersonen aus dem Schulsystem werden auch die Eltern und die pädagogischen Fachkräfte im Nationalen Bildungspanel als signifikante Bezugspersonen und bedeutsame Datenquellen einbezogen. Alle Erhebungen sind dabei an die individuelle Lebenssituation der Panelteilnehmerinnen und Panelteilnehmer anzupassen. Dies stellt eine hohe Herausforderung dar, da Personen auch dann begleitet werden, wenn ihre Bildungsverläufe nicht dem Gros ihrer Startkohorte entsprechen. In den Folgejahren werden alle Personen weiterverfolgt, auch dann, wenn sie sich nicht mehr in ihrem Gruppen- oder Klassenverband oder im selben Fachbereich an derselben Universität befinden. Somit werden auch die Bildungsverläufe von Klassenwiederholern, Schularten- und Studienfachwechslern, Schul- und Studienabbrechern dokumentiert, um z. B. Analysen zu den Bildungskarrieren von Risikogruppen zu ermöglichen. Deshalb ist ein engmaschiges Tracking aller Panelteilnehmerinnen und Panelteilnehmer sowie eine Kombination gruppenbezogener und individueller Befragungs- und Testadministration zu leisten.

Am Ende der ersten Förderphase werden auf Basis der repräsentativen Stichproben detaillierte Informationen zu folgenden Abschnitten im Bildungssystem vorliegen: (1) Entwicklungen in den ersten beiden Lebensjahren, (2) vom Kindergarten über den Schuleintritt bis zur Mitte der Grundschule, (3) für die Jahrgangsstufen 5 bis 8 der Sekundarstufe I, (4) für die Jahrgangsstufen 9 und 10 und die Übergänge nach der neunten oder zehnten Jahrgangsstufe in die berufliche Ausbildung und den Arbeitsmarkt, (5) von der neunten Jahrgangsstufe in die gymnasiale Oberstufe mit den anschließenden Übergängen in Studium, Ausbildung und Arbeitsmarkt, (6) Studienverläufe und die Übergange in den Arbeitsmarkt oder in einen Masterstudiengang nach Erreichen des Bachelorabschlusses und (7) die Weiterbildungsverläufe und Arbeitsmarktkarrieren von Erwachsenen für einen Zeitraum von fünf Jahren.

Neben den repräsentativen Kernstichproben werden an ausgewählten Stellen gezielte Ergänzungsstichproben gezogen und im Längsschnitt weiterverfolgt. Hierbei handelt es sich zum einen um Ergänzungsstichproben für Personen mit Migrationshintergrund. Zumindest für Personen aus türkischstämmigen Familien und für Personen aus Familien aus der ehemaligen UdSSR werden die Fallzahlen so gewählt, dass jeweils gruppenspezifische Analysen möglich sind. Zum anderen werden Förderschülerinnen und Förderschüler in den Jahrgangsstufen 1, 5 und 9 ergänzend in das Nationale Bildungspanel aufgenommen, um auch die Bildungsverläufe und die Kompetenzentwicklung dieser Personen detaillierter als bislang möglich nachzeichnen zu können.

Insgesamt werden in den nächsten Jahren *mehr als 60.000 Zielpersonen* für das Nationale Bildungspanel befragt und getestet; schließt man die zusätzlich befragten Personengruppen (Eltern, pädagogische Fachkräfte) ein, so umfasst die Stichprobe etwa 100.000 Personen. Um historische Veränderungen bei der Absolvierung der Schnittstellen zu dokumentieren und analysieren zu können (z. B. Übergänge in die Ausbildung in Abhängigkeit vom Lehrstellenangebot, Auswirkungen von Bildungsreformen), werden in späteren Jahren neue Startstichproben gezogen (Kohortensukzession).

4 Impulse für die empirische Bildungsforschung

Bisher ist nur wenig zu den kumulativen und einander wechselseitig bedingenden Prozessen beim Bildungserwerb bekannt und zur Frage, wie Bildung in verschiedenen Lernumwelten über die Lebensspanne erworben wird. Benötigt werden Daten zu Bildungskarrieren und Kompetenzentwicklungen im Längsschnitt, die mit relevanten Informationen zur Familie, zu den Peers, den besuchten Bildungsinstitutionen, Ausbildungs- und Arbeitsstätten und zum Lebensumfeld angereichert sind. Solche Daten können ein reichhaltiges Analysepotential für verschiedene Disziplinen (Erziehungswissenschaft, Psychologie, Soziologie, Ökonomie, Demografie etc.) bieten. Damit lassen sich disziplinäre Theorien besser prüfen und integrative Ansätze für die Formulierung disziplinübergreifender bildungswissenschaftlicher Theorien entwickeln.

Mit den Daten des Nationalen Bildungspanels sind neue Erkenntnisse zur Kompetenzentwicklung im Lebenslauf, zur Bedeutung von Bildungsinstitutionen, Familien und Peers für den Erwerb von Bildung, zu den Ursachen von sozial ungleichen Bildungsentscheidungen, zum Bildungserwerb von Zuwanderern und ihren Nachkommen sowie zu den Folgen von Kompetenzen, Zertifikaten und Bildungspfaden für die (späteren) privaten und beruflichen Lebenswege zu erwarten. Da das Nationale Bildungspanel grundlegend als repräsentative Studie angelegt ist, zugleich aber Ergänzungsstichproben von Migranten und Förderschülern vorsieht, sind insbesondere auch vertiefte Erkenntnisse zum Phänomen der „Bildungsarmut" zu erwarten.

Das Nationale Bildungspanel wird nicht nur innovative Impulse für die Grundlagenforschung liefern, sondern auch zentrale Informationen für politische Entscheidungsprozesse bereitstellen. Das Panel wird insbesondere eine zusätzliche wichtige Datengrundlage für die nationale Bildungsberichterstattung liefern und die Bereiche „Bildung im Lebenslauf" und „Lebenslanges Lernen" sowie die Befundlage zu Entwicklungsprozessen und -verläufen stärken. Mittelfristig wird es auch möglich sein, politische Reformmaßnahmen und ihre Auswirkungen z. B. auf den Kompetenzerwerb oder die Chancengleichheit im Bildungssystem zu untersuchen. Insgesamt ist zu erwarten, dass mit der Etablierung des Nationalen Bildungspanels die Rahmenbedingungen für eine Disziplinen übergreifende empirische Bildungsforschung in Deutschland entscheidend verbessert, eine evidenzbasierte Politikberatung ermöglicht, die Förderung des wissenschaftlichen Nachwuchses maßgeblich unterstützt und die internationale Sichtbarkeit der deutschen Bildungsforschung deutlich gefördert werden.

Literatur

Baltes, Paul B./Staudinger, Ursula M./Lindenberger, Ulman (1999): Lifespan Psychology. Theory and Application to Intellectual Functioning. In: Annual Review of Psychology 50. 471–507

Betz, Tanja/Lange, Andreas/Alt, Christian (2006): Das DJI-Kinderpanel als Beitrag zu einer Sozialberichterstattung über Kinder. Theoretisch-konzeptionelle Rahmung und method(olog)ische Implikationen. In: Diskurs Kindheits- und Jugendforschung 1 (2). 173–179

Bos, Wilfried/Bonsen, Martin/Gröhlich, Carola (Hrsg.) (2010): KESS 7 – Kompetenzen und Einstellungen von Schülerinnen und Schülern an Hamburger Schulen zu Beginn der Jahrgangsstufe 7. Münster: Waxmann

Deutsches PISA-Konsortium (Hrsg.) (2006): PISA 2003. Untersuchungen zur Kompetenzentwicklung im Verlauf eines Schuljahres. Münster: Waxmann

Diewald, Martin/Mayer, Karl Ulrich (2008): The Sociology of the Life Course and Life Span Psychology. Integrated Paradigm or Complementing Pathways? DIW Discussion Papers No. 772. Berlin: DIW

Ditton, Hartmut (2007): Kompetenzaufbau und Laufbahnen im Schulsystem. Ergebnisse einer Längsschnittuntersuchung an Grundschulen. Münster: Waxmann

Elder, Glenn H. Jr./Kirkpatrick, Johnson M./Crosnoe, Robert (2004): The Emergence and Development of Life-Course Theory. In: Mortimer/Shanahan (2004): 3–19

Fend, Helmut (2006): Neue Theorie der Schule. Eine Einführung. Wiesbaden: VS Verlag für Sozialwissenschaften

Gaupp, Nora/Lex, Tilly/Reißig, Birgit (2008): Ohne Schulabschluss in die Berufsausbildung. Ergebnisse einer Längsschnittuntersuchung. In: Zeitschrift für Erziehungswissenschaft 11. 388–405

Köller, Olaf/Baumert, Jürgen/Bos, Wilfried (2001): TIMSS: Third International Mathematics and Science Study. Dritte internationale Mathematik- und Naturwissenschaftsstudie. In: Weinert (2001): 269–284

Kristen, Cornelia/Römmer, Anika/Müller, Walter/Kalter, Frank (2005): Längsschnittstudien für die Bildungsberichterstattung. Beispiele aus Europa und Nordamerika. Berlin/Bonn: Bildungsreform/Nr. 10

Lang, Frieder R. (2005): Erfassung des kognitiven Leistungspotenzials und der „Big Five" mit Computer-Assisted-Personal-Interviewing (CAPI). Zur Reliabilität und Validität zweier ultrakurzer Tests und des BFI-S. Berlin. DIW Research Note 9/2005. Berlin: DIW

Lehmann, Rainer H./Seeber, Susan (Hrsg.) (2007): ULME III. Untersuchung von Leistungen, Motivation und Einstellungen der Schülerinnen und Schüler in den Abschlussklassen der Berufsschulen. Hamburg: Behörde für Bildung und Sport

Lehmann, Rainer H./Nikolova, Roumiana (2005): ELEMENT. Erhebungen zum Lese- und Mathematikverständnis. Entwicklungen in den Klassenstufen 4 bis 6 in Berlin. Bericht über die Untersuchung 2003 an Berliner Grundschulen und grundständigen Gymnasien. Berlin: Senatsverwaltung für Bildung, Jugend und Sport

Lehmann, Rainer H./Peek, Rainer/Gänsfuß, Rüdiger (1997): Aspekte der Lernausgangslage und der Lernentwicklung von Schülerinnen und Schülern, die im Schuljahr 1996/97 eine fünfte Klasse an Hamburger Schulen besuchten. Bericht über die Erhebung im September 1996 (LAU 5). Hamburg: Behörde für Bildung und Sport

Lohmann, Henning/Spieß, C. Katharina/Groh-Samberg, Olaf/Schupp, Jürgen (2009): Analysepotenziale des Sozioökonomischen Panels (SOEP) für die empirische Bildungsforschung. In: Zeitschrift für Erziehungswissenschaft 2. 252–280

Mayer, Karl Ulrich (2008): Retrospective Longitudinal Research. The German Life History Study. In: Menard (2008): 85–106

Menard, Scott (2008): Handbook of Longitudinal Research. Design, Measurement and Analysis. Burlington: Academic Press

Merkens, Hans/Schründer-Lenzen, Agi/Bellin, Nicole/Francke, Judith/Gelfort, Karen/Heintze, Andreas/Mücke, Stephan (2006): Schriftspracherwerb bei Kindern mit Migrationshintergrund. Endbericht des Projekts BeLesen. Berliner Längsschnittstudie zur Lesekompetenzentwicklung von Grundschulkindern. Berlin: Freie Universität Berlin

Meulemann, Heiner/Birkelbach, Klaus/Hellwig, Jörg Otto (Hrsg.) (2001): Ankunft im Erwachsenenleben. Lebenserfolg und Erfolgsdeutung in einer Kohorte ehemaliger Gymnasiasten zwischen 16 und 43. Opladen: Leske + Budrich

Meyer, Thomas (2005): School-to-work transition in Switzerland. Results as of 2004 from the TREE panel survey. Bern: TREE

Mortimer, Jeylan T./Shanahan, Michael J. (Hrsg.) (2004): Handbook of the life course. New York: Springer

National Center for Education Statistics (2003a): Education longitudinal study of 2002 base year field test report. Washington, DC: US Department of Education

National Center for Education Statistics (2003b): NCES handbook of survey methods. Washington, DC: US Department of Education

Pekrun, Reinhard/vom Hofe, Rudolf/Blum, Werner/Frenzel, Anne C./Götz, Thomas/Wartha, Sebastian (2007): Development of mathematical competencies in adolescence. The PALMA longitudinal study. In: Prenzel (2007): 17–37

Prenzel, Manfred (Hrsg.) (2007): Studies on the educational quality of schools. The final report on the DFG priority programme. Münster: Waxmann

Schelsky, Helmut (1957): Schule und Erziehung in der industriellen Gesellschaft. Würzburg: Werkbund-Verlag

Statistics Canada and Organisation for Economic Co-operation and Development (OECD) (2000): Literacy in the information age. Final report of the international adult literacy survey. Paris: Ottawa

Tiedemann, Joachim/Billmann-Mahecha, Elfriede (2007): Leseverständnis, Familiensprache und Freizeitsprache. Ergebnisse aus der Hannoverschen Grundschulstudie. In: Zeitschrift für Pädagogische Psychologie 21. 41–49

Uhlig, Johannes/Solga, Heike/Schupp, Jürgen (2009): Bildungsungleichheiten und blockierte Lernpotenziale. Welche Bedeutung hat die Persönlichkeitsstruktur für diesen Zusammenhang. In: Zeitschrift für Soziologie 38. 418–441

von Maurice, Jutta/Artelt, Cordula/Blossfeld, Hans-Peter/Faust, Gabriele/Roßbach, Hans-Günther/Weinert, Sabine (2007): Bildungsprozesse, Kompetenzentwicklung und Formation von Selektionsentscheidungen im Vor- und Grundschulalter. Überblick über die Erhebungen in den Längsschnitten BiKS-3-8 und BiKS-8-12 in den ersten beiden Projektjahren. Verfügbar unter: http://psydok.sulb.uni-saarland.de/volltexte/2007/1008/pdf/online_version.pdf

Weinert, Franz E. (Hrsg.) (2001): Leistungsmessungen in Schulen. Weinheim: Beltz

Weinert, Franz E./Schneider, Wolfgang (Hrsg.) (1999): Individual development from 3 to 12. Findings from the Munich Longitudinal Study. New York: Cambridge University Press

Weinert, Franz E./Helmke, Andreas (Hrsg.) (1997): Entwicklung im Grundschulalter. Weinheim: Beltz

Weinert, Sabine/Asendorpf, Jens B./Beelmann, Andreas/Doil, Hildegard/Frevert, Sabine/Lohaus, Arnold und einer Stellungnahme von Marcus Hasselhorn (2007): Expertise zur Erfassung von psychologischen Personmerkmalen bei Kindern im Alter von fünf Jahren im Rahmen des SOEP Data Documentation 20. Verfügbar unter: http://www.diw.de/documents/publikationen/73/diw_01.c.60002.de/diw_datadoc_2007-020.pdf

Bildungsbenachteiligte Bevölkerungsgruppen

Bildungsverlierer/-innen, Schulentfremdung und Schulerfolg

Andreas Hadjar, Judith Lupatsch und Elisabeth Grünewald-Huber

1 Einleitung: Bildungsverlierer/-innen und Schulentfremdung

Im Rahmen dieses Beitrags soll der Frage nachgegangen werden, welche Mechanismen hinter geringem Schulerfolg stehen und welche Merkmale das Risiko erhöhen, zu den Bildungsverlierern bzw. -verliererinnen zu gehören und später entsprechend die geringsten Chancen auf dem Ausbildungs- und Arbeitsmarkt zu haben. Im Zentrum der Betrachtung befindet sich der motivationale Faktor der Schulentfremdung. Die von uns als Risikogruppen identifizierten Schülerinnen und Schüler – mit bildungsferner sozialer Herkunft, Jungen, Migrierte – sollen zunächst hinsichtlich ihrer Schulentfremdung untersucht werden. Weitere Schwerpunkte bilden die Analyse ausgewählter Bestimmungsfaktoren der Schulentfremdung und schließlich die Suche nach Möglichkeiten, wie die Schulentfremdeten besser in die Schule integriert werden können. Die Analysen basieren auf einer standardisierten Befragung einer Schülerinnen- und Schülerstichprobe des Schweizer Kantons Bern (N = 872) sowie auf qualitativ ausgewerteten Gruppendiskussionen aus dem Jahr 2009.

Der Beitrag ist wie folgt strukturiert: Zunächst wird der Begriff der Bildungsverlierer/-innen im Hinblick auf die Schweizer Studie definiert. Dann wird ein theoretischer Rahmen zur Analyse von Schulentfremdung und möglichen Erklärungsfaktoren skizziert, der an der Debatte um schicht-, geschlechts- und migrationsspezifische Bildungsungleichheiten orientiert ist. Aus den theoretischen Überlegungen und dem Forschungsstand werden schließlich Hypothesen abgeleitet. Daran schließt sich eine Beschreibung des Untersuchungsdesigns (Stichprobe, Messinstrumente) der Schweizer Schülerinnen- und Schülerstudie an. Im Ergebnisteil wird zunächst deskriptiv der Frage nachgegangen, aus welchen Risikogruppen die Bildungsverlierer/innen kommen und wer besonders schulentfremdet ist. Dabei werden die Ungleichheitsdimensionen soziale Herkunft, Geschlecht und Migrationsstatus berücksichtigt. In logistischen Regressionsanalysen wird betrachtet, welche Risikogruppen besonders gefährdet sind und inwieweit die Schulentfremdung hinter dem erhöhten Risiko des Schulversagens steht. Dann werden Erklärungsfaktoren der Schulentfremdung untersucht und in einer letzten Analyse Unterschiede in diesen Faktoren nach Geschlecht, sozialer Herkunft und Migrationsstatus aufgedeckt. Die quantitativen Befunde werden durch qualitative Befunde aus Gruppendiskussionen ergänzt. Ziel ist dabei, die Gründe des Schulversagens noch stärker aus Schüler- und Schülerinnensicht zu beleuchten. Schließlich werden die Befunde zusammengefasst, diskutiert und Maßnahmen abgeleitet, wie der Schulentfremdung entgegengewirkt und der Anteil der Bildungsverlierer und -verliererinnen verringert werden kann.

2 Theoretischer Rahmen

2.1 Der Begriff der Bildungsverlierer/-in

Im Rahmen dieser Studie wird der Begriff der Bildungsverlierer/-in in Anlehnung an die Arbeiten von Solga (2002) und Solga und Wagner (2001) zu niedrig Qualifizierten definiert: Bildungsverlierer/-innen sind Personen ohne oder mit niedrigem Bildungsabschluss (Deutschland: Hauptschulabschluss, Schweiz: Abschluss obligatorische Schule auf Realschulniveau), die auf dem Ausbildungsmarkt die geringsten Chancen, das höchste Risiko der Ausbildungs- und Arbeitslosigkeit sowie eine höhere Wahrscheinlichkeit, auf Einfacharbeitsplätzen zu arbeiten, aufweisen. Sie sind von Fremdstigmatisierung betroffen, d. h. ihre niedrigen formalen Bildungsabschlüsse signalisieren Arbeitgebenden ein Defizit an Lernfähigkeit, Arbeitsfähigkeit und Arbeitswilligkeit; in der Arbeitskräfteschlange im Sinne Thurows (1975, 1978) belegen sie hinterste Plätze. Zudem sind sie durch Selbststigmatisierung gekennzeichnet, d. h. sie bewerben sich nicht auf qualifizierte Ausbildungen oder Arbeitsstellen, bei denen sie aufgrund ihres geringen Bildungsniveaus – auch beeinflusst durch eigene frühere negative Erfahrungen auf dem Arbeits- und Ausbildungsmarkt sowie durch vermittelte Erfahrungen – keine Chancen sehen (vgl. Solga 2002). In der Schweiz sind Personen, welche die obligatorische Schule auf dem niedrigsten Schulniveau (Realniveau) verlassen haben, zu den Bildungsverlierern bzw. -verliererinnen zu zählen. Da ihre Ausbildungs- und Arbeitsmarktchancen aufgrund des entspannteren Arbeitsmarkts in der Schweiz – die Arbeitslosenquoten im Jahr 2009 lagen zwischen 3,3 Prozent im Januar und 4,4 Prozent im Dezember (seco-Arbeitslosenstatistik) – sowie in Anbetracht der starken Bedeutung der Berufsbildung und dem entsprechend leichteren Übergang von der Bildung in den Beruf (Müller/Shavit 1998) weniger prekär sind als in Deutschland, wird im Rahmen dieser Studie ein zusätzliches Unterscheidungskriterium – ein geringer Notendurchschnitt (Mediansplit Schulnoten-Index) – eingeführt, das Bildungsverlierer/-innen von anderen unterscheidet.

Als traditionelle Risikogruppe im Bildungserwerb gelten Kinder aus bildungsfernen Herkunftsschichten (Arbeiterkinder). Im Zentrum der aktuellen Diskussion um Benachteiligungen im Bildungsbereich werden zudem die geringeren Bildungschancen ausländischer Jugendlicher bzw. von Migrierten (Solga/Wagner 2001; Müller et al. 1997) sowie Geschlechterunterschiede (Blossfeld et al. 2009) – in ihrem Wandel von der Benachteiligung von Frauen im Bildungssystem hin zu (punktuellen) Geschlechterunterschieden zu Ungunsten von Jungen – thematisiert.

2.2 Risikogruppen

Herkunftsspezifische Bildungsungleichheit und Schulerfolg. Ein stabiler und robuster Befund der internationalen Bildungsforschung sind persistente Bildungsungleichheiten nach sozialer Herkunft, die auch im Zuge der Bildungsexpansion nur leicht abgebaut werden konnten (Becker 2003; Shavit/Blossfeld 1993). Der Sozialstatus bzw. die Klassenlage der Eltern sowie das Bildungsniveau im Elternhaus sind vor allem in hoch stratifizierten Bildungssystemen wie in Deutschland, Österreich und der Schweiz mit dem Bildungserwerb der Kinder verknüpft (vgl. Hadjar/Berger 2010).

In seinem theoretischen Ansatz zur Erklärung herkunftsspezifischer Bildungsungleichheiten unterscheidet Boudon (1974) zwischen primären und sekundären Effekten. Die primären Effekte, die schichtspezifische Ressourcen und Defizite bezeichnen, sind bedeutsam für die unterschiedlichen Schulleistungen und den Schulerfolg, während die hinter den sekundären Bildungseffekten stehenden Kosten-Nutzen-Abwägungen für Bildungsgänge für Bildungsentscheidungen der Eltern relevant sind.[1] Primäre Ressourcendifferenzen beziehen sich auf Aspekte wie das Bildungsniveau der Eltern, die monetären Ressourcen des Elternhauses, soziale Unterstützung durch das Elternhaus oder das Umfeld, aber auch das Wissen über Bildungsmöglichkeiten. Die Defizite, insbesondere bei den niedrigen Schichten, zeigen sich etwa in einer mangelnden Hausaufgabenunterstützung oder geringen finanziellen Möglichkeiten für Nachhilfestunden oder unterstützende Unterrichtsmaterialien; allgemein also in einer geringeren Fähigkeit, das Kind in schulischen Dingen zu fördern, was insgesamt zu einem geringeren Bildungserwerb führt. Kinder aus höheren Schichten haben durch ihre größeren Ressourcen mehr Möglichkeiten gute Schulleistungen und dementsprechende Bildungszertifikate zu erlangen. Die soziale Herkunft ist nicht nur im Sinne monetärer Aspekte oder Bildungszertifikate zu deuten, sondern auch hinsichtlich schulerfolgsrelevanter schichtspezifischer Sozialisationsbedingungen – etwa kulturelle Orientierungen und entsprechende Aktivitäten des Elternhauses (Grundmann 2001). Im Rahmen der folgenden Analysen beziehen wir uns auf den statusbezogenen Aspekt von Bildung, der anhand der formalen Bildungsabschlüsse der Eltern betrachtet wird.

Geschlechtsspezifische Bildungsungleichheiten. In Deutschland und in der Schweiz ist, wie in anderen europäischen Ländern auch, ein geringerer Schulerfolg von Jungen festzustellen. Mädchen haben eine höhere Chance mit einer Hochschulzugangsberechtigung das allgemeinbildende Schulsystem zu verlassen – wenngleich im Hinblick auf höhere Abschlüsse (z. B. das Doktorat) sich das Geschlechterverhältnis wieder zu Ungunsten von Frauen wendet. In Deutschland haben Schüler ein höheres Risiko als Schülerinnen, die Schule mit einem Hauptschulabschluss, oder sogar ohne Abschluss zu verlassen (vgl. für einen Überblick: Blossfeld et al. 2009). In der Schweiz besuchen mehr Jungen als Mädchen das niedrige Niveau mit Grundansprüchen (vgl. Neuenschwander/Malti 2009; Hadjar et al. 2010). Jungen wiederholen auch häufiger eine Klasse und haben insgesamt eine weniger gradlinige Schullaufbahn (Budde 2008). Auch die Kompetenzen von Schülerinnen und Schülern in PISA-Leistungstests unterscheiden sich. Im Lesen bestehen Unterschiede zu Gunsten der Mädchen und in Mathematik und Naturwissenschaften bestehen – wenn auch kleinere – Unterschiede zu Gunsten der Jungen (Blossfeld et al. 2009).

Im Kern von verschiedenen Erklärungen für diese Unterschiede stehen geschlechtsspezifische Verhaltensweisen: Das Verhalten der Jungen erscheint eher als non-konform und nicht-angepasst als das Verhalten der Mädchen (vgl. Eagly/Chravala 1986 und die Bei-

1 Sekundäre Bildungseffekte beziehen sich auf schichtspezifische Kosten-Nutzen-Kalkulationen im Hinblick auf Bildungsinvestitionen. Da niedrigere Schichten – im Unterschied zu höheren Schichten – das Risiko, an höheren Schulformen zu scheitern und letztlich nicht die gewünschte Rendite aus entsprechenden Investitionen zu erhalten, als hoch einschätzen, machen sie weniger von den erweiterten Bildungsangeboten Gebrauch (Becker 2003, 2006; Goldthorpe 1996).

träge von Diefenbach und Quenzel in diesem Band). Jungen zeigen aufgrund geringerer sozialer Kompetenzen (Hannover 2004: 88) häufiger deviante und schulerfolgshemmende Verhaltensweisen, die den schulischen Alltag stören und bei den Lehrpersonen zu einer stärkeren Sanktionierung führen. Weinert und Helmke (1997: 199) konstantieren bei Jungen ein „Faulpelz-Syndrom“: „höhere Anstrengungsvermeidung und geringerer Pflichteifer bei Schülern und das gegenteilige Profil bei Schülerinnen“. Ein ebenso mit der Verhaltensebene verknüpfter Bestimmungsfaktor des geringeren Schulerfolgs von Jungen wird in der erhöhten Mediennutzung (Fernsehen, Computerspiele) gesehen, die auf der einen Seite eine Ablenkung von schulerfolgsfördernden Verhaltensweisen wie Lesen oder eine intensive Bearbeitung von Hausaufgaben bedeutet, auf der anderen Seite aber auch die kontinuierliche Einübung von Männlichkeitsstereotypen mittels der Inhalte von Computerspielen (Mößle et al. 2006: 129). Weitere Erklärungsmuster für den geringeren Schulerfolg beziehen sich auf Geschlechterrollen. Jungen haben offenbar nicht per se einen geringeren Schulerfolg, sondern insbesondere, wenn sie traditionellen, patriarchalen Geschlechterrollen (vgl. Hadjar et al. 2010) anhängen: Traditionelle Männlichkeitsbilder motivieren nicht zu schulerfolgsbezogenen Handlungen und fördern stattdessen als deviant interpretierte Verhaltensweisen, die in den Bildungsinstitutionen sanktioniert werden (Cornelißen et al. 2002). Hinter den Verhaltensunterschieden zwischen Jungen und Mädchen verbirgt sich der motivationale Faktor der Schulentfremdung, der im Zentrum der folgenden Analysen stehen wird.

Migrationsbedingte Bildungsungleichheiten. Für Migrierte werden häufig Bildungsbenachteiligungen im Vergleich zur einheimischen Bevölkerung berichtet. Sie können deshalb auch als Risikogruppe für Schulversagen gesehen werden. So fasst Diefenbach (2007) zusammen: Für Deutschland konnten wiederholt Benachteiligungen für Kinder aus Migrantenfamilien festgestellt werden. Sie werden häufiger von der Einschulung zurückgestellt. Sie bekommen häufiger eine Empfehlung für die Hauptschule, was zumeist auf ihre schlechteren Noten zurückgeführt werden kann. Sie haben eine geringere Lesekompetenz, selbst wenn sie in Deutschland geboren wurden.

Zur Erklärung der Unterschiede werden mehrere Hypothesen angeführt (vgl. Diefenbach 2007). Die kulturell-defizitäre Erklärung argumentiert, dass die Verhaltensweisen, Kenntnisse und Fähigkeiten, welche von den Bildungsinstitutionen vorausgesetzt werden, bei Migrierten oft weniger vorhanden sind (Gogolin 2002). Nach einer weiteren Erklärung basiert der geringere Schulerfolg auf einem Defizit an Humankapital (Becker 1964). Weil migrierte Eltern meist eine geringere Bildung und ein geringeres Einkommen aufweisen, stehen ihnen für die Akkumulation von Humankapital weniger Ressourcen zur Verfügung und dies wirkt sich entsprechend negativ auf den Bildungserfolg der Kinder aus. Der geringere Schulerfolg der Migranten kann auch durch Merkmale der Schule und der Klasse bzw. der Zusammensetzung der Schülerschaft (vgl. etwa die klassische Studie von Coleman et al. 1966) erklärt werden. Ein weiterer Erklärungsfaktor geht auf die institutionelle Diskriminierung ein, damit sind spezifische Selektionsmechanismen angesprochen (Gomolla/Radtke 2002). D. h. der Schulerfolg von Migrierten kann auch von Entscheidungspraktiken der Schulen, der Lehrpersonen und der Behörden abhängen (siehe auch den Beitrag von Beck et al. in diesem Band).

2.3 *Bestimmungsfaktoren von Schulerfolg*

Nachdem die spezifischen Risikogruppen für einen geringeren Schulerfolg und einige Erklärungsfaktoren kurz skizziert wurden, sollen nun allgemeine Faktoren, die das Risiko erhöhen, zum Bildungsverlierer oder zur Bildungsverliererin zu werden, betrachtet werden.

Schulerfolgsrelevante soziale Ressourcen. Neben kulturellem und ökonomischem Kapital des Elternhauses sind soziale Unterstützung und soziales Kapital von besonderer Bedeutung für den Schulerfolg (Grundmann 2001). Soziales Kapital soll hier verstanden werden als eine Ressource, die zur Verwirklichung eigener Interessen, hier: des Bildungserwerbs, genutzt wird (Coleman 1988). Darunter zu fassen sind die wesentlichen Netzwerke, welche die Schülerinnen und Schüler innehaben. Zu diesen Netzwerken gehören Eltern und Familie, die Schule, die Lehrpersonen und – ganz zentral – die Peers der Schülerinnen und Schüler, mit denen sie in und außerhalb der Schule in engem Kontakt stehen.[2]

Als wichtigste Ressource erscheint zunächst das *Elternhaus*: So zeigen Befunde von Coleman (1988), dass Schülerinnen und Schüler mit geringer Ausstattung an sozialem Kapital die Schule häufiger ohne Abschluss verlassen. Die Produktion von Humankapital bei den Kindern kann nur durch ausreichendes soziales Kapital erbracht werden. Hinsichtlich der Eltern bedeutet soziales Kapital stabile Bindungen. Wenn keine starken positiven Bindungen zwischen Eltern und Kindern vorhanden sind, wird auch das Humankapital der Kinder geringer sein.

Als eine weitere soziale Ressource, die neben dem Elternhaus eine Rolle spielt, kann die *Unterstützung durch die Lehrpersonen* gesehen werden. Ein schulisches Umfeld, das sich um den Lernerfolg der Schülerinnen und Schüler bemüht, kann als Ressource für Bildungserfolg gesehen werden. Ein autoritativer Erziehungs- und Unterrichtsstil (Baumrind 1991), der sich durch eine hohe Akzeptanz aber auch einen hohen Grad an Kontrolle auszeichnet, ist eine soziale Ressource der Kinder; welche sich positiv auf die Ausbildung von Kompetenzen auswirkt.

Die *Peergruppe* der Schülerin oder des Schülers kann ebenfalls als soziale Ressource spezifiziert werden. Sie bietet Orientierung und Unterstützung für Handlungen und hat eine wichtige Rolle als Anerkennungsressource, denn über Beziehungen mit der Freundesgruppe lassen sich Verhaltensbestätigung und Affekt – im Sinne der Theorie der sozialen Produktionsfunktionen (Ormel et al. 1999) – produzieren. Peergruppen definieren instrumentelle Mittel, wie subjektives Wohlbefinden produziert werden kann, ob durch Erfolge in der Schule oder durch deviante Verhaltensweisen, je nachdem was in der Peergruppe als legitimes Mittel akzeptiert wird. Eine Peergruppe kann also dem Lernen positiv oder negativ gegenüberstehen und damit die Einstellungen der Schülerinnen und Schüler gegenüber dem Lernen prägen. Die Stärke dieser so genannten Schulentfremdung ist schultyp-, herkunfts- und geschlechtsabhängig. So konnte Fend (1989) zeigen, dass verschiedene Schultypen, und damit auch unterschiedliche Herkunftsniveaus, durch unterschiedliche Peer-Einstellungen gegenüber Schule und Lernen eingestellt sind. Hauptschüler erwiesen sich als schulentfremdeter als Schülerinnen und Schüler in anderen Schularten. In weiteren Studien (Pelkner et al. 2002; Juvonen/Murdoch 1995) konnte gezeigt werden, dass die Angst vor negativen Peersanktionen

2 Mit dieser Begriffsbestimmung wird stärker der Definition sozialen Kapitals von Coleman (1988) als der Begriffsbestimmung von Bourdieu ([1980] 1983) gefolgt.

und sinkender Popularität – etwa die Angst davor als Streber zu gelten – dazu führen kann, dass Leistung bewusst unterdrückt oder verschwiegen wird. Dazu zeigen die Ergebnisse von Coleman und Cross (1988) zur Stigmatisierung von Hochbegabten ebenfalls ein negatives Verhältnis zwischen Schulleistung und Peerakzeptanz.

Schulentfremdung und Schulerfolg. Im Anschluss an klassische Konzepte von Marx oder Durkheim wird Entfremdung auf der individuellen Ebene als ein Defizit an sozialer Bindung und Beteiligung (Hascher/Hagenauer 2009; vgl. Dean 1961) beschrieben. Schulentfremdung als Gegensatz zur Schulbindung bedeutet entsprechend eine stark verminderte Identifikation mit Schule und Lernen sowie eine schrittweise emotionale Abkopplung von akademischen Zielen und Werten (Finn 1989: 123). Von Specht (1982) wird der Begriff als eine Distanz gegenüber schulischen Leistungsanforderungen definiert. Im Rahmen der folgenden Analysen soll der Begriff stark motivations- und interessentheoretisch gedeutet werden. Ein Mangel an fachbezogenen Interessen und intrinsischer (Leistungs-) Motivation verringert den Schulerfolg (vgl. Schiefele et al. 1992). Als intrinsisch gilt eine Lernmotivation, die an einem Fach und den Aufgaben selbst orientiert ist und nicht – wie die extrinsische Motivation – an Aspekten, die außerhalb des Faches selbst liegen, wie etwa gute Noten zu erhalten, generell Anerkennung zu erfahren oder später bessere Arbeitsmarktchancen zu haben (vgl. Heckhausen/Heckhausen 2006). Intrinsisch motivierte Handlungen zielen somit nicht auf den Schulerfolg selbst ab, sondern basieren stattdessen auf Neugier, Spontanität, Exploration und Interesse an den unmittelbaren Gegebenheiten der Umwelt. Zieht man wieder die Theorie der sozialen Produktionsfunktion von Ormel et al. (1999) heran, so betrifft intrinsische Motivation die Zwischengüter „Stimulation" und „Aktivation", d. h. dass durch physische und psychische Aktivitäten das Erregungsniveau angehoben wird.

Schulentfremdung ist besonders herkunfts- und geschlechtsabhängig. Für niedere Herkunftsschichten konnte in empirischen Untersuchungen eine besonders starke Schulentfremdung nachgewiesen werden (Murdock 1999). Bereits Willis (1979) weist in seinen qualitativen Studien auf eine tiefe, in der englischen Arbeiterklasse verwurzelte Schulentfremdung hin. Fend (1989) konnte entsprechend eine hohe Schulentfremdung für Hauptschüler und Hauptschülerinnen nachweisen. Ebenso zeigt sich in empirischen Studien eine höhere Schulentfremdung bei Jungen (Hendrix et al. 1990). Ähnliche Resultate konstatieren auch Hascher und Hagenauer (2009); die Schulentfremdung der Jungen geht dabei mit einer stärkeren Freizeitorientierung einher. Als Erklärung wird die „Stage-Environment-Fit-Theory" von Eccles and Midgley (1989) herangezogen: Aus Perspektive dieser Theorie werden die Bedürfnisse von Mädchen in der Schule offenbar besser erfüllt und sie können sich besser an die Schulerfordernisse anpassen. Außerdem haben Mädchen eine stärker intrinsische Motivation als Jungen, während Jungen eine eher extrinsische Motivationsstruktur aufweisen (vgl. Kampshoff 2007). Zu fragen bleibt, inwieweit Migrierte ebenso durch eine besonders starke Schulentfremdung geprägt sind. Mit dem Befund, dass Migrierte aus Nicht-Industrieländern tendenziell einen geringeren Herkunftsstatus haben, ist eine ausgeprägtere Schulentfremdung anzunehmen. Allein aus dem Migrationsstatus sollte aber ein solcher Effekt nicht ableitbar sein, auch wenn die Schule die Bedürfnisse der migrierten Schülerinnen und Schüler wohl ebenso weniger erfüllen kann wie für Kinder aus der Arbeiterschicht.

Die herkunfts- und geschlechtsbezogenen Differenzen in der Schulentfremdung können sozialisationstheoretisch interpretiert werden. Wie im Abschnitt über die Peereinstellung zur

Schule bereits angedeutet, ist die Schulentfremdung von den Einstellungen der Sozialisationsagenten abhängig (Legault et al. 2006). Wenn Peergruppe und/oder Elternhaus keine positive Einstellung gegenüber schulischen Institutionen haben, d. h. wenn Wissen und Lernen keinen hohen Stellenwert haben, verstärkt dies natürlich auch die individuelle Schulentfremdung. Negative Erfahrungen in der Schule im Hinblick auf kognitive Aspekte (Leistung), soziale Aspekte (Integration in die Klasse) und emotionale Aspekte (Umgang mit schulischen Rückschlägen bzw. Versagen) (vgl. Trustey/Dooley-Dickey 1993) können ähnliche Effekte haben. Denn Schulentfremdung entsteht u. a. aus der Wahrnehmung, dass Anstrengung und Lernen nicht zu den gewünschten Noten führen oder aus einer mangelnden Kontrollüberzeugung, schulische Anforderungen erfüllen zu können. Das Lehrperson-Schüler-Verhältnis und die Fairness der Lehrpersonen sind ebenso von besonderer Bedeutung für die Schulentfremdung (Newman 1992).

Schulentfremdung äußert sich oft auf der Verhaltensebene durch mangelnde Mitarbeit oder Disziplinprobleme (Murdock 1999) und schließlich sinkende Noten. Wesentlicher Mechanismus ist dabei ein emotionaler und physischer Rückzug aus der Schule. Jugendliche, die sich nicht mit der Schule identifizieren und entsprechend entfremdet sind, beteiligen sich weniger an schulbezogenen Aktivitäten; bei Rückschlägen fehlt ihnen eine positive Identifikation mit der Schule, um diese zu kompensieren (Finn 1989: 133; vgl. Hascher/Hagenauer 2009). Dies kann bis zum Abbruch der Schullaufbahn führen (Vallerand et al. 1997).

Werthaltungen, Zukunftsorientierungen und Schulerfolg. Werthaltungen sind „auf der individuellen Ebene zu verortende Ziele bzw. Konzeptionen des Wünschenswerten, die einen Einfluss auf Einstellungen haben und damit generelle Maßstäbe für die Auswahl von Handlungen setzen" (Hadjar 2004: 37). „Sie steuern das Handeln, indem sie Maßstäbe für die Bewertung von Handlungszielen setzen. Die Verwirklichung bestimmter Werte kann selbst Zielcharakter annehmen. Dies gilt insbesondere dann, wenn Werte zu einem übergeordneten Ziel der Lebensgestaltung und damit zu Bedürfnissen werden" (Bauer 1993: 135). Individuelle Werthaltungssysteme der hier verwandten Definition befähigen den an ihnen „orientierten Menschen dazu, in dieser distinkten Kultur sich ‚richtig' zu verhalten, ‚richtig' zu erleben, ‚richtig' zu fühlen". Werte werden in unserer Studie entsprechend als motivationale Ziele gemessen. Dieses Konzept wurde von Schwartz (1992) entwickelt. Diese Sichtweise erlaubt es, Hypothesen über den Zusammenhang zwischen Werten und Bildung abzuleiten. Da sich hinter den Werten eine Motivation verbirgt, werden bestimmte Werte eher zu Verhalten führen, welches für Schulerfolg zuträglich ist und andere weniger. Werthaltungen können in dieser Lesart also schulerfolgsrelevante Einstellungen, Motivationen und Handlungsmuster beeinflussen.

Es wird zudem angenommen, dass die Orientierung an der Zukunft, d. h. die Antizipation von zukünftigen Zuständen, Ereignissen und Zielen, motivations- und handlungsrelevant ist. Dabei geht es nicht um die positive oder negative Einschätzung persönlicher Zukunftsaussichten – wie etwa bei Gensicke (2002, 2006), der findet, dass Bildungsabschlüsse mit persönlichen Zukunftsaussichten assoziiert sind. Stattdessen wird der Fokus auf die allgemeine Orientierung an Zukunft gelegt, ob diese etwa bei Entscheidungen mitbedacht wird. Als These liegt den Analysen zugrunde, dass eine starke Zukunftsorientierung mit einer geringeren Schulentfremdung – also einer stärkeren Motivation – und schließlich einem höheren Schulerfolg einhergehen sollte.

Zusammenfassung der Thesen

These 1: Aufgrund der theoretischen und empirischen Lage gehen wir davon aus, dass das Risiko, zu den Bildungsverlierern bzw. -verliererinnen zu gehören für Personen mit einer niedrigen sozialen Herkunft, Jungen und Migrierte höher ist als bei anderen.

These 2: Schulentfremdung erhöht das Risiko, zur Gruppe der Bildungsverlierer/-innen zu gehören, zusätzlich.

These 3: Kinder aus bildungsfernen Herkunftsschichten, Jungen und Migrierte sind stärker schulentfremdet als andere.

These 4: Schulentfremdung ist abhängig von sozialen Ressourcen, Werthaltungen und Zukunftsorientierungen.

3 Untersuchungsdesign: Stichprobe, Messinstrumente

Die Analysen erfolgen im Rahmen eines Projektes der Pädagogischen Hochschule Bern und der Universität Bern (2008–2010) zu Zusammenhängen zwischen Geschlechterbildern und Leistungsunterschieden von Schülern im Vergleich zu Schülerinnen.

Datenbasis. Für die Schülerinnen- und Schülerstichprobe wurden Schulen zufällig (geschichtet nach Schulgröße) auf Basis einer Schulliste aller öffentlichen und teil-privaten Schulen im Kanton Bern, an denen 8. Klassen unterrichtet werden, selektiert und dann jeweils die 8. Klassen befragt (Klumpenstichprobe). Die Ausfälle in den Klassen sind marginal, Teilnahmeverweigerungen gab es nur auf Schulebene. Die Nettogesamtstichprobe besteht aus 872 Schülerinnen und Schülern, die sich auf 20 Schulen und 50 Klassen verteilen.

Das Schulsystem im Kanton Bern teilt die Schülerinnen und Schüler ab der 7. Klasse in drei verschiedene Schulzüge auf. Das niedrigste Niveau ist das Realschulniveau. Das mittlere Niveau, welches die meisten Schülerinnen und Schüler besuchen, ist das Sekundarschulniveau. Dazu gibt es noch einen dritten Zug, der sich Spezial-Sekundar nennt und eine gymnasiale Vorbereitung darstellt; Schülerinnen und Schüler dieses Zuges können direkt nach der 8. oder 9. Klasse auf das Gymnasium wechseln. Prinzipiell ist aber auch ein Wechsel vom Sekundar-Niveau auf das Gymnasium möglich. In unserer Stichprobe sind 34,5 Prozent der Schülerinnen und Schüler auf dem Real-Niveau, 49,9 Prozent auf dem Sekundarniveau und 15,6 Prozent besuchen Spezial-Sekundarklassen. Dabei nahmen 51,1 Prozent Mädchen und entsprechend 48,9 Prozent Jungen an der Umfrage teil. Das Durchschnittsalter der Befragten in der 8. Klasse beträgt 14,9 Jahre.

Messinstrumente. Die interessierenden Variablen wurden wie folgt gemessen: Zur Bestimmung der *Bildungsverlierer/-innen* wurden das Schulniveau und die Schulnoten der Schülerinnen und Schüler herangezogen, weil diese aus Sicht der Signaltheorie ein wichtiger Indikator für Ausbildungsbetriebe und Arbeitgeber über die Leistungs- und Lernfähigkeit der Bewerberinnen und Bewerber darstellen. Bildungsverlierer/-innen werden hier operationalisiert als Schülerinnen und Schüler auf Realschulniveau, die einen Notendurchschnitt haben, der unter dem Median der Stichprobe (Mediansplit, Note < 4.58[3]) liegt. Der Notendurchschnitt setzt sich aus folgenden Bewertungen zusammen: Die drei Hauptfächer im Kanton Bern Deutsch, Französisch, Mathematik und die Nebenfächer Englisch, Natur (Biologie), Kultur (Geschichte) und Musik.

Die drei *Risikogruppen* bildungsferne Herkunft, Jungen und Migrierte wurden wie folgt bestimmt: Die soziale Herkunft wurde über das höchste *Bildungsniveau der Eltern* erfasst, was der institutionalisierten Form der kulturellen Ressourcen (Bourdieu 1983) entspricht und durch die starke Assoziation mit Schichtzugehörigkeit und Lebenschancen hier als sozioökonomische Variable gedeutet werden soll. Die Schülerinnen und Schüler hatten im Rahmen der Befragung das Bildungsniveau für Mutter und Vater anzugeben, da eine genauere Spezifizierung des Sozialstatus, etwa der Klassenlage, auf Basis der Schülerinnen- und Schülerinformationen als wenig valide anzusehen ist. Für die Variable „Niedriger Bildungsabschluss der Eltern" wurde nur der höchste Bildungsabschluss, den einer der beiden Elternteile erworben hat, verwendet. Diese Strategie hat den Vorteil, dass einerseits Ein-Eltern-Familien berücksichtigt werden, andererseits aber auch der Frauenerwerbstätigkeit und dem Wandel in Familienbildungsprozessen und Familienauflösungsprozessen entsprochen wird (vgl. Hadjar 2004; Sørensen 1986). In die Kategorie „niedriger Bildungsabschluss der Eltern" (Wert 1) fallen alle Schülerinnen und Schüler, bei denen kein Elternteil einen höheren Abschluss hat. Dazu gehören u. a. der Abschluss der obligatorischen Schule, Berufslehrabschlüsse sowie Mittelschulzertifikate. Alle anderen Bildungsabschlüsse (mindestens Hochschulzugangsberechtigung) wurden der Kategorie 0 zugeordnet. Die Risikogruppe der Jungen (Wert 1) wurde über die dichotome Geschlechtervariable erfasst. Hinsichtlich des Migrationshintergrunds wurde eine restriktive Definition angewendet, die sich am jeweiligen Geburtsland der Schülerin oder des Schülers orientiert. In die Kategorie der *Migrierten* (Wert 1) fallen alle Schülerinnen und Schüler, die nicht in der Schweiz oder in einem westlichen Industrieland geboren wurden. Das heißt, alle Schweiz-Geborenen sowie Personen, die in einem wohlhabenden Industrieland (hier in Deutschland, den USA, Kanada oder Österreich) geboren wurden, gehören der Kategorie 0 an. Die zusätzliche Unterscheidung nach Migrationsländern ist sinnvoll, da Personen aus westlichen Industrieländern der Sozialstruktur nach und hinsichtlich ihrer Stigmatisierung eine privilegierte Position in der Schweiz genießen und teilweise sogar einen besseren Schulerfolg haben als Schweizer Schülerinnen und Schüler (Wanner/Fibbi 2002: 31–33).

Soziale Ressourcen wurden im Hinblick auf die Lehrpersonen, Peers und Eltern erfasst. Die *Lehrperson als Ressource* wird über fünf Items (Cronbachs $\alpha = .80$) operationalisiert, die das Potenzial autoritativer Unterstützung seitens der Lehrperson beschreibt, z. B. „Wenn ich zusätzliche Hilfe brauche, bekomme ich sie von meinen Lehrern/Lehrerinnen" oder „Die meisten Lehrer/-innen interessieren sich für das, was ich zu sagen habe" (Kunter et al. 2002). Das schulerfolgsrelevante Sozialkapital der Eltern wurde mit Hilfe einer Skala zur Möglichkeit *autoritativer Unterstützung seitens der Eltern* bei Schulaufgaben (Fuß 2006) gemessen. Die Skala besteht aus vier Items (Cronbachs $\alpha = .82$), u. a. „Wenn ich alleine nicht mit den Hausaufgaben klar komme, dann nehmen sich meine Eltern Zeit für mich" und „Wenn ich eine viel schlechtere Note habe als sonst, dann versuchen meine Eltern gemeinsam mit mir

3 Das Schweizer Notensystem basiert auf einer Skala zwischen 6 (hervorragend) und 1 (ungenügend), wobei Noten unter 4 bei nicht bestandenen Prüfungen bzw. Lernkontrollen gegeben werden.

den Grund dafür herauszufinden.“ Die Skala misst die Möglichkeit der Unterstützung und nicht die tatsächlich in Anspruch genommene Unterstützung.

Die Peergruppe als soziale Ressource wurde mit einer Skala zur *positiven Schuleinstellung der Peers* indirekt erfasst. Diese Skala besteht aus vier Items, z. B. „Meine Freunde finden es gut, wenn man für die Schule lernt“ und „Meine Freude finden es gut, wenn man mit den Lehrerinnen und Lehrern gut auskommt“ (Cronbachs $\alpha = .77$) aus einer Studie von Hadjar und Baier (2004). Ein Freundeskreis, welcher Schulbildung unterstützt und eine positive Einstellung gegenüber Schule und Lernen hat, stellt ein soziales Kapital dar, welches das Risiko, zum Bildungsverlierer zu werden, reduziert.

Ein Kernkonstrukt in der Erklärung des Risikos, zu den Bildungsverlierern zu gehören, stellt die „*Schulentfremdung*“ dar, die sich als Konstrukt zweiter Ordnung aus drei Dimensionen erster Ordnung – „negative Einstellung zur Schule“, „mangelnde Aufgabenorientierung“ und „mangelnde intrinsische Lernmotivation“ – zusammensetzt. Die Validität des Konstrukts „Schulentfremdung“ wurde mit Hilfe einer Faktorenanalyse (Hauptkomponentenanalyse/Varimax-Rotation) überprüft.[4] Die interne Konsistenz des Faktors zweiter Ordnung ist mit Cronbachs $\alpha = .66$ als gut einzuschätzen. Die einzelnen Konstrukte erster Ordnung wurden wie folgt gemessen: *Negative Einstellung zur Schule* wurde mit drei Items gemessen (Cronbachs $\alpha = .59$); Beispiel-Item: „Die Schule ist reine Zeitverschwendung.“ Die *Aufgabenorientierung* als Teil eines Konstrukts der Zielorientierung nach Nicholls (1984) erfasst, inwieweit sich Schüler und Schülerinnen mit Lerninhalten auseinandersetzten und konzentriert an Aufgaben arbeiten. Sechs Items wurden in den Fragebogen aufgenommen (Cronbachs $\alpha = .73$) und die Daten für das Konzept der „Schulentfremdung“ negiert, um die Nichtidentifikation mit schulischen Inhalten aufzeigen zu können. Beispiel-Item: „Ich fühle mich in der Schule wirklich zufrieden, wenn mich das Gelernte dazu bringt, mehr über das Thema erfahren zu wollen.“ Die Subdimension der *intrinsischen Lernmotivation* schließlich wurde über zwei Items (Cronbachs $\alpha = .73$) erfasst. Ein Beispiel-Item lautet „Ich lerne, weil mir das Lernen Spaß macht.“ Auch diese Items wurden, um ein Defizit an intrinsischer Motivation erfassen zu können, umkodiert.

Weiter wurde noch die Zukunftsorientierung der Schülerinnen und Schüler mit vier selbst konstruierten Items erfasst (Cronbachs $\alpha = .59$). Beispiel-Items: „Ich habe Pläne für meinen weiteren Lebensweg“ oder „Ich lebe nur im Hier und Jetzt.“ Unsere Annahme ist, dass die drei Gruppen, die wir als Bildungsverlierer identifiziert haben, keine Perspektive für die Zukunft entwickeln konnten und dementsprechend eine geringe Zukunftsorientierung aufweisen.

Schließlich haben wir gefragt, welche Werte im Sinne von Lebenszielen die Schülerinnen und Schüler vertreten. Dabei wurden den Schülerinnen und Schülern eine Liste mit Werten und Lebenszielen präsentiert, bei der sie angeben sollten, wie wichtig ihnen die einzelnen Aussagen sind. Die Antworten der Schülerinnen und Schüler konnten wir mit Hilfe eine Faktorenanalyse in folgende Werte-Dimensionen unterteilen: Universalismus, Kreativität/Stimulation, Macht/Erfolg/Reichtum, Hedonismus, Konformismus/Tradition. Die Dimension Universalismus bedeutet Engagement in sozialen, gesellschaftlichen oder politischen Bereichen (vgl. Schwartz 1992). Sie wurde in unserer Studie mit 5 Items gemessen (Cron-

4 Faktorladungen der einzelnen Teilfaktoren: „negative Einstellung zur Schule“ (.704), „mangelnde Aufgabenorientierung“ (.796), „mangelnde intrinsische Lernmotivation“ (.830).

bachs $\alpha = .69$); z. B. „Mich für die Gemeinschaft bzw. für andere einsetzen". Die nächste Dimension Kreativität/Stimulation (vgl. Schwartz 1992; Schwartz et al. 2001) beschreibt ein Verlangen nach Abwechslung, um eine hohe Stimulation zu erreichen. Auch Freiheitliches Denken und Einfallsreichtum werden hier untergeordnet. Sie wurde mit drei Items gemessen, wobei sich die interne Konsistenz dieses Faktors auch bei Berücksichtigung der geringen Item-Anzahl auf sehr niedrigem Niveau bewegt (Cronbachs $\alpha = .37$). Beispiel-Item: „Meine eigene Kreativität und Phantasie entwickeln". Die dritte Dimension Macht/Erfolg/Reichtum umfasst das Streben nach Dominanz, Geld, Einfluss und Berühmtheit, was im Wettbewerb mit anderen erreicht werden kann, z. B. „Mich und meine Bedürfnisse gegen andere durchsetzen" oder „Viel Geld verdienen". Sie wurde mit 6 Items erfasst (Cronbachs $\alpha = .75$). Der vierten Dimension, Hedonismus, konnten zwei Items zugeordnet werden (Cronbachs $\alpha = .54$), z. B. „Das Leben in vollen Zügen geniessen". Lust und Genuss wird hier als höchste Befriedigung im Leben angesehen. Schließlich gab es noch eine weitere Dimension, Konformität/Tradition, welche Gehorsam, Selbstdisziplin und Bescheidenheit abbildet. Diese Dimension wurde mit zwei Items gemessen (Cronbachs $\alpha = .33$), z. B. „ Mich an Regeln halten".

4 Ergebnisse

4.1 Ergebnisse der Fragebogenbefragung (quantitative Analysen)

Zunächst soll in Modell 1 (Tabelle 1) der Frage nachgegangen werden, welche Gruppen ein besonderes Risiko tragen, zu den Bildungsverlierern zu gehören. Resultate einer binärlogistischen Regression weisen darauf hin, dass in die Schweiz zugewanderte Schülerinnen und Schüler fast vier Mal so wahrscheinlich zu den Bildungsverlierern gehören als in der Schweiz Geborene. Auch die Herkunft aus einer Familie, in der die Eltern nur ein niedriges Bildungsniveau haben, birgt ein größeres Risiko, zu den Bildungsverlierern zu gehören. Hinsichtlich Geschlechterunterschieden ist zu konstatieren, dass Jungen stärker in der Gruppe der Bildungsverlierer vertreten sind als Mädchen. Entsprechend kann die These 1 als durch die Daten gestützt gelten.[5]

In Modell 2 wird zusätzlich die in den Kern der Untersuchungen gesetzte motivationale Variable der Schulentfremdung eingeführt. Es zeigt sich, dass die Schulentfremdung einen eigenständigen Einfluss auf das Risiko, Bildungsverlierer zu werden, hat – wie in These 2 postuliert. Während die Schulentfremdung offenbar marginale Anteile der Geschlechterunterschiede und der Unterschiede nach sozialer Herkunft erklärt – die Effekte schwächen sich nach Integration der Schulentfremdungsvariable leicht ab –, kann die Schulentfremdung jedoch nicht die Unterschiede zwischen Migrierten und in der Schweiz Geborenen erklären. Hinsichtlich des Einflusses des Migrationsstatus zeigt sich sogar ein Suppressionseffekt, d. h. die Effektstärke nimmt bei Berücksichtigung der Schulentfremdung zu. Entsprechend der

5 Auch wenn eine Analyse der Kombinationen aus den drei Risikogruppen interessant erscheint, muss aufgrund der geringen Fallzahlen hier auf eine solche Betrachtung verzichtet werden. Dennoch ist anzunehmen, dass Jungen mit Migrationshintergrund aus bildungsfernen Familien das höchste Risiko haben, in der Schule zu versagen.

Definition von Suppressionseffekten (Kühnel/Krebs 2006: 481–482) bedeutet dieser Befund, dass Migrierte zwar ein höheres Risiko haben, Bildungsverlierer zu werden, aber weniger schulentfremdet sind.

Tabelle 1 Binär-logistische Regression zu Bildungsverlierern/-innen

Bildungsverlierer/-innen	Modell 1	Modell 2
Binär-logistische Regression Odds Ratio		
Risikogruppen		
Geschlecht (Männlich) *(Ref. Weiblich)*	1.859**	1.746**
Niedriger Bildungsabschluss Eltern *(Ref. hoher Bildungsabschluss)*	2.433**	2.301**
Migrant/in *(Ref. Schweizer/in)*	3.971***	4.245***
Schulentfremdung		1.765***
Konstante	−2.794	−2.746
Nagelkerkes R^2	.062	.084
N	780	780

Signifikanzniveaus: * – p < .05 / ** – p < .01 / *** – p < .001

Datenquelle: Kanton Bern, Schülerinnen- und Schülerstichprobe 2009, Projekt „Faule Jungs und strebsame Mädchen?"

In Tabelle 2 verschiebt sich der Fokus der Analysen auf die Schulentfremdung als wichtigem Erklärungsfaktor für den Bildungserfolg bzw. das Risiko, zu den Bildungsverlierern zu gehören. Ziel der schrittweisen Analysen ist es, Bestimmungsgründe der Schulentfremdung herauszuarbeiten und so schließlich Hinweise zu erhalten, wie diese reduziert werden kann.[6] Modell 1 bezieht sich auf die Schulentfremdung der bereits thematisierten Risikogruppen: Zum einen zeigt sich entsprechend der These 3, dass Jungen schulentfremdeter sind als Mädchen. Zum anderen ist – ebenfalls im Einklang mit These 3 – ein Herkunftseffekt zu konstatieren, Schülerinnen und Schüler aus bildungsfernen Elternhäusern sind ebenfalls schulentfremdeter. In Widerspruch zur aufgestellten These 3 erweisen sich Migrantinnen und Migranten hingegen nicht als stärker schulentfremdet; sie unterscheiden sich nicht von den in der Schweiz geborenen Schülerinnen und Schülern. Die These 4 über einen Einfluss von Ressourcen, Zukunftsorientierungen und Werthaltungen auf die Schulentfremdung lässt sich nur teilweise bestätigen: In Modell 2 sind zusätzlich als soziale Kapitalien im Sinne

6 Die schrittweise Integration von Variablen ermöglicht es, Assoziationen zwischen den Erklärungsfaktoren herauszuarbeiten. So kann gezeigt werden, inwieweit hinter den Effekten der Risikogruppen Unterschiede in Ressourcen, Zukunftsorientierungen und Werthaltungen stehen.

Colemans (1961) verstandene Aspekte berücksichtigt. Eine positive Schuleinstellung der Peers reduziert offenbar die Schulentfremdung substantiell. Gleiches gilt für eine autoritativ unterstützende Lehrperson. Der Effekt der Unterstützungsressource Eltern ist zwar geringer, aber ebenso von Bedeutung, wenn es um die Reduktion von Schulentfremdung geht. Modell 3 enthält zusätzlich Zukunftsorientierungen und Werthaltungen. Schülerinnen und Schüler, die zukunftsorientiert sind und sich entsprechende Gedanken machen, sind in geringerem Ausmaß schulentfremdet. Bei den Werthaltungen geht der stärkste Effekt von universalistischen Werten aus: Wenn soziales, politisches und gesellschaftliches Engagement als wichtig empfunden werden, ist die Schulentfremdung geringer. Das Gleiche gilt für die positive Bewertung von Kreativität und Stimulation. Macht- und Erfolgswerte haben hingegen keinen Einfluss auf die Schulentfremdung, während Hedonismus mit einer höheren Schulentfremdung verbunden ist. Die Präferenz für Tradition und Konformität hat schließlich ebenfalls keinen Einfluss auf die Schulentfremdung.

Tabelle 2 OLS-Regression zur Erklärung der Schulentfremdung

OLS-Regression standardisierte Koeffizienten	Modell 1	Modell 2	Modell 3
Risikogruppen			
Geschlecht (Männlich)	.134***	.058	.050
(Ref. Weiblich)			
Niedriger Bildungsabschluss Eltern	.115**	.102**	.079**
(Ref. hoher Bildungsabschluss)			
Migrant/in *(Ref. Schweizer/in)*	−.016	−.038	−.013
Soziale Ressourcen			
Ressource Unterstützung Lehrpersonen		−.305***	−.292***
Positive Schuleinstellung Peers		−.318***	−.257***
Ressource Unterstützung Eltern		−.119***	−.060*
Zukunftsorientierungen			−.101***
Werthaltungen			
Universalismus			−.184***
Kreativität/Stimulation			−.117***
Macht/Erfolg/Reichtum			−.011
Hedonismus			.112***
Konformismus/Tradition			−.044
Konstante	−.232	2.008	2.762
Erklärte Varianz R^2	.026	.317	.402
N	810	807	796

Signifikanzniveaus: * – p < .05 / ** – p < .01 / *** – p < .001

Datenquelle: Kanton Bern, Schülerinnen- und Schülerstichprobe 2009, Projekt „Faule Jungs und strebsame Mädchen?"

Zum Schluss sollen Differenzen in den Erklärungsfaktoren des Schulerfolgs entlang der Ungleichheitsdimensionen Geschlecht, soziale Herkunft und Migration betrachtet werden (Tabelle 3). Detaillierte Informationen über die absolute Ausprägung der schulerfolgsrelevanten Variablen lassen Vergleiche zwischen den Risiko- und Nicht-Risikogruppen zu. Schulentfremdung ist bei Jungen und Personen mit einer bildungsfernen Herkunft signifikant stärker ausgeprägt als bei Mädchen und Personen aus einem bildungsnahen Elternhaus. Zwischen Migrierten und Schweizerinnen bzw. Schweizern gibt es keine statistisch bedeutsamen Unterschiede; Migrierte scheinen nach den Mittelwerten eher weniger schulentfremdet zu sein als Schweizerinnen und Schweizer. Mädchen nehmen bei ihren Peergruppen eine positivere Einstellung gegenüber der Schule wahr als Jungen. Dieser Unterschied ist signifikant. Hinsichtlich der sozialen Herkunft und dem Migrationsstatus gibt es keine Differenzen in dieser Wahrnehmung der Peereinstellung. Wiederum zeigt sich die leichte Tendenz, dass Migrierte ihre Freundesgruppen gegenüber der Schule als positiver eingestellt wahrnehmen.

Tabelle 3 Risikogruppen und Erklärungsfaktoren des Schulerfolgs

Mittelwertvergleiche						
Risikogruppen	*Mädchen*	*Jungen*	*bildungsnahe Herkunft*	*bildungsferne Herkunft*	*in der Schweiz Geborene*	*Migrierte*
Schulentfremdung	2.45* (444)	2.59* (425)	2.38* (159)	2.53* (654)	2.52 (824)	2.41 (42)
Positive Schuleinstellung Peers	3.33* (444)	3.04* (424)	3.25 (158)	3.18 (654)	3.18 (823)	3.30 (42)
Ressource Unterstützung Eltern	3.79 (444)	3.82 (423)	3.94 (159)	3.80 (652)	3.82* (823)	3.53* (41)
Ressource Unterstützung Lehrpersonen	3.86 (444)	3.85 (425)	3.81 (159)	3.89 (654)	3.86 (824)	3.71 (42)
Zukunftsorientierungen	3.63 (441)	3.66 (422)	3.67 (159)	3.65 (648)	3.63* (818)	3.95* (42)
Werthaltungen						
Universalismus	3.40 (444)	3.32 (422)	3.46 (159)	3.35 (650)	3.36 (821)	3.46 (42)
Kreativität/Stimulation	4.09* (444)	3.99* (422)	4.15* (159)	4.03* (650)	4.04 (821)	4.06 (42)
Macht/Erfolg/Reichtum	3.06* (444)	3.39* (422)	3.14 (159)	3.22 (650)	3.20* (821)	3.63* (42)
Hedonismus	4.00 (444)	4.04 (422)	3.97 (159)	4.02 (650)	4.03 (821)	3.90 (42)
Konformismus/Tradition	3.07 (444)	2.99 (422)	2.98 (159)	3.04 (650)	3.01* (821)	3.39* (42)

* Unterschied zwischen beiden Gruppen (Jungen versus Mädchen, bildungsnahe versus bildungsferne Herkunft, in der Schweiz Geborene versus Migrierte) signifikant, $p < .05$; in Klammern: N

Datenquelle: Kanton Bern, Schülerinnen- und Schülerstichprobe 2009, Projekt „Faule Jungs und strebsame Mädchen?"

Während Mädchen und Jungen gleichermaßen auf Unterstützung der Eltern bauen können, berichten Migrierte eine signifikant geringere elterliche Unterstützung als Schweizerinnen und Schweizer. Auch Kinder aus bildungsfernen Familien sehen weniger Unterstützungspotenzial durch die Eltern, unterscheiden sich aber in diesem Merkmal nicht signifikant von den Kindern aus bildungsnahen Familien. Bei der Ressource Lehrpersonen zeigen sich keine statistisch bedeutsamen Unterschiede zwischen den Gruppen. Auffallend ist jedoch, dass der Mittelwert hinsichtlich dieser Ressource bei den Migrierten besonders gering ist, wonach Lehrpersonen Migrierte weniger unterstützen als Einheimische. Migrierte erweisen sich als stärker zukunftsorientiert, während nach sozialer Herkunft oder Geschlecht keine Unterschiede in diesem Faktor bestehen. Bei den Werthaltungen lassen sich folgende Unterschiede festhalten: Mädchen stimmen Werten der Kreativität und der Stimulation stärker zu, während Jungen im Vergleich stärker Macht- und Erfolgswerten zuneigen. Schülerinnen und Schüler aus bildungsnahen Schichten stimmen Kreativität und Stimulation ebenfalls stärker zu als die Referenzgruppe aus bildungsfernen Schichten. Migrierte sind offenbar stärker macht- und erfolgsorientiert sowie stärker traditionell und konformistisch orientiert als Schülerinnen und Schüler aus der Schweiz.

4.2 Die Sicht der Bildungsverlierer/-innen auf die Schule: Ergebnisse von Gruppendiskussionen

Um die oben dargestellten Ergebnisse zu vertiefen, ihnen eine konkrete Kontur zu geben und weitere Ursachen eines geringen Schulerfolgs zu finden, sollen nun Ergebnisse aus Gruppendiskussionen dargestellt werden. Diese Gruppendiskussionen wurden im Anschluss an die Fragebogenbefragung in insgesamt 16 geschlechtergetrennten Halbklassen durchgeführt. Im Folgenden konzentrieren wir uns auf sechs Diskussionen mit Realklassen, da die potenziellen Bildungsverlierer/-innen auf diesem, in der Schweiz tiefsten Ausbildungsniveau (vergleichbar mit der deutschen Hauptschule), zu finden sind.

Der Grundtenor zur Frage des Lerneinsatzes lautet in den Klassen auf niedrigem Schulniveau Minimalismus: Knapp genügende Noten werden von vielen Schülerinnen und Schülern bereits als Leistungserfolg verstanden. Eine Schülerin bezeichnet tiefe Leistungsziele und einen tiefen Lerneinsatz als „normal", schließlich reiche es, wenn das Zeugnis „immerhin genügend" sei. Auf minimalistisches Lernen verweist auch die Aussage einer Schülerin, wonach Hausaufgaben oft nicht gemacht und am nächsten Tag abgeschrieben werden. Eine zweite Schülerin fügt hinzu: „Problematisch ist es, wenn niemand die Hausaufgaben hat; kommt aber oft vor." Während den Gruppendiskussionen zu entnehmen ist, dass Jungen offenbar nur das minimalistische ‚Muster' kennen, gibt es bei den Schülerinnen auch den Wettbewerb um gute Noten als alternative Möglichkeit.

Ein Spezifikum des Schulsystems im Schweizer Kanton Bern ist die Möglichkeit gleichzeitig auf zwei Schulniveaus unterrichtet zu werden. Dabei wird eines der drei Hauptfächer Deutsch, Französisch oder Mathematik auf dem höheren oder tieferen Niveau besucht. Diese Niveaudurchlässigkeit kann eine zentrale motivationale Bedeutung haben wie folgende Aussage einer Schülerin beweist: „Bei Französisch bin ich in der Sek (d. h. auf dem nächst höheren Leistungsniveau), da lerne ich mehr. Wenn man oben bleiben will, lernt man mehr." „Oben" zu sein motiviert, während auf der Realstufe zu sein sich negativ auf die Motivation auswirkt. Der psychologische und motivationale Effekt der Tatsache, dass Schülerinnen und Schüler auf dem tiefsten Leistungsniveau nichts zu verlieren haben, dürfte kaum zu überschätzen sein.

Mit Blick auf das Geschlecht zeigen die Gespräche, dass Mädchen bei einem ähnlichen Lerneinsatz oft bessere Noten erzielen als Jungen. Jungen nehmen dafür folgende Gründe an: „Weil sie eher weiter entwickelt sind, dass der Ehrgeiz auch ein wenig größer ist", „Vielleicht haben sie auch einfach mehr Kondition", „Vielleicht auch Konzentration, dass sie sich vielleicht länger konzentrieren können und so." Die von den Jungen beobachtete erhöhte Lernausdauer (Kondition) und Lernintensität (Konzentration) seitens der Mädchen könnte mit einer größeren Schulnähe der Mädchen zusammenhängen bzw. mit einer höheren Schulentfremdung der Jungen. Für letztere sprechen Aussagen wie „Es gibt Wichtigeres als zu lernen für diese Jungen: Kollegen [Freunde], Frauen und solches Zeug." Während für Jungen Lernen und Noten eine eher geringe Bedeutung zu haben scheinen, meint ein Schüler zu den besseren Noten der Schülerinnen: „Bei ihnen hat es vielleicht einen höheren Stellenwert eine gute Note. [...] Darum lernen sie vielleicht auch mehr und können sich besser konzentrieren." Diese Deutung wird von manchen Schülerinnen bestätigt: „Also, für mich ist es eigentlich sehr wichtig, gute Noten zu haben." Mit guten Noten wird einerseits auf eine Lehrstelle nach der Neunten aspiriert, andererseits scheinen sie für das weibliche Selbstverständnis und Wohlbefinden bedeutsam zu sein: „auch für mich selbst, um zu zeigen ich kann es ja. [...] wenn ich eine ungenügende Note habe, ja, das ist nicht gerade das beste Gefühl. Es ist viel besser wenn man eine Sechs [beste Note in der Schweiz] in der Hand hat, als wenn man mit einer Dreieinhalb, ja, in der Hand herum laufen muss." Mädchen scheinen mehr als Jungen für ihren Selbstwert auf gute Noten zu setzen: „Ich mache es nicht für meine Eltern, oder für den Lehrer, oder für irgend etwas, ich mache hauptsächlich meine Noten für mich."

Gute Leistungen scheinen auch erschwert zu werden, wenn schulisches Engagement nicht offen gezeigt werden darf, weil befürchtet werden muss, dass einem Strebertum vorgeworfen wird. Dies trifft auf Jungen in weit höherem Maße zu als auf Mädchen. Schülerinnen und Schüler sind sich darin einig, dass es für Jungen heikel ist, einen Einsatz für die Schule zuzugeben. Mädchen vermuten gar, dass manche Jungen, um ihr Gesicht zu wahren und ihre Coolness nicht zu gefährden, schlechte Noten mit Nichtlernen entschuldigen, auch wenn sie vorgängig viel gelernt haben. Jungen meinen, dass Mädchen ihre Noten bereitwillig öffentlich machen und sich je nach Ergebnis positive oder negative Emotionen erlauben können. Dagegen müssten sie selbst ihre Misserfolge und Erfolge „mehr sozusagen vertuschen" und könnten diese nur innerlich verarbeiten.

Auch wenn die Schülerinnen und Schüler keinen Zusammenhang zwischen dem männlichen Bestreben, den eigenen Lerneinsatz vor der Klasse zu verbergen sowie schulische Misserfolge cool hinzunehmen und den tieferen Noten der Schüler benennen, darf ein solcher vermutet werden. Denn die Angst vor dem Verlust des hochwertigen Coolness-Prädikats dürfte einen Teil der Energie absorbieren, die Schüler in schulisches Lernen investieren könnten.

Zur erwähnten Coolness von Jungen in Realklassen gehört gemäß Gruppendiskussionen auch unangepasstes Verhalten im Unterricht. Ein Schüler: „Sagen wir mal, die Gielen [Jungen], wenn man sie machen lässt, machen die größeren Probleme als die Frauen." „Es ist halt bei den Frauen, ich sag mal, klar, sie reden enorm viel, aber ich sage mal, die sehen die Grenze schneller als die Jungen." Die Tatsache, dass dieser Schüler das tendenziell unterschiedliche Verhalten der Geschlechter im Unterricht so klar zu benennen vermag, wobei er den Kameradinnen mehr Augenmaß für noch tolerierbares Verhalten im Unterricht zuschreibt, zeigt, dass es Jungen weniger an Einsicht für diese Zusammenhänge mangeln dürfte als am Willen etwas daran zu ändern. Aus zahlreichen Aussagen in den Gruppendiskussionen verdichtet sich der Eindruck, dass manche Schüler nicht gewillt sind, sich an die im Unterricht geltenden Regeln zu halten, dass sie stattdessen die Konfrontation mit ihren Lehrpersonen suchen. Diese Schüler scheinen sich an einem Set von Rollenerwartungen – eine Art „Ehrenkodex" – zu orientieren, nach dem es für sie vital wichtig ist, sich als durchsetzungsfähig, unbeugsam und unangepasst, eben als „cool", darzustellen. Coolsein stellt für diese Schüler das A und O ihres Selbstrespekts und des Respekts durch die (männlichen) Peers dar. Sie versuchen im Klassenzimmer ihre traditionellen Männlichkeitsvorstellungen zu realisieren, sei es mit weiblichen oder männlichen Lehrpersonen. So wird das Klassenzimmer zu einer Konfliktzone zwischen Lehrpersonen und Schülern. Verschärfen Lehrpersonen die geltenden Regeln, führt dies bei der Klasse zu abnehmender Motivation und letztlich zu geringeren Leistungen. Dazu ein Schüler: „Ich habe mich durchsetzen wollen, und so, ja [...] der Lehrer will einfach sein Zeug durchbringen". Schüler, die ihre Absicht, sich „durchzusetzen" nicht erreichen können, weil eine Lehrperson am eigenen strengen Unterrichtsstil festhält, erleben dies als Frustration und reagieren mit verminderten Leistungsanstrengungen und damit tieferen Leistungen.

Schüler mit einem traditionellen männlichen Rollenverständnis erweisen sich damit als besonders gefährdet, in der Schule ihr eigentliches Bildungspotenzial nicht zu verwirklichen.

Schülerinnen und Schüler äußern sehr klare Vorstellungen von – als autoritativ zu charakterisierenden – Lehrpersonen, bei denen sie gute Leistungen erbringen können. Diese zeigen Nähe zu ihren Schüler/-innen, unterstützen diese fürsorglich beim Lernen und in anderen Belangen, gleichzeitig halten sie sich verbindlich an die mit der Klasse getroffenen Regeln und interessieren sich auf echte Weise für ihre Lernenden.

In den Gruppendiskussionen äußern sich die Klassen mit niedrigem Schulniveau auch zur Unterstützung, die sie von ihren Eltern mit Blick auf die Schule erhalten. Dabei fällt auf, dass die Lernenden auf der Realstufe viel seltener von einer elterlichen Unterstützung in schulischen Belangen berichten als Gleichaltrige auf dem mittleren und höheren Sekundarniveau. Es kommt auch zum Ausdruck, dass die Eltern von Schülern und Schülerinnen auf der niedrigsten Schulstufe den Gesprächsangeboten der Lehrpersonen ihrer Kinder nicht im selben Maß nachkommen wie das auf den höheren Schulniveaus der Fall ist. Die Gründe, welche die Teilnehmenden der Gruppendiskussionen dafür anführen – in erster Linie „keine Zeit" – dürften ein Indiz dafür sein, dass die schulischen Belange ihrer Kinder für diese Eltern keine sehr hohe Priorität haben. Andererseits können auch eine große Unkenntnis gegenüber dem schulischem System, Scham über mangelnde Sprachkenntnisse oder die Wahrnehmung von Habitusunterschieden seitens der Eltern Hemmschwellen für die Eltern-Lehrpersonen-Kommunikation sein.

5 Schlussbetrachtungen

Die Ergebnisse der Analysen haben gezeigt, dass Migrantinnen und Migranten das höchste Risiko haben, zu den Bildungsverlierer/-innen zu gehören. Auch Schülerinnen und Schüler aus bildungsfernen Schichten, d. h. wo die Eltern selbst nur niedrige Bildungszertifikate erworben haben, sind stärker gefährdet als Kinder aus bildungsnahen Elternhäusern. Gleiches gilt für Jungen. Entsprechend ist anzunehmen, dass migrierte Schüler aus bildungsfernen Elternhäusern (der „Migrantensohn" aus der Arbeiterschicht; Geißler 2005) das höchste Risiko tragen, zu Bildungsverlierern zu werden. Der Faktor der Schulentfremdung scheint ein genuiner Erklärwert für das Bildungsverlierer-Risiko zu sein, denn mit einer steigenden Schulentfremdung steigt auch die Wahrscheinlichkeit, zu dieser Gruppe zu gehören. Die höchsten Werte in der Schulentfremdung wiesen erwartungsgemäß Jungen und Schülerinnen und Schüler aus bildungsfernen Elternhäusern auf. Interessanterweise sind Migrierte jedoch nicht schulentfremdeter als Schweizerinnen und Schweizer. Erklärfaktoren der Schulentfremdung sind ein Defizit in der möglichen Unterstützung durch die Lehrperson, eine negative Schuleinstellung der Peers sowie eine geringere Unterstützung durch die Eltern – also eine Summe von Ressourcendefiziten. Schulentfremdung ist ebenso von kognitiven Faktoren abhängig: Eine Orientierung an der Zukunft führt zu einer Reduktion der Schulentfremdung. Ebenso sind universalistische und kreativ-stimulative Werthaltungen mit einer geringeren Schulentfremdung verbunden, während hedonistische Werthaltungen mit Schulentfremdung positiv assoziiert sind. Ein Blick auf die thematisierten Erklärungsfaktoren des Schulerfolgs im Detail zeigt, dass das größere Risiko der Jungen, zu den Bildungsverlierern zu gehören, vor allem mit ihrer größeren Schulentfremdung, ihren gegenüber der Schule negativer eingestellten Peers sowie ihrer geringeren Orientierung an Werten der Kreativität und Stimulation und ihrer stärkeren Orientierung an Macht- und Erfolgswerten zu tun haben dürfte. Das größere Risiko der Kinder aus bildungsfernen Schichten kann wiederum vor allem mit ihrer höheren Schulentfremdung und ihrer geringeren Präferenz für die Werthaltungen Kreativität und Stimulation erklärt werden. Schulentfremdung kann jedoch nicht die Benachteiligung der Migranten und Migrantinnen erklären. Stattdessen fällt hier die geringere Unterstützungsressource seitens der Eltern ins Gewicht. Ebenso ist eine stärkere Hinwendung der Migrierten zu Erfolg und Macht sowie Konformismus und Tradition zu konstatieren.

Aus den Gruppendiskussionen mit den Realklassen erweist sich im Hinblick auf schlechte Schulleistungen das Zusammenspiel der folgenden Faktoren als besonders wirksam: Bescheidene Leistungsziele und ein tendenziell minimalistischer Lerneinsatz – in Form von geringer Lernausdauer und Lernintensität – erscheinen als Hauptgründe. Als ungünstig erweist sich zudem das Diktat zu männlichem Coolsein und die damit verbundene Angst als uncool zu gelten. Dass der beste Beweis für diese Coolness von Schülern in unangepasstem Verhalten gegenüber Lehrpersonen im Unterricht zu erbringen ist, wirkt sich zusätzlich leistungsvermindernd aus. Dabei erscheint schulisches Lernen unwichtig gegenüber einem zu Stärke und Durchsetzung verpflichtenden männlichen Rollenverständnis. Dieses dürfte maßgeblich zur Schulentfremdung mancher Schüler auf der Realstufe beitragen. Auch Realschülerinnen sind bei gegebener eigener und elterlicher Schulentfremdung gefährdet, aufgrund eines minimalistischen Lerneinsatzes hinter ihren Bildungsmöglichkeiten zu bleiben und damit zu so genannten Bildungsverliererinnen zu werden. Im Gegensatz zu ihren männlichen Klassenkameraden wird ihnen aber alternativ von ihren Peers auch ein Streben nach guten Leistungsergebnissen (Noten) zugestanden.

Zu den wesentlichen Limitationen dieser Studie gehört, dass diese Analyse nicht zeigen konnte, ob die untersuchten Schülerinnen und Schüler letztlich wirklich zu den Bildungsverlierern, d. h. zu den Verlierern auf dem Arbeitsmarkt gehören und ob sie ihr niedriges Bildungsniveau nicht doch im späteren Lebensverlauf verbessern werden. Entsprechend wären Panel-Analysen notwendig – mit Blick auf später nachgeholte Bildungsabschlüsse und den Übergang von der Schule in den Beruf sowie die Erwerbskarriere. Anzumerken bleibt auch, dass ein Querschnittsdesign kausale Deutungen nur eingeschränkt zulässt, d. h. dass nicht abschließend geklärt werden kann, ob die so genannten Bildungsverlierer/-innen aufgrund der Schulentfremdung einen geringen Schulerfolg ausweisen oder ob der geringe Schulerfolg zu einer größeren Schulentfremdung der Risikogruppen geführt hat. So kann etwa Schulversagen auch zu Schulentfremdung führen (Trustey/Dooley-Dickey 1993).

Wie lässt sich nun Schulentfremdung senken? Einerseits mag eine stärkere Unterstützung durch die Lehrpersonen sowie eine Anhebung der schulerfolgsrelevanten Ressourcen des Elternhauses Schulentfremdung reduzieren. Auch eine Zukunftsperspektive – etwa die Sensibilisierung der Schülerinnen und Schüler gegenüber ihrer Zukunft – führt zu einer geringeren Schulentfremdung. Und schließlich kann offenbar die Förderung der Werthaltungen Kreativität und Stimulation sowie Universalismus helfen, dass sich Schülerinnen und Schüler für Schule und Lernen mehr interessieren. Maßnahmen gegen Schulentfremdung tragen zur Reduktion der männlichen Bildungsverlierer und denjenigen aus niedrigen Herkunftsschichten bei. Bei Migrierten hingegen erscheint es sinnvoller, direkt an den Ressourcen der Elternhäuser anzusetzen, denn hier sind nicht Schulentfremdung oder eine mangelnde Zukunftsorientierung das Problem, sondern vor allem ein Mangel an Unterstützung im Elternhaus.

Im Ausblick erscheinen Panel-Analysen über die weitere Bildungslaufbahn sowie den Eintritt ins Erwerbsleben als unerlässlich, um die Problematik der Bildungsverlierer und Bildungsverliererinnen sinnvoll untersuchen zu können; etwa das Deutsche Bildungspanel (NEPS) wird zukünftig entsprechende Daten zur Verfügung stellen. Dann kann genauer untersucht werden, ob ein geringerer Schulerfolg automatisch als Versagen anzusehen ist oder später ausgeglichen werden kann. So haben zwar Jungen im Aggregat die geringeren Schulleistungen, haben aber dennoch später gute Chancen, die Mädchen im Berufsstatus zu überholen. Gleichermaßen sind Stadt-Land-Unterschiede zu beachten: Auf dem Land könnten Bildungsverlierer/-innen aufgrund anderer Selektionsmechanismen (z. B. extrafunktionaler Kriterien), eines anderen Qualifikationsniveaus und der spezifischen Rolle von traditionellem Sozialkapital bessere Chancen haben, qualifizierte Lehrberufe ergreifen zu können, als etwa in der Stadt.

Weil Bildungsverlierer/-innen auf dem Ausbildungs- und Arbeitsmarkt mit einem hohen Arbeitslosigkeitsrisiko oder einem hohen Risiko, nur prekär auf Einfacharbeitsplätzen beschäftigt zu sein, zu kämpfen haben, erscheint die weitere sozialwissenschaftliche Beschäftigung mit dieser Gruppe als unerlässlich. Berücksichtigung finden muss dabei die Erkenntnis, dass Bildungsverlierer/-innen keine homogene Gruppe sind und die Gründe für das Schulversagen – nach Geschlecht, sozialer Herkunft und Migrationsstatus – variieren.

Literatur

Ames, Carole/Ames, Russel (Hrsg.) (1989): Research on motivation in education Vol. 3. San Diego, CA: Academic Press

Bauer, Petra (1993): Ideologie und politische Beteiligung in der Bundesrepublik Deutschland. Eine empirische Untersuchung politischer Überzeugungssysteme. Opladen: Westdeutscher Verlag

Baumrind, Diana (1991): Effective parenting during early adolescence transition. In: Cowan/Hetherington (1991): 111–163

Becker, Gary S. (1964): Human capital. A theoretical and empirical analysis, with special reference to education. New York: Columbia University Press

Becker, Rolf (2006): Dauerhafte Bildungsungleichheiten als unerwartete Folge der Bildungsexpansion? In: Hadjar/Becker (2006): 27–62

Becker, Rolf (2003): Educational Expansion and Persistent Inequalities of Education. Utilising the Subjective Expected Utility Theory to Explain the Increasing Participation Rates in Upper Secondary School in the Federal Republic of Germany. In: European Sociological Review 19. 1–24

Becker, Rolf/Lauterbach, Wolfgang (Hrsg.) (2007): Bildung als Privileg. Wiesbaden: Westdeutscher Verlag

Berger, Peter A./Kahlert, Heike (Hrsg.) (2005): Institutionalisierte Ungleichheiten. Wie das Bildungswesen Chancen blockiert. Weinheim: Juventa

Blossfeld, Hans-Peter/Bos, Wolfgang/Hannover, Bettina/Lenzen, Dieter/Müller-Böling, Detlef/Prenzel, Manfred/Wößmann, Ludger (Hrsg.) (2009): Geschlechterdifferenzen im Bildungssystem. Jahresgutachten 2009. Wiesbaden: VS Verlag für Sozialwissenschaften

Boudon, Raymond (1974): Education, opportunity, and social inequality. New York: Wiley

Bourdieu, Pierre (1983): Ökonomisches Kapital, kulturelles Kapital, soziales Kapital. In: Kreckel (1983): 183–198

Breyvogel, Wilfried (Hrsg.) (1989): Pädagogische Jugendforschung. Opladen: Leske+Budrich

Budde, Jürgen (2008): Bildungs(miss)erfolg von Jungen und Berufswahlverhalten von Jungen/männlichen Jugendlichen. Bildungsforschung Band 23. Bonn/Berlin: Bundesministerium für Bildung und Forschung

Coleman, James S. (1988): Social Capital in the Creation of Human Capital. In: American Journal of Sociology 94. 95–120

Coleman, James S. (1961): The Adolescent Society. New York: Free Press

Coleman, James S./Campbell, Ernest Q./Hobson, Carol J./McPartland, James/Mood, Alexander M./Weinfeld, Frederic D./York, Robert L. (1966): Equality of Educational Opportunity. Washington, DC: U. S. Department of Health, Education and Welfare

Coleman, Laurance J./Cross, Tracy L. (1988): Is being gifted a social handicap? In: Journal of Education of the Gifted 11. 41–56

Cornelißen, Waltraud/Gille, Martina/Knothe, Holger/Queisser, Hannelore/Meier, Petra/Stürzer, Monika (2002): Junge Frauen – junge Männer. Opladen: Leske+Budrich

Cowan, Philipp A./Hetherington, E. Mavus (Hrsg.) (1991): Family transitions. Hillsdale NJ: Erlbaum

Dean, Dwight G. (1961): Alienation. Its meaning and measurement. In: American Sociological Review 26. 753–758

Diefenbach, Heike (2007): Bildungschancen und Bildungs(miss)erfolg von ausländischen Schülern und Schülern aus Migrantenfamilien im System Schulischer Bildung. In: Becker/Lauterbach (2007): 217–241

Eagly, Alice H./Chravala, Charole (1986): Sex differences in conformity. In: Psychology of Women Quarterly 10. 203–220

Eccles, Jacquelynne/Midgley, Carol (1989): Stage-environment fit. In: Ames/Ames (1989): 139–186

Eidgenössische Koordinationskommission für Familienfragen (Hrsg.) (2002): Familien und Migration. Bern: EKFF

Erikson, Robert/Jonsson, Jan O. (Hrsg.) (1996): Can Education be Equalized? Boulder: Westview Press

Fend, Helmut (1989): „Pädagogische Programme“ und ihre Wirksamkeit. In: Breyvogel (1989): 187–210

Finn, Jeremy D. (1989): Withdrawing from school. In: Review of Educational Research 59. 117–142

Fuß, Stefan (2006): Familie, Emotionen und Schulleistung. Eine Studie zum Einfluss des elterlichen Erziehungsverhaltens auf Emotionen und Schulleistungen von Schülerinnen und Schülern. Münster/New York/München/Berlin: Waxmann

Geißler, Rainer (2005): Die Metamorphose der Arbeitertochter zum Migrantensohn. Zum Wandel der Chancenstruktur im Bildungssystem nach Schicht, Geschlecht, Ethnie und deren Verknüpfungen. In: Berger/Kahlert (2005): 71–100

Gensicke Thomas (2006): Zeitgeist und Wertorientierungen. In: Hurrelmann/Albert (2006): 139–220

Gensicke, Thomas (2002): Individualität und Sicherheit in neuer Synthese? In: Hurrelmann/Albert (2002): 169–202

Gogolin, Ingrid (2002): Interkulturelle Bildungsforschung. In: Tippelt (2002): 263–279

Goldthorpe, John H. (1996): Problems of „Meritocracy“. In: Erikson/Jonsson (1996): 255–287

Gomolla, Mechthild/Radtke, Frank-Olaf (2002): Institutionelle Diskriminierung. Die Herstellung ethnischer Differenz in der Schule. Opladen: Leske+Budrich
Grundmann, Matthias (2001): Milieuspezifische Einflüsse familialer Sozialisation auf die kognitive Entwicklung und den Bildungserfolg. In: Klocke/Hurrelmann (2001): 209–221
Hadjar, Andreas (2004): Ellenbogenmentalität und Fremdenfeindlichkeit bei Jugendlichen. Wiesbaden: VS Verlag für Sozialwissenschaften
Hadjar, Andreas/Berger, Joël (2010): Dauerhafte Bildungsungleichheiten in Westdeutschland, Ostdeutschland und der Schweiz. Eine Kohortenbetrachtung der Ungleichheitsdimensionen soziale Herkunft und Geschlecht. In: Zeitschrift für Soziologie 39. (i. E.)
Hadjar, Andreas/Becker, Rolf (Hrsg.) (2006): Bildungsexpansion – Erwartete und unerwartete Folgen. Wiesbaden: VS Verlag für Sozialwissenschaften
Hadjar, Andreas/Baier, Dirk (2004): Soziale Verantwortung – Zur Validierung des Konzepts anhand einer Chemnitzer Jugendstichprobe. In: Soziale Probleme 15. 178–200
Hadjar, Andreas/Grünewald, Elisabeth/Lupatsch, Judith/Mürner, Beat (2010): Geschlechterunterschiede im Schulerfolg. Welche Rolle hat die Lehrperson? Ergebnisse einer aktuellen quantitativen und qualitativen Studie. Eingereichtes Manuskript
Hannover, Bettina (2004): Gender revisited. In: Zeitschrift für Erziehungswissenschaft 7. Beiheft 3. 81–99
Hascher, Tina/Hagenauer, Gerda (2009): Alienation from School: Developmental Patterns and Relationship to Well-Being. Vortrag auf der European Conference on Educational Research, Wien, Österreich, 28.–30. September 2009
Heckhausen, Jutta/Heckhausen, Heinz (2006): Motivation und Handeln. 3. Auflage. Berlin: Springer
Hendrix, Vernon L./Sederberg, Charles H./Miller, Victoria L. (1990): Correlates of commitment/alienation among high school seniors. In: Journal of Research and Development in Education 23. 129–135
Himmelstrand, Ulf (Hrsg.) (1986): The Sociology of Structure and Action. London: Sage
Hradil, Stefan/Immerfall, Stefan (Hrsg.) (1997): Die westeuropäischen Gesellschaften im Vergleich. Opladen: Leske +Budrich
Hurrelmann, Klaus/Albert, Mathias (Hrsg) (2006): Jugend 2006: 15. Shell Jugendstudie. Frankfurt a. M.: Fischer
Hurrelmann, Klaus/Albert, Mathias (Hrsg.) (2002): Jugend 2002: 14. Shell Jugendstudie. Frankfurt a. M.: Fischer
Juvonen, Jaana/Murdock, Tamera B. (1995): Grade-Level differences in the social value of effort. In: Child Development 66. 1694–1705
Kampshoff, Marita (2007): Geschlechterdifferenz und Schulleistung. Wiesbaden: VS Verlag für Sozialwissenschaften
Klocke, Andreas/Hurrelmann, Klaus (Hrsg.) (2001): Kinder und Jugendliche in Armut. Opladen: Westdeutscher Verlag
Kreckel, Reinhard (Hrsg.) (1983): Soziale Ungleichheiten. Soziale Welt Sonderband 2. Göttingen: Schwartz
Kühnel, Stefan/Krebs, Dagmar (2006): Statistik für die Sozialwissenschaften. Hamburg: Rowohlt
Kunter, Mareike/Schümer, Gundel/Artelt, Cordula/Baumert, Jürgen/Klieme, Eckhard/Neubrand, Michael (2002): PISA 2000. Dokumentation der Erhebungsinstrumente 72. Berlin: Max-Planck-Institut für Bildungsforschung
Legault, Lisa/Green-Demers, Isabelle/Pelletier, Luc (2006): Why do high school students lack motivation in the classroom? In: Journal of Educational Psychology 98. 567–582
Mößle, Thomas/Kleimann, Matthias/Rehbein, Florian/Pfeiffer, Christian (2006): Mediennutzung, Schulerfolg, Jugendgewalt und die Krise der Jungen. In: Zeitschrift für Jugendkriminalrecht und Jugendhilfe 3. 295–309
Müller, Walter/Shavit, Yossi (1998): Bildung und Beruf im institutionellen Kontext. Eine vergleichende Studie in 13 Ländern. In: Zeitschrift für Erziehungswissenschaft 4. 501–533
Müller, Walter/Steinmann, Susanne/Schneider, Reinhart (1997): Bildung in Europa. In: Hradil/Immerfall (1997): 177–246
Murdock, Tamara B. (1999): The social context of risk: Status and motivational predictors of alienation in middle school. In: Journal of Educational Psychology 91. 62–75
Neuenschwander, Markus P./Malti, Tina (2009): Selektionsprozesse beim Übergang in die Sekundarstufe I und II. In: Zeitschrift für Erziehungswissenschaft 12. 216–232
Newman, Fred M. (Hrsg.) (1992): Student engagement and achievement in American secondary schools. New York: Teachers College Press
Nicholls, John G. (1984): Achievement motivation. Conceptions of ability, subjective experience, task choice, and performance. In: Psychological Review 91. 328–346
Ormel, Johan/Lindenberg, Siegwart/Steverink, Nardi/Verbrugge, Lois M. (1999): Subjective Well-Being and Social Production Functions. In: Social Indicators Research 46. 61–90
Pelkner, Anna-Katharina/Günther, Ralph/Boehnke, Klaus (2002): Die Angst vor sozialer Ausgrenzung als leistungshemmender Faktor. In: Zeitschrift für Pädagogik 45. Beiheft. 326–340

Renninger, K. Ann/Hidi, Suzanne/Krapp, Andreas (Hrsg.) (1992): The role of interest in learning and development. Hillsdale, NJ: Lawrence Erlbaum

Schiefele, Ulrich/Krapp, Andreas/Winteler, Adolf (1992): Interest as predictor of academic achievement. In: Renninger et al. (1992): 183–212

Schwartz, Shalom H. (1992): Universals in the content and structure of values. Theoretical advances and empirical tests in 20 countries. In: Advances in experimental social psychology 25. 1–65

Schwartz, Shalom H./Melech, Gila/Lehmann, Arielle/Burgess, Steven/Harris, Mari/Oven, Vicky (2001): Extending the cross-cultural validity of the theory of basic human values with a different method of measurement. In: Journal of Cross Cultural Psychology 32. 519–542

Sengenberger, Werner (Hrsg.) (1978): Der gespaltene Arbeitsmarkt. Probleme der Arbeitsmarktsegmentation. Frankfurt a. M./New York: Campus

Shavit, Yossi/Blossfeld, Hans-Peter (Hrsg.) (1993): Persistent Inequalities. A Comparative Study of Educational Attainment in Thirteen Countries. Boulder Colorado: Westview Press

Solga, Heike/Wagner, Sandra (2001): Paradoxie der Bildungsexpansion. Die doppelte Benachteiligung von Hauptschülern. In: Zeitschrift für Erziehungswissenschaft 4. 107–127

Solga, Heike (2002): „Ausbildungslosigkeit" als soziales Stigma in Bildungsgesellschaften. In: Kölner Zeitschrift für Soziologie und Sozialpsychologie 54. 476–505

Sørensen, Aage B. (1986): Theory and Methodology in Social Stratification. In: Himmelstrand (1986): 69–95

Specht, Werner (1982): Die Schulklasse als soziales Beziehungsfeld altershomogener Gruppen. Dissertation. Konstanz

Tippelt, Rudolf (Hrsg.) (2002): Handbuch Bildungsforschung. Opladen: Leske+Budrich

Thurow, Lester C. (1978): Die Arbeitskräfteschlange und das Modell des Arbeitsplatzwettbewerbs. In: Sengenberger (1978): 117–137

Thurow, Lester C. (1975): Generating inequality. Mechanisms of distribution in the US economy. New York: Basic Books

Trusty, Jerry/Dooley-Dickey, Katherine (1993): Alienation from school In: Journal of Research and Development in Education 26. 232–242

Vallerand, Robert J./Fortier, Michelle S./Guay, Frederic (1997): Self-determination and persistence in a real-life setting. In: Journal of Personality and Social Psychology 72. 1161–1176

Wanner, Philippe/Fibbi, Rosita (2002): Familien und Migration, Familien in der Migration. In: Eidgenössische Koordinationskommission für Familienfragen (2002): 9–51

Weinert, Franz E./Helmke, Andreas (1997): Entwicklung im Grundschulalter. Weinheim: Psychologie Verlags Union

Willis, Paul (1979): Spaß am Widerstand. Frankfurt a. M.: Syndikat

Jungen – die „neuen“ Bildungsverlierer

Heike Diefenbach

1 Einleitung

Es ist erst wenige Jahre her, dass es als völlig normal galt, wenn in einem Buch über Bildungsbeteiligung oder -erfolg verschiedener sozialer Gruppen wie dem vorliegenden kein Beitrag über die Situation von Jungen im deutschen Bildungssystem, geschweige denn über Nachteile von Jungen gegenüber Mädchen im deutschen Bildungssystem enthalten war. In der Öffentlichkeit wie in der Bildungsforschung galt es als Binsenweisheit und politisch korrekt, dass es Mädchen und Frauen seien, die in allen Teilen der Gesellschaft nicht nur Nachteile gegenüber Jungen und Männern hätten, sondern aufgrund historisch nicht überwundener oder nachwirkender „patriarchalischer“ Strukturen in den modernen westlichen Gesellschaften geradezu *be*nachteiligt seien. Dementsprechend wurde differentieller Bildungserfolg zwischen den Geschlechtern ausschließlich im Zusammenhang mit Nachteilen von Mädchen beschrieben.

Auch heute läuft man noch Gefahr, sich den Vorwürfen der undifferenzierten Betrachtung oder gar der Misogynie auszusetzen, wenn man von Nachteilen von Jungen spricht, (während es normalerweise keine Schwierigkeiten macht, von Nachteilen *der* Mädchen zu sprechen und Misandrie ein weitgehend unbekannter Begriff ist), und wie schwer es einigen Bildungsforschern fällt, sich auf neue Perspektiven aufgrund veränderter Fakten und hierauf aufbauender Fragestellungen einzulassen, ist in der Literatur dokumentiert. In einem Teil der geschlechterforscherischen Literatur konzentriert man sich in einer Art Rückzugsgefecht nach wie vor ausschließlich auf die Frage, warum Mädchen in Mathematik und in den Naturwissenschaften weniger gute Leistungen erbringen als Jungen. Man fragt auch, warum es jungen Frauen nicht gelingt, angesichts ihrer guten Leistungen nicht im selben Ausmaß wie Jungen in den entsprechenden Disziplinen in der tertiären Bildung oder auf dem Arbeitsmarkt präsent zu sein, wobei zum einen umstandslos davon ausgegangen wird, dass der Grund hierfür nur eine Benachteiligung oder Diskriminierung sein könne[1], zum

1 So formuliert z. B. Holtappels: „Junge Frauen *können* jedenfalls insgesamt ihre Vorteile in der Bildungsbeteiligung nicht in entsprechende berufliche Qualifizierungen ummünzen; zwischen erreichter Allgemeinbildung und beruflicher Positionierung klafft somit eine Lücke … Bei der Vermittlung von Ausbildungsplätzen sind Mädchen und junge Frauen trotz einer im Durchschnitt besseren Eingangsqualifikation *benachteiligt* und gehören in etwas stärkerem Maße zu den Unvermittelten …, wenngleich sich der Abstand zu den Männern im Zeitverlauf (seit 1987) verringert hat …“ (Holtappels 2005: 309; Hervorhebungen d. d. A.). Wie seine Wortwahl zeigt, geht Holtappels ohne Nennung empirischer Belege davon aus, dass junge Frauen auf nicht näher beschriebene Weise daran gehindert würden, ihrer Bildung entsprechende Berufspositionen einzunehmen, obwohl theoretische Überlegungen ebenso wie empirische Befunde darauf hindeuten, dass dies (zumindest auch) mit den Präferenzen junger Frauen zu tun hat (Hakim 2002, 2000; Kühnlein/Paul-Kohlhoff 1996: 117; Nissen et al. 2003: 127 ff.). Nyssen begeht denselben Fehlschluss bzw. dieselbe Unterlassungssünde

anderen die Diskussion verschoben wird weg von der Frage nach Verteilungsgerechtigkeit im Bildungsbereich und hin zur Frage nach Verteilungsgerechtigkeit auf dem Arbeitsmarkt. Letztere ist ihrerseits legitim und wichtig, bezieht sich aber eben auf einen anderen Aspekt von Verteilungsgerechtigkeit, der nicht sinnvoll mit dem ersten „verrechnet" werden kann wie das von manchen außerhalb oder am Rande der Wissenschaft Tätigen versucht wird[2].

Immerhin hat aber ein Teil der (vorrangig soziologischen) Bildungsforschung die Fakten in Form empirischer Daten zur Kenntnis genommen, und sie bemüht sich zunehmend um Aufarbeitung von Versäumtem, so dass die Grundzüge der Nachteile, die Jungen gegenüber Mädchen im deutschen Bildungssystem haben und die in einer großen Differenz bezüglich der erreichten Schulabschlüsse kumulieren, inzwischen einigermaßen gut beschrieben und bekannt sind (vgl. hierzu Kapitel 2 des vorliegenden Beitrages). In der Öffentlichkeit finden diese Daten große Resonanz, so dass man sagen kann, dass die gesellschaftliche Situation, in der der Staatsfeminismus als leitende Ideologie (vgl. hierzu z. B. die Beiträge in Haussman/Sauer 2007) die Öffentlichkeit wie die Bildungsforschung dominiert hat, zumindest aufgebrochen ist.

Seine Relevanz und Brisanz erhält die Diskussion der Nachteile von Jungen gegenüber Mädchen im deutschen Bildungssystem aber nicht nur vor dem Hintergrund der ideologischen Orientierung der gesellschaftspolitisch relevanten Akteure an vergangenen Dekaden, sondern auch und für manche (wie z. B. die Autorin des vorliegenden Beitrages) vor allem vor dem Hintergrund, dass das deutsche Bildungssystem wie jedes moderne Bildungssystem (noch) für sich in Anspruch nimmt, die Zertifikate, die es vergibt, aufgrund meritokratischer Prinzipien zu vergeben[3], und diesbezüglich sind Bildungs- und Ungleichheits- bzw. Gerechtigkeitsforschung untrennbar miteinander verbunden: *Wenn in gesellschaftlichen Institutionen wie dem Bildungssystem, die sich selbst als meritokratisch verstehen und vor diesem Hintergrund legitimieren, statistisch auffällige Verteilungen der von ihnen bereitgestellten Güter auf verschiedene Bevölkerungsgruppen festgestellt werden, so bietet diese Beobachtung Anlass zu untersuchen, wie diese Verteilung zustande kommt.* Legt man die statis-

im Hinblick auf die verfügbare Literatur und die verfügbaren empirischen Daten, wenn sie schreibt: „Eine wesentliche Ursache dafür, dass Mädchen hinsichtlich der formalen Abschlüsse in der Schule zwar äußerst erfolgreich sind, diesen Erfolg aber nicht in anschließende zukunftsorientierte Berufsausbildungen, Studien und Karrieren in privilegierten Positionen umsetzen *können*, wurde in subtilen schulischen *Benachteiligungen* gesehen. Einen Schwerpunkt dieser *Diskriminierungen* bildet die geringe *Teilnahme* von Mädchen an naturwissenschaftlichen und technischen Qualifizierungen" (Nyssen 2000: 72; Hervorhebungen d. d. A.). Dass eine geringe Teilnahme von Mädchen an diesen fachlichen Bildungsgängen andere Ursachen als eine Diskriminierung haben könnten und *empirisch zu prüfen* wäre, wie das Phänomen zustande kommt, bevor legitim von Benachteiligung oder Diskriminierung gesprochen werden kann, scheint jenseits der Vorstellungskraft bzw. der Kenntnis der Autorin zu sein.

2 So betrachtet Waltraud Cornelißen, die derzeitige Leiterin der Abteilung Geschlechterforschung und Frauenpolitik (!) des Deutschen Jugendinstitutes in München die aktuell statistisch beobachtbaren Nachteile von Jungen gegenüber Mädchen im Schulsystem der Bundesrepublik als „dringend erforderlich", damit Mädchen, die heute zur Schule gehen, ihre spätere Situation auf dem Arbeitsmarkt verbessern können (Cornelißen 2003), und dies, obwohl in der frauenpolitisch bewegten Literatur doch gerade immer wieder darauf hingewiesen wird, dass genau dies nicht funktioniert, d. h. junge Frauen eben nicht die beruflichen Positionen einnehmen (wollen oder können), die ihren höherwertigen Bildungsabschlüssen entsprechen würden.

3 Was das meritokratische Prinzip im Bildungsbereich bedeutet, fasst Lulat wie folgt zusammen, nämlich dass Bildungserfolg „is assumed to be based on such qualities on an individual as intelligence, effort and ambition and not on membership in preordained social groups – whatever their definitional criteria: one's class, sex, race, ethnicity, and so on" (Lulat 2005: 202).

tische Normalverteilung aller Merkmale in einer Bevölkerung und ebenso in Subgruppen der Bevölkerung zugrunde, so wäre gemäß eines meritokratischen Verteilungsprinzips eine ungefähre Gleichverteilung von Gütern auf verschiedene soziale Gruppen zu erwarten. Für Bildungsabschlüsse würde das bedeuten, dass man von einer ungefähren Gleichverteilung von Talenten und Leistungsstreben *innerhalb* aller sozialen Gruppen, die man bilden mag – Frauen und Männer, Migranten und Nicht-Migranten, Blauäugige und Braunäugige etc. – ausgeht, die sich ihrerseits in einer ungefähr gleichen Verteilung von Bildungszertifikaten in allen Gruppen niederschlagen müsste. Dementsprechend dürfte ein Vergleich der Bildungszertifikate *zwischen* den Gruppen keine nennenswerten Unterschiede erbringen, wenn der Erwerb von Bildungszertifikaten (allein) eine Funktion der Talente und des Leistungsstrebens von Individuen wäre und die Annahme der Normalverteilung aller Merkmale in einer gegebenen Bevölkerung richtig wäre. Wenn er es doch tut – und dies ist empirisch die Regel –, dann sind andere Merkmale wirksam, und daher hält Basil Bernstein fest: „Educational failure (official pedagogic failure) is a complex function of the official transmission system of the school and the local acquisition process of the family/peer/group/community" (Bernstein 1990: 114). Aufgabe von Bildungs- und Ungleichheitsforschern ist es zu beschreiben, wie diese komplexe Funktion in einem spezifischen Kontext aussieht. Ihre Aufgabe ist es zu klären, inwieweit die ungleiche Verteilung von Bildungserfolg, z.B. in Form von Bildungszertifikaten, auf Handlungen und Handlungsbedingungen auf der Ebene von Individuen oder Familien zurückgeführt werden kann, und inwieweit auf Selektionsmechanismen, die in den Bildungsinstitutionen wirken. Dabei sind Letztere besonders wichtig, weil es hier für die Bildungspolitik möglich ist, direkt in manipulatorischer Absicht einzugreifen. Individuelle oder familiale und institutionelle Merkmale als zwei voneinander getrennte Ursachenbündel zu betrachten, ist aber nur eine analytische Unterscheidung, die es ermöglicht, in den Blick zu nehmen, wie einerseits institutionelle Selektionsmechanismen auf individuelle/familiale Merkmale aufsetzen, d.h. ob und wie sie sie bei Selektionsentscheidungen in Rechnung stellen, und wie andererseits individuelles/familiales bildungsbezogenes Handeln vor dem Hintergrund des gegebenen Angebotes von Bildungsinstitutionen und -zertifikaten erfolgt. Nur dann, wenn man diese Zusammenhänge identifizieren kann, kann man angeben, wie, wo und warum von der Verteilung von Bildungszertifikaten gemäß des meritokratischen Prinzips als Norm, d.h. als Soll-Zustand, abgewichen wird und wie man die Verteilung ggf. manipulieren kann.

Die Stärke einer solchen Perspektive liegt darin, dass sie das meritokratische Prinzip weder vollständig verwerfen muss, eben, weil es in der Empirie häufig verletzt ist (Meritokratie als Mythos; vgl. hierzu ausführlich McNamee/Miller 2004), noch es in der Weise verabsolutieren muss, dass Bildungsinstitutionen ungeprüft als tatsächlich meritokratisch funktionierend gesetzt werden (Esser 2001: 63) und Individuen und soziale Gruppen somit an ihrem relativen Bildungsmisserfolg selbst schuld seien gemäß der Argumentation: „... if there is a slippage in academic achievement then explanation for it must be sought in flaws in the individual's qualities ... And if this slippage is consistent among some social groups then these flaws must also be universal within these groups" (Lulat 2005: 202). Vielmehr wird hier das meritokratische Prinzip als eine Handlungsnorm aufgefasst, die es in einer Zivilgesellschaft möglichst in die Realität umzusetzen gilt, insbesondere in den Bildungsinstitutionen, die in einer sich verändernden sozialen Umwelt immer wieder Anpassungshandlungen im Sinne der meritokratischen Handlungsnorm leisten müssen.

Die Untersuchung der Nachteile, die Jungen gegenüber Mädchen aktuell im Bildungssystem Deutschlands haben, ist also gleichermaßen als Teil der Bildungs-, Ungleichheits- und Gerechtigkeitsforschung im beschriebenen Sinn zu sehen, nicht jedoch – wie ein Teil leider auch der fachwissenschaftlichen Literatur suggeriert – als Parteinahme für (oder gegen) ein Geschlecht. Es geht dabei um nicht weniger als die Verfasstheit einer Gesellschaft und die Frage, inwieweit eine Gesellschaft den Ansprüchen an sich selbst und den Regeln, die sie sich setzt, gerecht wird.[4] Die derzeit beobachteten Nachteile von Jungen gegenüber Mädchen sind daher in der inhaltlichen Ausprägung, aber nicht in ihrer gesellschaftspolitischen Relevanz anders einzuschätzen als die Befunde Rolf Dahrendorfs zur stark ungleichen Bildungsbeteiligung verschiedener sozialer Gruppen aus dem Jahr 1965, die er in der Kunstfigur des „katholischen Arbeitermädchens vom Lande" zusammenfasste, in der all diejenigen sozialen Gruppen benannt wurden, die zu Dahrendorfs Zeit Gruppen mit relativen Bildungsnachteilen waren.

Im Folgenden werden zunächst die Nachteile, die Jungen gegenüber Mädchen im deutschen Bildungssystem haben, anhand verschiedener Indikatoren beschrieben, die in der großen Differenz bezüglich der von Jungen und Mädchen erreichten höchsten allgemein bildenden Schulabschlüsse kumulieren. Anschließend werden diejenigen Erklärungsmöglichkeiten für die beschriebenen Nachteile von Jungen skizziert, die derzeit in der deutschsprachigen Literatur am häufigsten thematisiert werden. Anschließend wird ein eigener, integrativer Erklärungsvorschlag gemacht.

2 Zu Art und Ausmaß der Nachteile von Jungen gegenüber Mädchen im Bildungssystem: Eine Kurzbeschreibung

Nachteile von Jungen gegenüber Mädchen im Bildungssystem lassen sich anhand vieler verschiedener Indikatoren belegen bzw. an verschiedenen Stufen im Bildungs- und Selektionsprozess. Im Interesse einer kompakten Darstellung sei hier nur auf einige ausgewählte Indikatoren eingegangen, von denen man plausiblerweise behaupten kann, dass ihnen eine große Bedeutung für die Bildungskarriere zukommt, und die (deshalb) häufig zur Messung von Bildungserfolg herangezogen werden, nämlich die Einschulung, die Schulleistungen, der Übergang vom Primar- in den Sekundarbereich bzw. der besuchte Sekundarschultyp und die formalen Bildungsabschlüsse, mit denen junge Menschen aus dem Sekundarbereich austreten.

Bereits bei der Einschulung bestehen Nachteile für Jungen gegenüber Mädchen: Betrachtet man die Zeitreihe der Schuljahre 1995/96 bis 2006/07, so zeigt sich, dass über den gesamten Zeitraum hinweg Mädchen häufiger vorzeitig und seltener verspätet eingeschult wurden als Jungen (Autorengruppe Bildungsberichterstattung 2008: 59 sowie 251, Tabelle C4-3A). Speziell für das Schuljahr 2006/2007 gilt nach eigenen Berechnungen anhand

4 Genau dies (und nicht eine Parteinahme für die Interessen von Frauen) ist aus sozialwissenschaftlicher Sicht auch der Hintergrund, vor dem die Frage nach den Ursachen der Kluft zwischen den allgemein bildenden Bildungsabschlüssen junger Frauen und ihren beruflichen Positionen gesellschaftspolitisch relevant ist. Dementsprechend wäre es wünschenswert, wenn diese Kluft beforscht und nicht ständig nur beklagt würde.

von Daten des Statistischen Bundesamtes, dass von allen im Bundesgebiet eingeschulten Jungen 87,3 Prozent fristgemäß, 5,7 Prozent vorzeitig und 6 Prozent verspätet eingeschult wurden. Unter den eingeschulten Mädchen betrugen die entsprechenden prozentualen Anteile 87 Prozent, 8,7 Prozent und 3,5 Prozent. Während also bezüglich der fristgemäß Eingeschulten kein nennenswerter Unterschied zwischen Jungen und Mädchen besteht, sind unter den nicht fristgemäß Eingeschulten Unterschiede zwischen den Geschlechtern zu beobachten, die nachteilig für Jungen sind, u. a. deshalb, weil „Kinder, die bei der Einschulung zurückgestellt wurden bzw. die schon in der Grundschule eine Klassen wiederholt haben, geringere Chancen haben, den Übertritt in ein Gymnasium zu schaffen …“ (Stürzer 2005: 31).

In der Grundschule erzielen Mädchen etwas bessere Leistungen im Lesen als Jungen (Bos et al. 2003b: 114 f.), während Jungen bessere Leistungen in den Naturwissenschaften und in Mathematik (Prenzel et al. 2003: 175; Walther et al. 2003: 218 f.) erbringen. Dennoch ist die Wiederholerquote von Jungen bereits in der Grundschule höher als die von Mädchen (Avenarius et al. 2003: 205). Weil für die Grundschulempfehlung vor allem die Leistungen der Kinder in den genannten Fächern ausschlaggebend sind, wäre zu erwarten, dass Jungen und Mädchen zu etwa gleichen Anteilen Grundschulempfehlungen für das Gymnasium oder andere Sekundarschultypen erhalten. Für Bremen hat Kemnade (1989) aber gezeigt, dass Jungen dennoch seltener als Mädchen eine Empfehlung für höher qualifizierende Schulformen erhalten. Auch in Hamburg müssen Jungen bessere Leistungen erbringen als Mädchen, um eine Empfehlung für das Gymnasium zu erhalten (Lehmann/Peek 1997: 89 ff.).

Dementsprechend besuchen Jungen häufiger als Mädchen eine Hauptschule und Mädchen deutlich häufiger als Jungen ein Gymnasium (Diefenbach 2008: 94/95). Im Schuljahr 2006/07 besuchten 17,4 Prozent der Jungen und 13,9 Prozent der Mädchen in der Sekundarstufe eine Hauptschule, und 37 Prozent der Jungen und 43,8 Prozent der Mädchen ein Gymnasium. Ein deutlicher Unterschied zwischen Jungen und Mädchen besteht auch mit Bezug auf den Besuch einer Förderschule: Während im Schuljahr 2006/07 8,4 Prozent der Jungen eine Förderschule besuchten, waren es nur 5 Prozent der Mädchen. Jungen sind an Förderschulen gegenüber Mädchen mit einem Relativen Risiko-Index von 1,7 überrepräsentiert, d. h., dass auf drei Mädchen in etwa fünf Jungen an Förderschulen kommen (Diefenbach 2008: 96). Besonders ausgeprägt ist ihre Überrepräsentation im Förderschwerpunkt „emotionale und soziale Entwicklung“, also einem Förderbereich, in dem die Diagnostik besonders schwierig und der Raum für die Durchsetzung normativer Sollvorgaben besonders groß ist (vgl. hierzu Diefenbach 2008: 97/98).

Während des Sekundarschulbesuchs wird der Vorsprung der Jungen gegenüber den Mädchen in Mathematik geringer, während die Mädchen ihren Vorsprung in Deutsch ausbauen. Dies bildet nicht unbedingt die tatsächliche Leistungsentwicklung bei Jungen und bei Mädchen ab, sondern hat damit zu tun, dass an Jungen und Mädchen unterschiedliche Maßstäbe angelegt werden: Anhand der Daten aus der PISA-Studie lässt sich zeigen, dass der statistische Zusammenhang zwischen der im Mathematiktest erzielten Leistung und der Mathematiknote bei Mädchen deutlich stärker ist als bei Jungen und dass der Anteil der angesichts ihrer im Mathematiktest gezeigten Leistungen Unterbewerteten unter Jungen deutlich größer ist als unter Mädchen, während der Anteil der Überbewerteten unter Mädchen größer ist als unter Jungen (Diefenbach 2007: 104). Dies ist wahrscheinlich auch ein Grund dafür, warum Jungen in allen Jahrgangsstufen häufiger eine Klassen wiederholen müssen als Mädchen (Avenarius et al. 2003: 205, Tabelle C3/2; Krohne et al. 2004: 376 f.; Lehmann et al. 2000: 9).

Weil die beschriebenen Nachteile der Jungen im Verlauf des Bildungs- und Selektionsprozesses kumulieren, sollten sie sich im Vergleich zu den Mädchen in deutlich niedrigerwertigen Sekundarschulabschlüssen niederschlagen. Den erreichten Sekundarschulabschlüssen kommt besondere Bedeutung zu, weil sie es sind, die letztlich die Lebenschancen einer Person definieren, angefangen von ihren Weiterbildungschancen über ihre Einkommenschancen und Arbeitslosigkeitsrisiken bis hin zu ihren Chancen, gesund zu bleiben und möglichst lange zu leben (Elman/O'Rand 2004; Steiner/Lauer 2000; Strauss et al. 1993; Velling/Pfeiffer 1997). Wie Abbildung 1 zeigt, verhält es sich tatsächlich so, dass große Differenzen zwischen den Sekundarschulabschlüssen bestehen, mit denen junge Männer und junge Frauen von der Schule abgehen. Positive Differenzen zeigen an, dass der Anteil von Absolventen, der auf einen bestimmten Abschluss entfällt, unter jungen Männern höher ist als unter jungen Frauen, negative Differenzen entsprechend, dass der Anteil von Absolventen, der auf einen bestimmten Abschluss entfällt, unter jungen Männern niedriger ist als unter jungen Frauen.

Wie man sieht bestehen positive Differenzen bezüglich der Absolventen mit Hauptschulabschluss und derer, die die Schule ohne Hauptschulabschluss verlassen, und negative Differenzen in Bezug auf Absolventen mit Fach-/Hochschulreife und mit Realschulabschluss oder Mittlerer Reife. Weiter kann man Abbildung 1 entnehmen, dass die Differenzen in den Kategorien „Fach-/Hochschulreife" und „Hauptschulabschluss" am größten sind und dass die Differenzen in diesen Kategorien im Zeitverlauf größer (und dementsprechend in den anderen beiden Kategorien geringer) geworden sind.[5]

Dieser Befund ist konsistent für alle Bundesländer Deutschlands, d. h. die Unterschiede zwischen Jungen und Mädchen mit Bezug auf die von ihnen erreichten Sekundarschulabschlüsse sind in allen Bundesländern ohne Ausnahme zu beobachten. Sie sind aber in verschiedenen Bundesländern unterschiedlich groß und in den ostdeutschen Bundesländern größer als in den westdeutschen (Diefenbach/Klein 2002: 946/947). Erklärungsvorschläge für die Bildungsnachteile von Jungen gegenüber Mädchen, die in systematisch unterschiedlichen Sekundarschulabschlüssen resultieren, müssen also zum einen erklären können, auf welche Weise die beobachteten Unterschiede zwischen jungen Männern und jungen Frauen konsistent in allen Bundesländern und Beobachtungsjahren zustande kommen (und zu- bzw. abnehmen können) und zum anderen, wie es im Rahmen dieses Befundes dazu kommt, dass die beobachteten Nachteile für junge Männer nicht in allen Bundesländern im selben bzw. annähernd selben Ausmaß zu beobachten sind. Wie im folgenden Kapitel deutlich werden wird, erfreuen sich gerade solche Vorschläge zur Erklärung der schulischen Nachteile von Jungen gegenüber Mädchen großer Beliebtheit, die diesen Anspruch nicht erfüllen, allen voran die Erklärung durch genetisch-biologische Unterschiede zwischen Männern und Frauen.

5 Was dies in absoluten Zahlen ausgedrückt bedeutet, haben Diefenbach und Klein für den Zeitraum der Schuljahre 1994/95 bis 1999/2000 errechnet (vgl. Diefenbach/Klein 2002: 941/942).

Abbildung 1 Differenzen zwischen den prozentualen Anteilen von jungen Männern und jungen Frauen, die mit einem bestimmten Sekundarschulabschluss in den Schuljahren 1990/91 bis 2005/2006 von der Sekundarschule abgegangen sind

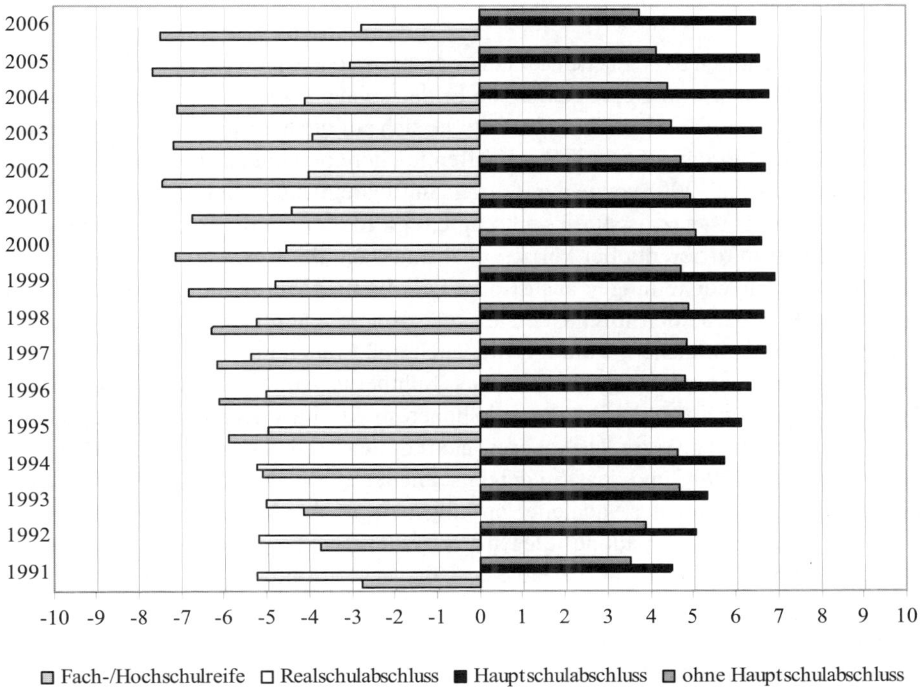

Quelle: Eigene Berechnungen auf der Basis der Daten des Statistischen Bundesamtes

3 Mögliche Erklärungen für die Nachteile von Jungen gegenüber Mädchen bezüglich formaler Bildung

In diesem Kapitel werden diejenigen Erklärungen für die Bildungsnachteile von Jungen gegenüber Mädchen vorgestellt und diskutiert, die derzeit in der Literatur und in der (Fach-/)Öffentlichkeit am meisten Aufmerksamkeit finden. Erklärungsvorschläge wie der durch differenzielle elterliche Investitionen in Jungen und Mädchen (vgl. hierzu Quenzel/ Hurrelmann 2010) oder durch diskriminierendes Handeln von Lehrkräften können aufgrund der Platzbeschränkung leider nicht berücksichtigt werden (was nicht bedeuten soll, das sie von vornherein als wenig erklärungskräftig betrachtet würden). Darüber hinaus wird ein eigener Versuch einer integrativen Erklärung vorgelegt. Bezüglich der möglichen Erklärungen für die Nachteile von Jungen gegenüber Mädchen herrscht in Deutschland derzeit (noch?) ein sehr großes Forschungsdefizit, so dass die Diskussion der verschiedenen Erklärungsmöglichkeiten bis auf Weiteres anhand theoretischer Überlegungen und anhand empirischer Daten geführt werden muss, die zum großen Teil in anderen Ländern als Deutschland gewonnen wurden.

3.1 Die Erklärung durch biologische Unterschiede

Von *der* Erklärung durch biologische Unterschiede zu sprechen, ist insofern nicht ganz korrekt als unter dieser Bezeichnung eine Reihe von Erklärungsvorschlägen zusammengefasst werden, deren Gemeinsamkeit darin besteht, dass sie sich auf die naturgegebene Geschlechtlichkeit der Menschen beziehen, sei es in Form differentieller vorgeburtlicher Gehirnentwicklung (Cohen-Bendahan et al. 2005 sowie die Beiträge in Einstein 2007), in Form einer evolutionär bedingten geschlechtsspezifischen Psychologie (vgl. hierzu die diversen Beiträge in Buss 2005) oder in Form differentieller körperlicher und mentaler Reifung (Brandau 2004: 26). Zu den populärsten Vorstellungen aus diesem Paradigma gehören diejenigen, dass Jungen aufgrund der Beschaffenheit ihres Gehirnes ein größeres räumlich-visuelles Vorstellungsvermögen hätten als Mädchen, während Mädchen und Frauen größere verbale Fähigkeiten hätten (Birbaumer/Schmidt 2005: 261/262), dass Männer im Verlauf der Evolution eine größere Aggression, eine größere Mobilität und ein höheres Aktivitätsniveau, ein größeres Konkurrenzverhalten und eine größere Risikobereitschaft entwickelt haben als Frauen (Byrnes et al. 1999; Daly/Wilson 1994), und dass Mädchen schneller als Jungen körperlich reifen (Largo 2008: 121). Eine Erklärung der Nachteile von Jungen gegenüber Mädchen im Bildungssystem durch biologische Faktoren baut auf diesen Vorstellungen auf, indem sie sie um vermutete Wirkungen auf bildungsrelevante Variablen ergänzt wie Abbildung 2 illustriert:

Abbildung 2 Argumentationskette bei der Erklärung der Nachteile von Jungen gegenüber Mädchen im Bildungssystem durch biologisch-genetische Geschlechtsspezifika

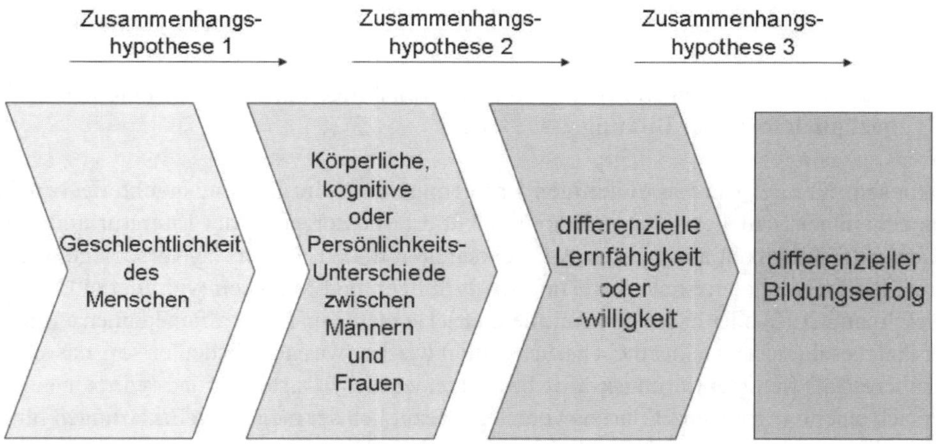

So werden die schlechteren Leistungen von Jungen im Lesen auf ihre geringere Lesefähigkeit zurückgeführt, die wiederum auf ihre andere vorgeburtliche Gehirnentwicklung zurückgeführt wird, und die häufigere Zurückstellung von Jungen als von Mädchen von der Einschulung bzw. die häufigere vorzeitige Einschulung von Mädchen als von Jungen kann dadurch erklärt werden, dass Mädchen schneller reifen und daher früher schulreif seien als Jungen (Tücke 2005: 246).

Die Schwierigkeit einer solchen Erklärung liegt darin, dass sie mehrere Zusammenhangsaussagen umfasst, von denen zwei (die Zusammenhangshypothesen 1 und 3) als gegeben vorausgesetzt werden und die Zusammenhangshypothese 2 als Kernstück der Erklärung der Nachteile von Jungen gegenüber Mädchen im Bildungssystem durch biologische Faktoren postuliert wird, aber gänzlich ungeprüft bleibt, inwieweit sie zutrifft bzw. relevant ist. Was Zusammenhangshypothese 1 betrifft, so ist festzuhalten, dass sie in den Disziplinen, die unmittelbar mit ihr befasst sind, keineswegs unumstritten ist (man vergleiche z. B. die Darstellung von Davies und Shackelford 2008 mit derjenigen von Fausto-Sterling 1985) und beide Seiten in der Debatte um die neuronalen, soziobiologischen und entwicklungspsychologischen Unterschiede zwischen Männern und Frauen zumindest teilweise mit so fachspezifischen Argumenten für ihre jeweiligen Positionen streiten, dass es für den durchschnittlichen Sozialwissenschaftler schwierig ist, sich ein eigenes Urteil über die in Frage stehenden Punkte zu bilden. Dort, wo ihm dies möglich ist, kommt er nicht umhin zu erkennen, dass viele empirische Befunde z. B. zum differenziellen Sozialverhalten von Männern und Frauen bzw. Jungen und Mädchen widersprüchlich und teilweise Forschungsartefakte sind: „In the realm of social behaviors such as aggression and helping behavior, whether gender differences are found in a particular study, and how large they are, depends greatly on the setting of the study and the ways in which the behaviors are measured; ..." (Hyde 1990: 72). Wenn z. B. als aggressives Verhalten lediglich physische oder verbale Aggression untersucht wird, so sind Jungen aggressiver als Mädchen. Wird jedoch auch indirekte oder relationale Aggression in Form sozialen Ausschlusses oder des Entzugs von Freundschaft berücksichtigt, so sind Mädchen aggressiver als Jungen (Crick/Grotpeter 1995; Lagerspetz et al. 1988). Wenn aggressives Verhalten in der Schule und Störung des Unterrichtes als jungentypisches Verhalten gelten, so lässt sich dies also nicht als Produkt einer biologisch fundierten größeren Aggressionsbereitschaft per se von Jungen auffassen. Auch die Tatsache, dass die Unterschiede zwischen den Geschlechtern sowohl im Hinblick auf Sozialverhalten als auch auf kognitive Fähigkeiten mit der Zeit geringer werden (Feingold 1988; Hyde 1990: 71), spricht gegen eine weitgehende biologische Determinierung beobachtbarer geschlechtsspezifischer Fähigkeiten und Verhaltensstile (vgl. hierzu auch Laland/Brown 2002). Ebenfalls unerklärt bleibt der Befund, nach dem „[i]n zahlreichen (*aber durchaus nicht allen*) OECD-Staaten ... die Jungen im Durchschnitt höhere Punktwerte in der mathematischen Kompetenz als die Mädchen [erzielen]" (Prenzel 2007: 25; Hervorhebung d. d. A.). Und mit Bezug auf die Zurückstellungen von der Einschulung aufgrund mangelnder Reife bzw. nicht vorhandener Schulreife fragt man sich, warum der diesbezügliche Unterschied zwischen Jungen und Mädchen nicht viel größer ist als er es tatsächlich ist. Und wenn Mädchen tatsächlich biologisch bedingt früher schulreif sind als Jungen, so ist die Einschulung der meisten Jungen und Mädchen im selben Alter als für Jungen benachteiligend einzustufen, und Verfechter der Erklärung der Nachteile von Jungen gegenüber Mädchen im Bildungssystem durch biologische Faktoren müssen daher ihre Erklärung um eine Komponente ergänzen, nämlich Diskriminierung. Mit der Erklärung durch biologische Faktoren wäre der in Kapitel 2 berichtete Befund kompatibel, nach dem Jungen ausnahmslos in allen Bundesländern niedrigerwertige Sekundarschulabschlüsse erreichen als Mädchen, aber nicht mit ihr vereinbar ist der Befund, nach dem diesbezüglich deutliche Differenzen zwischen den Bundesländern und insbesondere zwischen den ostdeutschen und den westdeutschen Bundesländern bestehen.

Zusammenhangshypothese 3 ist ebenfalls problematisch, denn „[b]ereits seit langem weiß man, dass die Bewertung einer Schülerleistung auch von der Person des Lehrers abhängt. Unabhängige Beurteiler können nämlich für dieselben Aufsätze verschiedene Zensuren vergeben" (Mietzel 1998: 415). Der Zusammenhang zwischen Lernfähigkeit und -willigkeit einerseits und Bildungserfolg andererseits ist also bei weitem nicht so eng wie man dies vielleicht vermutet (Schrader/Helmke 2002: 50; Tücke 2005: 256–266; Wild/Krapp 2001: 542).[6] Wenn es aber so ist, dass institutionelle Faktoren wie die Person des Lehrers oder schul- oder bundeslandinterne Maßstäbe zur ungleichen Bewertung gleicher Leistungen führen, dann greift jede Erklärung differenziellen Bildungserfolges, die diese Faktoren außer acht lässt, zu kurz.

Aus der Perspektive der Erklärung durch biologische Faktoren stellt sich die Frage, ob für eine Gesellschaft angesichts der Nachteile von Jungen gegenüber Mädchen im Bildungssystem überhaupt Handlungsbedarf besteht: „A corollary of this view is that since these groups [racial, sexual, ethnic groups] (leaving class aside) are presumed to be biological constructs … the flaws are biologically determined and hence society is powerless in the face of their immutability" (Lulat 2005: 202). Sofern aber doch Handlungsbedarf besteht, besteht er insofern als die auf biologischen Faktoren beruhende Ungleichartigkeit von Jungen und Mädchen eine entsprechende konsequente Ungleichbehandlung erfordert:

„Die Idee der Gleichbehandlung von Jungen und Mädchen in Erziehung und Unterricht ist an ihre Grenzen gestoßen und bedarf der gründlichen Überarbeitung. Jungen und Mädchen benötigen aufgrund ihrer je unterschiedlichen Disposition eine je unterschiedliche Art des Unterrichtens, unterschiedliche Unterrichtsinhalte, -methoden und -materialien, um ihr Interesse zu wecken, ihre Potentiale umzusetzen und der je nach Geschlecht unterschiedlichen Art des Lernens gerecht zu werden. Diese unterschiedlichen Dispositionen resultieren aus dem Zusammenspiel natürlicher mit soziokulturellen Determinanten, von Anlage und Milieu" (Matzner/Tischner 2008b: 11).

Man sollte meinen, dass die Erklärung der Nachteile von Jungen gegenüber Mädchen im Bildungssystem durch biologische Faktoren aufgrund ihrer Unfähigkeit, die beobachteten Veränderungen und Variationen zu erklären, als weitgehend ausgeschlossen bzw. irrelevant akzeptiert wird. In Deutschland stößt sie überraschenderweise aber dennoch auf Sympathie,

6 Dies gilt ungeachtet der persönlichen Bewertung, die man diesbezüglich vornimmt. Als Anhänger eines meritokratischen Systems wird man dies eher bedauern. Mit Baumert, Trautwein und Artelt kann man es aber auch als „Kennzeichen der Adaptivität moderner Schulsysteme" werten, wenn es für ungleiche Leistungen gleiche Noten gibt bzw. für gleiche Leistungen ungleiche Noten (Baumert et al. 2003: 322), sofern man entsprechende sozialtechnologische Ambitionen hat und Bildungspolitik „in der Spannung zwischen Sicherung von Mindeststandards, wünschenswerter Qualitätssicherung von Einzelschulen und Gesichtspunkten der [wie auch immer gearteten] Verteilungsgerechtigkeit zu definieren [wünscht]" (Baumert et al. 2003: 322).

so z. B. bei den bereits zitierten Matzner und Tischner, die sich die „untergeordnete Rolle", die „die biowissenschaftlichen Forschungsergebnisse" in der „aktuellen erziehungs- und sozialwissenschaftlichen Geschlechterdebatte" (Matzner/Tischner 2008b: 11) trotz ihrer mangelnden Erklärungskraft mit Bezug auf die Empirie nicht anders erklären können als durch „eine merkwürdige und unverständliche Ignoranz hinsichtlich der Zurkenntnisnahme neuerer Forschungsergebnisse aus Soziobiologie, Gen- und Hirnforschung, Endokrinologie und Evolutionspsychologie (Matzner/Tischner 2008b: 11/12).

3.2 Die Erklärung durch Geschlechtsidentitäten und geschlechtsspezifische Verhaltensweisen

Ein Kritikpunkt, den man zusätzlich zu den oben genannten an der Erklärung der Nachteile von Jungen gegenüber Mädchen im Bildungssystem durch biologische Faktoren anbringen kann, ist derjenige, dass die Grundlage für geschlechtsspezifisches Handeln in der sozialen Welt nicht das biologische Geschlecht oder genetische Geschlecht ist[7], sondern das Geschlecht als soziale Konstruktion, also das, was im englischsprachigen Raum als „gender" bezeichnet wird. In der biologischen Erklärung wird das soziale Geschlecht entweder als gänzlich irrelevant betrachtet, oder es wird umstandslos mit dem biologischen Geschlecht („sex") gleichgesetzt. In der Erklärung der Nachteile von Jungen gegenüber Mädchen im Bildungssystem durch Geschlechtsidentitäten und geschlechtsspezifische Verhaltensweisen wird dagegen davon ausgegangen, dass es das soziale Geschlecht sowie die Geschlechtsidentität ist, der alleinige oder hauptsächliche Erklärungskraft zukommt. Unter „sozialem Geschlecht" werden dabei im Anschluss an Erving Goffman die kulturell tradierten Geschlechterrollen und die mit ihnen verbundenen Konnotation von Eigenschaften und Verhaltensweisen als (typisch) „männlich" oder „weiblich" verstanden, die Personen auf der Basis ihres wahrgenommenen biologischen Geschlechts einer bestimmten Geschlechtsklasse zuordnen. Unter „Geschlechtsidentität" wird das Zugehörigkeitsgefühl zu einem sozialen Geschlecht oder – wie Goffman sagt – zu einer Geschlechtsklasse verstanden (Goffman 2001: 107–110). Geschlechterrollen werden Kindern während der Sozialisation vermittelt, und aufgrund ihrer Erfahrungen im Sozialisationsprozess erwerben Kinder eine Geschlechtsidentität. Dies führt dazu, dass Jungen und Mädchen „bereits im Vorschulalter, und verstärkt in der Adoleszenz, solche Inhalte und Aktivitäten [bevorzugen], die mit der eigenen Geschlechtsrolle im Einklang stehen …" (Stanat/Bergann 2009: 521). Mit Bezug auf die Erklärung der Nachteile von Jungen gegenüber Mädchen im Bildungssystem wird argumentiert, dass mit der weiblichen bzw. männlichen Geschlechtsrolle und entsprechenden Geschlechtsidentitäten jeweils spezifische Präferenzen und Verhaltensweisen verbunden sind, die sich im Fall der weiblichen Geschlechtsidentität insgesamt günstig auf den Bildungserfolg

7 Beides ist nicht miteinander identisch (und beides ist unterschiedlich vom scheinbaren Geschlecht, also den sichtbaren sekundären Geschlechtsmerkmalen; kurz und gut verständlich erklärt dies Brain 1998: 64–69), was weitere Fragen mit Bezug auf die Erklärung geschlechtsspezifischen Verhaltens durch biologische Faktoren aufwirft, z. B. diejenige danach, mit welcher Art von Geschlecht die Evolutionspsychologie eigentlich argumentiert.

auswirken, im Fall der männlichen aber ungünstig. Die entsprechende Argumentationskette sieht wie folgt aus:

Abbildung 3 Argumentationskette bei der Erklärung der Nachteile von Jungen gegenüber Mädchen im Bildungssystem durch Geschlechtsidentitäten und geschlechtsspezifische Präferenzen und Verhaltensweisen

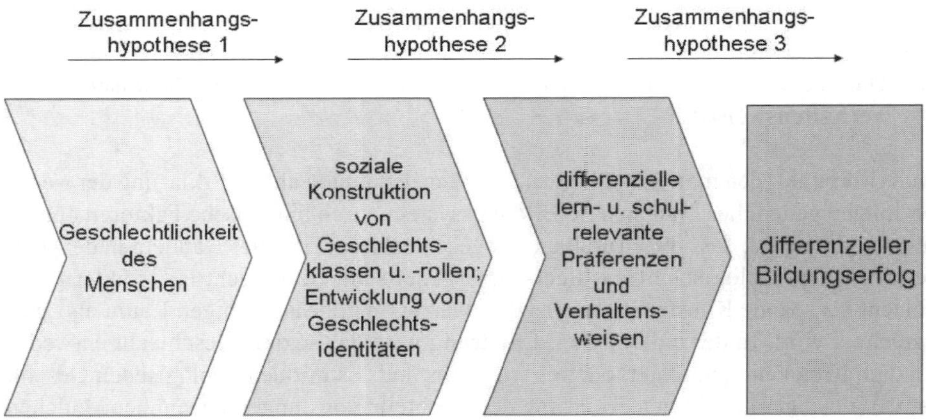

Eine konkret formulierte Erwartung, die auf diesem Erklärungsschema aufbaut, wäre, dass Jungen und Mädchen sich in der Schule „vor allem in solchen Fächern engagieren und ihre Kompetenzen weiterentwickeln, die als geschlechtsadäquat gelten und als selbstnah erlebt werden" (Stanat/Bergann 2009: 521), und dies könnte dafür verantwortlich sein, dass Mädchen sich eher im Fach Deutsch oder in anderen sprachlichen Fächern engagieren, Jungen dagegen eher im Fach Mathematik oder in den Naturwissenschaften. Wenn soziale Kompetenz, Anpassungsvermögen und indirekte Aggression „typisch weibliche" Merkmale sind, aber genau diese Merkmale vorteilhaft für das erfolgreiche Durchlaufen der Bildungslaufbahn sind, dann könnte der insgesamt geringere Bildungserfolg von Jungen als von Mädchen hierdurch möglicherweise erklärt werden (Hannover 2004: 88). Auch die These, dass die Bildungsnachteile von Jungen gegenüber Mädchen aus einer Abwehrhaltung von Jungen gegenüber der Schule als (typisch) „weiblicher" Institution resultieren, lässt sich im Kontext der Erklärung durch Geschlechtsidentitäten und geschlechtsspezifische Verhaltensweisen verorten (Quenzel/Hurrelmann 2010).

Für die empirische Prüfung der Erklärung der Bildungsnachteile der Jungen gegenüber den Mädchen durch Geschlechtsidentitäten und geschlechtsspezifische Präferenzen und Verhaltensweisen wäre also eine Vielzahl von Präferenzen sowie motivationalen und behavioralen Variablen auf ihre Effekte auf Bildungserfolg hin zu untersuchen. Dies geschieht bislang in Deutschland aber nur selten. Zwar liegen aus der so genannten „doing gender"-Forschung zahlreiche, meist in der ethnographischen Tradition verfasste Beschreibungen darüber vor, wie Jungen oder Mädchen ihre Geschlechtsidentität im Schulalltag ausdrücken oder inszenieren (so z. B. Budde 2005; Faulstich-Wieland et al. 2004), aber dies allein erlaubt keinerlei

Aussagen darüber, ob und wie sich Geschlechtsidentitäten auf Lernfähigkeit, -willigkeit und -chancen auswirken. Solange diese Beschreibungen nicht systematisch in Beziehung gesetzt werden zu Erwartungen darüber, wie genau sich Geschlechtsidentitäten auf bildungsrelevante Größen bzw. Bildungserfolg auswirken, sind diese Studien für die Erklärung von relativem Bildungserfolg oder -misserfolg mangels Beachtung desselben irrelevant.[8] Auch einfache deskriptive Fragen, die auf der Grundlage möglichst umfassender bzw. aussagekräftiger Umfragedaten basieren sollten, wie diejenige danach, wie weit unter Jungen und Mädchen eine Abwehrhaltung gegen die Schule tatsächlich verbreitet ist, sind bislang unbeantwortet. Bei den wenigen Studien, die beides – Präferenzen, motivationale und behaviorale Variablen einerseits und Maße für Bildungserfolg andererseits – berücksichtigen und in Beziehung zueinander setzen, handelt es sich um die international vergleichenden Schulleistungsstudien, und hier haben sich für Deutschland gemischte Befunde ergeben:

> „So konnten beispielsweise Stanat und Kunter ... nachweisen, dass die Geschlechtsunterschiede im ‚Gesamttest Lesen‘ verschwinden, wenn der Einfluss des geringeren Interesses und der geringeren Lesefreude der Jungen statistisch herauspartialisiert wird; umgekehrt fanden aber Köller und Klieme ... keine Mediationseffekte der motivationalen Variable ‚Interesse‘, ‚Leistungsangst‘ und ‚Selbstkonzept in Mathematik‘ für die Erklärung der geringeren Mathematikleistungen der Schülerinnen in TIMSS-III (ähnliche Befunde ergaben sich in PISA)“ (Hannover 2004: 87/88).

Mit Bezug auf Zusammenhangshypothese 3 in der Kausalkette ist also weitere Forschung gefragt.

Wenn das soziale Geschlecht ein Ergebnis der Sozialisation oder genauer gesagt: der geschlechtsspezifischen Sozialisation ist, wäre eine Untersuchung der Zusammenhangshypothese 2 der Kausalkette ebenfalls wichtig, denn Kinder bauen ihre Geschlechtsidentität ja gemäß der Vorgaben hinsichtlich von Geschlechtsrollen auf, die sie in der Welt der Erwachsenen vorfinden, und gemäß der Art und Weise, in der sie selbst als Jungen oder Mädchen angesprochen und behandelt werden. Es ist daher erstaunlich, dass für Deutschland kaum neuere systematische Studien darüber vorliegen, inwieweit und in welcher Weise Eltern ihre Kinder geschlechtsspezifisch erziehen.

Inwieweit eine solche Forschung Aufschlüsse im Hinblick auf differenzielle soziale und emotionale Kompetenz von Jungen und Mädchen geben könnte, mag das folgende Beispiel amerikanischer Studien illustrieren: Kuebli und Fivush (1992) haben festgestellt, dass die Art, wie und wie oft Eltern über Gefühle sprechen, mit dem Geschlecht ihrer Kinder variiert, und zwar bereits dann, wenn die Kinder drei Jahre alt sind. Mit Töchtern sprechen Eltern häufiger über Gefühle allgemein und speziell über negative Gefühle wie Traurigkeit als mit Söhnen. In einer an diesen Befund anschließenden Studie haben Adams et al. (1995)

8 Fairerweise muss man hinzufügen, dass es den Autoren dieser Studien auch nicht um die Erklärung von differenziellem Bildungserfolg geht. Im Vordergrund stehen die Prozesse des „doing gender“ um ihrer selbst willen, sofern nicht die Kritik an (verschiedenen Varianten) der so genannten „hegemonialen Maskulinität“, im Vordergrund steht, die der U.S.amerikanischen Diskussion entliehen ist (vgl. hierzu z. B. Connell 2005; Kerfoot/Knights 1998; Kimmel 1994), wobei man sich fragt, warum der hegemonialen Maskulinität, die häufig – zumindest zum Teil – als eine marginale oder defizitäre Maskulinität beschrieben oder bezeichnet wird (z. B. bei Brandes 2007; Cheng 1999; Connell 2005: 114), so viel Aufmerksamkeit zu Teil wird.

beobachtet, dass dies während des gesamten Vorschulalters der Kinder anhält. Im Alter von knapp sechs Jahren unterscheiden sich die untersuchten Jungen und Mädchen entsprechend des differentiellen Gesprächsverhaltens ihrer Eltern in ihrem eigenen sprachlichen Ausdruck von Emotionen. Ein weiteres bemerkenswertes Ergebnis dieser Studie ist, dass Mütter und Väter mit ihren Töchtern gleichermaßen häufiger und anders über Gefühle sprachen als mit ihren Söhnen. Das heißt, dass allein das Geschlecht des Kindes, nicht das des jeweiligen Elternteils wichtig ist in Bezug darauf, wie und wie oft über Gefühle gesprochen wird, oder anders gesagt: Mütter und Väter scheinen dieselben Vorstellungen darüber zu haben, wie man „angemessen" mit Jungen und Mädchen über Gefühle sprechen sollte. Immerhin liegt mit Bezug auf die Effekte elterlicher Sozialisation auf die Motivation und die Leistungen von Jungen und Mädchen im mathematisch-naturwissenschaftlich-technischen Bereich die Studie von Dresel, Schober und Ziegler vor, die gezeigt hat, dass vermittelt über die Fähigkeitsselbstkonzepte der Kinder ein Effekt der Überzeugungen der Eltern besteht: „Für die Domänen Physik und Mathematik konnte gezeigt werden, dass sich dieses geschlechtskonservative Denken von Eltern kontrastiv auf Jungen und Mädchen auswirkt …: Jungen profitieren im Hinblick auf Motivation und schulisches Leistungshandeln, wenn ihre Eltern traditionellen Geschlechtsstereotypen verbunden sind. … Mädchen werden von der geschlechtskonservativen Erwartung ihrer Eltern, dass sie weniger begabt seien als Jungen, substanziell beeinträchtigt" (Dresel et al. 2007: 77). Wenn man entsprechend vermuten darf, dass Söhne geschlechtskonservativer Eltern von der Überzeugung, dass sie sprachlich weniger begabt seien als Mädchen, hinsichtlich ihrer Lesemotivation und ihrer Leistungen in sprachlichen Fächern beeinträchtigt werden, dann erklärt das einen spezifischen bildungsrelevanten Nachteil, den Jungen gegenüber Mädchen haben. Aber damit die Erklärung der Bildungsnachteile von Jungen durch Geschlechtsidentitäten und geschlechtsspezifisches Verhalten (und damit letztlich durch geschlechtsspezifische Sozialisation) als valide gelten kann, müsste gezeigt werden, dass die männliche Sozialisation auf umfassendere Weise von Vorstellungen und Motiven geprägt ist, die bildungsfördernden Faktoren tatsächlich entgegenstehen. Mangels aktueller Forschung über elterliche Sozialisationspraktiken liegt dies derzeit in weiter Ferne.

Mit dem Verweis auf Sozialisationsagenten verschiebt sich der Fokus von den Jungen und Mädchen im Bildungssystem weg und hin zu den Erwachsenen, die mit ihnen umgehen. Neben den Eltern sind Lehrkräfte die vielleicht einflussreichsten Sozialisationsagenten. In den nächsten beiden Unterkapiteln werden dementsprechend mögliche Erklärungen der Bildungsnachteile von Jungen gegenüber Mädchen vorgestellt, die die Präferenzen und Verhaltensweisen von Lehrkräften beinhalten.

3.3 Die Erklärung durch Feminisierung der Schule

Die Erklärung der Nachteile von Jungen gegenüber Mädchen im Bildungssystem durch die Feminisierung der Schule nimmt als ihren Ausgangspunkt die Beobachtung, dass der Lehrerberuf insofern eine weitgehende Feminisierung erfahren hat als der größte Teil der deutschen Lehrerschaft aus Frauen besteht. So kann man dem Statistischen Jahrbuch aus dem Jahr 2009 (Statistisches Bundesamt 2009: 133, Tabelle 6.3.1) entnehmen, dass im

Schuljahr 2007/08 der Frauenanteil an der hauptberuflichen Lehrerschaft 69 Prozent betrug. Besonders im Primarbereich, aber auch im Sekundarbereich mit Ausnahme des Gymnasiums war die Mehrheit der Lehrerinnen groß: An Grundschulen betrug der Lehrerinnenanteil 88 Prozent, an Hauptschulen 60,5 Prozent, an Realschulen 63 Prozent und an Gymnasien 53 Prozent. Auch an Förderschulen sind Lehrerinnen mit gut 75 Prozent deutlich in der Mehrheit. Diese Verteilung ist im Hinblick auf die Bildungsnachteile von Jungen gegenüber Mädchen wichtig, wenn vermutet wird, dass mit der starken Präsenz von Frauen an Schulen eine Feminisierung der Schulkultur einhergeht, was sich sowohl in der Unterrichtspraxis als auch in der positiven oder negativen Sanktion bestimmter Haltungen und Verhaltensweisen der Schülerinnen und Schüler niederschlagen könnte. Die m. W. früheste ausführliche Darstellung dieses Gedankens stammt von Patricia Sexton, die mit ihrem Buch „The Feminized Male", das im Jahr 1969 erschienen ist, anhaltend für große Aufregung und entsprechende Debatten gesorgt hat. An einer Stelle schreibt sie über das amerikanische Schulsystem am Ende der 1970er-Jahre:

> „Though run at the top by men, schools are essentially feminine institutions, from nursery through graduate school. In the school, women set the standards for adult behavior, and many favor students, male and female, who most conform to their own behavior norms – polite, clean, obedient, neat and nice ones. While there is nothing wrong with this code, for those who like it, it does not give boys (or girls either) much room to flex their muscles – physical or intellectual" (Sexton 1969: 29).

Wenn man davon ausgeht, dass Mädchen aufgrund ihrer geschlechtsspezifischen Sozialisation eine höhere Wahrscheinlichkeit haben, diesen Verhaltensnormen zu entsprechen, kann man vermuten, dass ihr Verhalten den Erwartungen von Lehrerinnen eher entsprechen und daher positiver beurteilt wird als das von Jungen. Als Erklärung für die Bildungsnachteile von Jungen taugt diese Argumentation aber nur, wenn diese Beurteilungen sich (auch) auf Beurteilungen der Motivation und der Leistungsfähigkeit der Kinder beziehen. Eine weniger günstige Beurteilung von Motivation oder Leistungsfähigkeit von Jungen als von Mädchen kann sich niederschlagen in einer weniger günstigen Beurteilung und Wahrnehmung der Leistungen, die Jungen erbringen, durch Lehrerinnen, oder sie kann im Sinne eines Pygmalion-Effektes dazu führen, dass Jungen demotiviert werden oder ein negatives Selbstfähigkeitsbild entwickeln, was sich wiederum negativ auf die von ihnen tatsächlich erbrachten Leistungen auswirkt. Damit ergibt sich für diese Erklärung die folgende Kausalkette:

Abbildung 4 Argumentationskette bei der Erklärung der Nachteile von Jungen gegenüber Mädchen im Bildungssystem durch die Feminisierung der Schule, Variante 1

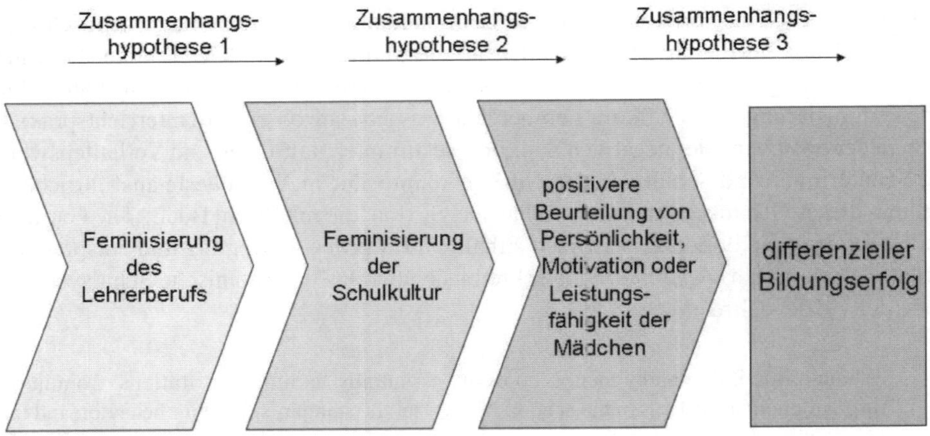

Die Erklärung der Nachteile von Jungen gegenüber Mädchen im Bildungssystem durch die Feminisierung der Schule stößt bei einigen Autoren und – vor allem – Autorinnen auf Widerstand, weil sie mit ihr den Vorwurf an Lehrerinnen verbunden sehen, Jungen bewusst zu diskriminieren. Zwar ist es durchaus möglich, dass Lehrerinnen Jungen bewusst diskriminieren, aber von einer bewussten Diskriminierung von Jungen durch Lehrerinnen wird im Rahmen dieser Erklärung nicht ausgegangen, wie anhand der oben vorgenommenen Beschreibung dieser Erklärung deutlich geworden sein sollte. In einer Variante dieser Erklärung wird dies noch deutlicher, weil in ihr nur insofern ein Effekt von Lehrerinnen postuliert wird als die starke Präsenz von Frauen in den Schulen dazu führt, dass Jungen kein positives Rollenmodell in Person eines männlichen Lehrers zur Verfügung steht.

Die Vorstellung, nach der eine Lehrkraft gleichgeschlechtlichen Schülern als (Geschlechts-) Rollenmodell dient und sie daher besser als eine gegengeschlechtliche Lehrkraft zum Lernen und zur Leistung motiviert und ihnen ein positives Fähigkeitsselbstkonzept vermitteln kann, ist aus der Theorie sozialer Vergleiche nach Festinger abgeleitet, der mit Bezug auf die Einschätzung der eigenen Fähigkeiten in einem bestimmten Feld seine so genannte Ähnlichkeitshypothese aufgestellt hat: „given the range of possible persons for comparison, someone close to one's own ability or opinion will be chosen for comparison" (Festinger 1954: 121). Die „Related-Attribute-Hypothesis" (Wheeler et al. 1982) ist eine Weiterentwicklung der Ähnlichkeitshypothese. Gemäß der Related-Attribute-Hypothesis „[p]eople were thought to seek comparison with others who would be expected to perform at about the same level as themselves, *based on background variables*, to uncover diagnostic standards against which to assess internal attributes and abilities" (Blanton 2001: 79; Hervorhebung d. d. A.). Selbst dann, wenn Personen Geschlecht als für die in Frage stehende Aufgabe, bezüglich derer sie ihre Leistungsfähigkeit einschätzen wollen, irrelevant halten, wählen sie häufiger gleichgeschlechtliche Personen als Vergleichsmaßstäbe als ungleichgeschlechtliche (Feldman/Ruble 1981; Major/Forcey 1985). Speziell mit Bezug auf Frauen hat Miller (1984) festgestellt, dass Frauen, die eine stark ausgeprägte Geschlechtsidentität haben, auch dann gleichgeschlechtliche Personen als Vergleichsmaßstab wählen, wenn „Geschlecht" für die einzuschätzende Eigenschaft irrelevant ist, dass aber Frauen, die sich nicht stark mit einer weiblichen Geschlechtsidentität identifizieren, sich nur dann mit gleichgeschlechtlichen Personen vergleichen, wenn „Geschlecht" für die Einschätzung der in Frage stehenden Eigenschaft relevant, also tatsächlich ein „related attribute" ist. Wenn Gleichgeschlechtlichkeit ein wichtiger Faktor ist, anhand dessen ein Kind sich ein Bild davon zu machen versucht, was es in einer bestimmten Domäne zu leisten im Stande ist, so ist plausibel, dass Jungen in der Person ihrer Lehrerin weniger als Mädchen einen Vergleichsmaßstab bzw. ein Rollenmodell mit Bezug auf das, was sie selbst im schulischen Bereich zu leisten vermögen, sehen (und entsprechend Mädchen in Lehrern). Wenn als Haupteffekt der Feminisierung der Schule gesehen wird, dass es Jungen an Rollenmodellen bzw. Vergleichspersonen mangelt, an denen sie ihre Fähigkeitsselbsteinschätzungen ausrichten und aus denen sie ihre Motivation beziehen können, stellt sich die Argumentationskette für die Erklärung durch die Feminisierung der Schule wie folgt dar:

Abbildung 5 Argumentationskette bei der Erklärung der Nachteile von Jungen gegenüber Mädchen im Bildungssystem durch die Feminisierung der Schule, Variante 2

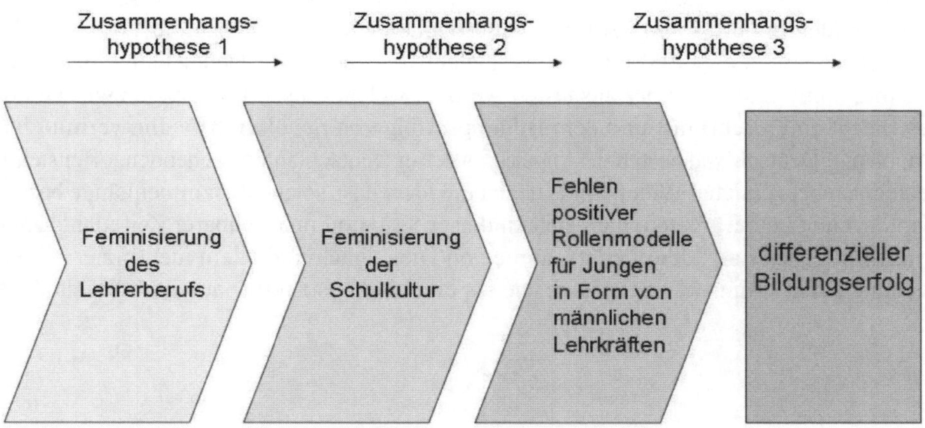

Beide Varianten der Erklärung der Bildungsnachteile von Jungen gegenüber Mädchen durch die Feminisierung der Schule können im Prinzip den doppelten Befund erklären, nach dem diese Nachteile in allen Bundesländern (und außerdem: in vielen Ländern) bestehen, dies aber in unterschiedlichem Ausmaß, nämlich dann, wenn in den betrachteten Ländern der Anteil der Lehrerinnen in der Lehrerschaft variiert. Dies ist der Grund dafür, warum Diefenbach und Klein (2002) in ihrer Studie, die diesen doppelten Befund erbracht hat, die Variable „Anteil der Lehrerinnen an der Lehrerschaft in der Grundschule" auf ihren Zusammenhang mit der

Verteilung von Sekundarschulabschlüssen auf Jungen und Mädchen geprüft haben, und tatsächlich hat sich gezeigt, dass beides statistisch miteinander korreliert: Im Aggregat sind die von Jungen erzielten Sekundarschulabschlüsse umso höherwertiger, je niedriger der Anteil der Lehrerinnen an der Lehrerschaft an Grundschulen ist (Diefenbach/Klein 2002: 953). Auch wenn die Aggregatdatenanalyse diesen Zusammenhang bestätigt, so erlaubt sie doch keine Aufschlüsse darüber, *warum* der Zusammenhang von Geschlecht der Grundschullehrkraft und später erzieltem Sekundarschulabschluss besteht. Notwendig wären Studien, die diesen Zusammenhang oder andere Zusammenhänge zwischen dem Geschlecht einer Lehrkraft und verschiedenen Maßen für von Jungen und Mädchen erbrachte Leistungen prüft. Solche Studien sind aber für Deutschland nicht verfügbar. Wenn Stanat und Bergann schreiben, dass sich der auf der Aggregatebene beobachtete Zusammenhang zwischen dem Anteil weiblicher Grundschullehrkräfte und den von Jungen erzielten Sekundarschulabschlüssen, den Diefenbach und Klein identifiziert haben, nicht auf die Individualebene übertragen lasse (Stanat/Bergann 2009: 521), dann ist dies bis auf Weiteres deswegen so, weil es die hierfür erforderlichen Daten nicht gibt oder sie nicht entsprechend ausgewertet werden[9], aber nicht deshalb, weil gezeigt worden wäre, dass es auf der Individualebene keine Effekte des Geschlechts der Lehrkraft auf die Schüler gebe. Genau dies suggerieren Stanat und Bergann aber mit der Bemerkung: „So konnten Carrington, Tymms und Merrell (2008) auf der Individualebene keinen Zusammenhang zwischen dem Geschlecht von Lehrkräften und Schülerleistungen identifizieren" (Stanat/Bergann 2009: 521). Hier wird – mangels Kenntnis, so bleibt zu hoffen – so getan, als gebe es nur diese eine Studie zum Thema. Dies ist aber nicht der Fall. Vielmehr hat eine Reihe von Studien für Großbritannien und die USA Effekte des Geschlechtes einer Lehrkraft identifiziert (so z. B. Ammermüller/Dolton 2006; Bettinger/Long 2005; Dee 2005, 2007; Ehrenberg et al. 1995). Solange vergleichbare Studien für Deutschland nicht verfügbar sind, kann nichts darüber ausgesagt werden, welche Zusammenhänge zwischen dem Geschlecht einer Lehrkraft und dem Bildungserfolg von Schülern bzw. ihn vermittelnden Variablen in Deutschland bestehen. Angesichts der in Deutschland bestehenden, offensichtlich ideologisch begründeten Widerstände gegen die Idee, dass solche Zusammenhänge bestehen könnten, steht zu befürchten, dass sich an dieser Situation in absehbarer Zeit nichts ändern wird. Inzwischen harrt der oben genannte von Diefenbach und Klein identifizierte Zusammenhang auf der Aggregatebene nach wie vor einer Rekonstruktion auf der Individualebene.

9 Gerade von den international vergleichenden Schulleistungsstudien wie PISA dürfte man erwarten, dass sie das Geschlecht von Lehrkräften erheben, auf seine Effekte hin analysieren und seine relative Bedeutung im Kontext mit anderen den Bildungserfolg erklärenden Variablen feststellen. Während die TIMSS-Studie die Variable „Lehrer-Geschlecht" enthält und von Ammermüller und Dolton (2006) – mit positivem Ergebnis für die These vom Nutzen einer gleichgeschlechtlichen Lehrkraft – auf ihren Effekt auf die Mathematikleistungen von Schülerinnen und Schülern untersucht wurde, tut die PISA-Studie, mit der in Deutschland vorrangig argumentiert wird, dies aus unbekannten Gründen nicht.

3.4 Mangelnde Passung von Schulkultur und Verhaltensstilen von Jungen: Der Versuch einer integrativen Erklärung

Ein eigener Erklärungsversuch der Bildungsnachteile von Jungen gegenüber Mädchen, der auf der Idee basiert, dass Lehrkräfte ebenso wie ihre Schülerinnen und Schüler Präferenzen, Haltungen und Verhaltensweisen aufweisen, die für den Umgang mit den Kindern und die Bewertung ihrer Leistungen in der Schule relevant sind und in Bildungsnachteilen für Jungen resultieren, wurde bereits in Diefenbach 2008 skizziert. Dieser Erklärungsversuch wird hier etwas ausführlicher beschrieben.

Ausgangspunkt dieser Erklärung ist das Konzept vom „guten Schüler“, das Howard Becker (1952) im Zusammenhang mit der Frage beschrieben hat, wie Lehrkräfte ihre Schüler im Hinblick auf deren soziale Schichtzugehörigkeit wahrnehmen. Dabei zeigte sich, dass Lehrkräfte einen Schüler dann für einen „guten“ Schüler halten, wenn er es ihnen ermöglicht oder einfach macht, ihre Arbeit nach eigener Empfindung „gut“ zu machen, d. h. Schüler zur motivierten, disziplinierten Arbeit und zum Lernerfolg zu führen. Über eine der von ihm interviewten Lehrerinnen schreibt Becker:

> „She feels that she has a better chance of success in this area when her pupils are interested in attending and working hard in school, and are trained at home in such a way that they are bright and quick at school work. Her problems arise in teaching those groups who do not meet these specifications, for in these cases her teaching techniques, tailored to the ‚perfect‘ student, are inadequate to cope with the reality, and she is left with a feeling of having failed in performing her basic task“ (Becker 1952: 33).

In Beckers Studie waren es erwartungsgemäß Kinder aus unteren Sozialschichten, die nicht den Erwartungen der Lehrkräfte entsprachen und ihnen daher ihre Arbeit erschwerten. Sie galten daher nicht als „gute“ Schüler:

> „Professionals depend on their environing society to provide them with clients who meet the standards of their image of the ideal client. Social class cultures, among other factors, may operate to produce many clients who, in one way or another, fail to meet these specifications and therefore aggravate one or another of the basic problems of the worker-client relation …“ (Becker 1952: 42).

„Schlechte“ Schüler sind also solche Schüler, die Lehrkräften das Gefühl geben, ihre Arbeit nicht effizient und möglichst reibungslos erledigen zu können, und wann die Arbeit effizient erledigt ist, hängt nicht nur von den persönlichen Überzeugungen einzelner Lehrkräfte ab, sondern vom organisatorischen Kontext der Schule und dem pädagogischen Diskurs, der den Schulalltag prägt.

Nach Basil Bernstein (2000: 13/14) ist jeder pädagogische Diskurs in zwei Teildiskurse untergliedert, einen lehrbezogenen und einen regulativen, wobei der lehrbezogene Diskurs u. a. Vorstellungen darüber enthält, wie Wissen und Fähigkeiten vermittelt werden können und sollen und wie Schüler gemäß ihres Leistungsniveaus oder ihrer Leistungsfähigkeit gruppiert werden können und sollen. Der regulative Diskurs beinhaltet Fragen der notwendigen und erwartbaren Disziplin und der Disziplinierung. Um „gute" Schüler zu sein, müssen Kinder nach Bernstein gute Leistungen, z. B. in Form korrekt bearbeiteter Hausaufgaben oder in Leistungstests, erbringen, aber vor allem denjenigen Verhaltensnormen entsprechen, die die Schule oder die Lehrkräfte festgelegt haben. Die Inhalte des pädagogischen Diskurses prägen die Schulkultur und mit ihr die Ansprüche an einen „guten" Schüler. Schulkultur und Ansprüche an einen „guten" Schüler sind aber durchaus veränderlich und haben sich während der letzten Jahrzehnte vom akademisch fähigen Schüler hin zum emotional und sozial intelligenten Schüler verschoben. Zum Beispiel beschreibt Thornberg den heute im schwedischen Schulsystem gefragten „guten" Schüler als „good citizen who (1) does good to others and does not harm others, (2) functions well in the society and lives by its laws and norms, and (3) takes responsibility and does her or his very best. Critical thinking and the possibility of questioning, critically discussing and abolishing explicit rules are not parts of this picture" (Thornberg 2009: 245). Eine aus Finnland stammende Untersuchung der Werte und Überzeugungen 15-jähriger Schüler und Schülerinnen und ihrer Lehrkräfte hat ergeben, dass es die Schüler und Schülerinnen waren, die mit einem „guten" Schüler u. a. einen fähigen, intelligenten und ehrgeizigen Schüler verbanden, während die Lehrkräfte „imagined an ideal pupil to be honest and broad-minded, valuing self-respect, family security, true friendship and meaning of life" (Verkasalo et al. 1996: 35).

Die Kernthese der Erklärung der Bildungsnachteile von Jungen gegenüber Mädchen durch eine mangelnde Passung von Schulkultur und Verhaltensstilen von Jungen ist nun, dass Jungen deutlich häufiger als Mädchen Verhaltensstile aufweisen, die den Erwartungen an einen „guten" Schüler im lehrbezogenen oder im regulativen Kontext (oder beiden Kontexten) nicht entsprechen und sich dies in der Bewertung ihrer Leistungen negativ niederschlägt. Im Unterschied zu der Erklärung der Bildungsnachteile von Jungen gegenüber Mädchen durch die Feminisierung der Schule postuliert die Erklärung durch mangelnde Passung von Schulkultur und Verhaltensstilen von Jungen einen negativen Effekt der Verhaltensstile von Jungen auf ihren Bildungserfolg, der zwar durch die Lehrkräfte vermittelt ist, aber prinzipiell *unabhängig* von deren Geschlecht ist, und zwar deshalb, weil vermutet wird, dass weibliche und männliche Lehrkräfte im lehrbezogenen und regulativen pädagogischen Kontext und im Interesse einer möglichst effizienten und reibungslosen Erfüllung ihres Auftrages gegenüber ihren Klienten weitgehend übereinstimmen. Dies stellt die beiden Erklärungen aber nicht notwendigerweise in einen Gegensatz zueinander, denn es besteht die Möglichkeit, dass im Rahmen des geteilten pädagogischen Diskurses Lehrerinnen und Lehrer (aufgrund ihrer geschlechtsspezifischen Sozialisation) etwas unterschiedliche Ansprüche und Erwartungen an einen „guten" Schüler haben und der negative Effekt der Verhaltensstile von Jungen auf ihren Bildungserfolg vermittelt über die Lehrkraft bei weiblichen Lehrkräften größer ist als bei männlichen.

Ein Bezug zur Erklärung der Bildungsnachteile von Jungen gegenüber Mädchen durch Geschlechtsidentitäten und geschlechtsspezifische Präferenzen und Verhaltensweisen besteht insofern, als in der Erklärung durch eine mangelnde Passung von Schulkultur und Verhaltensstilen von Jungen vermutet wird, dass Jungen und Mädchen aufgrund geschlechtsspezifischer Sozialisation (d. h. in diesem Zusammenhang: aufgrund der anhaltend unterschiedlichen Reaktionen der Umwelt auf die früher gezeigten Verhaltensstile von Jungen und Mädchen; Chess/Thomas 1991) tendenziell unterschiedliche Verhaltensstile entwickeln. Was die hier vorgeschlagene Erklärung aber von der Erklärung durch Geschlechtsidentitäten und geschlechtsspezifische Präferenzen und Verhaltensweisen unterscheidet, ist, dass diese Präferenzen und Verhaltensweisen nicht als „objektiv“ problematische oder unproblematische (je nachdem) Merkmale von Schülern betrachtet werden, sondern als problematisch oder unproblematisch *vor dem Hintergrund der Inhalte des jeweiligen pädagogischen Diskurses*, an dem ihre Beschulung zu einem bestimmten Zeitpunkt und an einem bestimmten Ort ausgerichtet ist. Damit wird der Tatsache Rechnung getragen, dass Bildungserfolg ein soziales Konstrukt ist und von Bildungsinstitutionen definiert und durch Bildungszertifikate legitimiert wird. Sowohl die Inhalte des öffentlichen pädagogischen Diskurses als auch die Funktionsweise der Bildungsinstitutionen werden also nicht als gegeben und tabu betrachtet, und sie werden als Rahmengeber für Bildungsprozesse berücksichtigt.

Der Vorschlag der Erklärung der Bildungsnachteile von Jungen gegenüber Mädchen durch eine mangelnde Passung von Schulkultur und Verhaltensstilen von Jungen lässt sich wie folgt als Argumentationskette abbilden:

Abbildung 6 Argumentationskette bei der Erklärung der Nachteile von Jungen gegenüber Mädchen im Bildungssystem durch mangelnde Passung von Schulkultur und Verhaltensstilen von Jungen

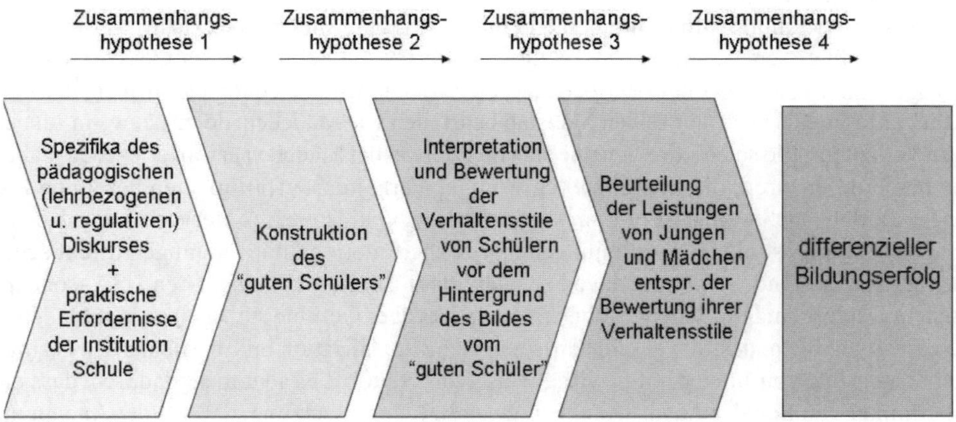

Wenn Lehrkräfte in den verschiedenen deutschen Bundesländern „gute“ Schüler und „guten“ Unterricht im Rahmen insgesamt ähnlicher, aber im Detail bzw. in Teilen variierender pädagogischer Diskurse, wie sie sich u. a. in Schulgesetzen, Lehr- bzw. Rahmenplänen für den Fachunterricht und in Handreichungen niederschlagen, definieren (müssen), könnte dies den von Diefenbach und Klein erbrachten doppelten Befund erklären. Mit Bezug auf diesen Befund und Befunde aus der PISA-Studie argumentiert Hannover in diesem Sinn:

> „Möglicherweise wird der pädagogische Alltag in den Schulen der neuen Bundesländer noch durch während der DDR-Zeit propagierte Erziehungsziele beeinflusst, so dass positive Arbeits

tugenden (die Mädchen häufiger mitbringen) besonders gewertschätzt bzw. normabweichende Verhaltensweisen (die Jungen häufiger zeigen) besonders stark sanktioniert werden" (Hannover 2004: 88).

Mehrere Studien aus den USA belegen, dass Kinder tatsächlich um so erfolgreicher in der Schule sind, je besser ihr Verhaltensstil dem entspricht, was im Kontext des Schulalltags als erforderlich oder wünschenswert erachtet wird (Lerner 1983; Lerner et al. 1985), und ebenso gibt es Studien, die zeigen, dass Jungen tendenziell andere Verhaltensstile aufweisen als Mädchen (u. a. Hagekull/Bohlin 1992; Martin et al. 1997). Eine deutsche Studie von Berg et al. (2006) erbringt einen ersten Beleg dafür, dass tatsächlich „für das Lernen und die Entwicklung [...] das Ökosystem Schule für Jungen ungünstiger als für Mädchen" (Berg et al. 2006: 13) ist. Anhand eines standardisierten Fragebogens wurden 17 Klassenlehrer und -lehrerinnen in Bayern und Berlin danach gefragt, welche Verhaltensstile sie von in der Schule erfolgreichen Jungen und Mädchen erwarten. Die Schüler in den Klassen dieser Lehrkräfte wurden aufgefordert, das eigene Verhalten anhand standardisierter Vorgaben zu beschreiben. Die Studie ergab, dass Jungen und Mädchen ihre Verhaltensstile tatsächlich unterschiedlich beschreiben und dass 15 der 17 Lehrkräfte unterschiedliche Verhaltensstile bei erfolgreichen Jungen und erfolgreichen Mädchen erwarten, so z. B. in Bezug auf Ungehorsam, den sie bei erfolgreichen Jungen, aber nicht bei erfolgreichen Mädchen erwarten, oder in Bezug auf Phantasie und Emotionalität, die beide bei erfolgreichen Mädchen erwartet werden, aber nicht bei erfolgreichen Jungen. Bei Letzteren erwarten die Lehrkräfte stattdessen Realitätsbezogenheit und Rationalität (Berg et al. 2006: 26). Die Untersuchung ergab auch, dass die Lehrkräfte Jungen nach demselben Maßstab beurteilen wie Mädchen, denn „... wenn Jungen ihre Verhaltensstile so beschreiben wie sie von Lehrern bei Mädchen erwartet werden, haben sie bessere Zensuren, die Lehrer stellen weniger Verhaltensauffälligkeiten bei ihnen fest, und es besteht auch weniger Beratungsbedarf" (Berg et al. 2006: 36; Hervorhebung d. d. A.). In dieser Studie ist also u. a. eine jungenuntypische Emotionalität für Jungen direkt schulerfolgsrelevant, und wenn man davon ausgeht, dass Eltern nicht nur in den USA, sondern auch in Deutschland mit Jungen weniger und anders über Gefühle sprechen als mit Mädchen, so kann man sagen, dass die geschlechtsspezifische Sozialisation im Elternhaus den geringeren Schulerfolg von Jungen auf gewisse Weise vorbereitet, dies aber nicht dadurch, dass ein bestimmter emotionaler Ausdruck eine notwendige Voraussetzung z. B. für die Aneignung geometrischer Formeln oder eines bestimmten sprachlichen Ausdrucksstils wäre, sondern insofern als Jungen und Mädchen während der Sozialisation unterschiedliche Verhaltensstile entwickeln und diese von Lehrkräften auch erwartet werden, Jungen und Mädchen aber dennoch anhand derselben Maßstäbe beurteilt werden. Eine Sensibilisierung von Lehrkräften für die Unterschiedlichkeit von Jungen und Mädchen im Zuge einer geschlechtsbewussten Pädagogik oder eines umfassenderen „gender mainstreaming" dürfte vor diesem Hintergrund keinen Beitrag dazu erbringen, die Bildungsnachteile von Jungen gegenüber Mädchen zu verringern – eher im Gegenteil.

In der Studie von Berg et al. (2006) werden die Lehrkräfte nicht nach Geschlecht unterschieden, so dass sie leider keinen Aufschluss darüber gibt, ob sich jungentypisches Verhalten auf das Unterrichtsverhalten und die Leistungsbewertung von Lehrern und von Lehrerinnen gleichermaßen negativ auswirkt. Einmal mehr muss festgestellt werden: Zu dieser Frage gibt es bislang keine empirischen Befunde.

4 Schluss

Bereits für den Beginn der 1990er-Jahre lässt sich anhand der Daten der allgemeinen Bildungsstatistik belegen, dass für Jungen Nachteile gegenüber Mädchen im Bildungssystem Deutschlands bestehen, und nichts spricht dagegen, dass sich dieser Befund auch für die 1980er-Jahre replizieren lässt. Tatsächlich ist unbekannt, wann genau die z. B. von Dahrendorf in den 1960er-Jahren konstatierten Bildungsnachteile von Mädchen ausgeglichen waren und sich in Bildungsvorteile verkehrt haben. Aber es ist sicherlich nicht ganz korrekt, von Jungen als neuen Bildungsverlierern zu sprechen; korrekt ist vielmehr, von Jungen als *neu entdeckten* Bildungsverlierern zu sprechen: Erst zu Beginn der 2000er-Jahre wurden die ersten aussagekräftigen Befunde hierzu generiert, publiziert und langsam, aber mit der Zeit immer stärker, akzeptiert (obwohl sich einige Kollegen wie in Kapitel 1 bereits angesprochen noch in der Verleugnungs- oder Relativierungsphase befinden). Fest steht, dass diesbezüglich – auch von Ungleichheits- und Bildungsforschern – eine Entwicklung regelrecht verschlafen wurde.

Hinsichtlich der Erklärung der Bildungsnachteile von Jungen gegenüber Mädchen ist festzuhalten, dass es derzeit zwar eine angeregte Diskussion über mögliche Erklärungen gibt, die Diskussion aber zwei grundlegende Mängel hat: Zum einen leidet sie an einem Mangel systematisch auf bestimmte Erklärungen bezogener Forschung. Zum anderen leidet sie daran, dass sie häufig das zu erklärende Phänomen *in der Form, wie es sich darstellt*, aus den Augen verliert. Zwar ist es für bestimmte Erklärungsvorschläge grundlegend wichtig, wenn Zusammenhänge zwischen z. B. Sozialisationspraktiken von Eltern und geschlechtsspezifischem Verhalten von Jungen und Mädchen identifiziert werden, aber solche Zusammenhänge ergeben noch keine Erklärung für die umfassende Bildungsungleichheit zwischen Jungen und Mädchen, wie sie sich in den erzielten Sekundarschulabschlüssen niederschlägt und insbesondere keine Erklärung dafür, welche Mechanismen dafür sorgen, dass diese Ungleichheit ohne Ausnahme in allen Bundesländern zu beobachten ist, aber gleichzeitig z. T. stark in ihrem Ausmaß variiert. Die Bildungsnachteile von Jungen gegenüber Mädchen sind eben nicht nur ein Thema für Bildungsforscher aus verschiedenen sozialwissenschaftlichen Disziplinen, sondern auch (und aufgrund ihrer Implikationen für den weiteren Lebensverlauf von Jungen und Mädchen vielleicht noch mehr) für die soziale Ungleichheitsforschung. Weil sowohl Bildung als auch Ungleichheit soziale Phänomene sind und daher zwar auf der Individualebene *rekonstruierbar,* aber nicht auf sie *reduzierbar* sind (Büschges et al. 1995: 3), werden sich Forscher, die sich mit diesen Phänomenen beschäftigen, mit dem Gedanken anfreunden müssen, die Funktionsweisen von Institutionen (und die Eigenschaften und Verhaltensweisen ihrer Repräsentanten) stärker als bisher in den Blick zu nehmen.

Literatur

Adams, Susan/Kuebli, Janet/Boyle, Patricia A./Fivush, Robyn (1995): Gender Differences in Parent-Child Conversations About Past Emotions. A Longitudinal Investigation. In: Sex Roles 33.5/6. 309–323

Ammermüller, Andreas/Dolton, Peter (2006): Pupil-Teacher Gender Interaction Effects on Scholastic Outcomes in England and the USA. Discussion Paper No. 06-060. Mannheim: Zentrum für Europäische Wirtschaftsforschung

Archer, John (Hrsg.) (1994): Male Violence. London: Routledge

Autorengruppe Bildungsberichterstattung (2008): Bildung in Deutschland 2008. Ein indikatorengestützter Bericht mit einer Analyse zu Übergängen im Anschluss an den Sekundarbereich I. Im Auftrag der Ständigen Konferenz der Kultusminister der Länder in der Bundesrepublik Deutschland und des Bundesministeriums für Bildung und Forschung. Bielefeld: Bertelsmann

Avenarius, Hermann/Ditton, Hartmut/Döbert, Hans/Klemm, Klaus/Klieme, Eckhard/Rürup, Matthias/Tenorth, Heinz-Elmar/Weishaupt, Horst/Weiß, Manfred (2003): Bildungsbericht für Deutschland. Erste Befunde. Opladen: Leske + Budrich

Baumert, Jürgen/Trautwein, Ulrich/Artelt, Cordula (2003): Schulumwelten – institutionelle Bedingungen des Lehrens und Lernens. In: Deutsches PISA-Konsortium (2003): 261–331

Becker, Howard (1952): Social-class Variations in the Teacher-Pupil Relationship. In: Journal of Educational Sociology 25.8. 451–465

Berg, Detlef/Scherer, Lukas/Oakland, Thomas/Tisdale, Timothy (2005): Verhaltensauffälligkeiten und schwache Leistungen von Jungen in der Schule – die Bedeutung des Temperaments. Bamberg: Otto-Friedrich-Universität Bamberg, Professur für Psychologie mit schulpsychologischem Schwerpunkt. Verfügbar unter: www.opus-bayern.de/uni-bamberg/volltexte/2006/79

Bernstein, Basil (2000): Pedagogy, Symbolic Control and Identity. Theory, Research, Critique. Oxford: Rowman & Littlefield

Bernstein, Basil (1990): Class, Codes and Control, Volume IV: The Structuring of Pedagogic Discourse. London: Routledge

Bettinger, Eric P./Long, Bridget Terry (2005): Do Faculty Serve as Role Models? The Impact of Instructor Gender on Female Students. In: The American Economic Review 95.2. 152–157

Birbaumer, Niels/Schmidt, Robert F. (2005): Kognitive Funktionen und Denken. In: Schmidt/Lang (2005): 259–271

Blanton, Hart (2001): Evaluating the Self in the Context of Another: The Three-Selves Model of Social Comparison Assimilation and Contrast. In: Moskowitz (2001): 75–87

Bos, Wilfried/Lankes, Eva-Maria/Prenzel, Manfred/Schwippert, Knut/Walther, Gerd/Valtin, Renate (Hrsg.) (2003a): Erste Ergebnisse aus IGLU. Schülerleistungen am Ende der vierten Jahrgangsstufe im internationalen Vergleich. Münster: Waxmann

Bos, Wilfried/Lankes, Eva-Maria/Schwippert, Knut/Valtin, Renate/Voss, Andreas/Badel, Isolde/Plaßmeier, Nike (2003b): Lesekompetenzen deutscher Grundschülerinnen und Grundschüler am Ende der vierten Jahrgangsstufe im internationalen Vergleich. In: Bos et al. (2003a): 69–142

Brain, Caroline (1998): Biological Contributions to Atypical Gender Identity Development. In: Di Ceglie (1998): 63–78

Brandau, Johannes (2004): Das ADHS-Puzzle. Systemisch-evolutionäre Aspekte, Unfallrisiko und klinische Perspektiven. Wien: Springer

Brandes, Holger (2007): Hegemonic Masculinities in East and West Germany. In: Men and Masculinities 10.2. 178–196

Brod, Harry/Kaufman, Michael (Hrsg.) (1994): Theorizing Masculinities. Thousand Oaks: Sage

Budde, Jürgen (2005): Männlichkeit und gymnasialer Alltag. Doing Gender im heutigen Bildungssystem. Bielefeld: transcript

Büschges, Günter/Abraham, Martin/Funk, Walter (1995): Grundzüge der Soziologie. München: Oldenbourg

Buss, David M. (Hrsg.) (2005): The Handbook of Evolutionary Psychology. Hoboken: John Wiley & Sons

Byrnes, James P./Miller, David C./Schafer, William D. (1999): Gender Differences in Risk Taking: A Meta-Analysis. In: Psychological Bulletin 125.3. 367–383

Cheng, Cliff (1999): Marginalized Masculinities and Hegemonic Masculinity: An Introduction. In: The Journal of Men's Studies 7.3. 295–315

Chess, Stella/Thomas, Alexander (1991): Temperament and the Concept of Goodness-of-Fit. In: Strelau/Angleitner (1991): 15–28

Clar, Günter/Doré, Julia/Mohr, Hans (Hrsg.) (1997): Humankapital und Wissen. Grundlagen einer nachhaltigen Entwicklung. Berlin: Springer

Cohen-Bendahan, Celina C.C./van de Beek, Cornelieke/Berenbaum, Sheri A. (2005): Parental Sex Hormone Effects on Child and Adult Sex-Typed Behavior: Methods and Findings. In: Neuroscience and Biobehavioral Reviews 29.2. 353–384

Connell, Robert W. (2005): Masculinities. Cambridge: Polity Press

Cornelißen, Waltraud (Hrsg.) (2005): Gender-Datenreport. 1. Datenreport zur Gleichstellung von Frauen und Männern in der Bundesrepublik Deutschland im Auftrag des Bundesministeriums für Familie, Senioren, Frauen und Jugend. 2. Fassung. München: Deutsches Jugendinstitut

Cornelißen, Waltraud (2003): Bildungsvorsprung für Mädchen ist bitter notwendig. In: Frankfurter Rundschau Nr. 175, 30.07.2003. WB 5

Crawford, Charles B./Krebs, Dennis (Hrsg.) (2008): Foundations of Evolutionary Psychology. New York: Lawrence Erlbaum

Crick, Nicki R./Grotpeter, Jennifer K. (1995): Relational Aggression, Gender, and Social-Psychological Adjustment. In: Child Development 66.3. 710–722

Dahrendorf, Ralf (1965): Bildung ist Bürgerrecht. Hamburg: Nannen

Daly, Martin/Wilson, Margo (1994): Evolutionary Psychology of Male Violence. In: Archer (1994): 253–288

Davies, Alastair P.C./Shackelford, Todd K. (2008): Two Human Natures. How Men and Women Evolved Different Psychologies. In: Crawford/Krebs (2008): 261–280

Dee, Thomas S. (2007): Teachers and the Gender Gaps in Student Achievement. In: The Journal of Human Resources 42.3. 528–554

Dee, Thomas S. (2005): A Teacher Like Me: Does Race, Ethnicity, or Gender Matter? In: The American Economic Review 95.2. 158–165

Deutsches PISA-Konsortium (2003): PISA 2000. Ein differenzierter Blick auf die Länder der Bundesrepublik Deutschland. Opladen: Leske + Budrich

Di Ceglie, Domenico/Freeman, David (Hrsg.) (1998): A Stranger in My Own Body. Atypical Gender Identity Development and Mental Health. London: H. Karnac

Diefenbach, Heike (2008): Jungen und schulische Bildung. In: Matzner/Tischner (2008a): 92–108

Diefenbach, Heike (2007): Die schulische Bildung von Jungen und jungen Männern in Deutschland. In: Hollstein/Matzner (2007): 101–115

Diefenbach, Heike/Klein, Michael (2002): ‚Bringing Boys Back In‘. Soziale Ungleichheit zwischen den Geschlechtern im Bildungssystem zuungunsten von Jungen am Beispiel der Sekundarschulabschlüsse. In: Zeitschrift für Pädagogik 48.6. 938–958

Dresel, Markus/Schober, Barbara/Ziegler, Albert (2007): Golem und Pygmalion. Scheitert die Chancengleichheit von Mädchen im mathematisch-naturwissenschaftlich-technischen Bereich am geschlechtsstereotypen Denken der Eltern? In: Ludwig/Ludwig (2007): 61–81

Ehrenberg, Ronald G./Goldhaber, Daniel D./Brewer, Dominic J. (1995): Do Teachers' Race, Gender, and Ethnicity Matter? Evidence From the National Educational Longitudinal Study of 1988. In: Industrial and Labor Relations Review 48.3. 547–561

Einstein, Gillian (Hrsg.) (2007): Sex and the Brain. Cambridge: MIT

Elman, Cheryl/O'Rand, Angela M. (2004): The Race Is to the Swift: Socioeconomic Origins, Adult Education, and Wage Attainment. In: American Journal of Sociology 110.1. 123–160

Esser, Hartmut (2001): Integration und ethnische Schichtung. Mannheimer Zentrum für Europäische Sozialforschung – Arbeitspapier Nr. 40. Mannheim: Mannheimer Zentrum für Europäische Sozialforschung

Faulstich-Wieland, Hannelore/Weber, Martina/Willems, Katharina (2004): Doing Gender im heutigen Schulalltag. Empirische Studien zur sozialen Konstruktion von Geschlecht in schulischen Interaktionen. Weinheim: Juventa

Fausto-Sterling, Anne (1985): Myths of Gender: Biological Theories about Women and Men. NewYork: Basic Books

Feingold, Alan (1988): Cognitive Gender Differences are Disappearing. In: American Psychologist 43.2. 95–103

Feldman, Nina S./Ruble, Diane N. (1981): Social Comparison Strategies: Dimensions Offered and Options Taken. In: Personality and Social Psychology Bulletin 7.1. 11–16

Festinger, Leon (1954): A Theory of Social Comparison Processes. In: Human Relations 7.2. 117–140

Frommelt, Bernd/Klemm, Klaus/Rösner, Ernst/Tillmann, Klaus-Jürgen (Hrsg.) (2000): Schule am Ausgang des 20. Jahrhunderts. Gesellschaftliche Ungleichheit, Modernisierung und Steuerungsprobleme im Prozess der Schulentwicklung. Weinheim: Juventa

Goffman, Erving (2001): Interaktion und Geschlecht. Frankfurt a.M.: Campus

Hagekull, Berit/Bohlin, Gunilla (1992): Prevalence of Problematic Behaviors in Four-Year-Olds. In: Scandinavian Journal of Psychology 33.4. 359–369

Hakim, Catherine (2002): Lifestyle Preferences as Determinants of Women's Differentiated Labor Market Careers. In: Work and Occupations 29.4. 428–459

Hakim, Catherine (2000): Work-Lifestyle Choices in the 21st Century Preference Theory. Oxford: Oxford University Press
Hannover, Bettina (2004): Gender Revisited. Konsequenzen aus PISA für die Geschlechterfrage. In: Lenzen/Baumert/Watermann/Trautwein (2004): 81–99
Haussman, Melissa/Sauer, Birgit (Hrsg.) (2007): Gendering the State in the Age of Globalization. Women's Movements and State Feminism in Postindustrial Democracies. Lanham: Rowman & Littlefield
Herpertz-Dahlmann, Beate/Resch, Franz/Schulte-Markwort, Michael/Warnke, Andreas (Hrsg.) (2008): Entwicklungspsychiatrie. Biopsychologische Grundlagen und die Entwicklung psychischer Störungen. Stuttgart: Schattauer
Hollstein, Walter/Matzner, Michael (Hrsg.) (2007): Soziale Arbeit mit Jungen und Männern. München: Ernst Reinhardt
Holtappels, Heinz Günter (2005): Schulische Bildung. In: Tippelt (2005): 293–314
Hyde, Janet S. (1990): Meta-analysis and the Psychology of Gender Differences. In: Signs: Journal of Women in Culture and Society 16.11. 55–73
Kemnade, Ingrid (1989): Schullaufbahnen und Durchlässigkeit in der Sekundarstufe I. Empirische Untersuchung von Schülerkarrieren in der Stadt Bremen. Frankfurt a. M.: Peter Lang
Kerfoot, Deborah/Knights, David (1998): Managing Masculinity in Contemporary Organizational Life: A ‚man'agerial Project. In: Organization 5.1. 7–26
Kimmel, Michael S. (1994): Masculinity as Homophobia: Fear, Shame, and Silence in the Construction of Gender Identity. In: Brod/Kaufman (1994): 119–141
Krapp, Andreas/Weidenmann, Bernd (Hrsg.) (2001): Pädagogische Psychologie. Weinheim: Beltz
Krohne, Julia Ann/Meier, Ulrich/Tillmann, Klaus-Jürgen (2004): Sitzenbleiben, Geschlecht und Migration. Klassenwiederholungen im Spiegel der PISA-Daten. In: Zeitschrift für Pädagogik 50.3. 373–391
Kuebli, Janet/Fivush, Robyn (1992): Gender Differences in Parent-Child Conversations About Past Emotions. In: Sex Roles 27.11/12. 683–698
Kühnlein, Gertrud/Paul-Kohlhoff, Angela (1996): Die Entwicklung von Berufswahlorientierungen und Lebenskonzepten bei Mädchen und jungen Frauen. Offene Fragen der Berufsbildungsforschung. In: Schober/Gaworek (1996): 113–125
Lagerspetz, Kirsti M. J./Björkqvist, Kaj/Peltonen, Tarja (1988): Is Indirect Aggression More Typical of Females? Gender Differences in Aggressiveness in 11- to 12-year-old Children. In: Aggressive Behavior 14.6. 403–414
Laland, Kevin N./Brown, Gillian R. (2002): Sense and Nonsense: Evolutionary Perspectives on Human Behaviour. Oxford: Oxford University Press
Largo, Remo H. (2008): Wachstum und Entwicklung. In: Herpertz-Dahlmann/Resch/Schulte-Markwort/Warnke (2008): 118–153
Lehmann, Rainer H./Gänsfuß, Rüdiger/Peek, Rainer (2000): Aspekte der Lernausgangslage und der Lernentwicklung. Bericht über die Erhebung im September 1998 (LAU 7). Verfügbar unter: http://lbs.hh.schule.de/welcome.phtml?unten=/schulentwicklung/lau/lau7/Kap5_3.htm
Lehmann, Rainer H./Peek, Rainer, unter Mitarbeit von Rüdiger Gänsfuß (1997): Aspekte der Lernausgangslage von Schülerinnen und Schülern der fünften Klassen an Hamburger Schulen. Bericht über die Untersuchung im September 1996. Hamburg: Behörde für Schule, Jugend und Berufsbildung
Lenzen, Dieter/Baumert, Jürgen/Watermann, Rainer/Trautwein, Ulrich (Hrsg.) (2004): PISA und die Konsequenzen für die erziehungswissenschaftliche Forschung. Beiheft 3-04 zur Zeitschrift für Erziehungswissenschaft. Wiesbaden: VS Verlag für Sozialwissenschaften
Lerner, Jacqueline V. (1983): The Role of Temperament in Psychosocial Adaptation in Early Adolescents. A Test of a ‚Goodness-of-Fit' Model. In: Journal of Genetic Psychology 143.2. 149–157
Lerner, Jacqueline V./Lerner, Richard M./Zabski, Stacia (1985): Temperament and Elementary School Children's Actual and Rated Academic Performance. A Test of a ‚Goodness-of-Fit' Model. In: Journal of Child Psychology and Psychiatry 26.1. 125–136
Ludwig, Peter H./Ludwig, Heidrun (Hrsg.) (2007): Erwartungen in himmelblau und rosarot. Effekte, Determinanten und Konsequenzen von Geschlechterdifferenzen in der Schule. Weinheim: Juventa
Lulat, Y. G-M. (2005): A History of African Higher Education from Antiquity to the Present. A Critical Synthesis. Westport: Praeger
Major, Brenda/Forcey, Blythe (1985): Social Comparisons and Pay Evaluations: Preferences for Same-sex and Same-job Wage Comparisons. In: Journal of Experimental Social Psychology 21.4. 393–405
Martin, Roy P./Wisenbaker, Joseph/Baker, Jean./Huttunen, Matti O. (1997): Gender Differences in Temperament at Six Months and Five Years. In: Infant Behavior and Development 20.3. 339–347
Matzner, Michael/Tischner, Wolfgang (Hrsg.) (2008a): Handbuch Jungen-Pädagogik. Weinheim: Beltz
Matzner, Michael/Tischner, Wolfgang (2008b): Einleitung. In: Matzner/Tischner (2008a): 9–15

McNamee, Stephen J./Miller, Robert K. Jr. (2004): The Meritocracy Myth. Lanham: Rowman & Littlefield
Mietzel, Gerd (1998): Pädagogische Psychologie des Lernens und Lehrens. Göttingen: Hogrefe
Miller, Carol T. (1984): Self-schemas, Gender, and Social Comparison. A Clarification of the Related Attributes Hypothesis. In: Journal of Personality and Social Psychology 46.6. 1222–1229
Moskowitz, Gordon B. (Hrsg.) (2001): Cognitive Social Psychology. The Princeton Symposium on the Legacy and Future of Social Cognition. Mahwah: Lawrence Erlbaum
Nissen, Ursula/Keddi, Barbara/Pfeil, Patricia (2003): Berufsfindungsprozesse von Mädchen und jungen Frauen. Erklärungsansätze und empirische Befunde. Opladen: Leske + Budrich
Nyssen, Elke (2000): Benachteiligung von Mädchen – ein erledigtes Problem? In: Frommelt et al. (2000): 59–79
PISA-Konsortium Deutschland (Hrsg.) (2007): PISA 2006: Die Ergebnisse der dritten internationalen Vergleichsstudie. Münster: Waxmann
Prenzel, Manfred (2007): PISA 2006: Wichtige Ergebnisse im Überblick. In: PISA-Konsortium Deutschland (2007): 13–30
Prenzel, Manfred/Geiser, Helmut/Langeheine, Rolf/Lobemeier, Kirstin (2003): Das naturwissenschaftliche Verständnis am Ende der Grundschule. In: Bos/Lankes/Prenzel/Schwippert/Walther/Valtin (2003a): 143–187
Quenzel, Gudrun/Hurrelmann, Klaus (2010): Geschlecht und Schulerfolg: Ein soziales Stratifikationsmuster kehrt sich um. In: Kölner Zeitschrift für Soziologie und Sozialpsychologie 62.1 (i. E.)
Schmidt, Robert F./Lang, Florian (Hrsg.) (2005): Physiologie des Menschen mit Pathophysiologie. Heidelberg: Springer
Schober, Karen/Gaworek, Maria (Hrsg.) (1996): Berufswahl: Sozialisations- und Selektionsprozesse an der ersten Schwelle. Nürnberg: Institut für Arbeitsmarkt- und Berufsforschung der Bundesanstalt für Arbeit
Schrader, Friedrich-Wilhelm/Helmke, Andreas (2002): Alltägliche Leistungsbeurteilung durch Lehrer. In: Weinert (2002): 45–58
Sexton, Patricia (1969): The Feminized Male. Classrooms, White Collars & the Decline of Manliness. New York: Random House
Stanat, Petra/Bergann, Susanne (2009): Geschlechtsbezogene Disparitäten in der Bildung. In: Tippelt/Schmidt (2009): 513–528
Statistisches Bundesamt Deutschland (Hrsg.) (2009): Statistisches Jahrbuch 2009 für die Bundesrepublik Deutschland. Wiesbaden: Statistisches Bundesamt
Steiner, Viktor/Lauer, Charlotte (2000): Private Erträge von Bildungsinvestitionen in Deutschland. Discussion Paper No. 00-18. Mannheim: Zentrum für Europäische Wirtschaftsforschung (ZEW)
Strauss, John/Gertler, Paul/Rahman, Omar/Fox, Kristin (1993): Gender and Life-Cycle Differentials in the Patterns and Determinants of Adult Health. In: Journal of Human Ressources 28.4. 791–837
Strelau, Jan/Angleitner, Alois (Hrsg.) (1991): Explorations in Temperament: International Perspectives on Theory and Measurement. New York: Plenum
Stürzer, Monika (2005): Bildung, Ausbildung und Weiterbildung. In: Cornelißen (2005): 21–98
Thornberg, Robert (2009): The Moral Construction of the Good Pupil Embedded in School Rules. In: Education, Citizenship, and Social Justice 4.3. 245–261
Tippelt, Rudolf (Hrsg.) (2005): Handbuch Bildungsforschung. Wiesbaden: VS Verlag für Sozialwissenschaften
Tippelt, Rudolf/Schmidt, Bernhard (Hrsg.) (2009): Handbuch Bildungsforschung. Wiesbaden: VS Verlag für Sozialwissenschaften
Tücke, Manfred (2005): Psychologie in der Schule, Psychologie für die Schule. Eine themenzentrierte Einführung in die pädagogische Psychologie für (zukünftige) Lehrer. Münster: LIT
Velling, Johannes/Pfeiffer, Friedhelm (1997): Unzulängliche Nutzung von Humankapital. In: Clar/Doré/Mohr (1997): 197–219
Verkasalo, Markku/Tuomivaara, Pauliina/Lindeman, Marjaana (1996): 15-year-old Pupils' and Their Teachers' Values, and Their Beliefs About the Values of an Ideal Pupil. In: Educational Psychology 16.1. 35–47
Walther, Gerd/Geiser, Helmut/Langeheine, Rolf/Lobemeier, Kirstin (2003): Mathematische Kompetenzen am Ende der vierten Jahrgangsstufe. In: Bos/Lankes/Prenzel/Schwippert/Walther/Valtin (2003a): 189–226
Weinert, Franz E. (Hrsg.) (2002): Leistungsmessungen in Schulen. Weinheim: Beltz
Wheeler, Ladd/Koestner, Richard/Driver, Robert E. (1982): Related Attributes in the Choice of Comparison Others: It's There, but it Isn't All There is. In: Journal of Experimental Social Psychology 18.6. 489–500
Wild, Klaus-Peter/Krapp, Andreas (2001): Pädagogisch-psychologische Diagnostik. In: Krapp/Weidenmann (Hrsg.) (2001): 513–563

Geschlecht der Lehrer und Kompetenzentwicklung der Schüler

Marcel Helbig

1 Einleitung

In vielen Ländern wird im allgemeinbildenden Schulsystem von einer „boy's crisis" (Dammasch 2007; Pollack 2006) gesprochen. Mädchen sind mittlerweile in fast allen Ländern der EU und der OECD das erfolgreichere Geschlecht im sekundären und tertiären Bildungssystem. Sie haben höhere Lesekompetenzen als die Jungen (Aktionsrat Bildung 2009; Cole 1997; Hedges/Nowell 1995; Nowell/Hedges 1998; OECD 2009a; Wagemaker et al. 1996; Willingham/Cole 1997), deutlich höhere Schreibkompetenzen (Hedges/Nowell 1995; IES 2009; Nowell/Hedges 1998) und haben selbst in den ehemaligen Leistungsdomänen der Jungen, Mathematik (Baker/Jones 1993; Cole 1997; Hedges/Nowell 1995; Holmund/Sund 2008; Willingham/Cole 1997) und Naturwissenschaften (Cole 1997; Nowell/Hedges 1998; Willingham/Cole 1997), gegenüber den Jungen aufgeholt bzw. diese in einigen Ländern sogar überholt (Deutsches Pisa-Konsortium 2007). Die Mädchen bekommen die besseren Noten in allen Hauptfächern (AAUWEF 1998; Buchmann et al. 2008; Cole 1997; Perkins et al. 2004; Pomerantz et al. 2002; Steinmayr/Spinath 2008; Stricker et al. 1993; Valtin et al. 2005; Willingham/Cole 1997), haben heute in fast allen Ländern einen höheren Anteil an Personen mit höheren Schulabschlüssen (Bacher et al. 2008; Hannover 2004; StBa 2008) und beginnen in der Folge häufiger ein Studium (Eurostat 2009; OECD 2009b).

Gleichzeitig zu den gestiegenen Chancen der Mädchen gegenüber den Jungen, im Bildungssystem erfolgreich zu sein, ist in fast allen Ländern der EU und der OECD der Frauenanteil bei den Lehrkräften angestiegen. In einigen Ländern wie den baltischen Staaten und Bulgarien sind mittlerweile über 80 Prozent der Lehrkräfte im allgemeinbildenden Schulsystem weiblich (Eurostat 2009).

Interpretiert als sogenannte „Feminisierung der Schule" sehen einige Autoren darin den Hauptgrund der schlechten Bildungschancen von Jungen gegenüber Mädchen (Arnot et al. 1998; Budde 2008; Dee 2007; Diefenbach/Klein 2002; Driessen 2007; Hannan 2001; Horstkemper 1999b; Preuss-Lausitz 2005; Rose/Schmauch 2005; Sexton 1969).

Misst man Bildungserfolg an den Personen, die ein Hochschulstudium beginnen (ISCED 5a), so lässt sich auf Länderebene ein Zusammenhang zwischen geschlechtsspezifischem Bildungserfolg und Lehrerinnenanteil an der gesamten Lehrerschaft feststellen.

Abbildung 1 Korrelation zwischen dem Anteil weiblicher Lehrer an allen Lehrern und dem Anteil von weiblichen Studienanfängern an allen Studienanfängern in 31 Ländern der OECD und EU (2007)

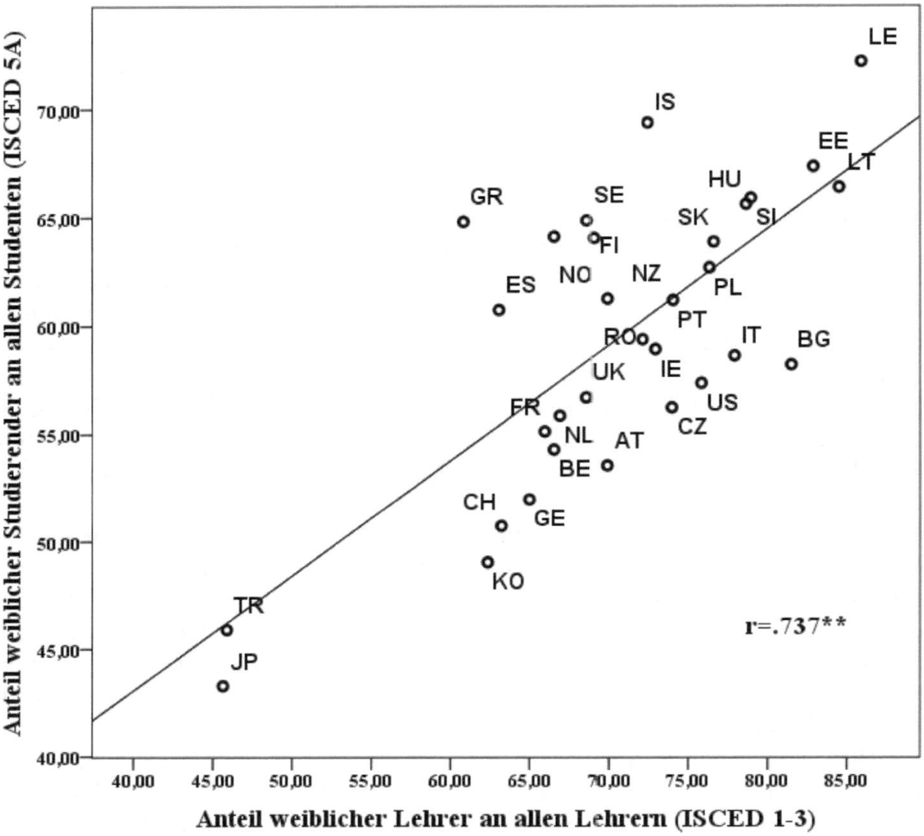

Quelle: (Eurostat 2009; OECD 2009b: eigene Berechnungen)
Die Länder-Codes entsprechen der Kodierung Eurostats

Wie man in Abbildung 1 sieht, gibt es zwischen geschlechtsspezifischem Bildungserfolg (weibliche Studierende an allen Studierenden) und Lehrerinnen an allen Lehrkräften, tatsächlich einen starken Zusammenhang (r = .737**)[1]. Betrachtet man die Länder der EU und der OECD haben Mädchen im Vergleich zu den Jungen in den Ländern höhere Chancen, ein Studium zu beginnen, in denen ein höherer Anteil weiblicher Lehrkräfte im Schulsystem unterrichtet. Auf Länderebene ist zwischen dem Anteil der Lehrerinnen in einem Schulsystem und geschlechtsspezifischem Bildungserfolg ein deutlicher Zusammenhang festzustellen.

1 Auch wenn man die beiden statistischen „Ausreißer“ Japan und Türkei aus der Korrelation ausschließt, bleibt die Korrelation auf 99%-Signifikanzniveau bei .571** statistisch signifikant.

Geht man davon aus, dass es einen starken Zusammenhang zwischen schulischen Kompetenzen und Bildungserfolg, gemessen an Bildungszertifikaten, gibt, müsste der gezeigte Zusammenhang auch für schulische Kompetenzen innerhalb des Schulsystems gelten. Ob ein hoher Lehrerinnenanteil nachteilige Effekte auf die Bildungsperformance von Jungen hat, ist international auf der Individualebene indes empirisch nicht bewiesen (Aktionsrat Bildung 2009; Budde 2008; Driessen 2007; Stamm 2008). Dennoch wird in einigen Ländern versucht, den Anteil männlicher Lehrkräfte zu erhöhen (Driessen 2007). Dies wird als wirkungsvolle Maßnahme gesehen, um die Leistungen der Jungen zu verbessern (Ailwood 2003).

In diesem Beitrag soll untersucht werden, ob das Geschlecht der Lehrkraft einen Einfluss auf die Kompetenzen von Schülerinnen und Schülern hat. In den Theorien zu dieser Fragestellung wird vor allem davon ausgegangen, dass die schulischen Kompetenzen der Jungen durch das Geschlecht der Lehrkraft beeinflusst werden. Diese Betrachtung lässt jedoch außen vor, dass die aufgezeigten Entwicklungen, hin zu einem höherem Bildungserfolg der Mädchen in Relation zu den Jungen, ebenfalls damit zusammenhängen könnten, dass das Geschlecht der Lehrkraft mit den schulischen Kompetenzen der Mädchen im Zusammenhang steht.

In diesem Artikel soll mit den Daten aus PIRLS 2006 (Progress in International Reading Literacy Study) und TIMSS 2007 (Trends in International Mathematics and Science Study) untersucht werden, ob das Geschlecht der Lehrkraft Einfluss auf die schulischen Kompetenzen von Jungen und Mädchen der 4. Klassen in 21 EU und OECD Staaten hat. Die spezifische Frage, die es hier zu beantworten gilt, ist, ob Jungen und Mädchen, die von einer entsprechend gleichgeschlechtlichen Lehrkraft unterrichtet werden, schließlich höhere Kompetenzwerte aufweisen, als Jungen und Mädchen, die von einer Lehrkraft des jeweils anderen Geschlechts unterrichtet werden. Diese empirische Frage soll unter Betrachtung mehrerer Vergleichsländer untersucht werden, da der bisherige Stand der empirischen Forschung nicht einheitlich ist und dies unter Umständen auf Unterschiede zwischen den einzelnen Ländern zurückzuführen ist. Theoretisch muss man aber klar herausstellen, dass die bisherigen Forschungsansätze und Theorien in dieser Frage keine Unterschiede zwischen den einzelnen Ländern zulassen.

Im Folgenden wird nun sowohl dargestellt, was das Theorem der „Feminisierung der Schule" für die Kompetenzentwicklung von Jungen und Mädchen impliziert, als auch der Stand der bisherigen Forschung dargestellt. Im Anschluss daran werden die verwendeten Datensätze und Methoden erläutert und die Fragestellung empirisch geprüft.

2 Theorie und Stand der Forschung

Das Thema „Feminisierung der Schule" ist in einigen Ländern eine relativ neue Perspektive, um die länderübergreifende schlechte Bildungsperformance von Jungen zu erklären. In den Vereinigten Staaten und Großbritannien wurde die „Feminisierung der Schule" jedoch schon viel länger problematisiert. So wurde in den USA der Lehrberuf bereits im 19. Jahrhundert zum Frauenberuf (Martino 2008). Nach Rury (1989) setzt in diesem Sinne die „Feminisierung der Schule" in den USA bereits um 1850 ein. Bereits zwischen den beiden Weltkriegen wurden schon Anstrengungen unternommen, um wieder mehr Männer für den Lehrberuf zu rekrutieren (Blount 2000; Martino 2008; Oram 1989). Das Hauptargument hierfür war der Ruf nach männlichen Rollenmodellen aus Angst vor einer sozialisatorischen „Feminisierung" der Jungen, die so ihre Maskulinität nicht ausprägen könnten. Maskulinität wurde als Basis für die Entwicklung von Jungen gesehen (Martino 2008). In den 1960er und 70er Jahren gab es in den USA eine regelrechte Panik, die Schule könnte die Jungenkultur durch die Dominanz der Frauen in der Primary School zerstören. Es wird in dieser Zeit auf ein „frilly content" (rüschenbesetztes Curriculum) verwiesen (Connell 1996: 207).

Eine Hauptvertreterin dieser Richtung war Sexton (1969). Sie argumentiert, dass die Schule eine Form von passiver Konformität erzwingt, die sie mit „Weiblichkeit" gleich setzt und die im natürlichen Konflikt mit „gesunder Männlichkeit" steht. Dies würde aus ihrer Sicht mit einer Rebellion und anti-sozialen Verhaltensweisen von Jungen einhergehen, welche „leading boys" zu Außenseitern und Sonderlingen machen und zu einer Unterentwicklung von „normaler Männlichkeit" führen (Sexton 1969: 10 f.). Sexton führt weiter aus, dass die Normen, die in der Schule gelten, durch Frauen gemacht werden und dadurch Jungen gezwungen werden, sich an weibliche Standards zu adaptieren, wenn sie erfolgreich in der Schule sein wollen. In diesem Sinne haben „richtige Jungs" oder „männliche Typen" eine schwierigere Zeit in der Schule als jene, die sich eher wie Mädchen verhalten.

Geschichtlich gesehen ist nach Martino (2008: 207) die Forderung nach mehr männlichen Lehrkräften als eine Antwort auf den breiten sozialen Wandel zu interpretieren: als Reaktion auf die zweite Welle des Feminismus, auf die Schwulen- und Lesbenbewegungen sowie im Kontext der sexuellen Revolution und ihrem Einfluss auf die veränderten Rollen von Männern und Frauen. Der Ruf nach Männern im Lehrberuf ist das historische Erbe hegemonialer Männlichkeit, obligatorischer Heterosexualität und Homophobie, die sich fortsetzt in der Angst vor der „Feminisierung" von Jungen.

Heute existieren drei Argumentationslinien, die die „Feminisierung der Schule" als negativ für die Schulleistungen der Jungen betrachten. Die erste Argumentationslinie verweist auf das Fehlen männlicher Vorbilder (Budde 2006, 2008; Driessen 2007; Holmund/Sund 2008) und Leitbilder (Bacher et al. 2008) in der Schule und schließt direkt an die oben gezeichnete Argumentation an. Die Ausgestaltung der geschlechtlichen Zugehörigkeit bei Jungen funktioniert, verkürzt dargestellt, durch die Abgrenzung von der „Andersartigkeit" der Frauen, während Mädchen sich über die Identifikation mit der Mutter entwickeln. Wichtig für beide sei die Identifikation mit gleichgeschlechtlichen Vorbildern. Beklagt wird aus dieser Perspektive die zunehmende Abwesenheit von Männern in sämtlichen Phasen des Erziehungsprozesses, die dazu führt, dass Jungen verunsichert seien, keine klaren geschlechtlichen Orientierungsmuster mehr hätten (Budde 2008: 492) und so keine positiven Männlichkeitsbilder ausbilden könnten (Bacher et al. 2008). Dementsprechend müssten sich kognitive Kompetenzen bei Jungen umso schlechter entwickeln, je weniger männliche Lehrkräfte in einer Schule vorhanden sind. Diese Argumentation schließt an die Same-Sex-Hypothese der Psychologie an. Hiernach orientieren sich Jungen und Mädchen jeweils an gleichgeschlechtlichen Vorbildern, die essentiell für die Entwicklung eines Kindes sind (Chambers 1984; Santrock/Warshak 1987). Gleichzeitig ist die Geschlechteridentifikation bipolar zu sehen. Erwachsene, hier speziell Lehrer, könnten sich eher mit dem gleichgeschlechtlichen Kind identifizieren, weil sie sich vielleicht kompetenter fühlen könnten auf dessen Probleme einzugehen, weil sie diese selber erlebt haben (Powell/Downey 1997: 522).

Dieses Sozialisationsmodell vernachlässigt wiederum, dass sich auch von Personen des jeweils anderen Geschlechts etwas über die geschlechtliche Zugehörigkeit lernen lässt und auch abwesende Männer – ebenso wie die Tatsache, dass die Leitungsfunktionen in der Gesellschaft überwiegend von Männern besetzt sind – Aussagen über die Position, die Männern symbolisch zukommt, zulässt (Budde 2008: 493). Zudem geben Jungen, wenn man sie selber fragt, Lehrer nicht als Vorbilder an (Zimmermann 1999). Am schwersten wiegt an dieser Stelle, dass nicht überzeugend dargestellt wird, inwieweit die Ausprägung geschlechtlicher Rollenmodelle die schulischen Kompetenzen beeinflussen soll. Dennoch wird diese Verbindung in verschiedenen Artikeln wie selbstverständlich postuliert (Driessen 2007; Sokal et al. 2007), ohne sie theoretisch zu begründen. Dem entgegen soll im vorliegenden Artikel überprüft werden, ob (H1:) Jungen bei männlichen Lehrern bessere Kompetenzen erlangen als bei weiblichen Lehrkräften.

Empirisch wurden nur vereinzelte Belege dafür gefunden, dass die kognitiven Kompetenzen von Jungen positiv durch männliche Lehrkräfte beeinflusst werden (Dee 2007). Die meisten Autoren fanden hier keinen Zusammenhang (Allan 1993; Ashley 2003; Butler/Christensen 2003; Carrington/Skelton 2003; Carrington et al. 2005; Driessen 2007; Ehrenberger et al. 1995; Helbig 2010; Li 1999; Sokal et al. 2007). Auch bei der Betrachtung der Same-Sex-Hypothese in Bezug auf das Zusammenleben mit gleichgeschlechtlichen Elternteilen gibt es kaum empirische Evidenz dafür, dass sich dies positiv auf Bildungserfolg auswirkt (Aquilino 1994; Downey/Powell 1993; Powell/Downey 1997). Obwohl es wenig empirische Evidenz gibt, beeinflusst die Feminisierungsthese nachhaltig die Diskussion um geschlechtsspezifischen Bildungserfolg und macht eine breit angelegte internationale Untersuchung unabdingbar.

Wenn aber männliche Lehrkräfte Vor- und Leitbilder für Jungen sein sollen und darüber die kognitiven Kompetenzen der Jungen positiv beeinflusst werden, dann erscheint es umgekehrt sinnvoll, weibliche Lehrkräfte auch als Vor- und Leitbilder für Mädchen zu betrachten. Dies hätte zur Folge, dass weibliche Lehrkräfte die kognitiven Kompetenzen von Mädchen ebenfalls positiv beeinflussen. Dementsprechend müssten (H2:) Mädchen höhere kognitive Kompetenzen bei weiblichen Lehrkräften haben als bei männlichen. Empirisch fanden Helbig (2010) für Deutschland und Dee (2007) für die USA leicht höhere Lesekompetenzen bei Mädchen, wenn sie von einer Frau unterrichtet werden.

Es gibt zwei weitere Wirkungsmechanismen die unter der Überschrift der „Feminisierung der Schule“ gefasst werden. Diese sollen hier jedoch nur zur Vollständigkeit angeführt werden, da sie mit den vorliegenden Daten nicht empirisch zu prüfen sind. Zum einen wird davon ausgegangen, dass das Geschlecht der Lehrkraft neben den Kompetenzen von Jungen und Mädchen sowohl die Benotung (Diefenbach/Klein 2002: 950), als auch in gestuften Schulsystemen die Überweisungswahrscheinlichkeit von Jungen und Mädchen beeinflusst (Diefenbach/Klein 2002: 950). Zum anderen soll sich die Schule als Institution feminisiert haben und heute eher den Bedürfnissen der Mädchen als denen der Jungen Rechnung tragen (Bacher et al. 2008; Budde 2006; Hannan 2001; Stecher/Dröge 1996). Beide Argumentationslinien werden hier nur zur Vollständigkeit aufgeführt, aber nicht weiter ausgeführt.

In diesem Beitrag soll für verschiedene Länder der Frage nachgegangen werden, ob Mädchen und Jungen bei jeweils gleichgeschlechtlichen Lehrkräften besser lernen, also höhere Kompetenzen in Lesen und Mathematik ausprägen, als bei Lehrkräften des jeweils anderen Geschlechts. Wenn es hier Zusammenhänge gibt, dann könnte mit dem gestiegenen Lehrerinnenanteil in der Schule der überproportionale Bildungserfolg der Mädchen zum Teil erklärt werden. Die Fokussierung auf Lesen und Mathematik wird gewählt, weil Lesen eine Mädchen- und Mathematik eine Jungendomäne darstellt (Deutsches Pisa-Konsortium 2001, 2004, 2007; Willingham/Cole 1997). Das heißt, dass Mädchen im Allgemeinen die höheren Lesekompetenzen und Jungen die höheren Mathematikkompetenzen haben. Zum anderen könnte es u. a. nach Holmund und Sund (2008) sein, dass Jungen und Mädchen besonders im Lesen und weniger in Mathematik von einem gleichgeschlechtlichen Lehrer profitieren, da

> „If women and men have different ways of communicating and using the language, it may be beneficial to have a same sex teacher, especially in a subject that has its focus on writing and expression“ (Holmund/Sund 2008: 50).

3 Daten

Zur Prüfung der aufgestellten Hypothesen werden die PIRLS-Studie 2006 und die TIMSS-Studie 2007 herangezogen. An der TIMSS-Studie 2007 haben Kinder der vierten Klasse aus 39 Ländern teilgenommen, von denen unter anderem Mathematikkompetenzen erhoben wurden. An der PIRLS-Studie 2006 haben Kinder der vierten Klasse aus 40 Ländern[2] teilgenommen, bei denen Lesekompetenzen erhoben wurden. In beiden Datensätzen wurden zudem das Geschlecht der jeweiligen Lehrkräfte in Mathematik und des jeweiligen sprachlichen Faches[3] erhoben.

In meinen Analysen beschränke ich mich auf die Staaten der OECD und EU, da diese eher miteinander vergleichbar sind. Länder wie die Mongolei oder der Iran unterscheiden sich kulturell, wirtschaftlich und schulisch zu stark von den Ländern der OECD und der EU, als dass sie in diese Analysen einbezogen werden könnten. Verzichtet wurde auch auf jene Länder, in denen nicht mindestens 200 Schüler des Samples von männlichen Lehrkräften unterrichtet wurden, sonst wäre die Zellenbesetzung für männliche Lehrkräfte zu niedrig ausgefallen. Zu diesen Ländern gehören vor allem die osteuropäischen Länder, aber auch beispielsweise Italien. Trotz dieser Beschränkungen können insgesamt 146.315 Schüler aus 21 Ländern in die Analyse einfließen, von denen 19 Länder an PIRLS 2006 und 14 Länder an TIMSS 2007 teilgenommen haben.

Die Nutzung der Daten für Kinder in der 4. Klasse erscheint sinnvoll, da hier in allen Schulsystemen die Kinder noch die gleiche Schulform besuchen, also noch nicht separiert wurden. In Österreich und Deutschland werden die Schüler nach der vierten Klasse in verschiedene, vertikal gegliederte Schulformen überwiesen. Deshalb erscheint es sinnvoll, sich auf Schüler und Schülerinnen der Grundschule zu konzentrieren.

Zudem zeigt sich in der Grundschule eine relativ hohe Stabilität der Lehrkräfte. In der Grundschule wird meist darauf geachtet, dass Kinder in einem Fach nicht ständig wechselnde Lehrer haben. Das Geschlecht der Lehrkraft stellt in diesem Artikel in den Fachbereichen

2 Die Provinzen Kanadas wurden zu Kanada zusammengefasst. England und Schottland wurden zu Großbritannien zusammengefasst. Flämisch und Wallonisch Belgien wurden zu Belgien zusammengefasst. Die Unterstichproben zu den Vereinigten Staaten (Massachusetts und Minnesota) wurden mit den USA zusammengefasst. Dabei wurden in allen Berechnungen auch die jeweiligen Regionen kontrolliert.

3 In den englischsprachigen Ländern Englisch, in deutschsprachigen Ländern Deutsch usw.

Mathematik und im jeweiligen sprachlichen Fach die zentrale unabhängige Variable dar. Diese wird zunächst für jedes Land, getrennt nach Geschlecht des Schülers, auf ihren Zusammenhang mit den abhängigen Variablen Mathematik- und Lesekompetenz in der 4. Klasse in einer linearen Regression geprüft. Hierbei werden nur das Alter des Kindes, die jeweilige Subregion und die jeweilige Testsprache kontrolliert. Die Ergebnisse zu diesen Regressionen sollen im empirischen Teil als Modell 1 bezeichnet werden.

Tabelle 1 Auflistung der verwendeten Kontrollvariable

Kontrollvariable	Codierung und gegebenenfalls Erläuterung
Testsprache	Dies ist nur für einige Länder relevant. So wurde beispielsweise in Kanada in Französisch und in Englisch getestet. Da sich die Sprachgruppen in verschiedenen Ländern substanziell in ihren Kompetenzen unterscheiden und die Verteilung der Lehrer nach Geschlecht ebenfalls teilweise nach diesen Sprachgruppen differiert, ist die Kontrolle dieses Merkmals essentiell.
Alter des Lehrers	Diese wurde als Dummyvariable ins Modell eingeführt, mit den Ausprägungen „unter 25", „zwischen 25 und 29", „zwischen 30 und 39", „zwischen 40 und 49", „zwischen 50 und 59" und „60 oder älter". Auf eine lineare Altersvariable wurde an dieser Stelle verzichtet, da man, wenn überhaupt, nicht von einem linearen Zusammenhang zwischen Alter des Lehrers und den Kompetenzen der Schüler ausgehen kann.
Lehrerfahrung des Lehrers	Diese wurde als Dummyvariable ins Modell eingeführt, und dafür an ihren Quintilgrenzen getrennt. Auf eine lineare Lehrerfahrungsvariable wurde an dieser Stelle ebenfalls verzichtet, da man, wenn überhaupt, nicht von einem linearen Zusammenhang zwischen Lehrerfahrung des Lehrers und den Kompetenzen der Schüler ausgehen kann.
Formelle Bildung des Lehrers	Diese wurde als Dummyvariable ins Modell eingeführt, mit den Ausprägungen „volles Zertifikat", „Provisorisches Zertifikat", „Emergency Zertifikat" und „Anderes".
Lehrzertifikat des Lehrers	Diese wurde als Dummyvariable ins Modell eingeführt, mit den Ausprägungen „full certificate", „provisional certificate", „emergency certificate" and „other".
Arbeitszeit des Lehrers	Diese wurde als Dummyvariable ins Modell eingeführt, mit den Ausprägungen „Vollzeit" und „Teilzeit".
Gemeindegröße in der sich die Schule befindet	Diese wurde als Dummyvariable ins Modell eingeführt, mit den Ausprägungen „mehr als 500.000 Menschen", „100.001 bis 500.000 Menschen", „50.0001 bis 100.000 Menschen", „15.001 bis 50.000 Menschen", „3.001 bis 15.000 Menschen" und „3.000 Menschen und weniger".
Gemeindetyp in dem sich die Schule befindet	Diese wurde als Dummyvariable ins Modell eingeführt, mit den Ausprägungen „urban", suburban" und „ländlich".
Anteil von ökonomisch benachteiligten Schülern an der Schule	Diese wurde als Dummyvariable ins Modell eingeführt, mit den Ausprägungen „0 bis 10 Prozent", „11 bis 25 Prozent", „26 bis 50 Prozent" und „mehr als 50 Prozent".
Anteil von Schülern aus wohlhabenden Familien an der Schule	Diese wurde als Dummyvariable ins Modell eingeführt, mit den Ausprägungen „0 bis 10 Prozent", „11 bis 25 Prozent", „26 bis 50 Prozent" und „mehr als 50 Prozent".
Anteil von Schülern, deren erste Sprache auch die jeweilige Testsprache ist	Diese wurde als Dummyvariable ins Modell eingeführt, mit den Ausprägungen „0 bis 10 Prozent", „11 bis 25 Prozent", „26 bis 50 Prozent" und „mehr als 50 Prozent".
Klassengröße	Nur für das TIMSS Sample. Diese wurde als Dummyvariable ins Modell eingeführt, und dafür an ihren Quintilgrenzen getrennt. Auf eine lineare Klassengrößenvariable wurde an dieser Stelle ebenfalls verzichtet, da man, wenn überhaupt, nicht von einem linearen Zusammenhang zwischen der Klassengröße und den Kompetenzen der Schüler ausgehen kann.

Da die Lehrerschaft nach Geschlecht nicht gleich auf den Schulen verteilt ist, und Merkmale der Ungleichverteilung zudem die schulischen Kompetenzen der Schüler beeinflussen bzw. potentiell beeinflussen könnten, muss für verschiedene Lehrer- und Schuleigenschaften kontrolliert werden. Deshalb werden in einer zweiten linearen Regression weitere (demografische) Merkmale der Lehrkräfte kontrolliert. Dies sind im Einzelnen das Alter, die Lehrerfahrung, die formelle Bildung, das Vorhandenseins eines Lehrzertifikats und die Arbeitszeit des jeweiligen Lehrers. Die Ergebnisse zu diesen Regressionen sollen im empirischen Teil als Modell 2 bezeichnet werden. Die Operationalisierung der Kontrollvariablen ist in Tabelle 1 dargestellt.

Zudem habe ich in einer dritten Regression neben den Lehrereigenschaften Schulmerkmale ins Modell einbezogen, die unter Umständen die Geschlechtsverteilung des Lehrpersonals beeinflussen könnten und mit den Kompetenzen der Schüler im Zusammenhang stehen. Diese sind im Einzelnen: die Größe der Gemeinde, in der sich die jeweilige Schule befindet, der Gemeindetyp, der Anteil von ökonomisch benachteiligten Schülern an der Schule, der Anteil von Schülern aus wohlhabenden Familien, der Anteil von Schülern, deren erste Sprache auch die jeweilige Testsprache ist und die Klassengröße. Die Ergebnisse zu diesen Regressionen sollen im empirischen Teil als Modell 3 bezeichnet werden.

In allen linearen Regressionen wurden robuste Standardfehler berechnet, um unterschiedliche Fehlervarianzen zwischen den Schulklassen zuzulassen. Die betrachteten Schülerinnen und Schüler sind innerhalb der Klassen geclustert. Personen innerhalb einer Klasse oder Schule zeichnen sich häufig dadurch aus, dass sie sich ähnlicher sind als Personen unterschiedlicher Klassen bzw. Schulen. Wird diese Ähnlichkeit nicht beachtet, kann dies zu einer Verzerrung der Standardfehler führen.

4 Ergebnisse

Als erstes soll die Frage beantwortet werden, ob Mädchen und Jungen, die von einer gleichgeschlechtlichen Lehrkraft in ihrer Muttersprache unterrichtet werden, höhere Lesekompetenzen haben als Mädchen und Jungen, die bei einer Lehrperson des jeweils anderen Geschlechts unterrichtet werden. Hierzu wird in Tabelle 2 der Koeffizient dargestellt, inwieweit eine gleichgeschlechtliche Lehrperson die Lesekompetenzen eines Schülers beeinflusst. Im Falle der Mädchen bedeutet ein positiver Koeffizient, dass die Lesekompetenzen bei einer Frau als Lehrkraft in der Muttersprache höher sind. Bei den Jungen würde ein positiver Koeffizient bedeuten, dass die Kompetenzen bei einem Mann als Lehrer in der Muttersprache höher sind.

Tabelle 2 Einfluss gleichgeschlechtlicher Lehrkräfte auf die Lesekompetenzen von Jungen und Mädchen in 18 Ländern der OECD und EU

	PIRLS 2006								
	Deskription			Mädchen			Jungen		
Länder	N	Mean	Standard-abweichung	M1	M2	M3	M1	M2	M3
Österreich	4392	537.45	64.00	9.10	12.28	**17.84***	4.81	2.98	-1.50
Belgien	6930	531.66	63.96	5.08	4.38	3.33	-2.18	-3.12	-3.46
Bulgarien	3344	552.64	80.71	17.40	22.92	14.54	-14.35	-15.72	-2.86
Kanada	16208	552.18	69.44	1.55	**6.71***	-.28	-5.82	-4.49	-.67
Dänemark	3348	551.87	68.25	7.31	8.99	**14.17***	-9.05	-8.99	-13.14
Frankreich	3473	520.65	67.76	-4.47	.15	3.37	-.72	-.28	-2.31
Deutschland	6021	548.82	62.44	5.10	2.26	6.90	-4.80	-.84	-3.32
Island	2709	528.68	66.95	14.92	5.64	7.11	-9.64	-6.95	-6.94
Luxemburg	4650	555.37	67.18	-3.77	-2.38	k.A.	2.03	-2.78	k.A.
Niederlande	2815	550.52	50.49	-1.22	-3.80	-2.14	.18	-2.99	-4.44
Neuseeland	4995	540.09	81.41	9.00	7.66	6.23	-1.23	-2.58	.338
Norwegen	3928	519.33	67.31	8.75	7.14	.50	-.64	-1.23	1.27
Rumänien	3383	502.16	87.46	**40.12***	**38.19***	**29.09***	-22.22	-21.78	-13.77
Slowakei	4916	536.22	71.99	10.52	7.45	-1.04	-13.50	-11.85	-1.07
Spanien	3170	515.35	70.07	1.96	1.94	9.42	4.11	4.03	1.17
Schweden	3292	549.96	62.14	1.98	-3.03	-1.00	6.92	-1.28	-3.33
Großbritannien	4478	544.98	83.55	-8.26	-4.34	5.62	13.02	5.47	-.56
Vereinigte Staaten	4434	539.41	73.38	.06	-1.16	-6.80	.34	.05	14.01
Gesamt	86486								

* $p<0.05$, ** $p<0.01$; M1: Nur Geschlecht der Lehrkraft, kontrolliert auf Testsprache und auf Region. M2: zusätzliche Kontrolle von Lehrereigenschaften, Alter, Lehrerfahrung, Lehrzertifikat, formelle Bildung, Vollzeit und Teilzeit. M3: Wie M2 aber mit zusätzlichen Kontrollvariablen auf Klassen- und Schulebene: Anteil Nicht-Muttersprachler an der Schule, Anteil ökonomisch Benachteiligter Schüler an der Schule, Anteil Wohlhabender Schüler an der Schule, Gemeindegröße und Urbanisierungsgrad. Für Luxemburg keine Merkmale auf Schulebene erhoben.

Es zeigt sich, dass unter Kontrolle von Lehrereigenschaften und Schulcharakteristika (M3) die Mädchen in Österreich, Dänemark und Rumänien von einer weiblichen Lehrkraft bei ihren Lesekompetenzen profitieren. Für alle anderen hier dargestellten Länder ist dieser Effekt nicht festzustellen.

Betrachtet man jedoch den Zusammenhang zwischen gleichgeschlechtlicher Lehrkraft und Kompetenzentwicklung für die Jungen, zeigt sich in keinem der dargestellten Länder ein signifikanter Zusammenhang. Zudem zeigt sich in Österreich, Dänemark und Rumänien, dass Jungen hier tendenziell schlechtere Lesekompetenzen aufweisen, wenn sie von einem Mann unterrichtet werden. Dies weist wiederum darauf hin, dass sowohl Mädchen als auch Jungen in diesen beiden Ländern bei Lehrerinnen etwas höhere Lesekompetenzen haben. Um zu analysieren, ob es in diesen Ländern tatsächlich einen positiven Einfluss von Lehrerinnen auf die Kompetenzentwicklung der Mädchen gibt, wurde eine weitere Regression über die Gesamtstichprobe dieser drei Länder gerechnet, um auf den tendenziell positiven „base-effect" der Lehrerinnen zu kontrollieren, der anscheinend auf die Lesekompetenzen von Jungen und Mädchen ausgeht (Tabelle 3). In der ersten Zeile ist der jeweilige Effekt, bei einer Lehrerin unterrichtet zu werden, abgebildet. Dieser ist in Dänemark und Rumänien zwar tendenziell vorhanden, aber nicht auf einem statistisch signifikanten Niveau. In der dritten Zeile ist der Interaktionseffekt für Mädchen, die von einer Lehrerin unterrichtet werden, dargestellt. Rechnet man so den „base-effect" zwischen dem Unterricht bei einer Lehrerin in Österreich, Dänemark und Rumänien ein, so ergibt sich kein positiver Zusammenhang zwischen gleichgeschlechtlicher Lehrkraft und Lesekompetenzentwicklung für die Mädchen in Dänemark. In Österreich und Rumänien profitieren Mädchen allerdings auch unabhängig vom „allgemeinen" Geschlechtseffekt der Lehrkraft auf die Lesekompetenzen vom Unterricht bei einer Lehrerin.

Tabelle 3 Einfluss des Geschlechts der Lehrkraft auf die Lesekompetenzen von Jungen und Mädchen in Österreich, Dänemark und Rumänien und auf die Mathematikkompetenz in Norwegen unter Kontrolle des „base-effects" für Lehrerinnen

	Österreich	Dänemark	Rumänien	Norwegen
Weiblicher Lehrer	.71	11.21	10.81	**19.84****
Mädchen	-6.34	7.51	-5.63	-12.67
Weiblicher Lehrer*Mädchen	**15.37****	4.45	**21.06***	6.57

* p<0.05, ** p<0.01; Kontrolliert auf Testsprache, auf die Lehrereigenschaften, Alter, Lehrerfahrung, Lehrzertifikat, formelle Bildung, Vollzeit und Teilzeit und Schuleigenschaften, Anteil Nicht-Muttersprachler an der Schule, Anteil ökonomisch Benachteiligter Schüler an der Schule, Anteil Wohlhabender Schüler an der Schule, Gemeindegröße und Urbanisierungsgrad.

Das heißt also, dass Mädchen in Österreich und Rumänien im Bezug auf ihre Lesekompetenzen vom Unterricht bei einer Lehrerin profitieren. Dies ist jedoch für kein anderes der hier dargestellten Länder festzustellen. Warum dieser Effekt gerade in diesen beiden Ländern festzustellen ist, ist unklar. Die beiden Länder ähneln sowohl kulturell, wirtschaftlich als auch bezüglich ihres Schulsystems eher anderen der dargestellten Länder. Zudem zeigten Bacher et al. (2008) für Österreich, dass es anscheinend keinen Zusammenhang zwischen Lehrerinnenanteil und Bildungserfolg bei Grundschülern gibt.

Ein anderes wichtiges Ergebnis dieser Analysen ist jedoch, dass Jungen bei ihren Lesekompetenzen in keinem der hier dargestellten Länder von einem männlichen Lehrer in ihrer Muttersprache profitieren.

Tabelle 4 Einfluss gleichgeschlechtlicher Lehrkräfte auf die Mathematikkompetenzen von Jungen und Mädchen in 14 Ländern der OECD und EU

Länder	TIMSS 2007								
	Deskription			Mädchen			Jungen		
	N	Mittelwert	Standardabweichung	M1	M2	M3	M1	M2	M3
Australien	3107	520.96	81.66	18.95	18.03	11.70	-4.54	-8.12	-10.23
Österreich	4208	504.89	68.41	1.59	4.58	4.73	-1.44	-5.93	-8.88
Tschechien	3031	490.55	69.70	-2.05	-4.55	-12.76	-15.45	-14.04	-10.32
Kanada	11039	511.82	67.70	3.89	4.26	4.33	2.80	1.93	1.73
Dänemark	2051	521.03	71.36	9.69	9.42	3.66	1.53	-1.72	1.38
Deutschland	3882	525.57	65.97	5.81	6.05	4.57	-2.35	-3.22	.55
Niederlande	2262	535.47	61.03	-.75	-.43	-.42	-5.10	-4.12	-4.61
Neuseeland	2849	501.08	83.56	6.75	4.11	7.57	-9.14	-10.55	-11.77
Norwegen	3223	475.79	77.00	**31.52****	**28.03****	**22.12****	**-22.89****	**-26.04****	**-24.91****
Slowakei	4309	503.08	82.19	-17.19	-14.87	-16.82	6.13	6.04	6.01
Schweden	2757	507.24	64.93	-6.67	-8.67	-.79	13.51	13.51	1.75
Großbritannien	4943	535.78	85.81	-6.14	-3.14	-.67	12.93	12.68	7.36
Vereinigte Staaten	8489	532.32	75.08	.53	-.40	-8.65	-8.41	-7.76	-3.58
Japan	3679	571.32	76.39	5.29	8.66	7.10	-4.20	-.29	.03
Gesamt	59829								

* $p<0.05$, ** $p<0.01$; M1: Nur Geschlecht des Lehrers, kontrolliert auf Testsprache und auf Region. M2: zusätzliche Kontrolle von Lehrereigenschaften, Alter, Lehrerfahrung, Lehrzertifikat, formelle Bildung, Vollzeit und Teilzeit. M3: Wie M2 aber mit zusätzlichen Kontrollvariablen auf Klassen- und Schulebene: Klassengröße, Anteil Nicht-Muttersprachler an der Schule, Anteil ökonomisch Benachteiligter Schüler an der Schule, Anteil Wohlhabender Schüler an der Schule, Gemeindegröße und Urbanisierungsgrad.

Bei den Mathekompetenzen sind die Ergebnisse noch eindeutiger (Tabelle 4). Mädchen profitieren in Bezug auf ihre Mathekompetenzen nur in Norwegen vom Unterricht bei einer Frau. Jungen profitieren im Bezug auf ihre Mathekompetenzen in keinem Land vom Unterricht bei einem Mann. In Norwegen sind die Kompetenzwerte der Jungen sogar signifikant besser, wenn sie von einer Frau unterrichtet werden. Rechnet man für Norwegen den positiven „base-effect", bei einer Lehrerin in Mathematik unterrichtet zu werden, heraus (Tabelle 3), so zeigt sich, dass sowohl Mädchen als auch Jungen vom Unterricht bei einer Lehrerin bezüglich ihrer Mathekompetenzen profitieren. Mädchen profitieren in Norwegen, über diesen positiven Effekt hinaus, nicht von einer weiblichen Lehrerin. Das heißt also, dass Mädchen und Jungen in keinem der hier dargestellten Länder von einer gleichgeschlechtlichen Lehrkraft in Mathematik in Bezug auf ihre Mathematikkompetenzen profitieren.

Die erste der aufgestellten Hypothesen, nach der Jungen bei Lehrern höhere schulische Kompetenzen erlangen als bei Lehrerinnen, ist sowohl im Bezug auf die Lesekompetenzen, als auch für die Mathematikkompetenzen zu verwerfen. In keinem der 21 dargestellten Länder der OECD und EU zeigte sich ein positiver Effekt von männlichen Lehrkräften auf die Kompetenzentwicklung von Jungen.

Die zweite Hypothese, dass Mädchen höhere schulische Kompetenzen bei weiblichen Lehrkräften ausprägen als bei männlichen kann für die Mathekompetenzen vollständig verworfen werden. Bei den Lesekompetenzen zeigte sich hingegen in Österreich und Rumänien ein positiver Zusammenhang für Mädchen die muttersprachlichen Unterricht bei einer weiblichen Lehrerin erhielten. In den anderen Ländern konnte dieser Zusammenhang nicht festgestellt werden. Warum sich der positive Zusammenhang gerade in Österreich und Rumänien zeigte, bleibt jedoch unbeantwortet.

5 Zusammenfassung und Ausblick

In der aktuellen Debatte um Bildungsungleichheiten zwischen Mädchen und Jungen wird häufig das Fehlen männlicher Lehrkräfte dafür verantwortlich gemacht, dass Mädchen heute in den meisten Ländern der westlichen Welt besser in der Schule sind als ihre männlichen Altersgenossen. Dies wurde in diesem Beitrag für 146.315 Grundschüler aus 21 Ländern in zwei Kompetenzdomänen geprüft.

Aus den Ergebnissen kann man ableiten, dass Jungen bei ihrer Kompetenzentwicklung nicht durch den Unterricht bei einer männlichen Lehrkraft profitieren. Auch Mädchen profitieren in ihrer Kompetenzentwicklung nicht vom Unterricht bei einer gleichgeschlechtlichen Lehrkraft. Einzige Ausnahme bilden hier Österreich und Rumänien in Bezug auf die Lesekompetenzen.

Insgesamt kann man sagen, dass die Feminisierung der (Grund-)Schule weder zu einer schlechteren Kompetenzentwicklung bei den Jungen noch zu einer besseren bei den Mädchen geführt hat. Der Ruf nach mehr männlichen Lehrkräften zur Förderung der Jungen in der Schule beruht, zumindest für die Grundschulen, nicht auf empirischen Ergebnissen. Was mit dieser Studie jedoch nicht beantwortet werden konnte, ist sowohl, inwieweit das Geschlecht der Lehrkraft die Notengebung beeinflusst, als auch die Kompetenzentwicklung und Notenentwicklung in der Sekundarstufe. Jedoch weisen auch hier empirische Ergebnisse anderer Studien darauf hin, dass kein positiver Effekt vom Unterricht bei einer gleichgeschlechtlichen Lehrkraft ausgeht (Bacher et al. 2008; Helbig 2010; Holmund/Sund 2008). Zudem ist gemäß verschiedener entwicklungspsychologischer Theorien davon auszugehen, dass geschlechtliche Identitätsbildung, im Sinne der „Same-Sex-Hypothese", auf die bei der „Feminisierung der Schule" Bezug genommen wird, sich im frühen Jugendalter ausprägt (Hannover 2008; Trautner 1997). Somit müsste sich auch der angenommene positive Effekt gleichgeschlechtlicher „Vor- und Leitbilder" besonders bei jüngeren Kindern auf die Kompetenzentwicklung auswirken – weshalb auch die Abwesenheit männlicher Vorbilder vor allem in der vorschulischen und primären Bildung beklagt wird (Aktionsrat Bildung 2009).

Auch Powell und Downey (1997) stellen sich im familiären Zusammenhang die Frage, warum die Same-Sex-Hypothese im Bezug auf Schulleistungen solch breite Unterstützung erfuhr, obwohl es keine empirische Evidenz dafür gibt. Ein Teil der Antwort könnte laut dieser Autoren sein, dass die theoretische Basis der Hypothese so überzeugend und aussagekräftig erscheint, dass viele Wissenschaftler es nicht für erforderlich hielten, die Hypothese zu prüfen.

Aber wie kommt es dann, dass, wie wir in Abbildung 1 gesehen haben, Mädchen im Vergleich zu Jungen besonders in jenen Schulsystemen erfolgreich sind, in denen besonders viele Lehrerinnen unterrichten? Vielleicht ist der in Abbildung 1 dargestellte Zusammenhang zwischen dem Anteil weiblicher Studierender und dem Anteil weiblicher Lehrkräfte ein klassischer ökologischer Fehlschluss. Dazu muss man sich die Frage stellen, wie es überhaupt zu unterschiedlich hohen Frauenanteilen unter der Lehrerschaft in verschiedenen Ländern gekommen ist und warum es insgesamt zu einem Anstieg der Lehrerinnenquoten in den letzten Dekaden gekommen ist? Der Lehrberuf ist, wie bereits angesprochen, ein weiblich geschlechtssegregierter Beruf. Steigt in einem Land die Erwerbsbeteiligung von Frauen an, dann führt dies bei gleichbleibenden Berufsaspirationen zu einem prozentual höheren Anteil von Frauen in weiblich geschlechtssegregierten Berufen (Charles/Bradley 2009). Besonders am Lehrberuf ist zudem, dass für diese Profession ein Hochschulstudium in den meisten Ländern die Vorraussetzung ist.

Hinter den unterschiedlichen Lehrerinnenquoten verbergen sich damit also zwei Dinge: Zum einen die unterschiedliche Chance von Frauen, am Arbeitsmarkt zu partizipieren und zum anderen die unterschiedlichen Bildungschancen der Frauen in Relation zu den Männern in den letzten Dekaden. Für die in Abbildung 1 dargestellten Länder der EU und der OECD besteht nicht nur ein starker Zusammenhang zwischen dem Lehrerinnenanteil und dem geschlechtsspezifischen Bildungserfolg. Es ist sowohl ein starker Zusammenhang zwischen der weiblichen Arbeitsmarktpartizipation in Relation zu den Männern und dem Anteil weiblicher Lehrkräfte im Schulsystem festzustellen als auch zwischen dem Anteil weiblicher Lehrkräfte im Schulsystem und dem Frauenanteil der Studierenden im Jahr 1980 (Eurostat 2009; OECD 2009b; UNESCO 2009: eigene Berechnungen). Das heißt bei hoher Arbeitsmarktpartizipation der Frauen ist auch der Anteil weiblicher Lehrkräfte hoch. Zudem sind in diesen Ländern, in denen die Frauen schon 1980 hohe Anteile unter den Studierenden aufwiesen, heute die Lehrerinnenanteile ebenfalls hoch. Das heißt, aus den Bildungschancen der Frauen vor 30 Jahren und den aktuellen Arbeitsmarktpartizipationschancen der Frauen lassen sich die Lehrerinnenanteile in der Schule ableiten. Vielleicht stehen also nicht die Lehrerinnenanteile im Zusammenhang mit geschlechtsspezifischem Bildungserfolg, sondern das Bildungsniveau und die Arbeitsmarktchancen von Frauen in einem Land[4] – also zwei Indikatoren für allgemeine Geschlechterungleichheit. Es ist durchaus denkbar, dass durch steigende Gleichberechtigung von Frauen heute den Mädchen weniger Barrieren begegnen, die ihnen lange Zeit in den Weg gelegt worden waren, und sie deshalb aktuell ihr Potential voll entfalten könnten (Stamm 2008)[5]. Mädchen könnten die Erträge von Bildung höher einschätzen (Diprete/Buchmann 2006) und positiv durch weibliche Rollenmodelle

4 Die Erwerbsbeteiligung der Frauen und die Studierendenanteile der Frauen von 1980 weisen zudem einen ähnlich hohen Zusammenhang mit dem aktuellen Frauenanteil unter den Studierenden auf ($r = .700$ bzw. $r = .726$).

5 Das die Frauenerwerbstätigkeit und die allgemeine Gleichberechtigung von Frauen einen Einfluss auf den geschlechtsspezifischen Bildungserfolg hat, konnten sowohl Marks (2008) als auch Guiso et al. (2008) nachweisen.

in ihren Bildungs- und Karriereaspirationen beeinflusst werden (Almquist/Angrist 1971; Banducci 1967; McDaniel 2010).

Der Blick auf die negative Wirkung von weiblichen Lehrkräften auf die Bildungschancen der Jungen könnte somit den Blick auf die eigentlichen Prozesse verdecken – die Potentialentfaltung der Mädchen durch die vorgelebten Berufs- und Bildungspartizipationschancen von Frauen.

Literatur

AAUWEF (1998): Gender Gaps. Where schools fail our children. Washington D.C. American Association of University Woman Educational Foundation

Acker, Sandra (Hrsg.) (1989): Teachers, gender and careers. New York: Falmer

Ailwood, Jo (2003): A national approach to gender equity policy in Australia. Another ending, another opening? In: International Journal of Inclusive Education 7. 19–31

Aktionsrat Bildung (2009): Geschlechterdifferenzen im Bildungssystem. Jahresgutachten 2009 Aktionsrat Bildung. Wiesbaden: VS Verlag für Sozialwissenschaften

Allan, Jim (1993): Male elementary teachers. Experiences and perspectives. In: Williams (Hrsg.) (1993): 113–127

Almquist, Elisabeth M./Angrist, Shirley S. (1971): Role model influences on college women's career aspirations. In: Quarterly of Behavior and Development 17. 263–279

Aquilino, William S. (1994): Impact of childhood family disruption on youth adults' relationships with parents. In: Journal of marriage and the family 56. 295–313

Arnot, Madeleine/David, Miriam/Weiner, Gaby (1998): Closing the gender gap. Cambridge: Polity Press

Ashley, Martin (2003): Primary school boys' identity formation and the male role model. An exploration of sexual gender identity in the UK through attachment theory. In: Sex Education 3. 257–271

Bacher, Johann/Beham, Martina/Lachmayr, Norbert (2008): Geschlechterunterschiede bei der Bildungswahl. Wiesbaden: VS Verlag für Sozialwissenschaften

Baker, David P./Jones, Deborah Perkins (1993): Creating gender equality. Cross-national gender stratification and mathematical performance. In: Sociology of Education 66. 91–103

Banducci, R. (1967): Doing „women's work": Men in nontraditional occupations. In: Personnel and Guidance Journal 46. 263–267

Blount, Jackie (2000): Spinsters, bachelors and other gender transgressors in school employment, 1850–1990. In: Review of Educational Research 70. 83–101

Bos, Wilfried/Lankes, Eva-Maria/Prenzel, Manfred/Schwippert, Knut/Valtin, Renate/Walther, Gerd (Hrsg.) (2005): IGLU. Vertiefende Analysen zu Leseverständnis, Rahmenbedingungen und Zusatzstudien. Münster: Waxmann

Buchmann, Claudia/DiPrete, Thomas A./McDaniel, Anne (2008): Gender inequalities in education. In: Annual Review of Sociology 34. 319–337

Budde, Jürgen (2008): Bildungs(miss)erfolge von Jungen und Berufswahlverhalten bei Jungen/männlichen Jugendlichen. BMBF, Referat Chancengerechtigkeit in Bildung und Forschung. Bonn/Berlin: Bundesministerium für Bildung und Forschung

Budde, Jürgen (2006): Jungen als Verlierer? Anmerkungen zum Topos der „Feminisierung der Schule". In: Die Deutsche Schule 98. 488–500

Butler, Daniel M./Christensen, Ray (2003): Mixing and Matching. The Effect on Student Performance of Teaching Assistants of the Same Gender. In: Political Science and Politics 36. 781–786

Carrington, Bruce/Skelton, Christine (2003): Rethinking Role Models. Equal Opportunities in Teacher Recruitment in England and Wales. In: Journal of Education Policy 18. 253–265

Carrington, Bruce/Tymms, Peter/Merrell, Christine (2005): Role models, school improvement and the ‚gender gap'. Do men bring out the best in boys and women the best in girls? European Conference for Research on Learning and Instruction. University of Nicosia

Chambers, David L. (1984): Rethinking the substantive rules for costody disputes in divorce. In: Michigan Law Review 83. 477–569

Charles, Maria/Bradley, Karen (2009): Indulging Our Gendered Selves? Sex Segregation by Field of Study in 44 Countries. In: American Journal of Sociology 114. 924–976

Cole, Nancy S. (1997): The ETS Gender Study. How Females and Males Perform in Educational Settings. Princeton, NJ: Educational Testing Service
Connell, Robert W. (1996): Teaching the boys. New research on masculinity, and gender strategies for schools. In: Teachers College Record 98. 206–235
Dammasch, Frank (2007): Jungen in der Krise. Das schwache Geschlecht? Psychoanalytische Überlegungen. Frankfurt a. M.: Brandes & Apsel
Dee, Thomas S. (2007): Teachers and the gender gaps in student achievement. In: Journal of Human Resources 42. 528–554
Deutsches PISA-Konsortium (2007): PISA 2006. Die Ergebnisse der dritten internationalen Vergleichsstudie. Münster/New York/München/Berlin: Waxmann
Deutsches PISA-Konsortium (2004): PISA 2003. Der Bildungsstand der Jugendlichen in Deutschland – Ergebnisse des zweiten internationalen Vergleichs. Münster/New York/München/Berlin: Waxmann
Deutsches PISA-Konsortium (2001): PISA 2000. Basiskompetenzen von Schülerinnen und Schülern im internationalen Vergleich. Opladen: Leske+Budrich
Diefenbach, Heike/Klein, Michael (2002): Bringing boys back in. In: Zeitschrift für Pädagogik 48. 938–958
DiPrete, Thomas A./Buchmann, Claudia (2006): Gender-specific trends in the value of education and emerging gender gap in college Completion. In: Demography 43. 1–24
Downey, Douglas B./Powell, Brian (1993): Do children in single-parent households fare better living with same-sex parents? In: Journal of marriage and the family 55. 55–71
Driessen, Geert (2007): The feminization of primary education. Effects of teachers' sex on pupil achievement, attitudes and behaviour. In: International Review of Education 53. 183–203
Ehrenberger, Ronald G./Goldhaber, Daniel D./Brewer, Dominic J. (1995): Did teachers' race, gender and ethnicity matter? Evidence from the National Educational Longitudinal Study of 1988. In: Industrial and Labor Relations Review 48. 547–561
Eurostat (2009): Eurostat Datenbank. Europäische Komission
Guiso, Luigi/Monte, Ferdinando/Sapienza, Paola/Zingales, Luigi (2008): Culture, gender, and math. In: Science 320. 1164–1165
Hannan, Geoff (2001): Improving boys' performance. Oxford: Heinemann Educational
Hannover, Bettina (2008): Vom biologischen zum psychologischen Geschlecht. Die Entwicklung von Geschlechtsunterschieden. In: Renkl (2008): 339–388
Hannover, Bettina (2004): Gender revisited. Konsequenzen aus PISA für die Geschlechterforschung. In: Zeitschrift für Erziehungswissenschaft 7. 81–99
Hedges, Larry V./Nowell, Amy (1995): Sex differences in mental test scores, variability, and numbers of high-scoring individuals. In: Science 269. 41–45
Helbig, Marcel (2010): Sind Lehrerinnen für den geringeren Schulerfolg von Jungen verantwortlich? In: Kölner Zeitschrift für Soziologie und Sozialpsychologie 62. 93–111
Holmund, Helena/Sund, Krister (2008): Is the gender gap in school performance affected by the sex of the teacher? In: Labour Economics 15. 37–53
Horstkemper, Marianne (Hrsg.) (1999a): Koedukation. Erbe und Chancen. Weinheim: Juventa
Horstkemper, Marianne (1999b): Ausgewählte Aspekte der Lehrer-Schüler-Interaktion. In: Horstkemper (1999a): 139–158
IES (2009): NAEP Data Explorer. National Center for Education Statistic. Verfügbar unter: http://nces.ed.gov/nationsreportcard/hstsnde/
Li, Qing (1999): Teachers' beliefs and gender in differences in mathematics. A review. In: Educational Research 41. 63–76
Marks, Gary N. (2008): Accounting for the gender gaps in student performance in reading and mathematics. Evidence from 31 countries. In: Oxford Review of Education 34. 89–109
Martino, Wayne J. (2008): Male teachers as role models. Addressing issues of masculinity, pedagogy and the re-masculinisation of schooling. In: Inquiry 38. 189–223
McDaniel, Anne (2010): Cross-National Gender Gaps in Educational Expectations. The Influence of National-Level Ideology and Educational Systems. In: Comparative Education Review 54. 27–50
Nowell, Amy/Hedges, Larry V. (1998): Trends in gender differences in academic achievement from 1960 to 1994. An analysis of differences in mean, variance, and extreme scores. In: Sex Roles 39. 21–43
OECD (2009a): Equally prepared for life? How 15-year-old boys and girls perform in school. Paris: Organisation for Economic Co-Operation and Development
OECD (2009b): OECD. Stat Extracts. Paris: Organisation for Economic Co-Operation and Development
Oram, Alison (1989): A master should not serve under a mistress. Women and men teachers 1900–1970. In: Acker (1989): 21–31

Perkins, Robert/Kleiner, Brian/Roey, Stephen/Brown, Janis (2004): The High School Transcript Study. A Decade of Change in Curricula and Achievement, 1990–2000. Washington D.C.: U.S. Department of Education, National Center for Education Statistics
Pollack, William S. (2006): The „war" for boys. Hearing „real boys" voices, healing their pain. In: Profesional Psychology – Research and practice 37. 190–195
Pomerantz, Eva/Altermatt, Ellen Rydell/Saxon, Jill (2002): Making the grade but feeling distressed: gender differences in academic performance and internal distress. In: Journal of Educational Psychology 94. 396–404
Powell, Brian/Downey, Douglas B. (1997): Living in single-parent households. An investigation of the same-sex hypothesis. In: American Sociological Review 62. 521–539
Preuss-Lausitz, Ulf (2005): Anforderungen an eine jungenfreundliche Schule. In: Die Deutsche Schule 97. 222–235
Renkl, Alexander (Hrsg.) (2008): Lehrbuch der pädagogischen Psychologie. Bern: Huber
Rose, Lotte/Schmauch, Ulrike (2005): Jungen – die neuen Verlierer?. Königsstein: Helmer
Rury, John L. (1989): Who became teachers? The social characteristics of teachers in american history. In: Warren (1989): 9–48
Santrock, John W./Warshak, Richard A. (1987): The effect of divorce on adolescence. Needed research perspectives. In: Family therapy 14. 147–159
Sexton, Patricia (1969): The feminized male. Classroom white collars, and the decline of manliness. New York: Random House
Silbereisen, Rainer K./Vaskovics, Laszlo A./Zinnecker, Jürgen (Hrsg.) (1996): Jungsein in Deutschland. Jugendliche und junge Erwachsene 1991 und 1996. Opladen: Leske+Budrich
Sokal, Laura/Katz, Herb/Chaszewski, Les/Wojcik, Cecilia (2007): Good-bye, Mr. Chips. Male teacher shortages and boys' reading achievement. In: Sex Roles 56. 651–659
Stamm, Margit (2008): Underachievement von Jungen. Perspektiven eines internationalen Diskurses. In: Zeitschrift für Erziehungswissenschaft 11. 106–124
StBa (2008): Fachserie 11.1 – Allgemeinbildende Schulen. Wiesbaden: Statistisches Bundesamt
Stecher, Ludwig/Dröge, Raimund (1996): Bildungskapital und Bildungsvererbung in der Familie. In: Silbereisen et al. (1996): 331–349
Steinmayr, Richarda/Spinath, Birgit (2008): Sex differences in school achievement. What are the roles of personality and achievement motivation. In: European Journal of Personality 22. 185–209
Stricker, Lawrence J./Rock, Donald A./Burton, Nancy W. (1993): Sex Differences in Predictions of College Grades from Scholastic Aptitude Test Scores. In: Journal of Educational Psychology 85. 710–718
Trautner, Hanns M. (1997): Lehrbuch der Entwicklungspsychologie. Band 2. Theorien und Befunde. Göttingen/Toronto/Zürich: Hogrefe
UNESCO (2009): Global education digest 2009. Comparing education statistics across the world. Montreal: UNESCO Institute for statistic
Valtin, Renate/Wagner, Christine/Schwippert, Knut (2005): Schülerinnen und Schüler am Ende der vierten Klasse – schulische Leistungen, lernbezogene Einstellungen und außerschulische Lernbedingungen. In: Bos et al. (2005): 187–230
Wagemaker, Hans/Taube, Karin/Munck, Ingrid/Kontogiannopoulou-Polydorides, Georgia/Martin, Michael (1996): Are girls better readers? Gender differences in reading literacy in 32 countries. Amsterdam: IEA
Warren, Donald (Hrsg.) (1989): American teachers. Histories of a profession at work. New York: Macmillan
Williams, Christine L. (Hrsg.) (1993): Doing „women's work". Men in nontraditional occupations. London: Sage
Willingham, Warren W./Cole, Nancy S. (1997): Gender and fair assessment. Mahwah: Lawrence Erlbaum
Zimmermann, Peter (1999): Junge, Junge! Theorien zur geschlechtstypischen Sozialisation und Ergebnisse einer Jungenbefragung. Dortmund: IFS-Verlag

Ethnisierung von geringer Bildung

Rocío Ramírez-Rodríguez und Dieter Dohmen

1 Einführung

Das Bildungsniveau der deutschen Bevölkerung ist in den vergangenen Jahrzehnten deutlich gestiegen. Haben von den jetzt 60- bis 65-Jährigen noch fast 60 % einen Haupt- oder Volksschulabschluss als höchsten Bildungsabschluss, sind dies bei den 25- bis 30-Jährigen nur noch gut 20 %[1]. Umgekehrt ist der Anteil derer, die das allgemein bildende Schulsystem mit einer Studienberechtigung verlassen, von knapp 20 % bei den 60- bis 65-Jährigen auf 40 % bei den 25- bis 30-Jährigen angestiegen. Schlüsselt man diese deutsche Gesamtsicht allerdings nach Männern und Frauen, Ost- und Westdeutschland bzw. mit und ohne Migrationshintergrund auf, dann zeigen sich beträchtliche Unterschiede. Die Disparitäten beim Bildungsniveau der Personen mit Migrationshintergrund stehen im Fokus des vorliegenden Beitrages.

Im Jahr 2008 hatten 15,6 Mio. Menschen in Deutschland einen Migrationshintergrund, zwei Drittel davon haben eigene Migrationserfahrung und mehr als die Hälfte (8,6 Mio.) aller Personen mit Migrationshintergrund besitzen die deutsche Staatsangehörigkeit. 3,3 Mio. Deutsche mit Migrationshintergrund wurden bereits in Deutschland geboren. Knapp über ein Drittel aller Kinder unter 5 Jahren in Deutschland haben einen Migrationshintergrund und ein Drittel aller Menschen mit Migrationshintergrund ist jünger als 25 Jahre. Daraus lässt sich schließen, dass Zuwanderung, Einbürgerung und die Verleihung der Staatsangehörigkeit an Ius-Soli-Kinder[2] eine positive Wirkung auf die sonst negative demographische Entwicklung und auf die damit verbundenen sozialen und ökonomischen Entwicklungen der Gesellschaft haben kann. Die Altersstruktur der Bevölkerung mit Migrationshintergrund, insbesondere die der ausländischen Bevölkerung, verteilt sich mehrheitlich auf die jüngeren Jahrgänge (vgl. Rühl 2009: 6). Mit 34,4 Jahren ist die Gruppe der Menschen mit Migrationshintergrund durchschnittlich fast 11 Jahre jünger als die der Deutschen ohne Migrationshintergrund (45,3 Jahre) (Statistisches Bundesamt 2010: 8).

Ethnische Unterschiede im deutschen Bildungssystem werden meist anhand von Studien und statistischen Daten nachgewiesen, die die Verteilung der verschiedenen Herkunftsgrup-

---

1 Alle Angaben basieren auf dem Mikrozensus 2006.

2 Seit der Reform des Staatsangehörigkeitsrechts im Jahre 2000 wird den ab dem 01.01.2000 in Deutschland geborenen Kindern ausländischer Eltern, die das 10. Lebensjahr noch nicht vollendet haben, die Option gegeben, die deutsche Staatsangehörigkeit von Geburt an zu erhalten, wenn mindestens ein Elternteil sich zu diesem Zeitpunkt mindestens 8 Jahre regelmäßig in Deutschland aufgehalten hat und eine unbefristete Aufenthaltserlaubnis besitzt. Diese Kinder dürfen bis zum 18. Lebensjahr neben der deutschen auch andere Staatsangehörigkeit(en) beibehalten. Allerdings müssen sie sich im Alter von 18 bis 23 Jahre für die deutsche oder andere(n) Staatsangehörigkeit(en) entscheiden (Optionspflicht). In Ausnahmefällen können neben der deutschen bei Unzumutbarkeit auf Verzicht auch andere Staatsangehörigkeiten beibehalten werden (siehe dazu Staatsangehörigkeitsgesetz StAG).

pen auf die unterschiedlichen Bildungswege verdeutlichen. Dabei zeigt sich schnell, dass Kinder und Jugendliche mit Migrationshintergrund schlechter abschneiden als Deutsche ohne Migrationshintergrund. Darüber hinaus werden Leistungs- und Beteiligungsunterschiede zwischen den verschiedenen ethnischen Gruppen der Bevölkerung mit Migrationshintergrund festgestellt, auch wenn die Datengrundlagen hierfür nicht weit genug ausdifferenziert sind und sich keine eindeutigen Erklärungen für die Entstehung dieser Disparitäten zwischen den Gruppen erkennen lassen. Disparitäten lassen sich nur dann erklären, wenn neben den Unterschieden auch die Gründe und Hintergründe hierfür erforscht und bei der Betrachtung der Bevölkerung mit Migrationshintergrund berücksichtigt werden. Wird dies nicht getan, steht der Migrationshintergrund und ggf. die ethnische Zugehörigkeit als hauptsächliches Merkmal für die Erklärung von geringeren Leistungen im Schulsystem im Mittelpunkt, wodurch die Benachteiligung die Gruppe(n) unter Umständen verschärft werden kann. Dieses Phänomen kann als „Ethnisierung von geringer Bildung" bezeichnet werden. Dabei müssen das Phänomen der Ethnisierung und der Begriff der Ethnizität getrennt voneinander betrachten werden. Ethnizität bezeichnet die Zuordnung von Menschen zu einer ethnischen Gruppe hinsichtlich ihrer (früheren) Staatsangehörigkeit, ihres Namens, des Phänotyps und der kulturellen und/ oder religiösen Gewohnheiten und ist soweit nicht negativ konnotiert. Wird allerdings die ethnische Zuschreibung zunehmend für die Begründung von Schwierigkeiten und niedrigeren Leistungen in der Schule und/oder Arbeitsmarkt hervorgehoben und werden andere Indikatoren weniger berücksichtigt oder gar ausgeblendet, die für die sonstige Bevölkerung auch unter gleichen Umständen gelten, so wird dieses Phänomen als Ethnisierung bezeichnet. Wenn ein Problem oder Konflikt in ethnische Begrifflichkeiten übersetzt wird, sodass die Auseinandersetzungen über den ursprünglichen Problem- oder Konfliktgrund zweitrangig werden, kann gewissermaßen von Ethnisierung gesprochen werden (vgl. Oswald 2007: 97).

Migration führt zu erheblichen Veränderungen in der Sozialstruktur einer jeden Gesellschaft, indem sie die sozioökonomische Schichtung, die Politik und die Kultur beeinflusst. Gleichzeitig beeinflusst sie die Wahrnehmung sowohl der Zuwanderer/innen als auch der Sesshaften (die sehr häufig vor nicht langer Zeit ebenfalls zugewandert sind), was sich wiederum auf die Migration auswirkt (Schneekloth/Leven 2007b). Einen stärkeren Einfluss auf die Wahrnehmung von Menschen mit Migrationshintergrund haben vermutlich die Indikatoren, anhand derer versucht wird, ihren ‚Assimilationsgrad' der Kultur und ihr Integrationsgefühl zu messen. Wenn beispielsweise im öffentlichen Diskurs darüber gesprochen wird, dass Beteiligung und Erfolg von Menschen mit Migrationshintergrund im Bildungssystem wesentlich niedriger sind als bei den Deutschen und sie dadurch weniger Chancen auf dem Arbeitsmarkt haben, ohne dabei ihr sozioökonomisches Umfeld und die aufenthaltsrechtlichen Rahmenbedingungen zu berücksichtigen, wird die Wahrnehmung von der Einseitigkeit der Information geprägt. Im Zuge dessen werden sowohl die Selbstwahrnehmung der Menschen mit Migrationshintergrund als auch die Fremdwahrnehmung der Akteure der Aufnahmegesellschaft negativ beeinflusst. Dies lässt sich nicht vermeiden, insbesondere, wenn sich auch innerhalb der ethnischen Gruppen der Menschen mit Migrationshintergrund Unterschiede feststellen lassen.

Das Hauptziel dieses Beitrages ist es, Klarheit über die Situation der Menschen mit Migrationshintergrund in Bezug auf Bildung zu verschaffen, ihre Leistungen hinsichtlich ihrer ethnischen Diversität zu analysieren und dabei auf das Ethnisierungsproblem aufmerksam zu machen. Dafür wird an erster Stelle eine kurze einführende deskriptive Darstellung der Bevölkerung mit Migrationshintergrund im Allgemeinen vorgenommen. Darauffolgend wird sie in den jeweiligen Bildungsstufen skizziert, wobei die Einschränkungen der Datengrundlage der jeweiligen Stufen berücksichtigt werden. In diesem Abschnitt soll ein umfassender Eindruck über die Bildungssituation der Menschen mit Migrationshintergrund gegeben werden, um auf dieser Grundlage die ethnischen Unterschiede und das damit verbundene Ethnisierungsphänomen in den folgenden Abschnitten besser aufgreifen zu können. Im zweiten Abschnitt wird Bezug auf bereits durchgeführte Studien genommen, die die Unterschiede zwischen den verschiedenen ethnischen Gruppen mit Migrationshintergrund aufzeigen. Dabei wird auf Kinder und Jugendliche in der Grundschule bzw. in allgemeinbildenden Bildungseinrichtungen ein besonderes Augenmerk gelegt, weil die vorhandenen Studien meist auf Untersuchungen in diesen Bereichen basieren. Da die Bildungsbenachteiligung von Kindern und Jugendlichen mit Migrationshintergrund nicht (allein) durch die Unterscheidung zwischen verschiedenen ethnischen Gruppen erklärt werden kann, werden im dritten Abschnitt mögliche Erklärungsansätze kulturalistischer, sozioökonomischer, migrations-biographischer und institutioneller Art dargestellt und mit theoretisch-analytischen Überlegungen über die Ergebnisse einiger der wichtigsten bildungsrelevanten Studien wie PISA, IGLU, SOEP und der World Vision Studie verbunden. Abschließend werden einige Lösungsansätze skizziert, die zur weiteren Forschung über die Lage der Menschen mit Migrationshintergrund in Bezug auf Bildung und gleichzeitig zu Überlegungen für deren Verbesserung anregen sollen.

2 Grunddaten der Population mit Migrationshintergrund und Bildungsstand

Betrachtet man die Gruppe der Bevölkerung mit Migrationshintergrund als Ganzes, so ist festzustellen, dass sie durchschnittlich über einen niedrigeren Bildungsstand verfügt als Personen ohne Migrationshintergrund (vgl. Autorengruppe Bildungsberichterstattung 2008: 40; Statistisches Bundesamt 2010). Dieses Faktum kann mit statistischen Eckdaten über den Anteil der Bevölkerung mit Migrationshintergrund in Bezug auf deren Bildungsbeteiligung und Bildungserfolg in den verschiedenen Bildungsstufen untermauert werden.

An den bundesamtlichen statistischen Ergebnissen lässt sich deutlich feststellen, dass 11,6 % der Personen mit Migrationshintergrund keinen allgemeinbildenden Schulabschluss und 46,8 % keinen beruflichen Abschluss haben (zum Vergleich: ohne Migrationshintergrund 1,6 % bzw. 20,1 %), worauf auch die deutlich höhere Erwerbslosigkeit und das Arbeitslosigkeitsrisiko zurückgeführt werden (vgl. Statistisches Bundesamt 2010). In der Regel sind Deutsche mit Migrationshintergrund von all diesen Risiken etwa doppelt so häufig betroffen wie Deutsche ohne Migrationshintergrund, die ausländische Bevölkerung sogar viermal so oft. Damit unterscheidet sich die ausländische Bevölkerung hinsichtlich dieser Merkmale von der deutschen Bevölkerung mit Migrationshintergrund deutlicher als die Bevölkerung mit Migrationshintergrund von der ohne Migrationshintergrund (Statistisches Bundesamt 2009: 18). Das könnte unter anderem daran liegen, dass Ausländer/innen in erster Linie oft mit Einschränkungen konfrontiert sind, die ihnen den Zugang zur Bildung und zum Arbeitsmarkt erschweren. Dabei ist zu beachten, dass sich diese Population aus Personen unterschiedlicher geographischer, sozioökonomischer und kultureller Herkunft zusammensetzt. Durch diese Faktoren entstehen beträchtliche Unterschiede innerhalb der Gruppe derer mit Migrationshintergrund, die möglicherweise Auswirkungen auf die unterschiedliche Bildungsbeteiligung und den unterschiedlichen Bildungserfolg haben. Sie wurden bis dato jedoch ungenügend ausdifferenziert untersucht, nicht zuletzt, weil erst im Jahr 2005 die Gruppe der Menschen mit Migrationshintergrund in den amtlichen Statistiken einheitlich definiert wurde[3]. Daher weist Heike Diefenbach zu Recht darauf hin, dass die amtlichen Bildungsstatistiken „gewöhnlich nur sehr wenige Indikatoren bereit stellen, und eventuell bestehende Heterogenität (z. B. Unterschiede zwischen Schüler/innen unterschiedlicher nichtdeutscher Staatsangehörigkeit) verdecken (können)“ (Diefenbach 2007b: 220). Es bietet sich daher an, soweit wie möglich, einen einheitlichen und differenzierten Blick auf die Gruppe der Personen mit Migrationshintergrund zu werfen. Vor diesem Hintergrund werden zunächst einige Grunddaten der Menschen mit Migrationshintergrund dargestellt und sowohl hinsichtlich des Bildungsstandes als auch der Bildungsbeteiligung und -chancen in den verschiedenen Bildungsstufen analysiert.

2.1 Partizipation an frühkindlichen Bildungs-, Betreuungs- und Erziehungsangeboten

Auf frühkindlicher Ebene beteiligen sich Kinder mit Migrationshintergrund zwischen 3 und 6 Jahren mit einem Durchschnitt von 80,5 % in den alten Bundesländer und Berlin seltener an FBBE-Angeboten[4] als Kinder ohne Migrationshintergrund (94 %). Damit nehmen sie diese Angebote zwar nach wie vor etwas seltener in Anspruch als deutsche Kinder, jedoch hat sich die Beteiligungsquote zwischen 1991 und 2004 den deutschen Kinder zunehmend angenähert (Konsortium Bildungsberichterstattung 2006: 150). Dabei sind beträchtliche Unterschiede zwischen den einzelnen Bundesländern zu beobachten, wie die folgende Tabelle für Westdeutschland zeigt[5]. Die vierte Spalte der Tabelle zeigt die Annäherungsquote der Anteile von Kindern mit Migrationshintergrund an jene ohne Migrationshintergrund relativ zum Anteil der Kinder in der Gesamtbevölkerung. Dies dient der Vergleichbarkeit der Partizipationsquote an FBBE-Angeboten unter den Bundesländern.

3 Personen mit Migrationshintergrund sind „alle nach 1949 auf das heutige Gebiet der Bundesrepublik Deutschland Zugewanderten, sowie alle in Deutschland geborene Ausländer und alle in Deutschland als Deutsche Geborene mit zumindest einem nach 1949 zugewanderten oder als Ausländer in Deutschland geborenen Elternteil“ (Statistisches Bundesamt 2010: 6). Untersuchungen vor dem Jahr 2005 basieren meistens auf Daten, bei denen nur Ausländer/innen berücksichtigt werden. (Spät-)Aussiedler/innen und Eingebürgerte wurden den Deutschen ohne Migrationshintergrund zugeordnet und bis dahin hinsichtlich ihrer sozioökonomischen Merkmale (oft) nicht differenziert in den Untersuchungen berücksichtigt.

4 Frühkindliche Bildung, Betreuung und Erziehung (Kindertagesstätte und Kindertagespflege).

5 Warum für die ostdeutschen Länder keine Daten erhoben bzw. ausgewiesen wurden, ist nicht ersichtlich. Ein nahe liegender Grund wäre, dass dies (auch) mit wesentlich niedrigerem Anteil an Menschen mit Migrationshintergrund an der Gesamtbevölkerung zusammenhängt.

Tabelle 1 Bildungsbeteiligung von Kindern von 3 bis unter 6 Jahren mit und ohne Migrationshintergrund (2008)

Westdeutsche Bundesländer	Anteil der Kinder mit Migrationshintergrund in der Bevölkerung insgesamt	Anteil der Kinder mit Migrationshintergrund, die ein FBBE*-Angebot nutzen	Anteil der Kinder ohne Migrationshintergrund, die ein FBBE*-Angebot nutzen	Verhältnis (Besuchsquote der Kinder mit Migrationshintergrund im Verhältnis zu den Kinder ohne Migrationshintergrund)
Baden-Württemberg	34	94	95**	99%
Bayern	27	75	95	79%
Berlin	39	80	100***	80%
Bremen	46	75	96	78%
Hamburg	43	72	87	83%
Hessen	38	86	95	91%
Niedersachsen	26	76	90	84%
Nordrhein-Westfalen	35	88	92	96%
Rheinland-Pfalz	28	89	99	90%
Saarland	30	91	94	97%
Schleswig-Holstein	18	60	91	66%
Westdeutschland (ohne Berlin)	32	84	93	90%

* Frühkindliche Bildung, Betreuung und Erziehung
** Mit Migrationshintergrund/ohne Migrationshintergrund in % annähernd 100%
***Nahezu 100%

Quelle: Bertelsmann Stiftung (2010); eigene Berechnungen

Wie aus Tabelle 1 entnommen werden kann, besuchen in Baden-Württemberg und im Saarland jeweils 91% der Kinder mit Migrationshintergrund eine Kindertageseinrichtung oder Kindertagespflege. Auch Rheinland-Pfalz (89%), Nordrhein-Westfalen (88%) und Hessen (86%) weisen einen überdurchschnittlichen Anteil der Kleinkinder mit Migrationshintergrund auf. Demgegenüber haben Berlin (80%), Niedersachsen (76%), Bayern und Bremen (jeweils 75%) sowie Hamburg (72%) unterdurchschnittliche Beteiligungsquoten beobachtet. In Schleswig-Holstein ist die Disparität der Bildungsbeteiligung in diesem Bereich besonders ausgeprägt: Während hier 91% der Drei- bis Sechsjährigen ohne Migrationshintergrund eine Kita besuchen, sind es nur 60% der Kinder mit Migrationshintergrund (vgl. Bertelsmann

Stiftung 2010). Unmittelbar erkennbare Ursachen für diese beträchtlichen Unterschiede bei den Beteiligungsquoten der Kinder mit Migrationshintergrund zwischen und innerhalb der Bundesländer lassen sich nicht identifizieren. Sie können auf die föderalistische und kommunale Zuständigkeit für bildungs- und integrationsrelevante politische Entscheidungen ebenso zurückzuführen sein wie auf die Schwerpunktsetzungen bei der Vergabe von Kitaplätzen, die ganz überwiegend auf die Erwerbstätigkeit abheben oder die Fähigkeit und Bereitschaft der Eltern die erforderlichen Beiträge für die Mitfinanzierung der Betreuungsangebote aufzubringen. Zwar zeigt sich ein leichter Zusammenhang zwischen dem Anteil der Kinder mit Migrationshintergrund in der Gesamtbevölkerung und deren Partizipation an frühkindlichen Bildungs-, Betreuungs-, und Erziehungsangeboten, allerdings ist nicht gesichert, dass dies ein wichtiger bzw. relevanter Zusammenhang ist.

2.2 Bildungsbeteiligung und -erfolg an allgemeinbildenden Schulen (Sekundarstufe I)

Im internationalen Vergleich schneidet das deutsche Bildungssystem insgesamt allenfalls durchschnittlich ab, wie etwa die internationalen Schulleistungsstudien (vgl. bspw. Deutsches PISA-Konsortium 2001; PISA-Konsortium Deutschland 2004; OECD 2004; Bos et al. 2008) belegen. Dies betrifft auch die Basiskompetenzen vieler junger Menschen in der Beherrschung der deutschen Sprache, im Lesen sowie in Mathematik. Jede/r fünfte Schüler/in ist als Risikoschüler/in anzusehen, da elementare Kompetenzen in den Bereichen Lesen, Verstehen und Schreiben fehlen. Weiterhin scheint ein erheblicher Anteil der Schüler/innen den altersspezifischen Anforderungen des Bildungssystems nicht gewachsen zu sein, wiederholt doch nahezu jeder vierte junge Mensch mindestens einmal ein Schuljahr. Besonders problematisch ist dabei die Situation von Kindern und Jugendlichen mit Migrationshintergrund (vgl. bspw. Deutsches PISA-Konsortium 2001; PISA-Konsortium Deutschland 2004; OECD 2004).

Anhand der Ergebnisse der PISA-Studie und des vom PISA-Konsortium Deutschland (2008) durchgeführten Vergleichs für die Bundesländer, lassen sich nur einige annährende Annahmen über deren Beteiligung und Erfolg der Kinder und Jugendlichen mit Migrationshintergrund in allgemeinbildenden Schulen treffen. Das kann damit begründet werden, dass Befunde international und national relevanter Untersuchungen wie PISA lediglich auf der Population fünfzehnjähriger Schüler/innen im deutschen Bildungssystem basieren, bei denen nur bestimmte Kompetenzen erfragt werden. Die Definition der Population beruht auf den von der OECD festgelegten Regeln für den internationalen Vergleich, die für den Ländervergleich in Deutschland ebenfalls verbindlich sind (Walter/Taskinen 2008: 349 ff.). Aus anderen vom PISA-Konsortium Deutschland (2008 herangezogenen empirischen Befunden können einige Entwicklungstendenzen der Menschen mit Migrationshintergrund an allgemeinbildenden Schulen entnommen werden. Die darin zitierten Studien beziehen sich überwiegend auf Statistiken, die vor der Einführung des Merkmals „Menschen mit Migrationshintergrund“ im Mikrozensus im Jahr 2005 entstanden sind. Sie berücksichtigen meistens nur die Gruppe der Ausländer/innen und nicht (immer) die deutschen Kinder und Jugendlichen mit Migrationshintergrund. Allerdings ist anzunehmen, dass diese Tendenzen auf die Gesamtpopulation der Kinder und Jugendlichen mit Migrationshintergrund übertragen werden können, wobei beachtliche Unterschiede innerhalb dieser Gruppe wie aufenthaltsrechtlicher Status,

Familienkonstellation und sozioökonomische Bedingungen nicht vergessen werden dürfen. Unter diesen Bedingungen können im Allgemeinen über Kinder und Jugendliche mit Migrationshintergrund in allgemeinbildenden Schulen folgende Aussagen festgehalten werden:

- Jugendliche aus Migrantenfamilien besuchen erheblich häufiger die Hauptschule und seltener das Gymnasium (vgl. Baumert/Schümer 2001; Herwartz-Emden 2007). Der Unterschied ist besonders ausgeprägt, wenn beide Eltern im Ausland geboren sind.
- Bei der in der ersten PISA-Studie (2000) untersuchten Kohorte 15-jähriger Schüler/innen lag der relative Gymnasialbesuch bei 15 %, der relative Hauptschulbesuch bei knapp 50 % (vgl. Stanat 2006: 190).
- Dabei steigen im Verlauf des Sekundarbereichs I bei Kindern mit Migrationshintergrund 20 % in die Hauptschule ab, bei Schüler/innen ohne Migrationshintergrund sind es nur 10 %. Sie wiederholen häufiger eine Klasse, vor allem in der Grundschule (Krohne et al. 2004).
- Sie korrigieren ihre Übergangsentscheidung von der Grundschule zur Hauptschule später seltener durch Aufstiege. Selbst von 100 Schüler/innen mit Migrationshintergrund, die auf ein Gymnasium übergehen, verbleiben nur 77, während es bei den deutschen Schüler/innen 83 sind. 84 % der deutschen Realschüler/innen verbleiben in diesem Bildungsgang, während nur 73 % der Schüler/innen aus Migrantenfamilien auch in Jahrgangstufe 9 noch in dieser Schulart sind[6] (vgl. Konsortium Bildungsberichterstattung 2006: 152).
- Sie brechen wesentlich häufiger die Schule und ohne jeglichen Abschluss ab (Granato/Kalter 2001: 512) und erzielen häufiger niedrigere Bildungsabschlüsse als gleichaltrige Deutsche. Insgesamt haben Schüler mit Migrationshintergrund folglich nicht nur Schwierigkeiten in höhere Schulformen zu gelangen, sondern sie haben darüber hinaus größere Probleme sich dort zu halten (Konsortium Bildungsberichterstattung 2006: 178).

2.3 Bildungsbeteiligung und -erfolg an weiterführenden Schulen (Sekundarstufe II)

Im Rahmen der amtlichen Statistiken zur beruflichen und akademischen Bildung wird derzeit wie bei den allgemeinbildenden Schulen nur das Merkmal der Staatsangehörigkeit erfasst, d.h. zwischen Deutschen und Ausländer/innen, nicht aber nach Migrationshintergrund unterschieden. Laut einer 2009 veröffentlichten Studie der Bundesagentur für Migration und Flüchtlinge sind folgende Tendenzen bei den Migrant/innen im Bereich beruflicher und akademischer Ausbildung zu beobachten (Siegert 2009):

- Eine klassische Lehre im Rahmen des dualen Systems wird vor allem von den jungen deutschen Männern durchlaufen. Die Ausbildungsbeteiligung der jungen Ausländer, aber auch der jungen deutschen Frauen, fällt dagegen geringer aus. Am seltensten durchlaufen die jungen ausländischen Frauen eine berufliche Ausbildung im dualen System.

6 Diese Daten basieren ebenfalls auf den Ergebnissen der ersten PISA-Studie (2000).

- Ausländische Berufsschüler/innen müssen deutlich häufiger als die deutschen ein Berufsvorbereitungs- oder Berufsgrundbildungsjahr absolvieren, weil sie keinen Ausbildungsplatz finden. Die Deutschen nehmen demgegenüber deutlich häufiger berufliche Weiterbildungsmöglichkeiten an Fachschulen[7] wahr.
- 8 % der Student/innen an deutschen (Fach-)Hochschulen haben einen Migrationshintergrund[8] (vgl. BMBF 2007a: 435). Damit sind sie deutlich unterrepräsentiert. Dabei ist dies nicht Ausdruck einer geringeren Studienbereitschaft, sondern des bereits in den vorangegangenen Bildungsstufen stattgefundenen Selektionsprozesses. Studienberechtigte mit Migrationshintergrund nehmen im Gegenteil sogar häufiger ein Studium auf als Studienberechtigte ohne Migrationshintergrund (Siegert 2009: 7).
- In Deutschland geborene Personen mit Migrationshintergrund verfügen tendenziell über ein höheres berufsbezogenes Bildungsniveau als die Zugewanderten (ebd.: 8).

Die dargestellten statistischen Daten zeigen eine deutlich disparate – möglicherweise sogar eine als prekär zu bezeichnende – Bildungssituation bei Kindern und Jugendlichen mit Migrationshintergrund. Wie es zu dieser Situation kam und weshalb es eine strukturelle Disparität zwischen Menschen mit und ohne Migrationshintergrund gibt, obwohl beide am selben Bildungssystem teilnehmen (könnten), wird in den folgenden Abschnitten untersucht.

3 Ethnische Unterschiede innerhalb der Gruppe mit Migrationshintergrund

Wird die ethnische Zugehörigkeit oder Zuordnung bei Betrachtung der oben genannten Ergebnisse in den Vordergrund gestellt und weniger eingegangen auf die begleitenden endogenen Eigenschaften bzw. exogenen Faktoren innerhalb der deutschen Gesellschaft die auf diese Gruppe Einfluss nehmen, so besteht das Risiko einen Zusammenhang zwischen vergleichsweise niedrigerer Bildungsbeteiligung sowie dem -erfolg und dem übergeordneten Differenzierungsmerkmal „Migrationshintergrund" zu unterstellen. Dies kann durch die Feststellung von ethnischen Unterschieden innerhalb der verschiedenen Migrantengruppen sogar noch verschärft werden. Die Erscheinung dieses Phänomens kann als Ethnisierung von geringer Bildung bezeichnet werden und kommt bei wenig reflektierter Aufnahme, Steuerung und Berichterstattung von statistischen Ergebnissen über Bildungsgrad, -beteiligung und -erfolg von Menschen mit Migrationshintergrund insbesondere in den Medien immer wieder vor. Es

7 Vollzeitschulische Ausbildung sowie Nachqualifizierung und Berufsvorbereitung (Siegert 2009: 6).

8 Bei den Studierenden mit Migrationshintergrund werden drei Gruppen von Studierenden zusammengefasst:
- Studierende mit ausländischer Staatsangehörigkeit, die in Deutschland die Hochschulzugangsberechtigung erworben haben – so genannte Bildungsinländer/innen.
- Eingebürgerte Studierende – also solche Studierende, die ihre ursprüngliche Staatsangehörigkeit zugunsten der deutschen aufgaben.
- Studierende, die neben der deutschen, eine weitere Staatsangehörigkeit besitzen.

Ausländische Studierende, die erst zum Zwecke des Studiums nach Deutschland gekommen sind – so genannte Bildungsausländer/innen, bleiben hier unberücksichtigt. Die Situation dieser Studierenden wird im Sonderbericht „Internationalisierung des Studiums" dargestellt. Bei der Sozialerhebung werden ausländische Studierende, die ihre Hochschulzugangsberechtigung durch Feststellungsprüfung am Studienkolleg oder Eignungsprüfung an einer hiesigen Hochschule erworben haben, nicht zu den Bildungsinländern/innen sondern zu den Bildungsausländern/innen gezählt (vgl. Bundesministerium für Bildung und Forschung 2007a).

sind aber nicht (nur) die kulturellen Unterschiede bedeutsam, sondern auch die sozialen Milieus und die damit verbundenen Teilhabechancen, die einheimische Kinder von Kindern mit Migrationshintergrund unterscheiden. Allzu häufig wird dieser Zusammenhang übersehen. Es ist nicht allein die Zuwanderung und die damit möglicherweise verbundene Verwurzelung in unterschiedlichen Kulturkreisen, die die Assimilation und Integration beeinträchtigen. Probleme entstehen dort, wo aufgrund von fehlender Bildungskompetenz die neue Umwelt überfordernd wirkt und wo deshalb Partizipationsmöglichkeiten nicht wahr- oder auch nicht angenommen werden (Schneekloth/Leven 2007a: 86).

Beteiligungsdisparitäten gibt es nicht nur beim Vergleich der Leistungs- und Beteiligungsunterschiede zwischen Menschen mit und ohne Migrationshintergrund, sondern auch innerhalb der Gruppe der Menschen mit Migrationshintergrund selbst. Diese Unterscheidung kann zur Hervorhebung von besseren Leistungen einiger ethnischer Gruppen (z. B. (Spät-)Aussiedler und Eingebürgerte), aber auch zur Feststellung weiterer Benachteiligung bestimmter Nationalitäten (z. B. Schüler/innen mit türkischem bzw. italienischem Migrationshintergrund) beitragen. Letztere stehen häufiger im öffentlichen Diskurs und werden daher stärker ethnisiert als andere.

Sekundäranalysen[9] von Kristen (2003) sowie Müller/Stanat (2006) zeigen, dass sich ethnische Gruppen innerhalb der Bevölkerung mit Migrationshintergrund im Ausmaß der Benachteiligung unterscheiden. Auch wenn die Datenbasen für diese Sekundäranalyse und die dafür herangezogenen Studien unterschiedlich sind, die Erhebungen und Analysen der Entwicklungstendenzen sich auf die letzten 10 bis 20 Jahre beziehen und die ethnischen Gruppen nicht genug ausdifferenziert werden, lassen sich zusammenfassend gemeinsame Ergebnisse wie folgt erkennen:

Die Gruppe der Ausländer/innen verfügt tendenziell über das niedrigste, die (Spät-) Aussiedler/innen und die Eingebürgerten – mit einer gewissen internen Differenz – über ein mittleres und die der „sonstigen Deutschen mit Migrationshintergrund" über das relativ höchste Bildungsniveau. Diese Relation wiederholt sich tendenziell bei den beruflichen Bildungsabschlüssen, wobei allerdings die „sonstigen Deutschen mit Migrationshintergrund" und die (Spät-)Aussiedler/innen die höchsten Ausbildungsabschlüsse aufweisen. Differenziert man bei Ausländer/innen und Eingebürgerten weiter nach (früherer) Staatsangehörigkeit, so wird deutlich, dass die Migrant/innen aus den Anwerbestaaten über das niedrigste Qualifikationsniveau verfügen, wobei türkische und italienische Kinder und Jugendliche die schlechtesten Positionen im Bildungs- und Berufssystem besetzen, während andere Gruppen, wie z. B. Kinder und Jugendliche aus dem ehemaligen Jugoslawien bessere Ergebnisse erzielen und Griechen und Spanier den Deutschen vergleichbar sind (vgl. Konsortium Bildungsberichtserstattung 2006: 146 f.).

Die oben aufgeführten Tendenzen lassen sich auch anhand des Deutschen Bildungsberichts 2008 konstatieren. Es wird eine Unterscheidung getroffen zwischen jenen Jugendlichen im Alter von 18 bis unter 21 Jahren, die die allgemeine Hochschulreife oder die Fachhochschulreife erreicht haben oder die Jahrgangsstufen 11 bis 13 besuchen, und denjenigen Jugendlichen dieser Altersgruppe, die über einen niedrigeren bzw. keinen Schulabschluss

9 Diese Sekundäranalysen basieren auf Ergebnissen der IGLU-, LAU-, SOEP-, PISA-Studie und dem Mikrozensus.

verfügen, um den Erwerb von Schulabschlüssen nach Herkunftsmerkmalen vergleichen zu können. Stellt man diese beiden Gruppen zunächst hinsichtlich des Einflusses der Staatsangehörigkeit gegenüber, wird deutlich, dass nicht alle 18- bis unter 21-Jährigen nichtdeutscher Herkunft hinsichtlich der erreichten Schulabschlüsse als benachteiligt anzusehen sind. Jugendliche aus EU-Staaten, Ostasien, den USA und dem sonstigen Amerika erreichen signifikant häufiger die Hochschulreife als deutsche Jugendliche. So haben Jugendliche aus den EU-Staaten gegenüber gleichaltrigen Deutschen eine mehr als zweimal so hohe Chance auf ein Abitur bzw. den Besuch der gymnasialen Oberstufe. Dieser Vergleich bestätigt abermals, dass Jugendliche aus der Türkei, Italien – auch wenn es sich bei Italien um einen EU-Staat handelt – sowie den Staaten der ehemaligen Sowjetunion demgegenüber weniger als halb so oft dieses Abschlussniveau erreichen wie Deutsche (vgl. Autorengruppe Bildungsberichterstattung 2008: 90 f.).

Diese „typischen" ethnischen Unterschiede bestätigt Kristen (2003) anhand eigener Daten zum ersten Bildungsübergang, die an sechs Schulen in Baden-Württemberg erhoben wurden. Da die leistungsschwächeren Schüler/innen im verwendeten Datensatz überrepräsentiert sind, ergab sich im Vergleich zur amtlichen Statistik ein nachteiligeres Gesamtbild. Die Zahlen verweisen dennoch auf das bekannte Muster ethnischer Unterschiede in der schulischen Platzierung.

Tabelle 2 Übergangsdaten nach Nationalität in Prozent

(n=3128)	Türkisch (n=396)	Italienisch (n=180)	Jugoslawisch (n=106)	Aussiedler (n=309)	Sonstige (n=237)	Migranten (n=1228)	Deutsche (n=1900)
Übergang							
Hauptschule	75,3	81,7	59,4	37,9	41,4	58,9	35,4
Realschule	16,2	10,6	19,8	34	30,8	23	30,1
Gymnasium	8,6	7,8	20,8	28,2	27,8	18,2	34,5

Quelle: Kristen (2003): 28

Die Übergangsraten in Tabelle 2 belegen, dass Migrantenkinder im Schnitt häufiger als gleichaltrige deutsche Kinder nach der Grundschule auf eine Hauptschule wechseln und dementsprechend niedrigere Übergangsraten auf die Realschule und das Gymnasium vorweisen. Gleichzeitig bestehen zum Teil erhebliche Unterschiede zwischen den verschiedenen ethnischen Gruppen. Insbesondere türkische und italienische Kinder schneiden besonders schlecht ab. Ihre Übergangsrate in die Hauptschule ist mehr als doppelt so hoch wie die ihrer deutschen Mitschüler/innen. Gleichzeitig beträgt die Quote der Übergange zum Gymnasium nicht einmal ein Viertel derer der deutschen Kinder. Kinder aus dem ehemaligen Jugoslawien nehmen demgegenüber eine etwas vorteilhaftere Position ein: Zwar ist die Hauptschule mit nahezu 60 % auch hier die am häufigsten gewählte Schulform; die übrigen Kinder verteilen sich jedoch zu gleichen Teilen auf die Realschule und das Gymnasium. Und schließlich schneiden (Spät-)Aussiedlerkinder am besten von allen Migrantengruppen ab. Für sie verbleiben innerhalb dieser Stichprobe nur noch geringe Unterschiede zu deutschen Kindern (vgl.

Kristen 2003: 28). Demgegenüber zeigt die Bildungsberichterstattung (2006) auf Basis der Daten der PISA-Studie 2000, dass (Spät-)Aussiedlerkinder aus der ehemaligen Sowjetunion mit 38,4 % mehr als doppelt so häufig die Hauptschule besuchen wie Kinder ohne Migrationshintergrund (16,6 %). Die Unterschiede in der Verteilung auf die anderen Schultypen sind wesentlich niedriger, jedoch bemerkbar. Insbesondere sind deutsche Jugendliche mit 33,2 % fast doppelt so häufig in den Gymnasien repräsentiert wie (Spät-) Aussiedler/innen aus der ehemaligen Sowjetunion (18,2 %) (vgl. Konsortium Bildungsberichterstattung 2006: 152).

Auch in Bezug auf die Schulnoten in den Hauptfächern Deutsch und Mathematik zeigt sich bei der von Kristen (2003) durchgeführten Untersuchung ein ähnliches Muster. Deutsche Kinder schneiden in beiden Fächern besser ab als Migrantenkinder. Dabei erzielen Kinder mit Migrationshintergrund generell bessere Noten in Mathematik als in Deutsch. Diese Diskrepanz ist angesichts der Sprachprobleme, mit denen Kinder und Jugendliche mit Migrationshintergrund konfrontiert sind, wenig verwunderlich. Auch beim Notenvergleich bleibt das Muster der Nationalitätengruppen bestehen: Türkische und italienische Kinder zeigen die schlechtesten Notenergebnisse. Jugoslawische Schüler/innen schneiden besser ab als türkische und italienische Kinder. Und schließlich zeigen (Spät-)Aussiedlerkinder wie schon zuvor die besten Ergebnisse. In Mathematik besteht praktisch kein Unterschied mehr zu gleichaltrigen Deutschen. Die verbleibenden Differenzen beschränken sich ausschließlich auf die Deutschnote.

Für die Benachteiligung von türkischen und italienischen Schüler/innen lassen sich, abgesehen von der Tatsache, dass beide Gruppen ursprünglich aus Anwerbeländern stammen und dass Migranten/innen aus den ehemaligen Anwerbestaaten, insbesondere aus der Türkei, über das niedrigste Qualifikationsniveau verfügen, keine eindeutigen parallelen Anhaltspunkte identifizieren (Autorengruppe Bildungsberichterstattung 2008: 147). Dies ist aber keine (allgemein) gültige Erklärung für das schlechte Abschneiden dieser Gruppen im deutschen Schulsystem, da Schüler/innen aus Spanien und Griechenland (auch ursprüngliche Anwerbeländer) Schulleistungen erzielen, die mit denen der deutschen Mitschüler/innen ohne Migrationshintergrund vergleichbar sind. Kulturelle, religiöse und muttersprachbedingte Analogien zwischen diesen zwei Gruppen oder deren Affinitätsgrad zur deutschen Kultur sind bis dato wenig untersucht worden.

Es gibt zahlreiche Studien, die sich mit der Suche nach Antworten auf die Fragen über die benachteiligte Situation von Menschen mit Migrationshintergrund in Bezug auf Bildung beschäftigen und so dazu beitragen, auch die Hintergründe und Ursachen des schlechteren Abschneidens zu verstehen (vgl. Friedrich et al. 2009: 9). Die wichtigsten Ansätze werden bspw. von Heike Diefenbach, Petra Stanat u. a. oft aufeinander beruhend in mehreren Studien zusammengefasst und analysiert. Sie nehmen dabei aber häufig keine Differenzierung nach ethnischen Gruppen vor, da die Datengrundlagen dies nicht zulassen. Die Analysen basieren auf kulturalistischen und sozioökonomischen Erklärungen sowie auf den durch die Migrationssituation verfügbaren Handlungsstrategien und den Effekten des Bildungssystems (vgl. Diefenbach 2007b: 217 ff.; Stanat 2006: 189 ff.). Im Folgenden werden sie zusammengeführt und mit weiteren Überlegungen ergänzt.

4 Erklärungsansätze

4.1 Kulturalistische Erklärungsansätze

Die kulturalistischen Erklärungsansätze stellen die Familie als primäre Erziehungsinstanz und ihre Verfügung über ökonomisches, kulturelles und soziales Kapital in den Vordergrund. Dabei werden insbesondere das kulturelle Kapital und seine drei verschiedenen Ausdrucksformen (inkorporiertes, objektiviertes und institutionalisiertes kulturelles Kapital) operationalisiert (siehe dazu z. B. Bourdieu 1982, 1983). Wenn es darum geht, Indikatoren für die (niedrigere) Beteiligung der Kinder und Jugendlichen an frühkindlichen und allgemeinen Bildungsmaßnahmen festzulegen, dann sind die Sozialisationsbedingungen innerhalb der Familie die wichtigsten zu untersuchenden Parameter. In Bezug auf Familien mit Migrationshintergrund werden Indikatoren wie z. B. die in der Familie gesprochene Sprache, Essgewohnheiten, ethnische Zusammensetzung des Freundeskreises sowie bevorzugte Musik und Zeitungslektüre für die Messung ihrer kulturellen Orientierung an die Herkunfts- und Aufnahmegesellschaft, auch bekannt als Assimilation, besondere Bedeutung zugesprochen (vgl. Diefenbach 2002; Alba et al. 1994).

Allerdings ist für den Umgang mit diesen Indikatoren mehr Vorsicht geboten. Die erste World Vision Studie ergab, basierend auf einer Befragung von insgesamt 1592 Kindern[10] der Altersgruppe von acht bis elf Jahren, dass der Freundeskreis von 47 % der Kinder mit zugewanderten Eltern sich vorrangig, und bei weiteren 11 % nur aus einheimischen deutschen Kindern zusammensetzt. Bei 31 % ist dies teils-teils der Fall. 9 % der Kinder mit Migrationshintergrund haben vorrangig nicht-deutsche und 1 % nur nicht-deutsche Freunde (vgl. Schneekloth/Leven 2007b: 155). Die Zusammensetzung des Freundeskreises kann auch von der ethnischen Zusammensetzung der Schülerschaft innerhalb einer Klasse und der Nachbarschaft sowie von der Bereitschaft der deutschen Schüler/innen ohne Migrationshintergrund, Freundschaften mit Schüler/innen mit Migrationshintergrund zu schließen, abhängen und nicht nur von der eigenen Wahl der Freunde. Weder Eltern noch Kinder haben Einfluss auf die Zusammensetzung der Schülerschaft in der Schule, deren Wahl zudem häufig eingeschränkt wird.

Außerdem sind Essen, Musik und Zeitungslektüre anfechtbare Indikatoren: „Viele Deutsche – besonders aus der gut gebildeten Mittelschicht – stehen sehr kritisch der deutschen Geschichte und Politik gegenüber, hören gerne Blues, Jazz oder Pop, essen häufig chinesisch,

10 Grundgesamtheit dieser Studie sind alle Kinder, die zwischen 8 und 11 Jahre alt sind und die in Deutschland leben, unabhängig von ihrer Nationalität, ihrem Bildungsniveau oder von sonstigen sozialen oder persönlichen Merkmalen. 76 % der befragten Kinder mit Migrationshintergrund haben sowohl die deutsche Staatsbürgerschaft als auch Eltern, die in Deutschland geboren worden sind und ebenfalls über die deutsche Staatsbürgerschaft verfügen. 11 % der Kinder haben nicht die deutsche Staatsbürgerschaft (ausländische Kinder), und weitere 13 % haben zwar die deutsche Staatsbürgerschaft, jedoch mindestens ein Elternteil, das nicht in Deutschland geboren worden ist (einheimische Kinder mit zugewanderten Eltern). Zählt man die Kinder mit nicht-deutscher Nationalität und diejenigen Kinder, die zumindest einen Elternteil mit Migrationserfahrung haben, zusammen, so findet sich in dieser Stichprobe ein Anteil von 24 % Kindern mit Migrationshintergrund im Vergleich zu 76 % einheimischen Kindern. Dieses Ergebnis liegt nur relativ knapp unter dem im Mikrozensus ausgewiesenen Anteil von 27 % an Kindern mit Migrationshintergrund (vgl. Statistisches Bundesamt 2006; Schneekloth/Leven 2007a: 82–83).

griechisch oder italienisch und haben auch ausländische Freunde" (Flam 2007: 50). Anscheinend werden die Schulkarriere und -leistungen ihrer Kinder nicht direkt dadurch beeinflusst, höchstens ihre gastronomischen Vorlieben und Interessen für andere Kulturen.

Die Rolle der Sprache(n)

Die „gelebte" Bilingualität ist für viele der Kinder und Jugendlichen mit Migrationshintergrund die alltägliche Realität. Beide Sprachen haben für diesen Teil der Bevölkerung eine wesentliche Bedeutung. Die Muttersprache der Eltern steht für das Selbstverständnis der Familie und muss von daher auch als eine mögliche Bedingung zur Aufrechterhaltung eines positiven familiären Zusammenhangs betrachtet werden. Die deutsche Sprache hingegen ist allgemeine Verkehrssprache und auch in der alltäglichen Wahrnehmung von Kindern und Jugendlichen mit Migrationshintergrund die „Eintrittskarte" zum sozialen Leben. Sprachförderung muss aus diesem Grund kultursensibel gestaltet werden (vgl. Schneekloth/Leven 2007a: 87). In jedem Fall gilt der Erwerb der Sprache der Aufnahmegesellschaft als eine fundamentale kulturelle Ressource, über die andere Ressourcen erlangt werden können. Vor diesem Hintergrund ist der Erwerb der Sprache des Aufnahmelandes eine zentrale Bedingung jeder weiteren Sozialintegration der Migrant/innen außerhalb des ethnischen Kontextes. Bildungserfolg, die Platzierung auf interessanten Positionen, die Aufnahme von Kontakten und die Strukturierung von Identitäten hängen allesamt deutlich von sprachlichen Kompetenzen ab – und wirken, wenigstens teilweise – darauf wieder zurück (vgl. Esser 2006).

In Bezug auf den Sprachgebrauch der Jugendlichen mit Migrationshintergrund unterscheidet das PISA-Konsortium Deutschland 2006 drei Gruppen: die „deutschsprachigen" Jugendlichen, die in ihren Familien vorwiegend Deutsch sprechen und dies auch bei anderen Tätigkeiten genauso oft verwenden wie andere Sprachen; die „mehrsprachigen Jugendlichen", die die deutsche Sprache entweder in ihrer Familie oder bei anderen Tätigkeiten wenigstens genauso oft wie andere Sprachen verwenden, und die „fremdsprachigen" Jugendlichen, die selten Deutsch in ihren Familien oder bei anderen Tätigkeiten verwenden und hauptsächlich andere Sprachen sprechen. Die Untersuchung ergab, dass in fast allen Bundesländern die Mehrheit der Jugendlichen der „deutschsprachigen" Gruppe zugeordnet wird. Nur in Stadtstaaten beträgt der Anteil dieser Gruppe etwas weniger als die Hälfte. Demgegenüber ist die Gruppe der „Fremdsprachigen" in allen Ländern am kleinsten. In der PISA-Studie wird anhand dieser Ergebnisse davon ausgegangen, dass die meisten Jugendlichen mit Migrationshintergrund im Alltag mindestens so häufig Deutsch sprechen wie die Herkunftssprache der Eltern und möglicherweise über ausreichende Sprachkenntnisse verfügen, um dem Schulunterricht folgen zu können (vgl. Walter/Taskinen 2008: 355 ff.).

Bei kleineren Kindern zeigt die World Vision Studie (2007) eine ähnliche Tendenz: 52 % der befragten Kinder mit ausländischer Nationalität benutzen nach eigenen Angaben zu Hause überwiegend die Muttersprache ihrer Eltern. Bei deutschen Kindern mit zugewanderten Eltern sind es hingegen nur 22 %. Im Freundeskreis wird hingegen, laut Aussage der Kinder, so gut wie immer Deutsch gesprochen. Im Rahmen dieser Studie wurde darauf verzichtet, die Sprachfertigkeiten der Kinder weiter einzuschätzen oder zu testen. Es wird aber auf die Ergebnisse der IGLU-Studien zur Schreib- und Lesekompetenz von Viertklässlern hingewiesen (vgl. Bos et al. 2003, 2007), die eindeutige Befunde vorlegt, die die Notwendigkeit der Förderung der Sprach- und Lesekompetenz bei Kindern aus Familien mit Migrationshintergrund unterstreichen (vgl. Schneekloth/Leven 2007a: 86 f.). Innerhalb der im Rahmen von IGLU 2006 durchgeführten Mehrebenenanalysen wird nachgewiesen, dass der Migrationshintergrund von Kindern auch bei Kontrolle weiterer Rahmendaten einen signifikant negativen Effekt auf das Leseverständnis hat. Wird zudem auch der heimische Sprachgebrauch berücksichtigt, hat der Migrationshintergrund von Kindern einen Effekt auf das Leseverständnis innerhalb der Klassen; der Effekt des Anteils von Kindern mit Migrationshintergrund als Klassenmerkmal fällt jedoch nicht statistisch signifikant aus. Der heimische Sprachgebrauch der Kinder erweist sich zudem im Sinne einer aggregierten Information auf Klassenebene als eine bedeutende Erklärungsvariabel für die gefundenen Unterschiede in der Lesekompetenz. Soziokulturelle und sozioökonomische Rahmenbedingungen weisen sowohl bei der Betrachtung von Unterschieden zwischen Kindern innerhalb der Klasse – zusammengefasst als Klassenmerkmal – als auch bei der Erklärung von Unterschieden zwischen den Klassen einen deutlichen Effekt auf. Diese Abhängigkeit des Leseverständnisses von sozialen und ökonomischen Merkmalen der Familien stellt essentielle Herausforderungen an das Schulsystem (Bos et al. 2007: 29).

4.2 Sozioökonomische Erklärungsansätze

Bei sozioökonomischen Erklärungsansätzen werden die Distanz zwischen dem sozialen Status der Familie und dem jeweiligen Bildungsgang, die Ressourcenausstattung der Familie, die Erwartungen, einen bestimmten Bildungsgang erfolgreich abzuschließen sowie die Investitionen, die zugewanderte Familien in ihre Kinder tätigen können, in Betracht gezogen (vgl. Friedrich et al. 2009: 11; Stanat 2006: 191).

Nach der Theorie der Herkunftseffekte von Raymond Boudon (1974) können die Einflüsse der Sozialisation im Elternhaus, wie sie bei den kulturalistischen Erklärungsansätzen (s. o.) aufgeführt werden, als primärer Herkunftseffekt und die sozioökonomische Lage der Familie und die daraus resultierenden Entscheidungen als sekundärer Herkunftseffekt bezeichnet werden. Der sekundäre Herkunftseffekt spiegelt sich in den Entscheidungen von Bildungsinvestitionen der Familien wider. „So entscheiden sich Familien aus höheren Sozialschichten eher dazu, ihre Kinder auf das Gymnasium zu schicken als Familien aus unteren Sozialschichten, da für sie die zu überwindenden sozialen Distanzen geringer sind, die anfallenden Ausgaben aufgrund ihres höheren Einkommens weniger ins Gewicht fallen und sie zu einer höheren Wahrscheinlichkeit davon ausgehen, dass ihre Kinder den höheren Bildungsabschluss auch tatsächlich erreichen“ (Friedrich et al. 2009: 11). Aus diesem Grund sind kulturalistische und sozioökonomische Erklärungsmuster in Bezug auf Humankapitalinvestitionen im Zusammenspiel zu berücksichtigen, vor allem in Hinsicht auf deren zirkulären Effekt im Lebensverlauf. Mit anderen Worten: die sozioökonomische und kulturelle Lage der Familie und ihre Entscheidungen über Bildungsinvestitionen führen in den meisten Fällen zur Übertragung der Charakterzüge der Familie in die nächste Generation. Das heißt, ist die Familie sozioökonomisch benachteiligt, wird sie weniger in die Bildung ihrer Kinder investieren können. Damit wird die Benachteiligung fortgeführt. Dabei ist zu beachten, dass Migrantenfamilien oft über kulturelles Kapital verfügen, dessen Bedeutung sich unter Umständen nach der Migration verändert; insbesondere durch die Nicht-Anerkennung von ausländischen Bildungsabschlüssen. Da der Erwerb spezifischer Ressourcen meist in Orientierung an das Herkunftsland stattfindet (zumindest bei den zugewanderten Eltern), besitzen die entsprechenden Ressourcen nach der Migration nicht notwendigerweise denselben Wert wie zuvor, weil spezifische Kapitalien vom gesellschaftlichen Kontext abhängig sind (vgl. Kristen/Granato 2007: 26).

Wenn das institutionalisierte kulturelle Kapital, das sich in Zertifikaten ausdrückt, durch seine Nicht-Anerkennung in der Ankunftsgesellschaft an Wert verliert, wird seine Konvertierbarkeit in ökonomisches Kapital automatisch reduziert. Demzufolge ereignet sich eine Benachteiligung, die einige Migrantenfamilien in die unteren Schichten der Ankunftsgesellschaft gelangen lässt, weil sie bspw. dem ursprünglich erlernten Beruf nicht oder zumindest nicht in der entsprechenden Position nachgehen können. Dies kann sich auf die Entscheidung über Bildungsinvestitionen auswirken. Allerdings kann in der Familie ein Lernhabitus vorhanden sein, der positiv auf die Übertragung von Werten und Wertschätzung der Bildung wirken kann. Diese Annahme lässt sich anhand des Vergleichs des Bildungsniveaus von zwei Zuwanderergruppen bestätigen. Zuwanderer/innen, die im Rahmen der Rekrutierung von Arbeitskräften nach Deutschland immigrierten, kamen häufig aus ländlichen Regionen und waren in der Regel niedrig qualifiziert. (Spät-) Aussiedler/innen sind dagegen etwas besser qualifiziert; ihre Schulausbildung ist am ehesten mit derjenigen der Einheimischen vergleichbar, und im Zeitvergleich ist eine Zunahme ihrer Qualifikation festzustellen (Statistisches Bundesamt 2009: 202). In Bezug auf die Nachkommen der Migrant/innen dieser zwei Vergleichsgruppen ergab die Untersuchung, dass der Nachwuchs der (Spät-)Aussiedler/innen bessere Bildungsabschlüsse erreicht als die der türkischen Migrant/innen. Eine gute schulische und berufliche Ausbildung ist für die Platzierung am Arbeitsmarkt und für den weiteren Lebensweg entscheidend. In dieser Hinsicht scheinen also die Nachkommen türkischer Migrant/innen besonders benachteiligt zu sein (ebd.).

Entscheidungen in Bezug auf Bildungsinvestitionen, die nicht nur mit dem kulturellen, sondern auch mit dem sozioökonomischen Hintergrund der Familie einhergehen, spiegeln sich später im Berufserfolg und in der damit verbundenen Positionierung in der Gesellschaft wider. Auch wenn diese Annahme wenig ermunternd wirkt, gerade weil sie die so genannten bildungsfernen bzw. sozioökonomisch benachteiligten Familien dazu „verurteilt“, ihren Status quo weiterhin zu reproduzieren, wird sie sich immer wieder bestätigen, solange keine politischen Entscheidungen getroffen bzw. intensiviert werden, die zur Minderung des Einflusses der primären und sekundären Herkunftseffekte beitragen und den gesellschaftlichen Aufstieg ermöglichen.

4.3 Handlungsstrategien durch die Migrationssituation

Es gibt allerdings einen dritten Faktor, der die Entscheidungen für Bildungsinvestitionen, Bildungsbeteiligung und somit -erfolg der Menschen mit Migrationshintergrund beeinflussen kann: ihre Migrationssituation selbst. Diesen Erklärungsansatz bezeichnet Diefenbach (2002) als durch in der Migrationssituation verfügbare Handlungsstrategien. Dabei spielen Aufenthaltsabsichten und -perspektiven der Migrantenfamilien in Deutschland eine große Rolle. Betrachten Migrant/innen ihren Aufenthalt in Deutschland als temporär, wird vermutlich tendenziell weniger in Bildungsmaßnahmen und Güter (für ihre Kinder) investiert, da sie die Transferibilität und Verwendbarkeit im Herkunftsland im Falle der Rückkehr oder Weiterwanderung nicht sehen (vgl. Stanat 2006). Diese Annahme könnte z. B. bei Asylberechtigten besonders ausgeprägt sein und weniger bei (Spät-) Aussiedler/innen und Eingebürgerten, die ihren Lebensmittelpunkt in Deutschland festgelegt haben und die deutsche Staatsangehörigkeit besitzen. Im Gegensatz zu den Migranteneltern, die z. B. aus einem EU-Staat zur Aufnahme einer Erwerbstätigkeit in die Bundesrepublik reisen konnten, hatten die meisten erwachsenen Aussiedler/innen und Flüchtlinge zunächst keine Beschäftigung. In dieser Phase der Nichterwerbstätigkeit waren die finanziellen Leistungen für Aussiedler/innen jedoch höher als für Flüchtlinge, die durch das Asylbewerberleistungsgesetz zur Einkommensarmut unterhalb des Sozialhilfeniveaus gezwungen waren (und sind) (Söhn 2009: 14). Diesbezüglich wäre empirisch z. B. der indirekte Einfluss des Rechtsstatus der Migrant/innen konkret analysierbar, wie er über den Grad der sozialrechtlichen Gleichstellung und die ökonomische Teilhabemöglichkeit der Eltern vermittelt wird. Dabei ist nicht nur der Bildungsstand der Eltern zu berücksichtigen, sondern auch der Aufenthalts- und arbeitsrechtliche Status, den sie in der jeweiligen Ankunftsgesellschaft erhalten. Untersuchungen dazu liegen nach Stand der Recherche zurzeit allerdings noch nicht vor.

4.4 Effekte des Bildungssystems

Ein vierter Erklärungsansatz für die vergleichsweise schlechteren Ergebnisse der Kinder und Jugendlichen mit Migrationshintergrund in deutschen Schulen sind die Effekte des Bildungssystems. Sie beziehen sich auf die Merkmale von Bildungsinstitutionen, „die ungünstigere Wirkungen für Schüler/innen mit Migrationshintergrund nach sich ziehen" (vgl. Stanat 2006: 191). Bei der auffälligen Überrepräsentanz von Jugendlichen mit Migrationshintergrund in den Hauptschulen und der Unterrepräsentanz auf den Gymnasien, wie die bereits vorgestellten Studien von Cornelia Kristen und dem Konsortium Bildungsberichterstattung zeigen, lohnt es sich nicht nur, die Effekte von individuellen und familiären Merkmalen zu beobachten, sondern auch einen tieferen Blick in die Effekte der Kontextmerkmale auf den Schulerfolg von Kindern und Jugendlichen mit Migrationshintergrund zu werfen. Als Kontextmerkmale werden Charakteristika der Schule, des Unterrichts, der Klasse(n), die ein Kind besucht, aufgefasst. Daher kommt ihnen eine besondere Bedeutung zu, weil sie im Rahmen bildungspolitischer Interventionen direkt beeinflusst werden können (vgl. Diefenbach 2007a: 45).

Kontextmerkmale sind in Deutschland derzeit nicht genug erforscht. Somit sind die Analysen aus vorangegangenen Studien von Diefenbach (2007a, 2007b) in dem Sinne als Novum zu bezeichnen, als dass aus ihnen eine Verbindung zwischen der hierarchischen Struktur des Schulsystems in Deutschland, dem Besuch eines bestimmten Schultyps und den Kontextbedingungen hervorgeht, und so vermutet werden kann, dass gewisse Schüler/innen gegenüber anderen Schüler/innen privilegiert sind. Nicht zuletzt verstärken die bildungspolitischen Unterschiede zwischen und innerhalb der Bundesländer und Kommunen die institutionellen Einflussfaktoren. Beispielsweise ist die Gesamtschule als Schulform nicht in allen Bundesländern vertreten. Dabei besteht laut Diefenbach ein starker Zusammenhang zwischen der besuchten Schulform (einer Gesamtschule oder einer Sekundarschule des dreigliedrigen Schulsystems) und dem erreichten Schulabschluss. Somit lassen sich anhand ihrer Studien[11] zur Bildungsbenachteiligung von Kindern und Jugendlichen aus Migrantenfamilien mögliche Effekte des Bildungssystems auf die Bildungskarriere der Kinder und Jugendlichen darstellen. Darüber hinaus untersucht sie die Verteilung dieser Schüler/innen auf die diversen Schultypen, wobei sich zeigt, dass in jedem einzelnen Schuljahr des Beobachtungszeitraums von 1990 bis 2000 mehr ausländische Schüler/innen von integrierten Gesamtschulen mit (Fach-) Hochschulreife oder Realschulabschluss abgingen, als ausländische Schüler/innen von Schulen des dreigliedrigen Systems (im Durchschnitt 4,3 % bzw. 11,1 % mehr). Dagegen verhielt es sich in Bezug auf den Hauptschulabschluss umgekehrt; es gingen 10,3 % weniger Absolvent/innen mit einem solchen Abschluss von integrierten Gesamtschulen ab, als von Schulen des dreigliedrigen Schulsystems; ohne Schulabschluss sind es 5 % weniger als bei den Schulen des dreigliedrigen Schulsystems (vgl. Diefenbach 2007a: 46). Daraus lässt sich schließen, dass ausländische Schüler/innen an Integrierten Gesamtschulen tatsächlich höhere Bildungsabschlüsse über den gesamten Beobachtungszeitraum hinweg erreichen als in Sekundarschulen mit einem Bildungsgang und sie gehen von einer Integrierten Gesamtschule seltener ohne einen Schulabschluss ab (ebd.). Bei den Integrierten Gesamtschulen besteht für Kinder mit Migrationshintergrund und deren Eltern die Möglichkeit, den Konflikt zwischen der Grundschulempfehlung und den eigenen Bildungsaspirationen zu lösen. Tatsächlich besuchen größere Anteile ausländischer als deutsche Schüler/innen Integrierte Gesamtschulen[12], und es ist zu vermuten, dass ein noch größerer Anteil von ausländischen und deutschen Schüler/innen mit Migrationshintergrund auf Integrierte Gesamtschulen entfallen würde, wenn nicht viele städtische Integrierte Gesamtschulen einen Nachfrageüberhang hätten, der sie zur Aufnahmeselektion zwingt, bei der u. a. eine Ausländerquote zum Tragen kommt (vgl. ebd.: 47).

Jedenfalls stellt Diefenbach (2002) bei der Analyse der SOEP-Daten von 1985 bis 1994 fest, dass in allen Jahren Migrantenkinder am häufigsten von der Grund- auf die Hauptschule wechselten, sich aber eine kontinuierliche Abnahme im Zeitverlauf erkennen lässt. Dieser Rückgang wird mit dem Anstieg des Übergangs von Migrantenkindern von der Grundschule auf die Realschule begründet. Dagegen lässt sich bezüglich des Übergangs von der Grundschule auf das Gymnasium für den obengenannten Zeitraum kein bedeutsamer Anstieg feststellen. Es wird ersichtlich, dass vor allem im Besuch der Hauptschule und des Gymnasiums erhebliche Unterschiede zwischen Migrantenkindern und deutschen Kindern bestehen.

11 Die auf Daten des Sozioökonomischen Panels (SOEP) basierenden Studien von Diefenbach (2002, 2003, 2007a, 2007b) ähneln in ihren Ergebnissen tendenziell denen der PISA-Studie, auch wenn numerisch zwischen beiden Erhebungen leichte Differenzen auszumachen sind. Das SOEP ist eine repräsentative Wiederholungsbefragung von privaten Haushalten, die seit 1984 im jährlichen Rhythmus bei denselben Personen/Familien in Deutschland durchgeführt wird. Dabei ist zu beachten, dass der Migrationshintergrund anhand der Staatsangehörigkeit definiert wird.

12 Im Durchschnitt der Jahre 1992 bis 2001 besuchten 14 % der ausländischen und 9,9 % der deutschen Schüler/innen Integrierte Gesamtschulen (Diefenbach 2007a: 47).

Was die Verteilung auf die Real- und Gesamtschule angeht, sind die Abstände weniger stark ausgeprägt (vgl. auch Flam 2007).

Die Komplexität des deutschen Bildungssystems, die durch die föderalistische und kommunale Zuständigkeit in Bezug auf bildungs-integrationspolitische Entscheidungen verstärkt wird, und die Disparitäten zwischen und innerhalb der Bundesländer sind ein deutlicher Hinweis auf benachteiligende institutionelle Effekte des Schulsystems auf die Kinder und Jugendlichen mit Migrationshintergrund. Hinzu kommt die Abhängigkeit des weiteren Bildungsweges eines Kindes (mit aber auch ohne Migrationshintergrund) von der Grundschulempfehlung, bei der die Deutschnote gleich gewichtet ist, d.h. sie ist genauso wichtig wie andere für die Grundschulempfehlung zu berücksichtigende Noten. Bereits im frühen Alter wird der Bildungserfolg eines Kindes durch eine (schlechte) Deutschnote beeinflusst, die sich auf die Einschätzung von Seiten der pädagogischen Fachkräfte hinsichtlich der Sprachbeherrschung stützt. Am Beispiel ausländischer Studierender, die die Hochschulzugangsberechtigung im Ausland erworben haben, sogenannter Bildungsausländer/innen, lässt sich zeigen, dass auch in späterem Alter Deutschkenntnisse auf Hochschulniveau erworben werden können. Bildungsausländer/innen kommen im erwachsenen Alter mit Studienabsichten nach Deutschland, oft ohne Kenntnisse der deutschen Sprache. Sie stammen aus verschiedenen Ländern der Welt wie auch aus diversen Schulsystemen. Die meisten schaffen es innerhalb von ein bis zwei Jahren, sich die Sprache anzueignen, um an die Hochschule zu gelangen. Natürlich sind die Lernmethoden, Voraussetzungen, Motivationen und Kompetenzen sowohl der Lehrerschaft als auch der internationalen Sprachschüler/innen anders als bei Kinder und Jugendlichen. Aus diesem Grund soll dieser Ansatz kein Vergleichsstück darstellen, aber auf die lebenslange Lernfähigkeit der Menschen hinweisen.

5 Zusammenfassung und Ausblick

Die Datengrundlagen der für diesen Beitrag berücksichtigten Studien und Statistiken sind aufgrund der Unterschiede hinsichtlich der darin untersuchten Kohorten sowie der Erfassung des Migrationshintergrundes nicht einheitlich. Dennoch können die folgenden Tendenzen festgehalten werden:

Kinder mit Migrationshintergrund nehmen weniger an frühkindlichen Bildungs-, Betreuungs- und Erziehungsangeboten teil als deutsche Kinder ohne Migrationshintergrund. Dabei ist das Verhältnis der Partizipation unter den Bundesländern unterschiedlich: während die Partizipationsquote der Kinder mit Migrationshintergrund an frühkindlichen Erziehungsangeboten in Baden-Württemberg und dem Saarland mit der von deutschen Kindern ohne Migrationshintergrund vergleichbar ist, weist Schleswig-Holstein ein Partizipationsverhältnis von 66% im Vergleich zu den Kindern ohne Migrationshintergrund aus.

In der Sekundarstufe I besuchen Jugendliche mit Migrationshintergrund erheblich häufiger die Hauptschule und seltener das Gymnasium, sie wiederholen häufiger eine Klasse und steigen öfter in die Hauptschule ab als Kinder und Jugendliche ohne Migrationshintergrund. Die Übergangsentscheidung von der Grundschule in die Hauptschule wird seltener durch spätere Aufstiege korrigiert, was dazu führt, dass sie generell niedrigere Bildungsabschlüsse erzielen als gleichaltrige Deutsche. Zudem verlassen sie deutlich häufiger die Schule ohne Abschluss.

In der Sekundarstufe II sind Jugendliche mit Migrationshintergrund deutlich unterrepräsentiert. Ihre Ausbildungsbeteiligung ist geringer als bei Deutschen ohne Migrationshintergrund; sie müssen häufiger ein Berufsvorbereitungs- oder Berufsgrundbildungsjahr durchlaufen und sind an Hochschulen deutlich unterrepräsentiert, obwohl insbesondere Jugendliche aus EU-Staaten, Ostasien, den USA und dem sonstigen Amerika signifikant häufiger die Hochschulreife erreichen als deutsche Jugendliche und Studienberechtigte mit Migrationshintergrund sogar häufiger ein Studium aufnehmen als Studienberechtigte ohne Migrationshintergrund. Dabei ist zu beachten, dass es nicht nur Beteiligungsdisparitäten beim Vergleich der Leistungs- und Beteiligungsunterschiede zwischen Menschen mit und ohne Migrationshintergrund gibt, sondern auch innerhalb der Gruppe der Menschen mit Migrationshintergrund selbst. Der Bildungsbericht 2008 bestätigt, dass Jugendliche aus der Türkei, Italien sowie den Staaten des ehemaligen Jugoslawiens weniger als halb so oft das Abitur erreichen und somit seltener an die Hochschule gelangen (können).

Da die ethnische Komponente „Migrationshintergrund“ als Erklärung von Leistungsdisparitäten zwischen Kindern und Jugendlichen mit und ohne Migrationshintergrund genommen werden könnte, wurde innerhalb dieses Beitrages der Unterschied zwischen Ethnizität und Ethnisierung betont und auf Erklärungsansätze fokussiert, die sich mit der Analyse der individuellen, familiären, schulischen und gesellschaftlichen Dispositionen beschäftigen.

Bei den kulturalistischen Erklärungsansätzen wird der Einfluss des kulturellen und ökonomischen sowie sozialen Kapitals einer Familie mit Migrationshintergrund auf Bildungsentscheidungen (für ihre Kinder) analysiert. Dabei nimmt die Verwendung der in der Familie und im Alltag gesprochenen Sprachen in Bezug auf die Schulleistungen einen besonderen Stellenwert ein, da ein Zusammenhang zwischen Schulerfolg und Verwendung der deutschen Sprache bei außerschulischen Aktivitäten besteht. Hierzu zeigt sich, dass Kinder mit Migrationshintergrund bei Untersuchungen zur Schreib- und Lesekompetenz schlechter abschneiden als gleichaltrige Kinder ohne Migrationshintergrund, obwohl die meisten von ihnen in diversen Befragungen angeben, im Alltag überwiegend Deutsch zu sprechen. Der heimische Sprachgebrauch erweist sich als eine bedeutende Erklärungsvariable für die gefundenen Unterschiede in der Lesekompetenz.

Sozioökonomische Erklärungsansätze befassen sich mit dem Einfluss der Herkunftseffekte auf Bildungsentscheidungen und -investitionen. Hierzu wird zwischen primären und sekundären Herkunftseffekten unterschieden. Erstere beziehen sich auf den Einfluss der Sozialisation im Elternhaus und letztere auf die sozioökonomische Lage der Familie und die daraus resultierenden Bildungsentscheidungen. Diese Entscheidungen führen in den meisten Fällen zur Übertragung der Charakterzüge der Familie in die nächste Generation. Wenn sich die Familie aufgrund ihrer sozioökonomischen Merkmale in den unteren sozialen Schichten der Gesellschaft befindet, wird die Benachteiligung reproduziert. Die Entscheidungen für Bildungsinvestitionen von Menschen mit Migrationshintergrund und generell von Menschen aus den unteren Schichten der Gesellschaft werden nach diesen Ansätzen direkt von deren sozioökonomischer Lage beeinflusst. Die sich aus der Migrationssituation ergebenden Handlungsstrategien können auch Entscheidungen in Bezug auf Bildung beeinflussen. Wird der Aufenthalt von Menschen mit Migrationshintergrund in Deutschland als temporär betrachtet, dann kann es der Fall sein, dass sie weniger in Bildung investieren, insbesondere wenn sie den Nutzen dieser Investition im Falle der Rück- oder Weiterwanderung nicht sehen.

Die niedrigeren schulischen Leistungen und der geringere Erfolg von Kindern und Jugendlichen mit Migrationshintergrund kann aber auch durch Effekte im Bildungssystem bedingt sein. Diese beziehen sich auf Kontextmerkmale von Bildungsinstitutionen wie Charakteristika der Schule, des Unterrichts, der Aufteilung in Schultypen und deren Selektionsmechanismen. Hierzu zeigen Analysen der Datensätze des SOEP, dass mehr ausländische Schüler/innen aus Gesamtschulen mit (Fach-)Hochschulreife oder Realschulabschluss in den einzelnen Jahren des Beobachtungszeitraums von 1990 bis 2000 abgingen als von Schulen des dreigliedrigen Schulsystems.

Die bisherigen Ausführungen haben gezeigt, dass die vorhandenen Ansätze zur Erklärung der vergleichsweise niedrigen Bildungsbeteiligung und des Bildungs(miss)erfolgs der Bevölkerung mit Migrationshintergrund in ihrer Gesamtheit als eine Bündelung von Kausal- und Wirkungszusammenhängen zu betrachten sind. Demnach sind die niedrigeren Leistungen der Kinder und Jugendlichen mit Migrationshintergrund nicht durch das Merkmal der Zuordnung zu einer ethnischen Gruppe zu erklären, sondern mit einer Kumulation von Faktoren, die zu einer benachteiligten bzw. benachteiligenden Situation im Bildungssystem und später beim Übergang in den Arbeitsmarkt führen (siehe hierzu auch den Beitrag von Beck, Jäpel und Becker in diesem Band). Die hier beschriebene und insgesamt als problematische und oft auch negativ konnotierte Situation der Kinder und Jugendlichen mit Migrationshintergrund dürfte sich in den meisten Fällen bei gezielter Gestaltung und Umsetzung bildungs- und integrationspolitischer, aber auch sozialer und pädagogischer Maßnahmen umkehren bzw. zumindest verbessern lassen.

Außerdem zeigen die international vergleichenden PISA-Studien der OECD, dass die Bildungsbeteiligung und der Erfolg von Kindern und Jugendlichen mit Migrationshintergrund sowie die Schulsysteme und Integrationspolitiken von Land zu Land unterschiedlich sind. Dies deutet darauf hin, dass der Migrationshintergrund wenig bedeutsam ist oder sein sollte; vielmehr sind die Unterschiede der Bildungssysteme und die Maßnahmen, die für die Förderung von Menschen mit Migrationshintergrund in den jeweiligen Ländern ergriffen werden, von besonderer Relevanz. Untersuchenswert sind vor diesem Hintergrund die Kontextbedingungen, die eine Gesellschaft ihren Zuwanderer/innen bietet, wie z. B. der Zugang zum Arbeitsmarkt, Annerkennung von Bildungsabschlüssen, Eingliederung in das Schulsystem, Sprachförderung für Kinder und Erwachsene u. v. a. m.

Darüberhinaus haben einige der aufgeführten Ergebnisse darauf aufmerksam gemacht, dass Kinder und Jugendliche mit Migrationshintergrund auf Integrierten Gesamtschulen möglicherweise höhere Bildungsabschlüsse erzielen könnten als auf den Schulen des dreigliedrigen Systems. Insofern wäre eine Vereinfachung der Schulstruktur (am Beispiel anderer Länder) sinnvoll: „Sie nimmt die Beobachtung zur Kenntnis, dass die Länder in der Bundesrepublik Deutschland, die in den letzten Jahrzehnten in guter Absicht ihre Schulstruktur vor allem in der Sekundarstufe I weiter ausdifferenziert haben, mit sehr großen sozialen Disparitäten im Kompetenzerwerb konfrontiert sind. Die Empfehlung, eine Vereinfachung der Schulstruktur anzustreben, gibt eine Richtung vor, ist aber gleichzeitig offen genug, um regionale Unterschiede – also demographische, historisch-kulturelle oder politische Kontingenzen – in Rechnung zu stellen“ (Baumert 2009: 44).

Diese übergeordnete Maßnahme könnte von anderen Programmen in Bezug auf die spezifischen Defizite der Kinder und Jugendlichen mit Migrationshintergrund (wenn möglich auch gruppenspezifisch) begleitet werden. Dazu zählen zum Beispiel Sprachförderungsmaßnahmen im frühkindlichen Bereich unter Berücksichtigung der Zwei- oder Mehrsprachigkeit der Kinder, der Ausbau von Kitas und Ganztagsschulen, Berufsorientierung und Beratung sowie von (Weiter-)Bildungsprogrammen für Betreuungs- und Lehrkräfte und Förderung von familienorientierten Projekten im Zuge einer Zuwanderungsgesellschaft. Diese Programme wurden und werden in vielen Ländern insbesondere der EU eingesetzt und haben sich größtenteils als sinnvoll und erfolgreich erwiesen. Von Bildungsförderung und -investitionen profitieren nicht nur Kinder und Jugendliche mit Migrationshintergrund, sondern auch kurz- und langfristig die ganze Bevölkerung der Gesellschaft (siehe hierzu auch die Beiträge von Dohmen sowie von Piopiunik und Wößmann in diesem Band sowie weiterführend z. B. Dohmen/Fuchs 2009; Dohmen 2009, 2007).

Literatur

Alba, Richard D./Handl, Johann/Müller, Walter (1994): Ethnische Ungleichheiten im deutschen Bildungssystem. In: Kölner Zeitschrift für Soziologie und Sozialpsychologie 46 (2). 209–213

Autorengruppe Bildungsberichterstattung (2008): Bildung in Deutschland 2008. Ein indikatorengestützter Bericht mit einer Analyse zu Übergängen im Anschluss an den Sekundarbereich I. Bielefeld: W. Bertelsmann

Baumert, Jürgen (2009): Anmerkungen zur Empfehlung der Schulkommission. In: Heinrich Böll Stiftung (2009): 43–47

Baumert, Jürgen/Schümer, Gundel (2001): Familiäre Lebensverhältnisse, Bildungsbeteiligung und Kompetenzerwerb im nationalen Vergleich. In: Deutsches PISA-Konsortium (Hrsg.) (2001): 159–202

Baumert, Jürgen/Stanat, Petra/Watermann, Rainer (Hrsg.) (2006): Herkunftsbedingte Disparitäten im Bildungswesen. Vertiefende Analysen im Rahmen von PISA 2000. Wiesbaden: VS Verlag für Sozialwissenschaften

Becker, Rolf/Lauterbach, Wolfgang (Hrsg.) (2007): Bildung als Privileg. Erklärungen und Befunde zu den Ursachen der Bildungsungleichheit. Wiesbaden: VS Verlag für Sozialwissenschaften

Bertelsmann Stiftung (2010): Kinder mit Migrationshintergrund besuchen zu selten eine Kita. Verfügbar unter: www.bertelsmann-stiftung.de

Bos, Wilfried/Marcus Pietsch (Hrsg.) (2007): KESS 4. Kompetenzen und Einstellungen von Schülerinnen und Schülern am Ende der Jahrgangsstufe 4 in Hamburger Grundschulen. Münster: Waxmann

Bos, Wilfried/Hornberg, Sabine/Arnold, Karl-Heinz/Faust, Gabrielle/Fried, Lilian/Lankes, Eva-Maria/Schwippert, Knut/Valtin, Renate (Hrsg.) (2008): IGLU-E 2006. Die Länder der Bundesrepublik Deutschland im nationalen und internationalen Vergleich. Münster: Waxmann

Bos, Wilfried/Lankes, Eva-Maria/Prenzel, Manfred/Walther, Gerd/Valtin, Renate (Hrsg.) (2003): Erste Ergebnisse aus IGLU. Schülerleistungen am Ende des vierten Jahrgangs im internationalen Vergleich. Münster/München: Waxmann

Boudon, Raymond (1974): Education, Opportunity and Social Inequality. Changing Prospects in Western Society. New York: Wiley & Sons

Bourdieu, Pierre (1983): Ökonomisches Kapital, kulturelles Kapital, soziales Kapital. In: Kreckel (1983): 183–198

Bourdieu, Pierre (1982): Die feinen Unterschiede. Kritik der gesellschaftlichen Urteilskraft. Frankfurt a. M.: Suhrkamp

Bundesinstitut für Bevölkerungsforschung (BiB) (2003): Materialien zur Bevölkerungswissenschaft 107. Verfügbar unter: http://www.bib-demografie.de/cln_099/nn_750526/SharedDocs/Publikationen/DE/Download/Materialienbaende/107,templateId=raw,property=publicationFile.pdf/107.pdf

Bundesministerium für Bildung und Forschung (2007a): Die wirtschaftliche und soziale Lage der Studierenden in der Bundesrepublik Deutschland 2006. 18. Sozialerhebung des Deutschen Studentenwerks durchgeführt durch HIS Hochschul-Informations-System. Bonn/Berlin: BMBF

Bundesministerium für Bildung und Forschung (Hrsg.) (2007b): Migrationshintergrund von Kindern und Jugendlichen. Wege zur Weiterentwicklung der amtlichen Statistiken. Berlin: BMBF

Deutsches PISA-Konsortium (Hrsg.) (2001): PISA 2000. Basiskompetenzen von Schülerinnen und Schülern im internationalen Vergleich. Opladen: Leske+Budrich
Diefenbach, Heike (2007a): Schulerfolg von ausländischen Kindern und Kindern mit Migrationshintergrund als Ergebnis individueller und institutioneller Faktoren. In: Bundesministerium für Bildung und Forschung (2007b): 43–54
Diefenbach, Heike (2007b): Bildungschancen und Bildungs(miss)erfolg von ausländischen Schülern oder Schülern aus Migrantenfamilien im System schulischer Bildung. In: Becker/Lauterbach (2007): 217–241
Diefenbach, Heike (2003): Schulerfolgsquoten ausländischer und deutscher Schüler an Integrierten Gesamtschulen und an Schulen des dreigliedrigen Schulsystems. Sind Integrierte Gesamtschulen die bessere Wahl für ausländische Schüler? In: Bundesinstitut für Bevölkerungsforschung (2003): 77–95
Diefenbach, Heike (2002): Bildungsbeteiligung und Berufseinmündung von Kindern und Jugendlichen aus Migrantenfamilien. Eine Fortschreibung der Daten des Sozioökonomischen Panels (SOEP). In: Sechster Kinder- und Jugendbericht (2002): 9–70
Dohmen, Dieter (2009): Finanzierung lebenslangen Lernens von der Kita bis zur Weiterbildung – Deutschland und Österreich im internationalen Vergleich. FiBS Forum 42
Dohmen, Dieter (2007): Bedarf, Kosten und Finanzierung des Kita-Ausbaus für die unter 3-Jährigen. FiBS Forum 38
Dohmen, Dieter/Fuchs, Kathrin (2009): Kosten und Erträge ausgewählter Reformmaßnahmen: Teilhabe durch qualitativ hochwertige und gut ausgebaute Bildungs- und Betreuungsinfrastruktur sichern. FiBS Forum 44
Esser, Hartmut (2006): Sprache und Integration. Konzeptionelle Grundlagen und empirische Zusammenhänge. Working Paper 7
Flam, Helena (2007): Migranten in Deutschland. Statistiken – Fakten – Diskurse. Konstanz: UKV Verlagsgesellschaft
Friedrich, Lena/Siegert, Manuel/Schuller Karin (2009): Förderung des Bildungserfolgs von Migranten: Effekte familienorientierter Projekte. Working Paper 24. Nürnberg: Bundesamt für Migration und Flüchtlinge. Verfügbar unter: http://www.bamf.de/cln_092/SharedDocs/Anlagen/DE/Migration/Publikationen/Forschung/WorkingPapers/wp24-f_C3_B6rderung-bildungserfolge,templateId=raw,property=publicationFile.pdf/wp24-f%C3%B6rderung-bildungserfolge.pdf
Granato, Nadia/Kalter, Frank (2001): Die Persistenz ethnischer Ungleichheit auf dem deutschen Arbeitsmarkt. Diskriminierung oder Unterinvestition in Humankapital? In: Kölner Zeitschrift für Soziologie und Sozialpsychologie. 53 (3). 497–520
Heinrich Böll Stiftung (Hrsg.) (2009): Bildungsgerechtigkeit im Lebenslauf. Schriftenreihe zu Bildung und Kultur. Band 3. Verfügbar unter: http://www.boell.de/downloads/bildungkultur/Serie_Bildung_und_Kultur_Band_3_Wie_Bildungsarmut_nicht_weiter_vererbt_wird.pdf
Herwartz-Emden, Leonie (2007): Migrant/-innen im deutschen Bildungssystem. In: Bundesministerium für Bildung und Forschung (2007b): 7–24
Konsortium Bildungsberichterstattung (Hrsg.) (2006): Bildung in Deutschland. Ein indikatorengestützter Bericht mit einer Analyse zu Bildung und Migration. Bielefeld: W. Bertelsmann
Kreckel, Reinhardt (Hrsg.) (1983): Soziale Ungleichheiten. Soziale Welt. Göttingen: Schwartz
Kristen, Cornelia (2006): Ethnische Diskriminierung im deutschen Schulsystem? Theoretische Überlegungen und empirische Ergebnisse. Arbeitsstelle Interkulturelle Konflikte und gesellschaftliche Integration. WZB discussion paper SP IV 2006-601. Verfügbar unter: http://www.wzb.eu/alt/aki/files/aki_ethnische_diskriminierung_schulsystem.pdf
Kristen, Cornelia (2003): Ethnische Unterschiede im deutschen Schulsystem. In: Aus Politik und Zeitgeschichte B21-22. 26–32
Kristen, Cornelia (2002): Hauptschule, Realschule oder Gymnasium? Ethnische Unterschiede am ersten Bildungsübergang. In: Kölner Zeitschrift für Soziologie und Sozialpsychologie 54 (3). 534–552
Kristen, Cornelia/Granato, Nadia (2007): Bildungsinvestitionen in Migrantenfamilien. In: Bildungsministerium für Bildung und Forschung (2007b): 25–42
Krohne, Julia Ann/Meier, Ulrich/Tillmann, Klaus-Jürgen (2004): Sitzenbleiben, Geschlecht und Migration – Klassenwiederholungen im Spiegel der PISA-Daten. Zeitschrift für Pädagogik 50. 373–391
Müller, Andrea G./Stanat, Petra (2006): Schulischer Erfolg von Schülerinnen und Schülern mit Migrationshintergrund: Analysen zur Situation von Zuwanderern aus der ehemaligen Sowjetunion und aus der Türkei. In: Baumert et al. (2006): 221–255
OECD (2004): Lernen für die Welt von morgen. Erste Ergebnisse von PISA 2003. Paris: OECD
Oswald, Ingrid (2007): Migrationssoziologie. Konstanz: UVK Verlagsgesellschaft
PISA-Konsortium Deutschland (Hrsg.) (2008): PISA 2006. PISA 2006 in Deutschland. Die Kompetenzen der Jugendlichen im dritten Ländervergleich. Münster: Waxmann

PISA-Konsortium Deutschland (Hrsg.) (2004): PISA 2003. Der Bildungsstand der Jugendlichen in Deutschland. Ergebnisse des zweiten internationalen Vergleichs. Münster: Waxmann
Rühl, Stefan (2009): Grunddaten der Zuwandererbevölkerung in Deutschland. Working Paper 27. Nürnberg: Bundesamt für Migration und Flüchtlinge
Schneekloth, Ulrich/Leven, Ingo (2007a): Wünsche, Ängste und erste politische Interessen. In: World Vision Deutschland e. V. (2007): 65–109
Schneekloth, Ulrich/Leven, Ingo (2007b): Die Gleichaltrigen: Gemeinsame und getrennte Welten. In: World Vision Deutschland e. V. (2007): 143–164
Sechster Kinder- und Jugendbericht (Hrsg.) (2002): Migration und die europäische Integration. Herausforderungen für die Kinder- und Jugendhilfe. Opladen: Leske+Budrich
Siegert, Manuel (2009): Berufliche und akademische Ausbildung von Migranten in Deutschland. Working Paper 22. Nürnberg: Bundesamt für Migration und Flüchtlinge
Söhn, Janina (2009): Nicht alle sind gleich. Der Rechtsstatus beeinflusst Bildungschancen von Migranten. In: WZB Mitteilungen – Herausforderung Integration 126. 14–17
Stanat, Petra (2006): Schulleistungen von Jugendlichen mit Migrationshintergrund: Die Rolle der Zusammensetzung der Schülerschaft. In: Baumert et al. (2006): 189–219
Statistisches Bundesamt (2010): Bevölkerung und Erwerbstätigkeit. Bevölkerung mit Migrationshintergrund – Ergebnisse des Mikrozensus. Wiesbaden: Statistisches Bundesamt
Statistisches Bundesamt (2009): Datenreport 2008. Ein Sozialbericht für die Bundesrepublik Deutschland. Bonn: Statistisches Bundesamt
Statistisches Bundesamt (2006): Migration in Deutschland 2005. Fachserie 1. Reihe 2.2. Wiesbaden.
Walter, Oliver/Taskinen, Päivi (2008): Der Bildungserfolg von Jugendlichen mit Migrationshintergrund in den deutschen Ländern. In: PISA-Konsortium Deutschland (2008): 343–374
World Vision Deutschland e. V. (Hrsg.) (2007): Kinder in Deutschland 2007. 1. World Vision Kinder Studie. Frankfurt a. M.: Fischer

Determinanten des Bildungserfolgs von Migranten

Michael Beck, Franziska Jäpel und Rolf Becker

1 Einleitung

Die Schweiz zählt seit dem 20. Jahrhundert zu den klassischen Einwanderungsländern in Europa (Hoffmann-Nowotny 1973; Piguet 2006). Wie in anderen Einwanderungsländern, gelten institutionelle Restriktionen und Gelegenheiten, dass sowohl herkunftslandspezifische Ressourcen wie etwa Ausbildungen und berufliche Fertigkeiten anerkannt als auch Zugänge zu Schul- und Berufsausbildung als bedeutsame Voraussetzung für strukturelle Integration von Migranten in die Aufnahmegesellschaft gewährt werden (Kalter 2005; Lischer 2003; Steinbach/Nauck 2004).[1] Gegenwärtig sind mehr als ein Fünftel der Kinder und Jugendlichen im Schweizer Bildungssystem ausländischer Nationalität. Im Laufe der 1990er Jahre ist deren Zahl bei den Schulpflichtigen um mehr als ein Drittel gestiegen und liegt seit einigen Jahren konstant bei 25 Prozent (BfS 2010a). Im westeuropäischen Kontext ist nur in Luxemburg der Anteil von Ausländern unter den schulpflichtigen Jahrgängen höher.

In der Schweiz ist die nationale Heterogenität der Schulklassen in der obligatorischen Schule – gemessen am durchschnittlichen Anteil von Schulkindern mit Migrationshintergrund an den einheimischen Schulkindern in einer Schulklasse – in den letzten 20 Jahren ebenfalls deutlich gestiegen. Während sich Anfang der 1990er Jahre in rund einem Viertel der Schulklassen die Schülerschaft zu mindestens 30 Prozent aus Schulkindern ausländischer Nationalität oder mit Migrationshintergrund zusammensetzte, liegt der Anteil der Schulklassen mit großer nationaler und sprachlicher Heterogenität gegenwärtig bei rund 40 Prozent. Ihre Entwicklung differiert deutlich zwischen den 26 Kantonen. Während im Schuljahr 2007/08 diese Heterogenität in Bern bei 27 Prozent lag, betrug sie in Zürich rund 53 Prozent.

Dass jedoch Kinder und Jugendliche mit Migrationshintergrund gegenüber Einheimischen – auch wenn die individuelle Leistung sowie die soziale und nationale Herkunft in Rechnung gestellt wird – beim Bildungszugang, Bildungserfolg und Bildungserwerb im Nachteil sind, ist für die Schweiz hinreichend oft mit unterschiedlicher Präzision beschrieben worden (Kronig 2007; Meyer 2003). Vor diesem Hintergrund sind in den letzten Jahren die Bildungschancen von Migrantenkindern in der Schweiz verstärkt wie kontrovers diskutiert worden. Beispielsweise haben Schulkinder mit Migrationshintergrund ein überproportional höheres Risiko als Schweizer Schulkinder, entweder in Sonderschulen oder in anspruchsarmen Schullaufbahnen der Sekundarstufe I (etwa Ober- oder Realschule) unterrichtet zu werden (Kronig 2003: 25). Eigenen Berechnungen von Daten der amtlichen Statistik für das Schuljahr 2007/08 zufolge haben ausländische Schulkinder ein 2,8-mal höheres Risiko, in

---

1 Der Lesbarkeit halber wird im Text ausschließlich das männliche Substantiv zur Bezeichnung von Personen und Gruppen verwendet. Diese Bezeichnung schließt das weibliche Geschlecht selbstverständlich mit ein.

Sonderschulen unterrichtet zu werden, als autochthone Schulkinder. Gemessen an Einheimischen sind sie in diesen Schultypen mit ansteigender Tendenz deutlich überrepräsentiert (Kronig 2007; Moser 2001). Wie in Deutschland sind – so die Befunde von PISA 2000 und 2003 zur Verteilung von „reading literacy" – auch in der Schweiz die Jugendlichen mit Migrationshintergrund in den leistungsschwächeren Gruppen (Ramseier/Brühwiler 2003) und beim vorzeitigen Schulabgang überrepräsentiert (Meyer 2003). In der Sekundarstufe II (anspruchsvolle Berufsausbildung und Gymnasium) hingegen sind Jugendliche mit Migrationshintergrund unterrepräsentiert (Haeberlin et al. 2004). So haben sie gegenwärtig ein 3-mal höheres Risiko als einheimische Schulabgänger, in der An- oder Vorlehre oder in anderen als „Brückenangebote" bezeichneten Übergangslösungen zu landen. Schließlich haben Jugendliche mit Migrationshintergrund im Vergleich zu den Einheimischen deutlich geringere Chancen, die Studienberechtigung zu erwerben oder in die tertiäre Ausbildung einzutreten (Meyer 2003).

Die im Vergleich zu einheimischen Kindern oftmals, auch wenn die individuelle Leistung in Rechnung gestellt wird, schlechteren Bildungsergebnisse von Migrantenkindern belegen die sozial- und bildungspolitische Relevanz ungleicher Bildungschancen im Schweizer Bildungssystem. Vor dem Hintergrund dieser Fakten stellt sich die Frage, *warum* Schulkinder mit Migrationshintergrund deutlich schlechtere Bildungs- und Ausbildungschancen haben als altersgleiche Schweizer. Lässt sich dieses Phänomen durch so genannte „Unterschichtung" (Hoffmann-Nowotny 1973) in Folge sozial selektiver Einwanderung erklären? Oder ist davon auszugehen, dass der Einfluss des Migrationsstatus auf den Bildungserfolg ein Spezialfall des kausalen Zusammenhangs von sozialer Herkunft und Bildungschancen ist und dass darüber hinausgehende spezifische Nachteile von Migranten beim Bildungserfolg „vorwiegend mit noch vorhandenen Sprachproblemen (und hier vorwiegend im Elternhaus) verbunden zu sein" scheinen (Kalter 2005: 326). Oder wirkt sich der rechtliche Status als Ausländer ungünstig auf Ausbildungschancen nach dem Schulabgang aus? Diese Fragen werden zum einen für den Übergang von der Primarstufe auf die weiterführenden Schullaufbahnen in der Sekundarstufe I empirisch untersucht. Zum anderen steht für die Schulabgänger nach der Sekundarstufe I im Zentrum der empirischen Analyse, ob sie eine berufliche Ausbildung aufnehmen oder gänzlich ausbildungslos verbleiben und ohne Berufsabschluss das Bildungssystem verlassen.

Die Antworten auf die aufgeworfenen Fragen zu Bildungschancen und Bildungsarmut sind für die Schweiz in zweierlei Hinsicht von besonderem Interesse. Zum einen unterscheidet sich die Schweiz dadurch von anderen westeuropäischen Anrainerstaaten, dass ihre gesellschaftliche Entwicklung durch eine vergleichsweise moderate Bildungsexpansion und daran gekoppelte Bildungsgelegenheiten gekennzeichnet ist (Buchmann/Charles 1993; Buchmann et al. 2007). Zum anderen – und das ist im vorliegenden Fall der bedeutsamere Grund – stellt die Schweiz aufgrund des in den letzten Jahren gestiegenen und derzeit vergleichsweise hohen Anteils an Migranten im Bildungssystem und der hohen Heterogenität in den Schulklassen eine besondere Herausforderung für die sozialwissenschaftliche Erklärung dar.

Der vorliegende Beitrag gliedert sich wie folgt: Im zweiten Abschnitt werden in aller Kürze Struktur und Organisation des Schweizer Bildungssystems und neuere Entwicklungen in der Bildungsbeteiligung – unter besonderer Berücksichtigung von Migranten und Ausländern – beschrieben. Eine knappe Diskussion der Erklärungsansätze für die Nachteile von Migranten im Bildungssystem und die Ableitung von Hypothesen bildet den dritten Abschnitt. Eine Beschreibung der verwendeten Daten, Variablen und statistischen Verfahren sowie die empirischen Befunde erfolgt im vierten Abschnitt. Im fünften Abschnitt werden diese abschließend diskutiert.

2 Migranten im Schweizer Bildungssystem

Weil Bildungschancen wesentlich von den Gelegenheitsstrukturen – den Restriktionen und selektiven Anreizen des Bildungssystems – abhängen, und im Falle von Migration die Kenntnisse über Bildungswege im Aufnahmeland eine gewichtige Rolle für die Bildungsteilhabe spielen, ist es notwendig, die Struktur des Schweizer Bildungssystems zu beschreiben. Um ein Bild der Situation von Migranten im Bildungssystem zu zeichnen, wird zudem die spezifische Immigrationsgeschichte der ausländischen Bevölkerung in der Schweiz dargestellt.

2.1 Struktur und Organisation des Schweizer Bildungssystems

Das Bildungssystem der föderalistischen und mehrsprachigen Schweiz ist, wie das deutsche auch, in Stufen und Typen unterteilt, wobei die Hauptverantwortung bei den 26 Kantonen liegt. Auf nationaler Ebene wird das Bildungswesen durch die Schweizerische Konferenz der kantonalen Erziehungsdirektoren (EDK) koordiniert. Auf kantonaler Ebene wird das Schulwesen durch jeweils eigene Schulgesetze geregelt. Zudem verfügen die einzelnen Gemeinden über eine relativ hohe Autonomie in Bildungsangelegenheiten, was zu kantonal und lokal unterschiedlichen und den jeweiligen Gegebenheiten angepassten strukturellen Lösungen führt. Vor allem die verschiedenen Sprachgebiete der Schweiz unterscheiden sich hinsichtlich ihres Bildungswesens mehr oder weniger stark. Die föderale und dezentrale Organisation im Bereich der Vorschule und der obligatorischen Schule ermöglicht einen angemessenen Umgang mit den kulturellen Unterschieden in einem mehrsprachigen Land und seinen regional geprägten Schultraditionen. Die Unterrichtssprache ist – je nach Sprachregion – Deutsch, Französisch, Italienisch oder Rätoromanisch. Gesamtschweizerisch einheitlich geregelt sind Schuleintrittsalter, Beginn und Dauer des Schuljahres sowie Dauer der obligatorischen Schulzeit (EDK 2010).

Abbildung 1 gibt einen groben Überblick über Aufbau und Gliederung des Schweizer Schulsystems. Derzeit erfolgt der Schuleintritt mit dem vollendeten sechsten Altersjahr. Die obligatorische Schulzeit umfasst neun Schuljahre (EDK 2010). Am Ende der Primarstufe (in der Regel nach der 6. Klasse und in manchen Kantonen nach der 4. oder 5. Jahrgangsstufe) wird für die Schulkinder entschieden, welchen Schultyp der dreiteiligen Sekundarschule bzw. welche Stammklasse der gegliederten Sekundarschule sie auf der Sekundarstufe I besuchen werden. Grundsätzlich gibt es zwei Schultypen, die sich durch ihre Leistungsniveaus unterscheiden: Schultyp mit Grundansprüchen und Schultyp mit erweiterten Ansprüchen. In einigen Kantonen gibt es drei Schultypen: Schultyp mit Grundansprüchen, Schultyp mit mittleren Ansprüchen und Schultyp mit höheren Ansprüchen. Nur wenige Kantone verzichten in der Sekundarstufe I auf verschiedene Schultypen und nehmen keine Selektion von der

Primar- zur Sekundarstufe I vor. Der Übertritt in die Sekundarstufe I erfolgt für die Schulen mit Grundanforderungen ohne Prüfung. Der Übertritt an Schulen mit erweiterten Ansprüchen stützt sich auf Empfehlungen der Lehrerinnen und Lehrer der Primarstufe. Ausschlaggebend sind ausreichende schulische Leistungen – insbesondere in der ersten Landessprache des jeweiligen Kantons, in Fremdsprachen und in Mathematik. Mit Abschluss der Sekundarstufe I endet die obligatorische Schulzeit von neun Jahren. Der Übertritt in die Sekundarstufe II mit ihrem vielfältigen Angebot an gymnasialer, mittlerer und beruflicher Bildung erfolgt je nach Eignung und Interesse der Schüler. Bereits in der Sekundarstufe I können geeignete Schüler in der neunten Klasse eine Klasse zur Gymnasialen Vorbildung besuchen und nach zwölf Schuljahren mit der Matur abschließen.[2]

Die Sekundarstufe II ist stark gegliedert. Vor allem im Bereich der *Beruflichen Grundbildung* können die Schüler zwischen verschiedenen Ausbildungsvarianten (betriebliche Lehre und Allgemeinbildung, vollzeitschulische Ausbildung) wählen und haben zudem die Option, neben der oder im Anschluss an die Lehre die Berufsmaturität zu erlangen. Die verschiedenen in der Sekundarstufe II erworbenen Abschlüsse und Zertifikate berechtigen zur tertiären Ausbildung an einer der (Fach-)Hochschulen oder zur Vorbereitung auf höhere Fach- und Berufsprüfungen. Als ebenso stratifiziertes wie segmentiertes Bildungssystem weist das Schweizerische Bildungssystem zwar einerseits ein breites Angebot in der Berufsbildung auf, aber andererseits ist das Hochschulsystem relativ geschlossen (Buchmann et al. 2007).

Zusammenfassend lässt sich festhalten, dass das schweizer mit dem deutschen Bildungssystem strukturell vergleichbar ist. Die Übergänge zwischen den verschiedenen Ausbildungsstufen sind jedoch zeitlich (sowohl im Lebensalter der Schüler als auch nach Schuljahren) unterschiedlich gelagert. Wie für Deutschland bereits mehrfach belegt (Becker 2009a; Kristen/Dollmann 2010), stellen auch im Bildungssystem der Schweiz diese Übergänge entscheidende selektive Hürden dar (Becker 2010; Kronig 2007, 2001; Moser/Rhyn 2000), an denen maßgebliche Entscheidungen für die weitere Bildungslaufbahn von Kindern und Jugendlichen und deren Bildungschancen getroffen werden.

2.2 Zur Situation von Migranten in der Schweiz

Nicht nur in der deutschsprachigen Literatur werden Migrantengruppen – verbunden mit diversen Begrifflichkeiten – in unterschiedlicher Weise voneinander abgegrenzt. Auch in Studien zur Situation von Migranten wird zwischen verschiedenen Nationalitäten, Migrantengruppen, Einwanderergenerationen und Immigrationswellen unterschieden. Empirische Analysen dazu differieren zum Teil erheblich in der Operationalisierung des Migrationsstatus. Während einige Studien den Migrationsstatus mittels der Frage nach Muttersprache oder zu Hause überwiegend gesprochener Sprache erheben (SHP, PISA etc.), wird bei anderen das Geburtsland der befragten Person (SHP, Volkszählung etc.) und in einigen Fällen auch das Ge-

2 Matur oder Maturität bezeichnet die Allgemeine Hochschulreife, welche zum Studium an einer Universität oder ETH berechtigt und damit dem deutschen Abitur entspricht. Die Berufsmatur hingegen entspricht eher der Fachhochschulreife, ebenso der FMS-Ausweis und die Fachmaturität, die allesamt zum Studium an einer Pädagogischen Hochschule, Fachhochschule oder höheren Fachschule berechtigen. Das Eidgenössische Fähigkeitszeugnis (EFZ) berechtigt zur Vorbereitung auf höhere Fach- und Berufsprüfungen.

Abbildung 1 Aufbau und Gliederung des Schweizerischen Bildungssystems (vereinfacht)

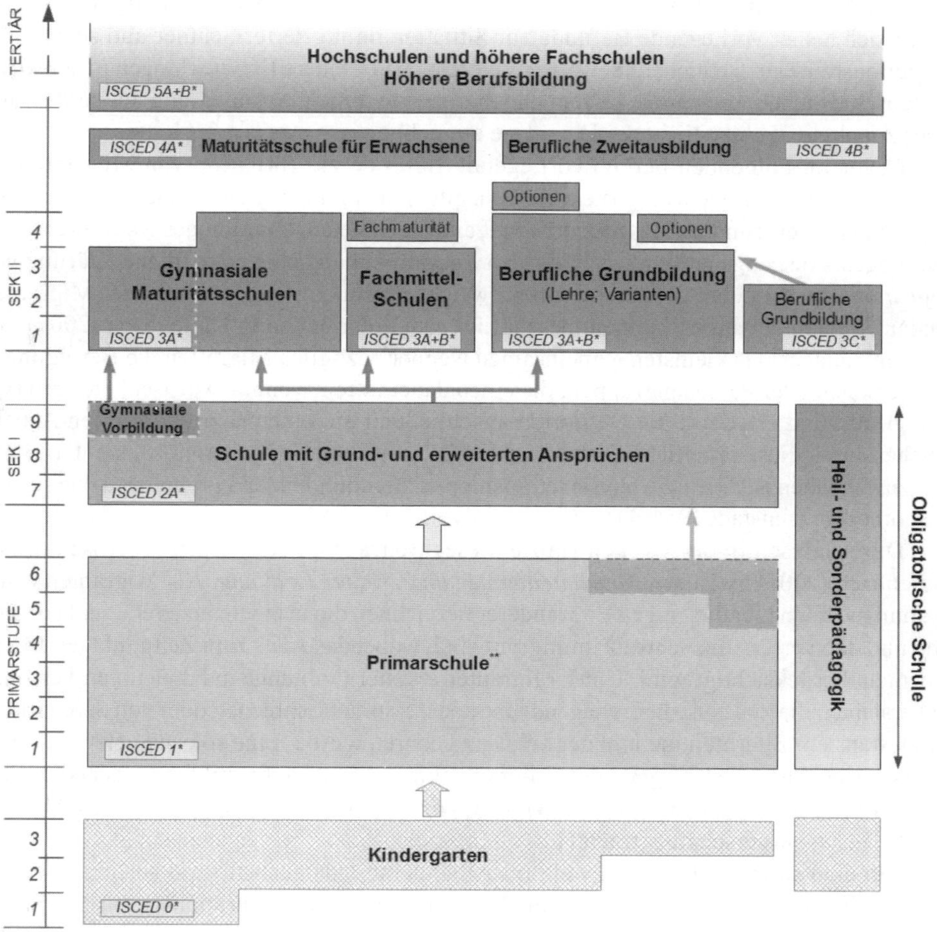

* Bei der Darstellung werden die Anzahl Jahre auf der jeweiligen Stufe dargestellt sowie ein Bezug zum ISCED (International Standard Classification of Education) hergestellt. Über den ISCED (0 – 6) erhält jede Stufe einen international vergleichbaren Code (siehe auch: www.uis.unesco.org)

** Der Übertritt erfolgt in den meisten Kantonen nach der 6. Klasse, ausgenommen folgende Kantone: AG, BL, NE, TI (Übertritt nach der 5. Klasse) und BS, VL (Übertritt nach der 4. Klasse)

Quelle: Schweizerische Konferenz der kantonalen Erziehungsdirektoren (EDK 2010) – eigene Darstellung

burtsland der Eltern (SHP, Mikrozensus etc.) erfragt. Lediglich wenige Studien dokumentieren die Migrationsgeschichte der Befragten und ihrer Familienangehörigen detailliert und umfassend (DEBIMISS, Integrationssurvey des Bundesinstituts für Bevölkerungsforschung etc.). Durch die heterogene Datenlage infolge der uneinheitlichen Abgrenzung des Migrationsstatus lassen sich bisher vorliegende Befunde zur Situation immigrierter Schüler und solcher mit Migrationshintergrund nicht ohne Weiteres vergleichen. Neuere Entwicklungen in der sozialwissenschaftlichen Forschung zeigen jedoch eine zunehmende Anpassung an, so dass mit einer zunehmend einheitlicheren Datenlage zu rechnen ist.

Bevor im Folgenden bereits vorliegende Befunde zur Situation von Migranten im Schweizer Bildungssystem dargestellt werden, gilt es die immigrierten Schüler und solche mit Migrationshintergrund zu klassifizieren und eine geeignete Definition des Migrantenstatus vorzulegen. Ausgangspunkt muss in diesem Zusammenhang eine begriffliche Klärung von *Migration* sein. Mit dem Diskurs, wer bzw. welche Personen als Migranten oder Migrantenkinder bezeichnet werden können, beschäftigt sich unter anderem Diefenbach (2007). Sie benennt zunächst als kleinsten gemeinsamen Nenner bezüglich Migration die Bewegungen von Personen oder Personengruppen, die einen dauerhaften Wohnortwechsel bedingen (vgl. Han 2000), und erweitert die Definition anschließend um einen soziokulturellen Aspekt, welcher durch diese räumliche Distanz entsteht. Diese Perspektive betont, was unter Migration zu verstehen ist: „(…) the physical transition of an individual or a group from one society to another“ (Eisenstadt 1954: 1).

Die Analysen in der zweiten Hälfte dieses Beitrags unterscheiden im Anschluss an Diefenbach (2007) zwischen *Migranten erster und zweiter Ordnung*. Als Migranten erster Ordnung werden hier diejenigen Einwanderer bezeichnet, die in einem anderen Land geboren sind und dann erst in die Schweiz immigriert sind, wobei das Alter zum Zeitpunkt der Migration nicht berücksichtigt wird. Unter Migranten zweiter Ordnung sind diejenigen Personen zu verstehen, die zu Hause überwiegend eine andere Sprache sprechen oder von deren Eltern mindestens ein Elternteil nicht in der Schweiz geboren wurde. Eine solche Differenzierung unterstreicht, dass „die Kategorie der „Migrantenkinder“ (…) häufig mit dem Ausländerstatus verquickt (wird)“ (Diefenbach 2007: 21). Hier wird der Migrationsstatus daher unabhängig von der Staatsbürgerschaft betrachtet.[3]

Um eine sowohl für die Schweiz im Allgemeinen als auch für die vorliegenden Daten praktikable Unterscheidung verschiedener Gruppen und Generationen von Migranten vorzunehmen, ist ein Blick auf die Einwanderungsgeschichte der Schweiz notwendig. Im vergangenen Jahrhundert vollzog sich die Immigration von Personen aus dem Ausland in die Schweiz in zwei Wellen. *Abbildung 2* zeigt die Entwicklung der ausländischen Wohnbevölkerung in der Schweiz und die der zwei Einwanderungswellen. Der Ausländeranteil an der ständigen Wohnbevölkerung berücksichtigt alle ausländischen Bürger in der Schweiz. Während in der ersten Hälfte des 20. Jahrhunderts vor allem Italiener und Spanier als Arbeitsmigranten ihren Weg in die Schweiz fanden, waren es in der zweiten Hälfte Portugiesen

3 Im vorliegenden Beitrag werden in unseren eigenen Analysen die Generationen – d.h. Migranten erster und zweiter Ordnung – und die Gruppen – d.h. erste und zweite Migrationswelle – von Migranten in der Schweiz entsprechend der vorherigen Kategorisierung unterschieden. Eine detaillierte Darstellung der hier unterschiedenen Kategorien sowie deren Operationalisierung werden im Zusammenhang mit der Beschreibung der Daten und des empirischen Vorgehens vorgenommen.

sowie türkische Staatsbürger und die Bevölkerungsgruppen des ehemaligen Jugoslawien. Weitere Nationalitäten werden in dieser Darstellung nicht berücksichtigt.

Abbildung 2 Entwicklung der ausländischen Wohnbevölkerung in der Schweiz

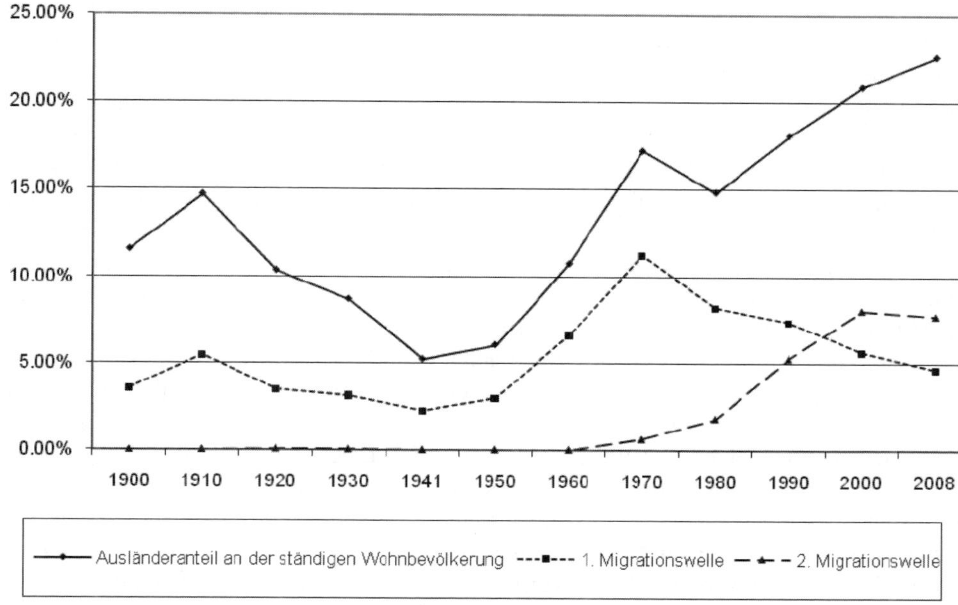

Quelle: Bundesamt für Statistik – eigene Darstellung (BfS 2010b)

Zu Beginn der 1940er Jahre begann nicht nur der Anteil der Ausländer an der ständigen Wohnbevölkerung, sondern auch der Anteil an italienischen Staatsbürgern stetig zu steigen, um 1960 mit fast 60 Prozent die größte Gruppe innerhalb der ausländischen Wohnbevölkerung auszumachen. In den 1960er und vor allem in den 1970er Jahren nahm der Anteil an spanischen Migranten stark zu und stieg von unter 2 auf über 10 Prozent. Zusammen bilden diese beiden Nationalitäten die *erste Migrationswelle in der Schweiz*, die im Jahre 1970 ihren Höhepunkt erreichte.

Die *zweite Einwanderungswelle* kann für die Schweiz in den 1980er Jahren lokalisiert werden. Zwischen 1970 und 2000 erhöhte sich der Anteil von Migranten aus Portugal, der Türkei und dem ehemaligen Jugoslawien. Einen besonders starken Anstieg ihres Anteils an der ständigen ausländischen Wohnbevölkerung kann bei der Gruppe der Einwanderer aus dem ehemaligen Jugoslawien mit einem Anstieg von ca. 3 Prozent im Jahre 1970 auf knapp 25 Prozent im Jahr 2000 festgestellt werden. Die anderen beiden Nationalitäten dieser Welle verzeichnen zwar keinen derart starken Anstieg ihres prozentualen Anteils an allen Ausländern in der Schweiz, aber erhöhten ihren Anteil zeitweise um das Drei- bis Sechsfache. Die zweite Migrationswelle hatte kumulativ gesehen im Jahr 2000 ihren Höhepunkt mit einem Anteil von über 15 Prozent an der ständigen Wohnbevölkerung.

2.3 Neuere Befunde zur Bildungsbeteiligung von Migranten

Weder im Zuge der Bildungsexpansion noch mittels bildungspolitischer Maßnahmen und Reformen konnten die sozialen Ungleichheiten von Bildungschancen im Schweizer Bildungssystem abgebaut werden und sind im internationalen Vergleich weiterhin besonders ausgeprägt (Buchmann/Charles 1993; Buchmann et al. 2007). Der Übergang von der Primarstufe in die Sekundarstufe I ist bezüglich sozialer Selektivität des Bildungssystems besonders bedeutsam und wirkt sich auf Entscheidungen und Chancen im späteren Bildungsverlauf aus (Becker 2009a, 2010). Bei migrationsbedingten Bildungsungleichheiten liegt daher der Fokus in der Bildungsforschung zumeist auf den Übertrittsentscheidungen und Selektionsverfahren beim ersten Übergang nach der Primarschule (vgl. Kronig 2007; Meyer 2003; Moser/Rhyn 1999). Am Ende der Primarstufe wird für die Schulkinder entschieden, welchen Schultyp der Sekundarschule bzw. welche Stammklasse der gegliederten Sekundarschule sie auf der Sekundarstufe I besuchen werden. Aber auch an den weiteren Bildungsübergängen sind viele Migrantengruppen beim Bildungserfolg im Nachteil und es lassen sich Benachteiligungen von Migranten im Allgemeinen und von Migranten aus ressourcenarmen Elternhäusern im Besonderen im Schweizer Bildungssystem nachweisen (SKBF 2010).

Diese Bildungsdisparitäten nach nationaler und sozialer Herkunft haben auch dann Bestand, wenn die schulische Leistung und Performanz dieser Kinder und Jugendlichen berücksichtigt wird (Becker 2010; Kronig et al. 2000; Lischer 2003; Meyer 2003; Moser/Rhyn 1999; Ramseier/Brühwiler 2003). Dem schweizerischen Bildungssystem gelingt es auf den ersten Blick nicht, Chancen und Berechtigungen gemäß postuliertem meritokratischen Prinzip ausschließlich aufgrund der Leistungsfähigkeit zu verteilen. Sowohl im Hinblick auf Geschlecht und sozioökonomische Herkunft als auch im Hinblick auf die nationale Herkunft der auszubildenden Schülerinnen und Schülern wird Chancenungleichheit konstatiert.

Trotz uneinheitlicher Datenlage und unklarer Abgrenzung des Migrantenstatus in den einzelnen Untersuchungen können für die Schweiz summarisch folgende empirische Befunde berichtet werden: Die Leistungen von Schülerinnen und Schülern mit Migrationshintergrund sind durchschnittlich schlechter als die von Schweizer Schulkindern. Sie sind besonders unterdurchschnittlich, wenn sie zudem aus Familien mit einem niedrigen sozioökonomischen Status stammen. Beispielsweise weisen 15-jährige Migranten bei PISA 2000 und PISA 2003 gegenüber Einheimischen gleichen Alters geringere Kompetenzen im Lesen auf, die nicht ausschließlich auf die Fremdsprachigkeit zurückzuführen sind (Moser et al. 2003). Zudem zeigt eine Analyse der Daten von PISA 2000, dass auch unter Kontrolle der sozialen Herkunft die Schulleistungen von Jugendlichen mit Migrationshintergrund signifikant schlechter sind (SKBF 2010). Neben den Leistungsunterschieden zwischen einheimischen und autochthonen Schulkindern lassen sich Unterschiede zwischen den verschiedenen Migrantengruppen und -generationen nachweisen. So zeigt Meyer (2003), dass Bildungschancen zwischen den Migrantengruppen nicht nur nach der nationalen Herkunft variieren, sondern auch nach den Generationen in der Geschichte von Immigrationswellen sowie nach der sozialen Selektivität von Wanderungen. Auch die Geburt in der Schweiz ist kein Garant für eine vorteilhafte Schulbildung. Die Bildungsbeteiligung der einzelnen ethnischen und Migrantengruppen zeigt, dass auch in der Schweiz geborene Personen nicht die gleichen Bildungsergebnisse erzielen wie gleichaltrige einheimische Schüler.

Diese Befunde belegen eine geringe schulische und soziale Mobilität zwischen den Generationen (BfS 2005), die es in kommenden Untersuchungen und Analysen zu berücksichtigen gilt. Zusätzlich zu eher generellen Unterschieden zwischen immigrierten und autochthonen Schulkindern werden verschiedene Disparitäten auf den jeweiligen Schulstufen beobachtet. Bereits vor dem Eintritt in die Primarschule erfahren weniger Migrantenkinder eine vorschulische Betreuung als einheimische Kinder (BfS 2005; Meyer 2003). Zudem weisen die Lernvoraussetzungen vor der Einschulung große Disparitäten zwischen Migrantenkindern und einheimischen Kindern auf (Stamm 1998), die sich dann in der Primarstufe verstärken. Zudem werden Migrantenkinder deutlich häufiger als einheimische Kinder von der Einschulung zurückgestellt (SKBF 2010). Mit dem Ende der Primarschule (in den meisten Kantonen nach der sechsten Klassenstufe) erfolgen der erste Übergang und damit die erste Selektion, die meistens zu Ungunsten immigrierter Schulkinder ausfällt. Migrantenkinder wechseln von der Primarschule deutlich häufiger als einheimische Kinder in die unteren Schullaufbahnen in der Sekundarstufe I und sind seltener in Sekundarschulen mit erweiterten Anforderungen vertreten. Dafür sind sie aber in Sekundarschulen mit niedrigen Ansprüchen überrepräsentiert. Vor allem Kinder aus den jüngsten Einwanderergruppen (Balkan, Türkei und Portugal) besuchen mit den höchsten Zuwachsraten überdurchschnittlich häufig die Realschule mit vergleichsweise geringen Anschlussmöglichkeiten beim Übergang in die Berufsausbildung (Meyer 2003). Sie werden überproportional häufiger und mit steigender Tendenz in Sonderschulen bzw. Schulen mit besonderem Lehrplan überwiesen als einheimische Schulkinder (Borkowsky 1991; Kronig 2003; SKBF 2010). Und erhalten deutlich seltener als einheimische Kinder eine Bildungsempfehlung für höhere Schullaufbahnen in der Sekundarstufe I, was zum großen Teil, aber nicht vollständig ihren Noten in Deutsch und Mathematik entspricht (Kronig 2007; Lanfranchi 2005; Moser/Rhyn 1999).

Für den zweiten Übergang nach der Pflichtschulzeit lässt sich zum einen feststellen, dass Migrantenkinder seltener auf höhere Schullaufbahnen in der Sekundarstufe II überwechseln und seltener als einheimische Jugendliche ein Studium aufnehmen (Meyer 2003). Zum anderen beenden sie – mit großen Unterschieden zwischen den Migrationswellen und Nationalitäten, so dass nicht von „den“ Migranten gesprochen werden kann, wir es aber aus Platzgründen dennoch tun – eher vorzeitig eine Schulausbildung und verlassen häufiger die Schule ohne jeglichen Abschluss als dies bei einheimischen Schülern der Fall ist (BfS 2005). Auch beim direkten Eintritt in eine zertifizierte Berufsausbildung sind Migranten (vor allem aus dem ehemaligen Jugoslawien) im Nachteil und gelangen eher in Zwischenlösungen. Ferner weisen sie diskontinuierliche Verläufe in der Berufsausbildung auf, brechen diese häufiger ab und verbleiben dann häufiger ausbildungslos (Hupka/Stalder 2004).

Gemäß meritokratischer Prinzipien dürfen für die Verteilung von Schülern auf die verschiedenen Bildungswege (und damit die Verteilung unterschiedlicher Bildungszertifikate) askriptive Merkmale wie etwa nationale Herkunft keine Rolle spielen (Solga 2005). Als Referenz zur Verteilung auf weiterführende Schulen gilt stattdessen individuelle Leistung(sfähigkeit) und nicht die Zugehörigkeit zu bestimmten Gruppen. Im demokratischen Bildungssystem wurde die ständische Bildung (sponsored mobility) durch die Idee der Chancengleichheit aufgrund individueller Leistungsfähigkeit und Anstrengung (contest mobility) abgelöst (Turner 1960). In dieser Idee steckt jedoch ein Dilemma: „Die Forderung nach Chancengleichheit beinhaltet wohl eine Kritik an bestehenden Ungleichheiten und ihre Durchsetzung garantiert eine nicht zu unterschätzende formale Gleichheit, nach der niemand von vornherein ausgeschlossen werden darf. Gleichzeitig hat Chancengleichheit als Wettbewerbsformel Ungleichheit als Voraussetzung und Ergebnis“ (Lamprecht 1991: 152). Ungeachtet dieser gesellschaftlich verbreiteten „Ideologie der Chancengleichheit“ (Ditton 2007: 252; siehe auch Becker/Hadjar 2009) wirken Mechanismen der Reproduktion von Bildungsungleichheit. Die vorliegenden Befunde verdeutlichen für die Schweiz, dass sich an zahlreichen Stellen im Bildungswesen sowie im Bildungsverlauf von Kindern und Jugendlichen ungerechtfertigte Disparitäten der Bildungschancen zu Ungunsten von Migranten lokalisieren lassen. Sind Schüler mit Migrationshintergrund die Verlierer im Schweizer Bildungssystem? Wo lassen sich Nachteile oder besondere Risiken feststellen und welche Determinanten wirken sich nachteilig auf die Bildungschancen immigrierter Schüler aus? Dies wird im Folgenden theoretisch zu rekonstruieren und empirisch zu klären sein.

3 Erklärungsansätze für die „Benachteiligung“ von Migranten

3.1 Bildungschancen von Migranten im Schulsystem

Bildungsungleichheiten von Migranten werden in der sozialwissenschaftlichen Theorie häufig über bestimmte Faktoren erklärt, welche in direktem Kontext zum Migrationsstatus stehen. Zu unterscheiden ist hierbei zwischen verschiedenen Ansätzen, die zum einen die Merkmale der Migranten selbst beziehungsweise ihrer Eltern in den Vordergrund stellen und zum anderen den Fokus auf die Rolle der Schule als Institution legen (vgl. Diefenbach 2007). Für die systematische Beantwortung der Frage nach Ursachen von Bildungsungleichheiten unter Migrantenkindern ist aus theoretischer Sicht davon auszugehen, dass Bildungschancen aggregierte Ergebnisse individueller, sozial bestimmter Bildungsvorstellungen und – im Rahmen der Lebensplanung für die Kinder – Entscheidungen der Eltern über den weiteren Bildungs- und Berufsweg und institutioneller, sozial selektiver Mechanismen des Bildungsübergangs sind, die vom Bildungswesen vorgegeben werden. Sie ergeben sich aus einem inneren Zusammenhang zwischen Schulleistung und Auswahlverhalten, der zum einen durch das Schulsystem und zum anderen durch Bildungspräferenzen der Eltern (und ihren Kindern) bestimmt wird.

Um Bildungsdisparitäten zwischen immigrierten und autochthonen Schulkindern zu erklären, wird zunächst in Anlehnung an Kalter (2005) davon ausgegangen, dass aufgrund von selektiver Wanderung der Zusammenhang von Migrationsstatus und Bildungschancen ein Spezialfall des Zusammenhangs von sozioökonomischen Ressourcen des Elternhauses und der davon abhängenden Schulleistungen der Kinder und elterlichen Bildungsentscheidungen ist. Boudon (1974) folgend kann daher das Zusammenspiel primärer und sekundärer Herkunftseffekte bei gegebenem Bildungsangebot sowie bei gegebener Sortier- und Selektionsleistung des Bildungssystems als Erklärung für Bildungsdisparitäten zwischen immigrierten und autochthonen Schulkindern als Erklärung herangezogen werden. *Primäre Herkunftseffekte* spiegeln die Sozialisationsbedingungen im Elternhaus – dabei vor allem den Zusammenhang von Ressourcen des Elternhauses und schulischen Leistungen sowie die daraus resultierenden Bildungserfolge – wider. Je vorteilhafter die Ressourcenlage – hier ist vor allem die Verfügbarkeit ökonomischer, sozialer und kultureller Ressourcen gemeint (Bourdieu

1983) – im Elternhaus ist, desto eher wachsen Kinder in anregungsreichen Kontexten auf, was wiederum zu besseren Leistungen der Schulkinder aus ebendiesen Elternhäusern führt. Aufgrund dieser vorteilhaften Sozialisationsbedingungen haben Schulkinder aus höheren Sozialschichten nicht nur bessere Startchancen zu Schulbeginn, sondern sie werden zudem besser den schulischen Leistungsanforderungen gerecht und haben daher vergleichsweise größere Chancen, eine weiterführende Schule zu besuchen.

Sekundäre Herkunftseffekte bezeichnen schichtabhängige und damit – wegen verfügbarer und für die Bildung ihrer Kinder mobilisierbarer Ressourcen – zwischen den Sozialschichten variierende Bildungsentscheidungen von Familien (Becker 2009a). Aufgrund verfügbarer ökonomischer Ressourcen und vergleichsweise geringer sozialer Distanz zum System höherer Bildung entscheiden sich Elternhäuser in höheren Sozialschichten für ihre Kinder beispielsweise eher für die gymnasiale Maturität als „bildungsferne" Sozialschichten (Becker 2010). Zudem ist vor allem für höhere Sozialschichten das Risiko des Statusverlustes höher als für niedrigere Sozialschichten, wenn eine weiterführende Bildung nicht fortgesetzt wird und bestimmte Bildungszertifikate von ihren Kindern nicht erreicht werden.

Das Zusammenspiel primärer und sekundärer Herkunftseffekte führt bei gegebenen Sortier- und Selektionsleistungen des Schulsystems zu einem zweifachen Nachteil von Migranten bzw. Kindern aus unteren Sozialschichten: Zum einen erbringen sie aufgrund primärer Effekte im Durchschnitt schlechtere Schulleistungen und scheitern eher im Schulsystem oder werden von der weiterführenden Bildung „abgelenkt". Zum anderen setzen sie in Folge sekundärer Effekte auch bei vergleichbaren Schulleistungen ihren Bildungsweg auf niedrigeren Schulformen fort als Kinder aus höheren Sozialschichten.

Das Konzept der primären und sekundären Herkunftseffekte wird in der neueren Forschung auch für Migranten angewendet (Kristen/Dollmann 2010; Van de Werfhorst/Van Tubergen 2007). Bei *primären Effekten ethnischer bzw. nationaler Herkunft* ist insbesondere zu beachten, dass bildungsförderliche Ressourcen (etwa objektiviertes kulturelles Kapital) dabei – je nach Herkunftsland und Aufnahmeland – oftmals nicht auf gleiche Weise verwertet werden können wie im Herkunftsland. Zudem sind Migranten oft in Bezug auf ökonomische Ressourcen im Nachteil, zumal wirtschaftliche Gründe eine häufige Ursache für Migration darstellen. Ebenso ist die Verwertung sozialer Ressourcen für den Bildungserfolg der Kinder insbesondere dann schwierig, wenn sich Migranten primär in homogenen sozialen, von der restlichen Gesellschaft segregierten Räumen befinden. Einen zentralen primären ethnischen bzw. herkunftsbedingten Einfluss stellen für Einwanderer die Opportunitäten zum Spracherwerb dar (vgl. Esser 2006). Die *sekundären Effekte ethnischer bzw. nationaler Herkunft* hingegen beziehen sich vor allem auf die migrationsbedingten Bildungsentscheidungen, welche auch unter Kontrolle von Schulleistungen und sekundären Effekten sozialer Herkunft bestehen bleiben (Kristen/Dollmann 2010). Bisher gibt es zu primären und sekundären ethnischen Herkunftseffekten kaum empirische Evidenz. In der neueren Forschung ergeben sich allerdings Hinweise dafür, dass sich in manchen europäischen Ländern positive sekundäre Effekte der ethnischen bzw. nationalen Herkunft auf die Bildungschancen auswirken (Kristen/Dollmann 2010: 120).

3.2 Ausbildungschancen von Migranten nach der obligatorischen Schulzeit

Während für den Übergang in die Sekundarstufe I der strukturell-individualistische Ansatz individueller Bildungsinvestitionen hinreichend gut soziale Disparitäten von Bildungschancen zu erklären vermag, sind für die Erklärung der Ausbildungschancen von Schulabgängern nach der Pflichtschulzeit die Perspektive der ausbildenden Betriebe und die Strategien der Arbeitgeber zu berücksichtigen. Für die Modellierung der Selbst- und Fremdselektion in eine anerkannte nachobligatorische Ausbildung (Sekundarstufe II) und die daran geknüpften Chancen von zugewanderten Jugendlichen (auch der „Bildungsinländer" unter ihnen) hat sich die Signaltheorie empirisch bewährt (vgl. Seibert/Solga 2005). Um Unsicherheiten über die Trainierbarkeit, Produktivität und andere gewünschte Merkmale wie Zuverlässigkeit zu reduzieren, greifen Betriebe neben den Schulabschlüssen auf askriptive Merkmale der Lehrstellenbewerber wie etwa Migrationshintergrund oder Ausländerstatus zurück. Anhand der antizipierten Verhaltenswahrscheinlichkeiten von Gruppen wird in der Logik statistischer Diskriminierung bei den Auswahlentscheidungen auf das Verhalten einzelner Bewerber geschlossen. Beispielsweise setzen viele Lehrbetriebe „für Lehren mit hohem Anforderungsniveau den Besuch einer Schule mit erweiterten Anforderungen voraus, obwohl die Jugendlichen in den Schultypen mit Grundanforderungen oder erweiterten Anforderungen zum Teil die gleichen Leistungen erbringen" (Hupka/Stalder 2004: 84). Ein niedriger Schulabschluss, der unter den Schulabgängern nach der obligatorischen Schulzeit bei Migranten verbreiteter ist als bei Einheimischen (Meyer et al. 2003), wird dann – zum Nachteil ausländischer Lehrstellenbewerber – als relativ geringere Leistungsmotivation, Leistungsfähigkeit, Belastbarkeit oder Zuverlässigkeit interpretiert. Organisatorischer Mehraufwand bei Sprachproblemen, Unsicherheit über einen längerfristigen Verbleib ausländischer Lehrlinge und Arbeitnehmer und die damit antizipierte Gefahr geringerer Verwertungsgrade bis hin zu Fehlinvestitionen könnten ebenso als Erklärungen für Nachteile von Ausländern und Migranten bei der Lehrstellensuche angeführt werden (Seibert/Solga 2005). Neben der nationalen Stereotypisierung von Schulabgängern, die ihren Schulabschluss nicht in der Schweiz erworben haben und daher keine Bildungsinländer sind, oder von Ausländern, die sich um eine Lehrstelle bemühen, ist nicht ausgeschlossen, dass Betriebe den Signalwert von vergleichsweise niedrigen Schulabschlüssen ethnisch modifizieren und somit Nichtschweizer im Allgemeinen und bestimmte Nationalitäten oder ethnische Gruppen im Besonderen bei den Ausbildungschancen im Nachteil sind, sofern es ihnen nicht gelingt, direkt in schulische Ausbildungen zu gelangen (Hupka et al. 2006).

Dass ungleiche Ausbildungschancen zu Ungunsten von Ausländern jenseits individueller Leistungsmerkmale bestehen, zeigen Fibbi et al. (2006) für die Schweiz. Mit Hilfe fiktiver Bewerbungen belegen die Autoren, dass bei Kontrolle relevanter Randbedingungen die Chancen der Bewerber um Lehrstellen von ihrer Nationalität abhängen. Offensichtlich verwenden vor allem ausbildende Kleinbetriebe oder Betriebe im verarbeitenden Gewerbe die Nationalität der Bewerber als stereotypes Kriterium für die Auswahl von Lehrlingen und damit zur nationalen Schließung der betrieblichen Ausbildung (Hupka et al. 2006). So sind Imdorf (2008) zufolge diese Ausbilder aus Gründen der betrieblichen Passung eher an „Inländern" interessiert und dies wird mit der „schweizerischen Tradition des Familienbetriebs" gerechtfertigt. Um fremdsprachlich homogene Mitarbeitergruppen und betrieblich antizipierte Konflikte zwischen Einheimischen und Ausländern zu vermeiden, werden ausländische oder ethnischen Gruppen zugehörige Bewerber für Lehrstellen ausgeschlossen.

4 Empirische Ergebnisse

Die empirischen Sekundäranalysen erfolgen in zwei Schritten. Zunächst untersuchen wir die Platzierung der Migranten in der Sekundarstufe I im Vergleich zu den einheimischen Schulkindern. Danach gehen wir der Frage nach, wie groß für (ausländische) Jugendliche mit Migrationshintergrund im Vergleich zu den Einheimischen das Risiko ist, nach der obligatorischen Schule ausbildungslos zu bleiben, und von welchen Faktoren dieses Risiko für Bildungsarmut abhängt.

4.1 Übergang von der Primarschule in die Sekundarstufe I

Bei der Frage, ob und welche Migrantengruppen beim Übertritt von der Primar- in die Sekundarstufe I ein besonders hohes Risiko haben, nach der 6. Primarklasse auf Schulformen mit Grundanforderungen überwiesen zu werden, soll insbesondere überprüft werden, inwieweit unterschiedliche Überweisungen nach leistungsgerechten Kriterien erfolgen oder ob hier bereits eine Benachteiligung von Migranten festzustellen ist.[4] Hierfür ziehen wir Daten der Evaluation von Primarschulen in Zürich heran (Moser/Rhyn 1999, 2000), die für unsere Fragestellung hinreichend gute Informationen liefern. Bei dieser Evaluationsstudie wurden im Jahre 1998 über 1.500 Züricher Schüler in 80 Klassen befragt und getestet. Die aktuellen Daten für die im Jahre 2008 durchgeführte Replikation der damaligen Evaluation stehen für Sekundäranalysen (noch) nicht zur Verfügung. Mit den derzeit verfügbaren Daten ist es möglich, die Verteilung von Schülern auf verschiedene Bildungswege sowie die damit zusammenhängende Verteilung von Bildungspatenten hinreichend präzise zu beschreiben und schließlich die Bildungschancen von Migranten mit denen der Einheimischen zu vergleichen.

Die abhängige Variable für diese Analyse ist der *Übertrittsentscheid auf die weiterführende Schule auf der Sekundarstufe I.* Um zu ermitteln, ob Kinder mit einem bestimmten Migrationshintergrund hierbei Nachteile hinnehmen müssen, wird untersucht, von welchen Faktoren das Risiko abhängt, auf Schulformen der Sekundarstufe I mit Grundanforderungen (im Falle von Zürich sind dies zum Untersuchungszeitraum die Ober- und die Realschule) statt auf die Sekundarschule mit erweiterten Ansprüchen oder auf das Gymnasium versetzt zu werden. Dieses Risiko wird mittels binärer *logistischer Regression* geschätzt. Die Gewichte erklärender Variablen werden anhand von „odds ratios“ (Chancenverhältnisse, d.h. Anti-

4 Im Kanton Zürich bemisst sich die gesprächs- und konsensorientierte Entscheidung für den Übertritt in eine der Sekundarstufen an der Gesamtleistung in den einzelnen Schulfächern (Durchschnittsnote von mindestens 5,2 in Deutsch, Mathematik, Mensch und Umwelt), am Arbeits-, Lern- und Sozialverhalten, am aktuellen Entwicklungsstand und Leistungspotential sowie den Fertigkeiten in der Fremdsprache. Im Gespräch der Lehrpersonen mit den Eltern wird ein Konsens für diesen Übertrittsentscheid gesucht. Neben den leistungsbezogenen Kriterien und Einschätzungen seitens der Schule haben somit Eltern durchaus einen Einfluss auf den Übertritt ihrer Kinder.

Logarithmus der geschätzten Logit-Koeffizienten) berichtet. Wenn es keinen Zusammenhang zwischen unabhängiger und abhängiger Variable gibt, liegt der jeweilige Odds-Ratio-Wert bei 1. Größere Werte als 1 indizieren positive Effekte und Werte kleiner als 1 jeweils einen negativen Effekt einer unabhängigen Variablen.

Für die Abgrenzung des *Migrationsstatus* stehen Angaben über eigene Migrationserfahrungen des Kindes, dessen Selbsteinschätzung, welche Sprache vor der Einschulung als erstes gelernt wurde, sowie darüber, ob zu Hause überwiegend Schweizerdeutsch bzw. Deutsch oder eine andere Sprache gesprochen wird, zur Verfügung. Leider sind weder Daten zum Herkunftsland der Eltern noch der Kinder vorhanden. Daher wird hier an Hand der vor der Einschulung gelernten Sprache ein Migrationshintergrund konstruiert.[5] Die Einteilungen werden dabei analog zu den oben beschriebenen Migrationswellen vorgenommen. Da andere Sprachen nicht differenziert erfasst wurden, werden andere Fremdsprachige unter „andere" zusammengefasst. Als weitere Variable wird zur Überprüfung primärer ethnischer Herkunftseffekte kontrolliert, ob im Haushalt überwiegend (Schweizer-)Deutsch oder eine andere Sprache gesprochen wird.[6] Geburt in der Schweiz und deutsche Sprache sind die jeweiligen Referenzkategorien.

Das *kulturelle Kapital des Elternhauses* spielt eine bedeutsame Rolle für die Bildungschancen von Schulkindern. Aus Angaben zum Bildungsabschluss der Eltern wurde als Indikator für institutionalisiertes kulturelles Kapital der höchste im Familienhaushalt vorhandene Bildungsabschluss herangezogen. Unterschieden werden „maximal obligatorische Schulbildung", „maximal Sekundarschulabschluss", „maximal Gymnasialabschluss oder Lehrerseminar" und „Tertiäre Ausbildung". Die Referenzkategorie ist das niedrigste Bildungsniveau.

Die *schulische Leistung* wird als Mittelwert aus Deutsch- und Mathematiknote in die Analyse aufgenommen. Da die Schulnoten durch die soziale Herkunft beeinflusst sind und daher kein valides wie reliables Leistungskriterium darstellen, werden durchschnittliche Testwerte aus standardisierten Leistungstests für Mathematik und Deutsch sowie Ergebnisse eines IQ-Testes (nach CFT20) in die Analyse aufgenommen.[7] Auch diese Testwerte stellen keine „objektiven" Indikatoren für Leistungsfähigkeit dar, da sie selbst wiederum durch die Sozialisation im Elternhaus und in der Schule sozial präformiert sind. Vielmehr sind sie von der subjektiven Notenvergabe und anderen Leistungsbewertungen durch Lehrpersonen unabhängige Größen für Leistungspotenziale.

---

5 Diese Vorgehensweise lässt insbesondere eine Unterscheidung zwischen autochthoner Bevölkerung und Einwanderern aus Österreich und Deutschland nicht zu. Jedoch liegen bislang keine Anhaltspunkte für eine Benachteiligung deutschsprachiger Migranten im Schweizer Schulsystem vor. Somit ist es nicht zwingend problematisch, diese Einwanderer mit Einheimischen gleichzusetzen. Eine weitere Problematik ist die Identifikation der Migranten zweiter Ordnung, weil die Geburtsländer der Eltern nicht direkt erfasst wurden.

6 Sekundäre Herkunftseffekte werden nicht überprüft, obwohl auch die Bildungsaspiration der Eltern erhoben wurde. Da diese Aspirationen allerdings erst nach dem Feststehen des Übertrittsentscheides erhoben wurden, ist es nicht möglich zu identifizieren, ob die Aspirationen bereits vor dem Übertritt vorhanden waren, oder bereits an die Realität angepasst wurden, weswegen sie aus der Analyse ausgeschlossen sind. Die Inklusion der Bildungsaspirationen in das Modell verändert die Koeffizienten in unbedeutendem Maße, was darauf hinweist, dass es sich um realistische statt um idealistische Bildungsaspirationen handelt. Diese Resultate sind auf Anfrage bei den Autoren erhältlich.

7 Der Wertebereich standardisierter Leistungstests ergibt sich aus dem Mittelwert für die Testwerte in Deutsch und Mathematik. Weil die Tests einen Wertebereich von 0 bis 800 haben und die geschätzten Odds-Ratio-Werte daher sehr klein werden, wird der Mittelwert durch 100 geteilt.

Tabelle 1 Risiko des Übertritts auf die Ober- und Realschule (Odds Ratios (robuste Standardfehler), geschätzt mit binärer logistischer Regression)

	Modell 1	Modell 2	Modell 3	Modell 4
Migrationshintergrund				
Geboren: Schweiz	1	1	1	1
Geboren: Ausland	1.36	1.59*	1.12	0.99
Sprache vor Einschulung: (Schweizer-)Deutsch	1	1	1	1
Sprache vor Einschulung: 1. Migrationswelle	2.86***	2.23***	1.17	1.11
Sprache vor Einschulung: 2. Migrationswelle	2.01**	1.58	0.84	0.84
Sprache vor Einschulung: Andere	0.92	1.24	0.88	0.88
primärer ethnischer Herkunftseffekt	1.50*	1.51*	0.83	0.75
Bildungsniveau der Eltern				
obligatorische Schule		1	1	1
Sekundarschule		0.41***	0.74	0.77
Lehrerseminar bzw. Gymnasium		0.27***	0.51*	0.55
Tertiäre Bildung		0.14***	0.38*	0.43
Schulleistung				
Mittelwert aus Deutsch- und Mathematiknote			0.0011***	0.0020***
Testwerte für Mathematik und Deutsch/100				0.46***
IQ (nach CFT20)				0.90
N	1194	1194	1194	1194
Pseudo-R^2 (McFadden)	0.049	0.111	0.623	0.636

Quelle: Moser/Rhyn 1999 – eigene Berechnungen
Signifikanzniveaus: * $p \leq 0.05$; ** $p \leq 0.01$; *** $p \leq 0.001$

Betrachten wir die Schätzergebnisse in *Tabelle 1*, so ist dem Modell 1 zu entnehmen, dass Migranten erster Ordnung kein höheres Risiko haben, auf eine Schule mit Grundanforderungen verwiesen zu werden, als in der Schweiz geborene Kinder. Gleiches gilt für die Kinder, welche vor der Einschulung an Stelle von (Schweizer-)Deutsch eine nicht genauer klassifizierte Fremdsprache erlernt haben. Wurde hingegen vor der Einschulung zunächst eine Fremdsprache erlernt, welche auf einen Migrationshintergrund aus einer der beiden Migrationswellen schließen lässt, so ist ein signifikant höheres Risiko vorhanden, auf die Ober- bzw. Realschule zu wechseln. Dabei ist das Risiko für die erste Migrationswelle mehr als 3-mal so hoch wie für deutschsprachige Schüler und bei der zweiten Migrationswelle ist es knapp 2-mal so hoch. Betrachtet man Schüler, welche zu Hause überwiegend eine andere Sprache als (Schweizer-) Deutsch sprechen, so kann man bei diesen ein um rund 50 Prozent erhöhtes Risiko feststellen, auf eine Schule mit Grundansprüchen weitergeleitet zu werden.

Wird das kulturelle Kapital kontrolliert (Modell 2), so beeinflusst der Migrationshintergrund den Bildungsübergang in verringertem Maße. Bis auf die Sprache für die erste Migrationswelle ist er für den ersten Bildungsübergang statistisch insignifikant. Gewichtig für die Bildungschancen ist jedoch der höchste Schulabschluss erziehungsberechtigter Personen. Ein hohes Bildungsniveau der Eltern bewahrt die Kinder vor dem Risiko, in die unterste Schullaufbahn platziert zu werden. Jedoch löst sie die Bildungsnachteile für die Migranten aus der ersten Einwanderungswelle nicht auf.

In Modell 3 wird schließlich die Durchschnittsnote in den Fächern Deutsch und Mathematik in die Modellschätzung aufgenommen, um zu kontrollieren, inwieweit Übergänge nach Leistungsprinzipien erfolgen. Unter Berücksichtigung der Schulleistung werden wiederum alle migrationsbezogenen Effekte deutlich geringer und kehren sich – außer für die erste Migrationswelle – teilweise sogar um, was einen positiven Effekt des Migrationsstatus auf den Übertritt andeutet. Jedoch sind diese Effekte statistisch insignifikant. Ebenso nimmt der Einfluss des kulturellen Kapitals ab, wobei Kinder höher gebildeter Eltern signifikant geringere Risiken aufweisen, in die anspruchsärmere Schullaufbahn überzuwechseln. Unter Berücksichtigung anderer Kovariaten hat die Durchschnittsnote den stärksten Einfluss auf das Risiko, auf eine Sekundarschule mit Grundansprüchen überwiesen zu werden. Der besondere Stellenwert schulischer Leistungen wird in der deutlichen Veränderung des Pseudo-R^2-Wertes von 0,11 bei Modell 2 auf 0,62 bei Modell 3 ersichtlich.

Dieser Befund bleibt selbst dann bestehen, wenn Ergebnisse eines IQ-Tests und standardisierter Leistungstests kontrolliert werden (Modell 4). Die IQ-Testwerte liefern keinen eigenständigen Beitrag für die Erklärung früher Bildungschancen. Ein Anstieg des durchschnittlichen Testwertes für Deutsch und Mathematik um 100 Punkte hingegen reduziert die Wahrscheinlichkeit für den Übertritt in die Real- bzw. Oberschule um 54 Prozent. Wichtig ist der Hinweis, dass die Effekte des kulturellen Kapitals ebenfalls aufgelöst werden. Offensichtlich dominieren primäre Herkunftseffekte und – wohlgemerkt nicht die primären ethnischen Herkunftseffekte – die Chancen beim ersten Bildungsübergang.

Zunächst zeigt sich als Zwischenfazit, dass die Benachteiligung von Migranten beim Übertritt auf weiterführende Schulformen nach der Primarstufe überwiegend über die schulische Leistung – die allerdings hochgradig mit der sozialen Herkunft korreliert – „erklärt" werden kann. Da die soziale Herkunft – werden die Schulnoten und andere Leistungsindikatoren in Rechnung gestellt – keine Rolle für die Übertrittswahrscheinlichkeit spielt, liegen Hinweise dafür vor, dass primäre Herkunftseffekte zu einem großen Teil die Bildungschancen von Schulkindern mit und ohne Migrationshintergrund beeinflussen. Dieser Befund bedeutet aber keinesfalls, dass die Schulübertritte ausschließlich nach dem meritokratischen Prinzip vonstatten gehen. Es müsste sichergestellt sein, dass die Notenvergabe, die Einschätzung der Leistungsfähigkeit und dem darauf basierenden Übertrittsentscheid unabhängig von der sozialen, ethnischen oder nationalen Herkunft ausschließlich auf Leistung basierend stattfindet. Da wir keine Informationen über die Kompetenzentwicklung der Schulkinder während der Primarschulzeit und die Praxis der Notenvergabe verfügen und schließlich nicht kontrollieren können, welche Faktoren neben der nach Noten gemessenen schulischen Leistungen in den Übertrittsentscheid eingeflossen sind und welche Rolle die Schulpflege bei Zweifelsfällen gespielt hat, ist der Nettoeffekt des Notendurchschnitts nach Kontrolle von Testwerten schwer interpretierbar. So ist nicht ausgeschlossen, wie von Bourdieu und Passeron (1971) konstatiert, dass sowohl migrationsbedingte Charakteristiken als auch Statusmerkmale des Elternhauses durch die Schule in Leistungsbeurteilungen bzw. Leistungserwartungen konvertiert werden und damit der Übertritt in die Ober- und Realschule meritokratisch legitimiert wird. An dieser Stelle besteht, um die Daten nicht über Gebühr zu strapazieren, weiterhin Forschungsbedarf über Prozesse und Mechanismen der schulischen Leistungsbewertung und zum Zustandekommen von Übertrittsentscheiden im Schweizer Schulsystem.

Schließlich können wir aus den Daten schließen, dass die vergleichsweise geringeren Bildungschancen von Migranten kein reines „Unterschichtungsphänomen" sind. Denn hierbei ist zu berücksichtigen, dass einige der Ausländer- und Migrantengruppen – was ihr kulturelles Kapital anbelangt – entweder gegenüber den Einheimischen im Vorteil sind oder wiederum in sich selbst stratifiziert sind (vgl. Becker/Schubert 2010). Dieses Faktum macht auch plausibel, warum bei Kontrolle der sozialen Herkunft, individuellen Leistung und schulischen Leistungsbeurteilung die Kinder von Migranten etwas günstigere Bildungschancen haben als einheimische Schulkinder (siehe Modell 3 und 4 in Tabelle 1).

4.2 Übergang von der Sekundarstufe I in die Ausbildungslosigkeit

Im zweiten Schritt werden die Übertritte von der Sekundarstufe I in die Ausbildungslosigkeit untersucht. Für Migranten wird im Vergleich zu den Einheimischen ein signifikant höheres Risiko angenommen, nach der Pflichtschulzeit ausbildungslos zu bleiben. Infolgedessen laufen sie eher Gefahr, wegen Bildungsarmut Erfahrungen mit häufiger oder lang anhaltender Arbeitslosigkeit zu machen und allenfalls geringe Einkommen zu erzielen. Anhand des Risikos der Ausbildungslosigkeit soll überprüft werden, ob und welche Migrantengruppen besonders benachteiligt sind. Dabei soll versucht werden, primäre Herkunftseffekte möglichst präzise abzubilden, während mangels Informationen in den verwendeten Daten die Rolle sekundärer Herkunftseffekte nicht ermittelt werden kann.

Für die empirische Analyse des Risikos, das Bildungssystem ohne einen über die obligatorische Schulbildung hinausgehenden Abschluss zu verlassen, werden nunmehr Daten der Schweizer Jugendlängsschnittstudie TREE (Transitionen von der Erstausbildung in das Erwerbsleben) herangezogen (TREE 2008). TREE ist eine nationale Längsschnittuntersuchung im Panel-Design über Übergänge Jugendlicher von der Schule in den Arbeitsmarkt in der gesamten Schweiz. Sie basiert auf der fortgesetzten Befragung von ein und denselben Personen, die als 15-Jährige bei PISA 2000 Schweiz bereits interviewt wurden. In der Zwischenzeit liegen trotz Panelmortalität nach sieben Befragungswellen seit 2000 detaillierte Informationen für rund 4.000 Befragte zu ihrer Ausbildungs- und Beschäftigungssituation vor.

Mit diesen Daten ist es möglich, bis zur letzten Welle im Jahr 2008 auch später nachgeholte Abschlüsse einzubeziehen. Bei Ausbildungslosen – „Bildungsverlierern" oder sich in „Bildungsarmut" befindlichen Personen – handelt es sich um Personen, welche bis zum siebten Jahr nach ihrer Pflichtschulzeit keine Ausbildung auf dem Niveau der Sekundarstufe II (ISCED III und höher) abgeschlossen haben und sich im Erhebungszeitraum auch nicht in Ausbildung befinden (siehe auch Glauser 2010). Als Referenzgruppe dienen diejenigen Personen, welche bis zur letzten Befragungswelle von TREE entweder mindestens eine qualifizierte Ausbildung abgeschlossen haben oder sich noch in Ausbildung befinden.

Für die Schätzung des Risikos für Ausbildungslosigkeit wird wiederum die logistische Regression angewandt. Hierfür werden folgende Variablen kontrolliert. Der *Migrationsstatus* der Befragten kann mittels TREE-Daten differenziert operationalisiert werden. Zur Verfügung stehen Angaben über die Geburtsländer der Eltern sowie der Schüler. Aus diesen wurden folgende Dimensionen der Migration generiert. Um Migranten zweiter Ordnung zu identifizieren, werden drei Kategorien gebildet. In die erste Kategorie fallen alle Schüler, bei welchen beide Elternteile in einem Land der ersten Migrationswelle (Italien und Spanien) geboren wurden. Falls nur Angaben zu einem Elternteil vorhanden sind, wird der Migrationshintergrund anhand des Geburtslandes dieses Elternteils definiert. Zur zweiten Kategorie zählen diejenigen Schüler, bei welchen beide Elternteile in einem Land der zweiten Migrationswelle (Ex-Jugoslawien und Albanien, Türkei, Portugal) geboren wurden. Die dritte Kategorie besteht aus allen Schülern, bei welchen mindestens ein Elternteil im Ausland geboren ist und welche nicht den oberen beiden Kategorien zugeordnet werden können (z. B. Kinder deutscher Einwanderer oder Schüler mit nur einem eingewanderten Elternteil). Die Referenzkategorie bilden alle Schüler, bei welchen beide Elternteile in der Schweiz geboren sind. Die Operationalisierung von Migranten erster Ordnung geschieht darüber, ob der betreffende Schüler in der Schweiz geboren ist. Aus Gründen der Komplexitätsreduktion wird hier keine weitere Differenzierung nach Geburtsland getroffen. Dies geschieht unter der Annahme, dass das Geburtsland der Eltern in den meisten Fällen auch das Geburtsland des Kindes ist, sofern sowohl die Eltern als auch ihre Kinder in die Schweiz eingewandert sind.[8] Zur Überprüfung *primärer ethnischer bzw. nationaler Herkunftseffekte* wird außerdem die im Familienhaushalt gesprochene Sprache (erhoben zum Zeitpunkt der 9. Klasse) in die Analyse aufgenommen. Unterschieden wird zwischen der Testsprache (je nach Kanton: Deutsch, Französisch oder Italienisch) und einer anderen Sprache.

Einflüsse des *institutionalisierten kulturellen Kapitals* im Elternhaus werden über den höchsten Bildungsabschluss im Elternhaus kontrolliert. Die Abschlüsse liegen nach der internationalen Standardklassifikation für Bildungsabschlüsse (ISCED) vor: In der unteren Kategorie finden sich Abschlüsse auf ISCED-Niveau 1 und 2 und in der oberen Kategorie finden sich Abschlüsse auf ISCED-Niveau 5 und 6. Die Referenzkategorie bilden Abschlüsse der Kategorien 3 und 4. Der *sozioökonomische Status* wird über den höchsten ISEI-Wert (ISEI für International Socio-Economic Index) im Haushalt abgebildet. Dieser HISEI geht kategorisiert (unteres Drittel und oberes Drittel, mittleres Drittel als Referenzkategorie) in die Analyse ein.

Als Indikator für *individuelle Leistung* geht der Testwert von PISA 2000 für Lesekompetenzen (‚reading literacy') in die Analyse ein. Wegen fehlender Angaben bei den Schulnoten sind die Lesekompetenzen ein Indikator, der sich bereits in mehreren empirischen Studien zu Bildungserfolgen bewährt hat.

Den Schätzergebnissen für das Modell 1 in *Tabelle 2* zufolge haben – bei Kontrolle des sozioökonomischen Status und elterlichen Bildungsniveaus – Jugendliche, deren Eltern beide in die Schweiz eingewandert und nicht den beiden Migrationswellen zuzuordnen sind,

8 Eine genauere Betrachtung zeigt, dass dies für nahezu alle Schüler, welche nicht in der Schweiz geboren sind der Fall ist. Es existiert ein kleiner Anteil von ca. 1,5 Prozent von Schülern mit in der Schweiz geborenen Eltern, welche selber im Ausland geboren sind. Diese wurden in der Analyse als in der Schweiz Geborene gewertet, da die geringe Anzahl keinen Einfluss auf die Resultate hat.

ein signifikant und rund 2,7-mal höheres Risiko als einheimische Jugendliche, sieben Jahre nach dem obligatorischen Schulabschluss noch keine schulische oder berufliche Ausbildung (Sekundarstufe II) begonnen zu haben. Jugendliche, deren Eltern im Ausland geboren wurden und welche der zweiten Migrationswelle zuzuordnen sind, haben ein um ein 2,2-mal höheres Risiko für Bildungsarmut als Einheimische. Bei Jugendlichen mit Eltern, welche in einem Land der ersten Migrationswelle geboren sind, liegt ein ungefähr 1,3-mal höheres Risiko vor, „Bildungsverlierer“ zu sein. Allerdings sind diese Unterschiede allesamt statistisch nicht signifikant. Ebenso scheinen primäre ethnische Herkunftseffekte unter Berücksichtigung anderer Dimensionen der Migration keinen eigenständigen Einfluss zu haben.

Tabelle 2 Risiko für Ausbildungslosigkeit (Odds Ratios, geschätzt mit logistischer Regression)

	Modell 1	*Modell 2*
Herkunft der Eltern		
Eltern: Schweizer	1	1
Eltern: 1. Migrationswelle	1.29	0.63
Eltern: 2. Migrationswelle	2.15	1.01
Eltern: Andere	2.68**	2.29*
Herkunft der Jugendlichen		
Geboren: Schweiz	1	1
Geboren: Ausland	2.66*	2.90*
Primärer ethnischer Herkunftseffekt	1.32	0.91
Sozioökonomischer Status des Elternhauses		
HISEI (mittleres Drittel)	1	1
HISEI (unteres Drittel)	0.57	0.37*
HISEI (oberes Drittel)	0.70	0.90
Höchster Bildungsabschluss der Eltern		
ISCED 3 & 4	1	1
ISCED 1 & 2	2.03	1.99
ISCED 5 & 6	0.30**	0.30***
Individuelle Leistung		
Lesekompetenzen		0.99***
N	3429	3429
Pseudo-R^2 (McFadden)	0.15	0.25

Quelle: TREE (kalibrierte Gewichtung 7. Welle) – eigene Berechnungen
Signifikanzniveaus: * $p \leq 0.05$; ** $p \leq 0.01$; *** $p \leq 0.001$

Berücksichtigt man die nationale Herkunft der Jugendlichen selbst, so haben die jugendlichen Ausländer ein signifikant und rund 2,7-mal höheres Risiko als die in der Schweiz Geborenen, im Erwachsenenalter ausbildungslos zu sein und zu den „Bildungsverlierern" zu zählen. Dieser kategoriale Herkunftseffekt für Migranten erster Ordnung ist auch dann statistisch signifikant, wenn die individuellen Lesekompetenzen kontrolliert werden (siehe Modell 2). Der kategoriale Ausländerstatus an sich bringt wie der Status eines Migranten zweiter Ordnung offensichtlich Nachteile für die betreffenden Jugendlichen mit sich, nach dem Schulabschluss einen Ausbildungsplatz zu bekommen.

Betrachtet man die soziale Herkunft, so hat bei Kontrolle von Migration und nationaler Herkunft der am HISEI gemessene sozioökonomische Status des Elternhauses keinen signifikanten Einfluss auf die Wahrscheinlichkeit von Ausbildungslosigkeit. Betrachtet man das kulturelle Kapital, so verringert sich die Wahrscheinlichkeit von Ausbildungslosigkeit um 70 Prozent, wenn im Elternhaus mindestens ein Hochschulabschluss oder höher (ISCED 5 und 6) erreicht wurde, im Vergleich zu Elternhäusern mit niedrigerem Bildungsniveau. Wie vielfach empirisch belegt, haben die beim Bildungserwerb und anderen Lebenschancen ohnehin privilegierten Kinder von Akademikern die geringsten Risiken für Bildungsarmut, während es für Kinder von gering qualifizierten Eltern am wahrscheinlichsten ist, dass sie zu den Bildungsverlierern gehören, und dazu gehören vor allem im Ausland geborene Jugendliche. Diese Hinweise untermauern die signaltheoretische Perspektive, der zufolge ausbildende Betriebe den kategorialen Ausländerstatus und Sprachfertigkeiten als askriptive *screening devices* für effiziente Trainierbarkeit und Trainingskosten verwenden.

Werden Lesekompetenzen berücksichtigt, dann zeigt sich erwartungsgemäß, dass die Wahrscheinlichkeit für Ausbildungslosigkeit mit immer besserer *reading literacy* abnimmt. Der im Vergleich zur vorherigen Modellspezifikation deutlich gestiegene Pseudo-R^2-Wert zeigt, dass die anhand von Lesekompetenzen gemessene individuelle Leistung eine im Vergleich zu anderen Variablen ziemlich hohe zusätzliche Erklärungskraft besitzt. Hierbei sehen wir wie in ähnlichen Studien, dass der Effekt der Zugehörigkeit der Eltern zur ersten Migrationswelle sein Vorzeichen ändert, aber insignifikant bleibt. Für Schüler im Ausland geborener Eltern, welche nicht einer der beiden Migrationswellen zuzuordnen sind, sinkt das Risiko für Ausbildungslosigkeit leicht, ist jedoch immer noch im Ausmaß signifikant. Das Risiko für im Ausland geborene Jugendliche steigt weiterhin an, wenn deren Leseleistung im Vergleich zu Einheimischen in Rechnung gestellt wird, was auf die negativen Folgen des Ausländerstatus an sich – als rechtlich zugeschriebenes Merkmal – auf dem Lehrstellenmarkt hinweist. Dieser Befund korrespondiert mit den signaltheoretischen Überlegungen, wonach Ausbildungsbetriebe – insbesondere Kleinbetriebe des verarbeitenden Gewerbes – Bewerber um Lehrstellen nach dem „Nichtschweizersein" ausschließen. Da es sich um einen Netto-Effekt bei Kontrolle des Migrationshintergrunds, der sozialen Herkunft und der Leistungsfähigkeit handelt, sind diskriminierende Auswahlstrategien nicht ausgeschlossen.

Der sozioökonomische Status des Elternhauses zeigt einen theoretisch unerwarteten Effekt. Verglichen mit der mittleren Statusgruppe haben Schüler aus Elternhäusern mit einem niedrigen sozioökonomischen Status ein um rund 60 Prozent niedrigeres Risiko für Ausbildungslosigkeit. Dieser Effekt ist auf dem 5-Prozent-Niveau signifikant und weist möglicherweise darauf hin, dass wohl eine Selektion der leistungsfähigen Bewerber unter den Schulabgängern aus bildungsfernen Schichten vorliegt. Eine alternative Erklärung wäre, dass

Schüler aus Elternhäusern mit niedrigem sozioökonomischem Status bei der Suche nach einem Ausbildungsplatz motivierter und hartnäckiger sind.

Zusammenfassend lässt sich festhalten, dass unter Kontrolle von Leistung und anderer relevanter Faktoren das Risiko, nach der obligatorischen Schulbildung ausbildungslos zu bleiben und als „Bildungsverlierer“ stigmatisiert zu werden, für Migranten erster Ordnung noch signifikant höher ist als für in der Schweiz geborene Jugendliche (einschließlich der in der Schweiz geborenen Jugendlichen mit Migrationshintergrund). Aber ein im Vergleich zu Jugendlichen mit zwei in der Schweiz geborenen Elternteilen relativ hohes Risiko für Ausbildungslosigkeit haben außerdem Migranten zweiter Ordnung, welche nicht einer der Migrationswellen zugerechnet werden können. Migrationshintergrund und juristisch definierter Ausländerstatus gehen oftmals mit geringsten Bildungschancen im Schweizer Schul- und Ausbildungssystem einher. Ihre Stigmatisierung als „Bildungsverlierer“ ist deswegen wahrscheinlich, weil auch in der Schweiz der Abschluss der Sekundarstufe II als Standard bzw. „Normalfall“ gilt.

5 Zusammenfassung

Im vorliegenden Beitrag haben wir vor dem Hintergrund der scheinbaren systematischen Nachteile von Schulkindern mit Migrationshintergrund beim Übergang in die Sekundarstufe I und von Jugendlichen mit Migrationshintergrund beim Zugang zur beruflichen Ausbildung nach der obligatorischen Sekundarstufe I für die Schweiz die Frage empirisch zu beantworten versucht, warum dies so ist. Ausgehend von einem strukturell-individualistischen Ressourcenmodell für die Schulkinder und von signaltheoretischen Überlegungen für die jugendlichen Schulabgänger konnten empirisch belastbare Befunde für die Nachteile und Schlechterstellung dieser Kinder und Jugendlichen im Schweizer Bildungssystem aufgezeigt werden.

Beim ersten Übergang im Schulsystem können die Nachteile von Ausländern und Migranten aus nichtdeutschsprachigen Ländern bei Kontrolle unterschiedlicher Dimensionen des Migrationshintergrunds und der Migrationsgeschichte zum einen durch das Sprachproblem erklärt werden. Auch bei der Bilingualität ergab sich der bereits für Deutschland bekannte Befund, dass neben dem mehr oder weniger ausreichenden Beherrschen der Muttersprache das unzureichende Beherrschen der Sprache des Aufnahmelandes vor der Einschulung mit erheblichen Nachteilen beim Übergang in die anspruchsvollen Sekundarschulen einhergeht (Esser 2006). Zum anderen konnten nachteilige Bildungschancen von Migranten – nämlich ihre Platzierung in den wenig anspruchsvollen Ober- und Realschulen – durch ökonomische und kulturelle Ressourcen des Elternhauses und der individuellen Schulleistungen aufgeklärt werden. Der theoretisch erwartete primäre ethnische bzw. nationale Herkunftseffekt spielt hierbei offensichtlich keine bedeutsame Rolle. Vor allem unter Berücksichtigung der Schulleistung und anderer Leistungsindikatoren lässt sich kein Nachteil von Schulkindern mit Migrationshintergrund feststellen. Dann gelten im Wesentlichen – und mehr lassen die uns verfügbaren Daten an Interpretation nicht zu – wie bei den autochthonen Schulkindern die Bedingungen der sozioökonomischen Herkunft. Eher dominieren, soweit wir es beurteilen können, sowohl für einheimische als auch zugewanderte Schulkinder Effekte für primäre Herkunftseffekte. Trotz differenzierter Analysen haben wir keine eindeutigen

Belege gefunden, die dafür sprechen, dass Nachteile der Migrantenkinder im Schulsystem ein „Unterschichtungsphänomen" darstellen, da hierbei erhebliche Differenzen zwischen den Migrantengruppen und -generationen bestehen und in den letzten Jahren die positiv selektive „Überschichtungsmigration" in der Schweiz zunimmt.

Während die einheimischen Schulabgänger in der Regel nach Ende der obligatorischen Schulzeit einen Lehrvertrag unterzeichnen, dann zwei bis vier Jahre als Lehrling ausgebildet werden und nach Abschluss der Lehre nahtlos im Lehrbetrieb beschäftigt wurden, haben ausländische Jugendliche sowie Migranten zweiter Ordnung ein größeres Risiko, in „Brückenangeboten" lange Warteschleifen zu durchlaufen und letzten Endes ausbildungslos zu bleiben. Auch wenn rund ein Viertel bis ein Drittel aller Jugendlichen nur indirekt über eine schulische oder andere Übergangslösung verzögert in die zertifizierte Berufsbildung gelangt, so sind ausländische Jugendliche dabei überrepräsentiert. Sie laufen eher Gefahr als Einheimische, auch nach Jahren keinen Zutritt in die anerkannte Berufsbildung zu erhalten, zumal sie ein größeres Risiko haben, nach Besuch der Sekundarstufe mit Grundanforderungen mit einem einfachen Schulabschluss abzugehen. Bei Kontrolle der Dimensionen von Migration, sozioökonomischen und kulturellen Ressourcen des Elternhauses, Schulleistungen und des primären ethnischen Herkunftseffekts laufen diese beiden Gruppen eher Gefahr, als „Bildungsverlierer" in Bildungsarmut zu verbleiben und ohne qualifizierten Berufsabschluss ihr Glück auf dem Arbeitsmarkt suchen zu müssen. Aus signaltheoretischer Perspektive gibt es indirekte Indizien dafür, dass Ausbildungsbetriebe ihre Lehrlinge auch nach dem Ausländerstatus auswählen oder genauer gesagt: von der möglichen Lehre in ihrem Betrieb ausschließen. Eine Diskriminierung ausländischer Jugendlichen durch (zumeist kleinere) Ausbildungsbetriebe in der Schweiz kann möglicherweise nicht ausgeschlossen werden. Es ist plausibel anzunehmen, dass Migranten zweiter Ordnung dieser Diskriminierung bei der Lehrstellensuche ebenfalls zum Opfer fallen, zumal diese aufgrund der relativ restriktiven Einbürgerungspraxis in der Schweiz zumeist noch eine ausländische Staatsbürgerschaft haben dürften.

Um solche statistische Diskriminierung für die hier betrachteten Jugendlichen beim Eintritt in die berufliche Ausbildung direkt belegen zu können, müssen Präferenzen der Arbeitgeber und Rekrutierungsverhalten der Ausbildungsbetriebe nicht nur bekannt sein, sondern direkt auf die einzelnen Bewerber zurückgeführt werden können. Solche Daten liegen nicht vor, aber Indizien hierfür sind vorhanden. Auch wenn die Mechanismen der Auswahl von Lehrlingen nicht direkt beobachtet worden sind, kann der signaltheoretische Ansatz und das Konzept statistischer Diskriminierung vorerst auch für den Schweizer Ausbildungsbereich aufrecht erhalten werden.

Viele Fragen bleiben für die Bildungschancen von ausländischen Schulkindern oder Schulkindern mit Migrationshintergrund offen. Es wäre genauer zu untersuchen, welche herkunftsspezifischen Sozialisationsprozesse im Elternhaus, welche Lehr- und Lernprozesse in Schulen in Beziehung zu nachteiligen Leistungsentwicklungen und Bildungschancen stehen. Regionale und lokale Gegebenheiten sind dann ebenso in Rechnung zu stellen wie Wirtschafts- und Arbeitsmarktentwicklungen.

Literatur

Abraham, Martin/Hinz, Thomas (Hrsg.) (2005): Arbeitsmarktsoziologie. Probleme, Theorien, empirische Befunde. Wiesbaden: VS Verlag für Sozialwissenschaften

Becker, Rolf (2010): Soziale Ungleichheit im Schweizer Bildungssystem und was man dagegen tun könnte. In: Neuenschwander/Grunder (2010) (i. E.)

Becker, Rolf (2009a): Wie können „bildungsferne" Gruppen für ein Hochschulstudium gewonnen werden? Eine empirische Simulation mit Implikationen für die Steuerung des Bildungswesens. In: Kölner Zeitschrift für Soziologie und Sozialpsychologie 61. 563–593

Becker, Rolf (2007): Lassen sich aus den Ergebnissen von PISA Reformperspektiven für die Bildungssysteme ableiten? In: Schweizerische Zeitschrift für Bildungswissenschaften 29 (1). 13–31

Becker, Birgit/Reimer, David (Hrsg.) (2010): Vom Kindergarten bis zur Hochschule. Die Generierung von ethnischen und sozialen Disparitäten in der Bildungsbiographie. Wiesbaden: VS Verlag für Sozialwissenschaften

Becker, Rolf/Schubert, Frank (2010): Die Rolle von primären und sekundären Herkunftseffekten von Migranten im deutschen Schulsystem. In: Lauterbach/Becker (2010) (i. E.)

Becker, Rolf/Hadjar, Andreas (2009): Meritokratie – Zur gesellschaftlichen Legitimation ungleicher Bildungs-, Erwerbs- und Einkommenschancen in modernen Gesellschaften. In: Becker (2009b): 35–59

Becker, Rolf/Lauterbach, Wolfgang (Hrsg.) (2007): Bildung als Privileg. Wiesbaden: VS Verlag für Sozialwissenschaften

Berger, Peter A./Kahlert, Heike (Hrsg.) (2005): Institutionalisierte Ungleichheiten? Stabilität und Wandel von Bildungschancen. Weinheim: Juventa

BfS (2010a): Bildungssystemindikatoren – Bildungssystem – Indikatoren. Gleichheit – Kulturelle Heterogenität an der obligatorischen Schule. Verfügbar unter: http://www.bfs.admin.ch/bfs/portal/de/index/themen/15/02.html

BfS (2010b): Portal Statistik Schweiz. Verfügbar unter: http://www.bfs.admin.ch/bfs/portal/de/index.html

BfS (2005): Schülerinnen, Schüler und Studierende 2004/05. Neuchâtel: BfS

BfS/TREE (Hrsg.) (2003): Wege in die nachobligatorische Ausbildung. Die ersten zwei Jahre nach Austritt aus der obligatorischen Schule. Zwischenergebnisse des Jugendlängsschnitts TREE. Neuchâtel: BfS

Borkowsky, Anna (1991): Kinder und Jugendliche ausländischer Herkunft im Bildungssystem der Schweiz. Bern: BfS

Bornschier, Volker (Hrsg.) (1991): Das Ende der sozialen Schichtung? Zürich: Seismo

Boudon, Raymond (1974): Education, opportunity, and social inequality: changing prospects in western society. New York: John Wiley

Bourdieu, Pierre (1983): Ökonomisches Kapital, kulturelles Kapital, soziales Kapital. In: Kreckel (1983): 183–198

Bourdieu, Pierre/Passeron, Jean-Claude (1971): Die Illusion der Chancengleichheit. Untersuchungen zur Soziologie des Bildungswesens am Beispiel Frankreichs. Stuttgart: Klett

Buchmann, Marlis/Charles, Maria (1993): The Lifelong Shadow. Social Origins and Educational Opportunities in Switzerland. In: Shavit et al. (1993): 177–192

Buchmann, Marlis/Sacchi, Stefan/Lamprecht, Markus/Stammet, Hanspeter (2007): Tertiary Education Expansion and Social Inequality in Switzerland. In: Shavit et al. (2007): 321–348

Diefenbach, Heike (2007): Kinder und Jugendliche aus Migrantenfamilien im deutschen Bildungssystem: Erklärungen und empirische Befunde. Wiesbaden: VS Verlag für Sozialwissenschaften

Ditton, Hartmut (2007): Der Beitrag von Schule und Lehrern zur Reproduktion von Bildungsungleichheit. In: Becker/Lauterbach (2007): 243–272

EDK (2010): Basis-Wissen Bildungssystem CH. Verfügbar unter: http://www.edk.ch/dyn/16600.php

Eisenstadt, Shmuel Noah (1954): The absorption of immigrants: a comparative study based mainly on the Jewish community in Palestine and the State of Israel. Westport Conn.: Greenwood Press

Esser, Hartmut (2006): Sprache und Integration: Die sozialen Bedingungen und Folgen des Spracherwerbs von Migranten. Frankfurt a. M.: Campus

Fibbi, Rosita/Lerch, Mathias/Wanner, Philippe (2006): Unemployment and Discrimination against Youth of Immigrant Origin in Switzerland: When the Name Makes the Difference. In: Journal of International Migration and Integration 7 (3). 351–366

Glauser, David (2010): Gering qualifiziert in den Arbeitsmarkt – Der Erwerb geringer Qualifikationen auf der Sekundarstufe II und deren Folgen beim Erwerbseintritt. Masterarbeit (Abteilung Bildungssoziologie). Bern: Universität Bern

Haeberlin, Urs/Imdorf, Christian/Kronig, Winfried (2004): Chancenungleichheit bei der Lehrstellensuche; Der Einfluss von Schule, Herkunft und Geschlecht. Bern/Aarau: Forum Bildung und Beschäftigung der Schweizerischen Koordinationsstelle für Bildungsforschung (SKBF)

Han, Petrus (2000): Soziologie der Migration: Erklärungsmodelle, Fakten, politische Konsequenzen, Perspektiven. Stuttgart: Lucius & Lucius
Hoffmann-Nowotny, Hans-Joachim (1973): Soziologie des Fremdarbeiterproblems: eine theoretische und empirische Analyse am Beispiel der Schweiz. Stuttgart: Ferdinand Enke
Hupka, Sandra/Stalder, Barbara E. (2004): Junge Migrantinnen und Migranten beim Übergang von der Sekundarstufe I in die Sekundarstufe II. In: Schweizerische Konferenz der Gleichstellungsbeauftragten (2004): 79–94
Hupka, Sandra/Sacchi, Stefan/Stalder, Barbara E. (2006): Herkunft und Leistung? Analyse des Eintritts in eine zertifizierte nachobligatorische Ausbildung anhand der Daten des Jugendlängsschnitts TREE. TREE-Arbeitspapier. Bern
Imdorf, Christian (2008): Der Ausschluss „ausländischer" Jugendlicher bei der Lehrlingsauswahl – ein Fall von institutioneller Diskriminierung? In: Rehberg (2008)
Kalter, Frank (2005): Ethnische Ungleichheit auf dem Arbeitsmarkt. In: Abraham/Hinz (2005): 303–331
Kreckel, Reinhard (Hrsg.) (1983): Soziale Ungleichheiten. Soziale Welt. Sonderband 2. Göttingen: Schwartz
Kristen, Cornelia (2002): Hauptschule, Realschule oder Gymnasium? Ethnische Unterschiede am ersten Bildungsübergang. In: Kölner Zeitschrift für Soziologie und Sozialpsychologie 54 (3). 534–552
Kristen, Cornelia/Dollmann, Jörg (2010): Sekundäre Effekte der ethnischen Herkunft: Kinder aus türkischen Familien am ersten Bildungsübergang. In: Becker/Reimer (2010): 117–144
Kronig, Winfried (2007): Die systematische Zufälligkeit des Bildungserfolgs: theoretische Erklärungen und empirische Untersuchungen zur Lernentwicklung und zur Leistungsbewertung in unterschiedlichen Schulklassen. Bern: Haupt
Kronig, Winfried (2003): Das Konstrukt des leistungsschwachen Immigrantenkindes. In: Zeitschrift für Erziehungswissenschaft 6 (1). 126–141
Kronig, Winfried (2001): Probleme der Selektion in den Grundschuljahren. In: Schweizerische Zeitschrift für Bildungswissenschaften 23 (2). 357–364
Kronig, Winfried/Haeberlin, Urs/Eckhart, Michael (2000): Immigrantenkinder und schulische Selektion: pädagogische Visionen, theoretische Erklärungen und empirische Untersuchungen zur Wirkung integrierender und separierender Schulformen in den Grundschuljahren. Bern: Haupt
Lamprecht, Markus (1991): Möglichkeiten und Grenzen schulischer Chancengleichheit in westlichen Gesellschaften. In: Bornschier (1991): 126–53
Lanfranchi, Andrea (2005): Nomen est omen: Diskriminierung bei sonderpädagogischen Zuweisungen. In: Schweizerische Zeitschrift für Heilpädagogik 7-8. 45–48
Lauterbach, Wolfgang/Becker, Rolf (Hrsg.) (2010): Integration durch Bildung. Wiesbaden: VS Verlag für Sozialwisschenschaften (i. E.)
Lischer, Rolf (2003): Integrierte Fremde? – Eine statistische Antwort. Ausländische Kinder und Jugendliche im schweizerischen Bildungssystem. In: Rosenberg et al. (2003): 11–23
Meyer, Thomas (2003): Jugendliche mit Migrationshintergrund. In: BfS/TREE (2003): 111–118
Meyer, Thomas/Stalder, Barbara/Matter,Monika (2003): Bildungswunsch und Wirklichkeit. Thematischer Bericht der Erhebung PISA 2000. Neuchâtel: BfS/EDK
Moser, Urs (2001): Für das Leben gerüstet. Die Grundkompetenzen der Jugendlichen – Kurzfassung des nationalen Berichtes PISA 2000. Neuchâtel: BfS/EDK
Moser, Urs/Rhyn, Heinz (2000): Lernerfolg in der Primarschule. Aarau: Sauerländer
Moser, Urs/Rhyn, Heinz (1999): Evaluation der 6. Klassen im Kanton Zürich. Die Qualität der Primarschule. Bern: mimeo
Moser, Urs/Keller, Florian/Tresch, Sarah (2003): Schullaufbahn und Leistung: Bildungsverlauf und Lernerfolg von Zürcher Schülerinnen und Schülern am Ende der 3. Volksschulklasse. Bern: h. e. p. Verlag
Neuenschwander, Markus/Grunder, Hans-Ueli (Hrsg.) (2010): Schulübergang und Selektion – Forschungserträge und Umsetzungsstrategien. Chur: Rüegger (i. E.)
Piguet, Etienne (2006): Einwanderungsland Schweiz: fünf Jahrzehnte halb geöffnete Grenzen. Bern: Haupt
Ramseier, Erich/Brühwiler, Christina (2003): Herkunft, Leistung und Bildungschancen im gegliederten Bildungssystem: Vertiefte PISA-Analyse unter Einbezug der kognitiven Grundfähigkeiten. In: Schweizerische Zeitschrift für Bildungswissenschaften 25. 23–56
Rehberg, Karl-Siegbert (Hrsg.) (2008): Die Natur der Gesellschaft. Verhandlungen des 33. Kongresses der Deutschen Gesellschaft für Soziologie in Kassel 2006 (CD-ROM). Frankfurt a. M.: Campus
Rosenberg, Sonja/Lischer, Rolf/Kronig, Winfried/Nicolet, Michel/Bürli, Alois/Schmid, Peter/Bühlmann, Regina B. (2003): Schul- und Bildungslaufbahn von immigrierten „leistungsschwachen" Schülerinnen und Schüler. Schlussbericht der CONVEGNO. Bern. Verfügbar unter: http://edudoc.ch/record/468/files/Stub19A.pdf

Schweizerische Konferenz der Gleichstellungsbeauftragten (Hrsg.) (2004): Achtung Gender. Ausbildungsverhalten von Mädchen und jungen Frauen: Trends und Tipps. Buchs: Schweizerische Konferenz der Gleichstellungsbeauftragten, Lehrstellenprojekt 16+

Seibert, Holger/Solga, Heike (2005): Gleiche Chancen dank einer abgeschlossenen Ausbildung? Zum Signalwert von Ausbildungsabschlüssen bei ausländischen und deutschen jungen Erwachsenen. In: Zeitschrift für Soziologie 34 (5). 364–382

Shavit, Yossi/Arum, Richard/Gamoran, Adam (Hrsg.) (2007) : Stratification in Higher Education: A Comparative Study. Stanford: Stanford University Press

Shavit, Yossi/Blossfeld, Hans-Peter (Hrsg.) (1993): Persistent Inequalities. Changing Educational Stratification in Thirteen Countries. Boulder, Co.: West View Press

SKBF (2010): Bildungsbericht Schweiz 2010. Aarau: SKBF

Solga, Heike (2005): Meritokratie – die moderne Legitimation ungleicher Bildungschancen. In: Berger/Kahlert (2005): 19–38

Stamm, Margrit (1998): Frühlesen und Frührechnen als soziale Tatsachen? Eine Längsschnittstudie (1995–1998); Leistung, Interessen, Schulerfolg und soziale Entwicklung von Kindern, die bei Schuleintritt bereits lesen und/oder rechnen konnten. Aarau: Institut für Bildungs- und Forschungsfragen im Schulbereich

Steinbach, Anja/Nauck, Bernhard (2004): Intergenerationale Transmission von kulturellem Kapital in Migrantenfamilien. In: Zeitschrift für Erziehungswissenschaft 7 (1). 20–32

TREE (Hrsg.) (2008): Projekt-Dokumentation 2000–2008. Bern/Basel: TREE

Turner, Ralph (1960): Sponsored and contest mobility and the school system. In: American Sociological Review 25 (6). 855–867

Van De Werfhorst, Herman G./Van Tubergen, Frank (2007): Ethnicity, schooling, and merit in the Netherlands. In: Ethnicities 7. 416–444

Bildungsverläufe und kumulierte Benachteiligung

Die Wiederkehr des funktionalen Analphabetismus in Zeiten wissensgesellschaftlichen Wandels

Uwe H. Bittlingmayer, Stephan Drucks, Jürgen Gerdes und Ullrich Bauer

1 Einleitung

Seit den sechziger Jahren des zwanzigsten Jahrhunderts erlebt Deutschland eine Bildungsexpansion, die zu einer nachhaltigen Veränderung der Bildungsteilnahme der deutschen Wohnbevölkerung geführt hat und die noch lange nicht abgeschlossen ist. Zwar ist im internationalen OECD-Vergleich die AbiturientInnen- und Studierendenquote sehr niedrig, das spezifische mehrgliedrige Schulsystem mit viel Recht in der Kritik und in den internationalen Leistungsstanderhebungen verfehlt Deutschland mit großer Regelmäßigkeit die Spitzenplätze. Doch ist eine fortschreitende Akademisierung der Berufsstruktur, eine kontinuierliche Spezialisierung der Arbeitsplatzprofile und die Ausrichtung beruflicher Bildung hin zum Leitbild des lebenslangen Lernens auch in Deutschland beobachtbar. Die bildungspolitische Botschaft lautet seit mehr als zehn Jahren parteiübergreifend, dass Bildung Deutschlands wichtigster Rohstoff sei, den es systematisch zu fördern gilt.

Bildung wird aber nicht nur als eine zunehmend bedeutende gesamtgesellschaftliche Ressource wahrgenommen, die es im nationalen Interesse zu fördern gilt, sondern Bildung gilt inzwischen auch, ebenso parteiübergreifend, als eine Schlüsselgröße in zentralen politischen Interventionsbereichen wie insbesondere in der Sozial- und der Migrations- und Integrationspolitik.

Im Kontext zunehmend einflussreicher politischer, öffentlicher und auch wissenschaftlicher Debatten über sich verändernde Verständnisse von sozialer Gerechtigkeit und den Funktionen bzw. Möglichkeiten des Sozialstaats werden einerseits Probleme und Rechtfertigungen relativer Ungleichheiten zugunsten der basaler konzipierten Frage der Vermeidung von gesellschaftlicher, politischer und institutioneller Exklusion im Namen einer „gesellschaftlichen Teilhabegerechtigkeit" (Leisering 2004; Liebig/May 2009) verdrängt; andererseits werden traditionelle, als „Ergebnisgerechtigkeit" bezeichnete Konzepte durch solche der „Chancengerechtigkeit" bzw. „Chancengleichheit" ersetzt (Meyer 2005), die eben vor allem auf den gleichberechtigten Zugang zu Bildung fokussieren. Diese Entwicklungen korrespondieren mit einem Paradigmenwechsel hin zu einem „aktivierenden", „präventiven" oder auch „sozialinvestiven" Sozialstaat, dessen vorrangiges Interventionsziel sich von wirtschaftspolitischer Rahmensteuerung, der Regulierung von Arbeitsmärkten und -verhältnissen und der Gewährleistung umfassender und solidarischer Sicherungssysteme auf die Ausbildung und Entwicklung der Kompetenzen der einzelnen Personen verlagert hat, wodurch diese in die Lage versetzt werden sollen, in einem größeren Umfang für sich selbst zu sorgen (Lessenich 2008). Im Rahmen aktivierender Arbeitsmarkt- und Sozialpolitik geht es primär darum, durch die Bildung und Entwicklung von Humankapital und darauf basierender Beschäftigungs- und Eigenverantwortungsbefähigung der einzelnen Personen den „sozialpolitischen Schadensfall a priori“ zu verhindern (Merkel 2001: 143) und damit spätere für individuelle Notlagen kompensierende und als „unproduktiv“ wahrgenommene Transferleistungen zu vermeiden. In diesem Kontext wird im Namen von „Produktionsgerechtigkeit“ betont, dass die Aufrechterhaltung von Standards der Verteilungsgerechtigkeit von ökonomischen Innovations- und Modernisierungsprozessen abhängt (Heinze 2003).

Auch im Kontext von Migrations- und Integrationspolitik spielt Bildung seit der mit dem Zuwanderungsgesetz 2005 offiziellen „Selbstanerkennung Deutschlands als Einwanderungsland“ mittlerweile eine alles überragende Rolle. Auf der einen Seite geht es um die migrationspolitische Selektion von hochqualifiziertem Humankapital im Kontext eines wahrgenommenen „Wettbewerbs um die besten Köpfe“; andererseits wird in Bezug auf integrationspolitische Maßnahmen mittlerweile parteiübergreifend konstatiert, dass Spracherwerb und Bildung als inzwischen vielzitierte „Schlüssel zur Integration“ aufzufassen seien, um den Immigranten die Teilhabe in allen Bereichen des gesellschaftlichen Lebens zu ermöglichen.

Das Bild einer kontinuierlichen Bildungsexpansion, in dem sukzessive alle formalen Bildungsbarrieren mit dem Ziel abgebaut wurden, allen Mitgliedern der deutschen Wohnbevölkerung die faire Chance auf einen hohen Bildungsabschluss zu ermöglichen, implizierte die Realisierung einer immer größer werdenden Chancengleichheit bei immer größer werdender allgemeiner Bildungsteilhabe und immer größerer sozialer Mobilität – eine klassische Figur von Modernisierungsansätzen. Dieses harmonische Bild einer konfliktfreien und emanzipativ orientierten Bildungsexpansion, die für eine immer besser gebildete Gesamtbevölkerung Pate stehen sollte, erhielt nicht nur durch die OECD-Leistungsvergleiche ordentliche Risse. Noch bedrohlicher scheint die Rückkehr einer Gruppe in der deutschen Wohnbevölkerung zu sein, die trotz Absolvierung der Schulpflicht nicht über die elementaren Schriftsprachkompetenzen verfügt, die heute zur Realisierung der vollständigen gesellschaftlichen Teilhabechancen nötig sein sollen. Es geht um die so genannten funktionalen Analphabeten[1], die das durchschnittliche Kompetenzmaß im Lesen und Schreiben der deutschen Sprache so weit unterschreiten, dass sie aus bildungssoziologischer und erwachsenenpädagogischer Sicht eigentlich nur als sozial desintegrierte, stigmatisierte und hilfsbedürftige Gruppe von Menschen beschrieben werden kann (etwa bei Schneider et al. 2008). Hartnäckig hält sich die Zahl von ca. 4 Millionen funktionalen Analphabeten in Deutschland, die so gar nicht recht zu der kontinuierlich fortschreitenden Bildungsexpansion passen will.

Bildungsexpansion und funktionaler Analphabetismus stehen offensichtlich in einem Spannungsverhältnis, das sich auf unterschiedliche Weise angehen oder ins Verhältnis setzen lässt. *Erstens* könnte die Zahl der funktionalen Analphabeten vor der Bildungsexpansion in den 60er Jahren des zwanzigsten Jahrhunderts noch viel größer gewesen sein. Gerade durch die Bildungsexpansion ist die Zahl überhaupt erst auf ca. 4 Millionen oder etwa 5 % der Bevölkerung geschrumpft. *Zweitens* könnte an diesen Menschen die Bildungsexpansion noch vorbeigegangen sein. Sie sind damit vorrangig eine Zielgruppe für die Erwachsenenbildung,

1 Der Terminus der funktionalen Analphabeten ist auch in der Erziehungswissenschaft sehr umstritten. Eine Alternative wäre zum Beispiel der Begriff Menschen mit geringen oder gar keinen deutschen Schriftsprachkompetenzen. Wir sind uns der zum Teil gravierenden Unschärfen des Begriffs des funktionalen Analphabetismus bewusst und nutzen ihn im Rahmen dieses Aufsatzes als Chiffre. Eine ausführliche Auseinandersetzung und Kritik an diesem Begriff liefert Drucks/Bittlingmayer 2009.

die hier mit Grundbildungskursen kompensatorisch wirken könnte. Diese beiden Varianten sind in der Argumentationslogik der Modernisierungstheorie fest verankert: Wir sind bei unserer Absicht der Reduzierung von Chancenungleichheit bei der Bildung schon auf dem richtigen Weg, brauchen aber noch Geduld.[2] *Drittens* könnten gerade durch die Bildungsexpansion mehr funktionale Analphabeten als vorher erzeugt worden sein. Dadurch, dass sich durch die Bildungsexpansion die Standards im Zugang zu den Arbeitsmärkten verschoben, Tätigkeitsprofile und Arbeitsplatzbeschreibungen an die besser Gebildeten angepasst bzw. umgekehrt die Tätigkeitsprofile und Arbeitsplatzbeschreibungen von den besser Gebildeten umdefiniert wurden, können Menschen mit niedrigen oder gar keinen formalen Bildungsabschlüssen und/oder deutschen Schriftsprachkompetenzen plötzlich größere Schwierigkeiten auf Arbeitsmärkten und hinsichtlich ihrer gesellschaftlichen Integration und Partizipation bekommen. Das Augenmerk in dieser Argumentation liegt nicht auf dem Analphabetismus, sondern auf dem *funktionalen* Analphabetismus.

Funktionaler Analphabetismus meint nicht unbedingt, dass die hierunter subsumierten Personen überhaupt keine deutschen Schriftsprachkompetenzen besitzen. Es ist ein relationaler Begriff, der das jeweilige Niveau der Kompetenzen der Gesamtbevölkerung mit in den Blick nimmt. Ein funktionaler Analphabet wird bereits von der UNESCO im Jahr 1962 entsprechend definiert als „eine Person, die sich an all den zielgerichteten Aktivitäten ihrer Gruppe und Gemeinschaft, bei denen Lesen, Schreiben und Rechnen erforderlich sind, und ebenso an der weiteren Nutzung dieser Kulturtechniken für ihre eigene Entwicklung und die ihrer Gemeinschaft nicht beteiligen kann" (UNESCO 1962).

Wenn also eine Bevölkerung auf der Grundlage einer massiv vorangetriebenen Bildungsexpansion im Durchschnitt über ein gewisses Maß an zusätzlichen Bildungskompetenzen verfügt, dann kann eine Gruppe von Menschen, die zwar länger als noch ihre Elterngeneration zur Schule gegangen ist und über mehr Bildungskompetenzen verfügt als die Eltern, dann in den funktionalen Analphabetismus abrutschen, wenn der Zuwachs an Bildungskompetenzen deutlich unterproportional zur restlichen Bevölkerung verlief. Vor dem Hintergrund der Popularität der Zeitdiagnose Wissensgesellschaft einerseits und der Durchsetzung von Konzepten lebenslangen Lernens andererseits scheinen funktionale Analphabeten geradezu ein Paradebeispiel für eine Gruppe von besonders abgeschlagenen Bildungsverlierern zu sein. Was wissen wir über diese Gruppe von Menschen? Der zweite Abschnitt soll einen Überblick über den Forschungsstand liefern (2). Im dritten Abschnitt stellen wir zunächst unseren Zugang zum Themenfeld des funktionalen Analphabetismus vor: Mit Hilfe einer eigens entwickelten „Idealtypologie des funktionalen Analphabetismus" soll die Vielfalt der Ursachen relativ geringer Schriftsprachkompetenzen sowie deren biografischen Folgen differenziert erfasst werden. Hierzu werden wir einerseits idealtypische funktionale Analphabeten mit Migrationshintergrund (3.1) und andererseits den Idealtypus des unterförderten Haupt- oder Förderschülers (3.2) ausführlicher und auf der Grundlage empirischen Materials porträtieren. Vor dem Hintergrund unserer Ergebnisse plädieren wir schließlich für eine über Feststellungen individueller Kompetenzen, vor allem über das Beklagen dahingehender Defi-

2 Natürlich ist bereits der Maßstab der Chancengleichheit normativ hoch problematisch. Vgl. hierzu etwa Bauer/Bittlingmayer 2005; Scherr/Bittlingmayer 2009.

zite, weit hinausgehende, in Bildungs-, Migrations- und Ungleichheitsforschung eingebettete Diskussion des funktionalen Analphabetismus (4).

2 Funktionaler Analphabetismus – ein Überblick über den Forschungsstand

In den westlichen Industriestaaten galt bis in die 70er Jahre des zwanzigsten Jahrhunderts die Ansicht, dass Analphabetismus unter der Wohnbevölkerung der Geschichte angehört. Bis heute wird in den Weltentwicklungsberichten des United Nations Developmental Programme (UNDP 2008: 228 ff.) in den Industriestaaten eine Alphabetisierungsquote von 100 % eingetragen. Der zu Grunde liegende Indikator ist hier der Schulbesuch. Seit etwa dreißig Jahren ist auch in den Industriestaaten wieder ins Bewusstsein gelangt, dass es zum Teil erhebliche Bevölkerungsgruppen gibt, die nur über ein geringes Maß an Schriftsprachkompetenzen verfügen. Der maßgebliche Diskurs über den so genannten funktionalen Analphabetismus speiste sich seither aus ganz unterschiedlichen Quellen, die bis heute die Diskussion um diese Gruppe besonderer Bildungsverlierer bestimmen. Mindestens fünf sind zu nennen: 1) die Erwachsenen- und Alphabetisierungspädagogik, 2) die internationalen Leistungsstandserhebungen, vor allem im Kontext der PISA-Studien, 3) die Klagen aus der Wirtschaft über mangelnde Ausbildungsreife der Jugendlichen, 4) der zeitdiagnostische Diskurs um den Übergang von Industrie- zu „Wissensgesellschaften" und schließlich 5) ein leistungsorientierter integrationspolitischer Diskurs.

1) In der Mitte der neunziger Jahre wurde von der OECD eine Studie initiiert, die die Schriftsprachkompetenzen von Erwachsenen in einigen OECD-Ländern messen sollten. Nach drei Durchgängen 1994, 1996, 1998 haben insgesamt 23 Länder, unter ihnen Deutschland, die USA, Kanada, Frankreich, Großbritannien, Irland und die Niederlande, an der Studie teilgenommen. Dabei ist zu Tage getreten, dass ein erheblicher Anteil der erwachsenen Bevölkerung Probleme mit der Schriftsprache aufweist, und das in allen teilnehmenden OECD-Ländern. Wie auf der Abbildung 1 zu sehen ist, erreichen selbst beim „Spitzenreiter" Schweden weniger als vier Fünftel der Erwachsenenbevölkerung in allen drei Bereichen der Schriftsprachkompetenz ein Niveau von mindestens Stufe 3. Die Studie war bildungspolitisch in einigen Ländern, allen voran Deutschland und Frankreich, höchst umstritten, denn sie setzte das Erreichen der Kompetenzstufe 1 gleich mit der Diagnose des funktionalen Analphabetismus. Die Gleichsetzung von niedrigster Kompetenzstufe mit funktionalem Analphabetismus durchzieht bis heute die Auseinandersetzungen über die genauere Bestimmung des so genannten funktionalen Analphabetismus. Aber trotz aller Umstrittenheit verschiedener Details der Studie war der International Adult Literacy Survey der Ausgangspunkt in den neunziger Jahren des zwanzigsten Jahrhunderts für massive Anstrengungen in der Erwachsenen- und Alphabetisierungspädagogik, die in vielen Ländern (u. a. GB, Irland, Niederlande, Kanada) in der Entwicklung nationaler Bildungspläne zur Reduzierung mangelnder Schriftsprachkompetenzen gipfelte.

2) Auch die internationalen schulischen Leistungsstandserhebungen im Auftrag der OECD haben für eine breite Sensibilisierung für fehlende und ungenügende Schriftsprachkenntnisse auf Seiten der Schülerinnen und Schüler gesorgt. Galt die Argumentation, nach der

mangelnde Schriftsprachkompetenzen im Erwachsenenalter mit dem Vergessen schulischen Wissens (sog. sekundärer Analphabetismus) erklärt wurde, als besonders populär, so brach diese Argumentation allerspätestens nach den PISA-Studien in sich zusammen.

Abbildung 1 Verteilung der Schriftkompetenz-Level – Ländervergleich

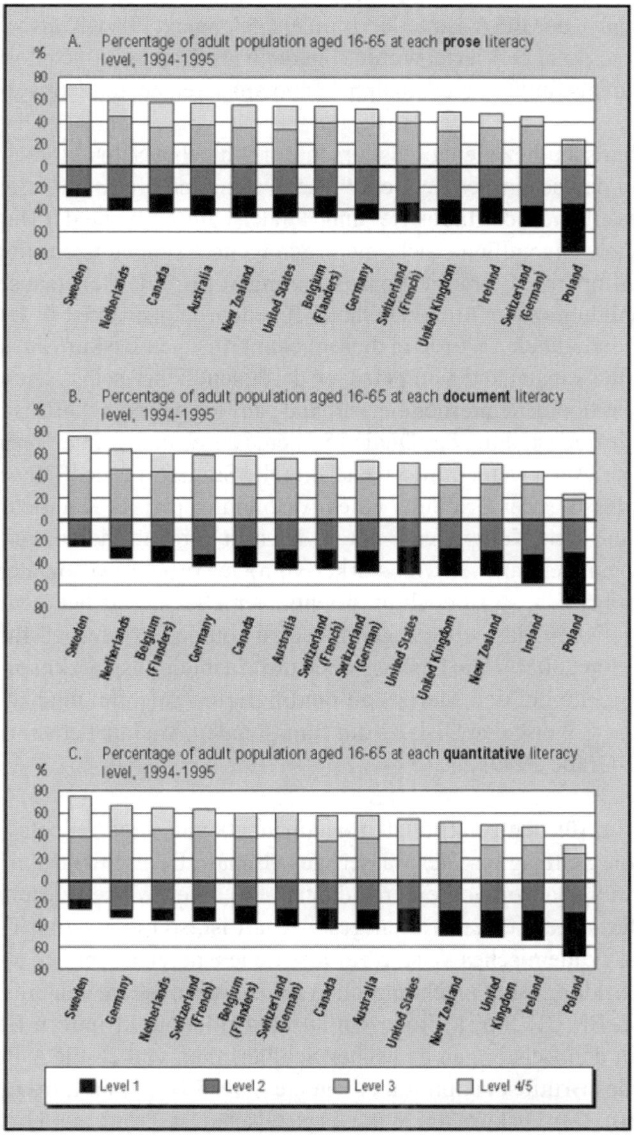

Countries are ranked by the proportion in levels 3 and 4/5.

Source: International Adult Literacy Survey, 1994-1995.

Die erste PISA-Studie ergab bekanntlich nicht nur, dass Deutschland im internationalen Vergleich geradezu ein „Selektionsweltmeister“ ist, dass die soziale Herkunft für den Bildungserfolg in Deutschland eine besonders herausragende Rolle spielt und dass das deutsche mehrgliedrige Schulsystem letztlich in gesamtgesellschaftlich dysfunktionaler Weise Bildungschancen zuweist (Drucks/Bittlingmayer 2009). Vielmehr wurde darüber hinaus deutlich, dass beinahe ein Viertel der deutschen Schülerinnen und Schüler nicht über das Kompetenzniveau 1 der PISA-Einteilung hinaus gelangen (PISA-Konsortium Deutschland 2001, 2007). Dieses knappe Viertel wurde allgemein als Risikogruppe interpretiert, den weiteren Lebensverlauf als funktionaler Analphabet organisieren zu müssen (vgl. u. a. Nickel 2002).

3) Parallel zu den schulbezogenen Diskursen um schlechte Schriftsprachkompetenzen der SchülerInnen an deutschen Schulen, entwickelte sich eine breite öffentlich geführte Klage der Arbeitgeberverbände, der Industrie- und Handelskammern und der Handwerkskammern darüber, dass viele Jugendliche nicht mehr genügend Kompetenzen im Lesen, Schreiben und Rechnen mitbrächten, um die Voraussetzungen für eine Berufsausbildung oder eine schulische Ausbildung zu erfüllen. Die hohe Jugendarbeitslosigkeit in Deutschland, Frankreich oder den Niederlanden wurde in diesem ökonomischen Diskurs zurückgeführt auf die schlechten Schulleistungen und Kompetenzen der Jugendlichen selbst. Diese Argumentationskette war die Reaktion der Unternehmerverbände auf die gewerkschaftlichen Vorwürfe einer systematischen Infragestellung des Dualen Systems durch eine immer geringere betriebliche Ausbildungsquote. Auch wenn mittlerweile aktuelle Studien aus der Schweiz[3] (Imdorf 2007) gezeigt haben, dass bei der Erteilung eines Ausbildungsplatzes Kompetenzen, Schulnoten und Zeugnisse nur eine Komponente unter vielen in der Entscheidungsfindung bildet und die Rekrutierungsmechanismen viel stärker vom Gewerbe, dem sozialen Kapital und der Betriebsgröße abhängen, so ist doch im öffentlichen Diskurs bis heute vor allem das Argument hängen geblieben, dass viele Jugendliche zu kompetenzschwach für eine Ausbildung seien (Spies/Tredop 2006b). Die Diskussionen um Ausbildungsplatzknappheiten bzw. deren rhetorische Kehrseite um den Mangel an qualifizierten Ausbildungsplatz-BewerberInnen flankieren auf diese Weise den Diskurs um funktionalen Analphabetismus (vgl. Klein 2007; Klein/Schöpper-Grabe 2009).

4) Einen weiteren, für den funktionalen Analphabetismus sehr bedeutsamen Hintergrunddiskurs, liefert die Zeitdiagnose der Wissensgesellschaft. Deutschland soll sich in den letzten zwanzig bis dreißig Jahren von einer Industrie- zu einer Wissensgesellschaft entwickelt haben. Charakteristikum einer Wissensgesellschaft ist, so die gängige These, dass wissenschaftliches und akademisches Wissen für alle Lebensbereiche immer wichtiger geworden ist. Mehr noch: Bildung und Forschung sollen zu den wichtigsten ökonomischen Ressourcen avancieren (u. a. BMBF 2007). Einen vorläufigen Höhepunkt liefern Berechnungen, die einen Anstieg in den Leistungen deutscher SchülerInnen von 25 PISA-Punkten direkt mit einem Anstieg des Bruttosozialprodukts von mehr als 5 Billionen Euro in Verbindung bringen (OECD 2010). Der Diskurs um Wissensgesellschaften greift in mehrfacher Hinsicht in

3 Die gemeinten Projekte wurden gefördert im Schweizer Nationalen Forschungsprogramm „Integration und Ausschluss“ (NFP 51). Informationen unter: www.nfp51.ch.

die Debatte um funktionalen Analphabetismus ein. *Erstens* liefert er eine Hintergrundfolie für die Überzeugung, dass Menschen mittlerweile ein Leben lang lernen müssen, weil die Halbwertzeit von Wissen stark gesunken ist (vgl. etwa Wiesner/Wolter 2007; Müller/Stravoravdis 2007). Die persönlichen Kompetenzen müssen zur nachhaltigen Aufrechterhaltung der „Employability" ständig auf Stand gehalten werden, etwa indem Sprach- oder Officekurse bei der VHS besucht werden. *Zweitens* lässt sich mit der Wissensgesellschaft begründen, dass die un- und angelernten Tätigkeiten (zumindest in Deutschland) anteilig immer geringer werden, weil durch die Computerisierung von Arbeitsplätzen auch in Bereichen, in denen lange Zeit keine Schriftsprachkompetenzen notwendig waren (z. B. Lagerarbeit, KfZ-Mechanik), Lesen und Schreiben eine größere Bedeutung erlangt haben. Dadurch lässt sich plausibel machen, warum funktionale Analphabeten immer größere Schwierigkeiten haben, einen Arbeitsplatz zu finden. *Drittens* schließlich enthält der wissensgesellschaftliche Diskurs implizite normative Verweise, die in den Veröffentlichungen der OECD, aber auch des Bildungsministeriums augenfällig werden. So lässt sich beispielsweise der Tenor eines „blaming the victim" in der Gruppe der funktionalen Analphabeten finden, die bislang ihre ihnen von der Gesellschaft zur Verfügung gestellten Bildungschancen einfach noch nicht konsequent genug genutzt hätten. In der o. g. jüngeren OECD-Veröffentlichung wird so argumentiert, dass Jugendliche, die nur eine geringe Punktzahl in den PISA-Tests erreichen, einen volkswirtschaftlichen Schaden stiften – eine Argumentation, die etwa die Bertelsmann-Stiftung, der in Deutschland wohl bedeutendste private Akteur in der Bildungspolitik (vgl. u. a. Schöller 2006), nur zu gerne aufgreift.

5) Funktionaler Analphabetismus spielt heute auch eine zunehmend bedeutende Rolle im Bereich der Migrations- und Integrationspolitik, weil die politischen Akteure mittlerweile auf den bedeutenden relativen Anteil der Menschen mit Migrationshintergrund an der Gesamtbevölkerung aufmerksam geworden sind (der insgesamt bei etwa 20 % liegt, aber in jüngeren Kohorten stetig zunimmt und bei Kindern bis zu 6 Jahren sogar etwa 37 % erreicht). Da andererseits bekannt ist, dass die Bevölkerung mit Migrationshintergrund in Bezug auf Aspekte wie höherer Schulabschlüsse, Arbeitslosenquote, Sozialleistungsbezug u. ä. im Vergleich zur Gesamtbevölkerung signifikant schlechter abschneidet, gewann die Frage der (besseren) (Bildungs-)Integration zunehmend an Bedeutung. Seit den Debatten um das Zuwanderungsgesetz und mehr noch seit dem Amtsantritt der Großen Koalition im Jahre 2005 kam es in Deutschland zu einem gewaltigen Politisierungsschub des Integrationsthemas, der sich, um nur einige Stichworte zu nennen, u. a. in der Einberufung von „Integrationsgipfeln", der Aufstellung eines „Nationalen Integrationsplans", der Umbenennung der „Ausländerbeauftragten" in „Integrationsbeauftragte", der christdemokratischen Kreation der Formel vom „Integrationsland Deutschland" (als eine Art Konter auf das von den anderen Parteien häufig verwendete Wort vom faktischen „Einwanderungsland Deutschland") und natürlich in zahlreichen öffentlichen und politischen Debatten äußerte. Der Inhalt staatlicher Maßnahmen der Integration hat sich dabei zunehmend auf den Spracherwerb im Rahmen von Integrationskursen, wie sie erstmalig im Zuwanderungsgesetz eingeführt wurden, konzentriert. Nach einer ersten umfassenden Evaluierung der Integrationskurse und einer Reform des Aufenthaltsgesetzes Mitte 2007 kam es neben einer Erhöhung des Stundenkontingents auch zu einer stärker zielgruppenspezifischen Ausrichtung der Sprachkurse, seit dem das

Bundesamt für Migration und Flüchtlinge auch zunehmende Anstrengungen der Konzeptualisierung und Bereitstellung von Alphabetisierungskursen unternimmt (vgl. BAMF 2009). Insgesamt ist zunehmend erkennbar, dass die migrationspolitische Selektion von qualifiziertem Humankapital einerseits und die integrationspolitische nachholende Qualifizierung der als unzureichend gebildet wahrgenommenen Migrantenbevölkerung andererseits nur zwei Seiten derselben Medaille sind (vgl. Bade 2006; Michalowski 2006). Es dominiert hier die Perspektive eines nationalstaatlichen (wirtschaftlichen und demographischen) Interesses in einem Standortwettbewerb von Nationalstaaten, deren Sozialsysteme unter Bedingungen der ökonomischen Globalisierung zunehmend unter Druck geraten und deren ökonomisches Wachstum zunehmend nur noch unter wissensgesellschaftlichem Vorzeichen produzierbar scheint (vgl. Gerdes/Bittlingmayer i. E.). Man kann in diesem Zusammenhang von einer zweifachen Reduktion des Integrationsverständnisses sprechen: Indem Spracherwerb und Bildung inzwischen parteiübergreifend als vielzitierte „Schlüssel zur Integration" betrachtet werden, geraten andere Aspekte und Dimensionen z. B. rechtlicher, sozialer und politischer Integration tendenziell aus dem Blickfeld.[4] Es häufen sich öffentliche Stellungnahmen, in denen die Integrationsfähigkeit von bestimmten Migrantengruppen *erstens* mit ihrem jeweiligen Anteil höherer Bildungsabschlüsse, z. T. gar mit ihrer Abiturquote gleichgesetzt wird (vgl. Sarrazin 2009). *Zweitens* gelten Spracherwerb und Bildung im Integrationsprozess heute offensichtlich weder (wie das im deutschen Kontext in früheren Zeiten der Fall war) als ein Beitrag allgemeiner kultureller Assimilation und damit der Reproduktion nationaler Homogenität und staatsbürgerlicher Solidarität noch als eine Vorbedingung kompetenter demokratischer Partizipation. Spracherwerb und Bildung bei Migranten werden vielmehr vor allem auf die damit verbesserten Möglichkeiten ihrer Arbeitsmarktintegration, wenn nicht gar auf ihre jeweilige (potentielle) Produktivität in innovativen Wirtschaftsbereichen bezogen.

Was wissen wir über die Gruppe der funktionalen Analphabeten?

Alle einschlägigen Studien gehen davon aus, dass der Anteil von Menschen mit niedrigen, sehr niedrigen oder gar keinen deutschen Schriftsprachkompetenzen jahrzehntelang unterschätzt worden ist. In der alphabetisierungspädagogischen Diskussion wird die immer wieder benannte Zahl von 4 Millionen funktionalen Analphabeten als Gruppe von Menschen dargestellt, die durchaus ein hohes Maß an Heterogenität aufweist. Diese Heterogenität wird im alphabetisierungspädagogischen Diskurs bezogen auf die tatsächlich vorhandenen individuellen Schriftsprachkompetenzen – hier lässt sich trotz des übergreifenden Kriteriums der deutschen Schriftsprachschwäche ein erhebliches Spektrum von Kompetenzen nachweisen (vgl. Hubertus 1998; Döbert/Hubertus 2000; Nickel 2002, 1998).

4 Dies zeigt sich z. B. auch darin, dass inzwischen bei den erforderlichen Sprachkenntnissen die Einbürgerungsvoraussetzungen auf Lese- und Schreibkompetenzen erweitert wurden, so dass Analphabeten, unabhängig davon welche „Integrationsleistungen" sie ansonsten erbracht haben, von der Einbürgerung generell ausgeschlossen werden (vgl. Davy 2008).

Abbildung 2 Schreibversuche „vierzehn Steine"

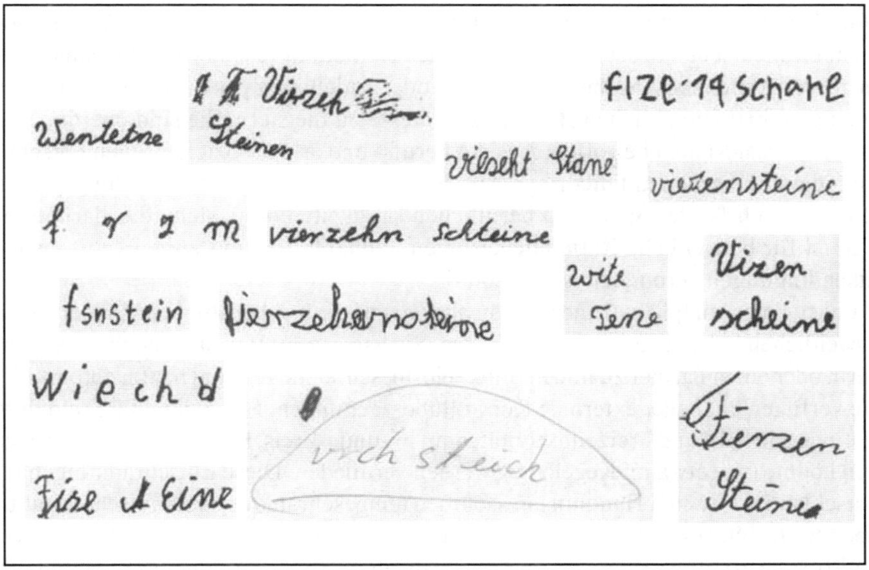

Quelle: Bundesverband für Alphabetisierung und Grundbildung (Nickel 2002)

Die Abbildung 2 illustriert dieses heterogene Spektrum anhand verschiedener Versuche von KursteilnehmerInnen, „vierzehn Steine" zu schreiben. Zu sehen ist hier, dass in einigen Fällen offenbar lediglich herausgehörte Laute als einzelne Buchstaben aufgeschrieben wurden, während andere Versuche „nur" Fehler aufweisen. Zwischen diesen Varianten können mehrere Jahre Unterschied an Vorkenntnissen oder Kursteilnahme liegen. Das Bild, das vom typischen funktionalen Analphabet existiert, stammt aus der pädagogischen Praxis. Zurzeit nehmen jährlich etwa 20.000 Menschen an Alphabetisierungskursen der Volkshochschulen teil. Die spezifische Population der Kursteilnehmenden an Volkshochschulen, auch *LernerInnen* genannt, generiert bis heute maßgeblich das Wissen über erwachsene Menschen mit geringen deutschen Schriftsprachkompetenzen.

Darüber hinaus bietet seit kurzer Zeit neben einer großen Anzahl privater und konfessioneller Bildungsträger auch das Bundesamt für Migration und Flüchtlinge Alphabetisierungskurse für MigrantInnen an. Das BAMF verzeichnet allein im Jahr 2007 12.546 neue Teilnehmer, 2008 gar 16.905 (BAMF 2008a: 13). 2008 lag die Zahl der neuen Alphabetisierungskurse bei 1.684 und der Anteil an allen Kursen des BAMF bereits bei 18,3 % bei steigender Tendenz (BAMF 2008b: 14). Zwischen den VHS-Kursen, die sich auf die autochthone Bevölkerung ausrichten („Deutsch für Deutsche") und Kursen, die stärker auf MigrantInnen zugeschnitten sind („Deutsch für Ausländer", „Deutsch als Fremdsprache"), existiert ein zum Teil heftig geführter Abgrenzungs- und Verteilungskampf. Gerade in den letzten Jahren steigen weit überproportional durch die veränderte „aktivierende" Integrationspolitik v. a. Alphabetisierungskurse für MigrantInnen. Allerdings bilden in der alphabetisierungspädagogischen Literatur die VHS-KurslernerInnen die wesentliche Quelle bei der Darstellung des funktionalen Analphabetismus.

Aus dieser Quelle wissen wir, dass das Thema Lesen und Schreiben bei funktionalen AnalphabetInnen schambesetzt ist. Sie zeichnen sich durch lebensweltliche Handlungsstrategien aus, die durch Ausweichen, Vermeiden oder Anlehnung gekennzeichnet sind, um die alltäglichen schriftsprachlichen Handlungskontexte zu meistern. Sie sind überdurchschnittlich von Erwerbslosigkeit betroffen. Aus der berufs- und arbeitssoziologischen Forschung ist bekannt, dass Menschen mit niedrigen Abschlüssen oder ohne formale Bildungspatente nur ein sehr eingeschränktes Spektrum beruflicher Tätigkeiten offen steht, das darüber hinaus anfällig ist für betriebliche Rationalisierungen, Outsourcing und zumeist mit unsicheren Arbeitsbedingungen verbunden ist (ift 2008).

Funktionale AnalphabetInnen haben aber nicht nur mit beruflichen, sondern auch mit lebensweltlichen Schwierigkeiten zu kämpfen. Sie haben zum Beispiel Schwierigkeiten, eine Partnerin oder einen Partner zu finden. Ihre Selbstbeschreibungen sind häufig defizit-orientiert und sie verfügen über eher externale Kontrollüberzeugungen. Ferner sind ihre sozialen Netzwerke eingeschränkt und Freizeitaktivitäten im Freundeskreis, bei denen Schriftsprache auftauchen könnte (wie etwa im Kegelclub), werden vermieden. Diese Einschränkungen in allen in Deutschland relevanten Handlungsressourcen (eingeschränktes ökonomisches, kulturelles und soziales Kapital) schaffen – so eine wichtige These aus der Alphabetisierungsliteratur – für funktionale Analphabeten analoge Lebenswelten, trotz individueller Differenzen. Die mangelnden Schriftsprachkompetenzen durchdringen die gesamte Biografie und Identität und legen die Menschen mit geringen Schriftsprachkompetenzen auf ein negatives Selbstbild fest (vgl. Egloff 1997; Döbert/Hubertus 2000; Nickel 2002; Schneider et al. 2008).[5]

So plausibel dieses Bild des typischen funktionalen Analphabeten ist, so einseitig ist es auch. Nicht nur, weil der Besuch eines VHS-Kurses bereits mit symbolischen Hürden einhergeht, die überwunden werden müssen (vgl. Bremer 2004, 2007) und deshalb die Gruppe der Kursteilnehmenden keine Repräsentativität für die Gruppe der Menschen mit geringen Schriftsprachkompetenzen beanspruchen kann. Sondern vor allem, weil aus den geringen Deutschkenntnissen je nach sozialem Milieu, Migrationshintergrund, Geschlecht, ethnischer Herkunft oder Lebensalter ganz unterschiedliche Dinge folgen können. Die Vorstellung, dass die Gruppe aller Menschen mit geringen Schriftsprachkompetenzen gemeinsame lebensweltliche Erfahrungen machen, die die individuellen Biografien vergleichbar werden lassen, ist empirisch nicht erhärtet. Die Heterogenität der funktionalen AnalphabetInnen ist vermutlich wesentlich übergreifender als ihre unterschiedlichen Vorkenntnisse und Lernfortschritte, die sie als pädagogische Subjekte und Objekte in die Kurse mit einbringen. Im nächsten Abschnitt soll deshalb die *soziale Heterogenität* der funktionalen Analphabeten empirisch genauer abgebildet werden.

5 Diese Beschreibungen stammen aus der vorrangig erziehungswissenschaftlichen Literatur zu funktionalem Analphabetismus. Selbstverständlich liefern noch weitere Disziplinen eine Vielzahl von Befunden, die dieses Bild ergänzen können. Hierzu gehört die Berufsbildungsforschung, die Arbeitssoziologie, die Bildungsforschung, die Stadt- und Raumsoziologie, die Ungleichheitssoziologie. Die Befunde aus den einzelnen Disziplinen unter der Perspektive des funktionalen Analphabetismus zusammenzutragen und zu vermitteln ist eine wichtige zukünftige Aufgabe, die wir hier nicht leisten können. Wir beschränken uns deshalb auf die Arbeiten im Umkreis der Erwachsenenbildung und Alphabetisierungspädagogik.

3 Eine Idealtypologie des funktionalen Analphabetismus

Die in diesem Abschnitt präsentierte Idealtypologie stammt aus einem BMBF-finanzierten Grundlagenforschungsprojekt zum funktionalen Analphabetismus. Eines der Ziele des „HaBil-Projekts"[6] ist es, neben der kompetenzbezogenen Heterogenität die soziale Heterogenität sichtbar zu machen und die These von übergreifenden und strukturanalogen Lebenswelten aller funktionaler AnalphabetInnen genauer zu überprüfen. Die Forschung erfolgt quantitativ und qualitativ. Wir beziehen uns in diesem Beitrag ausschließlich auf die qualitative Forschung.

Tabelle 1 Im Projekt HABIL geführte Interviews*

Interviews mit Funktionalen AnalphabetInnen (n=96)				
	Weiblich		Männlich	
	Kein MH**	**MH**	**Kein MH**	**MH**
Schule/Maßnahme	4	7	8	21
Kurse	1	11	3	5
Zeitarbeit	1	3	0	6
Informell	0	11	2	13
ExpertInnen-Interviews (n=30)				
9 KursleiterInnen 1 ehem. Berufsschullehrer 1 Schulsozialarbeiter 1 Experte für Lernen und Integration 1 Leiter eines MigrantInnenzentrums Lehrkräfte an Schulen: Förderschule: 5 (1×Leitung); Gymnasium: 2 (1×Leitung); Gesamtschule: 3 (1×Leiterin); Hauptschule: 6 (2×Leitung); Gesamtschule: 1				
*Abgebildet ist der Stand am 10. März 2010 **MH: Migrations-/Zuwanderungshintergrund				

Bei der Konstruktion von Idealtypen sind wir in mehreren Schritten vorgegangen. Zunächst haben wir auf der Grundlage existierender Literatur über Analphabetismus, Berufsbildungs-, Ungleichheits- und Bildungsforschung sowie der Armuts-, Migrations- und Stadtsoziologie relevante Erkenntnisse zusammengetragen und für die Konstruktion bestimmter Typen von funktionalen Analphabeten genutzt. Durch die Interpretation qualitativer, Leitfaden-gestützter Interviews wurde die Idealtypologie ergänzt, abgestuft und erweitert. Die Ausarbeitung der

6 HaBil = Handlungs- und Bildungskompetenzen funktionaler AnalphabetInnen. Das Projekt ist eingebunden in das Verbundprojekt „Chancen erarbeiten" unter der Leitung des Bundesverbandes Alphabetisierung und Grundbildung Münster. Weitere Informationen zum Projekt finden sich unter www.chancen-erarbeiten.de.

Typologie wird zusätzlich gestützt von ExpertInneninterviews, welche wichtige Informationen über die im Feld jeweils geltenden Bedingungen, Regeln und Zielgruppenbeschreibungen liefern. Ein Zwischenstand des in der Idealtypologie eingearbeiteten Interviewsamples ist in Tabelle 1 abgebildet.

Mit der vorliegenden Idealtypologie möchten wir einen weit ausholenden heuristischen Rahmen auf empirischer Grundlage liefern, nicht zuletzt um die bisher in den Analphabetismus-Diskurs eingesickerten Wertungen, Defizitzuschreibungen und Handlungsforderungen nicht zur Grundlage „deutenden Verstehens sozialen Handelns" (Weber 1980: 1) zu machen, um also Normativitätsfallen zu vermeiden (zur Normativität in der Bildungsforschung vgl. Geister 2008; zur Normativität bei Max Weber vgl. Heinemann 2010).

Die Abbildung 3 illustriert unsere Idealtypologie des funktionalen Analphabetismus. Jedes der farbigen Felder steht für einen der sieben Idealtypen, welche sich intern noch einmal in, hier nicht dargestellte, Subtypen untergliedern. Der Aufbau der Abbildung zeigt die heuristische Logik der Anordnung der Typen zueinander: In der Vertikalen ist das relative Kapitalvolumen abgebildet, genauer: der Umfang der Kapitalien, die Vertreter eines Typus in ihrer je aktuellen Lebenssituation in Wert setzen können. Typ 2 hat durch seine, im Vergleich zu Typ 1 ‚bessere' soziale Herkunft Vorteile bei der Kompensation von Schrifterwerbsproblemen, und Typ 7 hat, im Gegensatz zu den anderen MigrantInnen-Typen 5 und 6, aufgrund international verwertbarer skills gar keinen Alphabetisierungsbedarf. Die Typen 3 und 4 haben in diesem Sinne keinen Gegenpol. Sie stehen für typische geschlechtsspezifische oder aber durch Krankheiten, Unglücke oder Misshandlungen verursachte Bildungshemmnisse, die prinzipiell jede(n) treffen können, wenn sie auch je nach Kapitalausstattung unterschiedlich gut bewältigbar sind. Die Idealtypen 5, 6 und 7 beschreiben Merkmale die ausschließlich bei Menschen mit Zuwanderungshintergrund zutreffen können. Die Typen 1–4 sind in dieser Hinsicht offen konzipiert.

Abbildung 3 Idealtypologie funktionaler Analphabetismus

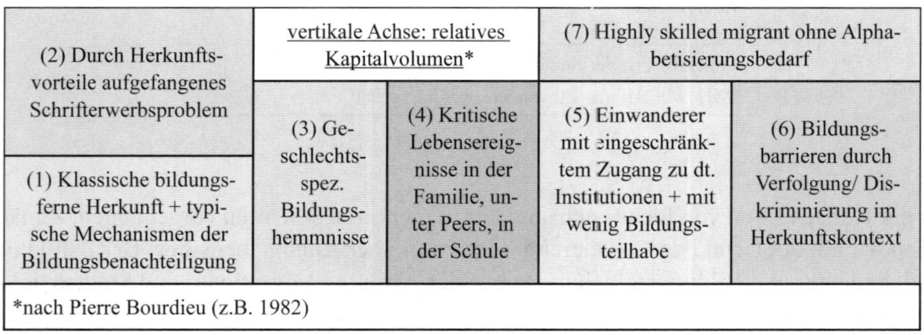

Die genaue Explikation aller methodischen und methodologischen Aspekte der Idealtypologie kann hier aus Platzgründen ebenso wenig geleistet werden wie die ausführliche Darstellung aller Idealtypen und den dazu gehörigen Subtypen.[7] Wir möchten aber wenigstens die mit unserem Schema möglichen Differenzierungslinien entlang migrationsbedingter (3.1) sowie schulbezogener Typen (3.2) detaillierter vorstellen – um gewissermaßen der Idealtypologie bei der Arbeit zielgruppenspezifischer Heterogenitätssuche zuzuschauen. In diesem Rahmen können jedoch nur einige ausgewählte Interviews aus unserem Sample zur Illustration herangezogen werden.

3.1 Die Idealtypologie funktionalen Analphabetismus „mit Migrationshintergrund"

Abbildung 4 Idealtypologie des funktionalen Analphabetismus mit Migrationshintergrund

<table>
<tr><td colspan="3">„migrationsbedingt"</td><td colspan="3">„nativ"</td></tr>
<tr><td colspan="3">(7) Highly skilled</td><td colspan="3">vertikale Achse:
relatives Kapitalvolumen</td></tr>
<tr><td>(5a)
In D. vernichtetes Kulturkapital</td><td>(5b)
klassischer Gastarbeiter</td><td>(5c)
Illegale Einwanderer</td><td>(1)
bildungsferne Herkunft und Bildungsbenachteiligung
2.Gen 1.Gen</td><td>(3a)
Bildung von Mädchen, hemmende Elternaspiration</td><td>(6)
Bildungsbarrieren durch Verfolgung/ iskriminierung im Herkunftskontext</td></tr>
</table>

Die (Sub-)Typologie des funktionalen Analphabetismus mit Migrationshintergrund differenziert, analog zur Gesamttypologie, auf der vertikalen Achse nach den vermuteten, den jeweiligen Personen zur Verfügung stehenden Ressourcen bzw. Kapitalien (Umfang ökonomischen, kulturellen und sozialen Kapitals). In dieser Abbildung ist der Idealtyp 5 – der Einwanderer mit eingeschränktem Zugang zu deutschen Institutionen und mit wenig Bildungsteilhabe (s. Abb. 3) – ausdifferenziert in drei Subtypen (5a–c). Auf der horizontalen Achse geht es hier zudem um den bedeutenden Unterschied, inwieweit funktionaler Analphabetismus entweder bereits durch verschiedene Einflussfaktoren im Herkunftskontext – bezogen auf die Muttersprache der Migranten, der Amtssprache im Herkunftsland oder den Bildungs- oder

7 Bei Interesse kann bei den Autoren ein umfangreicherer Forschungsbericht angefordert werden, den wir gerne als Diskussionsgrundlage zur Verfügung stellen. Infos unter stephan.drucks@uni-due.de. Es sei hier nur kurz darauf verwiesen, dass unsere Kontrastierung der Idealtypen einerseits auf verschiedenen strukturellen Kriterien (Behandlung durch Institutionen, Einbindung in soziale Netzwerke, sozialstrukturelle Positionierung, öffentlich-diskursive Portraitierung der jeweiligen Gruppe), andererseits auf verschiedenen subjektiv-lebensweltlichen Kriterien aus der Perspektive der Betroffenen (Bildungsambitionen, Struktur der Lebensführung, gesamtes Spektrum der Handlungs- und Bildungskompetenzen) basiert.

sonstigen Institutionen des Emigrationsstaates – entstanden ist („nativ")[8] oder aber durch Umstände der Migration und institutioneller Bedingungen des Aufenthaltsstaats („migrationsbedingt") verursacht oder begünstigt wurde.

Während der Idealtyp 1 auf die komplexen Strukturen der herkunfts- und institutionsbedingten Reproduktion von Bildungsbenachteiligungen im Kontext des Migrationshintergrunds, die sowohl im Emigrations- als auch im Immigrationsland einflussreich sein können, abstellt, fokussiert der „native" Idealtyp 3a auf die geschlechtsspezifische Benachteiligung von Frauen mit Migrationshintergrund, die bereits als Mädchen im Herkunftsland im familiären und schulischen Kontext im Erwerb von Grundbildung und Schriftsprachkompetenzen in ihrer Muttersprache behindert wurden. Innerhalb eher traditionell orientierter, religiöser und/oder patriarchalisch organisierter Migrantengruppen, die oft aus ländlichen Gebieten stammen, wird häufig mehr Wert auf die Ausbildung der Söhne gelegt als auf diejenige der Töchter, die früh zur Hausarbeit, zur Betreuung jüngerer Geschwister oder auch zu Tätigkeiten im landwirtschaftlichen Betrieb der Familie herangezogen werden.

Bildungsbarrieren durch institutionellen Ausschluss und staatliche Gewalt im Herkunftsland

Der am stärksten „native" Idealtyp (6) ist derjenige, bei dem „Bildungsbarrieren durch Verfolgung oder Diskriminierung im Herkunftskontext" eine herausragende Rolle spielen. In diesem Fall liegen die Ursachen geringer Sprachkompetenz vornehmlich in verschiedenen Erfahrungen von Verfolgung, Exklusion und/oder Diskriminierung im Herkunftsland, welche die Personen dort als Angehörige von ethnischen, religiösen oder politischen Minderheiten gemacht haben. Die Hauptproblematik liegt hier auf der Behandlung durch Institutionen. In jedem Fall geht es hier um Menschen, die aufgrund ihrer Zugehörigkeit zu einer Minderheit direkt oder indirekt an der Entfaltung ihrer Möglichkeiten und Aspirationen gehindert wurden und schließlich nach Deutschland migrierten, um ihre Situation zu verbessern. Verfolgung und Diskriminierung als Einflussfaktor funktionalen Analphabetismus kann sehr verschiedene Formen annehmen und kann Bildungsinstitutionen im engeren Sinn oder aber staatliche Organe im weitesten Sinn betreffen. Ethnisch-kulturellen Minderheiten bspw. kann im Zuge einer auf Marginalisierung und/oder Assimilation ausgerichteten staatlichen Politik der Unterricht in ihrer Muttersprache verwehrt werden und/oder der Gebrauch der eigenen Sprache kann in der Öffentlichkeit generell untersagt sein. Religiöse Minderheiten werden oft an der kollektiven Ausübung ihrer Religion behindert und/oder wegen ihrer Religion diskriminiert oder verfolgt. Häufig sind auch Curricula und Schulpraxis darauf ausgerichtet, die dominante Position der herrschenden ethnischen oder religiösen Mehrheit oder Elite abzusichern. Und nicht zuletzt kann eine permanente alltägliche Verfolgungsdrohung dazu führen, dass ein (geregelter) Schulbesuch für die Kinder der Minderheiten erschwert wird oder

8 Wir würden uns mit diesem Begriff von dem des „importierten Analphabetismus" distanzieren, der den grenzüberschreitenden Einkauf von einem problembehafteten Produkt suggeriert und damit begrifflich sowohl von der menschlichen Dimension als auch von der sozialen, institutionellen und politischen Einbettung und Formbarkeit des Phänomens abstrahiert.

überhaupt unmöglich ist. In diesen Fällen können Minderheiten entweder direkt institutionell exkludiert worden sein oder die Minderheitensituation kann die Bildungsaspirationen der Familien hemmen, was wiederum das Armutsrisiko und damit auch die Wahrscheinlichkeit der generationenübergreifenden Reproduktion geringen Bildungskapitals erhöht.

In vielen Fällen ethno-kultureller, religiöser und politischer Minderheiten sind starke Bildungsambitionen ohnehin bei den betreffenden Personen vorhanden, in anderen Fällen können sich Bildungsaspirationen gerade aus der Verfolgungs- und Fluchtsituation selbst ergeben. Dies ist am offensichtlichsten bei politisch verfolgten Minderheiten, die oft versuchen im Aufnahmestaat politische Ressourcen zu mobilisieren, um auf verschiedene Weise transnational zur Transformation politischer Verhältnisse im Herkunftsstaat beizutragen. Ethno-kulturelle Minderheiten, deren kulturelle Ausdrucksformen im Herkunftsland behindert und verboten waren, empfinden den liberaleren Kontext in den westlichen Aufnahmestaaten oft als eine Gelegenheit, ihre zuvor unterdrückte kulturelle und sprachliche Identität gewissermaßen „befreit" nachholend zu pflegen und auch öffentlich zum Ausdruck zu bringen. Inwieweit sich diese prinzipiell vorhandenen Ambitionen auch auf den Erwerb (schrift) sprachlicher Kenntnisse des Einwanderungslandes erstrecken, hängt jedoch von verschiedenen günstigen sozialen und institutionellen Bedingungen ab. Diese Bedingungen betreffen z.B. die Aspekte, ob den Betreffenden ein gesicherter Aufenthaltsstatus eingeräumt wird, inwieweit die unmittelbaren Interessen und Erfahrungen ihrer besonderen Situation – etwa die Sorge um Familienangehörige im Herkunftsland, die Frage ihres aktuellen ökonomischen Überlebens, die Chance der Aufarbeitung und Bewältigung von Traumata, die Anerkennung ihrer Kultur und Religion – im Kontext von Integrationsmaßnahmen berücksichtigt werden, und ob und inwieweit sie über soziale Kontakte verfügen, und zwar auch mit Menschen, die ihre Erfahrungen, Sprache und Kultur teilen.

Die Bedeutung günstiger Rahmenbedingungen für einen nachholenden Schriftspracherwerb

Unsere Interviews mit Personen, die wir diesem Typ zugeordnet haben, deuten insgesamt auf den starken Einfluss politischer, sozialer und institutioneller Rahmenbedingungen auf die subjektiven Motive und Orientierungen hinsichtlich Bildung und Schriftspracherwerb im deutschen Kontext. Im Fall einer von uns interviewten 21-jährigen kurdischen Jesidin (G)[9] aus dem Irak[10], die keinerlei Schulbildung und keine Schriftsprachkenntnisse erworben hat, ließen sich hohe Ambitionen hinsichtlich des Erwerbs der deutschen Sprache beobachten. G, die in schwangerem Zustand mit ihrem Mann in einer waghalsigen Flucht über die Türkei, Griechenland und Italien vor zwei Jahren nach Deutschland kam, schilderte, dass sie nie zur

9 HABIL-Interview Nr. 96

10 Es gibt im Irak schätzungsweise 160.000–350.000 Jesiden, was einem Anteil von etwa 1 % an der irakischen Bevölkerung und von ungefähr 4–7 % an den irakischen Kurden entspricht. Etwa 90 % der irakischen Jesiden leben im irakisch verwalteten und nur etwa 10 % im kurdisch verwalteten Gebiet. Jesiden sind besonders häufig das Ziel von terroristischen Anschlägen seitens muslimisch-fundamentalistischer Gruppen. Anschläge auf ausschließlich von Jesiden bewohnten Dörfer gehörten in der jüngeren Vergangenheit zu den folgenschwersten und forderten Hunderte von Todesopfern und Verletzten.

Schule gegangen ist, weil es keine Schule in ihrem irakischen Wohnort gab. Darüber hinaus wurde im Verlauf des Interviewgesprächs aber auch zunehmend deutlich, dass es wegen der permanenten Bedrohung gewalttätiger Übergriffe durch arabisch-stämmige muslimische Gruppen überhaupt nicht selbstverständlich war, dass ein Mädchen, das dieser im Irak extrem bedrohten kleinen religiösen Minderheit angehört, überhaupt zur Schule gehen kann. Die Befragte hat gerade mit großem Eifer mit einem Integrationskurs mit Alphabetisierung in einer Großstadt in NRW begonnen. Im Interview wird deutlich, dass neben der Betreuung ihres kleinen Kindes und der Bewältigung der Aufgaben im Haushalt das Deutsch-Lernen ihre Hauptbeschäftigung ist. Die Lernmotivation und die Bildungsmöglichkeiten, die als Voraussetzung persönlicher Autonomie und beruflicher Karriere beschrieben werden, waren selbst, wie sich in dem Gespräch zeigte, ein Grund für die letztliche Migration nach Deutschland, das von ihr als ein Land wahrgenommen wird, in dem Bildung eine hohe Bedeutung hat und in dem in diesem Bereich viel investiert würde. Im Kontext der Durchführung dieses Interviews bei dem Kursträger, bei dem wir mehrere Interviews mit neuen Kursteilnehmern sowie der Leiterin durchgeführt haben, ist die entscheidende Rolle des sozialen und institutionellen Umfelds, in das der Sprachkurs eingebettet war, sehr deutlich geworden. So gab es offenbar eine starke soziale Einbindung der Befragten in einer Art Gemeinschaft mehrerer Betroffener und irakischer Flüchtlinge, in der gegenseitige Unterstützung eine große Rolle spielte. Darüber hinaus zeichnete sich der Kursträger in diesem Fall dadurch aus, dass das Kursangebot und der Spracherwerb nicht als eine isolierte Dienstleistung begriffen, sondern durch spontane Beratungs- und Hilfeleistungen bei lebenspraktischen Problemen ergänzt wurden, die offenbar auch über die verschiedenen Modalitäten der Antragstellung und der Kommunikation mit Behörden hinaus gingen. Im Kontrast zu diesem Fall haben wir in unserem Sample einige Interviews dieses Typus, die auf eklatante Weise den Mangel an dem (schriftsprachlichen) Spracherwerb entgegenkommenden sozialen und institutionellen Strukturen veranschaulichen. Dies zeigt z. B. der Fall eines aus einer ostanatolischen Stadt im kurdischen Gebiet der Türkei bereits 1978 eingewanderten 59-jährigen Mannes (H)[11] ohne jegliche Schulausbildung und schriftsprachliche Kenntnisse, der damals einen Asylantrag wegen seiner Nähe zur militanten kurdischen Arbeiterpartei PKK und infolge von Unruhen und Verfolgungen der kurdischen Minderheit in der Türkei gestellt hatte. 1984 wurde sein Asylantrag abgelehnt, während seiner Frau und seinen Kindern Asyl gewährt wurde. Daraufhin kehrte H mit seiner Familie 1984 in sein Heimatdorf zurück und nahm seine Tätigkeit als Landwirt und Viehzüchter wieder auf. Als sein kurdisches Dorf 1995 vom türkischen Militär zwangsgeräumt wurde, flüchtete er wieder mit seiner Familie zurück nach Deutschland. Er wohnt in einer Stadt in NRW, wo er bis heute keine Beschäftigung gefunden hat und von staatlichen Sozialleistungen und dem Anbau von Gemüse in einem von der Stadt gepachteten Kleingarten lebt. Der zuständige ALG II-Leistungsträger hat ihn kürzlich zur Teilnahme an einem Sprachkurs verpflichtet, von der die weitere volle Gewährung der staatlichen Unterstützung abhängig gemacht wird. Kenntnisse der türkischen Sprache hat er sich mit der Unterstützung seines jüngeren Bruders, der eine Schule besucht hat, während des Militärdienstes in der Türkei angeeignet; über deutsche Sprachkenntnisse verfügt er überhaupt nicht. Nach seiner ersten Einwanderung nach Deutschland hat er 4–5 Jahre in einer

11 HABIL-Interview Nr. 45

Ziegelsteinfirma im Akkord zusammen mit kurdischen Kollegen gearbeitet, weswegen es nach seiner Aussage nicht nur keine Notwendigkeit, sondern auch keine Gelegenheit gegeben habe, etwas Deutsch zu lernen. Eine Reihe von Aussagen H's deuten auf durchaus vorhandene Bildungsaspirationen: sein nachträglicher Erwerb der türkischen Sprache, die Beschreibung seiner Arbeitssituation, nicht zuletzt sein politisches Engagement. Auch die Tatsache, dass seine Tochter Medizin studiert, deutet auf die Weitergabe zumindest ehemals vorhandener Bildungsaspirationen hin. Insgesamt zeigt sich in den Eckdaten dieser Biografie aber eine Anhäufung von Bildungsambitionen entgegenwirkenden Bedingungen: das Nichtvorhandensein einer Schule in seinem Dorf, die Arbeitssituation in Deutschland, sein aufgrund des abgelehnten Asylantrags prekärer Aufenthaltsstatus in Deutschland, seine zwischenzeitliche Rückwanderung in die Türkei, die politische Diskriminierung und Verfolgung in der Türkei, wenig Zugangsmöglichkeit zu staatlichen Bildungsinstitutionen nach seiner Wiedereinwanderung und seine durchgängig schwierige wirtschaftliche Lage. Die behördliche Auflage, nun einen Sprachkurs besuchen zu müssen, geht ein weiteres Mal extrem an seiner besonderen Situation, seinen Bedürfnissen und Interessen vorbei. Er sagt: „Es ist vollkommen richtig, dass der Staat die jungen Menschen für den Besuch einer Schule verpflichtet. Aber bei uns älteren Menschen ist das nicht richtig. Es gibt viele, die in einer ähnlichen Situation stecken, wie ich. Wir werden umsonst zum Sprachkurs geschickt. Wir Älteren können es nicht mehr lernen." Seine Haltung ist konsequenterweise von Enttäuschung gegenüber dem Einwanderungsland und allgemeiner Resignation geprägt: *„In Deutschland hilft keiner keinem."*

Einwanderer mit eingeschränktem Zugang zu deutschen Institutionen und mit wenig Bildungsteilhabe

Die Beschreibung des letzten Falles, insoweit sie die Rolle der Institutionen des Einwanderungsstaates in den Blick nimmt, verweist nun schon auf unseren migrationsbedingten Idealtypus 5. Der hier gemeinte Idealtypus umfasst Menschen mit Zuwanderungshintergrund, die z. T. auf manifeste Bildungsbarrieren stoßen, je nachdem, welche Migrationsregelungen auf sie Anwendung finden und welche Bildungsinstitutionen ihnen in Deutschland (nicht) offen stehen. Der Subtyp 5a ist charakterisiert durch im Zuge einer Migration „vernichtetes Kulturkapital". Weil die Transformation relativ hohen, im Emigrationsland erworbenen kulturellen Kapitals nicht gelingt, werden die Betreffenden demotiviert und die Schriftsprachlichkeit im Immigrationsland bleibt aus. In diesen Fällen wird eine relativ hohe berufliche Stellung aufgrund von Migration aufgegeben und erreichte Bildungsabschlüsse und erworbenes berufliches Erfahrungswissen werden in dem jeweiligen Einwanderungsstaat nicht anerkannt bzw. entwertet. U. U. lässt auch der rechtliche Aufenthaltsstatus den Besuch von Bildungskursen gar nicht zu. Letzteres trifft umso mehr zu auf „illegale Einwanderer und Kettengeduldete" (Typ 5c), die aufgrund eines fehlenden oder extrem prekären Aufenthaltsstatus keinen Zugang zum Bildungssystem haben. Das Vorkommen von aufenthaltsrechtlicher Illegalität ist zwar in einem System von sich wechselseitig abgrenzenden nationalen Wohlfahrtsstaaten in einem gewissen Maß unvermeidlich, aber es gibt dennoch einen Spielraum des politischen und institutionellen Umgangs damit. Während in vielen anderen europäischen Staaten ein institutioneller Zugang zu Basisleistungen in den Bereichen Bildung, Gesundheit und Rechtsschutz auch für „irreguläre“ Migranten gewährleistet ist und es z. T. auch periodische Legalisierungen gibt, ist der deutsche Umgang mit aufenthaltsrechtlicher Illegalität sehr kontrollorientiert und restriktiv (Vogel/Cyrus 2008). Abgesehen von regional und kommunal verschiedenen Auslegungen ist die geltende bundespolitische Rechtslage dadurch gekennzeichnet, dass Mitarbeiter öffentlicher Stellen im Prinzip dazu verpflichtet sind, die Ausländerbehörden zu unterrichten, wenn sie Kenntnis von Personen ohne Aufenthaltsstatus erlangen. Um das Problem der Kettenduldungen einzudämmen, hat es seit 2006 verschiedene Arten von so genannten „Bleiberechtsregelungen“ gegeben, die aber hohe Anforderungen für den Erwerb eines solchen ordentlichen Aufenthaltsstatus, der dann auch erst zur Teilnahme an Integrationskursen und offiziellen Bildungsmaßnahmen berechtigen würde, enthalten. Sowohl bei aufenthaltsrechtlicher Illegalität als auch im Fall einer bloßen Duldung ist der Zugang zu öffentlichen Bildungsinstitutionen absolut versperrt. Dass die mit einem Aufenthalt unter solchen Bedingungen verbundene schwierige soziale und wirtschaftliche Lage Betroffener auch schon insgesamt dazu beitragen kann, Bildungsanstrengungen zu demotivieren, dürfte klar sein.

Biographisch-institutionell erworbener Rückstand im Schriftdeutsch – Der klassische „Gastarbeiter“

Der Einfluss von Institutionen des Einwanderungslandes ist bei unserem dritten „migrationsbedingten“ (Sub)Typus – Der klassische „Gastarbeiter“ (Typ 5b) – zwar auf den ersten Blick weniger offensichtlich, ist aber andererseits, wie unsere Interviews mit „Gastarbeitern“ der ersten Generation veranschaulichen, kaum weniger gravierend. Die Akzente dieses Typus im Verhältnis zu den anderen Typen bestehen in einer den institutionellen Vorgaben entsprechenden Struktur der Lebensführung und dieser wiederum korrespondierenden Bildungsstrategien. Im Kontinuum zwischen „nativem“ und „migrationsbedingtem“ funktionalem Analphabetismus ist er stärker als migrationsbedingt zu charakterisieren, weil er in erster Linie durch Umstände der institutionellen Umgebung des Immigrationsstaates *nach der Einwanderung* geprägt ist. Besonders charakteristisch ist in diesem Fall, dass der Aspekt des „Erwerbens“ des funktionalen Analphabetismus im Zusammenhang steht mit einer *langjährig vorherrschenden Rückwanderungsorientierung* der „Gastarbeiter“, die durch eine *politisch-institutionelle Verankerung eines temporären Aufenthaltsstatus* gestützt worden ist. Die charakteristischen Merkmale dieses Typus widersprechen damit der im heutigen Integrationsdiskurs häufig gemachten pauschalen Annahme, dass es sich hier im Wesentlichen um Zuwanderer aus bildungsfernen Milieus handelte, die in einer bestimmten Phase der industriellen Entwicklung Deutschlands für einfache Tätigkeiten adäquat verwendbar waren, die aber heute dem erwarteten Kompetenzniveau in einer Wissens-, Informations- und Dienstleistungsgesellschaft nicht genügen könn(t)en. Die rückblickende These des in diesem Zusammenhang manchmal salopp so genannten „Unterschichtimports“ (Bade 2007) vernachlässigt zum einen, dass zu einem relevanten Anteil damals *auch* bereits qualifizierte Arbeitskräfte eingewandert sind, die im Herkunftsland eine über die Grundschule hinaus gehende Schul- und/oder auch eine Berufsausbildung erworben haben, wodurch sie über solide Lese- und Schreibkenntnisse in der Herkunftssprache verfüg(t)en. Beispielsweise wurden in der ersten Phase der „Gastarbeiter“-Rekrutierung aus der Türkei überwiegend qualifizierte Arbeitskräfte wie Metallfacharbeiter, Bergarbeiter und Baufacharbeiter angeworben, die aber in vielen Fällen zwar gut bezahlte, aber unter ihrem Ausbildungsniveau liegende Tätigkeiten ausgeübt haben (Hunn 2004: 77/79). Bei ihren Tätigkeiten wurden i. d. R. wenig Sprachkenntnisse und kaum Lese- und Schreibkompetenzen am Arbeitsplatz benötigt, weshalb dem Erwerb der Sprache des Einwanderungslandes keine Bedeutung eingeräumt wurde. Der noch fundamentalere Irrtum der Unterschichtimport-These besteht aber darin, dass sie die Ursachen des funktionalen Analphabetismus buchstäblich falsch verortet: es handelt sich weitaus weniger um ein mitgebrachtes Problem als vielmehr eines, dass im Kontext und in der Interaktion mit den Institutionen des Nichteinwanderungslandes Deutschland „erlernt" und erworben worden ist. Drittens wird auch die mitunter eingeschleuste Annahme einer in diesem Fall auf der Einstellungsebene vorhandenen prinzipiell geringeren Bildungsaspiration und einem dementsprechend mangelnden „Willen zur Integration" relativiert. Zwar werden im Spektrum der Meinungen auch zuweilen die besonderen Umstände der Einwanderung der ersten Gastarbeitergeneration berücksichtigt, andererseits gibt es aber im Kontext des heute dominanten Diskurses über Integration, in dem vor allem die individuelle Integrationsbereitschaft und die korrespondierende politische Steuerungsleistung des „Förderns und Forderns" hervorgehoben werden, eine stark inhärente Tendenz zur Individualisierung struktureller Ungleichheit, durch die auch die erste Generation sozusagen in Mitleidenschaft gezogen und damit die öffentliche Meinung befördert wird, dass die „Gastarbeiter" sich ihre sprachlichen Unzulänglichkeiten, Bildungsnachteile und ungünstigere soziale Positionen zum großen Teil selbst zuzurechnen haben. Abgesehen von der „Unterschlagung" der institutionellen Bedingungen würden in solchen Diagnosen die Ambitionen, die mit einem Migrationsprojekt über nationalstaatliche, gesellschaftliche, kulturelle und sprachliche Grenzen immer schon verbunden sind, gewaltig unterschätzt.

Die Institutionen des Gastarbeiterstatus

Die institutionelle Prägung begann mit den auf temporäre Migration ausgerichteten Anwerbeverträgen der Bundesrepublik Deutschland mit den Herkunftsstaaten und war im nationalen bzw. volkswirtschaftlichen Interesse von sowohl der Herkunftsstaaten als auch des Aufnahmestaates. Auch die in Deutschland am politischen Prozess der Anwerbung beteiligten Verbände, wie insbesondere Arbeitgeberverbände und Gewerkschaften, sind lange von der Rückkehr der „Gastarbeiter" ausgegangen, was sich im Übrigen auch in der räumlichen Ghettoisierung in von den Unternehmen bereitgestellten äußerst bescheidenen und primitiven Sammelunterkünften widerspiegelte. Auf politischer und offizieller Ebene hat sich die Auffassung, dass die „Gastarbeiter" eines Tages zurückkehren, bekanntlich besonders lange gehalten, und zwar weit über den Zeitpunkt hinaus, als allgemein erkennbar war, dass sich diese Art der Zuwanderung inzwischen faktisch zu einer permanenten Einwanderung entwickelt hatte.[12]

12 Noch in der ersten Hälfte der 1980er Jahre beschränkte sich die deutsche Migrationspolitik im Wesentlichen auf Rückkehrförderungsprogramme, obwohl sich im Jahre 1981 bereits 47,5 % der „Gastarbeiter"-Bevölkerung 10 Jahre und mehr in Deutschland aufhielten (Herbert 2001: 226).

Das in der Migrationsforschung vielfach zitierte Wort von der *offiziellen Nicht-Anerkennung Deutschlands als Einwanderungsland* bis zum Ende der 1990er Jahre (vgl. Bade/Bommes 2000) bezeichnete die mehrdimensionale institutionelle Verankerung der „Gastarbeiter-Migration“: im Aufenthaltsrecht, in der Abwesenheit einer dezidierten Integrationspolitik, im Kontext der Bildungsinstitutionen und in der Staatsangehörigkeitsrechtspolitik. Erst im Jahre 1990 wurde das Ausländergesetz von 1965 reformiert, nach dem bis dahin Aufenthaltsentscheidungen allein nach Maßgabe nationalstaatlicher Interessen getroffen wurden und selbst Verlängerungen von Aufenthaltserlaubnissen wie Erstentscheidungen behandelt wurden, so dass eine Verfestigung des Aufenthaltsstatus rechtlich vermieden werden konnte (Davy 2005). Es gab kein umfassendes und organisiertes Angebot des Erwerbs der deutschen Sprache, das die ehemaligen „Gastarbeiter“ und ihre Angehörigen hätten in Anspruch nehmen können. Insoweit die Kinder der „Gastarbeiter“ in deutsche Schulen gingen, wurden sie teilweise in Ausländerklassen separiert und erhielten muttersprachlichen Unterricht mit dem Ziel der zukünftigen Reintegration in das Herkunftsland. Die deutsche Migrationspolitik ist zudem bekannt für eine lange währende restriktive Einbürgerungspolitik; eine trotz zwischenzeitlicher Liberalisierungen auch heute noch bestehende Tendenz im europäischen Vergleich (Thränhardt 2008). Im Gegensatz zu vielen anderen europäischen Staaten wird „Ausländern“ in Deutschland auch kein kommunales Wahlrecht eingeräumt, das aber aufgrund des EU-Vertrages nichtdeutschen EU-Bürgern sehr wohl gewährt wird. Erst der Regierungswechsel von einer christlich-liberalen zu einer rot-grünen Regierung 1998 hat in der Migrations- und Integrationspolitik, insbesondere durch die Reform des Staatsangehörigkeitsgesetzes 1999 und die Verabschiedung des Zuwanderungsgesetzes im Jahre 2004, einen Paradigmenwechsel eingeleitet (vgl. Davy/Weber 2006). Im Rahmen des Zuwanderungsgesetzes wurde dann zum ersten Mal die Integration von Immigranten explizit als eine Staatsaufgabe auf bundespolitischer Ebene deklariert (Gross 2006) und dem korrespondierend Integrationskurse mit einem deutlichen Akzent auf den Spracherwerb eingeführt, auf deren Teilnahme Neuzuwanderer seit 2005 ein Anrecht haben.

Die Struktur der Lebensführung: Anhaltende Rückkehrorientierung

Auf der Ebene ihrer Lebensführung ist das Verbleiben der „klassischen Gastarbeiter“ und ihrer Angehörigen in Deutschland, entgegen sowohl ihren eigenen als auch den Erwartungen aller anderen Institutionen, Organisationen und relevanter Bezugspersonen, kein Resultat einer klaren Bleibeorientierung und kein Bestandteil eines definitiven Lebensplans innerhalb Deutschlands. Der entscheidende Grund für den funktionalen Analphabetismus der ehemaligen „Gastarbeiter“ und ihrer Angehörigen und Nachkommen besteht insofern in ihrer langjährigen und oft immer wieder hinausgeschobenen *Rückkehrorientierung*, wodurch das organisierte und systematische Erlernen der deutschen Sprache in dem persönlichen Relevanzschema der betreffenden Personen (und ihrer Familien) keine bzw. eine untergeordnete Rolle gespielt hat. Weil sie deswegen keinen Anlass für den Spracherwerb der Sprache des Einwanderungslandes hatten, können sie in der deutschen Sprache in vielen Fällen weder (gut) lesen noch schreiben. Es ist hier wichtig, im Auge zu behalten, dass die familiäre Rückkehrperspektive natürlich auch Konsequenzen für die nachgezogenen EhepartnerInnen und Kinder der „Gastarbeiter" hatte. Auch die nachgeholten EhepartnerInnen hatten keinen Anlass, Anstrengungen des Erwerbs der Sprache des Einwanderungslandes zu unternehmen. Die Kinder wurden oft zunächst noch im Herkunftsland (z. B. bei den Großeltern) gelassen, weil sie in dem Land sozialisiert werden sollten, in dem sie voraussichtlich auch später leben würden oder sie wurden in vielen Fällen dann im schulpflichtigen Alter in die Türkei zurückgeschickt, um eine Schule im Herkunftsland besuchen zu können. Auf die Frage nach den Ursachen ihrer Sprachprobleme kamen viele der von uns interviewten „Gastarbeiter" der ersten Generation zunächst auf ihre immer wieder aufgeschobene Rückkehrorientierung zu sprechen. Ein 64-jähriger Befragter (L)[13], der 1970 im Kontext des deutsch-türkischen Anwerbevertrags in eine norddeutsche Großstadt eingewandert ist und der sich im Deutschen auch nur schwer verständigen konnte, äußerte in diesem Zusammenhang: „Wir sollten 5–6 Jahre hier arbeiten und dann zurückgehen." Ein 1973 in dieselbe Stadt immigrierter 66-jähriger Befragter (K)[14] mit ebenfalls türkischem Migrationshintergrund, der sich ähnlich schwer auf Deutsch verständigen konnte, betonte, dass er immer davon ausgegangen sei, „so schnell wie möglich" in die Türkei zurückzukehren; so habe er es „versäumt, die deutsche Sprache zu lernen". Insoweit sie deutsche Sprachkenntnisse in einem gewissen Maß erworben haben, geschah dies allenfalls in der gelegentlichen alltäglichen Kommunikation mit Nachbarn, beim Einkaufen und mit KollegInnen und Vorgesetzten am Arbeitsplatz in einer üblicherweise eher bruchstückhaften Weise. Die Annahme der vorübergehenden Arbeitstätigkeit in Deutschland als eine Gelegenheit vor allem Sparvermögen anzusammeln, das ihnen nach ihrer Rückkehr ins Herkunftsland bessere Möglichkeiten und einen eventuellen sozialen Aufstieg dort eröffnet, hat zudem dazu geführt, dass sie nicht selten überdurchschnittlich viel gearbeitet haben. So berichtete K, dass er i. d. R. 12–13 Stunden täglich gearbeitet habe. Insbesondere in diesem Interview wird deutlich, dass K eine (zu der Zeit selbst zu organisierende) Teilnahme an Deutschkursen einerseits und eine starke Arbeits- und Erwerbsorientierung mit dem Ziel finanzielles Kapital zu akkumulieren andererseits recht eindeutig sowohl als *praktisch unvereinbar*, als auch wegen der definitiven Erwartung der Rückkehrmigration und der auch nicht notwendigen (Schrift-)Sprachkenntnisse in seinem Beruf als Schiffbauer als *nicht notwendig* erlebt hat. In vielen Fällen haben sich die ehemaligen „Gastarbeiter" mit den besonderen Umständen ihrer (Migrations-)Biografie und mit ihrem Verbleib in Deutschland pragmatisch arrangiert. Andererseits wird der die Biografie prägende Einfluss der Rückkehrperspektive in den von uns durchgeführten Interviews dadurch deutlich, dass die Betreffenden oft eine Art nostalgische Rückkehrsehnsucht zurückbehalten haben, die sie gleichzeitig aber als unrealistisch betrachten, weil sie sich z. B. von der gesellschaftlichen Realität in den Herkunftsländern längst entfremdet haben, was sie vielleicht bei gelegentlichen Reisen dorthin auch konkret erfahren haben, und/oder weil die meisten Familienangehörigen, die Kinder und wichtigen Bezugspersonen in Deutschland leben. L bspw. erwähnte, dass er mindestens zehn Jahre lang keinerlei Zweifel gehabt habe, dass er in die Türkei zurückgehen würde. Nach einem anschließenden Rückkehrversuch, den er nach kurzer Zeit abgebrochen habe, weil er in der Türkei nicht mehr zurechtgekommen sei, habe er sich mehr und mehr „damit abgefunden" in Deutschland zu bleiben. Dennoch sei ein „innerer Wunsch"

13 HABIL-Interview Nr. 58
14 HABIL-Interview Nr. 59

nach Rückkehr immer geblieben. In ähnlicher Weise erzählte auch K, dass der „Wunsch in die Türkei zurückzukehren eigentlich immer noch da“ sei, was aber, weil seine gesamte engere Familie sich in Deutschland aufhält, schlicht „unrealistisch“ sei. In dem Maße, wie sie sich mit ihrem bleibenden Aufenthalt arrangiert haben, bereuen die Betreffenden es oft rückblickend, keine stärkeren Anstrengungen des Spracherwerbs unternommen zu haben, weil sie deutsche Sprachkenntnisse im Alltag (in Bezug auf individuelle Unabhängigkeit und Kommunikations- und Durchsetzungsfähigkeit gegenüber Behörden) als zunehmend wichtiger empfinden. Je nach individuellem Alter und Charakter trauen sie sich einen nachholenden Spracherwerb noch zu oder nicht.

Der bevorzugte hochqualifizierte Migrant ohne Alphabetisierungsbedarf

Der noch verbleibende Idealtypus des „Highly Skilled Migrant ohne Alphabetisierungsbedarf“ (Typ 7) stellt in verschiedener Hinsicht ein Kontrasttyp zu den anderen Typen dar. Im Gegensatz zu allen anderen Typen liegt in diesem Fall eine eindeutige institutionelle Begünstigung vor, die seit der Verabschiedung des Zuwanderungsgesetzes hochqualifizierten Migranten bspw. privilegierte Einwanderungsgelegenheiten und Aufenthaltsrechte, erleichterte Familiennachzugsmöglichkeiten und günstigere Einbürgerungsbedingungen einräumt. Dies hat offensichtlich viel mit dem seit der öffentlichen Diskussion um die „Green Card“ vielfach beschworenen nationalstaatlichen „Wettbewerb um die besten Köpfe“ zu tun. Die Besonderheit bei diesem Idealtypus besteht darin, dass die betreffenden Personen zwar die deutsche Schriftsprache nicht beherrschen, deswegen aber kaum einen alphabetisierungs- und grundbildungspädagogischen Hilfebedarf haben. Dass ihnen im politischen Diskurs auch ansonsten kein besonderer Integrationsbedarf attestiert wird, obwohl auch in diesen Fällen Sprachkompetenzen im Deutschen zur gesellschaftlichen, kulturellen und politischen Teilhabe beitragen könnten, scheint mit einer ideologischen Einbettung des Diskurses um funktionalen Analphabetismus zu tun zu haben: der hochqualifizierte Migrant leistet bereits Beiträge zum demographischen oder wirtschaftlichen Gemeinwohl im nationalstaatlichen Interesse, wohin andere Betroffene durch Alphabetisierung und Spracherwerb erst noch geführt werden sollen.

3.2 Herkunftseffekte und Benachteiligung durch das Schulsystem

Klassische bildungsferne Herkunft und typische, weil bekannte Mechanismen der Bildungsbenachteiligung

Der Idealtyp 1 in unserer Typologie beschreibt den intergenerational/sozial vererbten funktionalen Analphabetismus. Dies ist die Form der Einschränkung von Lese-/Rechtschreibkompetenzen, die durch ein geringeres Maß an Anregung, Begleitung und Förderung im familialen Herkunftsmilieu bedingt wird. In dieser Hinsicht ist dieser Typus sehr deutlich durch die Rückbindung an Phänomenologie und Erscheinungsweise der Bildungsbenachteiligung charakterisiert. Hiermit verbunden sind ungünstige Lern- und Unterstützungsfaktoren im vor- und außerschulischen Bereich, die Verortung in den bildungsfernen Milieus mit wenig Bildungserfolg sowie – wahrscheinlich insbesondere – in den ethnisch marginalisierten Gruppen. Für den Aspekt der sozialen Reproduktion (meist über mehrere Generationen) schulischen Misserfolgs sind die relativ homogenen Lebensräume (sozial segregierte Wohnquartiere) in den bildungsbenachteiligten Milieus von hoher Bedeutung. Ihre Angehörigen rekrutieren sich aus Lebenslagen, die in der Armutsforschung als Milieus der dauerhaften und verfestigten Armut bekannt sind. Sie befinden sich sozialstrukturell in „traditionslosen Arbeitnehmermilieus“ (vgl. Vester et al. 2001), leben in engen, stark verwandtschaftlich geprägten Netzwerken, die ein System der gegenseitigen Hilfen, vor allem mit Blick auf die Alltagsgestaltung, Versorgung mit notwendigen Gütern etc. bereitstellen („Versorgungshilfen“ am Rande der formellen Ökonomie) und darauf in der Konsequenz motivational und habituell immer enger festgelegt werden.

Ein Spezial- bzw. Subtyp: Der unterförderte Haupt-/Förderschüler

Haupt- und FörderschülerInnen, die an der Schwelle zum Ausbildungs- bzw. Arbeitsmarkt stehen, zählen in der hier beschriebenen Idealtypologie zum Subtypus der/des nach „klassischen Mechanismen“ benachteiligten und unterförderten Schülers/Schülerin.

Unterförderte Haupt-/FörderschülerInnen versuchen, aus geringen Chancen das Beste zu machen, wobei sie auf verschiedene Weise ausgebremst werden, insbesondere durch „typische“ Schulempfehlungen und Laufbahnzuweisungen. Sie gehen aus Milieus der unteren Statusgruppen hervor, ohne dass die Erklärung ihres geringen Schulerfolges darin komplett aufginge. Interviews mit SchülerInnen und mit jungen Erwachsenen in „Maßnahmenkursen“ zeigen vielmehr en Detail, wie die „Sortierung nach Herkunft“ (Wernstedt/John-Ohnesorg 2008) im Schulsystem über „weiche“ Faktoren – die habituelle Distanz und den „Blick“ der Lehrer – perpetuiert (Vester 2009) wird, und wie Institutionen des Bildungssystems dazu beitragen, Armut an Bildung, Zertifikaten und ökonomischen Ressourcen zwar punktuell zu bekämpfen, aber eben auch intergenerational zu reproduzieren, also zu ihrer „Vererbung“ beizutragen (Edelstein 2006). Schul- und berufsbiografische Aussagen zeigen die Einbettung des Schriftkompetenzthemas in institutionelle und gesellschaftliche Kontexte.

Mit der sozialen Herkunft interagieren auch andere Faktoren, nicht zuletzt im Idealtypus 4 beschriebene „Kritische Lebensereignisse“, die in ressourcenschwachen Familien besonders schwer zu verarbeiten sind. In unserem Interviewsample haben wir diverse Beispiele dafür, dass etwa Gewalt durch Mitschüler oder Krankheiten die typischen benachteiligenden Mechanismen – Zuschreibung von Kompetenzdefizit, Rückstufung und „Durchreichen nach unten“ – verstärkt und quasi automatisch die Benachteiligung verfestigt. Fälle von Rückstufungen und institutionellem „Durchreichen“ – an Stelle wirklicher Unterstützung – in der Folge von Misshandlung, von Krankheiten, von Bullying können wir hier aus Platzgründen nicht illustrieren. Lediglich die Folgen eines unterfördernden Umgangs mit Lernrückständen in Deutsch werden explizit thematisiert. Die Spezifika der FörderschülerInnen bleiben ausgeblendet.

In einer solchen berufsintegrierenden Maßnahme interviewten wir einen Jugendlichen aus einer statusarmen, ökonomisch benachteiligten Familie, bei dem eine Rechtschreibschwäche und geringe Bildungsaspirationen wie selbstverständlich miteinander korrespondieren. Wir richten bei der Auswertung unser Augenmerk darauf, wie dabei der Eindruck von Selbstverständlichkeit zustande kommt. Am Beispiel eines zweiten Interviews, eines Hauptschülers mit Migrationshintergrund, der ambitioniert ist, aber aufgrund seiner Herkunft auf die Hauptschule musste, und von dort nur schwer wieder nach „oben" kommt, sehen wir noch deutlicher Mechanismen institutioneller Diskriminierung. Als Kontrast zu diesen beiden stellen wir nicht eine(n) Schüler(in) mit hervorragenden Schriftkompetenzen vor, sondern eine Vertreterin des Idealtypus 2. Diese verfügt über Herkunftsvorteile dergestalt, dass ggf. festgestellte Rechtschreibschwächen sie gerade nicht zur typischen Hauptschulkandidatin machen, sondern sie in der Wahrnehmung der Lehrkräfte als „eigentlich" zum Gymnasium berufene Schülerin gilt, und sie darauf vertrauen darf, von Eltern und von der Schule maximal unterstützt zu werden. Die besagte Schülerin wird trotz Lese-Rechtschreibschwäche zur gymnasialen Oberstufe zugelassen.[15]

„Vererbung" vieldimensionaler Armut: Der Maßnahmen-Teilnehmer B

Die intergenerationale Reproduktion von Statusnachteilen ist vermittelt über die *soziale Praxis in den Bildungsinstitutionen*, wo Wahrnehmungs-, Denk- und Handlungsschemata verschiedener gesellschaftlicher Statusgruppen – hier Pädagogen aus der Mittelschicht, dort bildungsbenachteiligte Heranwachsende – aufeinander treffen. Die institutionalisierte Machtasymmetrie zwischen diesen Gruppen ermöglicht, dass mit dem „legitimen" Blick entschieden bzw. „gesehen" wird, wer von seiner Anlage her für Gymnasium und Studium, oder aber für die Hauptschule und handwerkliche Arbeit geeignet sei (Schumacher 2002; Ditton 2004).

Dass bildungsbenachteiligte junge Menschen gerade durch die formalen Kanäle der Integration – spezielle Schulformen, Rückstellungen, ‚Maßnahmen' – von den „normalen" Bildungs- und Berufswegen (im Hintergrund gilt nach wie vor die Folie der unbefristeten Vollzeitanstellung, die eine Familie zu ernähren erlaubt) exkludiert werden (Solga 2003), wird von Lehrkräften nicht etwa erdacht und geplant. Praktisch jedoch suchen sie die „problematischen" Jugendlichen in beschäftigungsinstabilen, schrumpfenden und von Arbeitslosigkeit bedrohten Branchen unterzubringen, in denen zunehmend nur unsichere und schlecht bezahlte Beschäftigungsverhältnisse erreichbar sind. Das auch hier noch gegebene Risiko des Scheiterns wird legitimiert mit der Zuschreibung individueller Defizite. Die Jugendlichen gelten als nicht berufsreif, nicht ausbildungsreif oder nicht beschäftigungsfähig (Solga 2002: 1), werden auch als „Theoriegeminderte" oder „Praxisbegabte" bezeichnet. Diese einseitige Sicht zeigt sich z. B. bei vorzeitigen Abbrüchen berufsintegrierender Maßnahmen, die recht pauschal als selbstverschuldete Beschädigung der eigenen Berufsbiografie thematisiert und sanktioniert werden, ohne Berücksichtigung etwa von Neigungswechseln oder akut schlechtem Ausbildungsverlauf, aber auch struktureller Bedingungen, etwa steigenden Anforderungen und sinkende Einstellungsbereitschaft (Heisler 2008; Dostal et al. 1998; Solga 2002; Karl/Schröer 2006; Rebmann/Tredop 2006).

15 Alle drei hier exemplarisch zitierten Heranwachsenden wurden von Lehrkräften nach dem Kriterium ausgesucht, Schwierigkeiten mit dem Lesen und/oder Schreiben zu haben. Die Auswahl für diesen Artikel erfolgte entlang der analytischen Differenzierungslinien der Idealtypologie.

Eine berufsorientierende Maßnahme besucht zum Zeitpunkt des Interviews der 18-jährige B[16]. Die Familie erwirtschaftet ihr Einkommen über Heimarbeit, in die B schon früh, erst ganz geringfügig und informell, später dann in offizieller Selbständigkeit, eingebunden ist. B memoriert dies gar nicht als unangenehm, sondern als normal und als familial. Durch die Heimarbeit, so B, könne er ausdauernd und „sauber" arbeiten. Seine handwerklichen Stärken („Also handwerklich hab ich auch einiges drauf") erfuhr er ebenfalls bei – in diesem Fall privater – Erprobung zu Hause. Auf die schon in der Grundschule manifeste Rechtschreibschwäche wurde zunächst nicht reagiert: „…da hat mich die Lehrerin nicht genug gefördert. Und das wurde dann erst besser, als ich auf die Hauptschule gegangen bin, weil ich dann einen sehr netten Klassenlehrer hatte, der mir dann mit Nachhilfe-Unterricht in der Schule auch geholfen hat, dass das besser wird." Über die Hauptschule will B sich nicht beschweren. Für den Idealtypus ist entscheidend, dass B auch im Nachhinein die Möglichkeit, eine andere Schulform zu besuchen, überhaupt nicht in Betracht zieht, und dass er offenbar nicht ermutigt wurde, mehr als einen Hauptschulabschluss anzustreben, um das Spektrum möglicher Berufe zu erweitern.

Seine beiden Praktika waren ganz unterschiedlich animierend. Einmal wurde er, offiziell Tierarzthelfer probierend, praktisch „nur als Putze eingetragen" und bekam keinerlei Kontakt mit Tieren. Hier wurde ihm also eine Berufserfahrung genommen. In einer Druckerei dagegen durfte er recht selbständig arbeiten, was ihm sehr gut gefallen, wobei er viel gelernt und Ausbildungsinteressen als Drucker und Buchbinder entwickelt hat. Offenbar stark mit Interesse besetzt ist der Berufswunsch Elektriker. Hierauf kam B „durch meinen Nachbarn. Weil der selber ist auch Elektriker und dann habe ich bei dem immer zugeguckt." Ein Berufsgrundschuljahr im Bereich Elektrotechnik habe ihm „auch sehr gefallen". Diese Option verfolgt B aber nicht mehr. In diesem Bereich müsse er mehr schreiben, sagt er. Als aktuellen Wunschberuf nennt er Buchbinder. In der Maßnahme solle er herausfinden, ob dieser Wunsch wirklich zu ihm passe. Die Thematisierung der Berufsorientierung ist insgesamt charakterisiert durch „Plan-B"-Optionen.

Institutionelle Diskriminierung: Hauptschüler R

Der 17-jährige Hauptschüler R[17] besucht die neunte Klasse. R migrierte acht Jahre vor dem Interview mit der Familie aus Russland. Er wohnt bei seiner Mutter, die in Russland ein Diplom erworben hatte und nun ganztägig im Metallbereich tätig ist. Die älteren Geschwister sind bereits ausgezogen, zum Vater hat er keinen Kontakt. In seiner Freizeit macht R Kunst-Kicks mit dem Rad und fährt auch gern Mountainbike. Mit Computern kennt er sich in jeder Hinsicht gut aus, so dass er bei den meisten Rechnerproblemen auf professionelle Hilfe nicht angewiesen ist. Sein Lieblingsfach ist Mathematik.

Ließ der Fall B bereits vermuten, dass der Weg von sozialer Herkunft über Schriftprobleme und die „untere" Schulform bis zu gedämpfter beruflicher Aspiration und geringen Aufstiegschancen stark durch den Einfluss von Schule und einzelnen Lehrkräfte zu erklären

16 HABIL-Interview Nr. 37
17 HABIL-Interview Nr. 73

ist – bei R zeigt sich dies noch viel deutlicher. Hier kommt ein Migrationshintergrund als Ansatzpunkt systematischer (Linde 2007), ja doppelter (Solga/Wagner 2001) Benachteiligung hinzu: Diffuse Vorstellungen eines Kulturkonflikts und traditionaler bzw. vormoderner Lebensweisen funktionieren hier als Defizitzuschreibung. Im Migrationshintergrund angelegte Potenziale – etwa gesteigerte Reflexivität auf Identitätsfragen, Karrierechancen oder Sprachkompetenzen – werden wenig beachtet (Westphal 2006).

R sieht rückblickend in einer Benachteiligung in der Grundschule den Grundstein für seine schwierige Situation: Hauptschulbesuch, ein für die neunte Klasse recht hohes Alter und eine Lesehemmung. R wurde nach der Einwanderung in Deutschland gleich zweimal in die erste Klasse zurückversetzt. Mit der offiziellen Erklärung, „weil angeblich meine Sprache noch nicht gut genug war für die zweite Klasse", scheint R nicht im Reinen zu sein. Er plausibilisiert die erste Rückstufung damit, dass er in Deutschland zunächst mit vor allem russischen Freunden nicht deutsch sprach und zu Hause nur langsam von Russisch zu Deutsch gewechselt wurde. Andererseits aber habe er zu Hause ein der Großmutter geläufiges „gebrochenes Deutsch (…) Ein bisschen so wie Plattdeutsch" gesprochen – ein offenbar nicht genutzter Ansatzpunkt für individuelle Förderung. Die Grundschulerfahrung ist geprägt vom Klassenlehrer. „Ich fühlte mich ausgegrenzt, weil ich noch nicht so gut Deutsch konnte. Da hat er sich nicht so viel mit mir beschäftigt." R sieht hier eine objektive Entwicklungsbarriere: „Und wenn er mit mir mehr Deutsch geübt hätte, wie es auch sein sollte, dann wäre ich wahrscheinlich nicht auf der Hauptschule".

In R's Hauptschulerfahrung wird die Bedeutung der in allen Experteninterviews beklagten Rahmenbedingungen – zu große Klassen und fehlende Planstellen – sehr plastisch. Beides birgt für R das Risiko, funktionaler Analphabet zu werden: Schreiben kann er „… eigentlich sauber…", er schätzt sich hier auf „3 Plus". Sein Problem sind Blockaden beim Lesen vor der Klasse: „Wenn ich für mich lese, kann ich das eigentlich ganz gut. Aber wenn ich vor der Klasse lese, dann bricht alles zusammen, weil, ich bin nervös. Und die Nervosität macht bei mir alles kaputt. (…) gerate dann ins Stottern…". In seiner Nervosität nimmt er Störungen aus dem Klassenverband persönlich, was ihn noch mehr verunsichert. Der immer bewusste Notendruck erschwert die Situation. Ursächlich sei die frühe schulische Benachteiligung: „Das fing an in der Grundschule (….) Wahrscheinlich kam das von dem Lehrer. Weil ich fühlte mich benachteiligt….". Sich über die Hemmung hinwegzusetzen wurde zuletzt noch schwieriger, als die Klassengröße sich durch Zusammenlegungen auf etwa 25 erhöhte – für R die Überschreitung einer kritischen Grenze: An Tagen, in denen weniger Schüler da sind „und die nicht laut sind, dann läuft eigentlich alles glatt." R betrachtet sich für seinen Lernerfolg grundsätzlich als selbst verantwortlich, die Klassengröße aber als objektive Barriere: „Das Problem ist, große Klassen. Kommt man nicht so oft dran (…) umso mehr Störenfriede (…) aber wenn man selber immer aufpasst und sich oft meldet, dann läuft das eigentlich ganz gut."

Hinsichtlich seines Wunschberufes – er will zur Polizei – ist R weniger bescheiden als B. Das mittlerweile nötige Abitur traut er sich prinzipiell zu. Seine Äußerung verrät aber das Wissen darum, dass sein Ziel allgemein – und damit für den Interviewer – als für HauptschülerInnen ungewöhnlich hoch erscheinen mag. „Du musst das Abitur haben (…)(…) Aber Abitur ist ja auch nicht unmöglich, sage ich mal für einen Hauptschüler."

Auch R operiert mit „Plan-B"-Varianten, thematisiert Leistungsanforderungen der kommenden Zeit und bezieht jede Möglichkeit des Scheiterns und Neu-Ansetzen-Müssens mit ein. Er hat den Vorsatz, sich im letzten Schuljahr sehr anzustrengen, um in die zum Realschulabschluss berechtigenden Kurse zu kommen. „Weil, wenn nicht, dann muss ich anders schauen, wie ich an mein Abitur rankomme, oder eine weiter führende Schule besuche." „Aber das ist ein sehr schwerer Weg, und ich versuche den gerade zu gehen, sag ich mal so. Zweite Berufung wäre eigentlich noch, was mir gut liegt oder was mir Spaß macht ist Zerspanungsmechaniker. Ist auch sehr interessant. Oder Werkzeugmacher ist auch nicht schlecht."

LRS als isoliertes „Luxusproblem": Gymnasialschülerin Z

Zur kontrastiven Verdeutlichung der kontextspezifischen Einbettung von Schriftproblemen ziehen wir ein Interview mit der Schülerin Z hinzu, die wir zum Typus 2 (Durch Herkunftsvorteile aufgefangenes Schrifterwerbsproblem) rechnen. Z besucht ein Privatgymnasium, an dem sowohl SchülerInnen „aus gutem Haus" – dazu gehört Z – unterrichtet werden, als auch Benachteiligte vom Jugendamt eine außergewöhnliche Chance bekommen.

Z liest viel und gern. Sie schreibt privat z. B. Briefe, aber sie macht sehr viele Fehler. Ihr wurde eine Lese-Rechtschreibschwäche (LRS) diagnostiziert.

Anders als R, der 17-jährig in der neunten Klasse sozusagen spät dran ist, besucht Z mit 15 Jahren die 10. Klasse, und sie wohnt mit einer ‚kompletten' Familie, mit beiden Eltern und ihren Schwestern zusammen. Der Vater ist selbständiger Kaufmann, die Mutter ist „selber Lehrerin" – im Gegensatz zur prekären unselbständigen Arbeit der Familie von B. Wiederum im Unterschied zu R besuchte Z einen Kindergarten und machte sehr andere Schulerfahrungen. Die Grundschullehrkräfte hätten keine persönliche Beziehung zu den Schülern gehabt und sie deshalb nicht gut unterstützen können. Vergleichspunkt dieser Kritik ist die Privatschule, auf der dies sehr anders, nämlich „voll OK" sei. Wirklich negative Erfahrungen berichtet Z nicht. Die Frage nach Klassenwiederholungen weist sie geradezu von sich.

Die Grundschule scheint auf das Schreibproblem nicht spezifisch reagiert zu haben. Die Privatschule dagegen hat die Rechtschreibschwäche früh diagnostiziert und daraufhin sehr weitgehend aufgefangen, mit LRS-Förderung und durch Nichtberücksichtigung von Rechtschreibfehlern in der Deutschnote. Dieses Privileg gewährt die Schule „eigentlich" nur bis zur neunten, für Z aber auch noch in der zehnten Klasse. Für eine Verlängerung in die Oberstufe – als Zugangsvoraussetzung für Z – setzt sich die Mutter intensiv ein. Erfolg ist hier sehr wahrscheinlich. Trotz manifester LRS hat Z also gute Chancen, das Abitur zu erreichen.

Anhand der hier umgesetzten Möglichkeiten wird deutlich, inwiefern die Schüler B und R „unterfördert" sind. Im Gegensatz zu diesen beiden ist Z hinsichtlich ihrer beruflichen Zukunft unentschlossen, völlig unorientiert und sorglos. Das ihren Bildungserfolg bestimmende Engagement liegt zurzeit keineswegs bei ihr selbst, sondern bei den Eltern und bei der Schule. Sie kann sich prinzipiell jeden Beruf vorstellen, hat sich aber noch gar keine Gedanken gemacht, obgleich auf der Grundlage einer LRS „eigentlich" nicht von weiteren Schuljahren und Abitur unproblematisch auszugehen ist. Die berufliche Relevanz der Rechtschreibschwäche kann sie kaum einschätzen: Deutschlehrerin könne sie wohl nicht werden, sonst aber sehe sie keine weiteren Schwierigkeiten.

Zusammenschau: Schriftkompetenz, Bildungserfolg und Berufsreife in Abhängigkeit von der Herkunft

Den beiden Hauptschülern kann man eigentlich keine individuelle „Unreife" vorhalten: Ihre Berufsvorstellungen beruhen auf ihren praktischen Erfahrungen und erscheinen keineswegs unrealistisch hoch zu sein. Ganz typisch für die HauptschülerInnen in unserem Sample ist, dass, wie bei B, Wunschberufe aus vorangegangenen Praktika abgeleitet oder – seltener – von Bezugspersonen abgeschaut werden. Fast alle kalkulieren ein Scheitern ihrer – ohnehin nicht überfliegenden – Vorstellungen ein und setzen sich ein zweites, oft auch noch ein drittes Ziel, dass einen geringeren Schulabschluss voraussetzt. Bei manifesten Schriftsprach-Problemen wird besonders niedrig angesetzt, in keinem Fall (großspurig) Erfolgssicherheit geäußert. Die Notwendigkeit eigener Leistung und Verbesserung wird dagegen durchgängig thematisiert. Offenbar wird den Jugendlichen auf der Hauptschule nicht beigebracht, ein hohes Ziel auf jeden Fall erreichen zu können, wenn sie es nur beharrlich verfolgen. Stattdessen münden Erfahrungen institutioneller Barrieren – Hauptschulform, Klassengröße, Lehrerstrategien – in subjektiv reduzierte Bildungsambitionen und Berufswünsche.

Als uninteressiert und realitätsfern könnte von den hier vorgestellten einzig die Schülerin Z gelten, wenn sie nicht qua Herkunft und Schultyp privilegiert wäre. Ihre Defizite im Schriftdeutsch werden aufgefangen, da – und hier ist der entscheidende Unterschied zu den anderen beiden Schülern – das Abitur als für sie quasi-natürliche Option erscheint, deren Einlösung einzig an einer Weigerung der Schule scheitern könne, die eigenen Regelungen zu unterlaufen. Die Hauptschüler erscheinen im Vergleich keineswegs mit weniger Kompetenz ausgestattet, vielmehr sind sie zurückgeworfen auf eigenes Engagement, bei schon jetzt – zum großen Teil durch das deutsche Schulsystem bedingt – schlechten Bedingungen.

4 Fazit: Zur Diagnose- und Therapiefähigkeit Funktionalen Analphabetismus

Ausgegangen sind unsere Betrachtungen von einem Spannungsfeld. Einerseits gibt es einen offenbar konsensfähigen Befund, dass Bildung immer wichtiger wird, für Individuen, für Organisationen, aber auch für die Ökonomie von Nationalstaaten oder supranationalen Wirtschaftsräumen. Schon deshalb muss sie ein allgemein verfügtes Gut sein, das von jedem/jeder auch bei angemessenem individuellen Einsatz und hinreichender Motiviertheit auch erreicht werden, und dann auch in Einkommen und Sozialprestige umgesetzt werden kann. Auf der anderen Seite verfügt eine große Zahl von Menschen in Deutschland über recht geringe Schriftkompetenz in der deutschen Sprache, und ebenso hat ein nicht unerheblicher Anteil der Bevölkerung deutlich begrenzte Perspektiven hinsichtlich des je erreichbaren beruflichen und gesellschaftlichen Status. In den Diskursen, die um das Label funktionalen Analphabetismus zentriert sind, kommt diese Diskrepanz als Notwendigkeit kompensatorischer Erwachsenenbildung bzw. Alphabetisierungspädagogik für Bildungsverlierer in den Blick. Dass es vorrangig geringe Schriftsprachkompetenzen sind, weshalb sich die betroffenen Menschen erheblichen Einschränkungen in allen Bereichen gesellschaftlicher Teilhabe gegenüber sehen, scheint eine problemlose kausale Ableitung zu sein.

Wir haben mit unserem Beitrag zeigen wollen, dass diese gängige Ableitung nicht komplex genug ist und sich in Kompetenzideologien verstrickt, die das auf wirkmächtigen Institutionen basierende gesamtgesellschaftliche Ungleichheitsregime, das weit über Bildungschancen hinausgeht, ignoriert. Die Frage, auf welche Weisen Schriftkompetenz und gesellschaftliche Teilhabechancen miteinander zusammenhängen, ist viel umfassender zu stellen. Dafür ist das Wissen über die betroffenen Menschen und die jeweiligen spezifischen Hintergründe ihrer Ressourcenknappheit, das Wissen, das wir sozusagen verstreut in Institutionen der Erwachsenenbildung und der Integrationshilfe, aber auch fragmentiert in den Schulen und umfangreich in der Migrations- und in der Bildungsforschung vorfinden, zu bündeln und aufzubereiten. Um die Frage nach Bildungsverlierern in der Wissensgesellschaft komplexer als üblich zu verfolgen, haben wir eine Idealtypologie des funktionalen Analphabetismus konstruiert, die die unterschiedlichen Lebenswelten von Menschen mit geringen oder keinen deutschen Schriftsprachkompetenzen abbilden kann. Wir haben auf dieser Grundlage gezeigt, dass die Vorstellung, alle Menschen mit geringen Deutschkenntnissen – also die Bildungsverlierer – teilen durch ihre Grundbildungsdefizite analoge Lebenswelten, nicht haltbar ist. Die fehlende oder mangelhafte Entwicklung von Lese- und Schreibschwächen ist vielmehr in sehr unterschiedlicher Weise – so unsere übergreifende These – *kontextuell eingebettet* in die besonderen Lebensbedingungen und -situationen, die Sozialisations- und Schulerfahrungen, die Abwesenheit fördernder familialer und sozialer Beziehungen, die direkt oder indirekt diskriminierende Behandlung durch nationalstaatliche Institutionen und die reagierenden persönlichen und familialen (Über-)Lebensprojekte der Betroffenen selbst.

Der Verengung der Problemsicht auf (fehlende) Individualkompetenz kommt es von der anderen Seite entgegen, wenn Schriftkompetenzmessungen zur dominanten Definitionsgrundlage des funktionalen Analphabetismus werden, während geringe Teilhabechancen – in der oben genannten UNESCO-Definition eigentlich das Hauptmotiv – allein zur Folge von Schriftproblemen stilisiert wird: Die geschätzte Zahl der vier Millionen funktionalen AnalphabetInnen wird mit der IALS-Studie begründet, nicht etwa mit dem Armutsbericht, der Arbeitslosenstatistik oder dem Jahresbericht des Bundesamtes für Migration und Flüchtlinge, obgleich dort jeweils Bevölkerungsgruppen auszumachen sind, die kaum die Möglichkeit haben, Schriftkompetenz zur Verfolgung persönlicher und kollektiver Ziele einzusetzen „... engage in all those activities in which literacy is required for effective functioning of his (or her) group and community and also for enabling him (or her) to continue to use reading, writing and calculation for his (or her) own and the community's development" (UNESCO 2006).

Mit der idealtypischen Vorgehensweise wollten wir reagieren auf eine Simplifizierung der Zusammenhänge von Deutschkenntnissen und Lebenschancen in der deutschen Gesellschaft, die derart auf individuelle Defizite und deren Bearbeitung zugespitzt wird, dass dies eine wirkliche Ursachenforschung eher verhindert: Das Paradigma des aktivierenden Sozialstaats setzt bei der Bearbeitung gesellschaftlicher Grundsatzfragen eindimensional auf die Norm eigenverantwortlicher Kompetenzsteigerung, weil dies einem auf die Interessen des „deutschen" Staates und der deutschen Wirtschaft zugeschnittenen Verständnisses selektierender Zuwanderungspolitik und prioritärer Arbeitsmarktintegration entspricht (vgl. Lessenich 2008), wie das die Resonanz auf den Verweis von Arbeitgebern auf eine nicht genügend verbreitete „Ausbildungsreife" veranschaulicht. Ein eher forderndes statt förderndes arbeitsmarkt-, sozial- und integrationspolitisches Sanktionsregime widerspricht nicht nur einschlägigen Gerechtigkeitsintuitionen, indem es etablierte Standards des Arbeitsschutzes untergräbt, soziale Rechte zur Disposition stellt, sogar in die zivilen Rechte der Betroffenen eingreift und einen ansonsten legitimen Pluralismus von Lebensformen selektiv missachtet (vgl. Gerdes 2006), sondern es gefährdet auch eine adäquate und erfolgreiche Intervention. In der Folge einseitig individualisierender Problemdefinitionen konzentrieren – und reduzieren tendenziell – sich Interventionskonzepte auf die isolierte Stärkung von Schriftkompetenz, resp. Humankapital. Ein von uns favorisierter Ansatz der sozialen, kulturellen und politischen Einbettung funktionalen Analphabetismus würde demgegenüber dafür plädieren, die differenten Erfahrungen, Interessen, Kompetenzen und aktuellen alltagsweltlichen Problemlagen der Betroffenen auch im Kontext politischer und pädagogischer Interventionen konsequenter und systematischer zu berücksichtigen. Es spricht viel dafür, dass auch die erfolgreiche Bearbeitung von Rückständen im Schriftdeutsch wiederum abhängig ist von Kapitalressourcen, von der habituellen Nähe des Schulpersonals zum Herkunftsmilieu des Schülers sowie ggf. von der Sensibilität und Unterstützungsbereitschaft der Institutionen eines Aufnahmestaates.

Unsere Ergebnisse und die vorgestellte Idealtypologie ernst nehmend können wir festhalten, dass eine individualisierende, ausschließlich kompetenzorientierte und auf Schriftsprachkompetenzen fixierende Perspektive zu kurz greift und die Wahrnehmung des Phänomens funktionaler Analphabetismus entscheidend verzerrt. Der systematische Blick auf die Vielfalt des Phänomens provoziert die These: *Das Level der Schriftkompetenz ist an sich für die Teilhabe- resp. Lebenschancen nicht ausschlaggebend.* Es ist jedenfalls für geringe Teilhabe nicht ursächlich verantwortlich. Jene die Typologie strukturierenden Faktoren soziale Herkunft, historisch-politische Lebensbedingungen und institutionelle Ausschluss- und Sortierungsmechanismen sind nicht lediglich als Rahmenbedingungen des Schrifterwerbs aufzufassen, sondern direkt als Lebenschancen strukturierende Bedingungen. Damit sind sie ausschlaggebend für das Ausmaß der Probleme, die ein Mensch aufgrund ggf. vorhandener Lese- und Schreibschwächen wahrscheinlich bekommen kann.

Die kontrastierenden Idealtypen mit hohem Sozialstatus unterstützen die Verdeutlichung der Einbettung von Schriftkompetenz in die Gesamtheit der Lebensbedingungen und der Ansätze für Förderung oder Stigmatisierung und besitzen auf diese Weise weit reichende Implikationen für zielgruppenspezifische pädagogische Interventionen und Kompensationen. So ist an der Gegenüberstellung von Flüchtlingen und „Highly Skilled Migrants" zu sehen, dass das Fehlen von (funktionalen) Deutschkenntnissen sowohl Anlass weit gehender Exklusion, aber auch für die berufliche, private und politische Integration ganz unerheblich sein kann. Ob ein Migrant willkommen und erfolgreich ist oder nicht, ist im Kern eine Frage von Interessen und von Kapitalien. Der Idealtyp 2 wiederum hebt die Bedeutung der sozialen Herkunft bei manifesten Schriftdefiziten hervor: Inwiefern solche Schwierigkeiten schon in der Schule aufgefangen bzw. inwiefern sie zum Risiko werden, hängt von den Ressourcen der Eltern und außerdem davon ab, ob die Lehrkräfte ein Problemkind oder eine(n) geborenen Gymnasiaste(i)n vor sich sehen.

Der Versuch, das gesamte Spektrum von funktionalen Analphabetinnen und Analphabeten einmal auszubreiten, etwa durch die Konstruktion einer Idealtypologie, lässt die möglichen und nötigen therapeutischen Strategien weit über das Feld der Bildungsinstitutionen hinaus greifen. Bildungsverlierer sind als Teil eines ganz umfassenden gesellschaftlichen Herrschaftsverhältnisses, das sich in den letzten zwanzig Jahren im Kontext parteiübergreifender neoliberaler (Bildungs-)Politik verschärft hat, zu konzeptionalisieren. Zu diskutieren wäre am Ende, wodurch die enge Verzahnung zwischen gesellschaftlichen Partizipationsmöglichkeiten und Bildungsanstrengungen in Zeiten von Massenarbeitslosigkeit zu rechtfertigen ist. Vielleicht wäre es ein erster Schritt, wenn individuelle Kompetenzsteigerungen und Bildungsanstrengungen nicht immer gleich mit Integrationszwängen und Integrationsversprechen belastet würden.

Literatur

Ahrens, Johannes/Beer, Raphael/Bittlingmayer, Uwe H./Gerdes, Jürgen (Hrsg.) (i. E.): Beschreiben und/oder Bewerten. Band 2: Normativität in ausgewählten sozialwissenschaftlichen Theorien. Wiesbaden: VS Verlag für Sozialwissenschaften

Ahrens, Johannes/Beer, Raphael/Bittlingmayer, Uwe H./Gerdes, Jürgen (Hrsg.) (2008): Beschreiben und/oder Bewerten. Band 1: Normativität in sozialwissenschaftlichen Forschungsfeldern. Münster: Lit

Bade, Klaus J. (2007): Wir bekommen nur die zweite Garnitur (Interview). In: Das Parlament 57. 5

Bade, Klaus J. (2006): Die Trias der Integrationspolitik: Präventive, begleitende und nachholende Interventionen. In: Kulturpolitische Mitteilungen 112. 29–35

Bade, Klaus J./Bommes, Michael (2000): Migration und politische Kultur im Nicht-Einwanderungsland. In: Bade/Münz (2000): 163–204

Bade, Klaus J./Münz, Rainer (Hrsg.) (2000): Migrationsreport 2000. Fakten – Analysen – Perspektiven. Frankfurt a. M./New York: Campus

BAMF (Bundesamt für Migration und Flüchtlinge) (2009): Integration in Deutschland: Die Integrationsarbeit des Bundesamtes für Migration und Flüchtlinge. Nürnberg: BAMF

BAMF (Bundesamt für Migration und Flüchtlinge) (2008a): Integration in Deutschland. Die Integrationsarbeit des Bundesamtes für Migration und Flüchtlinge. Jahresbericht 2008. Verfügbar unter: http://www.bamf.de/cln_170/nn_441592/SharedDocs/Anlagen/DE/Integration/Publikationen/Sonstige/jahresbericht2008-integration.html

BAMF (2008b): Integrationskurse. Eine Erfolgsgeschichte und ein Modell für Europa. Bilanz 2008. Verfügbar unter: http://www.bamf.de/nn_441592/SharedDocs/Anlagen/DE/Integration/Publikationen/Integrationskurse/Integrationskursbilanz-2008.html

Bauer, Ullrich/Bittlingmayer, Uwe H. (2005): Egalitär und emanzipativ: Leitlinien der Bildungsreform. In: Das Parlament 12. Beilage. 14–20

Becker, Rolf/Lauterbach, Wolfgang (Hrsg.) (2004): Bildung als Privileg? Erklärungen und Befunde zu den Ursachen der Bildungsungleichheit. Wiesbaden: VS Verlag für Sozialwissenschaften

Bittlingmayer, Uwe H./Bauer, Ullrich (Hrsg.) (2006): Die „Wissensgesellschaft". Mythos, Ideologie oder Realität? Wiesbaden: VS Verlag für Sozialwissenschaften

BMBF (2007): Weiterbildung auf 50 % erhöhen. Pressemitteilung 194/2007 des BMBF. Verfügbar unter: http://www.bmbf.de/press/2138.php

Bommes, Michael/Schiffauer, Werner (Hrsg.) (2006): Migrationsreport 2006. Fakten – Analysen – Perspektiven. Frankfurt a. M./New York: Campus

Bourdieu, Pierre (1982): Kritik der gesellschaftlichen Urteilskraft. Frankfurt a. M.: Suhrkamp

Bremer, Helmut (2007): Soziale Milieus, Habitus und Lernen. Zur sozialen Selektivität des Bildungswesens am Beispiel der Weiterbildung. Weinheim/München: Juventa

Bremer, Helmut (2004): Von der Gruppendiskussion zur Gruppenwerkstatt. Ein Beitrag zur Methodenentwicklung in der typenbildenden Mentalitäts-, Habitus- und Milieuanalyse. Münster/New York: Lit

Davy, Ulrike (2008): Einbürgerung in Deutschland. Blinde Flecke in einem Rechtsstaat. In: Die Verwaltung 41. 31–62

Davy, Ulrike (2005): Integration of Immigrants in Germany: A Slowly Evolving Concept. In: European Journal of Migration and Law 7. 123–144

Davy, Ulrike/Weber, Albrecht (Hrsg.) (2006): Paradigmenwechsel in Einwanderungsfragen? Überlegungen zum neuen Zuwanderungsgesetz. Baden-Baden: Nomos

Ditton, Hartmut (2004): Der Beitrag von Schule und Lehrern zur Reproduktion von Bildungsungleichheit. In: Becker/Lauterbach (2004): 251–279

Döbert, Marion/Hubertus, Peter (2000): Ihr Kreuz ist die Schrift. Analphabetismus und Alphabetisierung in Deutschland. Münster: Klett

Dostal, Werner/Parmentier, Klaus/Schober, Karen (1998) (Hrsg.): Mangelnde Schulleistungen oder überzogene Anforderungen? Dokumentation eines Workshops in der Bundesanstalt für Arbeit am 16. Oktober 1997 in Nürnberg. Nürnberg: IAB

Drucks, Stephan/Bittlingmayer, Uwe H. (2009): Funktionaler Analphabetismus im wissensgesellschaftlichen Wandel – zur Individualisierung struktureller Problematiken der Chancenverteilung. In: Jahrbuch für Pädagogik 2009. 241–267

Edelstein, Wolfgang (2006): Bildung und Armut. Der Beitrag des Bildungssystems zur Vererbung und zur Bekämpfung von Armut. In: ZSE 26. 120–134

Egloff, Birte (1997): Biografische Muster „funktionaler Analphabeten". Frankfurt a. M.: DIE

Geister, Oliver (2008): Normativität in der Bildungsforschung. In: Ahrens et al. (2008): 185–202

Gerdes, Jürgen (2006): Der „Dritte Weg" als ideologische Kolonialisierung der Lebenswelt. Die Sozialdemokratie in der Wissensgesellschaft. In: Bittlingmayer/Bauer (2006): 553–613

Gerdes, Jürgen/Bittlingmayer, Uwe H. (i. E.): Integration und Assimilation im parteipolitischen Diskurs in Deutschland

Gross, Thomas (2006): Die Verwaltung der Migration nach der Verabschiedung des Zuwanderungsgesetzes. In: Bommes/Schiffauer (2006): 31–61

Heinemann, Lars (i. E.): Normativität bei Max Weber. Zum Spannungsverhältnis von Wertfreiheit und Verstehen. In: Ahrens et al (Hrsg.)

Heinze, Rolf G. (2003): Vom statuskonservierenden zum sozialinvestiven Sozialstaat. (Vortrag bei der Tagung „Zukunft der sozialen Demokratie" der Friedrich-Ebert-Stiftung in Bad Münstereifel 29.9–5.10.2003)

Heisler, Dietmar (2008): Maßnahmenabbrüche in der beruflichen Integrationsförderung. Ursachen und Konsequenzen vorzeitiger Maßnahmebeendigungen in der Berufsvorbereitung (BvB) und außerbetrieblichen Berufsausbildung (BaE). Paderborn: Eusl

Herbert, Ulrich (2001): Geschichte der Ausländerpolitik in Deutschland. München: C. H. Beck

Hubertus, Peter (1998): Schreiben mit funktionalen Analphabeten im Erwachsenenbereich. In: Stark et al. (1998): 133–149

Hunn, Karin (2004): „Irgendwann kam das Deutschlandfieber auch in unsere Gegend …" Türkische „Gastarbeiter" in der Bundesrepublik Deutschland – von der Anwerbung bis zur Rückkehrförderung. In: Motte/Ohliger (2004): 73–88

itf (Innovationstransfer- und Forschungsinstitut Schwerin GmbH) (Hrsg.) (2008): MEMO – Menschen motivieren. Studie: Berufsbezogene Grundbildung – Anforderungen der regionalen Wirtschaft. Verfügbar unter: http://alphabund.org/fileadmin/downloads/Projekt-Output/MEMO-Studie-Anforderungen_der_Wirtschaft-2008.pdf

Imdorf, Christian (2007): Lehrlingsselektion in KMU. Kurzbericht März 2007. Verfügbar unter: http://www.lehrlingsselektion.ch/documents/selektion_d.pdf

Karl, Ute/Schröer, Wolfgang (2006): Fördern und Fordern – Sozialpädagogische Herausforderungen im Jugendalter angesichts sozialpolitischer Umstrukturierungen. In: Spies/Tredop (2006a): 41–56

Klein, Helmut E. (2007): Ausbildungsreife: Betriebliche Einstellungstests prüfen schulische Grundbildung. In: Wirtschaft & Berufserziehung 59. 20–24

Klein, Helmut E./Schöpper-Grabe, Sigrid (2009): Schriftsprachliche Kompetenzen von Schulabsolventen – Anforderungen der Unternehmen und schulische Praxis. In: Berufsbildung 63,120. 29–30

Leisering, Lutz (2004): Paradigmen sozialer Gerechtigkeit. In: Liebig et al. (2004): 29–68

Lessenich, Stephan (2008): Die Neuerfindung des Sozialen. Der Sozialstaat im flexiblen Kapitalismus. Bielefeld: transcript.

Liebig, Stefan/May, Meike (2009): Dimensionen sozialer Gerechtigkeit. In: Aus Politik und Zeitgeschichte 47. 3–8

Liebig, Stefan/Lengfeld, Holger/Mau, Steffen (Hrsg.) (2004): Verteilungsprobleme und Gerechtigkeit in modernen Gesellschaften. Frankfurt a. M./New York: Campus

Linde, Janna (2007): Kinder auf dem Abstellgleis. Wie ausländische Kinder und Jugendliche im deutschen Bildungssystem systematisch benachteiligt werden. Marburg: Tectum

Mägdefrau, Jutta/Schumacher, Eva (Hrsg.) (2002): Pädagogik und soziale Ungleichheit. Aktuelle Beiträge – Neue Herausforderungen. Bad Heilbrunn: Klinkhardt

Merkel, Wolfgang (2001): Soziale Gerechtigkeit und die drei Welten des Wohlfahrtskapitalismus. In: Berliner Journal für Soziologie 11. 135–157

Meyer, Thomas (2005): Theorie der sozialen Demokratie. Wiesbaden: VS Verlag für Sozialwissenschaften

Michalowski, Ines (2006): Qualifizierung oder Selektion? Die Dynamiken der Neuformulierung einer Integrationspolitik. In: Walter et al. (2006): 143–162

Motte, Jan/Ohliger, Rainer (Hrsg.) (2004): Geschichte und Gedächtnis in der Einwanderungsgesellschaft: Migration zwischen historischer Rekonstruktion und Erinnerungspolitik. Essen: Klartext Verlag

Müller, Hans-Rüdiger/Stravoravdis, Wassilios (Hrsg.) (2007): Bildung im Horizont der Wissensgesellschaft. Wiesbaden: VS Verlag für Sozialwissenschaften

Nickel, Sven (2002): Funktionaler Analphabetismus – Ursachen und Lösungsansätze hier und anderswo. Verfügbar unter: http://elib.suub.uni-bremen.de/publications/ELibD890_Nickel-Analphabetismus.pdf

Nickel, Sven (1998): Zugriffe funktionaler Analphabeten auf Schrift. Eine Untersuchung von Schreibstrategien mit der „Hamburger Schreib-Probe". In: Alfa-Forum 38. 20–24

OECD (2010): The High Cost of Low Educational Performance. The Long-Run Economic Impact of Improving Pisa-Outcomes. Verfügbar unter: http://www.pisa.oecd.org/dataoecd/11/28/44417824.pdf

PISA-Konsortium Deutschland (Hrsg.) (2007): PISA 2006. Die Ergebnisse der dritten internationalen Vergleichsstudie. Münster: Waxmann

PISA-Konsortium Deutschland (Hrsg.) (2001): Soziale Bedingungen von Schulleistungen. Zur Erfassung von Kontextmerkmalen durch Schüler-, Schul- und Elternfragebögen. Verfügbar unter: http://www.mpib-berlin.mpg.de/pisa/Kontextmerkmale.pdf

Rebmann, Karin/Tredop, Dietmar (2006): Fehlende „Ausbildungsreife" – Hemmnis für den Übergang von der Schule in das Berufsleben? In: Spies/Tredop (2006a): 85–100

Sarrazin, Thilo (2009): Klasse statt Masse. Von der Hauptstadt der Transferleistungen zur Metropole der Eliten (Interview). In: Lettre International 86. 197–201

Scherr, Albert/Bittlingmayer, Uwe H. (2009): Warum Chancengleichheit nicht genügt. Für ein Konzept der Befähigungsgerechtigkeit. In: Vorgänge. Zeitschrift für Bürgerrechte und Gesellschaftspolitik 48. 43–52

Schneider, Johanna/Wagner, Harald/Gintzel, Ullrich (2008): Sozialintegrative Alphabetisierungsarbeit. Bildungs- und sozialpolitische sowie fachliche Herausforderungen. Münster/New York/Berlin/München: Waxmann

Schöller, Oliver (2006): Bildung geht stiften. Zur Rolle von think tanks in der Wissensgesellschaft. In: Bittlingmayer/Bauer (2006): 285–320

Schumacher, Eva (2002): Die soziale Ungleichheit der Lehrer/innen – oder: Gibt es eine Milieuspezifizität pädagogischen Handelns? In: Mädgefrau/Schumacher (2002): 253–270

Solga, Heike (2003): Das Paradox der integrierten Ausgrenzung von gering qualifizierten Jugendlichen. In: Aus Politik und Zeitgeschichte B 21-22/2003. 19–25

Solga, Heike (2002): „Ausbildungslosigkeit" in Bildungsgesellschaften. Die wachsenden Arbeitsmarktprobleme von Ungelernten aus soziologischer Sicht. WZB-Working Paper 1/2002. Berlin

Solga, Heike/Wagner, Sandra (2001): Paradoxie der Bildungsexpansion. Die doppelte Benachteiligung von Hauptschülern. In: Zeitschrift für Erziehungswissenschaft 4. 107–127

Spies, Anke/Tredop, Dietmar (Hrsg.) (2006a): „Risikobiographien". Benachteiligte Jugendliche zwischen Ausgrenzung und Förderprojekten. Wiesbaden: VS Verlag für Sozialwissenschaften

Spies, Anke/Tredop, Dietmar (2006b): „Risikobiographien" – von welchen Jugendlichen sprechen wir? In: Spies/Tredop (2006a): 9–24

Stark, Werner/Fitzner, Thilo/Schubert, Christoph (Hrsg.) (1998): Wer schreibt, der bleibt! – Und wer nicht schreibt? Ein internationaler Kongress. Stuttgart: Evangelische Akademie Bad Boll

Thränhardt, Dietrich (2008): Einbürgerung – Rahmenbedingungen und Perspektiven des Erwerbs der deutschen Staatsangehörigkeit. Bonn: Friedrich Ebert-Stiftung

UNDP (2008): Human Development Report 2007/2008. Fighting Climate Change: Human Solidarity in a Divided World. New York. Verfügbar unter: http://hdr.undp.org/en/reports/global/hdr2007-2008/

UNESCO (2006): Education for All. Literacy for Life. EFA Global Monitoring Report 2006. Verfügbar unter: http://unesdoc.unesco.org/images/0014/001416/141639e.pdf

UNESCO (1962): Statement of the International Committee of Experts on Literacy. Paris 1962. Zitiert nach: Erwachsenenanalphabetismus und wirtschaftliche Leistungsfähigkeit. Ein OECD/CEIR-Bericht. Frankfurt a. M. u. a. 1994

Vester, Michael (2009): Sortierung nach Herkunft: Harte und weiche Mechanismen sozialer Selektion im deutschen Bildungssystem. Discussion Papers No. 16/2009. Zentrum für Ökonomische und Soziologische Studien. Universität Hamburg. Verfügbar unter: www.wiso.unihamburg.de/fileadmin/sozialoekonomie/zoess/discussion_papers/DP16.pdf

Vester, Michael/von Oertzen, Peter/Geiling, Heiko/Hermann, Thomas/Müller, Dagmar (2001): Soziale Milieus im gesellschaftlichen Strukturwandel. Frankfurt a. M.: Campus

Vogel, Dita/Cyrus, Norbert (2008): Irreguläre Migration in Europa – Zweifel an der Wirksamkeit der Bekämpfung. Kurzdossier. In: focus Migration 9. Kurzdossier

Walter, Anne/Menz, Margarete/De Carlo, Sabina (Hrsg.) (2006): Grenzen der Gesellschaft? Migration und sozialstruktureller Wandel in der Zuwanderungsregion Europa. IMIS-Schriften Band 14. Göttingen: V&R Unipress

Weber, Max (1980): Wirtschaft und Gesellschaft. Grundriß der Verstehenden Soziologie. 5. Auflage (Studienausgabe). Herausgegeben von Johannes Winckelmann. Tübingen: Mohr

Wernstedt, Rolf/John-Ohnesorg, Marei (Hrsg.) (2008): Soziale Herkunft entscheidet über Bildungserfolg. Konsequenzen aus IGLU 2006 und PISA III. Dokumentation der Sitzung des Netzwerk Bildung vom 24. Januar 2008. Berlin. Verfügbar unter: http://library.fes.de/pdf-files/stabsabteilung/05314.pdf

Westphal, Manuela (2006): Sozialisationsprozesse von Jugendlichen mit Migrationshintergrund. In: Spies/Tredop (2006a): 57–68

Wiesner, Gisela/Wolter, Andrä (Hrsg.) (2007): Die lernende Gesellschaft. Lernkulturen und Kompetenzentwicklung in der Wissensgesellschaft. Weinheim/München: Juventa

Abgehängte Bildungsinstitutionen: Hauptschulen und Förderschulen

Wilfried Bos, Sabrina Müller und Tobias C. Stubbe

1 Einleitung

Die empirische Bildungsforschung weist schon seit Jahrzehnten regelmäßig auf benachteiligte Personengruppen im Bildungssystem hin. Dabei hat sich der Prototyp des benachteiligten Kindes verändert: Aus dem „katholischen Arbeitermädchen vom Lande" (Peisert 1967) ist der „Junge mit Migrationshintergrund" geworden (Geißler 2005). Als relativ konstant hat sich im Laufe der Zeit die Benachteiligung von Kindern aus Elternhäusern der unteren sozialen Lagen erwiesen (Vester 2004; siehe auch die Beiträge von Ditton sowie von Bittlingmayer, Drucks, Gerdes und Bauer in diesem Band).

Dieser Beitrag wirft ein Licht auf Bildungseinrichtungen, deren Schülerschaften insgesamt als benachteiligt gelten können: Haupt- und Förderschulen. In Abschnitt 2 werden aktuelle Befunde zur Situation der Hauptschule dargestellt. Abschnitt 3 diskutiert dann ausführlich die Rolle der Förderschule im deutschen Bildungssystem. Abschließend werden im Fazit (Abschnitt 4) die wichtigsten Befunde für beide Schulformen zusammengefasst.

2 Die Situation der Hauptschule

Das Sekundarschulsystem in Deutschland zeichnet sich im internationalen Vergleich unter anderem durch die sehr frühe Verteilung der Schülerinnen und Schüler auf unterschiedliche, nach Anforderungsniveau abgestufte Schulformen aus. In den meisten Ländern der Bundesrepublik findet diese Aufteilung am Ende der vierten Jahrgangsstufe – also im Alter von etwa 10 Jahren – statt (Arnold et al. i. E.). Nur in Österreich werden Kinder ebenfalls schon in diesem Alter nach Leistung getrennt, während in den skandinavischen Staaten sowie in Spanien, Australien, Kanada und in den USA erst im Alter von etwa 16 Jahren eine Trennung der Schülerinnen und Schüler stattfindet (Rösner 2007). Über Vor- und Nachteile dieser frühen Selektion findet in Deutschland seit Jahrzehnten eine politische sowie eine wissenschaftliche Diskussion statt, auf die an dieser Stelle jedoch nicht weiter eingegangen werden soll (siehe auch die Beiträge von Bellenberg und im Brahm sowie von Geißler und Weber-Menges in diesem Band).

2.1 Die Entstehung der Hauptschule

Die Einführung der Hauptschule geht auf den 1953, auf Vorschlag von Bundespräsident Theodor Heuss, gegründeten Deutschen Ausschuss für das Erziehungs- und Bildungswesen zurück, der die Aufgabe hatte, einen Rahmenplan zur Neugestaltung des Schulsystems zu entwickeln. Dieser 1959 vorgelegte Plan sieht die Beibehaltung des gegliederten Sekundarschulsystems vor und teilt die Volksschule in eine vierjährige Grund- und eine fünfjährige Hauptschule auf. Dabei begründet sich die Bezeichnung „Hauptschule" aus dem Ziel, dass diese Schulform von dem überwiegenden Teil der Schülerinnen und Schüler besucht werden soll, es sich also um die Haupt-Schule handelt (Rösner 2007). 1964 beschlossen die Länder im so genannten „Hamburger Abkommen", den Empfehlungen des Ausschusses zur Gründung der Hauptschule zu folgen.

In Abgrenzung zu der bisherigen Struktur, bei der den beiden weiterführenden Schulformen Realschule und Gymnasium die Oberstufe der Volksschule gegenüberstand, sollte ein System geschaffen werden, bei dem im Anschluss an die Primarstufe drei gleichwertige Schulformen angeboten werden, die sich an unterschiedliche Zielgruppen richten (Leschinsky 2008). In der „Vereinbarung über die Schularten und Bildungsgänge im Sekundarbereich I" hat die Kultusministerkonferenz 1993 die Bildungsschwerpunkte der einzelnen Schulformen festgelegt. Danach kommt der Hauptschule die Aufgabe zu, eine „grundlegende allgemeine Bildung" zu vermitteln, die insbesondere auf berufsqualifizierende Bildungsgänge vorbereitet. Demgegenüber findet an Realschulen eine „erweiterte allgemeine Bildung" zur Vorbereitung auf berufs- und studienqualifizierende Bildungsgänge statt und an Gymnasien eine „vertiefende allgemeine Bildung", die auf den Besuch der Sekundarstufe II und ein anschließendes Hochschulstudium vorbereitet (Sekretariat der Ständigen Konferenz der Kultusminister der Länder in der Bundesrepublik Deutschland 2009c).

2.2 Die Entwicklung der Schülerzahlen

Leschinsky (2008) bezeichnet die Hauptschule als ‚Leidtragende' der Bildungsexpansion. Die Öffnung der höheren Schulformen – Realschule und Gymnasium – für größere Anteile der Schülerjahrgänge hat unmittelbar zu einem massiven Rückgang der Hauptschulquoten geführt.

Abbildung 1 zeigt die Entwicklung der Anteile der Schülerinnen und Schüler der Sekundarstufe I an allgemein bildenden Schulen auf den unterschiedlichen Schulformen. In den 20 Jahren von 1960 bis 1980 hat sich der Anteil der Hauptschülerinnen und Hauptschüler von 66,4 Prozent auf 36,4 Prozent fast halbiert. Weitere 10 Jahre später war die Hauptschule gemessen an den Schülerzahlen nicht mehr die wichtigste Schulform und 2005 lag der Anteil der Hauptschule nur noch bei 20,5 Prozent.

Der Anteil der Gymnasiastinnen und Gymnasiasten in der Sekundarstufe I ist von 20,1 Prozent im Jahr 1960 auf 34,1 Prozent im Jahr 2005 angestiegen. In der Gruppe der integrierten Gesamtschulen, der Schularten mit mehreren Bildungsgängen und der schulartunabhängigen Orientierungsstufe lässt sich zwischen 1990 (12,7 %) und 1991 (25,6 %) ein sprunghafter Anstieg feststellen, der sich dadurch erklärt, dass in der vorliegenden Statistik ab 1991 die neuen Länder mitberücksichtigt wurden.

Abbildung 1 Anteil der Schülerinnen und Schüler der Sekundarstufe I an allgemein bildenden Schulen auf den unterschiedlichen Schulformen (bis 1990 früheres Bundesgebiet; ab 1991 Deutschland)

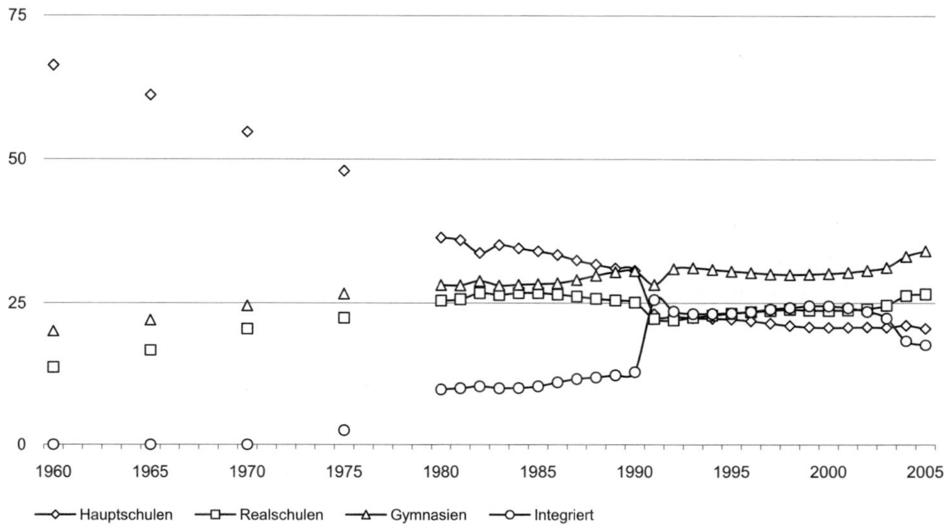

Quelle: Bundesministerium für Bildung und Forschung 2005, 2010 (eigene Berechnungen)

Einen Hinweis auf die weitere Entwicklung dieser Quoten kann die Internationale Grundschul-Lese-Untersuchung (IGLU) liefern. Die Eltern der getesteten Viertklässlerinnen und Viertklässler wurden im Rahmen dieser Studie unter anderem gefragt, welche Schulform ihr Kind im folgenden Jahr besuchen wird. 2001 lag der Anteil der Hauptschule noch bei 22,1 Prozent. Fünf Jahre später nannten nur noch 14,7 Prozent der Eltern diese Schulform (Arnold et al. 2007). Es zeichnet sich also ab, dass der Anteil der Hauptschülerinnen und Hauptschüler weiter sinken wird.

Hinsichtlich der Bedeutung der Hauptschule muss in der föderalen Bundesrepublik allerdings auch zwischen den einzelnen Ländern unterschieden werden. Wie Tabelle 1 zu entnehmen ist, gibt es in den ostdeutschen Ländern und im Saarland praktisch keine Hauptschulen, während der Anteil in Bayern bei 35,0 Prozent liegt.

Tabelle 1 Anteil der Hauptschülerinnen und Hauptschüler in der Sekundarstufe I im Jahr 2005 (Anteil in Prozent)

Land	Hauptschüleranteil
Bayern	35.0
Baden-Württemberg	28.0
Schleswig-Holstein	24.2
Niedersachsen	22.5
Nordrhein-Westfalen	22.0
Deutschland	20.5
Rheinland-Pfalz	17.0
Hamburg	13.5
Bremen	12.7
Hessen	11.3
Berlin	8.7
Mecklenburg-Vorpommern	4.0
Saarland	0.5
Brandenburg	0.0
Sachsen	0.0
Sachsen-Anhalt	0.0
Thüringen	0.0

Quelle: Bundesministerium für Bildung und Forschung 2010 (eigene Berechnungen)

Wie die folgenden Ausführungen zeigen werden, wird die Hauptschule im Bildungswettbewerb insbesondere dort abgehängt, wo sie als „Restschule" auftaucht, die von deutlich weniger Kindern besucht wird als andere Schulformen.

2.3 Differenzielle Lernmilieus

Im Rahmen von PISA 2000 wurde festgestellt, dass die Hauptschule hinsichtlich der sozialen Zusammensetzung ihrer Schülerschaft die homogenste und das Gymnasium die heterogenste Schulform ist, wobei die Elternhäuser der Kinder, die Hauptschulen besuchen, den unteren sozialen Lagen angehören (Baumert/Schümer 2001). Solga und Wagner (2004) sehen hierin eine Folge der sinkenden Hauptschulquoten:

> „Die Schrumpfung der Hauptschule wurde im Wesentlichen durch eine Abwanderung von Mädchen und insbesondere von Kindern, deren Eltern in qualifizierten Tätigkeiten beschäftigt sind, erzeugt. Zurückgeblieben sind überproportional Kinder, deren Eltern in einfachen Tätig-

> keiten beschäftigt oder gar nicht erwerbstätig sind und die in instabilen Familienverhältnissen aufgewachsen sind“ (Solga/Wagner 2004: 217).

Als Konsequenz ergibt sich für diese Schülerinnen und Schüler eine soziale Verarmung, da sie weder im Elternhaus noch in der Schule eine anregungsreiche Lernumwelt vorfinden. Auch Baumert, Stanat und Watermann (2006) betonen die Bedeutung von Lern- und Entwicklungsmilieus für die Lernzuwächse von Schülerinnen und Schülern. Mit Daten aus PISA 2000 konnte gezeigt werden, dass sich auch unter Kontrolle der persönlichen, intellektuellen, kulturellen, sozialen und ökonomischen Ressourcen der Schülerinnen und Schüler ein Zusammenhang zwischen der Zusammensetzung der Lerngruppe und den Lernzuwächsen feststellen lässt. In Hauptschulklassen, die praktisch nur noch von Schülerinnen und Schülern mit sehr geringen schulischen Kompetenzen besucht werden, finden sich Lern- und Entwicklungsmilieus, die den Kindern kaum Anregungen bieten und zu einer kumulativen Benachteiligung führen.

2.4 Stigmatisierung von Hauptschülerinnen und Hauptschülern

Knigge (2009) beschreibt mit der Stigmatisierung von Kindern und Jugendlichen an Hauptschulen eine Konsequenz dieser Schulform, die in der wissenschaftlichen Diskussion bislang wenig Aufmerksamkeit erfahren hat.

Zur Messung der öffentlichen kollektiven Identität von Hauptschülerinnen und Hauptschülern bzw. von Gymnasiastinnen und Gymnasiasten legt Knigge Schülerinnen und Schülern beider Schulformen 24 Merkmalspaare vor, für die auf einer siebenstufigen Likert-Skala angegeben werden soll, wie sie die öffentliche Wahrnehmung der eigenen Schulform einschätzen. Es ergeben sich Skalen für drei Formen der Stigmatisierung (Leistungsfähigkeit, Motivation und Soziales) sowie eine Skala für Kompensation. Beispiele für die verwendeten Merkmalspaare sind „schlau-dumm“ (Leistungsfähigkeit), „fleißig-faul“ (Motivation), „artig-ungezogen“ (Soziales) und „uncool-cool“ (Kompensation).

Es zeigen sich für Schülerinnen und Schüler an Hauptschulen sehr hohe Werte für die drei Stigmatisierungs-Skalen, während Gymnasiastinnen und Gymnasiasten sehr niedrige Werte aufweisen. Hinsichtlich der Kompensation liegen Hauptschülerinnen und Hauptschüler geringfügig über dem theoretischen Mittelwert (neutrale Einschätzung) und Schülerinnen und Schüler an Gymnasien geringfügig darunter.

> „Ich nehme an, dass Hauptschüler bereits nach kurzer Zeit auf der Hauptschule wissen, dass der Weg in höhere Schulen nahezu versperrt ist. Gleichzeitig haben selbst die eigenen Lehrer deutliche Vorurteile gegenüber ihrer eigenen Schülerschaft, die auch diejenigen realisieren und erleben müssen, auf die diese Stereotype gar nicht zutreffend sind. Da es Hauptschülern schwer gemacht wird, sich mit einer positiven Perspektive in der Schule zu engagieren, ist es wahrscheinlich, dass sie andere Kontingenzien des Selbstwertes für sich konstruieren (...). Dies können dann – stereotypkongruent – z. B. Drogenmissbrauch und/oder Kriminalität sein. Es ist, wenn man diese Perspektive einnimmt, gut denkbar, dass deviantes Verhalten oft die Folge von und nicht nur die Begründung für Stigmatisierung von Hauptschülern ist“ (Knigge 2009: 215).

Es ist zu befürchten, dass eine solche Stigmatisierung von Kindern und Jugendlichen im Sinne einer *self-fulfilling prophecy* negative Auswirkungen hat.

2.5 Bildungschancen von Hauptschülerinnen und Hauptschülern

Ein wichtiger Anspruch des gegliederten Sekundarschulsystems ist eine gewisse Durchlässigkeit, die der Tatsache Rechnung tragen soll, dass die weitere Entwicklung von Kindern im Alter von 10 Jahren nicht zuverlässig vorausgesagt werden kann (Sekretariat der Ständigen Konferenz der Kultusminister der Länder in der Bundesrepublik Deutschland 2009c). Der Wechsel von einer Schulform auf eine andere wird dabei als horizontale Durchlässigkeit bezeichnet und die Möglichkeit, einen höherwertigen Schulabschluss auf einer niedrigeren Schulart zu erwerben, als vertikale Durchlässigkeit (Bellenberg 1999).

Schulformwechsel finden zwar in erheblichem Umfang statt – dabei handelt es sich allerdings in erster Linie um Abstiege (Bellenberg 1999; Bellenberg/Klemm 2000; Rösner 1997; Stubbe 2009). Hauptschülerinnen und Hauptschüler können von dieser horizontalen Durchlässigkeit des Bildungssystems also praktisch nicht profitieren. Etwas anders sieht es bei der vertikalen Durchlässigkeit aus, die seit den 1980er Jahren an Bedeutung gewonnen hat (Baumert et al. 2003b). Da der mittlere Schulabschluss in einigen Ländern auch an Hauptschulen erworben werden kann, haben Schülerinnen und Schüler an dieser Schulform somit auch ohne einen Schulformwechsel die Möglichkeit einen höheren Abschluss als den Hauptschulabschluss zu erwerben. Allerdings gibt es Hinweise darauf, dass gleichnamige Abschlüsse, die an unterschiedlichen Schulformen erworben wurden, auf dem Arbeitsmarkt nicht als gleichwertig angesehen werden (Schuchart 2007).

2.6 Die Zukunft der Hauptschule

Leschinsky (2008) weist darauf hin, dass ein Ende der Hauptschule keine Lösung des grundsätzlichen Problems darstellt. Die Schülerinnen und Schüler, die heute eine Hauptschule besuchen, benötigen unabhängig von der Struktur des Bildungssystems besondere Aufmerksamkeit und Unterstützung.

Rösner (2007) findet deutliche Worte, was die Zukunft der Hauptschule anbelangt, betont aber auch, dass die Schülerinnen und Schüler, die derzeit diese Schulform besuchen, insbesondere in der derzeitigen Situation umfangreiche Unterstützungsangebote benötigen.

> „Die Hauptschule ist als Hauptschule nicht mehr zu retten. Ist es da noch sinnvoll, überhaupt in diesen Bildungsgang zu investieren, zum Beispiel Ganztagsangebote einzurichten? Die Antwort lautet: ja. Noch immer besuchen rund 1 Million junge Menschen eine Hauptschule. Dass es diese Schule im Rückblick besser nie gegeben hätte, hilft ihnen nicht, dass sie demnächst ausstirbt, auch nicht. (...) So gesehen sind Hilfen für den Bildungsgang der Hauptschule nicht nur legitim, sondern unerlässlich“ (Rösner 2007: 201).

Ohne an dieser Stelle Sinn und Unsinn eines gegliederten Sekundarschulsystems mit mehreren gleichwertigen Schulformen zu diskutieren: als „Restschule“, so wie die Hauptschule heute in vielen Ländern der Bundesrepublik anzutreffen ist, hat diese Schulform keine Existenzberechtigung. Schülerinnen und Schüler, die in diesen Ländern eine Hauptschule besuchen – nicht selten weil sie aus bildungsfernen Elternhäusern stammen – fühlen sich stigmatisiert, haben keinen Zugang zu anregungsreichen Lernmilieus und können bei Bewerbungen nicht mit der großen Anzahl von Real- und Gesamtschülerinnen und -schülern mithalten.

Vielleicht ist ein zweigliedriges Sekundarschulsystem, so wie es heute schon in mehreren Ländern (insbesondere in Ostdeutschland) existiert, die Lösung, wie Hurrelmann bereits 1991 und unlängst auch der Aktionsrat Bildung (Blossfeld et al. 2007) gefordert hat. „Neben dem Gymnasium als einer wissenschafts- und fächerstrukturierten Lernschule werden alle anderen Schulformen der Sekundarstufe I zu einer neuartigen berufs- und lebenspraxisorientierten Schulform vereint.“ (Hurrelmann 2006b: 1).

3 Die Situation der Förderschule

Im Gegensatz zur Hauptschule war die Förderschule schon immer eine marginalisierte Institution im deutschen Bildungssystem, der vergleichsweise wenig Aufmerksamkeit und politische Beachtung zuteil wurde. Es wird in der Schulstrukturdebatte selten dargestellt, dass die Förderschulen in der BRD noch einmal ein hochgradig differenziertes System neben dem System der Regelschule bilden, obwohl je nach Bundesland zwischen 3,7 und 10,4 Prozent aller Schülerinnen und Schüler eine Förderschule besuchen. Auch bei den großen Schulleistungsstudien wie PISA und IGLU gehen Schülerinnen und Schüler der Förderschule zwar mit Einschränkung in die Stichprobe ein (Hornberg et al. 2007; Prenzel et al. 2005b), damit die Stichproben repräsentativ sind, doch wurden ihre Ergebnisse bislang nicht gesondert ausgewertet (Hoermann 2007; Preuss-Lausitz/Klemm 2008). Die Recherche des Begriffs „Bildungsverlierer“ im Internet liefert überwiegend Einträge und Artikel über Jungen, Schüler mit Migrationshintergrund und Hauptschüler, jedoch kaum über Förderschüler.

3.1 Sonderpädagogische Förderung in Deutschland und ihre historische Entwicklung

Die Struktur des Förderschulwesens ist in Deutschland differenzierter als in den meisten anderen europäischen Staaten. Der im Jahr 1960 von der Ständigen Konferenz der Kultusminister der Länder in der Bundesrepublik Deutschland (KMK) verfasste Beschluss zur Ordnung des Sonderschulwesens, in dem die Eigenständigkeit von dreizehn unterschiedlichen Sonderschulformen deutlich herausgestellt wurde, hat maßgeblich zur längerfristigen Etablierung dieser Differenzierung beigetragen (Werning/Reiser 2008). Seit 1994 wird die sonderpädagogische Förderung auf Empfehlung der KMK nicht mehr in den Kategorien von Sonderschulformen, sondern in Förderschwerpunkten organisiert. Die KMK (Sekretariat der Ständigen Konferenz der Kultusminister der Länder in der Bundesrepublik Deutschland 1994) nennt als Bereiche, in denen sonderpädagogische Förderung stattfinden kann, sieben

Förderschwerpunkte sowie den Unterricht kranker Schülerinnen und Schüler – d. h. Haus- oder Krankenhausunterricht für Schülerinnen und Schüler, die lange Zeit oder wiederholt aufgrund von Krankheit ihre Stammschule nicht besuchen können. Im Schuljahr 2008/09 haben insgesamt 477.111 der rund neun Millionen deutschen Schülerinnen und Schüler eine sonderpädagogische Förderung erhalten. Das sind beinahe 5,3 Prozent aller Schülerinnen und Schüler, die sich, wie in Tabelle 2 dargestellt, auf die verschiedenen Förderschwerpunkte verteilen.

Tabelle 2 Verteilung der Schülerinnen und Schüler mit sonderpädagogischem Förderbedarf auf die Förderschwerpunkte (Anteile in Prozent)

Förderschwerpunkt	2006/07	2007/08	2008/09
Lernen	46.4	45.0	43.5
Sehen	1.4	1.4	1.3
Hören	3.0	3.0	2.8
Sprache	10.3	10.5	9.5
Körperliche und motorische Entwicklung	6.1	6.3	6.3
Geistige Entwicklung	15.6	15.8	19.0
Emotionale und soziale Entwicklung	10.0	10.8	9.0
Übergreifend bzw. keinem Schwerpunkt zugeordnet	5.1	4.9	6.1
Unterricht kranker Schülerinnen und Schüler	2.1	2.2	2.5

Quellen: Sekretariat der Ständigen Konferenz der Kultusminister der Länder in der Bundesrepublik Deutschland 2008, 2009a, 2009b; Statistisches Bundesamt 2010 (eigene Berechnungen)

Der Förderschwerpunkt Lernen, dem knapp die Hälfte aller sonderpädagogisch geförderten Schülerinnen und Schüler zugewiesen werden, hat mit Abstand die höchste Förderquote. Gemessen an der Gesamtzahl aller deutschen Schülerinnen und Schüler betrug sie im Jahr 2008 rund 2,3 Prozent. Sowohl der Anteil der Kinder und Jugendlichen mit dem Förderschwerpunkt Lernen als auch die Quote aller Schülerinnen und Schüler mit sonderpädagogischem Förderbedarf war zwischen 1991 und 2006 im Verhältnis zur Gesamtheit aller Schüler relativ stabil. Die sprunghafte Erhöhung beider Quoten im Jahr 1999 ist der Tatsache geschuldet, dass die KMK zu diesem Zeitpunkt in ihrer Statistik zur sonderpädagogischen Förderung erstmals die Quote *aller* Schülerinnen und Schüler mit sonderpädagogischem Förderbedarf angibt – unabhängig vom Förderort. Bis einschließlich 1998 sind ausschließlich Schülerinnen und Schüler repräsentiert, deren Förderung in einer Förderschule stattfand.

Abbildung 2 Anteil der Schülerinnen und Schüler mit sonderpädagogischem Förderbedarf in den Bundesländern von 1991 bis 2006 (Angaben in Prozent)

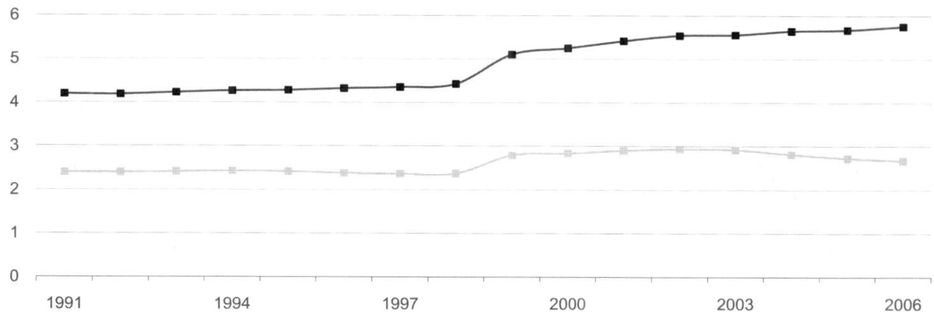

Quellen: Sekretariat der Ständigen Konferenz der Kultusminister der Länder in der Bundesrepublik Deutschland 2002, 2008

Während es sich bei den Förderschwerpunkten Sehen, Hören oder körperliche und motorische Entwicklung um medizinisch feststellbare Behinderungen handelt, kann eine eindeutige Abgrenzung zur normalen kindlichen Entwicklung in den Förderschwerpunkten Lernen, Sprache und emotionale und soziale Entwicklung schwierig sein. Ebenso ist die Abgrenzung zwischen diesen drei Förderschwerpunkten nicht immer einfach, da ein „Overlap" – also eine Überlappung von Schwierigkeiten, die diesen drei Schwerpunkten zugeordnet werden – sehr häufig vorkommt (Ricking 2005). Schülerinnen und Schüler, die die Förderschule mit dem Förderschwerpunkt Lernen besuchen, werden in der Regel aufgrund unzureichender fachlicher Leistungen von der Regelschule an die Förderschule abgegeben. Das Ziel dieser Weitergabe ist – neben der individuellen, am Kind orientierten Förderung – auf institutioneller Ebene auch schon immer die Entlastung der Regelschule durch Reduktion von Heterogenität gewesen (Schröder 2000).

Sonderpädagogische Disziplinen wie die Förderschwerpunkte Sehen und Hören, die sich mit der schulischen und praktischen Bildung sehbehinderter und blinder, bzw. hörgeschädigter und gehörloser Kindern beschäftigen, können ihr Bestehen mit der Notwendigkeit begründen, für ihre Klientel brauche es ein anderes Lernumfeld, spezielle Unterrichtung in Gebärdensprache oder Brailleschrift sowie spezielle Materialien. Der Förderschwerpunkt Lernen steht hingegen seit jeher vor dem Dilemma, dass der Umgang mit Lernschwierigkeiten sowie deren Prävention erst einmal zu den Aufgaben der allgemeinen Schule gehört.

Die Entstehung der Förderschule Lernen bzw. der Lernbehindertenpädagogik muss laut Kleber (1980) historisch gedeutet und verstanden werden. Diese Schulform hat sich aus der Situation heraus entwickelt, dass nach Einführung der allgemeinen Schulpflicht einige Schüler die Kulturtechniken nicht in der vorgegebenen Zeit zu erwerben in der Lage waren und dadurch im Unterricht zurückfielen. Diese Kinder, die keine geistige Behinderung aufwiesen aber dennoch in der Volksschule versagten, wurden in Deutschland erstmals gegen Ende des 18. Jahrhunderts in den gerade entstehenden Hilfsschulen gesondert unterrichtet.

Diese hatten die Funktion, die Volksschule von ihren leistungsschwächsten Schülerinnen und Schülern zu entlasten. Die Grenzziehung orientierte sich dabei an den Nachbarpopulationen – auf der einen Seite die normal begabten Kinder, auf der anderen Seite die geistig behinderten Kinder. Dazwischen wurde die Klientel angesiedelt, deren eigene Schule etabliert werden sollte: „(…) die in der Mitte zwischen normal gebildeten und blödsinnigen Kindern Stehenden – die Schwachsinnigen" (Stötzner 1864, zitiert nach Schröder 2000: 16).

> „So lebten die Hilfsschulpädagogen in dem zweifachen Widerspruch von ständigem Bemühen um eindeutige Definition ihrer Schülerschaft und dauerndem Scheitern dieser Bemühungen sowie von medizinischer Begrifflichkeit des Schwachsinns und der Tatsache, dass das eigentliche Diagnostikum ein schulpädagogisches war, nämlich das mindestens zweijährige Scheitern des normalen Unterrichts bei ihren Kindern" (Schröder 2000: 28).

Biermann und Götze (2005) sprechen heute in diesem Zusammenhang von einer „Behindertenrestgruppe" und Bleidick (1980) konstatierte schon vor 30 Jahren provokant, dass lernbehindert sei, wer die Schule für Lernbehinderte besuche (weil er auf der allgemeinen Schule nicht gut genug gefördert werde).

3.2 *Empirisches Wissen über die Förderschule Lernen*

In der Tat ist die Schülerschaft der Förderschule Lernen hochgradig heterogen. Jeder in der Praxis tätige Sonderpädagoge wird ohne zu zögern bestätigen, dass die Spannbreite der kognitiven Leistungsfähigkeit seiner Schülerinnen und Schüler von einer leichten geistigen Behinderung bis hin zu einer absolut durchschnittlichen Leistungsfähigkeit reicht. Die wenigen Schulleistungsstudien, die bislang (auch) Förderschulen mit dem Förderschwerpunkt Lernen in den Blick nahmen (siehe Tabelle 3), bestätigen diese Leistungsspannbreite.

Tabelle 3 Schulleistungsstudien, die Schülerinnen und Schüler mit sonderpädagogischem Förderbedarf im Förderschwerpunkt Lernen berücksichtigen

Akronym	Name der Studie	Publikationen
LAUF	Lernausgangslage an Förderschulen	Wocken (2000; 2005)
KESS 7F	Kompetenzen und Einstellungen von Schülerinnen und Schülern an Förderschulen	Wocken & Gröhlich (2009)
LABEL 8-10	Erhebung der Lernausgangslagen arbeitsrelevanter Basiskompetenzen im Förderschwerpunkt Lernen	Lehmann et al. (2004)
BELLA	Berliner Erhebung arbeitsrelevanter Basiskompetenzen von Schülerinnen und Schülern mit Förderbedarf „Lernen"	Lehmann et al. (2009)
PARS-F	Panel Study at the Research School Education and Capabilities in North Rhine Westphalia	Bos, Stubbe, Buddeberg, Dohe & Walzebug (in Vorbereitung)

Die kognitive Leistungsfähigkeit der Schülerinnen und Schüler der Förderschule Lernen überschneidet sich mit derjenigen von Hauptschülern bei einer deutlich verschobenen mittleren Leistungsfähigkeit (Wocken 2005; Wocken/Gröhlich 2009). Doch Intelligenzunterschiede allein reichen nicht aus, um die Klientel der Förderschule zu beschreiben (Biermann/Goetze 2005; Schröder 2000). Eine Reihe sozialer Merkmale gelten als typisch für lernbehinderte Schüler, z. B. die Zugehörigkeit zur unteren Sozialschicht, kinderreiche Familien, beengte Wohnverhältnisse und schlechte Wohngegenden. Außerdem ist die familiäre Sozialisation häufig gekennzeichnet durch „Normregidität (starre Regeln ohne Begründung), mangelnde Zukunftsorientierung (sofortige Bedürfnisbefriedigung) und restringierten statt elaborierten Sprachcode" (Cloerkes et al. 2007: 95), was die schon erwähnte Überlappung von Schwierigkeiten in den Förderschwerpunkten Lernen, Sprache und Verhalten bedingt. Die Effekte familiärer Sozialisation der meisten Förderschüler stehen in diametralem Gegensatz zu den schulischen Sozialisationszielen. Die Zusatzstudien zu LAU und KESS (LAUF und KESS 7F) erlauben über die Kompetenzmessung mit Fachleistungstests hinaus einen empirischen Vergleich der sozialen Ausgangslage von Förderschülern und Regelschülern. Die Ergebnisse zeigen deutlich, dass Schülerinnen und Schüler, die eine Förderschule mit dem Förderschwerpunkt Lernen besuchen, auch heute noch deutlich häufiger als ihre Peers von der Regelschule aus Familien kommen, die über ein geringes Haushaltsbruttoeinkommen verfügen und das Gros der Eltern über einen deutlich niedrigeren Bildungsabschluss verfügt. Förderschüler wachsen außerdem häufiger mit einem allein erziehenden Elternteil auf, haben durchschnittlich mehr Geschwister ($M = 2{,}7$) als Gleichaltrige von Regelschulen und die meisten Familien besitzen deutlich weniger Bücher und damit weniger kulturelles Kapital. Auch Schülerinnen und Schüler aus Familien, in denen mindestens ein Elternteil nicht in Deutschland geboren wurde, sind in den Förderschulstudien von LAU und KESS klar überrepräsentiert.

Die Ergebnisse dieser aktuellen Studien zeigen, dass sich die Situation der Förderschüler in den letzten Jahrzehnten nicht wesentlich verändert hat. Schon die Hilfsschule galt als Armenschule und auch heute gehören die Schülerinnen und Schüler der Förderschule Lernen kulturell sowie finanziell zu den Ärmsten der deutschen Gesellschaft. Die Förderschule bleibt somit eine Schule für in vielfältiger Weise benachteiligte Schülerinnen und Schüler (Wocken 2000). Geändert hat sich dennoch der Blick auf die Schüler im Förderschwerpunkt Lernen. Während man am Ende des 18. Jahrhunderts noch darum bemüht war, die Gruppe der Lernbehinderten von geistig behinderten und normal begabten Schülern abzugrenzen, um deren Recht auf eine eigene Schulform zu legitimieren, werden schulische Lernprobleme inzwischen nicht mehr ausschließlich als Schwäche wahrgenommen, die in der individuellen Disposition des Förderschülers zu suchen ist. Seit den 1960er und 70er Jahren wird die Konstruktion sozialer Rollen im Rahmen des symbolischen Interaktionismus (z. B. Berger/Luckmann 1970; Krappmann 1969) und der Sozialisationstheorie (Hurrelmann 2006a) wissenschaftlich thematisiert. Dabei spielt insbesondere das Problem der Stigmatisierung devianten Verhaltens eine Rolle. Aus soziologischer Perspektive stellt sich die Frage, inwieweit die Förderschule als Institution soziale Ungleichheit kompensieren und damit auf gesellschaftlicher Ebene eine integrative Wirkung entfalten kann. Denn das Ziel sonderpädagogischer Förderung ist es letztlich, den Schülerinnen und Schülern die aktive Teilhabe am gesellschaftlichen Leben zu ermöglichen, in erster Linie durch Literalität und berufliche Integration. Doch die Feststellung, Zuteilung und Legitimation einer Lernbehinderung führt nach Haber und Smith (1971) dazu, dass die Stellung von Förderschülern in der Gesellschaft normalisiert wird. Dies trägt wiederum dazu bei, dass soziale Ungerechtigkeiten aufrecht erhalten werden. Wocken wirft der Institution Förderschule darüber hinaus einen didaktischen, methodischen, sozialen und zeitlichen Reduktionismus vor (Wocken 2007), von dem er annimmt, dass er die Entwicklung der Schülerinnen und Schüler nachhaltig beeinträchtigt. Diese Annahme entspricht weitgehend den Erkenntnissen von Baumert, Stanat und Watermann (2006b), dass Lern- und Entwicklungsmilieus einen messbaren Einfluss auf Lernzuwächse von Schülerinnen und Schülern haben.

Durch die Konstruktion von Lernbehinderung als sonderpädagogisches Aufgabenfeld entsteht weiterhin das Problem der Zurückweisung von Zuständigkeit für lernschwache Schülerinnen und Schüler durch die allgemeine Schule. Eine Art der Zurückweisung von Verantwortung, die dem System Regelschule durch Maßnahmen wie Klassenwiederholung und Schulformwechsel ohnehin vertraut ist.

3.3 Die aktuelle Situation der Förderschule in den verschiedenen Bundesländern

Dass (Lern-)Behinderung nicht zuletzt sozial konstruiert wird und von vielfältigen Bedingungen abhängig ist, belegen die sehr unterschiedlichen Quoten von Schülerinnen und Schülern an den Förderschulen der verschiedenen Bundesländer.

Abbildung 3 Anteil der Schülerinnen und Schüler mit sonderpädagogischem Förderbedarf in den Bundesländern (Angaben in Prozent)

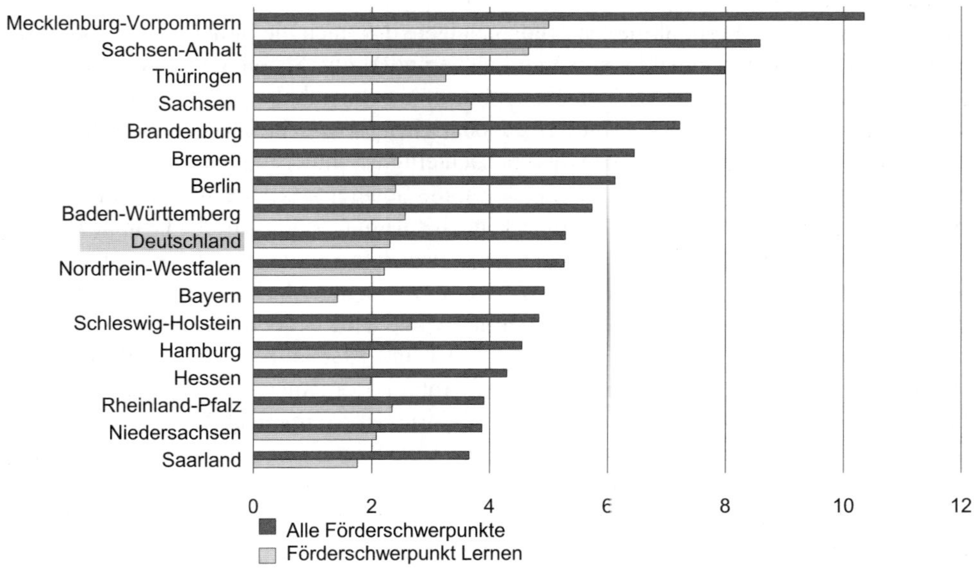

Quelle: Statistisches Bundesamt 2010 (eigene Berechnungen)

Für die großen Unterschiede zwischen den Bundesländern gibt es verschiedene Erklärungsansätze, von denen in diesem Rahmen nur einige angerissen werden sollen. Ein grundlegendes Problem ist das Fehlen von Standards in der sonderpädagogischen Diagnostik, wobei dieses Problem unter anderem aus der Schwierigkeit entsteht, eine Definition dafür zu finden, was Schülerinnen und Schüler im Förderschwerpunkt Lernen genau kennzeichnet. Die Folge ist, dass für Gutachten zur Feststellung sonderpädagogischen Förderbedarfs völlig unterschiedliche diagnostische Instrumente herangezogen werden und die Zuschreibung von Förderbedarf im Bereich des Lernens dadurch wohl kaum den Kriterien der Objektivität, Reliabilität und Validität entsprechen kann (Hollenweger/Lienhard 2009). Die geltenden Maßstäbe für die Zuschreibung von Förderbedarf im Bereich des Lernens sind im Einzelfall dadurch keinesfalls vergleichbar. Ein weiterer Effekt dieser Tatsache ist die deutliche Überrepräsentation von Jungen sowie Schülern mit Migrationshintergrund an der Förderschule. Jungen, die die Förderschule Lernen besuchen, schneiden in Leistungstests in der Regel besser ab als ihre Mitschülerinnen und zeigen darüber hinaus durchschnittlich ein höheres kognitives Potenzial (Lehmann et al. 2004; Lehmann/Hoffmann 2009; Wocken/Gröhlich 2009). Dies ist ein Hinweis darauf, dass für Jungen und Mädchen möglicherweise unterschiedlich strenge Kriterien für eine Förderschulüberweisung gelten.

Neben der Diagnostik bestimmt das lokale Angebot an Förderschulen stark die Überweisungspraxis. Wocken (2005) konnte im Rahmen von LAUF zeigen, dass Schülerinnen und Schüler in Regionen mit einem hohen Anteil an Förderschulüberweisungen signifikant bessere Leistungen erzielten als Schülerinnen und Schüler in weniger selektiven Bildungsregionen. Seine Schlussfolgerung: Gebiete, in denen die Infrastruktur sonderpädagogischer Fördermöglichkeiten gut ausgebaut ist, sind von einer strengeren Überweisungspraxis geprägt, d. h. schon bei vergleichsweise geringen Auffälligkeiten erhalten Schülerinnen und Schüler sonderpädagogische Unterstützung, was nicht grundsätzlich problematisch ist. Erst dann, wenn sonderpädagogische Förderung zum Synonym für die Selektion aus dem Regelschulsystem wird, erhält der Begriff seine negative Konnotation. Wer einmal auf der Förderschule Lernen ist, schafft es nur selten zurück an die Regelschule oder in eine Ausbildung.

Statt Abgrenzung und Aussonderung einer Gruppe von Schülerinnen und Schülern, die den Ansprüchen der Regelschule nicht gerecht wird, gibt es seit vielen Jahren die Forderung nach stärkeren Bemühungen um die Integration von Schülerinnen und Schülern mit Behinderungen im Allgemeinen und Lernschwierigkeiten im Speziellen. Die systemische Betrachtung von Beeinträchtigungen des Lernens hat sich auch in den Empfehlungen für den Förderschwerpunkt Lernen der KMK (2000) niedergeschlagen, die sonderpädagogischen Förderbedarf im Bereich des Lernens folgendermaßen definiert:

> „Bei Schülerinnen und Schülern mit Beeinträchtigungen des Lernens ist die Beziehung zwischen Individuum und Umwelt dauerhaft bzw. zeitweilig so erschwert, dass sie die Ziele und Inhalte der Lehrpläne der allgemeinen Schule nicht oder nur ansatzweise erreichen können. Diesen Kindern und Jugendlichen und ihren Eltern muss Hilfe durch Angebote im Förderschwerpunkt Lernen zuteil werden" (Sekretariat der Ständigen Konferenz der Kultusminister der Länder in der Bundesrepublik Deutschland 2000: 2).

Wo sonderpädagogische Förderung stattfindet, soll sie prinzipiell offen sein und an den Bedürfnissen des Kindes ausgerichtet werden. Neben den Förderschulen sind in den letzten Jahren somit zunehmend Grund-, Haupt- und Gesamtschulen in die sonderpädagogische Förderung einbezogen worden. Nach einer ausführlichen individuellen Diagnostik soll für jeden Schüler im Einzelfall entschieden werden, ob eine integrative Förderung an der Regelschule oder die Beschulung an einer Förderschule angemessen ist. Der deutsche Föderalismus eröffnet den Bundesländern bislang die Möglichkeit, sehr unterschiedlich mit dieser Öffnung umzugehen. Es zeichnet sich dennoch eine Tendenz zu stärkeren Integrationsbemühungen ab, unter anderem dadurch bestärkt, dass Deutschland die Behindertenrechtskonvention der Vereinten Nationen (Bundesgesetzblatt 2008) unterzeichnet und sich dadurch verpflichtet hat, das Schulsystem langfristig möglichst inklusiv zu gestalten. Das heißt, dass es auch für Kinder und Jugendliche mit Behinderungen zur Normalität werden soll, am Unterricht der allgemeinen Schule teilzunehmen. Die Umsetzung dieser Forderung geschieht in den verschiedenen Bundesländern mit unterschiedlicher Geschwindigkeit und unterschiedlichem Ehrgeiz (Abbildung 4).

Abbildung 4 Segregation und Integration in den Bundesländern (Angaben in Prozent)

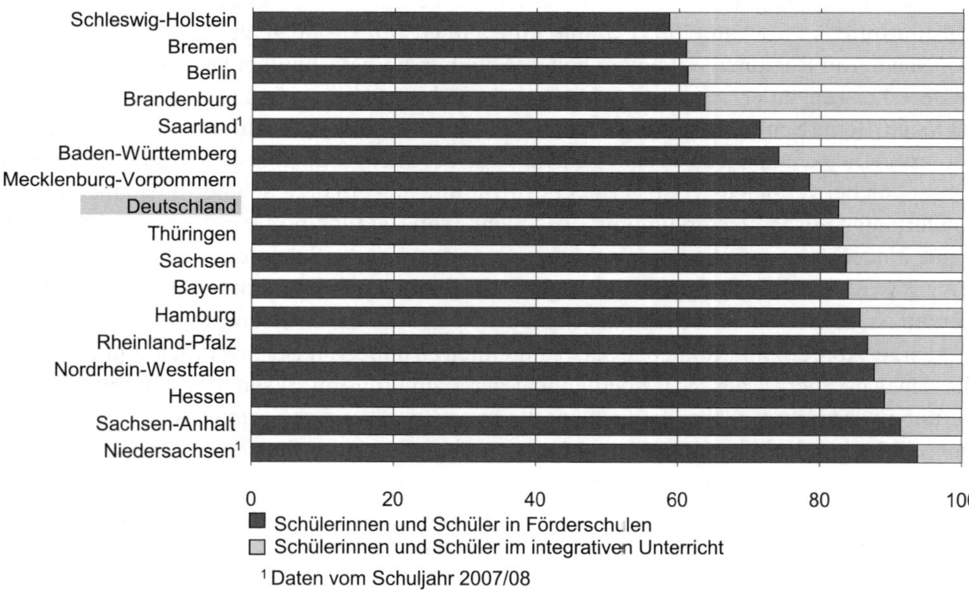

Quelle: Statistisches Bundesamt 2010 (eigene Berechnungen)

Während in Niedersachsen im Schuljahr 2008/09 nur 6,3 Prozent aller Förderschüler integrativ, also im allgemeinen Unterricht einer Regelschule, beschult wurden, haben Schleswig-Holstein und Bremen inzwischen eine Integrationsquote von rund 40 Prozent erreicht. Auch die Flächenstaaten Bayern und Brandenburg integrierten im Jahr 2009 über 30 Prozent der

Schülerinnen und Schüler mit einem Förderbedarf im Bereich des Lernens in die allgemeine Schule, wobei ‚allgemeine Schule' in diesem Zusammenhang weitgehend gleichbedeutend mit Grundschule ist. Die Integration von Schülern aller Behinderungsarten in die Sekundarstufe I gestaltet sich offensichtlich schwieriger und wird als eine bedeutende Aufgabe der kommenden Jahre gesehen (Riedo 2000). Wie sich dies auf die Institution Hauptschule auswirken kann, wird zu diskutieren sein. Doch durch die Anerkennung der Behindertenrechtskonvention wurde die Freiheit der Bundesländer erheblich eingeschränkt. Deutschland hat sich als Ganzes verpflichtet, das Schulsystem dahingehend umzugestalten, dass Kinder und Jugendliche nicht aufgrund einer Behinderung diskriminiert werden – Lernbehinderung eingeschlossen. Inwieweit das Recht von Schülerinnen und Schülern auf ein gemeinsames Lernen in der Regelschule einklagbar ist, wird zurzeit noch diskutiert (Riedel 2010).

Trotz der großen Unterschiede in der Umsetzung geht aus den Schulgesetzen der Bundesländer hervor, dass *alle* Bundesländer die sonderpädagogische Förderung zur Aufgabe *aller* Schulformen erklären und die Bedeutung der Förderschule als Förderort relativieren, indem sie alternative (teil)integrative Angebote schaffen (Außenklassen, Integrationsklassen, sonderpädagogische Kleinklassen, integrative Regelklassen, Diagnoseförderklassen oder sonderpädagogische Zweige an allgemeinen Schulen) und Institutionen etablieren, denen eine Beratungs- und Unterstützungsfunktion zuteil wird, die sich an Eltern und Schüler, insbesondere aber an die allgemeine Schule richtet (mobile sonderpädagogische Dienste, Förderzentren, Ambulanzlehrkräfte, sonderpädagogische Förder- und Beratungsstellen, Zentren für unterstützende Pädagogik, sonderpädagogische Beratungs- und Förderzentren, Kompetenzzentren). Unterschiedliche Bezeichnungen können dabei für Institutionen mit denselben Funktionen stehen, gleiche Begriffe bedeuten hingegen nicht unbedingt, dass in verschiedenen Bundesländern dasselbe gemeint ist. Diese diffuse Situation wird deutlich, wenn man sich klar macht, dass Förderzentren in Rheinland-Pfalz im Rahmen eines Schulversuchs zur Erprobung einer Förderschule im Verbund mit integrierten Maßnahmen an allgemeinen Schulen entstanden, in Niedersachsen hingegen alle Förderschulen zugleich „Sonderpädagogisches Förderzentrum" heißen. In Hessen wiederum wurden sonderpädagogische Beratungs- und Förderzentren an Förderschulen eingerichtet, deren Aufgabe laut Schulgesetz lediglich die Beratung und die ambulante sonderpädagogische Förderung an allgemeinen Schulen ist. Auch die Bezeichnungen für Förderschulen variieren in den Bundesländern. So ist der Begriff „Förderschule" mal Oberbegriff für die Schulen aller sonderpädagogischen Förderschwerpunkte, mal ausschließlich die Bezeichnung für Förderschulen mit dem Förderschwerpunkt Lernen.

Die schulische Integration hat sich während der letzten zwei Jahrzehnte in Deutschland und Europa zum Bildungsideal entwickelt. Die Schulgesetze der Bundesrepublik Deutschland und die Behindertenrechtskonvention der UN sind aktuelle Beispiele für diese Entwicklung, die jedoch gerade in Deutschland nur zögerlich in die Praxis umgesetzt wird. Werning und Reiser (2008) formulieren im Bericht des Max-Planck-Instituts für Bildungsforschung:

> „Die sonderpädagogische Förderung in Deutschland befindet sich trotz einer Vielfalt von ‚best-practice'-Beispielen und von Ansätzen, die nach Weiterentwicklung drängen, nicht im Aufbruch. Die Selbstdarstellung auf der Website für Deutschland der European Agency for Development in Special Needs Education, die von den Bundesländern finanziert wird, bringt die Diskrepanz zwischen Absichtserklärung und Realität sowie zwischen den unterschiedlichen Vorgaben der

Bundesländer in einer optimistischen Variante vorsichtig zum Ausdruck: ‚In the Federal Republic of Germany the process of integration has developed with different intensity and with different basic goals – however, this process is an ongoing one' (European Agency 2006). Stagnation ist wohl das Wort, das den Zustand besser beschrieben hätte" (Werning/Reiser 2008: 538 f.).

3.4 Empirisches Wissen über schulische Selektion

Die Entwicklung von Integration und Inklusion benachteiligter und behinderter Kinder zu Bildungsidealen hat in Deutschland in den 1970er Jahren begonnen. Seit dem hat es viele Integrationsversuche gegeben, die nicht selten wissenschaftlich begleitet wurden. Eine der wenigen Untersuchungen, die in einem quasi-experimentellen Design lernbehinderte Schülerinnen und Schüler der Förderschule mit integrativ beschulten Schülern vergleicht, wurde von Tent, Witt, Bürger und Zschoche-Lieberum (1991) in Hessen durchgeführt. In den gut parallelisierten Stichproben zeigen sich für die Förderschule in den Bereichen Prüfungsangst und Arbeitsverhalten der Schüler leicht positive Effekte. Auch das Selbstwertgefühl und die Einschätzung der eigenen Fähigkeiten waren bei den Schülern der Förderschule tendenziell höher. Diese Effekte werden traditionell als Schonraumwirkung bezeichnet. Doch insbesondere im fachlichen Bereich erzielten die Förderschüler – trotz der objektiv günstigeren Lernbedingungen – keine besseren Ergebnisse. Im Gegenteil, die integrierten Schülerinnen und Schüler erzielten bei vergleichbarer kognitiver Ausgangslage geringfügig bessere fachliche Leistungen. Dieses Ergebnis zeigt sich in der Mehrzahl der Untersuchungen zur schulischen Integration (Werning/Reiser 2008). Insbesondere im Hinblick auf die Schulleistungen in den Hauptfächern scheint die Förderung in der Förderschule trotz des besseren Lehrer-Schüler-Verhältnisses der integrativen sonderpädagogischen Förderung nicht überlegen zu sein. Doch auch wenn leistungsschwache Schülerinnen und Schüler fachlich im gemeinsamen Unterricht tendenziell besser gefördert werden, scheinen sie den einmal entstandenen Leistungsrückstand ebenfalls in integrativen Settings kaum noch aufholen zu können. Von einem nachhaltigen kompensatorischen Effekt sonderpädagogischer Förderung kann bislang somit wohl kaum gesprochen werden. Die Schonraumfunktion der Förderschule war dementsprechend bislang der beste Grund, das Bestehen der Institution zu rechtfertigen. Doch insbesondere im Hinblick auf das Selbstwertgefühl der Schülerinnen und Schüler zeichnet sich ab, dass die berichteten positiven Effekte nur von kurzer Dauer sind. Riedo (2000) konnte im Rahmen einer Interviewstudie in der Schweiz zeigen, dass sich Förderschüler gegen Ende ihrer Schullaufbahn ihrer gesellschaftlichen Position umso mehr bewusst werden. „Stigmatisierungen, Chancenungleichheit oder Restriktionen bei der Berufswahl führen zu Belastungen, welche lange über die Schulzeit hinaus wirken" (Riedo 2000: 194). Auch Schumann (2008) berichtet, dass nur eine Minderheit der Förderschüler *keine* Erfahrungen mit Bloßstellungen, Stigmatisierung oder Kontaktabbruch durch Freunde macht. Die weitgehend gemeinsame Erfahrung der 41 Schülerinnen und Schüler ihrer Stichprobe ist eine an den Förderschulstatus gebundene Scham, die insbesondere bei Schülern mit einem Migrationshintergrund besonders ausgeprägt ist. Der Schonraum Förderschule kann so langfristig für viele Schülerinnen und Schüler zur „Schonraumfalle" (Schumann 2007) werden.

Bei einem Blick in das europäische Ausland wird schnell klar, dass die rigorose Segregation von Schülerinnen und Schülern mit sonderpädagogischem Förderbedarf nicht nur charakteristisch für Deutschland ist, sondern tendenziell häufiger von Staaten mit einer hohen Bevölkerungsdichte praktiziert wird. Vergleiche zwischen einzelnen Ländern bringen immer eine Reihe von Schwierigkeiten mit sich, die schon bei der Definition dessen beginnen, was sonderpädagogischer Förderbedarf ist. Dies lässt sich anschaulich an dem englischen Term *learning disabilities* darstellen, der häufig mit dem deutschen Begriff der Lernbehinderung gleich gesetzt wird, obwohl er sich per definitionem ausschließlich auf Lernstörungen bezieht, deren Ursache keinesfalls eine Intelligenzminderung ist. Schüler mit einem IQ unter 70 gelten nicht mehr als *learning disabled* sondern schon als *(educable) mentally retarded*, wohingegen die mittlere kognitive Leistungsfähigkeit von Schülerinnen und Schülern an der Förderschule Lernen bei rund 75 Punkten auf der IQ-Skala liegt (vgl. z. B. Biermann/Goetze 2005; Kanter 1995; Schröder 2000; Wocken 2007). Unterschiede bestehen aber nicht nur in der Definition von sonderpädagogischem Förderbedarf und der Abgrenzung zur geistigen Behinderung, sondern auch im Umgang mit schulischen Lernschwierigkeiten. Die Förderquoten der Länder variieren zwischen einem (Griechenland) und 15 bis 20 Prozent (Finnland, Island), was unter anderem darauf zurückzuführen ist, dass einige Länder auch vorübergehende bzw. präventive sonderpädagogische Förderung in die Statistik aufnehmen. In dem Bericht der *European Agency for Development in Special Needs Education* zur sonderpädagogischen Förderung in Europa (Meijer et al. 2003) stellen die Autoren heraus, dass sich Europas Staaten im Hinblick auf die Integration und Inklusion behinderter Schülerinnen und Schüler tendenziell drei verschiedenen Gruppen zuordnen lassen:

- *One-Track-Approach:* Länder dieses Typs verfolgen bildungspolitische Strategien, die langfristig die Integration oder Inklusion (fast) aller Schülerinnen und Schüler in die allgemeine Schule anstrebt (z. B. Spanien, Griechenland, Italien, Portugal, Schweden, Island, Norwegen, Zypern).
- *Multi-Track-Approach:* Einige Staaten verfolgen mehrere Ansätze zur Inklusion nebeneinander. Neben den Systemen der allgemeinen Schule und der Sonderschule werden hier vielfältige sonderpädagogische Unterstützungsmöglichkeiten angeboten (z. B. Dänemark, Frankreich, Irland, Luxemburg, Österreich, Estland, Litauen, Polen, Slowakei, Slowenien).
- *Two-Track-Approach:* In Ländern diesen Typs existieren zwei weitgehend getrennte Bildungssysteme nebeneinander. Schülerinnen und Schüler mit sonderpädagogischem Förderbedarf werden in der Regel in Sonderschulen oder Sonderklassen meist nicht nach dem regulären Lehrplan unterrichtet (z. B. Schweiz, Belgien, Niederlande).

Aufgrund der bildungspolitischen Veränderungen in Deutschland ist eine eindeutige Einordnung in dieses System schwierig geworden. Traditionell wurde Deutschland dem *Two-Track*-Ansatz zugeordnet. Wie aber schon dargestellt wurde, bewegte sich Deutschland (bzw. einige Bundesländer) in den letzten Jahren tendenziell in Richtung *Multi-Track-Approach*, beispielsweise durch die Einrichtung von sonderpädagogischen Förderzentren. Dasselbe gilt laut Bericht für die Niederlande.

International finden sich aber auch Kritiker der Inklusionsbestrebungen. Marsh (2005) beispielsweise argumentiert mit dem *Big-Fish-Little-Pond-Effect* (BFLPE), dass das akademische Selbstkonzept lernschwacher Schüler in integrativen Settings in der Regel mehr leiden wird als in Sonderklassen oder Sonderschulen. Darüber hinaus legen nationale sowie internationale Forschungsergebnisse nahe, dass die Zurückweisung lernschwacher Schüler in Regelklassen durch Peers zum sozialen Problem werden kann (vgl. z. B. Vaughn et al. 1996; Bless/Mohr 2007). Neuere Studien, die mit soziometrischen Analysen arbeiten, belegen beispielsweise, dass integrativ beschulte Schülerinnen und Schüler mit Lernschwierigkeiten überzufällig häufig Außenseiterpositionen in der Klassengemeinschaft einnehmen, d. h. sie werden von ihren Mitschülern häufiger als Freund, Spiel- oder Arbeitspartner abgelehnt (für eine aktuelle Darstellung der Ergebnisse verschiedener Studien siehe Bless/Mohr 2007).

4 Diskussion

Die Hauptschule und die Förderschule sind in unserem hochselektiven Schulsystem die Bildungsinstitutionen, die versuchen, die schwächsten Schülerinnen und Schüler aufzufangen. Inwiefern dies gelingen kann, ist fraglich. Empirische Untersuchungen zeigen, dass die Schülerinnen und Schüler beider Schulformen nicht nur kognitiv schwach, sondern auch im Hinblick auf ihr kulturelles Kapital deutlich benachteiligt sind. Insbesondere an der Hauptschule scheint auf diese Weise ein Lern- und Entwicklungsmilieu zu entstehen, das den Schülerinnen und Schülern wenig Potential für ihre eigene Entwicklung bietet. Diesen Effekt hat Wocken (2007) auch an der Förderschule mit dem Förderschwerpunkt Lernen feststellen können. Doch die Situation der Förderschule unterscheidet sich von der der Hauptschule im Wesentlichen dadurch, dass neben der fachlichen Leistung auch der psychischen und sozialen Entwicklung der Schülerinnen und Schüler große Aufmerksamkeit geschenkt wird. Die Förderschule Lernen soll traditionell auch ein Schonraum sein, in dem gescheiterte und aus dem Regelschulsystem selektierte Schülerinnen und Schüler die Gelegenheit bekommen, wieder schulische Erfolgserlebnisse zu erfahren. Doch die Schonraumfunktion der Förderschule hat sowohl positive als auch negative Effekte. Die im Rahmen des BFLPE diskutierte Annahme, das akademische Selbstkonzept sowie die Selbstwirksamkeitsüberzeugungen müssten bei Schülerinnen und Schülern in segregativen Settings positiver ausgeprägt sein, hat sich in vielen Studien bestätigt. Allerdings mit der Einschränkung, dass sich dieser Effekt vermutlich bei den meisten Schülern verliert, wenn sie mit der Realität des ersten Arbeitsmarktes konfrontiert werden und in diesem Kontext Stigmatisierung und Restriktionen aufgrund ihrer (ehemaligen) Schulzugehörigkeit erfahren. Dennoch liegen belastbare empirische Befunde zur langfristigen (beruflichen) Entwicklung von Schülerinnen und Schülern mit sonderpädagogischem Förderbedarf bislang kaum vor. Schülerinnen und Schüler im integrativen Unterricht schneiden in den Hauptfächern durchschnittlich besser ab als Schüler, die die Förderschule besuchen. Ein Grund dafür ist vermutlich die anregungsreichere Lernumwelt, die im integrativen Unterricht entstehen kann und sich auf den Lernerfolg der Schülerinnen und Schüler positiv auswirkt. Sowohl die Förderschule als auch die Hauptschule scheinen hingegen eher dazu beizutragen, die schlechte Lernausgangslage ihrer Klientel zu stabilisieren.

Insgesamt muss jedoch festgestellt werden, dass in der erziehungswissenschaftlichen Forschung theoriegeleitete Untersuchungen darüber, unter welchen Bedingungen die Integration von Schülerinnen und Schülern mit sonderpädagogischem Förderbedarf gelingen kann, zurzeit unterrepräsentiert sind. Es ist unstrittig, dass Integration bzw. Inklusion nicht bedeuten kann, dass eine sehr heterogene Gruppe von Kindern lediglich in demselben Klassenraum unterrichtet wird. Didaktik und Methodik des Unterrichts müssen die Heterogenität der Schülerinnen und Schüler berücksichtigen und sich am einzelnen Kind orientieren. Ein gleichschrittiger, zielgleicher Unterricht kann den Herausforderungen, die die Vielfalt der Schülerinnen und Schüler mit sich bringt, nicht gerecht werden. Marsh (2005) liefert mit dem BFLPE einen interessanten Ansatz für weitere Forschung, indem er darauf hinweist, dass der negative Effekt einer heterogenen Lernumgebung auf leistungsschwache Schülerinnen und Schüler theoretisch reguliert werden kann, indem möglichst selten soziale Vergleichsprozesse initiiert werden und der Unterricht Raum lässt, den individuellen Lernfortschritt der einzelnen Schüler in den Mittelpunkt zu stellen.

Bildungspolitisch ist eine deutliche Flexibilisierung des Einsatzes von Fördermaßnahmen dringend notwendig, insbesondere im Hinblick auf die integrative bzw. inklusive Schule. Solange die Zuweisung von sonderpädagogischem Förderbedarf grundsätzlich an eine Behinderungsfeststellung gebunden ist, hat ein Schüler ohne das offizielle Label „Förderschwerpunkt Lernen" keinen Anspruch auf eine Förderung, die über den normalen Unterricht hinaus geht. Eine Entkoppelung von Ressourcenvergabe und der Feststellung des besonderen Förderbedarfs könnte dafür sorgen, dass die Regelschule deutlich früher in der Lage ist, auf Lernschwierigkeiten zu reagieren. Eine effektive Prävention von Lernstörungen benötigt Ressourcen, bevor das Kind in den berühmten Brunnen gefallen ist. Die Entwicklung der integrativen Beschulung von der Ausnahme zum Regelfall eröffnet die Chance, dass sich die Regelschule wieder für alle Schüler verantwortlich fühlen kann – auch für die leistungsschwachen.

Doch auch für die Hauptschule, die bislang vermutlich die Institution neben der Grundschule ist, die die meisten Schülerinnen und Schüler an die Förderschule Lernen abgibt, hätten verstärkte Bemühungen um die Integration von Schülerinnen und Schülern mit sonderpädagogischem Förderbedarf bedeutsame Folgen. Denn neben der Gesamtschule ist die Hauptschule schon jetzt der Ort, an dem integrative Förderung in der Sekundarstufe I vorwiegend stattfindet. Es ist unwahrscheinlich, dass die Hauptschule ihr ohnehin geringes Leistungsniveau halten können wird, wenn sie sich auch noch um Schülerinnen und Schüler mit umfassenden und schwerwiegenden Lernstörungen kümmern muss, die vermutlich kaum zu einer größeren sozialen und kulturellen Heterogenität in der Hauptschule beitragen werden.

Im Rahmen der nordrhein-westfälischen Studie PARS (*Panel Study at the Research School ‚Education and Capabilities' in North Rhine-Westphalia*) werden zurzeit an 50 Sekundarschulen zwei Kohorten von Schülerinnen und Schülern (beginnend mit der 5. und mit der 9. Jahrgangsstufe) untersucht. An der Studie nehmen auch 12 Förderschulen teil (PARS-F). Neben Leistungstests und Fragebögen für die Kinder und Jugendlichen kommen dabei auch Fragebögen für Eltern, Lehrkräfte und Schulleitungen zum Einsatz. Das längsschnittliche Design der Studie erlaubt es, die Entwicklung der Förderschülerinnen und Förderschüler unter Berücksichtigung der umfangreichen Hintergrunddaten zu untersuchen (Bos et al., in Vorbereitung).

Literatur

Arnold, Karl-Heinz/Bos, Wilfried/Richert, Peggy/Stubbe, Tobias C. (i. E.): Der Übergang von der Grundschule in die Sekundarstufe. Schullaufbahnpräferenzen von Lehrkräften und Eltern im Ländervergleich. In: Bos et al. (i. E.)

Arnold, Karl-Heinz/Bos, Wilfried/Richert, Peggy/Stubbe, Tobias C. (2007): Schullaufbahnpräferenzen am Ende der vierten Klassenstufe. In: Bos et al. (2007): 271–297

Bach, Heinz (Hrsg.) (1995): Sonderpädagogik im Grundriß. 15. Auflage. Berlin: Marhold

Baumert, Jürgen/Schümer, Gundel (2001): Familiäre Lebensverhältnisse, Bildungsbeteiligung und Kompetenzerwerb. In: Baumert et al. (2002): 323–407

Baumert, Jürgen/Stanat, Petra/Watermann, Rainer (Hrsg.) (2006a): Herkunftsbedingte Disparitäten im Bildungswesen. Vertiefende Analysen im Rahmen von PISA 2000. Wiesbaden: VS Verlag für Sozialwissenschaften

Baumert, Jürgen/Stanat, Petra/Watermann, Rainer (2006b): Schulstruktur und die Entstehung differenzieller Lern- und Entwicklungsmilieus. In: Baumert et al. (2006a): 95–188

Baumert, Jürgen/Artelt, Cordula/Klieme, Eckhard/Neubrand, Michael/Prenzel, Manfred/Schiefele, Ulrich/Schneider, Wolfgang/Tillmann, Klaus-Jürgen/Weiß, Manfred (Hrsg.) (2003a): PISA 2000. Ein differenzierter Blick auf die Länder der Bundesrepublik Deutschland. Opladen: Leske – Budrich

Baumert, Jürgen/Trautwein, Ulrich/Artelt, Cordula (2003b): Schulumwelten – institutionelle Bedingungen des Lehrens und Lernens. In: Baumert et al. (2003a): 261–331

Baumert, Jürgen/Klieme, Eckhard/Neubrand, Michael/Prenzel, Manfred/Schiefele, Ulrich/Schneider, Wolfgang/Tillmann, Klaus-Jürgen/Weiß, Manfred (Hrsg.) (2002): PISA 2000. Basiskompetenzen von Schülerinnen und Schülern im internationalen Vergleich. Opladen: Leske + Budrich

Becker, Rolf/Lauterbach, Wolfgang (Hrsg.) (2004): Bildung als Privileg? Erklärungen und Befunde zu den Ursachen der Bildungsungleichheit. Wiesbaden: VS Verlag für Sozialwissenschaften

Bellenberg, Gabriele/Klemm, Klaus (2000): Scheitern im System, Scheitern des Systems? Ein etwas anderer Blick auf Schulqualität. In: Rolff et al. (2000): 51–75

Bellenberg, Gabriele (1999): Individuelle Schullaufbahnen. Eine empirische Untersuchung über Bildungsverläufe von der Einschulung bis zum Abschluß. Weinheim: Juventa

Berger, Peter A./Kahlert, Heike (Hrsg.) (2005): Institutionalisierte Ungleichheit. Wie das Bildungswesen Chancen blockiert. Weinheim: Juventa

Berger, Peter L./Luckmann, Thomas (1970): Die gesellschaftliche Konstruktion der Wirklichkeit. Eine Theorie der Wissenssoziologie. Frankfurt a. M.: Fischer

Biermann, Adrienne/Goetze, Herbert (2005): Sonderpädagogik: Eine Einführung. Stuttgart: Kohlhammer

Bleidick, Ulrich (1980): Lernbehinderte gibt es eigentlich gar nicht. Oder: Wie man das Kind mit dem Bade ausschüttet. In: Zeitschrift für Heilpädagogik 31. 127–143

Bless, Gerard/Mohr, Kathrin (2007): Die Effekte von Sonderunterricht und gemeinsamen Unterricht auf die Entwicklung von Kindern mit Lernbehinderungen. In: Walter/Wember (2007): 375–383

Blossfeld, Hans-Peter/Bos, Wilfried/Lenzen, Dieter/Müller-Böling, Detlef/Oelkers, Jürgen/Prenzel, Manfred/Wößmann, Ludger (2007): Bildungsgerechtigkeit. Jahresgutachten 2007. Wiesbaden: VS Verlag für Sozialwissenschaften

Bos, Wilfried/Bonsen, Martin/Gröhlich, Carola (Hrsg.) (2009): KESS 7. Kompetenzen und Einstellungen von Schülerinnen und Schülern an Hamburger Schulen zu Beginn der Jahrgangsstufe 7. Münster: Waxmann

Bos, Wilfried/Stubbe, Tobias C./Buddeberg, Magdalena/Dohe, Claudia/Walzebug, Anke (in Vorbereitung): Framework and technical report for the Panel Study at the Research School ‚Education and Capabilities‘ in North Rhine-Westphalia (PARS)

Bos, Wilfried/Hornberg, Sabine/Arnold, Karl-Heinz/Faust, Gabriele/Fried, Lilian/Lankes, Eva-Maria/Schwippert, Knut/Valtin, Renate (Hrsg.) (i. E.): IGLU 2006 – die Grundschule auf dem Prüfstand. Vertiefende Analysen zu Rahmenbedingungen schulischen Lernens. Münster: Waxmann

Bos, Wilfried/Hornberg, Sabine/Arnold, Karl-Heinz/Faust, Gabriele/Fried, Lilian/Lankes, Eva-Maria/Schwippert, Knut/Valtin, Renate (Hrsg.) (2007): IGLU 2006. Lesekompetenzen von Grundschulkindern in Deutschland im internationalen Vergleich. Münster: Waxmann

Bundesgesetzblatt (2008): Gesetz zu dem Übereinkommen der Vereinten Nationen vom 13. Dezember 2006 über die Rechte von Menschen mit Behinderungen sowie zu dem Fakultativprotokoll vom 13. Dezember 2006 zum Übereinkommen der Vereinten Nationen über die Rechte von Menschen mit Behinderungen. Verfügbar unter: http://files.institut-fuer-menschenrechte.de/437/Behindertenrechtskonvention.pdf

Bundesministerium für Bildung und Forschung (2005): Grund- und Strukturdaten 2005. Baden-Baden: Koelblin-Fortuna-Druck GmbH & Co. KG

Bundesministerium für Bildung und Forschung (2010): Portal für Grund- und Strukturdaten. Verfügbar unter: http://gus.his.de/

Cloerkes, Günther/Felkendorff, Kai/Markowetz, Reinhard (2007): Soziologie der Behinderten: Eine Einführung. 3. neu bearbeitete und erweiterte Auflage. Heidelberg: Winter
Cortina, Kai S./Baumert, Jürgen/Leschinsky, Achim/Mayer, Karl U./Trommer, Luitgard (Hrsg.) (2008): Das Bildungswesen in der Bundesrepublik Deutschland. Strukturen und Entwicklungen im Überblick. Vollständig überarbeitete Neuausgabe. Reinbek: Rowohlt
Demmer-Dieckmann, Irene/Textor, Annette (Hrsg.) (2007): Integrationsforschung und Bildungspolitik im Dialog. Bad Heilbrunn: Klinkhardt
Engler, Steffani/Krais, Beate (Hrsg.) (2004): Das kulturelle Kapital und die Macht der Klassenstrukturen. Sozialstrukturelle Verschiebungen und Wandlungsprozesse des Habitus. Weinheim: Juventa
European Agency for Development in Special Needs Education (2006): Country Information: Complete National Overview – Germany. Verfügbar unter: http://www.european-agency.org/country-information/germany/national-overview/complete-national-overview
Geißler, Rainer (2005): Die Metamorphose der Arbeitertochter zum Migrantensohn. Zum Wandel der Chancenstruktur im Bildungssystem nach Schicht, Geschlecht, Ethnie und deren Verknüpfungen. In: Berger/Kahlert (2005): 71–100
Haber, Lawrence D./Smith, Richard T. (1971): Disability and deviance: Normative adaptions of role behavior. In: American Sociological Review 36. 87–97
Hoermann, Bernadette (2007): Die Unsichtbaren in PISA, TIMSS & Co. Kinder mit Lernbehinderungen in nationalen und internationalen Schulleistungsstudien. Verfügbar unter: http://bildungswissenschaft.univie.ac.at/fe2/fileadmin/user_upload/inst_bildungswissenschaft/Diplomarbeit_Hoermann.pdf
Hollenweger, Judith/Lienhard, Peter (2009): Das „standardisierte Abklärungsverfahren". Konzeption und nächste Schritte. In: Schweizerische Zeitschrift für Heilpädagogik 15 (10). 6–14
Hornberg, Sabine/Bos, Wilfried/Buddeberg, Irmela/Potthoff, Britta/Stubbe, Tobias C. (2007): Anlage und Durchführung von IGLU 2006. In: Bos et al. (2007): 21–45
Hurrelmann, Klaus (2006a): Einführung in die Sozialisationstheorie. 9. unveränderte Auflage. Weinheim: Beltz
Hurrelmann, Klaus (2006b): Offener Brief an die Kultusministerinnen und Kultusminister. Erneuerung meines Plädoyers für ein Zwei-Wege-Modell im deutschen Schulsystem. Verfügbar unter: http://www.uni-bielefeld.de/Universitaet/Einrichtungen/Pressestelle/dokumente/Kultusminister_Offener_Brief_zu_PM185.pdf
Kanter, Gustav O. (1995): Lerngestörten- und Lernbehindertenpädagogik. In: Bach (1995): 105–112
Kleber, Eduard W. (1980): Grundkonzeption einer Lernbehindertenpädagogik. München: Reinhardt
Knigge, Michael (2009): Hauptschüler als Bildungsverlierer. Eine Studie zu Stigma und selbstbezogenem Wissen bei einer gesellschaftlichen Problemgruppe. Pädagogische Psychologie und Entwicklungspsychologie. Band 70. Münster: Waxmann
Krappmann, Lothar (1969): Soziologische Dimensionen der Identität. Strukturelle Bedingungen für die Teilnahme an Interaktionsprozessen. Stuttgart: Klett
Lehmann, Rainer/Hoffmann, Ellen (2009): BELLA: Berliner Erhebung arbeitsrelevanter Basiskompetenzen von Schülerinnen und Schülern mit Förderbedarf „Lernen". Münster: Waxmann
Lehmann, Rainer/Nikolova, Rouminiana/Peek, Rainer (2004): LABEL 8-10 Ergebnisse: Netzwerk Berliner Schülerfirmen. Berlin. Verfügbar unter: http://www.wir-in-Berlin.de/nbs/label-bericht2004.pdf
Leschinsky, Achim (2008): Die Hauptschule – von der Be- zur Enthauptung. In: Cortina et al. (2008): 377–406
Marsh, Herbert W. (2005, November): Big Fish Little Pond Effect on Academic Self-concept. Cross-cultural and Cross-Disciplinary Generalizability. Paper presented at the congress of the Association for Active Educational Researchers. Verfügbar unter: http://www.aare.edu.au/05pap/mar05389.pdf
Meijer, Cor/Soriano, Victoria/Watkins, Amanda (Hrsg.) (2003): Sonderpädagogische Förderung in Europa. Verfügbar unter: http://www.european-agency.org/publications/ereports/special-needs-education-in-europe/sne_europe_de.pdf/at_download/file
Peisert, Hansgert (1967): Soziale Lage und Bildungschancen in Deutschland. München: R. Piper & Co. Verlag
Prenzel, Manfred/Baumert, Jürgen/Blum, Werner/Lehmann, Rainer/Leutner, Detlev/Neubrand, Michael/Pekrun, Reinhard/Rost, Jürgen/Schiefele, Ulrich (Hrsg.) (2005a): PISA 2003. Der zweite Vergleich der Länder in Deutschland – Was wissen und können Jugendliche? Münster: Waxmann
Prenzel, Manfred/Drechsel, Barbara/Carstensen, Claus H. (2005b): Einführung in den Ländervergleich PISA 2003. In: Prenzel et al. (2005a): 13–50
Preuss-Lausitz, Ulf/Klemm, Klaus (2008): Gutachten zum Stand und zu den Perspektiven der sonderpädagogischen Förderung in den Schulen der Stadtgemeinde Bremen. Verfügbar unter: http://www.bildung.bremen.de/fastmedia/13/Bremen%20Wv%20End%201-11%20End.pdf
Ricking, Heinrich (2005): Der „Overlap" von Lern- und Verhaltensstörungen. In: Sonderpädagogik 35 (4). 235–248
Riedel, Eibe (2010): Zur Wirkung der internationalen Konvention über die Rechte von Menschen mit Behinderungen und ihres Fakultativprotokolls auf das deutsche Schulsystem. Gutachten erstattet der Landesarbeitsgemein-

schaft Gemeinsam Leben, Gemeinsam Lernen NRW in Projektpartnerschaft mit der Bundesarbeitsgemeinschaft Gemeinsam Leben, Gemeinsam Lernen und dem Sozialverband Deutschland (SoVD). Verfügbar unter: http://www.sovd.de/fileadmin/downloads/pdf/positionspapiere/Kurzfassung_Riedel-Gutachten.pdf

Riedo, Dominicq (2000): „Ich war früher ein sehr schlechter Schüler …“: Schule, Beruf und Ausbildungswege aus der Sicht ehemals schulleistungsschwacher junger Erwachsener Eine Analyse von Langzeitwirkungen schulischer Integration oder Separation. Bern: Haupt

Rolff, Hans-Günter/Bos, Wilfried/Klemm, Klaus/Pfeiffer, Hermann/Schulz-Zander, Renate (Hrsg.) (2000): Jahrbuch der Schulentwicklung 11. Weinheim: Juventa

Rösner, Ernst (2007): Hauptschule am Ende. Ein Nachruf. Münster: Waxmann

Rösner, Ernst (1997): Die sogenannte Durchlässigkeit. In: Neue deutsche Schule 6/7. 14–18

Schröder, Ulrich (2000): Lernbehindertenpädagogik. Stuttgart: Kohlhammer

Schuchart, Claudia (2007): Schulabschluss und Ausbildungsberuf. Zur Bedeutung der schulartbezogenen Bildungsbiografie. In: Zeitschrift für Erziehungswissenschaft 10 (3). 381–398

Schumann, Brigitte (2008): „Ich schäme mich ja so!“. Eine wissenschaftliche Untersuchung zum Selbstkonzept von Schülern und Schülerinnen an der Sonderschule für Lernbehinderte. In: Heilpädagogik online (1). 83–92. Verfügbar unter: http://heilpaedagogik-online.com/2008/heilpaedagogik_online_0108.pdf

Schumann, Brigitte (2007): „Ich schäme mich ja so!“: Die Sonderschule für Lernbehinderte als „Schonraumfalle“. Bad Heilbrunn: Klinkhardt

Sekretariat der Ständigen Konferenz der Kultusminister der Länder in der Bundesrepublik Deutschland (= KMK) (2009a): Sonderpädagogische Förderung in allgemeinen Schulen (ohne Förderschulen): 2007/08. Verfügbar unter: http://www.kmk.org/fileadmin/pdf/Statistik/Aus_SoPae_Int_2007_Werte_01.pdf

Sekretariat der Ständigen Konferenz der Kultusminister der Länder in der Bundesrepublik Deutschland (= KMK) (2009b): Sonderpädagogische Förderung in Förderschulen (Sonderschulen): 2007/08. Verfügbar unter: http://www.kmk.org/fileadmin/pdf/Statistik/Aus_SoPae_2007_Werte.pdf

Sekretariat der Ständigen Konferenz der Kultusminister der Länder in der Bundesrepublik Deutschland (= KMK) (2009c): Vereinbarung über die Schularten und Bildungsgänge im Sekundarbereich I. Verfügbar unter: http://www.kmk.org/fileadmin/veroeffentlichungen_beschluesse/1993/1993_12_03-VB-SekI_01.pdf

Sekretariat der Ständigen Konferenz der Kultusminister der Länder in der Bundesrepublik Deutschland (= KMK) (2008): Sonderpädagogische Förderung in Schulen 1997–2006. Verfügbar unter: http://www.kmk.org/fileadmin/pdf/PresseUndAktuelles/2004/Dok185.pdf

Sekretariat der Ständigen Konferenz der Kultusminister der Länder in der Bundesrepublik Deutschland (= KMK) (2002): Sonderpädagogische Förderung in Schulen 1991–2000. Verfügbar unter: http://www.kmk.org/fileadmin/pdf/Statistik/Dok159.pdf

Sekretariat der Ständigen Konferenz der Kultusminister der Länder in der Bundesrepublik Deutschland (= KMK) (2000): Empfehlungen zum Förderschwerpunkt Lernen. Beschluss der Kultusministerkonferenz vom 01.10.1999. Verfügbar unter: http://www.kmk.org/fileadmin/veroeffentlichungen_beschluesse/1999/1999_10_01-FS-Lernen.pdf

Sekretariat der Ständigen Konferenz der Kultusminister der Länder in der Bundesrepublik Deutschland (= KMK) (1994): Empfehlungen der sonderpädagogischen Förderung an den Schulen der Bundesrepublik Deutschland. Beschluss der Kultusministerkonferenz vom 06.05.1994. Verfügbar unter: http://www.kmk.org/fileadmin/veroeffentlichungen_beschluesse/1994/1994_05_06-Empfehl-Sonderpaedagogische-Foerderung.pdf

Solga, Heike/Wagner, Sandra (2004): Die Zurückgelassenen – die soziale Verarmung der Lernumwelt von Hauptschülerinnen und Hauptschülern. In: Becker/Lauterbach (2004): 195–223

Statistisches Bundesamt (2010): Bildung und Kultur. Allgemeinbildende Schulen. Schuljahr 2008/09. Verfügbar unter: https://www-ec.destatis.de

Stubbe, Tobias C. (2009): Bildungsentscheidungen und sekundäre Herkunftseffekte. Soziale Disparitäten bei Hamburger Schülerinnen und Schülern der Sekundarstufe I. Münster: Waxmann

Tent, Lothar/Witt, Matthias/Bürger, Wolfgang/Zschoche-Lieberum, Christiane (1991): Ist die Schule für Lernbehinderte überholt? In: Heilpädagogische Forschung 17 (1). 3–13

Vaughn, Sharon/Elbaum, Batya E./Schumm, Jeanne S. (1996): The effects of inclusion on the social functioning of students with learning disabilities. In: Journal of Learning Disabilities 29. 598–608

Vester, Michael (2004): Die Illusion der Bildungsexpansion. Bildungsöffnungen und soziale Segregation in der Bundesrepublik Deutschland. In: Engler/Krais (2004): 13–53

Walter, Jürgen/Wember, Franz B. (Hrsg.) (2007): Sonderpädagogik des Lernens. Handbuch Sonderpädagogik. Göttingen: Hogrefe

Werning, Rolf/Reiser, Helmut (2008): Sonderpädagogische Förderung. In: Cortina et al. (2008): 503–540

Wocken, Hans (2007): Fördert Förderschule? Eine empirische Rundreise durch Schulen für „optimale Förderung“. In: Demmer-Dieckmann/Textor (2007): 35–59

Wocken, Hans (2005): Andere Länder, andere Schüler? Vergleichende Untersuchungen von Förderschülern in den Bundesländern Brandenburg, Hamburg und Niedersachsen. Verfügbar unter: http://bidok.uibk.ac.at/download/wocken-forschungsbericht.pdf

Wocken, Hans (2000): Leistung, Intelligenz und Soziallage von Schülern mit Lernbehinderungen. Vergleichende Untersuchung an Förderschulen in Hamburg. In: Zeitschrift für Heilpädagogik 51. 492–503

Wocken, Hans/Gröhlich, Carola (2009): Kompetenzen von Schülerinnen und Schülern an Hamburger Förderschulen. In: Bos et al. (2009): 133–142

Bildung als dynamischer Prozess über die Lebenszeit

Kai Maaz

1 Einleitung

Es besteht weitgehender Konsens darüber, dass eine der Aufgaben moderner Gesellschaften darin besteht, die nachwachsende Generation auf das Berufsleben vorzubereiten. Dazu gehört an erster Stelle der Erwerb von zentralen Kompetenzen. Im allgemeinbildenden Schulsystem sollen den Heranwachsenden grundlegende Kompetenzen vermittelt werden, die in standardisierten Zertifikaten (Schulabschlüsse) dokumentiert werden und eine zentrale Voraussetzung für den Übergang in das postsekundäre (berufsbildende) System oder das tertiäre System darstellen. Der Qualifizierungsgrad der Bevölkerung einschließlich zeitlicher Veränderungen lässt sich anhand der allgemeinbildenden Qualifikationsstruktur beschreiben.

In der aktuellen Diskussion werden in der allgemeinbildenden Qualifikationsstruktur der nachwachsenden Generation im Wesentlichen drei Missstände beklagt. (1) Jährlich verlassen in der Bundesrepublik ca. 8 Prozent der Schulabgänger das Schulsystem ohne einen allgemeinbildenden Schulabschluss (Arbeitsgruppe Bildungsberichterstattung 2008). (2) 2006 haben von allen Absolventinnen und Absolventen aus allgemeinbildenden Schulen ca. 25,5 Prozent die allgemeine Hochschulreife erreicht (einschließlich beruflicher Schulen 29,9 %) (Arbeitsgruppe Bildungsberichterstattung 2008). Damit liegt die Quote nur geringfügig über dem Wert von 1996 (28,2 %). Diese Quote kann als ein Indikator für die Expansion des tertiären Bildungssegments angesehen werden und ist insbesondere im internationalen Vergleich insgesamt zu gering. International vergleichende Analysen konnten zeigen, dass seit den 1980er-Jahren die Quoten der Studierenden und Hochschulabsolventen in der Bundesrepublik zum Teil deutlich langsamer zugenommen haben als in anderen europäischen Staaten (vgl. Müller et al. 2002; Müller/Wolbers 2003). (3) Schließlich haben die großen Schulleistungsstudien auf überaus stabile soziale Ungleichheitsmuster der Bildungsbeteiligung aufmerksam gemacht und damit eine bereits in den 1960er-Jahren geführte Debatte neu entfacht. Verschiedene Untersuchungen konnten zeigen, dass trotz einer bedeutsamen Bildungsexpansion im 20. Jahrhundert die Muster herkunftsbezogener Bildungschancen nicht überwunden wurden. Wenngleich neuere Untersuchungen auf eine Abnahme der Chancenungleichheit hindeuten (vgl. u. a. Breen et al. 2009; Müller/Pollak 2007), sind die sozialen Disparitäten des Gymnasialbesuchs weitgehend stabil geblieben (Baumert/Schümer 2001; Ehmke/Baumert 2007; Maaz et al. 2008; Maaz et al. 2009b).

Der Erwerb allgemeinbildender Bildungszertifikate ist kein einmaliges Ereignis, sondern für viele Menschen durch einen ausgedehnten und komplexen Prozess gekennzeichnet (Hillmert 2005; Hillmert/Jacob 2003). Der vorliegende Beitrag setzt an dieser Stelle sowie den beschriebenen Missständen an und beschäftigt sich mit dem Erwerb schulischer Bildungszertifikate über die Lebenszeit. Hierfür soll (1) zum einen die allgemeinbildende Qualifikationsstruktur der nachwachsenden Generation über einen längeren biografischen Zeitrahmen betrachtet werden. Somit kann der Frage nachgegangen werden, ob und in welchem Umfang allgemeinbildende Zertifikate nach Verlassen der Schule überhaupt nachgeholt werden. Dies betrifft sowohl das Nachholen eines Schulabschlusses infolge eines Schulabbruchs als auch die Aufbesserung eines bereits erworbenen Abschlusses durch einen höheren Abschluss (z. B. Hochschulreife). (2) Zum anderen fokussiert der Beitrag auf die sozialen Disparitäten beim Erwerb allgemeinbildender Bildungszertifikate. In diesem Zusammenhang stellt sich die Frage, ob das Nachholen und Aufwerten von Bildungszertifikaten sozialschichtspezifisch erfolgt, also Personen aus sozial weniger begünstigten Familien von späteren Qualifikationsmöglichkeiten weniger Gebrauch machen, um so ihr Bildungsniveau aufzuwerten, als dies Personen aus sozial begünstigten Familien tun.

Wer profitiert von den Angeboten im Bildungssystem, Abschlüsse nachzuholen oder einen bereits erworbenen Abschluss durch einen höheren aufzuwerten? Dies könnte zum einen im Sinne einer Kompensation verpasster Bildungschancen geschehen. In der Bildungsforschung sind die Muster und Bedingungsfaktoren sozialer Disparitäten der Bildungsbeteiligung gut herausgearbeitet. Infolge einer Kompensation sollten auch Personen aus sozial weniger begünstigten Familien abgebrochene Schulbiografien durch einen nachgeholten Schulabschluss korrigieren oder erworbene Zertifikate aufwerten können. Auf der anderen Seite kann die Option, Schulabschlüsse aufzuwerten, auch zu einer Kumulation bereits erworbener Zertifikate führen, indem bestimmte Personen (z. B. Personen aus sozial weniger begünstigten Familien oder Personen mit Migrationshintergrund) von den Nachqualifizierungsmöglichkeiten systematisch ausgeschlossen werden. Bislang gibt es keine Studien, die sich explizit mit den Möglichkeiten, einen Schulabschluss nachzuholen bzw. aufzuwerten, empirisch auseinandersetzen. Im Mittelpunkt des vorliegenden Beitrags steht die Analyse des Bildungserwerbs im Sinne eines allgemeinbildenden Schulabschlusses über einen längeren biografischen Zeitraum. Hierfür kann auf eine für die Bundesrepublik repräsentative Studie zurückgegriffen werden.

Nachdem im folgenden Abschnitt auf die theoretischen Bezüge eingegangen wird, erfolgt in Abschnitt 3 die Formulierung der Forschungsfragen. In Abschnitt 4 wird das methodische Vorgehen beschrieben und daran anschließend die Ergebnisse der empirischen Analysen (Abschnitt 5). Abschließend werden die Ergebnisse zusammengefasst und diskutiert.

2 Theoretischer Hintergrund

2.1 Die Bedeutung von Bildung in modernen Gesellschaften

Bildung ist ein Schlüsselthema, wenn es um die Gestaltung der Zukunft geht (Mayer 2000: 197). Als soziales Differenzierungsmerkmal lässt sich die Bedeutung von Bildung aus zwei verschiedenen, aber miteinander verbundenen Perspektiven beleuchten. Zum einen ist der mit Bildung assoziierte Kompetenzerwerb zu benennen. Das bescheidene Abschneiden der deutschen Schülerinnen und Schüler am Ende der Sekundarschulzeit in den PISA-Studien (Baumert et al. 2001; Prenzel et al. 2004, 2007) sowie der für Deutschland attestierte Zusammenhang zwischen sozialer Herkunft und Kompetenzerwerb (vgl. u. a. Ehmke/Baumert

2007) haben dazu geführt, dass Bildung in Forschung und Politik wieder ganz oben auf der Agenda steht. Zum anderen fußt die Auseinandersetzung mit Bildung in der zum Teil engen Kopplung zwischen Bildungssystem und anderen gesellschaftlichen Institutionen. Die Bedeutung von Bildung wird in diesem Zusammenhang mit der Wahrnehmung langfristiger Lebenschancen thematisiert. Durch den generellen Anstieg der Qualifikationsanforderungen ist die Nachfrage nach höherer Bildung gestiegen. Der Wert der schulischen Bildung in der Arbeitswelt hat sich so erhöht und die Sozialchancen eines Individuums in einer Gesellschaft scheinen wesentlich vom erreichten Bildungsniveau abzuhängen. Verglichen mit anderen Ländern ist die Kopplung zwischen Bildung und Beruf in der Bundesrepublik besonders eng (Müller/Shavit 1998; Müller 2001; Müller/Gangl 2003). Dies betrifft insbesondere den Einstieg in das Berufsleben (Hillmert 2001). Über den Zugang zu Bildung und der daraus resultierenden Zertifikate wird entscheidend mitbestimmt, in welcher Position sich Individuen im sozialstrukturellen Gefüge der Gesellschaft etablieren können (Friebel et al. 2000). So zeigen sich zum Teil deutliche Unterschiede in den Einkommensrenditen in Abhängigkeit des Bildungsniveaus (Butz 2001). Darüber hinaus schützen höhere Qualifikationen auch in Zeiten wirtschaftlicher Krisen am besten vor Arbeitslosigkeit (Reinberg/Hummel 2005).

2.2 *Quantitative Entwicklung der allgemeinbildenden Qualifikationsstruktur*

2.2.1 Allgemeine Betrachtung

Die allgemeinbildende Qualifikationsstruktur der Bevölkerung spiegelt sich in den erreichten Bildungszertifikaten wider. Ausgangspunkt sind die Schulabschlüsse, mit denen sodann um Ausbildungs- oder Studienplätze konkurriert wird. Im Zeitvergleich ist zu erkennen (vgl. Tab. 1), dass das Qualifikationsniveau seit den 1970er-Jahren deutlich gestiegen ist. Bis Anfang der 1980er-Jahre war der Hauptschulabschluss das Zertifikat, mit dem Schulabsolventen am häufigsten ihre Schullaufbahn beendet haben. Zwar verließen auch Ende der 1980er-Jahre immer noch ein Drittel der Schülerinnen und Schüler die Schule mit dem Hauptschulabschluss, der Realschulabschluss (ca. 36 %) ist aber zum quantitativ bedeutsamsten Abschluss beim Verlassen der Schule geworden. Die Zahl der Kinder, die länger dauernde und höher bewertete Bildungswege durchlaufen, ist insgesamt seit der Gründung der Bundesrepublik kontinuierlich gestiegen (vgl. auch Müller/Pollak 2004, 2007; Schimpl-Neimanns 2000). Damit verbunden ist auch die Abwendung von den Volks- und Hauptschulen mit der daraus resultierenden verstärkten Nachfrage nach mittlerer und höherer Bildung an Realschulen, Gymnasien und Gesamtschulen. Der Abschluss der mittleren Reife wurde folglich zum Regelabschluss (Ditton 1996).

Deutlich gestiegen ist auch die Zahl der Schulabgänger mit einer Studienberechtigung. In den letzten 50 Jahren hat sich das Gymnasium von einer Elitebildungsanstalt zu einer Schule entwickelt, die das attraktivste Programm einer kognitiv anspruchsvollen Grundbildung für einen großen Teil der Sekundarschüler bietet (Baumert et al. 2003; Trautwein/Neumann 2008). Es bereitet nicht mehr ausschließlich auf ein Hochschulstudium und gesellschaftliche Führungspositionen vor. Das Abitur hat in einigen Ausbildungs- und Berufssegmenten vielmehr den Charakter einer Basisqualifikation (z. B. Bankengewerbe, medizinisch-technische Berufe).

Deutliche Veränderungen hat es auch im Bereich der mittleren und „niedrigen" Bildung gegeben (Klemm 2000: 149 ff.). Durch die bundesweite Einführung des 9. Hauptschuljahres und die Verankerung des 10. Schuljahres für einige Bundesländer kam es auch zu einer zeitlichen Ausdehnung der „niedrigen" Schulbildung (Klemm 1991: 888). Dieser in der Öffentlichkeit wenig wahrgenommene Expansionsprozess im Bildungssystem spiegelt sich auch in den Abschlüssen der Schulabgänger wider. Betrachtet man die Gruppe, die die Schule ohne einen formalen Abschluss verlassen hat, fällt auf, dass diese in den 1970er-Jahren mit knapp 19 Prozent sehr groß war und seit den 1980er-Jahren deutlich reduziert werden konnte. Auffallend ist die Stabilität dieser Gruppe in den letzten 20 Jahren. Seit Mitte der 1980er-Jahre schwankt die Zahl nur um ca. 1 Prozent (zwischen 7,6 % und 9,5 %).

Tabelle 1 Schulabgänger nach Abschlussarten von 1970 bis 2008 (in Prozent)

	Ohne Schulabschluss	Hauptschulabschluss	Realschulabschluss	Fach- und allg. Hochschulreife
1970	18,9	48,7	20,9	11,5
1975	13,4	43,4	28,9	14,3
1980	11,3	40,1	32,4	16,2
1985	7,6	33,5	36,4	22,6
1989	7,6	29,9	35,6	26,9
1990	8,0	29,7	34,8	27,4
1992	8,2	27,0	40,1	24,7
1993	9,1	27,4	39,1	24,5
1994	9,1	27,1	39,6	24,2
1995	8,8	27,4	38,9	24,9
1996	8,8	27,1	39,2	24,9
1997	8,8	26,8	39,7	24,7
1998	9,0	26,5	40,1	24,4
1999	8,9	26,1	39,9	25,1
2000	9,2	25,4	39,8	25,6
2001	9,5	25,5	40,7	24,3
2002	9,1	25,5	40,2	25,2
2003	8,9	26,0	40,5	24,7
2004	8,3	25,0	42,6	24,1
2005	8,2	24,8	41,6	25,4
2006	7,8	24,4	41,1	26,7
2007	7,3	23,7	40,7	28,4
2008	7,0	22,6	40,2	30,3

Quellen: Statistisches Bundesamt 2006: 255; Statistisches Bundesamt 2007a: 256; Statistisches Bundesamt 2008: 273; Statistisches Bundesamt 2009: 289

Anmerkung: Bis 1990 früheres Bundesgebiet, ab 1992 alte und neue Bundesländer.

Die Stärke dieser Daten liegt darin, den Strukturwandel des Bildungssystems in der Sekundarstufe I adäquat abbilden zu können. Da nur der Schulabschluss beim Verlassen der Schule berücksichtigt wurde, ist es aber nicht möglich, Aussagen über die allgemeine Qualifikationsstruktur der Bevölkerung (allgemein und differenziert nach Lebensalter) zu treffen, da nachgeholte und aufgebesserte Abschlüsse nicht berücksichtigt werden können. Damit vermitteln die bisher dargestellten Befunde lediglich einen ersten Eindruck von der allgemeinbildenden Qualifikationsstruktur.

2.2.2 Kohortenspezifische Betrachtung

Schlüsselt man die erreichten schulischen Abschlüsse nach Altersgruppen auf, bekommt man erste Hinweise darauf, ob Schulabschlüsse nach dem Verlassen der Schule nachgeholt bzw. aufgebessert werden. In Tabelle 2 ist die Qualifikationsstruktur auf Basis der Mikrozensusdaten aus dem Jahr 2006 für verschiedene Altersgruppen dargestellt. Hierbei sind deutliche Differenzen zur allgemeinen Qualifikationsstruktur beim Verlassen der Schule zu erkennen. Die erreichten allgemeinen Schulabschlüsse unterscheiden sich zwischen den Altersgruppen zum Teil erheblich (vgl. Tab. 2). Während in der Gruppe der 25- bis 35-Jährigen die Hochschulreife den am häufigsten erreichten Abschluss darstellt, ist es bei den 40-Jährigen und älteren der Hauptschulabschluss. Der große Vorteil der Mikrozensusdaten liegt in der Repräsentativität für die Bundesrepublik. Allerdings sind längsschnittliche Aussagen, wie sie für die vorliegende Studie erforderlich sind, mit diesen Daten nicht möglich. Die verschiedenen Altersgruppen bilden das allgemeine Qualifikationsniveau jeweils einer Geburtskohorte ab. Die Dynamik beim Erwerb von Bildungszertifikaten kann so nicht dargestellt werden.

Tabelle 2 Qualifikationsstruktur der Bevölkerung 2006 nach Altergruppen (in Prozent)

	in Ausbildung	Hauptschulabschluss[1]	Abschluss der Polytechnischen Oberschule	Mittlerer Abschluss	Hochschulreife[2]	Ohne Angabe zur Art des Abschlusses	Ohne allgemeinen Schulabschluss
15–20	63,3	13,2	–	17,2	3,3	0,3	2,6
20–25	3,6	21,5	–	33,6	37,4	0,6	3,2
25–30	0,3	22,6	/	32,7	40,2	0,5	3,5
30–35	/	24,7	7,0	27,9	36,0	0,6	3,9
35–40	/	26,7	11,9	25,7	31,7	0,5	3,5
40–45	/	30,3	13,4	24,1	28,0	0,7	3,4
45–50	/	34,9	13,8	22,1	25,2	0,6	3,4
50–55	/	40,9	13,9	17,8	23,5	0,6	3,3
55–60	/	48,9	11,1	15,9	19,9	0,6	3,7
60–65	/	58,4	3,5	16,3	17,8	0,7	3,3
> 65	/	71,8	0,8	11,7	10,9	1,3	3,5

[1] Einschließlich Volksschulabschluss.
[2] Einschließlich Fachhochschulreife.

Quelle: Statistisches Bundesamt 2006: 233; Mikrozensus, Bevölkerung 2006 nach allgemeiner Schulbildung, Altersgruppen (in %)

Die mit den Mikrozensusdaten dargestellten Unterschiede zwischen verschiedenen Altersgruppen lassen sich auch mit anderen Daten nachzeichnen. Staudinger und Baumert (2007) weisen Bezug nehmend auf Analysen mit Daten der Allgemeinen Bevölkerungsumfrage der Sozialwissenschaften (ALLBUS) darauf hin, dass sich bei Betrachtung eines längeren biografischen Zeitrahmes die Gruppe von Personen ohne allgemeinbildenden Schulabschluss auf ca. 1 Prozent verringert und auch Personen mit Hauptschulabschluss ihr Bildungszertifikat in einem bemerkenswerten Umfang nachträglich aufbessern. Angebote, einen Schulabschluss nachzuholen, werden demnach auch von der Gruppe der am schwächsten Qualifizierten wahrgenommen (Staudinger/Baumert 2007).

Sowohl die Verwendung der Mikrozensusdaten als auch die der ALLBUS-Studien sind geeignet, um Veränderungen in der allgemeinen Qualifikationsstruktur zwischen verschiedenen Kohorten zu analysieren. Will man Aussagen über die Qualifikationsstruktur einer Kohorte zu verschiedenen Zeiten (Lebensalter) treffen, so ist dies beispielsweise mit den ALLBUS-Daten nur annäherungsweise möglich, wenn unterschiedliche Kohorten kumuliert werden und die Qualifikationsstruktur unterschiedlicher Altersgruppen betrachtet wird. Die so erzeugten „synthetischen" Kohorten ermöglichen lediglich eine approximale Betrachtung des Bildungserwerbs einer realen Kohorte. Der eigentliche Prozess, der einer Veränderung in der Qualifikationsstruktur zugrunde liegt, ist so nicht abbildbar.

Die Bedeutung von Bildungszertifikaten für den Einstieg in das Berufsleben wurde in verschiedenen Studien eindrucksvoll herausgestellt (Müller/Gangl 2003). Auch für formal gering oder gar nicht qualifizierte Personen gibt es verschiedene Studien, die die Konsequenzen der Zertifikatlosigkeit für die Platzierung im Erwerbssystem analysieren (zusammenfassend siehe Solga 2005). Erstaunlich wenig Forschung gibt es hingegen zu den langfristigen Veränderungen in Bezug auf die Wiederaufnahme der Schullaufbahn bzw. die Aufwertung von Bildungsabschlüssen. Da Schulabschlüsse in der Regel nicht in den Schulformen bzw. Bildungsgängen des Sekundarschulsystems nachgeholt werden, sondern im Rahmen spezifischer Angebote im allgemeinbildenden und beruflichen Bildungssystem, rücken die institutionellen Strukturen des Bildungssystems in den Blickpunkt des Interesses, die Entscheidungen für oder gegen die Aufnahme einer Nachqualifizierung rahmen.

2.3 *Institutionelle und individuelle Einflussgrößen*

2.3.1 Institutionelle Strukturen des Bildungssystems

Will man das Ausmaß zum Beispiel der Personen ohne Schulabschluss sowie das der sozialen Selektivität der Bildungsbeteiligung adäquat beschreiben, ist die punktuelle Beobachtung von Schülerinnen und Schülern zu einem Zeitpunkt in der Bildungsbiografie kein hinreichendes Vorgehen. Und dies aus zwei Gründen: Zum einen hat sich im gegliederten Sekundarschulwesen in den letzten Jahrzehnten ein fast unbemerkt vonstatten gegangener Modernisierungsprozess vollzogen: die Entkopplung von Schulform und Schulabschluss (vgl. Baumert et al. 2008; Köller et al. 1999; Köller et al. 2004a; Köller et al. 2004c; Maaz et al. 2009a). Solche Entkopplungsprozesse werden im allgemeinbildenden Schulsystem sichtbar, wenn ein bestimmter Abschluss nicht mehr ausschließlich den Besuch einer bestimmten

Schulform voraussetzt, sondern dieser Abschluss auch an einer anderen Schulform erworben werden kann. In Deutschland wurden im Jahr 2006 nur 46 Prozent der Realschulabschlüsse an Realschulen erworben. 10 Prozent der mittleren Abschlüsse wurden an der Hauptschule erreicht, 12 Prozent an Schulen mit mehreren Bildungsgängen, 5 Prozent am Gymnasium und 8 Prozent an der Gesamtschule. Hinzu kamen noch einmal 17 Prozent aus dem beruflichen Schulwesen. Etwa 40 Prozent der Hauptschüler der 9. Jahrgangsstufe werten ihren Abschluss durch ein zusätzliches 10. Schuljahr oder im beruflichen Schulwesen zu einem mittleren Abschluss oder einem Äquivalent auf. Eine ähnliche Entwicklung zeigt sich auch in der Sekundarstufe II. Etwa ein Viertel aller Abiturienten erwirbt die Hochschulreife mittlerweile nicht mehr an einem traditionellen Gymnasium. Die quantitativ bedeutsamsten alternativen Wege zur Hochschulreife in Deutschland sind das berufliche Gymnasium (11 %) und die Gesamtschule (6 %) (Statistisches Bundesamt 2007a, 2007b).

Zum anderen lässt sich eine zunehmende Verzahnung von allgemeinbildendem und beruflichem Bildungssystem beobachten. So ist es an beruflichen Schulen möglich, neben der beruflichen Primärqualifikation auch einen schulischen Abschluss zu erwerben. Parallel zum Abschluss einer handwerklichen Ausbildung im Rahmen einer dualen Ausbildung kann zum Beispiel auch ein Äquivalent zum Realschulabschluss erworben werden. Damit entstehen parallele Bildungswege, die sich zwar in ihren inhaltlichen Schwerpunkten voneinander unterscheiden und jeweils eigenen zeitlichen Verläufen folgen, aber nicht mehr primär mit der Hierarchie der verschiedenen Schulzertifikate verknüpft sind. Damit ist eine besondere Form der schulischen Nachqualifizierung in das Bildungssystem implementiert.

Diese beiden Merkmale haben unmittelbare Bedeutung für die Analyse der Bildungspartizipation. Schulabschlüsse können nach Beendigung der Schulzeit nachgeholt oder aufgebessert werden. Personen, die die Schule ohne ein formelles Schulabschlusszertifikat verlassen haben, können dies korrigieren. Aus der sozial selektiven Verteilung auf die verschiedenen Bildungsgänge bzw. Schulformen im Sekundarschulbereich lässt sich nicht ohne Weiteres auf die letztlich erreichten Abschlüsse schließen. Damit rücken Bildungsoptionen in den Blickpunkt, die der Normalbildungsbiografie nachgelagert sind. Nach dem Ende des formalen Bildungserwerbsprozesses sind demnach Entscheidungen über das Nachholen nicht absolvierter Bildungszertifikate bzw. über ihre Aufwertung zu treffen.

2.3.2 Nachholen und Aufwerten von Abschlüssen als bewusste Entscheidung

Die in den PISA-Studien (Baumert/Schümer 2001; Ehmke/Baumert 2007) zutage gebrachte soziale Selektivität beim Zugang zu weiterführenden Bildungseinrichtungen hat unter anderem dazu geführt, dass Bildungsübergänge und Bildungsentscheidungen verstärkt in den Fokus der Forschung gerückt sind (vgl. Maaz et al. 2006; Watermann et al. 2009). Bildungsentscheidungen werden in diesem Zusammenhang oft als bewusste Wahl zwischen verschiedenen Alternativen verstanden. Für die Erklärung der sozialen selektiven Bildungsgang- bzw. Schulformzugehörigkeit wird vor allem auf die mikrosoziologischen Überlegungen von Boudon (1974) zurückgegriffen. Bildungsentscheidungen sind das Ergebnis von Kosten- und Nutzenabwägungen verschiedener Bildungsgänge. Bildungsungleichheit resultiert aus individuellen Bildungsentscheidungen, die in einem institutionellen Kontext des Bildungssystems vor dem Hintergrund der Sozialschichtzugehörigkeit getroffen werden müssen (vgl. u. a. Becker 2003; Breen/Goldthorpe 1997).

Die zentralen boudonschen Paradigmen (Kosten, Nutzen und Erfolgswahrscheinlichkeiten) wurden in neueren soziologischen Modellen aufgenommen, weiterentwickelt und formalisiert (vgl. Erikson/Jonsson 1996b; Breen/Goldthorpe 1997; Esser 1999) und in verschiedenen Studien – soweit es die Datenlage hergibt – auch empirisch überprüft (Becker 2000, 2003; Ditton 2007; Paulus/Blossfeld 2007; Maaz 2006; Stocké 2007; Watermann/Maaz 2006). Dabei bestätigten sich im Wesentlichen die in der Theorie postulierten Zusammenhänge. Diese Studien fokussieren allerdings auf „regelmäßige" Übergänge innerhalb des allgemeinbildenden Schulsystems oder den Anschlusssystemen (z. B. tertiäres System). Jacob (2004) konnte darüber hinaus zeigen, dass bei der Wiederaufnahme einer Ausbildung die soziale Herkunft einen Einfluss hat. So beginnen nach einer abgeschlossenen Ausbildung vor allem Personen ein Studium, die über die entsprechende materielle Unterstützung der Eltern verfügen. Die Nachqualifizierung im beruflichen Sektor ist demnach keine hinreichende Option für Personen aus sozial weniger begünstigten Familien, sondern vielmehr für diejenigen aus Familien mit höherem Bildungsniveau und höherem Sozialstatus.

Für den Bereich der schulischen Nachqualifizierung liegen bislang keine Untersuchungen vor, die die Entscheidungssituation konkret analysieren können. Es kann jedoch davon ausgegangen werden, dass der Entscheidung, einen allgemeinbildenden Schulabschluss nach Beendigung der Schule nachzuholen, nicht zwingend ein Kosten-Nutzen-Modell zugrunde liegt. Der Grund für die Entscheidung könnte vielmehr in den institutionellen Angebotsstrukturen des Bildungssystems liegen. Darüber hinaus können Regelungen des gesetzlichen Sozialversicherungssystems Entscheidungen „erzwingen", wenn damit die Zahlung von gesellschaftlichen Transferleistungen gekoppelt ist. Eine befriedigende Analyse dieser Entscheidungssituationen steht bislang noch weitgehend aus.

3 Fragestellung

Zur Partizipation an Bildung sowie zum Erwerb von Bildungszertifikaten liegen verschiedene Forschungsarbeiten vor. Diese Arbeiten lassen sich im Wesentlichen in zwei Richtungen einteilen. Zum einen geht es um eine allgemeine Beschreibung des Qualifikationsniveaus der Bevölkerung sowie die Analyse sozialer Ungleichheit von Bildungschancen im historischen Vergleich (u. a. Müller/Pollak 2004, 2007; Mayer/Aisenbrey 2007; Mayer et al. 2007). Zum anderen geht es um die Analyse sozial selektiver Bildungsverteilungen als Analyse von Bildungsentscheidungen (vgl. Becker 2000, 2003; Ditton 2007; Paulus/Blossfeld 2007; Maaz 2006; Stocké 2007; Watermann/Maaz 2006). Aufgrund der verwendeten Datengrundlage ist es mit den vorliegenden Arbeiten nicht oder nur schwer möglich, die Dynamik beim Erwerb allgemeinbildender Bildungszertifikate zu erfassen. Damit bleibt unberücksichtigt, dass der Erwerb von Bildungszertifikaten nach dem Verlassen der Schule nicht abgeschlossen sein muss.

Der vorliegende Beitrag setzt an dieser Stelle an. In einem *ersten* Schritt wird die allgemeine Qualifikationsstruktur von 1971 geborenen Männern und Frauen über einen längeren biografischen Zeitraum betrachtet. So kann untersucht werden, ob sich die Qualifikationsstruktur einer Geburtskohorte nach dem Verlassen der Schule noch bedeutsam ändert. Vor dem Hintergrund der zunehmenden Entkopplung von Schulform und Zertifikat und den breiten berufsqualifizierenden Angeboten mit der Option, allgemeinbildende Abschlüsse nachzuholen, ist davon auszugehen, dass Schulabschlüsse über die Lebenszeit nachgeholt und aufgewertet werden. Bezüglich der Veränderung der Qualifikationsstruktur unter Berücksichtigung der Dynamik des Bildungserwerbsprozesses wird von zwei Annahmen ausgegangen: (1) Die Gruppe derjenigen, die die Schule ohne ein formales Zertifikat verlässt (8 %), sollte sich bei der Betrachtung längerer biografischer Zeiträume für die Geburtskohorte deutlich reduzieren. Es wird davon ausgegangen, dass für diese Personengruppe ein breites Spektrum an institutionalisierten Bildungsprogrammen zur Verfügung steht. (2) Bezogen auf die höheren Bildungszertifikate wird davon ausgegangen, dass sich der Anteil von Personen mit Fachhochschulreife oder allgemeiner Hochschulreife auch nach dem Ende der Normalbildungsbiografie deutlich erhöht.

In einem *zweiten* Schritt wird nach Unterschieden zwischen verschiedenen sozialen Gruppen gefragt. Hier interessiert zum einen die Frage, ob sich die Gruppe der Personen ohne Schulabschluss in allen sozialen Gruppen gleichermaßen über einen längeren Zeitraum nach Verlassen der Schule verteilt. Zum anderen wird gefragt, ob sich typische Muster in der Aufwertung von Bildungszertifikaten zwischen sozialen Gruppen ermitteln lassen. Das heißt, profitieren Personen aus sozial weniger begünstigten Familien in besonderem Maße von Nachqualifizierungsmöglichkeiten?

Die einer Normalbildungsbiografie nachgelagerten Bildungsoptionen können sowohl einen kompensatorischen als auch einen kumulativen Charakter haben. Kompensatorisch würden Nachqualifizierungsoptionen wirken, wenn sie insbesondere diejenigen erreichen, die entweder die Schule ohne einen Abschluss verlassen haben oder den „bestmöglich“ erreichbaren Abschluss – zum Beispiel infolge sozialschichtspezifischer Bildungsentscheidungen – nicht erreichen konnten. Kumulativ würden Nachqualifikationsoptionen wirken, wenn Personengruppen, die während der Normalschulzeit nicht den „bestmöglich“ erreichbaren Schulabschluss erreichen konnten, von den Nachqualifizierungsoptionen ausgeschlossen werden und der Zugang zu diesen Bildungsoptionen einer *Systematik* folgt, die auf die Positionierung im gesellschaftlichen Beziehungsgefüge zurückgeht. Demnach würden insbesondere Personen, die bereits einen Abschluss haben und diesen durch einen höheren aufwerten, von den Nachqualifizierungsoptionen profitieren, deren Eltern über hinreichende sozioökonomische Ressourcen verfügen.

Mit dem Beitrag soll das Thema des Bildungserwerbs aus einer bislang wenig betrachteten Seite untersucht werden. Das Ziel besteht darin, die Entwicklung beim Erwerb allgemeinbildender Schulzertifikate über einen biografischen Zeitraum nachzuzeichnen. Es geht demnach nicht um die Entwicklung und empirische Überprüfung eines theoretischen Modells zur Erklärung von Zertifikatlosigkeit oder Aufnahme einer Qualifikationsmaßnahme, sondern vielmehr um eine Beschreibung der Dynamik des Bildungserwerbsprozesses mit aggregierten individuellen Verlaufsdaten.

4 Methode

Die bisherigen Ausführungen haben deutlich gemacht, dass für die Analyse des Bildungserwerbs zeitbezogene Längsschnittinformationen notwendig sind, die möglichst vollständige Informationen für den zeitlichen Ablauf von Lebensereignissen und -zuständen zur Verfügung stellen. Für die Fragestellung dieser Arbeit interessiert insbesondere der Erwerb des höchsten allgemeinbildenden Schulzertifikats.

Für die empirischen Analysen kann auf Lebensverlaufsdaten von westdeutschen Frauen und Männern zurückgegriffen werden, die in standardisierten Interviews im Rahmen der Lebensverlaufsstudie „Lebensverläufe und gesellschaftlicher Wandel" des Max-Planck-Instituts für Bildungsforschung in Berlin im Forschungsbereich „Bildung, Arbeit und gesellschaftliche Entwicklung" (unter Leitung von Prof. Dr. Karl Ulrich Mayer) erhoben wurden. In der Zeit von 1981 bis 1998 wurden in Westdeutschland mehr als 10.000 Frauen und Männer der Geburtsjahrgänge 1919–1921, 1929–1931, 1939–1941, 1949–1951, 1954–1956, 1959–1961 sowie 1964 und 1971 befragt (vgl. Mayer 2008). Dabei handelt es sich um retrospektive Befragungen, in deren Mittelpunkt Bildungs- und Ausbildungsverläufe sowie die Erwerbsbiografie standen. Zudem wurden Daten zu Ereignissen aus anderen Lebensbereichen wie Partnerschaft, Ehe, Kinder, Eltern, Wohnort erfasst. Durch die Struktur der Daten lässt sich der Erwerb von Bildungszertifikaten der befragten Personen Monat für Monat rekonstruieren.

Für diesen Beitrag werden ausschließlich Personen der Geburtskohorte 1971 berücksichtigt (vgl. Hillmert/Mayer 2004). Hierbei wurden die Daten von 1.435 Männern und Frauen analysiert. Betrachtet wird der Bildungserwerb zwischen dem 13. und dem 26. Lebensjahr.[1]

Die zentrale Analysevariable stellt das höchste erreichte schulische Bildungszertifikat dar. Hier wurden sechs verschiedene Abschlussniveaus unterschieden: ohne Schulabschluss, einfacher Hauptschulabschluss, qualifizierter Hauptschulabschluss, Mittlere Reife, Fachhochschul- und Hochschulreife sowie sonstiger schulischer Abschluss. Für die Analysen einzelner Sozialgruppen wird die Abschlussvariable in vier Kategorien zusammengefasst (kein Abschluss, Hauptschulabschluss, Mittlere Reife und Hochschul- bzw. Fachhochschulreife). Das zeitbezogene Längsschnittdesign der Lebensverlaufsstudie ermöglicht eine genaue Rekonstruktion, wann ein Bildungsabschluss zum ersten Mal erworben wurde und ob und wann dieser durch eine höhere Qualifikation aufgewertet wurde. Damit liegt eine solide Datengrundlage vor, um den Erwerb allgemeinbildender Schulzertifikate über einen längeren biografischen Zeitraum nachzuzeichnen.

Für erste Analysen wurde aus den Daten der Allgemeinen Bevölkerungsumfrage der Sozialwissenschaften (ALLBUS) aus den Jahren 1980 bis 2004 ein kumulierter Datensatz gebildet, um die Qualifikationsstruktur verschiedener Altersgruppen der gleichen Geburtskohorte (aber nicht der identischen Personen) darzustellen. Die so gebildeten „synthetischen" Kohorten können erste Hinweise darauf geben, ob sich die Qualifikationsstruktur mit zunehmendem Alter ändert.

1 Analysen mit älteren Geburtskohorten (z. B. 1964) haben gezeigt, dass die Berücksichtigung eines längeren Zeitraumes, zum Beispiel bis zum 30. Lebensjahr, nicht erforderlich ist, da nach dem 26. Lebensjahr nur noch vereinzelt allgemeinbildende Abschlüsse aufgewertet werden.

Zur Erfassung der Sozialschichtzugehörigkeit wird das Klassifikationsmodell von Erikson, Goldthorpe und Portocarero (1979; Erikson/Goldthorpe 1992) herangezogen.

5 Ergebnisse

5.1 Allgemeine Entwicklung beim Erwerb allgemeinbildender Abschlüsse

Um einen ersten Eindruck über die Verteilung der erreichten Bildungsniveaus in der Bevölkerung nach Alter bei Berücksichtigung der Geburtskohorte zu bekommen, wurden die Daten der Allgemeinen Bevölkerungsumfrage der Sozialwissenschaften (ALLBUS) der Jahre 1980 bis 2004 kumuliert. Dabei wurden Personen betrachtet, die in den Jahren 1980, 1982 und 1984 18 bis 20 Jahre alt waren und mit Personen verglichen, die 10 bzw. 20 Jahre später 28–30 bzw. 38–40 Jahre alt waren. In der Tabelle 3 sind die entsprechenden Ergebnisse dokumentiert. Um die Dynamik beim Erwerb von Bildungszertifikaten zu skizzieren, soll im Folgenden zunächst nur die Kategorie „ohne Abschluss" betrachtet werden. Im Alter von 18 bis 20 Jahren haben knapp 10 Prozent noch keinen Abschluss. Diese Zahl resultiert zum einen aus Schulabbrechern, die die Schule ohne ein Zertifikat verlassen haben, und zum anderen aus Personen, die sich noch in schulischer Ausbildung (vor allem in der gymnasialen Oberstufe) befinden. Betrachtet man Personen derselben Geburtskohorte 10 Jahre später, also im Alter von 28 bis 30 Jahren, sinkt der Anteil von Personen ohne Schulabschluss auf 1,5 Prozent. Innerhalb dieser 10 Jahre werden demnach Schulabschlüsse in bedeutsamem Maße nachgeholt. Aufgrund der Datenstruktur können diese Befunde lediglich als ein erster Hinweis auf die Dynamik des Zertifikaterwerbs interpretiert werden.

Tabelle 3 Bildungsqualifikation nach Altersgruppen (in Prozent)

	1980/82/84 18–20 Jahre	1990/92/94 28–30 Jahre	2000/02/04 38–40 Jahre
Ohne Abschluss	9,9	1,5	1,6
Hauptschulabschluss	32,5	26,4	27,9
Mittlere Reife	39,9	38,6	43,4
Fachhochschulreife	4,1	6,4	5,8
Allgemeine Hochschulreife	13,7	26,3	20,7
Anderer Abschluss	0,0	0,8	0,4
N	416	658	670

Quelle: ALLBUS 1980–2004, eigene Berechnungen

Will man belastbare Aussagen über die Dynamik des Zertifikaterwerbs machen, bedarf es individueller Verlaufsdaten, um diese für eine Geburtskohorte aggregieren zu können. Diese Daten liegen mit der von Karl Ulrich Mayer geleiteten Deutschen Lebensverlaufsstudie vor.

Betrachtet wird die schulische Qualifikation als höchster erreichter Schulabschluss in Abhängigkeit vom Lebensalter der Person (13 bis 26 Jahre).

In der Abbildung 1 ist die Abschlussverteilung nach Lebensalter für 1971 geborene Personen bis zum 26. Lebensjahr dargestellt. Bis zum 16. Lebensjahr ist die Gruppe ohne einen Schulabschluss die größte. Dieser Befund ist wenig verwunderlich, da zu diesem Zeitpunkt noch die Mehrheit der Heranwachsenden das allgemeinbildende Bildungssystem besucht. Bereits im Alter von 17 Jahren hat ca. jeder Zweite einen Schulabschluss erreicht. Geht man davon aus, dass Kinder im Alter von sechs oder sieben Jahren eingeschult werden und maximal eine 13-jährige Schulausbildung absolvieren, dann sollte der Erwerb allgemeinbildender Zertifikate im Rahmen der klassischen Normalschulbiografie im Alter von 20 Jahren im Wesentlichen abgeschlossen sein. Zu diesem Zeitpunkt haben knapp 9 Prozent noch keinen Schulabschluss. Dieser Befund deckt sich weitestgehend mit den Zahlen der amtlichen Schulstatistik, nach der ebenfalls ca. 8 Prozent der Schulentlassenen keinen Schulabschluss vorzuweisen haben. In der Abbildung 1 ist des Weiteren zu erkennen, dass sich die Gruppe von Personen ohne einen Schulabschluss bis zur Vollendung des 26. Lebensjahres deutlich verkleinert. Bereits im Alter von 21 Jahren beträgt ihr Anteil nur noch 1,9 Prozent, im Alter von 26 Jahren sind es nur noch 0,7 Prozent.[2]

Die Ergebnisse bestätigen die Annahme, dass sich die Gruppe von Personen ohne einen Schulabschluss bei der Betrachtung eines längeren biografischen Zeitraums – verglichen mit einer statistischen Betrachtung zum Zeitpunkt des Verlassens der Schule – deutlich verringert. Die Ergebnisse deuten darauf hin, dass Angebote für diese Personengruppe, einen Schulabschluss nachzuholen, insbesondere die jüngeren Heranwachsenden erreichen. Aber auch nach dem 21. Lebensjahr nutzen Personen noch Möglichkeiten, einen nicht gemachten Schulabschluss nachzuholen.

Betrachtet man das Qualifikationsniveau zwischen dem 20. und dem 26. Lebensjahr, fallen weitere deutliche Veränderungen auf. Relativ konstant bleibt der Hauptschulabschluss als höchstes Bildungszertifikat. Während die mittlere Reife deutlich an Bedeutung als höchster Bildungsabschluss verliert, gewinnen die Fachhochschulreife und die allgemeine Hochschulreife an Attraktivität. Der Anteil von Personen mit einer Studienberechtigung steigt von ca. 25 Prozent im Alter von 20 Jahren auf knapp 35 Prozent im Alter von 21 Jahren. Dieser Anstieg lässt sich nur bedingt als das Ergebnis nachgeholter Schulabschlüsse interpretieren, da es sich hier wohl im Wesentlichen um „alte" Abiturienten handelt, die im Alter von 21 Jahren ihren ersten schulischen Abschluss erworben haben. Bis zum Alter von 26 Jahren steigt der Anteil von Personen mit einer Studienberechtigung auf fast 42 Prozent. Dieser Anstieg lässt sich nicht mehr durch regulär erworbene erste Bildungsabschlüsse erklären, sondern durch nachgeholte Schulabschlüsse. Schulabschlüsse werden den vorliegenden Ergebnissen zufolge im unteren wie im oberen Bildungsbereich nach Verlassen der Schule in quantitativ bedeutsamem Maße aufgewertet.

2 Hier muss berücksichtigt werden, dass in der Lebensverlaufsstudie der Ausländeranteil stark unterschätzt wird, da nur deutsch sprechende Ausländer befragt wurden.

Abbildung 1 Schulabschlussverteilung der 1971er Kohorte (West) im Alter von 13 bis 26 Jahren

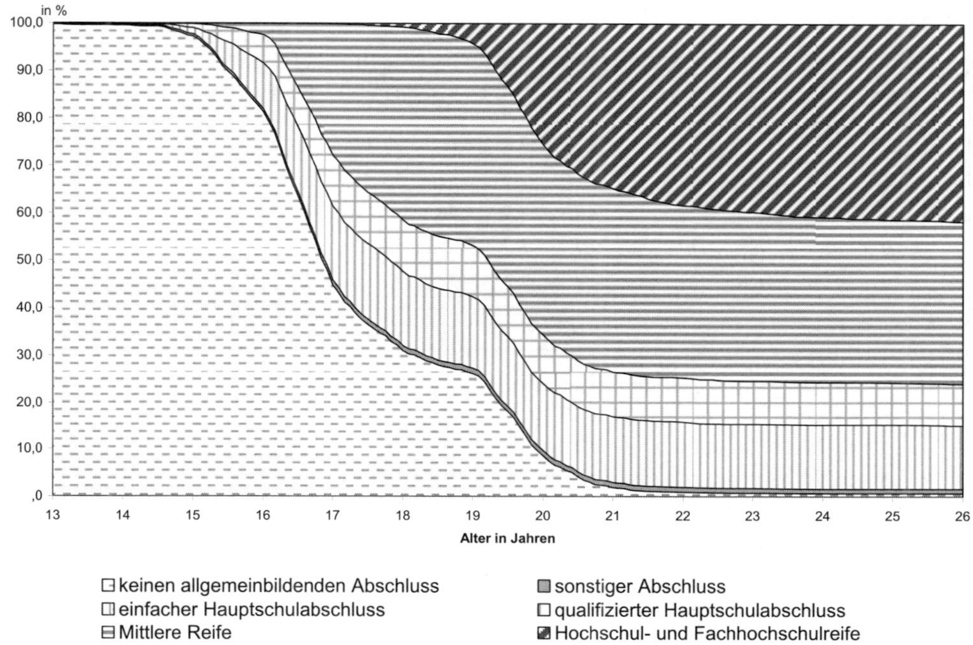

	Ohne Abschluss	Sonstiger Abschluss	Einfacher Hauptschul-abschluss	Quali. Hauptschul-abschluss	Mittlere Reife	FH-Reife/Abitur
Alter 14 J.	99,5	0,2	0,1	0,1	0,1	0,0
Alter 16 J.	81,3	0,6	9,6	6,0	2,4	0,1
Alter 20 J.	8,6	1,1	14,5	10,2	40,1	25,5
Alter 21 J.	1,9	1,0	14,0	9,6	38,7	34,7
Alter 26 J.	0,7	0,9	13,4	9,1	34,1	41,7

Quelle: Deutsche Lebensverlaufsstudie LV West 1971; eigene Berechnungen

5.2 Betrachtung einzelner Sozialgruppen

Für die Bestimmung der sozialen Herkunft wurde die EGP-Klassenzugehörigkeit der Eltern für den Zeitraum gewählt, in dem die Zielpersonen 16 Jahre alt waren. Die Ergebnisse sind in Tabelle 4 sowie in Abbildung 2 zusammengefasst dargestellt. Aus den Schulabschlussverteilungen der einzelnen Herkunftsgruppen lassen sich im Wesentlichen drei Informationen ablesen.

Tabelle 4 Schulabschlussverteilung der 1971er Kohorte (West) im Alter für ausgewählte Altersgruppen nach sozialer Herkunft (in Prozent)

	Klasse I				Klasse II				Klasse III			
Alter	k.A.	HS	MR	HSR	k.A.	HS	MR	HSR	k.A.	HS	MR	HSR
14	99,0	1,0	0,0	0,0	100,0	0,0	0,0	0,0	100,0	0,0	0,0	0,0
16	95,0	3,0	2,0	0,0	91,3	7,8	0,9	0,0	87,2	9,8	3,0	0,0
18	68,3	3,0	26,7	2,0	55,7	11,3	31,3	1,7	44,4	14,5	40,6	0,4
21	5,0	2,0	22,8	70,3	2,6	8,7	26,1	62,6	2,6	13,2	36,3	47,9
23	0,0	2,0	18,8	79,2	0,9	8,7	25,2	65,2	0,4	12,4	32,5	54,7
26	0,0	2,0	16,8	81,2	0,9	7,8	23,5	67,8	0,4	12,4	30,3	56,8
	Klasse IV				**Klasse V–VI**				**Klasse VII**			
Alter	k.A.	HS	MR	HSR	k.A.	HS	MR	HSR	k.A.	HS	MR	HSR
14	99,3	0,7	0,0	0,0	100,0	0,0	0,0	0,0	99,5	0,2	0,2	0,0
16	82,2	17,1	0,7	0,0	78,8	18,1	2,8	0,3	74,9	22,1	3,0	0,0
18	32,2	23,0	42,8	2,0	23,1	30,6	45,7	0,5	14,4	41,2	44,2	0,2
21	0,7	17,1	46,7	35,5	1,9	26,5	44,0	27,6	2,0	39,0	42,2	16,9
23	0,0	17,1	40,8	42,1	1,4	25,3	40,4	32,9	2,0	38,5	40,0	19,6
26	0,0	17,1	38,8	44,1	1,4	24,5	38,4	35,7	1,7	38,0	39,7	20,6

Anmerkung: k.A.: ohne Schulabschluss; HS: Hauptschulabschluss; MR: Mittlere Reife; HSR: Hochschulreife (Allgemeine Hochschulreife und Fachhochschulreife)

Quelle: Deutsche Lebensverlaufsstudie LV West 1971; eigene Berechnungen

(1) Zunächst zeigt sich, dass die Gruppe von Personen ohne schulischen Abschluss über alle sozialen Klassen hinweg sehr klein ist. Personen mit einer Herkunft aus der oberen Dienstklasse und von Selbständigen haben im Alter von 26 Jahren zu 100 Prozent einen Schulabschluss erreicht. Mit 1,7 Prozent ist der Anteil an Personen ohne ein schulisches Bildungszertifikat bei Personen, deren Eltern als un- und angelernte Arbeiterinnen und Arbeiter tätig waren, am größten. Personen aus Arbeiterfamilien bleiben zu ca. 1,4 Prozent ohne einen Schulabschluss. Personen aus Familien von Routinedienstleistenden sowie aus Familien der unteren Dienstklasse haben zu über 99 Prozent ein schulisches Abschlusszertifikat erworben.

Betrachtet man den Anteil von Personen ohne Schulabschluss nach Alter, fällt bei Personen mit einer Herkunft aus der oberen Dienstklasse auf, dass im Alter von 21 Jahren noch 5 Prozent ohne einen Abschluss sind. In keiner der anderen Herkunftsgruppen ist der Anteil in diesem Alter vergleichbar groß. Diesen relativ hohen Anteil in dieser Herkunftsgruppe markieren Abiturienten, die ihren ersten Schulabschluss, in der Regel die Hochschulzugangsberechtigung, erst relativ spät erworben haben.

Die Ergebnisse zur Entwicklung des Anteils von Personen ohne einen schulischen Abschluss deuten insgesamt darauf hin, dass es auch Personen aus sozial weniger begünstigten Familien gelingt, einen vorangegangenen Schulabbruch zu korrigieren und einen Abschluss zu erwerben. Diesen Ergebnissen zufolge haben nachträgliche Qualifizierungsoptionen einen kompensatorischen Charakter.

(2) Deutliche Unterschiede zwischen den verschiedenen Sozialgruppen gibt es beim Erwerb einer Hochschulzugangsberechtigung. Im Alter von 26 Jahren haben etwa 80 Prozent von Personen mit einer Herkunft aus der oberen Dienstklasse die allgemeine Hochschulreife oder die Fachhochschulreife erreicht. Im Alter von 18 Jahren waren es lediglich 2 Prozent aus dieser Herkunftsgruppe und im Alter von 19 Jahren erst knapp 7 Prozent. Der deutlichste Anstieg konnte zum Alter von 20 Jahren ermittelt werden (56 %) (vgl. Abb. 2). Aber auch danach erwerben noch weitere 24 Prozent eine Hochschulzugangsberechtigung. Bis zum Alter von 22 Jahren sind es 7 Prozent. Von späteren Qualifizierungsmöglichkeiten macht dagegen eine vergleichsweise kleine Gruppe Gebrauch. Dieser hohe Anteil von Personen mit Hochschulzugangsberechtigung sinkt mit niedriger werdender Sozialschicht. Von Personen mit Herkunft aus der unteren Dienstklasse haben knapp 68 Prozent eine Studienberechtigung erworben. In der Gruppe aus der Schicht der un- und angelernten Arbeiter sinkt ihr Anteil weiter auf 20 Prozent. Diese Entwicklung deutet darauf hin, dass Kinder aus diesen Herkunftsgruppen zuerst einen Hauptschulabschluss erworben haben und diesen später zum Beispiel durch die mittlere Reife aufgebessert haben.

Ein gegenläufiges Bild lässt sich für den Erwerb des Hauptschulabschlusses erkennen, den 38 Prozent der 26-Jährigen aus der un- und angelernten Arbeiterschaft, aber nur 2 Prozent aus der oberen Dienstklasse als höchstes Bildungszertifikat erworben haben. Bei Personen mit einer Herkunft aus der Gruppe der un- und angelernten Arbeiter sowie der Facharbeiter ist die Dynamik beim Erwerb von Bildungszertifikaten besonders gut zu erkennen. Im Alter von 16 Jahren haben 22 Prozent der Personen aus Familien von un- und angelernten Arbeitern einen Hauptschulabschluss erworben. Dieser Anteil steigt bis zum Alter von 18 Jahren auf über 40 Prozent und verringert sich dann wieder auf 38 Prozent im Alter von 26 Jahren. Ein ähnliches Bild kann für Personen aus Facharbeiterfamilien beobachtet werden.

(3) Schließlich ist festzuhalten, dass der Erwerb von schulischen Bildungsabschlüssen für Kinder aus Elternhäusern der oberen vier Klassen im Alter von 21 bis 22 Jahren so gut wie abgeschlossen ist (vgl. Abb. 2). Substanzielle Veränderungen resultieren im Wesentlichen aus dem Anteil von Personen, die die Hochschulzugangsberechtigung relativ spät erworben haben. Der Erwerb des Abiturs stellt für Personen dieser Herkunftsgruppe eine Art Normalbiografie dar. Anders verhält es sich bei den Facharbeiterkindern und Personen aus Familien von un- und angelernten Arbeitern. In diesen beiden Herkunftsgruppen wird von Nachqualifizierungen im Erwachsenenalter am stärksten Gebrauch gemacht. Bei Personen aus Facharbeiterfamilien steigt der Anteil derer mit Hochschulreife von 28 Prozent bei den 21-Jährigen (30 % bei den 22-Jährigen) auf immerhin 36 Prozent bei den 26-Jährigen. Bei Personen aus Familien von un- und angelernten Arbeitern erhöht sich der Anteil von 17 auf 21 Prozent. In diesen Herkunftsgruppen kommt es nicht nur zu Veränderungen beim Erwerb des Abiturs, sondern auch in den anderen Abschlussqualifikationen lassen sich zum Teil größere Verschiebungen erkennen, die sich von denen in den Dienstklassen unterscheiden. So gibt es zum Beispiel bei Personen aus Familien der oberen Dienstklasse beim Erwerb des Hauptschulabschlusses so gut wie keine Veränderungen, während sich diese für die

Personen aus Facharbeiterfamilien und aus der Gruppe der un- und angelernten Arbeiter deutlich erkennen lassen.

Diesen Ergebnissen zufolge nutzen alle sozialen Gruppen die Möglichkeit, ihren beim Verlassen der Schule erreichten Bildungsabschluss aufzubessern. Allerdings reichen auch diese Nachqualifizierungen nicht annähernd aus, um die deutlichen Unterschiede zwischen den sozialen Klassen auszugleichen.

Abbildung 2 Schulabschlussverteilung von 1971 Geborenen (BRD) im Alter von 13 bis 26 Jahren nach sozialer Herkunft (in Prozent)

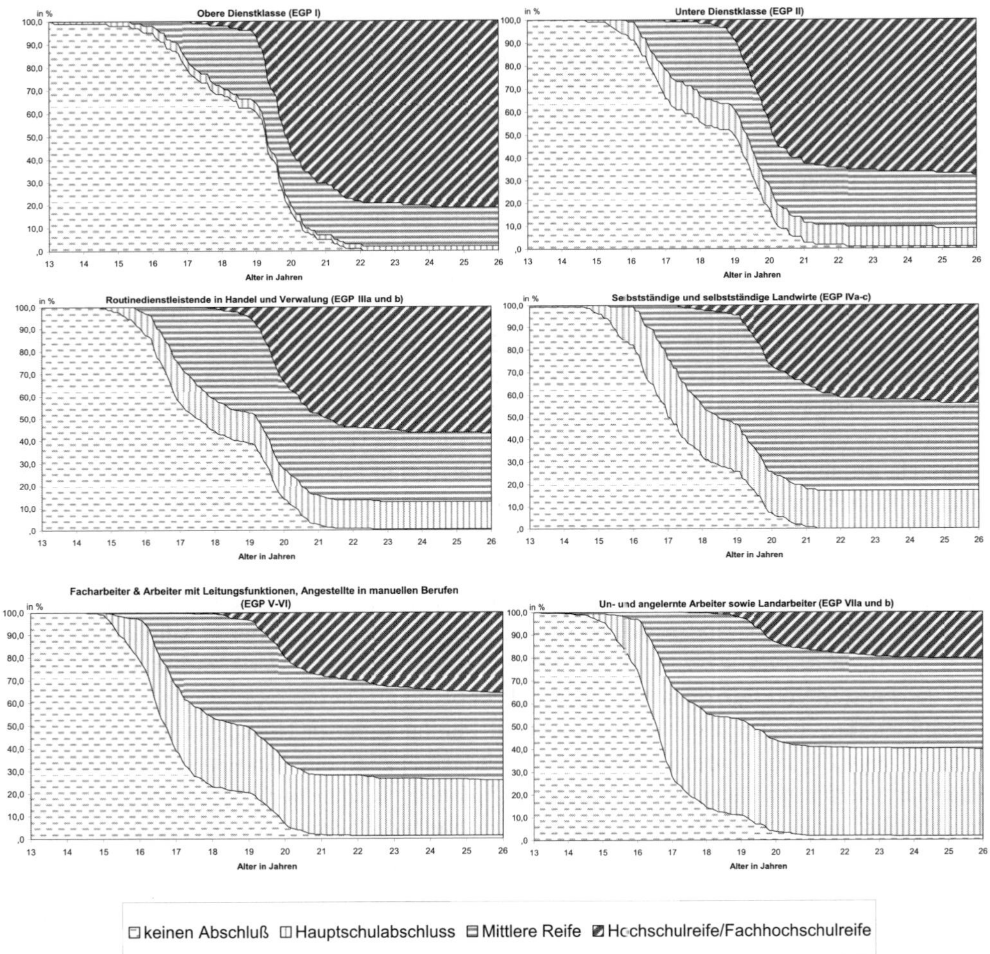

Quelle: Deutsche Lebensverlaufsstudie LV West 1971; eigene Berechnungen

6 Zusammenfassung und Diskussion

Ziel dieses Beitrags war es, den Bildungserwerb unter einer dynamischen Perspektive zu betrachten. Dabei wurde auf den Bereich der allgemeinbildenden Schulabschlüsse fokussiert. Die zentrale dem Beitrag zugrunde liegende Annahme bestand darin, dass mit dem Verlassen des allgemeinbildenden Schulsystems der Erwerb allgemeinbildender Bildungszertifikate keineswegs abgeschlossen ist und im weiteren Bildungsverlauf fehlende Schulabschlüsse nachgeholt bzw. vorhandene Abschlüsse aufgebessert werden. Wenngleich diese Annahme Augenscheinvalidität besitzt, stand ihre empirische Überprüfung noch weitgehend aus. Die Ergebnisse der vorliegenden Studie konnten diese Annahme durchweg bestätigen.

Der Erwerb von allgemeinbildenden Schulzertifikaten gehört zu den Grundvoraussetzungen für eine gelungene Integration in das gesellschaftliche Strukturgefüge. Die vorliegenden Ergebnisse zeigten aber auch, dass der Erwerb allgemeinbildender Zertifikate nicht mit dem Verlassen der Schule endet. Der Erwerb ist vielmehr durch eine gewisse Dynamik gekennzeichnet. So gibt es im beruflichen Bildungssystem verschiedene Institutionen, die den Erwerb allgemeinbildender Zertifikate ermöglichen und so zu einer substanziellen Verringerung des Problems der Zertifikatlosigkeit beitragen. Wengleich die vorliegenden Ergebnisse das Ausmaß der Personen ohne allgemeinen Schulabschluss etwas relativieren, soll das Problem der Zertifikatlosigkeit mit der vorliegenden Studie nicht bagatellisiert werden. Und dies aus zwei Gründen: (1) Bildung, die, wie in der Bundesrepublik, in einem hoch ausdifferenzierten institutionellen Gefüge stattfindet, sollte zum Ziel haben, der nachwachsenden Generation im Rahmen der „normalen" Bildungsbiografie den Erwerb eines Bildungszertifikats zu ermöglichen. Warum jährlich ca. 8 Prozent der Schulentlassenen ohne Abschluss sind, hat vielfältige Gründe, die es in weiteren Studien zu analysieren gilt. (2) Wenngleich sich die Zahl der Personen ohne Zertifikat bis zum Alter von 26 Jahren deutlich verringert, zeigen doch verschiedene Untersuchungen, dass diese Personengruppe langfristig Probleme bei der gesellschaftlichen Integration bekommen kann. Sowohl die Optionen auf dem Ausbildungsmarkt als auch die späteren Erwerbschancen sind für diese Gruppe besonders schwierig. Damit sollten künftige Bemühungen weiter darauf ausgerichtet sein, junge Menschen im Rahmen ihrer Normalbildungsbiografie zu einem erfolgreichen Abschluss zu führen.

Die Ergebnisse konnten des Weiteren zeigen, dass soziale Ungleichheit im Bildungssystem, bezogen auf die Partizipation an verschiedenen Bildungsprogrammen, nicht mit der Verteilung auf verschiedene Schulformen bzw. Bildungsgänge oder dem Verlassen der Schule abgeschlossen ist, sondern im weiteren Lebensverlauf Bildungsabschlüsse nachgeholt bzw. aufgewertet werden. Dieser Nachqualifizierungseffekt lässt sich für alle sozialen Gruppen beobachten. Dies bedeutet aber auch, dass die Optionen der Nachqualifizierung bestehende Unterschiede in der Bildungsbeteiligung, wie sie beispielsweise wiederholt in den PISA-Studien nachgewiesen werden konnten, allein nicht reduzieren können.

Ob später erworbene Schulabschlüsse zu einer Kompensation oder Kumulation sozialer Ungleichheit führen, konnte mit der vorliegenden Studie nicht hinreichend untersucht werden. Auf der einen Seite zeigte sich, dass auch in den sozial weniger begünstigten Familien der Anteil von Personen ohne einen schulischen Abschluss mit 1,7 Prozent sehr gering ist. Dieses Ergebnis könnte als ein Kompensationseffekt interpretiert werden. Auf der anderen Seite zeigte sich, dass insbesondere Personen aus den oberen Herkunftsgruppen, wenn sie einen vorangegangenen Abschluss aufwerten, eine Hochschulzugangsberechtigung erwerben. Im Alter von 26 Jahren haben über 80 Prozent derjenigen mit einer Herkunft aus der oberen Dienstklasse eine Hochschulzugangsberechtigung erworben, bei Personen aus der Gruppe der un- und angelernten Arbeiter beträgt der Anteil ca. 21 Prozent. Für den Erwerb höherer Bildungszertifikate könnten die vorliegenden Ergebnisse auch für Belege der Kumulationsthese herangezogen werden.

Schließlich kann die vorliegende Studie keine Aussagen über den Wert der nachgeholten Schulabschlüsse machen. Es ist aber davon auszugehen, dass Schulabschlüsse nicht ziellos, sondern unter ganz bestimmten Rahmenbedingungen aufgebessert werden. Wenn beispielsweise in einer Person mit einem mittleren Abschluss der Wunsch reift, noch ein Studium an der Fachhochschule aufzunehmen, wird sie sich bemühen, die formalen Zugangsvoraussetzungen zu erfüllen und den Versuch unternehmen, die Fachhochschulreife an einer Fachoberschule nachzuholen. Ob mit dem höheren allgemeinbildenden Schulabschluss auch eine Aufwertung des beruflichen Abschlusses verbunden ist, die sich letztlich in einem höheren Einkommen als Bildungsrendite messen lässt, wird in weiteren Studien zu untersuchen sein. Die Untersuchungen von Jacob (2004) deuten darauf hin, dass bei einer Studienausbildung im Sinne einer Zweitausbildung soziale Herkunftsmerkmale wieder zum Tragen kommen. Darüber hinaus gilt es zu untersuchen, ob die erzielten Bildungsrenditen (z. B. in Form von Einkommen) infolge einer Nachqualifizierung zwischen den verschiedenen Herkunftsgruppen gleich sind oder aber Personen aus sozial begünstigten Familien höhere Renditen erzielen als Personen aus sozial weniger begünstigten Familien.

Die dynamische Betrachtung beim Erwerb schulischer Zertifikate ist notwendig, um verlässliche Aussagen über den Erwerb von Bildungszertifikaten einer Generation machen zu können. Zukünftige Forschungen sollten aber an dieser Stelle nicht stehen bleiben. In einem nächsten Schritt könnten die Institutionen, an denen Schulabschlüsse nachgeholt werden, systematisch in die Analysen einbezogen werden. In weitergehenden Analysen ist darüber hinaus auch nach Prädiktoren zu fragen, die die Wiederaufnahme der Bildungskarriere begünstigen. Es bleibt aber abzuwarten, welche theoretischen Modelle auf den Bildungserwerb jenseits der Normalbiografie angewendet werden können. Neben den individualtheoretischen Bezügen sind vor allem die institutionellen Angebotsstrukturen sowie regionale Wettbewerbsbezüge interessant.

Literatur

Allmendinger, Jutta/Ludwig-Mayerhofer, Wolfgang (Hrsg.) (2000): Soziologie des Sozialstaats. Gesellschaftliche Grundlagen, historische Zusammenhänge und aktuelle Entwicklungstendenzen. Weinheim: Juventa

Arbeitsgruppe Bildungsberichterstattung (2008): Bildung in Deutschland 2008. Ein indikatorengestützter Bericht mit einer Analyse zu Übergängen im Anschluss an den Sekundarbereich I. Bielefeld: Bertelsmann

Baumert, Jürgen/Cortina, Kai S./Leschinsky, Achim (2008): Grundlegende Entwicklungen und Strukturprobleme im allgemein bildenden Schulwesen. In: Cortina et al. (2008): 53–130

Baumert, Jürgen/Klieme, Eckhard/Neubrand, Michael/Prenzel, Manfred/Schiefele, Ulrich/Schneider, Wolfgang/Stanat, Petra/Tillmann, Klaus-Jürgen/Weiß, Manfred (Hrsg.) (2001): PISA 2000. Basiskompetenzen von Schülerinnen und Schülern im internationalen Vergleich. Opladen: Leske + Budrich

Baumert, Jürgen/Maaz, Kai/Trautwein, Ulrich (Hrsg.) (2009c): Bildungsentscheidungen. Wiesbaden: VS Verlag für Sozialwissenschaften (Zeitschrift für Erziehungswissenschaft, Sonderheft 12)

Baumert, Jürgen/Roeder, Peter M./Watermann, Rainer (2003): Das Gymnasium – Kontinuität im Wandel. In: Cortina et al. (2003): 487–524
Baumert, Jürgen/Schümer, Gundel (2001): Familiäre Lebensverhältnisse, Bildungsbeteiligung und Kompetenzerwerb. In: Baumert et al. (2001): 323–407
Becker, Rolf (2003): Educational expansion and persistent inequalities of education. Utilizing subjective expected utility theory to explain increasing participation rates in upper secondary school in the Federal Republic of Germany. In: European Sociological Review 19. 1–24
Becker, Rolf (2000): Klassenlage und Bildungsentscheidungen. Eine empirische Anwendung der Wert-Erwartungstheorie. In: Kölner Zeitschrift für Soziologie und Sozialpsychologie 52. 450–474
Becker, Rolf/Lauterbach, Wolfgang (Hrsg.) (2007): Bildung als Privileg? Erklärungen und Befunde zu den Ursachen der Bildungsungleichheit. Wiesbaden: VS Verlag für Sozialwissenschaften
Berger, Peter A./Konietzka, Dirk (Hrsg.) (2001): Die Erwerbsgesellschaft. Neue Ungleichheiten und Unsicherheiten. Opladen: Leske + Budrich
Bolder, Axel/Heinz, Walter R./Rodax, Klaus (Hrsg.) (1996): Jahrbuch '96 Bildung und Arbeit. Die Wiederentdeckung der Ungleichheit. Aktuelle Tendenzen in Bildung für Arbeit. Opladen: Leske + Budrich
Boudon, Raymond (1974): Education, opportunity, and social inequality: Changing prospects in Western society. New York: Wiley
Breen, Richard (Hrsg.) (2004): Social Mobility in Europe. Oxford: Oxford University Press
Breen, Richard/Goldthorpe, John H. (1997): Explaining educational differentials: Towards a formal rational action theory. In: Rationality and Society 9. 275–305
Breen, Richard/Luijkx, Ruud/Müller, Walter/Pollak, Reinhard (2009): Nonpersistent Inequality in Educational Attainment: Evidence from Eight European Countries. In: American Journal of Sociology 114. 1475–1521
Butz, Marcus (2001): Lohnt sich Bildung noch? Ein Vergleich der bildungsspezifischen Nettoeinkommmen 1982 und 1995. In: Berger/Konietzka (2001): 95–117
Cortina, Kai S./Baumert, Jürgen/Leschinsky, Achim/Mayer, Karl U./Trommer, Luitgard (Hrsg.) (2008): Das Bildungswesen in der Bundesrepublik Deutschland. Strukturen und Entwicklungen im Überblick. Vollständig überarbeitete Neuausgabe. Reinbek bei Hamburg: Rowohlt Taschenbuch
Cortina, Kai S./Baumert, Jürgen/Leschinsky, Achim/Mayer, Karl U./Trommer, Luitgard (Hrsg.) (2003): Das Bildungswesen in der Bundesrepublik Deutschland. Strukturen und Entwicklungen im Überblick. Vollständig überarbeitete und erweiterte Neuausgabe. Reinbek bei Hamburg: Rowohlt Taschenbuch
Ditton, Hartmut (Hrsg.) (2007): Kompetenzaufbau und Laufbahnen im Schulsystem. Ergebnisse einer Längsschnittuntersuchung an Grundschulen. Münster: Waxmann
Ditton, Hartmut (1996): Zyklen, Grundlagen und Perspektiven der Gesamtschuldiskussion. In: Bolder et al. (1996): 147–169
Ehmke, Timo/Baumert, Jürgen (2007): Soziale Herkunft und Kompetenzerwerb: Vergleiche zwischen PISA 2000, 2003 und 2006. In: Prenzel et al. (2007): 309–335
Erikson, Robert/Goldthorpe, John H. (1992): The Constant Flux. A Study of Class Mobility in Industrial Societies. Oxford: Clarendon Press
Erikson, Robert/Goldthorpe, John H./Portocarero, Lucienne (1979): Intergenerational Class Mobility in Three Western European Societies. In: British Journal of Sociology 30. 415–441
Erikson, Robert/Jonsson, Jan O. (Hrsg.) (1996a): Can education be equalized? The Swedish case in comparative perspective. Boulder, CO: Westview Press
Erikson, Robert/Jonsson, Jan O. (1996b): Explaining class inequality in education: The Swedish test case. In: Erikson/Jonsson (1996a): 1–63
Esser, Hartmut (1999): Soziologie. Spezielle Grundlagen: Band 1. Situationslogik und Handeln. Frankfurt a. M.: Campus
Friebel, Hartmut/Epskamp, Heinrich/Knobloch, Brigitte/Montag, Stefanie/Toth, Stephan (2000): Bildungsbeteiligung: Chancen und Risiken. Eine Längsschnittstudie über Bildungs- und Weiterbildungskarrieren in der „Moderne". Opladen: Leske + Budrich
Gruss, Peter (Hrsg.) (2007): Die Zukunft des Alterns: Die Antwort der Wissenschaft. München: Beck
Hillmert, Steffen (2005): Bildungsentscheidungen und Unsicherheit. Soziologische Aspekte eines vielschichtigen Zusammenhangs. In: Zeitschrift für Erziehungswissenschaft 8. 173–186
Hillmert, Steffen (2001): Ausbildungssysteme und Arbeitsmarkt. Lebensverläufe in Großbritannien und Deutschland im Kohortenvergleich. Wiesbaden: Westdeutscher Verlag
Hillmert, Steffen/Jacob, Marita (2003): Bildungsprozesse zwischen Diskontinuität und Karriere: Das Phänomen der Mehrfachausbildungen. In: Zeitschrift für Soziologe 32. 325–345
Hillmert, Steffen/Mayer, Karl U. (Hrsg.) (2004): Geboren 1964 und 1971. Untersuchungen zum Wandel von Ausbildungs- und Berufschancen. Wiesbaden: VS Verlag für Sozialwissenschaften

Jacob, Martina (2004): Mehrfachausbildungen in Deutschland. Karriere, Collage, Kompensation? Wiesbaden: VS Verlag für Sozialwissenschaften
Klemm, Klaus (2000): Bildung. In: Allmendinger et al. (2000): 145–165
Klemm, Klaus (1991): Jugendliche ohne Ausbildung. Die „Kellerkinder" der Bildungsexpansion. In: Zeitschrift für Pädagogik 37. 887–898
Köller, Olaf/Baumert, Jürgen/Cortina, Kai S./Trautwein, Ulrich/Watermann, Rainer (2004c): Öffnung von Bildungswegen in der Sekundarstufe II und die Wahrung von Standards. Analysen am Beispiel der Englischleistungen von Oberstufenschülern an integrierten Gesamtschulen, beruflichen und allgemein bildenden Gymnasien. In: Zeitschrift für Pädagogik 50. 679–700
Köller, Olaf/Baumert, Jürgen/Schnabel, Kai (1999): Wege zur Hochschulreife: Offenheit des Systems und Sicherung vergleichbarer Standards. Analysen am Beispiel der Mathematikleistungen von Oberstufenschülern an integrierten Gesamtschulen und Gymnasien in Nordrhein-Westfalen. In: Zeitschrift für Erziehungswissenschaft 2. 385–422
Köller, Olaf/Watermann, Rainer/Trautwein, Ulrich (2004a): Transformation des Sekundarschulsystems in der Bundesrepublik Deutschland: Differenzierung, Öffnung von Bildungswegen und die Wahrung von Standards. In: Köller et al. (2004b): 13–27
Köller, Olaf/Watermann, Rainer/Trautwein, Ulrich/Lüdtke, Oliver (Hrsg.) (2004b): Wege zur Hochschulreife in Baden-Württemberg. TOSCA – Eine Untersuchung an allgemein bildenden und beruflichen Gymnasien. Opladen: Leske + Budrich
Maaz, Kai (2006): Soziale Herkunft und Hochschulzugang. Effekte institutioneller Öffnung im Bildungssystem. Wiesbaden: VS Verlag für Sozialwissenschaften
Maaz, Kai/Baumert, Jürgen/Cortina, Kai S. (2008): Soziale und regionale Ungleichheit im deutschen Bildungssystem. In: Cortina et al. (2008): 205–243
Maaz, Kai/Baumert, Jürgen/Trautwein, Ulrich (2009b): Genese sozialer Ungleichheit im institutionellen Kontext der Schule: Wo entsteht und vergrößert sich soziale Ungleichheit? In: Baumert et al. (2009c): 11–46
Maaz, Kai/Hausen, Cornelia/McElvany, Nele/Baumert, Jürgen (2006): Stichwort: Übergänge im Bildungssystem. Theoretische Konzepte und ihre Anwendung in der empirischen Forschung beim Übergang in die Sekundarstufe. In: Zeitschrift für Erziehungswissenschaft 9. 299–327
Maaz, Kai/Watermann, Rainer/Köller, Olaf (2009a). Die Gewährung von Bildungschancen durch institutionelle Öffnung. Bildungswege von Schülerinnen und Schülern an allgemeinbildenden und beruflichen Gymnasien. Pädagogische Rundschau 63. 2. 159–177
Mayer, Karl Ulrich (2008): Retrospective Longitudinal Research: The German Life History Study. In: Menard (2008): 85–106
Mayer, Karl Ulrich (2000): Die Bildungsgesellschaft. In: Pongs (2000): 193–218
Mayer, Karl Ulrich/Aisenbrey, Silke (2007): Variations on a theme: trends in social mobility in (West) Germany for cohorts born between 1919 and 1971. In: Scherer et al. (2007): 125–154
Mayer, Karl Ulrich/Müller, Walter/Pollak, Reinhard (2007): Germany: Institutional Change and Inequalities of Access in Higher Education. In: Shavit et al. (2007): 240–265
Menard, Scott (Hrsg.) (2008): Handbook of Longitudinal Research: Design, Measurement and Analysis. San Diego: Elsevier
Müller, Walter (2001): Zum Verhältnis von Bildung und Beruf in Deutschland. Entkopplung oder zunehmende Strukturierung? In: Berger/Konietzka (2001): 29–63
Müller, Walter/Brauns, Hildegard/Steinmann, Susanne (2002): Expansion und Erträge tertiärer Bildung in Deutschland, Frankreich und im Vereinigten Königreich. In: Berliner Journal für Soziologie 12. 37–62
Müller, Walter/Gangl, Markus (Hrsg.) (2003): Transitions from education to work in Europe: The integration of youth into EU labour market. Oxford: Oxford University Press
Müller, Walter/Pollak, Reinhard (2007): Weshalb gibt es so wenige Arbeiterkinder an deutschen Universitäten? In: Becker/Lauterbach (2007): 303–342
Müller, Walter/Pollak, Reinhard (2004): Social Mobility in West Germany: The Long Arms of History Discovered? In: Breen (2004): 77–113
Müller, Walter/Shavit, Yossi (1998): The institutional embeddedness of the stratification process: A comparative study of qualifications and occupations in thirteen countries. In: Shavit/Müller (1998): 1–48
Müller, Walter/Wolbers, Maarten (2003): Educational attainment in the European Union: Recent trends in qualification patterns. In: Müller/Gangl (2003): 23–62
Paulus, Wiebke/Blossfeld, Hans-Peter (2007): Schichtspezifische Präferenzen oder sozioökonomisches Entscheidungskalkül? Zur Rolle elterlicher Bildungsaspirationen im Entscheidungsprozess beim Übergang von der Grundschule in die Sekundarstufe. In: Zeitschrift für Pädagogik 53. 491–508
Pongs, Armin (Hrsg.) (2000): In welcher Gesellschaft leben wir eigentlich? Band 2. München: Dilemma

Prenzel, Manfred/Artelt, Cordula/Baumert, Jürgen/Blum, Werner/Hammann, Marcus/Klieme, Eckhard/Pekrun, Reinhard (Hrsg.) (2007): PISA 2006. Die Ergebnisse der dritten internationalen Vergleichsstudie. Münster: Waxmann

Prenzel, Manfred/Baumert, Jürgen/Blum, Werner/Lehmann, Rainer/Leutner, Detlev/Neubrand, Michael/Pekrun, Reinrad/Rolff, Hans-Günter/Rost, Jürgen/Schiefele, Ulrich (Hrsg.) (2004): PISA 2003. Der Bildungsstand der Jugendlichen in Deutschland – Ergebnisse des zweiten internationalen Vergleichs. Münster: Waxmann

Reinberg, Alexander/Hummel, Markus (2005): Vertrauter Befund: Höhere Bildung schützt auch in der Krise vor Arbeitslosigkeit. Nürnberg: Institut für Arbeitsmarkt- und Berufsforschung der Bundesagentur für Arbeit (IAB-Kurzbericht Nr. 09/2005)

Sacher, Werner/Haag, Ludwig/Bohl, Thorsten/Lang-Wojtasik, Gregor/Blömeke, Sigrid (Hrsg.) (2009): Handbuch Schule. Bad Heilbrunn: Klinkhardt

Scherer, Stefani/Pollak, Reinhard/Otte, Gunnar/Gangl, Markus (Hrsg.) (2007): From Origin to Destination. Trends and Mechanisms in Social Stratification Research. Frankfurt a. M.: Campus

Schimpl-Neimanns, Bernhard (2000): Soziale Herkunft und Bildungsbeteiligung. Empirische Analysen zu herkunftsspezifischen Bildungsungleichheiten zwischen 1950 und 1989. In: Kölner Zeitschrift für Soziologie und Sozialpsychologie 52. 636–669

Shavit, Yossi/Arum, Richard/Gamoran, Adam (Hrsg.) (2007): Stratification in Higher Education. A Comparative Study. Stanford: Stanford University Press

Shavit, Yossi/Müller, Walter (Hrsg.) (1998): From school to work. A comparative study of qualifications and occupational destinations. Oxford: Clarendon Press

Solga, Heike (2005): Ohne Abschluss in die Bildungsgesellschaft. Die Erwerbschancen gering qualifizierter Personen aus soziologischer und ökonomischer Perspektive. Opladen: Barbara Budrich

Statistisches Bundesamt (2009): Bildung und Kultur. Allgemeinbildende Schulen. Fachserie 11, Reihe 1. Wiesbaden: Statistisches Bundesamt

Statistisches Bundesamt (2008): Bildung und Kultur. Allgemeinbildende Schulen. Fachserie 11, Reihe 1. Wiesbaden: Statistisches Bundesamt

Statistisches Bundesamt (2007a): Bildung und Kultur. Allgemeinbildende Schulen. Fachserie 11, Reihe 1. Wiesbaden: Statistisches Bundesamt

Statistisches Bundesamt (2007b): Bildung und Kultur. Berufliche Schulen. Fachserie 11, Reihe 2. Wiesbaden: Statistisches Bundesamt

Statistisches Bundesamt (2006): Bildung und Kultur. Allgemeinbildende Schulen. Fachserie 11, Reihe 1. Wiesbaden: Statistisches Bundesamt

Staudinger, Ursula M./Baumert, Jürgen (2007): Bildung und Lernen jenseits der 50: Plastizität und Realität. In: Gruss (2007): 240–257

Stocké, Volker (2007): Explaining Educational Decision and Effects of Families' Social Class Position: An Empirical Test of the Breen-Goldthorpe Model of Educational Attainment. In: European Sociological Review 23. 505–519

Trautwein, Ulrich/Neumann, Marko (2008): Das Gymnasium. In: Cortina et al. (2008): 467–501

Watermann, Rainer/Maaz, Kai (2006): Effekte der Öffnung von Wegen zur Hochschulreife auf die Studienintention am Ende der gymnasialen Oberstufe. In: Zeitschrift für Erziehungswissenschaft 9. 219–239

Watermann, Rainer/Maaz, Kai/Szczesny, Marcus (2009): Soziale Disparitäten, Chancengleichheit und Bildungsreformen. In: Sacher et al. (2009): 94–102

Bildungsarmut und Arbeitsmarktexklusion*

Johannes Giesecke, Christian Ebner und Dirk Oberschachtsiek

1 Einleitung

Die Expansion des Dienstleistungssektors und dort insbesondere der wissens- und forschungsintensiven Wirtschaftszweige scheint in Deutschland ungebrochen (Belitz et al. 2009). Für den Wertschöpfungsprozess ist immer weniger die materialorientierte und körperliche Arbeit bestimmend. Mehr und mehr geht es in der „Wissensgesellschaft“ um die Produktion, Distribution sowie den Gebrauch von Informationen. Diese Trends setzen insbesondere die Gruppe der „Bildungsarmen“ unter Druck. Verstärkt wird dies durch die zwar langsame, aber doch kontinuierlich verlaufende Bildungsexpansion – d. h. einer stetigen Höherqualifizierung der Bevölkerung. Die Konkurrenz für Niedrigqualifizierte nimmt damit angebotsseitig immer weiter zu. Es sind daher sowohl angebots- als auch nachfrageseitige Wandlungsprozesse, die Niedrigqualifizierte zunehmend ins Abseits drängen und ihre ohnehin unterdurchschnittlichen Erwerbschancen weiter verschlechtern.

Vor diesem Hintergrund ist es das Ziel unseres Beitrags, die Arbeitsmarktchancen von Niedrigqualifizierten auf dem (west-)deutschen Arbeitsmarkt näher zu untersuchen. Während die bisherige ökonomische Forschung in diesem Bereich vornehmlich monetäre Erträge individueller Bildungsinvestitionen betrachtete (vgl. z. B. Blundell 2005; Card 2001), wollen wir uns – aufbauend auf bereits existierenden soziologischen Studien in diesem Bereich (z. B. Brauns et al. 2003; Müller/Gangl 2003; Müller/Shavit 1998; Scherer 2005; Solga 2002) – verstärkt mit dem Zusammenhang zwischen Bildung und dem Risiko der Arbeitsmarktmarginalisierung bzw. sogar der Exklusion vom Arbeitsmarkt befassen. Dabei gehen wir insbesondere auf die Wirkung sowohl schulischer als auch beruflicher (Aus-)Bildung ein, um so der (gestiegenen) Heterogenität von Bildungsgruppen besser Rechnung zu tragen. Es stellt sich hier die Frage, welchen Wert schulische Zertifikate auf dem deutschen Arbeitsmarkt haben, und wie wichtig sie für die Arbeitsmarktpartizipation im Vergleich zum Abschluss einer beruflichen Ausbildung sind. Darüber hinaus soll in den empirischen Analysen geprüft werden, ob sich seit Mitte der Neunziger Jahre ein Trend zur Verschärfung von Arbeitsmarktrisiken für einzelne Bildungsgruppen nachweisen lässt.

Die von uns untersuchten Arbeitsmarktrisiken umfassen dabei sowohl Risiken der Marginalisierung am Arbeitsmarkt (geringfügige Beschäftigung) als auch Exklusionsrisiken (Erwerbslosigkeit bzw. Arbeitsmarktinaktivität, d. h. vollständiger Rückzug vom Arbeitsmarkt). Es ist hinlänglich bekannt, dass solche Marginalisierungs- und Exklusionsprozesse

* Dieser Beitrag ist im Rahmen des Projekts „Folgekosten unzureichender Bildung im Bereich Lebenseinkommen, Steuern und Transfers“ entstanden. Das Projekt ist ein Bestandteil des Gesamtprojekts „Folgekosten unzureichender Bildung“ der Bertelsmann Stiftung.

am Arbeitsmarkt häufig mit sozio-ökonomischen Nachteilen für die betroffenen Individuen verbunden sind.[1] Darüber hinaus erzeugen sie aber auch hohe gesamtgesellschaftliche Folgekosten, etwa im Bereich der zu leistenden Transferzahlungen aus den sozialen Sicherungssystemen (Bach/Spitznagel 2003; Steiner/Schmitz 2010). Der von uns hier thematisierte Zusammenhang von Bildungsarmut und Arbeitsmarktrisiken betrifft somit nicht nur Fragen sozialer Ungleichheit, sondern auch einen wichtigen Bereich der volkswirtschaftlichen Folgekosten zu geringer Investitionen im unteren Bildungssegment (siehe dazu auch den Beitrag von Piopiunik und Wößmann in diesem Band).

Unsere empirischen Untersuchungen basieren auf den Daten des Mikrozensus 1996 und 2004. Für diese beiden Zeitpunkte, die sich sowohl hinsichtlich der konjunkturellen Lage als auch mit Blick auf die Lage am Arbeitsmarkt ähneln und daher eine gewisse Vergleichbarkeit ermöglichen, lassen sich mit Hilfe der Daten des Mikrozensus vertiefende Analysen zu Veränderungen in den bildungsspezifischen Beschäftigungschancen auf der Grundlage vergleichbarer Variablen und eines einheitlichen Erhebungsrahmens durchführen. Die empirischen Analysen sind dabei auf die Situation in Westdeutschland beschränkt. Zwei Gründe sprechen für diese Einschränkung. Zum einen ist die zeitliche Vergleichbarkeit für Ostdeutschland dadurch beschränkt, dass die große Mehrheit der Ostdeutschen in der von uns betrachteten Altersgruppe der 25- bis 34-Jährigen zum Befragungszeitpunkt 1996 einen DDR-Schul- bzw. Berufsabschluss besaß. Zum anderen ergibt sich aus der strukturellen Besonderheit des ostdeutschen Arbeitsmarktes die Notwendigkeit, getrennte Analysen für Ost- und Westdeutschland zu berechnen, worauf wir hier aus Platzgründen verzichten.

Der Beitrag ist wie folgt aufgebaut. Zu Beginn (Abschnitt 2) diskutieren wir einige theoretische Überlegungen zu der Frage, warum gerade Niedrigqualifizierte am Arbeitsmarkt besonders ungünstige Chancen haben. Wir beschreiben dann (Abschnitt 3) das theoretische Konstrukt der Bildungsarmut. Im Zentrum steht die Frage, ob schulische oder berufliche Zertifikate für Arbeitsmarkterfolg (bzw. Arbeitsmarktmisserfolg) ausschlaggebend sind. Abschnitt 4 enthält empirische Auswertungen zum Zusammenhang von Bildungsarmut und Arbeitsmarktrisiken in Deutschland. Der Artikel schließt mit einer Diskussion der Ergebnisse (Abschnitt 5).

2 Warum Niedrigqualifizierte (zunehmend) schlechtere Erwerbschancen haben – theoretische Überlegungen

2.1 Der Zusammenhang von Bildung und Arbeitsmarktchancen

Für die Annahme, dass gerade gering qualifizierte Personen ein hohes Risiko der Arbeitsmarktmarginalisierung oder -exklusion besitzen, spricht aus theoretischer Sicht vieles. Folgt man den Überlegungen der *Humankapitaltheorie*, so stellt Bildung zunächst eine individuelle Investitionsleistung dar (Becker 1964; Mincer 1974). Unterschiedliche Erfolgschancen am

1 Zu nennen wären hier beispielsweise ein erhöhtes Armutsrisiko (Bundesministerium für Arbeit und Soziales 2008), die Verringerung sozialer Kontakte (Kronauer 2002) sowie die Verschlechterung des Gesundheitszustandes (Paul/Moser 2001).

Arbeitsmarkt wären demnach das Resultat der mit der Bildungsinvestition einhergehenden Produktivitätsunterschiede der Arbeitskräfte. Dagegen argumentiert die *Signaltheorie* (Spence 1973, 1974), dass unterschiedliche Erwerbschancen nicht direkt aus unterschiedlichen Produktivitätsniveaus von ArbeitnehmerInnen resultieren, sondern vielmehr durch Bildungszertifikate und deren unterschiedliche Signalwirkung bestimmt werden.[2] Bei der Einstellung von Arbeitskräften sind Arbeitgeber stets mit Unsicherheiten über die Produktivität ihrer Bewerber konfrontiert. Ein Zertifikat – so etwa ein abgeschlossenes Abitur oder ein beruflicher Abschluss – signalisiert dem Arbeitgeber ein bestimmtes Maß an Leistungsfähigkeit. Die Signalfähigkeit von Bildungstiteln wird jedoch durch die Struktur des Bildungssystems determiniert. Ein enger Zusammenhang zwischen Bildungstitel und tatsächlicher Qualifikation des Trägers dieses Titels wird erst durch einen hohen Stratifizierungs- und Standardisierungsgrad gewährleistet (Allmendinger 1989). Der Grad der Stratifizierung des deutschen Bildungssystems ist im Bereich der schulischen Bildung aufgrund des vorherrschenden dreigliedrigen Schulsystems als relativ hoch anzusehen, zumal die Abschlüsse der Hauptschulen, Realschulen und Gymnasien zu immer noch stark separierten beruflichen Bildungswegen führen, die wiederum in Beschäftigungsverhältnissen gänzlich unterschiedlicher Bereiche des Schichtungssystems münden. Darüber hinaus weist das deutsche Bildungssystem einen hohen Grad an Standardisierung im schulischen und vor allem im beruflichen Ausbildungsbereich auf (siehe dazu auch Abschnitt 3). Sind zudem die mit den Bildungstiteln vermittelten Inhalte nicht nur aufgrund einer hohen Standardisierung miteinander vergleichbar, sondern auch noch klar gegeneinander abgrenzt, d. h. hoch differenziert, können Arbeitgeber anhand des Bildungsabschlusses relativ genau einschätzen, über welches Wissen und über welche Qualifikationen ein Bewerber verfügt. Da das deutsche Bildungssystem neben einem sehr hohen Standardisierungs- auch einen hohen Differenzierungsgrad im Bereich der beruflichen Ausbildung aufweist, kann erwartet werden, dass vor allem berufliche Ausbildungsabschlüsse vor Arbeitsmarktrisiken schützen. Umgekehrt kann davon ausgegangen werden, dass Personen ohne Schulabschluss oder ohne abgeschlossene berufliche Ausbildung eher negative Produktivitätssignale aussenden, was wiederum ihre Arbeitsmarktchancen nachteilig beeinflussen dürfte. Die – auch im internationalen Vergleich – festzustellende hohe Assoziation zwischen Bildungstitel und der Stellung im Arbeitsmarkt ist somit in großen Teilen der institutionellen Ausgestaltung des deutschen Bildungssystems geschuldet (Müller/Shavit 1998).

2.2 Makro-strukturelle Veränderungen

Verschiedene Entwicklungen haben zudem dazu geführt, dass sich die Arbeitsmarktchancen für Niedrigqualifizierte im Zeitverlauf erheblich verschlechterten. So ist etwa im Laufe der Bildungsexpansion der Anteil der formal Niedriggebildeten zurückgegangen: Im Jahr 1955 befanden sich noch rund drei Viertel der SchülerInnen in der 8. Klasse auf der Hauptschule. Im Jahr 2006 lag der entsprechende Anteil unter einem Viertel (Allmendinger et al. 2009: 53).

2 Eine lang anhaltende Arbeitsmarktexklusion von niedrig qualifizierten Personen ist jedoch im Rahmen humankapital- oder signaltheoretischer Überlegungen nur durch den zusätzlichen Verweis auf Präferenzunterschiede oder inflexible Arbeitsmärkte zu erklären.

Angesichts dieser Verschiebung in der Bildungsverteilung laufen Personen ohne Schulabschluss oder beruflichen Abschluss zunehmend Gefahr, von Höherqualifizierten „verdrängt" zu werden (Lutz 1979). So war in den letzten Jahrzehnten zu beobachten, dass Abschlüsse des Bereichs der beruflichen Ausbildung vermehrt von Personen mit höheren Schulabschlüssen (Mittlere Reife und Abitur) nachgefragt wurden (Müller et al. 1998). Mit der zunehmenden Marginalisierung der Gruppe Bildungsarmer ist ebenfalls anzunehmen, dass diese Gruppe Prozessen von „*Stigmatisierung*" ausgesetzt ist und sich deren Arbeitsmarktchancen dadurch zusätzlich verschlechtern (Solga 2002).

Darüber hinaus zeigt sich immer deutlicher, dass auf dem deutschen wie auf dem europäischen Arbeitsmarkt gerade wissensintensive Berufe an Bedeutung gewinnen, die nur mit abgeschlossener Ausbildung zu bewältigen sind (Belitz et al. 2009; Expertenkommission Forschung und Innovation 2009). Der technologische Wandel vollzieht sich zu Gunsten der höher Qualifizierten und zu Ungunsten der Niedrigqualifizierten („skill-biased technological change", vgl. z. B. Acemoglu 2002; Juhn et al. 1993; Spitz-Oener 2006) und beeinflusst so die Arbeitsmarktchancen von Bildungsgruppen in spezifischer Art und Weise.

Die beschriebenen makro-strukturellen Veränderungen manifestieren sich unter anderem in der Entwicklung des Arbeitslosigkeitsrisikos von Personen ohne abgeschlossene berufliche Ausbildung, das seit Beginn der Achtziger Jahre weit überproportional ansteigt (Reinberg/Hummel 2007). Der Raum für Personen ohne Berufsabschluss wird immer weiter eingeschränkt. Allerdings stellt sich die Frage, inwieweit diese Entwicklung erstens alle Personen ohne Berufsausbildung gleichermaßen betrifft, ganz gleich welchen Schulabschluss sie besitzen, und zweitens nicht auch dazu führt, dass sich die Arbeitsmarktchancen von Personen mit einer beruflichen Ausbildung aber eher geringem schulischen Bildungsniveau ebenfalls verschlechtern.

3 Bildungsarmut als Ausbildungsarmut

Der Begriff der „Bildungsarmut" (Allmendinger 1999), der in den Neunziger Jahren geprägt und seitdem Eingang in die wissenschaftliche und öffentliche Diskussion findet, stellt eine Schnittstelle zwischen Bildungs- und Sozialpolitik dar. Als bildungsarm werden Personen beschrieben, deren kognitive Kompetenzen ein Mindestmaß unterschreiten (Kompetenzarmut) oder denen wesentliche Bildungsabschlüsse fehlen (Zertifikatsarmut) (Allmendinger/Leibfried 2003). In diesem Artikel definieren wir Bildungsarmut als Zertifikatsarmut. Wir gehen davon aus, dass Bildungszertifikate aufgrund des hochgradig stratifizierten Schulsystems und der standardisierten sowie differenzierten beruflichen Ausbildung beim Zugang zum deutschen Arbeitsmarkt von besonderer Relevanz sind. Wenig diskutiert wurde bis heute dagegen die Frage, ob schulische oder berufliche Zertifikate für Arbeitsmarkterfolg (oder -misserfolg) ausschlaggebend sind. Hat ein Abitur auch ohne eine abgeschlossene Berufsausbildung einen hohen (Signal-)Wert? Kann eine abgeschlossene berufliche Ausbildung das negative Signal eines Hauptschulabschlusses oder gar eines fehlenden Schulabschlusses kompensieren? Oder anders ausgedrückt: Sollte in Deutschland Bildungsarmut als „Ausbildungsarmut" verstanden werden?

International vergleichende Untersuchungen stellen heraus, dass der deutsche Arbeitsmarkt nach einem beruflichen Muster strukturiert ist (vgl. z. B. Marsden 1990, Maurice et al. 1979; Müller/Shavit 1998). Das deutsche *Ausbildungssystem* folgt ebenfalls dem „Berufsprinzip". Dabei ist die berufliche Ausbildung in Deutschland unterhalb des Akademikerniveaus zum größten Teil „dual" organisiert: sie findet an zwei Lernorten statt (Berufsschule und Betrieb). Die duale Berufsausbildung ist hoch standardisiert, d. h. sie ist deutschlandweit einheitlich über das Berufsbildungsgesetz (BBiG) und die Handwerksordnung (HwO) geregelt. In Ausbildungsordnungen festgehalten, sichern diese Standards welche Inhalte und Fertigkeiten in den anerkannten Ausbildungsberufen (derzeit circa 350) erlernt werden sollen (Bundesinstitut für Berufsbildung 2008). Wissen ist damit einerseits hoch berufsspezifisch, andererseits innerhalb berufsspezifischer Arbeitsmärkte auf andere Arbeitsorte übertragbar (Sengenberger 1987).

De Jure gibt es in Deutschland außer dem Erfüllen der Schulpflicht keine Zugangsbeschränkungen zur dualen Ausbildung. Tatsächlich regelt sich der Zugang zur beruflichen Ausbildung aber über den *Ausbildungsmarkt*, wo Angebot bzw. Verfügbarkeit von betrieblichen Lehrstellen und die Nachfrage nach Lehrstellen durch die Jugendlichen zusammenkommen. Dabei zeigt sich, dass Jugendliche, die einen niedrigen oder überhaupt keinen Schulabschluss besitzen, geringere Chance haben, einen Ausbildungsplatz zu erhalten (Autorengruppe Bildungsberichterstattung 2008).

Neben diesem dualen Ausbildungssystem existieren in Deutschland aber auch in geringerem Maße vollzeitschulische Ausbildungsgänge. Diese entwickelten sich vor allem jenseits des industriellen Sektors und besetzen Bereiche ohne betriebliche Ausbildungstradition wie etwa Gesundheit oder eine Reihe von Assistenzberufen (Meifort 1999). Frauen sind in vollzeitschulischen Ausbildungsgängen deutlich überrepräsentiert und wählen häufig andere Ausbildungsberufe als Männer. Dieses unterschiedliche Berufswahlverhalten, ebenso wie auch geschlechtstypisches Erwerbsverhalten (Achatz 2005), machen es für die folgenden Analysen notwendig, die Arbeitsmarktchancen von Männern und Frauen getrennt voneinander zu untersuchen.

4 Konsequenzen fehlender Bildungszertifikate für die Arbeitsmarktintegration – Empirische Befunde

Der empirische Teil besteht aus insgesamt drei Abschnitten. Zunächst gehen wir kurz auf die den empirischen Analysen zugrundeliegenden Daten und die von uns getroffenen Stichprobeneinschränkungen sowie die Variablendefinitionen ein. Daran anschließend geben wir einen ersten deskriptiven Überblick über die Entwicklung des Bildungsniveaus und der bildungsspezifischen Erwerbschancen. Schließlich prüfen wir im Rahmen eines multivariaten Modells den Einfluss von schulischer und beruflicher Ausbildung auf die individuellen Arbeitsmarktchancen.

4.1 Beschreibung der Datengrundlage

Für die folgenden empirischen Analysen verwenden wir Daten des Mikrozensus aus den Erhebungsjahren 1996 und 2004.[3] Hintergrund der Auswahl dieser Befragungszeitpunkte ist einerseits die Überlegung, Erhebungsjahre für den zeitlichen Vergleich zu verwenden, deren makroökonomische Bedingungen möglichst ähnlich sind und mit denen gleichzeitig Veränderungen über die Zeit abgebildet werden können.[4] Andererseits ist das Erhebungsprogramm des Mikrozensus zwischen 1996 und 2004 im Hinblick auf wesentliche Erhebungskonzepte und Merkmalsdefinitionen vergleichbar.

In unseren Analysen haben wir die Daten des Mikrozensus in dreierlei Hinsicht eingeschränkt. Erstens betrachten wir, wie bereits in der Einleitung beschrieben, nur Westdeutschland. Zweitens schränken wir die Analysepopulation auf die 25- bis 34-Jährigen ein. Somit werden für den Zeitpunkt 1996 die Geburtsjahrgänge 1962 bis 1971 und für 2004 die Jahrgänge 1970 bis 1979 untersucht.[5] Schließlich bleiben als dritte Einschränkung solche Personen in den Analysen unberücksichtigt, die sich noch in Ausbildung befinden.

Im Mittelpunkt unserer Auswertungen stehen die Arbeitsmarkteffekte des Schul- und Ausbildungsabschlusses einer Person. Dabei berücksichtigen wir das Schulbildungsniveau mit vier Unterteilungen: ohne Schulabschluss, mit Hauptschulabschluss, mit Realschulabschluss sowie die (Fach-)Hochschulreife. Im Ausbildungsniveau unterscheiden wir zwischen Personen ohne Abschluss (inkl. Berufsvorbereitungsjahr und Anlernausbildung) und solchen mit Abschluss (Lehrausbildung bis maximal Fachschulabschluss). Entsprechend dem Fokus unserer Auswertungen bleiben höhere Ausbildungsabschlüsse (Fachhochschule, Universität) weitgehend unberücksichtigt.

Hinsichtlich des Erwerbsstatus unterscheiden wir innerhalb der Gruppe der Erwerbstätigen zwischen voll- bzw. teilzeitbeschäftigten Personen und geringfügig Beschäftigten. Eine geringfügige Beschäftigung wird von uns dabei im Vergleich zu einer Vollzeit- oder

3 Der Mikrozensus ist eine jährlich durchgeführte Befragung des Statistischen Bundesamtes (bzw. der Statistischen Landesämter) und dient vor allem der Fortführung von bevölkerungsstatistischen Auswertungen. Er deckt rund ein Prozent aller deutschen Haushalte in seiner Erhebung ab. Schwerpunkt der Datenerhebung sind Fragen zur Erwerbstätigkeit, Arbeitssuche, Aus- und Weiterbildung, Wohnverhältnisse und Gesundheit. Ein besonderer Vorteil des Mikrozensus ist die geringe Non-Response-Rate (rund fünf Prozent), da es sich um eine gesetzlich angeordnete Befragung handelt. Die Ausfallquote bei einzelnen Fragen oder Merkmalen liegt meist deutlich unter zehn Prozent. Durch die hohe Anzahl an Fällen ist der Mikrozensus in Deutschland der einzige Datensatz, der zuverlässig Analysen zu Merkmalsverteilungen auch mit höherem Differenzierungsgrad erlaubt.

4 Beide Untersuchungszeitpunkte fallen in einen Zeitraum mit ähnlicher Arbeitslosenquote. So waren 1996 rund 8,9 Prozent der Erwerbspersonen ohne Arbeit, während 2004 diese Quote 8,4 Prozent betrug (Zahlen aus den Zeitreihenstatistiken der Deutschen Bundesbank; http://www.bundesbank.de). Für sonstige strukturelle Unterschiede bezüglich der makroökonomischen Bedingungen siehe z. B. die Zeitreihenstatistiken des Sachverständigenrates (http://www.sachverstaendigenrat-wirtschaft.de).

5 Diese Auswahl basiert auf dem Gedanken, dass Jugendliche, also die Personengruppe der unter 25-Jährigen, in Deutschland von der Bundesagentur für Arbeit (BA) in besonderem Maße berücksichtigt wird (Allmendinger et al. 2006). Schulische Abschlüsse werden nachgeholt und Jugendliche bei der Aufnahme und während der beruflichen Ausbildung gefördert. Es herrscht damit vor allem in dieser Altersgruppe bezogen auf Bildungserwerb noch reichlich Bewegung. Jenseits der Jugendkategorie ist von einer stärkeren Stabilität der Bildungsabschlüsse auszugehen. Eine Beschränkung des Alters nach oben (unter 35-Jährige) dient dem Zweck, die gewählte Altersspanne nicht zu groß werden zu lassen, um so eine Vergleichbarkeit der „historischen" Bildungs- und Arbeitsmarktstrukturen zu gewährleisten.

regulären Teilzeitstelle als Indikator für Arbeitsmarktmarginalisierung verwendet. Darüber hinaus differenzieren wir innerhalb der Gruppe der Nichterwerbstätigen zwischen denjenigen nicht erwerbstätigen Personen, die nach Arbeit suchen (Erwerbslose) und solchen, die nicht nach Arbeit suchen (Nichterwerbspersonen).[6] Mit Hilfe dieser Differenzierung versuchen wir, unterschiedliche Niveaus der Arbeitsmarktexklusion abzubilden.

Neben der deskriptiven Darstellung des Zusammenhangs zwischen Bildungsabschluss und Erwerbsstatus verwenden wir ein multinomiales Logit-Modell, das die Erwerbschancen- bzw. -risiken der einzelnen Bildungsgruppen und deren zeitliche Entwicklung relativ zueinander betrachtet.[7] In diesen Modellen werden als weitere Merkmale das Alter, die Staatsangehörigkeit (insgesamt elf Kategorien), das Bundesland sowie die Gemeindegrößenklasse (insgesamt fünf Kategorien) berücksichtigt.[8] Da schulische Leistungen, das Berufswahlverhalten sowie das Erwerbsverhalten zwischen Männern und Frauen stark verschieden sind, führen wir zudem für beide Geschlechter getrennte Analysen durch.

4.2 Deskriptive Befunde

Zunächst möchten wir einen Blick auf die Verteilung der Bildungsabschlüsse in (West-) Deutschland und die verschiedenen Kombinationsmöglichkeiten von schulischer und beruflicher Ausbildung sowie deren zeitliche Entwicklung werfen. Tabelle 1 stellt diese Verteilung für die Jahre 1996 und 2004 getrennt für Männer und Frauen im Alter von 25 bis 34 Jahren dar, wobei Personen, die sich in Ausbildung befinden, nicht berücksichtigt werden. Grundsätzlich zeigt sich in diesem Zeitraum sowohl für Männer als auch für Frauen ein Anstieg des Bildungsniveaus. Diese Zunahme speist sich aus einem Anstieg des Anteils von Personen mit (Fach-)Abitur (plus sechs bzw. sieben Prozentpunkte für Männer bzw. Frauen). Dabei zeigt sich, dass trotz einer gewissen Konvergenz zwischen den Geschlechtern Frauen mit

---

6 Diese Unterscheidung ist an das Labour-Force-Konzept der ILO angelehnt, weicht jedoch in einigen Punkten davon ab. Für weitere Informationen zum Konzept der Erwerbstätigkeit im Mikrozensus vgl. Schmidt (2000).

7 Der Vorteil des multinomialen Logit-Models ist, dass der Einfluss von Merkmalen auf konkurrierende Zustände, wie z. B. die hier betrachteten vier Zustände des Erwerbsstatus, direkt und simultan abgebildet werden können. Allerdings ist die Interpretation der Koeffizienten in solchen Modellen durch eine „doppelte Referenzgruppensetzung" erschwert. So ist für die vorliegende Analyse zu berücksichtigen, dass die geschätzten Koeffizienten erstens in Referenz zur y-Basiskategorie „Voll- oder Teilzeit beschäftigt" zu interpretieren sind. Zweitens werden in unserer Analyse die Effekte der Bildungsgruppen in Relation zur Referenzkategorie „Realschule mit beruflicher Ausbildung" geschätzt.

8 Die Kontrolle dieser Merkmale dient der Reduzierung von Selektivitäts- und Endogenitätsproblemen. Leider erlauben es die Daten des Mikrozensus für die Jahre 1996 und 2004 nicht, weitere Merkmale mit einem gleichzeitigen Einfluss auf Bildungs- und Erwerbschancen zu berücksichtigen. Um jedoch einen Eindruck potentieller Verzerrungen durch Endogenitätsprobleme zu erhalten, haben wir das gleiche Modell auf Basis des Mikrozensus 2003 geschätzt, in dem zusätzlich Merkmale zum Gesundheitszustand der Person zur Verfügung stehen (diese sind korreliert mit der Bildung und haben einen unabhängigen Einfluss auf Arbeitsmarktrisiken). Als zusätzliche Erklärungsgrößen kontrollieren wir den Body-Mass-Index (aus Körpergröße und Gewicht) sowie den Grad individueller Behinderung und die Pflegebedürftigkeit. Ein Vergleich der Koeffizientenwerte mit und ohne Gesundheitsmerkmale zeigt, dass die Verzerrungen im Mittel circa 15 Prozent betragen. Trotz dieser Verzerrung bleiben allerdings auch ohne Kontrolle des Gesundheitszustandes die inhaltlichen Aussagen der empirischen Analysen erhalten.

(Fach-)Abitur auch noch 2004 häufiger als Männer eine Ausbildung unterhalb des Akademikerniveaus abschlossen.

Trotz dieser Entwicklungen sind der Haupt- oder Realschulabschluss in Kombination mit einer abgeschlossenen beruflichen Ausbildung unterhalb des Akademikerniveaus aber immer noch die beiden am stärksten besetzten Bildungsgruppen in Deutschland: Rund die Hälfte der Bevölkerung von 25 bis 34 Jahren fällt in eine dieser beiden Bildungsgruppen, wobei Männer häufiger als Frauen lediglich einen Hauptschulabschluss besitzen. Im Zeitvergleich wird deutlich, dass insbesondere die Kombination aus einem Hauptschulabschluss und einer beruflichen Ausbildung seltener geworden ist (minus acht bzw. fünf Prozentpunkte für Männer bzw. Frauen), während der Anteil der Kombination aus Realschul- und Berufsabschluss mit über 25 Prozent bei Männern und circa 30 Prozent bei Frauen nahezu unverändert blieb. Für die Gruppe der Personen ohne Berufsabschluss ist eine heterogene Entwicklung zu konstatieren. So stiegen die Anteile derjenigen ausbildungslosen Personen mit einer (Fach-)Hochschulreife genauso wie die Anteile derjenigen Personen ohne Schulabschluss. Beide Gruppen weisen allerdings Anteile von deutlich unter fünf Prozent auf. Für die Gruppe der Hauptschulabsolventen ohne beruflichen Ausbildungsabschluss, deren Anteil bei circa zehn Prozent liegt, zeigt sich dagegen eine leichte Abnahme bei den Frauen, aber keine Veränderung bei den Männern. Dennoch besaß auch 2004 mehr als jede(r) Zweite derjenigen ohne Berufsabschluss einen Hauptschulabschluss.

Tabelle 1 Kombinationen schulischer und beruflicher Abschlüsse in Deutschland 1996 und 2004, Altersgruppe 25 bis 34 Jahre, getrennt nach Geschlecht, in Prozent

Schul-/Berufsabschluss	**männlich**		**weiblich**	
	1996	**2004**	**1996**	**2004**
Kein Schulabschluss; kein Berufsabschluss	2,8	3,4	3,2	4,2
Kein Schulabschluss; Lehr-/Fachschulabschluss	0,3	0,2	0,1	0,1
Hauptschulabschluss; kein Berufsabschluss	10,6	10,4	13,3	11,7
Hauptschulabschluss; Lehr-/Fachschulabschluss	35,7	28,0	22,2	16,8
Realschulabschluss; kein Berufsabschluss	2,1	3,0	3,7	3,8
Realschulabschluss; Lehr-/Fachschulabschluss	24,4	25,3	32,9	32,1
(Fach-)Hochschulreife; kein Berufsabschluss	1,9	2,5	2,2	2,6
(Fach-)Hochschulreife; Lehr-/Fachschulabschluss	7,7	11,4	11,4	14,4
(Fach-)Hochschulreife; (Fach-) Hochschulabschluss	14,0	15,8	10,6	14,4

Anmerkung:
Ohne Personen, die sich zum Befragungszeitpunkt in Schule oder Ausbildung befanden, Kombinationen mit einer relativen Häufigkeit kleiner 0,1 sind nicht dargestellt

Quelle: Mikrozensus 1996, 2004; eigene Berechnungen

Insgesamt ist die Bildungsverteilung in (West-)Deutschland somit nach wie vor durch einen hohen Verbreitungsgrad mittlerer beruflicher Ausbildungsabschlüsse gekennzeichnet – über 60 Prozent der 25- bis 34-Jährigen hatten 2004 einen Lehr- oder vergleichbaren Berufsabschluss. Im Zeitvergleich lässt sich jedoch ein Rückgang dieser Abschlüsse sowie eine Verschiebung zu höheren Schulabschlüssen feststellen. Vor allem die Kombination aus Hauptschul- und beruflichem Abschluss ist dabei deutlich rückläufig. Gleichzeitig scheint sich am unteren Rand der Bildungsverteilung eine Gruppe von Personen zu verfestigen, die über keinen beruflichen Ausbildungsabschluss und höchstens einen Hauptschulabschluss verfügen. Diese Gruppe, deren Anteil circa 15 Prozent beträgt, stellt mit Blick auf die Marginalisierungs- und Exklusionsprozesse am Arbeitsmarkt aufgrund ihres sehr geringen Qualifikationsniveaus eine zentrale Problemgruppe dar.

Wie sind nun die Erwerbschancen bzw. -risiken sowohl zwischen als auch innerhalb der Bildungsgruppen verteilt? Zur (zunächst deskriptiven) Beantwortung dieser Frage ist in den Tabellen 2 und 3 die Verteilung der einzelnen Kategorien des Erwerbsstatus insgesamt sowie über die Bildungsgruppen hinweg dargestellt, wobei wir uns auf Bildungsabschlüsse unterhalb einer Hochschulausbildung beschränken. Dabei lassen sich zunächst klare geschlechtsspezifische Muster ausmachen. So sind Frauen deutlich häufiger als Männer nicht erwerbstätig, wobei insbesondere der Anteil der inaktiven Personen ins Auge fällt: Circa jede vierte der hier betrachteten Frauen, aber nur etwa jeder fünfunddreißigste Mann, war 2004 nicht erwerbstätig und suchte gleichzeitig keine Erwerbsarbeit (Nichterwerbspersonen, Tabelle 2 und 3). Jedoch zeigt sich im Zeitvergleich, dass dieser Anteil für Frauen leicht rückläufig war, auch wenn er insgesamt auf einem hohen Niveau verblieb. Während Frauen demnach wesentlich häufiger als Männer dem Arbeitsmarkt fern stehen, sind Männer häufiger als Frauen erwerbslos, d. h. nicht erwerbstätig aber eine Erwerbstätigkeit suchend.

Mit Blick auf den Einfluss der schulischen und beruflichen Bildung auf das Risiko der Nichterwerbstätigkeit, lässt sich feststellen, dass Personen ohne Berufsabschluss überproportional von Erwerbstätigkeit ausgeschlossen sind, wobei ein zusätzlich fehlender Schulabschluss das eindeutig höchste Risiko nach sich zieht: Bei den Männern sind circa 40 Prozent, bei den Frauen circa 70 Prozent dieser Gruppe nicht erwerbstätig. Dennoch ist zu betonen, dass auch ein höherwertiger Schulabschluss wie der Realschulabschluss oder selbst eine (Fach-)Hochschulreife nicht vor einem Ausschluss vom Arbeitsmarkt schützt, wenn sie nicht mit einer beruflichen Ausbildung kombiniert werden. So sind etwa annährend ein Viertel der Männer bzw. fast die Hälfte der Frauen mit einer (Fach-)Hochschulreife aber ohne beruflichen Ausbildungsabschluss nicht in den Arbeitsmarkt integriert.

Tabelle 2 Qualifikation und Erwerbsstatus (Männer)

	nichterwerbstätig				erwerbstätig				Anteil der Qualifikationsgruppe	
	erwerbslos		Nichterwerbs-personen		voll- und teilzeit		geringfügig			
Gruppe	**1996**	**2004**	**1996**	**2004**	**1996**	**2004**	**1996**	**2004**	**1996**	**2004**
kS, kB	20,7	27,3	16,6	14,7	60,5	52,8	2,2	5,2	3,3	4,1
HS, kB	17,6	25,4	6,6	5,8	74,0	65,9	1,7	2,9	12,4	12,3
HS, B	6,7	12,3	1,4	1,3	90,1	84,7	1,8	1,7	41,7	33,3
RS, kB	13,4	20,4	4,6	6,7	79,0	69,3	3,0	3,6	2,5	3,6
RS, B	4,8	7,8	1,3	1,2	92,2	89,7	1,6	1,4	28,6	30,1
HR, kB	11,1	15,7	11,2	9,0	73,3	71,9	4,4	3,5	2,3	3,0
HR, B	4,6	7,6	1,5	1,6	91,8	88,9	2,1	1,9	9,0	13,6
Gesamt	8,1	12,9	2,8	2,8	87,2	82,2	1,9	2,0	**N=22.306**	**N=14.820**

Anmerkungen:
kS, kB = Kein Schulabschluss, kein Berufsabschluss; HS, kB = Hauptschulabschluss, kein Berufsabschluss; HS, B = Hauptschulabschluss, Lehr-/Fachschulabschluss; RS, kB = Realschulabschluss, kein Berufsabschluss; RS, B = Realschulabschluss, Lehr-/Fachschulabschluss; HR, kB = (Fach-)Hochschulreife, kein Berufsabschluss; HR, B = (Fach-)Hochschulreife, Lehr-/Fachschulabschluss
Andere mögliche Kombinationen aus schulischer und beruflicher Bildung sind hier wegen zu geringer Fallzahlen nicht dargestellt.
Personen zwischen 25 und 34 Jahren, Auswertungen ohne Personen, die sich zum Befragungszeitpunkt in Schule oder Ausbildung befanden; nur Westdeutschland
Quelle: Mikrozensus 1996, 2004; eigene Berechnungen

Die Muster der Erwerbstätigkeit lassen spiegelbildlich zum Anteil nichterwerbstätiger Personen erkennen, dass Frauen seltener als Männer einer Erwerbstätigkeit nachgehen (circa 65 Prozent versus 85 Prozent im Jahr 2004). Gleichzeitig ist der Anteil der geringfügig Beschäftigten bei Frauen deutlich höher als bei Männern, was bedeutet, dass ein nicht unerheblicher Teil der erwerbstätigen Frauen lediglich in marginaler Form am Erwerbsleben teilnimmt (circa 10 bis 15 Prozent aller erwerbstätigen Frauen). Von einer solchen Marginalisierung scheinen lediglich Frauen mit (Fach-)Hochschulreife und einer beruflichen Ausbildung besser geschützt zu sein. Insgesamt erhöht aber eine berufliche Ausbildung die Chance, erwerbstätig zu sein – und dies gilt wiederum sowohl für Männer als auch für Frauen. Schließlich wird im Zeitverlauf deutlich, dass sich insbesondere die Arbeitsmarktpositionen von Personen verschlechtert haben, die keinen beruflichen Abschluss und einen Schulabschluss unterhalb des (Fach-)Abiturs besitzen. So ist beispielsweise der Anteil voll- bzw. teilzeitbeschäftigter Frauen mit Realschlussabschluss aber ohne berufliche Ausbildung zwischen 1996 und 2004 von circa 53 Prozent auf circa 38 Prozent gefallen. Bei Männern hat sich der entsprechende Anteil von 79 auf 69 Prozent reduziert.

Tabelle 3 Qualifikation und Erwerbsstatus (Frauen)

	nichterwerbstätig				erwerbstätig				Anteil der Qualifikationsgruppe	
	erwerbslos		Nichterwerbs-personen		voll- und teilzeit		geringfügig			
Gruppe	**1996**	**2004**	**1996**	**2004**	**1996**	**2004**	**1996**	**2004**	**1996**	**2004**
kS, kB	8,6	11,4	63,2	65,4	23,8	15,6	4,4	7,6	3,6	4,9
HS, kB	8,3	13,3	48,0	48,9	37,1	27,5	6,6	10,3	14,9	13,7
HS, B	5,6	8,3	28,2	23,4	58,4	56,5	7,7	11,8	25,0	19,6
RS, kB	7,4	11,3	32,4	38,8	53,5	37,8	6,7	12,1	4,1	4,4
RS, B	3,7	5,5	18,1	14,3	72,6	71,5	5,6	8,7	37,0	37,5
HR, kB	6,6	8,2	38,7	38,2	47,4	45,3	7,3	8,2	2,5	3,0
HR, B	3,6	4,1	14,8	12,4	77,3	78,1	4,3	5,4	12,9	16,9
Gesamt	5,3	7,5	27,4	24,8	61,2	58,6	6,2	9,1	**N=24.110**	**N=16.462**

Anmerkungen:
kS, kB = Kein Schulabschluss, kein Berufsabschluss; HS, kB = Hauptschulabschluss, kein Berufsabschluss; HS, B = Hauptschulabschluss, Lehr-/Fachschulabschluss; RS, kB = Realschulabschluss, kein Berufsabschluss; RS, B = Realschulabschluss, Lehr-/Fachschulabschluss; HR, kB = (Fach-)Hochschulreife, kein Berufsabschluss; HR, B = (Fach-)Hochschulreife, Lehr-/Fachschulabschluss
Andere mögliche Kombinationen aus schulischer und beruflicher Bildung sind hier wegen zu geringer Fallzahlen nicht dargestellt.
Personen zwischen 25 und 34 Jahren, Auswertungen ohne Personen, die sich zum Befragungszeitpunkt in Schule oder Ausbildung befanden; nur Westdeutschland

Quelle: Mikrozensus 1996, 2004; eigene Berechnungen

Insgesamt legen diese Ergebnisse den Schluss nahe, dass sich die ohnehin existierenden Exklusionsrisiken aufgrund fehlender beruflicher Ausbildung im deutschen Arbeitsmarkt weiter verstärkt haben, wobei auch Personen mit einem Realschulabschluss, aber ohne beruflichen Abschluss, zunehmend von solchen Risiken betroffen zu sein scheinen. Im Folgenden soll anhand multivariater Schätzmodelle nun einerseits überprüft werden, wie sich die Erwerbschancen bzw. -risiken der einzelnen Bildungsgruppen relativ zueinander entwickelt haben. Andererseits kann anhand dieser Modelle geprüft werden, ob und inwieweit die Befunde der bisherigen deskriptiven Analyse auch dann noch Bestand haben, wenn der Einfluss weiterer wichtiger Faktoren kontrolliert wird, die sowohl die Ausbildungs- als auch die Erwerbschancen von Individuen betreffen.[9]

9 Wir berücksichtigen dabei zwei individuelle Merkmale (Staatsangehörigkeit, Alter) sowie zwei Indikatoren für die regionalen Gelegenheitsstrukturen (Bundesland, Gemeindegrößenklasse), siehe dazu auch Abschnitt 4.1.

4.3 Ergebnisse des multivariaten Modells

Die Ergebnisse der multivariaten Modelle sind in Abbildung 1 dargestellt. Abgebildet sind die geschätzten Koeffizienten (als relative Risk-Ratios) der einzelnen Bildungsgruppen sowie deren 95-Prozent Konfidenzintervalle. Auf die Effekte der oben genannten Kontrollvariablen wird nicht näher eingegangen, da diese nicht im Mittelpunkt unseres Interesses stehen.[10] Die angegebenen relativen Risk-Ratios beziehen sich auf das durchschnittliche relative Risiko einer Bildungsgruppe, einen bestimmten Erwerbsstatus (z. B. „erwerbslos") im Vergleich zu dem hier gewählten Referenzstatus („voll- bzw. teilzeiterwerbstätig") aufzuweisen. Werte größer/kleiner als eins repräsentieren dabei ein im Vergleich zur Referenzgruppe der Personen mit Realschul- sowie Berufsabschluss erhöhtes/verringertes relatives Risiko.

Abbildung 1 Relative Risiken von Arbeitsmarktinaktivität, Erwerbslosigkeit und geringfügiger Beschäftigung für verschiedene Bildungsgruppen, 1996 und 2004

Männer

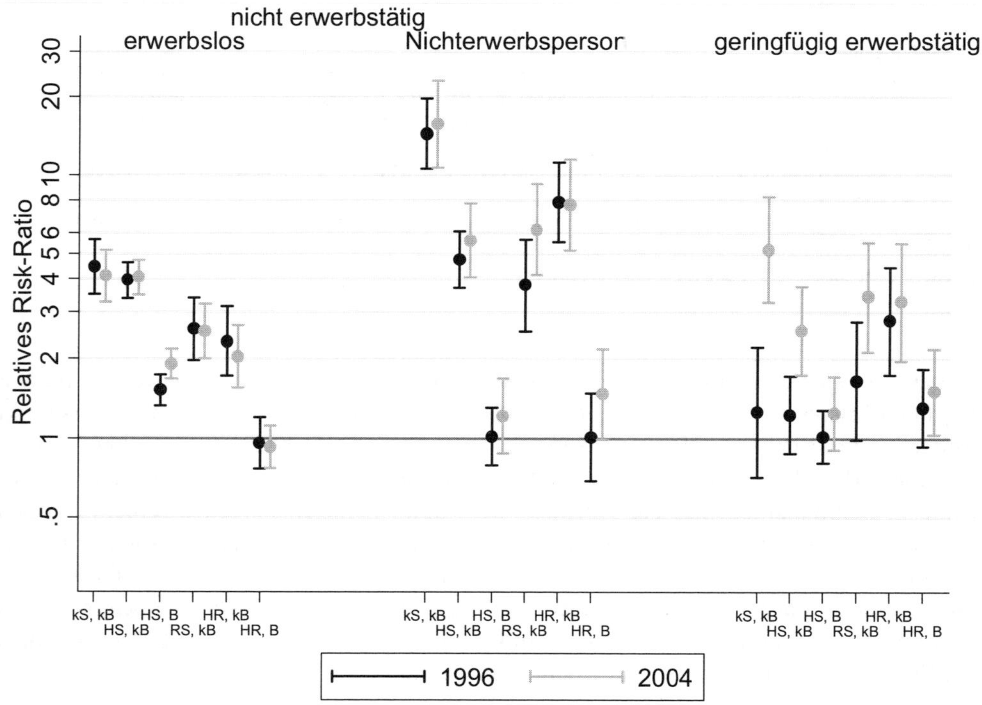

10 Die vollständigen Ergebnisse sind auf Anfrage bei den Autoren erhältlich.

Frauen

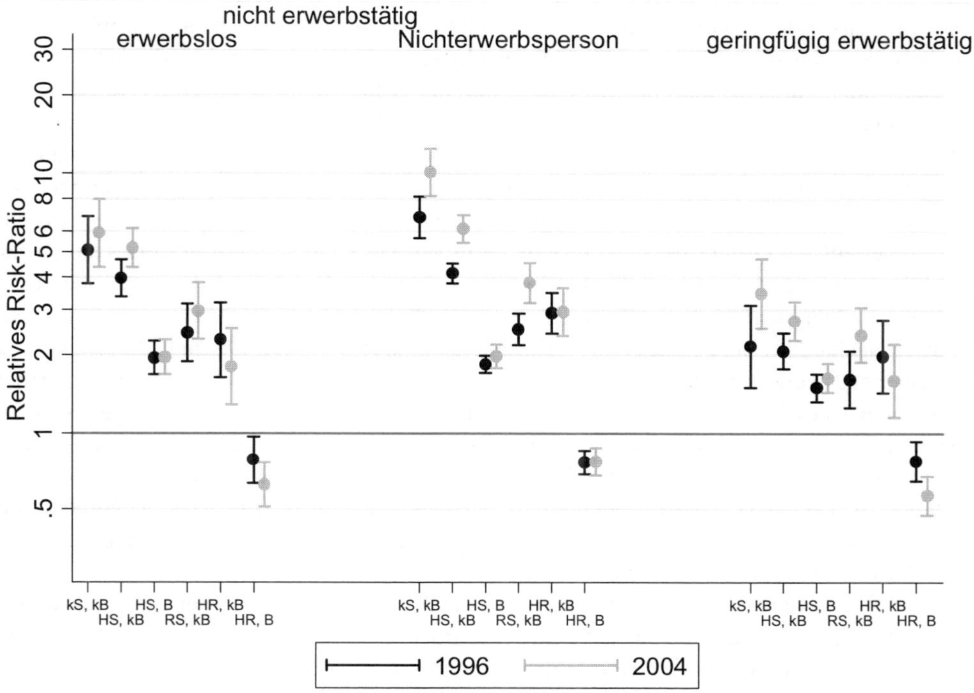

Anmerkungen:
kS, kB = Kein Schulabschluss, kein Berufsabschluss; HS, kB = Hauptschulabschluss, kein Berufsabschluss; HS, B = Hauptschulabschluss, Lehr-/Fachschulabschluss; RS, kB = Realschulabschluss, kein Berufsabschluss; HR, kB = (Fach-)Hochschulreife, kein Berufsabschluss; HR, B = (Fach-)Hochschulreife, Lehr-/Fachschulabschluss
Referenzkategorie für Erwerbsstatus: Voll- oder Teilzeiterwerbstätigkeit
Referenzkategorie für Bildungsgruppen: Realschulabschluss kombiniert mit beruflichem Ausbildungsabschluss. Personen zwischen 25 und 34 Jahren, Auswertungen ohne Personen, die sich zum Befragungszeitpunkt in Schule oder Ausbildung befanden; nur Westdeutschland
Quelle: Mikrozensus 1996, 2004; eigene Berechnungen

Blickt man zunächst auf das Risiko, nicht erwerbstätig zu sein, bestätigen unsere Ergebnisse eindrucksvoll die Befunde der deskriptiven Analyse: Personen ohne beruflichen Ausbildungsabschluss sind auch nach der zusätzlichen Berücksichtigung relevanter individueller und regionaler Merkmale in weitaus höherem Maße von Erwerbslosigkeit oder anderen Formen der Nichterwerbstätigkeit betroffen als Personen mit einer Berufsausbildung. Dabei ist das Risiko der Arbeitsmarktexklusion für Personen mit oder ohne Hauptschulabschluss deutlich erhöht. So hatten 2004 z. B. Hauptschüler und Hauptschülerinnen, die über keinen Berufsabschluss verfügten, im Vergleich zu Personen mit einem Realschul- und Berufsabschluss das vier- bis fünffache Risiko, erwerbslos (statt vollzeit- bzw. teilzeiterwerbstätig) zu sein. Aber auch Personen mit Real- oder Hochschulreife sind deutlich seltener in den Arbeitsmarkt integriert, wenn sie keine berufliche Ausbildung absolviert haben. In großen Teilen liegen die Exklusionsrisiken dieser beiden Gruppen sogar über denen solcher Personen, die einen Hauptschulabschluss mit einer beruflichen Ausbildung kombiniert haben.

Im Zeitvergleich wird darüber hinaus deutlich, dass sich für Frauen ohne beruflichen Abschluss die Chancen auf Erwerbstätigkeit verschlechtert haben. So hat sich beispielsweise für Frauen ohne Schulabschluss das relative Risiko der Arbeitsmarktinaktivität (Nichterwerbsperson) vom circa Siebenfachen auf das Zehnfache erhöht, für Hauptschulabsolventinnen ohne Berufsausbildung stieg das relative Risiko vom Vier- auf das Sechsfache (jeweils im Vergleich zu Frauen mit Realschulabschluss und beruflicher Ausbildung). Für Männer ohne beruflichen Abschluss lassen sich dagegen keine weiteren Verschlechterungen nachweisen.

Innerhalb der Gruppe der Personen mit beruflicher Ausbildung zeigt sich, dass das Risiko, erwerbslos oder anderweitig nicht erwerbstätig zu sein, für Personen mit einem Hauptschulabschluss höher ausfällt als für Personen mit Realschulabschluss. Für Männer hat sich dieser relative Nachteil im Bereich des Erwerbslosigkeitsrisikos zwischen 1996 und 2004 sogar noch weiter verstärkt und erreichte mit einem Risk-Ratio von circa zwei (d. h. einem doppelt so hohen relativen Risiko) das Niveau, das auch für Frauen zu finden ist. Mit Blick auf den Vergleich der Erwerbschancen von Personen mit Realschulabschluss und solchen mit (Fach-)Hochschulreife lässt sich bei den Frauen ein relativer Vorteil für Frauen mit (Fach-)Abitur feststellen. Interessanterweise legen dagegen die Ergebnisse für Männer den Schluss nahe, dass die Kombination aus Hochschulreife und beruflicher Ausbildung im Vergleich zu der Kombination aus Realschul- und Berufsabschluss die Chancen auf Arbeitsmarktintegration nicht erhöht.

Blickt man nun auf die Gruppe derjenigen Personen, die zwar einer Erwerbstätigkeit nachgehen, jedoch lediglich auf geringfügiger Basis beschäftigt sind, lassen sich ähnliche Risikomuster wie bei der Analyse bildungsspezifischer Arbeitsmarktexklusion erkennen. Auch hier sind die Risiken insbesondere für Personen ohne berufliche Ausbildung erhöht. Darüber hinaus zeigt sich im Zeitvergleich, dass das Risiko einer marginalen Arbeitsmarktintegration für Personen ohne berufliche Ausbildung stark angestiegen ist. Für Männer ist dieser Zuwachs besonders ausgeprägt, wobei allerdings der insgesamt geringe Anteil dieser Beschäftigungsform zu berücksichtigen ist (lediglich knapp 2,5 Prozent aller erwerbstätigen Männer sind geringfügig beschäftigt). Eine Ausnahme von diesem Trend bilden Personen mit (Fach-)Hochschulreife, deren durchaus bestehendes Risiko, geringfügig beschäftigt zu sein, sich nicht weiter erhöht hat.

Hinsichtlich der Bedeutung der Art des Schulabschlusses zeigen die Ergebnisse schließlich, dass für Männer – jeweils innerhalb der Gruppe derjenigen mit bzw. ohne Berufsabschluss – ein Realschulabschluss oder die Hochschulreife nicht stärker als ein Hauptschulabschluss vor einer geringfügigen Beschäftigung schützen. Demzufolge bestätigt sich auch hier, dass die Kombination aus Hochschulreife und beruflicher Ausbildung für Männer keine erkennbaren Vorteile für die Arbeitsmarktintegration mit sich bringt. Für Frauen stellt sich dieser Zusammenhang erkennbar anders dar: Wie schon zuvor lässt sich eine klare Hierarchie der Erwerbschancen bzw. -risiken nach Schulabschlüssen erkennen, wobei sich die Position von Frauen mit (Fach-)Abitur und einer beruflichen Ausbildung im Zeitverlauf zumindest relativ zu den anderen Bildungsgruppen weiter verbessert hat.

5 Fazit

Unsere empirischen Analysen zu den Effekten von Bildungsarmut auf Arbeitsmarktrisiken haben deutlich gemacht, dass im deutschen Arbeitsmarkt Marginalisierungs- und Exklusionsrisiken nach wie vor – und in Teilen sogar noch stärker als in der Vergangenheit – durch schulische und insbesondere berufliche Bildungszertifikate nachhaltig beeinflusst werden. An dieser Stelle möchten wir drei Befunde unserer empirischen Analysen besonders hervorheben.

Erstens geht ein fehlendes Berufsbildungszertifikat sowohl bei Männern als auch bei Frauen mit deutlich erhöhten Risiken der Erwerbslosigkeit, Inaktivität und geringfügiger Beschäftigung einher. Selbst ein abgeschlossenes (Fach-)Abitur ändert hieran nichts. Hier spiegeln sich die institutionellen Besonderheiten des deutschen Bildungssystems sowie des deutschen Arbeitsmarktes wider: Die hohe Signalkraft beruflicher Ausbildungszertifikate und der entlang dem Prinzip der Beruflichkeit organisierte Arbeitsmarkt (Sengenberger 1987) strukturieren die individuellen Erwerbschancen bzw. -risiken in hohem Maße. Insofern spricht einiges dafür, im deutschen Kontext Bildungsarmut als Ausbildungsarmut zu verstehen. In diesem Zusammenhang gilt es daher einerseits, Jugendlichen schon während der Schulzeit die nötigen Kompetenzen zu vermitteln, um ihre „Ausbildungsreife" zu gewährleisten. Andererseits müssen Unternehmen verstärkt ihrer Rolle als maßgebliche Akteure am Ausbildungsmarkt nachkommen und ein ausreichendes Angebot an qualitativ hochwertigen Ausbildungsplätzen sicherstellen.

Zweitens konnten wir nachweisen, dass schulische Zertifikate ergänzend zu einer *abgeschlossenen* Ausbildung bei Männern und Frauen jeweils einen unterschiedlichen „Mehrwert" haben. Je höherwertiger das schulische Zertifikat bei der Gruppe der Frauen ist, desto stärker verringert sich auch deren Arbeitsmarktrisiko in allen drei Untersuchungsdimensionen. Bei Männern zeigt sich dies weniger deutlich. Eine mögliche Erklärung der beobachteten Unterschiede, mag auch im Bereich der gewählten Ausbildungsberufe liegen. Es ist bekannt, dass Männer und Frauen unterschiedliche berufliche Präferenzen haben und die Zugangschancen zu bestimmten Ausbildungsberufen auch von der Schulbildung abhängig sind. Diesen Zusammenhang näher zu untersuchen wäre eine Aufgabe für mögliche zukünftige Forschungsvorhaben.

Drittens zeigte sich schließlich, dass die Arbeitsmarktchancen von Männern und Frauen ohne abgeschlossene Berufsausbildung zwischen 1996 und 2004 sogar noch schlechter geworden sind. Dies traf vor allem auf Personen mit Schulabschlüssen unterhalb des (Fach-) Abiturs zu. Diese Entwicklung unterstreicht noch einmal, dass es zur Bekämpfung von Bildungsarmut nicht ausreicht, Personen zu einem Haupt- oder Realschulabschluss zu führen, wenn nicht sichergestellt ist, dass sie damit auch in die Lage versetzt werden, einen Berufsabschluss zu erreichen.

Angesichts des Anstiegs des Bildungsniveaus bei gleichzeitiger zunehmender Spreizung innerhalb der Bildungsverteilung und einem zeitlich recht stabilen Anteil von rund 20 Prozent ausbildungsloser und damit bildungsarmer Personen legen diese Ergebnisse nahe, dass sich die Marginalisierungs- und Exklusionsrisiken der Gruppe der Bildungsarmen noch weiter verschärfen dürften. Dies gilt umso mehr, wenn sich aufgrund weiterer makro-struktureller Entwicklungen (wie etwa dem technologischen Wandel) die Nachfrage nach niedrigqualifizierten Personen reduzieren wird.

Die Befunde gewinnen darüber hinaus noch deutlich an Brisanz, wenn die sozialen und ökonomischen Dimensionen einer lediglich marginalen Integration in Erwerbsarbeit oder gar einer Arbeitsmarktexklusion berücksichtigt werden. So ist eine mangelnde oder fehlende Integration in den Arbeitsmarkt z. B. aufgrund monetärer, gesundheitlicher und sozialer Einschränkungen mit einer Verringerung sozialer Teilhabechancen bzw. mit sozialen Exklusionsrisiken verbunden (Böhnke 2007; Kronauer 2002). Da sich diese Risiken zudem ungleich über die Bildungsgruppen verteilen, sind hier Kernelemente sozialer Ungleichheit betroffen. Neben solchen individuellen Einschränkungen entstehen aber auch der Volkswirtschaft als Ganzes hohe Kosten. Die Folgekosten von Bildungsarmut dürften allein im Hinblick auf die damit verbundenen Arbeitsmarktrisiken erheblich sein. Zu denken ist hierbei etwa an die Mindereinnahmen bei Steuern und Sozialbeiträgen, an die zu leistenden Transferzahlungen aus den sozialen Sicherungssystemen (Bach/Spitznagel 2003) oder an Mehrausgaben im Rahmen der steuerlichen Alimentierung von (vornehmlich weiblicher) Arbeitsmarktinaktivität durch das Ehegattensplitting.

Ingesamt ergibt sich damit ein Handlungsbedarf zur Bekämpfung von Bildungsarmut, der sich sowohl aus dem Blickwinkel sozialer Ungleichheit als auch aus ökonomischen Gründen legitimieren lässt. Investitionen in das Bildungssystem mit dem Ziel der Reduzierung oder gar Beseitigung von Bildungsarmut erscheinen vor diesem Hintergrund als sinnvolle und gesellschaftlich notwendige Maßnahmen. Die Vorstellung von „Bildungspolitik als präventiver Sozialpolitik" (Allmendinger/Nikolai 2006) und die Betonung der hohen gesellschaftlichen Folgekosten von Bildungsarmut bieten hier argumentative Meilensteine auf dem Weg zur Erreichung dieses Ziels.

Literatur

Acemoglu, Daron (2002): Technical Change, Inequality, and the Labor Market. In: Journal of Economic Literature 40 (1). 7–72

Achatz, Juliane (2005): Geschlechtersegregation im Arbeitsmarkt. In: Abraham/Hinz (2005): 263–301

Abraham, Martin/Hinz, Thomas (2005): Arbeitsmarktsoziologie. Probleme, Theorien, empirische Befunde. Wiesbaden: VS Verlag für Sozialwissenschaften

Allmendinger, Jutta (1999): Bildungsarmut. Zur Verschränkung von Bildungs- und Sozialpolitik. In: Soziale Welt 50. 35–50

Allmendinger, Jutta (1989): Educational Systems and Labor Market Outcomes. In: European Sociological Review 5 (3). 231–250

Allmendinger, Jutta/Nikolai, Rita (2006): Bildung und Herkunft. In: Aus Politik und Zeitgeschichte 44-45. 32–38

Allmendinger, Jutta/Leibfried, Stephan (2003): Education and the Welfare State. The Four Worlds of Competence Production. In: European Journal of Social Policy 13. 63–81

Allmendinger, Jutta/Ebner, Christian/Nikolai, Rita (2009): Soziologische Bildungsforschung. In: Tippelt/Schmidt (2009): 47–70

Allmendinger, Jutta/Ebner, Christian/Schludi, Martin (2006): Die bildungspolitische Funktion der Arbeitsverwaltung im Spannungsfeld von betriebswirtschaftlicher Logik und gesamtgesellschaftlicher Verantwortung. In: Weiß (2006): 173–191

Autorengruppe Bildungsberichterstattung (2008): Bildung in Deutschland 2008. Ein indikatorengestützter Bericht mit einer Analyse zu Übergängen im Anschluss an den Sekundarbereich I. Bielefeld: Bertelsmann

Bach, Hans-Uwe/Spitznagel, Eugen (2003): Was kostet uns die Arbeitslosigkeit? Gesamtfiskalische Modellrechnungen. In: IAB Kurzbericht 10. 1–9

Becker, Gary S. (1964): Human Capital: A Theoretical and Empirical Analysis with special Reference to Education. New York: Columbia University Press

Belitz, Heike/Clemens, Marius/Gornig, Martin (2009): Wirtschaftsstrukturen und Produktivität im internationalen Vergleich. In: Studien zum deutschen Innovationssystem Nr. 2. Verfügbar unter: http://www.e-fi.de/fileadmin/Studien/StuDIS2009/2_2009_Strukturen_Produktivitaet_DIW.pdf
Blundell, Richard (2005): Evaluating the effect of education on earnings. models, methods and results from the National Child Development Survey. In: Royal Statistical Society 168. 473–512
Böhnke, Petra (2007): Solidarität im Wohlfahrtsstaat. Prekäre Lebenslagen und soziale Integration. In: Lüdicke/Diewald (2007): 235–263
Brauns, Hildegard/Gangl, Markus/Scherer, Stefani (2003): Education and Unemployment Risks among Market Entrants. A Comparison of France, the United Kingdom and West Germany. In: Hoffmeyer-Hlotnik/Wolf (2003): 328–345
Brunetta, Renato/Dell'Aringa, Carlo (1990): Labour Relations and Economic Performance. Proceedings of a conference held by the International Economic Association in Venice, Italy. London: Palgrave Macmillan
Bundesinstitut für Berufsbildung (2008): Die anerkannten Ausbildungsberufe 2008. Bielefeld: Bertelsmann Verlag
Bundesministerium für Arbeit und Soziales (2008): Lebenslagen in Deutschland. Der 3. Armuts- und Reichtumsbericht der Bundesregierung. Berlin
Card, David (2001): Estimating the Returns to Schooling. Progress on Some Persistent Econometric Problems. In: Econometrica 69. 1127–1160
Expertenkommission Forschung und Innovation (2009): Gutachten zu Forschung, Innovation und Technologischer Leistungsfähigkeit 2009. Berlin: EFI
Hoffmeyer-Zlotnik, Jürgen H. P./Wolf, Christof (2003): Advances in Cross-National Comparisons. A European Working Book for demographic and Socio-Economic Variables. New York: Kluwer Academic/Plenum Publisher
Juhn, Chinhui/Murphy, Kevin M./Pierce, Brooks (1993): Wage Inequality and the Rise in Returns to Skill. In: The Journal of Political Economy 101 (3). 410–442
Kronauer, Martin (2002): Exklusion. Die Gefährdung des Sozialen im hoch entwickelten Kapitalismus. Frankfurt/New York: Campus
Lüdicke, Jörg/Diewald, Martin (2007): Soziale Netzwerke und soziale Ungleichheit. Zur Rolle von Sozialkapital in modernen Gesellschaften. Wiesbaden: VS Verlag für Sozialwissenschaften
Lutz, Burkart (1979): Die Interdependenz von Bildung und Beschäftigung und das Problem der Erklärung der Bildungsexpansion. In: Matthes (1979): 634–670
Marsden, David (1990): Institutions and Labour Mobility. Occupational and Internal Labour Markets in Britain, France, Italy and West Germany. In: Brunetta/Dell'Aringa (1990): 414–438
Matthes, Joachim (1979): Sozialer Wandel in Westeuropa. Frankfurt/New York: Campus
Maurice, Marc/Sellier, Francois/Silvestre, Jean-Jacques (1979): Die Entwicklung der Hierarchie im Industrieunternehmen. Untersuchung eines gesellIschfatlichen Effektes. Ein Vergleich Frankreich – Bundesrepublik Deutschland. In: Soziale Welt 30. 295–327
Meifort, Barbara (1999): Berufsbildung außerhalb des dualen Systems – vollzeitschulische Berufsbildung im Strukturwandel. In: Senatsverwaltung für Arbeit, B. B. u. F. (1999): 141–166
Mincer, Jacob (1974): Schooling, Experience, and Earnings. New York: Columbia University Press
Müller, Walter/Gangl, Markus (2003): Transitions from Education to Work in Europe. The Integration of Youth into EU Labour Markets. Oxford: University Press
Müller, Walter/Shavit, Yossi (1998): The Institutional Embeddedness of the Stratification Process. A Comparative Study of Qualifications and Occupations in Thirteen Countries. In: Shavit/Müller (1998): 1–48
Müller, Walter/Steinmann, Susanne/Ell, Renate (1998): Education and Labour Market Entry in Germany. In: Shavit/Müller (1998): 143–188
Paul, Karsten I./Moser, Klaus (2001): Negatives psychisches Befinden als Wirkung und als Ursache von Arbeitslosigkeit. In: Zempel/Bacher/Moser (2001): 81–110
Reinberg, Alexander/Hummel, Markus (2007): Qualifikationsspezifische Arbeitslosigkeit im Jahr 2005 und die Einführung der Hartz-IV-Reform. In: IAB-Forschungsbericht Nr. 9. 1–45. Verfügbar unter: http://doku.iab.de/forschungsbericht/2007/fb0907.pdf
Scherer, Stefani (2005): Patterns of Labour Market Entry. Long Wait or Career Instability? An Empirical Comparison of Italy, Great Britain and West Germany. In: European Sociological Review 21 (5). 427–440
Schmidt, Simone (2000): Erwerbstätigkeit im Mikrozensus. Konzepte, Definitionen, Umsetzung. ZUMA Arbeitsbericht 2000/01. Mannheim
Senatsverwaltung für Arbeit, B. B. u. F. (1999): Expertisen für ein Berliner Memorandum zur Modernisierung der beruflichen Bildung. Berlin: Senatsverwaltung für Arbeit, Berufliche Bildung und Frauen
Sengenberger, Werner (1987): Struktur und Funktionsweise von Arbeitsmärkten. Die Bundesrepublik Deutschland im internationalen Vergleich. Frankfurt/New York: Campus

Shavit, Yossi/Müller, Walter (1998): From School to Work. A Comparative Study of Educational Qualifications and Occupational Destinations. Oxford: Clarendon Press

Solga, Heike (2002): „Ausbildungslosigkeit" als soziales Stigma in Bildungsgesellschaften. Ein soziologischer Erklärungsbeitrag für die wachsenden Arbeitsmarktprobleme von gering qualifizierten Personen. In: Kölner Zeitschrift für Soziologie und Sozialpsychologie 54. 476–505

Spence, Michael A. (1974): Market signaling. Informational transfer in hiring and related screening processes. Cambridge: Harvard University Press

Spence, Michael A. (1973): Job market signaling. In: Quarterly Journal of Economics 87. 3. 355–379

Spitz-Oener, Alexandra (2006): Technical Change, Job Tasks, and Rising Educational Demands. Looking outside the Wage Structure. In: Journal of Labor Economics 24. 2. 235–270

Steiner, Viktor/Schmitz, Sebastian (2010): Hohe Bildungsrenditen durch Vermeidung von Arbeitslosigkeit. DIW Wochenbericht 5/2010. DIW

Tippelt, Rudolf/Schmidt, Bernhard (Hrsg.) (2009): Handbuch Bildungsforschung. 2. überarbeitete und erweiterte Auflage. Wiesbaden: VS Verlag für Sozialwissenschaften

Weiß, Manfred (2006): Evidenzbasierte Bildungspolitik. Beiträge der Bildungsökonomie. Berlin: Duncker & Humblodt

Zempel, Jeannette/Bacher, Johann/Moser, Klaus (2001): Erwerbslosigkeit. Ursachen, Auswirkungen und Interventionen. Opladen: Leske + Budrich

Ökonomische und wirtschaftliche Folgen von Bildungsarmut

Die ökonomischen Folgen der Bildungsarmut

Dieter Dohmen

1 Einleitung

Auf der einen Seite zählt Deutschland als größte Volkswirtschaft der Europäischen Union zu den führenden Industrienationen der Welt und war bis vor kurzem „Exportweltmeister"; auf der anderen Seite fehlen jedem fünften 15-jährigen Schüler nach der letzten Pisa-Studie elementare Grundkompetenzen im Lesen und ist als sog. „Risikoschüler" anzusehen (Pisa-Konsortium 2007: 24; Drechsel/Artelt 2007: 231 ff).[1] Jeder sechste Jugendliche beginnt das Berufsleben ohne abgeschlossene Schul- und/oder Berufsausbildung (siehe Abschnitt 5 des vorliegenden Beitrags). Diese Größenordnung hat sich in den letzten Jahren – und eigentlich auch Jahrzehnten – kaum verändert (OECD 2009: 43), obwohl die Qualifikationsanforderungen immer höher werden.

Vor diesem Hintergrund geht der vorliegende Beitrag der Frage nach, wie sich Bildungsarmut auf die zukünftige ökonomische Entwicklung auswirken wird. Hierzu wird zunächst ein kurzer Blick auf die demografische Entwicklung (siehe Abschnitt 2) sowie auf Prognosen zur zukünftigen wirtschaftlichen Entwicklung geworfen (siehe Abschnitt 3). In einem weiteren Schritt wird der Zusammenhang zwischen Bildung und Arbeitsmarkt hergestellt (Abschnitt 4), um anschließend differenziert auf den Anteil an un- und geringqualifizierten Personen sowie die Entwicklung zwischen 1996 und 2006 einzugehen und der Frage nach dem Zusammenspiel von demografischer Entwicklung, allgemein und berufsbildendem System nachgegangen (Abschnitt 5). Anschließend werden diese Ergebnisse wiederum mit der prognostizierten demografischen und wirtschaftlichen Entwicklung gespiegelt.

2 Die demografische Entwicklung

Die zu erwartende demografische Entwicklung und ihre Konsequenzen lassen sich am einfachsten durch eine direkte Gegenüberstellung zentraler (arbeitsmarktrelevanter) Alterskohorten verdeutlichen. Abbildung 1 zeigt daher die demografische Entwicklung in Deutschland in der Gegenüberstellung der aus dem Arbeitsmarkt ausscheidenden 60- bis 65-Jährigen (die obere Fläche) und in den Arbeitsmarkt nachwachsenden 18- bis 23-Jährigen (die untere Fläche).

Während die Zahl der Älteren von derzeit rund 1,0 Mio. bis Mitte der 2020er Jahre auf fast 1,4 Mio. Menschen ansteigen wird, sinkt die Zahl der Jüngeren von knapp 1,0 Mio. auf rund 700.000 (ab Mitte 2020) ab. Ab dem Jahr 2010 ist die durchschnittliche Jahrgangsstärke

1 In den Bundesländern schwankt der Anteil zwischen 11,9 % in Sachsen und 27,8 % in Hamburg (Drechsel/Artelt 2008: 112 ff.).

der 18- bis 23-Jährigen geringer als die der 60- bis 65-Jährigen; in gut 15 Jahren ist die Generation, die aus dem Arbeitsmarkt ausscheidet, fast doppelt so groß wie die Jahrgänge, die in den Arbeitsmarkt eintreten. Anschließend verringert sich die Diskrepanz zwischen beiden Gruppen wieder deutlich, verbleibt allerdings längerfristig auf einem Differenzniveau von deutlich über 100.000, meist 200.000 Personen.

Abbildung 1 Jahrgangsstärken bei Arbeitsmarktein- und -austritt (Deutschland)

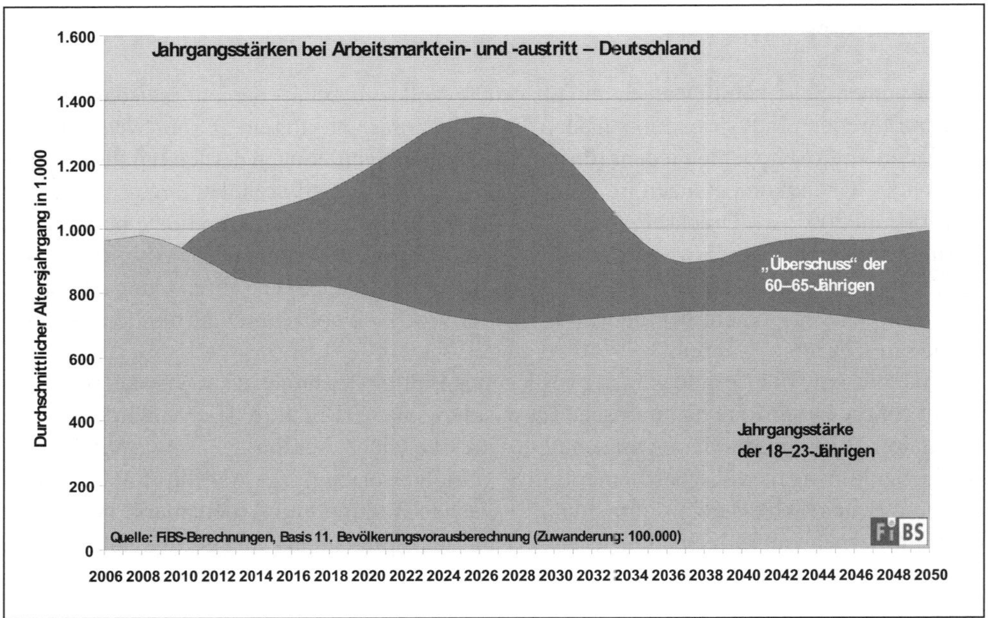

Diese Entwicklung verläuft allerdings nicht in allen Teilen Deutschlands gleichmäßig; vielmehr gibt es erhebliche Unterschiede zwischen Ost- und Westdeutschland. In Ostdeutschland (einschließlich Berlin) hat der demografische Wandel bereits eingesetzt (siehe Abbildung 2) und wird – insbesondere in relativen Größenordnungen – viel dramatischer ausfallen als in Westdeutschland[2].[3] Die nachwachsenden Jahrgänge in Ostdeutschland halbieren sich dauerhaft innerhalb eines halben Jahrzehnts; in der Spitze ist es sogar ein Rückgang von 60 %.

2 Die Entwicklung in Westdeutschland entspricht auf einem leicht geringeren Niveau der gesamtdeutschen, sodass auf eine gesonderte Darstellung verzichtet werden kann.

3 Würde man nur die ostdeutschen Flächenländer betrachten, wäre die Entwicklung noch dramatischer. Hier sinkt die durchschnittliche Zahl der 18- bis 23-Jährigen von 180.000 (2006) auf unter 75.000 (2013/14) ab, während die der 60- bis 65-Jährigen von 140.000 auf über 200.000 (ab 2015) ansteigt. Die jüngere Bevölkerungskohorte bleibt auch in späteren Jahren konstant bei unter 100.000, während die Gruppe der Älteren in den nächsten 20 Jahren bis etwa 2030 auf dem Niveau von 200.000 verbleiben wird.

Abbildung 2 Jahrgangsstärken bei Arbeitsmarktein- und -austritt (Ostdeutschland, einschließlich Berlin)

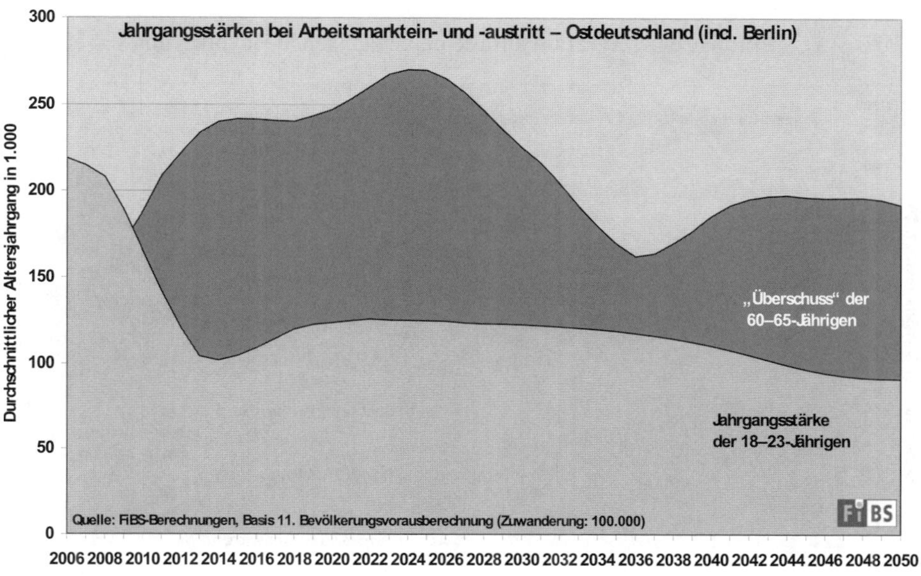

Exkurs: Anteil an Personen mit Migrationshintergrund

Da Personen mit Migrationshintergrund im Durchschnitt ein deutlich niedrigeres Bildungsniveau als die einheimische Bevölkerung aufweisen und deutlich häufiger als bildungsarm anzusehen sind (siehe hierzu auch den Beitrag von Ramirez-Rodriguez in diesem Band), ist auch eine entsprechende Differenzierung in der Betrachtung von Interesse.[4]

Abbildung 3 zeigt, dass der Anteil der 18- bis 23-Jährigen mit Migrationshintergrund in den kommenden vierzig Jahren von derzeit rund 20 % auf 42 % bis 53 % am Altersjahrgang ansteigen dürfte.[5] In absoluten Zahlen bleibt die Gruppe der 18- bis 23-Jährigen mit Migrationshintergrund im unteren Szenario annähernd konstant; lediglich im oberen Szenario zeigt sich ein zahlenmäßiger Anstieg von derzeit 240.000 auf 315.000. Die Kernbotschaft ist daher, dass sich die Zahl der jungen Menschen ohne Migrationshintergrund von derzeit

4 Unter Personen mit Migrationshintergrund versteht man diejenigen, „die nach 1949 auf das heutige Gebiet der Bundesrepublik Deutschland zugezogen sind, sowie alle in Deutschland geborenen Ausländer/-innen und alle in Deutschland als Deutsche Geborene mit zumindest einem zugezogenen oder als Ausländer in Deutschland geborenen Elternteil" (Statistisches Bundesamt 2009).

5 Die untere Fläche in Abbildung 3 geht davon aus, dass sich der Anteil an jungen Menschen mit Migrationshintergrund von derzeit 24 % jedes Jahr um 0,4 Prozentpunkte erhöht. Dies würde dazu führen, dass sich der Anteil an der Altersgruppe mit Migrationshintergrund innerhalb der nächsten vierzig Jahre auf 42 % erhöht. Geht man hingegen – entsprechend der ungefähren durchschnittlichen Wachstumsraten der letzten Jahre – von einem Anstieg um 0,65 Prozentpunkte pro Jahr aus, dann steigt der Anteil an Personen mit Migrationshintergrund entsprechend der oberen Linie der schraffierten Fläche auf 53 %.

730.000 bis 2050 auf 350.000 – unter Umständen auch unter 300.000 – verringern wird. D. h. der steigende Anteil an jungen Menschen mit Migrationshintergrund ist fast ausschließlich auf die geringere Geburtenneigung einheimischer Paare zurückzuführen.

Abbildung 3 Einfluss der Migration auf die nachwachsende Bevölkerung bis 2050

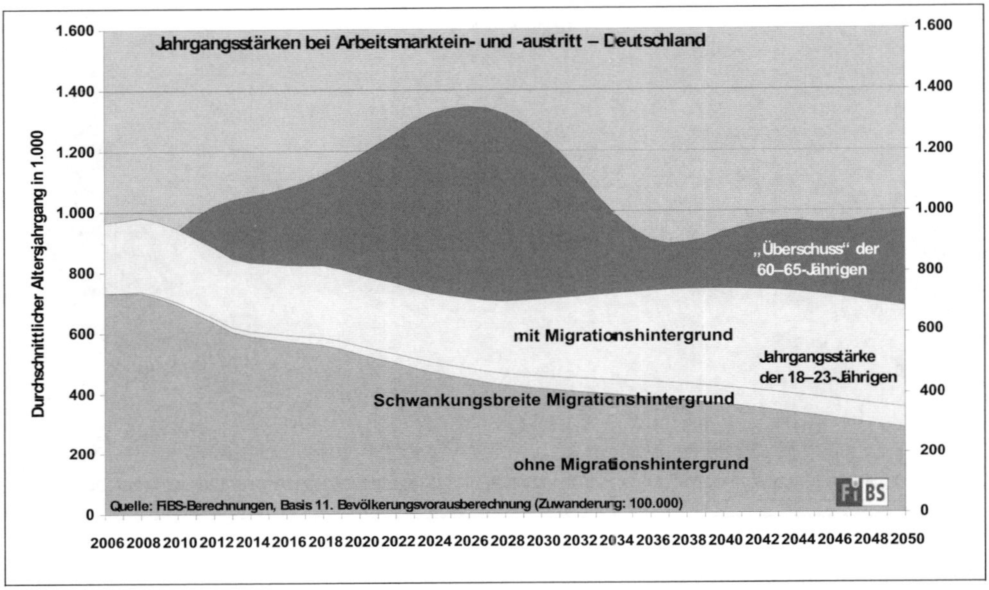

3 Zukünftige Entwicklungen auf dem Arbeitsmarkt

Vorliegende Untersuchungen gehen davon aus, dass sich der Trend zur Dienstleistungsgesellschaft weiter fortsetzen wird; dies geht zu Lasten des primären (Landwirtschaft und Bergbau) und des sekundären Sektors (produzierendes Gewerbe). Allein zwischen 2005 und 2025 soll der Anteil der Beschäftigten im Dienstleistungsbereich von 71 % auf 77 % ansteigen, während er im produzierenden Gewerbe von 26 % auf 22 % und in der Land- und Forstwirtschaft von 2 % auf 1 % sinkt (Möller/Walwei 2009).

Betrachtet man das Qualifikationsniveau, dann liegt der Anteil an Personen mit Hochschul- oder Meister-/Technikerausbildung im Dienstleistungsbereich ausnahmslos bei über 30 %, in den öffentlichen und privaten Dienstleistungen sogar bei über 40 %, gegenüber meist höchstens 20 % – und teilweise gar unter 15 % – in den anderen Berufsgruppen (siehe Abbildung 4 sowie Bonin et al. 2007).[6] Umgekehrt verhält es sich beim Bedarf an gering qualifizierten Arbeitskräften; er ist im Dienstleistungsgewerbe mit höchstens 10 % deutlich niedriger als in den anderen beiden Bereichen mit 15 % bis 20 %.

6 Lediglich das Baugewerbe hat einen Anteil an Höherqualifizierten von über 20 %.

Abbildung 4 Qualifikationsstruktur innerhalb der Wirtschaftszweige 2003 (Alte Länder)

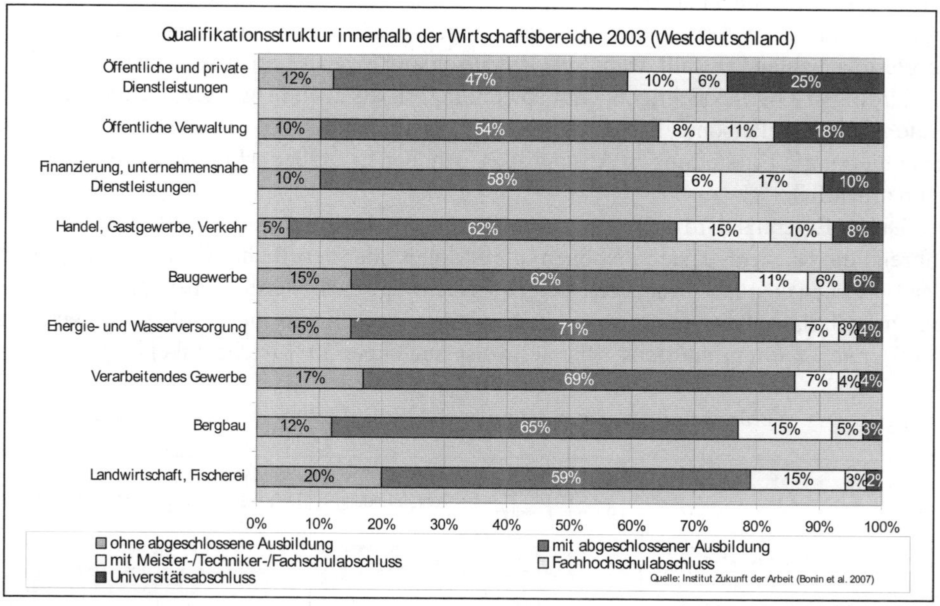

Vor diesem Hintergrund ist es nicht überraschend, dass für die kommenden Jahre ein steigender Bedarf an Hochschulabsolvent/innen und ein sinkender Bedarf an Personen mit und ohne abgeschlossene Berufsausbildung prognostiziert wird. Bonin et al. (2007) erwarten für den Zeitraum 2010 bis 2020 einen zusätzlichen Bedarf von fast 1,2 Mio. Akademiker/innen (siehe Tabelle 1) und von einer Viertel Million Meister/innen/Techniker/innen/Fachschulabsolvent/innen. Insgesamt steigt der Bedarf an höher qualifizierten Personen damit in den kommenden zehn Jahren um über 1,5 Mio. Auf der anderen Seite sinkt der Bedarf an Personen mit und ohne abgeschlossene Berufsausbildung um insgesamt 560.000, darunter entfällt das Gros von über 400.000 auf Un- und Geringqualifizierte.

Tabelle 1 Expansionsbedarf nach Qualifikationsstufen 2003–2020 (Deutschland) (Angaben in Hunderttausend)

Deutschland insgesamt	Veränderung 2003–2010	Veränderung 2010–2020	Summe
Universitätsabsolvent/innen	387	498	885
Fachhochschulabsolvent/innen	484	692	1.176
Meister-/Techniker/innen/Fachschulabschluss	288	254	542
mit abgeschlossener Berufsausbildung	89	-146	-57
ohne abgeschlossene Berufsausbildung	-384	-414	-798
Summe	**864**	**884**	**1.748**

Quelle: Bonin et al.2007

Zu beachten sind dabei die beträchtlichen Unterschiede zwischen Ost- und Westdeutschland. Während in Westdeutschland nur der Bedarf an Un- und Geringqualifizierten sinkt, sinkt in Ostdeutschland der Bedarf bei allen Gruppen mit Ausnahme der Fachhochschulabsolvent/innen. Zugespitzt kann man formulieren, dass fast der gesamte Zusatzbedarf an Höherqualifizierten auf Westdeutschland entfällt, während Ostdeutschland nahezu keinen Mehrbedarf hat. Dabei ist allerdings zu berücksichtigen, dass sowohl in Ost- als auch in Westdeutschland eine steigende Anzahl an Personen aus demografischen Gründen den Arbeitsmarkt verlassen wird (siehe hierzu die Darstellung in Abschnitt 2), d. h. der Ersatzbedarf ist bundesweit steigend und beträchtlich.

Dieses Ergebnis wird auch durch aktuelle Studien der Prognos AG (2009, 2010) bestätigt. Während die Nachfrage nach Personen mit geringer oder beruflicher Qualifizierung in fast allen Bereichen deutlich zurückgeht, steigt die Nachfrage nach Meister/innen, Techniker/innen und Fachschulabsolvent/innen sowie insbesondere nach Hochschulabsolvent/innen in fast allen Bereichen um mindestens 20 %, teilweise auch über 50 % (siehe Tabelle 2).

Tabelle 2 Veränderung der Nachfrage nach Qualifikation und Tätigkeitsbereich

	Ohne beruflichen Bildungsabschluss	Lehrausbildung	Meister-/ Technikerausbildung, Fachschulabschluss	Hochschulabschluss
Maschinen einrichten, überwachen	-15%	-25%	1%	13%
Anbauen, Züchten, Hegen usw.	-37%	-13%	-26%	-16%
Abbauen/Fördern, Rohstoffe gewinnen	-23%	-35%	-20%	-5%
Fertigen, Be- und Verarbeiten	-21%	-31%	-7%	4%
Ein-/Verkaufen usw.	-7%	-16%	14%	25%
Reparieren, Renovieren usw.	-11%	-23%	5%	15%
Schreib-, Rechen- und DV-Arbeiten	-3%	-13%	17%	32%
Messen, Prüfen, Erproben usw.	-4%	-16%	14%	31%
Forschen, Entwerfen usw.	4%	-4%	31%	56%
Werben, Marketing usw.	2%	-5%	32%	54%
Management-, Leitungstätigkeit	-1%	-15%	16%	32%
Bewirten, Beherbergen usw.	-7%	-14%	19%	25%
Gesetze, Vorschriften und Verordnungen anwenden	-2%	-17%	20%	25%
Erziehen, Ausbilden, Lehren	-4%	-15%	13%	18%
Beraten, Informieren	2%	-5%	33%	48%
Gesundheitlich/sozial helfen	0%	-5%	28%	40%
Künstlerisch, journalistisch tätig sein	-1%	-8%	27%	38%
Fahrzeug führen, packen usw.	-13%	-23%	4%	13%
Reinigen, Abfall beseitigen	2%	-3%	27%	39%
Sichern, Be-/Überwachen	-8%	-22%	6%	16%

Quelle: Prognos 2008

Deutlicher als andere verweist diese Studie auf die Bedeutung der Zuwanderung für den zukünftigen Fachkräftemangel. Ohne Zuwanderungsgewinne im Betrachtungszeitraum würde sich 2030 eine Fachkräftelücke von ungefähr 7 Mio. ergeben; während die vorhergehende Prognose von einem Wanderungsgewinn von 300.000 im Jahr 2030 ausgeht. Vergleicht man diese Zahl mit dem aktuellen Wanderungssaldo, der zuletzt bei deutlich unter 100.000 lag bzw. 2008 – und voraussichtlich auch 2009 – sogar negativ war, dann liegt die von Prognos unterstellte Netto-Zuwanderung in einer eher unrealistischen Größenordnung. Zudem ist zu berücksichtigen, dass auch die anderen Industrie- und Schwellenländer vor einer vergleichbaren demografischen Entwicklung stehen. Mit anderen Worten: Der Fachkräftemangel dürfte in Deutschland aufgrund der geringeren Zuwanderung – ceteris paribus – eher noch größer ausfallen.[7]

Vor diesem Hintergrund bietet es sich an, sich das derzeitige Qualifikationsprofil mit einem speziellen Fokus auf die Personen mit geringem Bildungsniveau anzusehen.

4 Zugang zu Arbeit und Ausbildung

Der Zusammenhang zwischen Bildungsniveau und der Position am Arbeitsmarkt ist eindeutig: je höher die Ausgangsqualifikation, desto höher ist die Erwerbsbeteiligung und desto geringer die Arbeitslosenquote. Umgekehrt bedeutet dies, je geringer die Ausgangsqualifikation, desto geringer die Erwerbsquote und desto höher die Arbeitslosenquote (siehe Tabelle 3). Von den 54 Mio. Einwohner/innen im erwerbsfähigen Alter zwischen fünfzehn und 64 Jahren waren im Jahr 2007 etwa 72 % beziehungsweise 39 Mio. Personen beschäftigt. Die Beschäftigungsquote ist bei Personen ohne formalen Bildungsabschluss mit 44 % nur halb so hoch wie bei den Akademiker/innenn mit 86 % (vgl. OECD 2009). Umgekehrt verhält sich die Situation bei der Arbeitslosigkeit: Während sie für alle Erwerbspersonen bei 9 % lag, betrug sie 26 % bei der Gruppe ohne Schulabschluss und lediglich 4 % für Personen mit abgeschlossener Hochschulausbildung. Fokussiert man die Gruppe der Unqualifizierten, dann hat bereits die Gruppe mit dem nächsthöheren Bildungsabschluss – dem Haupt- beziehungsweise Realschulabschluss – deutlich bessere Quoten: Die Arbeitslosigkeit liegt bei 16 % und die Erwerbstätigenquote bei 57 %. Dies bedeutet, dass bereits der erfolgreiche Hauptschulabschluss die berufliche Perspektive spürbar verbessert. Dies gilt analog für die anderen Qualifikationsgruppen.

Tabelle 3 Struktur der Erwerbsbevölkerung in Abhängigkeit vom Bildungsabschluss

	Ohne Schulabschluss	Haupt/Realschulabschluss	Berufsausbildungsabschluss	(Fach-) Abitur	Hochschulabschluss	Gesamt
Struktur der Erwerbsbevölkerung von 15 bis 64 Jahren (in 1.000)						
Anzahl	2.925	9.260	28.864	1.497	11.520	54.066
Beschäftigungsquote	*44%*	*57%*	*74%*	*59%*	*86%*	*72%*
Arbeitslosenquote	*26%*	*16%*	*9%*	*8%*	*4%*	*9%*
Nichterwerbsquote	*41%*	*32%*	*19%*	*35%*	*11%*	*20%*

Quelle: Destatis (Bevölkerung 2008), OECD (Arbeitsmarktlage 2007), Berechnungen des FiBS

7 Am Rande sei darauf hingewiesen, dass der Fachkräftemangel bei den Hochschulabsolvent/innen überschätzt werden dürfte, da die für die weiteren Prognosen zugrunde gelegte Studienanfängerquote des Jahres 2004, die besonders niedrig war, zu einer Unterschätzung des Angebots an Akademiker/innen führt.

In einer Randbemerkung sei darauf hingewiesen, dass sich aus Anhebungen des Bildungsniveaus auch erhebliche positive Effekte auf die öffentlichen Haushalte ergeben. Während arbeitslose Personen Sozialleistungen erhalten, zahlen erwerbstätige Personen Einkommensteuer und Sozialversicherungsbeiträge. Die damit verbundenen fiskalischen Renditen dürften – auch unter Berücksichtigung der zur Verbesserung des Bildungsniveaus verbundenen Kosten – bei deutlich über zehn, in Teilen auch über zwanzig Prozent liegen; diese fiskalische Rendite dürfte somit deutlich höher sein als die von Piopiunik/Wößmann ermittelten volkswirtschaftlichen Folgekosten unzureichender Bildung (siehe den Beitrag in diesem Band). D. h., die für die Verbesserung des Bildungsniveaus erforderlichen Investitionen sind auch und gerade für die öffentliche Hand rentabel – und zwar sowohl für die öffentlichen Haushalte als auch für die Sozialversicherungen. Für die Investitionskosten müssten aber wohl die Finanzminister/innen alleine aufkommen, sodass die Sozialversicherungen beträchtliche Erträge ohne eigenes Zutun verbuchen könnten.

Abbildung 5 Neue Berufsausbildungsverträge nach schulischer Vorbildung

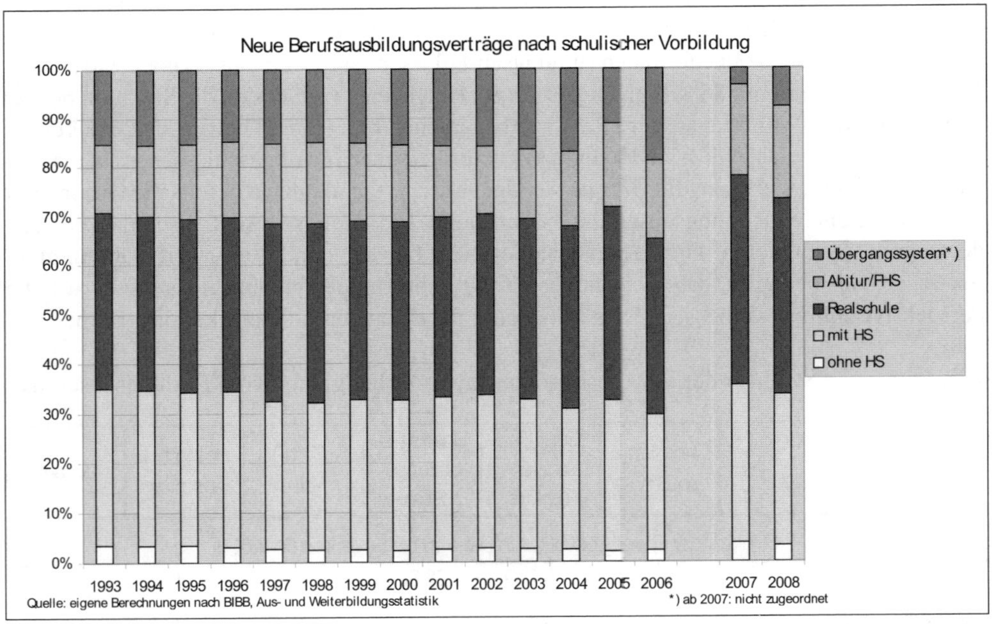

Auch beim Zugang zu Ausbildungsplätzen, der die Position am Arbeitsmarkt deutlich verbessert (siehe Tabelle 3), spielt der vorherige Schulabschluss eine zentrale Rolle (siehe hierzu auch den Beitrag von Giesecke/Ebner/Oberschachtsiek in diesem Band). Abbildung 5 zeigt, dass Jugendliche ohne Schulabschluss einen Anteil von zwei bis vier Prozent an den Neuverträgen der beruflichen Bildung haben. In absoluten Zahlen sind das meist zwischen 15.000 und 20.000 Personen, gegenüber 70.000 bis 90.000 Schulabgänger/innen pro Jahr ohne Schulabschluss. D. h. in der unmittelbaren Gegenüberstellung, dass – rein rechnerisch – jedes Jahr nur jeder vierte bis sechste Schulabgänger ohne Schulabschluss einen Ausbildungsplatz erhält (siehe auch Autorengruppe Bildungsberichterstattung 2008: 157). Bei denjenigen mit Hauptschulabschluss sieht die Statistik deutlich besser aus. Die Zahl der neu abgeschlossenen Ausbildungsverträge mit Hauptschulabsolvent/innen entspricht einem Anteil von 65 % bis 80 % der entsprechenden Schulabgänger/innen im jeweiligen Jahr. Allerdings sollte dieser Wert nicht darüber hinwegtäuschen, dass tatsächlich über die Hälfte der Hauptschulabsolvent/innen mindestens ein Jahr im sogenannten Übergangssystem verbringen (Autorengruppe Bildungsberichterstattung 2008: 157).

5 Bildungsarmut in Deutschland – die Entwicklung der jüngeren Altersgruppen zwischen 1996 und 2006

Die vorstehenden Ausführungen haben deutlich gezeigt, dass der Zugang zu Ausbildungsplätzen in hohem Maße von der schulischen Vorbildung und der Zugang zu Arbeitsplätzen vom Berufs- oder Hochschulabschluss abhängen (siehe hierzu auch den Beitrag von Giesecke/Ebner/Oberschachtsiek in diesem Band). Vor diesem Hintergrund kann der Begriff „Bildungsarmut" dahingehend verstanden werden, dass er sich auf Personen bezieht, die über keinen Schul- oder Berufsabschluss verfügen, und die somit nur unter großen Schwierigkeiten einen Ausbildungs- oder Arbeitsplatz finden. Da offenbar der erfolgreiche Abschluss einer beruflichen Ausbildung eventuelle „Schwächen" des Schulabschlusses kompensieren kann, erscheint eine differenzierte Betrachtung notwendig.

5.1 Personen ohne Berufs- oder Hochschulabschluss

Als wichtiger Indikator für die Erfassung von Bildungsarmut werden die Anteile von Personen ohne definitiven beruflichen Bildungsabschluss (auch ohne Fachhoch- bzw. ohne Universitätsabschluss) an der Wohnbevölkerung nach Altersgruppen getrennt ermittelt (siehe Tabelle 4).

Tabelle 4 Anteil der 15- bis 65-jährigen Personen ohne abgeschlossene Berufsausbildung (auch ohne Hochschulausbildung) an der altersgleichen Bevölkerung

Jahr	1996			2006		
Spaltennummer	(1) Personen ohne berufl. Bildungsabschluss[1)] 15 bis unter 65 Jahre - 1000 -	(2) Wohnbevölkerung 15 bis unter 65 Jahre - 1000 -	(3) Anteil (1) : (2) - % -	(4) Personen ohne berufl. Bildungsabschluss[1)] 15 bis unter 65 Jahre - 1000 -	(5) Wohnbevölkerung 15 bis unter 65 Jahre - 1000 -	(6) Anteil (4) : (5) - % -
Alte Länder						
Männer	4.278	22.681	18,9	3.418	22.476	15,2
Frauen	6.595	22.094	29,8	4.632	22.210	20,9
Insgesamt	10.873	44.776	24,3	8.050	44.686	18,0
Neue Länder						
Männer	397	5.339	7,4	385	5.104	7,5
Frauen	556	5.174	10,7	379	4.852	7,8
Insgesamt	954	10.513	9,1	764	9.956	7,7
Deutschland						
Männer	4.674	28.021	16,7	3.803	27.580	13,8
Frauen	7.151	27.269	26,2	5.010	27.061	18,5
Insgesamt	11.826	55.289	21,4	8.814	54.642	16,1

[1)] Personen ohne beruflichen Abschluss (auch Fachhoch- und Hochschulabschuss) und nicht noch in beruflicher Ausbildung in den letzten vier Wochen vor MZ-Erhebung.
Differenzen in den Summen durch Rundungs- und Hochrechnungsabweichungen in den einzelnen Zellen.

Quelle: Sonderauswertungen des MZ nach Vorgaben der Verfasser. MZ 2006 vorläufige Ergebnisse.

Der Anteil von Personen im Alter von 15 bis unter 65 Jahren (sogenannte „Personen im erwerbsfähigen Alter“) ohne beruflichen Bildungsabschluss an der entsprechenden Wohnbevölkerung beträgt in den alten Ländern bei Männern 18,9 % bzw. 15,2 % (1996 bzw. 2006, im Folgenden analog), bei Frauen 29,8 % bzw. 20,9 %. Dies bedeutet zwar einerseits eine gewisse Verbesserung über die vergangenen 10 Jahre, andererseits ist immer noch jede fünfte Frau und jeder sechste Mann im erwerbsfähigen Alter in Westdeutschland ohne beruflichen Bildungsabschluss.

In den neuen Ländern belaufen sich die Anteile auf 7,4 % bzw. 7,5 % bei Männern, bei Frauen auf 10,7 % bzw. 7,8 %. Dies bedeutet, dass sich der Anteil an Frauen ohne beruflichen Abschluss, der im innerdeutschen Vergleich ohnehin schon deutlich niedriger ist als in den alten Ländern, noch einmal nicht unbeträchtlich verringert hat.

In der Gesamtbetrachtung für Deutschland besaßen im Jahr 1996 21,4 % der Personen im erwerbsfähigen Alter keinen beruflichen Bildungsabschluss, in 2006 belief sich der Anteil auf 16,1 %. Betrachtet man die Geschlechter separat, dann zeigt sich auch hier eine beträchtliche höhere Dynamik bei den Frauen (1996: 26,2 %; 2006: 18,5 %) als bei den Männern (1996: 16,7 %; 2006: 13,8 %), allerdings ausgehend von einem deutlich höheren Niveau.

Die vorliegenden Sonderauswertungen erlauben dabei keine übergreifende Analyse des Anteils an Personen, der aufgrund eines abgebrochenen Studiums keine abgeschlossene Berufsausbildung hat.[8] Dies ist näherungsweise lediglich für die Gruppe der 25- bis 30-Jährigen möglich,[9] bei der sich ein nicht unerheblicher Anstieg der Abbrecher- bzw. nicht-erfolgreichen Absolventenquoten in den vergangenen 10 Jahren zeigt. Hatten 1996 in den alten Ländern 2,2 % der entsprechenden Altersgruppe das Studium abgebrochen, waren es 2006 3,2 %;[10] in den neuen Ländern stieg der Anteil bei den Männern von 0,9 % auf 2,1 % und bei den Frauen von 1,2 % auf 3,3 %. Letzteres ist fast eine Verdreifachung.

Differenziert man die Personen ohne abgeschlossene Berufsausbildung nach einzelnen Altersjahrgängen (siehe Tabelle 5), so zeigt sich insbesondere bei den höheren Altersgruppen in den alten Ländern ein relativ hoher Anteil an Personen ohne abgeschlossene Berufsausbildung. Dies gilt insbesondere für die über 55-jährigen Frauen. Während 1996 45 % der Frauen dieser Altersgruppe, also beinahe jede zweite, keine abgeschlossene Berufsausbildung hatte, galt dies 2006 noch für knapp jede Vierte (28,3 %). Dies bedeutet zugleich, dass sich der Anteil an Frauen mit abgeschlossener Berufsausbildung zwischen den beiden Altersgruppen, zwischen denen 10 Jahre liegen, um fast 17 Prozentpunkte verringert hat. Bei den Männern dieser Altersgruppe verringerte sich der Anteil an Personen ohne Berufsausbildung von 24 % auf 15 %, also deutlich geringer, aber von einem niedrigen Niveau ausgehend.

Gleichzeitig verweist Tabelle 5 sowohl in den alten als auch in den neuen Ländern auf eine begrenzte Dynamik beim Abbau des Anteils an Personen ohne abgeschlossene Berufsausbildung; bei den jüngeren Altersgruppen muss gar von einem Stillstand, insbesondere bei den Männern gesprochen werden. So stagniert der Anteil an 25- bis 29- bzw. 30- bis

8 Dies liegt daran, dass im Rahmen der Sonderauswertung des MZ diejenigen ohne Sekundarstufe II-Abschluss lediglich bis zum Alter von 30 Jahren und nicht darüber hinaus abgefragt wurden.

9 Dies setzt voraus, dass der Anteil an Personen, der nach dem erfolgreichen Abschluss der (allgemein bildenden) Sekundarstufe II eine berufliche Ausbildung im dualen oder vollzeitschulischen System der Berufsausbildung nicht erfolgreich abschließt, marginal ist.

10 Die Differenzen zwischen den Geschlechtern sind im Westen gering.

34-jährigen Männern ohne Berufsausbildung in den alten Ländern bei etwa 17 %, während der Anteil bei den Frauen von 23,6 % auf 19,9 % bei den 30- bis 34-Jährigen und bei den 25- bis 29-Jährigen von 21,7 % auf 18,9 % gesunken ist. In den neuen Ländern ist bei den Männern ab 35 Jahren ebenfalls ein Stillstand, allerdings auf niedrigerem Niveau (6 %) als im Westen zu konstatieren, was im Prinzip auch für die Frauen gilt; auf geringfügig höherem Niveau als bei den Männern und vor allem auf einem deutlich niedrigeren Niveau als bei den westdeutschen Frauen. Es muss allerdings auf den Anstieg des Anteils an Personen ohne Berufsabschluss bei den unter 35-Jährigen hingewiesen werden, der die Generation betrifft, die ihre Ausbildung um die oder nach der Wiedervereinigung begonnen hat bzw. hätte. Hier steigen die Anteile bei den Männern von 8,5 % (30–34 Jahre) über 11,3 % (25–29 Jahre) auf 14,6 % (20–24 Jahre) an. Bei den Frauen ist der Anstieg von 8,0 % (30–34 Jahre) über 10,5 % (25–29 Jahre) auf 11,4 % (20–24 Jahre) schwächer. Der Unterschied von 3 Prozentpunkten bei den Anfang 20-Jährigen ist schon beachtlich, allerdings vermutlich auch durch den höheren Anteil der Frauen an den Abiturienten und/oder der höheren Mobilität bedingt.

Allerdings zeigt sich auch bei den 20- bis 24-jährigen Männern in den alten Ländern ein Anstieg in den Anteilswerten der Personen ohne Berufsausbildung gegenüber den älteren Kohorten, was insofern bemerkenswert ist, als dass sie in den letzten vier Wochen gleichzeitig auch nicht in Ausbildung waren.[11] Gleichzeitig ist bei den Männern zwischen 1996 und 2006 eine Reduktion des Anteilswertes an Personen ohne Berufsausbildung von 21,6 % auf 20,2 % zu beobachten, bei den Frauen hingegen von 22,3 % auf 18,5 %, d. h. zumindest in dieser Altersgruppe ist der Anteil an Frauen mit abgeschlossener bzw. in Berufsausbildung höher als bei den gleichaltrigen Männern. Die Frage ist, ob der Anteil der Männer, der seine Berufsausbildung zu einem späteren Zeitpunkt „noch" abschließt, mit früheren Kohorten vergleichbar ist. Sollte dies nicht der Fall sein, dann würde sich die in den neuen Ländern zu beobachtende Tendenz, dass die Frauen zu einem geringeren Anteil keine Berufsausbildung haben, nunmehr auch in den alten Ländern zeigen.

Auffallend, wenn auch nicht wirklich überraschend, sind die großen Unterschiede zwischen den alten und den neuen Bundesländern, insbesondere bei den mindestens 30-Jährigen. Der Anteil an Personen ohne abgeschlossene Berufsausbildung ist in den neuen Ländern durchgängig geringer als in den alten Ländern. Im Folgenden werden die Alterskohorten anhand von Tabelle 6 verglichen. Die Qualifizierungsaktivitäten, die im Alter von 20 bis 35 Jahren stattfinden, sind dabei von besonderem Interesse. Bei den Frauen ist diese Aktivität mit 1,7 Prozentpunkten deutlich geringer als bei den Männern mit 3,8 Punkten. Auch ist der Anteil in Westdeutschland mit 3,5 Punkten deutlich höher als in Ostdeutschland. Hier führen unterschiedliche Entwicklungen bei Männern (−0,8 Punkte) und Frauen (+0,7 Punkte) dazu, dass sich insgesamt der Anteil nur geringfügig verringert hat.[12] Letzteres bedeutet, dass der Anteil der Frauen, der die Ausbildung abgebrochen hat, höher ist als der Anteil, der sie erfolgreich abgeschlossen hat.

11 Die Befragungen fanden bis 2004 in der letzten Aprilwoche und finden seither unterjährig statt. Nach den Befragungsrichtlinien gehören die Sommerferien zum vorhergehenden Schuljahr, sodass der starke Anstieg zwischen 1996 und 2006 bei den genannten Altersgruppen streng genommen nicht auf fehlerhafte Beantwortungen zurückzuführen sein dürfte; auszuschließen ist dies jedoch nicht. Allerdings sollte dies die Ergebnisse nicht in relevantem Umfang beeinflussen.

12 Siehe hierzu auch vorhergehende Fußnote.

Tabelle 5 Anteil der Personen ohne abgeschlossene Berufsausbildung an der altersgleichen Bevölkerung

Jahr		1996										
Spaltennummer		(1) 15- u. 20 J. Anteil - % -	(2) 20- u. 25 J. Anteil - % -	(3) 25- u. 30 J. Anteil - % -	(4) 30- u. 35 J. Anteil - % -	(5) 35- u. 40 J. Anteil - % -	(6) 40- u. 45 J. Anteil - % -	(7) 45- u. 50 J. Anteil - % -	(8) 50- u. 55 J. Anteil - % -	(9) 55- u. 60 J. Anteil - % -	(10) 60- u. 65 J. Anteil - % -	(11) 65 J. u. älter Anteil - % -
Alte Länder												
	Männer	8,2	21,6	16,7	17,4	18,1	17,1	17,3	21,1	23,6	27,5	30,3
	Frauen	7,0	22,3	21,7	23,6	25,1	27,1	30,8	36,3	45,9	56,7	63,7
	Insgesamt	7,6	22,0	19,1	20,4	21,6	22,1	24,1	28,5	34,7	42,4	50,9
Neue Länder												
	Männer	5,8	9,3	6,4	6,3	6,4	5,6	6,1	8,5	8,7	12,6	14,4
	Frauen	2,8	7,3	7,0	6,1	7,4	7,6	9,5	12,1	17,3	30,2	43,2
	Insgesamt	4,3	8,3	6,6	6,2	6,9	6,6	7,8	10,3	13,1	21,8	32,8
Deutschland												
	Männer	7,6	19,4	14,9	15,4	15,9	14,8	15,4	18,8	20,8	24,5	27,6
	Frauen	6,0	19,8	19,2	20,3	21,7	23,2	27,1	31,6	40,3	51,1	59,9
	Insgesamt	6,8	19,6	17,0	17,8	18,7	19,0	21,3	25,1	30,6	38,2	47,6

Jahr		2006										
Spaltennummer		(1) 15- u. 20 J. Anteil - % -	(2) 20- u. 25 J. Anteil - % -	(3) 25- u. 30 J. Anteil - % -	(4) 30- u. 35 J. Anteil - % -	(5) 35- u. 40 J. Anteil - % -	(6) 40- u. 45 J. Anteil - % -	(7) 45- u. 50 J. Anteil - % -	(8) 50- u. 55 J. Anteil - % -	(9) 55- u. 60 J. Anteil - % -	(10) 60- u. 65 J. Anteil - % -	(11) 65 J. u. älter Anteil - % -
Alte Länder												
	Männer	7,3	20,2	17,3	17,0	15,2	15,1	15,7	14,1	15,2	15,1	19,6
	Frauen	6,5	18,5	18,9	19,9	18,9	19,5	21,6	24,5	28,3	31,9	53,6
	Insgesamt	6,9	19,3	18,1	18,4	17,0	17,3	18,7	19,4	21,8	23,6	39,0
Neue Länder												
	Männer	6,8	14,6	11,3	8,5	6,3	6,4	5,9	5,5	4,8	5,3	9,1
	Frauen	5,2	11,4	10,5	8,0	6,3	6,3	6,1	6,5	8,6	11,1	32,5
	Insgesamt	6,0	13,1	10,8	8,3	6,3	6,3	6,0	6,1	6,8	8,3	22,8
Deutschland												
	Männer	7,2	18,9	16,2	15,6	13,8	13,6	13,8	12,4	13,5	13,3	17,7
	Frauen	6,3	17,2	17,4	18,1	16,9	17,2	18,8	21,0	24,8	27,9	49,5
	Insgesamt	6,8	18,1	16,8	16,8	15,3	15,3	16,3	16,7	19,1	20,7	35,9

Differenzen in den Summen durch Rundungs- und Hochrechnungsabweichungen in den einzelnen Zellen.

Quelle: Sonderauswertungen des MZ nach Vorgaben der Verfasser. MZ 2006 vorläufige Ergebnisse.

Insgesamt zeigt sich in den neuen Ländern eine geringe Qualifizierungsaktivität in dem Sinne, dass Personen, die 1996 keine Ausbildung abgeschlossen hatten und zugleich nicht in Ausbildung waren, diese mittlerweile nachgeholt haben. Hierbei ist der insgesamt recht hohe Anteil bereits berufsqualifizierter Personen zu berücksichtigen, d.h. das Potenzial ist auch deutlich kleiner als in Westdeutschland.

Für die alten Länder ist auf die „Nach"-Qualifizierungsaktivität bei Älteren hinzuweisen, was interessanterweise bis hin zu den über 50-Jährigen gilt – und zwar bei Männer wie bei Frauen –, mit leichten Unterschieden zwischen den Geschlechtern und Altersstufen.

Tabelle 6 Kohortenspezifische Veränderung des Anteils an Personen ohne abgeschlossene berufliche Ausbildung (einschl. der Personen ohne abgeschlossenes Hochschulstudium)

	Jahr	Entwicklung des Anteils an Personen ohne abgeschlossene berufliche Ausbildung im Zehnjahresvergleich (Alter im Jahr 1996)							
	Spaltennummer	(3)	(4)	(5)	(6)	(7)	(8)	(9)	(10)
	Alter im Jahre 1996	15- u. 20 J.	20- u. 25 J.	25- u. 30 J.	30- u. 35 J.	35- u. 40 J.	40- u. 45 J.	45- u. 50 J.	50- u. 55 J.
	Alter im Jahre 2006	25- u. 30 J. Anteil	30- u. 35 J. Anteil	35- u. 40 J. Anteil	40- u. 45 J. Anteil	45- u. 50 J. Anteil	50- u. 55 J. Anteil	55- u. 60 J. Anteil	60- u. 65 J. Anteil
		- %-punkte-	- %-punkte-	- %-punkte-	- %-punkte-	- %-punkte-	- %-punkte-	- %-punkte-	- %-punkte-
Alte Länder									
	Männer	9,1	-4,6	-1,4	-2,2	-2,5	-3,0	-2,1	-6,0
	Frauen	12,0	-2,4	-2,8	-4,0	-3,5	-2,7	-2,6	-4,4
	Insgesamt	10,5	-3,5	-2,0	-3,1	-2,9	-2,8	-2,3	-5,0
Neue Länder									
	Männer	5,5	-0,8	-0,1	0,0	-0,5	-0,1	-1,3	-3,2
	Frauen	7,7	0,7	-0,7	0,3	-1,2	-1,1	-0,9	-1,0
	Insgesamt	6,5	-0,1	-0,3	0,2	-0,8	-0,5	-1,0	-2,0
Deutschland									
	Männer	8,6	-3,8	-1,1	-1,8	-2,1	-2,4	-1,9	-5,5
	Frauen	11,4	-1,7	-2,3	-3,1	-2,9	-2,2	-2,4	-3,7
	Insgesamt	9,9	-2,7	-1,7	-2,4	-2,5	-2,2	-2,1	-4,4

Quelle: eigene Berechnungen nach Sonderauswertungen des MZ nach Vorgaben der Verfasser. MZ 2006 vorläufige Ergebnisse.

Aus Tabelle 6 lassen sich – wenig überraschend – zudem auch Hinweise auf unterschiedliche Bildungsverläufe zwischen Männern und Frauen ablesen. So zeigt sich z.B. ein recht hoher Anteil von ca. 3 Prozentpunkten bei Frauen, die 1996 zwischen 30 und 40 Jahre alt waren und ihre Ausbildung bzw. ihr Studium bis 2006, d.h. bis zum Alter von 50 Jahren, nachgeholt und abgeschlossen haben. Es ist naheliegend, davon auszugehen, dass dies mit der Abnahme oder Beendigung familiärer Pflichten zu tun hat. Überraschend hoch scheint hingegen der Anteil an Personen – und zwar sowohl Männer als auch Frauen – zu sein, der nach Vollendung des 50. Lebensjahres noch eine Ausbildung abschließt. Könnte man dies in den neuen Ländern auf Qualifizierungsaktivitäten im Nachgang der Wiedervereinigung zurückführen, so erscheint dies für die alten Länder zunächst nicht unmittelbar erklärbar; selbst wenn man bei den Frauen berücksichtigen würde, dass sich ein größerer Teil erst nach dem Auszug der Kinder qualifizieren dürfte.

Insgesamt gesehen muss allerdings auch ein relativ hohes Risiko konstatiert werden, dauerhaft ohne abgeschlossene berufsqualifizierende Ausbildung zu bleiben, sofern man diese nicht im Rahmen üblicher Ausbildungswege abgeschlossen hat – dies gilt trotz einer auf der anderen Seite nicht marginalen Quote an Personen, die ihre berufliche Ausbildung auch in einem höheren Alter noch abschließt. Knapp 15 % der Bevölkerung bleiben fast kohortenübergreifend und altersunabhängig dauerhaft ohne abgeschlossene Berufsausbildung, dies ist jede/r Siebte einer Altersgruppe. Diese Ergebnisse ergänzen damit den Beitrag von Maaz (in diesem Band), der darauf verweist, dass im Lebensverlauf fehlende allgemeinbildende Schulabschlüsse nachgeholt werden. Die vorstehenden Betrachtungen zeigen, dass dieser Schluss nicht auf die beruflichen Bildungsabschlüsse übertragen werden kann. Wenn aber die abgeschlossene Berufsausbildung für den Erfolg im Arbeitsleben maßgeblicher ist als der Schulabschluss (siehe den Beitrag von Giesecke/Ebner/Oberschachtsiek in diesem Band), dann sind diejenigen, die ihren Schulabschluss erst später nachholen, dauerhaft in einer ungünstigen Erwerbsposition.

5.2 Bildungsarmutsindikatoren: Personen ohne Sekundarstufe II-Abschluss[13]

Betrachtet man vor dem im vorangegangenen Abschnitt beschriebenen Hintergrund zunächst den Anteil an jungen Menschen ohne Sekundarstufe II-Abschluss, dann zeigt sich, dass im Jahre 2006 im gesamten Bundesgebiet 13,7 % der jungen Männer und 12,4 % der jungen Frauen zwischen 18 und 24 Jahren über keinen Abschluss auf Sekundarstufe II-Ebene verfügen und in den letzten vier Wochen vor der Erhebung des Mikrozensus nicht an Aus- oder Weiterbildungsmaßnahmen teilgenommen haben (siehe Tabelle 7). Verglichen mit den entsprechenden Anteilswerten im Jahre 1996 sind die Quoten der Männer unverändert, während sie sich bei den Frauen von 15,4 % um 3 Prozentpunkte verringert haben. Dies bedeutet im Umkehrschluss zugleich, dass sich der Anteil an Frauen, die einen Sekundarstufe II-Abschluss vorweisen können, auf 87,6 % erhöht hat, während er bei den Männern bei 86,3 % geblieben ist.

Weiterhin sollte die Verringerung des Anteilswertes bei den Männern nicht darüber hinweg täuschen, dass die Anzahl an Männern ohne Sekundarstufe II-Abschluss in absoluten Zahlen um gut 30.000 angestiegen ist, während sich die absolute Zahl bei den Frauen um knapp 55.000 verringert hat. Gewichtet mit dem vor 2004 gebräuchlichen Hochrechnungsfaktor fällt der Anstieg bei den Männern mit 12.000 geringer, der Rückgang bei den Frauen mit 74.000 höher aus.[14]

13 Dies sind die Personen, die laut Mikrozensus-Klassifikation entweder keinen allgemeinbildenden Schulabschluss haben oder im Anschluss an einen Haupt- oder Realschulabschluss (oder gleichwertig, auch Gymnasialabschluss bis zur 10. Klasse) bzw. Abschluss der Polytechnischen Oberschule (DDR) keinen beruflichen Abschluss erworben haben.

14 Die Werte von 2006 und 1996 wurden aufgrund unterschiedlicher Hochrechnungsfaktoren für die 18- bis 25-Jährigen berechnet. Um die zeitlichen Veränderungen besser interpretieren zu können, wurden die absoluten Werte auch anhand der sich aus beiden Hochrechnungsmethoden ergebenden Differenzen für Gesamtdeutschland gewichtet. Hierbei wird angenommen, dass die Veränderung der Hochrechnungsmethode sich in allen Teilgruppen in gleicher Weise auswirkt.

Tabelle 7 Anteil der 18- bis 24-Jährigen ohne Sekundarstufe II-Abschluss an der altersgleichen Bevölkerung

Jahr / Spaltennummer	1996 (1) Personen ohne Abschluss Sek. II[1] - 1000 -	(2) Wohnbevölkerung 18–24 Jahre - 1000 -	(3) Anteil (1) : (2) - % -	2006 (4) Personen ohne Abschluss Sek. II[1] - 1000 -	(5) Wohnbevölkerung 18–24 Jahre - 1000 -	(6) Anteil (4) : (5) - % -
Alte Länder						
Männer	399	2.603	15,3	399	2.762	14,4
Frauen	429	2.476	17,3	355	2.652	13,4
Insgesamt	831	5.077	16,4	754	5.416	13,9
Neue Länder						
Männer	41	651	6,3	77	735	10,5
Frauen	26	541	4,8	51	649	7,9
Insgesamt	74	1.190	6,2	134	1.384	9,7
Deutschland						
Männer	445	3.251	13,7	478	3.497	13,7
Frauen	464	3.016	15,4	410	3.302	12,4
Insgesamt	906	6.268	14,5	888	6.798	13,1

[1] Personen entwder ohne allgemeinbildenden Abschluss oder mit Abschluss der POS (DDR), Haupt-, Realschulabschluss od. gleichw. Abschluss (Sek. I) sowie ohne beruflichen Abschluss und nicht in Ausbildung in den letzten 4 Wochen vor dem Befragungszeitpunkt.

Differenzen in den Summen durch Rundungs- und Hochrechnungsabweichungen in den einzelnen Zellen.

Quelle: Sonderauswertungen des MZ nach Vorgaben der Verfasser. MZ 2006 vorläufige Ergebnisse.

Ein Vergleich nach neuen und alten Bundesländern zeigt, dass in den neuen Ländern sowohl für Frauen als auch für Männer – in absoluten wie in relativen Zahlen – ein Anstieg dieses Bildungsarmutsindikators festzustellen ist. In den alten Ländern ist der Anteil der 18- bis 24-Jährigen ohne Sekundarstufe II-Abschluss sowohl bei Männern (1996: 15,3 %; 2006: 14,4 %) als auch bei Frauen rückläufig (17,3 % bzw. 13,4 %). Dies bedeutet zugleich, dass der für Deutschland insgesamt festzustellende Rückgang bei den absoluten Zahlen ausschließlich auf die westdeutschen Frauen zurückzuführen ist; dies soll nicht darüber hinwegtäuschen, dass die Bildungsdynamik bei den jungen Frauen sowohl in West- als auch in Ostdeutschland deutlich stärker ist als bei den jungen Männern.

Die ungünstige Entwicklung bei den ostdeutschen Männern ist insofern auch mit dafür verantwortlich, dass die bundesweiten Anteilswerte in dieser Altersgruppe unverändert geblieben sind; wobei nicht übersehen werden sollte, dass der Anteil der westdeutschen Männer ohne Sekundarstufe II-Abschluss mit knapp einem Prozentpunkt nur leicht rückläufig war. Die bedenkliche Entwicklung in den neuen Ländern sollte gleichzeitig nicht darüber hinwegtäuschen, dass der Anteil an geringqualifizierten jüngeren Personen dort deutlich niedriger ist. Während in den neuen Ländern jeder zehnte junge Mensch das Arbeitsleben ohne entsprechende Qualifikation beginnt, ist es in den alten mehr als jeder siebte.

Schlüsselt man diesen Indikator nach einzelnen Altersjahrgängen auf, wird deutlich, dass der Rückgang der Anteilswerte in den alten Ländern vor allem auf die über 20-Jährigen zurückzuführen ist; bei den Jüngeren sind die Unterschiede tendenziell geringer. Die Tatsache, dass der Rückgang des Anteils an Personen ohne Sekundarstufe II-Abschluss vor allem in den alten Ländern auf die Frauen in den älteren Altersgruppen zurückzuführen ist, könnte auf gewisse Einmündungsprobleme insbesondere in duale und vollzeitschulische Ausbildungen hinweisen (siehe hierzu auch Autorengruppe Bildungsberichterstattung 2008).

5.3 Anteil der Personen ohne Sekundarstufe I- und ohne Sekundarstufe II-Abschluss

Die in diesem Abschnitt betrachtete Gruppe junger Menschen, die das Bildungssystem ohne jedweden Abschluss verlassen, d. h. weder einen Abschluss der Sekundarstufe I **noch** der Sekundarstufe II haben (siehe Tabelle 8), hat besonders schlechte Einmündungschancen in den Arbeitsmarkt und kann insofern als „besonders bildungsarm“ angesehen werden.

Tabelle 8 Anteil der 18- bis 24-Jährigen ohne Sekundarstufe I- und ohne Sekundarstufe II-Abschluss an der altersgleichen Bevölkerung

Jahr	1996			2006		
Spaltennummer	(1) Personen ohne Abschluss Sek. II[1] - 1000 -	(2) Wohnbevölkerung 18-24 Jahre - 1000 -	(3) Anteil (1) : (2) - % -	(4) Personen ohne Abschluss Sek. II[1] - 1000 -	(5) Wohnbevölkerung 18-24 Jahre - 1000 -	(6) Anteil (4) : (5) - % -
Alte Länder						
Männer	133	2.603	5,1	76	2.762	2,8
Frauen	141	2.476	5,7	62	2.652	2,3
Insgesamt	274	5.077	5,4	137	5.416	2,5
Neue Länder						
Männer	13	651	2,0	14	735	1,9
Frauen	10	541	1,8	4	649	0,6
Insgesamt	23	1.190	1,9	23	1.384	1,7
Deutschland						
Männer	147	3.251	4,5	90	3.497	2,6
Frauen	150	3.016	5,0	70	3.302	2,1
Insgesamt	296	6.268	4,7	160	6.798	2,4

[1] Personen ohne allgemeinbildenden Abschluss (Sek. I) sowie ohne beruflichen Abschluss und nicht in Ausbildung in den letzten 4 Wochen vor dem Befragungszeitpunkt.

Differenzen in den Summen durch Rundungs- und Hochrechnungsabweichungen in den einzelnen Zellen.

Quelle: Sonderauswertungen des MZ nach Vorgaben der Verfasser. MZ 2006 vorläufige Ergebnisse.

Bei diesem Indikator zeigen sich durchaus positive Entwicklungen, da die entsprechenden Anteilswerte bundesweit bei den Männern von 4,5 % auf 2,6 % und bei den Frauen von 5,0 % auf 2,1 % gesunken sind. Diese Verringerung gilt für die alten wie für die neuen Länder, wenngleich die Dynamik in den alten Ländern (Männer: 5,1 % bzw. 2,8 % für die Jahre 1996 bzw. 2006; Frauen: 5,7 % bzw. 2,3 %) teilweise deutlich stärker ist als in den neuen Ländern (Männer: 2,0 % bzw. 1,9 %; Frauen: 1,8 % bzw. 0,6 %); allerdings von einem deutlich höheren Niveau ausgehend. Der deutlich stärkere Rückgang der Anteilswerte der jungen Frauen ist dabei hervorzuheben und bestätigt deren bessere schulische Leistungen bzw. die entsprechend disparate Entwicklung zwischen Jungen und Mädchen.

Wenn sich aber die Anteilswerte bei denjenigen mit Sekundarstufe II-Abschluss nur relativ moderat, die derjenigen mit Sekundarstufe I-Abschluss hingegen recht deutlich verbessert haben, dann legt dies nahe, dass sich die positive Entwicklung bis zu einem Haupt- bzw. mittleren Schulabschluss nicht in einer entsprechenden Veränderung der beruflichen und höheren schulischen Abschlüsse widerspiegeln, was nun genauer untersucht werden soll.

5.4 Anteil der Personen mit Sekundarstufe I-, aber ohne Sekundarstufe II-Abschluss

In einem weiteren Schritt werden nun die Anteilswerte derer betrachtet, die zwar über einen Haupt- oder mittleren Schulabschluss (einschl. POS), nicht jedoch über den Abschluss einer beruflichen Ausbildung bzw. das Abitur verfügen (siehe Tabelle 9). Hier werden also diejenigen betrachtet, die letztlich entweder die Berufsausbildung nicht erfolgreich abschließen oder das (Fach-)Abitur nicht bestehen.[15] Im Fokus steht daher das weiterführende Bildungs- und Ausbildungssystem.

Tabelle 9 Anteil der 18- bis 24-Jährigen mit Sekundarstufe I, aber ohne Sekundarstufe II-Abschluss an der altersgleichen Bevölkerung

Jahr	1996			2006		
Spaltennummer	(1)	(2)	(3)	(4)	(5)	(6)
Sub-Indikator von A.5.	Personen ohne Abschluss Sek. II[1)] - 1000 -	Wohnbevölkerung 18–24 Jahre - 1000 -	Anteil (1) : (2) - % -	Personen ohne Abschluss Sek. II[1)] - 1000 -	Wohnbevölkerung 18–24 Jahre - 1000 -	Anteil (4) : (5) - % -
Alte Länder						
Männer	266	2.603	10,2	323	2.762	11,7
Frauen	288	2.476	11,6	293	2.652	11,0
Insgesamt	557	5.077	11,0	616	5.416	11,4
Neue Länder						
Männer	28	651	4,3	63	735	8,6
Frauen	19	541	3,5	47	649	7,2
Insgesamt	51	1.190	4,3	111	1.384	8,0
Deutschland						
Männer	298	3.251	9,2	388	3.497	11,1
Frauen	314	3.016	10,4	340	3.302	10,3
Insgesamt	610	6.268	9,7	728	6.798	10,7

1) Personen mit Abschluss der POS (DDR), Haupt-, Realschulabschluss od. gleichw. Abschluss (Sek. I) sowie ohne beruflichen Abschluss und nicht in Ausbildung in den letzten 4 Wochen vor dem Befragungszeitpunkt.

Differenzen in den Summen durch Rundungs- und Hochrechnungsabweichungen in den einzelnen Zellen.

Quelle: Sonderauswertungen des MZ nach Vorgaben der Verfasser. MZ 2006 vorläufige Ergebnisse.

Zwischen 1996 und 2006 zeigt sich bundesweit ein Anstieg des Anteils an jungen Männern, die die Sekundarstufe I, nicht aber die Sekundarstufe II erfolgreich abgeschlossen haben, um 2 Prozentpunkte von 9,2 % auf 11,1 %. Bei den jungen Frauen ist eine geringfügige Abnahme um 0,1 Prozentpunkte von 10,4 % auf 10,3 % festzustellen.

Zwar ist der Anteil junger Menschen, die nach einem mittleren Schulabschluss keine Berufsausbildung abschließen, nach wie vor in den neuen Ländern niedriger (8,0 %) als in den alten (11,7 %), allerdings haben sich sowohl die Anteilswerte als auch die absoluten Zahlen in den neuen Ländern innerhalb von 10 Jahren verdoppelt. Dies gilt für Männer wie für Frauen und unabhängig von der verwendeten Hochrechnungsmethode.

In den alten Ländern hat sich die Rangfolge der Proportionen hinsichtlich der Geschlechter umgekehrt. War 1996 der Anteilswert bei den jungen Frauen mit mittlerem Schulabschluss, aber ohne Sekundarstufe II-Abschluss noch knapp 1,5 Prozentpunkte (11,6 % zu 10,2 %) höher als bei den Männern, liegt er 2006 leicht darunter (11,0 % zu 11,7 %). Damit stimmt die Rangfolge der Geschlechter in den neuen und alten Ländern überein und zeigt sich zudem

15 Die Daten erlauben dabei keine Differenzierung zwischen denjenigen, die eine Ausbildung oder die gymnasiale Oberstufe beginnen und nicht abschließen und denjenigen, denen der Übergang erst gar nicht gelingt.

auch in den absoluten Zahlen. So stieg die Zahl der Männer mit Sekundarstufe I als höchstem Bildungsabschluss in den vergangenen 10 Jahren an, während die Anzahl an Frauen ungefähr auf dem gleichen Niveau verharrte.[16]

Bei Aufschlüsselung der einzelnen Altersgruppen zeigt sich in den neuen Ländern eine drastische Erhöhung des Anteils an Personen im Alter von Mitte 20, die lediglich einen mittleren Schulabschluss, aber keine abgeschlossene Berufsausbildung bzw. das (Fach-) Abitur haben. So hat sich der Anteil bei den 24- und 25- bis 30-Jährigen mindestens verdoppelt, teilweise auch mehr als verdreifacht; während er bei den Jüngeren nicht ganz so stark gestiegen ist. In absoluten Werten hat sich die Zahl der jungen Menschen mit mittlerem Schulabschluss, aber ohne Sekundarstufe II-Abschluss in den neuen Ländern bei beiden Geschlechtern mehr als verdoppelt.

Auffallend ist auch die beträchtliche Differenz zwischen den Geschlechtern bei den 18-Jährigen (Männer 10,6 %, Frauen 8,6 %), die als ein deutliches Indiz dafür gesehen werden kann, dass auch bundesweit Frauen länger als Männer im Schulsystem verweilen.

1996 war der Anteil der jungen Frauen, die im Anschluss an den Sekundarstufe I-Abschluss keinen Sekundarstufe II-Abschluss erlangten, bundesweit noch höher als der der Männer. Hierbei wird deutlich, dass die Negativentwicklung in den neuen Ländern zunächst stärker die jungen Männer trifft. Allerdings können die Unterschiede und die geringeren Werte bei den „älteren" Jahrgängen im Vergleich zu den jüngeren auch darauf hindeuten, dass von den jungen Männern einige etwas später doch noch einen Ausbildungs- oder Schulplatz finden oder aber abwandern. Die geringeren Schwankungen bei den Anteilswerten der ostdeutschen Frauen ab einem Alter von 20 Jahren können einerseits ein Indiz dafür sein, dass sie auch nachträglich keinen Ausbildungsplatz mehr bekommen oder aber früher abwandern (siehe hierzu ausführlicher Dohmen/Himpele 2007).

Der somit insgesamt festzustellende Anstieg an Personen, die die Sekundarstufe I, nicht aber die Sekundarstufe II erfolgreich abgeschlossen haben, kann dahin gedeutet werden, dass die Bildungssysteme nicht voll auf den demografischen Wandel eingestellt sind. Dies könnte insbesondere die von Männern stärker nachgefragte duale Berufsausbildung betreffen.

5.2 Exkurs: Demografie oder Bildung – Warum stieg der Anteil an Jugendlichen mit Sekundarstufe I-, aber ohne Sekundarstufe II-Abschluss?

In den vorangegangen Abschnitten war herausgearbeitet worden, dass nicht nur demografische, sondern auch bildungsbedingte Faktoren dazu geführt haben dürften, dass sich der Anteil junger Menschen, der einen Sekundarstufe I-, aber keinen Sekundarstufe II-Abschluss hat, erhöht hat. Die folgenden Berechnungen versuchen, diese beiden Faktoren zu differenzieren, um zu ermitteln, wie groß der Anteil an Personen gewesen wäre, der nach einem erfolgreichen Sekundarstufe I-Abschluss keinen Sekundarstufe II-Abschluss erreicht hätte, wenn es in der Sekundarstufe I keinen positiven Bildungseffekt gegeben hätte. In diesem Fall wäre die Anzahl an Personen, die (i. d. R.) einen beruflichen Ausbildungsplatz mit for-

16 In Abhängigkeit der verwendeten Hochrechnungsmethode kann ein leichter Anstieg um 5.000 (Methode ab 2004) bzw. ein leichter Rückgang um 8.000 (Methode vor 2004) beziffert werden.

mal hinreichender Vorqualifikation suchen, entsprechend geringer gewesen. Ceteris paribus hätte dies eine geringere Misserfolgsquote, bezogen auf den Anteil an Personen, die ihre Sekundarstufe II-Ausbildung nicht erfolgreich abschließt, bedeuten müssen.

Zur Separierung von demografischem und bildungsbedingtem Effekt wird zunächst der Anteil an Personen ohne Sekundarstufe I- und ohne Sekundarstufe II-Abschluss unter der Annahme gegenüber 1996 unveränderter Anteilswerte ermittelt. Anschließend wird dann die errechnete Differenz von den Zahlen in Tabelle 9 bzw. Tabelle 8 abgezogen. Das Ergebnis dieser Berechnungen ist in Tabelle 10 dargestellt.

Hätte sich der Anteil an erfolgreichen Sekundarstufe I-Absolvent/innen zwischen 1996 und 2006 nicht erhöht, dann hätten bundesweit 2006 deutlich weniger Personen im Alter von 18 bis 24 Jahren ihre Sekundarstufe II-Ausbildung nicht erfolgreich abgeschlossen. In Abhängigkeit der verwendeten Hochrechnungsmethode wären hiervon 150.000 bis 160.000 junge Menschen betroffen.[17] Dies hätte eine Verringerung des entsprechenden Anteilswertes „nur in der Sekundarstufe II nicht erfolgreicher Schüler" an der altersgleichen Bevölkerung von 9,7 % auf 8,4 %, anstelle eines Anstiegs auf 10,7 % bedeutet. Bei den Frauen hätte sich der Anteil nicht nur geringfügig von 10,4 auf 10,3 %, sondern auf 7,4 % verringert und bei den Männern wäre er bundesweit nicht von 9,2 % auf 11,1 % angestiegen, sondern geringfügig gesunken.

Tabelle 10 Anteil der 18- bis 24-Jährigen mit Sekundarstufe I-, aber ohne Sekundarstufe II-Abschluss an der altersgleichen Bevölkerung, wenn der Anteil erfolgreicher Sekundarstufe I-Abschlüsse nicht erhöht worden wäre (demografischer Effekt)

Jahr	1996			2006		
Spaltennummer	(1) Personen mit ohne Abschluss Sek. II[1)] - 1000 -	(2) Wohnbevölkerung 18–24 Jahre - 1000 -	(3) Anteil (1) : (2) - % -	(4) Personen ohne Abschluss Sek. II[2)] - 1000 -	(5) Wohnbevölkerung 18–24 Jahre - 1000 -	(6) Anteil (4) : (5) - % -
Alte Länder						
Männer	266	2.603	10,2	258	2.762	9,3
Frauen	288	2.476	11,6	204	2.652	7,7
Insgesamt	557	5.077	11,0	462	5.416	8,5
Neue Länder						
Männer	28	651	4,3	62	735	8,5
Frauen	19	541	3,5	39	649	6,0
Insgesamt	51	1.190	4,3	107	1.384	7,7
Deutschland						
Männer	298	3.251	9,2	320	3.497	9,1
Frauen	314	3.016	10,4	246	3.302	7,4
Insgesamt	610	6.268	9,7	567	6.798	8,3

1) Personen mit Abschluss der POS (DDR), Haupt-, Realschulabschluss od. gleichw. Abschluss (Sek. I) sowie ohne beruflichen Abschluss und nicht in Ausbildung in den letzten 4 Wochen vor dem Befragungszeitpunkt.

2) Eigene Berechungen unter der Annahme der Sek. I Ausbildungsquoten aus dem Jahr 1996 und konstanter Sek. II Ausbildungsplätze. Personen mit Abschluss der POS (DDR), Haupt-, Realschulabschluss od. gleichw. Abschluss (Sek. I) sowie ohne beruflichen Abschluss und nicht in Ausbildung in Differenzen in den Summen durch Rundungs- und Hochrechnungsabweichungen in den einzelnen Zellen. Ausbildung in den letzten 4 Wochen vor dem Befragungszeitpunkt.

Quelle: eigene Berechnungen nach Sonderauswertungen des MZ nach Vorgaben der Verfasser. MZ 2006 vorläufige Ergebnisse.

17 Im Falle der aktuellen Hochrechnungsmethode hätten lediglich 570.000 statt 730.000 Personen, im Falle der bis 2004 verwendeten Hochrechnungsmethode hätten lediglich 545.000 statt 695.000 Personen im Alter von 18 bis 24 Jahren ihre Sekundarstufe II-Ausbildung nicht erfolgreich abgeschlossen.

Während die Veränderungen bei den jungen Männern in den neuen Ländern vergleichsweise geringfügig gewesen wären, hätte sich der Anteilswert bei den Frauen von 3,5 % auf 6,0 % und nicht auf 7,2 % erhöht. Beachtlich wären hingegen die Unterschiede in den alten Ländern gewesen. Hier wäre der Anteilswert in der Berufsausbildung nicht erfolgreicher junger Menschen insgesamt von 11,0 % auf 8,5 % gesunken (Männer: von 10,2 % auf 9,3 % statt auf 11,7 %; Frauen: von 11,6 % auf 7,7 % statt auf 11,0 %).

Aus diesen Berechnungen lässt sich daher folgern, dass das schulische Bildungssystem seinen „Bildungsoutput" in Form von erfolgreichen Absolvent/innen des Hauptschul- bzw. mittleren Schulsystems erhöht hat und somit die „Misserfolgsquote" verringert wurde. Allerdings hat sich durch diese höhere Erfolgsquote die Nachfrage nach dualen oder schulischen Berufsausbildungsplätzen mit formal hinreichender Vorqualifikation erhöht. Da offenkundig das Angebot an Ausbildungsplätzen nicht hinreichend flexibel war und nicht entsprechend der Erhöhung des Bildungsoutputs „mit gewachsen" ist, um eine höhere Nachfrage zu befriedigen, führt dieser Anstieg der erfolgreichen Schulabschlüsse unmittelbar dazu, dass ein größerer Anteil der Bewerber keinen Ausbildungsplatz erhalten wird. D. h., das unzureichende Ausbildungsplatzangebot (dual wie schulisch) ist als ein zentraler Engpassfaktor im Hinblick auf die Ausschöpfung der Bildungsreserven zu sehen.

Vor diesem Hintergrund ist es aber zwangsläufig, dass vor allem diejenigen mit (formal) schwächeren schulischen Leistungen, also überwiegend Hauptschüler und insbesondere Schulabbrecher, keine Chance auf einen Ausbildungsplatz haben. In der Folge werden die entsprechenden Schulabschlüsse faktisch entwertet bzw. zumindest als entwertet wahrgenommen.

Da die vorstehende Analyse sowohl für die alten und neuen Länder gilt, wären die Nicht-Erfolgsquoten in der Sekundarstufe II, nach einem erfolgreichen Sekundarstufe I-Abschluss, in beiden Regionen geringer gewesen. Dieses lässt darauf schließen, dass die höhere Erfolgswahrscheinlichkeit in der Sekundarstufe I die Nicht-Erfolgswahrscheinlichkeit beim Übergang in die Sekundarstufe II verstärkt haben dürfte. Mithin hat der bildungsbedingte Effekt den demografischen verschärft. Die geschlechterdifferenzierte Betrachtung zeigt, dass insbesondere die jungen Frauen in den neuen Ländern davon betroffen waren und sich ihre Ausbildungschancen durch das unzureichende Wachstum an Ausbildungskapazitäten überproportional verschlechtert haben.

In den alten Ländern wären die Ausbildungskapazitäten hingegen ausreichend gewesen, um den demografischen Anstieg zu bewältigen, der Engpass ergab sich ausschließlich aufgrund der besseren schulischen Vorleistungen bzw. des höheren Anteils erfolgreicher Absolvent/innen der Sekundarstufe I. Auch in den westlichen Bundesländern sind die Mädchen von (hier nur bildungsbedingt) unzureichenden Ausbildungskapazitäten stärker betroffen als die Jungen.

Bei Betrachtung der Unterschiede in den einzelnen Altersgruppen zeigt sich, dass insbesondere die 25- bis 29-jährigen Frauen in Ostdeutschland davon profitiert hätten, wenn die Nachfrage nur demografisch und nicht auch bildungsbedingt gestiegen wäre. Bei ihnen hätte sich die Nicht-Erfolgsquote in der beruflichen Ausbildung um 5,5 Prozentpunkte auf 1,6 % verringert. Dies gilt im Übrigen auch für die alten Länder.

Die vorstehenden Ausführungen bedeuten faktisch nichts anderes, als dass das Ausbildungssystem nach wie vor nicht ausreichend auf junge Frauen eingestellt ist. Dies gilt in beiden Fällen trotz der niedrigeren Anteilswerte bzgl. der Nicht-Erfolgsquoten! Diese

Tatsache steht einerseits in erstaunlichem Kontrast zu den tendenziell besseren schulische Leistungen der jungen Frauen, könnte andererseits aber bedeuten, dass insbesondere das Angebot an vollzeitschulischen Ausbildungsplätzen unzureichend gewachsen ist. Sollte diese These richtig sein, verweist dies – anders als im dualen System, das durch die Ausbildungsentscheidung der Unternehmen geprägt wird – letztlich auf „hausgemachte" Probleme der Bildungspolitik. Die ökonomische Konsequenz ist, dass ein beträchtlicher Anteil junger Menschen keinen produktiven Beitrag zur wirtschaftlichen Entwicklung leisten kann, sondern vielmehr – teilweise unverschuldet – mangels Ausbildungsplätzen erhebliche Kosten durch Warteschleifen, Nachqualifizierung und Sozialleistungen verursacht.

6 Zusammenfassung und Schlussfolgerungen

Deutschland braucht immer mehr hoch- und höchstqualifizierte Fachkräfte; auch wenn das Berufsbildungssystem in Teilen hochqualifizierte Fachkräfte ausbildet, bedeutet dies einen steigenden Anteil an Hochschulabsolvent/innen bzw. Meister/innen/Techniker/innen/Fachschulabsolvent/innen. Dieser Trend wird noch dadurch verschärft, dass die demografische Entwicklung zu kleiner werdenden nachwachsenden Altersgruppen führt, die zudem durch einen steigenden Anteil an jungen Menschen mit Migrationshintergrund gekennzeichnet sind. Zwar steigt der Anteil an Studienberechtigten, allerdings deutlich geringer als in fast allen anderen, vergleichbaren Ländern.

Auf der anderen Seite sinkt der Bedarf an gering- und unqualifizierten Personen. Die vorstehenden Ausführungen haben jedoch deutlich gemacht, dass die Qualifizierungsdynamik gerade im unteren und mittleren Bereich sehr begrenzt ist und insbesondere auch durch Engpässe in der beruflichen Bildung determiniert bzw. behindert wird. Stattdessen gibt es ein wachsendes Übergangssystem, das auf diejenigen ausgerichtet ist, die das Schulsystem ohne oder mit unzureichenden Qualifikationen verlassen und (zunächst) keinen Ausbildungsplatz (dual oder schulisch) finden. Auch wenn viele von ihnen noch zu einem späteren Zeitpunkt einen allgemeinbildenden Schulabschluss nachholen, ist der Zugang zum Ausbildungssystem oft nachhaltig versperrt. Wenn aber die abgeschlossene Berufsausbildung die zentrale Zugangsvoraussetzung für Arbeitsplätze darstellt, bedeutet dies häufig den dauerhaften Ausschluss vom Arbeitsmarkt, allenfalls unterbrochen durch temporäre Beschäftigungsverhältnisse.

Nach dem derzeitigen Stand ist nicht von einer fundamentalen Trendwende auszugehen. Zwar hat der Ausbildungspakt zu einer vorübergehenden Erhöhung der Zahl der Ausbildungsplätze und neuen Ausbildungsverträge geführt, allerdings aus demografischen Gründen nur in begrenztem Umfang verbunden mit einem Abbau des Anteils bzw. der Anzahl an jungen Menschen, die keinen Ausbildungsplatz finden. Krisenbedingt ist die Zahl der angebotenen Ausbildungsplätze wie auch der Neuverträge in 2009 gesunken und auch 2010 ist nach der Ausbildungsumfrage des DIHK (2010) mit einem Rückgang zu rechnen. Ein Viertel der Betriebe will weniger Ausbildungsplätze anbieten, ein Siebtel will das Angebot erhöhen. Auch wenn mittel- bis langfristig nicht auszuschließen ist, dass sich die Situation wieder verändern wird und mehr Ausbildungsplätze angeboten werden, ist zu erwarten, dass das Ausbildungsniveau dann deutlich niedriger sein wird als in den vergangenen Jahren. In der Konsequenz dürfte sich somit die Situation für die leistungsschwächeren Jugendlichen kaum verbessern; dies gilt umso mehr, als die Unternehmen bei einem erheblichen Anteil der Jugendlichen unzureichende Vorqualifikationen wahrnehmen und diese als nicht ausbildungsreif ansehen.

Ohne grundlegende Veränderungen im Bildungssystem ist daher zu erwarten, dass es auch in den kommenden Jahren und Jahrzehnten einen „Bodensatz" an gering- und unqualifizierten Arbeitskräften geben wird. Die wirtschaftlichen Folgen sind doppelt problematisch: Einerseits fehlen in der Spitze Fachkräfte, andererseits steht zu befürchten, dass ein hoher Anteil junger Menschen dauerhaft ohne Ausbildungsabschluss und damit Erwerbschancen sein wird. Ersteres führt dazu, dass Unternehmen ihr Entwicklungs- und Wachstumspotenzial nicht ausschöpfen können und gezwungen sein werden, Arbeitsplätze ins Ausland zu verlagern, letzteres führt zu dauerhaft hohen Sozialausgaben und fehlenden Steuer- und Sozialversicherungseinnahmen. Mit Blick auf das hohe Staatsdefizit bedeutet dies, dass der Druck zur Ausgabensenkung steigen wird – und dies zu einem erheblichen Teil nur, weil es nicht gelingt bzw. weil nicht alle Anstrengungen unternommen werden, jeden Jugendlichen ausreichend zu qualifizieren. Wie in diesem Beitrag dargestellt: die meisten Probleme sind hausgemacht und keineswegs unvermeidbar.

Literatur

Autorengruppe Bildungsberichterstattung (2008): Bildung in Deutschland 2008. Ein indikatorengestützter Bericht mit einer Analyse zu Übergängen im Anschluss an den Sekundarbereich I. Bielefeld: W. Bertelsmann

Bonin, Holger/Schneider, Marc/Quinke, Hermann/Arens, Tobias (2007): Zukunft von Bildung und Arbeit. Perspektiven von Arbeitskräftebedarf und -angebot bis 2020. IZA Research Report No. 9. Bonn

Deutscher Industrie- und Handelskammertag (DIHK) (2010): Ausbildung 2010. Ergebnisse einer IHK-Unternehmensbefragung. Berlin

Dohmen, Dieter/Himpele, Klemens (2007): Struktur- und Exzellenzbildung durch Hochschulen in den Neuen Bundesländern. FiBS-Forum Nr. 39 (www.fibs.eu). Berlin

Drechsel, Barbara/Artelt, Cordula (2008): Lesekompetenz im Ländervergleich. In: Pisa-Konsortium Deutschland (2008): 107–126

Drechsel, Barbara/Artelt, Cordula (2007): Lesekompetenz. In: Pisa-Konsortium Deutschland (2007): 225–248

Möller, Joachim/Walwei, Ulrich (2009): Handbuch Arbeitsmarkt 2009 Analysen, Daten, Fakten. IAB – Bibliothek Bd. 314. Bielefeld: W. Bertelsmann

OECD (2009): Bildung auf einen Blick 2009. OECD-Indikatoren. Bielefeld: W. Bertelsmann

Pisa-Konsortium Deutschland (Hrsg.) (2008): Pisa 2006 in Deutschland. Die Kompetenzen der Jugendlichen im dritten Ländervergleich. Münster: Waxmann

Pisa-Konsortium Deutschland (Hrsg.) (2007): Pisa 2006. Die Ergebnisse der dritten internationalen Vergleichsstudie. Münster: Waxmann

Prognos AG (2010): Arbeitslandschaft 2030. Auswirkungen der Wirtschafts- und Finanzkrise. vbw- Vereinigung der Bayerischen Wirtschaft e. V. Ausgabe 01/2010. Basel. Verfügbar unter: http://www.vbw-bayern.de/agv/vbw-Themen-Brennpunkt-Arbeitslandschaft_2030-Arbeitslandschaft_2030_Die_Auswirkungen_der_Wirtschaftskrise_auf_Deutschland--29737,ArticleID__8609.htm

Prognos AG (2009): Arbeitslandschaft 2030. Projektion von Arbeitskräfteangebot und -nachfrage nach Tätigkeiten und Qualifikationsniveaus. Kurzfassung. vbw – Vereinigung der Bayerischen Wirtschaft e. V. Ausgabe: 01/2008. Basel. Verfügbar unter: http://www.prognos.com/fileadmin/pdf/publikationsdatenbank/Arbeitslandschaft_2030_Kurzfassung_2008-10-14.pdf

Statistisches Bundesamt (2009): Fachserie 1. Reihe 2.2. Bevölkerung und Erwerbstätigkeit. Bevölkerung mit Migrationshintergrund – Ergebnisse des Mikrozensus 2007. Statistisches Bundesamt: Wiesbaden

Volkswirtschaftliche Folgekosten unzureichender Bildung: Eine makroökonomische Projektion

Marc Piopiunik und Ludger Wößmann

Wie die PISA-Studien belegen, zählt in Deutschland etwa jeder fünfte Jugendliche zur Gruppe der „Risikoschüler“, die nur unzureichende Bildung erhält. In einer aktuellen Studie, die das ifo Institut im Auftrag der Bertelsmann Stiftung verfasst hat (Wößmann/Piopiunik 2009), haben wir die daraus erwachsenden volkswirtschaftlichen Folgekosten berechnet. Die Folgekosten unzureichender Bildung belaufen sich über den Lebenszeitraum eines heute geborenen Kindes auf rund 2,8 Billionen € (2 800 000 000 000 €) – mehr als das gesamte derzeitige deutsche Bruttoinlandsprodukt von 2,5 Billionen €. Das gewaltige Ausmaß dieser Projektionsergebnisse, die im vorliegenden Beitrag zusammengefasst werden, verdeutlicht die Dringlichkeit des Reformbedarfs im deutschen Bildungssystem. Die Kosten von bildungspolitischem Nichtstun oder wirkungslosem Aktionismus sind riesig, wenn man die langfristigen Wachstumseffekte von Bildungsinvestitionen berücksichtigt. Deshalb benötigt nachhaltige Bildungspolitik einen langfristigen Horizont, so wie er in der Klimapolitik mittlerweile selbstverständlich ist.[1]

1 Wie hängen Bildungskompetenzen und Wirtschaftswachstum zusammen?

In den letzten beiden Jahrzehnten hat eine umfangreiche wirtschaftswissenschaftliche Literatur die Ursachen dafür untersucht, warum einige Länder soviel schneller wachsen als andere (vgl. etwa Aghion/Howitt 2009). Die Ergebnisse haben unser Wissen um die enorme volkswirtschaftliche Bedeutung von Bildung erweitert: Die Forschungsergebnisse belegen, dass Unterschiede in Bildungskompetenzen einen großen Teil der internationalen Unterschiede im Wirtschaftswachstum erklären können.[2]

Zur Quantifizierung der volkswirtschaftlichen Kosten unzureichender Bildung ist es unabdingbar, die Größe des Zusammenhangs zwischen Bildung und Wirtschaftswachstum zu kennen. Dazu greifen wir auf die Ergebnisse der Arbeiten von Hanushek und Wößmann (2008, 2009) zurück, die die langfristigen volkswirtschaftlichen Wachstumseffekte von kognitiven

---

1 Der vorliegende Artikel ist ein Wiederabdruck aus dem ifo Schnelldienst 4/2010, 24–30, und basiert auf der Studie *„Was unzureichende Bildung kostet: Eine Berechnung der Folgekosten durch entgangenes Wirtschaftswachstum“*, die das ifo Institut im Auftrag der Bertelsmann Stiftung verfasst hat und die unter www.bertelsmann-stiftung.de/bildung-wirtschaftswachstum verfügbar ist. Wir danken der Bertelsmann Stiftung für die Finanzierung der Studie, dem Pakt für Forschung und Innovation der Leibniz-Gemeinschaft für die finanzielle Unterstützung des Verfassens der vorliegenden Zusammenfassung sowie Gabriela Schütz und Antje Funcke für ihre Anmerkungen.

2 Vgl. Wößmann (2009) für eine kurze Zusammenfassung und weiterführende Verweise.

Testleistungen empirisch geschätzt haben. Um die durchschnittlichen Bildungskompetenzen der Bevölkerung in möglichst vielen Ländern zu messen, haben sie die Leistungen aller 36 internationalen Vergleichstests von Schülerleistungen in Mathematik und Naturwissenschaften, die zwischen 1964 und 2003 durchgeführt wurden, mit empirischen Kalibrierungsmethoden auf eine gemeinsame Skala gebracht. Anhand dieser Datenbasis ist es möglich, die durchschnittlichen schulischen Leistungen der Bevölkerung in 50 Ländern abzubilden, für die international vergleichbare Daten über das langfristige Wirtschaftswachstum vorliegen.

Das Maß der schulischen Leistungen erweist sich als zentraler Bestimmungsfaktor langfristigen volkswirtschaftlichen Wachstums: Je besser die Leistungen in den internationalen Schülerleistungstests, desto höher ist das zwischen 1960 und 2000 gemessene durchschnittliche Wachstum des realen Bruttoinlandsprodukts pro Kopf. Der im Folgenden für die Projektionen verwendete Wachstumskoeffizient besagt, dass 100 zusätzliche PISA-Punkte langfristig mit einem zusätzlichen jährlichen Wachstum von 1,265 Prozentpunkten einhergehen. Der Einfluss der kognitiven Leistungen auf das Wirtschaftswachstum ist also beträchtlich: Langfristig gehen 50 zusätzliche PISA-Punkte – grob der Abstand zwischen Deutschland und den PISA-Spitzenreitern Finnland, Korea oder Hongkong – mit einem zusätzlichen jährlichen Wachstum von gut 0,6 Prozentpunkten einher.

Der signifikante und robuste Zusammenhang zwischen Bildungsleistungen und Wirtschaftswachstum ist noch nicht notwendigerweise ein Beweis dafür, dass es sich dabei um einen kausalen Effekt der Bildungskompetenzen auf das Wachstum handelt. Prinzipiell könnte ja auch eine umgekehrte Kausalität vorliegen, oder der Zusammenhang könnte aufgrund von weiteren, im Modell nicht berücksichtigten Faktoren zustande kommen. Zahlreiche zusätzliche in Hanushek und Wößmann (2009) berichtete Untersuchungen legen aber nahe, dass es sich bei der Korrelation tatsächlich auch um einen kausalen Effekt der Bildungskompetenzen handelt.

2 Die Methodik der Projektionsanalyse

Wir nutzen diese Befunde, um die wirtschaftlichen Auswirkungen zu projizieren, die eine weitgehende Beseitigung der derzeit in Deutschland vorhandenen unzureichenden Bildung am unteren Ende der Bildungsverteilung hätte. Dazu wird eine makroökonomische Perspektive eingenommen, die die Kosten in Form von entgangenem Wirtschaftswachstum ausdrückt, also durch den Vergleich der sich im derzeitigen Status quo ergebenden wirtschaftlichen Entwicklung mit derjenigen, die sich ergeben würde, wenn die Bildung nicht unzureichend wäre. So ist es möglich zu berechnen, wie viel Wirtschaftsleistung der deutschen Volkswirtschaft langfristig entgeht, weil ein nennenswerter Anteil der Bevölkerung keine ausreichende Bildung erhält.

Unter unzureichender Bildung wird das Nicht-Erreichen eines Grundbildungsniveaus verstanden. Die PISA-Studien sprechen in diesem Zusammenhang von der Gruppe der „Risikoschüler“: Wer nicht zumindest über die unterste Kompetenzstufe (von 420 PISA-Punkten) hinauskommt, der kann als 15-Jähriger beispielsweise maximal auf Grundschulniveau rechnen (vgl. Baumert et al. 2002; PISA-Konsortium Deutschland 2008). Ihm fehlen wesentliche

Fähigkeiten, die Grundbedingung für eine erfolgreiche Beteiligung am späteren Berufsleben und für gesellschaftliche Teilhabe sind.

In Deutschland zählen 23,7 % der Schüler zu dieser Gruppe der Risikoschüler (Spalte 1 in Tab. 1).[3] Dieser Anteil variiert erheblich zwischen den einzelnen Bundesländern. Bayern hat mit 16,2 % den niedrigsten Anteil an Risikoschülern, während Nordrhein-Westfalen mit 28,2 % den höchsten Anteil aufweist.

Es muss der Anspruch der Bildungspolitik sein, dass möglichst alle Schüler ein solches Mindestniveau an Basiskompetenzen von 420 PISA-Punkten erreichen. Die Projektion modelliert dementsprechend eine Bildungsreform, die die unzureichende Bildung zwar nicht vollständig beseitigt, aber immerhin – beginnend in diesem Jahr – im Laufe der kommenden zehn Jahre das Ausmaß an unzureichender Bildung um 90 % verringert.

Tabelle 1 Unzureichende Bildung und ihre volkswirtschaftlichen Folgekosten

	Bildungskompetenzen: ohne Reform und Anstieg durch Reform			Folgekosten unzureichender Bildung über die nächsten 80 Jahre		
	Anteil Risikoschüler (in %)	PISA-Mittelwert	Anstieg des Mittelwerts durch Reform	Zusätzliches BIP (in Mrd. Euro)	in % des heutigen BIP	Zusätzliches BIP pro Kopf (in Euro)
	(1)	(2)	(3)	(4)	(5)	(6)
Baden-Württemberg	19,6	510,5	11,5	353,1	97	32.635
Bayern	16,2	521,6	9,1	343,4	77	27.274
Brandenburg/Berlin	25,9	485,3	15,3	168,0	118	28.508
Hessen	27,5	488,1	16,1	286,8	130	47.218
Mecklenburg-Vorpommern	25,3	486,5	14,6	36,8	103	22.532
Niedersachsen/Bremen	26,9	485,2	16,3	312,2	129	36.291
Nordrhein-Westfalen	28,2	483,3	18,0	790,9	146	44.118
Rheinland-Pfalz	24,9	491,4	14,7	125,0	116	30.975
Saarland	23,2	493,4	13,4	31,4	101	30.582
Sachsen	18,1	511,3	10,1	67,2	71	16.191
Sachsen-Anhalt	24,4	488,5	13,9	48,0	89	20.512
Schleswig-Holstein/Hamburg	26,6	489,7	15,8	214,3	131	46.342
Thüringen	20,3	501,4	11,3	36,9	74	16.488
Deutschland	23,7	496,1	14,1	2.807,7	113	34.255

Anteil Risikoschüler: Anteil der Schüler, die nicht über 420 Punkte hinauskommen. Anstieg des Mittelwerts durch Reform: 90 % des Anstiegs des PISA-Mittelwerts, wenn alle Schüler unter 420 Punkten die Lücke zum Schwellenwert 420 schließen. Folgekosten unzureichender Bildung: Summe des entgangenen Bruttoinlandsprodukts (BIP) über die nächsten 80 Jahre, wenn das Ausmaß der unzureichenden Bildung nicht durch eine Bildungsreform um 90 % reduziert wird. Alle Angaben zu Bildungskompetenzen beziehen sich auf Durchschnitte der Mathematik- und Naturwissenschaftsleistungen in PISA 2000 und PISA 2003.

Quelle: Wößmann/Piopiunik (2009)

3 Diese Berechnung wie auch alle weiteren PISA-Berechnungen basieren auf dem Mittelwert der Mathematik- und Naturwissenschaftsergebnisse in PISA 2000 und PISA 2003.

Dazu haben wir anhand der Mikrodatensätze der deutschen PISA-Erweiterungsstichproben berechnet, wie stark sich der derzeitige PISA-Mittelwert (Spalte 2 in Tab. 1) im Bundesdurchschnitt und in den einzelnen Bundesländern verbessern würde, wenn alle Schüler, die in den PISA-Tests unter 420 Punkten abschneiden, auf 420 Punkte angehoben werden. Der Reformeffekt ergibt sich dann als 90 % der Differenz zwischen dem tatsächlichen PISA-Mittelwert und dem neuen, hypothetischen PISA-Mittelwert nach der Reform (Spalte 3).

Der Reformeffekt beträgt für Gesamtdeutschland 14,1 PISA-Punkte. Der gesamtdeutsche PISA-Mittelwert würde sich also von bisher 496,1 Punkten auf dann 510,2 Punkte erhöhen. Dies entspräche etwa dem derzeitigen Niveau von Frankreich, läge aber zum Beispiel noch deutlich hinter der Schweiz (derzeit 516 Punkte) und wäre von den Niederlanden (531 Punkte) und vom internationalen Spitzenreiter Finnland (542 Punkte) noch weit entfernt.

Der Reformeffekt variiert zwischen den einzelnen Bundesländern stark. Naturgemäß ist er für Bundesländer mit einem hohen Anteil an Risikoschülern besonders groß. Deshalb werden diese Länder in Form höheren Wirtschaftswachstums auch mehr von einer erfolgreichen Bildungsreform profitieren als Bundesländer, die nur wenige Risikoschüler haben. Während sich Bayern durch die modellierte Reform „nur" um 9,1 PISA-Punkte verbessern würde, wäre die Kompetenzverbesserung in Nordrhein-Westfalen mit 18,0 Punkten doppelt so groß.

Ziel der Projektion der Folgekosten unzureichender Bildung ist es, die volkswirtschaftlichen Gesamtkosten zu berechnen, die Deutschland aufgrund der unzureichenden Bildung entstehen. Dazu haben wir im hier berichteten Basisszenario berechnet, wie viel Euro zusätzliches Bruttoinlandsprodukt (BIP) eine Bildungsreform, die im Jahr 2010 beginnt und schrittweise im Laufe der nächsten zehn Jahre die unzureichende Bildung weitgehend beseitigt, während der Lebensdauer eines heute geborenen Kindes generieren würde. Da die Lebenserwartung eines heute geborenen Kindes 80 Jahre beträgt, entspricht dies einem Betrachtungshorizont bis zum Jahr 2090. Spiegelbildlich entspricht der so berechnete Reformeffekt dem bis 2090 anfallenden Verlust („Kosten") an BIP, der entsteht, weil es die unzureichende Bildung gibt.

Um eine gewisse Verzögerung in der bildungspolitischen Umsetzung abzubilden, wird dabei davon ausgegangen, dass die Reform nicht sofort komplett greift, sondern erst nach zehn Jahren; bis dahin steigt der Reformeffekt linear an. Die stetige Verbesserung der Schülerleistungen bildet ab, dass Schüler, die am Ende der zehnjährigen Reformumsetzung die Schule beenden, schon zehn Jahre von der Reform profitiert haben, während Schüler, die im ersten Jahr nach Reformbeginn von der Schule abgehen, das reformierte Schulwesen nur ein einziges Jahr lang besucht haben.

Eine erfolgreiche Bildungsreform entfaltet aber erst dann zusätzliche Wachstumseffekte in der Volkswirtschaft, wenn die besser gebildeten Jugendlichen in den Arbeitsmarkt eingetreten sind. Da die durchschnittliche Dauer des Erwerbslebens in Deutschland etwa 40 Jahre beträgt, scheidet jedes Jahr ein Vierzigstel der bisherigen Erwerbsbevölkerung aus dem Berufsleben aus und wird durch eine neue Arbeitsmarktkohorte ersetzt.[4]

4 Siehe Abschnitt 3.5 in Wößmann und Piopiunik (2009) für eine ausführliche Begründung der Wahl der Modellparameter. Da für die Parameter generell eher konservative Werte verwendet werden, ist davon auszugehen, dass die Folgekosten unzureichender Bildung in der berichteten Projektion tendenziell noch unterschätzt werden.

Insgesamt dauert dieser Prozess also 50 Jahre: Die Bildungsreform benötigt zehn Jahre, bis sie vollständig wirkt, und die heutige arbeitende Bevölkerung wird erst nach weiteren 40 Jahren vollständig ausgetauscht sein. Erst 50 Jahre nach Reformbeginn wird also die ganze Erwerbsbevölkerung aus besser ausgebildeten Schülerkohorten bestehen und der volle Wachstumseffekt wirksam werden. Bis dahin sind die Wachstumseffekte kleiner. Sie nehmen durch das sich kontinuierlich verbessernde Kompetenzniveau der Erwerbsbevölkerung vom Beginn der Reform bis zum Ende der Übergangsphase stetig zu.

Um die volkswirtschaftlichen Kosten unzureichender Bildung zu berechnen, muss die Entwicklung des BIP sowohl ohne als auch mit Bildungsreform projiziert werden. Ohne Bildungsreform wächst das BIP jedes Jahr mit der Potentialwachstumsrate, die gemäß vergangenen Werten mit 1,5 % pro Jahr angenommen wird. Mit Bildungsreform wächst das BIP mit der Potentialwachstumsrate zuzüglich des durch die Reform erzeugten Wachstumseffektes. Darüber hinaus wird in beiden Fällen die vom Statistischen Bundesamt (bis 2050) prognostizierte Bevölkerungsentwicklung berücksichtigt, indem das jeweils projizierte BIP pro Kopf mit der Bevölkerungszahl des betreffenden Jahres multipliziert wird. Um den Reformeffekt zu ermitteln, wird anschließend in jedem Jahr nach Beginn der Reform die Differenz zwischen dem BIP mit und dem BIP ohne Reform gebildet.

Um zukünftig anfallende Erträge in heutigen Geldeinheiten auszudrücken, werden diese in wirtschaftlichen Langfristprojektionen üblicherweise abdiskontiert. Dadurch wird weiter in der Zukunft anfallenden Erträgen weniger Gewicht beigemessen als in der Gegenwart verfügbaren Erträgen. Das Basisszenario verwendet dazu eine Diskontrate von 3 %, die in Projektionen und Forschungsarbeiten in Deutschland sowie weltweit standardmäßig verwendet wird.

Sämtliche jährlichen, durch die Reform erzeugten Erträge – die Differenz zwischen BIP mit und BIP ohne Reform – werden auf das Jahr des Reformbeginns (2010) abdiskontiert, um den Barwert in heutigen Geldeinheiten zu erhalten. Der in Euro ausgedrückte Gesamteffekt der Reform ergibt sich schließlich als Summe aller Barwerte, die im Laufe des Lebens eines heute geborenen Kindes (2010 bis 2090) entstehen.

3 Das Ergebnis des Basisszenarios: Die volkswirtschaftlichen Kosten unzureichender Bildung

Abbildung 1 veranschaulicht zunächst, um wie viel Prozent das Bruttoinlandsprodukt (BIP) durch die Bildungsreform in jedem Jahr der Betrachtungsperiode höher wäre als im Szenario ohne Bildungsreform. Es wird deutlich, dass in den ersten zehn Jahren nach Reformbeginn kaum wirtschaftliche Effekte auftreten, da die Schüler erst einmal das verbesserte Schulsystem durchlaufen müssen und zunächst noch nicht in den Arbeitsmarkt eingetreten sind. Aber schon im Jahr 2035 wäre das BIP durch die Bildungsreform um 1 % höher als ohne Reform und im Jahr 2044 um 2 %.

Abbildung 1 Prozentuale Erhöhung des jährlichen Bruttoinlandsprodukts

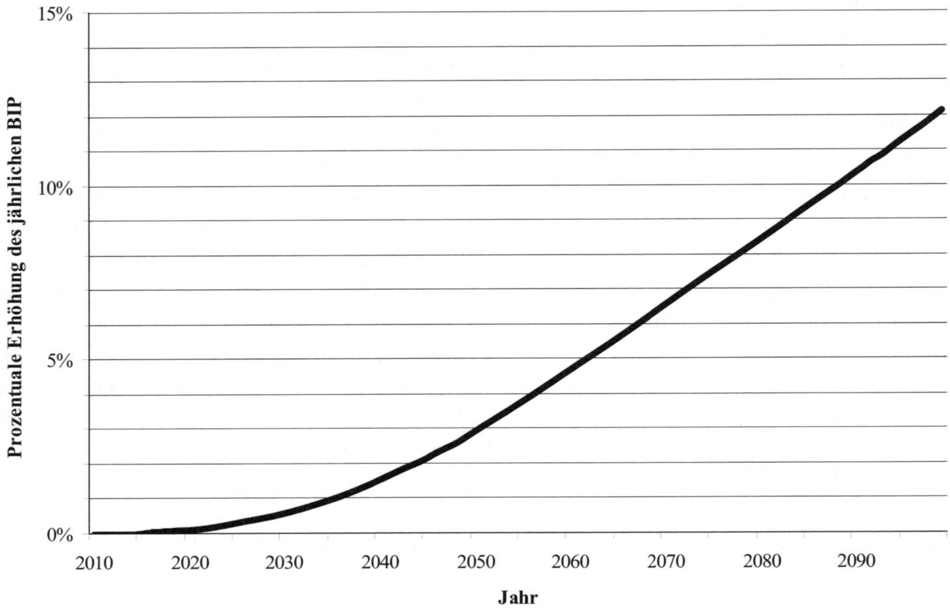

BIP mit Bildungsreform relativ zum BIP ohne Reform in jedem Jahr nach Beginn der Reform. Aufgrund des Vergleichs innerhalb eines jeden Jahres ist diese Betrachtung identisch für den Fall des absoluten BIP und des BIP pro Kopf in dem jeweiligen Jahr.

Quelle: Wößmann/Piopiunik (2009)

Dass die wirtschaftlichen Erträge erfolgreicher Bildungsreformen auch schon in der näheren Zukunft beachtlich sind, verdeutlicht ein Vergleich mit dem Bildungsbudget. Derzeit liegen die *gesamten* öffentlichen Bildungsausgaben im Elementar- und allgemeinbildenden Schulbereich bei rund 2,6 % des BIP. Wie aus Abbildung 1 hervorgeht, liegt das BIP aufgrund der Reform ab dem Jahr 2048 um mindestens 2,6 % höher als ohne die Reform. Mit anderen Worten: Bliebe das Bildungsbudget als Anteil am (stetig steigenden) BIP konstant, dann könnten *alle* öffentlichen Ausgaben für Elementar- und Schulbildung allein durch das zusätzlich erzeugte BIP finanziert werden.

Die Abbildung verdeutlicht aber auch, dass die wirtschaftlichen Erträge erst danach richtig stark ansteigen. Denn erst dann nähert man sich dem Zeitpunkt, zu dem die gesamte arbeitende Bevölkerung durch das reformierte Bildungssystem gegangen ist und fast keine unzureichende Bildung mehr aufweist. So liegt das BIP aufgrund der Bildungsreform im Jahr 2070 um 6,5 %, im Jahr 2080 um 8,4 % und im Jahr 2090 um 10,3 % über dem BIP, das in diesen Jahren ohne die Bildungsreform erreicht würde.

All dies ist aber nur eine jährliche Betrachtung. Der Gesamteffekt der Bildungsreform ergibt sich, indem wir alle im Laufe des Lebens eines heute geborenen Kindes anfallenden Erträge aufsummieren und in heutigen Geldwerten ausdrücken. Wie in Abbildung 2 dargestellt, belaufen sich der Gesamteffekt der Bildungsreform und damit die Folgekosten unzureichender Bildung in Deutschland bis zum Jahr 2090 auf insgesamt 2,8 Billionen € (vgl. Spalte 4 in Tab. 1). Um diesen Betrag, ausgedrückt in heutigen Euro, wäre das deutsche BIP unter den Annahmen des Basisszenarios durch die Bildungsreform bis zum Jahr 2090 insgesamt höher als das BIP ohne eine derartige Reform. Das ist mehr als das gesamte heutige jährliche Bruttoinlandsprodukt von Deutschland in Höhe von 2,5 Billionen € (113 %). Damit ließen sich 28-mal die gewaltigen Konjunkturpakete finanzieren, die die Bundesregierung in der derzeitigen Krise in einer Gesamthöhe von 100 Mrd. € aufgelegt hat. Schon mit den bis ins Jahr 2074 anfallenden Erträgen ließe sich theoretisch die gesamte heutige Staatsverschuldung von rund 1,7 Billionen € komplett tilgen. Und bereits die bis zum Jahr 2043 anfallenden Erträge in Höhe von 311 Mrd. € würden ausreichen, um den heutigen Bundeshaushalt komplett zu finanzieren.

Abbildung 2 Folgekosten unzureichender Bildung durch entgangenes Wirtschaftswachstum

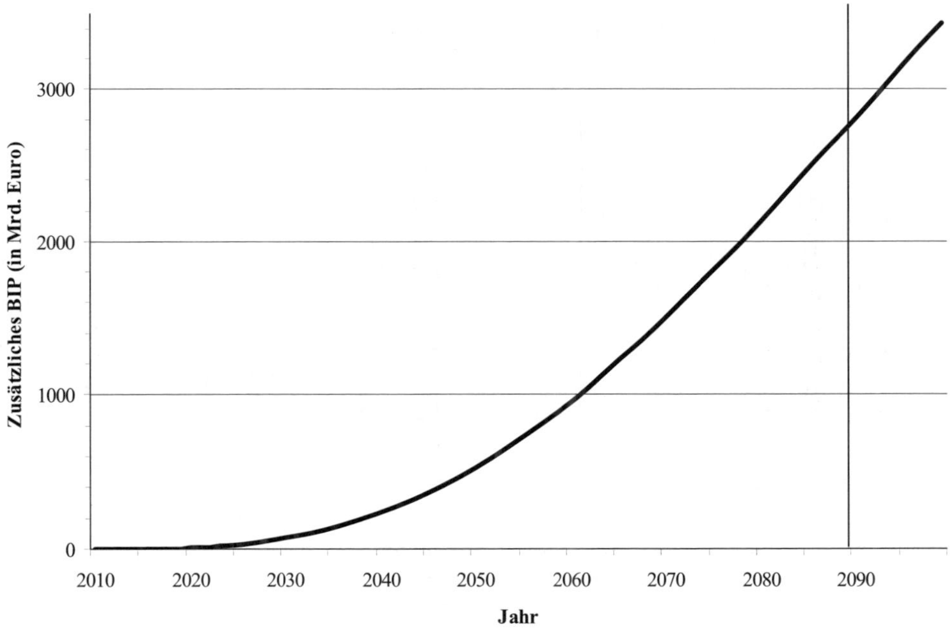

Folgekosten unzureichender Bildung als Summe des bis zum jeweiligen Jahr entgangenen Bruttoinlandsprodukts (BIP) in Mrd. Euro, wenn das Ausmaß der unzureichenden Bildung nicht durch eine Bildungsreform um 90 Prozent reduziert wird, abdiskontiert auf den heutigen Zeitpunkt (vgl. Wößmann/Piopiunik 2009 für Details).

Quelle: Wößmann/Piopiunik (2009)

Pro Kopf der heutigen Bevölkerung entspricht dieser Gesamteffekt der Bildungsreform einem Wert von 34.255 € an zusätzlichem BIP pro Kopf (vgl. Abb. 3 und Spalte 6 in Tab. 1). Anders ausgedrückt, entgeht jedem heute geborenen Kind im Laufe seines Lebens aufgrund der unzureichenden Bildung ein Wert von 34.255 €, wobei die Berechnungen schon berücksichtigen, dass das BIP in Zukunft aufgrund der sinkenden Bevölkerungszahl niedriger ausfallen wird.

Die Folgekosten unzureichender Bildung variieren zwischen den einzelnen Bundesländern erheblich.[5] Das zusätzliche BIP pro Kopf der heutigen Bevölkerung liegt zwischen 16.191 € in Sachsen und 47.218 € in Hessen. Weitere Bundesländer, die von einer erfolgreichen Bildungsreform stark profitieren würden, sind Schleswig-Holstein/Hamburg, Nordrhein-Westfalen und Niedersachen/Bremen.

Die Unterschiede zwischen den Bundesländern ergeben sich dabei aus Unterschieden im Ausgangsniveau des BIP, in der Bevölkerungsentwicklung und vor allem im Ausmaß der unzureichenden Bildung. Diejenigen Bundesländer, die einen hohen Anteil an Risikoschülern aufweisen, profitieren wirtschaftlich am meisten von einer erfolgreichen Bildungsreform. Denn ein hoher Anteil an Risikoschülern bedeutet eben auch, dass sich die durchschnittliche Testleistung in diesem Bundesland besonders stark erhöht, wenn ein Großteil der Schüler den PISA-Schwellenwert von 420 Punkten erreicht.

Abbildung 3 Pro-Kopf-Effekt der Reform in den Bundesländern

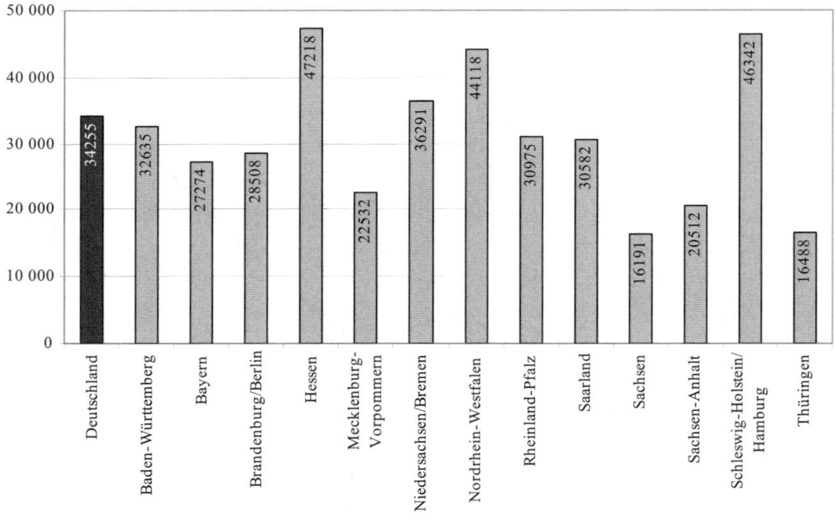

Durch die Bildungsreform bis zum Jahr 2090 zusätzlich erzeugtes Bruttoinlandsprodukt (BIP) pro Kopf in Euro.
Quelle: Wößmann/Piopiunik (2009)

5 In allen bundesländerspezifischen Berechnungen wurden die Stadtstaaten Berlin, Bremen und Hamburg aufgrund der besonderen räumlichen Nähe und Mobilität mit ihren jeweils angrenzenden Flächenstaaten Brandenburg, Niedersachsen bzw. Schleswig-Holstein zusammengelegt.

Aufgrund der unterschiedlichen Bevölkerungsgröße variiert der Gesamteffekt der Reform noch weit stärker zwischen den Bundesländern (vgl. Spalte 4 in Tab. 1). Beim Gesamteffekt liegen die bevölkerungsreichsten Bundesländer Nordrhein-Westfalen, Baden-Württemberg und Bayern vorne und die bevölkerungsärmsten Bundesländer hinten. In Nordrhein-Westfalen, das nicht nur das bevölkerungsreichste Bundesland ist, sondern auch dasjenige mit dem höchsten Anteil an Risikoschülern (28,2 %), belaufen sich die Folgekosten der unzureichenden Bildung bis 2090 auf 791 Mrd. €.

Betrachtet man den Gesamteffekt der Bildungsreform relativ zum heutigen BIP der jeweiligen Bundesländer (vgl. Spalte 5 in Tab. 1), so ist er mit 146 % am größten in Nordrhein-Westfalen, gefolgt von Schleswig-Holstein/Hamburg, Hessen und Niedersachsen/Bremen. Am niedrigsten fällt er in Sachsen (71 %) und Thüringen (74 %) aus, wo neben einem relativ niedrigen Anteil an Risikoschülern auch ein relativ starker Bevölkerungsrückgang prognostiziert wird, gefolgt von Bayern (77 %), dem Bundesland mit dem geringsten Anteil an Risikoschülern.

Die bundesländerspezifischen Berechnungen verdeutlichen, dass selbst die Bundesländer mit den niedrigsten Anteilen an Risikoschülern wirtschaftlich in ganz erheblichem Maße profitieren würden, wenn sie die unzureichende Bildung weitgehend beseitigen. Noch weit größer sollte der Ansporn in den Bundesländern sein, die ein noch größeres Wachstumspotential durch die Bildungsreform aufweisen.

4 Einige alternative Projektionen

In der ausführlichen Studie (Wößmann/Piopiunik 2009) berichten wir neben diesem Basisszenario noch zahlreiche alternative Szenarien, von denen im Folgenden einige kurz erläutert werden sollen. So werden die Folgekosten unzureichender Bildung für unterschiedliche zeitliche Horizonte berechnet. Da sie vom Jahr 2010 bis 2090 stark ansteigen, hängt der Gesamteffekt der Bildungsreform entscheidend vom gewählten Zeithorizont ab. Betrachtet man etwa nur die volkswirtschaftlichen Erträge, die die Reform bis zum Jahr 2050 hervorbringt, und ignoriert alle weiteren Erträge, so ergibt sich ein gesamter Reformeffekt von „nur" 530 Mrd. € oder rund ein Fünftel des heutigen BIP (vgl. Abb. 2). Dies entspricht nur 19 % der Reformeffekte, die noch während der Lebenszeit eines heute geborenen Kindes bis 2090 anfallen. Bei einem Zeithorizont bis 2060 liegt der Gesamteffekt bei 958 Mrd. €, bis 2070 bei 1,5 Billionen € und bis 2080 bei 2,1 Billionen €. Diese Berechnungen verdeutlichen, dass Bildungsreformen sehr langfristig wirkende Maßnahmen sind.

Im Basisszenario wird angenommen, dass zehn Jahre benötigt werden, bis die Bildungsreform vollständig umgesetzt ist und die 90%ige Reduktion der unzureichenden Bildung unter den Schülern erreicht wird. Wie ändert sich der Gesamteffekt, wenn es der Politik schneller oder langsamer gelingt, die vollständige Umsetzung zu erreichen? Szenarien mit alternativen Reformdauern zeigen, dass sich schnelles Handeln auszahlt: Benötigt man für die Umsetzung der Reform nur fünf statt der bisher angenommenen zehn Jahre, erhöht sich der Reformeffekt um rund 280 Mrd. €. Dauert die Umsetzung hingegen 20 Jahre, verliert man knapp 500 Mrd. € im Vergleich zur Zehnjahresreform.

Ein alternatives Szenario, in dem das Ausmaß unzureichender Bildung im unteren Bereich auf das in Finnland derzeit bereits erreichte Niveau abgesenkt würde, ergibt für Gesamtdeutschland mit einem Reformeffekt von 2,4 Billionen € annähernd das Niveau des Basisszenarios. Würde es hingegen gelingen, die gesamte deutsche Bevölkerung im Durchschnitt auf das finnische Durchschnittsniveau anzuheben, so beliefen sich die Erträge dieser Reform sogar auf 9,6 Billionen €. Auch eine Anhebung aller Bundesländer auf das derzeitige Durchschnittsniveau Bayerns, das über die verschiedenen PISA-Tests gesehen am besten abgeschnitten hat, würde bereits 5,2 Billionen € an wirtschaftlichen Erträgen erbringen.

Im Basisszenario wird implizit angenommen, dass höhere durchschnittliche Kompetenzen der Erwerbsbevölkerung mit einem Wachstumseffekt einhergehen, der unabhängig davon ist, ob die Verbesserung bei den besten oder bei den schlechtesten Schülern stattfindet. Die Beseitigung unzureichender Bildung am unteren Ende der Bildungsverteilung könnte für das Wirtschaftswachstum eines Landes aber wichtiger sein als die Durchschnittskompetenzen, wenn in diesem Bereich beispielsweise externe Effekte in Form von Kriminalitätsvermeidung und Stärkung der Demokratie auftreten, die sozialen Sicherungssysteme besonders stark entlastet werden und die Fähigkeit zu inkrementeller Innovation in der Wirtschaft besonders wichtig ist. Deshalb haben wir schließlich in einem alternativen Wachstumsmodell den Einfluss von Basiskompetenzen und Spitzenleistungen auf das langfristige Wirtschaftswachstum separat geschätzt. Die Ergebnisse dieses kombinierten Wachstumsmodells, die sich für Deutschland bereits bei einem niedrigeren Schwellenwert unzureichender Bildung von 400 Punkten auf 2,6 Billionen € belaufen, legen nahe, dass die Spezifikation des Basisszenarios die tatsächlichen Reformeffekte deutlich unterschätzt.

Hanushek und Wößmann (2010) stellen mehrere Projektionen, die mit den hier vorgestellten vergleichbar sind, für die Gesamtheit der OECD-Länder an und finden Gesamtkosten unzureichender Bildung, die für die gesamte OECD in den dreistelligen Billionenbereich reichen.

5 Schlussbemerkungen

Die volkswirtschaftlichen Kosten unzureichender Bildung sind gewaltig. Die Befunde unseres Basisszenarios zeigen, dass sich die volkswirtschaftlichen Kosten unzureichender Bildung in Deutschland in einer Größenordnung von 2,8 Billionen € bewegen. Diese Kosten – die spiegelbildlich die volkswirtschaftlichen Erträge einer Bildungsreform darstellen, die die unzureichende Bildung im Bereich der Risikoschüler um 90 % verringert –, umfassen die im Zeithorizont des Lebens eines heute geborenen Kindes anfallenden Wachstumseffekte.

Die in den Projektionen dargestellten enormen Erträge erfolgreicher Bildungsreformen müssen natürlich den gegebenenfalls anfallenden Kosten solcher Reformen gegenübergestellt werden. Eine einfache Überschlagsrechnung kann aber verdeutlichen, dass die Erträge die Kosten jeder üblicherweise angedachten Bildungsreform bei weitem übersteigen dürften: Selbst wenn wir zur Erreichung des Ziels einer Verringerung der unzureichenden Bildung um 90 % die Bildungsausgaben für jeden der heutigen Risikoschüler dauerhaft *verdoppeln* müssten, würden diese Kosten der Reform immer noch nur *ein Viertel* ihrer wirtschaftlichen Erträge der Bildungsreform ausmachen (vgl. Wößmann/Piopiunik 2009).

Die Wachstumsprojektionen verdeutlichen den dynamischen Charakter der volkswirtschaftlichen Bedeutung einer guten Bildung. Bessere Bildungskompetenzen ermöglichen einen Pfad der stetigen wirtschaftlichen Verbesserung, so dass heute erfolgreich umgesetzte Bildungsreformen in der Zukunft ansteigende wirtschaftliche Effekte haben. Um die vollen Konsequenzen verbesserter Schulbildung darstellen zu können, müssen die eintretenden Effekte bis weit in die Zukunft berücksichtigt werden. Dementsprechend sind es vor allem unsere Kinder und Enkelkinder, die im Laufe ihres Lebens von der baldigen Beseitigung unzureichender Bildung profitieren würden. Bildungspolitik bedarf also der Betrachtung langer Zeithorizonte. In der Klimapolitik wird dies bereits generell akzeptiert. In der Bildungspolitik muss das genauso sein.

Angesichts der immensen Folgekosten unzureichender Bildung, die sich aus der langfristigen Dynamik der Volkswirtschaft ergeben, wird es höchste Zeit, dass Deutschland echte Bildungsreformen angeht. Das Ausmaß, in dem der Einzelne sowie die Gesellschaft insgesamt von besserer Bildung profitieren würden, sollte einen gewaltigen Ansporn darstellen, unser Bildungssystem zu verbessern. Bliebe die unzureichende Bildung hingegen weiterhin in unverändertem Maße bestehen, so würde dies die Zukunft unserer Kinder und Enkelkinder mit enormen volkswirtschaftlichen und gesellschaftlichen Kosten belasten.

Literatur

Aghion, Philippe/Howitt, Peter (2009): The Economics of Growth. Cambridge, MA: MIT Press

Baumert, Jürgen/Artelt, Cordula/Klieme, Eckhard/Neubrand, Michael/Prenzel, Manfred/Schiefele, Ulrich/Schneider, Wolfgang/Tillmann, Klaus-Jürgen/Weiß, Manfred (2002): PISA 2000. Die Länder der Bundesrepublik Deutschland im Vergleich. Opladen: Leske + Budrich

Hanushek, Erik A./Wößmann, Ludger (2008): The Role of Cognitive Skills in Economic Development. In: Journal of Economic Literature 46. 607–668

Hanushek, Erik A./Wößmann, Ludger (2009): Do Better Schools Lead to More Growth? Cognitive Skills, Economic Outcomes, and Causation. NBER Working Paper 14633. National Bureau for Economic Research. Cambridge, MA

Hanushek, Erik A./Wößmann, Ludger (2010): The High Cost of Low Educational Performance: The Long-Run Economic Impact of Improving PISA Outcomes, OECD, Paris. Verfügbar unter: www.oecd.org/dataoecd/11/28/44417824.pdf

PISA-Konsortium Deutschland (2008): PISA 2006 in Deutschland. Die Kompetenzen der Jugendlichen im dritten Ländervergleich. Münster: Waxmann

Wößmann, Ludger (2009): Bildungssystem, PISA-Leistungen und volkswirtschaftliches Wachstum. In: ifo Schnelldienst 62 (10). 23–28

Wößmann, Ludger/Piopiunik, Marc (2009): Was unzureichende Bildung kostet. Eine Berechnung der Folgekosten durch entgangenes Wirtschaftswachstum. Gütersloh: Bertelsmann. Verfügbar unter: www.bertelsmann-stiftung.de/bildung-wirtschaftswachstum

Politische und soziale Folgen von Bildungsarmut

Johann Bacher, Helmut Hirtenlehner und Antonia Kupfer

Dieser Beitrag geht der Frage nach, welche politischen und sozialen Folgen Bildungsarmut hervorbringt und welche Konsequenzen diese Folgen für die wirtschaftliche Entwicklung eines Landes haben. Zur Beantwortung der Fragestellungen wird auf der Grundlage der Sozialkapitalforschung ein Pfadmodell spezifiziert, das eine Wirkung von Bildungsarmut sowohl als Individual- als auch als Kontextmerkmal annimmt. Die Ergebnisse zeigen, dass sich Bildungsarmut auf der Betroffenenebene negativ auf die politische und soziale Teilhabe auswirkt. Auf der Makroebene reduziert eine hohe Prävalenz von Bildung ausgeschlossener Personen das Wirtschaftswachstum. Eine durchgehende vertrauensmindernde Wirkung individueller Bildungsarmut ist derzeit nicht beobachtbar, aber theoretisch nicht auszuschließen, da Bildungsarmut das Wirtschaftswachstum abschwächt und damit auch das BIP pro Kopf reduziert, dem seinerseits ein starker Effekt auf das Vertrauen zukommt. Für die mittels PISA erfasste kollektive Bildungsarmut konnte ein negativer Effekt auf das institutionelle und soziale Vertrauen ermittelt werden.

1 Einleitung

PISA löste in vielen Ländern mit schlechten Testleistungen einen Schock und eine intensive bildungspolitische Diskussion aus. Die implizite Annahme, dass das eigene Land ein gutes Bildungssystem mit hohem Leistungsniveau habe, wurde erschüttert. In Deutschland setzte diese Diskussion mit PISA2000 ein, in Österreich erst mit PISA2003[1], da wegen Stichprobenverzerrungen bei PISA2000 bessere Ergebnisse ausgewiesen wurden als tatsächlich vorhanden waren (Neuwirth 2006). In anderen Ländern, wie z. B. in Großbritannien, ist die Diskussion mit Einführung nationaler Tests bereits in den 1980er Jahren in Gang gekommen (Torrance 2009; Thrupp/Hursh 2006). Auslöser waren immer entweder – wie in Großbritannien – nationale oder – wie in Deutschland und Österreich – internationale Vergleichsstudien.

In der Bildungssoziologie lässt sich die Beschäftigung mit dem Thema der Chancengleichheit in drei Phasen einteilen: In der ersten Phase der 1970er Jahre wurden unterschiedliche grundlegende theoretische Konzepte zum Verhältnis von sozialer Ungleichheit und Bildung erstellt (Bourdieu/Passeron 1971; Boudon 1974; Bowles/Gintis 1976; Collins 1979). In der zweiten Phase, die sich vom Ende der 1970er bis hauptsächlich Mitte der 2000er erstreckt, standen Sozialanalysen im Bereich Familie und Sozialisation (z. B. Grundmann 1992), zur Rolle von Lehrerbeurteilungen für unterschiedliche Chancen (beispielhaft Dravenau/Groh-Samberg 2005), zur institutionellen Diskriminierung (Gomolla/Radtke 2002) und

---

1 Für einen Vergleich der Diskussion in beiden Ländern siehe Pechar (2008).

schließlich Studien, in denen Bildung als Institution in der Lebensverlaufsforschung (Mayer 2004) gefasst wird und ihre Rolle für soziale Mobilität (Shavit/Blossfeld 1993) untersucht wird, im Mittelpunkt. In der dritten Phase, die sich in der englischsprachigen Forschung bereits Ende der 1990er entwickelte und in der deutschsprachigen Forschung erst seit Mitte der 2000er anlief, werden aktuelle Bildungsreformen wie die zunehmende Elternfreiheit bei der Schulwahl (Ball et al. 1997) und die Vermarktung von Bildung (Lauder/Hughes 1999) sowie zunehmend die internationale Bildungspolitik (Robertson/Dale 2009) im Hinblick auf ihre Konsequenzen für soziale Ungleichheit analysiert.

Auch auf EU-Ebene (Bacher/Leibetseder 2006; Steiner 2009) ist Bildung ein zentrales politisches Handlungsfeld. Bildung wird nicht nur aus einem ökonomischen Blickpunkt betrachtet, sondern im Zusammenhang mit sozialem Zusammenhalt und politischer Struktur. Angenommen wird, dass Diskriminierung, Ausgrenzung, Rassismus und Xenophobie durch die Vermittlung und Einhaltung von Toleranz und Respekt für die Menschenrechte im Bildungssystem reduziert werden können (Pettigrew 2006; Quillian 1995). Der Anteil der frühen Schulabgänge unter den 18- bis 24-Jährigen wird daher auch als ein zentraler Strukturindikator für den sozialen Zusammenhalt verwendet (Steiner 2009). Als frühe Schulabgänger und Schulabgängerinnen werden Personen zwischen 18 und 24 Jahren bezeichnet, die über keinen Sekundarabschluss II verfügen und zum Befragungszeitpunkt keine Bildungseinrichtung mehr besuchen und an keiner Aus- oder Weiterbildung teilnehmen.[2] Ziel der EU ist es, diesen Wert unter 10 % zu senken (Steiner 2009). Im Jahr 2008 lag der Anteil der frühen Schulabgänge in allen EU-Staaten bei 14,9 % (Eurostat 2009). In den EU15-Ländern war der Wert mit 16,7 % etwas höher (ebenda). Zwischen den EU-Ländern zeigen sich deutliche Unterschiede (siehe dazu Abschnitt 3.2).

Allmendinger und Leibfried (2003) schlagen in Anlehnung an andere Armutslagen vor, für frühe Schulabgängerinnen und Schulabgänger den Begriff „bildungsarm" bzw. „Bildungsarmut" zu verwenden. Während dieser Begriff ursprünglich abgelehnt wurde (Lepenies 2003: 21), scheint er heute anerkannt zu sein. Noch wenig erforscht sind – mit Ausnahme von Solga im Hinblick auf Erwerbschancen (Solga 2008, 2009; Gesthuizen et al. 2010) – die Auswirkungen von Bildungsarmut. Laut Solga können verminderte Erwerbschancen bildungsarmer Jugendlicher nicht allein auf das individuelle Fehlen von Qualifikationen dieser Jugendlichen zurückgeführt werden, sondern ihre Erwerbschancen hängen von institutionellen und ökonomischen Gesamtbedingungen ab, denen sie im Zeitraum ihrer Bildungslaufbahnen ausgesetzt sind. Eine zentrale Rolle spielen dabei Diskreditierungs- und soziale Verarmungsmechanismen.

Wenig untersucht sind die sozialen und politischen Folgen von Bildungsarmut. Dies ist das Ziel des vorliegenden Beitrags. Analysiert werden die Effekte von Bildungsarmut als Individual- und Kontextmerkmal. Bei der Betrachtung der Auswirkungen von Bildungsarmut als Individualmerkmal wird gefragt, wie sich die Bildungsarmut bei den unmittelbar Betroffenen auf deren politische und soziale Teilhabe[3] auswirkt. Die Frage nach Kontexteffekten

2 Details siehe Abschnitt 3.2.

3 Mit sozialer Teilhabe ist dabei die Beteiligung an pro-sozialen Aktivitäten gemeint, die das Ziel verfolgen, Mitmenschen zu helfen. Es kann sich dabei um direkte Nachbarschaftshilfe handeln oder aber um die Mitarbeit in einer Organisation mit entsprechender Zielsetzung. Mit politischer Teilhabe ist die Beteiligung an politischen Aktivitäten gemeint, die von der Teilnahme an Wahlen bis hin zur Mitarbeit in politischen

von Bildungsarmut geht über diese Ebene hinaus. Es wird untersucht, wie sich ein steigender oder sinkender Anteil Bildungsarmer in einer Gesellschaft auswirkt. Führt z. B. ein höheres Ausmaß von Bildungsarmen in einer Gesellschaft dazu, dass sich auch Nicht-Bildungsarme sozial und politisch zurückziehen?

In einem weiteren Schritt wird schließlich der Frage nachgegangen, welche Auswirkungen die sozialen und politischen Bildungsarmutsfolgen auf das wirtschaftliche Wachstum haben. Zur Beantwortung der Fragestellungen wird ein Pfadmodell spezifiziert und empirisch auf der Basis der Daten des European Social Survey 2006 (siehe Abschnitt 3) geschätzt.

2 Theoretische Vorüberlegungen

Die individuellen Effekte von Bildung auf die politische und soziale Teilhabe sind relativ gut erforscht, allerdings fehlen noch Analysen, die sich speziell mit Bildungsarmut beschäftigen und die sowohl die Individual- als auch Kontextebene einschließen. Bekannt ist beispielsweise, dass bei niedriger Bildung das politische Interesse abnimmt (z. B. Niedermayer 2001: 22)[4], die Wahlbeteiligung geringer ausfällt (Niedermayer 2001: 170; Caballero 2005: 361), das Vertrauen in politische Institutionen sinkt (Gabriel/Zmerli 2006), Fremdenfeindlichkeit[5] sowie Ausgrenzung und Rechtspopulismus zunehmen (Rosar 2001: 245, 258; Fuchs 2003; Rippl 2003; Bacher 2001b). Auch die sozialen Folgen auf der Individualebene sind bekannt: Personen mit geringerer Bildung haben ein geringeres Vertrauen in andere Personen (Sturgis et al. 2010), sie engagieren sich weniger in sozialen Aktivitäten (Bühlmann/Freitag 2004: 340, Sturgis et al. 2010) und sind seltener Mitglied eines Vereins (Bühlmann/Freitag 2007: 174–175).

Theoretisch erklärt werden die für Bildung ermittelten Zusammenhänge unterschiedlich (für die Fremdenfeindlichkeit siehe z. B. Bacher 2001a und Rippl 2003). Im Rahmen der Sozialkapitalforschung (Franzen/Freitag 2007; Gehmacher et al. 2006; Allum et al. 2010), die wir hier aufgreifen wollen, spielen kompetenztheoretische Begründungen eine große Rolle. Argumentiert wird, dass für die Teilnahme und Teilhabe an zivilgesellschaftlichen Aktivitäten, wie Mitgliedschaft und ehrenamtliche Tätigkeiten in Vereinen, Nachbarschaftshilfe, Teilnahme an lokalen Aktivitäten usw. bestimmte Fähigkeiten und Kompetenzen benötigt werden. Diese spezifischen Fähigkeiten und Kompetenzen, wie sich informieren, die eigene Meinung artikulieren und gegebenenfalls verschriftlichen, Aktivitäten organisieren und koordinieren usw., werden in der Schule und in der Familie vermittelt (Sturgis et al. 2010). Daraus ergibt sich, dass Personen aus bildungsnäheren Schichten, die länger das Schulsystem besuchen und eine höhere Bildung erwerben, mit einer größeren Wahrscheinlichkeit über

Organisationen reichen kann. Letztere — hier aber nicht untersucht — beinhaltet auch nicht-konventionelle Formen politischen Engagements, wie die Beteiligung an Unterschriftenlisten, Demonstrationen usw.

4 Wir begnügen uns hier und nachfolgend mit der beispielhaften Nennung von Literatur. Eine umfassende Literatursichtung zu allen hier behandelten Themenbereichen war im Rahmen der Studie leider nicht realisierbar. Für wichtige Literaturhinweise zur Vertrauensforschung bedanken wir uns bei Dina Hummelsheim (Max-Planck-Institut für ausländisches und internationales Strafrecht) und Jonathan Jackson (LSE).

5 Exemplarisch für Deutschland (Rosar 2001: 64), für die Schweiz (Stolz 2000: 278) und für Österreich jüngst Friesl et al. (2010).

diese entsprechenden Fähigkeiten und Kompetenzen verfügen. Bei Personen mit geringer Bildung fehlen sie.

Als eine wichtige Voraussetzung für die soziale und politische Teilhabe wird in der Sozialkapitalforschung Vertrauen betrachtet. Vertrauen kann als Überzeugung verstanden werden, dass andere Personen, Gruppen und/oder Organisationen auf eine bestimmte Weise handeln werden (Freitag/Bühlmann 2005: 579; Stadelmann-Steffen/Freitag 2007: 296). Zwei spezielle Formen – die im Folgenden näher betrachtet werden – sind das Institutionenvertrauen und das interpersonelle bzw. soziale Vertrauen[6]. Charakteristisch für beide Formen ist, dass es sich um ein generalisiertes Vertrauen handelt, das sich auf Institutionen oder Personen außerhalb des Nahbereichs richtet und situationsunabhängig besteht (Franzen/Pointner 2007: 72; Freitag/Bühlmann 2005: 579).[7] Institutionenvertrauen bezieht sich auf das Vertrauen in öffentliche Einrichtungen, wie Polizei, Justiz, Parlament usw. Institutionenvertrauen hat nach Gabriel und Zmerli (2006)[8] zwei theoretische Grundlagen: einmal das Gefühl der Gemeinsamkeit und Zugehörigkeit, dann noch die Überzeugung, dass eine Person oder Einrichtung solange Vertrauen verdiene, bis sie dieses massiv und über einen längeren Zeitraum enttäuscht hat. Konkrete Erfahrungen mit Institutionen werden für die Entstehung und Veränderung des institutionellen Vertrauens als besonders bedeutsam betrachtet (Stolle/Rothstein 2007: 119–121). Beide Voraussetzungen (Zugehörigkeitsgefühl und positive Erfahrungen mit Institutionen) – so eine nahe liegende Annahme – sind bei von Bildungsarmut unmittelbar betroffenen Personen in einem geringeren Ausmaß erfüllt. Da Bildungsarme Ausgrenzungserfahrungen erleben und sie schlechte Erfahrungen mit Einrichtungen allgemein, nicht nur mit der Schule, gemacht haben, ist zu erwarten, dass ein entsprechendes Zugehörigkeitsgefühl und die Überzeugung, dass die öffentlichen Einrichtungen ihre Aufgaben erfüllen, fehlen. Die Folge ist ein geringeres Institutionenvertrauen, das „generalisiert" wird und auf andere, nicht bekannte Personen übertragen wird. Die Folge ist eine Abnahme des sozialen Vertrauens.[9]

Auf der Basis der verfügbaren Befunde und der Sozialkapitalforschung lässt sich die Hypothese ableiten, dass die soziale und politische Teilhabe sowie das generalisierte Vertrauen als deren Voraussetzung bei bildungsarmen Personen geringer sind als bei Nicht-Bildungsarmen (Hypothese 1).

Theoretisch und empirisch interessanter als die Auswirkungen auf individueller Ebene ist die Frage, ob Bildungsarmut allgemeine Auswirkungen hat, also auch auf Personen, die nicht von Bildungsarmut unmittelbar betroffen sind. Führt ein hohes Niveau von Bildungsarmut in einer Gesellschaft dazu, dass sich Nichtbetroffene mehr oder weniger sozial und politisch einsetzen, dass sie ein geringeres oder höheres Vertrauen aufweisen? Entsprechend der vorausgehenden Argumentation könnten wir eine Abnahme des generalisierten Ver-

---

6 Die Bezeichnungen „sozial" und „interpersonell" werden im Folgenden synonym verwendet.

7 Manchmal wird in der Literatur der Begriff des generalisierten Vertrauens nur für das Vertrauen in andere, nicht bekannte Personen verwendet. Wir verwenden hier den Begriff als Oberbegriff, der das Institutionenvertrauen und das soziale/interpersonelle Vertrauen umfasst.

8 Beide sprechen vom politischen Vertrauen, untersuchen aber auch das Vertrauen in Gerichte und Polizei mit.

9 Wir folgen hier der Argumentation institutionell-struktureller Theorien des Vertrauens (Stolle/Rothstein 2007: 119), die annehmen, dass das generalisierte Vertrauen von der Leistungserbringung öffentlicher Einrichtungen abhängt.

trauens erwarten, wenn ein hohes Niveau der Bildungsarmut bei den Nicht-Bildungsarmen dazu führt, dass die Zuversicht, dass der Staat seine Aufgaben erfüllt, reduziert wird. Voraussetzung hierfür ist, dass Bildungsarmut als soziales Problem wahrgenommen wird, der Staat für die Existenz dieses Problems verantwortlich gemacht wird und das Gefühl des Versagens staatlichen Handelns auf andere Einrichtungen und Politikfelder generalisiert wird. Die Folge ist ein geringeres institutionelles Vertrauen, das sich auch in einem niedrigeren sozialen Vertrauen äußert. Als Hypothese kann festgehalten werden: Ein höheres Niveau von Bildungsarmut reduziert auch bei Nicht-Bildungsarmen das generalisierte Vertrauen und in der Folge die politische und soziale Teilhabe (Hypothese 2).

In einem abschließenden Schritt wird erfasst, ob sich die sozialen und politischen Folgen quantifizieren lassen. Wir nehmen diesbezüglich an, dass sich eine geringe politische und soziale Teilhabe und mangelndes generalisiertes Vertrauen auf die wirtschaftliche Entwicklung negativ auswirken, was zu einem geringeren Wirtschaftswachstum führt (Hypothese 3). Das Wirtschaftswachstum wurde ausgewählt, um eine Beziehung zu dem Beitrag von Piopiunik und Wößmann in diesem Sammelband herzustellen. Zudem spielt es in der Sozialkapitalforschung eine wichtige Rolle (Literaturüberblick in Stadelmann-Steffen/Freitag 2007). Angenommen wird, dass Sozialkapital, insbesondere Vertrauen, wichtige Produktionsfaktoren sind, die die Legitimität des Wirtschaftssystems begründen und die Kontroll- bzw. Transaktionskosten reduzieren (Bornschier 2000; Stadelmann-Steffen/Freitag 2007). Dies wirkt sich positiv auf das Wirtschaftswachstum aus, da Kosten gespart werden können. Bornschier (2000) konnte diese Annahme empirisch bestätigen. In einer weiteren Analyse konnte er am Beispiel der Verbreitung der Internetnutzung auch einen positiven Effekt auf Innovationen ermitteln (Bornschier 2001). In Stadelmann-Steffen und Freitag (2007) ergibt sich ein differentieller Wirkungszusammenhang, dem zufolge Sozialkapital nur in ärmeren Ländern einen Einfluss auf das Wirtschaftswachstum hat.

Abbildung 1 fasst das theoretische Ausgangsmodell zusammen. Hypothese 1 nimmt eine Wirkung von Bildungsarmut auf der Individualebene bei den unmittelbar Betroffenen an. Bildungsarme sollen ein geringeres Vertrauen und in der Folge auch eine geringere politische und soziale Teilhabe zeigen. Hypothese 2 vermutet darüber hinausgehend einen Kontexteffekt von Bildungsarmut.[10] Dieser soll allgemein – bei Betroffenen und bei Nicht-Betroffenen – zu einer Abnahme des generalisierten Vertrauens und der sozialen und politischen Teilhabe führen. Hypothese 3 schließlich vermutet einen Effekt der politischen und sozialen Teilhabe auf die wirtschaftliche Entwicklung.

Zusätzlich wird in der Abbildung ein direkter Effekt der Bildungsarmut auf das Wirtschaftswachstum angenommen. Die empirische Befundlage zu diesem Effekt ist uneinheitlich. Keine signifikante Wirkung – bei Konstanz von Wirtschaftswachstum und Sozialkapital – berichten sowohl Bornschier (2000) als auch Stadelmann-Steffen und Freitag (2007). Bei Piopiunik und Wößmann (in diesem Sammelband) hat dagegen Bildung – gemessen über Kompetenzen – einen signifikanten Einfluss. Auch in Freitag und Bühlmann (2005) wird ein positiver direkter Zusammenhang ausgewiesen. Die abweichenden Ergebnisse dürften u. a. durch Unterschiede in den Ländersamples und in der Operationalisierung von Bildung bedingt sein. Bornschier (2000) verwendet die subjektive Bewertung des Bildungssystems

10 Zusätzlich wird noch als intervenierende Variable das politische Interesse eingeführt.

als Indikator, Stadelmann-Steffen und Freitag (2007) arbeiten mit Bildungsabschlüssen und Piopiunik und Wößmann (in diesem Sammelband) rechnen mit durch PISA erfassten Kompetenzen. Auch theoretisch werden in der Wirtschaftssoziologie unterschiedliche Positionen über das Zusammenspiel von Bildung und Wirtschaft vertreten (Rubinson/Browne 1994). Ein starker Zusammenhang ergibt sich aus der Sicht von funktionalistisch-technologischen und modernisierungstheoretischen Theorien (ebenda), die annehmen, dass sich die Wirtschaft ausdifferenziert und produktiver wird und das Bildungssystem als Reaktion die entsprechenden spezifischen und allgemeinen Kompetenzen und Einstellungen vermittelt. Ähnlich wird mittels der Humankapitaltheorie argumentiert (ebenda). Individuelle Investitionen in das Humankapital führen im Aggregat zu Produktivitätssteigerungen und damit zu Wachstum und Wohlstand. Status-Konflikt-Theorien sowie institutionelle Theorien vermuten dagegen keinen oder nur einen sehr schwachen indirekten Zusammenhang. Bei Status-Konflikt-Theorien wird angenommen, dass die primäre Aufgabe des Bildungssystems die Reproduktion bestehender Ungleichheiten ist und dies keinen nennenswerten Effekt auf die wirtschaftliche Entwicklung habe, da Leistung und Kompetenzen bei der Positionszuschreibung eine untergeordnete Rolle spielen. Institutionellen Theorien entsprechend kommt dem Bildungssystem vorwiegend die Rolle zu, die Legitimität des Staates abzusichern. Fazit: Ein – vielleicht auch intuitiv angenommener – Effekt von Bildung und Bildungsarmut im Besonderen auf wirtschaftliches Wachstum muss keinesfalls zutreffend sein.

Abbildung 1 Theoretisches Rahmenmodell

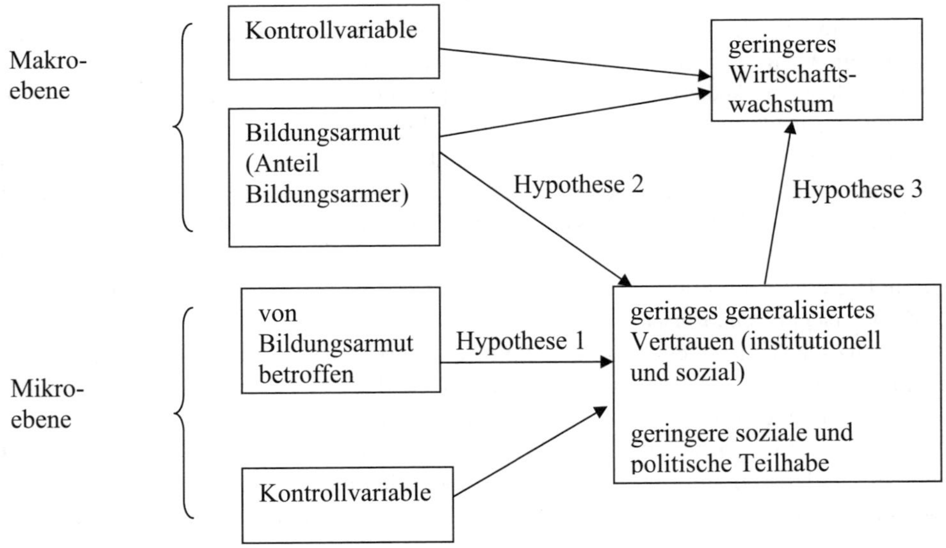

3 Methodisches Vorgehen

3.1 Die dritte Runde des European Social Survey als Datenbasis

Datengrundlage unserer empirischer Analysen ist die dritte Welle des European Social Survey (ESS) 2006/07 (Jowell et al. 2007). Der ESS markiert ein internationales Befragungsprogramm, an dem mehr als 20 europäische Länder teilnehmen. Alle verwendeten Individualvariablen wurden dieser Datenquelle entnommen.

An der dritten Runde des ESS haben insgesamt 23 Länder teilgenommen: Österreich, Belgien, Bulgarien, Dänemark, Estland, Finnland, Frankreich, Deutschland, Großbritannien, Ungarn, Irland, Niederlande, Norwegen, Polen, Portugal, Russland, Schweden, Schweiz, Slowenien, Slowakei, Spanien, Ukraine und Zypern. Russland und die Ukraine mussten aus den Analysen entfernt werden, da für diese Länder nur unzureichende Makrodaten zur Verfügung stehen[11]. Der verbleibende Datensatz umfasst 38.560 Personen, im Schnitt ungefähr 1.800 Befragte pro Land. Alle Auswertungen werden unter Verwendung der mit dem Datensatz mitgelieferten Designgewichtung durchgeführt, um Verzerrungen durch die in den Einzelstaaten implementierten Stichprobenpläne zu korrigieren[12].

3.2 Kontextdaten

Als zentrales Kontextmerkmal wird die Bildungsarmut in die Analyse einbezogen. Zwei Operationalisierungen werden eingesetzt: der Anteil früher Schulabgänger und -abgängerinnen sowie der Anteil der Schüler und Schülerinnen in PISA mit sehr geringen Kompetenzen. Frühe Schulabgänger und -abgängerinnen sind entsprechend der Definition von EUROSTAT (2009) Jugendliche im Alter von 18 bis 24 Jahren, die über keinen über die Sekundarstufe I hinausgehenden Schulabschluss verfügen und zum Erhebungszeitpunkt an keinen Bildungsmaßnahmen teilnehmen und sich nicht im Bildungssystem befinden[13]. Der Anteil früher Schulabgänger und -abgängerinnen wird EUROSTAT[14] entnommen. Für die im ESS 2006 untersuchten Länder ergeben sich die Werte der Tabelle 1. Auffallend sind die sehr hohen Werte für Portugal (PT) und Spanien (ES). Auch Deutschland weist trotz des dualen Ausbildungssystems mit 13,5 % einen im Vergleich zu Österreich (9,1 %) und der Schweiz (9,7 %) relativ hohen Wert auf. Sehr geringe Werte haben Norwegen (4,6 %), Slowenien (4,9 %), Polen (5,3 %) und die Slowakei (6,3 %). Wegen der hohen Variablenwerte von Spanien und

11 Für Russland und die Ukraine liegen weder PISA-Daten noch Länderdaten von EUROSTAT vor.

12 Der Datensatz kann kostenlos bezogen werden unter http://www.europeansocialsurvey.org.

13 „Early school leavers refers to the percentage of the population aged 18 to 24 with at most lower secondary education and not engaged in further education or training. It is calculated, using as *numerator* the persons aged 18 to 24 in the following two conditions, from the Labour force survey (LFS):
(*) the highest level of education or training attained is ISCED 0, 1, 2 or 3c short;
(*) respondents declared not having received any education or training in the four weeks preceding the survey. The *denominator* consists of the total population of the same age group, excluding no answers (in the LFS) to the questions ‚highest level of education or training attained' and ‚participation in education and training'." (Eurostat 2009: http://epp.eurostat.ec.europa.eu/statistics_explained/index.php/Early_school_leaver; 5.3.2010).

14 http://epp.eurostat.ec.europa.eu/portal/page/portal/statistics/themes.

Portugal werden diese in einer weiteren Analyse getrimmt, damit sie die Ergebnisse nicht zu stark beeinflussen.[15]

Bezüglich der kompetenzorientierten Messung von Bildungsarmut mit PISA folgen wir dem Operationalisierungsvorschlag von Allmendinger und Leibfried (2003). Als Schüler und Schülerinnen mit sehr geringen Kompetenzen gelten Schüler und Schülerinnen, die nur die Kompetenzstufe 0 des jeweiligen Testbereichs erreichen.[16] Durch die hier verwendete strengere Definition wird nach Allmendinger und Leibfried funktionaler Analphabetismus erfasst. Als Risikoschüler bzw. -schülerinnen werden Jugendliche bezeichnet, die mindestens in einem der drei Testbereiche Mathematik, Naturwissenschaft und Lesen unter Level 1 liegen, also nur Kompetenzstufe 0 haben. Für PISA verschieben sich im Vergleich zur zertifikatsorientierten Messung mittels Schulabschlüssen die Rangordnungen. Einen sehr hohen Wert weist mit 37,7 % Bulgarien auf. Es folgen Portugal mit 14,4 %, die Slowakei mit 13,0 % und Spanien mit 12,4 %. Österreich verschlechtert — wie Norwegen — seine Position, Deutschland verbessert sich relativ etwas, besitzt aber auch einen Wert von über 10 %. Wenig überraschend schneidet Finnland am besten ab. Gute Ergebnisse liegen auch für Estland (EE), Irland (IE) und die Niederlande vor. Um den Einfluss des hohen Wertes von Bulgarien zu minimieren, wird analog zu vorhin auch für den Anteil der Risikoschüler und -schülerinnen eine getrimmte Variable gebildet.

Die beiden Operationalisierungen führen zu unterschiedlichen Einschätzungen der Bildungsarmut. Primär erklärbar ist dies dadurch, dass der Anteil der frühen Schulabgänge sehr stark vom nationalen Schulsystem bestimmt wird, während PISA allgemeine Kompetenzen erfasst. Österreich z. B. hat einen relativ hohen Anteil an Risikoschülern und -schülerinnen. Das duale System und das berufsbildende mittlere Schulsystem ermöglicht aber auch Schülern und Schülerinnen mit geringen Kompetenzen einen über den Pflichtschulabschluss hinausgehenden Schulabschluss.

---

15 Die Methode des „Trimmens" wird eingesetzt, wenn eine Variable Ausreißer mit sehr kleinen oder sehr großen Variablenwerten aufweist. Dadurch soll vermieden werden, dass die Ausreißer die Ergebnisse bestimmen. Zum „Trimmen" werden unterschiedliche Methoden eingesetzt. Üblich ist, dass die Ausreißer weggelassen werden (Arminger 1978: 144). Auf dieses Vorgehen haben wir verzichtet, um die Zahl der untersuchten Länder nicht weiter einzuschränken. Dafür haben wir die Werte der Ausreißer durch kleinere Werte ersetzt. Dazu wurden zunächst die Ausreißer bestimmt. Für die frühen Schulabgänge waren dies Spanien (ES) und Portugal (PT). Um den Wert für Spanien zu bestimmen, wurde der Intervallabstand von Bulgarien (BG) zu Zypern (CY) berechnet. Spanien wurde anschließend der Wert von Bulgarien plus dem berechneten Intervallabstand zugewiesen. Für Portugal wurde der Intervallabstand von Bulgarien und Deutschland verwendet. Für die PISA-Daten wurde analog verfahren.

16 In den PISA-Berichten (z. B. OECD 2007) und in dem Beitrag von Piopiunik und Wößmann in diesem Sammelband wird dagegen von Risikoschülern und -schülerinnen bereits dann gesprochen, wenn sie die Kompetenzstufe 0 oder 1 erreichen.

Tabelle 1 Bildungsarmut in den untersuchten Ländern

Land	frühe Schulabgänge	frühe Schulabgänge getrimmt	Land	Risikoschüler/innen in PISA	Risikoschüler/innen in PISA getrimmt
PT	38,8	27,3	BG	37,7	15.8
ES	30,8	22,6	PT	14,4	14,4
BG	20,4	20,4	SK	13,0	13,0
CY	18,2	18,2	ES	12,4	12,4
DE	13,5	13,5	FR	11,7	11,7
NL	13,5	13,5	AT	11,2	11,2
EE	13,4	13,4	NO	10,7	10,7
BE	12,9	12,9	DE	10,6	10,6
HU	12,5	12,5	BE	10,4	10,4
IE	12,5	12,5	HU	8,9	8,9
FR	12,2	12,2	GB	8,3	8,3
GB	11,6	11,6	PL	7,3	7,3
SE	10,8	10,8	SE	7,1	7,1
FI	10,3	10,3	CH	6,9	6,9
CH	9,7	9,7	SI	6,8	6,8
AT	9,1	9,1	DK	6,0	6,0
DK	8,7	8,7	NL	5,4	5,4
SK	6,3	6,3	IE	5,0	5,0
PL	5,3	5,3	EE	3,9	3,9
SI	4,9	4,9	FI	1,3	1,3
NO	4,6	4,6	CY	-b)	-b)

Als weitere Kontextmerkmale wurden das Bruttoinlandsprodukt (BIP) pro Kopf für das Jahr 2005 und das Wirtschaftswachstum 2006, definiert als prozentuelle Änderung des BIP pro Kopf für die Jahre 2005 und 2006, einbezogen. Das Bruttoinlandsprodukt wird in der international vergleichenden Forschung gerne als Messgröße der Entwicklungsstufe, des Modernisierungsgrades, der ökonomischen Leistungsfähigkeit oder des Wohlstandsniveaus einer Gesellschaft verwendet. Gemeinsam ist diesen recht allgemein gehaltenen Charakterisierungen, dass sie eine Konfundierung des BIPs mit zahlreichen anderen strukturellen Ländercharakteristika nahelegen. Was einerseits die Entscheidung darüber erschwert, was das BIP eigentlich genau misst, soll uns zum Vorteil gereichen: Als Makroebenenkontrollvariable vermag das BIP eine Fülle von Länderunterschieden zu repräsentieren und damit auch die entsprechende Kontextvarianz in sich aufzunehmen und zu binden. Durch Einführung des BIP in die zu rechnenden Regressionsmodelle können folglich eine Fülle von Länderunterschieden auspartialisiert werden. Der Nachteil ist eine schwierigere inhaltliche Interpretation der Befunde für das BIP pro Kopf.

3.3 Individualdaten

Bildungsarmut auf der Individualebene wurde über die abgeschlossene Schulbildung erfasst. Personen, die über keinen oder nur einen Pflichtschulabschluss verfügen, wurden entsprechend der EU-Definition als bildungsarm bezeichnet.

Das Ausmaß politischen Interesses wurde im ESS direkt abgefragt[17], wobei den Befragten vier Antwortmöglichkeiten zwischen „sehr interessiert" und „gar nicht interessiert" dargeboten wurden. Hohe Werte bezeichnen ein geringes politisches Interesse.

Das Vertrauen in politische und öffentliche Institutionen (institutionelles Vertrauen) wurde anhand von sieben ausgewählten Einrichtungen bestimmt: Nationales Parlament, Rechtssystem, Polizei, Politiker/innen, politische Parteien, Europäisches Parlament und Vereinte Nationen. Für jede dieser Institutionen war von den Befragten entlang einer elfstufigen Ratingskala anzugeben, in welchem Maße sie diesen Einrichtungen Vertrauen entgegenbringen. Aus den diesbezüglichen Angaben wurde ein Gesamtpunktwert berechnet (Cronbach's $\alpha = .89$). Hohe Werte signalisieren großes Vertrauen.

Das Wahlverhalten wurde an den letzten Nationalrats-/Regierungswahlen festgemacht. Für jede Person wurde erfasst, ob sie an dieser Wahl teilgenommen hat oder nicht.

Das soziale Vertrauen wurde in Form von drei bipolaren Aussagen[18] gemessen, die zu einem Summenindex verrechnet wurden (Cronbach's $\alpha = .76$). Den Aussagen war ein elfstufiges Antwortformat beigegeben, auf dem die Befragten ihre Meinung abtragen konnten. Hohe Werte bezeichnen ein hohes Niveau interpersonalen Vertrauens.

Eine mangelnde Bereitschaft zur Erbringung persönlicher Hilfeleistungen bzw. ein geringes soziales Engagement wurde an drei Indikatoren abgelesen: ehrenamtliche Tätigkeit für Freiwilligenorganisationen, außerinstitutionelle Hilfestellungen für andere Personen, Beteiligung an nachbarschaftlichen Aktivitäten[19]. Für jedes dieser drei Aktivitätsfelder war von den Befragten entlang einer sechsstufigen Skala mit den Endpunkten „mindestens einmal wöchentlich" und „niemals" anzugeben, wie häufig sie sich diesbezüglich im letzten Jahr betätigt haben. Es wurde ein Summenindex gebildet, bei dem hohe Ausprägungen ein geringes Engagement zum Ausdruck bringen (Cronbach's $\alpha = .66$).

Als Kontrollvariablen auf Individualebene gingen das Geschlecht, das Alter und die Größe des Wohnortes der Befragten in die Analyse ein.

---

17 „How interested would you say you are in politics?".

18 Die drei Aussagen waren wie folgt formuliert: „Would you say that most people can be trusted, or that you can't be too careful in dealing with people?", „Do you think that most people would try to take advantage of you if they got the chance, or would they try to be fair?" und „Would you say that most of the time people try to be helpful or that they are mostly looking out for themselves?".

19 Die exakten Frageformulierungen lauteten wie folgt: „In the past 12 months, how often did you get involved in work for voluntary or charitable organisations?", „Not counting anything you do for your family, in your work, or within voluntary organisations, how often, in the past 12 months, did you actively provide help for other people?" und „And in the past 12 months, how often did you help with or attend activities organised in your local area?".

Tabelle 2 Operationalisierung und Verteilung der verwendeten Individualvariablen

Variable (a)	ESS-Variable(n)	Operationalisierung	Anteils- oder Mittelwert
Bildungsarmut			
individuelle Bildungsarmut (BILDARM)	edulvl	1 = kein oder nur Pflichtschulabschluss 0 = Sonstiges	16,5 % (n = 37565)
Politische Folgen			
Vertrauen in politische und öffentliche Institutionen (INTVER)	Index aus 7 Items (trstprl bis trstun)	0 = kein Vertrauen bis 10 = sehr großes Vertrauen	4,77 (n = 38318)
geringes politisches Interesse (KINT)	polintr	1 = großes Interesse bis 4 = kein Interesse	2,60 (n = 38464)
keine Teilnahme an der letzten Wahl (NWAHL)	vote		21,6 % (n = 35056)
Soziale Folgen			
soziales Vertrauen (SVERT)	Index aus 3 Items (ppltrst, pplfair, pplhlp)	0 = kein Vertrauen bis 10 = sehr großes Vertrauen	5,27 (n = 38488)
keine persönliche Hilfeleistung und kein soziales Engagement (KHILFE)	Index aus 3 Items (wkvlorg, hlpoth, atnoact)	1 = mindestens einmal wöchentlich bis 6 = niemals	4,54 (n = 38468)
Kontrollvariablen			
Geschlecht (WEIBLICH)	gndr	1 = weiblich, 0 = männlich	53,1 % (n = 38476)
Alter (ALTER)	age	kontinuierliche Variable	46,54 Jahre (n = 38326)
Wohnort	domicil	1 Großstadt	16,9 (n = 38437)
(WOHNORT)		2 Vororte oder Einzugsbereich einer Großstadt	12,9
		3 Kleinstadt	31,0
		4 Landgemeinde	32,3
		5 Bauernhof oder Haus am Land	6,9

Basis: ESS 2006, gewichtete Daten (DWEIGHT), ohne Russland und die Ukraine

(a) Kurzbezeichnungen der Variablen in Klammern

3.4 Statistische Datenanalyse

Die Auswertung erfolgt primär mit dem Verfahren der Pfadanalyse (Holm 1977). Auf der Basis des in Abbildung 1 dargestellten theoretischen Ausgangsmodells werden getrennt für die politischen und sozialen Auswirkungen von Bildungsarmut voll rekursive Pfadmodelle spezifiziert. In dem Pfadmodell für die politischen Auswirkungen wird angenommen, dass die Wahlteilnahme vom Ausmaß politischen Interesses abhängt, das seinerseits vom Vertrauen in politische und öffentliche Institutionen beeinflusst wird. Im Modell für die sozialen Auswirkungen wird postuliert, dass die Bereitschaft zu helfender Tätigkeit vom Vertrauen in die Mitmenschen abhängt. Die (standardisierten) Pfadkoeffizienten werden mittels einer gewöhnlichen OLS-Regression berechnet. Als bedeutsam werden Pfadkoeffizienten mit einem Absolutbetrag größer .10 betrachtet. Die statistische Signifikanz der Kontextvariablen wird zusätzlich durch Mehrebenenanalysen abgesichert (siehe Anhang A)[20].

Zur Ermittlung der wirtschaftlichen Konsequenzen der politischen und sozialen Folgen von Bildungsarmut werden ökologische OLS-Regressionsanalysen auf Länderebene gerechnet. Wegen der kleinen Anzahl der Länder wird eine hierarchische Analysestrategie gewählt: Zunächst wird der Einfluss der nationalen Bildungsarmut und des BIP pro Kopf auf das Wirtschaftswachstum berechnet. Auf der Basis dieser Ergebnisse wird eine um den Einfluss der Bildungsarmut und des Wirtschaftswachstums bereinigte Residualvariable gebildet. Für diese Residualvariable wird dann in getrennten Analysen untersucht, wie sich die fünf untersuchten politischen und sozialen Bildungsarmutsfolgen auswirken. Die Bildungsarmutsfolgen werden vorab durch länderweise Durchschnittsbildungen auf Staatenniveau gehoben. Da auf Aggregatebene i. d. R. stärkere Zusammenhänge auftreten als auf Individualebene, wird die Akzeptanzschwelle für die standardisierten Pfadkoeffizienten auf einen Absolutbetrag von .35 erhöht. Zusätzlich werden hier die üblichen Signifikanztests durchgeführt.

Da vier Operationalisierungen von Bildungsarmut (frühe Schulabgänge, frühe Schulabgänge getrimmt, PISA-Risikoschüler/innen, PISA-Risikoschüler/innen getrimmt) vorliegen, wurden in einem ersten Analysegang vier Residualvariablen gebildet. Diese werden dann jede für sich als Zielvariablen in Regressionsanalysen aufgenommen, in die jeweils einzeln die fünf Bildungsarmutsfolgenvariablen als Prädiktoren eingeführt werden. In Summe werden damit 24 ökologische Regressionsanalysen gerechnet.

20 Der weitgehende Verzicht auf Signifikanzprüfungen ist der Größe des Datensatzes (38.560 Personen) geschuldet. Lediglich bei den Kontexteffekten (nationale Bildungsarmut und BIP) machen Signifikanztests noch Sinn: Hier ist die Anzahl der unabhängigen Beobachtungen mit 21 Ländern vergleichsweise gering. Die Signifikanzen der Kontextvariablen wurde im Rahmen Linearer Gemischter Modelle (Bickel 2007) geprüft. Alle Analysen wurden mit SPSS 16.0 (Bühl 2008) gerechnet. Die Ergebnisse sind im Anhang A dokumentiert.

4 Ergebnisse

4.1 Politische Folgen von Bildungsarmut

Abbildung 2 berichtet die Ergebnisse der Pfadanalyse für die politischen Folgen. Da vier Analysen gerechnet wurden, sind für jede Variable vier standardisierte Pfadkoeffizienten eingezeichnet. Auf der Individualebene (Mikroebene) kommt der Bildungsarmut der erwartete Verhaltenseffekt zu: Bildungsarme haben – ceteris paribus – ein geringeres politisches Interesse und bleiben in der Folge häufiger den Wahlen fern.

Entgegen den theoretischen Erwartungen zeigen Bildungsarme aber kein geringeres institutionelles Vertrauen. Dies bedeutet, dass die beiden vertrauensbildenden Voraussetzungen (Zugehörigkeitsgefühl, keine anhaltend negativen Erfahrungen) noch im ausreichenden Maße gegeben sind, um einer Erosion des Vertrauens in öffentlichen Einrichtungen entgegenzuwirken. Möglicherweise wirken hier wohlfahrtsstaatliche Leistungen kompensierend. Eine alternative Erklärung wäre, dass nur bei jüngeren Bildungsarmen das Institutionenvertrauen reduziert wird und dieser Effekt in der Analyse der Gesamtpopulation verloren geht. Einen Effekt nur bei Jüngeren zu vermuten, könnte damit begründet werden, dass erst sie von Exklusion durch ihre geringe Bildung betroffen sind, während dies bei der älteren Generation nicht der Fall war und für diese ein Pflichtschulabschluss noch durchaus üblich und sozial akzeptiert war.

Das Institutionenvertrauen hängt ausschließlich von Makrovariablen ab. Es fällt in Ländern mit einem höheren BIP pro Kopf höher aus. Hinter diesem Effekt verbergen sich unterschiedliche Einflussfaktoren, da das BIP pro Kopf mit anderen strukturellen Ländervariablen konfundiert ist. In unseren Daten besteht z. B. ein starker Zusammenhang mit der Zugehörigkeit eines Landes zu den alten oder neuen EU-Ländern. Die neuen Mitgliedsländer aus Ost-Mitteleuropa haben durchgehend ein geringeres BIP pro Kopf, gleichzeitig bestehen bei ihnen demokratische und rechtsstaatliche Institutionen erst kürzer. Es ist daher zu vermuten, dass die Wirkung des BIP pro Kopf schwächer ausfallen würde, wenn weitere strukturelle Merkmale in die Analyse eingehen. So z. B. kommt in Freitag und Bühlmann (2005) dem BIP pro Kopf kein signifikanter Einfluss zu, wenn weitere Kontextmerkmale, wie Unabhängigkeit der Justiz, Einkommensungleichheit usw. in die Analyse einfließen. Eine Berücksichtigung weiterer Ländermerkmale war in unserem Fall wegen des kleinen Ländersamples statistisch nicht sinnvoll.

Neben dem BIP pro Kopf wirkt noch die mittels PISA erfasste Bildungsarmut signifikant auf das Institutionenvertrauen ein. Entsprechend den theoretischen Überlegungen würde dies bedeuten, dass PISA – vermutlich aufgrund der medialen Aufmerksamkeit – nicht nur das Vertrauen in das Bildungssystem erschüttert hat, sondern auch die Leistungen anderer öffentlicher Einrichtungen in Frage gestellt hat. Dass dies auf den EU-Indikator nicht zutrifft, lässt sich dadurch erklären, dass die mittels dieses Indikators erfasste Bildungsarmut medial weniger wahrgenommen wird und daher auch nicht verunsichert.

Auf der Individualebene schließlich wirken neben der Bildungsarmut noch das Geschlecht und das Alter. Frauen und Jüngere berichten ein geringeres politisches Interesse, Ältere fühlen sich zusätzlich noch mehr verpflichtet, zur Wahl zu gehen. Der Größe des Wohnortes kommt keine bedeutsame Wirkung zu.

Abbildung 2 Ergebnisse der Pfadanalyse zu den politischen Folgen von Bildungsarmut

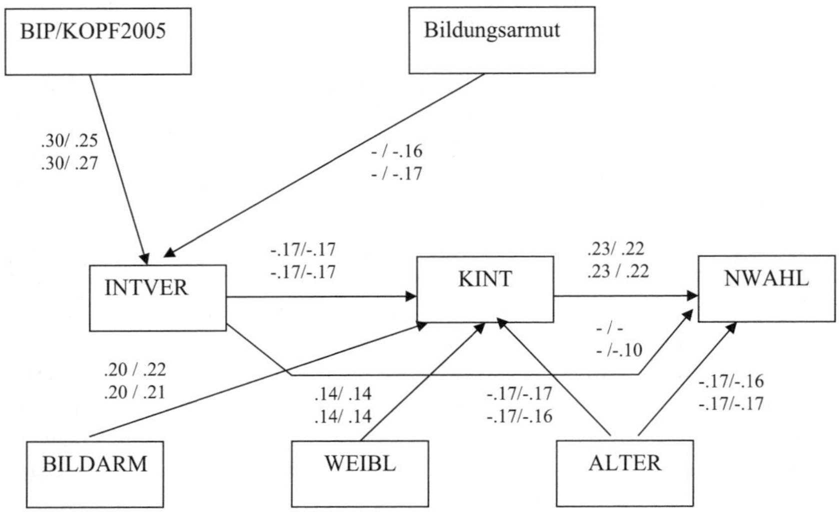

ALTER = Alter der Befragten in Jahren, WEIBL = Geschlecht des/der Befragten (1 = weiblich, 0 = männlich) BILDARM = Bildungsarmut des Befragten (1 = ja, 0 = nein), INTVER = institutionelles Vertrauen, KINT = kein politisches Interesse, NWAHL = Wahlbeteiligung an der letzten Wahl (1 = nein, 0 = ja), BIP/KOPF2005 = Bruttoinlandsprodukt pro Kopf 2005
Für jede Variable werden vier standardisierte Pfadkoeffizienten berichtet. Die Effekte bedeuten:
1. Zeile, 1. Wert = stand. Pfadkoeffizient, wenn der Anteil früher Schulabgänger/innen als Indikator für die Bildungsarmut auf Makroebene verwendet wird.
1. Zeile, 2. Wert = stand. Pfadkoeffizient, wenn der Anteil von Risikoschüler/innen in PISA als Indikator für die Bildungsarmut auf Makroebene verwendet wird.
2. Zeile, 1. Wert = stand. Pfadkoeffizient, wenn der getrimmte Anteil früher Schulabgänger/innen als Indikator für die Bildungsarmut auf Makroebene verwendet wird.
2. Zeile, 2. Wert = stand. Pfadkoeffizient, wenn der getrimmte Anteil von Risikoschüler/innen in PISA als Indikator für die Bildungsarmut auf Makroebene verwendet wird.

4.2 Soziale Folgen von Bildungsarmut

Die Ergebnisse der Pfadanalysen für die sozialen Folgen von Bildungsarmut gibt Abbildung 3 wieder. Wohnort, Alter und Geschlecht zeigen keinen bedeutsamen Effekt und sind daher nicht eingezeichnet. Auf der Individualebene übt die Bildungsarmut einen direkten Einfluss auf das Hilfeverhalten und das ehrenamtliche Engagement aus. Bildungsarme leisten – ceteris paribus – weniger Hilfe gegenüber anderen, arbeiten seltener ehrenamtlich in einer Organisation mit und nehmen weniger an lokalen Aktivitäten teil. Dies steht im Einklang mit den theoretischen Erwartungen und kann durch geringere Kompetenzen und Fähigkeiten erklärt werden.

Wie beim Institutionenvertrauen hängt das soziale Vertrauen ausschließlich von Makroebenenvariablen ab. Dies kommt theoretisch wenig überraschend, da wir einen Zusammenhang von institutionellem und sozialem Vertrauen vermuten. Abnehmendes Vertrauen in eine

Institution wird auf andere Institutionen generalisiert und führt zu einem geringeren sozialen Vertrauen.[21] Wiederum wirkt das BIP pro Kopf am stärksten auf das soziale Vertrauen ein. Auch dies steht im Einklang mit unserer These, dass beide Vertrauensbereiche systematisch miteinander verknüpft sind.

Vergleichbar zum Institutionenvertrauen formt die mittels PISA gemessene Bildungsarmut auch das interpersonelle Vertrauen. Einmal mehr lässt sich die Interpretation aus dem Bereich der politischen Folgen sinngemäß übertragen. Die anderen Individualvariablen können keinerlei Erklärungskraft erlangen, beeinflussen weder das Vertrauen noch das prosoziale Engagement.

Abbildung 3 Ergebnisse der Pfadanalyse zu den sozialen Folgen von Bildungsarmut

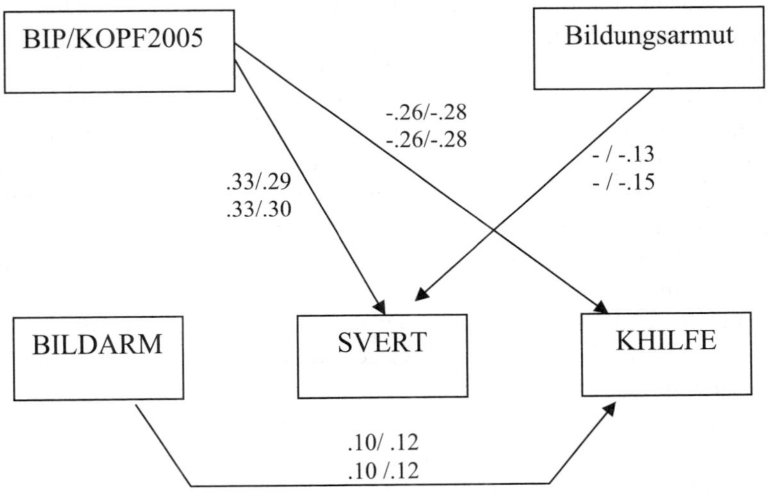

BILDARM = Bildungsarmut des Befragten (1 = ja, 0 = nein), SVERT = soziales Vertrauen, KHILFE = keine Hilfeleistungen gegenüber anderen und humanitäres Engagement, BIP/KOPF2005 = Bruttoinlandsprodukt pro Kopf 2005
Für jede Variable werden vier standardisierte Pfadkoeffizienten berichtet. Die Effekte bedeuten:
1. Zeile, 1. Wert = stand. Pfadkoeffizient, wenn der Anteil früher Schulabgänger/innen als Indikator für die Bildungsarmut auf Makroebene verwendet wird.
1. Zeile, 2. Wert = stand. Pfadkoeffizient, wenn der Anteil von Risikoschüler/innen in PISA als Indikator für die Bildungsarmut auf Makroebene verwendet wird.
2. Zeile, 1. Wert = stand. Pfadkoeffizient, wenn der getrimmte Anteil früher Schulabgänger/innen als Indikator für die Bildungsarmut auf Makroebene verwendet wird.
2. Zeile, 2. Wert = stand. Pfadkoeffizient, wenn der getrimmte Anteil von Risikoschüler/innen in PISA als Indikator für die Bildungsarmut auf Makroebene verwendet wird.

---

21 Dies lässt sich auch empirisch prüfen. Erweitert man das Pfadmodell der Abbildung um den Einfluss des Institutionenvertrauens auf das soziale Vertrauen, so ergeben sich für das institutionelle Vertrauen auf das soziale Vertrauen standardisierte Pfadkoeffizienten von 0,36 bzw. 0,37, die einen starken Zusammenhang signalisieren.

4.3 Wirtschaftliche Konsequenzen der politischen und sozialen Folgen

Die diesbezüglichen Ergebnisse fasst Abbildung 4 zusammen. Den stärksten Einfluss auf das Wirtschaftswachstum von 2005 auf 2006 hat das Pro-Kopf-Bruttoinlandsprodukt aus 2005. Das negative Vorzeichen bringt zum Ausdruck, dass das prozentuelle Wachstum in reicheren Ländern geringer ausfällt und somit Länder mit einem geringeren Pro-Kopf-Einkommen ein höheres Wachstum aufweisen. Dies ist zum einen mathematisch durch die Art der Berechnung bedingt, kann aber auch als Bestätigung der Konvergenzthese (Bornschier 2000) interpretiert werden. Es ist somit eine Konvergenz des Wohlstandes in der EU beobachtbar.

Das negative Vorzeichen des Effekts kollektiver Bildungsarmut bedeutet, dass bei gleichem Pro-Kopf-Bruttoinlandsprodukt Länder mit einem höheren Anteil Bildungsarmer ein geringeres Wirtschaftswachstum aufweisen. Hohe Anteile frühzeitig vom Bildungssystem exkludierter Personen bremsen also die ökonomische Entwicklung eines Landes. Dieser Zusammenhang entspricht den Erwartungen modernisierungstheoretischer Theorien einschließlich der Humankapitaltheorie. Der zertifikatsorientierten Operationalisierung über Bildungsabschlüsse, wie sie die EU vornimmt, kommt dabei eine etwas stärkere Wirkung zu als der kompetenzorientierten Messung mittels PISA. Eine Erklärung dafür könnte sein, dass mit der EU-Messung eine größere und ältere Alterskohorte, nämlich die 18- bis 24-Jährigen erfasst werden, die sowohl als Konsumenten/-innen als auch als Arbeitskräfte für das wirtschaftliche Geschehen relevanter sind. Absolut betrachtet würde eine Reduktion des Anteils früher Schulabgänger/innen um ein Prozent zu einer Zunahme des Wirtschaftswachstums um 0,2 % führen.

Für die sozialen und politischen Konsequenzen der Bildungsarmut können keine nennenswerten ökonomischen Folgewirkungen festgestellt werden. Bei der Operationalisierung von Bildungsarmut mittels PISA zeigt sich eine stärkere Wirkung des politischen Interesses. Hohes politisches Interesse in einem Land erhöht das Wirtschaftswachstum. Umgekehrt ergibt sich bei einer Operationalisierung über die frühen Schulabgänger/innen ein Effekt für den Nichtwähleranteil in einem Land. Der Zusammenhang geht in die entgegengesetzte Richtung: In Ländern mit einem höheren Nichtwähleranteil ist das Wirtschaftswachstum größer. Betrachtet man die Ergebnisse im Detail, so zeigt sich, dass dieser Effekt sehr stark von Estland abhängt, das ein sehr hohes Wirtschaftswachstum und einen sehr hohen Nichtwähleranteil aufweist.

Abbildung 4 Auswirkungen der sozialen und politischen Bildungsarmutsfolgen auf das Wirtschaftswachstum

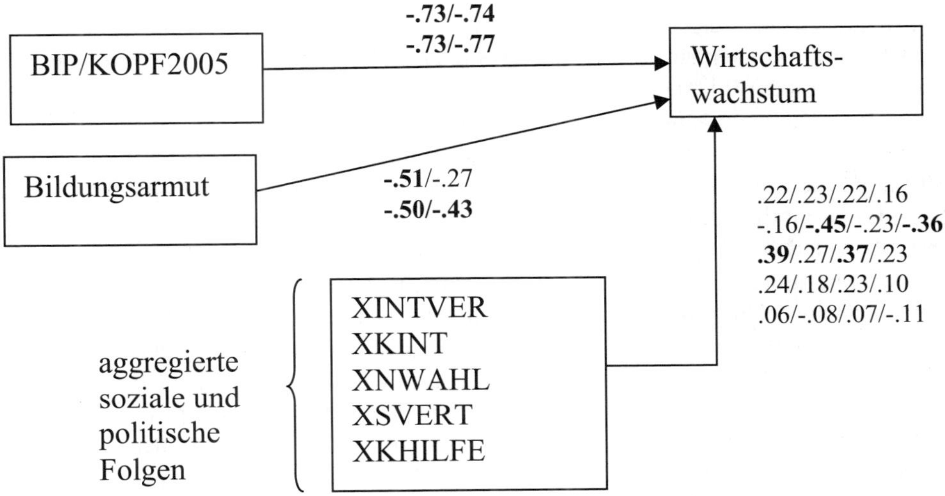

XINTVER = durchschnittliches institutionelles Vertrauen in einem Land, XKINT = durchschnittliches Nichtinteressse an Politik in einem Land, XNWAHL = Nichtwähleranteil in einem Land, XSVERT = durchschnittliches soziales Vertrauen in einem Land, XKHILFE = durchschnittliche Nichthilfe gegenüber anderen, BIP/KOPF2005 = Bruttoinlandsprodukt pro Kopf 2005

Die Effekte für BIP/KOPF2005 und Bildungsarmut bedeuten:

1. Zeile, 1. Wert = stand. Pfadkoeffizient, wenn der Anteil früher Schulabgänger/innen als Indikator für die Bildungsarmut auf Makroebene verwendet wird.

1. Zeile, 2. Wert = stand. Pfadkoeffizient, wenn der Anteil von Risikoschüler/innen in PISA als Indikator für die Bildungsarmut auf Makroebene verwendet wird.

2. Zeile, 1. Wert = stand. Pfadkoeffizient, wenn der getrimmte Anteil früher Schulabgänger/innen als Indikator für die Bildungsarmut auf Makroebene verwendet wird.

2. Zeile, 2. Wert = stand. Pfadkoeffizient, wenn der getrimmte Anteil von Risikoschüler/innen in PISA als Indikator für die Bildungsarmut auf Makroebene verwendet wird.

Die Effekte für die aggregierten sozialen und politischen Folgen bedeuten.

1. Zeile = Effekte von XINTVER, 2. Zeile = Effekt von XKINT usw.

1. Wert in einer Zeile = stand. Pfadkoeffizient, wenn der Anteil früher Schulabgänger/innen als Indikator für die Bildungsarmut auf Makroebene verwendet wird, 2. Wert = stand. Pfadkoeffizient, wenn der Anteil von Risikoschüler/innen in PISA als Indikator für die Bildungsarmut auf Makroebene verwendet wird, 3. Wert = stand. Pfadkoeffizient, wenn der getrimmte Anteil früher Schulabgänger/innen als Indikator für die Bildungsarmut auf Makroebene verwendet wird, 4. Wert = stand. Pfadkoeffizient, wenn der getrimmte Anteil von Risikoschüler/innen in PISA als Indikator für die Bildungsarmut auf Makroebene verwendet wird.

Fett gedruckte Werte bezeichnen stand. Pfadkoeffizienten ≥ .35.

5 Zusammenfassung und Schlussfolgerungen

Im Folgenden sollen die Befunde noch einmal verdichtet werden. Zunächst ist festzuhalten, dass Bildungsarmut auf der Individualebene die erwarteten sozialen und politischen Folgewirkungen entfaltet. Von Bildungsarmut Betroffene leisten weniger Hilfe gegenüber ihren Mitmenschen, beteiligen sich seltener an lokalen Aktivitäten und arbeiten seltener in humanitären Organisationen mit. Von Bildungsarmut Betroffene haben überdies ein geringeres Interesse an der Politik und nehmen weniger häufig an Wahlen teil. Als Gründe für das geringere Niveau sozialer und politischer Teilhabe kommen einerseits fehlende Kompetenzen und Fähigkeiten, andererseits soziale Ausgrenzungserfahrungen in Betracht. Vor dem Hintergrund dieser Zusammenhänge kann die EU-Strategie, den Anteil der frühen Schulabgänger/innen und damit die Bildungsarmut zu reduzieren, uneingeschränkt befürwortet werden.

Entgegen anderen Untersuchungsergebnissen und alternativen theoretischen Konzeptualisierungen zeigt die Prävalenz von Bildungsarmut in einem Land einen Einfluss auf das Wirtschaftswachstum. Eine Reduktion des Anteils Bildungsarmer fördert das Wirtschaftswachstum vermutlich deshalb, weil Bildungsarme nur unzureichend in den Arbeitsmarkt integriert sind. Sowohl eine Höherbelastung mit Arbeitslosigkeit als auch eine Abdrängung in schlecht bezahlte Jobs implizieren ein eher bescheidenes Einkommen für Konsum und damit eine Schwächung eines Hauptmotors wirtschaftlicher Entwicklung. Ein hohes Niveau von Bildungsarmut behindert zudem die Innovationskraft der Ökonomie. Eine Verminderung des Anteils von Bildungsarmen würde sich also auch wirtschaftlich lohnen, wie dies schon im Beitrag von Piopiunik und Wößmann in diesem Sammelband dargelegt wird.

Eine indirekte, über das Ausmaß sozialen und institutionellen Vertrauens oder die soziale und politische Teilhabe vermittelte Wirkung des Umfangs von Bildungsarmut auf das Wirtschaftswachstum konnte nicht nachgewiesen werden. Das Sozialkapital (Vertrauen und prosoziales Handeln) zeigt in der durchgeführten Analyse keinen systematischen Einfluss auf das Wirtschaftswachstum. Die differentielle Wirkungshypothese von Stadelmann-Steffen und Freitag (2007), wonach Sozialkapital primär in armen Ländern ökonomiefördernd wirkt, könnte angesichts unserer Befunde dahingehend erweitert werden, dass in reichen Ländern Bildung direkt Einfluss auf die wirtschaftliche Entwicklung nimmt, während der Bildungseffekt in armen Ländern stärker über das Sozialkapital vermittelt wird. Politisch stimmt der Befund, dass das Vertrauen in den untersuchten EU-Ländern keinen Einfluss auf die wirtschaftliche Entwicklung hat, nachdenklich, da er zum Ausdruck bringt, dass sich die Wirtschaft von Gesellschaft und Staat entkoppelt hat und nicht mehr auf das generalisierte Vertrauen der Bürger und Bürgerinnen angewiesen ist.

Entgegen den theoretischen Erwartungen zeigt sich auf der Individualebene kein Einfluss der Bildungsarmut auf das Institutionenvertrauen und das soziale Vertrauen. Die fehlende Nachweisbarkeit eines vertrauensmindernden Effektes auf der Individualebene könnte in dem Umstand begründet liegen, dass der beruflichen Tätigkeit und dem Einkommen eine – hier nicht erfasste – intervenierende Bedeutung zukommt. Die These einer darüber hinausgehenden originären Wirkung der Bildungsarmut auf das generalisierte Vertrauen (Sturgis et al. 2010) erweist sich für die hier analysierten Länder als nicht zutreffend.

Auf der Makroebene kommt nur der mittels PISA erfassten kollektiven Bildungsarmut eine Erklärungskraft für das Institutionenvertrauen und das soziale Vertrauen zu. Dies lässt sich als Hinweis darauf interpretieren, dass die mit PISA erfasste Bildungsarmut in der Öffentlichkeit sichtbarer ist als die durch die EU-Strukturindikatoren erfasste. Diese mediale Sichtbarkeit reduziert die für das generalisierte Vertrauen erforderliche Überzeugung, dass der Staat in der Lage ist, seine Aufgaben zu erfüllen.

Beide Vertrauensdimensionen und damit auch das generalisierte Vertrauen insgesamt hängen sehr stark vom Bruttoinlandsprodukt ab. Das BIP pro Kopf markiert einen vieldeutigen Indikator, hinter dem sich eine Vielzahl von strukturellen und kulturellen Ländermerkmalen verbergen können, so dass diese Wirkung nicht ausschließlich ökonomisch zu verstehen ist. Welche der mit der Höhe des BIPs konfundierten Faktoren – als Beispiele können unterschiedliche Wohlfahrtsregime (Esping-Andersen 1990), Wertprioritäten (Schwartz 2006) und Bestandsdauer der Demokratie und der demokratischen Institutionen (Freitag/Bühlmann 2005) genannt werden – das Ausmaß generalisierten Vertrauens im Einzelnen bestimmen, kann hier nicht weiter geklärt werden.

Bilanzierend lässt sich die forschungsleitende Frage nach den sozialen und politischen Folgen von Bildungsarmut und deren Auswirkungen auf die wirtschaftliche Entwicklung wie folgt beantworten: Auf der Betroffenenebene wirkt sich Bildungsarmut individuell negativ auf die politische und soziale Teilhabe aus. Auf der Makroebene reduziert eine hohe Prävalenz von Bildung ausgeschlossener Personen das Wirtschaftswachstum. Eine vertrauensmindernde Wirkung individueller Bildungsarmut ist derzeit nicht beobachtbar, aber theoretisch nicht auszuschließen, da Bildungsarmut das Wirtschaftswachstum abschwächt und damit auch das BIP pro Kopf reduziert, dem seinerseits ein starker Effekt auf das Vertrauen zukommt. Auch die kollektive Bildungsarmut weist keinen durchgehenden – von der gewählten Operationalisierung unabhängigen – Einfluss auf das Vertrauen auf. Der Anteil der Risikoschüler/innen laut PISA scheint aber das generalisierte Vertrauen auszuhöhlen: Sowohl für das Institutionenvertrauen als auch für das soziale Vertrauen in die Mitmenschen kann eine Abnahme belegt werden, wenn der Anteil der Risikoschüler/innen wächst. Die Hintergründe dieses Zusammenhangs bedürfen weiterer Forschung. Wir vermuten einen Einfluss der medialen Berichterstattung, die zu einer allgemeinen Erosion des Vertrauens in die Leistungsfähigkeit der öffentlichen Hand führen kann.

Literatur

Allmendinger, Jutta/Leibfried, Stephan (2003): Bildungsarmut. In: Aus Politik und Zeitgeschichte B21-22. 12–18

Allum, Nick/Patulny, Roger/Read, Sanna/Sturgis, Patrick (2010): Re-evaluating the links between social trust, institutional trust and civic association. In: Stillwell et al. (2010): (i. E.)

Apple, Michael W./Au, Wayne/Gandin, Luis A. (Hrsg.) (2009): The Routledge International Handbook of Critical Education. New York: Routledge

Arminger, Gerhard (1978): Faktorenanalyse. Stuttgart: Teubner

Bacher, Johann/Leibetseder, Bettina (2006): Die EU und die USA im PISA-Vergleich. In: Kontraste 5. 24–28

Bacher, Johann (2001a): In welchen Lebensbereichen lernen Jugendliche Ausländerfeindlichkeit? Ergebnisse einer Befragung bei BerufsschülerInnen. In: Kölner Zeitschrift für Soziologie und Sozialpsychologie 53. 334–349

Bacher, Johann (2001b): Macht Arbeitslosigkeit rechtsextrem? In: Zempel et al. (2001): 171–186

Ball, Stephen J./Bowe, Richard/Gewirtz, Sharon (1997): Circuits of Schooling: A Sociological Expoloration of Parental Choice of School in Social-Class Contexts. In: Halsey et al. (1997): 409–421

Becker, Rolf (Hrsg.) (2009): Lehrbuch der Bildungssoziologie. Fragestellungen, Theorien und empirische Befunde. Wiesbaden: VS Verlag für Sozialwissenschaften

Berger, Peter A./Kahlert, Heike (Hrsg.) (2005): Institutionalisierte Ungleichheiten. Wie das Bildungssystem Chancen blockiert. Weinheim: Juventa

Bickel, Robert (2007): Multilevel analysis for applied research. It's just regression. New York: Guilford

Bornschier, Volker (2001): Generalisiertes Vertrauen und die frühe Verbreitung der Internetnutzung im Gesellschaftsvergleich. In: Kölner Zeitschrift für Soziologie und Sozialpsychologie 53. 233–257

Bornschier, Volker (2000): Befähigung zu Sozialkapitalbildung und wirtschaftlicher Erfolg im entwickelten Kapitalismus – neue Evidenzen aus Ländervergleichen 1980–1997. In: Schweizer Zeitschrift für Soziologie 26. 373–400

Boudon, Raymond (1974): Education, Opportunity, and Social Inequality. New York: Wiley
Bourdieu, Pierre/Passeron, Jean-Claude (1971): Die Illusion der Chancengleichheit. Stuttgart: Klett
Bowles, Samuel/Gintis, Herbert (1976): Schooling in Capitalist America. Educational Reform and the Contradictions of Economic Life. London: Routledge
Bühl, Achim (2008): SPSS 16. Einführung in die moderne Datenanalyse. München: Pearson
Bühlmann, Marc/Freitag, Markus (2007): Freiwilligentätigkeit als Sozialkapital. Eine empirische Analyse zu den Rahmenbedingungen bürgerschaftlichen Vereinsengagements. In: Franzen/Freitag (2007): 163–182
Bühlmann, Marc/Freitag, Markus (2004): Individuelle und kontextuelle Determinanten der Teilhabe am Sozialkapital. Eine Mehrebenenanalyse zu den Bedingungen der Engagements in Freiwilligenorganisationen. In: Kölner Zeitschrift für Soziologie und Sozialpsychologie 56. 326–349
Caballero, Claudio (2005): Nichtwahl. In: Falter/Schoen (2005): 329–365
Collins, Randall (1979): The Credential Society. An Historical Sociology of Education and Stratification. New York: Academic
Daniels, Harry/Lauder, Hugh/Porter, Jill (Hrsg.) (2009): Knowledge, Values and Educational Policy. A Critical Perspective. London: Routledge
Dravenau, Daniel/Groh-Samberg, Olaf (2005): Bildungsbenachteiligung als Institutioneneffekt. Zur Verschränkung kultureller und institutioneller Diskriminierung. In: Berger/Kahlert (2005): 103–129
Esping-Andersen, Gosta (1990): The three worlds of welfare capitalism. Cambridge: Polity Press
Eurostat (2009): Frühe Schulabgänger. Verfügbar unter: http://epp.eurostat.ec.europa.eu/cache/ITY_SDDS/Annexes/lfsi_edu_a_esms_an2.pdf [27.03.2010]
Falter, Jürgen W./Schoen, Harald (Hrsg.) (2005): Handbuch Wahlforschung. Wiesbaden: VS Verlag für Sozialwissenschaften
Franzen, Axel/Freitag, Markus (Hrsg.) (2007): Sozialkapital. Grundlagen und Anwendungen. Sonderheft 47/2007 der Kölner Zeitschrift für Soziologie und Sozialpsychologie. Wiesbaden: VS Verlag für Sozialwissenschaften
Franzen, Axel/Pointner, Sonja (2007): Sozialkapital: Konzeptualisierungen und Messungen. In: Franzen/Freitag (2007): 66–90
Freitag, Markus/Bühlmann, Marc (2005): Politische Institutionen und die Entwicklung generalisierten Vertrauens. Ein internationaler Vergleich. In: Politische Vierteljahresschrift 46. 575–601
Friesl, Christian/Renner, Katharina/Wieser, Renate (2010): „Wir“ und „die Anderen“ – Einstellungen zu „Fremden“ und „Fremdenfeindlichkeit“ in Österreich. In: Sozialwissenschaftliche Rundschau 50. 6–32
Fuchs, Marek (2003): Rechtsextremismus von Jugendlichen. In: Kölner Zeitschrift für Soziologie und Sozialpsychologie 55. 654–678
Gabriel, Oscar W./Zmerli, Sonja (2006): Politisches Vertrauen: Deutschland in Europa. In: Aus Politik und Zeitgeschichte B30-31. 8–15
Gehmacher, Ernst/Kroismayr, Sigrid/Neumüller, Josef/Schuster, Martina (Hrsg.) (2006): Sozialkapital. Neue Zugänge zu gesellschaftlichen Kräften. Wien: Mandelbaum
Gesthuizen, Maurice/Solga, Heike/Künstler, Ralf (2010): Context Matters: Economic Marginalisation of Low-Educated Workers in Cross-National Perspective. In: European Sociological Review (i. E.)
Gomolla, Mechthild/Radtke, Frank-Olaf (2002): Institutionelle Diskriminierung. Die Herstellung ethnischer Differenz in der Schule. Wiesbaden: VS Verlag für Sozialwissenschaften
Grundmann, Matthias (1992): Familienstruktur und Lebensverlauf. Historische und gesellschaftliche Bedingungen individueller Entwicklung. Frankfurt a. M.: Campus
Halsey, Albert H./Lauder, Hugh/Brown, Phillip/Wells, Amy S. (Hrsg.) (1997): Education, Culture, Economy and Society. Oxford: Oxford University Press
Holm, Kurt (1977): Die Befragung 5. München: utb
Jowell, Roger/Roberts, Caroline/Fitzgerald, Rory/Eva, Gillian (2007): Measuring attitudes cross-nationally: Lessons from the European Social Survey. London: Sage
Killius, Nelson/Kluge, Jürgen/Reisch, Linda (Hrsg.) (2003): Die Bildung der Zukunft. Franfurt a. M.: Suhrkamp
Lauder, Hugh/Hughes, David (1999): Trading in Futures: Why Markets in Education Don't Work. Buckingham: Open University
Lauder, Hugh/Brown, Phillip/Dillabough, Jo-Anne/Halsey, Albert H. (Hrsg.) (2006): Globalization and Social Change. Oxford: Oxford University Press
Lepenies, Wolf (2003): Bildungspathos und Erziehungswirklichkeit. In: Killius et al. (2003): 13–31
Mayer, Karl U. (2004): Whose Lives? How History, Societies, and Institutions Define and Shape Life Courses. In: Research in Human Development 1. 161–187
Mayer, Karl U./Solga, Heike (Hrsg.) (2008): Skill Formation – Interdisciplinary and Cross-National Perspectives. New York: Cambridge University Press
Neuwirth, Erich (2006): Stichprobe PISA2000 und PISA2003 für Österreich. In: Neuwirth et al. (2006): 28–38

Neuwirth, Erich/Ponocny, Ivo/Grossmann, Wilfried (Hrsg.) (2006): PISA 2000 und PISA 2003: Vertiefende Analysen und Beiträge zur Methodik. Graz: Leykam
Niedermayer, Oskar (2001): Bürger und Politik. Wiesbaden: Westdeutscher Verlag
OECD (2007): PISA2006. Science Competencies for Tomorrow's World. Volume 1: Analysis. Paris: OECD
Pechar, Hans (2008): The Reception of PISA in Austria and Germany. Vortrag auf der International Sociological Association Conference in Barcelona
Pettigrew, Thomas F. (2006): A Two-Level Approach to Anti-Immigrant Prejudice and Discrimination. In: Ramaswani (2006): 95–112
Quillian, Lincoln (1995): Prejudice as a Response to Perceived Group Threat: Population Composition and Anti-Immigrant and Racial Prejudice in Europe. In: American Sociological Review 60. 586–611
Ramaswani, Mahalingham (Hrsg.) (2006): Cultural Psychology of Immigrants. Mahwah – NJ: Lawrence Erlbaum Associates
Rippl, Susanne (2003): Zur Erklärung negativer Einstellungen zur Zuwanderung. In: Kölner Zeitschrift für Soziologie und Sozialpsychologie 55. 231–252
Robertson, Susan L./Dale, Roger (2009): The World Bank, The IMF, and the Possibilities of Critical Education. In: Apple et al. (2009): 23–35
Rosar, Ulrich (2001): Ethnozentrismus in Deutschland. Wiesbaden: Westdeutscher Verlag
Rubinson, Richard/Browne, Irene (1994): Education and the Economy. In: Smelser/Swedberg (1994): 581–599
Schwartz, Shalom H. (2006): A theory of cultural value orientations: Explication and applications. In: Comparative Sociology 5. 137–182
Shavit, Yossi/Blossfeld, Hans-Peter (Hrsg.) (1993): Persistent Inequality: Changing Educational Attainment in Thirteen Countries. Boulder, CO: Westview Press
Smelser, Neil J./Swedberg, Richard H. (Hrsg.) (1994): The Handbook of Economic Sociology. Princeton, NY: University Press
Solga, Heike (2009): Bildungsarmut und Ausbildungslosigkeit in der Bildungs- und Wissensgesellschaft. In: Becker (2009): 395–432
Solga, Heike (2008): Lack of Training – The Employment Opportunities of Low-Skilled Persons from a Sociological and Micro-economic Perspective. In: Mayer/Solga (2008): 173–204
Specht, Werner (Hrsg.) (2009): Nationaler Bildungsbericht Österreich 2009. Band 2: Fokussierte Analysen bildungspolitischer Schwerpunktthemen. Graz: Leykam
Stadelmann-Steffen, Isabelle/Freitag, Markus (2007): Der ökonomische Wert sozialer Beziehungen. In: Franzen/Freitag (2007): 294–320
Steiner, Mario (2009): Early School Leaving und Schulversagen im österreichischen Bildungssystem. In: Specht (2009): 141–160
Stillwell, John/Norman, Paul/Thomas, Claudia/Surridge, Paula (Hrsg.) (2010): Spatial and Social Disparities Understanding Population Trends and Processes Volume 2. Springer: Dordrecht. (i. E.)
Stolle, Dietlind/Rothstein, Bo (2007): Institutionelle Grundlagen des Sozialkapitals. In: Franzen/Freitag (2007): 113–140
Stolz, Jörg (2000): Soziologie der Fremdenfeindlichkeit. Frankfurt a. M.: Campus
Sturgis, Patrick/Patulny, Roger/Allum, Nick (2010): Re-evaluating the individual level causes of trust: a panel data analysis. Manuskript in Begutachtung
Thrupp, Martin/Hursh, David (2006): The limits of managerialist school reform: the case of target-setting in England and USA. In: Lauder et al. (2006): 642–654
Torrance, Harry (2009): Using Assessment in Education Reform: Policy, Practice and Future Possibilities. In: Daniels et al. (2009): 218–237
Zempel, Jeannette/Bacher, Johann/Moser, Klaus (Hrsg.) (2001): Erwerbslosigkeit. Ursachen, Auswirkungen und Interventionen. Opladen: Leske+Budrich

Anhang:

Ergebnisse der Mehrebenenanalysen für die Pfadmodelle mittels der Prozedur MIXED in SPSS

	Frühe Schulabgänge	Frühe Schulabgänge getrimmt	Risikoschüler PISA	Risikoschüler PISA getrimmt
Politische Folgen				
NWAHL	.199 / .222	.276 / .245	.432 / .254	.111 / .162
KINT	.052 / .127	.116 / .123	.740 / .070	.834 / .090
INTVER	.480 / **.000**	.348 / **.000**	**.009 / .000**	**.005 / .000**
Soziale Folgen				
KHILFE	.129 / **.000**	.069 / **.000**	.722 / **.000**	.578 / **.000**
SVERT	.398 / **.000**	.333 / **.000**	**.024 / .000**	**.005 / .000**

Fett gedruckte α-Fehler bezeichnen die in den Abbildungen dargestellten standardisierten Effekte mit einem Absolutbetrag ≥ .10. Der erste Eintrag in jede Zelle gibt den α-Fehler des Bildungsarmutsindikators an, der zweite Eintrag indiziert den α-Fehler des BIP.

Die im Rahmen der Mehrebenenanalyse vorgenommene Signifikanzprüfung bestätigt die Ergebnismodelle der Pfadanalyse.

Interventionen gegen Bildungsarmut

Bildungsmotivation in bildungsfernen Gruppen und Schichten

Sabine Andresen

Ein etwa achtjähriger Junge findet in Hamburg-Harburg auf dem Weg von der Schule ins „Löwenhaus“, eine sozialpädagogische Einrichtung für Kinder in Armut, 10 Cent. Mit der Münze in der Hand erzählt er dort einem etwas älteren Jungen von seinem Fund, über den er sich riesig freut. Der Ältere verzieht äußerlich keine Miene und gibt zu verstehen, dass das nichts Besonderes sei. Aber, so der Kleine, das bringe doch auch Glück. Woraufhin sein Gesprächspartner erwidert, Glück, das gäbe es nicht für Kinder wie sie: „Es gibt doch gar kein Glück.“

Was Glück bedeutet und ob es entlang sozialer Grenzen für Kinder ungleich verteilt ist, wird mit dem Statement des Jungen berührt. In der moralphilosophischen Diskussion hatte sich der Philosoph James Rachels dazu deutlich geäußert. Das System moderner Gesellschaften, auch der Wohlfahrtsstaaten, so Rachels, „bewährt sich bei der Versorgung von einigen Kindern sehr gut, aber bei der Versorgung anderer Kinder funktioniert es sehr schlecht. Es gibt keine der Eltern-Kind-Beziehung vergleichbare Rolle, die auf die Interessen der Waisen zugeschnitten wäre oder auf die Interessen von Kindern, deren Eltern unfähig oder unwillig sind, für sie zu sorgen. Das Glück spielt deshalb in diesem System eine inakzeptable wichtige Rolle“ (Rachels 2008: 262). In dieser Interpretation ist es eine Frage des Glücks in einer materiell abgesicherten, fürsorglichen und bildungsbeflissenen Familie aufzuwachsen, die meist aus eigenen Kräften dazu in der Lage ist, Kinder zu motivieren und im Bildungsprozess zu unterstützen. Ein Ausgleich, das ist der Vorwurf Rachels, durch öffentliche Institutionen sei nicht gegeben. Darin liegt die zentrale Problematik, wenn es um die Fragen geht, wie Kinder und Jugendliche befähigt werden, ein Leben selbstbestimmt und auf möglichst hohem Niveau zu führen, wie sie in die Lage versetzt werden, Entscheidungen zu treffen und handlungsfähig zu sein und schließlich auch, wie sie in den Erwerbsarbeitsmarkt einmünden.

Bildungsmotivation, die Freude, etwas zu lernen und die Fähigkeit, die damit verbundenen Schwierigkeiten und auch Rückschläge zu verarbeiten, sind für den Bildungsprozess wichtig, vielleicht auf lange Sicht unverzichtbar.

Kinder sind neugierig, sie wollen erkunden und sich erproben, sie sind von Anfang an kommunikativ und auf andere bezogen. Beobachtet man Kleinkinder in ihrer enormen Disziplin etwa Laufen zu lernen oder einen Stift zu halten, so erhält man einen Eindruck von der Motivation, etwas zu leisten. Doch zur Entfaltung dieser Fähigkeiten benötigen sie – wie Rousseau dies 1762 ausdrückte – die Natur, die Dinge und andere Menschen (Rousseau 1998: 109). Diese sind jedoch nicht allen Kindern im gleichen Maße und mit gleich hoher Qualität gegeben und gerade Kinder, die unter sozial prekären Bedingungen aufwachsen, machen oft nur reduzierte Erfahrungen mit der Natur, haben ein wenig anregendes Umfeld und unter Umständen sind sie umgeben von Erwachsenen, die aufgrund eigener Belastungen nur begrenzt als anregende, zugewandte, Kindern etwas zeigende, liebevolle Erwachsene zur Verfügung stehen. Wie dies kompensiert werden kann, ist bis heute eine der zentralen Fragen erziehungswissenschaftlicher Forschung. Für weiterführende Erkenntnisse ist sie sowohl auf andere Disziplinen angewiesen als auch auf eine systematische Auseinandersetzung mit den eigenen „blinden Flecken". So hängt etwa der Aufbau von Bildungsmotivationen im hohen Maße mit Gefühlen zusammen, was lange unberücksichtigt blieb.

In seiner bildungstheoretischen Monographie „Bildung und Glück" formuliert Micha Brumlik (2002) eine Theorie moralischer Gefühle und verknüpft diese mit einer systematischen Tugendtheorie. Aus diesem Kontext heraus gewichtet Brumlik die bildungstheoretische Bedeutung der Freundschaft und begründet einen Begriff von Toleranz als Tugend der Citoyens. Brumlik zeigt auf, dass es in gegenwärtig aktuellen und spannungsreichen Feldern der Bildung im Kern um moralische Gefühle gehe, weshalb man sich mit diesen systematisch befassen müsse. „Tugenden lassen sich – unabhängig davon, ob man das klassische Gespann von Gerechtigkeit, Mut, Klugheit, Besonnenheit sowie Glaube, Liebe und Hoffnung oder einen anderen Kanon in Betracht zieht – als das Ensemble jener individuellen Verhaltensdispositionen analysieren, deren Zusammenspiel ein befriedigendes menschliches Leben verheißt" (Ebd.: 14). Aufwachsen und Bildung haben demnach grundlegend etwas mit Gefühlen und auch mit Glück zutun, dies zeigt sich an bildungsphilosophischen Reflexionen ebenso wie an Erfahrungen, Wahrnehmungen und Narrationen von Kindern.

In diesem Beitrag geht es um das „Glück", unter Bedingungen aufzuwachsen, durch die Motivation von Kindern geweckt werden und gehalten werden kann. Es geht exemplarisch um die richtige Passung zwischen Elternhaus und Schule und zwischen dem individuellen Kind und den Fördermaßnahmen. Damit geht es auch um das „Glück", trotz widriger sozialer Lebensumstände, motiviert zu sein, etwas zu lernen und Anschluss an die Bildungsanforderungen zu finden.

Im ersten kurzen Abschnitt wird v. a. anhand der World Vision Kinderstudie von 2007 der Zusammenhang von Armut und Bildung im Kindesalter thematisiert. Daran anschließend geht es im zweiten Abschnitt um neuere bildungstheoretische Positionen und deren Relevanz für die Frage nach Bildungsbeteiligung und -motivation bildungsferner Gruppen. Der letzte Abschnitt befasst sich ausführlich mit empirischen Befunden zur kulturellen Passung von Elternhaus und Schule.

Die Beobachtung, die diesen Beitrag einleitet, ist in einem Beobachtungsprotokoll dokumentiert, das wir im Rahmen unseres Forschungsprojektes „Prekäre Kindheit. Wie Kinder Armut erleben" in einer Einrichtung des ASB, dem „Löwenhaus" in Hamburg Harburg, erstellt haben.[1] Diese Einrichtung wird täglich – auch am Wochenende – von Kindern aus dem Stadtteil zum Mittag- und Abendessen, zur Hausaufgabenbetreuung, zum Spielen und für Bildungs- und Freizeitaktivitäten aufgesucht. Alle Kinder leben gemeinsam mit ihren Familien unterhalb der Armutsgrenze, ihre Eltern haben kaum Möglichkeiten, den Kindern ein anregendes und motivierendes Umfeld zu schaffen. Der Aufbau von Bildungsmotivation von Kindern und Jugendlichen aus diesen Milieus kann aufgrund früher demotivierender Erfahrungen mit dem Lernen, sei es bedingt durch die Familie, sei es durch beengte Wohnverhältnisse oder durch das schulische Umfeld und durch Formen der Resignation, fragil sein. Will man bei diesen Kindern die Bildungsmotivation aufbauen und fördern, so ist es wichtig

1 Das DFG Projekt hat eine Laufzeit vom 1. Mai 2009 bis 30. April 2011. An dem Projekt beteiligt sind Sabine Andresen, Daniela Kloss, Elena Bütow, Sarah Korenke und Sandra Megger, alle Universität Bielefeld.

nicht allein auf ihr Verhalten und das ihrer Eltern zu zielen, sondern die Verhältnisse, in denen Bildung stattfindet, kritisch in den Blick zu nehmen. Dieser doppelte Blick auf Verhalten und Verhältnisse, auf Fähigkeiten und Bedingungen der Befähigung ist unverzichtbar und er leitet die hier diskutierten empirischen Studien aus dem Bielefelder Kontext.

1 Armut und Bildung

Immer mehr Kinder in Deutschland sind arm. Nach Berechnungen des Deutschen Jugendinstituts (DJI) ist die Armutsrisikobetroffenheit von Kindern unter 15 Jahren zwischen den Jahren 2000 und 2006 von 15,7 % auf 26,3 % angestiegen. Jedes vierte Kind in Deutschland war demnach 2006 von Armut betroffen. Wiederum zwei Drittel dieser Kinder gelten als dauerhaft arm, gemessen daran, dass sie nicht nur im Befragungsjahr, sondern auch in mindestens 2 von 3 Vorjahren nur über ein ‚Einkommen' unter der Armutsrisikoschwelle verfügen konnten. Gemessen an der Gesamtbevölkerung waren Kinder neben Jugendlichen die Bevölkerungsgruppe mit dem höchsten Armutsrisiko. Zudem hat im Zeitraum 2000 bis 2006 in keiner anderen Bevölkerungsgruppe die Armutsrate in gleichem Maße zugenommen (DJI 2009: 8 ff.). Das Welt-Kinderhilfswerk UNICEF hat schon 2007 darauf hingewiesen, dass die Zahl von Armut betroffener Kinder in Deutschland seit 1990 zudem in einem größeren Maße zugenommen hat als in den meisten anderen Industrienationen in diesem Zeitraum (UNICEF 2007[2]). Die seither anhaltende negative Entwicklung der Kinderarmut in Deutschland wird unter anderem mit der Hartz IV Gesetzgebung in Verbindung gebracht, im Rahmen derer 2005 eine Zusammenlegung von Arbeitslosenhilfe und Sozialhilfe in das Arbeitslosengeld II erfolgte. Für einen Großteil der Betroffenen kam es mit dieser Änderung zu einer Verschlechterung ihrer materiellen Lage (DJI 2009: 15), von der wiederum in überdurchschnittlichem Maße Kinder und Jugendliche betroffen waren. Ein großer Teil der Kinder in Deutschland lebt gegenwärtig auf dem Niveau des soziokulturellen Existenzminimums oder sogar darunter. Wohlfahrtsverbände und Gewerkschaften machen seit Einführung des Arbeitslosengeldes II darauf aufmerksam, dass die Regelsätze für Kinder zu niedrig bemessen sind (DPWV 2008, was das Bundesverfassungsgericht 2010 bestätigt und die Regierung zur Neuberechnung verpflichtet hat). Die Sätze decken bislang weder die Bildungsbedarfe von Kindern noch lassen sie eine gesunde und ausgewogene Ernährung zu. So sind für Bücher, Schulhefte, Schreibwaren und Ausleihgebühren knapp 10 Euro pro Monat veranschlagt, für Mahlzeiten und Getränke 2,57 Euro pro Tag (Merten 2007: 4).

Armut von Kindern und Jugendlichen ist seit einigen Jahren auch in der öffentlichen Wahrnehmung präsent. In zahlreichen Städten organisieren Ehrenamtliche spezielle Hilfsangebote für Kinder, um der unmittelbaren Not bei der Versorgung von Grundbedürfnissen etwas entgegenzusetzen, auch in vielen Schulen ergreifen Lehrkräfte die Initiative, um Kinder zu unterstützen. Der Debatte über Kinderarmut in Deutschland ging eine Diskussion über die „neue Unterschicht" voraus, verbunden mit dem Versuch einer Kulturalisierung von Armut und sozialer Ungleichheit (Andresen 2008a, 2008b). In diesem Diskurs konzentriert

2 In dieser Studie ist relative Armut über den Wert von unter 50 % des durchschnittlichen Nettoeinkommens definiert.

man sich auf das „Verhalten“ armer Menschen, insbesondere auf das Versagen von Eltern und auf mangelnde Erziehungskompetenz. Elterliches „Versagen“ in der Erziehung wird hier für ausbleibenden Schulerfolg, für Schulabsentismus, für den Mangel an Bildungsmotivation, für erhöhten Medienkonsum und für Gewalt der Kinder aus der Unterschicht verantwortlich gemacht (Andresen 2007).

Diese Sichtweise auf *Kulturen* der Armut und damit auf das Verhalten von Menschen in Armut und nicht auf die Verhältnisse ist problematisch und führt in die Irre. Unser Forschungsansatz setzt demgegenüber bei der Wahrnehmung von Kindern an, er interessiert sich für ihre Sicht auf die Situation, in der sie leben, für ihre Sorgen und Ängste sowie für ihre Vorstellung von Glück und Gerechtigkeit (Andresen/Hurrelmann 2007; Andresen/Hurrelmann 2010).

In den sozial geprägten Wünschen und Sorgen der Kinder zeigt sich ein zentrales Ergebnis der World Vision Kinderstudie: Die soziale Herkunft bestimmt die Chancen und Wahrnehmungen der Kinder in Deutschland in allen Lebensbereichen. Insbesondere aber schlagen sich die soziale Herkunft, die Erwerbssituation der Eltern und die Vernetzung der Familie in der Zugänglichkeit von Bildungsangeboten, in der Nutzung von Ressourcen deutlich nieder. Je nachdem unter welchen materiellen Bedingungen Kinder aufwachsen, wie ihre Eltern sie hinsichtlich der Schule unterstützen, welche Wohnumgebung sie täglich erleben bestimmt nicht nur maßgeblich über den Schulerfolg, sondern rahmt ganz offensichtlich auch Kinderwünsche und -ängste. Zu den Ängsten der Kinder in Deutschland zählen, dass es immer mehr arme Menschen gibt, dass ein Krieg ausbricht, aber auch dass sie schlechte Noten in der Schule haben und ihre Eltern arbeitslos werden. Wie stark diese Ängste empfunden werden, hängt von den sozialen Erfahrungen ab: „Am deutlichsten ist der Unterschied bei der Angst vor Arbeitslosigkeit“ (World Vision 2007: 205).

Die Kinderstudie bestätigt insgesamt das Ergebnis zahlreicher empirischer internationaler Vergleichsstudien: Die Bildungschancen der Kinder hängen von der sozialen Herkunft ab. Haben Eltern selbst einen niedrigen oder gar keinen Bildungsabschluss, gelingt es ihren Kindern kaum, einen höheren Schulabschluss zu erwerben. Kinder aus den unteren Herkunftsschichten sind am Gymnasium in der Minderheit, aber sie bilden die größte Gruppe an den Förderschulen und Hauptschulen, sie werden vergleichsweise spät eingeschult und haben andere Bildungsaspirationen als Kinder aus den oberen Herkunftsschichten. Da die Mehrheit der von uns befragten Kinder noch eine Grundschule besucht, lag es nahe, sie selbst nach ihren angestrebten bzw. den von ihnen erwarteten Schulabschlüssen zu fragen. Während 20 % der Kinder aus der Unterschicht und 32 % aus der unteren Mittelschicht angaben, Abitur machen zu wollen, streben diesen Abschluss 68 % der Kinder aus der oberen Mittelschicht und 80 % der Kinder aus Oberschicht an. Bereits im Kindesalter sind die Ziele, die ein Kind sich setzt, Selbstvertrauen, die Erfahrung der Selbstwirksamkeit und der Glaube an die Erreichbarkeit ungeheuer prägend.

Im Anschluss an diese Befunde soll die These formuliert werden, dass der Zusammenhang von Bildungsaspiration mit Bildungsmotivation bislang unterbelichtet geblieben ist. In der Ungleichheits-, Kindheits-, Familien- und Schulforschung gilt es dem stärker nachzugehen und Anschlussstellen beispielsweise an die Untersuchungen zur Selbstwirksamkeit systematisch zu nutzen (Andresen/Hurrelmann/Fegter 2010). Ausgehend von den hier präsentierten empirischen Befunden und ihrer Deutung stellt sich die Frage, von welchen bildungstheoretischen Positionen aus sich auf die Problematik Bildungsmotivation in marginalisierten Kinder- und Jugendlichengruppen blicken lässt? Darum geht es deshalb im folgenden Abschnitt, bevor daran anknüpfend wiederum die empirische Forschung diskutiert wird.

2 Bildungstheoretische Positionen

In der neueren internationalen Diskussion werden unterschiedliche bildungstheoretisch orientierte Perspektiven diskutiert und ihre Bedeutung auch für bildungspolitische Entscheidungs- und Handlungsoptionen abgewogen. Über Bildung lässt sich nicht kontextfrei vernünftig sprechen, sie ist stets eng verbunden mit den zentralen menschlichen Tätigkeiten Arbeit, Herstellen und Handeln und insofern stets auch Teil der Politik (Arendt 1958/1997). In diesem Abschnitt geht es nicht um eine Rekonstruktion der insbesondere durch Philosophie und Theologie geprägten Bildungstheorien, sondern um aktuelle bildungstheoretische Ansätze, die mit heute relevanten Vorstellungen vom Bildungs*auftrag*, vom Bildungs*prozess*, vom Bildungs*subjekt* und vom Bildungs*ziel* verbunden sind. Ich greife dazu auf die Unterscheidung von Ingrid Robeyns (2005/2006) zurück: sie differenziert zwischen einem „human capital model of education", einem „capability model of education" und einem „rights based model of education". Im ersten Ansatz dominiert der Zugriff auf die ökonomische Effektivität der Subjekte, im zweiten geht es um Bildung als capability, mit dem Ziel positiver Freiheit und dem Erwerb von Fähigkeiten und im dritten Modell schließlich um das durch die UN-Kinderrechtskonvention festgeschriebene Recht aller auf Bildung. Welche Gewichtungen in den drei Ansätzen bzw. Modellen vorgenommen werden, ist Gegenstand dieses Abschnitts.

Zur Gewichtung von Ökonomie

Bildung im Kontext von *„human capital"* verweist auf Modi ökonomischer Produktion und Reproduktion. Die Funktion von Bildung zielt primär auf den Erfolg des Individuums auf dem Qualifikations- und Arbeitsmarkt sowie auf seine Informiertheit als Kunde oder Investor (Becker 1993). Diese Theorie wurde maßgeblich in Chicago durch die Ökonomen Gary Becker und Theodore Schultz in den 1960er Jahren entwickelt, und für sie ist Bildung insbesondere als Begriff für den Erwerb von Wissen und Kompetenzen als Investition in den Produktionsfaktor „Mensch" relevant. Robeyns bezeichnet dies als eine primär instrumentelle Sicht auf Bildung: „The instrumental personal economic role of education is that it can help a person to find a job, to be less vulnerable on the labour market, to be better informed as a consumer, to be more able to find information on economic opportunities, and so forth." (Robeyns 2005/2006, Onlinepaper: 3).

Deutlich wird in diesem Zusammenhang die Engführung markt- und wettbewerbstheoretischer mit bildungstheoretischen Fragestellungen seit den 1990er Jahren, in denen auch „Wissen" und „Wissensgesellschaft" als Schlagworte modernisierungstheoretischer Debatten aufgegriffen wurden (Ball 1993; Bridges/McLaughlin 1994; Peters/Humes 2003). In diesem Zusammenhang wird auch die Frage nach der Verantwortung der Einzelnen für ihre Bildung von besonderem Interesse.

Die Kritik an diesem Ansatz zielt darauf, dass Bildung und ihr Subjekt dem Wettbewerb unterworfen sind und die Gewährung von Autonomie dem Prinzip der Optimierung von Leistung und nicht dem Gewinn an subjektiver Freiheit dient. Diese Punkte werden auch in der internationalen kritischen Bildungsdiskussion aufgegriffen. Moniert wird, dass es bei dem Zugriff auf Bildung aus der „human capital" Perspektive ausschließlich darum gehe, Subjekte arbeitsfähig zu machen und Bildung mit Arbeitsfähigkeit gleichzusetzen. Davon ausgehend hat sich insbesondere in Anlehnung an Pierre Bourdieu und Michel Foucault in der neueren erziehungswissenschaftlichen Analyse eine bildungstheoretische Auseinandersetzung mit den Mechanismen, Funktionsweisen und Wirkungen der Ökonomisierung von Bildung und eine kritische Betrachtung der neoliberalen Kritik am Sozialstaat und seiner Bildungspolitik etabliert. Auch feministische bildungstheoretische Analysen weisen den Anspruch, Subjekte primär als Humanressource zu verstehen, deutlich zurück (Plößer 2005; Ortner 2007). „So müsste feministische Bildung nicht nur Gender in den Fokus der Reflexion bringen (bildungspraktisch wie theoretisch), sondern auch der Vereinnahmung aller Subjekte als Humanressource Argumente entgegensetzen können" (Ortner 2007: 30). Robeyns argumentiert ebenfalls geschlechtertheoretisch, aber aus der Perspektive des „Capability Approach" gegen den „human capital" Ansatz: „Summing up, understanding education exclusively as human capital is severely limiting and damaging, as it does not recognise the intrinsic importance of education, nor the personal and collective instrumental social roles of education. Note that this does not imply that we should completely do away with seeing education as human capital; instead, it is important to recognize that there is more to education than human capital." (Robeyns 2005/2006, Onlinepaper: 7; vgl. Andresen/Otto/Zieger 2008).

Bildungsmotivation auf der Basis dieses theoretischen Ansatzes fördern zu wollen, hieße Kinder und Jugendliche als künftige erwerbstätige Erwachsene zu erreichen und den Zweck ihrer Tätigkeiten – ebenfalls Arbeiten, Herstellen und Handeln – in der Gegenwart zukunftsbezogen zu formulieren. Gerade von Seiten der Kindheitsforschung wird dies scharf zurückgewiesen, gleichwohl zeigen die Befunde aus der Aspirationsforschung ebenso wie die Problematik der adaptiven Präferenzen, dass mangelnde Erfolgsaussichten für das Erwerbsleben als Erwachsene Bildungsprozesse und Selbstwahrnehmungen von Kindern und Jugendlichen beeinflussen (Albus et al. 2009).

Zur Gewichtung von Gerechtigkeit

Bildungsgerechtigkeit als Chancengleichheit gehört zu den zentralen bildungstheoretischen Themen der jüngeren Bildungsgeschichte. Dabei stellt sich im Zuge der Auseinandersetzungen mit den internationalen Vergleichsstudien die Frage, ob Bildungsgerechtigkeit nur durch Einschränkungen von Freiheit erzielt werden kann oder ob andere Maßnahmen Bildungsgerechtigkeit und Freiheit ermöglichen (Stojanov 2008). Die internationale gerechtigkeitstheoretische Diskussion weist den engen Zusammenhang von Gerechtigkeit und Freiheit aus und schreibt der schulischen Bildung eine wesentliche Rolle zu (Brighouse 2004; Brighouse/Unterhalter 2008). Krassimir Stojanov rekonstruiert die bildungstheoretische Bedeutung der Gerechtigkeitstheorien von John Rawls und Ronald Dworkin, die individuelle Freiheit als gerechtigkeitstheoretische Grundprämisse und als zentral für gerechte soziale Verhältnisse verstehen.

Auch der „Capability Approach" ist ein gerechtigkeitstheoretischer Ansatz, der aus der Ökonomie kommt und Gerechtigkeit nicht mit dem Verlust von Freiheit verbindet. Er wurde maßgeblich vom Nationalökonomen Amartya Sen (1992) ausformuliert und durch Martha Nussbaum (1999, 2006) sozialphilosophisch weiterentwickelt (Albus et al. 2009). Hier geht es bildungstheoretisch um die Befähigung zu entscheiden und zu handeln, sich unter komplexen sozialen Zusammenhängen zu verwirklichen. „Es wird dabei unterschieden zwischen ‚Funktionsweisen' bzw. Daseinsformen (functionings) und Verwirklichungschancen bzw. Befähigung (capabilities). Während mit Ersterem der Fokus darauf liegt, ob Menschen etwas Spezifisches sind oder tun, richtet sich die Perspektive der „Capabilities" auf die objektive Menge an Möglichkeiten, verschiedene Kombinationen bestimmter Qualitäten von Funktionen/Daseinsformen zu realisieren" (Albus et al. 2009: 350/351).

Auf Basis der aristotelischen Ethik ist insbesondere für Nussbaum die Frage nach einem „guten Leben" und einer gelingenden praktischen Lebensführung ohne paternalistische und autoritäre Bestimmung relevant. Sie favorisiert eine starke vage Konzeption des Guten und fordert, dass es eine Angelegenheit öffentlicher, also politischer Verantwortung sei, die Rahmenbedingungen dafür zu schaffen. Es müssten, so Nussbaum, materielle, institutionelle und nicht zuletzt pädagogische Bedingungen zur Verfügung gestellt werden, damit jedem ein Zugang zu einem guten Leben möglich wird (Andresen/Fegter 2009).

Der Stellenwert von „Bildung" in diesem gerechtigkeitstheoretisch ausgerichteten Rahmen ist jedoch alles andere als eindeutig. Bei Sen gehört Bildung selbst zu den zentralen „Capabilities", sie ist eine Grundlage für alle „Capabilities" und nicht zuletzt geht es ihm darum, wie er in den „Dewey Lectures" 1984 ausführt, „to explore a moral approach that sees persons from two different perspectives: *well-being* and *agency*" (Sen 1985). Auch für Nussbaum ist Bildung „a key to all human capabilities" (Nussbaum 2006). In ihrer Auseinandersetzung mit der liberalen Bildung in den USA schlägt sie drei zentrale „Capabilities" vor: „Critical self-examination", „the ideal of the world citizen" und „the development of the narrative imagination" (Nussbaum 1997; Walker 2008). Davon ausgehend formuliert Nussbaum ein Konzept von Bildung als „Cultivating Humanity".

Die Definition und die Konzepte von Bildung im Rahmen des „Capability Approach" sind symptomatisch für die Verknüpfung von Bildung mit Fragen der Gerechtigkeit. In der britischen Lesart des „Capability Approach" wird der Ansatz deshalb selbst als „framework for reimagining education and justice" dargestellt (Walker 2008). Wie sich Bildung in die sozialen Bedingungen von Gleichheit und Gerechtigkeit einfügt, ist insgesamt eine der Fragen, der englischsprachigen *Equality Studies*. Hier werden fünf bildungsrelevante Dimensionen herausgearbeitet und diese könnten eine „Handreichung" für die Förderung von Bildungsmotivation sein: „equal respect and recognition", „equality of ressources", „equality of love care and solidarity", „equality of power", und „working and learning as equals" (Baker et al. 2004).

Betrachtet man im internationalen Kontext die bildungstheoretisch fundierten Analysen ungleich verteilter Chancen und sozialer Spaltungen sowie die Bedeutung von Macht und Distinktion für individuelle Bildungsprozesse und strukturelle Arrangements, so tritt die Relevanz einer gerechtigkeitsorientierten Reflexion markant hervor.

Für die Frage nach der Bildungsmotivation und ihrem Aufbau wiederum heißt das auch, dass Bedingungen von Bildung und alle Maßnahmen so gestaltet sein müssen, dass sie für alle Kinder gut genug sein müssen und nicht nur kompensatorischen Charakter haben dürfen. Dieses „Credo“ des New Yorker Kindheitsforschers Alfred Kahn sensibilisiert für den Zusammenhang von Fähigkeiten und Bedingungen der Befähigung ebenso wie für das Zusammenspiel von Verhalten und Verhältnissen, die für die Bildungsmotivation entscheidend sind.

Zur Gewichtung von Recht

Die historische Bildungsforschung hat die enorme Bedeutung der Gewährung von Rechten für Bildung und Erziehung aufgezeigt: So haben Kinderarbeitsschutzgesetze zur Entwicklung moderner Kindheit beigetragen, die Schulpflicht Kindern das Recht auf ein zeitlich und curricular festgelegtes Maß an Schulbildung zugebilligt und Eltern und Staat in die Pflicht genommen, dafür Sorge zu tragen (Andresen/Hurrelmann 2010). Die Verteilung von Verantwortung für Bildung zwischen eher privaten und eher öffentlichen Zuständigkeiten prägt entscheidend nationale Bildungssysteme und die Aufteilung von Pflichten und Rechten gehört zu den spannungsreichen Herausforderungen der Gegenwart. Auch in der Analyse von Ingrid Robeyns bestimmt die Frage nach der Deklaration von grundlegenden Rechten und ihrer Konkretion für das alltägliche Leben der Subjekte ihr drittes Modell, das sie als „rights based modell of education“ bezeichnet.

Ralf Dahrendorf hatte in den 1960er Jahren in seiner liberalen Bildungstheorie ein grundlegendes „Bürgerrecht auf Bildung“ (1966) gefordert. Bildung sei ein soziales Grundrecht aller Bürgerinnen und Bürger und er verstand die allgemeine Schulpflicht als eine erste konkrete Gestalt über die hinaus das Bürgerrecht jedoch weitere Ausformungen erhalten müsse. Ferner artikulierte er auch die Forderung nach Chancengleichheit, die sich realisieren müsse. Chancengleichheit hatte Georg Picht (1964) in „Die deutsche Bildungskatastrophe“ im Bildungssystems der Bundesrepublik in keiner Weise gewährleistet gesehen. Ein Vorwurf, der – wie die internationalen Vergleichsstudien zeigen – nach wie vor sehr aktuell ist. Ein Grundgedanke dieses Modells ist die Entwicklung zum politisch mündigen Bürger, den auch Dahrendorf im Blick hatte. Es müsse allen das gleiche Recht z. B. auf die freie Meinungsäußerung gegeben sein, aber es müssten ebenso alle dazu in der Lage sein, dieses Recht kompetent auszuüben.

Rechte bieten demnach eine fundierte, ja unverzichtbare Grundlage für bildungstheoretische Reflexionen. Aus der rechtstheoretischen Perspektive sind die politisch Verantwortlichen verpflichtet, die Ressourcen für die Bildung eines jeden Kindes zur Verfügung zu stellen und über dessen Qualität zu wachen. Rechte bieten aber auch eine Grundlage für subjekttheoretische Reflexionen, weil sie sowohl die Frage nach der Autonomie des Menschen zu bestimmen versuchen als auch seine Abhängigkeit berücksichtigen. Insbesondere mit Blick auf Kinder und Jugendliche ist dieses Verhältnis spannungsvoll, weil die Autonomie des Kindes angesichts seiner spezifischen Abhängigkeit besonders zu gewichten ist. Insofern ist auch bildungstheoretisch zu klären, wie das Kind als Träger von grundlegenden Rechten Anerkennung erfährt und dennoch seine Angewiesenheit auf Förderung und Unterstützung seines Bildungsprozesses ebenso wie die Notwendigkeit der Pflege und Fürsorge anerkannt und angemessen beantwortet wird.

Bereits die Allgemeine Erklärung der Menschenrechte von 1948 hatte dem Recht auf Bildung – auch als Recht auf Ausbildung – Priorität eingeräumt, weil durch die Benachteiligung in diesem Sektor, andere Rechte beschnitten würden etwa das Recht auf Gesundheit oder Arbeit. Von besonderer Bedeutung für den Zusammenhang von Bildung und Recht sind die Kinderrechte, deren Ausformulierung in der UN Kinderrechtskonvention niedergelegt ist. Seit 1992 ist die Konvention geltendes Recht in Deutschland, seit 1997 in der Schweiz. Der Kinderrechtsausschuss der UNO überprüft die Umsetzungen auf nationaler Ebene. Die Kinderrechtskonvention geht davon aus, dass Kinder eigenständige Persönlichkeiten mit spezifischen Bedürfnissen und Rechten sind. Zu diesen Rechten für jedes Kind gehören u. a. das Recht auf Identität, auf Meinungsbildung und -äußerung, auf Gedanken-, Gewissens- und Religionsfreiheit, auf freien Zusammenschluss, aber auch das Recht des Kindes auf Bildung. 2005 hat der Kinderrechtsausschuss der Vereinten Nationen festgelegt, dass Bildung mit der Geburt beginne, womit beispielsweise frühkindliche Bildung einen grundlegend neuen Rahmen erhalten hat.

In der Diskussion über die UN Kinderrechtskonvention erfolgt eine Einteilung der Kinderrechte in „Protection“, „Provision“, „Participation“, das heißt, es geht um Schutzrechte, Leistungsrechte und Partizipationsrechte. Damit wird auch das Verhältnis des Kindes zu Familie, Gesellschaft und Staat geordnet. Bildung ist insbesondere in den Leistungs- und Schutzrechten verankert. Dem vergleichbar formuliert Basil Bernstein (2000) drei zentrale pädagogische Rechte: „the right to confidence“, „the right to inclusion“, „the right to participation“. Gerade das Recht auf Teilhabe und Beteiligung ist, folgt man den empirischen Befunden etwa in der World Vision Kinderstudie (2007), ein wesentlicher Punkt für Bildung und Bildungsmotivation. Diese Möglichkeiten weiter auszubauen, ist ein zentrales Handlungsfeld in Politik, Pädagogik und Wissenschaft.

Bildungstheoretisch gesprochen ist die Anstrengung, bei allen Kindern Motivation zu wecken, die Arrangements so zu gestalten, dass sie unterstützt und angeregt und nicht gedemütigt werden, aus der ökonomischen Perspektive ebenso notwendig wie aus der gerechtigkeits- und der rechtstheoretischen Perspektive. Der Unterschied zeigt sich vor allem im Hinblick auf die Funktion, die Bildung zugeschrieben wird und die Definition der Rolle, die die Subjekte einnehmen sollen.

Mit der neueren Kindheitsforschung ließe sich der Blick auf Bildungsprozesse von Kindern und Jugendlichen aus der Humankapitalperspektive – wie bereits thematisiert – kritisieren, weil er die Bildungssubjekte als zukünftige erwachsene Erwerbsbeteiligte und Konsumenten ansieht und nicht die Gegenwart der Kinder an sich wertschätzt. Der Blick auf Bildungskarrieren und -motivation gerade von Kindern, die marginalisiert aufwachsen, zeigt jedoch durchaus auch die Grenzen dieser Kritik und der damit verbundenen Herangehensweise auf.

„Investitionen“ in Bildungslaufbahnen werden – darauf deuten viele empirische Befunde hin – nur dann von Erfolg gekrönt sein, wenn sie sich nicht auf einen bestimmten Lebensabschnitt allein konzentrieren, sondern alle relevanten Abschnitte menschlichen Bildungserwerbs beachten und kontinuierlich investieren. Sehr deutlich wird dies anhand der vorliegenden Daten zum Ertrag frühkindlicher Bildung. Hierzu haben Margrit Stamm und

Martin Viehhauser eine Analyse vorgelegt und diese macht deutlich, dass Investitionen in frühkindliche Bildung nur dann eine nachhaltige Wirkung haben werden, wenn sie besonders intensiv sind und möglichst früh ansetzen, wenn alle Kinder und nicht nur benachteiligte einbezogen werden, wenn es einen hohen Anteil an schulvorbereitenden Maßnahmen gibt und wenn auf die Frühförderung eine über den gesamten Prozess des Aufwachsens gehende Unterstützung und Förderung erfolgt (Stamm/Viehhauser 2009). Dies legt einen im Grunde schlichten, aber zentralen Punkt frei: Bildungsmotivation gerade bei Kindern mit einem prekären sozialen Hintergrund fördern, bedeutet, die Übergänge genau im Blick zu haben. Übergänge, die sich sowohl auf den Wechsel von einer Institution in die nächste beziehen, als auch auf die psychosoziale Entwicklung des einzelnen Kindes sowie auf Übergänge während des Tages beispielsweise im Rahmen einer offenen Ganztagsschule. Ferner kann man davon ausgehen, dass Bildungsmotivation nicht einmal erworben wird und dann kontinuierlich anhält, sondern es ist vielmehr davon auszugehen, dass im gesamten Prozess des Aufwachsens auf den Erhalt geachtet werden muss. Dies umso mehr, wenn ein Kind Erfahrungen des Scheiterns macht.

3 Zum Verhältnis von Elternhaus und Schule aus der Perspektive sozialer Ungleichheit

Erziehungsstile von Eltern, ihre biographischen Erfahrungen mit der Schule und ihre Haltung gegenüber den Bildungslaufbahnen ihrer Kinder werden von Pädagoginnen und Pädagogen unterschiedlich bewertet. Die Anerkennung elterlichen Handelns verläuft entlang sozialer Unterschiede und kultureller Ausprägungen. Darauf richten in den letzten Jahren internationale Untersuchungen ihren Blick und zeigen auf, wie sich Formen der Anerkennung von Eltern auf den Bildungsprozess ihrer Kinder auswirken. Für unsere Bielefelder Forschung an der Schnittstelle von Kindheits- und Familienforschung sind insbesondere die Studien der US-amerikanischen Ethnographin Annette Lareau (2003) und die britische Untersuchung von Carol Vincent und Stephen Ball (2006) wichtig.

Lareau analysiert auf der Basis ihrer Beobachtungen in zwei Schulen das Umfeld professioneller und damit institutioneller Erziehung und Bildung, diskutiert deren Wirkung auf Familien und gelangt so zu Erklärungsansätzen von ungleichen Kindheiten. Insbesondere hebt Lareau die Bedeutung der Freizeitaktivitäten von Kindern für die Schule selbst, für Interaktionen und Kommunikationen mit den Lehrkräften hervor und weist nach, dass Lehrerinnen und Lehrer elterliches Bemühen um eine bildende und sportliche Freizeitgestaltung wertschätzen. Demgegenüber brächten sie im Unterrichtsgeschehen den Erzählungen über informelles Spiel der Kinder z. B. mit einer Cousine oder gar dem Fernsehen kein großes Interesse entgegen. Ebenso macht sie deutlich, wie sehr die Lehrkräfte davon überzeugt sind, dass Eltern erstens die sprachlichen Kompetenzen der Kinder fördern müssten und regen entsprechend zum Lesen an, zweitens erwarten sie die Unterstützung bei den Hausaufgaben als eine akzeptierte und angesehene Form elterlicher Teilhabe am Schulgeschehen und drittens sollen sie ihre Hauptverantwortung für Erziehungs- und Lernprobleme ihres Kindes erkennen und entsprechend handeln. Letztlich, so Lareau, würden Lehrkräfte ein widersprüchliches Verhalten von Eltern erwarten, einerseits sollen sie sich ihnen und der Schule gegenüber respektvoll und unterstützend geben, andererseits aber sich selbst als Hauptverantwortliche anerkennen. Ihre Beobachtungen lassen schließlich die Wirkung dessen deutlich werden: „This pattern made it more comfortable, and easier at time, for middle-class children and their parents to achieve their wishes“ (Lareau 2003: 28).

Die theoretische und in Bourdieus Arbeiten wurzelnde Rahmung führt die Autorin jedoch über die Einstellungen und Verhaltensweisen von Professionellen und Eltern hinaus in eine gesellschaftlich verortete Frage nach Ungleichheit, den strukturellen Dimensionen und den sozialen und kulturellen Distinktionen.

Lareau unterscheidet zwei Stiltypen, die sich entlang der Klassenstruktur abzeichnen, „Concerted Cultivation“ als Stil der Mittelschicht, der hoch anschlussfähig ist an die Erwartungen der Professionellen und „Accomplishment of Natural Groth“ als Stil insbesondere der „working class and poor families“. Drei Achsen bestimmen den Charakter der beiden Typen: Die Organisation des Alltags der Kinder und ihrer Familien, in die nicht zuletzt die Frage nach den Freizeitaktivitäten und den Zugängen zu non-formaler Bildung eingehen, die Art und Weise wie in der Familie miteinander gesprochen wird und wie Eltern die Sprachkompetenz ihrer Kinder fördern und schließlich die Interventionen und Interaktionen in und mit den pädagogischen Institutionen des Aufwachsens.

Besonders aufschlussreich für die Frage nach der Förderung von Bildungsmotivation sind ihre Beobachtungen zur Bedeutung der Sprache in den Familien. So werden der Gebrauch der Sprache, alltägliche Wortspiele der Familie von Alexander Williams, die Aufforderung seiner Mutter, den Kinderarzt ausdrücklich um Rat zu fragen und Alexanders intellektuelle Entwicklung in einer dichten Beschreibung entfaltet. Alexander Williams entstammt einer wohlhabenden „Black middle-class family“, in der die Eltern Sprache als zentrales Instrument der Erziehung, Bildung und auch der Disziplinierung und Lenkung ansehen. Dadurch kommt es im Familienalltag zu vielen Aushandlungen, und der Junge lernt, mit Erwachsenen zu diskutieren oder auch seine Rechte einzuklagen bzw. nicht erfüllte Wünsche zu beklagen. Gleichwohl gelingt es der Mutter, ihren Sohn durch das Entfalten verschiedener Optionen letztlich zu lenken. Bildungsmotivation ist hier eng verbunden mit der Fähigkeit zu sprachlichen Aushandlungen, ein Befund, der sich auch mit unserer qualitativen Untersuchung zur Kinderarmut deckt (Andresen/Fegter 2009).

Dem gegenüber pflegt die Familie von Harold McAllister, eine „Black poor family“, einen direktiven Umgang mit der Sprache und die einzelnen Familienmitglieder benutzen deutlich weniger Worte. Harold und vergleichbare Kinder suchen seltener die Gelegenheit, Erwachsene anzusprechen, sie in ein längeres Gespräch zu verwickeln oder gar kontrovers mit ihnen zu diskutieren. Diese „Kompetenz“ ist jedoch wesentlich für schulischen und beruflichen Erfolg und für den Aufbau von Bildungsmotivation. Auch die Bedeutung der Freizeitaktivitäten als Möglichkeiten non-formaler und an Schule anschlussfähiger Bildungsoptionen kann exemplarisch anhand der beiden Jungen, Alexander und Harold, herausgearbeitet werden: Alexander macht Sport im Verein, singt im Chor, spielt Klavier und Gitarre und sein Fernsehkonsum unterliegt einer strengen Kontrolle. Er trifft sich mit Freunden aus der Schule und verabredet sich manchmal mit zwei Jungen aus der Nachbarschaft. Harold, das Kind in Armut, hat als organisierte Freizeitbeschäftigung nur die Bibelstunde, aber im Unterschied zu Alexander verfügt er über freie Zeit, die er für Fernsehen und Videofilme nutzt, aber in der er auch ausgiebig und den Augen der Erwachsenen entschwunden mit Freunden aus der Nachbarschaft spielt.

In ihrer Analyse kommt Lareau schließlich zu der klassenspezifischen Differenzierung der familiären Praktiken, Erfahrungen und Erwartungen in einen „sense of entitlement" und einen „sense of constraint". Eltern der Mittelschicht und von ihnen angeleitet ihre Kinder organisieren den Umgang mit Institutionen und Professionellen im Sinne eines Anspruchs oder einer Berechtigung auf Unterstützung und Gewährung ihrer jeweiligen Anliegen („sense of entitlement"), dem meist auch entsprochen wird. Dem gegenüber erfahren „working-class families" oder Familien in Armut das Schulsystem insgesamt und die dort tätigen Lehrkräfte im hohen Maße als bedrohlich und die an sie explizit gestellten Anforderungen und die implizit spürbaren Erwartungen „guter Erziehung" als Zwang („sense of constraint"). In diesem Zusammenhang ist auch das Phänomen der sozialen Scham von Brisanz, verstärkt sie doch die soziale Ungleichheit in besonderem Maße. „Scham bezieht sich auf das Selbstwertgefühl einer Person, das von ihrer Wertschätzung durch andere nicht zu trennen ist. Schamgefühle eines Individuums betreffen damit immer schon seine Stellung inmitten eines größeren sozialen Zusammenhanges, sie sind der emotionale Nexus zwischen Individuum und sozialer Struktur, zwischen der gesellschaftlichen Rangordnung und der eigenen Statusposition" (Neckel 2009: 112).

Die primär klassenspezifisch geprägten Haltungen und Praktiken führen insgesamt zu grundlegend unterschiedlichen Interaktionen zwischen Familien und Institutionen: Familien aus den unteren Klassen artikulieren viel seltener Probleme oder Ansprüche gegenüber Professionellen, und Professionelle ihrerseits haben Erziehungsvorstellungen und Bilder guter Elternschaft im Kopf, die den Standards der Mittelschicht entsprechen. „Insofern beeinflussen unterschiedliche Erfahrungen mit einem Beschränkungssinn beziehungsweise einem Berechtigungssinn auch die Nutzung beziehungsweise Nichtnutzung von wohlfahrtsstaatlichen und bildungsbezogenen Leistungen sowie von Beratungs- und Unterstützungsangeboten" (Richter et al. 2009: 6).

Mit diesem Befund lässt sich an die Studie von Carol Vincent und Stephen J. Ball „Childcare, Choice and Class Practices. Middle-class parents and their children" überleiten. Vincent und Ball reflektieren zunächst vorbildlich die Bedingungen der Forschung und die eigene klassenspezifische Fundierung. „Considered as a team, our individual relationships to the data and the respondents were both different and similar to those of other members, influenced by our gender, the differences in our lifestyles (the biggest being whether or not we had children), our embeddedness in the metropolitan middle class, and the empirical and theoretical frameworks with which we worked" (Vincent/Ball 2006: 21 f.).

In dieser Studie steht das Verständnis von elterlicher Verantwortung im Mittelpunkt, und zwar vor dem Hintergrund der Politik in Großbritannien v. a. unter New Labour und der aufgelegten familien- und sozialpolitischen Programme seit Ende der 1990er Jahre. Eine besondere Aufmerksamkeit kam im Zuge dieser politischen Programme beispielsweise der jungen alleinerziehenden Mutter sowie der Frage, wie Mütter in den Arbeitsmarkt integriert werden könnten, zu. Außerdem zeigt sich seit den 1990er Jahren auch eine Ausdehnung des freien Marktes für Erziehung, Betreuung und Bildung von Vorschulkindern und die Anrufung von Eltern als Konsumenten.

Im Mittelpunkt dieser Untersuchung stehen die Frage nach der elterlichen Fürsorge und Erziehung des Kindes („Childcare") und ihre Einbettung in familiale, klassen- und geschlechtsspezifische, sozialpolitische sowie ökonomische Dimensionen und Interessen. Childcare ist für Vincent/Ball ein „key issue in both contemporary policy making and sociological terms" (Vincent/Ball 2006: 3). Dabei fokussieren sie drei zentrale Aspekte: erstens „childcare choice", zweitens „policy around childcare" und drittens „sociological concerns around social class". Bei Letzterem erfolgt eine Eingrenzung auf die Mittelschicht und auf die Bedeutung geschlechtsspezifischer Zuständigkeiten. Der Anspruch der Studie ist es, die Komplexität der Zuständigkeiten und Praktiken der Fürsorge und Erziehung von Kindern zu analysieren und aus der vermeintlichen Privatheit familiärer Praktiken zu befreien. Vincent und Ball zeigen auf, welchen Einfluss Politik und der Markt auf das Aufwachsen von Kindern haben und wie unterschiedlich Eltern darauf reagieren bzw. damit umgehen.

Die Basis ihrer Untersuchung ist eine qualitative Studie, angesiedelt in zwei Stadtteilen Londons. Qualitative Interviews, vor allem mit Müttern und einigen Vätern in insgesamt 59 Familien sowie 20 zweiten Interviews mit Müttern, nachdem sie ihr Betreuungsarrangement verändert hatten, bilden den Grundstock. Außerdem wurden ErzieherInnen und SozialarbeiterInnen, die in den vorschulischen Einrichtungen tätig waren, interviewt. Im Fokus der Befragung standen die Betreuungsarrangements der Familien aus Sicht der Eltern, die Prozesse der Entscheidung für bestimmte Arrangements und die Wahl für einzelne Einrichtungen oder die Kombination unterschiedlicher Angebote und gegebenenfalls die Entscheidung für Veränderungen. Außerdem waren Erzählungen zur familiären und geschlechtsspezifischen Arbeitsteilung, die Pläne für die Grundschule und mögliche außerschulische Aktivitäten des Kindes Bestandteil der Interviews.

Hervorzuheben sind – gerade auch für die Ausbildung von Bildungsmotivationen – ihre Befunde zur Bedeutung der Mütter für die gesamten Entscheidungs-, Bewältigungs- und Verantwortungsprozesse, die bei der Erziehung und Fürsorge junger Kinder anfallen sowie die Balancierungsbemühungen der Väter zwischen Beruf und Familie. Wie Lareau interessieren sich Vincent und Ball schließlich auch für die Beziehungen zwischen Eltern und Professionellen. „However, the interaction is also a financial one, and love and money are at times in tension with each other" (Vincent/Ball 2006: 5).

Vincent und Ball zeigen in ihrer Studie auf, welche Wirkung unterschiedliche elterliche „senses of responsibility" für die soziale Positionierung ihres Kindes haben können „Making up the child as an educational subject" (Vincent/Ball 2006: 150), also die Bedeutung, die Eltern Erziehung und Bildung beimessen und den Anteil an Verantwortung, den sie sich selbst in diesem Prozess zuschreiben, ist sozial geprägt und hängt im hohen Maße von den ökonomischen Bedingungen ab.[3] Mit dieser Ausrichtung gelingt es den beiden die Entwicklung und Dynamik der Vorschulerziehung und -betreuung als Markt und die Einlassungen von Eltern in diesen Markt zu analysieren. Dies wird schließlich als eine sich neu formierende, markt- und fürsorgegeleitete Frage von Verantwortung thematisiert. Während Lareau den sozial und kulturell geprägten „sense of entitlement" dem „sense of

3 Mittelschichteltern investieren in möglichst gute Tagesbetreuung und Schulbildung ihrer Kinder, sie ermöglichen Freizeitaktivitäten, die sich förderlich auf die Schulkarrieren auswirken und sie sind davon überzeugt, dass es ihre Verantwortung ist, Kindheit entsprechend zu organisieren.

constraint" gegenüberstellt, zeigen Vincent und Ball wie der mittelschichtgeprägte „sense of responsibility" zunehmend von sozialpolitischen und normativen Diskursen und ökonomischen Interessen und Zugriffen ausgeprägt wird. „*Making up* the middle-class child" (Vincent/Ball 2006: 173 f.) wird so zu einem hoch ambitionierten Vorhaben, in das elterliche Verantwortung und Sorge mit politischer Kontrolle bestimmter Gruppen und Eltern z. B. der Alleinerziehenden oder Teenie Mütter und einer wachsenden Vermarktung von Kinderbetreuung zusammenlaufen. Dieses Zusammenspiel und der darin eingelagerte vielfältige Konflikt um Verantwortungszuschreibungen – beispielsweise die der Individuen für den Erfolg in der Schule oder auf dem Arbeitsmarkt und Verantwortungsübernahmen, insbesondere der Mütter als „intensive mothering" für die Erziehungs- und Familienarbeit – prägen das Verhältnis von Familie, Politik und Markt und verschärfen soziale Ungleichheit von Kindheiten entlang der Klassendifferenz und sie bieten Erklärungen für den Erwerb, die Förderung und die Nachhaltigkeit der Bildungsmotivation von Kindern.

Ähnliche Befunde wie die von Lareau über die USA und Vincent/Ball aus London zeigen sich auch in unserem Projekt über „Familien als Akteure in der Ganztagsgrundschule".[4] Im Zentrum des gesamten Projekts stehen nicht nur Fragen nach elterlichen, sondern auch nach kindlichen Aneignungsformen in ganztägigen Bildungssettings sowie die Bedeutung der unterschiedlich beteiligten Professionellen (Andresen/Richter/Otto 2009a). Vor allem die Mütter standen für ein Interview zur Verfügung und es zeigt sich, dass die „Herstellung des gebildeten Kindes der Mittelschicht" auch in Deutschland vorzufinden ist und ebenso eine Frage mütterlichen Engagements – „intensive mothering" – darstellt. Die Mütter reflektieren die Einführung der Ganztagsschule in Deutschland mit Blick auf ihre eigene Erziehungsverantwortung. Zudem wird die Beziehung zu den Professionellen von den Müttern charakterisiert und qualifiziert, es wird deren beruflicher Status thematisiert und die Mütter kommen anhand von Alltagssituationen zu Einschätzungen mit Blick auf Formen des Kooperierens zwischen den Beteiligten. Vielfach wird beklagt, dass eine systematische Zusammenarbeit zwischen den Lehrerinnen und Lehrern des Vormittags mit dem Personal des Nachmittags nicht stattfinde und auch unklar sei, wer welche Verantwortung habe.

Außerdem formulieren die Mütter häufig den Anspruch, gerade die Ganztagsschule müsse sich durch eine besondere Kindorientierung auszeichnen, damit ihre Kinder sich wohlfühlen. Dies ist ein klassen- bzw. schichtenübergreifendes Kriterium der Mütter und der wenigen befragten Väter. Was jedoch unter Kindorientierung verstanden wird, scheint wiederum sozial bedingt unterschiedlich zu sein ebenso wie die Vorstellungen, wer beispielsweise für die Erziehung der Kinder und die Lösung von Konflikten zuständig ist. Hier geben die Auswertungen der Interviews wichtige Hinweise zu den Barrieren der Kommunikation zwischen Eltern und Pädagoginnen und Pädagogen, insbesondere wenn Eltern, besser Mütter, einen prekären sozialen Hintergrund haben. Insofern werden die Befunde von Lareau eindrucksvoll bestätigt, nicht zuletzt die in der Familie gepflegte Kommunikation zwischen den Generationen, die Möglichkeiten der Freizeitgestaltung und die oft biographisch und

4 Das Projekt wird vom Bundesministerium für Bildung und Forschung (BMBF) gefördert und läuft insgesamt bis 2010. Im ersten Teilprojekt von 2008 bis 2009 wurden in acht Schulen mehrwöchige teilnehmende Beobachtungen und situative Interviews mit Kindern durchgeführt sowie Interviews mit Professionellen und Interviews mit Eltern. Die Auswertung erfolgte nach der „Dokumentarischen Methode" (Andresen et al. 2009).

sozial zu verortende „Haltung“ der Mutter gegenüber der Schule hat Auswirkungen auf die Chancen des Kindes in der Ganztagsschule. Wir haben hier mit dem Begriff der „Passung“ gearbeitet. Ob und wie elterliche und professionelle Vorstellungen von Bildung, von „guter Kindheit“, von ihrer jeweiligen Verantwortung zueinander passen, hat Konsequenzen für den Bildungsprozess des Kindes und den Aufbau seiner Motivation.

In den von uns erstellten Fallportraits von Müttern mit einem niedrigen Bildungsabschluss, die häufig in prekären Lebenssituationen mit ihren Kindern leben, wird deutlich, wie Mütter sich von den Lehrerinnen und Lehrern oder den Erzieherinnen ihrer Kinder häufig abgewertet fühlen und den Eindruck haben, ihnen werde die Erziehungskompetenz abgesprochen. Wenn es den Eltern an Vertrauen in Schule und Lehrer mangelt, wenn sie sich oft hilf- und machtlos fühlen, dann wirkt sich das unmittelbar auf die Möglichkeiten ihrer Kinder in der Institution aus. Die Erwartungen der Gegenwart an elterliche Kompetenz zielen auf aktive Elternschaft und auf die Bereitschaft, Maßnahmen zu begründen und Kinder einzubeziehen, dem gegenüber sinkt die Wertschätzung gerade von Professionellen bei Eltern und vor allem bei deren Kindern wenn diese passiv und distanziert, gar desinteressiert sind und wenn die Kinder es gewohnt sind, letztlich direktive Anweisungen zu erhalten. Die Freizeitaktivitäten, die elterliche Zeit, elterliches Management und nicht zuletzt elterliches Geld kosten, werden in der Schule positiv aufgenommen und direkt oder indirekt in das Lerngeschehen integriert, wohingegen die Freizeitaktivitäten aus den unteren Schichten sich gravierend negativ auf das Ansehen der Familien und den Lernerfolg ihrer Kinder auswirken.

Die Wahrnehmung einer Mutter soll den Befund an dieser Stelle verdeutlichen, weshalb ein längerer Auszug aus einem Portrait, das im Zwischenbericht veröffentlicht wurde, folgt:

Auszüge aus dem Portrait Frau Holzer:
Frau Holzer ist Hausfrau und lebt mit ihren sechs Kindern und ihrem Lebensgefährten in einem gemeinsamen Haushalt. Manuel ist das zweitälteste Kind und besucht die dritte Klasse einer gebundenen Ganztagsgrundschule. Das Interview wurde alleine mit Frau Holzer geführt und fand bei ihr zuhause im Wohnzimmer statt. Die zentralen Themen des Interviews mit Frau Holzer sind ihr Blick auf die Institution Schule, Erziehungs- und Bildungsverständnisse, die Beziehung zu den Professionellen an der Schule, das Verhältnis zu anderen Eltern (im schulischen Kontext) und die Bewältigung der Hausaufgaben.

…

Unzureichende Kontrolle durch die Professionellen und Übertragen von Zuständigkeiten auf die Eltern
Frau Holzer kritisiert die Haltung der Professionellen, Manuel bei Problemen nach Hause zu schicken und ihr die Regelung der Probleme als ‚Elternaufgabe‘ zu überlassen. Als Beispiel benennt sie Manuels mangelnden Respekt vor den Lehrern: *„Er hatte keinen Respekt vor den Lehrern. So, was machen die. Rufen mich den ganzen Tag an, ‚ja, wir schicken ihn jetzt nach Hause‘. Ich sach‘, ‚ja, toll, und was soll ich jetzt machen‘. ‚Ja, sollen Sie, wie Sie ihn eben halt bestrafen wollen‘, so, nä“* (Z. 108–112). Die Mutter erlebt diese Situation als das Abschieben von Zuständigkeiten und Verantwortlichkeiten der Schule auf die Eltern und konstruiert in dieser Erzählung ein Bild der Gleichgültigkeit und ambivalenten Haltung der Schule: Auf der einen Seite scheint diese Frau Holzer als überforderte und nicht kompetente Mutter wahrzunehmen, da diesbezügliche Vorwürfe an sie formuliert und Versuche unternommen werden, sich in ihre Erziehung einzumischen (S. 6). Auf der anderen Seite überlässt die Schule ihr im

Fall von Manuels mangelndem Respekt die Regelung der Situation, ohne sich weiter damit zu beschäftigen. Die Schule scheint sich hier darauf zu verlassen, dass die Mutter sich um die Angelegenheit kümmert. Damit zieht sich die Schule aus Bereichen zurück, für die sie nach Auffassung der Mutter originär zuständig ist.

…

Zurückweisung schulischer ‚Einmischungsversuche' durch die Mutter

Frau Holzer erzählt in dem Interview von Diskussionen mit Frau Engel, Manuels Erzieherin, in denen diese versucht habe, ihr Erziehungstipps zu geben: *„Ja, dann mutt' du auch so erziehen und so und so und so"* (Z. 556). Diese Situation erlebt Frau Holzer als ungerechtfertigten ‚Einmischungsversuch' vonseiten der Schule in ihre Erziehung und weist diesen mit den Worten zurück: *„Sie regen mich auf. Sie reden und reden und reden, (…) 'ham Sie früher auch bei ihren drei Kindern jemand gehabt, der immer so mit den geredet hat"* (Z. 557–559). Frau Holzer rekonstruiert die Situation im Interview so, wie sie diese selbst wahrgenommen hat: Sie erlebt sich von der Erzieherin in einer Art ‚Kindersprache' angesprochen, durch die sie zum einen als nicht ernst zu nehmende Persönlichkeit und zum anderen als unfähige und überforderte Mutter erscheint, der man Schritt für Schritt erklären muss, wie man seine Kinder richtig erzieht. Sie wird damit von der Erzieherin als ‚Hilfsbedürftige' adressiert.

Diese Art des Angesprochenwerdens weist Frau Holzer zurück: *„Dann lassen sie mich bitte in Ruhe…: ich weiß, wie ich was zu machen hab."* (Z. 559–560). Sie präsentiert sich damit sowohl in der Situation mit der Erzieherin als auch in der Interviewsituation als eine kompetente Mutter, die genau weiß, wie sie mit ihren Kindern in bestimmten Situationen umzugehen hat. Gleichzeitig distanziert sie sich damit von der Erzieherin, die *„reden und reden und reden"* (Z. 557) würde, aber nichts unternehme.

…

In diesem Kontext verortet Frau Holzer auch die Problemwahrnehmung der Schule. Sie geht vor dem Hintergrund ihrer bisherigen Erfahrungen davon aus, dass die Professionellen die Ursachen möglicher Probleme ihrer Kinder in der Schule nicht in schul- bzw. fachspezifischen Bereichen suchen, sondern eher allgemein auf ihre familiäre Situation zurückführen: *„Ich soll da irgend 'n Zettel noch unterschreiben für seine Sprachnachförderungshilfe da, nä. ‚Ja, Ich sag', dann kommen sie doch einfach mit Frau Meis vorbei', gucken Sie sich das an, dann können Sie immer noch 'n Urteil über mich bilden"* (Z. 564–567).

In der Art und Weise wie Frau Holzer auf das Unterstützungsangebot der Schule reagiert, dokumentiert sich ihre Haltung, dass sie davon ausgeht, die Schule würde den Bedarf ihres Kindes nach einer Sprachförderung nicht auf wirklich existierende Probleme zurückführen, sondern auf Vorurteile bezüglich ihrer Person, ihrer familiären Situation und einer (vermeintlich) defizitären Erziehung ihrer Kinder: *„Ja, dann kamen die ja und da ham sie doof geguckt, nä. Und seitdem lässt sie mich auch in Ruhe"* (Z. 567–568). Demnach ist es in ihrer Logik auch nur folgerichtig, dass sie das Angebot der Schule und die Einmischungsversuche der Erzieherin als unangemessen und ungerechtfertigt zurückweist, ohne eine genauere ‚Prüfung' der Nützlichkeit des Unterstützungsangebots für ihren Sohn in Betracht gezogen zu haben. Dies führt zu einer Einschränkung ihrer Handlungsoptionen, die unter anderem auch zulasten ihres Kindes geht.

Auszug aus: Andresen et al. 2009: 52–62.

Der Auszug verdeutlicht die Barrieren, die entstehen können, wenn Eltern sich von den Lehrkräften oder Erzieherinnen nicht anerkannt fühlen, wenn unklar ist, wer wofür die Verantwortung hat und wenn Erziehungspraktiken und Vorstellungen von „guter Kindheit" und „guter Erziehung" ausschließlich an den Normen der Mittelschicht gemessen werden.

In diesem Spannungsfeld zu forschen und Passungsverhältnisse zu analysieren, verspricht weiterführende Erkenntnisse über die Rahmenbedingungen von Bildungsmotivation, ihrem Aufbau und ihrer Gefährdung. Es gibt vielleicht kein Glück, zu dem die Pädagogik verhilft, aber an Motivation, Selbstwirksamkeit, Anerkennung und Befähigung sollte sie gemessen werden.

Literatur

Albus, Stefanie/Andresen, Sabine/Fegter, Susann/Richter, Martina (2009): Wohlergehen und das „gute Leben" in der Perspektive von Kindern. Das Potenzial des Capability Approach für die Kindheitsforschung. In: Zeitschrift für Soziologie der Erziehung und Sozialisation. Schwerpunktheft Capability Forschung 29 (4). 46–358

Andresen, Sabine (2009): Bildung In: Andresen/Casale/Gabriel/Horlacher/Larcher/Oelkers (2009b): 76–90

Andresen, Sabine (2008a): Kinder und soziale Ungleichheit. Ergebnisse der Kindheitsforschung zu dem Zusammenhang von Klasse und Geschlecht. In: Prengel/Rendtorff (2008): 35–48

Andresen, Sabine (2008b): Kinder und Armut. Perspektiven der Forschung. In: Sünker/Swiderek (2008): 164–179

Andresen, Sabine (2007): Soziale Spaltung und soziale Mobilität. Herausforderungen der Erziehungswissenschaft. In: Casale/Horlacher (2007): 32–43

Andresen, Sabine/Hurrelmann, Klaus (2010): Kindheit. Weinheim/Basel: Beltz

Andresen, Sabine/Fegter, Susann (2009): Spielräume sozial benachteiligter Kinder. Bepanthen Kinderarmutsstudie. Eine ethnographische Studie zu Kinderarmut in Hamburg und Berlin. Preliminary final report. Bielefeld

Andresen, Sabine/Hurrelmann, Klaus (2007): Was bedeutet es, heute Kind zu sein? Die World Vision Kinderstudie als Beitrag zur Kinder- und Kindheitsforschung. In: World Vision Deutschland (2007): 35–64

Andresen, Sabine/Hurrelmann, Klaus/Fegter, Susann (2010): Wie geht es unseren Kindern? Wohlbefinden und Lebensbedingungen der Kinder in Deutschland. In: World Vision Deutschland (2010)

Andresen, Sabine/Richter, Martina/Otto, Hans-Uwe (2010): Familien als Akteure in der Ganztagsgrundschule. Qualitative Fallstudien zur elterlichen und kindlichen Aneignung ganztägiger Bildungssetting. Final Report. Bielefeld

Andresen, Sabine/Richter, Martina/Otto, Hans-Uwe (2009a): Familien als Akteure in der Ganztagsgrundschule. Qualitative Fallstudien zur elterlichen und kindlichen Aneignung ganztägiger Bildungssetting. Zwischenbericht. Bielefeld

Andresen, Sabine/Otto, Hans-Uwe/Ziegler, Holger (2008): Bildung as Human Development. An educational view on the Capabilities Approach. In: Otto/Ziegler (2008): 165–197

Andresen, Sabine/Casale, Rita/Gabriel, Thomas/Horlacher, Rebekka/Larcher, Sabrina/Oelkers, Jürgen (Hrsg.) (2009b): Handwörterbuch Erziehungswissenschaft. Weinheim: Beltz

Arendt, Hannah (1958/1997): Vita Activa oder vom tätigen Leben. München: Piper

Baker, John/Lynch, Kathleen/Cantillon, Sara/Walsh, Judy (2004): Equality. From Theory to Action. Houndmills: Palgrave

Ball, Stephen J. (1993): Education Markets, Choice and Social Class. The market as a class strategy in the UK and the USA. In: British Journal of Sociology of Education. 14 (1). 3–19

Becker, Gary (1993): Human Capital. A Theoretical and Empirical Analysis, with Special References to Education. Third Edition. Chicago: University Press

Beckmann, Christof/Otto, Hans-Uwe/Richter, Martina/Schrödter, Mark (Hrsg.) (2009): Neue Familialität als Herausforderung der Jugendhilfe. Neue Praxis. Zeitschrift für Sozialarbeit, Sozialpädagogik und Sozialpolitik. Sonderheft 9. neue praxis: Lahnstein

Bernstein, Basil (2000): Pedagogy, Symbolic Control and Identity. London: Routledge

Borst, Eva/Casale, Rita (Hrsg.) (2007): Jahrbuch Frauen- und Geschlechterforschung in der Erziehungswissenschaft. Band 3. Ökonomie der Geschlechter. Opladen/Farminton Hills: Barbara Budrich

Bridges, David/McLaughlin, Terence H. (Hrsg.) (1994): Education and the Market Place. London: The Falmer Press

Brighouse, Harry (2004): Justice. Cambridge: Polity Press

Brighouse, Harry/Unterhalter, Elaine (2008): Primary Goods versus Capabilities. Considering the debate in relation to equalities in education. In: Otto/Ziegler (2008): 69–84

Brumlik, Micha (2002): Bildung und Glück. Versuch einer Theorie der Tugenden. Berlin/Wien: Philo

Casale, Rita/Horlacher, Rebekka (Hrsg.) (2007): Bildung und Öffentlichkeit. Jürgen Oelkers zum 60. Geburtstag. Weinheim: Beltz

Dahrendorf, Ralf (1966): Bildung ist Bürgerrecht. Plädoyer für eine aktive Bildungspolitik. Hamburg: Nannen
Deutscher Paritätischer Wohlfahrtsverband (DPWV) (2008): Expertise. Was Kinder brauchen. Für eine offene Diskussion über das Existenzminimum für Kinder nach dem Statistikmodell gemäß § 28 SGB XII (Sozialhilfe). Berlin. Verfügbar unter: www.forschung.paritaet.org/fileadmin/SUBDOMAINS/forschung/Expertise_Kinderregelsatz_web.pdf
Deutsches Jugendinstitut (DJI) (2009): Kinderarmut in Deutschland. Empirische Befunde, kinderpolitische Akteure und gesellschaftspolitische Handlungsstrategien. Expertise im Auftrag des Deutschen Jugendinstituts von Maksim Hübenthal. Verfügbar unter: http://www.dji.de/bibs/21_expertise_huebenthal_kinderarmut_2009.pdf
Honneth, Axel/Rössler, Beate (Hrsg.) (2008): Von Person zu Person. Zur Moralität persönlicher Beziehungen. Frankfurt a. M.: Suhrkamp
Lareau, Annette (2003): Unequal childhoods. Class, race, and family life. Berkeley, CA: University of California Press
Merten, Roland (2007): Kinderarmut in Deutschland – mehr als nur ein Randphänomen! Verfügbar unter: http://www.uni-oblenz.de/~gpko/download/allgemein/dozenten/westphal/kinderarmut.pdf_
Neckel, Sighard (2009): Soziologie der Scham. In: Schäfer/Thompson (2009): 103–118
Nussbaum, Martha C. (2006): Frontiers of Justice. Cambridge: Harvard University Press
Nussbaum, Martha C. (1999). Gerechtigkeit oder das gute Leben. Frankfurt: Suhrkamp
Nussbaum, Martha C. (1997): Cultivating Humanity. A Classical Defense of Reform in Liberal Education. Cambridge, MA: Harvard University Press
Ortner, Rosemarie (2007): Der Homo oeconomicus feministisch gebildet? Eine neoliberale Herausforderung für das Subjektverständnis feministischer Bildungstheorie. In: Borst/Casale (2007): 27–44
Otto, Hans-Uwe/Ziegler, Holger (Hrsg.) (2008): Capabilities – Handlungsbefähigung und Verwirklichungschancen in der Erziehungswissenschaft. Wiesbaden: VS Verlag
Peters, Michael A./Humes, Walter (2003): Education in the Knowledge Economy. In: Policy Futures in Education 1 (1). 1–19
Picht, Georg (1964): Die deutsche Bildungskatastrophe. Stuttgart: Walter
Plößer, Melanie (2005): Dekonstruktion – Feminismus – Pädagogik. Vermittlungsansätze zwischen Theorie und Praxis. Königstein/Taunus: Ulrike Helmer
Prengel, Annedore/Rendtorff, Barbara (Hrsg.) (2008): Jahrbuch Frauen- und Geschlechterforschung in der Erziehungswissenschaft. Band 4. Opladen/Farmington Hills: Leske+Budrich
Rachels, James (2008): Eltern, Kinder und die Moral. In: Honneth/Rössler (2008): 254–278
Richter, Martina/Beckmann, Christof/Otto, Hans-Uwe/Schrödter, Mark (2009): Neue Familialität als Herausforderung der Jugendhilfe. In: Beckmann/Otto/Richter/Schrödter (2009): 1–14
Robeyns, Ingrid (2006): Three models of education: rights, capabilities and human capital. In: Theory and Research in Education 4 (1). 69–84 (Online Paper 2005)
Rousseau, Jean-Jacques (1998): „Emile oder über die Erziehung". Ditzingen: Reclam
Schäfer, Alfred/Thompson, Christiane (Hrsg.) (2009): Scham. Paderborn: Schöningh
Sen, Amartya (1985): Well-being, agency and freedom. The Dewey lectures 1984. In: Journal of Philosophy 82 (4). 169–221
Sen, Amartya (1992): Inequality Re-examined. Oxford: Oxford University Press
Stamm, Margrit/Viehhauser, Martin (2009): Frühkindliche Bildung und soziale Ungleichheit. Analysen und Perspektiven zum chancenausgleichenden Charakter frühkindlicher Bildungsangebote. In: ZSE 29 (4). 403–418
Stojanov, Krassimir (2008): Bildungsgerechtigkeit als Freiheitseinschränkung? Kritische Anmerkungen zum Gebrauch der Gerechtigkeitskategorie in der empirischen Bildungsforschung. In: Zeitschrift für Pädagogik 54 (4). 516–531
Sünker, Heinz/Swiderek, Thomas (Hrsg.) (2008): Lebensalter und Soziale Arbeit. Kindheit. Band 1. Baltmannsweiler: Schneider-Verlag Hohengehren
UNICEF (2007): Innocenti Research Centre. Child poverty in perspective. An overview of child well-being in rich countries. A comprehensive assessment of the lives and well-being of children and adolescents in the economically advanced nations. Verfügbar unter: http://www.unicef.org/irc
Vincent, Carol/Ball, Stephen J. (2006): Childcare, Choice and Class Practices. Middle-class parents and their children. London/New York: Routledge
Walker, Melanie (2008): The capability approach as a framework for reimagining education and justice. In: Otto/Ziegler (2008): 116–130
World Vision (2010): Kinder in Deutschland 2010. 2. World Vision Kinderstudie. (i. E.)
World Vision (2007): Kinder in Deutschland 2007. 1. World Vision Survey. Wissenschaftliche Leitung: Klaus Hurrelmann und Sabine Andresen. Frankfurt: Fischer Taschenbuch

Reduzierung von Selektion und Übergangsschwellen

Gabriele Bellenberg und Grit im Brahm

1 Einleitung

Für die Auseinandersetzung mit den Übergangsschwellen und der Selektion im deutschen Schulsystem ist konstitutiv, dass in Deutschland vor knapp 200 Jahren ein berechtigungsorientiertes Prüfungswesen, auch terminales Prüfungswesen genannt, eingeführt wurde (Fend 2008: 95). Die schulischen Abschlüsse entscheiden darüber, ob ein Absolvent die Berechtigung erhält, anschließende Bildungsangebote wahrzunehmen oder nicht. Andere Länder verfügen über elektive Prüfungssysteme, die lediglich das Recht vergeben, sich bei nachfolgenden Bildungsgängen zu bewerben, die dann ihrerseits über Aufnahmeprüfungen letztlich entscheiden, wer „weitermachen“ darf.

Eine Folge des terminalen Systems in Deutschland ist es, dass streng darauf geachtet werden muss, dass „den gleichen Berechtigungen [...] auch gleiche inhaltliche Anforderungen und Leistungen entsprechen. Willkürliche oder individuelle Anspruchsniveaus in der Schulklasse und Schule geraten in eine problematische Zone, da sie dem Gerechtigkeitsprinzip widersprechen“ (Fend 2008: 96).

Diese Folge terminaler Prüfungssysteme tritt besonders bei der Verankerung früher Übergangschwellen (wie in Deutschland nach Klasse 4) zu Tage: „In der Konsequenz des Entscheids zur Errichtung von vierjährigen Grundschulen vor mehr als achtzig Jahren findet die schulische Selektion in Deutschland so früh statt wie in keinem anderen Bildungssystem. In keinem anderen System ist sie auch so unkorrigierbar und mit so weit reichenden Folgen verbunden“ (Fend 2008: 100). Das Ziel eines solchen Bildungssystems ist es nicht, „eine möglichst hohe Bildungskompetenz für alle zu erreichen, sondern eine möglichst frühe Selektion, damit ‚gute‘, ‚mittlere‘ und ‚schlechte‘ Schüler am Ende der Grundschule unter sich bleiben können“ (Fend 2008: 100).

In der empirisch orientierten Schulforschung ist breit belegt, dass sich insbesondere an Übergangsschwellen primäre und sekundäre soziale Disparitäten niederschlagen (siehe dazu beispielsweise den Beitrag von Ditton in diesem Band), welche durch den Einsatz selektiver Instrumente noch verstärkt werden können (vgl. dazu Abschnitt 5 dieses Aufsatzes).

Es ist u. a. der Verdienst der großen Leistungsvergleichsstudien der vergangenen Jahre, diese selektiven Effekte des deutschen Schulsystems nachgewiesen zu haben. Damit wurde zugleich der Grundstein für Veränderungen gelegt, die das Ziel verfolgen, die Disparitäten zu mindern, die Übergangsschwellen und die schulische Selektion zu reduzieren. Der folgende Beitrag geht der Frage nach, ob und mit welchen Effekten dies im deutschen Schulsystem gelingt.

Im zweiten Abschnitt wird die Übergangsschwelle „Eintritt in die Pflichtschule“ beleuchtet und zu klären versucht, ob hier eine Reduktion der selektiven Bedeutung dieser

Schwelle zu verzeichnen ist. Die wichtigste Schwelle im deutschen Schulsystem stellt jedoch der Übergang von der Grundschule in die Sekundarstufe I dar. Ob und inwieweit die Selektion an dieser Übergangsschwelle reduziert wird, wird im dritten Abschnitt thematisiert. Anschließend wird diskutiert, ob und inwieweit schulische Selektion – gemessen am Instrument der Klassenwiederholung wie der Abschulung – reduziert und durch Förderung ersetzt werden kann (Abschnitt 4). Im fünften Abschnitt schließlich wird der Frage nachgegangen, ob die Bedeutung der Übergangsschwellen durch die Entkopplung von Schulform und Abschluss gemildert werden kann.

Der Beitrag schließt mit einer zusammenfassenden Diskussion der Befunde.

2 Verzicht auf Zurückstellungen von der Einschulung als Beitrag zur Reduktion von Übergangsschwellen

Traditionell werden Kinder in Deutschland mit sechs Jahren schulpflichtig, wobei eine Stichtagsregelung (30. Juni) greift, von der seit 1997 die Bundesländer abweichen dürfen. Diese größere Flexibilität bei der Einschulungsregelung hat dazu geführt, dass der Anteil der Sechsjährigen, die eine Grundschule besuchen, an allen Sechsjährigen in den vergangenen Jahren erkennbar angestiegen ist: von 51,9 % im Jahr 2003 auf 57,9 % im Jahr 2006. Dies ist allerdings im internationalen Vergleich ein noch immer niedriger Wert: In Frankreich liegt diese Quote z. B. bei 96,1 % (vgl. dazu Autorengruppe Bildungsberichterstattung 2008: 251 f.).

Verbunden mit dieser Einschulungsregelung war schon immer die Möglichkeit, Kinder aufgrund ihres Entwicklungsstandes vorzeitig, also vor dem Stichtag, einzuschulen oder aber für ein Jahr vom Schulbesuch zurückzustellen, wenn das Kind noch nicht schulfähig ist.

Bundesweit ist der Anteil der vorzeitig eingeschulten Kinder von 1992 erst 2,6 % auf 9,1 % im Jahr 2004 gestiegen. Insbesondere die in einigen Ländern deutliche Vorverlegung des Beginns der Regelschulpflicht hat dazu beigetragen, dass der Anteil der Früheingeschulten bis zum Jahr 2008 wieder auf 5,4 % zurückgegangen ist. Zugleich sank im gleichen Zeitraum der Anteil der vom Schulbesuch zurück gestellten Kinder vom Höchstwert in 1995 von 8,4 % auf 5,7 % in 2004; 2008 liegt dieser Anteil bei 6 % (Statistisches Bundesamt 2010: 263 f.).

Die Forschung belegt, dass Kinder aus der Zurückstellung im Vergleich zu nicht zurückgestellten Risikokindern in aller Regel keinen substanziellen Nutzen ziehen (Einsiedler et al. 2008: 340). Zugleich werden durch das Instrument der Zurückstellung soziale Disparitäten verstärkt: PISA 2000 zeigt, dass Kinder der unteren sozialen Schichten sowie Schüler mit Migrationshintergrund überproportional häufig vom Schulbesuch zurückgestellt werden. Vor dem Hintergrund dieser gesättigten Befundlage ist der für Deutschland insgesamt gegenüber dem Jahr 2001 zurückgehende Anteil zurückgestellter Kinder, der in der Folgezeit faktisch stagniert, grundsätzlich positiv zu interpretieren (vgl. Tabelle 1).

Tabelle 1 Zurückstellungen von der Einschulung in % aller Einschulungen

	2001	2004	2007	2008
BW	6,4	5,9	8,5	10,3
BY	4,5	4,2	7,9	10,4
BE	9,1	5,6	3	3,6
BB	7,5	7,7	12,5	11,5
HB	-	7,9	2,3	2,1
HH	5	2,7	3,4	2,3
HE	8	8,6	10,1	9,2
MV	12,9	8,9	6,3	6,1
NS	7,8	6,6	5,6	5,7
NW	6,4	4,3	0,8	0,9
RP	6,9	4,6	7,3	5,4
SL	6,7	5,6	2,9	3,3
SN	12,6	8,6	3,9	4,5
ST	5,3	4,7	0,7	1
SH	8,4	6,7	4,9	1,9
TH	5,8	8,9	6,4	7,7
Deutschland	6,8	5,7	5,5	6

Quelle: Statistisches Bundesamt 2010; 263f

Die Länder zeigen hier einen sehr unterschiedlichen Umgang mit der Frage der Einschulung: Eine Reihe von Ländern hat sowohl das Regeleinschulungsalter herabgesetzt als auch gleichzeitig den Anteil der Zurückstellungen vom Schulbesuch und in der Folge damit der verspätet eingeschulten Kinder drastisch gesenkt, hierzu gehören insbesondere NRW und Sachsen-Anhalt (1 % verspätete Einschulungen). Andere Bundesländer hingegen weisen Quoten verspäteter Einschulungen von etwa 10 % auf, hierzu zählen insbesondere Baden-Württemberg, Bayern, Brandenburg und Hessen (Statistisches Bundesamt 2010: 263 f.).

Im Zeitvergleich überwiegen diejenigen Länder, denen eine Reduktion der Zurückstellungen von der Einschulung gelungen ist (11 Länder: Berlin, Bremen, Hamburg, Mecklenburg-Vorpommern, Niedersachsen, Nordrhein-Westfalen, Rheinland-Pfalz, Saarland, Sachsen, Sachsen-Anhalt, Schleswig-Holstein), nur in einem Land (Thüringen) ist annähernd eine Konstanz der Quoten zu verzeichnen. In vier Ländern (Baden-Württemberg, Bayern, Brandenburg, Hessen) ist erwartungswidrig gegenüber dem allgemeinen Trend eine Zunahme der Zurückstellungen zu konstatieren und das auf hohem Niveau.

Im Sinne einer Reduktion von Selektion beim Schulanfang zeigen sich diese Länder als entwicklungsbedürftig.

Strukturell reagieren die Länder, denen der Verzicht auf Zurückstellung von der Einschulung bedeutsam ist, auf die neuen Anforderungen im Schulanfang durch die Aufnahme von Kindern, die – im Falle einer vorzeitigen Einschulung – noch nicht schulpflichtig, oder – im Falle des Verzichts auf Zurückstellung – noch nicht schulfähig sind mit der Neugestaltung der Schuleingangsphase.

Die Grundstruktur dieser Neugestaltungen ist dadurch gekennzeichnet, dass alle Kinder – soweit als möglich auch solche mit sonderpädagogischem Förderbedarf – eingeschult und in die Grundschule aufgenommen werden; auf eine Zurückstellung wird dabei grundsätzlich verzichtet. Die Schuleingangsdiagnostik dient in diesem Modell dazu, allen Kindern eine stärker differenzierende und individualisierte Förderung unter Einbezug von sozial- und sonderpädagogischen Maßnahmen zu geben. Die ersten beiden Grundschulklassen werden zu einer pädagogischen Einheit zusammengefasst und die Verweilzeit in ihnen wird so flexibel gestaltet, dass sie je nach Entwicklungsstand des Kindes ein, zwei oder drei Jahre ausmacht.

Für NRW – einem Land, in dem die Zurückstellung auf unter einem Prozent aller Einschulungen reduziert wurde – soll der Frage nachgegangen werden, ob mit der neuen Schuleingangsphase eine Reduktion von Selektion einhergeht. Zielsetzung der neuen Schuleingangsphase in NRW ist es, „alle schulpflichtigen Kinder eines Jahrgangs in die Grundschule aufzunehmen und sie dem Grad ihrer Schulfähigkeit entsprechend zu fördern. Schulfähigkeit wird als Entwicklungsaufgabe auch der Grundschule verstanden“ (MSWF NRW 2004). Auch wenn in der Schuleingangsphase Schülerinnen und Schüler in der Regel jahrgangsübergreifend in Gruppen unterrichtet werden sollen, offenbart die Landesschulstatistik, dass im Schuljahr 2008/09 nur 11 % aller Grundschulen in Nordrhein-Westfalen jahrgangsübergreifend arbeiteten (MSW NRW 2009a: 24). Es verblieben im selben Schuljahr gleichzeitig gut 53.300 Grundschülerinnen und Grundschüler ein zusätzliches Jahr in der Schuleingangsstufe, was einem Anteil von 15,6 % der dortigen Schülerschaft entspricht. Diese verlängerten damit ihre Grundschulzeit auf (mindestens) fünf Jahre (MSWF NRW 2009b: 31).

Der Verzicht auf Zurückstellung bei der Einschulung führt in NRW – auch bei längeren Verweilzeiten in der Grundschule – erst einmal dazu, dass auch die leistungsschwächeren (nicht schulfähigen) Kinder in die Grundschule aufgenommen werden und damit schulisch gefördert werden können. Der Umgang mit dieser heterogenen Lernergruppe erfordert viel Flexibilität – sowohl bezogen auf eine individualisierende Unterrichtsgestaltung als auch im Umgang mit dem Faktor Zeit. So kann es sein, dass diese zeitliche Verzögerung der Schullaufbahn, die statistisch und mit Blick auf die Erfüllung der Schulpflicht nicht als Klassenwiederholung zählt, zu Förderzwecken genutzt wird. Ob sich hier allerdings tatsächlich fördernde Effekte einstellen, bleibt weiteren Forschungen vorbehalten. Entweder wird die zeitliche Flexibilität hier produktiv genutzt, oder aber – und dies wäre aufgrund des jahrgangsbezogenen Unterrichts durchaus möglich – es handelt sich um die Substitution eines selektiven Instruments (bei Schulbeginn) durch ein anderes (während der Grundschulzeit). Damit kann die Frage, ob mit der Reduktion der Übergangsschwelle „Eintritt in die Grundschule“ eine bessere Förderung erreicht wird, gegenwärtig nicht eindeutig beantwortet werden.

3 Zur Reduktion der Übergangschwelle von der Grundschule zur Sekundarstufe I

Die Einführung der vierjährigen gemeinsamen Grundschule 1919/1920 war ein (Teil-)Sieg der Leistungs- über die Ständegesellschaft: Mit der Abschaffung des Kaiserreichs und der Gründung der Weimarer Republik wurde auch um die Umwandlung der Schulstruktur nach demokratischen Prinzipien gerungen. Der durch die Weimarer Nationalversammlung gefundene Kompromiss – eine gemeinsame vierjährige Schulbesuchszeit, damals noch als „Grundschule in der Volksschule" organisiert – führte einerseits dazu, dass erstmals in der deutschen Schulgeschichte der Besuch einer höheren Schule (auch) von schulischen Leistungen abhängig gemacht wurde: Erst im Anschluss wurde über die dann unterschiedlichen Bildungswege der Schülerinnen und Schüler entschieden. Dabei spielte neben dem Schulgeld, welches auf den weiterführenden Schulen gezahlt werden musste, nun die schulische Leistung eine Rolle für die Frage, welche Schulform ein Schüler oder eine Schülerin im Anschluss an die gemeinsame Grundschulzeit besuchen sollte. Vor der Einführung der Grundschule 1919 besuchten die Kinder eine standesgemäße dreijährige Vorschule (vor allem an den Gymnasien) oder gingen direkt in eine Volksschule. Dabei spielte als Selektionskriterium vorher der Stand, nicht die Leistung, eine Rolle.

In der Gegenwart des Jahres 2010 erfolgt der Übergang von der Grundschule in die Sekundarstufe I in der Mehrheit der Bundesländer noch immer nach Klasse 4, in zwei Ländern (Berlin und Brandenburg, demnächst voraussichtlich auch in Hamburg) nach der sechsjährigen Grundschule. Die Schülerinnen und Schüler wechseln dabei in der Regel in eine Hauptschule, Realschule, Gesamtschule oder in ein Gymnasium. In den neuen Ländern, im Saarland, in Schleswig-Holstein, in Bremen und demnächst auch in Rheinland-Pfalz, in Hamburg und in Berlin steht neben dem Gymnasium nur eine nichtgymnasiale Schulform – die in jedem der genannten Länder eine andere Bezeichnung trägt – zur Verfügung. Eine Sondersituation weist Hessen auf, wo in einzelnen Regionen die Klassen 5 und 6 als Förderstufe organisiert sind, so dass dort die Schullaufbahnentscheidung erst nach Klasse 6 ansteht (Lange 2009).

Alle Regelungen des Übergangs stehen unter dem Zwang, zu einem biographisch sehr frühen Zeitpunkt Prognosen zur Entwicklung des einzelnen Kindes abzugeben. „Der eigentliche Zweck der Grundschule wäre dann nicht die Grundbildung für alle, sondern die Vorspurung der Selektion, deren Druck Mitte der dritten Klasse einsetzt und bis zum Ende der Grundschule ständig zunimmt" (Fend 2008: 100).

Stellt man sich die Frage nach den Möglichkeiten der Reduktion dieser Übergangsschwelle, muss man einerseits die Übergangsregelungen in den Blick nehmen, andererseits die Ausgestaltung des anschließenden Bildungssystems in der Sekundarstufe I.

Übergangsregelungen im Zusammenspiel mit schulstrukturellen Ausprägungen

Die Regelungen für den Übergang unterscheiden sich von Bundesland zu Bundesland auch hinsichtlich des Hauptgewichts der Entscheidungsbefugnis. Während in einigen Ländern die Eltern auch bei anders lautenden Empfehlungen das Recht haben, über den weiteren Schulbesuch ihrer Kinder zu entscheiden, gibt es eine Reihe von Ländern, bei denen Zeugnisnoten oder die Empfehlung seitens der Grundschule das Hauptgewicht bei der Übergangsentscheidung haben. Insgesamt ist in den letzten Jahren eine Tendenz zur Verstärkung der Selektivität am Ende der Grundschulzeit zu beobachten (Einsiedler et al. 2008: 342 ff.). Dies gilt insbesondere für den Zugang zum Gymnasium in solchen Ländern, die daneben nur noch über eine weitere Sekundarstufenschulform verfügen, diese Länder werden in der folgenden Abbildung 1 als zweigliedrig gekennzeichnet.

Wie Abbildung 1 deutlich macht, werden zu Beginn des Jahres 2010 in 12 Ländern Entscheidungen über den weiteren Bildungsweg der Schüler in Klasse 4 getroffen. Von diesen 12 Ländern entscheiden in sechs Ländern die Eltern über den weiteren Bildungsweg, die Grundschulgutachten sind unverbindlich. In den übrigen sechs Ländern schreiben die Grundschulen verbindliche Grundschulgutachten, die zumeist von den Noten in den Hauptfächern abhängig sind. Eltern haben in allen diesen Ländern die Möglichkeit, von den Empfehlungen abzuweichen. Dabei müssen ihre Kinder in drei dieser Länder schriftliche landeszentrale Tests an Grundschulen absolvieren, in zwei Ländern müssen die Schüler einen Probeunterricht an der Wunschschulform bestehen und ein Land sieht einen so genannten Prognoseunterricht vor, der von einer externen Kommission abgenommen wird, welche aus Grundschul- und Sekundarschullehrkräften besteht und durch die Schulaufsicht unterstützt wird. Am Ende der Klasse 6 wird in vier Ländern die Entscheidung über die weitere Schullaufbahn gefällt, davon hat nur ein Land das Elternrecht realisiert, zwei Länder machen den Zugang zum Gymnasium nach Klasse 6 von Noten und/oder Kompetenzen abhängig, in einem Land müssen die Schüler einen Probeunterricht absolvieren.

Schaut man sich die unterschiedlichen Strategien im Umgang mit der Reduktion der Übergangsschwelle in die Sekundarstufe I an, dann sind es gegenwärtig sicherlich die Stadtstaaten Bremen und Berlin, in denen diese Strategie am deutlichsten sichtbar ist: In Bremen gilt das Elternwahlrecht nach Klasse 4, wobei die Eltern ab 2011/12 nur noch zwischen Gymnasium und Oberschule entscheiden müssen, welche schrittweise eingeführt wird (SBWB 2010). Kann der Erstwunsch der Eltern wegen eines Anmeldeüberhangs nicht realisiert werden, gilt der Zweit- bzw. Drittwunsch der Eltern. Da die Gymnasien in Bremen in Zukunft gegenüber den Oberschulen quantitativ eine sehr kleine Gruppe von Schulen darstellen und an den Oberschulen ebenfalls das Abitur (nach 12 oder 13 Jahren) erworben werden kann, ist hier die Übergangsschwelle deutlich abgesenkt worden. In Berlin gilt nach der sechsjährigen Grundschule ebenfalls das Elternwahlrecht, welches zwischen Gymnasium und Integrierter Sekundarschule (ab dem Schuljahr 2010/11) mit Abituroption ausgeübt werden kann. Die Stärkung des Elternrechts in den weniger selektiven Ländern, wie dies für Bremen und Berlin gilt, hat, dies zeigt die Schulforschung, einen hohen Preis: Die soziale Selektivität des Übergangs fällt höher aus als dies durch die verbindlichen Schulformempfehlungen der Fall ist (vgl. z. B. Ditton/Krüsken 2009). Allerdings ist durchaus plausibel anzunehmen, dass sich die soziale Selektivität bei dem Übergang in ein System, in dem alle Schulformen die Abituroption bereithalten, zurückgehen wird.

In Baden-Württemberg und Bayern hingegen ist der Übergang deutlich selektiv angelegt, die Übergangsschwelle in das in beiden Ländern traditionell gegliederte System der Sekundarstufe ist hoch:

In Baden-Württemberg und Bayern ist die Empfehlung der Grundschullehrkräfte an Noten gebunden, die für den Gymnasialübergang strenger als für den Realschulübergang ausfallen. Wollen Eltern aus Baden-Württemberg von der Schulformempfehlung nach oben

Abbildung 1 Übergangsregelungen in den einzelnen Bundesländern

	Entscheidung nach Klasse 4						Entscheidung nach Klasse 6		
				Abweichung von der Empfehlung möglich durch					
	Gliederigkeit des Schulsystems[3]	Elternrecht	verbindliche Schulformempfehlung	abhängig von zentralen Prüfungen an Grundschulen	abhängig vom Probeunterricht an der aufnehmenden Schulform	abhängig von Probeunterricht durch eine Kommission[4]	Elternrecht	verbindliche Schulformempfehlung nach Noten und Kompetenzen	Probeunterricht bei Abweichung am Gymnasium
BW	4		X	X					
BY	4		X		X				
BE	2						X		
BB	2							X	
HB	2	X							
HH[1]	2							X	
HE	4	X							
MV[2]	2								X
NS	4	X							
NW	4		X			X			
RP	2	X							
SL	2	X							
SN	2		X	X					
ST	2		X	X					
SH	2	X							
TH	2		X		X				

1 noch nicht umgesetzt, Planungsunsicherheit
2 schulartenunabhängige Orientierungsstufe
3 vereinfacht nach Lange, V. 2009
4 gemeinsame Pruefungskommission von Grundschul- und Sekundarschullehrkraeften sowie der Schulaufsicht

Elternrecht
verbindliche Schulformempfehlung, Prüfung an Grundschule bzw. Notenabhängigkeit in 6
verbindliche Schulformempfehlung, Prüfung an aufnehmender Schulform oder extern

abweichen, muss sich ihr Kind einer Aufnahmeprüfung unterziehen, die nach landeseinheitlichen Vorgaben in den Fächern Deutsch und Mathematik an zentralen Grundschulen stattfindet. Das Bestehen der Aufnahmeprüfung hängt von den darin erzielten Noten ab. Bildungswillige Eltern in Bayern, die entgegen der Schulformempfehlung ihren Schulwunsch realisieren wollen, müssen ihr Kind an einem dreitägigen Probeunterricht an einer Realschule bzw. einem Gymnasium teilnehmen lassen. Hier gilt, wie in Baden-Württemberg, der Notendurchschnitt.

Damit zeigt der Blick auf diese Übergangsschwelle eine klare Polarisierung: Einerseits gibt es liberale Länder wie die beiden bereits angeführten Stadtstaaten, die den Übergang entschärfen, auf der andere Seite sind viele Länder bemüht, den Übergang durch eine leistungsbezogene Auslese seitens der Schule stärker zu gewichten, aber – zumindest gilt das für einige Länder – gleichzeitig die Selektivität in der Sekundarstufe abzubauen. Dies gilt beispielsweise für die Hamburger Schulpläne. Dort soll die Grundschule zur sechsjährigen Primarschule ausgebaut werden, bevor die Kinder in ein zweigliedriges Schulsystem übergehen sollen (BSB H 2009). Die gymnasiale Säule in diesem System soll auf Abschulungen und Klassenwiederholungen verzichten (vgl. dazu auch den folgenden vierten Abschnitt).

Damit fällt die Bilanz zu dieser Übergangsschwelle eher negativ aus: Zusammenfassend bleibt für die Gegenwart festzuhalten, dass keine bundesweite Tendenz zur Reduktion der Selektion an dieser Übergangsschwelle festzustellen ist, sondern ganz im Gegenteil, für viele Länder trotz der schulstrukturellen Reduktion von einer Stärkung dieser Übergangsschwelle auszugehen ist. Auch von der Möglichkeit, diese Schwelle zeitlich an das Ende der Klasse sechs zu verschieben, wird ebenfalls nur sehr zögerlich Gebrauch gemacht.

Anschließend stellt sich die Frage, ob eine Reduktion der Selektivität hinsichtlich des Einsatzes der Instrumente der Klassenwiederholung und der Abschulung zu verzeichnen ist. Dies wird im folgenden Kapitel überprüft.

4 Zur Reduktion von Selektion durch Verzicht auf Klassenwiederholungen und Abstiege

Die Einführung von Klassenwiederholungen geht auf die Etablierung der Jahrgangsklasse zurück. Sie wurde ursprünglich als organisatorische Maßnahme eingeführt, um die altersmäßige und leistungsmäßige Homogenität einer Jahrgangsklasse aufrechtzuerhalten. Dahinter stand bzw. steht die pädagogische Haltung, dass Schüler des gleichen Alters auch in ihrer Leistungsentwicklung vergleichbar seien und dass diese alters- und leistungsmäßige Homogenisierung der Klasse auch ein günstiges Leistungsentwicklungsklima darstellt. Folglich stellt die Klassenwiederholung ein Instrument dar, das durch Selektion zur Homogenisierung und damit zur vermeintlichen Förderung der Schüler beitragen soll. Dieser Logik folgend würde sowohl die abgebende Klasse von der Klassenwiederholung leistungsschwacher Schüler profitieren, da sie auf „ihrem" Niveau weiterarbeiten kann, als auch der Schüler, der in der neuen Klasse die Chance erhielte, mit der Wiederholung wieder den Anschluss an das Leistungsniveau der neuen Lerngruppe zu finden. Doch zeigen die Ergebnisse der empirischen Forschung deutlich, dass Klassenwiederholungen selektieren und nicht fördern. In Bezug auf die Leistung profitieren weder die Repetenten noch die Schüler der abgebenden Klasse mittel- und langfristig von der Klassenwiederholung (Tietze/Rossbach 1998; Bless et al. 2004; Krohne et al. 2004; zusammenfassend auch Arnhold/Bellenberg 2006). Pädagogisch betrachtet verwundert dies nicht, wenn man bedenkt, dass die Wiederholung in den meisten Fällen ohne konkretes Förderkonzept erfolgt(e). Schüler verlassen die höhere Klasse und beginnen in der unteren Klasse wieder von vorne und unterbrechen damit den in der einen Klasse begonnen „Förderprozess“. Beim Repetieren wird in der Regel neu, „bei Null“ begonnen, anstatt konstruktiv und konsequent an den Schwächen zu arbeiten bzw. diese zu fördern. Hinzu kommt das Risiko, dass die Lücken im Lernprozess bereits vor der zu wiederholenden Klasse erworben wurden und somit ein erfolgreicher kumulativer Lernprozess auch beim Wiederholen erschwert bzw. verhindert wird. Darüber hinaus muss die Tatsache kritisch betrachtet werden, dass Schüler beim Repetieren alle Fächer wiederholen müssen, nicht allein diejenigen, in denen sie das Klassenziel verfehlt haben. Diese unflexible Nutzung von Lernzeit führt zu unnötigen Verlängerungen der Schulzeit.

Tatsächlich sind in Deutschland jährlich gut 183.000 Schüler an allgemein bildenden Schulen von einer Klassenwiederholung betroffen, das sind 2,2 % aller Schüler (Statistisches Bundesamt 2010: 190). Die meisten dieser Wiederholungen wurden im Schuljahr 2008/09 in der Sekundarstufe I an Realschulen (4,7 %), Schulen mit mehreren Bildungsgängen (4,1 %) und an Hauptschulen (3,9 %) verursacht. Danach folgen in der Sekundarstufe I die G9-Gymnasien (2,4 %) und Gesamtschulen (2,4 %), die G8-Gymnasien (1,7 %) und die Grundschulen[1] (0,6 %) (Statistisches Bundesamt 2010: 190). Deutlich mehr Ausdruck erlangen diese Daten in Form kumulierter Schullaufbahnen. So zeigen die PISA-Daten des Jahres 2003, dass deutschlandweit gut 23 % der 15-jährigen Schüler bis zu diesem Zeitpunkt mindestens einmal eine Klasse wiederholen mussten. Bellenberg weist in diesem Kontext darauf hin, dass Schüler, die bereits in der Grundschule eine Klasse wiederholen mussten (etwa 9 % der in PISA getesteten 15-Jährigen), nahezu keine Chance haben, im weiteren Verlauf ein Gymnasium zu besuchen, deutlich wahrscheinlicher hingegen ist der Besuch einer Haupt- oder Gesamtschule (Bellenberg 1999). Mit 35 % ist der Anteil der 15-Jährigen, die im Laufe ihrer bisherigen Laufbahn eine Klasse wiederholen mussten, in der Hauptschule am höchsten, gefolgt von der Realschule (knapp 23 %), den Schulen mit mehreren Bildungsgängen (knapp 20 %), den Gesamtschulen (knapp 16 %) und den Gymnasien (knapp 10 %). Diese Darstellung zeigt auch die enge Verknüpfung der Klassenwiederholung und der Abschulung in eine andere Schulform (Baumert et al. 2001: 470).

Klassenwiederholungen selektieren auch sozial, sofern Kinder mit Migrationshintergrund überproportional von Klassenwiederholungen betroffen sind: Ihr Risiko, nicht versetzt zu werden, ist bedeutend größer als das von Kindern ohne Migrationshintergrund (Krohne et al. 2004: 140 ff.). Dies führt bis zum Ende der Pflichtschulzeit dazu, dass von allen 15-Jährigen, die eine andere als die deutsche Muttersprache haben, in den alten Bundesländern rund 41 % zu den Wiederholern gehören. Im Gegensatz dazu beträgt der ent-

1 Hier zählen nur die Klassenstufen 3 und 4, da rechtlich betrachtet in der Schuleingangsstufe keine Wiederholungen erfolgen dürfen.

sprechende Anteil von Schülern mit Deutsch als Muttersprache nur etwa 21 % und ist damit nur etwa halb so hoch.

Angesichts der Tatsache, dass Klassenwiederholungen stark selektiv und nicht fördernd wirken, ist die stetige Abnahme der Wiederholerraten in den Schulen fast aller Bundesländer in den vergangenen Jahren positiv einzuschätzen. Doch darf dieser positive Trend nicht darüber hinwegtäuschen, dass der Anteil der Klassenwiederholer in Deutschland nicht nur schulformspezifisch, sondern auch bundeslandspezifisch stark variiert[2]. Diese Abweichungen lassen sich u. a. auf zwei Ursachen zurückführen: erstens auf die rechtlichen Regelungen in den Bundesländern und zweitens auf die subjektiven Überzeugungen der Lehrenden, die nachweislich Einfluss auf die Häufigkeit von Klassenwiederholungen nehmen (Bless et al. 2004: 124 ff.).

Wie oben bereits erwähnt ist die Häufigkeit von Klassenwiederholungen in Deutschland rückläufig – dies gilt tendenziell für (fast) alle Bundesländer, alle Schulstufen (Primarstufe, Sekundarstufen I und II) und Schulformen.

Die Klassenwiederholungshäufigkeiten variieren in den deutschen Bundesländern deutlich. Die meisten Wiederholungen weist Bayern in der Sekundarstufe I mit 5,3 % und die wenigsten Baden-Württemberg mit 1,6 % aus (Statistisches Bundesamt 2010: 172 ff.). Diese Häufigkeiten sind – mit der Ausnahme von Berlin – das Ergebnis einer rückläufigen Entwicklung in den vergangenen Jahren. Allein in Berlin steigt der prozentuale Anteil der Schüler, die eine Klasse wiederholen müssen, bis zum Schuljahr 2008/09 stetig an. Dabei liegt Berlin mit einer Quote von 4,4 % im Schuljahr 2008/09 im erhöhten Mittelmaß der Länder. Bundeslandspezifische Traditionen, wie z. B. geringere Einsatzhäufigkeiten von Klassenwiederholungen in den neuen Bundesländern, die dieses Selektionsinstrument in DDR-Zeiten nicht genutzt haben, haben sich mittlerweile verflüchtigt.

Ferner variieren die Wiederholungshäufigkeiten deutlich in Abhängigkeit von der Schulform. Dabei kann der Tendenz nach aufgedeckt werden, dass die Wiederholungshäufigkeit an Gymnasien in allen Bundesländern vergleichsweise gering, dagegen in den Haupt- und Realschulen oder Schulen mit mehreren Bildungsgängen höher sind. Dies kann auch auf die Tatsache zurückzuführen sein, dass in einigen Bundesländern eine Klassenwiederholung durch die Abschulung ersetzt wird.

In der Sekundarstufe II liegt die Repetentenquote deutschlandweit an den Gymnasien bei 2,8 %, bei den Gesamtschulen bei 2,9 %. Es zeigen sich in den Ländern, die sowohl das Abitur in 8 als auch in 9 Jahren anbieten, zum Teil auffällige Unterschiede zwischen beiden Jahrgängen in der Wiederholungshäufigkeit: Mit Ausnahme des Landes Niedersachsen fallen die Quoten – bei sehr unterschiedlichen Grundhäufigkeiten in den Ländern – von der Tendenz im G9 höher aus als im G8. Plausibel ist die Annahme, dass dieser Rückgang nicht so sehr pädagogischen Überzeugungen geschuldet ist, sondern aus den Umstellungsnotwendigkeiten im System resultieren, die teilweise eine Klassenwiederholung unmöglich machen. Ob dies dessen ungeachtet ein längerfristiger Trend bleibt, muss in der Zukunft beobachtet werden.

2 Darüber hinaus variiert die Häufigkeit von Klassenwiederholungen auch schulspezifisch zum Teil sehr. In einer deutschen Großstadt wurden im Schuljahr 2007/08 zwischen Schulen derselben Schulform Unterschiede von 18 Prozentpunkten aufgedeckt, d. h. es gab Schulen, in denen keine Schüler wiederholen mussten und mindestens zwei Schulen, in denen die schulspezifische, auf ein Schuljahr bezogene Wiederholerquote bei rund 18 % lag (Im Brahm/Liegmann 2010, i. V.).

Die rückläufige Entwicklung und auch die bundeslandspezifischen Streuungen sind vor allem auch im Kontext rechtlicher Regelungen zu betrachten. Denn mittlerweile haben nicht wenige Bundesländer schulgesetzliche Einschränkungen für das Sitzenbleiben in ihre Schulgesetze aufgenommen.

Insgesamt kann festgehalten werden, dass in allen Bundesländern eine Klassenwiederholung im Übergang von Klasse 1 zu Klasse 2 sowie von Klasse 5 zu Klasse 6 nur in Ausnahmefällen zulässig ist. Diese Schulstufen haben Orientierungscharakter. Alle Bundesländer, die die Klassenwiederholung grundsätzlich als Maßnahme vorsehen, ziehen die Notenverteilung in den Haupt- und Nebenfächern als Bezugsgröße für das Erreichen des Klassenziels heran. Darüber hinaus lassen sich die Bundesländer anhand ihrer Versetzungsregeln in drei Gruppen einteilen:

Erstens gibt es Länder, die sich durch konservative Versetzungsregelungen auszeichnen. Dabei handelt es sich um Länder, die die Versetzung allein aufgrund von Schulnoten regeln, ergänzt durch Möglichkeiten schwache Schulnoten in einem Fach durch bessere Noten in einem anderen auszugleichen. Dazu gehören Brandenburg, Niedersachsen, Rheinland-Pfalz, Sachsen, Sachsen-Anhalt und Thüringen.

Eine zweite Gruppe lässt sich aus solchen Bundesländern bilden, die zusätzlich zum Notenmaßstab die Möglichkeit einer Nachprüfung bzw. einer Versetzung auf Probe vorsehen (Bayern, Baden-Württemberg, Bremen, Saarland).

In beiden Gruppen befinden sich Länder, die einen engen Zusammenhang zwischen der Klassenwiederholung und der Abschulung ziehen. Zweifache Klassenwiederholungen einer Jahrgangsstufe werden ausgeschlossen und stattdessen wird darauf verwiesen, dass in solchen Fällen ein Wechsel auf die nächst niedrigere Schulform erfolgen muss. Andererseits zeigt das Beispiel Berlins, dass Abschulungen mit Versetzung, z. B. vom Gymnasium in Klasse 7 zur Integrierten Gesamtschule in Jahrgangsstufe 8 zugunsten eines Verzichts auf Klassenwiederholungen empfohlen werden.

Eine dritte, eher progressive, förderorientierte Gruppe bildet sich aus den Bundesländern, die eine Klassenwiederholung explizit mit einem Förderpostulat (und gegebenenfalls auch mit der Möglichkeit einer Nachprüfung bzw. einer Versetzung auf Probe) verknüpfen und auf das Ziel verweisen, Klassenwiederholungen zu vermeiden. Zu diesen Ländern zählen Berlin, Hamburg, Hessen, Mecklenburg-Vorpommern, Nordrhein-Westfalen und Schleswig-Holstein. Alle diese Länder betonen im Schulgesetz, dass eine individuelle Förderplanung entweder antizipiert zum zweiten Schulhalbjahr, spätestens aber im Wiederholungsjahr erfolgen sollte, um die entstandenen Lernlücken konstruktiv zu schließen. Ein eindeutiger Zusammenhang zwischen dieser Förderorientierung des Schulgesetzes und der Häufigkeit von Klassenwiederholungen lässt sich nicht herstellen, was möglicherweise auf die Aktualität der Regelungen und die damit verbundene geringe Wirkungsspanne zurückzuführen ist.

Besonders hervorzuheben ist die Initiative Hamburgs, wo das künftige Schulgesetz Klassenwiederholungen ebenso wie Abschulungen innerhalb der Sekundarstufe I ausschließt. Stattdessen schreibt es gezielte Fördervereinbarungen in Kooperation mit den Erziehungsberechtigten vor, um Schüler in ihrem Lernprozess zu unterstützen.

Diese Regelungen geben den rechtlichen Handlungsspielraum der Lehrenden in den Schulen vor und können damit als geeignet betrachtet werden, um Unterschiede in der Häufigkeit von Klassenwiederholungen in den Ländern zu erklären. Darüber hinaus müssen aber auch die Einstellungen von Lehrenden als Erklärungsvariable für Varianzen in den Ländern und Schulformen herangezogen werden. Zu diesem Ergebnis kommt eine Schweizer Studie, die feststellt, dass „der Entscheid im Hinblick auf eine Klassenwiederholung [...] unterschiedlich ausfallen [kann], je nachdem, bei welcher Lehrperson ein schwaches Kind zufällig den Unterricht besucht“ (Bless et al. 2004: 124 ff.). Aus der empirischen Forschung wissen wir um die starke Kraft und Resistenz handlungsleitender Kognitionen. Daher werden wohl auch künftig leistungsfremde Faktoren über die Versetzung von Schülern und damit die schulische Selektion (mit-)entscheiden. Auf der anderen Seite zeigt die Darstellung der rechtlichen Regelungen deutlich das Bestreben vieler Bundesländer, das Selektionsinstrument der Klassenwiederholung zu beschränken bzw. gänzlich zu vermeiden. Nachfolgend sollen ausgewählte Ansätze zur Reduktion von Klassenwiederholungen und damit zum Abbau schulischer Selektivität thematisiert werden.

Ansätze und Konzepte zur Reduktion bzw. zur Vermeidung von Klassenwiederholungen

Die Schulgesetze in Berlin, Hessen, Mecklenburg-Vorpommern, Nordrhein-Westfalen und Hamburg zeigen, dass die Klassenwiederholung an deutschen Schulen zunehmend in die Kritik gerät bzw. gar nicht mehr gewünscht ist. Doch allein der Verzicht auf Klassenwiederholungen wird keine Förderung der Schüler zur Folge haben; vielmehr geht es darum, die Schule mit Unterstützungssystemen zu ergänzen, damit sie die enorme Herausforderung der individuellen Förderung meistern kann. Solche Unterstützungssysteme lassen sich auf unterschiedlichen Ebenen ansiedeln: die übergeordnete Ebene der Gesetzgebung (s. o.), die Ebene der außerschulischen Zusatzangebote, die Ebene der Einzelschule und die Ebene des Unterrichts (Binnendifferenzierung und Individualisierung).

In unterschiedlichen Bundesländern, darunter Nordrhein-Westfalen, Bremen, Brandenburg, Hamburg, Hessen und Sachsen werden in den Oster-, Sommer- bzw. Winterferien Fördercamps angeboten (z. B. Summer Schools, Camp+FIT), in denen Schüler die Möglichkeit erhalten, konstruktiv und systematisch ihre Schwächen aufzuarbeiten, um sich so auf eine erfolgreiche Nachprüfung vorzubereiten. Die Anbieter und die Ausgestaltung dieser Form außerschulischer Angebote variieren bundeslandspezifisch.

Eine weitere Initiative findet sich in Nordrhein-Westfalen, wo im Rahmen des Projektes „Komm mit!“ die Schulen aufgefordert werden, auf Einzelschulebene innovative Fördermaßnahmen, Strategien, Konzepte u. ä. zu entwickeln und damit die Häufigkeit von Klassenwiederholungen deutlich zu senken. An dem Projekt nehmen aktuell rund 400 Schulen teil, welche dafür jeweils 1/3 Lehrerstelle erhalten (Gasse 2009).

Auf der Ebene der Einzelschule finden die Schulen sehr unterschiedliche organisatorische und didaktisch-methodische Lösungen, um die Schüler besser fördern zu können. Zu den eher organisatorischen Ansätzen zählt das Schaffen von Förderbändern, wie sie in vielen Grundschulen bereits länger eingerichtet werden. Unter Förderbändern versteht man wahlweise die Synchronisierung von Förderstunden oder auch ausgewählter Unterrichtsfächer zwischen den Parallelklassen bzw. über die Jahrgangsstufen hinweg. Diese Organisation der Stundentafeln ermöglicht einen klassen- bzw. jahrgangsstufenübergreifenden Förderansatz, bei dem z. B. leistungsschwache Schüler mit Schwierigkeiten in einem Fach zeitweise den

Unterricht der unteren Jahrgangsstufe besuchen können und dort gezielt Lücken aufarbeiten können. Bekannter ist diese Lösung des fachweise Springens zwischen den Jahrgangsstufen von besonders begabten Schülern, denen man es ermöglicht, den Unterricht einer höheren Klasse zu besuchen. Diesbezüglich macht es fast den Anschein, als wäre das System in der Förderung leistungsstarker Schüler flexibler als bei der Förderung leistungsschwacher Schüler.

Einen anderen Ansatz – ebenfalls aus der Primarstufenpädagogik – stellt das Einrichten von sog. Förderbüros dar, die Schüler während des normalen Unterrichts besuchen können, um dort gezielt und systematisch an den Schwächen zu arbeiten. Der diesbezüglich häufig eingebrachte Einwand, dass hier die Förderung zu Lasten des aktuellen Lernstoffs erfolge, lässt sich über das Prinzip des kumulativen Lernens entkräften. Bevor Schüler neues Wissen erlangen, ist es wichtig, dass diese zunächst ihr Grundwissen festigen, damit dieses nachfolgend ausgebaut werden kann.

Schließlich zählen auf der Ebene des Unterrichts das Schließen von Lernverträgen, der Einsatz kooperativer Lernformen, die flexible und effektive Nutzung der Unterrichtszeit mit Individualisierungstendenzen usw. zu den Möglichkeiten individueller Förderung zugunsten des Verzichts bzw. Abbaus individueller Selektion.

Schulformwechsel

Im Anschluss an die Grundschule öffnet sich den Schülern in den Bundesländern ein unterschiedlich stark gegliedertes Schulsystem. Diese Bandbreite an möglichen Schulformen innerhalb der Sekundarstufe I führt dazu, dass im Verlauf der Sekundarstufe I immer wieder Wechsel zwischen den Schulformen stattfinden. Im Durchschnitt wechseln im Schuljahr knapp 3 % der Schüler (Autorengruppe Bildungsberichterstattung 2008: 66) die Schulform (Schulwechsel innerhalb derselben Schulform sind hier nicht berücksichtigt). Auf die individuelle Schullaufbahn kumuliert führt dies dazu, dass 14,4 % der 15-jährigen Schüler in Deutschland – ohne Bayern, Berlin und Hamburg – bereits mindestens einmal die Schulform gewechselt haben (Baumert et al. 2003b: 309). Zwischen den Ländern, aber auch zwischen den Städten und Schulformen variiert dieser Anteil zum Teil deutlich. Es gibt keine einheitliche, zuverlässige Statistik zur Häufigkeit von Schulformwechseln in den Ländern der BRD; allerdings – das ist evident – weisen diese deutlich häufiger eine Abwärts- als eine Aufwärtstendenz auf (Schümer et al. 2002). Damit zählt die Abschulung neben der Klassenwiederholung zu den bedeutsamsten Selektionsinstrumenten des Schulsystems; und zum Teil sind diese beiden Maßnahmen – wie oben bereits geschildert – eng miteinander verknüpft.

Um die Aufwärtsdurchlässigkeit des Systems zu erhöhen, hat beispielsweise das Land NRW im Schulgesetz festgeschrieben, dass Lehrende in den Klassenstufen 5 und 6 im Halbjahresturnus, danach jährlich, entscheiden, ob ein Schüler leistungsfähig genug ist, um in die nächst höhere Schulform aufzusteigen.

Einen anderen Weg schlägt Niedersachsen ein, wo das Schulgesetz ein Recht auf Schulformwechsel festschreibt, wenn die Schüler einen bestimmten Notenspiegel aufweisen. Mit einem Notendurchschnitt von 2,7 in den Kernfächern und 3,0 in allen übrigen Fächern, kann ein Hauptschüler in die Realschule wechseln und ein Realschüler auf ein Gymnasium. Mit einem Notendurchschnitt von mindestens 2,0 kann der Hauptschüler auch direkt ins Gymnasium wechseln.

Zu der Frage, inwiefern diese Regelungen für die Praxis tatsächlich handlungsrelevant sind, liegen bislang noch keine Forschungen vor.

Zusammenfassend bleibt festzuhalten, dass die schulische Selektion in der Form von Klassenwiederholungen und Abschulungen sowohl auf der Seite der Schulgesetze und durch Modellvorhaben, aber auch faktisch an Bedeutung verloren hat. Dies kann als moderat zunehmende Förderorientierung des Bildungssystems interpretiert werden.

Jenseits der Ausgestaltung von Übergangsschwellen und dem Auftreten von Selektion kann auch die Bedeutung von Übergangsschwellen geschmälert werden. Dies geschieht insbesondere durch die Entkopplung von Abschluss und Schulform, welche im anschließenden fünften Abschnitt diskutiert wird.

5 Die Entkopplung von Abschluss und Schulform als Beitrag zur Reduktion von Übergangsschwellen

Im Verlauf der Entwicklung des deutschen Schulwesens ist ein wesentlicher Modernisierungsbeitrag dadurch zu verzeichnen, dass Schulformen und Schulabschlüsse nicht mehr fest aneinander gekoppelt sind (Köller et al. 1999). Die Durchlässigkeit zwischen den Schulformen der Sekundarstufe I – und damit die Bedeutung der Übergangsschwelle von der Grundschule in die Sekundarstufe – verliert an Bedeutung, wenn der Erwerb eines schulischen Abschlusszertifikats nicht mehr ausschließlich an eine Schulform gebunden ist, es also möglich ist, beispielsweise an einer Hauptschule den mittleren Abschluss mit der Berechtigung zum Übergang in die gymnasiale Oberstufe zu erwerben. Auf diese Weise würden die parallelen Schulformen der Sekundarstufe unterschiedlich akzentuierte, aber alternative Bildungsgänge zum Erreichen bestimmter Abschlüsse darstellen, die selektive Bedeutung von Übergangsschwellen würde erheblich reduziert.

Diese Entkopplung ist anhand der Bildungsstatistik gut nachzuzeichnen. Dies zeigt sich in einem ersten Schritt daran, dass zunehmend allgemein bildende Schulabschlüsse im beruflichen Schulsystem erzielt werden: Im Jahr 2006 wurden beispielsweise 17,4 % der mittleren Abschlüsse an beruflichen Schulen – z. B. an Berufsfachschulen oder Berufsschulen im dualen System – erworben. Es handelt sich damit faktisch um aufgebesserte Hauptschulabschlüsse (Autorengruppe Bildungsberichterstattung 2008: Tabelle D7-2a). Die Anteile der im beruflichen System aufgebesserten Hauptschulabschlüsse fallen länderspezifisch sehr unterschiedlich aus: In NRW wurden beispielsweise 2008 sogar 27 % aller Fachoberschulreifen an Berufskollegs oder Weiterbildungskollegs erworben (MSWF NRW 2009b: 163).

Andererseits ist die Entkopplung auch innerhalb des allgemein bildenden Schulsystems spürbar: Wiederum für den mittleren Abschluss gilt, dass dieser bezogen auf Deutschland insgesamt nur noch zu 46 % an Realschulen erworben wird. Daneben werden mittlere Abschlüsse zu 12 % an Schularten mit mehreren Bildungsgängen, zu 10 % an Hauptschulen, zu 8 % an Integrierten Gesamtschulen und zu 5 % an Gymnasien erworben (Autorengruppe Bildungsberichterstattung 2008: Tabelle D7-2a).

Die faktische Öffnung der Sekundarstufen-I-Abschlüsse führte zu einer erheblichen Erweiterung des Kreises von Jugendlichen und jungen Erwachsenen, denen der Zugang zu Bildungsbereichen offen steht, die zu einer Hochschulreife führen.

Eine moderate und fortschreitende Entkopplung zeigt sich auch für die Wege zur allgemeinen Hochschulreife: Allgemeine Hochschulreifen werden allerdings, bezogen auf Deutschland insgesamt, nur vergleichsweise selten in beruflichen Schulen erworben: Im Jahr 2006 wurden 4 % der allgemeinen Hochschulreifen an beruflichen Schulen – also Kollegs, Berufsfach- oder Berufsoberschulen – vergeben (Arbeitsgruppe Bildungsbericht 2008: Tabelle D7-2a). Für die Länderspezifik sei hier wieder exemplarisch auf NRW verwiesen, wo 2008 deutlich mehr als bundesweit, nämlich 12 % der Hochschulreifen an beruflichen Schulen erworben wurden, wenn man sich auf die Berufskollegs und die Weiterbildungskollegs gemeinsam bezieht (MSWF NRW 2009a: 163).

Innerhalb des allgemeinbildenden Schulsystems findet eine noch deutlichere Entmonopolisierung des Vollabiturs statt: Es wurde 2006 bundesweit nur zu 76 % an Gymnasien erworben, zu 7 % in Integrierten Gesamtschulen sowie zu 11 % in Fachgymnasien.

Bundesweit sind damit die quantitativ wichtigsten alternativen Zugänge zum Abitur die Fachgymnasien (oder die entsprechenden Bildungsgänge an beruflichen Schulen) sowie die Integrierte Gesamtschule, wobei beide unterschiedliche Modelle der Öffnung des Zugangs zur allgemeinen Hochschulreife darstellen. Die Oberstufe an Gesamtschulen übernimmt das allgemein bildende Konzept der gymnasialen Oberstufe des Gymnasiums.

Die Fachgymnasien sind in aller Regel als Profiloberstufen angelegt, in denen eine erste Hinführung auf ein Berufsfeld erfolgt.

Trotz dieser voranschreitenden Entkopplung gilt, dass die Leistungsfähigkeit der Schüler in identischen Schulformen von Land zu Land bedeutsam unterschiedlich ist, wenngleich ein Trend zur Reduzierung dieser Differenzen zu verzeichnen ist: Die Lesekompetenzen in den Gymnasien unterscheiden sich in PISA 2006 zwischen den Ländern um bis zu 29 Punkte (Bayern mit 598 Punkten und Bremen mit 569 Punkten), in PISA 2003 waren es 32, in PISA 2000 noch 46 Testpunkte. Für die naturwissenschaftliche Kompetenz in PISA 2006 zeigt sich allerdings eine erheblich höhere Differenz: Der Abstand zwischen Bayern bzw. Sachsen einerseits (jeweils 619 Punkte) und Bremen andererseits (572 Punkte) beträgt 47 Punkte. „Da die Gymnasialbeteiligung in Sachsen und Bremen in etwa gleich groß ist, zeigt diese Punktedifferenz einen substantiellen Kompetenzabstand (Größenordnung: bis zu mehr als eineinhalb Schuljahren) zwischen den Gymnasien in den Ländern Deutschlands an“ (PISA Konsortium Deutschland 2008: 8).

Auch die Leistungsfähigkeit von Schulen der gleichen Teilsysteme innerhalb eines Bundeslandes ist in vielen Fällen nicht vergleichbar (vgl. zum Beispiel Baumert et al. 2003b: 304 f.). Ein gutes Beispiel dafür sind die Lernstandserhebungen in NRW, welche erhebliche Leistungsunterschiede innerhalb der Schulformen je nach den sozialen und räumlichen Voraussetzungen des Schulstandortes nachweisen. Besonders deutlich ausgeprägt sind diese Unterschiede an den Gesamtschulen und bei den Hauptschulen, niedriger an den übrigen Schulformen (MSWF 2009a: 3).

Damit lebt – trotz der beschriebenen Öffnung des Schulsystems durch Entkopplung – nach wie vor in den Schulformen des gegliederten deutschen Sekundarschulwesens mit ihren differenziellen Entwicklungsmilieus ein zentrales Element der deutschen Schulstruktur fort.

Die einzelnen Schulformen zeichnen sich durch Milieus aus, die den Schülern und Schülerinnen systemspezifisch unterschiedliche Entwicklungsmöglichkeiten bieten. Diese differenziellen Lern- und Entwicklungsmilieus führen dazu, dass „junge Menschen unabhängig von und zusätzlich zu ihren unterschiedlichen persönlichen, intellektuellen, kulturellen, sozialen und ökonomischen Ressourcen je nach besuchter Schulform differenzielle Entwicklungschancen erhalten, die schulformmilieubedingt sind und sowohl durch den Verteilungsprozess als auch durch die institutionellen Arbeits- und Lernbedingungen und die schulformspezifischen pädagogisch-didaktischen Traditionen erzeugt werden" (Baumert et al. 2009: 36).

Sie wirken sich nach Klemm doppelt aus: bei der Herausbildung von Aspirationen hinsichtlich der Bildungsabschlüsse ebenso wie bei der Leistungsentwicklung (Klemm 2004: 86 ff.). Klemm belegt, dass Schüler und Schülerinnen, ebenso wie ihre Eltern, bei der Herausbildung von Bildungsabschlusserwartungen nicht nur von ihren erworbenen und in schulischen Leistungsfeststellungen belegten Kompetenzen, sondern ebenfalls stark von der Schulform, in der sie lernen und leben, geprägt werden: Eltern, deren Kinder gleich leistungsstark sind und die an Hauptschulen und Realschulen lernen, haben deutlich bzw. schwach niedrigere Bildungsaspirationen als die Gruppe der Gymnasialeltern mit gleich leistungsstarken Schülern (Klemm 2004: 86 ff.).

Differenzielle Auswirkungen der Schulmilieus sind auch für die Entwicklung kognitiver Kompetenzen bedeutsam (vgl. Baumert et al. 2001: 174). Auch eine Auswertung der BIJU-Daten zeigt, dass sich die Mathematikleistungen vom Beginn der siebten bis zum Ende der 10. Klasse unter Kontrolle der Mathematikleistungen, der kognitiven Grundfähigkeiten und der Sozialschichtzugehörigkeit zu Beginn der siebten Klasse schulformspezifisch entwickeln. „Diese Befunde weisen darauf hin", so die Interpretation der Autoren, „dass die in PISA nachgewiesene, im internationalen Vergleich ungewöhnlich große Leistungsstreuung am Ende der Vollschulpflicht zu einem nicht unerheblichen Teil in der Sekundarstufe I institutionell erzeugt oder zumindest verstärkt wird." (Baumert et al. 2003b: 288).

Diese differentiellen Lernmilieus und ihre Effekte sorgen für die Begrenztheit der Aufstiegsdurchlässigkeit im gegliederten Schulsystem: Im Jahr 2006 stehen 66 % Abstiegen nur 14 % Aufstiegen gegenüber (Autorengruppe Bildungsberichterstattung 2008: Tabelle D1-4a).

Für die Frage nach dem selektionsmindernden Beitrag der Entkopplung von Schulform und Schulabschluss besonders bedeutsam ist die Baden-Württembergische TOSCA-Studie, welche die Mathematik- und Englischleistungen in den allgemeinen Gymnasien Baden-Württembergs sowie in den unterschiedlichen fachlichen Zweigen der dortigen beruflichen Gymnasien misst und vergleichend betrachtet.

Die Studie zeigt, dass die Fachgymnasien ein Beitrag zur Öffnung des Schulsystems leisten. Es zeigen sich keine praktisch bedeutsamen Unterschiede in der generellen Studienbereitschaft zwischen Schülern allgemeiner Gymnasien und Fachgymnasien (Watermann/Maaz 2004: 445). Allerdings gilt, dass die Absolventen beruflicher Gymnasien im Vergleich zu den Absolventen allgemein bildender Gymnasien eine wesentlich höhere Neigung für ein Studium an einer Fachhochschule oder einer Berufsakademie anstelle eines Universitätsstudiums zeigen (Watermann/Maaz 2004: 445).

Gleichwohl zeigt sich, dass die Mathematikleistungen, die im Durchschnitt aller Schüler aus Grund- und Leistungskursen der tradierten Gymnasien erzielt werden, um mehr als 50 Testpunkte über denen liegen, die an den beruflichen Gymnasien erreicht werden. Diese

Differenz gilt nicht für die technischen Gymnasien, gleichwohl aber – in noch höherem Maße – für die anderen größeren Zweige der beruflichen Gymnasien Baden-Württembergs. Die Öffnung hebt damit die Hierarchisierung der Abschlüsse dieser Schulformen nicht auf.

Bei der Gesamtbetrachtung darf nicht vergessen werden, dass die Eltern der Schülerinnen und Schüler der beruflichen Gymnasien im Vergleich zu denjenigen der allgemein bildenden Gymnasien über niedrigere Bildungsabschlüsse und ebensolche beruflichen Stellungen verfügen und mit einem geringen kulturellen Kapital ausgestattet sind: Obwohl es sich bei dieser Gruppe noch immer um eine positiv selegierte Gruppe handelt, erreichen die beruflichen Gymnasien eine bildungsfernere Klientel als die allgemein bildenden Gymnasien (Maaz et al. 2004: 199).

Fasst man diese Befunde zusammen, so muss man zwar eine zunehmende Entkopplung von Schulform und Abschluss feststellen. Gleichwohl ist dadurch die Hierarchisierung der Abschlüsse nach den Schulformen, an denen sie erworben wurden, dadurch nicht obsolet und damit behalten die Übergangsschwellen im terminalen Prüfungssystem weiterhin eine selektive und allokative Bedeutung. Die Ausgestaltung der Sekundarstufe II kann aber erheblich dazu beitragen, Bildungswege für Schülerinnen und Schüler zu öffnen, die nicht den Weg über das allgemein bildende Gymnasium gehen wollen und können. Vorteilhaft hierfür ist einerseits, wenn alle Schulformen der Sekundarstufe I eine Abituroption öffnen und zweitens, wenn in der Sekundarstufe II Angebote vorgehalten werden, die berufliche und allgemeine Bildung koppeln.

6 Abbau von Selektion und Übergangsschwellen als gesamtgesellschaftliche Aufgabe

Wie lassen sich die in diesem Beitrag differenzierten Befunde zusammenfassen? Wir haben gezeigt, dass bei der Einschulung der Trend in den meisten Ländern in Richtung des Abbaus selektiver Zugangspraxis zur Schule geht. Gleichwohl muss noch geklärt werden, ob dies zu vermehrten und erfolgreichen Förderanstrengungen in der aufnehmenden Grundschule – unter Inkaufnahme zeitlicher Flexibilität – führt oder aber ob es zur Verstärkung von schulinternen Selektionsinstrumenten kommt, die nicht förderwirksam sind.

Bei der Übergangsschwelle am Ende der Grundschulzeit nimmt die Selektivität in der Mehrheit der Bundesländer eher zu, wenngleich auch Länder gefunden wurden, die diese Schwelle wenig selektiv gestalten. Hinsichtlich der selektiven Instrumente Klassenwiederholung und Abschulung zeichnen sich Reduktionstendenzen ab, welche auf veränderte pädagogische Einstellungen und auch rechtliche Regelungen in einer Vielzahl von Ländern zurückgeführt werden können; es ist eine moderate Förderorientierung zu verzeichnen.

Schließlich ist eine voranschreitende Entkopplung von Schulform und Schulabschluss zu konstatieren, welche allerdings die Hierarchie der Abschlüsse nach der Schulform, an der sie errungen wurden, nicht zu relativieren vermag. Gleichwohl kann die Ausgestaltung des Schulsystems (alle Schulformen mit Abituroption, Kopplung von beruflicher und allgemeiner Bildung) hier einen wichtigen Beitrag leisten.

Die hier differenzierte Momentaufnahme des deutschen Schulsystems zeigt ein Schulsystem im Umbruch – der mit zahlreichen Widersprüchen versehen ist – auf dem Weg zu einem Förderanspruch in der Schule. Dabei spielen die Reduktion von Übergangsschwellen und der Abbau von Selektion eine herausragende Rolle.

Eine solche Umgestaltung kann nicht spannungsfrei verlaufen, schließlich leben wir in einer meritokratischen Gesellschaft, in die auch die Schule eingebunden ist. Bisher ist die schulische Allokationsfunktion, ausgedrückt in einem terminalen Prüfungssystem, nicht grundsätzlich in Frage gestellt worden. Dass der Umbau in Richtung Förderung den Widerstand einiger gesellschaftlich relevanter Gruppen auf den Plan ruft, wenn dieser nicht politisch klug eingeleitet wird, zeigt der derzeitige Schulkampf in Hamburg und ist historisch ein alt bekanntes Phänomen.

Zudem muss der ernüchternde Befund in Rechnung gestellt werden, dass bisherige Forschungen nur in einem beschränktem Maße Langzeiteffekte der Schulsystemgestaltung in der Sekundarstufe für die gesellschaftliche Platzierung nachweisen (Fend 2009: 68). Die Effekte der Reduktion von Übergangsschwellen und des Abbaus von Selektion dürfen nicht überschätzt werden, auch wenn gleichwohl gilt, dass aus pädagogischer Sicht eine frühe Trennung von Kindern in verschiedene Schulformen ethisch nicht akzeptabel sein kann. Ein Bildungssystem, „das Schülergruppen unterschiedlicher sozialer Herkunft aus leistungsirrelevanten Gründen nicht an die obere Grenze ihrer Möglichkeiten führt", sollte trotz dieses Einwands als unfair eingestuft werden (Fend 2009: 70). Die Schule alleine ist allerdings nicht in der Lage, die Folgen von gesellschaftlicher Ungleichheit zu mildern. Dies bleibt weiterhin eine gesamtgesellschaftliche Aufgabe.

Literatur

Arnhold, Grit/Bellenberg, Gabriele (2006): Klassenwiederholungen. Ein verzichtbares Selektionsinstrument? In: Pädagogik 2. 38–41

Autorengruppe Bildungsberichterstattung (2008): Bildung in Deutschland 2008. Ein indikatorengestützter Bericht mit einer Analyse zu Übergängen im Anschluss an den Sekundarbereich I. Bielefeld: Bertelsmann

Baumert, Jürgen/Maaz, Kai/Stanat, Petra/Watermann, Rainer (2009): Schulkomposition oder Institution – was zählt? Schulstrukturen und die Entstehung schulformspezifischer Entwicklungsverläufe. In: Die Deutsche Schule 101 (1). 33–46

Baumert, Jürgen/Artelt, Cordula/Klieme, Eckhard/Neubrand, Michael/Prenzel, Manfred/Schiefele, Ulrich/Schneider, Wolfgang/Tillmann, Klaus-Jürgen/Weiß, Manfred (Hrsg.) (2003a): PISA 2000. Ein differenzierter Blick auf die Länder der Bundesrepublik Deutschland. Opladen: Leske + Budrich

Baumert, Jürgen/Trautwein, Ulrich/Artelt, Cordula (2003b): Schulumwelten. Institutionelle Bedingungen des Lehrens und Lernens. In: Baumert et al. (2003a): 261–332

Baumert, Jürgen/Artelt, Cordula/Klieme, Eckhard/Neubrand, Michael/Prenzel, Manfred/Schiefele, Ulrich/Schneider, Wolfgang/Tillmann, Klaus/Weiß, Manfred (Hrsg.) (2002): PISA 2000. Die Länder der Bundesrepublik Deutschland im Vergleich. Opladen: Leske + Budrich

Baumert, Jürgen/Klieme Eckhard/Neubrand, Michael/Prenzel, Manfred/Schiefele, Ulrich/Schneider, Wolfgang/Stanat, Petra/Tillmann, Klaus-Jürgen/Weiß, Manfred (Hrsg.) (2001): PISA 2000. Basiskompetenzen von Schülerinnen und Schülern im internationalen Vergleich. Opladen: Leske + Budrich

Bellenberg, Gabriele (1999): Individuelle Schullaufbahnen. Weinheim: Juventa

Bless, Gerard/Schüpbach, Marianne/Bonvin, Patrick (2004): Klassenwiederholung. Bern: Haupt

BSB H Behörde für Schule und Berufsbildung (2009): Hamburg macht Schule. Sechsjährige Primarschule. Sonderheft 2009. Verfügbar unter: http://www.hamburg.de/contentblob/1439604/data/hms-sonderheft2009.pdf

Cortina, Kai S./Baumert, Jürgen/Leschinsky, Achim/Mayer Karl U./Trommer, Luitgard (Hrsg.) (2008): Das Bildungswesen in der Bundesrepublik Deutschland. Reinbek: Rowohlt

Ditton, Hartmut/Krüsken, Jan (2009): Bildungslaufbahnen im differenzierten Schulsystem. In: Zeitschrift für Erziehungswissenschaft. Sonderheft 12. 74–102

Einsiedler, Wolfgang/Martschinke, Sabine/Kammermeyer, Gisela (2008): Die Grundschule zwischen Heterogenität und gemeinsamer Bildung. In: Cortina et al. (2008): 325–343
Fend, Helmut (2009): Chancengleichheit im Lebensverlauf. Kurz- und Langzeitwirkungen von Schulstrukturen. In: Fend et al. (2009): 37–72
Fend, Helmut (2008): Schule gestalten. Systemsteuerung, Schulentwicklung und Unterrichtsqualität. Wiesbaden: VS Verlag für Sozialwissenschaften
Fend, Helmut/Berger, Fred/Grob, Urs (Hrsg.) (2009): Lebensverläufe, Lebensbewältigung, Lebensglück. Ergebnisse der LIfE-Studie. Wiesbaden: VS Verlag für Sozialwissenschaften
Gasse, Michael (2009): Ein Jahr „Komm mit!". In: Schule NRW 12. 600–602. Verfügbar unter: http://www.chancen-nrw.de/test/cms/dbfs.php?file=dbfs:/10198.pdf
Holtappels, Heinz Günter/Klemm, Klaus/Pfeiffer, Hermann/Rolff, Hans-Günter/Schulz-Zander Renate (Hrsg.) (2004): Jahrbuch der Schulentwicklung. Band 13. Weinheim/München: Juventa
Im Brahm, Grit/Liegmann, Anke (2010): Individuelle und institutionelle Prozesse schulischer Mobilität. (in Vorbereitung)
Klemm, Klaus (2004): Strukturfragen und kein Ende. In: Holtappels et al. (2004): 83–96
Köller, Olaf/Baumert, Jürgen/Schnabel, Kai (1999): Wege zur Hochschulreife. Offenheit des Systems und Sicherung vergleichbarer Standards. Analysen am Beispiel der Mathematikleistungen von Oberstufenschülern an Integrierten Gesamtschulen und Gymnasien in Nordrhein-Westfalen. In: Zeitschrift für Erziehungswissenschaft 3. 385–422
Köller, Olaf/Watermann, Rainer/Trautwein, Ulrich/Lüdtke, Oliver (Hrsg.) (2004): Wege zur Hochschulreife in Baden-Württemberg. TOSCA – eine Untersuchung an allgemein bildenden und beruflichen Gymnasien. Opladen: Leske + Budrich
Krohne, Jürgen/Meier, Ulrich/Tillmann, Klaus-Jürgen (2004): Sitzenbleiben, Geschlecht und Migration. In: Schümer et al. (2004): 117–148
Lange, Valerie (2009): Die Schulstrukturen in den Bundesländern. In: Wernstedt/John-Ohnesorg (2009): 12–31
Maaz, Kai/Chang, Ping-Huang/Köller, Olaf (2004): Führt institutionelle Vielfalt zur Öffnung im Bildungssystem? In: Köller et al. (2004): 153–204
MSWF Ministerium für Schule und Weiterbildung des Landes NRW (2009a): Ergebnisse der Lernstandserhebungen, Klasse 8, 2009. Verfügbar unter: http://www.standardsicherung.schulministerium.nrw.de/lernstand8/upload/download/mat_08-09/090528_Landesweiter_Ergebnisbericht.pdf
MSWF Ministerium für Schule und Weiterbildung des Landes NRW (2009b): Das Schulwesen in Nordrhein-Westfalen aus quantitativer Sicht 2008/09. Statistische Übersicht 369. Verfügbar unter: http://www.schulministerium.nrw.de/BP/Schulsystem/Statistik/2008_09/StatUebers.pdf
MSWF Ministerium für Schule und Weiterbildung des Landes NRW (2004): Konzept zur Schuleingangsphase. Verfügbar unter: http://www.schulministerium.nrw.de/BP/Schulsystem/Schulformen/Grundschule/Schuleingangsphase/Schuleingangsphase_Konzept/index.html
PISA-Konsortium Deutschland (Hrsg.) (2008): PISA 2006 in Deutschland. Die Kompetenzen der Jugendlichen im dritten Ländervergleich. Zusammenfassung. Verfügbar unter: http://pisa.ipn.uni-kiel.de/Zusfsg_PISA2006_national.pdf
Rost, Detlef H. (Hrsg.) (1998): Handwörterbuch Pädagogische Psychologie. Weinheim: Beltz
SBWB Senatorin für Bildung und Wissenschaft des Landes Bremen (2010): Bremische Bürgerschaft beschließt neues Schulgesetz. Verfügbar unter: http://www.bildung.bremen.de/sixcms/detail.php?gsid=bremen117.c.21178.de
Schümer, Gundel/Tillmann, Klaus-Jürgen/Weiß, Manfred (Hrsg.) (2004): Die Institution Schule und die Lebenswelt der Schüler. Wiesbaden: VS Verlag für Sozialwissenschaften
Schümer, Gundel/Tillmann, Klaus-Jürgen/Weiß, Manfred (2002): Institutionelle und soziale Bedingungen schulischen Lernens. In: Baumert et al. (2002): 203–218
Statistisches Bundesamt (2010): Allgemeinbildende Schulen. Schuljahr 2008/09. Fachserie 11. Reihe 1 – 2008/09. Wiesbaden. Verfügbar unter: https://www-ec.destatis.de/csp/shop/sfg/bpm.html.cms.cBroker.cls?cmspath=struktur,vollanzeige.csp&ID=1024588
Tietze, Wolfgang/Rossbach, Hans Günther (1998): Sitzenbleiben. In: Rost (1998): 465–469
Watermann, Rainer/Maaz, Kai (2004): Studierneigung bei Absolventen allgemein bildender und beruflicher Gymnasien. In: Köller et al. (2004): 403–451
Wernstedt, Rolf/John-Ohnesorg, Marei (Hrsg.) (2009): Schulstruktur. Bestandsaufnahme, bundesländerinterner Vergleich und Perspektiven. Friedrich-Ebert-Stiftung. 1. Auflage. Berlin: Friedricht Ebert Stiftung

Kinderarmut und Bildung

Christoph Butterwegge

Bildung ist während der letzten Jahre auch deshalb zu einem Megathema im öffentlichen Diskurs avanciert, weil sie vielfach zum Allheilmittel für die Hauptübel unserer Zeit emporstilisiert wird: Seien es die mangelnde bzw. mangelhafte Integration der Migrant(inn)en, die zunehmende (Kinder-)Armut, die damit einhergehende Verwahrlosung in Familien, die anhaltende (Jugend-)Arbeitslosigkeit, der allseits beklagte „Werteverlust", der fortschreitende Zerfall gesellschaftlicher Milieus und zwischenmenschlicher Beziehungen oder die wachsende soziale Ungleichheit – Bildungsmaßnahmen sollen dagegen helfen und das entsprechende Problem lösen, zumindest aber spürbar lindern.

Überwiegend gilt Bildung heute als Passepartout sowohl zur umfassenden Persönlichkeitsentwicklung wie auch zur gleichberechtigten Teilnahme am gesellschaftlichen Leben, zur politischen Partizipation und zur sozialen Emanzipation der Menschen. Dies alles kann Bildung jedoch höchstens unter der Bedingung sein, dass sie sämtlichen Bürger(inne)n bzw. ihren Kindern zugänglich ist und von materiell Unterprivilegierten, denen es an ökonomischen Ressourcen und politischem Einfluss mangelt, systematisch in diesem Sinne genutzt wird. Sonst handelt es sich um eine pure Aufstiegs-, aber auch um eine Aufsteiger*ideologie*, die von denjenigen Mitbewerbern, die „es geschafft" und beruflich Karriere gemacht haben, womöglich gegen diejenigen Konkurrent(inn)en auf dem Arbeitsmarkt gewendet wird, die nicht zuletzt wegen struktureller Mängel, sozialer Diskriminierungsmechanismen und praktischer Defizite im Bildungsbereich auf der Strecke bleiben.

Zweifellos hat Bildung im Übergang zur „modernen Wissensgesellschaft" enorm an Bedeutung gewonnen und spielt mittlerweile eine Schlüsselrolle etwa bei der sozialen Positionierung von Menschen. Gleichwohl besteht die Gefahr, dass man differenzierteren Entwicklungsprozessen durch eine Verabsolutierung bzw. Hypostasierung der Bildung nicht gerecht wird, sondern – teilweise sicherlich ungewollt – von den dafür verantwortlichen gesellschaftlichen Macht- und Herrschaftsverhältnissen ablenkt. Hier soll dieser zur Ideologie geronnene Bildungsfetisch am Beispiel der (Kinder-)Armut widerlegt und gezeigt werden, wie sie nicht bloß falsche Schuldzuweisungen an davon betroffene Minderheiten hervorbringt, vielmehr auch die Durchsetzung sinnvoller politischer Alternativen unter Einschluss notwendiger Gesellschaftsveränderungen stark erschwert.

Ausmaß, Erscheinungsformen und Entstehungshintergründe von Kinderarmut in Deutschland

Zu den Hauptbetroffenen von Armut bzw. Unterversorgung gehören heute Alleinerziehende, prekär Beschäftigte, (Langzeit-)Arbeitslose sowie Familien mit mehreren Kindern und/oder

Migrationshintergrund bzw. deren Nachwuchs als schwächstes Glied der Kette (vgl. dazu: Butterwegge 2010). Seit der Frankfurter Armutsforscher Richard Hauser (1989: 126) von einer „Infantilisierung der Armut" sprach, weil diese im Unterschied zur Nachkriegszeit nicht mehr hauptsächlich Rentner/innen, sondern vorwiegend junge Menschen traf, ist die Kinderarmut ins Zentrum der öffentlichen Diskussion über soziale Ungleichheit gerückt. Zuletzt wurde der Sozialstaat in einer Weise deformiert, die Kinderarmut nicht reduziert, sondern zementiert und zum Teil selbst produziert hat. „Alle jüngeren Maßnahmen in der Reform des Sozialsystems gehen zu Lasten von Familien und Minderjährigen." (Winkler 2005: 36) Genannt seien nur die „Agenda 2010" von Bundeskanzler Gerhard Schröder, die sog. Hartz-Gesetze und das „Sparpaket" der Regierung Merkel/Westerwelle.

Um das Ausmaß der Kinderarmut in Deutschland zu illustrieren, sollen folgende Zahlen genügen: Über 1,928 Mio. Kinder unter 15 Jahren (von ca. 11,44 Mio. dieses Alters insgesamt) lebten im März 2007, auf dem Höhepunkt des letzten Konjunkturaufschwungs, nach Angaben der Bundesagentur für Arbeit in SGB-II-Bedarfsgemeinschaften, landläufig „Hartz-IV-Haushalte" genannt. Rechnet man die übrigen Betroffenen – Kinder in Sozialhilfehaushalten, in Asylbewerber-Familien, die ein Drittel weniger als die Sozialhilfe erhalten, und von sog. Illegalen, die gar keine Transferleistungen beantragen können – hinzu und berücksichtigt außerdem die sog. Dunkelziffer (d. h. die Zahl jener eigentlich Anspruchsberechtigter, die aus Unwissenheit, Scham oder anderen Gründen keinen Antrag auf Sozialhilfe bzw. Arbeitslosengeld II stellen), leben etwa 2,8 Millionen Kinder, d. h. mindestens jedes fünfte Kind dieses Alters, auf oder unter dem Sozialhilfeniveau. Gleichzeitig beträgt das Privatvermögen der beiden reichsten Deutschen, der Brüder Karl und Theo Albrecht (Eigentümer der Aldi-Ketten Nord und Süd), laut dem US-Wirtschaftsmagazin *Forbes* 50,2 Mrd. US-Dollar. Verschärft wird das Problem der sozialen Polarisierung durch regionale Disparitäten. So lebten in Görlitz 44,1 Prozent aller Kinder unter 15 Jahren in Hartz-IV-Haushalten, während es im bayerischen Starnberg nur 3,9 Prozent waren.

In den Medien dominieren seit jeher Armutsbilder, die stark vom Massenelend der sog. Dritten Welt bzw. des europäischen Mittelalters (Verhungernde, Obdachlose und Bettler) bestimmt sind. Armut in München oder Magdeburg unterscheidet sich zweifellos stark von jener in Mumbai oder Mombasa. Hierzulande handelt es sich zwar vornehmlich um *relative* Armut, die sich auf einem Wohlstandsniveau verfestigende Ungleichgewichte der Einkommens- und Vermögensverteilung widerspiegelt, während in vielen Entwicklungsländern *absolute* (*existenzielle* oder *extreme*) Armut dominiert. Daraus abzuleiten, Hartz-IV-Empfänger/innen jammerten „auf einem hohen Niveau", wie dies häufig geschieht, ist aber nicht nur kurzschlüssig, weil es in der Bundesrepublik durchaus ein gewisses Maß absoluten Elends gibt, wie Werner Schönig (2005) gezeigt hat, sondern auch, weil Armut in einem *reichen* Land erniedrigender, deprimierender und bedrückender sein kann als jene in einem *armen*. Dies gilt vor allem für Kinder und Jugendliche, die in unserer Konsumgesellschaft einem massiven Druck seitens der Werbeindustrie wie auch ihrer eigenen Spielkamerad(inn)en und Mitschüler/innen ausgesetzt sind, teure Markenkleidung zu tragen oder über die modernste Unterhaltungselektronik zu verfügen (vgl. dazu: Unverzagt/Hurrelmann 2001; Feil 2003; Barber 2007). Ausgelacht zu werden, weil man in einer Hochhaussiedlung wohnt und weder über ein Fotohandy noch über einen Heimcomputer verfügt, ist für ein Kind womöglich schrecklicher, als mit seinen

Eltern und Geschwistern in einer Lehmhütte zu leben und abends öfter hungrig ins Bett gehen zu müssen.

Die gegenwärtige Dramatik der Armut resultiert in erster Linie aus einer sich verschärfenden Weltmarktdynamik. In einer Gesellschaft wie der Bundesrepublik, die Marktmechanismen und Konkurrenz bzw. Leistung geradezu glorifiziert und Letztere mit Prämien, Gehaltszulagen oder Lohnsteigerungen prämiert, erscheint Armut als funktional, weil sie nur das Pendant dessen verkörpert, was die Tüchtigeren und daher Erfolgreichen in des Wortes doppelter Bedeutung „verdient“ haben. Armut ist mithin kein „Betriebsunfall“ oder „unsozialer Kollateralschaden“, vielmehr konstitutiver Bestandteil einer kapitalistischen Marktwirtschaft im Zeichen der Globalisierung. Sie dient im neoliberalen „Umbau“-Projekt als Drohkulisse bzw. als Disziplinierungsinstrument, während materieller Wohlstand und privater Reichtum umgekehrt ein Lockmittel bilden, das die „Leistungsträger“ zu besonderen Anstrengungen motivieren soll. Gleichwohl wird in der politischen und (Fach-)Öffentlichkeit kaum jemals thematisiert, dass Armut und Reichtum zwei Seiten einer Medaille sind (vgl. dazu: Andreß/Kronauer 2006; Zinn 2006; Wagenknecht 2007).

Die wirtschaftliche Globalisierung führt keineswegs zur Verallgemeinerung des Wohlstandes. Vielmehr wirkt der Globalisierungsprozess im Rahmen der Standortpolitik als „soziales Scheidewasser“, das die Bevölkerung der Bundesrepublik wie die anderer Länder in Gewinner und Verlierer/innen, diese jedoch wiederum in Marginalisierte (Dauerarbeitslose, Deprivierte und Langzeitarme) einerseits sowie Geringverdiener/innen (prekär Beschäftigte, von Überschuldung Bedrohte und Kurzzeitarme) andererseits spaltet. Während die Dauerarbeitslosen ohne Hoffnung auf Reintegration den „sozialen Bodensatz“ im Gegenwartskapitalismus bilden, verkörpern die Niedriglohnempfänger/innen, oftmals Migrant(inn)en und ethnischen Minderheiten entstammend, eher das „Treibgut“ des Globalisierungsprozesses (vgl. hierzu: Butterwegge/Hentges 2009).

Aufgrund der US-Amerikanisierung der Wirtschaft, des Arbeitsmarktes und des Wohlfahrtsstaates (vgl. dazu: Butterwegge 2006 und 2007) zeichnet sich hierzulande auch eine US-Amerikanisierung der Sozialstruktur ab. Einerseits reicht das Armutsrisiko längst bis in die Mittelschicht hinein, was sich in der Überschuldung von Existenzgründer(inne)n und Selbstständigen genauso manifestiert wie in den prekären Lebenslagen jener Menschen, die keinen gesicherten Arbeitsplatz haben, sondern fürchten müssen, praktisch über Nacht unter die Armutsschwelle zu sinken. Während des vergangenen Jahrzehnts hat sich ein breiter, seinem Umfang nach oft unterschätzter Niedriglohnsektor herausgebildet, der längst nicht mehr nur typische Frauenarbeitsplätze umfasst und mittlerweile US-amerikanische Dimensionen erreicht (vgl. dazu: Bosch/Weinkopf 2007; Pape 2007; Lohmann 2008). Andererseits weitet sich jener Sektor aus, in dem totale Perspektivlosigkeit, Not und Verelendung die Lebenslagen der Menschen bestimmen. Bemerkenswert ist nicht, dass es in der Bundesrepublik eine Unterschicht gibt, sondern dass sich die soziale Polarisierung seit 1989/90 im Sinne einer mehrfachen Spaltung quantitativ wie qualitativ erheblich deutlicher ausgeprägt hat (vgl. hierzu: Butterwegge 2009: 148 ff.).

Ohne die Lage zu dramatisieren, kann man prognostizieren, dass es in Deutschland, das nach wie vor zu den reichsten Staaten der Welt gehört, künftig noch mehr (Kinder-) Armut geben wird. Dies gilt hauptsächlich für die ostdeutschen Bundesländer, wo sich der Um- bzw. Abbau des Sozialstaates noch drastischer auswirkt als in den westdeutschen, weil die dortigen Familien stärker auf staatliche Transferleistungen angewiesen sind (vgl. hierzu: Butterwegge et al. 2008). Verschärft wurde das Problem durch kräftig steigende Preise für Energie (Gas, Öl und Strom) sowie Lebens-, Nahrungs- und Genussmittel, aber auch höhere Verbrauchssteuern (Anhebung der Mehrwert- und Versicherungssteuer von 16 auf 19 Prozent ab 1. Januar 2007), die sozial benachteiligte Mehrkinderfamilien besonders hart treffen.

Bildungsdefizite und kulturelle Fehlentwicklungen – entscheidende Ursachen von Kinderarmut?

„Armut" und „Bildung" sowie ihr Verhältnis zueinander sind heute Gegenstand zahlreicher öffentlicher und wissenschaftlicher Fachdiskurse. Exemplarisch genannt seien TV-Talkshows, die sich mit Hartz IV und seinen Folgewirkungen befassen. Bildung wird dabei gegenüber Armut in zweifacher Hinsicht als bestimmend angesehen: sowohl hinsichtlich der Ursachenforschung (analytisch) wie auch hinsichtlich der Armutsbekämpfung (politisch-strategisch). Einerseits wird (Kinder-)Armut gegenwärtig fast immer auf Bildungsmängel zurückgeführt, andererseits konzentrieren sich die Gegenmaßnahmen – insoweit durchaus folgerichtig – regelmäßig auf verstärkte Bildungsbemühungen, -anstrengungen bzw. -angebote. Zu fragen ist jedoch, ob der Grund für die soziale Polarisierung wirklich in einer parallel dazu wachsenden Bildungsungleichheit und kulturellen Defiziten der Unterschichtsangehörigen liegt, anders gesagt: ob sich die Spaltung der Gesellschaft tatsächlich durch mehr oder eine bessere Bildung für alle überwinden bzw. bewältigen lässt. Hier wird argumentiert, dass durch eine Blickverengung auf (gescheiterte) Bildungsbiografien sozial Benachteiligter von den eigentlichen Wurzeln der sich ständig vertiefenden Kluft zwischen Arm und Reich abgelenkt sowie eine Pädagogisierung, Subjektivierung bzw. Psychologisierung dieses Kardinalproblems der Gesellschaftsentwicklung betrieben, dessen erfolgreiche Lösung mittels einer Umverteilung der materiellen Ressourcen von oben nach unten dagegen unmöglich gemacht wird. In der Politik ist es ähnlich wie in der Medizin: Fehldiagnosen ziehen falsche Therapien nach sich und führen dazu, dass keine Besserung eintritt.

Seitdem die Soziologin Jutta Allmendinger (1999) den Begriff „Bildungsarmut" in die deutsche Fachdebatte eingeführt hat, wird das Armutsproblem in der Öffentlichkeit vermehrt auf seine kulturelle Dimension reduziert und seine Genese oftmals darauf zurückgeführt. Gleichzeitig tut man so, als könne eine gute Schulbildung oder Berufsausbildung verhindern, dass Jugendliche ohne Arbeitsplatz bleiben. Zweifellos verhindern Bildungsdefizite vielfach, dass junge Menschen auf einem flexibilisierten Arbeitsmarkt sofort Fuß fassen. Auch führt die Armut von Familien häufig dazu, dass deren Kinder keine weiterführende Schule besuchen oder sie ohne Abschlusszeugnis wieder verlassen. Armut in der Herkunftsfamilie zieht bereits in der Sekundarstufe oftmals Bildungsdefizite der davon betroffenen Kinder nach sich (vgl. Hacket et al. 2001: 107). Der umgekehrte Effekt ist hingegen kaum signifikant: Ein schlechter oder fehlender Schulabschluss verringert zwar die Erwerbschancen, wirkt sich aber kaum nachteilig auf den Wohlstand einer Person aus, wenn diese vermögend ist oder Kapital besitzt. Armut macht zwar auf die Dauer dumm, Dummheit deshalb jedoch noch lange nicht arm.

Armut und Bildung stehen in einem Wechselverhältnis zueinander, aber nicht etwa in dem Sinne, dass Bildungsdefizite die zunehmende Kinderarmut herbeigeführt hätten. Kinder aus sozial benachteiligten Familien gehören zwar zu den größten Bildungsverlierer(inne)n, ihre Armut basiert jedoch selten auf falschen oder fehlenden Schulabschlüssen, denn die Letzteren sind höchstens Auslöser und Verstärker, aber nicht Verursacher materieller Not. Bildungsdefizite führen allerdings oft zu einer Verfestigung der Armut, weil die Chancen eines Menschen auf dem Arbeitsmarkt und Berufskarrieren heute immer stärker an Kompetenzen gebunden sind, die man an (Hoch-)Schulen erwirbt. Armut, d. h. in einer kapitalistischen Wohlstands- und Konsumgesellschaft wie der unseren primär: Mangel an Geld, (sicherem) Einkommen und Vermögen zieht neben finanziellen Schwierigkeiten (Überschuldung) fast zwangsläufig Unterversorgungsprobleme in fast allen Lebensbereichen der davon Betroffenen nach sich, etwa im Wohnen und Wohnumfeld, im Gesundheitsbereich, im Kultur- und Freizeitbereich sowie auch und gerade im Bildungsbereich.

Ist ein Kind durch seine ethnische Herkunft und/oder die soziale Stellung seiner Familie benachteiligt, bleiben Bildungsdefizite kaum aus. Wenn die Wohnverhältnisse der Familie beengt sind, kann ein Kind seine Hausaufgaben vielleicht nur in der Küche oder im Spielzimmer der Geschwister machen, was seinen schulischen Leistungen nicht eben förderlich sein dürfte. Kindern aus Familien mit niedrigem Einkommen fehlt häufiger ein ruhiger Platz zur Erledigung der Schularbeiten und/oder eine Person, die ihnen dabei hilft, sie zu machen, als Kindern aus Familien mit hohem Einkommen, weil ihre Wohnung kleiner ist und beide Elternteile – sofern überhaupt vorhanden – arbeiten gehen müssen. Mitglieder der zuletzt genannten Gruppe weisen ein größeres Wohlbefinden in der Schule auf, wiederholen seltener eine Klasse und bewerten ihre Leistungen besser als Kinder aus Familien mit niedrigem Einkommen. Folglich besteht zwischen Armut und geringer Förderung ein Kausalzusammenhang (vgl. Butterwegge et al. 2008: 263 ff.). Kindern aus sozial benachteiligten Familien bleibt häufig auch die Nachmittagsbetreuung vorenthalten, weil ihren Eltern das Geld für die Schulspeisung fehlt, was sich wiederum negativ auf ihre Bildungsaspirationen auswirkt.

Für den Sozialstatistiker Walter Krämer, der von der „Humankapitaltheorie" ausgeht, schließen sich ein hoher Bildungsstand und Armut per se aus: „Eine gute Hochschulausbildung etwa ist ein wertvoller Bestandteil unseres Vermögens; ein Diplomingenieur, auch wenn vorübergehend ohne Arbeit und von weniger als 938 Euro im Monat lebend, ist natürlich niemals arm, genauso wenig wie die Hunderttausende von Studenten, die nicht mehr zu Hause wohnen und mit ihren Bafög-Sätzen statistisch zu den Armen unseres Landes zählen" (Krämer 2005: 395). Was den Diplomingenieur, zumindest wenn er nicht mehr der jüngste ist, von den Studierenden unterscheidet, die sich in einer Statuspassage mit sozialen Aufstiegschancen befinden, ist die Tatsache, dass er vermutlich eine Familie mitsamt entsprechenden Unterhaltspflichten, Hypothekenschulden o. Ä. und nach länger dauernder Arbeitslosigkeit kaum noch Chancen hat, beruflich wieder Fuß zu fassen. Zu den zahlreichen Menschen, die mit ihrer Hände Arbeit so wenig verdienen, dass sie sich und ihre Familie kaum ernähren können, gehören keineswegs nur schlecht ausgebildete, ganz im Gegenteil: „Im deutschen Niedriglohnsektor sind vor allem Qualifizierte beschäftigt, die angesichts des Überangebots an Arbeitskräften auch in den einfachen Jobs die gering Qualifizierten verdrängt haben" (Bosch/Kalina 2007: 97).

Zwar ist es skandalös, dass die Kinder aus sozial benachteiligten Familien erheblich geringere Bildungschancen haben als die Zöglinge der besonders Gutsituierten und auf diesem für ihren ganzen Lebens- und Berufsweg zentralen Feld hierzulande stärker diskriminiert werden als in fast allen übrigen entwickelten Industriestaaten, wie der internationale Schulleistungsvergleich PISA 2000 (Baumert et al. 2001; Baumert et al. 2006) bestätigte. Wenn man so tut, als führten ausschließlich oder hauptsächlich mangelnde Bildungsanstrengungen zu materieller Armut, fällt ausgerechnet den Betroffenen im Sinne eines individuellen Versagens (der Eltern) die Verantwortung dafür zu, während ihre gesellschaftlich bedingten Handlungsrestriktionen und die politischen Strukturzusammenhänge aus dem Blick geraten. Bildungsbeteiligung für die einen und Bildungsbenachteiligung für die anderen Kinder ergeben sich aus der Tendenz zur sozialen Polarisierung, die wiederum eine Folge der neoliberalen Modernisierung darstellt.

Markus Fels kommentierte die ersten Ergebnisse einer UNICEF-Studie, die unter dem Titel „Zur Lage der Kinder in Deutschland" (Bertram 2008) veröffentlicht wurde, als er im *Rheinischen Merkur* (v. 27.3.2008) schrieb: „Geld allein garantiert nicht, dass die Lebenslage von Kindern zufrieden stellend ist." Dies ist mehr als banal, und das Gegenteil hat meines Wissens noch nie jemand behauptet. Vielmehr weiß jeder Beobachter, dass es auch manche Fehlentwicklung, Vernachlässigung und Verwahrlosung von Kindern gibt, die in gutsituierten Elternhäusern aufwachsen. Allerdings ist das Risiko, unter Bildungsdefiziten, der mangelnden Zuwendung von Erwachsenen bzw. Gleichaltrigen und/oder gesundheitlichen Einschränkungen zu leiden, für ein armes Kind signifikant höher als für ein Kind aus gehobenen Schichten. Eben diesen strukturellen bzw. Kausalzusammenhang verschleiern Statements wie das von Fels.

Natürlich ist Armut mehr als ein Mangel an Geld, der durch finanzielle Zuwendungen behoben werden könnte. Politiker/innen heben dies immer wieder hervor, womöglich deshalb, um es nicht für ihre Bekämpfung verwenden zu müssen. Armut schlägt sich auch nicht bloß als chronisches Minus auf dem Bankkonto oder als gähnende Leere im Portemonnaie nieder. Denn sie führt zu vielfältigen Benachteiligungen, Beeinträchtigungen und Belastungen, etwa im Bildungs-, Kultur- und Freizeit- wie auch im Wohn- und im Gesundheitsbereich. Dieser Umstand hat es materiell besser gestellten Schichten immer schon erleichtert, die Armen nach dem Motto „Geld macht ohnehin nicht glücklich" regelrecht zu verhöhnen, verleitet darüber hinaus jedoch heute noch manche Kommentatoren dazu, Armut zu subjektivieren, zu individualisieren bzw. zu biografisieren und sie auf Sozialisations- bzw. Kulturdefizite oder die „Bildungsferne" der Betroffenen zurückzuführen.

So behauptete Paul Nolte in einem unter dem zynischen Titel „Das große Fressen" erschienenen Gastbeitrag für die *Zeit* (v. 17.12.2003), das Hauptproblem der Unterschicht sei gar nicht die Armut, sondern der massenhafte Konsum von Fast Food und Fernsehen (RTL und Sat.1). Glaubt man dem Berliner Historiker, sind nicht etwa materielle Entbehrungen und gekürzte Sozialleistungen die Problemursache, sondern der Verlust kultureller Werte und Normen, welcher im Rahmen einer „fürsorgliche(n) Vernachlässigung" erfolgt sei: „Einer vergleichsweise hohen materiellen Fürsorge der Unterschicht steht eine Vernachlässigung in sozialer und kultureller Hinsicht gegenüber." Als sei das „Unterschichtenfernsehen" (Harald Schmidt), dessen übermäßiger Konsum sie angeblich davon abhält, ihren sozialen Aufstieg zu organisieren, das Problem der Dauerarbeitslosen, die nach Zerstreuung suchen, und weder das Problem der Medienkonzerne, die es vornehmlich aus Profitgier betreiben, noch der Politiker, die es nach dem Kanzlerwechsel Schmidt/Kohl zugelassen haben, weil sie davon eine grundlegende Veränderung der politischen Kultur des Landes erhofften wie der damalige Bundeskanzler und CDU-Vorsitzende.

In dasselbe Horn wie Nolte stieß der *stern*-Redakteur Walter Wüllenweber am 16. Dezember 2004, als er unter dem Titel „Das wahre Elend“ von der heutigen Unterschicht behauptete, sie leide keine Not: „Das Elend ist keine Armut im Portemonnaie, sondern die Armut im Geiste. Der Unterschicht fehlt es nicht an Geld, sondern an Bildung.“ Sowenig ein ökonomistisch verkürzter Armutsbegriff das Phänomen in seiner ganzen Komplexität erfasst, sowenig Sinn macht ein kulturalistisch verkürzter Armutsbegriff. Ohne die Berücksichtigung der Schlüsselrolle materieller Güter für die Existenz, das Ansehen und die Wertschätzung eines Menschen im Gegenwartskapitalismus kann das Problem nicht verstanden werden. Geradezu paradox erscheint, dass die überragende Bedeutung des Geldes sowie seiner halbwegs gleichmäßigen und gerechten Verteilung auf die unterschiedlichen Bevölkerungsgruppen ausgerechnet zu einer Zeit immer häufiger angezweifelt wird, in der es aufgrund einer fortschreitenden Ökonomisierung, Privatisierung und Kommerzialisierung in fast allen Gesellschaftsbereichen ständig an Relevanz für die Versorgung und den Status von Individuen gewinnt.

Wüllenweber erklärte das Monatseinkommen zum falschen Maßstab, um die Situation von Menschen zu beurteilen, was sich bei den etwa 800.000 Jüngeren zeige, die sich in Ausbildung und Studium befänden, denn sie hätten wenig Geld, aber gute Chancen. Reiche und Arme würden gleichermaßen reicher. „Dennoch ist Deutschland ein gespaltenes Land. Aber die Spaltung verläuft nicht entlang der wirtschaftlichen Linien. Es ist eine kulturelle Spaltung.“ Armut mache nicht krank, der schlechte Gesundheitszustand der Unterschicht sei vielmehr auf Disziplinlosigkeit zurückzuführen. Bisher hätten Politik, Gesellschaft und Sozialwissenschaften geglaubt, die Lebensformen der Unterschicht seien eine Folge der Armut. Richtig sei jedoch das Gegenteil: „Die Armut ist eine Folge ihrer Verhaltensweise, eine Folge der Unterschichtskultur.“

In der Bundesrepublik Deutschland seien nicht die Armen immer die Dummen, sondern die Dummen seien immer arm, behauptet Wüllenweber. So werden Ursache und Wirkung miteinander verwechselt bzw. bewusst vertauscht. Denn wie die Menschheit im welthistorischen Maßstab zuerst genügend Reichtum schaffen musste, damit Kunst und Kultur erblühen konnten, genauso verhält es sich im persönlichen Nahbereich. Wüllenwebers idealistische Sichtweise stellt die Wirklichkeit geradezu auf den Kopf, denn nach wie vor bestimmt die materielle Lage bzw. das gesellschaftliche Sein das Bewusstsein, den Bildungsdrang und die kulturelle Prägung der Menschen, nicht umgekehrt. Gleichzeitig leistet sie einer Individualisierung, Moralisierung und Pädagogisierung des Armutsproblems insofern Vorschub, als nicht mehr die sozioökonomischen Verhältnisse grundlegend reformiert oder revolutioniert werden müssen, um es zu beseitigen, sondern bloß noch das Verhalten der Betroffenen einer Änderung durch „Umerziehung“ bedarf.

Der heutige Arme wird häufig auf seine (angeblichen) Bildungs- und Kulturdefizite reduziert, die ihn vermeintlich daran hindern, sozial aufzusteigen: „Er besitzt keine Bildung, aber er strebt ihr auch nicht entgegen. Anders als der Prolet des beginnenden Industriezeitalters, der sich in Arbeitervereinen organisierte, die zugleich oft Arbeiterbildungsvereine waren, scheint es, als habe das neuzeitliche Mitglied der Unterschicht sich selbst abgeschrieben. Selbst für seine Kinder unternimmt er keine allzu großen Anstrengungen, die Tür in Richtung

Zukunft aufzustoßen" (Steingart 2006: 257). Dieser historische Vergleich des Bestsellerautors und *Handelsblatt*-Chefredakteurs Gabor Steingart hinkt allerdings gewaltig, denn der frühe Industriekapitalismus bot dem aufstrebenden Proletariat ganz andere Möglichkeiten, sich als kollektiver Machtfaktor zu entfalten, als der Finanzmarktkapitalismus, in dem sich etwa das „neue Prekariat" mehr oder weniger überflüssig vorkommt.

Wer das Armutsphänomen auf eine verfestigte „Kultur der Armut" zurückführt und damit auf ein Kulturproblem reduziert, missbraucht einen Schlüsselbegriff des bedeutenden US-amerikanischen Kulturanthropologen Oscar Lewis. Dieser hatte während der 1950er- und 1960er-Jahre beobachtet, dass die Armen (in Lateinamerika und von dort stammende US-Immigranten) unter widrigsten sozialen Verhältnissen eine Überlebenskunst entwickeln, die sie befähigt, damit umzugehen, ohne ihre Selbstachtung zu verlieren (vgl. Lewis 1966; ergänzend: Goetze 1992; Lindner 1999). Lewis fasste Armut als sich von Generation zu Generation vererbende Lebensform, war allerdings weit davon entfernt, die ökonomischen Herrschaftsverhältnisse und die politischen Rahmenbedingungen auszublenden, wusste er doch um die Klassendeterminiertheit von Pauperisierungs- und sozialen Marginalisierungsprozessen. Aus seinem Bremer Forschungsprojekt hat Lutz Leisering (1997: 1050) berichtet, dass es selbst bei „verfestigten Sozialhilfekarrieren" keine damit vergleichbaren Entwicklungen gab: „Den Typus eines aktiven Gegenbildes zur herrschenden Kultur – eine ‚Kultur der Armut' oder gar eine Kultur der Devianz – fanden wir nicht. Sie scheint in Deutschland kaum ausgeprägt zu sein." Falls sich dies, wie Nolte, Wüllenweber und Co. behaupten, mittlerweile geändert haben sollte, müsste nach den Gründen dafür gesucht und gefragt werden, ob die US-Amerikanisierung des Sozialstaates seit der Jahrtausendwende neben einer US-Amerikanisierung der Sozialstruktur unseres Landes auch eine US-Amerikanisierung der (Un-)Kultur seiner Armen nach sich gezogen hat.

Kulturelle und Bildungsdefizite begründen entgegen solcher Halbwahrheiten, wie sie die oben zitierten Autoren verkünden, keine Armutskultur, sondern sind primär Folge materieller Entbehrungen. Die ideologische Entsorgung des Armutsproblems erfolgt im Feuilleton gewöhnlich mittels seiner Kulturalisierung, Psychologisierung und Pädagogisierung. Vor einer „Therapeutisierung" der Problematik, die im öffentlichen bzw. Mediendiskurs über eine „neue Unterschicht" angelegt ist, warnt denn auch Hans Weiß (2005: 183): „Darin werden Armut und Unterschichtszugehörigkeit und ihre Auswirkungen auf Kinder, abstrahiert von den sozioökonomischen Bedingungen, z. B. vom Zusammenhang mit Dauerarbeitslosigkeit, primär als Folge der Verhaltensweisen der betroffenen Menschen, ihrer ‚Unterschichtskultur' betrachtet und damit letztlich ihnen die ‚Schuld' für ihre Situation zugeordnet."

Michael Hartmann (2006: 207) bringt den genannten Diskurs mit der herrschenden Leistungsideologie in Verbindung und weist auf seine Funktion zur Rechtfertigung der bestehenden polarisierten Sozialstruktur hin: „Wenn die Unterschichten an ihrem Los letztlich selbst schuld sind, weil sie sich keine Bildung aneignen und einen undisziplinierten Lebenswandel führen, und die Eliten ihre Position ausschließlich ihrer individuellen Leistung verdanken, dann sind die Macht- und Einkommensverhältnisse in der Gesellschaft nur eine zwingende Folge der jeweils unterschiedlichen Anstrengungen der einzelnen Bürger und damit legitim." Der Erziehungswissenschaftler Micha Brumlik (2007: 82) schließlich weist darauf hin, dass diese Form der Analyse auch die Therapie determiniert: „Dort, wo es nicht um weitere Umverteilung von Geld, sondern um die mittel- und langfristige Änderung einer

Kultur, also von Haltungen, Einstellungen und symbolisch artikulierten Lebensentwürfen geht, hat die Politik ihr Recht verloren und die Pädagogik als Praxis der Veränderung von Bildungs- und Aneignungsprozessen an Boden gewonnen."

Das vorherrschende Gerechtigkeitsverständnis im Wandel: Transformation der Verteilungs- zur Teilhabegerechtigkeit?

Mit dem Armuts- und Bildungsdiskurs in engem Zusammenhang steht eine Transformation des hierzulande vorherrschenden Gerechtigkeitsverständnisses. *Verteilungs*gerechtigkeit, traditionelles Ziel sozialstaatlicher Politik, die nicht auf Armutsbekämpfung reduziert werden darf, wird durch *Teilhabe-* oder *Beteiligungs*gerechtigkeit ersetzt. In der „zivilen Bürgergesellschaft", wie sie Gerhard Schröder (2000: 203) vorschwebte, steht der Gerechtigkeitsgedanke zwar im Mittelpunkt, bezieht sich aber nicht auf *Verteilungs*gerechtigkeit, die dem früheren Bundeskanzler als von der gesellschaftlichen Entwicklung überholt gilt: „Gerade weil (...) die Herstellung und Bewahrung sozialer Gerechtigkeit in einem umfassenden Sinne oberstes Ziel sozialdemokratischer Politik ist und bleibt, können wir uns nicht mehr auf Verteilungsgerechtigkeit beschränken. Dies geht schon deshalb nicht, weil eine Ausweitung der Sozialhaushalte nicht zu erwarten und übrigens auch nicht erstrebenswert ist. Für die soziale Gerechtigkeit in der Wissens- und Informationsgesellschaft ist vor allem die Herstellung von Chancengerechtigkeit entscheidend."

Deutlicher wurde der frühere Wirtschafts- und Arbeitsminister Wolfgang Clement, als er in der *Welt am Sonntag* (v. 14.5.2006) für ein „neues Godesberg" der SPD warb: „Heute geht es um den Abschied vom Wohlfahrtsstaat und die Hinwendung zum sozialen Bildungsstaat. (...) Der Sozialstaat in seiner bisherigen Ausprägung und Ausstattung trägt nicht mehr, und wir können ihn auch nicht mehr finanzieren. Wir müssen ihn deshalb nicht bloß umbauen, er braucht ein neues Fundament, eine neue Statik." Unter einem „sozialen Bildungsstaat" versteht Clement, dass für alle Bürger prinzipiell gleiche Chancen zur beruflichen Qualifikation, zu einer hoch qualifizierten Aus- und Weiterbildung geschaffen werden, damit sie aus eigener Kraft und Kompetenz auf die sich ständig verändernden Anforderungen der Arbeitswelt reagieren können. „Schulische Bildung und berufliche Qualifikation, Wissenschaft und Forschung sind die Motoren des ökonomischen und sozialen Fortschritts. Sie führen in die Wissensgesellschaft des 21. Jahrhunderts. Da müssen wir investieren, statt immer mehr in ein soziales Netz, das um so fadenscheiniger wird, je mehr wir ‚draufsatteln'."

Obwohl das Volksvermögen so groß und die Kluft zwischen Arm und Reich so tief wie nie zuvor ist, gilt die Forderung nach einer Umverteilung heute als ideologisch verstaubt. Viel entscheidender als die Umverteilung von Geld sei, dass Menschen einen gleichberechtigten Zugang zu den Bildungsinstitutionen und zum Arbeitsmarkt erhalten, heißt es immer häufiger. Dies gilt nicht bloß für praktisch alle Programme der etablierten Parteien (vgl. hierzu: Butterwegge 2008), sondern mit gewissen Einschränkungen auch für die EKD-Denkschrift „Gerechte Teilhabe", in der Armut als „fehlende Teilhabe" definiert wird (siehe Kirchenamt 2006: 43). „Teilhabe" gewähren die wenigen (Besitz, Reichtum und Macht) Habenden den vielen Habenichtsen, ohne jedoch ihre Güter mit ihnen teilen zu wollen oder zu müssen. Sie ist also politisch wie sozial eindeutig von oben nach unten gerichtet und basiert nicht auf einem

Machtanspruch der Beherrschten. Friedhelm Hengsbach (2006: 60) kritisiert den Wechsel der Wortwahl und der Sprache, die man innerhalb der Diskussion über Gerechtigkeitsfragen seit geraumer Zeit beobachten kann, weil er ihn an ein idealistisches, feudales Gesellschaftskonzept der Antike oder des Mittelalters erinnert: „Das höherwertige und übergeordnete organische Ganze läßt die geringerwertigen und untergeordneten Mitglieder an der Fülle des Wahren, Guten und Schönen teilhaben." Dagegen sei „Beteiligung" bzw. „Partizipation" ein politischer, emanzipativ-demokratischer Begriff, der auch eine zivilgesellschaftliche Dimension enthalte, jedoch nicht etwa die des bürgerlichen Ehrenamts, sondern jene direkter Demokratie und sozialer Bewegungen im außerparlamentarischen Raum.

Während die „Teilhabegerechtigkeit" eindeutig im Mittelpunkt des Memorandums der EKD steht, sind ihr die Verteilungs-, Bedarfs- und „Befähigungsgerechtigkeit" nach- bzw. untergeordnet. Bildung, die Menschen im Einzelfall erlaubt, prekäre Lebenslagen zu überwinden, aber möglicherweise nicht als Patentrezept für alle taugt, wird als entscheidender Ausweg propagiert: „Im Sinne einer langfristig vorausschauenden Vermeidung von Teilhaberisiken für große Teile der Bevölkerung kommt der Bildungspolitik entscheidende Bedeutung zu" (Kirchenamt 2006: 53). Armutsbekämpfung erschöpft sich trotz der Forderung nach „enge(r) Verzahnung von Sozial-, Bildungs- und Arbeitsmarktpolitik", die als „integrativer Ansatz" bezeichnet wird (siehe ebd.: 14), für die Verfasser der Denkschrift am Ende in einer konsequenteren Bildungsförderung, einer Familienpolitik, welche die Geburtenrate steigern will, und der Schaffung von mehr Arbeitsplätzen durch den Staat, obwohl die Erwerbslosigkeit (des Familienernährers) zwar ein Auslöser, aber nicht die Ursache der wachsenden Armut bei gleichzeitig steigendem Reichtum ist.

Statt materieller, d. h. Verteilungsgerechtigkeit wird heute in der Regel bloß noch Chancengleichheit gefordert, d. h. freier Marktzugang für alle. Dies reicht jedoch kaum aus, wenn man die Armut bei der Wurzel packen und wirklich beseitigen will. „Wer soziale Gerechtigkeit reduziert auf gleiche Chancen beim Start und darauf hofft, dass sich die so Ausgestatteten in einer auf wirtschaftliche Teilmärkte reduzierten Gesellschaft behaupten werden, akzeptiert die Ökonomisierung von immer mehr Lebensbereichen. Politik, die nur ‚Startchancen' zuteilt, verzichtet darauf, unsere Gesellschaft zu gestalten. Sie überlässt Altersvorsorge, Gesundheit, Bildung, öffentliche Daseinsvorsorge ‚den Märkten' und damit den dort agierenden Konzernen" (Beck/Meine 2007: 318).

Kaum jemand stellt die Frage, weshalb ausgerechnet zu einer Zeit, wo das Geld fast in sämtlichen Lebensbereichen wichtiger als früher, aber auch ungleicher denn je verteilt ist, seine Bedeutung für die Beteiligung der Bürger/innen am gesellschaftlichen Leben gesunken sein soll. Damit sie in Freiheit (von Not) leben, ihre Bedürfnisse befriedigen und ihre Pläne verwirklichen können, brauchen die Menschen nach wie vor Geld, das sie bei Erwerbslosigkeit, Krankheit, Pflegebedürftigkeit und im Alter als Transferleistung vom Sozialstaat erhalten müssen. Mehr soziale Gleichheit bzw. Verteilungsgerechtigkeit bildet mehr denn je die Basis für „Teilhabechancen" benachteiligter Gesellschaftsschichten, denn ohne ausreichende materielle Mittel steht die Chance, an Weiterbildungskursen teilzunehmen und ihre persönlichen Arbeitsmarktchancen zu verbessern, etwa für Erwerbslose nur auf dem Papier.

So sinnvoll die Erweiterung des Gerechtigkeitsbegriffs in Richtung von „Beteiligungs-" oder „Teilhabegerechtigkeit" sein mag, so wenig darf sie vergessen machen, dass dieser durch mehr soziale Ungleichheit der Boden entzogen wird. Unglaubwürdig wird daher, wer

Bildungs- als Sozialpolitik interpretiert und gleichzeitig von der Schule über den Weiterbildungssektor bis zur Hochschule alle Institutionen dieses Bereichs privatisieren möchte. Denn das heißt letztlich, sie für Wohlhabende und die Kinder besser situierter Familien zu reservieren. In einem solchen Bildungssystem stoßen Kinder nur noch auf Interesse, wenn sie (bzw. ihre Eltern) als zahlungskräftige Kunden firmieren. Schon bevor Studiengebühren eingeführt wurden und ihnen bald vielleicht neuerlich Schulgeld folgt, gab es (Weiter-) Bildung nicht umsonst.

Bemühungen zur Neugestaltung des Verhältnisses von Bildungs- und Sozialpolitik

Im angloamerikanischen Wohlfahrtsstaat gehört die Bildungs- seit jeher zur Sozialpolitik, in der Bundesrepublik zählt man sie zur Gesellschaftspolitik. Neuerdings steht dieses Verständnis von Bildungspolitik hierzulande im Kreuzfeuer der Kritik. Jutta Allmendinger und Stephan Leibfried (2002: 292) beispielsweise konstruieren einen Gegensatz zwischen der „nachträglich ausgleichenden Sozialpolitik“ traditioneller Art und einer moderneren, investiven bzw. „präventiven und für das Humankapital ‚Bildung‘ produktiven Ausrichtung von Sozialpolitik“, wodurch Ältere und Jüngere in Gegensatz zueinander geraten und ein „(Verteilungs-)Kampf der Generationen“ um die knappen Haushaltsmittel droht. Walter Wüllenweber drückt es in seinem Artikel „Die Schicksalsfrage der Nation“ (stern v.20.12.2007) folgendermaßen aus: „Die Bildung hat in Deutschland einen mächtigen Konkurrenten: das Soziale.“ Habe die Losung „Bildung für alle“ große Teile der Gesellschaft gegen Ende der 60er-/Anfang der 70er-Jahre geeint, seien die Ausgaben für den Wohlfahrtsstaat seit der Weltwirtschaftskrise 1974/75 nach dem Motto „Sozialknete für alle“ viereinhalbmal so stark gestiegen wie die für Bildung. „Gerechter ist Deutschland durch das Verteilen von Geld nicht geworden. Die Almosen vom Staat sind nur ein Schmerzmittel. Sie machen die Benachteiligung erträglich. Aber sie beseitigen sie nicht. Eine fundierte Bildung jedoch kann die Ungerechtigkeit wirksam bekämpfen. Sozial ist, was Bildung schafft“ (ebd.). In Wahrheit ergänzen sich Bildungs- und Sozialpolitik bezüglich der notwendigen Inklusion von Kindern aus unterprivilegierten Elternhäusern, wirken also sinnvollerweise komplementär.

Ganz einfach macht es sich das Institut der deutschen Wirtschaft (2005: 41), wenn Armut hauptsächlich auf Erwerbslosigkeit zurückgeführt und daraus geschlussfolgert wird: „Arbeitslosigkeit ist vor allem eine Folge mangelnder Bildung, ergo ist eine gute Schul- und Ausbildung der beste Schutz gegen Einkommensarmut.“ Dass deutsche Wirtschaftslobbyisten und neoliberale Wissenschaftler die Bildung zum Patentrezept erklären, verwundert nicht weiter, erlaubt eine solche Position doch, an den bestehenden Eigentumsverhältnissen, Machtstrukturen und Privilegien festzuhalten und die soziale Polarisierung zu rechtfertigen. Aber dass viele Politiker und Publizist(inn)en, die es besser wissen müssten, den notwendigen Kampf gegen die (Kinder-)Armut auf eine „Bildungsoffensive“ beschränken wollen, gibt zu denken.

Unglaubwürdig wird, wer die Bildungs- als besonders zukunftsträchtige Form der Sozialpolitik interpretiert, aber vom Kindergarten über Schule und Hochschule bis zum Weiterbildungssektor alle Institutionen dieses Bereichs privatisieren möchte. Denn das heißt, sie für Reiche, Wohlhabende und den Nachwuchs besser situierter Familien zu reservieren.

Letztlich schließen sich das Prinzip „Markt“ und das Prinzip „öffentliche Aufgaben in einem demokratischen Staat“ aus, wie Bodo Zeuner (1997: 31) durchaus treffend bemerkt: „Wer z. B. das Bildungssystem in gegeneinander konkurrierende Unternehmen aufspaltet, die mit eigenen Budgets arbeiten und im Interesse der ‚Wirtschaftlichkeit‘ Gebühren von Studenten, vielleicht demnächst von Schülern, erheben dürfen, der stärkt nicht irgendwelche ‚Eigenverantwortlichkeiten‘, sondern baut das demokratische Recht auf gleiche Bildungschancen unabhängig vom Einkommen ab und entzieht letztlich der demokratischen Gesellschaft die Möglichkeit, ihre Ressourcen sozialstaatlich umzuverteilen.“

Michael Opielka (2005b: 145 f.) macht deutlich, dass die Debatte über die (Wieder-) Einführung von Studiengebühren und Schulgeld politisch-ideologisch motiviert und nicht frei von Mythen über das US-amerikanische Bildungssystem ist. In einem Bildungssystem, das privatisiert und kommerzialisiert wird, stoßen Kinder nur noch auf Interesse, wenn sie bzw. ihre Eltern als möglichst zahlungskräftige Kunden firmieren. Kontraproduktiv wirken auch die Beschneidung der Lernmittelfreiheit in mehreren Bundesländern und die Schließung von (Schul-)Bibliotheken aus Kostengründen. Je weniger die öffentliche Hand aufgrund einer falschen Steuerpolitik in der Lage ist, die materielle Unterversorgung von Familien zu kompensieren, umso mehr Kinder leiden unter „Bildungsarmut“.

Die negativen Auswirkungen von „Sparmaßnahmen“ im Jugend-, Sozial- und Gesundheitsbereich wie auch bei den Bundeszuschüssen zum öffentlichen Nahverkehr (Kürzung der sog. Regionalisierungsmittel) beeinträchtigen die Zukunftsperspektiven der künftigen Generationen. Dazu zählt ebenfalls die Beschneidung der Bundeskompetenzen im Bildungsbereich, weil die Föderalismusreform durch ihren Rekurs auf das Konzept eines „Wettbewerbsföderalismus“ einer desaströsen Konkurrenz zwischen den Bundesländern im September 2006 Tür und Tor geöffnet hat, was den (Hoch-)Schülern in finanzschwachen Ländern besonders schaden dürfte, können die guten Lehrkräfte doch leichter abgeworben werden. „Der Wettbewerbsföderalismus liefert (...) die schwächsten Mitglieder der Gesellschaft, die Kinder, endgültig dem Markt aus“ (Roitsch 2006: 984).

Christof Prechtl und Daniel Dettling (2005b: 9) beklagen in einem von ihnen herausgegebenen Sammelband „Für eine neue Bildungsfinanzierung“, dass die Bundesrepublik sechs Mal soviel Geld für Soziales wie für Bildung aufwendet, sehen sie doch in Letzterer den Schlüssel zur Bekämpfung der (Kinder-)Armut: „Da zwischen Bildungsstand und Erfolg am Arbeitsmarkt ein klarer Zusammenhang besteht, produziert das deutsche Bildungswesen heute die Sozialfälle von morgen. Politisch bedeutet dies: Die Vermeidung von Bildungs-, nicht Einkommensarmut, ist die zentrale Herausforderung.“ Hier unterliegen die beiden Autoren freilich einem Irrtum: Was unter günstigen Umständen ohne Zweifel zum individuellen beruflichen Aufstieg taugt, versagt als gesellschaftliches Patentrezept. Wenn alle Kinder, was sicherlich wünschenswert wäre, mehr Bildungsmöglichkeiten bekämen, würden sie um die wenigen Ausbildungs- bzw. Arbeitsplätze womöglich nur auf einem höheren geistigen Niveau, aber nicht mit größeren Chancen konkurrieren. Folglich gäbe es am Ende wahrscheinlich mehr Taxifahrer mit Abitur und Hochschulabschluss, aber kaum weniger Armut. Eine bessere (Aus-)Bildung erhöht die Konkurrenzfähigkeit eines Heranwachsenden auf dem Arbeitsmarkt, ohne jedoch die Erwerbslosigkeit und die (Kinder-)Armut als gesellschaftliche Phänomene zu beseitigen.

Konsequenzen für die Armutsbekämpfung: „Bildung für alle“ statt Umverteilung des Reichtums?

Für die Bundesregierung ist Bildung der „Schlüssel für Teilhabe und Integration“, weshalb es im Dritten Armuts- und Reichtumsbericht (Bundesministerium für Arbeit und Soziales 2008: 187) heißt: „Schulische Bildung und berufliche Qualifikation sind die Grundlage für Teilhabe am Arbeitsmarkt und der beste Schutz gegen Arbeitslosigkeit und Einkommensarmut.“ Unter das Motto „Aufstieg durch Bildung“ stellte die damalige CDU/CSU/SPD-Koalition eine „Nationalen Qualifizierungsinitiative“, die den Fachkräftebedarf der Wirtschaft decken helfen sollte. Zwar kann ein Individuum durch die Beteiligung an (Aus-) Bildungsprozessen einer prekären Lebenslage entkommen, eine gesamtgesellschaftliche Lösung bietet sie allein freilich nicht.

Daran besteht überhaupt kein Zweifel: Ohne eine spürbare Verbesserung der Bildungseinrichtungen und der Bildungschancen für alle (Wohn-)Bürger/innen bzw. ihre Kinder ist die Armut in Deutschland nicht erfolgreich zu bekämpfen. Aber *nur* mittels eines Ausbaus im Bildungsbereich lässt sich das Problem ebenso wenig lösen. Vielmehr bedarf es darüber hinaus neben einer Vielzahl anderer Maßnahmen zur Verbesserung der sozialen Infrastruktur der Umverteilung von Arbeit, Einkommen und Vermögen (vgl. hierzu: Butterwegge 2009: 279 ff.) Schließlich kann Pädagogik weder eine gerechte Steuerpolitik noch eine die Armut bekämpfende Sozialpolitik ersetzen.

Für die Neigung vieler Politiker/innen, Armutsbekämpfung weitgehend auf Bildungsförderung zu reduzieren, steht Bundessozialministerin Ursula von der Leyen als Beispiel. Unter der Überschrift „Wir müssen den Kindern gezielt helfen: Wege aus der Armut – Bildungschancen sind Lebenschancen“ konstatiert sie, ausgehend von der richtigen, aber banalen Erkenntnis, dass arm nicht bloß ist, wer zu wenig oder gar kein Geld verdient, vielmehr auch, wer nicht am gesellschaftlichen Leben teilnehmen kann und ausgegrenzt wird, also nicht dazugehört: „Überdurchschnittlich viele Kinder und Jugendliche mit Migrationshintergrund zählen zu den Armen der Gesellschaft. Dies darf nicht hingenommen werden. Wichtig sind neben der Sprachförderung gezielte Hilfen für die Schulzeit, Weiterbildungsangebote und andere Unterstützungsleistungen, damit junge Menschen möglichst schnell und gut Arbeit finden“ (von der Leyen 2010: 4). Bestimmte Geld- durch Sach- bzw. Dienstleistungen zu ersetzen und Bildungsgutscheine auszugeben, statt die Hartz-IV-Regelsätze sowohl für Kinder wie auch für Erwachsene zu erhöhen, wie es von der Leyen als Konsequenz aus dem Bundesverfassungsgerichtsurteil vom 9. Februar 2010 plant, wäre keine Lösung der sozialen Probleme, sondern würde zu einer weiteren Gängelung der Transferleistungsbezieher/innen führen.

So wichtig ein Abbau von Bildungsbarrieren und eine Verbesserung der Bildungschancen für arme Kinder – übrigens keineswegs nur solche mit Migrationshintergrund – wären, so wenig reicht die bloße Erweiterung der Bildungsförderungsmaßnahmen aus, wenn keine inhaltliche Neugestaltung dieses Bereichs erfolgt (vgl. dazu: Hammer 2010). Wie die Bedeutung der Sprache für die Integration der Migrant(inn)en maßlos überschätzt wird, so betont man auch die Bedeutung der Bildung für die soziale Inklusion von Kindern aus der Unterschicht m. E. viel zu stark. Die kulturalistische Verkürzung des Klassen- bzw. Schichtbegriffs blendet sozioökonomische Gegebenheiten aus.

Es ist heuchlerisch und purer Zynismus, den Armen bei jeder Gelegenheit „Bildet euch! Bildet euch! Bildet euch!“ zu predigen, ihnen jedoch die dafür notwendigen materiellen Ressourcen vorzuenthalten und im Regelsatz für Hartz-IV-Bezieher/innen keinen Cent dafür einzuplanen. Kinder unter 14 Jahren erhalten nur geringe Beträge für Schulmaterialien und nicht sehr viel mehr für Nahrung. Um seinen Bildungshunger stillen zu können, muss man aber satt sein und genug Geld für ein (Schul-)Mittagessen haben. Wer die Kinder der Transferleistungsempfänger/innen, die nicht in den Genuss des von der Großen Koalition um 10 EUR (für das 1. und 2. Kind) bzw. 16 EUR (für das 3. und alle weiteren Kinder) und von CDU, CSU und FDP zum 1. Januar 2010 noch einmal um 20 EUR auf 184 EUR (für das 1. und 2. Kind), auf 190 EUR (für das 3. Kind) und 215 EUR (für alle weiteren Kinder) erhöhten Kindergeldes kommen, weil dieses auf die Sozialhilfe, das Arbeitslosengeld II bzw. das Sozialgeld angerechnet wird, mit einem Schulbedarfspaket in Höhe von 100 EUR abspeist, vertieft die soziale Spaltung. Es sollte auf Betreiben der Union anfangs sogar nur bis zur 10. Klasse gewährt werden, wahrscheinlich damit keine Missverständnisse aufkommen, wer Abitur machen soll und wer nicht …

Wenn die „Bildungsferne“ der meisten Arbeiter- und Migrantenfamilien hauptsächlich eine Folge gravierender materieller Defizite ist, die teilweise über Generationen hinweg kumuliert wurden, lässt sich die Benachteiligung von Kindern aus zugewanderten Familien durch „Schieflagen im Bildungssystem“ (siehe dazu: Auernheimer 2010) nur verringern, wenn die Schul- bzw. Weiterbildung als Kern einer fortschrittlichen Gesellschaftspolitik verstanden wird und eine strukturelle Benachteiligung deprivierter Kinder – wie sie das mehrgliedrige Sekundarschulsystem hierzulande aufgrund seiner sozialen Selektivität bedingt – unterbleibt. Gerade wenn man der Schule eine Schlüsselrolle im Kampf gegen Kinderarmut zuerkennt, muss vor einer Selbstüberschätzung dieser Institution gewarnt werden.

Umgekehrt ist Bildungsbeteiligung schon längst kein Garant für eine gesicherte materielle Existenz mehr und reicht daher zur Armutsbekämpfung nicht aus. Zwar bleibt die Verringerung von bzw. die Vermeidung neuer „Bildungsarmut“ eine wichtige gesellschaftspolitische Aufgabe, durch deren Erfüllung sich das Armutsproblem freilich nicht erledigt. Denn so wenig dieses monokausal begründet ist, so wenig lässt es sich eindimensional, d. h. ausschließlich mittels der Pädagogik lösen. Dies gilt besonders dann, wenn Bildung im Sinne der ökonomischen Verwertbarkeit von „Humankapital“ durch den „eigenen“ Wirtschaftsstandort seitens mächtiger Kapitalinteressen instrumentalisiert wird. „Obgleich die Ausbildung junger Menschen zweifellos ein nicht zu unterschätzender volkswirtschaftlicher Entwicklungsfaktor ist, wird diese in den Medien und der Politik dominante Sichtweise (…) dann problematisch, wenn einseitig auf sie abgestellt wird und Bildung als Grund- und Menschenrecht, als soziale Frage der Teilhabechancen aller Gesellschaftsmitglieder, unberücksichtigt bleibt“ (Solga/ Powell 2006: 189). Bildung darf nicht auf die (beruflichliche) Qualifikation reduziert werden, schließt vielmehr die Entwicklung der Persönlichkeit, kultureller und sozialer Kompetenzen immer mit ein, steht also in enger Verbindung mit der Emanzipation von Individuum und Gesellschaft (vgl. Kaßebaum 2006: 196).

So wichtig mehr Bildungs- bzw. Kulturangebote für Kinder aus sozial benachteiligten „Problemfamilien“ sind, so wenig können sie das Armutsproblem lösen. Zwar werden die Armen häufig dumm (gemacht), wie Gerda Holz (2008) zeigt, die Klugen aber deshalb nicht automatisch reich. Bildung ist daher auch nur ein begrenzt taugliches Mittel gegen die (Kinder-)Armut, denn sie kann zwar durch soziale Diskriminierung entstandene Partizipationsdefizite junger Menschen mildern, allerdings nicht verhindern, dass materielle Ungleichgewichte auf deren Arbeits- und Lebensbedingungen durchschlagen.

Bildungs-, Erziehungs- und Kultureinrichtungen sind für eine gedeihliche Entwicklung und freie Entfaltung der Persönlichkeit sozial benachteiligter Kinder unentbehrlich, weshalb sie nicht – dem neoliberalen Zeitgeist entsprechend – privatisiert, sondern weiterhin öffentlich finanziert und noch ausgebaut werden sollten. Bildung ist jedoch keine politische Wunderwaffe im Kampf gegen die Kinderarmut, zumal sie immer mehr zur Ware verkommt (vgl. dazu: Lohmann/Rilling 2002; Kubon-Gilke 2006; Krautz 2007), statt als konstitutiver Bestandteil der öffentlichen Daseinsvorsorge für alle Wohnbürger/innen gleichermaßen zugänglich zu sein. Studiengebühren, Transportkosten und Schul- oder Büchergeld schrecken gerade die Kinder aus sozial benachteiligten Familien vom Besuch einer weiterführenden bzw. Hochschule ab.

Ganztagsbetreuung und Gemeinschaftsschule als wirksame Mittel gegen Bildungsbenachteiligung

Kinder erscheinen als personifiziertes Armutsrisiko, zumindest dann, wenn eine soziale Infrastruktur fehlt, die es ihren Müttern (noch immer viel seltener: alleinerziehenden Vätern) erlaubt, neben der Familien- auch Erwerbsarbeit zu leisten. Hier liegt denn auch ein zentraler Ansatzpunkt für Gegenmaßnahmen. Ganztagsschulen sowie (preisgünstig oder kostenlos zur Verfügung gestellte) Kindergarten-, Krippen- und Hortplätze haben einen pädagogisch-sozialen Doppeleffekt: Einerseits können von Armut betroffene oder bedrohte Kinder umfassender betreut und systematischer gefördert, andererseits ihre Eltern leichter als sonst einer Vollzeitbeschäftigung nachgehen, was sie finanzielle Probleme besser meistern lässt. Durch die Ganztags- als Regelschule lassen sich soziale Benachteiligungen insofern kompensieren, als eine bessere Versorgung der Kinder mit Nahrung (gemeinsame Einnahme des Mittagessens), eine gezielte Förderung leistungsschwächerer Schüler/innen etwa bei der Erledigung von Hausaufgaben und eine sinnvollere Gestaltung der nachmittäglichen Freizeit erfolgen.

Umstritten ist, ob Finanzmittel, die der (ganzen) Familie dienen sollen, bedürftigen Kindern wirklich helfen oder nur die Haushaltsvorstände erreichen. Claudia Pinl (2001: 1130) fordert statt höherer Zuwendungen des Staates an die Eltern einen Ausbau öffentlicher Einrichtungen, die auch den sonst leer ausgehenden Kindern nützen würden: „Der ‚Familienleistungsausgleich' entzieht den Kindern Geld an den Stellen, wo gerade sie es am meisten brauchen: in Erziehungsberatungsstellen und schulpsychologischen Diensten, in Ganztagsschulen, KiTas, Horten, Krippen und Freizeiteinrichtungen für Jugendliche." Beratungs-, Betreuungs- und Bildungsangebote für sozial benachteiligte Familien sind zweifellos wirksamer als die Anhebung des Kindergeldes und steuerlicher Freibeträge.

Dieser Erkenntnis dürfte wohl geschuldet sein, dass der Bund durch ein Sonderinvestitionsprogramm „Zukunft Bildung und Betreuung" die Länder bis 2009 mit insgesamt 4 Mrd. EUR bei der Schaffung von Ganztagsschulen unterstützt hat. Außerdem erhielten die Länder nach dem am 1. Januar 2005 in Kraft getretenen *Tagesbetreuungsausbau-*

gesetz (TAG) jährlich 1,5 Mrd. EUR, die durch Zusammenlegung von Arbeitslosen- und Sozialhilfe eingespart werden sollten, zur Schaffung von mehr Betreuungsplätzen für Kinder unter drei Jahren. Die damalige Bundesfamilienministerin Ursula von der Leyen forcierte den Krippenausbau, denn sie weiß, dass genügend und qualitativ hochwertige Betreuungsmöglichkeiten vorhanden sein müssen, damit die Mütter/Väter von Kleinkindern sofort nach der Elternzeit wieder in den Beruf zurückkehren. Auf einem von ihr veranstalteten „Krippengipfel" am 2. April 2007 verständigten sich Bund, Länder und kommunale Spitzenverbände, bis zum 31. Juli 2013 schrittweise ein bedarfsgerechtes Betreuungsangebot für durchnittlich 35 Prozent der Kinder unter drei Jahren zu schaffen. An den Investitionskosten beteiligt sich der Bund durch Bereitstellung eines Sondervermögens in Höhe von 2,15 Mrd. EUR, das mit dem *Kinderbetreuungsfinanzierungsgesetz* eingerichtet wurde. Weitere 1,85 Mrd. EUR steuert der Bund zur Finanzierung der laufenden Betriebskosten bei. Im sog. *Kinderförderungsgesetz* wurde festgelegt, dass Kinder ab 1. August 2013 nach Vollendung ihres 1. Lebensjahres einen Rechtsanspruch auf den Besuch einer Tageseinrichtung oder Förderung in Kindertagespflege haben.

So wichtig mehr öffentliche Ganztagsbetreuung für Kinder aller Jahrgangsstufen ist, so wenig reicht sie aus, um Bildung stärker von der sozialen Herkunft zu entkoppeln. Gleichwohl stößt die öffentliche Reformdebatte selten bis zu den Wurzeln des Problems, der Mehrgliedrigkeit des Schulwesens in Deutschland, vor. Wer von der Gesamt- bzw. Gemeinschaftsschule für Kinder aller Bevölkerungsschichten jedoch nicht sprechen will, sollte auch von der Ganztagsschule schweigen. Letztere war stets ein Ziel reformpädagogischer Bemühungen, degeneriert aber zur bloßen Verwahranstalt, wenn sie nicht in ein bildungspolitisches Alternativkonzept integriert wird, das soziale Selektion ausschließt.

Erforderlich ist eine umfassende Strukturreform, die der sozialen Selektion durch das hierarchisch gegliederte deutsche Schulsystem ein Ende bereiten müsste, wie sie Vernor Muñoz Villalobos, UN-Sonderberichterstatter für das Recht auf Bildung, moniert hat, als er im Februar 2006 die Bundesrepublik besuchte und im März 2007 seinen Bericht darüber vorlegte (vgl. dazu: Overwien/Prengel 2007). Bisher besuchen Kinder aus höheren Gesellschaftsschichten und Akademikerfamilien in aller Regel ein Gymnasium, während sich die Kinder aus sozial benachteiligten Elternhäusern in den Haupt- und den Sonder- bzw. Förderschulen sammeln (vgl. dazu: Müller 2005). In „einer guten Schule für alle" nach skandinavischem Vorbild wäre kein Platz für die frühzeitige Aussonderung „dummer" Kinder, die arm sind bzw. aus sog. Problemfamilien stammen.

Wenn die schwarz-gelbe Koalition dagegen auf zentralstaatlicher bzw. auf Landesebene privatgewerbliche Träger für KiTas fördert und den Vorschulbereich immer stärker für kommerzielle Anbieter öffnet, den Bund ab 2013 ein „Betreuungsgeld" an Eltern zahlen lässt, die ihr Kind zu Hause erziehen, die Grundschulbezirke auflöst, wieder „Kopfnoten" auf den Zeugnissen einführt und die Gymnasialschulzeit bis zum Abitur überstürzt verkürzt (sog. G-8-Reform) sowie Studiengebühren an den Hochschulen erhebt, verringert sie die Durchlässigkeit des ohnehin fragwürdigen deutschen Bildungssystems weiter, erhöht den dort herrschenden Leistungsdruck und bekämpft die Kinderarmut nicht, sondern fördert sie noch.

Literatur

Allmendinger, Jutta (1999): Bildungsarmut. Zur Verschränkung von Bildungs- und Sozialpolitik. In: Soziale Welt 1. 35–50

Allmendinger, Jutta/Leibfried, Stephan (2002): Bildungsarmut im Sozialstaat. In: Burkart/Wolf (Hrsg.) (2002): 287–315

Andreß, Hans-Jürgen/Kronauer, Martin (2006): Arm – Reich. In: Lessenich/Nullmeier (Hrsg.) (2006): 28–52

Auernheimer, Georg (Hrsg.) (2010): Schieflagen im Bildungssystem. Die Benachteiligung der Migrantenkinder. 4. Aufl. Wiesbaden: VS Verlag für Sozialwissenschaften

Barber, Benjamin R. (2007): Consumed! – Wie der Markt Kinder verführt, Erwachsene infantilisiert und die Bürger verschlingt. München: C.H. Beck

Barlösius, Eva/Ludwig-Mayerhofer, Wolfgang (Hrsg.) (2001): Die Armut der Gesellschaft. Opladen: Leske & Budrich

Baumert, Jürgen/Klieme, Eckhard/Neubrand, Michael/Prenzel, Manfred/Schiefele, Ulrich/Schneider, Wolfgang/Tillmann, Klaus-Jürgen/Weiß, Manfred (2001): PISA 2000. Basiskompetenzen von Schülerinnen und Schülern im internationalen Vergleich. Opladen: Leske & Budrich

Baumert, Jürgen/Stanat, Petra/Watermann, Rainer (2006): Herkunftsbedingte Disparitäten im Bildungswesen. Differenzielle Bildungsprozesse und Probleme der Verteilungsgerechtigkeit. Vertiefende Analysen im Rahmen von PISA 2000. Wiesbaden: VS Verlag für Sozialwissenschaften

Beck, Dorothee/Meine, Hartmut (2007): Armut im Überfluss. Nachrichten aus einer gespaltenen Gesellschaft. Göttingen: Steidl

Bertram, Hans (Hrsg.) (2008): Mittelmaß für Kinder. Der UNICEF-Bericht zur Lage der Kinder in Deutschland. München: C.H. Beck

Bieback, Karl-Jürgen/Milz, Helga (Hrsg.) (1995): Neue Armut. Frankfurt a.M./New York: Campus

Bosch, Gerhard/Kalina, Thorsten (2007): Niedriglöhne in Deutschland – Zahlen, Fakten, Ursachen. In: Bosch/Weinkopf (Hrsg.) (2007): 20–105

Bosch, Gerhard/Weinkopf, Claudia (Hrsg.) (2007): Arbeiten für wenig Geld. Niedriglohnbeschäftigung in Deutschland. Frankfurt am Main/New York: Campus

Brumlik, Micha (2007): Soll ich je zum Augenblicke sagen … Das Glück: beseligender Augenblick oder erfülltes Leben?. In: Kessl/Reutlinger/Ziegler (Hrsg.) (2007): 81–96

Bundesministerium für Arbeit und Soziales (Hrsg.) (2008): Lebenslagen in Deutschland. Der Dritte Armuts- und Reichtumsbericht der Bundesregierung. Bonn

Burkart, Günter/Wolf, Jürgen (Hrsg.) (2002): Lebenszeiten. Erkundungen zur Soziologie der Generationen. Opladen: Leske & Budrich

Butterwegge, Carolin (2010): Armut von Kindern mit Migrationshintergrund. Ausmaß, Erscheinungsformen und Ursachen. Wiesbaden: VS Verlag für Sozialwissenschaften

Butterwegge, Christoph (2009): Armut in einem reichen Land. Wie das Problem verharmlost und verdrängt wird. Frankfurt a.M./New York: Campus

Butterwegge, Christoph (2008): Das Gerechtigkeitsverständnis der Volksparteien im Wandel. Sozialpolitik in den neuen Parteiprogrammen von CDU, CSU und SPD. In: Soziale Sicherheit 3. 85–90

Butterwegge, Christoph (2007): Rechtfertigung, Maßnahmen und Folgen einer neoliberalen (Sozial-)Politik. In: Butterwegge et al. (2007):135–219

Butterwegge, Christoph (2006): Krise und Zukunft des Sozialstaates. 3. Aufl. Wiesbaden: VS Verlag für Sozialwissenschaften

Butterwegge, Christoph/Hentges, Gudrun (Hrsg.) (2009): Zuwanderung im Zeichen der Globalisierung. Migrations-, Integrations- und Minderheitenpolitik. 4. Aufl. Wiesbaden: VS Verlag für Sozialwissenschaften

Butterwegge, Christoph/Klundt, Michael/Belke-Zeng, Matthias (2008): Kinderarmut in Ost- und Westdeutschland. 2. Aufl. Wiesbaden: VS Verlag für Sozialwissenschaften

Butterwegge, Christoph/Lösch, Bettina/Ptak, Ralf (2007): Kritik des Neoliberalismus. Wiesbaden: VS Verlag für Sozialwissenschaften

Döring, Diether/Hauser, Richard (Hrsg.) (1989): Politische Kultur und Sozialpolitik. Ein Vergleich der Vereinigten Staaten und der Bundesrepublik Deutschland unter besonderer Berücksichtigung des Armutsproblems. Frankfurt a.M./New York: Campus

Feil, Christine (2003): Kinder, Geld und Konsum. Die Kommerzialisierung der Kindheit. Weinheim/München: Juventa

Friedrich-Ebert-Stiftung/TNS Infratest Sozialforschung (2006): Gesellschaft im Reformprozess, Juli 2006. Rita Müller-Hilmer. Verfügbar unter: http://www.fes.de/inhalt/Dokumente/061017_Gesellschaft_im_Reformprozess_komplett.pdf [31.7.2007]

Goetze, Dieter (1992): „Culture of Poverty" – eine Spurensuche. In: Leibfried/Voges (Hrsg.) (1992): 88–103
Grasse, Alexander/Ludwig, Carmen/Dietz, Berthold (Hrsg.) (2006): Soziale Gerechtigkeit. Reformpolitik am Scheideweg. Festschrift für Dieter Eißel zum 65. Geburtstag. Wiesbaden: VS Verlag für Sozialwissenschaften
Hacket, Anne/Preißler, Josef/Ludwig-Mayerhofer, Wolfgang (2001): Am unteren Ende der Bildungsgesellschaft. In: Barlösius/Ludwig-Mayerhofer (Hrsg.) (2001): 97–130
Hammer, Veronika (2010): Bildungspolitik mit dem Ziel verbesserter Partizipation von armen Kindern. In: Lutz/ Hammer (Hrsg.) (2010): 22–39
Hartmann, Michael (2006): Elite – Masse. In: Lessenich/Nullmeier (Hrsg.) (2006): 191–208
Hauser, Richard (1989): Entwicklungstendenzen der Armut in der Bundesrepublik Deutschland. In: Döring/ Hauser (Hrsg.) (1989): 117–146
Hengsbach, Friedhelm (2006): „Wer siegt, hat Recht"? – Das kapitalistische Regime unter dem Anspruch der Gerechtigkeit. In: Grasse/Ludwig/Dietz (Hrsg.) (2006): 53–70
Herkommer, Sebastian (Hrsg.) (1999): Soziale Ausgrenzungen. Gesichter des neuen Kapitalismus. Hamburg: VSA
Holz, Gerda (2008): Armut verhindert Bildung – Lebenslagen und Zukunftschancen von Kindern. In: Sanders/ Weth (Hrsg.) (2008): 69–95
Hradil, Stefan (Hrsg.) (1997): Differenz und Integration. Die Zukunft moderner Gesellschaften. Verhandlungen des 28. Kongresses der Deutschen Gesellschaft für Soziologie in Dresden 1996. Frankfurt a. M./New York: Campus
Institut der deutschen Wirtschaft (Hrsg.) (2005): Armut in der Wohlstandsgesellschaft. Auch eine Frage der Definition. Köln: IW Medien
Kaßebaum, Bernd (2006): Bildung und soziale Gerechtigkeit. In: Grasse/Ludwig/Dietz (Hrsg.) (2006): 191–202
Kessl, Fabian/Reutlinger, Christian/Ziegler, Holger (Hrsg.) (2007): Erziehung zur Armut? – Soziale Arbeit und die „neue Unterschicht". Wiesbaden: VS Verlag für Sozialwissenschaften
Kirchenamt der EKD (Hrsg.) (2006): Gerechte Teilhabe. Befähigung zu Eigenverantwortung und Solidarität. Eine Denkschrift des Rates der Evangelischen Kirche in Deutschland zur Armut in Deutschland. Göttingen: Göttinger Verlagsanstalt
Krämer, Walter (2005): Werden die Deutschen immer ärmer? In: Gesellschaft – Wirtschaft – Politik 4. 395–397
Krautz, Jochen (2007): Ware Bildung. Schule und Universität unter dem Diktat der Ökonomie. Kreuzlingen/ München: Hugendubel
Kubon-Gilke, Gisela (2006): Wi(e)der Elitebildung. Bildung aus ökonomischer Perspektive. Marburg: Metropolis
Leibfried, Stephan/Voges, Wolfgang (Hrsg.) (1992): Armut im modernen Wohlfahrtsstaat. Opladen: Westdeutscher Verlag (KZfSS-Sonderheft 32)
Leisering, Lutz (1997): „Soziale Ausgrenzung". Zur handlungstheoretischen Fundierung eines aktuellen sozialpolitischen Diskurses. In: Hradil (Hrsg.) (1997): 1039–1053
Lessenich, Stephan/Nullmeier, Frank (Hrsg.) (2006): Deutschland – eine gespaltene Gesellschaft. Frankfurt a. M./ New York: Campus
Lewis, Oscar (1966): La Vida. A Puerto Rican Family in the Culture of Poverty – San Juan and New York. London: Secker & Warburg
Lindner, Rolf (1999): Was ist „Kultur der Armut"? – Anmerkungen zu Oscar Lewis. In: Herkommer (Hrsg.) (1999): 171–178
Lohmann, Henning (2008): Armut von Erwerbstätigen in europäischen Wohlfahrtsstaaten. Niedriglöhne, staatliche Transfers und die Rolle der Familie. Wiesbaden: VS Verlag für Sozialwissenschaften
Lohmann, Ingrid/Rilling, Rainer (Hrsg.) (2002): Die verkaufte Bildung. Kritik und Kontroversen zur Kommerzialisierung von Schule, Weiterbildung, Erziehung und Wissenschaft. Opladen: Leske & Budrich
Lutz, Ronald/Hammer, Veronika (Hrsg.) (2010): Wege aus der Kinderarmut. Gesellschaftspolitische Rahmenbedingungen und sozialpädagogische Handlungsansätze. Weinheim/München: Juventa
Mielck, Andreas (2000): Soziale Ungleichheit und Gesundheit. Empirische Ergebnisse, Erklärungsansätze, Interventionsmöglichkeiten. Bern: Hans Huber
Müller, Thomas (2005): Armut von Kindern an Förderschulen. Beschreibung und Analyse des Phänomens der Armut von Kindern an Förderschulen sowie empirische Untersuchung seiner Wahrnehmung bei Förderschullehrern. Hamburg: Dr. Kovač
Neumann, Lothar F./Romahn, Hajo (Hrsg.) (2005): Wirtschaftspolitik in offenen Demokratien. Festschrift für Uwe Jens. Marburg: Metropolis
Opielka, Michael (2005): Bildungsreform und Sozialreform. Der Zusammenhang von Bildungs- und Sozialpolitik. In: Opielka (Hrsg.) (2005a): 127–155
Opielka, Michael (Hrsg.) (2005a): Bildungsreform als Sozialreform. Zum Zusammenhang von Bildungs- und Sozialpolitik. Wiesbaden: VS Verlag für Sozialwissenschaften

Overwien, Bernd/Prengel, Annedore (Hrsg.) (2007): Recht auf Bildung. Zum Besuch des Sonderberichterstatters der Vereinten Nationen in Deutschland. Opladen/Farmington Hills: Barbara Budrich
Pape, Klaus (Hrsg.) (2007): Arbeit ohne Netz. Prekäre Arbeit und ihre Auswirkungen. Hannover: Offizin
Pinl, Claudia (2001): Wieviele Ernährer braucht das Land? – Familienpolitik als Wahlkampfschlager. In: Blätter für deutsche und internationale Politik 9. 1123–1130
Prechtl, Christof/Dettling, Daniel (Hrsg.) (2005a): Für eine neue Bildungsfinanzierung. Perspektiven für Vorschule, Schule und Hochschule. Wiesbaden: VS Verlag für Sozialwissenschaften
Prechtl, Christof/Dettling, Daniel (2005b): Einleitung: „Wachstum durch Bildung – Chancen für die Zukunft nutzen!". In: Prechtl/Dettling (Hrsg.) (2005a): 9–14
Richter, Matthias/Hurrelmann, Klaus (Hrsg.) (2006): Gesundheitliche Ungleichheit. Grundlagen, Probleme, Perspektiven. Wiesbaden: VS Verlag für Sozialwissenschaften
Roitsch, Jutta (2006): Föderaler Schlussakt. Von der kreativen Kooperation zum ruinösen Wettbewerb. In: Blätter für deutsche und internationale Politik 8. 977–984
Sanders, Karin/Weth, Hans-Ulrich (Hrsg.) (2008): Armut und Teilhabe. Analyse und Impulse zum Diskurs um Armut und Gerechtigkeit. Wiesbaden: VS Verlag für Sozialwissenschaften
Schneider-Wilkes, Rainer (Hrsg.) (1997): Demokratie in Gefahr? – Zum Zustand der deutschen Republik. Münster: Westfälisches Dampfboot
Schönig, Werner (2005): Gibt es in Deutschland absolute Armut?. In: Neumann/Romahn (Hrsg.) (2005): 217–232
Schröder, Gerhard (2000): Die zivile Bürgergesellschaft. Anregungen zu einer Neubestimmung der Aufgaben von Staat und Gesellschaft. In: Die Neue Gesellschaft/Frankfurter Hefte 4. 200–207
Solga, Heike/Powell, Justin (2006): Gebildet – ungebildet. In: Lessenich/Nullmeier (Hrsg.) (2006): 175–190
Steingart, Gabor (2006): Weltkrieg um Wohlstand. Wie Macht und Reichtum neu verteilt werden. 5. Aufl. München/Zürich: Piper
Trauernicht, Gitta (1995): Armut von Kindern und Jugendlichen und kommunale Jugendpolitik. In: Bieback/Milz (Hrsg.) (1995): 220–234
Unverzagt, Gerlinde/Hurrelmann, Klaus (2001): Konsum-Kinder. Was fehlt, wenn es an gar nichts fehlt. Freiburg im Breisgau/Basel/Wien: Herder
von der Leyen, Ursula (2010): Wir müssen den Kindern gezielt helfen. Wege aus der Armut – Bildungschancen sind Lebenschancen. In: clavis 1. 4 f.
Wagenknecht, Sahra (Hrsg.) (2007): Armut und Reichtum heute. Eine Gegenwartsanalyse. Berlin: Edition Ost
Weiß, Hans (2005): „Frühe Hilfen" für entwicklungsgefährdete Kinder in Armutslagen. In: Zander (Hrsg.) (2005): 182–197
Wenzig, Claudia (2005): Armut, Gesundheit und sozialer Kontext von Kindern. Hamburg: Dr. Kovač
Winkler, Michael (2005): Bildungspolitik nach PISA. In: Opielka (Hrsg.) (2005a): 23–43
Zander, Margherita (Hrsg.) (2005): Kinderarmut. Einführendes Handbuch für Forschung und soziale Praxis. Wiesbaden: VS Verlag für Sozialwissenschaften
Zeuner, Bodo (1997): Entpolitisierung ist Entdemokratisierung. Demokratieverlust durch Einengung und Diffusion des politischen Raums. Ein Essay. In: Schneider-Wilkes (Hrsg.) (1997): 20–34
Zinn, Karl Georg (2006): Wie Reichtum Armut schafft. Verschwendung, Arbeitslosigkeit und Mangel. 4. Aufl. Köln: PapyRossa

Überlegungen zu einer behutsamen Perestroika des deutschen Bildungssystems

Rainer Geißler und Sonja Weber-Menges

> Alle geschichtliche Erfahrung bestätigt es, daß man das Mögliche nicht erreicht hätte, wenn nicht immer wieder in der Welt nach dem Unmöglichen gegriffen worden wäre.
>
> (Max Weber)

Die internationalen Vergleichsstudien wie TIMSS, IGLU und PISA haben einen erschreckenden Tatbestand empirisch in aller Deutlichkeit belegt: In allen Gesellschaften hängen die Schulleistungen und die damit verknüpften Bildungschancen von der sozialen Herkunft der Schüler ab, aber Deutschland gehört zu denjenigen Ländern der entwickelten Welt, in denen diese Unterschiede zwischen Schülern von Oben und Unten besonders weit auseinander klaffen. Die schichtspezifische Bildungsungleichheit ist in Deutschland besonders stark ausgeprägt und die Zahl der Bildungsverlierer aus den sozial schwachen Schichten besonders hoch – eine deutsche Bildungsaltlast, die den wenigen Bildungsforschern, die sich auch in der Prä-PISA-Ära mit dem Thema soziale Ungleichheit der Bildungschancen befasst haben, geläufig war.[1]

Interventionen in die Bildungsprozesse mit der Absicht, diese Altlast abzutragen, setzen möglichst genaue Kenntnisse über die Ursachen der Bildungsungleichheit voraus. Allerdings ist das hoch komplexe Geflecht von Faktoren, die an der Genese der enormen Chancenungleichheit in Deutschland beteiligt sind, bisher nur bruchstückhaft empirisch-theoretisch aufgehellt. In unserem Beitrag stehen die *institutionellen Hürden* im Zentrum, auf die Kinder und Jugendliche aus sozial schwachen Familien in Deutschland stoßen. Die internationalen Vergleichsstudien fordern dazu heraus, die Unterschiede in den *institutionellen Rahmenbedingungen* der Bildungsprozesse zu studieren, die zwischen Ländern mit hoher und niedriger sozialer Bildungsungleichheit bestehen. Denn das Handeln der Hauptbeteiligten im Bildungsprozess – der Schüler, Lehrer und Eltern – wird von den spezifischen Bildungsinstitutionen einer Gesellschaft wesentlich mitbestimmt.

Wir gehen dabei in vier Schritten vor. In einem ersten Teil stellen wir wichtige Ergebnisse empirischer Studien zusammen, die im internationalen Vergleich und im deutschen Ländervergleich zeigen, dass die Bildungsungleichheit umso größer ist, je früher Schüler auf die verschiedenen Ebenen eines hierarchisch gestuften Schulsystems verteilt werden. Diese „Black-Box-Analysen" lassen offen, welche Feinmechanismen innerhalb der Systeme

---

1 Vgl. Geißler 1994b und 2004; Geißler/Weber-Menges 2010. Die in Deutschland ebenfalls besonders stark ausgeprägten Zusammenhänge von Bildungschancen und ethnischer Herkunft klammern wir in diesem Beitrag aus. Migrantenkinder als Bildungsverlierer werden unausgesprochen z. T. miterfasst, weil diese durch die im internationalen Vergleich extreme tendenzielle Unterschichtung der deutschen Gesellschaft durch Migranten besonders häufig aus sozial schwachen Familien stammen und daher vor ähnlichen Schwierigkeiten im Bildungssystem stehen wie die Einheimischen aus diesen Familien (dazu vgl. Geißler/Weber-Menges 2008).

zu mehr oder weniger Ungleichheit führen. Diesen Feinmechanismen ist der zweite Teil gewidmet. Hier werden Ergebnisse aus Studien präsentiert, die das Zusammenwirken der systeminternen Faktoren in den Institutionen des deutschen Bildungssystems verdeutlichen. Der dritte Teil stellt ein Kontrastmodell zu Deutschland vor und ist dem kanadischen Bildungssystem gewidmet. Am Beispiel Kanada wird verdeutlicht, wie Bildungsinstitutionen aussehen können, die hohe Leistungen bei wenig Ungleichheit hervorbringen. Im letzten Teil werden schließlich die bildungspolitischen Konsequenzen aus den vorangehenden Analysen und aus dem Vergleich Deutschland – Kanada gezogen.

1 Je früher die selektive Trennung der Schüler, umso größer die Bildungsungleichheit

Der Kurztitel dieses Kapitels muss noch etwas präzisiert werden: *Je früher junge Menschen auf verschiedene Ebenen eines hierarchisch gestuften Bildungssystems verteilt werden (selektive Trennung), umso größer sind die Leistungsunterschiede zwischen den Kindern und Jugendlichen aus den oberen und unteren Bereichen des Schichtgefüges.* Wichtig ist dabei, dass eine spätere Trennung nicht mit dem Leistungsprinzip kollidiert und die Kompetenzentwicklung der Leistungsstarken nicht beeinträchtigt. Im Gegenteil: In vielen Gesellschaften mit einem Sekundarbereich I ohne Niveaustufen, in dem Lernbehinderte und Hochbegabte 9 oder 10 Jahre lang gemeinsam in einer Klasse lernen, ist nicht nur die Bildungsungleichheit erheblich kleiner, sondern auch das durchschnittliche Leistungsniveau höher. *Die bessere Kompetenzentwicklung bei den Leistungsschwachen erfolgt nicht zu Lasten der Leistungsstärkeren.* Mehrere Analysen mit den Daten von TIMSS, PISA und IGLU haben die skizzierten Zusammenhänge belegt. Ihre Ergebnisse werden im Folgenden kurz zusammengestellt.

1.1 Internationale Vergleiche

Die TIMSS-Studien aus den Jahren 1995 und 1999 messen das kulturelle Kapital der Familien mit dem Bücherbestand und unterscheiden 5 Gruppen:

- höchstens 10 Bücher
- ein Regalbrett voll (11–25 Bücher)
- ein Bücherregal voll (26–100 Bücher)
- zwei Bücherregale voll (101–200 Bücher)
- drei oder mehr Bücherregale voll (mehr als 200 Bücher).

Nach den Berechnungen von Wößmann und seinem Team beeinflusst dieser einfache Indikator der Schichtzugehörigkeit die mathematisch-naturwissenschaftlichen Leistungen erheblich. In Deutschland beträgt der Leistungsabstand zwischen den 13–14-Jährigen aus zwei benachbarten Gruppen im Durchschnitt fast 26 TIMSS-Punkte. Ein Jugendlicher aus einer Familie mit einem vollen Bücherregal ist also einem Gleichaltrigen aus einer Familie mit einem Regalbrett voller Bücher um 26 Punkte voraus; das entspricht in etwa dem durchschnittlichen Leistungsunterschied zwischen der 7. und 8. Klasse. In 25 der 29 untersuchten Länder sind die Abstände geringer, in 6 Ländern sind sie nicht einmal halb so groß. Zu diesen gehört auch Kanada mit einer Differenz von knapp 10 Punkten. Der Einfluss des kulturellen Familienmilieus ist schwächer, wenn die Schüler länger gemeinsam unterrichtet werden. Bei einem Aufschub der selektiven Trennung um 4 Jahre verringert sich die sozial bedingte Leistungsungleichheit im OECD-Durchschnitt um ein Viertel, in Deutschland um 4,3 Punkte oder 17 Prozent (Schütz/Wößmann 2005: 17 f.; Wößmann 2007c: 141 ff.).

Zu ähnlichen Ergebnissen kommt eine Studie der OECD (2005: 57 ff.). In allen Gesellschaften hängt die Lesekompetenz mit dem sozioökonomischen Status – hier gemessen mit dem international bewährten Index HISEI (Highest International Socio-Economic Index of Occupational Status) – ab. Je höher der Status, desto höher die Leseleistung. Aber die schichtspezifischen Einflüsse sind stärker ausgeprägt, wenn die selektive Trennung früh erfolgt. In Ländern, wo der gemeinsame Unterricht aller bereits im Alter von 14 Jahren oder früher beendet ist, sind die Zusammenhänge von Schicht und Leseleistung am stärksten. Dazu gehört Deutschland mit einem Korrelationskoeffizienten von 0.38; es wird unter 39 Staaten nur von Chile übertroffen. Am schwächsten sind die Zusammenhänge in Ländern, in denen die Trennung frühestens im Alter von 16 Jahren erfolgt wie z. B. in Kanada mit einem Koeffizienten von 0.28.

Sacher (2005: 43) kann auf der Basis der OECD-Studien „Education Policy Analysis" und „Reading for Change" zeigen, dass der Anteil von Risikoschülern in früh selektierenden Ländern höher ist. Wenn die Trennung vor dem 14. Lebensjahr stattfindet, ist der Anteil der Leistungsschwachen, die im Lesen höchstens das Niveau I erreichen, mit 25 % um mehr als die Hälfte höher, als in Gesellschaften mit einer Trennung im 14. Lebensjahr oder später; dort liegt der Anteil der Leistungsschwachen nur bei 16 %. Die spätere Selektion geht dabei nicht auf Kosten der Durchschnittsleistung oder der Spitzenschüler, die das Kompetenzniveau V erreichen. Deren Anteil liegt bei früher Trennung bei 6 % und bei später Trennung sogar bei 9 % – ein statistisch nicht signifikanter, aber vermutlich realer Trend.

Unser letztes Beispiel vergleicht die Leistungsunterschiede in Primarschule und Sekundarstufe I. Bereits Hartmut Ditton (2004: 262) hatte bei einem Vergleich der PISA-Untersuchungen zur Sekundarstufe I und der IGLU-Studie zu den Viertklässlern darauf hingewiesen, dass die deutsche Bildungsungleichheitsmisere offensichtlich insbesondere ein Problem der hierarchisch gestuften Sekundarstufe ist. Denn im Gegensatz zu PISA, wo enorme schichttypische Kompetenzunterschiede der 15-Jährigen bei insgesamt mittelmäßigen Leistungen festgestellt werden, bescheinigt IGLU den deutschen Grundschülern gute Leistungen und „normale" Disparitäten zwischen den Schichten. Die Besonderheit der deutschen Situation wird durch den internationalen Vergleich von Hanushek/Wößmann (2005: 7 ff.) eindrucksvoll untermauert. Sie vergleichen die Unterschiede in den Leseleistungen zwischen der eingliedrigen 4. Klasse der Primarstufe und den 15-Jährigen in der Sekundarstufe I und stellen fest: In Deutschland mit seiner mehrgliedrigen Sekundarstufe öffnet sich die Kluft zwischen Leistungsstarken und Leistungsschwachen am weitesten. Deutschland avanciert von einem Rangplatz im unteren Bereich bei den Primarstufenungleichheiten zum Spitzenreiter in der Sekundarstufenungleichheit. Der Vergleich dieser Leistungsentwicklung von den Viertklässlern zu den 15-Jährigen in den 18 Ländern, die sowohl an PISA 2003 als auch an IGLU 2001 teilgenommen haben, führt zu zwei wichtigen Erkenntnissen hinsichtlich der frühen Selektion (Einzelheiten in Abb.1): „In Ländern, die ihre Schüler in verschiedene Schulformen aufteilen, nimmt die relative Ungleichheit systematisch zu, während sie in Ländern, die ihre Schüler nicht selektieren, systematisch abnimmt" (Schütz/Wößmann 2005: 22). Zu letzteren gehört Kanada. In seiner eingliedrigen Sekundarstufe gelingt es, den Abstand zwischen leistungsstarken und leistungsschwachen Schülern abzubauen. Bei der Primarstufenungleichheit liegt Kanada international im Mittelfeld, aber bei den 15-Jährigen gehört es zu den drei Ländern mit den geringsten Leistungsunterschieden. Wichtig ist in diesem Zusammenhang wiederum, dass der Abbau der Leistungsdifferenzen nicht zu Lasten der Leistungsstarken geht, sondern ausschließlich durch bessere Leistungen der schwachen Schüler bewirkt wird. Es wird empirisch belegt, „dass die frühe Selektion nicht mit einem stärkeren Anstieg des durchschnittlichen Leistungsniveaus der Schüler einhergeht. Und noch mehr: Offenbar schneiden nicht einmal die besten 25 Prozent, oder gar nur die besten 5 Prozent, der Schüler besser ab, wenn die Aufgliederung früh erfolgt" (Wößmann 2007c: 148).[2]

Abbildung 1 Deutschland als Spitzenreiter beim Anstieg der Ungleichheit

Anstieg bzw. Rückgang der Unterschiede in der Leseleistung zwischen Viertklässlern (IGLU 2001) und 15-Jährigen (PISA 2003)*

Deutschland	+ 0.71
Griechenland	+ 0.30
Tschechien	+ 0.25
Italien	+ 0.22
Schweden	+ 0.21
Lettland	+ 0.12
Niederlande	+ 0.11
Frankreich	+ 0.09
Russland	+.0.08
Ungarn	+.0.04
Island	− 0.07
Slowakei	− 0.08
Hongkong	− 0.13
Norwegen	− 0.14
USA	− 0.27
Kanada	− 0.32
Neuseeland	− 0.50
Türkei	− 0.63

Fettdruck: mehrgliedrige Sekundarstufe I
Normaldruck: eingliedrige Sekundarstufe I
* Der Messwert zeigt die Zunahme bzw. Abnahme der Streuung der Leseleistungen bei 15-Jährigen im Vergleich zu Viertklässlern

Quelle: zusammengstellt nach Wößmann 2007c: 148 und Wößmann 2007b auf der Basis von Hanushek/Wößmann 2005

2 Weitere Belege für die ungleichheitsfördernden Effekte der frühen selektiven Trennung bei Wößmann (2008: 514 f.) für Leistungsunterschiede in Mathematik und Naturwissenschaften (Daten der PISA-Studie 2003) und bei Ammermüller (2005) für Unterschiede in der Lesekompetenz (Daten von PISA 2000 und IGLU 2001). Beide Analysen verwenden den internationalen Vergleich.

1.2 Deutsche Ländervergleiche

Die Ergebnisse über die institutionellen Effekte aus den internationalen Vergleichsstudien werden durch innerdeutsche Ländervergleiche bestätigt: Berlin und Brandenburg sind die beiden einzigen Bundesländer mit einer 6-jährigen Grundschule, in allen anderen Bundesländern werden die Schüler bereits nach vier Schuljahren – z. T. über die Zwischenstation von unterschiedlich gestalteten Orientierungsstufen – auf die Hierarchien des mehrgliedrigen Schulsystems verteilt. Nach den Berechnungen der PISA 2003-Daten durch Wößmann (2007c: 143 ff.) ist der schichttypische Familieneinfluss auf die Mathematikleistungen – gemessen mit dem ESCS-Index (Economic, Social and Cultural Status) – in beiden Ländern geringer als in den anderen Ländern mit 4-jähriger Grundschule. Dabei werden wichtige andere mögliche Einflussfaktoren kontrolliert, und es wird gleichzeitig gezeigt, „dass die kleinere Kluft zwischen Oben und Unten nicht auf Kosten des Leistungsniveaus geht" (Wößmann 2007c: 144).

Auch die Länder-Unterschiede in der Viergliedrigkeit beeinflussen die Schichteffekte. Nicht alle Bundesländer waren 2003 strikt hierarchisch dreigliedrig bzw. (wenn man die Sonder- und Förderschulen berücksichtigt) viergliedrig. Sachsen, Thüringen und Sachsen-Anhalt haben nach der Vereinigung keine Haupt- und Realschulen eingeführt, sondern diese beiden Ebenen der Hierarchie gesamtschulartig strukturiert. Auch das Saarland hat eine ähnliche Sekundarstufe. Die partielle Integration schwächt die schichttypischen Familieneffekte auf die Mathematikleistungen ab, ohne das Leistungsniveau zu beeinträchtigen. In Sachsen und im Saarland sind die Effekte im Vergleich zu den anderen Ländern mit 4-jähriger Grundschule am niedrigsten, und Thüringen und Sachsen-Anhalt liegen auf den Rängen 9 bzw. 6 der 16 Länder (Wößmann 2007c: 145).

2 Die Feinmechanismen der zunehmenden Ungleichheit in der deutschen Sekundarstufe

Die in Kapitel 1 skizzierten „Black-Box-Analysen" geben keine Auskunft darüber, warum sich in der mehrgliedrigen deutschen Sekundarstufe die schichttypische Schere im Leistungsvermögen so gravierend öffnet. Auch wenn diese Warum-Frage bisher wissenschaftlich nur unzureichend geklärt ist, so sind doch einige der Feinmechanismen gut belegt, die für die schichttypische Leistungsspreizung mitverantwortlich sind. Im Folgenden soll gezeigt werden, dass ungleiche Lernmilieus auf den verschiedenen Stufen des hierarchischen Bildungssystems, schichttypische Lehrerempfehlungen am Ende der Grundschulzeit, schichttypische Bildungsentscheidungen der Eltern sowie eine erheblich unterentwickelte Kultur des Förderns in verhängnisvoller Weise zusammenspielen.

2.1 Ungleiche Lernmilieus in der hierarchisch gestuften Sekundarstufe I – Spreizung der schichttypischen Leistungsunterschiede

Der grundlegende Mechanismus für die Leistungsspreizung in der Sekundarstufe I sind die unterschiedlich effizienten Lernmilieus auf den verschiedenen Ebenen des hierarchischen Schulsystems. Die BIJU-Studie (Bildungsverläufe im Jugendalter) des Berliner Max-Planck-Instituts hat die Lernfortschritte in Mathematik zwischen der 7. und 10. Klasse in den 90er Jahren untersucht und dabei festgestellt: In allen Bundesländern wird in den Gymnasien deutlich mehr gelernt als in Realschulen und in Realschulen wieder deutlich mehr als in Hauptschulen – und zwar unabhängig von der Schichtzugehörigkeit der Schüler sowie von ihren Mathematikleistungen und ihren kognitiven Grundfähigkeiten, die sie in die 7. Klasse mitbringen.

Abbildung 2 Ungleiche Lernfortschritte in der hierarchisch gestuften Sekundarstufe I (Nordrhein-Westfalen)

Entwicklung der Mathematikleistung*

	Klasse 7	Klasse 10	Differenz	Index
Hauptschule	100	141	41	100
Realschule	100	171	71	173
Gymnasium	100	191	91	221

* unter Kontrolle der Schichtzugehörigkeit sowie der Mathematikleistungen und der kognitiven Grundfähigkeiten am Anfang der 7. Klasse

Quelle: zusammengestellt nach Baumert et al. 2003: 287

Abb. 2 enthält genaue Zahlen am Beispiel des Landes Nordrhein-Westfalen: Dort ist der Lernfortschritt in den Realschulen um das 1,7-fache und in den Gymnasien um das 2,2-fache größer als in den Hauptschulen.[3]

Diese ungleichen Lernumwelten haben schichttypische Folgen, weil die verschiedenen Ebenen der Schulhierarchie schichttypisch besucht werden. Obwohl sich die gymnasialen Chancen der Arbeiterkinder und der Kinder aus Familien der unteren Dienstleistungsschicht zwischen 2000 und 2006 etwas verbessert haben, kommen weiterhin mehr als die Hälfte der Jugendlichen aus Familien der oberen Dienstklasse (vor allem Akademiker und größere Selbständige) in den Genuss der guten Lernmilieus an den Gymnasien, aber nur 14 % der Jugendlichen aus Familien der un- und angelernten Arbeiter. Und 28 % von diesen sind den schlechten Lernmilieus der Hauptschulen ausgesetzt im Vergleich zu lediglich 9 % der Jugendlichen aus der oberen Dienstklasse (Ehmke/Baumert 2007: 329).

Die Leistungsspreizung durch die hierarchische Sekundarstufe wird zusätzlich noch dadurch verschärft, dass der Besuch der verschiedenen Schultypen zum Teil vom meritokratischen Modell – dem Schulbesuch nach Leistung – abweicht. Bereits in der ersten PISA-Studie

3 Die ungleichen Lernmilieus sind auch bei Lehmann/Lenkeit o. J.: 23, 32 f. für die Klassen 5 und 6 der grundständigen Gymnasien in Berlin im Vergleich zu den Grundschulklassen 5 und 6 belegt.

wurde festgestellt, dass Kinder aus Familien der oberen Dienstklasse sechsmal häufiger ein Gymnasium besuchen als Facharbeiterkinder; und selbst bei gleichen kognitiven Grundfähigkeiten und gleicher Lesekompetenz sind ihre gymnasialen Chancen noch um das Dreifache höher (Baumert/Schümer 2002: 166, 169). Es lässt sich also nur die Hälfte der schichttypischen Unterschiede beim Besuch des Gymnasiums auf Leistung zurückführen, die andere Hälfte wird durch einen leistungsunabhängigen sozialen Filter zu Lasten der Arbeiterkinder bewirkt.

Müller-Benedikt (2007: 626) belegt die Abweichung vom meritokratischen Modell mit anschaulichen Prozentwerten (Abb. 3). In allen drei Leistungsgruppen besuchen Jugendliche aus Familien der beiden Dienstklassen häufiger das Gymnasium als Arbeiterkinder. Besonders stark ausgeprägt sind die schichttypischen Unterschiede bei mittleren und schlechten Leistungen. Aus der mittleren Leistungsgruppe kommen noch Zweidrittel der Dienstklassenkinder in den Genuss der günstigen gymnasialen Lernumwelt im Vergleich zu einem Drittel der Arbeiterkinder, und auch von den leistungsschwachen Dienstklassenkindern sind es immerhin noch ein gutes Drittel (Arbeiterkinder 13 %). Von der Homogenisierung der Leistungen innerhalb der Schulformen profitieren an den Gymnasien insbesondere die Leistungsschwächeren. Sie werden in guten Lernmilieus besonders gefördert, sie werden nicht „abgehängt", sondern „mitgerissen" und erzielen überdurchschnittliche Leistungsfortschritte.[4]

Abbildung 3 Besuch des Gymnasiums nach Schicht und Leistung (15-Jährige in Prozent)

	alle	**Leistung***		
		gut	mittel	schlecht
obere/untere Dienstklasse	66	86	65	35
Facharbeiter/ Un- und Angelernte/ Landarbeiter	30	63	35	13

* gemittelter Index aus Lesekompetenz und dem Mittel aus Deutsch- und Mathematiknote

Quelle: zusammengestellt nach Müller-Benedikt 2007: 623, 626 (Datenbasis PISA 2000)

Zusammenfassend lässt sich zu den Effekten der ungleichen Lernmilieus in der schichtspezifisch und zum Teil leistungsunabhängig besuchten hierarchischen Sekundarstufe I festhalten: Kinder aus bildungsnahen Schichten, darunter auch ein gutes Drittel der leistungsschwachen Dienstklassenkinder, werden bei der Entfaltung ihres Leistungspotentials durch die günstigen Lernumwelten an den Gymnasien besonders gefördert. Das Gegenteil erfahren die Kinder aus bildungsfernen Schichten. Sie werden bei der Entfaltung ihres Leistungspotentials durch die mittelmäßigen oder ungünstigen schulischen Lernumwelten an Real- und Hauptschulen gebremst. Diesen Bremseffekten ist auch ein gutes Drittel der leistungsstarken Arbeiterkinder ausgesetzt.

Viele Hauptschüler sind nicht nur durch schlechte Lernmilieus, sondern auch durch zusätzliche Stigmatisierungen benachteiligt; der Volksmund hält dafür z. B. den Begriff „Endstation

4 Lehmann et al. 1999 nach Ditton 2004: 267; Lehmann/Lenkeit o. J.: 24, 33.

Hauptschule“ bereit. Dies trifft insbesondere auf Hauptschulen in sozial oder ethnisch segregierten Großstadtvierteln zu, wo sich Schüler aus problematischen Familienmilieus – Eltern ohne abgeschlossene Berufsausbildung, arbeitslos, keine oder wenig Deutschkenntnisse – konzentrieren (dazu Trautwein et al. 2007: 4 ff.).

2.2 Grundschulempfehlungen: schichttypisch und teilweise leistungsunabhängig

Die Hamburger LAU-Studie aus den 90er Jahren (Lehmann/Peek 1997) hat gezeigt, dass die Schullaufbahnempfehlungen in hohem Maße schichttypisch erfolgen. 70 % der Kinder aus bildungsnahen Familien (Vater mit Abitur) erhalten eine Gymnasialempfehlung, aber nur 14 % der Kinder aus bildungsfernen Familien (Vater ohne Hauptschulabschluss) (vgl. Abb. 4).

Abbildung 4 Gymnasialempfehlung und Schülerleistung nach Schulabschluss des Vaters 1996 (in Prozent bzw. Testpunkten)

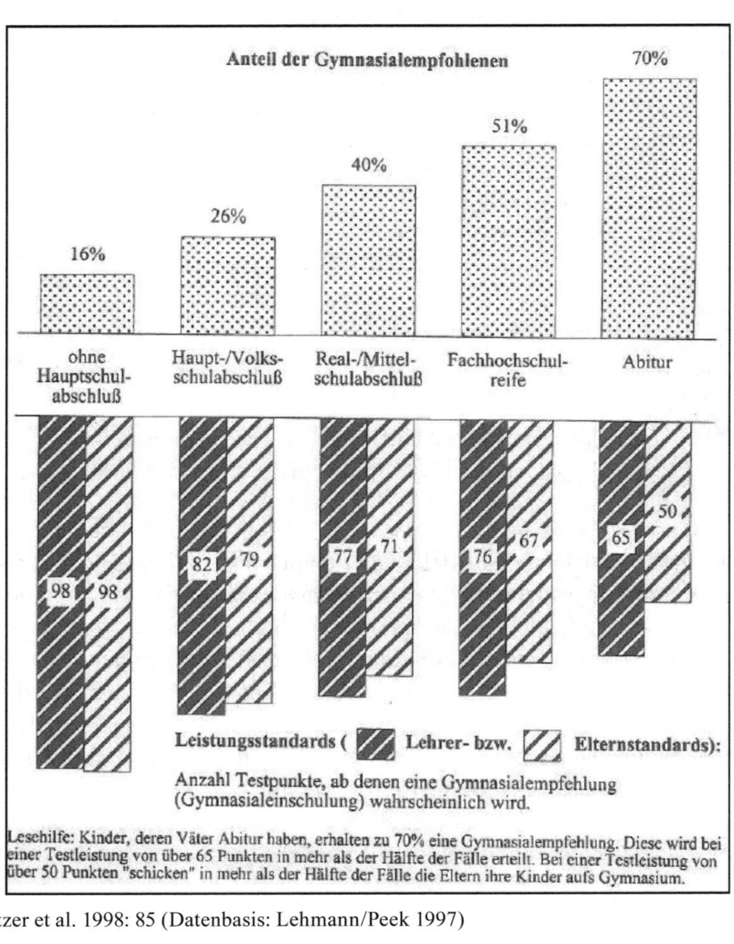

Lesehilfe: Kinder, deren Väter Abitur haben, erhalten zu 70% eine Gymnasialempfehlung. Diese wird bei einer Testleistung von über 65 Punkten in mehr als der Hälfte der Fälle erteilt. Bei einer Testleistung von über 50 Punkten "schicken" in mehr als der Hälfte der Fälle die Eltern ihre Kinder aufs Gymnasium.

Quelle: Schnitzer et al. 1998: 85 (Datenbasis: Lehmann/Peek 1997)

Gleichzeitig wurde zutage gefördert, dass diese Empfehlungen nur teilweise dem meritokratischen Modell entsprechen[5]: Die schwarzen Balken in Abb. 4 markieren die Ergebnisse eines aufwändigen Schulleistungstests und zeigen die durchschnittliche Anzahl der Testpunkte – die sogenannte „kritische Grenze" – an, die Kinder aus den verschiedenen Bildungsschichten erzielen müssen, um eine Gymnasialempfehlung zu erhalten. Die Leistungsanforderungen nehmen mit der Bildungsferne der Schichten kontinuierlich zu. Bei den Kindern von Vätern mit Abitur reichen 65 Testpunkte aus, Kinder von Vätern ohne Hauptschulabschluss mussten dagegen 98 Punkte – also 50 % mehr! – vorweisen.

An dieser Situation hat sich in den letzten eineinhalb Jahrzehnten nichts Wesentliches geändert. Die Analysen der PISA 2000-Daten von Müller-Benedikt (2007: 634) sowie Dittons Studie an bayrischen Grundschulen (Ditton/Krüsken 2006) kommen zu ähnlichen Ergebnissen. Ein Vergleich der beiden IGLU-Studien zeigt sogar an, dass der Einfluss der leistungsunabhängigen Schichtmerkmale zwischen 2001 und 2006 noch etwas zugenommen hat. Der durchschnittliche „kritische Wert" der Lesekompetenz für eine Gymnasialempfehlung ist in diesem Zeitraum konstant geblieben – 2001 lag er bei 580 und 2006 bei 581 Punkten. Bei Kindern aus Familien der Oberen Dienstklasse ist er in diesen fünf Jahren von 551 auf 537 Punkte gesunken, bei Kindern von un- und angelernten Arbeitern stieg er dagegen von 601 auf 614 Punkte an. Schüler aus Familien der Oberen Dienstklasse erhalten also bereits eine Gymnasialempfehlung, wenn ihre Leseleistung deutlich unter dem Durchschnitt aller Empfohlenen liegt – 2001 genügen ihnen durchschnittlich 29 Punkte und 2006 sogar 44 Punkte weniger. Bei Schülern aus Familien von un- und angelernten Arbeitern verhält es sich genau umgekehrt: Ihnen werden 2001 21 Punkte und 2006 33 Punkte mehr abverlangt als dem Durchschnitt aller Empfohlenen (Arnold et al. 2007: 288).

Bisher fehlt es an genaueren Untersuchungen zu den Motiven dieser teilweise nichtmeritokratischen Grundschulempfehlungen. Offensichtlich handelt es sich nicht um schichtspezifische Voreingenommenheiten oder gar um bewusste und gezielte Diskriminierungen, sondern eher um einen gut gemeinten Schutz vor antizipierten Misserfolgen auf Grund von vermuteten Defiziten an ökonomischen und psychologischen Ressourcen im Elternhaus. Angesichts der schulischen Auf- und Abstiege in der Sekundarstufe I sind derartige schichttypische Bedenken durchaus realistisch. Es dominieren in überwältigendem Ausmaß die schulischen Abstiege, und von diesen sind wiederum – teilweise unabhängig von ihren Leistungen – Schüler aus bildungsfernen Familien erheblich stärker betroffen (vgl. S. 568).[6] Unter den gegebenen institutionellen Bedingungen nehmen sich die Lehrerempfehlungen also rational aus; sie sind eine Konsequenz des institutionellen Rahmens der Sekundarstufe I.

5 So auch bereits Ditton 1992: 130.

6 Vgl. Konsortium Bildungsberichterstattung 2006: 51 f.; Ditton 2004: 267; Bellenberg/im Brahm in diesem Band.

2.3 *Bildungsentscheidungen der Eltern: noch stärker schichttypisch und leistungsunabhängig als Lehrerempfehlungen*

Die Bildungswünsche und Bildungsentscheidungen der Eltern sind noch stärker schichttypisch ausgeprägt als die Grundschulempfehlungen und weichen auch stärker vom meritokratischen Modell ab. Dieser Sachverhalt ist in älteren und neueren Studien mehrfach belegt.[7] Ein Beispiel dafür enthält Abb. 4: Während die Eltern aus der höchsten Bildungsschicht ihre Kinder bereits auf ein Gymnasium schicken, wenn sie die „kritische Grenze" von 50 Leistungspunkten erreichen, müssen Kinder aus der untersten Bildungsschicht mit 98 Testpunkten das Doppelte bringen, ehe sich die Eltern für das Gymnasium entscheiden. In Bayern gelingt es den Eltern aus den beiden Dienstklassen doppelt so häufig, ihre Kinder bei gleichen Noten und Testleistungen an der gewünschten Schulform anzumelden, als den Eltern aus der Arbeiterschaft (Ditton/Krüsken 2006: 367).

Die Unterschiede in den Bildungsentscheidungen der Eltern lassen sich recht gut mit der Rational-Choice-Theorie erklären. Diese lenkt den Blick auf die Abwägung von Kosten und Nutzen, von Vorteilen und Nachteilen. Bildungsentscheidungen im frühen Alter von 10 Jahren bergen relativ hohe Risiken. Nach vier Jahren Schulzeit sind Prognosen über die Leistungsentwicklung der Kinder in den folgenden 6 oder 9 Jahren schwierig. Dies ist insbesondere in den bildungsfernen Schichten der Fall, die in der Regel über keinerlei Erfahrungen mit längeren Bildungswegen auf den höheren oder auch mittleren Ebenen des hierarchischen Bildungssystems verfügen. Dazu kommt der Mangel an Ressourcen für außerschulische Hilfen, z. B. bei den Hausaufgaben, sowie die schlechte Ausstattung mit ökonomischen Ressourcen. Im Gegensatz zu den oberen Schichten spielen die finanziellen Kosten bei den Bildungsentscheidungen der unteren Schichten eine Rolle (Becker/Lauterbach 2004b: 16). Die frühe selektive Trennung hat daher zur Folge, dass bildungsferne und ressourcenarme Familien häufig einfache Bildungsgänge mit geringeren Ansprüchen und Risiken wählen (vgl. Müller/Pollak 2004: 315). Dass dadurch auch die potentielle Leistungsentwicklung ihrer Kinder beeinträchtigt wird, dürfte ihnen kaum bewusst sein. Erst wenn besonders gute Leistungen ihrer Kinder die Risiken des möglichen Scheiterns mindern, wagen sie den Schritt aufs Gymnasium.

2.4 *Erheblich unterentwickelte Kultur des Förderns*

Erstaunlicherweise ist ein erschreckendes PISA-Ergebnis in der deutschen Öffentlichkeit bisher kaum beachtet worden: Deutschland gehört im internationalen Vergleich zu denjenigen Ländern, in denen sich die Schüler von ihren Lehrern nur wenig unterstützt fühlen. Beim PISA-Index „Lehrerunterstützung" rangiert Deutschland im Jahr 2003 unter 29 OECD-Ländern auf Rang 27, dem drittletzten Platz.

Auch bei PISA 2000 gehört Deutschland zu den Schlusslichtern: Unter den 32 Ländern ist es Fünftletzter (Abb. 5). In Deutschland ist also die *Kultur des Förderns erheblich unterentwickelt*, Deutschland gehört zu den *OECD-Meistern im Nichtunterstützen.*

7 Z. B. Ditton 1992: 130; Merkens/Wessel 2002: 189 ff.; Ditton et al.. 2005: 290, 296; Ditton/Krüsken 2006: 364 ff.

Kanadische Schüler fühlen sich dagegen von ihren Lehrern besonders gut unterstützt. Kanada gehört zur Spitzengruppe der Länder mit hohen Werten beim Lehrerunterstützungsindex; 2003 rangiert es auf Platz 4 (Senkbeil et al. 2004: 300; vgl. auch BMBF 2003: 91 f.).

Das deutsche PISA-Konsortium nimmt von diesen Ergebnissen kaum Notiz und geht den vielschichtigen Ursachen des Förderdefizits nicht nach. Im Bericht zu PISA 2000 taucht der Index „Lehrerunterstützung" nicht auf. Der Bericht über 2003 beschränkt sich auf die Präsentation einer Tabelle mit den Index-Werten aller OECD-Länder, und im Kommentar dazu wird nicht einmal auf das sehr schlechte Abschneiden Deutschlands verwiesen (Senkbeil et al. 2004: 300).

Abbildung 5 Lehrerunterstützung im internationalen Vergleich

	Rangplätze Deutschlands unter 32 Ländern
Lehrer hat Interesse am Lernen aller Schüler	◆ 27
Lehrer gibt Schülern Gelegenheit, Meinung zu äußern	◆ 22
Lehrer hilft Schülern bei der Arbeit	◆ 23
Lehrer unterrichtet, bis alle Schüler verstehen	◆ 28
Lehrer tut eine Menge, um den Schülern zu helfen	◆ 26
Lehrer hilft den Schülern beim Lernen	◆ 29
Lehrer kontrolliert Hausaufgaben der Schüler	◆ 10
PISA-Index „Lehrerunterstützung"	**◆ 28**

Quelle: Sacher 2005: 29 (Datenbasis PISA 2000)

Einseitige Schuldzuweisungen an die Lehrerschaft sind hier fehl am Platz. Es wäre eine verzerrende Verkürzung der Realität sowie auch ungerecht und unfair, die Lehrerschaft zum Sündenbock für das gravierende Förderdefizit abzustempeln. Die Ursachen sind vielmehr in den institutionellen Rahmenbedingungen des schulischen Lernens zu suchen, z. B. im Mangel an Förderpersonal. Zudem besteht nur wenig institutioneller Druck, den Schülern mit Lerndefiziten spezifische individuelle Hilfen anzubieten. Stattdessen existieren zwei *institutionalisierte Abschiebemechanismen für leistungsschwache Schüler*: Klassenwiederholungen und schulische Abstiege innerhalb der Schulhierarchie gehören zu den allgemein akzeptierten Selbstverständlichkeiten des deutschen Schulalltags und ermöglichen es den Lehrkräften und Schulen, sich ihrer Problemkinder zu entledigen, statt sie zu fördern.

Von den 15-Jährigen ist fast jede bzw. jeder Vierte mindestens einmal im Laufe seiner Schulzeit sitzen geblieben – 2000 waren es 24 % und 2003 23 %. Die *Klassenwiederholungen* sind insbesondere ein Phänomen der Sekundarstufe I und dort wiederum der Hauptschulen, denn die Sitzenbleiberquoten nehmen mit der Höhe der Schulhierarchie ab – von 35 % an den Hauptschulen über 23 % an den Realschulen bis zu 10 % an den Gymnasien (Tillmann/Meier 2001: 471).[8] Während in verschiedenen Ländern wie z. B. Kanada Klassenwiederholungen nicht

8 Daten für 2003 bei Drechsel/Senkbeil 2004: 286; vgl. auch Konsortium Bildungsberichterstattung 2006: 242.

oder nur in extremen Ausnahmefällen zulässig sind, gehört Deutschland im internationalen Vergleich zu den Spitzenreitern beim Sitzenlassen. Betroffen von den Klassenwiederholungen sind wiederum vor allem Kinder und Jugendliche aus benachteiligten sozialen Verhältnissen sowie – bei gleichen Leistungen – Migrantenkinder (Krohne/Tillmann 2006: 10).

Die Praxis des Sitzenlassens ist *pädagogisch höchst fragwürdig.* Klassenwiederholer gehören trotz höheren Alters in der Regel immer wieder zu den Leistungsschwachen. Sitzenbleiben wird als massiver Misserfolg erlebt und wirkt nicht stimulierend, sondern demotivierend und stigmatisierend.[9] Darüber hinaus sind Klassenwiederholungen auch noch *ausgesprochen teuer.* Fünf Sitzenbleiber an Hauptschulen kosten den deutschen Steuerzahler 28.000 € (berechnet nach Autorengruppe Bildungsberichterstattung 2008: 33); das ist erheblich mehr, als die individuelle Förderung der Problemschüler in ihren defizitären Leistungsbereichen kosten würde. Klemm (2009: 12 ff.) hat im Auftrag der Bertelsmann-Stiftung berechnet, dass für die 224.000 Klassenwiederholer des Schuljahres 2007/08 Mehrausgaben in Höhe von etwa 931 Millionen Euro entstanden sind. Trotz der skizzierten pädagogischen und finanziellen Nachteile ist die Überzeugung vom Sinn leistungshomogener Lerngruppen, die „Homogenitätssehnsucht" (Tillmann 2008: 156), in Deutschland bei der großen Mehrheit der Bildungspolitiker, Lehrer und Eltern fest verankert.

Schulische Abstiege sind der zweite institutionalisierte Abschiebemechanismus für Problemschüler, der den institutionellen Druck zum Fördern mildert. Die Durchlässigkeit im hierarchischen Schulsystem ist im Wesentlichen *eine Durchlässigkeit nach unten.* Nur wenigen gelingt ein Aufstieg, am ehesten noch von der Hauptschule in die Realschule. Die Aufstiegskanäle ins Gymnasium sind dagegen nahezu verstopft. In den Jahrgangsstufen 7 bis 9 des Schuljahres 2004/05 standen den 1.851 Aufsteigern von der Realschule ins Gymnasium 21.026 Absteiger gegenüber, das Verhältnis von Aufstiegen zu Abstiegen betrug also 1 : 11 (berechnet nach Konsortium Bildungsberichterstattung 2006: 240). In anderen Studien fallen die Proportionen ähnlich oder sogar noch drastischer aus. Nach Rösner (2007: 114) lagen die Proportionen von Auf- und Abstiegen zwischen Hauptschulen, Realschulen und Gymnasien in Nordrhein-Westfalen in den Schuljahren 2000/01 und 2006/07 bei 1 : 19 und 1 : 9 (vgl. auch Tillmann/Meier 2001: 476).[10]

Die Schulwechsel zwischen den Niveaustufen leisten einen weiteren Beitrag zur schichtspezifischen Spreizung der Bildungsungleichheiten. Junge Menschen aus den bildungsfernen Schichten haben größere Probleme, sich auf den Gymnasien zu behaupten – und zwar wiederum teilweise unabhängig von ihren Schulleistungen. Nach der Hamburger LAU-Studie müssen 17 % der Kinder von Vätern ohne Hauptschulabschluss im Vergleich zu 3 % der Kinder von Vätern mit Abitur das Gymnasium vorzeitig wieder verlassen. Die Unterschiede in der Abbrecherquote zwischen diesen Gruppen sind durch Unterschiede in den Fachleistungen nicht gedeckt.[11] Beim Abbruch der gymnasialen Laufbahn spielen ähnliche Mechanismen in Schule und Elternhaus eine Rolle wie bei ihrem Beginn (vgl. Kap. 2.2

9 Übersichten zum Forschungsstand bei Tillmann/Meier 2001 und Krohne/Tillmann 2006.

10 Eine auffällige, interessante und erklärungsbedürftige Abweichung gibt es in Ostdeutschland: Dort wechseln von den gesamtschulartig integrierten unteren und mittleren Ebenen der Hierarchie, den sogenannten „Schularten mit mehreren Bildungsgängen", mehr Schüler auf die Gymnasien als umgekehrt; auf einen Abstieg kommen 1,75 Aufstiege (berechnet nach Konsortium Bildungsberichterstattung 2006: 52).

11 Lehmann et al. 1999 nach Ditton 2004: 267; vgl. auch Konsortium Bildungsberichterstattung 2006: 52.

und 2.3). So ergab eine Studie über die Schullaufbahnen in Bayern, dass Kinder aus den höheren Schichten das Gymnasium nur vorzeitig verlassen, wenn sie gleichzeitig schlechte Noten in mehreren Fächern erhalten, bei den Kindern aus den unteren Schichten genügen bereits schlechte Leistungen in nur einem Fach (Bofinger 1990 nach Ditton 2004: 267).

Zusammenfassend lässt sich zu den Feinmechanismen, die für die zunehmende Ungleichheit bei Schulleistungen und Bildungsbeteiligung in der Sekundarstufe mitverantwortlich sind, festhalten: Das Grundübel sind die ungleich wirksamen Lernmilieus auf den verschiedenen Ebenen der Schulhierarchie. Sie mildern die schichttypische Entwicklung des Leistungspotentials im vor- und außerschulischen Umfeld und die damit zusammenhängende schichttypische Bildungsbeteiligung nicht, sondern verstärken diese Ungleichheiten, weil günstige und ungünstige Lernumwelten wiederum schichttypisch genutzt werden – und dies teilweise unabhängig von den tatsächlichen Schulleistungen. Entscheidungen über die Schullaufbahnen in Schule und Elternhaus haben zur Folge, dass Kinder aller Leistungsgruppen aus unteren Schichten häufiger den ungünstigen schulischen Lernumwelten ausgesetzt sind und damit in der Entwicklung ihres Leistungspotentials gebremst werden, während Kinder aller Leistungsgruppen aus den höheren Schichten überproportional von den günstigen schulischen Lernumwelten profitieren. Institutionalisierte Abschiebemechanismen für leistungsschwache Schüler (Klassenwiederholungen, schulische Abstiege) mildern den institutionellen Druck zum individuellen Fördern und verstärken die schichttypischen Effekte.

Welche bildungspolitischen Schlussfolgerungen lassen sich aus dieser Analyse vorläufig ziehen? In einer eingliedrigen Sekundarstufe I mit leistungsheterogenen Lerngruppen – bei gemeinsamem Unterricht von Leistungsschwachen und Leistungsstarken ohne Möglichkeit des Sitzenbleibens – wären alle skizzierten Feinmechanismen außer Kraft gesetzt. Die ungleichen Lernmilieus wären verschwunden und mit ihnen die Schullaufbahnempfehlungen am Ende der Grundschulzeit, die frühen Bildungsentscheidungen der Eltern sowie schulische Abstiege und Klassenwiederholungen. Der institutionelle Druck zum Fördern der Leistungsschwächsten wäre erhöht.

Allerdings sind gut funktionierende eingliedrige Sekundarstufen in weitere Zusammenhänge eingebunden, die bisher nicht erwähnt wurden. Dies soll im folgenden Kapitel über das kanadische Bildungssystem gezeigt werden.

3 Bildung in Kanada – ein Blick über den deutschen Tellerrand[12]

3.1 Leistungsstark und inklusiv: Bessere Leistungen – aber erheblich weniger Ungleichheit

Kanada bestätigt beispielhaft das allgemeine Ergebnis der „Black-Box-Analysen“: Ein Mehr an Chancengleichheit – der kanadische Soziologe Augie Fleras (2005: 252) spricht von „inclu-

12 Zum kanadischen Schulsystem vgl. Link 2010 (am ausführlichsten und differenziertesten); AGIV 2007; BMBF 2003; Tillmann 2008: 170–172; Hormel/Scherr 2004: 80–122. Eingegangen in Kapitel 3 sind auch Gespräche mit den kanadischen Soziologen und Bildungsforschern Augie Fleras (University of Waterloo) und Wolfgang Lehmann (University of Western Ontario) sowie Beobachtungen von Rainer Geißler während einer einjährigen Gastprofessur an der University of British Columbia in Vancouver.

sive schooling" – muss nicht zu Lasten des Leistungsniveaus gehen. In Kanada ist sogar das Gegenteil der Fall: Hohe Leistungen und inklusive Schulbildung gehen Hand in Hand. Kanada hat bei den PISA-Studien hervorragend abgeschnitten; es gehört bei allen drei Kompetenzen – Lesen, Mathematik, Naturwissenschaften – zur Spitzengruppe. Dennoch ist die schichttypische Leistungskluft erheblich kleiner als in Deutschland.

Abbildung 6 Schichttypische Leistungskluft in Kanada erheblich kleiner

	durchschnittliche Punktwerte			
	oberes Viertel*	unteres Viertel*	Differenz oberes – unteres Viertel	Rangplatz**
		Lesen		
Deutschland	538	427	111	1
Kanada	567	499	68	26
		Mathematik		
Deutschland	539	437	102	2
Kanada	561	506	55	27
		Naturwissenschaften		
Deutschland	557	439	98	5
Kanada	559	499	60	27

* Sozioökonomischer Status – gemessen mit HISEI
** Rangplatz unter 31 Ländern nach Größe der Differenz zwischen oberem und unterem Viertel (größte Differenz = Rang 1)

Quelle: zusammengestellt nach Baumert/Schümer 2001: 385 (Datenbasis: PISA 2000)

Die anschaulichen Werte in Abb. 6 belegen, dass die Leistungsunterschiede zwischen 15-Jährigen aus dem oberen und unteren Viertel der Statushierarchie nur gut halb so groß sind wie in Deutschland. Deutschland gehört im internationalen Vergleich zu den Spitzenreitern bei der Oben-Unten-Leistungskluft, Kanada zu den Schlusslichtern.[13] Die Leistungen im unteren Viertel der Statushierarchie sind in Deutschland im Vergleich zum unteren Viertel in Kanada dramatisch schlechter. Mit einem Minus von ca. 60 bis 70 PISA-Punkten hinken die deutschen Jungendlichen um mindestens eineinhalb Jahre hinter den kanadischen her. Aber auch beim gut situierten oberen Viertel gibt es im Lesen und in Mathematik ein Defizit von ca. 30 bzw. 20 Punkten, d. h. einen Lernrückstand von mindestens einem halben Jahr.

Auch die Leistungsstärksten – die besten 5 und 10 Prozent der 15-Jährigen – bringen in Kanada im Lesen und in den Naturwissenschaften etwas höhere Leistungen, und in Mathe-

13 Bei PISA 2003 und 2006 werden die Statusunterschiede mit dem recht unanschaulichen „sozialen Gradienten" gemessen. Danach ist die schichttypische Leistungsungleichheit insbesondere beim Lesen geringfügig gemildert worden. Aber Deutschland gehört nach wie vor zu dem Viertel der OECD-Länder, in dem die Oben-Unten-Unterschiede besonders stark ausgeprägt sind (vgl. Ehmke/Baumert 2007: 318, 323; Ehmke et al. 2004: 249).

matik sind sie gleich gut. Die Spitzengruppe derjenigen, die mindestens die Kompetenzstufe V von 6 Stufen erreicht, ist daher in Kanada etwas umfangreicher. Sie umfasst im Lesen und in den Naturwissenschaften einen Anteil von etwa 14,5 Prozent, in Deutschland lediglich knapp 10 bzw. knapp 12 Prozent (Abb. 7).

Abbildung 7 Leistungsspitzen in Kanada - etwas besser und etwas breiter

	Leistungspunkte, welche die besten 10% mindestens erreichen	Leistungspunkte, welche die besten 5% mindestens erreichen	Anteil derjenigen, die mindestens Stufe V von 6 Leistungsstufen erreichen
		Lesen	
Deutschland	625	657	9,9%
Kanada	644	674	14,5%
		Mathematik	
Deutschland	632	664	
Kanada	635	664	
		Naturwissenschaften	
Deutschland	642	672	11,8%
Kanada	651	681	14,4%

Quelle: zusammengestellt nach PISA-Konsortium Deutschland 2007: 81, 86, 229, 233, 259 (Datenbasis: PISA 2006)

3.2 Langes gemeinsames Lernen in einer hoch entwickelten Kultur des Förderns

Warum gelingt es im kanadischen Schulsystem, hohe Leistungen bei wenig sozialer Ungleichheit zu entwickeln? Ein wichtiger Grund ist das lange gemeinsame Lernen, das die in Deutschland institutionell erzwungenen ungleichen Lernmilieus, Grundschulempfehlungen und frühen elterlichen Bildungsentscheidungen vermeidet. Abschiebemechanismen für Problemschüler wie schulische Abstiege und Sitzenlassen fehlen; sie werden durch eine gut entwickelte institutionalisierte Förderkultur ersetzt.

Kinder und Jugendliche *lernen* in der Regel *vom 5. bis zum 15. oder 16. Lebensjahr gemeinsam in leistungsmäßig sehr heterogenen Klassen*. Lernbehinderte – diese sind in der Regel in die Klassen integriert – und Hochbegabte besuchen 10 bis 11 Jahre lang denselben stark binnendifferenzierten Unterricht. Da das Bildungssystem in Kanada – ähnlich wie in Deutschland – föderalistisch organisiert ist, variiert die äußerliche Einteilung der Bildungsgänge und auch ihre Benennung zwischen den Provinzen. Etwa 90% der jungen Menschen besuchen heute 12 Jahre lang das Schulsystem (Link 2010: 190) – 6–8 Jahre die Primar- oder Elementarschule und anschließend 6 oder 4 Jahre (bei 8-jähriger Primarschule) die Sekundarstufe. Diese wird in der Regel „High School" genannt und ist häufig in zwei gleich lange Abschnitte unterteilt, in die Junior High School oder Middle School und die Senior High School.

Die Sekundarstufe I bietet neben den dominierenden Pflichtfächern auch Wahlkurse an, aber in den Wahlkursen selbst wird weiter gemeinsam gelernt. *Erst nach 9 oder 10 Schuljahren,* in der Senior High School, findet eine *Trennung in drei leistungsdifferenzierte Züge* („tracks") statt. Die Jugendlichen haben die Wahl zwischen einem anspruchsvollen Zug, der auf ein Studium vorbereitet („academic track"), einem berufsorientierten Zug („vocational track") und einem mittleren Zug zwischen diesen beiden. Der eigentlichen Schulzeit ist ein weiteres Jahr gemeinsamen Lernens vorgeschaltet: 95 % aller 5-Jährigen besuchen freiwillig die meist kostenfreien *Vorschulklassen.* Diese werden zwar „Kindergarten" genannt, sind aber viel stärker mit dem Schulsystem verbunden als im Ursprungsland des Kindergartens. Die Fünfjährigen werden von professionell ausgebildeten „teachers" mit der Zusatzqualifikation „Early Childhood Education" spielerisch und kindgemäß zum Lesen, Zählen und Rechnen hingeführt, mit dem Ziel, dass sie beim Eintritt in die Primarschule bereits Lesen und Schreiben können (vgl. Link 2010: 173; Tillmann 2008: 170). *Zurückstellungen vom Schulbeginn* gibt es ebenso wenig wie *Klassenwiederholungen.* Die Sekundarstufe I ist also nicht mehrstufig gegliedert und auch *nicht* – wie manchmal in deutschen Texten über Kanada behauptet wird (z. B. BMBF 2003: 176) – *gesamtschulartig strukturiert, sondern grundschulartig.*

Zu den Selbstverständlichkeiten des kanadischen Schulalltags gehört das gemeinsame Lernen in *sehr leistungsheterogenen Klassen.* Diese Heterogenität stellt für die Lehrer eine tägliche Herausforderung dar und wird in der Regel positiv bewertet (Link 2010: 176). Die Vorstellung, dass in leistungshomogeneren Gruppen besser gelernt werde – Sacher (2005: 43) nennt sie die „deutsche Homogenitätsillusion" – ist dem kanadischen Denken – den Lehrern, Eltern und Schülern, aber auch den Politikern und Wissenschaftlern – fremd. Das Gleiche gilt – wie Link (2010:15) richtig beobachtet hat – für die Idee vom Sortieren und Auslesen in der Schule. Deutsche Bildungs- und Sozialwissenschaftler schreiben dem Bildungssystem seit eh und je eine Selektionsfunktion zu[14] und geben damit die institutionellen Gegebenheiten und das Denken über Schule in Deutschland völlig zutreffend wieder. In Kanada fehlt das Sortieren und Auslesen nach Leistung im weitaus längsten Teil der Schulkarrieren; es fehlt auch im Denken der Bevölkerung und daher auch in der wissenschaftlichen Literatur. *Sortieren und Auslesen wird ersetzt durch Entwickeln und Fördern.*

Die Entwicklung des Leistungspotentials in heterogenen Lerngruppen setzt eine gut entwickelte und institutionalisierte Kultur des individuellen Förderns voraus. Kanada gehört, wie erwähnt, zur Spitzengruppe der OECD-Länder, in denen die Schüler die Unterstützung durch ihre Lehrer und auch das Schüler-Lehrer-Verhältnis am besten einschätzen (vgl. Abb. 8). Es verfügt über ein gut funktionierendes *innerschulisches Unterstützungssystem* und baut nicht auf außerschulische Unterstützung durch die Familie oder außerschulische Nachhilfe.

14 Vgl. Fend 1974: 101; Lange 2005: 85; Geißler 2008: 273.

Abbildung 8 *Lehrerunterstützung und Schüler-Lehrer-Verhältnis (aus Sicht der Schüler)*

	Lehrerunterstützung		Schüler-Lehrer-Verhältnis
	2000	2003	2003
Kanada	+ 0.31	+ 0.27	+ 0.22
Deutschland	– 0.34	– 0.29	– 0.03

Die Aussagen der Schüler wurden mit Indizes gemessen. Der Wert 0.00 gibt den OECD-Durchschnitt wieder.
Quellen: BMBF 2003: 91 (2000); Senkbeil et al. 2004: 300 (2003). (Datenbasis: PISA 2000 und PISA 2003)

Besondere individuelle Fördermaßnahmen erhalten vor allem vier Gruppen:

- Schüler mit sonderpädagogischem Förderbedarf
- Leistungsschwache in denjenigen Fächern, in denen sie die Mindeststandards der Klasse nicht erreicht haben
- Migrantenkinder, insbesondere in Englisch als Zweitsprache
- aber auch Hochbegabte

Individuelle Förderpläne benennen die Stärken und Schwächen der Betroffenen, werden mit den Eltern besprochen und abgestimmt sowie – falls nötig – regelmäßig aktualisiert.

Die Lehrer erhalten wichtige, sachkundige Unterstützung durch vielfältiges zusätzliches Fachpersonal: durch bis zu zwei „Teaching Assistants" pro Lehrer, durch Kollegen mit einer sonderpädagogischen Zusatzausbildung, durch Psychologen, Sozialarbeiter, Logopäden, Therapeuten und Mediziner. Eine wichtige Rolle spielen auch die „Guidance Counsellors". Sie sind erfahrene Lehrer mit einer psychologischen, sonderpädagogischen oder sozialarbeiterischen Zusatzausbildung und stehen den Schülern als direkte Ansprechpartner bei schulischen, persönlichen oder sozialen Problemen zur Verfügung. In sogenannten Förderzentren („Ressource Centers") – jede Schule verfügt über mindestens ein derartiges Zentrum – sind die Förderressourcen organisatorisch gebündelt.

Förderlich für alle dürfte sich die *intensive Zusammenarbeit von Schule und Eltern* auf allen Schulstufen – insbesondere in Vorschule und Grundschule – auswirken. So treffen sich während der Grundschulzeit Eltern und Lehrer einmal pro Woche zur Aussprache und zum Informationsaustausch („Parents Rap") (Link 2010: 167).

3.3 Ganztagsschulen und Besonderheiten der Lehrerschaft

Mit der eingliedrigen Sekundarstufe I und der hoch entwickelten Förderkultur sind die institutionellen Besonderheiten des leistungsstarken und inklusiven Bildungssystems nicht erschöpfend skizziert. Man kann davon ausgehen, dass zwei weitere Merkmale dazu beitragen, soziale Ungleichheit bei hohem Leistungsniveau zu dämpfen: Ganztagsschulen sowie eine

Lehrerschaft, die von ihrer Ausbildung, ihren professionellen Grundeinstellungen und ihrer Struktur her zum eingliedrigen, förderorientierten Schulbetrieb passt.

Genuine Ganztagsschulen

Der deutsche Schulalltag wird – trotz des seit 2003 verstärkten Ausbaus von Ganztagsschulen (Holtappels u. a. 2008) – immer noch stark von der Halbtagsschule dominiert; nur etwa 5 % der Schüler besuchen gebundene Ganztagsschulen. In Kanada ist dagegen der Schulbetrieb seit mehr als zwei Jahrzehnten nahezu ausschließlich auf *Ganztagsschulen* umgestellt. Diese unterscheiden sich nicht nur von den additiven Modellen der deutschen Ganztagsschulen – Coelen (2009: 1) nennt sie „halbierte" Ganztagsschulen –, sondern auch von den wenigen bisher existierenden integrierten Modellen (Einsiedler et al. 2008: 371). Am ehesten entsprechen sie noch der schulpädagogischen Idealvorstellung einer ganztägigen Schule, die „auf der Hereinnahme (Inkorporation) bisherig außerschulischer Professionen und Situationen" basiert (Coelen 2009: 22).

Wir bezeichnen die kanadischen Schulen als *genuine Ganztagsschulen*, weil es keine Trennung zwischen Vormittagsunterricht durch Lehrer und Nachmittagsbetreuung durch anderes Personal wie Sozialpädagogen oder Jugendhelfer gibt. Lehrer in Kanada sind Ganztagslehrer. Vor und nach der Mittagspause führen sie Unterricht durch oder bieten eine bunte Palette von außerschulischen Lernmöglichkeiten an. Diese reichen von Fremdsprachen über Wirtschaftskunde und politische Bildung bis hin zu Debattierclubs, Musik und Theater[15].

Der Ganztagsbetrieb mit Ganztagslehrern und dem Team von gemischtem Fachpersonal ist ein wichtiger Baustein des bereits erwähnten innerschulischen Förder- und Unterstützungssystems. Er ersetzt zumindest einen Teil der sozial ungleich verteilten außerschulischen Unterstützung durch die Familien und dürfte damit einen Beitrag zur inklusiven Schulbildung und zur Milderung der sozialen Ungleichheit beim Lernerfolg leisten.

Die Lehrerschaft: weniger Hierarchie – mehr Pädagogik – Ganztagslehrer – ständige Fortbildung – Heterogenitätsorientierung – Fördern statt Auslesen

Es versteht sich von selbst, dass Schulstrukturen und Lehrerschaft aufeinander abgestimmt sein müssen. Der hierarchischen deutschen Schulstruktur entspricht eine hierarchisch strukturierte Lehrerschaft mit relativ deutlich ausgeprägten Abstufungen in Ausbildung, Einkommen und Prestige. Die Gymnasiallehrer stellen die Lehreroberschicht, gefolgt von der Mittelschicht der Realschul- und Sonderschullehrer und der unteren Mitte der Hauptschullehrer. Die Grundschicht wird von den Primarlehrer/-innen gebildet. Deutlich unter ihnen rangieren dann die Erzieher/-innen, die nicht zur Lehrerschaft gezählt werden. Die Schichtung der Lehrerschaft spiegelt sich auch in den unterschiedlichen Berufsverbänden und Gewerkschaften der verschiedenen Lehrergruppen wider.

---

15 Zur Ganztagsschule in Kanada vgl. Link 2010: 105, 221 f.; Tillmann 2008: 171; AGIV 2007: 60; BMBF 2003: 181, 196.

Abstufungen dieses Typs existieren in Kanada nicht. Es gibt gewisse Unterschiede in der Länge der Ausbildung der Lehrer. Grundschullehrer/-innen absolvieren ein 4–6-jähriges Studium, Sekundarlehrer/-innen ein 5–6-jähriges. Allerdings erlaubt das Teaching Certificate den meisten Lehrern – mit Ausnahme in den Provinzen Ontario und Quebec – das Unterrichten auf allen Schulstufen von der ersten bis zur zwölften Klasse (Link 2010: 173 f.). Auch die Vorschullehrer/-innen im „Kindergarten“ gehören zur professionalisierten Lehrerschaft. Ihre Berufsbezeichnung ist „teacher“. Sie haben mindestens vier Jahre studiert und unterscheiden sich in Einkommen und Ansehen kaum von den Schullehrern.

Einige Merkmale ihrer Aus- und Fortbildung deuten darauf hin, dass die kanadische Lehrerschaft *besonders stark erzieherisch-pädagogisch orientiert und motiviert* ist. Einen ersten Hinweis darauf liefert bereits die Auslese bei der Zulassung zum Lehramtsstudium. Da der Lehrerberuf in Kanada ausgesprochen angesehen und beliebt ist, wird nur eine kleine Minderheit der vielen Bewerber zum Studium zugelassen. Zu Beginn des zweiten Jahrtausends erhielten von den Absolventen des fachwissenschaftlich organisierten Bachelorstudiums lediglich 10 % einen Platz im anschließenden Studium zum professionsorientierten *Bachelor of Education*. Ein wichtiges Kriterium bei der Zulassung war neben den studierten Fächern und den Noten auch die Arbeit mit Kindern und Jugendlichen während des vorangehenden Studiums oder bereits während der Schulzeit als ehrenamtliche „volunteers“ (Link 2010: 172). In der Ausbildung zum Bachelor of Education, die an spezifischen *Faculties of Education* stattfindet, bildet die *diagnostische Kompetenz* einen zentralen Schwerpunkt. Der Umgang mit verschiedenen Testverfahren soll es den Lehrern ermöglichen, den aktuellen Lernstand sowie den Lernbedarf möglichst angemessen zu erkennen. In fast allen Provinzen werden die Lehrer alle drei oder fünf Jahre evaluiert. Ein wichtiges Kriterium sind dabei die fachkundigen diagnostischen Aktivitäten (BMBF 2003: 228 f.; Link 2010: 173 f.).

Schließlich gehören die Kurse über die Förderung von *Schülern mit besonderen Lernschwierigkeiten* (special needs students) zu den besonders gefragten Gegenständen der beruflichen Fortbildung. *Kontinuierliche Fort- und Weiterbildung* ist bei den Lehrern in Kanada eine Selbstverständlichkeit. Bei einer Befragung gaben 85 % der Lehrkräfte an, im vergangenen Jahr an mindestens einem Kurs oder Workshop teilgenommen zu haben, ein Drittel von ihnen hatte 3 bis 4 Kurse absolviert (Link 2010: 174). Weiterbildung ist Voraussetzung für beruflichen Aufstieg und Gehaltserhöhungen und häufig auch Pflicht. Die entsprechenden Angebote werden von den Provinzen oder School Boards in enger Zusammenarbeit mit den erziehungswissenschaftlichen Fakultäten der Universitäten regelmäßig bereitgestellt.

Neben der Bereitschaft, die Rolle des *echten Ganztagslehrers* zu spielen, gehört auch die Akzeptanz der *Leistungsheterogenität* im Unterricht und der Umgang mit dieser Heterogenität, u. a. durch gezielte *individuelle Förderung*, zu den wichtigen professionellen Eigenschaften. Der *Umgang mit kultureller Diversität* ist Pflichtbestandteil in der Lehrerausbildung. Zu den drei am häufigsten besuchten Angeboten in der Fortbildung gehören die Kurse über *classroom management* (dazu Link 2010: 174) und *split-grade classes* (jahrgangsübergreifende Klassen).

Lerneffekte dürften auch von der regelmäßigen Zusammenarbeit mit dem schulischen Fachpersonal ausgehen, das über psychologische, sonderpädagogische, therapeutische, logopädische, medizinische oder sozialarbeiterische Qualifikationen verfügt. Die *Kooperation der Lehrer untereinander und mit dem weiteren schulischen Personal* ist auch formal institutionalisiert: Die Schulen werden jährlich an 5 bis 12 Tagen – je nach Provinz – geschlossen;

anstelle des Unterrichts findet dann der Austausch von Erfahrungen statt (Link 2010: 174). Die *Team-Kompetenz* wird auch in den erwähnten regelmäßigen Lehrerevaluationen überprüft.

Ob auch weitere Besonderheiten der kanadischen Lehrerschaft – ihre Anstellung durch die relativ autonomen School Boards, der Angestellten-Status, regelmäßige Evaluationen, die Bezahlung durch ein relativ niedriges Grundgehalt mit leistungsabhängigen Zuschlägen – einen Beitrag zum hohen Leistungsniveau mit wenig sozialer Exklusion leisten, bedarf genauerer Analysen.

Sicher ist, dass eine inklusive Schulausbildung mit einer hoch entwickelten Förderkultur und echten Ganztagsschulen teuer ist. Kanada war lange Zeit stolz darauf, zu denjenigen Ländern zu gehören, die sich ihre Bildung und Ausbildung besonders viel Geld kosten lassen. Sparmaßnahmen im letzten Jahrzehnt haben allerdings dazu geführt, dass die finanziellen Investitionen, insbesondere in die Primar- und Sekundarbereiche (einschließlich des postsekundären, nicht tertiären Bereichs), erheblich zurückgefahren wurden. Die öffentlichen Ausgaben für diese Bereiche betrugen 2006 nur noch (mindestens[16]) 3,3 % des Bruttoinlandsprodukts und liegen damit in etwa im OECD-Durchschnitt von 3,4 %. Deutschland hinkt allerdings mit einem Anteil von 2,7 % noch um ein Viertel hinter Kanada und dem OECD-Durchschnitt her (OECD 2009: 266).

4 Eine behutsame partielle Perestroika unter Mitarbeit von unten

Die empirisch fundierten internationalen und innerdeutschen Vergleiche sowie das Beispiel Kanada fordern dazu heraus, die institutionellen Barrieren abzubauen, die einem inklusiven leistungsfähigen Schulsystem im Wege stehen. Dennoch ist es weder möglich noch sinnvoll, das eingliedrige kanadische System nach Deutschland zu verpflanzen.[17] Ein derartig radikaler Umbau, eine Perestroika des deutschen Bildungssystems, stößt auf zwei Hindernisse: auf Bildungstraditionen und Bildungseinstellungen, die bei einer Mehrheit der deutschen Bevölkerung und den direkt betroffenen Lehrern und Eltern fest verankert sind sowie auf die Vielschichtigkeit der strukturellen Zusammenhänge, die dabei berührt werden.

Die deutsche Bevölkerung ist mit wenigen Ausnahmen in mehrgliedrigen, hierarchisch gestuften Halbtagsschulen groß geworden und an deren Strukturen gewöhnt. Nach einer neuen Repräsentativ-Umfrage des Allensbacher Instituts für Demoskopie befürworten lediglich ein Drittel der Bevölkerung eine Verlängerung der Grundschulzeit bzw. mehr Ganztagsschulen[18], wobei dabei gar nicht an die genuinen Ganztagsschulen des kanadischen Modells gedacht wird. Wie stark der Widerstand in der Bevölkerung selbst gegen kleine strukturelle Veränderungen ist, zeigt die derzeitige Situation in Hamburg. In der Hansestadt sind sich alle Parteien einig, das gemeinsame Lernen in der Grundschule von 4 auf 6 Jahre zu verlängern. Den Gegnern dieser Reform gelang es, etwa das Dreifache der notwendigen Unterschriften für einen Volksentscheid zu sammeln, so dass die Hamburger im Sommer 2010 über die Ver-

16 Mindestens, weil in Kanada ein Teil der Ausgaben für diese Bereiche statistisch anders verbucht wird als in Deutschland und den meisten OECD-Ländern.

17 Gleiches gilt für den durchaus attraktiven kanadischen Multikulturalismus – dazu Geißler 2003.

18 FAZ vom 1.4.2010, S. 4.

längerung der Grundschule abstimmen werden. Für ein Gesamtschulsystem – die bisherige gemäßigte deutsche Form der schulischen Integration – ist nach anderen Untersuchungen bestenfalls die Hälfte der deutschen Bevölkerung zu gewinnen (Ditton et al. 2005: 301). Besonders festen Rückhalt hat die frühe selektive Trennung in den einflussreichen Elternverbänden; diese werden von den bildungsnahen Schichten dominiert, deren Kinder von der hierarchischen Mehrgliedrigkeit profitieren. Auch die höheren und mittleren Schichten der Lehrerschaft sowie ihre Berufsverbände sind vehemente Verteidiger des bestehenden Systems. Sie befürchten Statuseinbußen durch den Abbau der Schulhierarchie. So haben die drei Verbände der bayrischen Realschuldirektoren, Realschullehrer und Realschuleltern die folgende Presseerklärung veröffentlicht: *„Weit mehr als 90 % der Lehrkräfte an Bayerns Realschulen sprechen sich ... uneingeschränkt für die Vorteile des gegliederten Schulwesens ... aus“* (zitiert bei Wößmann 2007c: 131). In Baden-Württemberg haben sich im Jahr 2009 die Verbände der Philologen, Berufsschullehrer und Realschullehrer mit dem überregionalen „Elternforum Bildung“ zu einem „Aktionsbündnis gegliedertes Schulwesen“ zusammengeschlossen. Sie treten dafür ein, das Gymnasium, die Realschule und die Hauptschule als Grundpfeiler des Bildungssystems zu erhalten. Und Josef Kraus, Oberstudiendirektor und Präsident des deutschen Lehrerverbandes formuliert in seinem engagierten Plädoyer gegen strukturelle Reformen den fatalistischen Satz: *„Chancengleichheit ist über das Bildungswesen nicht herstellbar“* (Kraus 2008: 11).

Angesichts der langen Tradition des deutschen Gymnasiums und der hierarchischen Mehrgliedrigkeit und angesichts der damit zusammenhängenden enormen Widerstände gegen deren Abschaffung ist derzeit lediglich eine *partielle Perestroika* in Form eines *Zwei-Säulen-Modells* mit einer traditionellen und einer modernen Säule ein realistisches mittelfristiges Ziel. Die traditionelle Säule verkörpert das Gymnasium, nach und nach verkürzt auf 6 Jahre wie heute bereits in Berlin und Brandenburg und eventuell in Kürze in Hamburg. Im Saarland ist eine Verkürzung von 8 auf 7 Jahre vorgesehen. Die zweite moderne Säule bilden zunehmende integrierte und inklusive Schulen. Für die partielle Perestroika der modernen Säule kann Kanada durchaus Orientierungspunkte liefern. Sie markieren die Richtung für den Abbau der institutionellen Hürden, die einer leistungsstarken inklusiven Schule im Wege stehen. Dabei sind 3 Spuren erkennbar.

Spur 1: Zehn Jahre gemeinsames Lernen in einer gut entwickelten Förderkultur

Die erste Spur ist die Hauptspur – ein langer und nur schwer begehbarer Weg mit einem relativ weit entfernten Ziel, weil die institutionellen Hürden hoch und massiv sind. Erste kleine zögerliche Bewegungen in diese Richtung, aber auch einige mutigere erste Schritte lassen sich bereits ausmachen. Zu den kleineren Bewegungen gehören die erwähnten *Verlängerungen der Grundschulzeit* von 4 auf 6 oder 5 Jahre sowie die voranschreitende *Reduktion der Dreistufigkeit* – dreistufig, wenn man die Förderschulen dabei nicht berücksichtigt – *auf eine Zweistufigkeit.* In den fünf ostdeutschen Ländern existieren schon lange – z. T. bereits seit der Wiedervereinigung – gesamtschulartig integrierte Haupt- und Realschulen mit unterschiedlichen Bezeichnungen. Schleswig-Holstein und Rheinland-Pfalz werden in Kürze nachziehen; ihre Regierungen haben beschlossen, Haupt- und Realschulen zu „Regionalschulen" bzw. „Realschulen plus" zusammenzuführen. In Baden-Württemberg wird die bereits laufende Aufstockung der Hauptschulen zu „Werkrealschulen", die neben die herkömmlichen Realschulen treten, in den nächsten Jahren abgeschlossen sein.

Mutiger, wenn auch mit zehnjähriger Verzögerung, haben die drei Stadtstaaten und das Saarland auf den PISA-Schock reagiert. Ihre Regierungen sehen die Einführung eines Zwei-Säulen-Modells mit einer traditionellen und einer gemäßigt modernen Säule vor. Mit den Gymnasien konkurrieren gesamtschulartig strukturierte Sekundarstufen mit unterschiedlichen Namen – in Hamburg die Stadtteilschulen, in Bremen die Oberschulen, in Berlin die Sekundarschulen. Im Saarland sind Gemeinschaftsschulen vorgesehen, denen es freisteht, ihre Unterrichtsorganisation im Rahmen einiger Vorgaben selbst zu gestalten. An der durchgängigen Dreistufigkeit halten lediglich noch drei der 16 Bundesländer fest: Bayern, sowie – von den wenigen dortigen Gesamtschulen abgesehen – Niedersachsen und Nordrhein-Westfalen.

Am weitesten in die Richtung eines langen gemeinsamen Lernens führt die Einrichtung von *Gemeinschaftsschulen*[19]. Die ersten Gemeinschaftsschulen entstanden 2006 in Sachsen, aber den eigentlichen Trendsetter spielte Schleswig-Holstein – nicht zuletzt wegen seiner räumlichen Nähe zu skandinavischen Vorbildern. 2007 wurde es den Hauptschulen, Realschulen und Gymnasien freigestellt, sich zu Gemeinschaftsschulen zusammenzuschließen. Einen kräftigen Schub erhielt diese Entwicklung, als 2009 die Realschulen vor die Alternative gestellt wurden, sich entweder in Gemeinschaftsschulen zu verwandeln oder mit Hauptschulen zu Regionalschulen zu verschmelzen – eine Variante, die von vielen Realschullehrern als sozialer Abstieg empfunden wird. In Berlin laufen seit gut einem Jahr Modellversuche mit Gemeinschaftsschulen, und Thüringen erlaubt gemeinsames Lernen bis zur 8. Klasse, wenn es von den Beteiligten vor Ort gewünscht wird. Das Saarland wird seine Sekundarstufe noch grundlegender umbauen: Die bisherigen Schulformen der zweiten gemäßigt integrierten Säule – die erweiterten Realschulen und die Gesamtschulen – werden *flächendeckend* in Gemeinschaftsschulen übergeleitet.

Wenn auch der Begriff der Gemeinschaftsschule in Theorie und Praxis nicht eindeutig festgelegt ist und nicht einheitlich verwendet wird, unterscheiden sich die Gemeinschaftsschulen von anderen Schulformen in einem zentralen Punkt: Alle Schüler der Sekundarstufe I lernen möglichst lange gemeinsam voneinander und miteinander in Klassen mit hoher Binnendifferenzierung und ohne äußere Leistungsdifferenzierung. Wann und in welchen Fächern welche Leistungsdifferenzierung eventuell einsetzt – darüber entscheiden die Vertreter der Lehrer, Eltern und Schüler in den Schulkonferenzen. Die direkt Betroffenen haben also ein hohes Maß an Gestaltungsfreiheit bei der inneren Unterrichtsorganisation.[20] Diese *Mitarbeit von unten* ist wegen ihrer Motivations- und Lerneffekte wichtig. Neuerungen erreichen ihre Ziele nicht als Oktroi von oben, sondern bedürfen der Mitwirkung der Betroffenen. Solange kein leistungsdifferenziertes Kurssystem das gemeinsame Lernen ersetzt, kommen die Gemeinschaftsschulen dem kanadischen Modell recht nahe: die frühe selektive Trennung sowie schulische Abstiege sind verschwunden; Unterricht findet binnendifferenziert in leistungsheterogenen Klassen statt; Lehrer kooperieren enger miteinander, auch wenn

---

19 Dazu Rösner 2004 und 2008; Jungmann 2008; Preuss-Lausitz 2008.

20 Vgl. den § 53 des schleswig-holsteinischen Schulgesetzes vom 24. Januar 2007 und den Koalitionsvertrag für die 14. Legislaturperiode des Landtages des Saarlandes (2009–2014), S. 10.

sie von verschiedenen Stufen der früheren Schulhierarchie kommen. Der Stein, den PISA in Richtung Gemeinschaftsschulen ins Rollen gebracht hat, erhält durch die demografische Entwicklung zusätzliche Schubkräfte. Bei zunehmend rückläufigen Schülerzahlen ist der Zusammenschluss mehrerer Schulen des hierarchischen Typs zu Gemeinschaftsschulen insbes. in dünn besiedelten ländlichen Regionen eine Alternative zu Schulschließungen mit ihren negativen Folgen wie z. B. weite Schulwege.

Die weitere Entwicklung wird auch erheblich mit davon abhängen, ob sich die Gemeinschaftsschulen als leistungsstarke und inklusive Einrichtungen bewähren. Und diese Bewährungsprobe werden sie nur bestehen, wenn es gelingt, ein effizientes System der individuellen Förderung zu entwickeln und die entsprechenden Mittel dazu bereitzustellen. Dazu gehören auch Mittel für Förderzentren, an denen Sonderpädagogen, Sozialarbeiter, Psychologen, Therapeuten und Mediziner Hilfe anbieten.

Das Zwei-Säulen-Modell muss vermutlich mit dem Nachteil des Creaming-Effekts leben, der von den Gesamtschulen her bekannt ist: Leistungsstarke Schüler, insbesondere aus gut situierten Familien mit hohem außerschulischem Unterstützungspotential, werden tendenziell den Besuch des traditionellen Gymnasiums vorziehen. Auf der anderen Seite dürfte der modernen integrierten Säule zugute kommen, dass sie tendenziell diejenigen Teile der Lehrerschaft anzieht, die in besonderem Maße pädagogisch orientiert und motiviert sind.

Spur 2: Fördern statt Sitzenlassen

Spur 2 ist ein kleiner Nebenweg der wichtigen Hauptspur. Sie ist leichter begehbar und ihr Endziel – die Regelversetzung mit Hilfe individueller Fördermaßnahmen für Leistungsschwache – ist nicht so weit entfernt. Finanzielle Erwägungen dürften das Hauptmotiv dafür sein, dass in einigen Bundesländern die hohe Zahl der teuren Klassenwiederholungen zurückgefahren werden soll. Allerdings würde die Misere der leistungsschwachen Schüler verschlimmert statt verbessert, wenn die Einsparungen beim Abbau des Sitzenlassens nicht in Form zusätzlicher Fördermittel an die Schulen zurückfließen, um die betroffenen Schüler durch gezielte Hilfen in ihren defizitären Fächern an die Leistungsstandards der Klassen heranzuführen.

Spur 3: Umbau der Aus- und Fortbildung von Lehrern

Eine Veränderung der Schulstrukturen kann nur die gewünschte Wirkung entfalten, wenn Lehrer zur Verfügung stehen, deren Fähigkeiten den geänderten Qualifikationsanforderungen entsprechen. *Ein Umbau der Schulstruktur muss also von einem dazu passenden Umbau der Fort- und Ausbildung von Lehrern begleitet werden.* Unsere Aussagen dazu beschränken sich auf einige grobe Stichworte. Ein langes gemeinsames Lernen in einer gut entwickelten Förderkultur setzt die Ausbildung aller Lehrer in *vier obligatorischen Schwerpunkten* voraus:

- Umgang mit leistungsheterogenen Klassen und Gestaltung eines entsprechenden binnendifferenzierten Unterrichts;

- Entwicklung diagnostischer Fähigkeiten (Erkennen des Lernstandes und Lernbedarfs, von Lerndefiziten und deren Ursachen sowie von Hochbegabungen);
- Möglichkeiten individueller Förderung;
- Entwicklung interaktiver Kompetenzen wie Teamfähigkeit und Zusammenarbeit mit den Eltern.

Erforderlich ist auch eine *stärkere Akzentuierung der pädagogischen Aspekte der Lehrerrolle* in der Sekundarstufe im Vergleich zu den fachwissenschaftlichen Aspekten. Falls Zulassungsbeschränkungen erforderlich sind – in Nordrhein-Westfalen besteht derzeit ein Numerus Clausus für Studierende mit dem Schwerpunkt Grundschule – können derartige Akzente bereits bei der Auswahl zum Lehramtsstudium gesetzt werden. Ein Zulassungskriterium könnten – ähnlich wie beim Medizinstudium – Erfahrungen in der berufsnahen Praxis, z. B. in der Betreuung von Kindern oder Jugendlichen, sein. Diese signalisieren pädagogische Orientierungen und Motivationen.

Wichtig ist, dass die Universitäten möglichst schnell entsprechende *Fortbildungsangebote* für traditionell ausgebildete Lehrer bereitstellen und dass Anreize zur Nutzung dieser Angebote geschaffen werden. Ohne eine angemessene Weiterbildung der Lehrer gibt es keine Gewähr dafür, dass die skizzierten zögerlichen Schritte in Richtung eines langen gemeinsamen Lernens in leistungsstarken inklusiven Schulen wirklich erfolgreich sind. Einer Ankurbelung der Lehrerfortbildung stehen allerdings hohe Hürden im Weg. Die gesetzlich geregelte leistungsunabhängige Lehrerbesoldung bremst die Nachfrage, und überlastete Universitäten behindern das Angebot. Der eklatante Mangel an Hochschullehrern sowie der Verbrauch vieler Kapazitäten und Energien im Zuge der Bologna-Reformen machen es den Universitäten schwer, auf neue Entwicklungen mit adäquaten Weiterbildungsangeboten zu reagieren.

Der Vergleich mit Kanada legt es nahe, auch etwas zur Entwicklung von *Ganztagsschulen* zu sagen. Die Einführung genuiner Ganztagsschulen nach dem kanadischen Modell würde einen radikalen Wandel nicht nur der Strukturen, sondern auch im Denken über Schule bei der deutschen Bevölkerung und insbesondere auch bei den Lehrern voraussetzen. Dass Ganztagsschulen in ihren verschiedenen Varianten einen Beitrag zu einem leistungsstarken inklusiven Bildungssystem liefern, ist plausibel; weil jedoch dazu bisher kaum wissenschaftliche Ergebnisse vorliegen, verzichten wir auf weitere Ausführungen zu dieser möglichen Spur.[21]

5 Resümee

Die frühe selektive Trennung der Schüler, ihre Verteilung auf die verschiedenen Ebenen eines hierarchisch gestuften Bildungssystems im frühen Alter, ist eine hohe institutionelle Hürde für den Abbau schichttypischer Bildungsungleichheit, die in Deutschland besonders stark ausgeprägt ist. Kanada liefert mit seiner grundschulartigen Struktur, in der alle Schüler 9 bis 10 Jahre lang in einer gut entwickelten Förderkultur gemeinsam lernen, ein Beispiel für

21 Zu den deutschen Ganztagsschulen vgl. Stecher u. a. 2009; Holtappels u. a. 2008; Coelen/Otto 2008; Deutsches Jugendinstitut 2007. Vielen Dank an Thomas Coelen für informative Gespräche über die Ganztagsschulen!

ein inklusives und gleichzeitig leistungsstarkes Bildungssystem. Ein Umbau des deutschen Systems zum kanadischen Modell ist jedoch derzeit kein realistisches Ziel. Fest verankerte Traditionen im Denken über Schule in der deutschen Bevölkerung sowie die Vielschichtigkeit der betroffenen strukturellen Zusammenhänge stehen einer derartig radikalen Perestroika im Wege. Mittelfristig realistischer ist eine partielle Perestroika in Form eines Zwei-Säulen-Modells mit einer verkürzten traditionellen gymnasialen Säule und einer integrierten modernen Säule, von der insbesondere die Bildungsverlierer profitieren.

Für die moderne Säule kann das kanadische Modell wichtige Orientierungspunkte für die Richtung des Umbaus liefern: 10 Jahre gemeinsames Lernen in einer gut entwickelten Förderkultur, Regelversetzung mit Hilfe individueller Förderung sowie eine Fort- und Ausbildung der Lehrer zu Pädagogen, deren Grundeinstellungen und Qualifikationen zu den umgebauten Strukturen passen. Ein Umbau in diese Richtung kommt insbesondere den Leistungsschwachen und heutigen Bildungsverlierern zugute. Sie erhalten gezielte individuelle Förderung durch förderorientierte Lehrer mit einer entsprechenden Ausbildung und – falls nötig – Hilfe durch Spezialisten aus den schulischen Förderzentren. Stigmatisierende Ausgrenzungen durch den Besuch von Sonderschulen oder Hauptschulen sowie durch Sitzenbleiben fehlen.

Ein Umbau kostet Geld. Eine erfolgreiche partielle Perestroika ist nicht möglich, wenn nicht zusätzliche Mittel dafür zur Verfügung gestellt werden. Zumutbar ist eine Erhöhung der öffentlichen Bildungsausgaben – berechnet nach ihrem Anteil am Bruttoinlandsprodukt – um mindestens ein Viertel, so dass wenigstens der OECD-Durchschnitt erreicht wird. Zusätzliche Mittel für den Abbau der Bildungsungleichheit dienen nicht nur der sozialen Gerechtigkeit, sie sind auch aus ökonomischer Sicht eine sinnvolle Zukunftsinvestition: Es zahlt sich für eine Gesellschaft langfristig aus, das in ihr schlummernde Leistungspotential optimal zu entwickeln.

Manchen wird auch die Idee einer partiellen Perestroika noch recht utopisch anmuten. Ihnen sei in Anlehnung an das Eingangsmotto von Max Weber gesagt:

Man muss das Utopische denken,
um das Mögliche zu erkennen.

Literatur

AGIV (Arbeitsgruppe Internationale Vergleichsstudie) (Hrsg.) (2007): Schulleistungen und Steuerung des Schulsystems im Bundesstaat. Kanada und Deutschland im Vergleich. Münster: Waxmann

Ammermüller, Andreas (2005): Educational Opportunities and the Role of Institutions. ZEW Discussion Paper 05-44. Mannheim

Autorengruppe Bildungsberichterstattung (2008): Bildung in Deutschland 2008. Bielefeld: W. Bertelsmann

Arnold, Karl-Heinz/Bos, Wilfried/Richert, Peggy/Stubbe, Tobias C. (2007): Schullaufbahnpräferenzen am Ende der vierten Klassenstufe. In: Bos et al. (2007): 271–297

Barz, Heiner (Hrsg.) (2010): Handbuch Bildungsfinanzierung. Wiesbaden: VS Verlag für Sozialwissenschaften

Baumert, Jürgen/Schümer, Gundel (2001): Familiäre Lebensverhältnisse, Bildungsbeteiligung und Kompetenzerwerb. In: Deutsches PISA-Konsortium (2001): 323–407

Baumert, Jürgen/Schümer, Gundel (2002): Familiäre Lebensverhältnisse, Bildungsbeteiligung und Kompetenzerwerb im nationalen Vergleich. In: Deutsches PISA-Konsortium (2002): 159–202

Baumert, Jürgen (Hrsg.) (2003): PISA 2000 – ein differenzierter Blick auf die Länder der Bundesrepublik Deutschland. Opladen: Leske+Budrich

Baumert, Jürgen/Trautwein, Ulrich/Artelt, Claudia (2003): Schulumwelten – institutionelle Bedingungen des Lernens. In: Baumert (2003): 261–331

Baumert, Jürgen/Maaz, Kai/Trautwein, Ulrich (Hrsg.) (2009): Bildungsentscheidungen. Sonderheft 12 der Zeitschrift für Erziehungswissenschaft. Wiesbaden: VS Verlag für Sozialwissenschaften

Becker, Rolf/Lauterbach, Wolfgang (Hrsg.) (2004a): Bildung als Privileg? Erklärungen und Befunde zu den Ursachen der Bildungsungleichheit. Wiesbaden: VS Verlag für Sozialwissenschaften

Becker, Rolf/Lauterbach, Wolfgang (2004b): Dauerhafte Bildungsungleichheiten – Ursachen, Mechanismen, Prozesse und Wirkungen. In: Becker/Lauterbach (2004a): 9–40

BMBF (Bundesministerium für Bildung und Forschung) (Hrsg.) (2003): Vertiefender Vergleich der Schulsysteme ausgewählter PISA-Staaten. Bonn: BMBF

Bofinger, Jürgen (1990): Neuere Entwicklungen des Schullaufbahnverhaltens in Bayern. Schulwahl und Schullaufbahnen in Gymnasien, Real- und Wirtschaftsschulen von 1974/75 bis 1986/87. München: Ehrenwirth

Bos, Wilfried/Hornberg, Sabine/Arnold, Karl-Heinz/Faust, Gabriele/Lankes, Eva-Maria/Schwippert, Knut/Valtin, Renate (Hrsg.) (2007): IGLU 2006. Lesekompetenzen von Grundschulkindern in Deutschland im internationalen Vergleich. Münster: Waxmann

Coelen, Thomas (2009): Kompetenz und Kompetenz. Die „halbierte“ Ganztagsschule und die außerunterrichtliche Kinder- und Jugendbildung. Antrittsvorlesung an der Universität Siegen

Coelen, Thomas/Otto, Hans-Uwe (2008): Grundbegriffe Ganztagsbildung. Das Handbuch. Wiesbaden: VS Verlag für Sozialwissenschaften

Cortina, Kai S./Baumert, Jürgen/Leschinsky, Achim/Mayer, Karl Ulrich/Trommer Luitgard (Hrsg.) (2008): Das Bildungswesen in der Bundesrepublik Deutschland. Reinbek bei Hamburg: Rowohlt

Deutsches Jugendinstitut (Hrsg.) (2007): Ganztagsschule (DJI-Bulletin 78). München

Deutsches PISA-Konsortium (Hrsg.) (2002): PISA 2000. Die Länder der Bundesrepublik im Vergleich. Opladen: Leske+Budrich

Deutsches PISA-Konsortium (Hrsg.) (2001): PISA 2000. Basiskompetenzen von Schülerinnen und Schülern im internationalen Vergleich. Opladen: Leske+Budrich

Ditton, Hartmut (2004): Der Beitrag von Schule und Lehrern zur Reproduktion von Bildungsungleichheit. In: Becker/Lauterbach (2004a): 251–279

Ditton, Hartmut (1992): Ungleichheit und Mobilität durch Bildung. Weinheim/München: Juventa

Ditton, Hartmut/Krüsken, Jan (2006): Der Übergang von der Grundschule in die Sekundarstufe I. In: Zeitschrift für Erziehungswissenschaft 9. 348–372

Ditton, Hartmut/Krüsken, Jan/Schauenberg, Magdalena (2005): Bildungsungleichheit – der Beitrag von Familie und Schule. In: Zeitschrift für Erziehungswissenschaft 8. 285–305

Drechsel, Barbara/Senkbeil, Martin (2004): Institutionelle und organisatorische Rahmenbedingungen von Schule und Unterricht. In: PISA-Konsortium Deutschland (2004): 284–296

Ehmke, Timo/Baumert, Jürgen (2007): Soziale Herkunft und Kompetenzerwerb. Vergleiche zwischen PISA 2000, 2003 und 2006. In: PISA-Konsortium Deutschland (2007): 309–335

Ehmke, Timo/Hohensee, Fanny/Heidemeier, Heike/Prenzel, Manfred (2004): Familiäre Lebensverhältnisse, Bildungsbeteiligung und Kompetenzerwerb. In: PISA-Konsortium Deutschland (2004): 225–254

Einsiedler, Wolfgang/Martschinke, Sabine/Kammermeyer, Gisela (2008): Die Grundschule zwischen Heterogenität und gemeinsamer Bildung. In: Cortina et al. (2008): 325–374

Fend, Helmut (1974): Gesellschaftliche Bedingungen schulischer Sozialisation. Weinheim/Basel: Beltz

Fleras, Augie (2005): Social Problems in Canada. 4. Auflage. Toronto: Pearson Prentice Hall

Frederking, Volker/Heller, Hartmut/Scheunpflug, Annette (Hrsg.) (2005): Nach PISA. Konsequenzen für Schule und Lehrerbildung nach zwei Studien. Wiesbaden: VS Verlag für Sozialwissenschaften

Geißler, Rainer (2008): Die Sozialstruktur Deutschlands. Zur gesellschaftlichen Entwicklung mit einer Bilanz zur Vereinigung. 5. Auflage. Wiesbaden: VS Verlag für Sozialwissenschaften

Geißler, Rainer (2004): Die Illusion der Chancengleichheit – von PISA gestört. In: Zeitschrift für Soziologie der Erziehung und Sozialisation 24. 362–380

Geißler, Rainer (2003): Multikulturalismus in Kanada – Modell für Deutschland? In: Aus Politik und Zeitgeschichte B 26. 19–25

Geißler, Rainer (Hrsg.) (1994a): Soziale Schichtung und Lebenschancen in Deutschland. 2. völlig neu bearbeitete Auflage. Stuttgart: Enke

Geißler, Rainer (1994b): Soziale Schichtung und Bildungschancen. In: Geißler (1994a): 37–73

Geißler, Rainer/Weber-Menges, Sonja (2010): Bildungsungleichheit – eine deutsche Altlast. Die bildungssoziologische Perspektive. In: Barz (2010): 114–124

Geißler, Rainer/Weber-Menges, Sonja (2008): Migrantenkinder im Bildungssystem – doppelt benachteiligt. In: Aus Politik und Zeitgeschichte 49. 14–22

Hanushek, Eric A./Wößmann, Ludger (2005): Does Educational Tracking Affect Performance and Inequality? Differences-in-Differences Evidence across Countries. CESifo Working Paper No. 1415
Holtappels, Heinz-Günter/Klieme, Eckhardt/Rauschenbach, Thomas/Stecher, Ludwig (Hrsg.) (2008): Ganztagsschule in Deutschland. Ergebnisse der Ausgangserhebung der „Studie zur Entwicklung der Ganztagsschulen" (StEG). Weinheim/München: Juventa
Hormel, Ulrike/Scherr, Albert (2004): Bildung für die Einwanderungsgesellschaft. Perspektiven der Auseinandersetzung mit struktureller, institutioneller und interaktioneller Diskriminierung. Wiesbaden: VS Verlag für Sozialwissenschaften
Jungmann, Christel (2008): Gemeinschaftskunde. Konzept und Erfolg eines neuen Schulmodells. Münster: Waxmann
Klemm, Klaus (2003): Rahmendaten. Vergleichsländer und Deutschland. In: BMBF (2003): 80–94
Klemm, Klaus (2009): Klassenwiederholungen – teuer und unwirksam. Gütersloh: Bertelsmann-Stiftung
Konsortium Bildungsberichterstattung (Hrsg.) (2006): Bildung in Deutschland. Bielefeld: W. Bertelsmann
Kraus, Josef (2008): Bildungsgerechtigkeit. In: Aus Politik und Zeitgeschichte 49. 8–13
Krohne, Julia/Tillmann, Klaus-Jürgen (2006): „Sitzenbleiben" – eine tradierte Praxis auf dem Prüfstand. In: Schulmanagement 2. 8–10
Lange, Elmar (2005): Soziologie des Erziehungswesens. 2. Auflage. Wiesbaden: VS Verlag für Sozialwissenschaften
Lehmann, Rainer H./Peek, Rainer (1997): Aspekte der Lernausgangslage von Schülerinnen und Schülern der fünften Klassen an Hamburger Schulen. Bericht über die Untersuchung im September 1996. Hamburg: Behörde für Jugend, Schule und Berufsbildung, Amt für Schule
Lehmann, Rainer H./Lenkeit, Jenny (o. J.): ELEMENT. Erhebung zum Lese- und Mathematikverständnis. Entwicklung in den Jahrgangsstufen 4 bis 6 in Berlin. Abschlussbericht über die Untersuchungen 2003, 2004 und 2005 an Berliner Grundschulen und grundständigen Gymnasien. Humboldt Universität zu Berlin
Lehmann, Rainer H./Peek, Rainer/Gänsefuß, Rüdiger (1999): Aspekte der Lernausgangslage und der Lernentwicklung von Schülerinnen und Schülern an Hamburger Schulen. Bericht über die Untersuchung im September 1998. Hamburg: Behörde für Jugend, Schule und Berufsbildung, Amt für Schule
Liebau, Eckart/Zirfas, Jörg (Hrsg.) (2008): Ungerechtigkeit der Bildung – Bildung der Ungerechtigkeit. Opladen & Farmington Hills: Verlag Barbara Budrich
Link, Judith (2010): Schichtspezifische Benachteiligung im allgemeinen Bildungswesen – ein Vergleich zwischen Kanada und Deutschland. Dissertation Universität Siegen
Maaz, Kai/Baumert, Jürgen/Trautwein, Ulrich (2009): Genese sozialer Ungleichheit im institutionellen Kontext der Schule: Wo entsteht und vergrößert sich soziale Ungleichheit? In: Baumert et al. (2009): 11–46
Merkens, Hans/Wessel, Anne (2002): Zur Genese von Bildungsentscheidungen. Eine empirische Studie in Berlin und Brandenburg. Hohengehren: Schneider
Müller, Walter/Pollak, Reinhard (2004): Weshalb gibt es so wenige Arbeiterkinder in Deutschlands Universitäten? In: Becker/Lauterbach (2004a): 311–352
Müller-Benedikt, Volker (2007): Wodurch kann die soziale Ungleichheit des Schulerfolgs am stärksten verringert werden? In: Kölner Zeitschrift für Soziologie und Sozialpsychologie 59. 615–639
OECD (2009): Bildung auf einen Blick 2009. OECD-Indikatoren. Bonn: BMBF
OECD (2005): School Factors Related to Quality and Equity. Results from PISA 2000. Verfügbar unter: http://www.oecd.org/dataoecd/15/20/34668095.pdf
PISA-Konsortium Deutschland (Hrsg.) (2007): PISA `06. Die Ergebnisse der dritten internationalen Vergleichsstudie. Münster: Waxmann
PISA-Konsortium Deutschland (Hrsg.) (2004): PISA 2003. Der Bildungsstand der Jugendlichen in Deutschland – Ergebnisse des zweiten internationalen Vergleichs. Münster: Waxmann
Preuss-Lausitz, Ulf (Hrsg.) (2008): Gemeinschaftsschule – Ausweg aus der Schulkrise? Weinheim/Basel: Beltz
Rösner, Ernst (2008): Gemeinschaftsschule – Konzept und Akzeptanz eines neuen Schulmodells. In: Preuss-Lausitz (2008): 34–49
Rösner, Ernst (2007): Hauptschule am Ende. Ein Nachruf. Münster: Waxmann
Rösner, Ernst (2004): Veränderungen der Schulstruktur in Schleswig-Holstein als Konsequenz demographischer und gesellschaftlicher Entwicklungen. Gutachten des Instituts für Schulentwicklungsforschung der Universität Dortmund. Dortmund
Sacher, Werner (2005): Deutsche Lesedefizite bei PISA. Bedingungsfaktoren in Unterricht, Schule und Gesellschaft. In: Frederking et al. (2005): 22–50
Schnitzer, Klaus et al. (1998): Das soziale Bild der Studentenschaft in der Bundesrepublik Deutschland. 15. Sozialerhebung des Deutschen Studentenwerks. Bonn: BMBF

Schütz, Gabriele/Wößmann, Ludger (2005): Wie lässt sich die Ungleichheit der Bildungschancen verringern? ifo Schnelldienst 21/2005. 58. Jahrgang. Verfügbar unter: http://www.ifo.de/pls/guest/download/ifo%20 Schnelldienst/ifo%20Schnelldienst%202005/ifosd_2005_21_3.pdf

Senkbeil, Martin/Drechsel, Barbara/Rolff, Hans-Günter/Bonsen, Martin/Zimmer, Karin/Lehmann, Rainer H./ Neumann, Astrid (2004): Merkmale und Wahrnehmungen von Schule und Unterricht. In: PISA-Konsortium Deutschland (2004): 296–314

Stecher, Ludwig/Allemann-Ghionda, Cristina/Helsper, Werner/Klieme, Eckhardt (Hrsg.) (2009): Ganztägige Bildung und Betreuung. 54. Beiheft der Zeitschrift für Pädagogik. Weinheim: Beltz.

Tillmann, Klaus-Jürgen (2008): Viel Selektion – wenig Leistung. Ein empirischer Blick auf Erfolg und Scheitern in deutschen Schulen. In: Liebau/Zirfas (2008): 155–173

Tillmann, Klaus-Jürgen/Meier, Ulrich (2001): Schule, Familie und Freunde – Erfahrungen von Schülerinnen und Schülern in Deutschland. In: Deutsches PISA-Konsortium (2001): 468–509

Trautwein, Ulrich/Baumert, Jürgen/Maaz, Kai (2007): Hauptschulen = Problemschulen? In: Aus Politik und Zeitgeschichte 28. 3–9

Wößmann, Ludger (2008): Mehrgliedrigkeit des Schulsystems und Chancengleichheit im internationalen Vergleich. In: Erziehung und Unterricht 158. 509–517

Wößmann, Ludger (2007a): Fundamental Determinants of School Efficiency and Equity. German States as a Microcosm for OECD Countries. PEPG 07-02. München

Wößmann, Ludger (2007b): Frühe Mehrgliedrigkeit und Chancengleichheit. Vortrag (online 16.3.2010)

Wößmann, Ludger (2007c): Letzte Chance für gute Schulen. Die 12 größten Irrtümer und was wir wirklich ändern müssen. Gütersloh: ZS Verlag Zabert Sandmann

Verzeichnis der Autorinnen und Autoren

Dr. Sabine Andresen ist Professorin für allgemeine Erziehungswissenschaften der Universität Bielefeld. Ihre Arbeitsschwerpunkte sind Kindheits- und Jugendforschung, Familienforschung, Historische Bildungsforschung, Internationale Reformpädagogik und Geschlechterforschung.

Dr. Johann Bacher ist Professor für Soziologie und empirische Sozialforschung am Institut für Soziologie der Johannes Kepler Universität Linz. Seine Arbeitsschwerpunkte sind Methoden der empirischen Sozialforschung, Soziologie der Kindheit und des abweichenden Verhaltens und Bildungsforschung.

Dr. Heiner Barz ist Professor für Erziehungswissenschaften und Leiter der Abteilung für Bildungsforschung und Bildungsmanagement der Heinrich-Heine-Universität Düsseldorf. Seine Arbeitsschwerpunkte sind Bildungsforschung, Evaluationsforschung und Bildungsmarketing.

Dr. Ullrich Bauer ist Professor an der Fakultät für Bildungswissenschaften der Universität Duisburg-Essen. Seine Forschungsschwerpunkte liegen in den Bereichen Sozialisation, Bildung, Ungleichheit und Gesundheit.

Dr. Dajana Baum ist Historikerin und Bildungsforscherin an der Heinrich-Heine-Universität Düsseldorf. Ihre Arbeitsschwerpunkte sind Milieumarketing und Weiterbildungsforschung.

Prof. Dr. Jürgen Baumert ist Direktor am Max-Planck-Institut für Bildungsforschung in Berlin. Seine Forschungsschwerpunkte sind kognitive und motivationale Entwicklungen im Jugendalter, internationale Schulleistungsvergleiche und die Entwicklung von Bildungssystemen.

Michael Beck ist Wissenschaftlicher Mitarbeiter im Projekt „Determinanten des Bildungserfolges von Migranten im Schweizer Schulsystem (DEBIMISS)" an der Universität Bern. Seine Forschungsschwerpunkte sind Bildungsungleichheit, Arbeitmarktsoziologie sowie Methoden der empirischen Sozialforschung.

Dr. Rolf Becker ist Professor für Bildungssoziologie und Schulforschung am Institut für Erziehungswissenschaft der Universität Bern. Seine Forschungsschwerpunkte sind Bildungssoziologie, Sozialstrukturanalyse und Lebensverlaufsforschung.

Dr. Gabriele Bellenberg ist Professorin am Institut für Erziehungswissenschaft an der Ruhr-Universität Bochum sowie geschäftsführende Leiterin des Zentrums für Lehrerbildung. Ihre Arbeitsschwerpunkte sind die Selektivität des deutschen Schulsystems, Schullaufbahnen sowie die Lehrerbildung.

Dr. Peter A. Berger ist Professor für Allgemeine Soziologie – Makrosoziologie an der Wirtschafts- und Sozialwissenschaftlichen Fakultät der Universität Rostock. Seine Forschungsschwerpunkte sind Sozialstrukturanalyse, Soziale Ungleichheit, Mobilität und Lebensläufe, Modernisierung und Soziologische Theorie.

Dr. Uwe H. Bittlingmayer ist Professor für Allgemeine Soziologie mit Schwerpunkt Bildungssoziologie an der Pädagogischen Hochschule Freiburg. Seine Forschungsschwerpunkte sind Bildungs- und Sozialisationsforschung, Ungleichheitssoziologie und Gesellschaftstheorie.

Dr. rer. pol. Dr. h. c. Hans-Peter Blossfeld ist Professor für Soziologie an der Otto-Friedrich Universität Bamberg, Leiter des Nationalen Bildungspanels, Direktor des Instituts für bildungswissenschaftliche Längsschnittforschung (INBIL) und des Instituts für Familienforschung (ifb). Seine Forschungsschwerpunkte sind Sozialstrukturanalyse, Bildungssoziologie, Arbeitsmarkt-, Familien- sowie Schichtungs- und Mobilitätsforschung.

Dr. Wilfried Bos ist Professor für Erziehungswissenschaft an der Technischen Universität Dortmund und Direktor des Instituts für Schulentwicklungsforschung. Seine Forschungsschwerpunkte sind Internationale Bildungsforschung, Qualitätssicherung im Bildungswesen und empirische Forschungsmethoden.

Dr. Grit im Brahm ist Juniorprofessorin für Unterrichtsentwicklung und Empirische Bildungsforschung an der Ruhr-Universität Bochum. Ihre Forschungsschwerpunkte sind Differenzierung und individuelle Förderung im Unterricht sowie Institutioneller Umgang mit leistungsschwachen Schülerinnen und Schülern.

Dr. Christoph Butterwegge ist Professor für Politikwissenschaft am Institut für vergleichende Bildungsforschung und Sozialwissenschaften an der Universität zu Köln. Seine Forschungsschwerpunkte sind (Kinder-)Armut, Sozialstaatsentwicklung und Rechtsextremismus.

Meral Cerci ist Referentin bei Information und Technik Nordrhein-Westfalen und Lehrbeauftragte u. a. an der Universität Düsseldorf. Ihre aktuellen Arbeitsschwerpunkte sind Migrations-, Kultur- und Lebensweltforschung sowie Methodenberatung.

Dr. phil. habil. Heike Diefenbach arbeitet als wissenschaftliche Beraterin, Sozialforscherin und Autorin in England. Zu ihren Arbeitsschwerpunkten gehören die Bildungs- und Ungleichheitsforschung, die Migrationsforschung und die Methodologie der Sozialwissenschaften.

Dr. Hartmut Ditton ist Professor für Allgemeine Pädagogik, Erziehungs- und Sozialisationsforschung an der Fakultät für Psychologie und Pädagogik der Ludwig Maximilians Universität München. Seine Forschungsschwerpunkte sind schulische und familiale Sozialisation, Bildung, Ungleichheit und gesellschaftlicher Wandel.

Dr. Dieter Dohmen ist Inhaber und Direktor des Forschungsinstituts für Bildungs- und Sozialökonomie (FiBS) in Berlin. Seine Forschungsschwerpunkte sind Bildungsfinanzierung und -planung, Demografie und Arbeitsmarktökonomie sowie Bildung und Strukturentwicklung.

Stephan Drucks ist Wissenschaftlicher Mitarbeiter im Projekt „HaBil – Handlungs- und Bildungskompetenzen funktionaler Analphabeten“ an der Universität Duisburg-Essen. Seine Forschungsschwerpunkte sind Bildungsforschung, Soziologie des Alter(n)s und Bedingungen gesellschaftlicher Teilhabe.

Christian Ebner ist Wissenschaftlicher Mitarbeiter in der BMBF-Nachwuchsgruppe „Education and Transitions into the Labour Market“ am Wissenschaftszentrum Berlin für Sozialforschung. Seine Forschungsschwerpunkte sind Bildungssoziologie, Arbeitsmarktsoziologie, Berufsbildung und Übergänge in den Arbeitsmarkt im internationalen Vergleich.

Dr. Rainer Geißler ist Professor für Soziologie an der Universität Siegen. Seine Forschungsschwerpunkte sind Sozialstrukturanalyse, Soziale Ungleichheit, Bildungssoziologie, Soziologie der Migration und Integration sowie Soziologie der Massenkommunikation.

Jürgen Gerdes ist Wissenschaftlicher Mitarbeiter im von der EU geförderten internationalen Forschungsprojekt „Transnationalisierung, Migration und Transformation“ an der Fakultät für Soziologie der Universität Bielefeld. Seine Forschungsschwerpunkte sind Migration, Integration, Demokratie und Menschenrechte.

Dr. Johannes Giesecke ist Wissenschaftlicher Mitarbeiter am Wissenschaftszentrum Berlin für Sozialforschung. Seine Forschungsschwerpunkte sind Arbeitsmarktsoziologie, Soziale Ungleichheit und Methoden der empirischen Sozialforschung.

Nina Göddertz ist Wissenschaftliche Mitarbeiterin in der Abteilung für Bildungsforschung und Bildungsmanagement an der Universität Düsseldorf. Ihre Arbeitsschwerpunkte sind eLearning und Gender-Studies.

Dr. Elisabeth Grünewald-Huber ist Professorin an der Pädagogischen Hochschule Bern. Ihre Forschungsschwerpunkte sind Heterogenität und soziale Ungleichheit sowie Bildungsforschung und -entwicklung im Genderbereich.

PD Dr. Andreas Hadjar ist Oberassistent in der Abteilung Bildungssoziologie am Institut für Erziehungswissenschaften der Universität Bern. Seine Forschungsschwerpunkte sind Sozialstrukturanalyse, Methoden der empirischen Sozialforschung und Politische Soziologie.

Marcel Helbig ist Doktorand in der BMBF-Nachwuchsgruppe „Education and Transitions into the Labour Market“ am Wissenschaftszentrum Berlin für Sozialforschung. Seine Forschungsschwerpunkte sind Bildungsungleichheiten, Bildungsverläufe und föderale Bildungspolitik.

PD Dr. Helmut Hirtenlehner ist Wissenschaftlicher Mitarbeiter am Institut für Strafrechtswissenschaften der Johannes Kepler Universität Linz und Professor für Kriminologie und Empirische Sozialforschung an der Fachhochschule Oberösterreich. Seine Arbeitsschwerpunkte sind Kriminologie, Soziologie des abweichenden Verhaltens und Methoden der quantitativen Sozialforschung.

Dr. Klaus Hurrelmann ist Professor für „Public Health and Education“ an der Hertie School of Governance in Berlin. Seine Forschungsschwerpunkte sind Sozialisations- und Bildungsforschung sowie die Gesundheits- und Präventionsforschung.

Franziska Jäpel ist Wissenschaftliche Assistentin der Abteilung Bildungssoziologie am Institut für Erziehungswissenschaft der Universität Bern und Mitarbeiterin im Projekt DEBIMISS (Determinanten des Bildungserfolges von Migranten im Schweizer Schulsystem). Ihre Forschungsschwerpunkte sind Bildungssoziologie, Bildungsungleichheiten und Umfrageforschung.

Dr. Sylvia Keim ist Wissenschaftliche Mitarbeiterin am Lehrstuhl für Allgemeine Soziologie – Makrosoziologie an der Wirtschafts- und Sozialwissenschaftlichen Fakultät der Universität Rostock. Ihre Forschungsschwerpunkte sind soziale Netzwerke, Lebensläufe und Mobilität.

Dr. Andreas Klärner ist Wissenschaftlicher Mitarbeiter am Lehrstuhl für Allgemeine Soziologie – Makrosoziologie an der Wirtschafts- und Sozialwissenschaftlichen Fakultät der Universität Rostock. Seine Forschungsschwerpunkte sind Raum- und Stadtsoziologie, soziale Netzwerke, Mobilität und ökonomische Unsicherheit.

Susanne Amira Kühn ist Wissenschaftliche Mitarbeiterin der Projektgruppe NEPS (Nationales Bildungspanel) der Universität Siegen. Ihre Forschungsschwerpunkte sind benachteiligte Jugendliche im Übergangssystem sowie formelle und informelle Lernumwelten.

Dr. Antonia Kupfer ist Wissenschaftliche Assistentin am Institut für Soziologie der Johannes Kepler Universität Linz. Ab September 2010 ist sie Joseph A. Schumpeter Fellow an der Harvard University, Cambridge, USA. Ihre Arbeitsschwerpunkte sind Soziale Ungleichheits- und Gerechtigkeitsforschung, Bildungssoziologie und Gender Studies.

Dr. Peter Lohauß ist Abteilungsleiter am Amt für Statistik Berlin-Brandenburg und Mitarbeiter für die Autorengruppe Bildungsberichterstattung Bildung in Deutschland 2006 und 2008. Seine Forschungsschwerpunkte sind Sozialstrukturanalyse und Demografie.

Dr. Wolfgang Ludwig-Mayerhofer ist Professor für Soziologie an der Universität Siegen. Seine Forschungsschwerpunkte sind Bildungssoziologie, Soziologie des Sozialstaats und Soziale Ungleichheit.

Judith Lupatsch ist Wissenschaftliche Assistentin an der Pädagogischen Hochschule Bern. Ihre Forschungsschwerpunkte sind Determinanten von Leistungsunterschieden.

PD Dr. Kai Maaz ist Forschungsgruppenleiter am Max-Planck-Institut für Bildungsforschung Berlin. Seine Forschungsschwerpunkte sind Übergang von der Schule ins Studium und Erwerbsleben, Soziale Herkunft und Bildungs- und Berufschancen sowie Soziale Ungleichheit und Bildungsentscheidungen.

Sabrina Müller ist Promotionsstipendiatin an der Research School Education and Capabilities (TU Dortmund/Universität Bielefeld). Ihre Forschungsschwerpunkte sind die Gestaltung und Nutzung von Datenfeedback aus externer Evaluation sowie Fragen der Qualitätssicherung sonderpädagogischer Förderung.

Ricarda Nauenburg ist Leiterin des Referats Mikrozensus, Sozialberichte im Amt für Statistik Berlin-Brandenburg.

Dr. Dirk Oberschachtsiek ist Wissenschaftlicher Mitarbeiter im Wissenschaftszentrum Berlin für Sozialforschung (WZB). Seine Forschungsschwerpunkte sind Existenzgründung und Selbständigkeit, Angewandte Humankapitaltheorie und Regionale Arbeitsmärkte.

Marc Piopiunik ist Doktorand im Bereich Humankapital und Innovation am ifo Institut für Wirtschaftsforschung. Sein Forschungsschwerpunkt ist die Bildungsökonomik, insbesondere beschäftigt er sich mit Fragen der intergenerationellen Mobilität und Chancengleichheit.

Dr. Gudrun Quenzel ist Wissenschaftliche Mitarbeiterin an der Fakultät für Gesundheitswissenschaften der Universität Bielefeld. Ihre Forschungsschwerpunkte sind Bildungs- und Jugendsoziologie sowie soziale Ungleichheit und Geschlecht.

Dr. Tabea Raidt ist Referentin für Qualitätsentwicklung und Evaluation am Landesinstitut für Schulentwicklung, Stuttgart. Ihr weiterer Arbeitsschwerpunkt ist Wertewandelforschung.

Prof. Dr. Klaus Rehkämper ist Leiter des Referats Schule Berlin, Bildungsanalysen im Amt für Statistik Berlin-Brandenburg. Seine Arbeitsschwerpunkte sind regionale und nationale Bildungsstatistik.

Prof. Dr. Ulrike Rockmann ist Präsidentin des Amtes für Statistik Berlin-Brandenburg und Mitglied der Autorengruppe Bildungsberichterstattung Bildung in Deutschland. Ihre Forschungsschwerpunkte sind methodische, psychologische und informationelle Themen.

Rocío Ramírez-Rodríguez ist Wissenschaftliche Mitarbeiterin am Forschungsinstitut für Bildungs- und Sozialökonomie in Berlin. Ihre Forschungsschwerpunkte sind Migrations- und Arbeitspolitik, atypische Beschäftigungsverhältnisse, soziale Mobilität und Aufstieg.

Dr. Thorsten Schneider ist Juniorprofessor für Soziologie an der Otto-Friedrich-Universität Bamberg. Seine Forschungsschwerpunkte sind empirische Bildungsforschung, Sozialstrukturanalyse, Methoden der Längsschnittforschung.

Dr. Volker Stocké ist Professor für Soziologie, mit dem Schwerpunkt längsschnittliche Bildungsforschung an der Otto-Friedrich-Universität Bamberg und leitet die Abteilung „Soziale Ungleichheit und Bildungsentscheidungen im Lebensverlauf" des Nationalen Bildungspanels. Seine Forschungsinteressen liegen in der Überprüfung unterschiedlicher Mechanismen für die Entstehung von Disparitäten im Erwerb und der Verwertung von Bildung.

Dr. Tobias C. Stubbe ist Wissenschaftlicher Mitarbeiter am Institut für Schulentwicklungsforschung der Technischen Universität Dortmund. Seine Forschungsschwerpunkte sind Forschungsmethoden und soziale Disparitäten im Bildungssystem.

Dr. Jutta von Maurice ist wissenschaftlich-administrative Geschäftsführerin des Nationalen Bildungspanels an der Otto-Friedrich-Universität Bamberg. Ihre Schwerpunkte liegen im Bereich der empirischen Bildungsforschung, der pädagogischen Psychologie sowie in der Längsschnittforschung.

Dr. Thomas Wachtendorf ist Wissenschaftlicher Mitarbeiter im Amt für Statistik Berlin-Brandenburg. Seine Forschungsschwerpunkte sind Ethik und Sprachphilosophie.

Dr. Sonja Weber-Menges ist Lehrkraft für besondere Aufgaben im Fachbereich Soziologie der Universität Siegen. Ihre Forschungsschwerpunkte sind Sozialstrukturanalyse, Bildungssoziologie sowie Migration und Medien.

Dr. Ludger Wößmann ist Professor für Volkswirtschaftslehre, insb. Bildungsökonomik an der Ludwig-Maximilians-Universität München und Bereichsleiter Humankapital und Innovation am ifo Institut für Wirtschaftsforschung. Seine Forschungsschwerpunkte sind Bildungsökonomik, Wachstumsökonomik und Wirtschaftsgeschichte.